LE LIVRE GUINNESS DES RECORDS 1984

NORRIS McWHIRTER

LE LIVRE GUINNESS DES RECORDS 1984

Edition°1

AVANT-PROPOS

Par le comte d'Iveagh

Le **Guinness Book of Records** *dans sa version originale anglaise est édité aujourd'hui pour la 30e fois. Cet ouvrage est devenu un classique dans le monde entier.*

Lorsque nous l'avons publié pour la première fois, il y a 29 ans, nous voulions offrir aux lecteurs un ouvrage de référence qui trancherait les paris sur toutes les performances et les records battus chaque jour dans ce monde qui est le nôtre.

Bien sûr, ces paris sont amusants : Quel est l'oiseau qui va le plus vite ? Combien de fois Fangio a-t-il été champion du monde ?

Mais à quoi servent ces discussions sans fin si on ne peut vérifier immédiatement la réponse ?

Le Livre Guinness des Records, *aujourd'hui édité en 24 langues, approche les 50 millions d'exemplaires, et chacune de ces éditions est mise à jour chaque année.*

Ce travail doit servir à répondre aux innombrables questions qui sont soulevées chaque jour au cours de discussions parfois enflammées : Combien de centimètres un homme peut-il sauter au-dessus de sa propre hauteur, quel est le poids maximum soulevé par une femme, quelle est la nationalité de la première femme qui ait grimpé sur l'Everest, quel est le délai maximal pour être canonisé... ?

J'espère que ce livre permettra de transformer les disputes et les discussions en conversations éclairées.

Iveagh

President d'Arthur Guinness, Son and Co, 29 septembre 1982

Barbara Kamir et la statue grandeur réelle de Robert Wadlow.

ÉDITIONS ÉTRANGÈRES

Langue		Titre	Nombre d'éditions	Dernière édition	Éditeur
Allemand	(Relié)	Guinness Buch des Recorde	13	1983	Verlag Ullstein GmbH, Berlin, R.F.A.
Anglais	(Relié)	Guinness Book of World Records	30	1983	Guinness Superlatives Ltd, 2 Cecil Court Enfield, Middlesex EN2 6DJ, Angleterre.
Américain	(Relié)	Guinness Book of World Records	22	1983	Sterling Publishing Co. Inc, New York City, NY, U.S.A.
Américain	(Broché)	Guinness Book of World Records	22	1983	Bantam Books Inc, New York City, NY, U.S.A.
Chinois	(Broché)	Records en Chine	10	1983	Kite International Ltd, Hong Kong.
Danois	(Relié)	Guinness Recordbog	10	1983	Forlaget Komma A/S, Copenhague, Danemark.
Espagnol	(Relié)	Guinness Libro de los Records	8	1983	Exclusivas Graficas Catalanas S.A., Barcelone, Espagne.
Finlandais	(Relié)	Guinness Suuri Ennätys Kirja	7	1983	Sanoma Osakeyhtio, Helsinki, Finlande.
Français	(Relié)	Livre Guinness des Records	10	1983	Édition n° 1, Paris, France.
Grec	(Relié)	Τα Παραξεγαχαι τα Ρεκορτου Κοσμου	2	1983	Imex Rigas Athanasios Ltd, Thessaloniki, Grèce.
Hébreu	(Relié)	Guinness Sēfēr Ha'siim	5	1982	Carta, The Israel Map and Publishing Company, Jérusalem, Israël.
Indien		[illegible]	1	1983	Pustak Mahal, Dehli, Inde.
Indonésien	(Broché)	Guinness Rekaman Rekor Dunia	1	1980	P.T. Gramedia, Jakarta, Indonésie.
Islandais	(Relié)	Heimsmetabok Guinness	2	1980	Bokautgafan Örn og Örlygur hf, Reykjavik, Islande.
Italien	(Relié)	Il Guinness Dei Primati	7	1983	Arnoldo Mondadori Editore, Milan, Italie.
Japonais	(Relié)	ギネスブック	8	1982	Kodansha Ltd, Tokyo, Japon.
Néerlandais	(Relié)	Het Groot Guinness Record Boek	8	1983	Uitgeverij Luitingh BV, Laren, Pays-Bas.
Norvégien	(Relié)	Guinness Rekordboken Forst øg Størst	9	1983	Chr. Schibsteds Forlag, Oslo, Norvège.
Portugais	(Relié)	Guinness – O Livro dos Recordes	3	1983	Augusto Sa Da Costa, Lda, Lisbonne, Portugal.
Serbo-croate	(Relié)	Guinnessova Knijiga Rekorda	1	1977	Prosvjeta, Zagreb, Yougoslavie.
Slovaque	(Relié)	Guinnessova Knjiga Rekorda	1	1978	Mladinska Knjiga, Ljubljana, Yougoslavie.
Suédois	(Relié)	Guinness Rekordbok Först och Störst	13	1983	Bokforlaget Forum AB., Stockholm, Suède.
Tchèque	(Relié)	Guinnessova Kniha Rekordu	1	1975	Olympia, Prague, Tchécoslovaquie.
Turc		Guinness Rikorlar Kitabi	2	1983	Milliyet Yayinlari, Istanbul, Turquie.

Tous les ans depuis 1972, une édition anglaise avec supplément a été publiée en Australie.

Traduction et adaptation
BARBARA KAMIR

Collaborateurs *: Isabelle Arthus, Pascal Balland, Isabelle Croizard, Maryse Guez, Christine Keukens, Sophie Roy, Charles Tesson, Nino Verzenasi.*
Sports *: Bernard Le Roy.*

*Le Livre Guinness des Records tient à remercier Antenne 2 et Jacques Martin qui dans son émission « Incroyable mais Vrai » aide à promouvoir l'esprit de compétition de nos lecteurs et des téléspectateurs.
Les records battus au cours de cette émission et homologués par le Livre Guinness des Records sont cités dans le livre.*

HOMOLOGATION DES RECORDS

Nous nous réservons tout droit quant à l'homologation des records. Nous ne prenons en considération que les records qui battent un record précédemment établi et ceux qui nous paraissent importants et dignes de figurer lors de compétitions.

Les records doivent être à la fois mesurables et comparables.

Les prétendants à un record doivent nous faire parvenir toute documentation en leur possession (coupures de presse, articles) et une attestation signée par une personnalité de leur commune (maire, député) ou par un huissier assermenté. Ils devront aussi joindre une photo, noir et blanc ou diapositive, prise pendant l'événement et une photo d'identité.

Lors de l'établissement d'un record, les concurrents sont autorisés à prendre 5 minutes de repos toutes les 60 minutes, sauf dans les catégories « non-stop » où les interruptions minimales sont autorisées en cas de nécessité et un contrôle médical indispensable.

Si le record à battre appartient à une discipline régie par une autorité ou une fédération, celle-ci devra être consultée et c'est elle qui homologuera le record et qui devra nous le communiquer.

Nous ne publions pas de records gratuitement dangereux (plongeon d'un hélicoptère, suspension par une corde en feu, records gastronomiques ou de gloutonnerie).

Le Livre Guinness des Records n'envoie normalement pas de témoin délégué lors de l'établissement des records mais il se réserve le droit de le faire s'il le souhaite.

La participation à l'émission « Incroyable mais Vrai » n'entraîne pas obligatoirement l'inscription dans le Livre Guinness des Records.

L'attribution d'un diplôme n'entraîne pas obligatoirement l'inscription dans le Livre Guinness des Records.

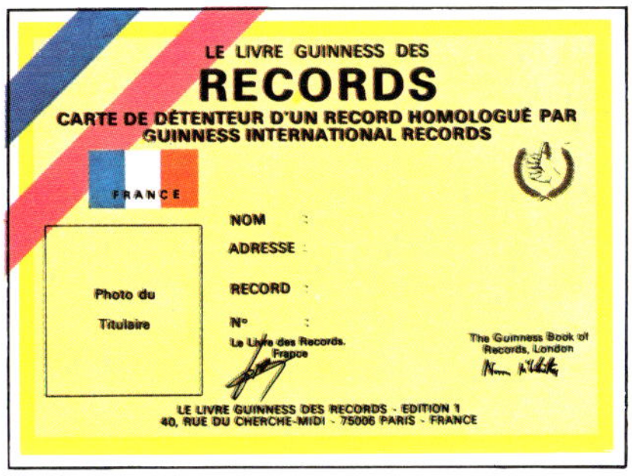

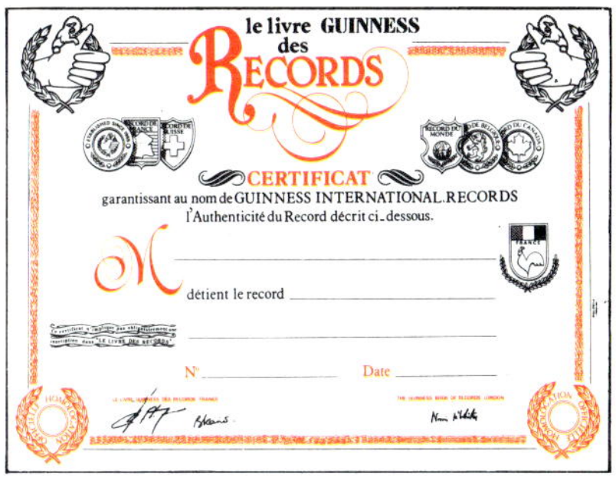

MUSÉES GUINNESS DES RECORDS

Plusieurs musées ont été ouverts ces dernières années, dans le monde entier. On peut y admirer les records les plus marquants, qui touchent l'imagination des lecteurs.
Empire State Building, New York, U.S.A.
Myrtle Beach, Caroline du Sud, U.S.A.
Gatlinburg, Tennessee, U.S.A.
Nashville, Tennessee, U.S.A.
Fisherman's Wharf, San Francisco, Californie, U.S.A.
Niagara Falls, Ontario, Canada.
Gröna Lund, Stockholm, Suède.
Mont Fuji Safari Parc, Japon.
Linna Mati Parc, Helsinki, Finlande.
D'autres musées sont actuellement en projet dans de nombreuses autres villes.

Battez un record. S'il est homologué par le Livre Guinness des Records, vous recevrez la carte de Recordman que vous présenterez fièrement à vos amis et qui vous ouvrira les portes de la célébrité.

NOTE DE L'ÉDITEUR

Au cours des dernières années, les tentatives de marathon ont été de plus en plus nombreuses. Les personnes désirant battre des records de durée ne doivent pas dépasser les limites raisonnables et il est conseillé de s'entourer d'une surveillance médicale, avant et pendant le marathon.

Les prix sont généralement donnés en francs. Les conversions sont établies au cours de l'époque. Pour 1982, le dollar a été calculé à 6,75 F et la livre à 11,5 F. Pour 1983, le dollar a été calculé à 7,5 et la livre à 11,5.

Édition n° 1 s'efforce, chaque année, de réactualiser le Livre Guinness des Records en tenant compte des nouveaux records. Notre équipe accepte toutes les suggestions écrites des lecteurs mais regrette de ne pouvoir répondre personnellement à toutes les questions ou demandes d'information.

Le Livre Guinness des Records
Édition n° 1
4, rue de Galliéra,
75116 Paris.

SOMMAIRE

Chez les Padaung de Birmanie, le cou des femmes peut atteindre 40 cm.

Les quintuplés Anne, Maud, Luc, Marc et Gilles sont les enfants les plus célèbres de France.

Le marmouset pygmée ne dépasse pas 15 cm.

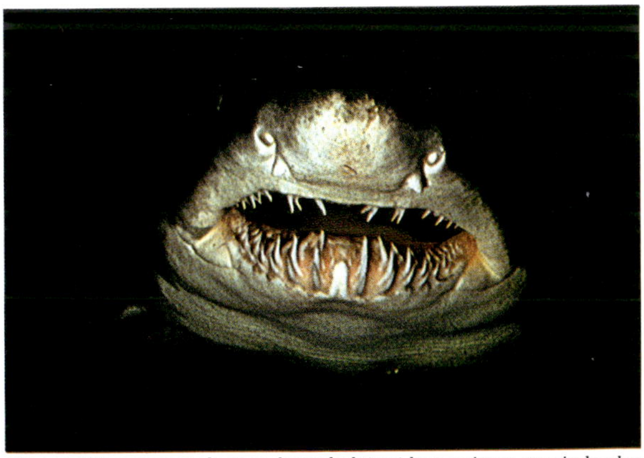

D'une taille moyenne de 11 m, le cachalot est le carnivore marin le plus grand.

L'arbre de Tule, qui se dresse au Mexique, a une circonférence de 35,80 m.

L'Ayers Rock est l'un des plus gros rochers sans faille du monde.

La grande salle des grottes de Carlsbad atteint 550 m de long dans sa plus grande dimension.

Cet appareil mesure la température la plus basse, soit 5×10^{-8} kelvin au-dessous du zéro absolu.

Le 18 juin 1983, la fusée américaine « Challenger » a emporté la première femme dans l'espace.

Le télescope franco-canadien de Mauna Kea à Hawaii a un diamètre de 3,60 m.

En France, « Dallas » est le feuilleton qui a le plus d'audience.

Le « Teatro Olimpico » de Vicence est le théâtre couvert le plus ancien. Il fut terminé à la fin du 16e siècle.

Avec 85 000 m², la couverture du stade olympique de Munich est la plus grande du monde.

Jaillissant à 170 m de haut, le plus grand jet d'eau du monde se trouve à Fountain Hills (U.S.A.).

Le plus grand tracteur a coûté 3 213 000 F.

Ce coffret gothique en ivoire fut vendu 3 180 000 F chez Sotheby's, à New York.

En bas, à droite : Ce vélo fait entièrement à la main est en or 24 carats. Il est construit sur commande et chaque pièce est gravée au nom de l'acheteur.

Lancement d'un Pershing II américain.

En 1980, Jacques Martin traversera le Sahara en joggant, parcourant 3 300 km en 50 jours.

Les employés de Nissan Motors à Tokyo se sont assis sur les genoux les uns des autres.

L'Américaine Evelyn Ashford, recordwoman du monde du 100 mètres en 10"79.

LE LIVRE GUINNESS DES RECORDS

1

L'HOMME

DIMENSIONS

LES PLUS GRANDS HOMMES

La taille des géants est difficile à connaître avec certitude, car, pour des raisons commerciales, elle est souvent exagérée. Les seules mesures auxquelles on puisse se fier sont celles qui ont été effectuées sous contrôle médical au cours des cent dernières années.

Aujourd'hui certains journaux, même médicaux, publient des informations fantaisistes.

L'affirmation selon laquelle Goliath de Gath (1060 av. J.-C.) « aurait mesuré six coudées et une paume », soit 290 cm, est sans doute due à l'exagération des chroniqueurs. L'historien hébreu Flavius Josèphe (37-95 apr. J.-C.) et certains manuscrits des « Septante » – la plus ancienne traduction grecque de l'Ancien Testament – ne lui attribuent que quatre coudées et une paume grecques, soit 208 cm.

Les ossements immenses découverts au Moyen Age, et qui, selon les savants de l'époque, auraient appartenu à des géants de l'Antiquité, étaient en fait des restes de cétacés, d'ours géants, de mastodontes, de rhinocéros à poil long ou d'autres sortes d'animaux préhistoriques.

Les géants que l'on peut voir dans les cirques et les foires sont généralement tenus par un contrat qui les empêche de se faire mesurer. Cette contrainte permet à leur impresario d'ajouter jusqu'à 45 cm à leur taille. Les exemples de ces supercheries sont nombreux.

Le géant Eddy Carmel (né à Tel-Aviv en 1938), connu sous le nom de « plus grand homme du monde » était présenté sous le chapiteau du cirque Barnum comme un géant de 275 cm et de 242 kg, mais, en étudiant les photos, on estime qu'il n'atteignait que 229 cm. Il mourut à New York le 14 août 1972. Il ne mesurait alors plus que 212 cm en raison d'une grave cyphose.

Un cas d'exagération extrême a été celui de Siah Khan Ibn Kashnir Khan (né en 1913), de Bushehr, Iran. Le professeur D. H. Fuchs montra des photos de cet homme à un congrès de la Société des médecins à Vienne, en janvier 1935, et déclara qu'il mesurait 320 cm. Quelque temps plus tard, lorsque Siah Khan fut hospitalisé à l'hôpital impérial de Téhéran pour y subir une opération, on découvrit qu'il mesurait 1 m de moins, c'est-à-dire 220 cm.

Le plus grand homme *du monde*

Le plus grand homme pour lequel on a des preuves irréfutables est le géant pré-acromégale **Robert Pershing Wadlow,** né le 22 février 1918, à 6 h 30, à Alton, Illinois, États-Unis.

Il pesait 3,800 kg à la naissance et sa croissance anormale démarra à l'âge de 2 ans, après l'opération d'une double hernie. Sa croissance suivit la progression du tableau ci-contre.

Le docteur C. M. Charles, professeur d'anatomie à l'école de médecine de la Washington University à Saint Louis, Missouri, et le docteur Cyril MacBride mesurèrent Robert Wadlow le 27 juin 1940 : il atteignait **272 cm.** Wadlow devait mourir dix-huit jours plus tard à 13 h 30, le 15 juillet 1940, à Manistee, Michigan, des suites d'une maladie des tissus cellulaires qui avait attaqué sa cheville gauche et qui avait été aggravée par la mauvaise adaptation d'un appareil orthopédique posé une semaine auparavant. Il avait 22 ans.

Il fut enterré au cimetière d'Oakwood, Alton, Illinois, dans un cercueil qui mesurait 328 x 81 x 76 cm. Son poids maximal avait été de 222,71 kg le jour de ses 21 ans. Il pesait 199 kg le jour de sa mort. Ses pieds mesuraient 47 cm de long et ses mains 32,5 cm du creux du poignet à l'extrémité du médius. Les bras en croix, il avait 288 cm d'envergure. Il consommait chaque jour jusqu'à 8 000 calories. A l'âge de 9 ans il était capable de porter son père, qui mesurait 182 cm et pesait 72 kg, jusqu'en haut des escaliers de la maison familiale.

Le plus grand homme *vivant*

Muhammad Alam Channa (né en 1956) mesure **251,4 cm** pour 180 kg. La croissance anormale de ce Pakistanais a commencé à l'âge de 12 ans et à 20 ans, il mesurait 231 cm. Il se consacre à la prière et à l'entretien d'un temple à Lal Shahbaz, Pakistan. Il pèse 208 kg.

Le plus grand homme *d'Europe*

Herart Weller (R.F.A.), 58 ans, mesure **239 cm** et chausse du 54.

Le plus grand homme *de France*

Charles René, âgé de 31 ans, mesure **227 cm** et pèse 145 kg.

Les plus grands jumeaux

Les **frères Ugo,** vrais jumeaux italiens, auraient mesuré **230 cm.**

Les plus grands jumeaux *vivants*

Les plus grands (vrais) jumeaux sont actuellement **Dan et Doug Busch** (nés en 1961) de Flagstaff, Arizona, États-Unis, qui mesurent chacun **210 cm.**

Autres records

On connaît 10 autres géants qui ont réellement dépassé **244 cm.** Dans 7 de ces cas, le gigantisme était accompagné d'acromégalie, dérèglement qui cause une croissance anormale des lèvres, de la langue, de la mâchoire inférieure, des pieds et des mains, en raison d'un surcroît d'activité de la glande pituitaire déjà hypertrophiée.

CROISSANCE DE ROBERT WADLOW

Age	Taille	Poids — kg
5	1,63 m	48
8	1,83 m	77
9	1,89 m	82
10	1,96 m	95
11	2,00 m	—
12	2,10 m	—
13	2,18 m	116
14	2,26 m	137
15	2,34 m	161
16	2,40 m	170
17	2,45 m	143[1]
18	2,53 m	—
19	2,58 m	218
20	2,61 m	—
21	2,65 m	223
22,4[2]	2,72 m	199

1. A la suite d'une mauvaise grippe et d'une infection du pied.
2. Il grandissait toujours lors de la maladie qui l'emporta.

Wadlow, l'homme le plus grand du monde, mesurait 272 cm.

Herart Weller, le plus grand Européen, mesure 239 cm.

Chris Qrebner, mesure 229 cm et pèse 165 kg.

Les 10 autres hommes de plus de 244 cm

John Caroll (1932-1969), de Buffalo, N.Y. State, États-Unis **263,5 cm.** Ce chiffre indique la taille qu'il aurait atteinte s'il n'avait souffert d'une cyphose qui avait amené sa taille à 244 cm en déviant sa colonne vertébrale. Il ne mesurait que 234 cm peu de temps avant sa mort.
John William Rogan (1871-1905), un Noir de Gallatin, Tennessee, États-Unis **259,1 cm.** Il a été mesuré assis car une raideur de toutes les articulations des genoux et des hanches l'empêchait de se tenir debout.
Muhammad Alam Channa (né en 1956) de Sehwan Sharif, Pakistan **251,4 cm.** Il a commencé à grandir anormalement à 10 ans. Sa taille a parfois été exagérée jusqu'à 259 cm.
Don Koehler (1925-1981), de Denton, Montana, États-Unis **248,9 cm.** Il s'est voûté et ne mesure plus que 238 cm. Sa sœur jumelle mesure 175 cm. Son père mesurait 187 cm et sa mère 177 cm.
Bernard Coyne (1897-1921), d'Anthon, Iowa, États-Unis **248,9 cm.** Il a été réformé en 1918 alors qu'il mesurait 236 cm.
Vainô Myllyrinne (1909-1963), d'Helsinki, Finlande **247 cm.** Il mesurait 222 cm à l'âge de 21 ans. Il subit une deuxième période de croissance peu avant la quarantaine et a peut-être atteint 251 cm.
Patrick Cotter O'Brien (1760-1806), de Kinsale, County Cork, Irlande **246 cm.**
« Constantine » (1872-1902), de Reutlingen, Allemagne de l'Ouest **245,8 cm.** Sa taille a été estimée alors qu'il avait été amputé des deux jambes atteintes par la gangrène. Il déclarait avoir atteint 259 cm.
Gabriel Estevao Monjane (né en 1944), de Monjacaze, Mozambique **245,7 cm.** Il mesurait 226 cm à 16 ans. Il se produit dans un cirque.
Sulaiman Ali Nashnush (né en 1943), de Tripoli, Libye **245 cm.** Il a été opéré avec succès en 1960 pour stopper sa croissance.

Sandy Allen est aujourd'hui la femme la plus grande : 232,4 cm.

LES PLUS GRANDES FEMMES

La plus grande femme
Zen Jinlian (1964-1982), de la province de Hunan, en Chine centrale, mesurait **246,3 cm.** Sa croissance anormale avait débuté à l'âge de 4 mois. A 4 ans, elle mesurait 156 cm et à 13 ans, 217 cm. Ses mains mesuraient 25,5 cm et ses pieds 35,5 cm. Elle souffrait d'une scoliose et de diabète. Ses parents mesurent 163 cm et 156 cm, et son frère 158 cm.

La plus grande femme *vivante*
Sandy Allen (née le 18 juin 1955), de Niagara Falls, États-Unis, mesure **231,7 cm** pour 209 kg et chausse du 50. Sa croissance a été interrompue en 1977 par l'ablation de la glande pituitaire. A la naissance, elle pesait 2,900 kg et sa croissance anormale débuta immédiatement.

Le plus grand couple
Anna Hanen Swan (1846-1888), Canada, qui mesurait **227 cm,** avait épousé en 1871 **Martin van Buren Bates** (1845-1919), États-Unis, qui mesurait **220 cm.**

LES PLUS PETITS NAINS

La taille des nains, comme celle des géants, est souvent exagérée, mais dans l'autre sens.

De même que 272 cm est sans doute la taille maximale de l'homme, 59 cm est sa taille constatée (la taille moyenne d'un nouveau-né se situe entre 46 et 50 cm). Lorsqu'il s'agit d'enfants nains, ils sont souvent vieillis par leurs impresarios.

Il existe plusieurs formes de nanisme. Les nains ateliotiques, connus sous le nom de Lilliputiens, sont les plus petits, ils ont des proportions normales. Ces nains étaient plus petits lorsque la taille moyenne des hommes était inférieure en raison de l'alimentation moins riche que celle que nous connaissons aujourd'hui.

La plus petite femme
Pauline Musters (Princesse Pauline), naine hollandaise, mesurait 30 cm à la naissance, le 28 février 1877. A 9 ans, elle pesait 1,500 kg et mesurait 55 cm. Elle mourut à l'âge de 19 ans d'une pneumonie et de

méningite, le 1er mars 1895, à New York. On prétendit qu'elle ne mesurait que 48 cm, mais un contrôle médical indiqua **59 cm.** Son poids variait entre 3,5 kg et 4 kg.
Ses mensurations, qui étaient de 47-48-43 cm, laissent supposer qu'elle était légèrement enrobée.

La plus petite fille
On a découvert en 1970, sur le seuil d'un couvent athénien, une petite fille, sans doute la seule survivante de jumelles. A 11 ans, elle est affligée du syndrome de Seckel et mesure **50 cm** pour 1,980 kg. Sa croissance semble arrêtée.

Un cas similaire a existé en Corse mais la petite fille a fini par atteindre 86,3 cm et 11,8 kg.

Le plus petit homme
Le plus petit homme (mesuré à **67 cm** sous contrôle médical) fut **Calvin Phillips,** né le 14 janvier 1791 à Bridgewater, Massachusetts, États-Unis.
Il pesait 907 g à la naissance et sa croissance s'arrêta à l'âge de 5 ans. A 19 ans, il mesurait 67 cm et pesait 5,400 kg tout habillé.
Il mourut deux ans plus tard, en avril 1812, de *progeria,* maladie très rare dont les symptômes sont le nanisme et la sénilité précoce.

Les nains célèbres
Le nain le plus célèbre de tous les temps est Charles Sherwood Stratton, surnommé **« Général Tom Pouce »,** né le 4 janvier 1838.
Lorsqu'il entra au cirque Barnum, sa date de naissance fut transformée pour le vieillir de six ans : il aurait mesuré 77 cm à 18 ans, mais il n'en avait que 12. Il mourut d'apoplexie le 15 juillet 1883 à l'âge de 45 ans (et non de 51). Il mesurait alors 102 cm.

Un autre nain célèbre fut le **« Comte » Joseph Boruwalaski** (né en novembre 1739). Ce nain polonais ne mesurait que 20 cm à la naissance et 36 cm à 1 an, 43 cm à 6 ans, 53 cm à 10 ans, 64 cm à 15 ans, 89 cm à 25 ans, et 99 cm à 30 ans. Il mourut en Angleterre, le 5 septembre 1837, à 97 ans.

William E. Jackson, surnommé **« Major Mite »,** né le 2 octobre 1864 à Dunedin, Nouvelle-Zélande, mesurait 23 cm et pesait 340 g. Il mourut à New York le 9 décembre 1900. Il mesurait alors 70 cm.

En France
Le nain le plus célèbre de France fut certainement **Nicolas Ferri,** qui faisait partie de la cour du roi Stanislas Leszczyński qui régna à Lunéville de 1737 à 1766. Il était né en 1741 à Plaisnes, dans les Vosges, et mourut à Lunéville à l'âge de 23 ans : il mesurait alors 89 cm.

Les plus petits hommes *en vie*
Antonio Ferreira, né en 1943 au Portugal, ne mesure que **75 cm.**

En juillet 1982, le bruit a couru que Ghucam Ahmed, paysan indien, ne mesurerait que 71 cm.

Les plus petits jumeaux
Matjus et Bela Martina (nés en 1903) de Budapest, Hongrie, mesuraient 76 cm.

Les plus petits jumeaux *vivants*
John et Greg Rice (nés en 1952) de Palm Beach, Floride, États-Unis, mesurent 86 cm.

La naine la plus âgée
Miss **Susanne Bokoyni** « Princesse Susanna », États-Unis, a eu **104 ans** le 16 avril 1983. Elle mesure 101 cm et pèse 17 kg.

On ne connaît que 2 naines centenaires, l'autre, Anne Clowes, G.-B., est morte à 103 ans en 1784.

Nain-géant
Adam Rainer, né à Graz, Autriche, en 1899, mesurait **118 cm** à l'âge de 21 ans, mais il se mit brusquement à grandir et atteignit **218 cm** en 1931.
Cette croissance brutale l'affaiblit énormément et il dut rester alité jusqu'à sa mort, le 4 mars 1950, à l'âge de 51 ans.
Il est le seul cas de l'histoire médicale qui ait été nain et géant.

Antonio Ferreira, 75 cm, est le plus petit homme vivant.

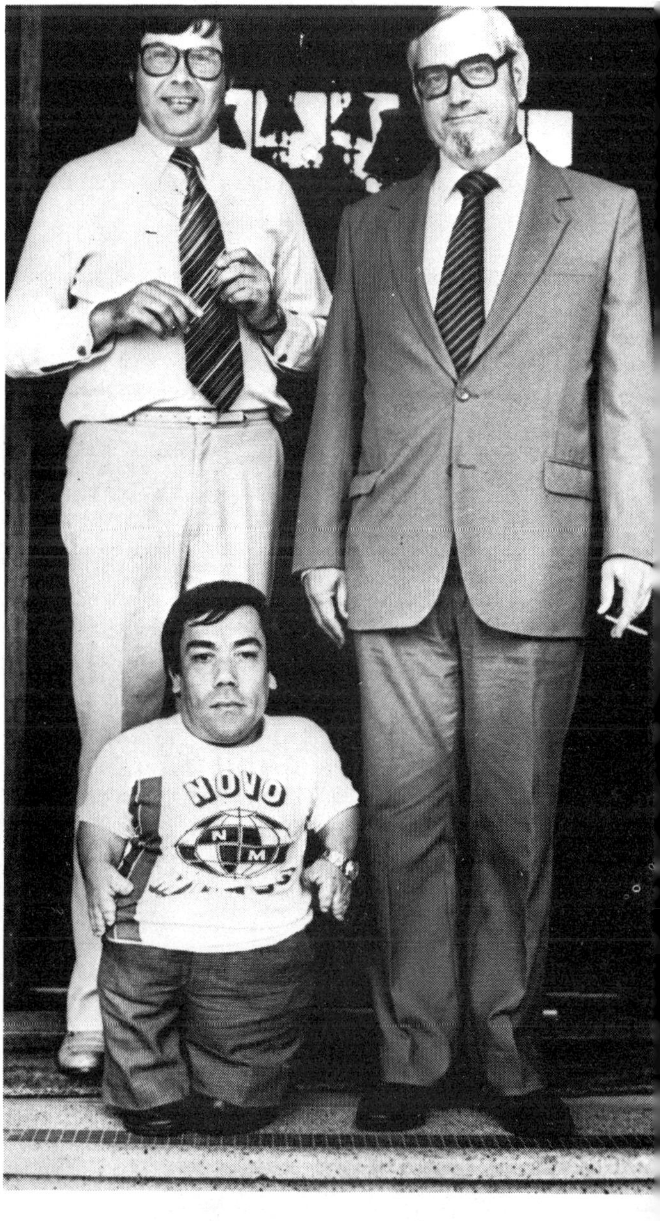

POPULATIONS

Les plus grandes

La taille moyenne des conscrits **hollandais** est de **180 cm** (augmentation de 15 cm en 100 ans).

La taille moyenne des jeunes hommes adultes **tutsi** ou Watussi, bergers du Ruanda et du Burundi, en Afrique centrale, est de **180 cm.**

Les plus petites

Les pygmées les plus petits sont les **Mbuti,** avec une taille moyenne de 137 cm pour les hommes et de 136 cm pour les femmes.
Certains groupes ont une taille moyenne de **132 cm** chez les hommes et de **124 cm** chez les femmes. Ils vivent dans les forêts qui bordent l'Ituri, rivière d'Afrique.

La taille moyenne des Watussi dépasse 183 cm.

Les pygmées adultes ont la taille d'un enfant de 10 ans.

En Europe

La taille moyenne des **Portugais** est de **167,1 cm** (augmentation de stature la plus faible : 3,7 cm en 100 ans).

Taille des Français

La taille moyenne des Français est de **174 cm** pour les hommes et **164 cm** pour les femmes.

Les Français les plus grands sont les Alsaciens (171,5 cm), les plus petits sont les Bretons (167,7 cm).

POIDS

L'homme le plus lourd

L'être humain le plus lourd de l'histoire médicale est **Jon Brower Minnoch** (né le 29 septembre 1941) de Bainbridge Island, Washington, U.S.A.
En mars 1978, une équipe de secours le transporta sur une estrade de planches à l'hôpital de l'université de Seattle. L'endocrinologue qui le soignait a estimé qu'il pesait plus de **635 kg.** Il fallait 13 assistants médicaux pour le retourner dans son lit d'hôpital.
Après 2 ans d'un régime très strict qui ne lui autorisait que 1 200 calories par jour, il ne pesait plus que 216 kg. Il mesure 185 cm, il pesait 180 kg en 1963, 315 kg en 1966 et 440 kg fin 1976. En octobre 1981, il fallut le réhospitaliser. Il avait repris 91 kg.

Rémond Ermond avait 280 cm de tour de taille en 1900.

Les jumeaux américains Billy et Benny Mc Guire pesaient 337 kg et 328 kg et avaient 2,13 cm de tour de taille.

Les jumeaux les plus lourds

Les jumeaux les plus lourds du monde étaient **Billy Léon** et **Benny Lloyd McCrary** *alias* McGuire, nés le 7 décembre 1946, à Hendersonville, Caroline du Nord, États-Unis, avec un tour de taille de 213 cm. En tant que lutteurs professionnels, ils ont été pesés au poids maximal de **349 kg.**

Lorsqu'ils firent un séjour à l'hôpital pour une cure d'amaigrissement, ils grossirent de 2,260 kg. Billy est malheureusement mort le 7 juillet 1979, à la suite d'un accident avec sa mini-moto.

L'adulte le plus léger

L'adulte le plus léger fut **Lucia Zarate,** née à San Carlos, Mexique, le 2 janvier 1863, décédée en octobre 1889. Cette Mexicaine atéliotique de 67 cm pesait **2,125 kg** à l'âge de 17 ans. Elle « engraissa » et atteignit le poids record de 5,900 kg à l'âge de 20 ans. A la naissance, elle pesait 1,100 kg.

Les adultes les plus maigres

On a observé chez des malades atteints de la maladie de Simmonds (cachexie de l'hypophyse), des pertes de poids allant jusqu'à 65 % du poids originel. Ainsi Emma Shaller (1868-1890) a subi une perte de 20 kg pour 157 cm.

Edward C. Hagner (1892-1962), *alias* Eddie Masher, États-Unis, n'aurait pesé que **22 kg pour 170 cm.** Il était connu sous le nom de Skeleton (Squelette) Dude.

Une Américaine, **Rosa Lee Plemons** (née en 1873), ne pesait que **12 kg** à 18 ans.

En France

L'homme le plus gros de France a été **Rémond Ermond,** qui, en 1900, se déclarait « l'homme le plus lourd du monde ».

Ce colosse jurassien, né en 1882, originaire d'Offlanges, offrait 1000 F au rival qui battrait ses mensurations records.

Il atteignait **311 kg** pour 250 cm de tour de poitrine, 288 cm de tour de ceinture, 98 cm de tour de cuisse et 84 cm de tour de mollet.

Madame Curie lui rendit visite en 1935. Il mourut à 54 ans d'une crise d'urémie.

Les femmes les plus lourdes

La femme la plus lourde jamais pesée fut Mme Percy Pearl, Washington, décédée à 46 ans à l'hôpital de Milwaukee le 9 octobre 1972.

A l'hôpital, elle atteignit 362,800 kg, mais on pense qu'elle a pu peser jusqu'à **399 kg.**

Le record féminin précédent était celui de Mme Ida Maitland (1898-1932), de Springfield, Mississippi, États-Unis, qui aurait pesé 413,200 kg ; cependant, les preuves sont très aléatoires.

Mme Flora Mae Jackson (née King), de race noire, née à Shuqualak, Mississippi, États-Unis, pesait 4,500 kg à la naissance, 121 kg à 11 ans, 282 kg à 25 ans et 381 kg peu de temps avant sa mort, le 9 décembre 1965.

Elle mesurait 175 cm. Elle était connue dans le monde du spectacle sous le nom de « Baby Flo ».

Autrefois, les conditions d'alimentation et d'hygiène déficientes accentuaient la maigreur des personnes prédisposées.

En juillet 1977, une femme de 83 ans est morte en Grande-Bretagne : elle ne pesait que **15 kg.**

En France
Claude-Ambroise Sourat, de Troyes (10 avril 1797-6 avril 1826), a été mesuré en 1825. Son tour de biceps n'était que de 10 cm et il avait 8 cm d'épaisseur de torse.
Selon un rapport, il pesait 35 kg pour 171 cm et selon un autre, **16 kg pour 163 cm.**

L'amaigrissement *le plus important*
William J. Cobb, *alias* « Happy Humphrey », né en 1926, lutteur professionnel de Macon, Géorgie, États-Unis, est passé de 364 kg à 105 kg, soit une perte de poids de **259 kg en 3 ans.**
Son tour de poitrine passa de 257 cm à 112 cm. En octobre 1973, « Happy » était revenu à son poids normal de 295 kg.

Mme **Celesta Geyer,** *alias* « Dolly Dimples », née en 1901, passa de 251 kg à 69 kg, soit une perte de **182 kg en 14 mois.**
Ses mensurations passèrent de 200-213-213 cm à 86-71-91 cm. Elle écrivit un livre, *Comment j'ai perdu 180 kg*, mais cet ouvrage ne fut pas un best-seller. Trop peu de gens, probablement, se sentaient concernés par ce problème.
En décembre 1967, elle ne pesait plus que 50 kg.

L'amaigrissement *le plus rapide*
Paul M. Kimelman, de Pittsburgh, Pennsylvanie, États-Unis, avait réussi à 21 ans, entre le 25 décembre 1966 et août 1967, à perdre **157 kg en 8 mois.**
Il pesait à l'origine 215,900 kg et descendit jusqu'à 59 kg en réduisant son régime alimentaire de 3 000 à 600 calories par jour. Son poids est à présent stabilisé à 79 kg.

En février 1951, Mme Gertrude Levandowski, née en 1893, de Burnips, Michigan, États-Unis, après l'ablation d'un kyste est passée de 280 kg à 140 kg.

En France
Une femme hospitalisée à Paris dans un service de diététique est passée de **320 kg à 200 kg** en 9 mois (120 kg).

Gains de poids
Jon Minnoch a été réhospitalisé en septembre 1982 à l'hôpital de Seattle, U.S.A., après avoir grossi de **90 kg en 14 jours.**

Mlle Doris James, de San Francisco, Californie, États-Unis, aurait grossi de **147 kg** dans les douze mois qui ont précédé sa mort, en 1945, à l'âge de 38 ans. Elle ne mesurait que 157 cm.

Couple
La plus grande différence de poids entre deux personnes mariées est de **419 kg** dans le cas de Mills Darden (463 kg – cf. Les hommes les plus gros) et sa femme Mary (44 kg). Mme Darden donna trois enfants (peut-être cinq) à son mari.

Attention, tenter un record peut être dangereux.

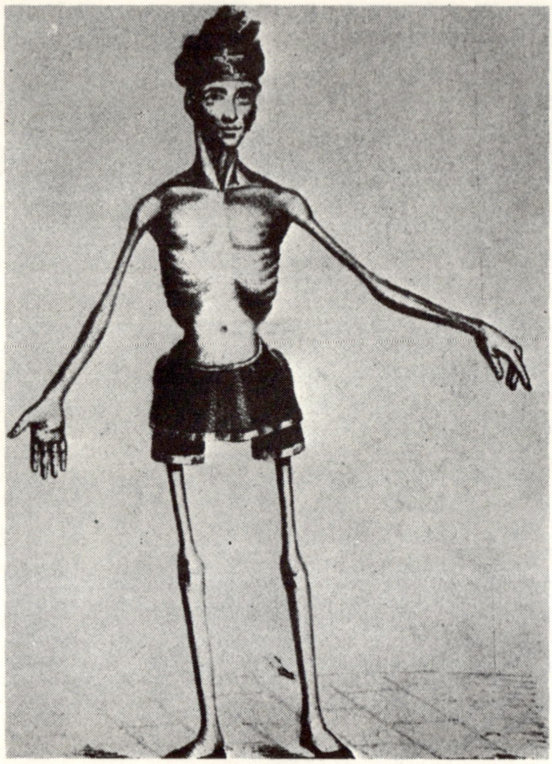

Claude-Ambroise Sourat avait 10 cm de tour de biceps.

Records humains

L'homme le plus grand	Robert Wadlow, U.S.A.	1918-1940	272 cm
La femme la plus grande	Zen Jinlian, Chine.	1964-1982	246,3 cm
L'homme le plus gros	Jon Brower Minnoch, U.S.A.	né le 29-09-1941	max. 635 kg
La femme la plus grosse	Percy Pearl, U.S.A.	1926-1972	max. 399 kg
L'homme le plus petit	Calvin Phillips, U.S.A.	1791-1812	67 cm
La femme la plus petite	Pauline Musters, Hollande	1877-1895	55 cm
La femme la plus légère	Lucia Zarate, Mexique	1863-1889	max. 5,900 kg
L'homme le plus vieux	Shigechiyo Izumi, Japon	né le 29-06-1865	118 ans
La femme la plus vieille	Fannie Thomas, U.S.A.	1867-1981	113 ans 273 jours
Le plus d'enfants pour une seule femme	Mme Vassiliev, Russie	1707-1782	69

Les 9 hommes les plus lourds du monde

Jon Minnoch	1941-	États-Unis	185 cm	635 kg	
Michael Walker	1934-	États-Unis	188 cm	538 kg	
Robert Hughes	1926-1958	États-Unis	184 cm	485 kg	
Mills Darden	1798-1857	États-Unis	229 cm	463 kg	
John Hanson Craig	1856-1894	États-Unis	195 cm	411 kg	(A)
Arthur Knorr	1914-1960	États-Unis	185 cm	408 kg	(B)
Toubi	1946-	Cameroun		389 kg	
T.J. Albert	1957-	États-Unis		388 kg	
T.A. Valenzuela	1895-1937	Mexique	180 cm	386 kg	

(A) Il gagna 1 000 $ au concours du plus beau bébé, à New York, en 1858.
(B) Il grossit de 136 kg pendant les six derniers mois de sa vie.

ORIGINES

Le premier homo sapiens serait apparu il y a 450 000 ans.

Le premier homme

Si on réduit l'âge du système Terre-Lune (estimé à 4 700 millions d'années) à la valeur d'une seule année, l'*Homo habilis* est apparu le 31 décembre à 20 h 35.
L'ère chrétienne a commencé 13 secondes avant minuit et la vie d'un habitant de la Terre qui vivrait jusqu'à 118 ans (voir *Longévité*) ne représenterait que 3/4 de seconde.

Les calculs les plus récents laissent prévoir que si la chaleur du Soleil continue à augmenter comme elle le fait, la vie sera insupportable sur la Terre d'ici 10 millions d'années. D'ici là il se peut qu'il y ait des épicycles de refroidissement.

L'homme *(Homo sapiens)* est une espèce de la sous-famille des hominés, de la famille des hominidés, de la super-famille des hominoïdés, du sous-ordre des simiens (ou anthropoïdes), de l'ordre des primates, de l'infraclasse des euthériens, de la sous-classe des thériens, de la classe des mammifères et de l'embranchement des cordés, du sous-ordre des métazoaires du règne animal.

Les premiers primates

Les **primates** ont fait leur apparition à la période du paléocène, il y a environ **80 millions d'années.** Le sous-ordre des hauts primates, appelés simiens ou anthropoïdes, s'est développé à partir des catarhiniens, jusqu'à plus de 40 millions d'années plus tard, à l'oligocène inférieur.

C'est au cours de l'oligocène moyen et supérieur qu'est apparue la famille des super-hominoïdés, qui comprend trois familles, c'est-à-dire les hominidés « bipèdes », vivant au sol, humains ou rapprochant de l'humain ; les pongidés (d'où dérivent les grands singes actuels) et les oréopithèques. Le premier fossile d'hominoïdé (se rapprochant de l'homme) est l'*Oligopithecus Savagei,* qui a été découvert à El-Fayum, en Égypte, et qui a été daté d'il y a environ 33 millions d'années.

Le Dr Mary Leakey a découvert en 1983 une dent de *Ramapithecus* datant de 16 millions d'années. Cette espèce serait peut-être la femelle du *Sivapithecus* et l'ancêtre de l'orang-outang.

Le premier *Homo*

Les plus vieux fossiles du genre ***Homo*** (bipède) sont les ossements de huit adultes et de trois enfants que le Dr Mary Leakey a découverts en 1975 à Laetoli, Tanzanie, et qui ont été datés de **3 350 000 à 3 750 000 avant J.-C.**

On a découvert dans la vallée de l'Awash, Éthiopie, un fémur et des fragments de crâne qui auraient pu appartenir à un *Homo* et qui ont été datés de 500 000 ans après la mutation du genre *Homo,* il y a 4,5 millions d'années.

Le plus complet de tous les squelettes d'*Homo* que l'on connaisse est celui de « Lucy » (complet à 40 %) découvert par le docteur Donald Johanson dans le Hadar, en Éthiopie, en novembre 1974. Ce squelette, baptisé *Australopithecus Afarensis,* daterait d'un peu plus de 3 millions d'années.

En 1978, à Laetoli, Tanzanie, on a découvert des empreintes de pieds datant de 3,5 millions d'années. Ces empreintes appartenaient à trois *Homo* dont le plus petit mesurait 120 cm.

Le premier *Homo sapiens*

Les restes d'*Homo sapiens* les plus anciens, datant de **300 000 à 450 000 ans** (moyen pléistocène), ont été découverts le 24 août 1965 par le docteur Laszlo Vertas à Vertasszöllös, près de Budapest, Hongrie. Ces restes d'*Homo sapiens paleo-hungaricus* comprennent un os occipital presque complet qui fait partie d'un crâne dont la capacité a été estimée à 1 400 cm³.

L'homme est apparu en Amérique entre 50 000 et 100 000 ans avant J.-C.
En décembre 1970, on a découvert près de Los Angeles un crâne datant de 22 000 avant J.-C.

LONGÉVITÉ

La longévité de l'homme est le domaine où la vanité et la malhonnêteté se sont le plus exercées.

L'âge des vieillards les plus vieux est extrêmement difficile à connaître. Les cas de longévité extrême sont généralement annoncés par des relations de ces personnes et non par elles-mêmes.

A toutes les époques on a affirmé que certaines personnes avaient largement dépassé 100 ans et même 200 ans. Les centenaires dépassant 112 ans sont en fait extrêmement rares, et la limite de la longévité humaine se situe actuellement à 118 ans.

Il est très significatif qu'en Suède, où une enquête approfondie suit le décès de toute personne soi-disant très âgée, personne n'ait jamais dépassé 108 ans.

Il est aussi significatif que la densité des prétendus « centenaires » varie dans la même proportion que l'analphabétisme local.

A la fin de leur vie, les vieillards ont tendance à vieillir de plus en plus vite : ils vieillissent environ de 17 ans pour 10 ans.

De nombreux super-centenaires ont souvent eu deux vies (père et fils, membres de la même famille portant le même nom, détenteurs d'un même titre, etc.). L'exemple le plus fameux est celui de Christian Jakobsen Drachenberg, soi-disant né le 18 novembre 1626 à Stavanger, Norvège, et mort le 9 octobre 1772 à Aarhus, Danemark, à 145 ans et 326 jours.

Certaines publicités sont faites autour des centenaires dans un but politique. Ainsi l'U.R.S.S. se vantait en mars 1960 de posséder 100 citoyens qui auraient eu entre 120 et 156 ans. Cela semble fort peu probable : il n'y a que 1 chance sur 2 100 000 pour qu'un homme atteigne 115 ans.
L'anthropologue français Jean Rauch signalait en 1969 le cas d'un Malien, Anai Dollo, qui aurait vécu 122 ans. On rapportait, dans sa tribu, qu'il avait assisté 3 fois aux cérémonies sacrées qui se déroulent tous les 60 ans : en 1847, alors qu'il n'était qu'un bébé, en 1907 et en 1967.

Le plus vieil homme

L'âge maximal jamais atteint est **118 ans** dans le cas de **Shigechiyo Izumi,** de Tokunoshima, Japon, né le 29 juin 1865. Il a été déclaré à l'âge de 6 ans lors du recensement de 1871. Il regarde la télévision et confie que le secret d'une longue vie est « de ne pas s'en faire ».
Depuis quelques années, on observe un phénomène inexpliqué et baptisé « anamélanisme » : ses cheveux redeviennent noirs aux tempes.

La Française la plus âgée

Le record de longévité absolue appartient à **Graziella Inzirillo,** de Sarcelles, qui a fêté ses **112 ans** le 20 janvier 1983.

Les quadruplés les plus âgés

Adolf, Anne-Marie, Emma et Elisabeth **Ottman,** Autriche, nés le 5 mai 1912, ont eu **71 ans.**

Les triplés les plus âgés

Les triplés les plus âgés jamais enregistrés ont été **Faith, Hope et Charity** (Foi, Espérance et Charité) **Caughlin,** nées à Malboro, Massachusetts, États-Unis, le 27 mars 1868. Hope s'est éteinte la première à l'âge de **93 ans,** le 2 mars 1962.

Les jumeaux les plus âgés

Il n'y a que 1 chance sur 700 000 000 que deux vrais jumeaux atteignent l'âge de 100 ans.

Les jumeaux les plus âgés furent **Eli et John Phipps,** nés le 14 février 1803, à Affinghton, Virginie, États-Unis. Eli est mort le premier à Hennessey, Oklahoma, États-Unis, le 23 février 1911, à l'âge de **108 ans et 9 jours.**

L'homme le plus vieux a 118 ans.

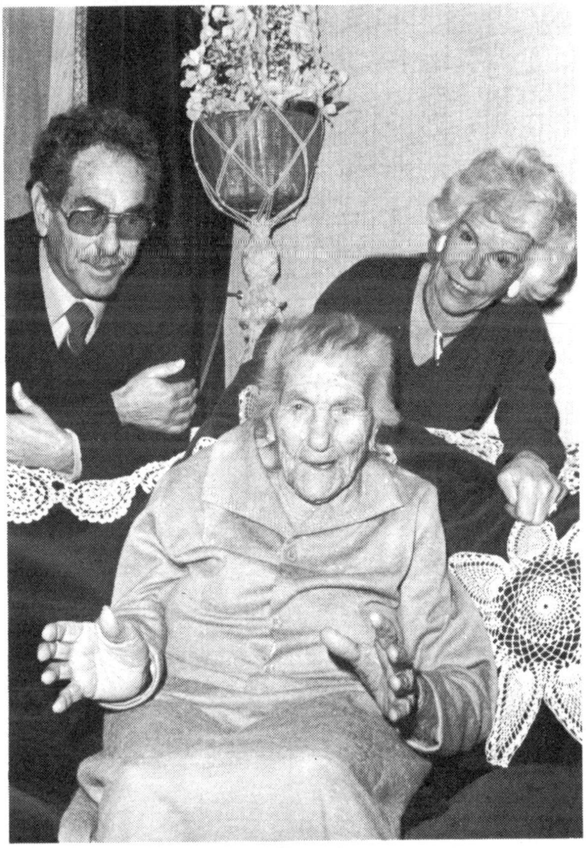

Graziella Inzirillo, la doyenne des Français.

Les jumelles les plus âgées *vivantes*

Elisabeth Brown English et **Lucy Brown Coleman** ont célébré leur 101e anniversaire le 13 janvier 1983 dans la maison de retraite de Mc Rae en Georgie où elles vivent des jours tranquilles.

Anna et Jeanne Bernard (Mmes Brau et Vieu) étaient nées le 19 février 1880 à Azille (Aude). Anna s'est éteinte le 11 mai 1980 à Azille à **100 ans et 80 jours.**

Les siamoises les plus âgées

Yvonne et Yvette Jones, Los Angeles, U.S.A., vivent depuis **34 ans** reliées par la tête. Elles ont refusé d'être séparées par une opération.

Les jumelles Elisabeth et Lucy Brown ont soufflé 101 bougies.

RECORDS NATIONAUX DE LONGÉVITÉ AUTHENTIFIÉS

Pays	Années	Jours	Noms	Né(e) le	Décédé(e) le
Japon	118	–	Shigechiyo Izumi	29-06-1865	–
États-Unis	113	273	Fannie Thomas	24-04-1867	22-01-1981
Canada	113	124	Pierre Joubert	15-07-1701	16-11-1814
Espagne	112	228	Josepha Salas Mateo	14-06-1860	27-02-1973
France	112	66	Augustine Teissier	2-01-1869	9-03-1981
Angleterre	112	39	Alice Stevenson	10-07-1861	18-08-1973
Maroc	112	+	El Hadj Mohammed el Mokri (Grand Vizir)	1844	16-09-1957
Pologne	112	+	Roswlia Mielzcarac	1868	7-01-1981
Irlande	111	327	Katherine Plunket	22-11-1820	14-10-1932
Australie	111	235	Jane Piercy	2-09-1869	3-05-1981
Afrique du Sud	111	151	Johanna Booyson	17-01-1857	16-06-1968
Tchécoslovaquie	111	+	Marie Bernatkova	22-10-1857	ap. 8-10-1968
Yougoslavie	110	150	Demitrius Philipovitch	9-03-1818	ap. 08-1928
Pays-Bas	110	141	Gerada Hurenkamp	5-01-1870	25-05-1980
Grèce	110	+	Lambrini Tsiatoura	1870	19-02-1981
U.R.S.S.	110	+	Khasako Dzugayev	7-08-1860	ap. 08-1970
Norvège	109	208	Marie Olsen	1-05-1850	24-11-1959
Suède	109	203	Carina Nilsson	27-08-1872	18-03-1981
Tasmanie	109	179	Mary Ann Crow	2-02-1836	31-07-1945
Italie	109	179	Rosalia Spoto	25-08-1847	20-02-1957
Belgique	108	327	Mathilda Vertommen-Hellemans	12-08-1868	1-07 1977
Allemagne	108	128	Louise Schwarz	27-09-1849	2-02-1958
Portugal	108	+	Maria Luisa Jorge	7-06-1859	ap. 07-1967
Finlande	107	221	Amalia Wallenius	06-08-1867	24-03-1975
Autriche	106	231	Anna Migschitz	3-02-1850	01-11-1956
Malaisie	106	+	Hassan Bin Yusoff	14-08-1865	ap. 01-1972

FÉCONDITÉ

MATERNITÉ

Le plus d'enfants
69 enfants est le plus grand nombre d'enfants mis au monde par une seule femme, la deuxième épouse de Fedor **Vassiliev** (1707-1782), paysan des environs de Moscou. Cette femme a accouché 27 fois : 16 fois des jumeaux, 7 fois des triplés et 4 fois des quadruplés. Au moins 67 des enfants ont survécu.

Le plus d'enfants actuellement
La femme qui a mis au monde le plus grand nombre d'enfants est **Leontina Albina,** née en 1925, de San Antonio, Chili. Elle aurait eu **au moins 51 enfants** dont 40 ont survécu (24 garçons et 16 filles).

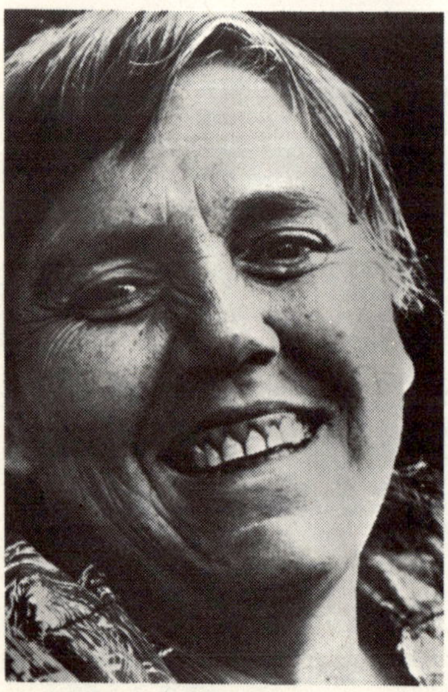

Leontina Albina a élevé 40 enfants.

Plus grand nombre d'enfants signalés en un seul accouchement	**10** (décaplés) : 2 garçons, 8 filles, à Bacacay, Brésil, le 22 avril 1946. Autres cas signalés en Espagne en 1924 et en Chine le 12 mai 1936.
Plus grand nombre médicalement observé	**9** (nonuplés) : 5 garçons, 4 filles, de Mme Geraldine Brodrick, à l'hôpital Royal de Sydney, Australie, le 13 juin 1971 (2 garçons mort-nés; 1 garçon vécut 6 jours). **9** (aucun ne survécut), à Philadelphie, le 29 mai 1972. **9** (aucun ne survécut), à Bagerhat (Bangladesh), le 11 mai 1977, d'une femme de 30 ans.
Plus grand nombre de sextuplés ayant survécu	**6 sur 6** (3 garçons, 3 filles), de Susan Rosenkowitz (28 ans), au Cap, le 11 janvier 1974 (poids total : 10,915 kg). **6 sur 6** (4 garçons, 2 filles), de Rosanna Gianini, le 11 janvier 1980, à Florence. La naissance a eu lieu après 35 semaines de grossesse, à la suite d'un traitement contre la stérilité.
Quintuplés les plus lourds	**11,350 kg** (Mme Lui Saulien, Chine), le 7 juin 1953. **11,350 kg** (Mme Kamalammal, Pondichéry, Inde), le 30 décembre 1956.
Quadruplés les plus lourds	**10,350 kg** (Mme Ayako Takeda, Kagoshima, Japon), le 4 octobre 1978.
Le plus	**4 fois,** Mme Fedor Vassiliev.
Triplés les plus lourds	**11,960 kg** (non confirmé), en Iran, le 18 mars 1968 (2 garçons, 1 fille). **10,886 kg** (Mme Mary Mc Dermott, Grande-Bretagne), le 18 novembre 1914.
Les plus rapprochés	Mme Anna Steynvaait, de Johannesburg, Afrique du Sud, a eu 2 fois des triplés à **10 mois d'intervalle,** en 1960.
Le plus	**15 fois,** Mme Madalena Granata (1839-1886).
Jumeaux les plus lourds	**12,590 kg** (ayant survécu), Mme Haskin, Fort Smith, Arkansas, États-Unis, 20 février 1924.
Le plus	**16 fois,** Mme Vassiliev. **15 fois,** Mme Jonas (Grande-Bretagne), décédée le 4 décembre 1889 (chaque fois 1 garçon – 1 fille). **7 fois,** Mme Tremblay, de Lac-Saint-Jean, Canada (de 1947 à 1956).

Encore, encore des records...

Le plus d'enfants *en France*
M. et Mme Jean **Chartiez-Vasseur** de Vallincourt-Salvigny (Nord) élèvent **16 enfants.**

La mère la plus âgée
La littérature médicale fait état de nombreuses mères septuagénaires, mais ces cas ne sont pas authentifiés.
De nombreux cas de naissance chez des mères très âgées camouflent en fait la naissance d'un petit-enfant illégitime.

La mère la plus âgée reconnue comme telle est **Ruth Alice Kistler** (1899-1982), de Portland, Oregon, États-Unis, qui, le 18 octobre 1956, a donné naissance à une fille, Susan, alors qu'elle avait **57 ans et 129 jours.**
Après sa mort, on a avancé qu'elle aurait falsifié sa date de naissance.

Les naissances les plus rapprochées
Mme **Gloria Kuehn,** Missouri, États-Unis, a donné naissance à une fille, Élisabeth, le 9 juin 1978 et à un fils, Gregory-Charles, le 19 janvier 1979, à **224 jours d'intervalle** (7 mois et 10 jours).

La grossesse la plus courte
Mme **Mirna Faulkner** a donné le jour à une petite fille de 481 g à San Diego, Californie, U.S.A., le 6 décembre 1978 après **23 semaines** de grossesse.

Descendance
Dans les pays où la polygamie est autorisée, la descendance d'un homme peut devenir incalculable. Le dernier empereur chérifien du Maroc, **Moulay Ismaïl** (1672-1727), aurait engendré **548 fils et 340 filles.**

Le capitaine Wilson Kettle (1860-1963), de Grand Bay, Terre-Neuve, Canada, est mort à l'âge de 102 ans, laissant 11 enfants de deux mariages, 65 petits-enfants, 201 arrière-petits-enfants et 305 arrière-arrière-petits-enfants, soit un total de 582 descendants en vie.

Mme **Johanna Nooyson,** de Belfast, Transvaal, Afrique du Sud, avait **600 descendants vivants** en janvier 1978.

Bisaïeule
Lorsque **Jane Kau Pung,** San Francisco, U.S.A., est morte le 31 décembre 1982, elle était **arrière-arrière-arrière-arrière-grand-mère** (7 générations). Elle avait : 13 enfants, 52 petits-enfants, 138 arrière-petits-enfants, 42 arrière-arrière-petits-enfants, 9 arrière-arrière - arrière-petits-enfants et 4 arrière - arrière - arrière - arrière - petits-enfants !

La grand-mère la plus jeune
La grand-mère la plus jeune de France est **Elizabeth Dufrêne,** née le 29 janvier 1947, qui a eu sa première petite fille le 18 février 1978 à l'âge de **31 ans et 20 jours.**

Le plus d'ascendants
Jesse Jones Werkmeister, né le 27 octobre 1979, de Tilden, Nebraska, U.S.A., a **18 ascendants** directs : 2 parents, 4 grands-parents, 8 arrière-grands-parents et 4 arrière-arrière-grands-parents.

Le petit Jesse a 18 ascendants.

NAISSANCES MULTIPLES

La grossesse gémellaire s'observe environ une fois pour 80 naissances. La probabilité d'avoir une grossesse triple est de 1 pour 7 000 ; une grossesse quadruple, 1 pour 600 000 et une grossesse quintuple, 1 pour 50 millions.

Jumeaux, famille

La famille qui compte aujourd'hui le plus de jumeaux est la famille **Tremblay** de Saint-Louis-de-France, Québec, Canada.
En effet, sur les 19 enfants mis au monde par Mme Tremblay, il y a eu **7 paires** de jumeaux : Raymonde et Raymond (décédé à l'âge de 3 jours) en 1947 ; Ronald et Ronaldo en 1948 ; Jacques et Jacqueline en 1949 ; Clément en 1950 ; Jules et Julien en 1951 ; Françoise et Francine en 1952, Christian et Christiane en 1954, Guy en 1955 ; Suzanne et Suzie en 1956 ; Huguette en 1957 ; Jean en 1958 et Guylaine en 1961.

Jumeaux, pays

A Sienchon, en Corée du Sud, on a recensé 76 jumeaux, sur 275 familles, soit **36 % de la population.**

Jumeaux les plus légers

Les jumeaux les plus légers ayant survécu sont **Mary et Margaret Stimson,** nées le 16 août 1931, en Angleterre. Elles pesaient respectivement **453** et **538 g,** soit un poids total de 991 g.

Siamois les plus célèbres

Le nom de « siamois » est donné en mémoire de **Chang** et **Eng Bunker,** nés à Maklong, Siam, le 11 mai 1811. Ils étaient réunis par la poitrine. Ils se sont mariés en avril 1843 avec Sarah et Adelaïde Yates et ont engendré respectivement 10 et 12 enfants. Ils sont morts à trois heures d'intervalle, le 17 janvier 1874, à l'âge de 62 ans.

Siamois, opération

La présentation la plus rare pour des siamois est le *Dicephales tetra-brachius-dipus* (2 têtes, 4 bras et 2 jambes) dont on connaît actuellement deux exemples.

La première opération de séparation réussie a été effectuée sur **Prisma et Napit Atkinson** (nées en 1953 en Thaïlande), à l'université de Chicago, le **29 mars 1955.**

Les premières siamoises reliées par la tête qui aient été séparées furent Elisa et Lisa Hansen (États-Unis), nées le 18 octobre 1977. Elles furent séparées à 19 mois.

En France

En juillet 1974, le professeur Pertuiset, à l'hôpital de la Pitié (Paris), a réussi à séparer deux siamoises reliées par la tête : Sophie et Sonia Trinel, nées le **31 mars 1974.** Aujourd'hui, les deux petites filles vivent comme des jumelles ordinaires.

Les triplés les plus rapides

Mme **James E. Duck,** de Memphis, Tennessee, États-Unis, a accouché de Bradley, Christopher et Carmon, le 21 mars 1977, en **2 mn.**

Les quintuplés les plus célèbres de France

Paris-Match parraine les quintuplés de M. et Mme **Brunner** de Paris.
Ils sont nés le vendredi 9 juin 1978 à 20 h 30, en l'espace de quelques minutes : Anne et Maud (1,250 kg et 1,450 kg), Luc (1,840 kg), Marc (1,270 kg), Gilles (1,230 kg).

Sophie et Sonia sont nées reliées par la tête.

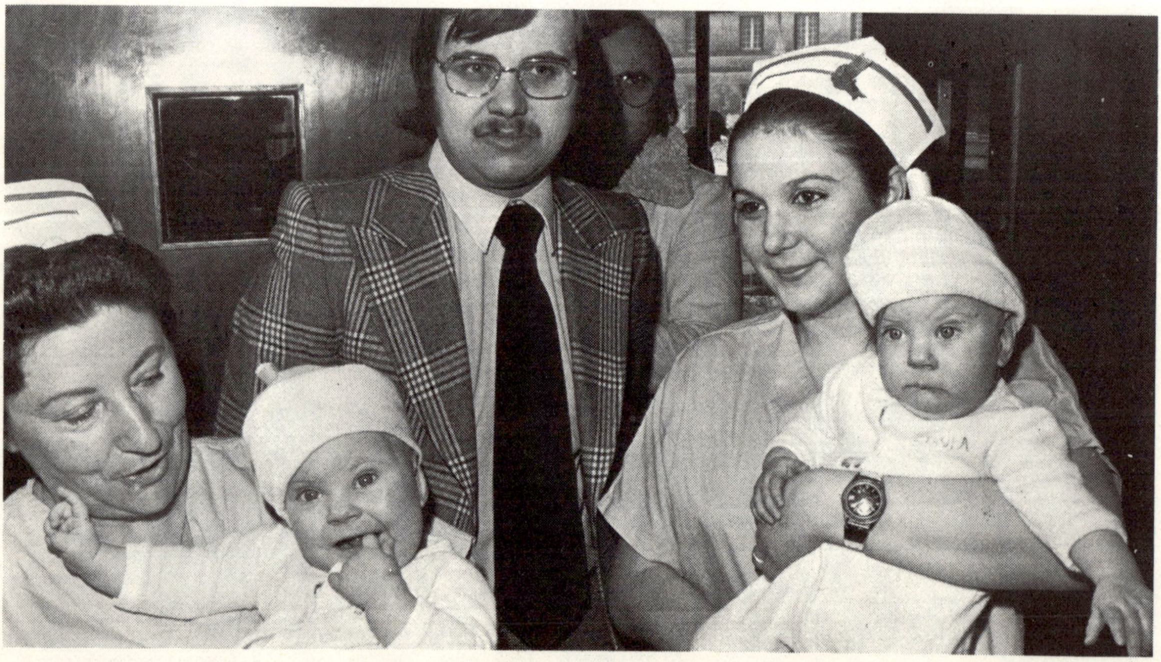

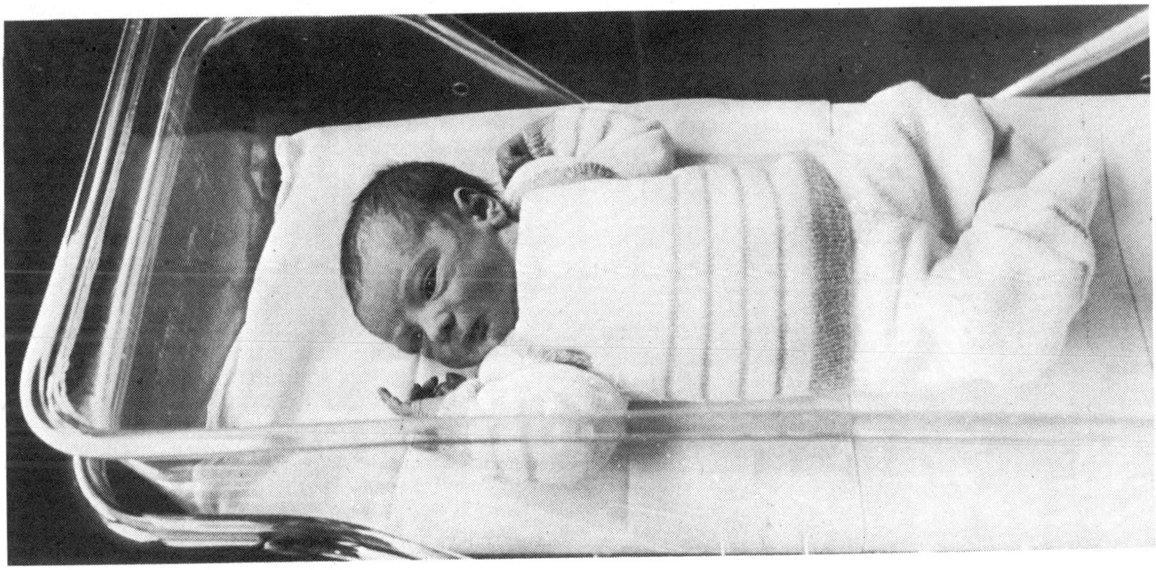

Amandine, premier bébé-éprouvette de France.

Quindecaplés
Le docteur Gennaro Montanino, de Rome, a annoncé qu'il avait retiré de l'utérus d'une femme **15 fœtus** (10 filles et 5 garçons) le 22 juillet 1971. La jeune femme, âgée de 35 ans, avait suivi un traitement contre la stérilité.

NOUVEAU-NÉS

Les plus petits
Le poids le plus petit pour un enfant ayant survécu est de **283 g** dans le cas de **Marion Chapman,** née le 5 juin 1938 à South Shields (Grande-Bretagne). Elle mesurait 31 cm à la naissance et fut élevée au compte-gouttes par le docteur Shearer. Elle pesait 6,290 kg à 1 an et 48 kg le jour de son 21e anniversaire.

En France
Un bébé de **580 g** est né en 1982 à Paris. Il est actuellement en bonne santé.

Les plus gros
Le bébé « normal » et viable le plus lourd du monde est un garçon né en septembre 1955 de Carmelina Fedele à Aversa, Italie : il pesait **10,200 kg** à la naissance.

Un bébé du même poids est né par césarienne en Afrique du Sud, le 24 mai 1982. A 9 mois il pesait 24 kg et mesurait 106 cm.

Mme Anna Bates, née Swan, géante qui mesurait 227 cm, a donné naissance à un bébé de **10,760 kg** le 22 mars 1879. (Voir *Géantes*). Le bébé qui mesurait 76 cm n'a vécu que 24 heures. La mère avait déjà eu, en 1872, un enfant mort-né de 8,160 kg et 61 cm.

Naissances *à la même date*
Le seul exemple d'une famille où les **5 enfants** sont nés à la même date est la famille **Cummins,** de Clintwood, Virginie, États-Unis, où tous les enfants sont nés le **20 février :** Catherine (1952), Carol (1953), Charles (1956), Claudia (1961) et Cecilia (1966).

Les chances pour avoir 5 enfants nés à la même date sont de 1 sur 17 797 577 730.

Les 3 enfants de la famille Henriksen d'Andenes, Norvège, Heidi (née en 1960), Olav (né en 1964) et Liev-Martin (né en 1968) ne célèbrent pas souvent leur anniversaire : ils sont tous nés le 29 février.

Ralph Williams, de Wilmington, Caroline du Sud, est né le 4 juillet 1982 ; son père, son grand-père et son arrière-grand-père étaient nés, eux aussi, un 4 juillet (fête de l'indépendance des États-Unis).

Lucien Pilon, de Valleyfield, Canada, est né le 9 juillet 1923 ; son fils, Michel, le 9 juillet 1957 et son petit-fils, François, le 9 juillet 1982.

En France
Les **3 filles** de M. et Mme Le Guern de Nîmes sont nées le **15 mai.** L'aînée a 22 ans, la cadette 18 ans, la benjamine 13 ans.

Naissance *la plus au sud*
Emilio Marcos Palma, né le 7 janvier 1978 à la base de Sargento Cabral, **Antarctique,** est le premier enfant né sur ce continent.

Bébé-éprouvette
Le premier bébé-éprouvette est **Louise Brown** (2,600 kg), née par césarienne le 25 juillet **1978** à 23 h 47, à l'Oldan General Hospital (Angleterre). Elle avait été conçue en milieu extérieur le 10 novembre 1977.

En France
Le premier bébé éprouvette est né le 24 février **1982** à l'hôpital Antoine Béclère, à Clamart. L'enfant se prénomme **Amandine** et pesait à la naissance 3,420 kg. Cette première a été réussie grâce au professeur René Frydman et au biologiste Jacques Testart.

Naissance *post mortem*
En avril 1983, à San Francisco, Californie, U.S.A., un bébé est né **63 jours après la mort de sa mère** qui avait été maintenue artificiellement « en vie ».

PHYSIOLOGIE ET ANATOMIE

RYTHMES BIOLOGIQUES

Battements de pouls

Le pouls bat au rythme de 70-72 battements/minute chez l'homme et 78-80 chez la femme.
Les battements du pouls peuvent monter jusqu'à **200** ou plus pendant un violent effort et descendre jusqu'à **12** dans un cas extrême.

Sommeil

Des études sur le rythme circadien ont démontré que le meilleur sommeil se situe entre 20 et 21 h, et le sommeil le plus léger à 4-h.

Insomnie

Le record de résistance au sommeil est de **449 h** (18 jours, 17 heures) par Mme **Maureen Weston,** de Peterborough (Grande-Bretagne), lors d'un marathon de rocking-chair, du 14 avril au 2 mai 1977.

Certains malades souffrant d'insomnie totale ne dorment pas pendant plusieurs années.

Le rêve le plus long

Le rêve est indiqué par des mouvements oculaires, les R. E. M.

Le rêve le plus long jamais enregistré a duré **2 h 23 mn,** le 15 février 1967, au laboratoire de psychologie de l'université de Chicago, États-Unis. Le patient, **Bill Carskadon,** avait d'abord été réveillé dans son premier sommeil.

Réflexes

Des expériences pratiquées en 1943 ont démontré que la vitesse des messages les plus rapides transmis par le système nerveux était de **436 km/h.** En vieillissant, les réflexes perdent de leur rapidité (jusqu'à 15 %).

Encore, encore des records...

SANG

La prédominance d'un groupe sanguin dépend énormément des régions. Le groupe O est le plus répandu dans le monde (46 %), mais, dans certaines régions, par exemple en Norvège, c'est le groupe A qui prédomine.

Groupe le plus rare

Le groupe le plus rare dans le monde est le sous-groupe **A-h (sang de Bombay),** dont on a connu seulement 3 porteurs : une infirmière tchécoslovaque en 1961 – et un frère (Rh positif) et sa sœur (Rh négatif), M. et Mlle **Jalbert,** Massachusetts, États-Unis, en 1968.
M. Jalbert donne son sang à une banque – pour le cas où il en aurait lui-même besoin.

La plus grande richesse naturelle

Joe Thomas, de Détroit, Michigan, États-Unis, possède la plus grande quantité d'**Anti-Lewis B,** anti-corps sanguin extrêmement rare. Une société américaine de produits biologiques lui achète son sang **7 500 F le litre.**
Il doit déclarer ce revenu en fin d'année.

Donneur de sang

Le Français **Richard Marino,** de Valence, né le 20 novembre 1923, a donné son sang **951 fois.** C'est le record absolu.

Transfusion de sang

M. **Warren Jyrich** a reçu **1 080 litres** de sang en décembre 1970, lors Rd'une opération à cœur ouvert. Le malade, âgé de 50 ans, était hémophile.

TEMPÉRATURE

La plus haute

Willie Jones, alors 52 ans, a été hospitalisé à Atlanta, Géorgie, U.S.A., le 10 juillet 1980 alors qu'il faisait 32 °C à l'extérieur. Sa température était de **46,6 °C.**

La plus basse

On ne connaît que deux cas où le malade ait survécu à une température de qui **16 °C : Dorothy Mae Stevens** (1929-1974), qui fut découverte dans la rue à Chicago, Illinois, États-Unis, le 1 ^er février 1951, et **Vickie Mary Davis,** âgée de 2 ans et 1 mois, découverte inanimée dans une maison sans chauffage dans l'Iowa, le 21 janvier 1956.
Une température de 35 °C peut être mortelle.

OS

Indépendamment des *sesamoïdes* (en nombre variable), on compte 206 os dans le corps humain.

L'os *le plus long*

Le **fémur** (os de la cuisse) est le plus long. Il représente environ 27,5 % de la taille d'un adulte et atteint 50 cm de long chez un homme de 183 cm.

L'os le plus long qui ait jamais été observé était le fémur du géant allemand Constantine, mort à Mons, Belgique, le 30 mars 1902, âgé de 30 ans. Cet os mesurait **76 cm** de long.
Le fémur de Robert Wadlow, l'homme le plus grand mesurait environ 75 cm (voir *Géants*).

L'os *le plus petit*

L'**étrier,** un des trois osselets de l'oreille moyenne, mesure de 2,6 à 3,4 mm et pèse de 2 à 4,3 mg.

MUSCLES

Les muscles représentent environ 40 % du poids total d'un corps humain.

Le plus grand

Le plus grand des 630 muscles est le ***gluteus maximus,*** ou grand fessier, qui permet l'extension de la cuisse.

Le plus petit

Le muscle le plus petit est le ***stapedius,*** qui actionne l'étrier (voir ci-dessus) dans l'oreille moyenne. Il mesure moins de 1,27 mm de long.

La taille la plus mince

Catherine de Médicis (1519-1589) avait fixé à **33 cm** le tour de taille des dames de la Cour de France. Mais à cette époque, les femmes étaient plus petites qu'aujourd'hui.

La taille la plus mince pour une femme de stature normale au XXe siècle est celle d'une actrice, Mlle Polaire (1881-1939), qui avait un tour de taille de 33 cm.

Le plus grand périmètre thoracique

Les mensurations les plus importantes sont celles des malades souffrant d'endomorphie (obésité).

L'Américain **Robert Hughes** (cf. *Les hommes les plus lourds*) prétendait mesurer 315 cm de tour de poitrine, mais, étant donné sa taille et son poids, il semble que **264 cm** soit une estimation plus raisonnable.

Les sujets normaux particulièrement musclés (mésomorphes) ont très rarement un périmètre thoracique dépassant 142 cm.

Vasil Alexeiev (né en 1942), haltérophile super-poids-lourd soviétique de 186 cm a eu, au meilleur de sa forme, un périmètre thoracique de 153,0 cm pour 160 kg.

Lou Ferrigno, acteur américain rendu célèbre par son interprétation de *Hulk,* mesure 195 cm ; il a un périmètre thoracique de 150 cm et un tour de biceps de 57 cm. Il pèse 114 kg.

Arnold Schwarzennegger (né en 1948), de Graz, Autriche, qui fut « Monsieur Univers » et « l'homme le plus parfaitement développé de tous les temps », a un tour de cage thoracique de 145 cm pour un poids de 107 kg. Son tour de biceps est de 56 cm.

Biceps

L'haltérophile américain Gary Aprahamian (né en 1962) a **63,5 cm** de tour de biceps (record au repos) et 155 cm de tour de poitrine.

Les cous les plus longs

Chez les Padaung ou Karen de Birmanie, la tradition veut que les femmes portent des colliers de cuivre superposés. Dans certains cas, le cou peut être étiré jusqu'à **40 cm.**

Gary Aprahamian a 65 cm de tour de biceps.

CERVEAU ET FACULTÉS INTELLECTUELLES

Le cerveau est composé de 10 x 10^{10} cellules nerveuses, ou connexions de neurones par des dendrites ou filaments, et 10 x 10^{11} glia. Certaines des réactions chimiques à l'intérieur du cerveau s'effectuent en 1 millionième de seconde seulement. Passé l'âge de 18 ans, 10^{3} cellules meurent chaque jour.

Le cerveau d'un adulte (20-50 ans) qui pèse en moyenne 1,424 kg ne pèse plus que 1,395 kg à la fin de sa vie.

Évolution du cerveau

Le cerveau humain devient plus lourd. D'après les autopsies qui ont été pratiquées, on a pu observer que le poids moyen des cerveaux d'homme est passé de 1,372 kg en 1860 à 1,424 kg en 1982. Celui des femmes est passé de 1,242 kg à 1,265 kg mais au cours des dernières années, le cerveau des femmes a grossi aussi vite que celui des hommes !

Cerveaux *les plus lourds*

Le Dr Thomas Hegert, de Florida, U.S.A., a observé le 23 octobre 1975 le cerveau d'un homme blanc de 50 ans qui pesait **2,049 kg.**

Le cerveau de l'écrivain russe Ivan Tourgueniev (1818-1863) pesait 2,012 kg.

Le cerveau de femme le plus lourd est celui d'une meurtrière autopsiée en 1880. Il pesait 1,565 kg alors que le poids moyen est de 1,242 kg.

Cerveaux *les plus légers*

Le cerveau d'**Anatole France** (1844-1924) ne pesait que **1,017 kg** sans la membrane.

Le cerveau normal le plus léger est celui d'une femme de 31 ans autopsiée au King's College Hospital à Londres. Il pesait **1,096 kg.**

Dans les cas extrêmes de microcéphalie, il arrive que le cerveau pèse 300 g seulement (cf. 567 g chez un gorille mâle adulte).

Cerveau *le plus cher*

Le 6 mars 1977, l'Académie royale des sciences suédoise a acheté pour **50 000 F,** à une vente aux enchères, le cerveau d'Emmanuel Swedenborg (1688-1772), théologien et philosophe suédois.

Mémoire

Le 14 octobre 1867 doit rester à jamais gravé dans les mémoires. C'est à cette date que Mehmed Ali (Turquie) a récité, sans erreur, **6 666 versets** du Coran, pendant 6 heures d'affilée. Le jury était composé de 6 spécialistes du Coran.

Ordinateurs humains

Willem Klein, Hollandais né en 1912, a extrait la racine treizième d'un nombre de 100 chiffres, en 1 mn 28,8 s, le 7 avril 1981 au Laboratoire national d'énergie physique de Tsukuba, Japon.

Le 18 juin 1980, **Mme Shakuntala Devi** (Inde) a multiplié de tête deux nombres de treize chiffres donnés au hasard par un ordinateur : 7 686 369 774 870 x 2 465 099 745 779. Elle a donné le résultat en 28 s. 18 947 668 177 995 426 462 773 730. Résultat juste !

Q.I.

Les personnes dont le Q.I. est le plus élevé ont la réputation de n'être ni particulièrement intuitives, ni dénuées de préjugés. Elles occupent des emplois divers. Elles ont des difficultés à s'adapter au monde normal car, souvent, elles ne supportent pas la répétition de ce qui leur paraît évident.

L'association la plus élitiste est la Société 606 qui regroupe 11 membres dont le **Q.I. est supérieur à 170** (échelle Harding-Skyscraper). La probabilité d'un tel Q.I. est de 1 pour 160 000.

Le **Q.I. national le plus élevé** est celui du **Japon.** Il dépasse de 15 la moyenne des autres pays.

En France

La **Mensa** regroupe les Français qui ont le niveau intellectuel le plus élevé. Ils sont qualifiés après un examen contrôlé où ils doivent obtenir une note supérieure ou égale à 132.

La Mensa compte 600 membres dont un qui est jardinier de la ville de Paris. On estime que 2 % des Français seraient capables d'entrer à la Mensa.

DENTITION

La plus précoce

Les premières dents de lait apparaissent chez l'enfant entre 5 et 8 mois : ce sont les incisives des deux maxillaires.

Les exemples d'enfants nés avec des dents sont nombreux. Le cas le plus célèbre est celui de Louis XIV, qui est né le 5 septembre 1638 avec 2 dents.

Les molaires apparaissent généralement à 24 mois, mais on a signalé un cas au Danemark, en 1970, d'un prématuré de 6 semaines qui était **né avec 8 dents** dont 4 molaires.

Le plus de dents

On a enregistré plusieurs cas de personnes âgées chez qui est apparue une troisième dentition.

Un cas extrême, le **cas Lison,** a été observé en 1896 sur une Française appelée Lison, chez laquelle poussa une **quatrième dentition.**

Dent la plus chère

En 1816, une dent appartenant à Isaac Newton (1643-1727) a été vendue **7 500 F.** L'acheteur l'a fait monter en bague.

Dentiste

Le frère Giovanni Battista Orsenigo, Italie, avait conservé les **2 000 744 dents** qu'il avait arrachées entre 1868 et 1904.

DOIGTS ET TOUCHER

Le plus de doigts

On a signalé en 1921 le cas d'un petit garçon né avec **14 doigts** et **15 orteils** à Londres.

Le toucher

La sensibilité des doigts permet de ressentir une vibration de **0,02 micron.**

Le 12 janvier 1963, le journal soviétique *Izvestiya* avait signalé le cas d'une jeune aveugle, Rosa

Kugelshova, qui était capable d'identifier les couleurs uniquement par le toucher. Ce rapport a été réfuté en 1970.

Ongles
Voir chapitre *L'insolite.*

MARCHE

La plus précoce
La petite **Linda Hamel** du Québec, née le 24 juin 1965, a marché à l'âge de **7 mois.**

OPTIQUE

Le plus petit objet visible
Le pouvoir de séparation de l'œil humain est de **0,0003 radian,** soit un arc de 1 mn (1/60 de degré), ce qui correspond à 100 microns vus à 25 cm (1 micron = 1 millième de millimètre). L'œil humain peut malgré tout déceler une source lumineuse brillant à travers une ouverture de 3 à 4 microns.

En octobre 1972, l'université de Stuttgart, Allemagne de l'Ouest, a signalé le cas d'une étudiante, Veronica Seider (née en 1953), dont l'acuité visuelle était 20 fois supérieure à la moyenne.
Elle pouvait identifier une personne à une distance de 1,600 km.

Sensibilité à la couleur
Dans les meilleures conditions de vision possibles, en comparant de grandes plages de couleur, l'être humain peut distinguer **10 millions de surfaces colorées** différentes en se servant des deux yeux et dans de bonnes conditions d'éclairage.

Les spectromètres photoélectriques les plus perfectionnés ne peuvent probablement réaliser que 40 % de cette performance.

Environ 7,5 % des hommes et 0,1 % des femmes sont daltoniens et confondent les couleurs. La vision monochrome (en noir et blanc) est très rare. Le pourcentage le plus élevé de daltonisme est en Tchécoslovaquie ; le plus faible est aux îles Fidji et chez les Indiens du Brésil.

VOIX

La plus haute
La note la plus haute atteinte par la voix humaine avant ce siècle est un **staccato alt altissimo** chanté le 19 janvier 1896 au Carnegie Hall de New York par **Ellen Beach Yaw** (1869-1947).

La chanteuse colorature française Madeleine-Marie Robin (1918-1960) pouvait chanter un *si* au-dessus du *contre-ut* dans la scène de la folie de *Lucia di Lammermoor.*

La plus basse
La note la plus basse avant ce siècle est un ***la basso al octavio*** (55 Hz) chanté par **Kasper Foster** (1617-1763).

Depuis 1950, de nombreux chanteurs ont atteint des notes plus hautes et plus basses que les records cités ci-dessus. Toutefois, ces notes extrêmes manquent d'harmonie et elles n'ont guère de valeur musicale.

Mlle Marita Gunther, élève d'Alfred Wolfsohn, a couvert tout le clavier du piano depuis le *la* le plus bas jusqu'au *do* le plus haut. Mais on considère que sur les 7 octaves 1/4, 6 octaves ont une valeur musicale.

M. Roy Hart, élève lui aussi de Wolfsohn, a atteint des notes en dessous de la note la plus basse du piano.

Barry Girard, de Canton, Ohio, États-Unis, a chanté

Madeleine-Marie Robin, une des voix les plus hautes de l'histoire.

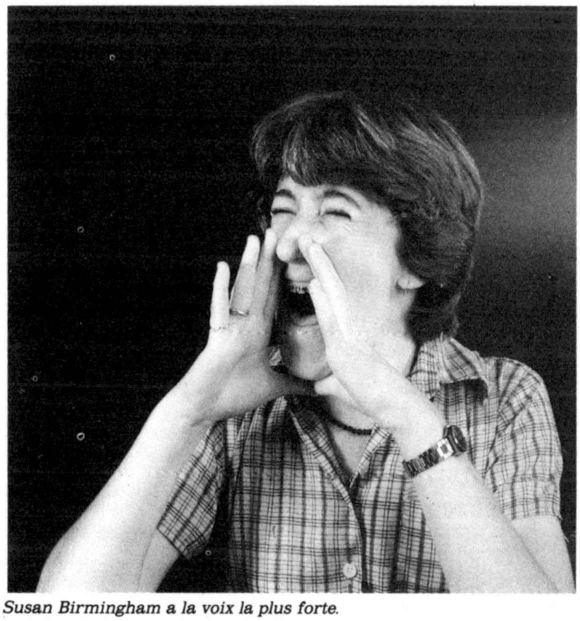

Susan Birmingham a la voix la plus forte.

en mai 1975 le *mi* (4 340 Hz) au-dessus de la note la plus haute du clavier.

La plus forte

Les voix de femmes ayant des fréquences plus élevées, elles atteignent un plus grand nombre de décibels.

Susan Birmingham a atteint **112 db** à Hongkong, le 6 mars 1982.

Anthony Fieldhouse a réussi 111,9 db le 12 septembre 1982, lors du championnat mondial de Scarborough (G.-B.).

Sifflement

Peter Van de Vooren, Australie, a atteint **112 db** en sifflant.

En France

Didier Guazzeti a atteint lors de l'émission d'A2, « Incroyable mais vrai », **111 db** le 3 octobre 1981.

La portée de voix la plus forte

La portée normale de la voix humaine (masculine) est de 180 m par beau temps. Le *silbo,* langage sifflé des insulaires de langue espagnole de La Gomera (Canaries), est audible dans les meilleures conditions à 8 km par-delà les vallées.

On a cité un cas où, dans des conditions d'acoustique exceptionnelles, la voix humaine était perceptible à une distance de **17 km,** la nuit, au-dessus de l'eau calme.

On rapporte que Mills Darden (voir *Les hommes les plus gros*) avait une voix si puissante qu'on l'entendait à 9 km lorsqu'il criait.

Le son détectable *le plus faible*

L'intensité des bruits et des sons est mesurée en puissance.
La puissance du son le plus faible détectable pour une oreille normale à la fréquence la plus sensible de 2 750 Hz est de **2×10^{-5} pascals.** Un dixième du logarithme de cette norme donne l'unité décibel.
Au-dessus de 150 db la surdité est définitive, alors qu'un bruit de 30 db est négligeable.

Le son détectable *le plus haut*

L'oreille humaine ne peut entendre les sons de plus de **20 000 Hz,** bien que les enfants souffrant d'asthme puissent souvent percevoir un son de 30 000 Hz.

En février 1964, une expérience a été faite en U.R.S.S. qui prouvait que l'oreille humaine était capable de capter des oscillations de 200 000 Hz, l'oscillateur étant appliqué sur le cerveau.

Le parleur le plus rapide

Peu de personnes peuvent parler intelligiblement à une vitesse supérieure à 300 mots/mn.

Le commentateur de radio le plus rapide fut Gerry Wilmot (né le 6 octobre 1914), journaliste sportif qui relatait les matches de hockey pendant la Seconde Guerre mondiale.

Raymond Glendenning (1907-1974), commentateur de courses hippiques à la B.B.C., a dit **176 mots en 30 secondes** lors d'une course de lévriers.

Le discours politique le plus fourni a été prononcé par John Fitzgerald Kennedy (1917-1963), alors président des États-Unis : il prononça 327 mots à la minute, dans un discours de décembre 1961.

Le lecteur le plus rapide

M. **Fabien Atin,** ancien moniteur de secourisme, a lu **380 mots en 59 secondes** le 25 janvier 1981 devant les caméras d'« Incroyable mais vrai ».

MALADIES ET INFECTIONS

Le mal *le plus courant*

Ce sont les **affections de la bouche,** telle la gingivite qui touche 80 % des Américains.

Les parasites intestinaux *(Enterobius vermicularis)* affectent 100 % de la population dans certaines régions du globe.

La maladie *la plus contagieuse*

La maladie la plus contagieuse est le coryza ou **rhume** *(Nasopharyngitis).*

La maladie *la plus rare*

La littérature médicale rapporte périodiquement des maladies inconnues.
Le **kuru,** ou maladie du rire, n'affecte que la tribu Fore de Guinée occidentale. Cette maladie est mortelle à 100 %. On pensait qu'elle était transmise par la mauvaise habitude qui consiste à manger des cerveaux humains.

La maladie *la plus infectieuse*

C'est la **peste pulmonaire,** mortelle à 99,99 %.

La maladie *la moins infectieuse*

La **lèpre,** transmise par le *Mycobacterium leprae,* est la moins infectieuse de toutes les maladies contagieuses.

La maladie *la plus mortelle*

La **rage** a été pendant très longtemps mortelle à 100 % lorsqu'elle était associée aux symptômes d'hydrophobie.
Une Brésilienne de 25 ans, Candida de Sousa Barbosa, de Rio de Janeiro, est sans doute la première survivante de cette maladie, dont elle a été atteinte en 1968. Elle fut sauvée par une opération.

La première cause de mortalité

La cause de mortalité la plus fréquente dans les pays industrialisés est l'**artériosclérose** (durcissement de la paroi des artères).

En France

37 % des décès sont provoqués par des **maladies cardio-vasculaires.**

La porteuse de maladie la plus célèbre

Mary Mallon, surnommée *Mary Thyphoïde,* a été en 1903 à l'origine de l'épidémie de thyphoïde qui fit **1 300 malades en un an.**
Pour ne pas arrêter de travailler, elle utilisait des noms d'emprunt. Il fallut l'emprisonner de 1915 jusqu'à sa mort en 1938.

La plus grande intoxication alimentaire

L'Organisation mondiale de la santé a rapporté **300 décès,** en mars 1972, en Irak, causés par une intoxication due à des céréales traitées au mercure.

La plus longue survie à un cancer

La plus longue survie pour un malade atteint d'un cancer diagnostiqué est celle de Mme **Melik,** Californie, États-Unis (née en 1876), qui a subi 4 opérations en 1918, 1933, 1966 et 1968.

Elle est morte le 28 décembre 1981, d'une pneumonie, à 105 ans et 67 jours, **63 ans** après la première intervention.

Le plus grand nombre de piqûres

Evelyn Winder (née en 1922) de Nouvelle-Zélande s'est fait à elle-même **55 650 piqûres,** en 52 ans. Elle est diabétique.

Le plus de médicaments

M. C.H.A. Kilner a absorbé **414 134 cachets** entre le 9 juin 1967 et le 1er janvier 1983, à la suite d'une ablation du pancréas.

Hoquet

La crise de hoquet la plus longue jamais observée est celle de **Charle Osborne** de Anthon Java, États-Unis, né en 1894, qui n'a jamais arrêté depuis 1922. Le hoquet l'a saisi alors qu'il tuait un cochon. Il a, à ce jour, hoqueté **430 millions de fois.** Il s'est marié deux fois et a eu 8 enfants, mais il ne peut porter de dentier.

Bâillement

En 1888, Lee, une jeune fille de 15 ans, connue sous le nom de *cas de Lee,* a bâillé sans discontinuer pendant **5 semaines.**

Éternuement

Donna Griffiths, G.-B., a commencé à éternuer le 13 janvier 1981 et éternue toujours. En 365 jours, elle avait éternué environ **1 million de fois.**

Ronflement

Les ronflements les plus forts peuvent atteindre **69 db** (cf. marteau-piqueur : 70 à 90 db).

OPÉRATIONS CHIRURGICALES

La plus longue

Mme **Gertrude Levandowski** (voir *Amaigrissement)* a été opérée pendant **96 heures,** du 4 au 8 février 1951. L'opération était particulièrement délicate car elle souffrait d'une déficience cardiaque.

Le plus grand opéré

Du 25 mars 1980 à janvier 1982, **Alton Godwin** (né en 1948) a subi **112 opérations** pour le débarrasser d'un tissu cicatriciel formé dans la gorge à la suite d'une explosion d'oxygène au cours d'une opération de microchirurgie au laser.

L'opéré le plus âgé

L'âge le plus avancé auquel une personne ait été opérée est **111 ans et 105 jours** dans le cas de **James Henry Brett Jr** (1849-1961), de Houston, Texas, États-Unis. Il a subi une opération de la hanche le 7 novembre 1960.

Première transplantation cardiaque

La première transplantation cardiaque a été effectuée sur Louis Washkansky (55 ans) au Groote Schuur Hospital du Cap, Afrique du Sud, de 1 h à 6 h le **3 décembre 1967,** par une équipe de 30 personnes dirigée par le professeur **Christiaan Barnard** (né le 8 octobre 1922). Le donneur était une jeune fille de 25 ans, Denise Ann Darvall. Washkansky mourut le 21 décembre 1967.

En France

La première greffe du cœur en France a été réalisée le **27 avril 1968** à l'hôpital de la Pitié à Paris, où M. Clovis Roblin (66 ans) fut opéré par le Dr **Christian Cabrol.** Il survécut 2 jours et 5 heures à l'intervention. Le donneur était un jeune homme de 20 ans, Michel Jyppaz.

La plus longue survie

Emmanuel Vitria, de Marseille, a subi une transplantation cardiaque le 28 novembre 1968 à l'âge de 57 ans. Il a fêté le **14e anniversaire** de sa greffe en novembre 1982.

Cœur artificiel

La première greffe d'un cœur artificiel a eu lieu les **1er et 2 décembre 1982** à Salt Lake City, Utah, U.S.A. Le receveur était le Dr Barney Clark, 61 ans ; le chirurgien était le **Dr William De Vries ;** le cœur avait été mis au point par le **Dr Jarvik.** Clark est décédé le 24 mars 1983, 112 jours après l'opération.

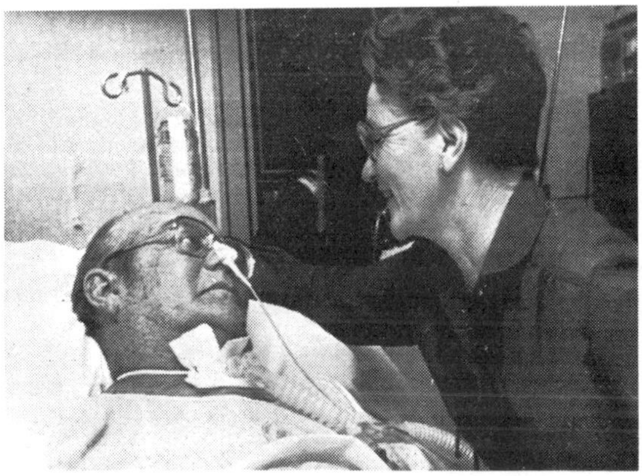

Le Dr Barney Clark a reçu le premier cœur artificiel.

Emmanuel Vitria vit depuis 14 ans avec un cœur transplanté.

Première transplantation rénale
Le **Dr R.H. Lawler** (né en 1895), États-Unis, a réalisé la première transplantation rénale sur un homme en **1950.**

En France
La première transplantation rénale française avec survie prolongée a été effectuée le **25 décembre 1952** par le professeur **Jean Hamburger** et son équipe à l'hôpital Necker, Paris.

Entre non-jumeaux
La première transplantation rénale avec succès définitif entre non-jumeaux a été effectuée par le professeur **Jean Hamburger** et son équipe à l'hôpital Necker, Paris, le **12 février 1962.**

Première appendicectomie
La première ablation de l'appendice réussie a eu lieu en **1736** en Angleterre. Le chirurgien était **Claudius Amyand** (1680-1740).

Première anesthésie
La première opération sous anesthésie générale a été l'ablation d'un kyste au cou, le **30 mars 1842,** par le Dr **Crawford Williamson Long** (1815-1878) avec de l'éther $(C_2H_5)_2O$.

Amputation la plus rapide
Le minimum de temps pour l'amputation d'une jambe est de **13 à 15 secondes** par **Dominique Larrey,** chirurgien en chef de Napoléon Ier. L'opération était pratiquée sans anesthésie.

Instruments chirurgicaux
Les plus gros instruments chirurgicaux sont les robots rétracteurs, utilisés en chirurgie de l'abdomen, qui pèsent **5 kg.**

Certains forceps bronchoscopiques mesurent **60 cm** de long.

Le plus petit instrument chirurgical est la trephine de l'œil d'Elliot, dont la lame a **2 mm** de diamètre et la pointe 0,3 mm de long.

Le plus gros calcul
Le 29 décembre 1952, au Charing Cross Hospital de Londres, le Dr Humphrey Arthure a opéré de la vésicule biliaire une femme de 80 ans et a retiré un calcul de **6,294 kg.**

SURVIE

Arrêt du cœur
Le cœur de Mlle **Jean Jawbone,** une Canadienne de 20 ans, s'est arrêté de battre pendant **3 h 32** le 19 janvier 1977.
Elle doit la vie à l'équipe de 26 personnes de l'hôpital de Winnipeg qui s'est occupée d'elle sans discontinuer.

Coma
Elaine Esposito (1934-1978) est restée **37 ans et 111 jours** dans le coma.
Elle ne s'était pas réveillée après une appendicectomie subie à l'âge de 6 ans et est morte à 43 ans 357 jours.

Isolement
Un patient de l'hôpital Moore, Lancaster, Grande-Bretagne, est resté volontairement **92 heures** sans aucune stimulation sensorielle (vue, ouïe et toucher).

Immersion
Le record d'immersion volontaire est de **13 minutes 42,5 secondes,** à 3 m sous l'eau, le 15 mars 1959, par **Robert Foster,** 32 ans, technicien en électronique, de Richmond, Californie, États-Unis.

Ce record a été établi dans la piscine du Bermuda Palms Motel de San Raphael, Californie. R. Foster avait respiré de l'oxygène durant 30 minutes avant d'établir son record.

En février 1974, Vegard Slettmœn, 5 ans, est tombé dans une rivière gelée en Norvège. Il a été repêché 40 mn plus tard et a été sauvé.

Accélération
L'accélération *g*, due à la gravité, est de 978,02 cm/s² au niveau de la mer à l'équateur.

Le Dr Carter Collins, de Californie, États-Unis, a résisté à une accélération de 25 g, dans une capsule, au cours d'expériences astronautiques.

Élie L. Beedin a supporté une accélération de 82,6 g pendant 0,04 s à la base Holloman de l'U.S. Air Force, Nouveau-Mexique, États-Unis, le 16 mai 1958. Il dut être hospitalisé pendant 3 jours.

Un homme qui était tombé d'une falaise de 56,39 m a survécu à une accélération momentanée de **209 g,** lorsqu'il passa en 0,015 s d'une vitesse de 109 km/h à une vitesse nulle.

Le 15 mai 1982, un plongeur (sur terre) des Nouvelles-Hébrides, s'est jeté de 25 m de haut, retenu par une liane attachée à la cheville. La secousse provoquée par la tension de la liane correspondrait à une force g momentanée supérieure à 110. Le plongeur a atteint une vitesse de 15 m/s.

Électrocution
Le plus haut voltage auquel un homme ait résisté est **230 000 volts,** par **Brian Latassa,** 17 ans, sur un pylône de ligne à haute tension à Los Angeles, États-Unis, le 9 novembre 1967.

Certains individus hautement isolés ont touché les mains nues des câbles de 750 000 volts sans aucune conséquence fâcheuse.

Jeûne
La plupart des gens éprouvent une impression de malaise très désagréable après un jeûne de 12 heures, mais cette impression disparaît après un laps de temps allant de 24 à 48 heures.

Les records de jeûnes effectués sans surveillance médicale ont peu de valeur.

Le record de jeûne (aucune absorption de nourriture solide) est de **382 jours,** par **Angus Barbieri** (né en 1940), de Tayport (Grande-Bretagne), qui n'a vécu que de thé, de café, d'eau, d'eau minérale et de vitamines, de juin 1965 à juillet 1966, à l'hôpital de Dundee.

Son poids est passé de 214 kg à 120 kg.

Jeûne absolu
Le record de jeûne absolu (sans nourriture solide ni liquide) est **18 jours,** par **Andreas Mihavecz,** 18 ans,

Ce plongeur se jette de 21,50 m dans le vide retenu par une liane attachée au pied.

de Bregenz, Autriche, qui avait été « oublié » par la police du 1er avril au 18 avril 1979. A. Mihavecz était le passager d'une voiture accidentée.

Grève de la faim

La plus longue grève de la faim a duré **94 jours,** par 12 prisonniers de la prison de Cork, Irlande. 9 de ces prisonniers ont survécu grâce à une surveillance médicale minutieuse (grâce aussi à l'intervention d'un homme politique qui a mis fin à la grève).

Salamandres humaines

La température la plus élevée en air sec supportée par un homme nu (d'après les expériences faites par l'U.S. Air Force en 1960) est de **204,4 °C ;** et de 160 °C pour un homme chaudement vêtu.

Attention, tenter un record peut être dangereux.

Il ne faut que 162 °C pour cuire un steak. Dans un sauna, on supporte une température de 140 °C.

Le 18 mai 1982, 35 habitants des îles Fidji ont marché sur des charbons ardents à **537 °C.**

Piqûres d'abeilles

Le plus grand nombre de piqûres d'abeilles supporté par un être humain est de **2 443,** par **Johannes Relleke,** Rhodésie, le 28 janvier 1962.

Foudre

Park Rangers Roy Sullivan a été frappé **5 fois** par la foudre. Surnommé le « Paratonnerre de Virginie », il a été foudroyé en 1942 : perte de l'ongle du gros orteil ; en avril 1962 : chevelure enflammée ; en juillet 1969 : perte des sourcils ; en juillet 1970 : épaule gauche brûlée ; et le 7 août 1973.

Alcoolisme

Une femme de 24 ans a été hospitalisée à Los Angeles, U.S.A., en décembre 1982 avec un taux d'alcool dans le sang supérieur à **3 fois la dose mortelle.** Elle « dessaoûla » toute seule en 2 jours.

M. Sullivan a été foudroyé 5 fois.

LE LIVRE GUINNESS DES RECORDS

2

ANIMAUX ET VEGETAUX

LES ANIMAUX

ANIMAUX DISPARUS

Le plus long

Le dinosaure le plus long est le **diplodocus** qui vivait à l'ouest des États-Unis, il y a environ 150 millions d'années.

Celui qui a été reconstitué au Muséum de sciences naturelles de Pittsburgh, Pennsylvanie, U.S.A., mesure **26,60 m de long** (tête et cou : 6,70 m ; corps : 4,50 m ; queue : 15,40 m) et 3,50 m de haut au point le plus haut du corps.

Le plus lourd

C'est le **brachiosaure** (lézard à bras) qui vivait à la fin de l'ère jurassique (135 à 165 millions d'années) à l'est de l'Afrique, au Sahara, au Portugal et au sud-ouest des États-Unis. Une expédition allemande a mis au jour entre 1909 et 1911 un squelette complet sur le célèbre site de Tengaru, au Tanganyika.

Ce squelette reconstitué se trouve au Muséum de Berlin : il a 22,70 m de long, 6,40 m au garrot et 11,80 m de haut au sommet de la tête. Ce *Brachiosaurus brancai* pesait **79 t.**

LES PREMIERS ANIMAUX

Type	Nom scientifique et année de découverte	Lieu	Année d'apparition sur Terre
Primate	Tarsier lémurien	Indon. Madag.	70 000 000
Insecte	*Sphecomyrna freyi* (1967)	New Jersey	100 000 000
Oiseau	*Archaeopteryx* (1861)	Bavière, R.F.A.	150 000 000
Mammifère	*Megazostrodon* (1966)	Thaba-ea-Litau	190 000 000
Reptile	*Hylonomus, Archepeton, Protoclepsybrops*	Nouvelle-Écosse	290 000 000
Amphibien	*Ichthyostega* (1er quadrupède)	Groenland	350 000 000
Araignée	*Palaeostenzia crassipes*	Tayside, Écosse	370 000 000
Insecte	*Rhyniella procursor*	Tayside, Écosse	370 000 000
Mollusque	*Neopilina galatheae* (52)	Costa Rica	510 000 000
Vertébré	*Anatolepsis* (écailles)	Crook, Wyom.	510 000 000
Crustacé	*Karagassiema* (12 pattes)	Monts Sayan, U.R.S.S.	650 000 000
Métazoaire	Traces	Zambie	1 050 000 000

Au cours de l'été 1972, on a découvert au Colorado, dans une plaine d'alluvions, les restes d'un énorme saurien. Les recherches ne sont pas terminées, mais si cet animal, surnommé supersaure, a la même constitution que le brachiosaure, on peut supposer qu'il mesurait 27,40 m de long, 8 m au garrot, 15 m au sommet de la tête, pour un poids de plus de 100 t. Cet animal serait alors le plus grand de tous les animaux ayant jamais existé.

Carnivores terrestres *les plus grands*

Le plus grand des carnosaures (famille des *Megalosauridae)* était probablement le ***Tyrannosaurus rex*** (« lézard tyran ») qui vivait aux États-Unis dans les régions correspondant aux États du Montana et du Wyoming, il y a 75 millions d'années environ. Les ossements découverts permettent d'établir que cet animal mesurait 5,50 m de haut dressé sur ses deux pattes et **12 m de long.**

En 1934, on a découvert un énorme allosaure près de Kenton, Oklahoma, États-Unis. Ce carnosaure avait une hauteur de 4,87 m dressé sur ses deux pattes et mesurait 12,80 m de long.

Créature volante

La plus grande créature volante était un reptile ailé de l'ordre des ***Quetzalcoatlus*** qui vivait en Amérique du Nord, dans la région correspondant au Texas, il y a environ 65 millions d'années.

On a découvert des restes de trois spécimens (quatre ailes, un cou, des pattes arrière et des mandibules). L'étude de ces débris osseux a permis d'estimer qu'il avait **12 m d'envergure** pour un poids de 90 kg.

Crocodiliens *les plus grands*

Le plus grand crocodilien était le ***Deinosuchus riograndensis,*** qui vivait dans les lacs et les marais correspondant au Texas, il y a environ 75 millions d'années. On a découvert des restes qui permettent d'affirmer qu'il mesurait au moins **16 m de long**.

Le ***Rhamphosuchus,*** qui vivait il y a 15 millions d'années au nord de l'Inde, était encore plus long (18,50 m) mais moins massif.

Chélonien

Le plus grand chélonien des temps géologiques était une tortue, éventuellement marine, le ***Stupendemys geographicus,*** qui vivait il y a près de 50 millions d'années.

Des restes fossilisés ont été découverts dans le nord du Venezuela en 1972 : cette tortue avait une carapace de 2,50 m de long, et elle atteignait environ **3,65 m de long.** Elle devait peser 2 t.

Serpent

Le plus long serpent des temps géologiques était une sorte de python, le ***Gigantophis garstini,*** qui vivait dans la région correspondant à l'Egypte il y a environ 55 millions d'années.

On a découvert à El-Fayoum des débris de colonne vertébrale et un petit fragment de mâchoire qui ont permis de lui attribuer **11 m de long.**

Amphibien

Le plus grand amphibien était sans doute le ***Prionosuchus plummeri*** qui vivait il y a environ 230 millions d'années.

En 1972, on a découvert des débris osseux dans le nord du Brésil. L'animal devait mesurer **9 m de long**.

Poisson

On n'a pas encore découvert de poisson des temps géologiques plus grand que les poissons vivant aujourd'hui. Le squale ***Carcharodon megalodon*** qui vivait en populations nombreuses dans les mers à l'époque du miocène, il y a 15 millions d'années, mesurait **13 m de long.**

Insecte

Le plus grand insecte des temps géologiques était le ***Meganeura monyi*** qui vivait il y a environ 280 millions d'années.

On a découvert à Commentry, dans l'Allier, des restes fossilisés (impressions d'ailes) dont l'étude a permis d'évaluer qu'il avait **70 cm d'envergure.**

Oiseaux *coureurs*

Le plus grand oiseau des temps géologiques était le ***Dromornis stirtoni,*** sorte d'émeu géant qui vivait en Australie, il y a environ 11 millions d'années.

En 1974, on a découvert des os de pattes fossilisés, qui suggèrent une hauteur de 3 m et un poids de **500 kg** au moins.

Le ***Dinornis maximus,*** oiseau coureur qui vivait en Nouvelle-Zélande, mesurait 4 m de haut mais ne pesait que 227 kg.

Oiseaux *volants*

Le plus grand oiseau qui ait volé était l'***Argentavis magnificens*** qui vivait dans les régions correspondant à l'Argentine il y a environ 6 millions d'années. Des restes fossilisés découverts en 1979 permettent de penser que ce vautour géant avait 7,50 m d'envergure pour **120 kg**.

Mammifère marin

Le ***Basilosaurus*** *(Zeuglodon cetoides)* qui vivait il y a 50 millions d'années dans ce qui correspond à l'Arkansas et l'Alabama atteignait **21 m de long.**

Reptiles marins *les plus grands*

Le plus grand reptile marin était le ***Stretosaurus macromerus,*** pliosaure à cou court qui vivait en Angleterre. Il devait mesurer au moins **14 m de long**.

Le *Kronosaurus queenslandicus,* autre pliosaure à cou court, était à peu près de la même taille. On peut voir, à l'université de Harvard, États-Unis, un squelette reconstitué, de 13 m de long.

Mâchoire de Kronosaurus queenslandicus.

Le squelette de Tyrannosaurus a environ 75 millions d'années

Mammifère terrestre

Le plus grand mammifère terrestre des temps géologiques était le ***Baluchiterium*** (ou *Indricotherium, Pristinotherium, Benaratherium*), rhinocéros à long cou et sans corne qui vivait en Asie et en Europe centrale il y a environ 35 millions d'années. Il mesurait **5,40 m de haut** au garrot, 8,20 m à la tête et 11 m de long. Il pesait **au moins 30 t.**
Des ossements de cet animal ont été découverts en 1907-1908 à Bugti Hills, au Pakistan.

Mammouth

Le plus grand éléphant préhistorique était le **mammouth des steppes** *Paraelephas* (ou *Mammuthus trogontherii*), qui vivait dans les régions correspondant à l'Europe centrale il y a 1 million d'années.

Des débris de squelette ont été découverts à Mosbach, Allemagne de l'Ouest : il mesurait **4,50 m de haut** au garrot.

Les défenses *les plus longues*

Les défenses de l'éléphant à défenses droites *Hesperoloxodon antiquus germanicus*, qui vivait dans les régions correspondant au nord de l'Allemagne, il y a environ 300 000 ans, atteignaient 5 m de long.

Une défense de mammouth à poil long ***Mammonteus primigenius*** est conservée au musée Franzens de Brno, Tchécoslovaquie. Elle mesure **5,02 m de long** sur la courbe extérieure.

En août 1933, on a découvert au Texas, États-Unis, une défense de mammouth impérial (*Archisdiskodon Imperator*) qui mesurait plus de 4,87 m de long (l'extrémité est tronquée).

Les défenses *les plus lourdes*

La défense de **mammouth** fossilisée la plus lourde que l'on connaisse pèse **150 kg** pour 89 cm de circonférence maximale.
Elle est conservée au Musée civique d'histoire naturelle de Milan, Italie. Le spécimen (en deux parties) mesure 3,60 m de long.

La paire de défenses de mammouth la plus lourde est conservée au musée de l'université du Nebraska, Lincoln, Nebraska, États-Unis. Elle pèse 226 kg et les défenses mesurent respectivement 4,21 m et 4,14 m.
Elle a été découverte près de Campbell, Nebraska, en avril 1915.

Les bois *les plus grands*

Le cerf géant protohistorique ***Megaceros giganteus*** qui vivait au nord de l'Europe et de l'Asie il y a seulement 8 000 ans avant J.-C. possédait les bois les plus longs.
Un spécimen découvert dans un marécage irlandais avait des bois de **4,30 m d'envergure.**

Le cerveau *le plus petit*

Le cerveau du ***Stegosaurus*** (« reptile couvert »), qui mesurait 9 m de longueur et pesait 1,75 t, avait un cerveau de la taille d'une noix qui pesait **70 g**, soit 0,004 % de son poids (cf. 0,074 % pour l'éléphant et 1,88 % pour l'homme).

Le *Stegosaurus* vivait dans tout l'hémisphère Nord il y a environ 150 millions d'années.

Les mammouths atteignaient 4,50 m de haut.

Les plus gros œufs

Les plus gros œufs de dinosaure sont ceux de *l'Hyperlosaurus priscus*. Ce saurien de 9,15 m de long vivait il y a environ 80 millions d'années.
On a découvert plusieurs spécimens dans la vallée de la Durance, près d'Aix-en-Provence, en octobre 1961. Ces œufs auraient 30 cm de haut pour un diamètre de 25,5 cm.

Le plus gros œuf est celui du **vouran-patra,** oiseau subfossile de Madagascar (*Aepyornis maximus*). Le spécimen conservé au British Museum de Londres a **85,6 cm de haut** et 72,3 cm de circonférence, soit un volume de 9 l.

RECORDS GÉNÉRAUX

Le plus grand et plus lourd

L'animal le plus grand et le plus lourd du monde est le **rorqual** ou **baleine bleue** (*Balaenoptera musculus*).
Le spécimen le plus gros jamais observé fut une femelle capturée dans le sud de la Géorgie à une date indéterminée entre 1904 et 1920. Ce rorqual mesurait **33,58 m de long**.
Un autre spécimen de 27 m pesait 190 t.
Les femelles qui portent un petit peuvent atteindre de **193 à 200 t**, soit le poids de 35 éléphants d'Afrique.

Le son que ces animaux émettent est le plus fort produit par une créature vivante. Il peut atteindre 188 db et être entendu à 850 km.

Le plus grand

Le plus grand animal vivant (en hauteur) est la **girafe** (*Giraffa camelopardalis*) de plus de 6 m, que l'on rencontre seulement dans la savane sèche et les régions semi-désertiques du sud du Sahara.

Le plus grand spécimen était un mâle capturé en pays masaï *(G. camelopardalis tippelskirchi)* nommé « George » qui vécut 10 ans au zoo de Chester (G.-B.). Il touchait presque de la tête le toit de la cabane des girafes, qui mesure **6,10 m de haut.**

Le plus long

L'animal le plus long est un ver ***Lineus longissimus,*** connu sous le nom de « ver lacet », que l'on trouve dans les eaux littorales de la mer du Nord.
En 1864, on a trouvé sur la cote un spécimen de **54 m de long.**

Le plus rare

Tous les animaux dont on ne connaît qu'un spécimen peuvent prétendre au titre d'animal le plus rare.
Ainsi, on ne connaît que 2 spécimens de **tanrec,** *Dasogale fontoynonti,* découverts dans l'est de Madagascar et que l'on peut voir aujourd'hui au Muséum d'histoire naturelle de Paris.

Les plus répandus

On estime que l'homme partage la Terre avec environ 3 000 000 000 000 000 000 000 000 000 000 000 (3 000 quintillions ou 3 x 10^{33}) autres organismes vivants.
On a estimé à 4 x 10^{25} le nombre des **vers marins.**

La plus grande concentration

En mars 1981, des savants ont observé **un banc de krills** *(Euphosia superba),* crustacés de l'Antarctique, qui devait peser 10 millions de t., soit 1/7 de la prise annuelle de poissons et de crustacés du monde.

Le plus rapide *en piqué*

L'animal le plus rapide est le **faucon pèlerin** *(Falco peregrinus)* qui a été chronométré en Allemagne à 350 km/h dans un virage à 45° de la verticale.
Dans un *piqué vertical* de 1 500 m, un faucon pèlerin peut certainement atteindre **370 à 385 km/h,** mais il rejoint généralement sa proie alors qu'il n'est qu'à moitié de sa vitesse.

Le plus rapide *en vol horizontal*

L'oiseau le plus rapide en *vol horizontal* est le **martinet à gorge blanche** et à queue échancrée *(Hirundapus caudacutus).* En 1942 on a observé en U.R.S.S. un spécimen qui volait à **171 km/h.**

La plus longue vie

En dehors des bactéries, peu de créatures vivent plus longtemps que l'homme (max. 118 ans).

Il semble que la **tortue terrestre** soit l'animal dont la vie est la plus longue.
L'âge le plus avancé jamais observé pour une tortue est **152 ans** (peut-être plus), chez une tortue mâle *(Testudo sumerii)* que le chevalier de Fresnes avait rapportée des îles Seychelles à l'île Maurice en 1766. Cette tortue, devenue aveugle en 1908, a été tuée accidentellement en 1918, 152 ans plus tard.

Cerveau *le plus gros*

Le 11 décembre 1949, on a pesé le cerveau d'un **cachalot mâle** *(Physeter catodon)* de 15 m de long : ce cerveau pesait **9,200 kg** (cf. le cerveau d'un rorqual bleu de 27 m pèse 6,900 kg).
Le poids moyen du cerveau de l'éléphant d'Afrique se situe entre 4,200 et 5,400 kg.

Œil *le plus grand*

Le **calmar géant** *(Architeuthis sp.)* a l'œil le plus grand de tous les animaux vivants. Il peut dépasser **38 cm de diamètre** (cf. 30 cm pour un disque 33 tours longue durée).

Œuf *le plus gros*

Le plus gros œuf est celui du **requin-baleine** *(Rhiniodon typus).*
On a découvert le 29 juin 1953, à 57 m de profondeur, dans le golfe du Mexique, un œuf de **30 cm de haut.** Cet œuf renfermait un embryon de requin-baleine de 35 cm, parfaitement constitué.

Gestation *la plus longue*

La **salamandre noire des Alpes** *(Salamandra atra)* a une période de gestation qui peut durer **38 mois** à une altitude supérieure à 1 400 m. A une altitude inférieure, la gestation dure de 24 à 26 mois.

Croissance *la plus rapide*

La croissance la plus rapide est celle de la **baleine bleue.**
Un embryon à peine visible, qui pèse une fraction de milligramme seulement, se développe pour atteindre le poids de 26 t en l'espace de 22 mois et 3 semaines (10 mois et 3 semaines de gestation et 12 mois de vie) : cela correspond à une augmentation de poids de **30 millions de fois.**
Le phoque du Groenland ne pèse que de 5 à 6 kg à la naissance et atteint 45 kg en 15 jours.

Croissance *la plus lente*

La croissance la plus lente est celle d'un coquillage ***Tindaria callistiformis*** de l'Atlantique Nord, qui atteint une longueur de **8 mm en 100 ans.**

Appétit *le plus gros*

La larve de l'***Antheraea polyphemus,*** insecte d'Amérique du Nord, consomme, au cours des 48 premières heures de sa vie, l'équivalent de **86 000 fois son poids.** Cela correspondrait, pour un bébé homme, à 273 t de nourriture !

La plus grande différence entre les sexes

Le ver marin ***Bonella viridis*** peut être **100 millions de fois** plus petit que les femelles les plus grosses. Il ne mesure que 1 cm et sa femme 100 cm.

Accélération

La plus grande force *g* observée dans la nature est supportée par le hanneton ***Athous haemorrhoidalis*** qui se précipite dans l'espace pour échapper à un prédateur.
Un spécimen de 12 mm de long, pesant 40 mg, qui a sauté d'une hauteur de 30 cm, a supporté une décélération de **2 300 g** en fin de parcours.

Température interne *la plus élevée*

La température interne la plus élevée pour un mammifère est celle de la **chèvre domestique** *(Capra hircus),* avec une température moyenne de **39,9 °C** et des variations normales de 38,7 °C à 40,7 °C.
La température du dromadaire *(Camelus dromaderius)* varie, en été, de 34 °C à 41°C en 24 h.

Températures *les plus basses*

La température normale la plus basse pour un mammifère est celle de l'**échidné monotrème** *(Tachyglossus aculeatus)* qui vit en Australie et en

Nouvelle-Guinée. Elle se situe **entre 22,2 °C et 24,4 °C.**

La température interne du hamster doré *(Mesocricetus auratus)* descend quelquefois à 3,5 °C en période d'hibernation.

On a cité le chiffre extrême de – 1,3 °C chez une chauve-souris pipistrelle *(Pipistrellus pipistrellus)* durant une expérience de refroidissement.

Fourrures *les plus chères*
Le magasin Neimann-Marcus, de Dallas, Texas, États-Unis, a acheté, lors de la première vente aux enchères de peaux de **loutre marine,** quatre peaux au prix de **46 000 F,** le 31 janvier 1968.

En 1983 un manteau de lynx de Russie a été vendu 700 000 F.

Animaux *les plus chers*
Les plus chers de tous les animaux sont les **chevaux de course.**
« Shergar » a été estimé à **212 000 000 F.**

L'animal de zoo le plus cher est le panda géant *(Ailuropoda melanoleuca)* : le panda géant du zoo de Madrid, unique spécimen du genre, a été évalué à plus de 10 000 000 F.

L'animal marin le plus cher est l'orque « Orky ». Pensionnaire depuis 1964 de Marineland à Los Angeles, U.S.A., il pèse aujourd'hui 6 350 kg. Il vaudrait au moins 1 250 000 F.

Le panda est l'animal de zoo le plus cher.

MAMMIFÈRES

Le plus grand et plus lourd
Le mammifère le plus grand et le plus lourd est le **rorqual** ou **baleine bleue** *(Balaenoptera musculus)*, qui peut mesurer plus de 33 m et peser **190 t.**

La langue et le cœur d'une baleine de 27,60 m et 190 t, capturée le 17 mars 1947, pesaient respectivement 4,3 t et 698,500 kg.

Les nouveau-nés mesurent de 6,50 m à 8,50 m et pèsent jusqu'à 3 t. Les baleines bleues vivent dans les mers froides et remontent vers les eaux plus chaudes pour mettre bas en hiver. Elles peuvent atteindre 37 km/h si elles ont peur.

On a estimé en 1983 qu'entre 12 000 et 21 000 baleines bleues vivaient encore sur le globe. L'espèce est protégée depuis 1967, même si certains pays n'ont pas signé cet accord. La commercialisation des produits dérivés des baleines devrait être mondialement interdite en 1986.

Le plongeon le plus profond
La descente la plus profonde jamais observée est 1 134 m, par un cachalot de 14,32 m que l'on a retrouvé coincé par la mâchoire sous un câble sous-marin entre Santa Elena, Équateur, et Chorillos, Pérou, le 14 octobre 1955.
A cette profondeur il devait supporter une pression de 118 kg/cm².

Le 25 août 1969 on a tué un **cachalot** alors qu'il faisait surface après un plongeon de 1 h 52.
On trouva dans son estomac deux petits requins qu'il avait avalés environ 1 h auparavant.
Ces requins de l'espèce *Scymnodon* ne vivent qu'à une **profondeur de 3 000 m.**

Mammifère terrestre *le plus gros*
Le plus gros animal terrestre est l'**éléphant d'Afrique** *(Loxodonta africana africana)*. Le mâle mesure en moyenne 3,20 m au garrot et pèse 5,7 t.
Le plus gros spécimen jamais observé, qui était aussi le plus gros animal terrestre de l'époque actuelle, était un mâle, abattu en Angola, le 7 novembre 1974. Couché sur le flanc, cet éléphant mesurait 4,16 m de long – depuis le garrot jusqu'au dessous de la patte, soit 3,96 m debout. Il mesurait 10,67 m (de l'extrémité de la trompe à celle de la queue) et il pesait **11,96 t.** La patte avant avait 1,80 m de circonférence.

Mammifère terrestre *le plus grand*
Le mammifère le plus grand en hauteur est la **girafe** *(Giraffa camelopardalis)*. (Voir *Records généraux*).

Mammifère terrestre *le plus petit*
La **pachyure étrusque** (*Suncus etruscus)*, musaraigne d'Europe, ne pèse que **de 1 à 1,5 g.**

Le cachalot évolue sans doute jusqu'à 3 000 m de profondeur.

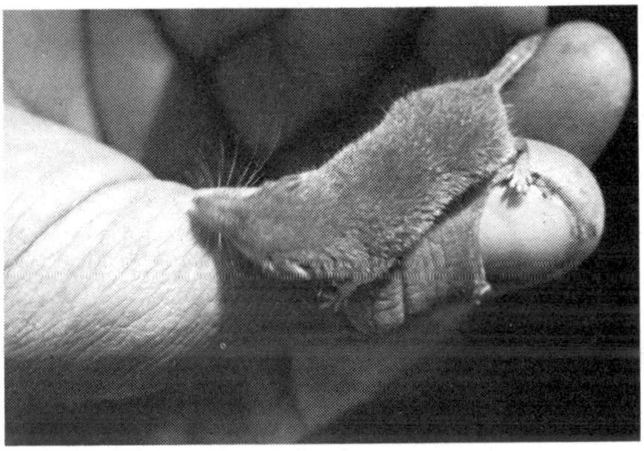

La pachyure étrusque est le plus petit mammifère.

Les springboks se regroupaient en troupeaux de 10 millions de têtes.

Mammifère marin *le plus petit*

Le plus petit mammifère totalement marin est le **dauphin de Commerson** *(Cephalorhynchus commersoni)* ou jacobite, qui vit dans les eaux d'Amérique du Sud. Son poids se situe entre **23 et 35 kg.**

La loutre de mer *(Enhydra lutris)* ne pèse que de 25 à 38,500 kg, mais cette espèce gagne quelquefois le rivage pour mettre bas et ne peut donc pas être considérée comme animal exclusivement marin.

Le plus rare

Nombreux sont les mammifères dont il n'existe plus qu'un seul spécimen.

Le mammifère le plus rare est le **tanrec** *Dasogale fontoynonti.* (Voir *Records généraux*).

Parmi les sous-espèces, le tigre de Java *(Panthera tigris sondaica)* est l'animal le plus rare. On ne connaissait plus que 4 spécimens en janvier 1980.

En février 1982, 13 oryx attendaient, au zoo de San Diego, d'être remis en liberté dans leur région d'origine.

Le plus rapide *sur terre*

L'animal le plus rapide *sur courte distance* (jusqu'à 550 m) est le **guépard** *(Acinonyx jubatus)* qui vit dans les grandes plaines d'Afrique orientale, d'Iran et d'Afghanistan. Il peut atteindre une vitesse de **96 à 101 km/h** en terrain régulier.
On a parfois cité des vitesses extrêmes de 145 km/h, mais ce chiffre est exagéré.

L'animal le plus rapide *sur une longue distance* (900 m et plus) est l'**antilope américaine** *(Antilocapra americana)* qui vit dans l'ouest des États-Unis. On a pu observer des vitesses de 56 km/h sur 6 km ; 67 km/h sur 1,6 km et **88,5 km/h sur 800 m.**

Le plus lent

L'animal terrestre le plus lent est le **paresseux** *(Bradypus tridactylus)* d'Amérique tropicale. Sa vitesse habituelle est de **1,8 à 2,4 m/mn,** soit de 0,109 à 0,146 km/h.
Le paresseux peut « accélérer » et atteindre la vitesse de 4,57 m/mn (cf. 0,05 km/h pour l'escargot ordinaire soit 83 cm/mn et 0,27 km/h soit 4,50 m/mn pour la tortue géante).

Les plus grands troupeaux

Les **springboks** *(Antidorcas marsupialis)*, au moment de la migration à travers les plaines d'Afrique, au XIXe siècle, se regroupaient en troupeaux immenses d'environ **10 millions de têtes.** En juillet 1896 on a observé au bord de l'Orange, Afrique du Sud, un troupeau de 24 km de large et de 160 km de long.

La plus forte concentration

Les **chauves-souris** *Tadarida mexicana* se regroupent à **plus de 20 millions** dans la grotte de Bracken Cave, à San Antonio, Texas, U.S.A.

La plus grande longévité

Aucun mammifère n'a battu le record de longévité de l'homme *(Homo sapiens)* qui est de 118 ans.

Les mammifères, autres que l'homme, qui vivent le plus longtemps sont les **baleines** *(Balaenoptera musculus* et *B. physalus)*, qui peuvent vivre de **90 à 100 ans.**

Le mammifère terrestre qui vit le plus vieux, à part l'homme, est l'éléphant d'Asie *(Elephas maximus).* Le record de longévité appartient à une femelle, « Modoc », qui est morte à 78 ans.

Le guépard est l'animal le plus rapide sur courte distance.

Le plus haut
L'ongulé qui vit à la plus haute altitude est le **yak** *(Bos grunniens)* du Tibet et de Chine, qui peut vivre **à 6 100 m d'altitude.**

La plus longue gestation
L'éléphant d'Asie *(Elephas maximus)* a une période de gestation de **609 à 760 jours,** soit 2,5 fois la durée de la gestation humaine.

La plus courte gestation
L'**opossum** *(Didelphis marsupialis)* et l'opossum d'eau, ou yapok *(Chironectes minimus)* ont une gestation moyenne de **12 à 13 jours.**

La portée la plus nombreuse
Une femelle **tanrec sans queue** *(Tenrec ecaudatus)* a eu **31 petits.** Tous ont survécu, sauf un. La portée normale est de 12 à 15. C'est le record pour un animal sauvage.

La mère la plus jeune
Le **tanrec de Madagascar** *(Hemicentetes semispinosus)* est sevré à 5 jours et les femelles peuvent reproduire **3 ou 4 semaines** après la naissance.

Sobriété
L'**oryx** ou gemsbok, une antilope d'Afrique et d'Arabie, peut rester **4 mois sans boire.** Certains rongeurs vivant dans les déserts ne boivent jamais.

Hibernation
Le plus long sommeil hibernal chez les mammifères serait celui de la **siciste des bouleaux,** petit rongeur dont le poids ne dépasse pas 13 g, vivant dans le nord de l'Europe et en Sibérie.
Son hibernation dure **8 mois,** au cours desquels l'animal perd la moitié de son poids. Le sommeil hibernal est interrompu à plusieurs reprises, sinon une hypothermie prolongée (ou abaissement de la température) pourrait entraîner la mort.
En été, si le temps est mauvais, la siciste des bouleaux peut dormir plusieurs journées consécutives.

Le sommeil de la marmotte des Rocheuses dure aussi longtemps : de septembre à avril.

Sommeil
Le plus grand dormeur chez les mammifères serait le **chat** avec **14 h par jour,** dont 27 % de sommeil paradoxal (sommeil profond ou sommeil de rêve). Il est suivi par le cobaye avec 12 h, dont 5 % de sommeil paradoxal.

Les défenses *les plus longues*
Les défenses d'éléphant les plus longues ont été découvertes au Zaïre et elles font aujourd'hui partie de la collection de têtes et de cornes de la Société géologique de New York.
La défense droite mesure **3,49 m** sur sa courbure interne et celle de gauche **3,35 m.** Leur poids total est de 133 kg.

La défense *la plus lourde*
Lors de l'Exposition de 1900, on pouvait admirer à Paris une défense d'éléphant de **117 kg.**

On peut admirer au British Museum, à Londres, une paire de défenses d'un poids total de 211 kg : l'une mesure 3,11 m et pèse 109 kg, l'autre 3,18 m pour 102 kg.

Les cornes *les plus longues*
Les cornes les plus majestueuses sont celles du **buffle d'eau** *(B. arnee)* d'Inde. Un mâle possédait une **paire de cornes de 4,25 m** de long d'une extrémité de l'une à celle de l'autre en passant par le front.

La corne la plus longue, celle d'un **buffle domestique** d'Angola mesurait **2,06 m.**

La plus longue corne de rhinocéros est une corne de 1,58 m, qui appartenait à une femelle de rhinocéros blanc *(Cerathotherium simum simum)* tuée en Afrique du Sud en 1848. La corne intérieure mesurait 57 cm.

Les cornes *les plus courtes*
Les cornes les plus courtes sont celles du **suni,** ou antilope royale (Afrique), dont la longueur ne dépasse pas **3,8 cm.**

CARNIVORES

Carnivore marin *le plus grand*
Le plus grand mammifère avec des dents est le **cachalot** *(Physeter catodon).* Le mâle mesure en moyenne 11 m de long pour un poids de 49 t. Le spécimen le plus grand a été capturé en Alaska en 1921 : il mesurait **21,65 m.** Son poids a été estimé à 89,5 t.

Carnivore terrestre *le plus grand*
Le plus grand carnivore terrestre est l'**ours kodiak** *(Ursus arctos middendorffi),* qui vit sur les îles du golfe d'Alaska, États-Unis. Le mâle adulte mesure 2,40 m de l'extrémité du nez à celle de la queue (la queue mesure environ 10 cm) ; il atteint 2,32 m au garrot et pèse de 476 à 533 kg.
En 1894 on a tué un spécimen de 751 kg dont la peau étirée mesurait **4,11 m** de l'extrémité du museau à la naissance de la queue.
Ce poids a été dépassé par un mâle du zoo de Cheyenne Moutain, Colorado, États-Unis, qui pesait 757 kg au moment de sa mort, le 22 septembre 1955.

En avril 1962, un spécimen de 3,40 m de haut a été montré à la Foire mondiale de Seattle, États-Unis.

L'ours est le plus grand omnivore chez les mammifères classés « carnivores ». Il mange absolument tout ce qui est consommable.

Le plus petit
Les **belettes naines** *(Mustela rixosa)* qui vivent dans les régions polaires ne mesurent que **2 cm de long** et pèsent de 35 à 70 g.

Mustélidés *les plus grands*
Le plus grand mustélidé est la **loutre de mer,** le mâle peut peser jusqu'à **37 kg.**

Le glouton vient ensuite avec un poids de 35 kg alors que la loutre géante (animal menacé de disparition vivant en Amérique du Sud) n'atteint que 34 kg.

FÉLINS

Les plus gros
Le félin le plus gros est le **tigre de Sibérie** *(Panthera tigris altaica),* ou tigre de Mandchourie.
Le mâle adulte mesure 3,15 m de la pointe du

L'ours kodiak pèse jusqu'à 757 kg.

Le plus gros tigre mesurait 3,22 m.

Le suni a les cornes les plus courtes.

Le buffle possède les cornes les plus longues.

museau à l'extrémité de la queue, de 99 cm à 1,07 m au garrot, et il pèse 265 kg.
En 1950, un mâle de **385 kg** a été tué en U.R.S.S.

En novembre 1967, David Hasinger, de Philadelphie, États-Unis, a tué un **tigre d'Inde** *(Panthera tigris tigris)* qui mesurait 3,22 m et pesait **388,700 kg** (cf. 2,82 m et 190 kg pour le mâle adulte moyen). Ce tigre peut être aujourd'hui admiré au Muséum d'histoire naturelle de Washington, États-Unis.

Le lion d'Afrique *(Panthera leo)* mesure en moyenne 2,70 m de longueur, de 91 à 97 cm au garrot, et pèse de 180 à 185 kg.
Le spécimen sauvage le plus lourd, tué en 1936 par M. Anderson en Afrique du Sud, pesait 313 kg.

En juillet 1970, un lion nommé « Simba » (né au zoo de Dublin en 1959) pesait 375 kg. Il est mort dans un zoo de Grande-Bretagne le 16 janvier 1973.

Le plus petit

Le plus petit félin est un **chat tacheté** *(Felis rubiginosa)* qui vit dans le sud de l'Inde et à Ceylan. Le mâle adulte mesure de 64 à 71 cm (la queue mesure de 23 à 25 cm), et pèse environ **1,350 kg.**

CHATS

La plus grande population du monde est celle des États-Unis, où l'on compte 23 millions de chats.
En France, on compte 8 millions de chats.

Le plus gros

Le chat domestique *(Felis catus)* le plus gros est un chat australien de 15 ans, **« Himmy »**, qui pèse **20,7 kg** (tour de cou : 38 cm ; tour de taille : 81 cm ; longueur : 96,5 cm).
Le poids moyen d'un chat est de 5 kg.

Les plus petits

Les plus petits chats sont les **singapura.** Le mâle pèse 2,700 kg et la femelle 1,800 kg.
Dans certains cas de nanisme, on a observé des chats de moins de 1,300 kg.
Mme Wanda Mitka, Australie, possédait un chat qui ne pesait que **1,200 kg** à 20 mois.

Le plus vieux

Les chats vivent généralement plus vieux que les chiens. Les renseignements sont difficiles à connaître, car les propriétaires donnent souvent le même nom à deux chats qui se suivent.

Le chat le plus vieux a certainement été **« Puss »**, qui appartenait à Mme T. Holway, Grande-Bretagne. Il a célébré son **36e anniversaire** le 28 novembre 1939 et devait s'éteindre le lendemain.

La plus grande portée

La plus grande portée de chatons est une portée de **19 petits** nés le 7 août 1970 de **« Tarawood Antigone »**, chatte birmane de 4 ans.
Il a fallu pratiquer une césarienne. 15 chatons survécurent, dont 14 mâles.

La plus prolifique

Une chatte de 17 ans répondant au nom de **« Dusty »** a donné naissance le 12 juin 1952, à Bonham, Texas, États-Unis, à son **420e chaton.**

« Himmy » pèse autant qu'une fillette de 9 ans.

Le plus riche

À la fin de sa vie en 1978, Mme Grace Patterson de Joplin, Missouri, États-Unis, a légué toute sa fortune à son chat **« Charlie-Chan »** : une maison de 3 pièces, un cimetière pour animaux de 3 ha, une collection d'art, estimés à **1 250 000 F.** A la mort du chat, les biens seront vendus aux enchères et l'argent donné à des œuvres de bienfaisance.

Le plus cher

En 1967, Mlle Elspeth Sellar, de Grafham, Grande-Bretagne, a refusé une offre de **2 000 000 F** pour son chat **« Coylum Marcus »**, un persan blanc aux yeux cuivrés.

Le meilleur grimpeur

Le 28 février 1980, une chatte a grimpé à une **hauteur de 21 m** le long d'un immeuble pour se réfugier sur le toit. Elle avait été effrayée par un chien.

Le meilleur chasseur

Un chat de gouttière nommé **« Mickey »** qui appartenait à Shepherd et Sons, de Bursough, Lancashire, Grande-Bretagne, a tué plus de **22 000 souris** au cours de ses 23 ans de service. Il est mort en novembre 1968.

CHIENS

En France, on compte 9,5 millions de chiens.

Les plus gros

Les chiens domestiques (*Canis familiaris*) les plus gros sont les **saint-bernards.**

Le plus gros de tous les temps est « **Bénédictine** », appartenant à Thomas et Ann Imorn, de Grand Rapids, Michigan, États-Unis. Ce chien, né le 17 décembre 1970, pesait en mai 1978 **138,340 kg.**

Le plus grand

Les chiens les plus grands sont les **danois** et les **lévriers irlandais,** qui peuvent dépasser 1 m au garrot.

Le plus grand danois que l'on connaisse est « **Shamgret Danzas** », né en 1975, propriété de M. et Mme Comley, de Milton Keynes, Grande-Bretagne. Il mesure **105,5 cm** au garrot et pèse 108 kg.

Le lévrier irlandais « Broadbridge Michael » (1920-1929), propriété de Mme Beynon, Sutton-at-Hone, Kent, Grande-Bretagne, mesurait 1 m à l'âge de 2 ans.

Les plus petits

Les chiens les plus petits sont les **yorkshires terriers**, **les chihuahuas** et les **caniches toy** dont certains pèsent moins de 453 g à l'âge adulte. On a signalé le cas d'un yorkshire terrier répondant au nom de « **Sylvia** » qui mesurait **9 cm** au garrot et pesait **283 g.**

En France

Le chien le plus petit est un chihuahua noir nommé « **Recky** » qui pèse **1,050 kg** et mesure 38 cm du museau au bout de la queue. Il appartient à Mme Faramand de Toulon.

Les plus vieux

Les records authentiques de chiens dépassant l'âge de 20 ans sont extrêmement rares, mais un record de **34 ans** a été accepté.

Force et résistance

La charge la plus lourde jamais déplacée par un chien est une poutrelle métallique de **2,905 t** qu'un saint-bernard nommé « **Ryettes Brandy Bear** » (1974-1979) a tirée à Bothell, Washington, États-Unis, le 21 juillet 1978.
Le chien, âgé de 4 ans, pesait 80 kg : il a tiré la poutrelle sur une plate-forme à quatre roues pendant 4,57 m en moins de 90 s.

Le chien le plus fort du monde (par rapport à sa taille) est « Barbara-Allen's Dark Hans », terre-neuve de 44 kg, qui a tiré une charge de 2,289 t (soit une charge de 52 kg pour 1 kg) sur une surface de ciment, à Bothell, le 20 juillet 1979. Le chien, qui appartenait à Terry Dickinson, de Kenmore, Washington, États-Unis, avait alors 12 mois.

Le record de vitesse lors de la course de traîneau qui se déroule chaque année d'Anchorage à Nome, Alaska, sur 1 660 km est de 12 jours 7 h 11 mn par un chien appartenant à M. Rick Swerson, lors de la course de 1981.

Jeûne

Un chien a été retrouvé après le tremblement de terre d'Italie du Sud en 1980 après être resté sans manger durant 47 jours.

D'après le docteur Rousselet-Blanc le record serait détenu par un chien qui serait resté **112 jours** sans manger. Bien entendu, cet animal buvait.

Le plus rare

Le chien le plus rare est le **chien d'ours tahltan,** utilisé autrefois par les Indiens tahltan du Canada occidental pour la chasse au gros gibier.
Il n'existe aujourd'hui que 2 spécimens qui sont des femelles stériles.

Chiens d'aveugle

Le plus long service pour un chien d'aveugle est **13 ans et 2 mois** pendant lesquels un labrador-retriever répondant au nom de « **Polly** » a guidé Mlle Roco Resnick, de San Raphaël, Californie, États-Unis.

La plus grande portée

En juin 1944 une chienne fox, « **Lena** », appartenant au commandant Ely, d'Ambler, Pennsylvanie, États-Unis, a eu **23 petits.**

Le 6 février 1975, une chienne saint-bernard « Careless Ann », appartenant à Robert et Alice Rodden de Lebanon, Missouri, États-Unis, a aussi donné naissance à 23 chiots, dont 14 ont survécu.

Le plus prolifique

Un lévrier champion, « **Low Pressure** » (sept. 1957 – nov. 1969) a engendré 2 414 chiots enregistrés et au moins 600 non enregistrés, soit un total de **3 014.**
Il n'avait commencé à se reproduire qu'en 1961.

Le plus cher

Le 29 juin 1980, M. McLean, bookmaker à Belfast, Irlande, aurait acheté **400 000 F** le **lévrier** gagnant du 50e derby de lévriers.

En 1981, une société japonaise aurait payé 280 000 F un berger allemand, importé d'Allemagne.
Le prix le plus élevé effectivement payé est 110 000 F le 27 juin 1972, par M. Belmont, Maryland, États-Unis, pour un labrador retriever.

La race la plus chère

Les chiots **shar-pei** se vendent **10 000 F** minimum en France.

Cette portée vaut 20 000 F.

La chienne Laïka dans la cabine hermétique de Spoutnik 2.

Le plus haut
Le record d'altitude atteint par un mammifère est de **1 690 km,** par la petite chienne « **Laïka** », envoyée dans l'espace le 3 novembre 1957 à bord du satellite russe Spoutnik II.

Saut
Le record de saut *en hauteur* avec rétablissement appartient à un chien berger allemand, « **Young Sabre** » qui a escaladé un mur en bois de **3,55 m** le 17 juillet 1981.

Le record de saut *en longueur* est de **9,14 m,** par un lévrier, « **Bang** », en 1849.

Chasse aux rats
Le plus grand ratier de tous les temps fut une bull-terrier, « **Jenny Lind** », qui a tué **500 rats en 1 h 30** le 12 juillet 1853.

Le meilleur flair
Un dobermann pinscher, « Sauer » qui avait été dressé par le sergent Herbert Kruger a suivi un voleur à la trace sur 160 km à travers l'Afrique du Sud en 1925.

En 1923, un colley répondant au nom de « **Bobbie** » a retrouvé ses propriétaires qui l'avaient perdu à **3 200 km** de là, six mois plus tôt.

Le meilleur grimpeur
Le meilleur grimpeur est un berger allemand nommé « **Peter** » appartenant à M. Erick Naud de Pontoise. « Peter » grimpe au sommet d'une **échelle de pompier de 22 m de haut.**

Le plus cabot
Le nombre record de récompenses obtenues par un chien de concours est **127.**
Elles furent remportées par un pékinois champion international, « **Chik T Sun** », de janvier 1957 à février 1960.

Dressage
Mme Barbara Wadhouse, G.-B. a dressé à un bon niveau **17 393 chiens depuis 1951.**

Le dresseur le plus rapide est Armand Rabuttinio, d'Aston, Pennsylvanie, États-Unis, qui a dressé **132 chiens en 7 heures** le 12 juin 1982.

Chiens policiers
Le meilleur chien policier du monde est « **Trep** », de la brigade criminelle de Dade, Floride, États-Unis, qui a « reniflé » pour **315 000 000 F de drogue.**

« Sergeant Blitz » a été engagé par un contrat de 70 000 F par la brigade anti-drogue de Savannah, États-Unis, en 1977.

« General » de l'U.S. Army a dépisté 220 porteurs de drogue, d'avril 1974 à mars 1976.

Le plus grand enterrement
Le plus grand enterrement pour un chien a été célébré lors de la mort de « **Lazaras** », qui appartenait à l'« empereur » Norton Ier des États-Unis.
Les funérailles, à San Francisco en 1862, furent suivies par environ **10 000 personnes.**

CHEVAUX

On estime qu'il y a 800 000 chevaux en France et 75 millions dans le monde.

Le plus cher
Le cheval le plus cher est « **Shergar** », estimé à **212 000 000 F.** Une saillie de l'étalon vaut 750 000 F. Ce cheval a été kidnappé en 1983.

En France
Une saillie de « Top Mille » vaut 320 000 F.

Le plus gros
Le cheval le plus lourd du monde est un étalon pur-sang belge de 1,98 m au garrot, nommé « **Brooklyn Supreme** » (1928-1948), qui pesa **1,44 t** au mieux de sa forme. Il avait 259 cm de tour de poitrail.

« Shergar », le cheval le plus cher du monde : 212 000 000 F.

Le plus gros *de France*
« **Kairouan** », cheval boulonnais, fut le plus gros cheval du Salon de l'agriculture 1980. Il pesait **1,06 t.**

Le plus grand
Le cheval le plus grand pour lequel il existe une preuve est un croisement de percheron et de shire nommé « **Firpon** » (né en 1959), propriété de Julio Falabella : il mesurait **2,16 m** et pesait 1,35 t.
Il est mort au ranch de Recco de Roca, Argentine, le **14 mars 1972.**

« Big Jim », propriété de Lyall Anderson, de Montrose, Écosse, aurait, lui aussi, mesuré 2,18 m. Il est mort à Saint Louis, Missouri, en 1957.

Le plus petit
Les plus petits chevaux sont les **falabellas,** qui ont été obtenus en Argentine par des croisements successifs pendant quarante-cinq ans, de pur-sang anglais et de poneys shetland. Adultes, ils mesurent de 38 à 74 cm au garrot et pèsent de 18 à 36 kg.
« **Smidget** » qui appartient à R. Bueger, Dunham, Californie, U.S.A., mesure **53,5 cm** au garrot.
Les chevaux plus petits présentent généralement des malformations.

Le plus vieux
L'âge maximal jamais atteint pour un *cheval* est de **62 ans,** dans le cas de « **Old Billy** », élevé par M. Robinson, de Wooston, Lancashire, G.-B.
Ce cheval, né en 1760, avait été vendu en 1762 à une compagnie de navigation, où il travailla comme cheval de halage jusqu'en 1819. Il se reposa ensuite dans une ferme jusqu'à sa mort, le 27 novembre 1822. La tête empaillée de ce cheval se trouve aujourd'hui au Museum de Bedford et le crâne au Museum de Manchester, G.-B.

L'âge le plus avancé pour un *poney* est de 54 ans, pour un étalon qui appartenait à un fermier du Massif central, en 1919.

L'âge le plus avancé pour un *pur-sang* est de 42 ans, dans le cas de « Tango Duke », propriété de Mme Carmen Koper, Australie. Le cheval est mort le 25 janvier 1978.

Le plus fort
La charge la plus lourde tirée par 2 chevaux de trait est **43,5 t** de bois, placées sur un traîneau et halées sur la neige sur une distance de 251 m, le 26 février 1893, à Ewen, Michigan, États-Unis. Le poids total des chevaux était de 1,58 t.

Chevaux de course
(Voir *chap. XIV*)

Âne *le moins cher*
En 1934, les ânes se vendaient moins de **20 centimes** au marché de Kuruman, au Cap, Afrique du Sud.

MOUTONS

Il existe environ 1,1 milliard d'ovins dans le monde. La population ovine française est approximativement de 13 millions de têtes.

Le plus grand troupeau
En 1866, un troupeau de **43 000 moutons** a été

Les plus petits falabellas mesurent 53,5 cm.

emmené sur une distance de 64 km en Australie par 27 cavaliers.

Tonte
Le record de tonte en un jour a été établi par G. Phillips (pays de Galles) qui a tondu, à la tondeuse électrique, **694 moutons dans la journée** (77 à l'heure) le 25 juin 1975.

Le record de tonte à la main avec une lame est de 353 moutons en 9 h, le 13 février 1976, par Peter Casserly (Nouvelle-Zélande), soit 39 à l'heure.

Lors d'un marathon de tonte, 4 hommes ont tondu 2 519 moutons en 29 h en Nouvelle-Zélande, le 11 février 1982.

En France
Le tondeur le plus rapide est Jean Lerch de Bellac. Il a tondu **une brebis** sans fausse coupe et en un seul morceau en **1 mn 41 s.**

Les meilleurs lainiers
La race de moutons qui présente la plus grande valeur lainière est la race **mérinos.**

Laine la plus chère
Une firme textile japonaise a payé, le 4 mars 1982, **280 F pour 1 kg de laine** mérinos, à Lauceston en Australie.

Survie
Le 2 mars 1978, un Écossais, Peter Boa, a retrouvé 9 moutons enfouis sous la neige depuis **33 jours.** Deux brebis étaient vivantes.

Le plus cher
Un bélier **mérinos** australien a été vendu **499 455 F,** en septembre 1981.

Naissances multiples
En juin 1956, on a signalé une naissance de **8 agneaux** (octuplés), mais aucun ne survécut. Depuis 1977, on a signalé 6 naissances d'agneaux sextuplés.

En France
Deux brebis appartenant à M. Demange, de Font-Bouillot, dans l'Indre, ont mis bas début

janvier 1982 deux lots de **sextuplés** pesant chacun 1,800 à 2 kg. Les naissances de sextuplés sont assez rares et il est exceptionnel qu'ils soient tous viables.

L'agneau le plus lourd
Le poids record pour un agneau à la naissance est **17,200 kg** en 1975, à Clearwaker, Kansas, États-Unis. La mère et l'agneau périrent après la mise à bas.

Les plus petits
M. Jacques Bouloc, de Seine-et-Marne, a obtenu des moutons nains par croisement de southdowns. Ils pèsent **5,900 kg** et ont un pelage blanc ou noir.

Les plus petits moutons pèsent moins de 6 kg.

Les meilleures laitières
Les meilleures laitières sont les brebis de **Lacaune** qui fournissent le lait pour la fabrication du fromage de Roquefort. La production laitière d'une brebis peut aller jusqu'à **500 l par an.** On compte 1 million de lacaunes en France.

PORCS

Il y a environ 800 millions de porcs dans le monde. En France, on en compte 12 millions. La race la plus répandue en France est la race large white.

Il y a 800 millions de porcs dans le monde.

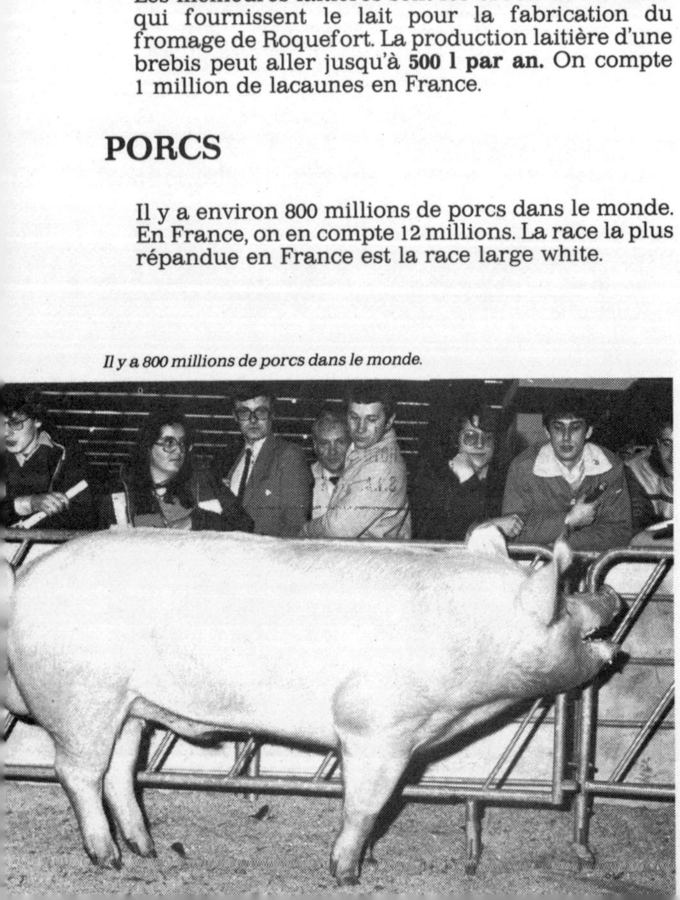

Le plus grand élevage
L'élevage de porcs de Sljene, Yougoslavie, produit **300 000 cochons par an.**

Des porcheries encore plus grandes existent en Roumanie mais aucun chiffre n'est divulgué.

Porc, le plus cher
Un vérat duroc prénommé « **Glacier** » a été vendu **180 500 F** au Texas, le 24 février 1979.

La race large white est la race de porcs français la plus exportée.

Le plus gros
Le plus gros porc qui ait été pesé était une bête de **1,5 t et 2,75 m de long,** dont le ventre touchait terre. « Big Bill » fit la fierté de ses propriétaires à Weekly County, Tennessee, États-Unis, jusqu'en 1946.

En France
« **Tango de Guerrieux** », porc de race large white fut trois fois champion de France. Son poids maximal fut de **570 kg,** lors du challenge Henri Rivière à Craon (Mayenne) en 1971.

La plus grande portée
Le 25 juin 1961, une truie appartenant à Askel Egedee, Danemark, a eu **34 porcelets.**

BOVINS

Il y a 1 230 millions de bovins dans le monde. En France, on en compte 24 millions, dont 10 millions de vaches.

Les plus lourds
Le plus lourd des bovins est le **bœuf domestique.** Un spécimen aurait atteint le poids de **2,1 t.**

Le plus lourd des bovins sauvages est le bison d'Amérique avec 1,3 t (on dit que certains spécimens auraient dépassé ce poids).

Le gaur, bœuf asiatique, pèse 1 2 t, alors que le buffle africain et le bison d'Europe atteignent rarement plus de 900 kg.

TAUREAUX

Le plus cher
« **Joe's Pride** » (Orgueil de Joe), 3/8 buffle, 3/8 charolais, 1/4 heraford (bufalo) a été acheté **12 500 000 F** le 9 septembre 1974, en Californie.

Le plus gros *de France*
Le taureau « **Ligrec** » de race maine-anjou qui appartient à M. Bazin a atteint le poids record de **1,7 t** lors d'une pesée officielle à Ancenis (Loire-Atlantique), le 11 février 1981.

Le plus gros taureau présenté au Salon national de l'agriculture 1983, « Léopard », de la race blonde d'Aquitaine, pesait 1,57 t.

Le plus prolifique
« **Soenders Jylland's Jens** », taureau danois blanc et noir, fut abattu à l'âge de 11 ans, après avoir donné suffisamment de semence pour engendrer

220 000 descendants posthumes par insémination artificielle.

VACHES

La plus chère
Une holstein-frisonne répondant au nom de « **Hanover Hill** » a été achetée **910 000 F** le 8 novembre 1976, au Canada.

La plus grosse
« **Mount Caradin** », jeune vache holstein-durham était la vache la plus lourde qu'on ait jamais pesée : **2,267 t.** Elle avait 3,96 m de tour de taille et elle périt dans un incendie en 1923.

Naissances multiples
Le 25 avril 1964, on signalait qu'une vache nommée « Lyubik » avait vêlé de **7 veaux** à Mogilev, U.R.S.S.

Une naissance de 5 veaux vivants (quintuplés) a été signalée en 1928 à Manchester, Grande-Bretagne.

La plus prolifique
La vache la plus prolifique était une vache de race croisée qui mourut à 32 ans après avoir eu **30 veaux** au cours de sa vie.

Fécondité artificielle
La vache « **Teena** », présentée lors du Salon de l'agriculture 1982, grâce à une méthode mise au point par des biologistes français, avait donné **plus de 100 embryons** au cours de l'année 1981. 40 d'entre eux ont été transplantés dans l'utérus d'autres vaches et sont arrivés à terme. Les autres sont actuellement congelés.

Les meilleures laitières
Une holstein d'Amérique, « **Or Win Masterpiece Riva** » avait donné **154 469 kg de lait** à 3,3 % de matière grasse au 10 avril 1975.

Le record en lactation (365 jours) est de 25 247 kg par une holstein, « Beecker Arlinda Ellen », propriété de M. et Mme Harold, dans l'Indiana, États-Unis.

Le record en un jour est de 109,300 kg par une vache de Cuba surnommée « Urbe Blanca », en janvier 1982.

En France
Les meilleures laitières sont les **frisonnes** qui sont aussi les plus répandues : 4 millions de têtes.

Matière grasse
« **Sunny King Berna** » (née le 5 mars 1950), vachette jersey, avait donné, en janvier 1979, **6 645 kg** de matière grasse en 5 726 jours, dans la ferme de J. Coppini, en Californie.

Le record en 365 jours est de 1 011 kg de matière grasse par une holstein, « Breegewood Patsy Bar Pontiac » dans l'Ohio, États-Unis, en 1976.

RONGEURS

Le plus gros
Le rongeur le plus gros du monde est le **capybara** *(Hydrochœrus hydrochaeris)*, appelé aussi carpincho ou porc d'eau, qui vit dans les régions tropicales d'Amérique du Sud. A l'âge adulte, cet animal mesure de 1 à 1,40 m de long et pèse jusqu'à **79 kg.**

Le plus petit
Le **rat des moissons** *(Micromys minutus)* ne dépasse pas **11 cm et 8 g.**

Le plus rare
On a aperçu, pour la première fois en 1970, sur un îlot au sud de Cuba, un unique spécimen de **hutia** *(Capromys sanfelipensus)* et on n'en a jamais vu d'autre.

Le plus vieux
L'âge le plus avancé jamais signalé pour un rongeur est **27 ans et 3 mois** pour un **porc-épic de Sumatra** *(Hystrix brachyura)*, mort le 12 janvier 1965 au zoo de Washington, U.S.A.

Reproduction
La femelle **campagnol des prés** *(Microtus agrestis)* peut se reproduire à partir de l'âge de **25 jours.** Elle a 17 portées de 6 à 8 petits par an, soit jusqu'à 136 petits.

Le plus gros lapin
Les lapins domestiques *(Oryctolagus cuniculus)* les plus gros sont les **géants anglais.** Adultes, leur poids moyen se situe entre 8 et 9 kg. On a signalé des mâles adultes de **13,600 kg.**

LONGÉVITÉ D'ANIMAUX DOMESTIQUES

Animal	Années	Mois	Nom	Mort
Poisson rouge	41		*Fred*	1980
Chat	34		*Ma* chat de gouttière	1957
Chien	29	5	*Heeler Bluey* Queensland	1939
Perruche	29	2		1977
Lapin	18			1977
Cochon d'Inde	14	10 1/2	*Snowball*	1979
Gerboise	8			en vie
Souris	6	6	*Hercule*	1981
Rat	5	8		1924

Le capybara pèse jusqu'à 79 kg.

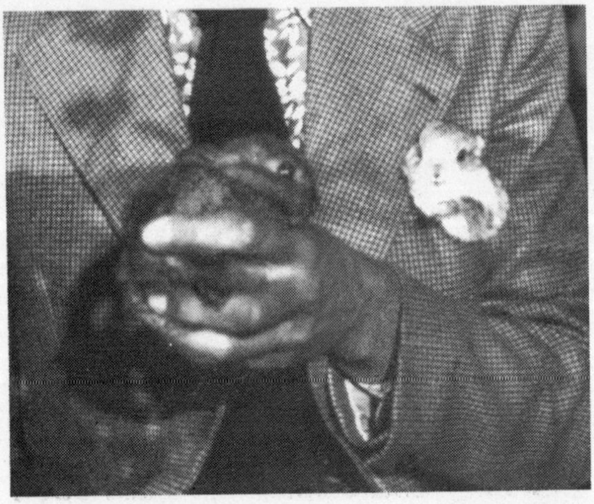

Les plus gros lapins de M. Bouloc pèsent 412 g.

Le lapin de garenne le plus gros est un lapin de 3,400 kg tué au cours d'une chasse au furet en Écosse, en 1982.

En France

Les plus gros lapins sont les **géants des Flandres.** La femelle pèse de **6 à 8 kg,** le mâle de 5 à 7 kg.

Le plus gros lièvre

En novembre 1956, un lièvre *(Lepus europaeus)* de **6,830 kg** a été tué près de Welford, Grande-Bretagne. Le poids moyen du lièvre est de 3,500 kg.

Les plus petits

Jacques Bouloc a obtenu dans sa ferme de Seine-et-Marne les lapins nains les plus petits du monde ; leur poids maximal est de **412 g.**

Les plus prolifiques

Les lapins domestiques les plus prolifiques sont les lapins blancs de Nouvelle-Zélande et les lapins de Californie, qui ont **5 ou 6 portées par an** de 8 à 12 petits chacune, soit de 40 à 72 petits par an.

LES PLUS GRANDES PORTÉES D'ANIMAUX DOMESTIQUES

Animal	Nombre de petits	Race	Propriétaire
Chat	15	Siamois Birman	Mme Valerie Gane, Church, G.-B.
Chien	23	Foxhound	M. Ely. Ambier, Pennsylvanie.
	23	Saint-Bernard	R. et A. Rodden, Lebanon, Missouri.
Lapin	24	Blanc de Nouvelle-Zélande	Joseph Filek, Sydney, Canada.
Cochon d'Inde	12		spécimen de laboratoire
Hamster	26	Hamster doré	18 tués par la mère
Souris	34	Mus musculus	spécimen de laboratoire, É.-U.

RECORDS DE LONGÉVITÉ DE MAMMIFÈRES EN CAGE

Animal	Années	Mois	
Lapin	18		Lapin européen; août 1977.
Cochon d'Inde	14	10 1/2	*Snowball* (M. A. Walli), G.-B., Bingham, mort le 14-02-1979.
Souris	5	11	*Hercules* (R. Hair), G.-B., janvier 1971-décembre 1976.
Rat	5	8	Philadelphia, Pennsylvanie, 1924.

ANTILOPES

La plus lourde

La plus grande de toutes les antilopes est l'**éland de Derby** *(Tragelaphus derbianus)*, ou éland géant, des régions situées en Afrique occidentale et au nord de l'Afrique centrale, qui peut dépasser 907 kg.

L'éland commun ou éland du Cap *(T. Oryx)* des régions situées à l'est et au sud de l'Afrique a la même hauteur au garrot (1,70 m), mais il n'est pas aussi imposant. Toutefois, en 1937, on a tué au Nyassaland un mâle de 1,65 m et de 943 kg.

La plus petite

L'**antilope royale** *(Neotragus pygmaeus)*, d'Afrique occidentale, ne mesure que de 25 à 31 cm au garrot pour **3 à 3,600 kg,** comme un grand lièvre.

Le dik-dik de Salt *(Madoqua saltana)* de Somalie, ne pèse que de 2 à 2,700 kg, mais il mesure à peu près 35 cm au garrot.

L'oryx d'Arabie, l'antilope la plus rare.

La plus rare

L'antilope la plus rare est l'**oryx d'Arabie** *(Oryx leucoryx)* dont on n'a pas observé de spécimen à l'état sauvage depuis 1972 lorsque 3 ont été abattues et 4 capturées au sud de l'Oman.

Le 31 janvier, on en a relâché 10 dans la même région : 9 étaient nées au zoo de San Diego, Californie, U.S.A.

Carnivore

Le céphalophe ou **duiker** est une petite antilope sud-africaine carnivore. Il se nourrit d'insectes et de charognes. En captivité, ces antilopes tuent parfois des poulets pour boire leur sang.

CERVIDÉS

Le plus lourd

L'**éland d'Alaska** *(Alces alces gigas)* est le plus grand de tous les cervidés.

L'éland d'Alaska est le plus grand de tous.

En septembre 1897, au Canada, on a abattu un mâle de 2,30 m de haut au garrot et qui pesait **1,18 t,** mais ces chiffres n'ont pas été vérifiés.

Les bois les plus grands atteignent 2 m d'envergure.

Le plus petit
Le plus petit *cerf véritable* (de la famille des cervidés) est le **pudu** *(Pudu mephistopheles)* de l'Équateur.
Le mâle mesure de 33 à 38 cm et pèse de **8 à 9 kg.**

Le *ruminant* le plus petit est le **chevrotain** ou stere souris *(Tragulus javanicus)* d'Asie du Sud-Est. Adulte, il mesure de 20 à 25 cm de haut et pèse de **2,700 à 3,200 kg.**

Le plus rare
On n'avait jamais observé que deux spécimens de **muntjac de Fea** *(Muntiacus feae)* lorsque, en décembre 1977, une femelle a été apportée au zoo de Bangkok, Thaïlande.

Le plus vieux
L'âge le plus avancé auquel un cervidé a pu être observé est **26 ans, 6 mois et 2 jours** pour un **cerf rouge** *(Cervus elaphus),* mort le 24 mars 1941, au parc national zoologique de Washington, D.C., États-Unis.

MARSUPIAUX

Le plus grand
Les mâles adultes **kangourous rouges** *(Macropus rufus)* mesurent de 1,85 à 2,15 m de haut et pèsent de 68 à 80 kg. Ils atteignent **2,90 m,** de l'extrémité du museau à celle de la queue.

Le plus petit
Le **planigale d'Ingram** *(Planigale ingram)* qui vit au nord-ouest de l'Australie mesure **4,5 cm** (plus une queue de 5 cm) et ne pèse que 4 g.

Le plus rare
Le plus grand de tous les marsupiaux carnassiers, le **thylacine** *(Thylacinus cynocephalus),* ou tigre de Tasmanie, avait, croyait-on, disparu aux environs de 1930 (le dernier spécimen en captivité était mort en 1936 mais, depuis, on en a signalé au moins à 300 reprises).

Le plus vieux
Un ***Vombatus ursinus,*** pensionnaire du zoo de Londres, est mort le 20 avril 1906 à l'âge avancé de **26 ans et 22 jours.**

Sauts *le plus haut et le plus long*
Un **kangourou** poursuivi par des chasseurs a franchi un tas de bois de **3,20 m de haut.**

Au cours d'une chasse au kangourou en janvier 1951, une femelle **kangourou rouge** *(Macropus rufus)* a réalisé une série de bonds dont le plus grand atteignait **12,80 m de long.**

Un kangourou peut franchir 12,80 m d'un bond.

Le planigale ne pèse que 4 g.

PRIMATES

Le plus grand
Le **gorille des montagnes** *(Gorilla g. berengei)* du Ruanda, de l'Ouganda et du Zaïre mesure 1,75 m de haut et pèse 195 kg.
Le plus grand qu'on ait jamais vu mesurait **1,95 m** de haut.

Les plus gros gorilles
Le gorille le plus gros jamais pesé en captivité fut « **N'Gagi** » qui mourut au zoo de San Diego, Californie, U.S.A., le 12 janvier 1944 à 18 ans. Il pesait **310 kg** en pleine santé et 288 kg seulement au terme de sa vie. Il mesurait 1,72 m et il avait un périmètre thoracique de 1,98 m.

Le gorille le plus lourd en captivité est actuellement « Zaak » *(Gorilla g. gorilla)*, arrivé au zoo de Kobé, Japon, en décembre 1962. En juin 1976, il pesait 285 kg. On ne l'a pas pesé depuis.

Le gorille des montagnes : 1,95 m.

Les plus petits
Le **tupaye** *(Ptilocercus lowii)* de Malaisie ne mesure que **2,3 à 3,3 cm** de long (tête et corps : 1 à 1,4 cm ; queue : 1,3 à 1,9 cm) et pèse de **30 à 50 g.**

Le lémur-souris *(Microcebus murinus)* de Madagascar a à peu près la même taille, mais les spécimens adultes pèsent de 45 à 80 g.

Le plus rare
En 1966, on a trouvé un spécimen de **lémur-souris** à oreilles poilues *(Cheirogaleus trichotis)* de Madagascar, dont on n'avait découvert jusque-là qu'un seul spécimen et deux peaux.

Les plus vieux
L'âge le plus avancé pour un primate est **57 ans** dans le cas d'un **orang-outang** mâle *(Pongo pygmaeus)* nommé « **Guas** » qui est mort le 9 février 1977 au jardin zoologique de Philadelphie, Pennsylvanie, États-Unis.
Il était arrivé dans ce zoo le 1er mai 1931, âgé d'au moins 13 ans.

Aujourd'hui, le primate le plus vieux est un chimpanzé mâle *(Pan troglodytes)*, « Jimmy », pensionnaire du zoo de Rochester, New York, U.S.A. En mars 1983, il avait 52 ans et 9 mois.

En France
Le primate le plus âgé qui ait vécu en France était un **gibbon** mâle, à favoris blancs, nommé « **Yoyo** ». Arrivé au parc zoologique de Paris, dit zoo de Vincennes, en 1937 à l'âge de 6 ans, il est mort le 27 octobre 1981 à **50 ans.**

Les plus forts
En 1924, un mâle **chimpanzé** du zoo de Bronx, New York, États-Unis, de 80 kg, a exercé une traction de 384 kg sur un dynamomètre, avec une main seulement (cf. 95 kg pour un homme de même poids).
Une femelle nommée « **Suzette** » (61 kg environ) a exercé une traction de **572 kg** dans un moment de colère.
Un chimpanzé de 45 kg a réussi à soulever des deux mains un poids de 272 kg.
Cet exploit laisse supposer qu'un mâle gorille, avec un peu d'entraînement, pourrait soulever 816 kg.

Le singe *le plus gros*
Le **mandrill** *(Mandrillus sphinx)* dépasse 45 kg. Un poids de **54 kg** a été observé chez un adulte mâle.

Le singe *le plus petit*
Le **marmouset pygmée** *(Cebuella pygmae)*, originaire de Colombie, ne dépasse pas **15 cm** (plus 15 cm de queue), pour **50 à 80 g.**

Le marmouset pèse 80 g.

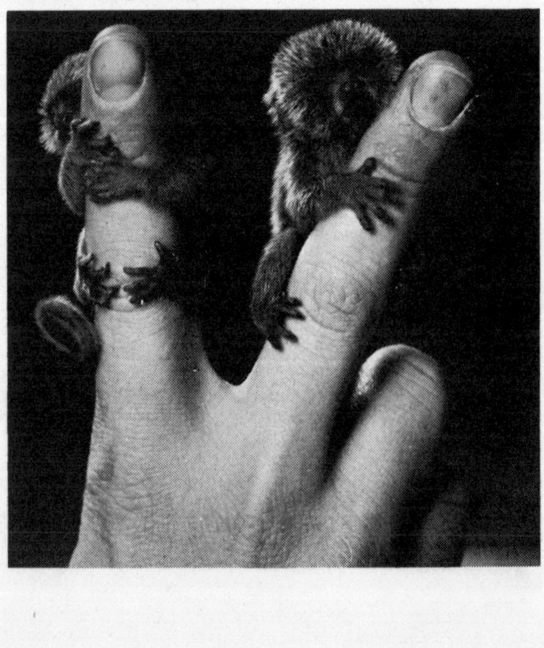

Le singe *le plus vieux*
« **Bobo** », mâle **capucin à tête blanche** *(Cebus capucinus)* appartenant à l'American Cyanamid Cie de Pearl River, N.Y., U.S.A., a eu **47 ans** en 1982.

Le singe *le plus rare*
Le singe le plus rare est le **singe-araignée laineux** *(Brachyteles arachnoides)* dont il n'existe plus qu'une centaine de spécimens.

INSECTIVORES

Le plus grand
L'insectivore le plus grand de tous est le **gymnure** *(Echinosorex gymnurus)* ou gymnure de Raffles, que l'on trouve en Birmanie, en Thaïlande, en Malaisie, à Sumatra et à Bornéo.
Les spécimens adultes mesurent de **26,5 à 44,5 cm de long** (tête et corps) plus une queue de 20 à 21 cm, et pèsent jusqu'à **1,400 kg.**

Le plus petit
La **musaraigne pygmée de Savi** *(Suncus etruscus)* qui vit sur la côte nord de la Méditerranée et au sud de la province du Cap, Afrique du Sud, a une longueur totale de **3,5 à 5,5 cm** (plus une queue de 2,5 à 3 cm) et pèse de **1,5 à 2,5 g.**

Le plus vieux
L'âge le plus avancé observé pour un insectivore est **16 ans au moins** dans le cas d'un **tanrec hérisson,** *Echinops telfairi,* qui est né en 1966 au zoo d'Amsterdam où il était encore en mars 1983.

CHAUVES-SOURIS

Les seuls mammifères volants sont les chauves-souris, de l'ordre des chiroptères, dont il existe environ 1 000 espèces.

La plus grande
La **chauve-souris de Bismarck** *(Pteropus neohibernicus)* peut probablement atteindre **185 cm d'envergure.** Il existe au Muséum d'histoire naturelle d'Amérique un spécimen de 165 cm d'envergure.

La plus rapide
Peu de records de vitesse ont été publiés en raison de la difficulté même de ces mesures. Le record de vitesse, **51 km/h,** a été attribué à la **chauve-souris guano** *(Tadarida mexicana).* Il est fort possible que le vent ait contribué à ce record.

On a pratiqué aux États-Unis des expériences dans une galerie de mine avec 17 différentes espèces de chauves-souris. Quatre seulement ont dépassé 10 km/h.

La plus vieille
Le record de longévité appartient à une **chauve-souris des Indes** *(Pteropus giganteus),* morte au zoo de Londres le 11 janvier 1979 à l'âge de **31 ans et 5 mois.**

Le son le plus haut
Grâce à un procédé de repérage par ultrasons, les chauves-souris détiennent le record d'audition de tous les animaux terrestres.
Les chauves-souris vampires *(Desmodontidae)* et frugivores *(Pteropodidae)* peuvent entendre des fréquences de l'ordre de **150 000 Hz** (cf. 20 000 Hz pour l'homme et 153 000 Hz pour le dauphin).

PINNIPÈDES (PHOQUES, MORSES ET OTARIES)

Le plus grand
On connaît 32 espèces de pinnipèdes parmi lesquels le plus grand est l'**éléphant de mer** *(Mirounga leonina),* qui vit dans les îlos de l'Antarctique.
Les mâles adultes ont une longueur moyenne de 5 m de l'extrémité du museau à celle des nageoires caudales, et 3,70 m de circonférence pour un poids de 2,3 t.
Le spécimen le plus grand qui ait été mesuré est un mâle tué au sud de la Géorgie le 28 février 1913. Mort, il mesurait **6,50 m de long** (soit une longueur originelle d'environ 6,85 m) et il pesait au moins **4 t.**

Le phoque marbré ne dépasse pas 1,65 m.

Les plus petits
Les plus petits pinnipèdes sont le **phoque marbré** *(Phoca hispida)* des régions arctiques, le phoque du lac Baïkal *(P. sibirica)* et le phoque de la mer Caspienne *(P. caspica).*
Adultes, ils ne dépassent pas **1,65 m,** pour **125 kg.**

La chauve-souris de Bismarck : 185 cm, ailes déployées.

Le plus rare
On n'a pas signalé de **phoque-moine des Caraïbes** ou des Antilles *(Monachus tropicalis)* depuis 1952, date à laquelle on a aperçu un spécimen au large des côtes du Yucatán, Mexique.

Le plus répandu
On estime qu'il y a environ 15 millions de **phoques mangeurs de crabes** *(Lobodon carcinophagus)* dans l'Antarctique.

Le plus rapide
L'**otarie de Californie** *(Zalophus californianus)* peut atteindre la vitesse de **40 km/h.**

Plongée
Le record de plongée pour un pinnipède est de **600 m.** Cette profondeur a été atteinte par un **phoque de Weddel** *(Leptonychotes weddelli)*, dans l'Antarctique, en mai 1966. A cette profondeur, le phoque doit supporter une pression de 60 kg/cm².

La taille exceptionnelle des yeux de l'éléphant de mer *(Mirounga tropicalis)* semble prouver qu'il peut plonger à des profondeurs extraordinaires. On a avancé le chiffre de 610 m de profondeur, mais cela n'a pas été vérifié.

Le plus vieux
On a tué le 23 avril 1969 une femelle de **phoque gris** *(Halichœrus grypus)* qui avait **au moins 46 ans.** Cet âge a été avancé après l'examen de sa dentition.

OISEAUX

Le plus grand ratite *(coureur)*
Parmi les oiseaux qui vivent actuellement sur la terre, le plus grand est l'**autruche d'Afrique du Nord** *(Struthio camelus camelus)* qui vit en nombre de plus en plus restreint au sud de l'Atlas.
Certains spécimens observés de cet oiseau coureur (sous-classe des ratites) mesuraient **2,75 m de haut** pour **165 kg.**

Les plus gros carinates
Le plus grand de tous les oiseaux volants (carinates) est l'**outarde de Kori** *(Otis kori)*, qui vit en Afrique orientale et en Afrique du Sud.
Le poids de certains mâles abattus en Afrique du Sud atteignait **18 kg.**

Le cygne muet *(Cygnus olor)* peut, lui aussi, atteindre 18 kg.

Le plus gros oiseau de proie est le condor des Andes *(Vultur gryphus)*. Les mâles pèsent de 10 à 11,500 kg.

La plus grande envergure
L'envergure de l'**albatros migrateur** *(Diomedea exulans)* est en moyenne de 3,15 m chez les mâles. La plus grande envergure, **3,60 m,** a été observée en 1957 en Australie.

Le seul autre oiseau dont l'envergure dépasse 3,35 m est le marabout *(Leptoptilus crumineferus)* d'Afrique.
En 1930, un spécimen d'une envergure de 4,06 m a été abattu en Afrique centrale, mais l'espèce dépasse rarement 2,40 m.

Les plus petits
L'**oiseau-mouche abeille** *(Mellisuga helenae)* de Cuba est le plus petit de tous les oiseaux. La taille moyenne du mâle adulte est de 5 cm (corps et tête : 1,5 cm ; queue : 2,8 cm) et il pèse environ **2 g,** soit moins que le papillon-sphinx (2,2 g).

Le plus petit oiseau de proie est le petit faucon de Bornéo *(Microhierax latifrons)*, qui a la taille d'un moineau.

Le plus petit oiseau de mer est le pétrel *(Halocyptena microsoma)* qui vit dans les îles du golfe de Californie, Mexique. La longueur moyenne de l'adulte est de 11 cm.

En France
Le plus petit oiseau indigène de France et d'Europe est le **roitelet triple bandeau** qui pèse entre **4** et **5,5 g.** Il est suivi par le roitelet huppé qui pèse entre 5 et 6 g.

Les plus répandus
L'oiseau sauvage le plus répandu est le **mange-mil** *(Quelea quelea)* qui vit dans les régions les plus sèches d'Afrique. La population a été estimée à **10 millions** d'oiseaux. Un dizième de cette population est détruit chaque année dans le cadre de la chasse aux oiseaux nuisibles.

Les oiseaux domestiques les plus nombreux sont les **poulets,** espèce domestiquée du *Gallus gallus* sauvage d'Asie du Sud-Est.
En 1974, on estimait qu'il y avait environ **4 milliards** de poulets dans le monde, soit environ 1 poulet par personne.

L'oiseau de mer le plus répandu est probablement le **pétrel d'Antarctique** *(Oceanites oceanicus)* dont il existe certainement des **centaines de millions** d'individus.

En France
L'oiseau le plus répandu est le **moineau** *(Passer domesticus)*.

Les plus rares
Il est pratiquement impossible de connaître avec certitude les espèces d'oiseaux les plus rares dans le monde.

En 1976, il n'existait qu'un couple vivant de **kauai-o-o** *(Moho braccatus)* qui vivait à Kauai, Hawaii.

En janvier 1978, un groupe d'ornithologues néo-zélandais a identifié et photographié 3 pétrels de Magenta *(Pterodroma magentae)*. On n'avait pas vu d'oiseaux de cette espèce depuis 1868.

En 1979 ne survivaient que 8 ibis du Japon *(Nipponia nippon)* dans une réserve nationale, au Japon.

L'oiseau de proie le plus rare est le faucon de l'île Maurice *(Falco punctatus)*. En décembre 1978, la population totale était de 18 individus en liberté et 5 en captivité.

L'outarde de Kori : 18 kg.

Le condor des Andes : 11,500 kg.

Il y a autant de poulets que d'habitants dans le monde.

L'oiseau le plus répandu, le mange-mil.

Le plus rapide

L'oiseau le plus rapide en vol horizontal est le **martinet** à gorge blanche et à queue échancrée qui peut atteindre **171 km/h.** (Voir *Records généraux*).

Battements d'ailes

Le battement d'ailes le plus rapide est celui de l'**oiseau-mouche d'Amérique du Sud** *(Heliactin cornuta)*, avec **90 battements/s.**
Ce record est probablement battu par les oiseaux-mouches abeilles *(Mellisuga helenae)*, mais aucun chiffre n'a encore été publié.

Les **grands vautours** volent parfois avec un simple frémissement des ailes par seconde.

Les **condors** peuvent se laisser porter par des courants d'air sur 100 km sans battre des ailes.

Les plus vieux

Le record vérifié de longévité est de **plus de 72 ans** chez un **condor des Andes** *(Vultur gryphus)* mâle nommé « **Kuzia** » qui est mort au parc zoologique de Moscou, U.R.S.S., en 1964. Cet oiseau était arrivé au zoo en 1892, déjà adulte.

Le record d'Europe vérifié est de plus de 68 ans chez une femelle de hibou grand-duc *(Bubo bubo)*.

Un perroquet d'Amazonie vert et rouge répondant au nom de « Jimmy » et appartenant à Mme Bella Ludford, de Liverpool, Grande-Bretagne, aurait vécu 104 ans dans la même cage, du 3 décembre 1870 au 5 janvier 1975.

En France

Le goéland le plus âgé, nommé « Pipo », se trouve au Jardin d'acclimatation de Paris. Cet oiseau est âgé actuellement de plus de 27 ans.

Un autre **goéland** a vécu plus longtemps encore au Jardin des plantes. Il est mort en 1969 **à plus de 32 ans.**

Les plus gros œufs

Les œufs les plus gros sont ceux de l'**autruche,** qui mesurent en moyenne 20 cm de haut, 15 cm de diamètre et pèsent de **1,650 à 1,780 kg,** soit l'équivalent de deux douzaines d'œufs de poule.
Il faut 40 mn pour faire cuire un de ces œufs à la coque. La coquille n'a que 1,5 mm d'épaisseur, mais peut facilement supporter le poids d'un homme de 125 kg.

Œuf de caille

M. John Doyon de Delemont, Suisse, a trouvé un œuf de caille de 4,3 cm de haut et **16 g.**

Les plus petits œufs

On a observé 2 œufs d'oiseau-mouche de Jamaïque *(Mellisuga minima)* de moins de 1 cm de haut et de **0,3 g.**

Couvaison

La couvaison la plus longue est celle de l'**albatros royal** *(Diomeda epomophora)*, qui est normalement de **81 jours.**

Les couvaisons les plus courtes sont celles du grand **pic vert tacheté** *(Dendrocopus major)* et du **coucou à bec noir** *(Coccyzus erythrophtalmus)*, qui ne durent que **10 jours.**

Parmi les mâles les plus paresseux, citons les oiseaux-mouches, l'eider *(Somateria mollissima)* et le faisan doré *(Chrysolophus pictus)* dont l'épouse est chargée entièrement de la couvaison, alors que le mâle kiwi *(Apterix australis)* couve pendant les 75 à 80 jours de la couvaison.

Hibernation

Le seul oiseau connu comme hibernant est l'**engoulevent de Nutall,** appelé par les Indiens hopis *hölchko* (le dormeur). Au cours d'un hiver, un spécimen resta en période d'inactivité durant **88 jours** dans une grotte de Californie.

Les vols les plus longs

Une **sterne** des régions arctiques *(Sterna paradisae)*, baguée, a parcouru **19 300 km** en période de migration, depuis la côte de la mer Blanche, U.R.S.S., jusqu'à la côte ouest d'Australie.

Le vol le plus haut

Une photo célèbre montre un vol de dix-sept oies d'Égypte *(Alopochen aegyptiacus)* volant devant le soleil. Cette photo a été prise le 17 septembre 1919, en Inde, par un astronome. On a cru pendant longtemps que ces oies volaient entre 17 500 et 19 500 m d'altitude, mais les estimations les plus récentes ont démenti ce record.

Le record d'altitude aujourd'hui accepté est **8 200 m,** atteint par un vol de **30 cygnes** *(Cygnus cygnus)*. Ces oiseaux ont été observés au-dessus des Nouvelles-Hébrides par un pilote de ligne, le 9 décembre 1967, et cette altitude a été confirmée par un contrôleur aérien.

Le plus aérien

La **sterne** *(Sterna fuscata)* peut passer **3 ou 4 ans** sans revenir au nid.

Oiseau nageur le plus rapide

Le **manchot gentoo** *(Pygoscelis papua)* détient le record de natation. En janvier 1913, on a chronométré un petit groupe de ces oiseaux qui nageaient à la vitesse de **10 m/s** sous l'eau.
Ce chiffre est une vitesse de vol très honorable pour bon nombre d'oiseaux.

Le meilleur plongeur

Le plongeur qui a atteint la plus grande profondeur est le **manchot empereur** *(Aptenodytes foresti)* qui vit dans l'Antarctique. Il peut atteindre **265 m de profondeur** et rester pendant 18 mn sous l'eau.

La meilleure vue

Les **oiseaux de proie** (falconiformes) ont une vue supérieure à celle de tous les autres oiseaux (8 à 10 fois supérieure à la vue humaine).

L'aigle doré *(Aquila chrysaetos)* peut déceler un lièvre de 50 cm de long à 1 960 m d'altitude (peut-être même à 3 200 m), dans de bonnes conditions de luminosité et sur un fond très net.

Le faucon pèlerin *(Falco peregrinus)* peut voir un pigeon à 1 000 m.

Force *g*

Des expériences récentes réalisées aux États-Unis ont démontré que le bec d'un **pic-vert à tête rouge** *(Melanerpes erythrocephalus)* frappe le tronc d'un arbre à une vitesse d'impact de 21 km/h. Cela suppose que lorsque la tête de l'oiseau recule, le cerveau est soumis à une décélération d'environ **10 g.**

Plumes *les plus longues*
Les plus longues plumes sont celles du **coq à longue queue,** ou onagadori (variété de *Gallus gallus*), qui est élevé au sud-ouest du Japon depuis le milieu du XVIIe siècle.
En 1973, Masaschi Kubota, de Kochi, Japon, a mesuré une plume de **10,60 m.**

Plumes *les plus nombreuses*
On a compté les plumes de nombreuses espèces d'oiseaux. Les plus nombreuses étaient celles d'un **cygne siffleur** *(Cygnus colombianus)* qui possédait **25 216 plumes** (20 177 sur la tête et le cou).

L'oiseau-mouche à gorge rouge *(Archilochus colubris)* ne possède que 940 plumes. Pourtant, les oiseaux-mouches comptent le plus grand nombre de plumes par cm².

Les plus grands nids
On a découvert en 1963 un **nid d'aigle** *(Haliaeetus leucocephalus)* près de Saint Petersburg, Floride, États-Unis, qui mesurait 3 m de large, **6 m de profondeur** et devait peser plus de 2 t.

L'aigle doré *(Aquila chrysaetos)* construit lui aussi des nids immenses. En 1954 on en a trouvé un de 5 m de profondeur, en Écosse. Il était utilisé depuis 45 ans.

OISEAUX DOMESTIQUES

Dindes *le plus grand élevage*
L'élevage de dindes de Bernard Matthews à Witchingham, Grande-Bretagne, emploie 2 000 personnes qui soignent **7 000 000 dindes.**

Dindes *plumage*
Vincent Pilkington, Irlande, a tué et plumé 100 dindes en 7 h 32, le 15 décembre 1978.
Son meilleur temps pour **une dinde** a été de **2 mn 44 s.**

Dinde *la plus grosse*
Le record de poids « sur pied » est de **35,800 kg** pour un dindon qui a remporté le concours de la plus grosse dinde à Londres le 15 décembre 1982.

En France
Les plus grosses dindes sont les dindes **bettiboul** de souche industrielle. Les mâles, qui ont un poids moyen de 25 kg, peuvent atteindre **30 kg.**

Dinde *la plus chère*
Le 15 décembre 1982, un boucher en gros a acheté **33 000 F** un dindon de 35,800 kg (voir ci-dessus).

Poules *ponte*
La meilleure pondeuse du monde est « **Princess Te Kawan** » qui a pondu **361 œufs en 364 jours,** sous contrôle officiel à Taranaki, Nouvelle-Zélande, en 1930.
Les meilleures pondeuses sont les poules de race leghorn. Chaque poule procure en moyenne 300 œufs par an.
La souche industrielle issex pond en moyenne 300 œufs blancs (plus petits). La souche industrielle isa warren pond en moyenne 290 œufs roux.

Poules *les œufs les plus gros*
Un œuf à deux jaunes et double coquille de **454 g** a été pondu le 25 février 1956 par une leghorn blanche dans le New Jersey, États-Unis.

Un œuf à 5 jaunes de 31 cm de circonférence, sur la hauteur, et 23 cm sur la largeur, a été pondu en 1896 par une black minorea, en Angleterre.

En France
Un œuf de **195 g,** soit 4 fois le poids d'un œuf normal, a été pondu en 1981 aux « Coquetières » chez Mme Crespin.

Poule *le plus de jaunes*
Un œuf à **9 jaunes** a été signalé en juillet 1971 par Mme Diane Hainsworth de Mount Morris, dans l'État de New York, États-Unis.

Un autre superbe œuf à 9 jaunes a été signalé en août 1977 à Kirghizia, U.R.S.S.

Poulets *plumage*
Le 19 janvier 1939, Ernest Hansen (1877-1955) de Fort Atkinson, Wisconsin, États-Unis, fut chronométré à **4,4 s,** pour plumer **un poulet.** Il aurait réussi à faire 2 fois 3,5 s, quelques années plus tard.

Le record pour plumer 12 poulets est de 32,9 s, le 9 octobre 1976, par quatre Anglaises, soit environ 10 s par poulet.

Poulet *le plus gros*
La race de poulets les plus gros est celle des **white sully,** créée par M. Grant Sullens, de West Pont, Californie, États-Unis. En janvier 1973, il comptait dans sa basse-cour un coq de **10 kg** répondant au nom de « **Weirdo** » qui avait déjà tué deux chats et blessé grièvement un chien.

Poulets *en vol*
Le record de distance par un poulet en vol est **95 m** par « **Shorisha** » (Championne), propriété de Morimitzu Meura à Hammamatzu, Japon, le 8 mars 1981. Les poules réalisent de meilleures performances que les coqs.

Oie *le plus gros œuf*
« **Speckle** », charmante oie blanche appartenant à Donny Brandenberg, de Goshen, Ohio, États-Unis, a pondu le 3 mai 1977 un œuf de **680 g** (34 × 24 cm de circonférence).

Oie *le plus gros foie*
M. Torsat, qui élève des oies à Lencloître, a obtenu, en 1980, un foie d'oie de **1,2 kg.** L'oie pesait 11 kg. L'année précédente, il avait déjà obtenu un foie de 900 g. Le poids moyen d'un foie d'oie est de 700 g.

Le plus vieux
L'oiseau domestique qui vit le plus longtemps (à part l'autruche) est l'**oie domestique** *(Anser anser domesticus)*, qui vit en moyenne 25 ans.
Le 16 décembre 1976, un jars nommé « **George** » est mort à l'âge de **49 ans et 8 mois.**

Le record de longévité pour un petit oiseau en cage

est de 34 ans, atteint par « Joey », petit canari mâle *(Serinus canaria)*.

Le plus bavard
Le champion des oiseaux parleurs est un **perroquet gris d'Afrique** *(Psittacus erythacus)* nommé **« Prudle »**, propriété de Mme Lyn Logue, Londres, qui a obtenu le prix du meilleur perroquet parleur pendant douze années consécutives (1965-1976). « Prudle » qui possédait un vocabulaire de près de **1 000 mots** avait été découvert dans un nid en Ouganda en 1958. Il prit sa retraite sans avoir jamais été battu en 1977.

REPTILES

Le plus grand
Le saurien le plus grand du monde est le **crocodile d'estuaire** ou d'eau salée *(Crocodylus porosus)* que l'on trouve en Asie du Sud-Est, au nord de l'Australie, en Nouvelle-Guinée, aux Philippines et aux îles Salomon.
La longueur moyenne du mâle adulte est de 4,20 à 4,80 m pour un poids d'environ 500 kg.

Le détenteur du record « officiel » est un mâle de **6,20 m** que l'on a découvert noyé dans une rivière de Nouvelle-Guinée, en 1979. Il s'était pris dans un filet de pêcheurs.

Le plus petit
Le *Sphaerodactylus parthenopion*, petit **gecko** des îles Vierges, dans les Antilles, est le plus petit de tous les reptiles.
On n'a observé que 15 spécimens, dont quelques femelles qui portaient des petits. Les trois plus grandes femelles mesuraient **1,8 cm,** auxquels il faut ajouter la queue, qui a la même taille.

Il se peut qu'un autre gecko, le *Sphaerodactylus elasmorhynchus*, soit encore plus petit.

Il existe à Madagascar une espèce de caméléon nain, *Evoluticauda tuberculata*, dont on ne connaît qu'un spécimen de 1,8 cm (plus la queue de 1,4 cm). Les caméléons sont toutefois plus massifs que les geckos et l'on ne sait pas si le spécimen que l'on a découvert était déjà adulte.

Le plus rapide
Un **coureur à six lignes** *(Chemidophorus sexlineatus)*, poursuivi par une voiture près de Mc Cormick, Caroline du Sud, États-Unis, en 1941, a atteint la vitesse de **29 km/h.**

Le record de vitesse dans l'eau est de 35 km/h, par une tortue du Pacifique qui avait été effrayée.

LÉZARDS

Les plus grands
Le plus gros lézard est le **varan de Komodo** *(Varanus komodoensis)*, sorte de reptile ressemblant à un dragon, que l'on trouve dans les îles indonésiennes de Komodo, Rintja, Padar et Flores. La longueur moyenne des mâles est de 2,40 m pour un poids de 80 à 90 kg.
Le spécimen le plus grand que l'on ait jamais pu mesurer était un mâle offert en 1928 par le sultan de Bima à un zoologue américain. Cet animal fut exposé en 1937 au jardin zoologique de Saint Louis, Missouri, États-Unis. Il mesurait alors 3,10 m de long et pesait **166 kg.**

Le lézard le plus long est le **varan de Salvador** *(Varanus salvadori)*, de Nouvelle-Guinée, qui peut mesurer **4,75 m.**

Le plus rare
En 1981, on a observé aux îles Fidji une espèce d'**iguane** inconnue jusqu'alors. Sa tête est surmontée d'une crête.

Le plus grand crocodile mesurait 6,20 m.

Le plus vieux

Le record de longévité pour un lézard est de **54 ans,** record atteint par un **orvet** *(Anguis fragilis)* qui est resté au Musée zoologique de Copenhague, Danemark, de 1892 à 1946.

Les plus venimeux

L'**héloderme** de Californie, ou monstre de Gila, et l'héloderme horrible sont les seuls lézards venimeux. Leurs glandes à venin sont situées dans la mâchoire inférieure. Très lents, ces animaux mordent rarement. On ne compterait avec certitude que huit cas de mort d'homme. Leur venin neurotoxique s'attaque aux nerfs. Ces animaux sont actuellement protégés car menacés de disparition.

L'héloderme est le seul lézard venimeux.

CHÉLONIENS

Les plus grands

La *tortue de mer* la plus grande est la **tortue à cuir du Pacifique** *(Dermochelys coriacea schlegelii).*
La longueur moyenne de cette tortue adulte est de 1,85 à 2,15 m (longueur de la carapace : de 120 à 150 cm) pour un poids de 300 à 360 kg.
Le spécimen le plus grand qu'on ait jamais capturé a été trouvé au large de Monterrey, au nord du Mexique, le 29 août 1961. Il mesurait **2,54 m** pour **865 kg.**

La *tortue de terre* la plus grande est la tortue **géante geochelone** *(Testudo gigantea)* qui vit aux îles Aldabra, Maurice et Seychelles.
Les mâles en liberté dépassent quelquefois 200 kg, mais certains spécimens en captivité sont beaucoup plus gros encore.
« Marmaduke », pensionnaire du zoo de Londres, pesait **279 kg** en 1963 au moment de sa mort.

Longévité

Les tortues sont les vertébrés dont la longévité est la plus grande (voir en tête de chapitre).

La tortue la plus âgée est une **tortue des Seychelles** *(Testudo gigantea)* qui a actuellement **143 ans.** Elle est entrée au Jardin des plantes de Paris à l'âge de 40 ans, en 1878. C'est un mâle qui mesure environ 1,50 m de diamètre.

La tortue la plus lente

Lors d'une épreuve de vitesse qui s'est déroulée aux Seychelles, une tortue géante *(Geochelone gigantea)* mâle n'a parcouru que **4,57 m en 43,5 s** (soit une vitesse de 0,37 km/h).

SERPENTS NON VENIMEUX

Le plus long

Le plus long de tous les serpents est le **python réticulé** *(Python reticulatus)* de l'Asie du Sud-Est, de l'Indonésie et des Philippines, qui dépasse souvent 6 m de long.
En 1912 on a tué un spécimen de **10 m** de long.

L'anaconda *(Eunectes murinus)* le plus long jamais observé est une femelle de 8,45 m tuée au Brésil en 1960.

En France

La **couleuvre** peut atteindre **2 m.**

Le plus long *en captivité*

« Colossus », python réticulé *(Python reticulatus)* femelle, décédé le 15 avril 1963 au zoo de Highland Park, Pennsylvanie, U.S.A., mesurait **8,70 m** et pesait 145 kg à son maximum.

Le plus court

Le plus court de tous les serpents est le **serpent-fil,** *Leptotyphlops bilineata,* qui vit à la Martinique, à la Barbade, et à Sainte-Lucie (Antilles). Sa taille maximale est de **12 cm.**

Le plus lourd

Le serpent le plus lourd est l'**anaconda** *(Eunectes murinus)* qui pèse près de deux fois le poids d'un python réticulé de la même taille.
L'anaconda tué au Brésil en 1960 (voir plus haut) n'a pas été pesé, mais il avait une circonférence de 111 cm ce qui correspond à un poids d'environ **230 kg.**

Le plus vieux

L'âge le plus avancé jamais atteint par un serpent est **40 ans, 3 mois et 14 jours,** par un **boa** *(Boa constrictor constrictor)* nommé **« Popeye »,** pensionnaire du jardin zoologique de Philadelphie. Il a été euthanasié en avril 1977.

SERPENTS VENIMEUX

Le plus long

Le **cobra royal** (Ophiophagus hannah) est le plus long des serpents venimeux. En 1937, on a capturé

La plus vieille tortue a 143 ans.

en Malaisie un spécimen qui a atteint **5,71 m** en captivité à Londres.

Le plus court

La **vipère naine tachetée** *(Bitis paucisquama)* du Sud-Ouest africain mesure **23 cm** à l'âge adulte.

Le plus lourd

Le **serpent à sonnettes** *(Crotalus adamanteus)* ou crotale, du sud-est des États-Unis, est le plus lourd de tous les serpents venimeux.
Un spécimen de 2,36 m de long pesait **15 kg.**

Le plus venimeux

Il est très difficile de dire quel est le serpent le plus venimeux. Certains venins sont plus dangereux que d'autres, mais la quantité de venin entre aussi en ligne de compte.

Le *serpent de mer* ***Hydrophis belcheri*** qui vit dans la mer de Timor, au large de l'Australie, possède un venin deux fois plus puissant que celui du cobra qui tue cependant un homme adulte, non soigné, entre 1/4 h et 6 h.

Le *serpent terrestre* le plus venimeux est le petit ***Parademansia microlepidotus*** d'Australie, dont le venin est 9 fois plus toxique que celui du serpent-tigre *(Notechis scutatus).*
Un spécimen possède une réserve de venin de 110 mg, soit une quantité suffisante pour tuer au moins 125 000 souris.

On estime que 30 000 à 40 000 personnes (Chine et U.R.S.S. exclus) meurent chaque année de morsures de serpents, dont 75 % en Inde. La mortalité par morsure de serpent est de 1,5 ‰ en Birmanie, soit le taux le plus élevé.
L'Amérique enregistre chaque année plus de 2 000 morts, l'Afrique en compte moins de 1 000 et l'Europe moins de 50.

En Europe

Le serpent européen le plus dangereux est la **vipère ammodyte** qui vit en Italie, Autriche, Yougoslavie et dans les Balkans. Elle mesure près de 1 m de long et peut inoculer une grande quantité de venin.

En France

La vipère la plus redoutable est l'**aspic** (rarement plus de 50 cm de long). Une dose de 15 mg de son venin peut parfois être mortelle pour l'homme.

Le venin de l'aspic est mortel.

Le crotale : le plus lourd des serpents venimeux.

Les crochets les plus longs

La **vipère du Gabon** *(Bitis gabonica)*, qui vit dans les régions tropicales d'Afrique, a les crochets les plus longs. On a observé un spécimen de 1,83 m de long avec des crochets de **5 cm.**

Le 12 février 1963, au jardin zoologique de Philadelphie, Pennsylvanie, États-Unis, une vipère du Gabon s'est mordue elle-même et a succombé à cette morsure.
Les gardiens l'ont retrouvée, ses crochets profondément enfoncés dans le dos.

Le plus rapide

Un **mamba noir** *(Dendroaspis polylepis)* a été chronométré le 23 avril 1906 à la vitesse de 11 km/h sur une distance de 43 m. Ce serpent était très en colère.
On raconte souvent que le mamba noir, qui est le plus rapide de tous les serpents, peut dépasser un cheval au galop (69,62 km/h au maximum) ; mais il semble peu probable que le mamba puisse dépasser **24 km/h** sur de très courtes distances.

AMPHIBIENS

Le plus grand

La **salamandre géante de Chine** *(Andrias davidianus)*, qui vit dans les cours d'eau et les marais du nord-est, du centre et du sud de la Chine, est le plus grand de tous les amphibiens. Adulte, elle mesure en moyenne 1,15 m de long et pèse de 25 à 30 kg.
En 1920, on a capturé dans la province du Kweitchou (Guizhou), au sud de la Chine, un spécimen de **1,52 m** de long qui pesait près de 45 kg.

La salamandre géante du Japon *(Megalobatrachus japonicus)* est légèrement plus petite, mais on a pesé un spécimen en captivité de 40 kg.

Le plus petit

La **grenouille venimeuse** *(Sminthillus limbatus)* que l'on rencontre uniquement à Cuba, mesure de **8,5 à 12,5 mm** de longueur.

Le plus vieux

L'âge le plus avancé auquel soit parvenu un amphibien est environ **55 ans,** dans le cas d'une

salamandre du Japon mâle *(Megalobatrachus japonicus)*, qui est morte le 3 juin 1881 à l'aquarium du jardin zoologique d'Amsterdam.
Cette salamandre avait été apportée en Hollande en 1829, à l'âge estimé de 3 ans.

Le plus haut

On a trouvé un **crapaud** *(Bufo vulgaris)* à **8 000 m d'altitude,** dans l'Himalaya, ce qui est le record d'altitude pour un amphibien.

Le plus bas

On a trouvé un **crapaud** à **340 m de profondeur,** dans une mine de charbon.

Le plus venimeux

Le **kokoï** *(Phyllobates latinasus)* émet une sécrétion cutanée contenant de la batrachotoxine. Cette substance est 20 fois plus venimeuse que n'importe quel poison sécrété par les autres amphibiens.

L'adulte moyen possède suffisamment de venin pour tuer 2 200 personnes. Un simple contact peut être dangereux.

TRITONS

Le plus grand

Le **pleurodèle** *(Pleurodeles waltlii)*, qui vit au Maroc et dans la péninsule Ibérique, peut atteindre **40 cm** de long et dépasser 450 g.

Le plus petit

Le **triton rayé** *(Notophtalmus perstriatus)*, qui vit au sud-est des États-Unis, mesure **5 cm.**

GRENOUILLES

La plus grande

La **grenouille goliath** *(Rana Goliath)*, du Cameroun et de Guinée-Équatoriale, est la plus grande de toutes les grenouilles.

On a pu observer une femelle de 3,306 kg et **34 cm** de long (81,5 cm les pattes étendues).

Le saut le plus long

Une grenouille à nez pointu *(Rana oxyrhyncha)* nommée **« Santjie »** a franchi, le 21 mai 1977, au Natal, Afrique du Sud, **10,30 m,** en trois bonds consécutifs lors d'un championnat de saut de grenouilles.

« Davy Croakett » a réussi un bond de **6,22 m** au concours mondial de saut de grenouilles 1981.

RAINETTES

La plus grande

La **rainette** *(Hyla vasta)*, qui vit à Haïti et en république Dominicaine, mesure environ 9 cm de long, mais on a découvert en mars 1928 une femelle qui mesurait **14,3 cm** de long.

La plus petite

La **rainette** *(Hyla ocularis)*, qui vit au sud-est des États-Unis, a une longueur maximale de **1,5 cm.**

CRAPAUDS

Le plus grand

Le **crapaud marin** *(Bufo marinus)* d'Amérique du Sud est le plus gros de tous les crapauds.
Le 24 novembre 1965, on a trouvé à Miraflores Vaupes, Colombie, une énorme femelle qui fut ensuite exposée au zoo du Bronx, New York, États-Unis. Elle mesurait **23,8 cm** et pesait 1,300 kg lors de sa mort en 1967.

Le plus petit

Le premier ***Bufo kaitanus teiranus*** a été découvert en 1906 au Mozambique. Les spécimens adultes ont une longueur maximale de **2,5 cm.**

SALAMANDRE

La plus petite

La **salamandre pygmée** *(Desmognathus wrighti)*, qui vit au Tennessee, en Caroline du Nord et en Virginie, États-Unis, ne dépasse pas **2 cm** de longueur totale.

POISSONS

Le plus grand poisson *de mer*

Le **requin-baleine** *(Rhincodion typus)* est un poisson rare qui vit dans les régions chaudes de l'Atlantique, du Pacifique et de l'océan Indien, où il se nourrit de plancton.
En 1919, un spécimen de **18,58 m** de long et d'environ 43 t a été capturé dans un piège en bambou, à Kohchik, dans le golfe du Siam.
Si le requin-baleine est le plus grand de tous les poissons, il n'est pas l'animal marin le plus grand : les espèces de baleines les plus grandes (mammifères) le dépassent par la taille.

Le plus grand poisson *carnivore*

Les poissons mangeurs de plancton ne sont pas considérés comme carnivores.

Le plus grand poisson carnivore est le **grand requin blanc** *(Carcharodon charcharias)*, ou « mangeur d'hommes », qui vit dans les régions tropicales et tempérées.

Le grand requin blanc ou le « mangeur d'hommes ».

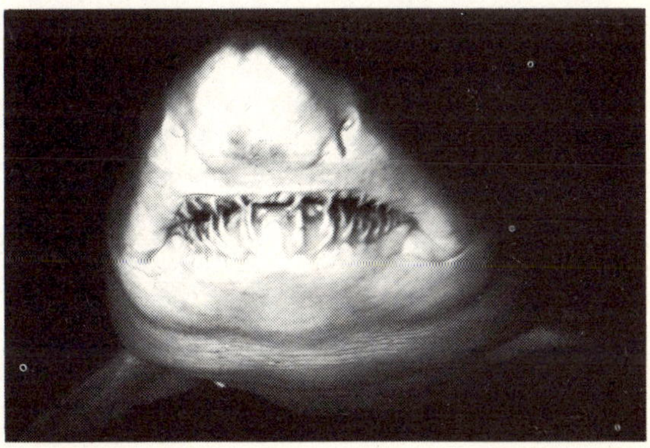

Les femelles sont plus grandes que les mâles, avec une longueur moyenne de 4,50 m pour 500 à 750 kg. En juin 1930, un pêcheur de harengs du New-Brunswick a attrapé dans son filet une femelle de **11,27 m** de long. Cet animal n'aurait peut-être pas été un requin blanc mais plutôt un requin de Basking.
En juin 1978, après une lutte acharnée, un requin blanc de 9 m de long a été tué aux Açores. Il pesait 6,3 t pour 6 m de circonférence.

Le plus grand « vrai » poisson

Les « vrais » poissons appartiennent à la classe *Pisces*. Ils ont une arête dorsale et des arêtes latérales.

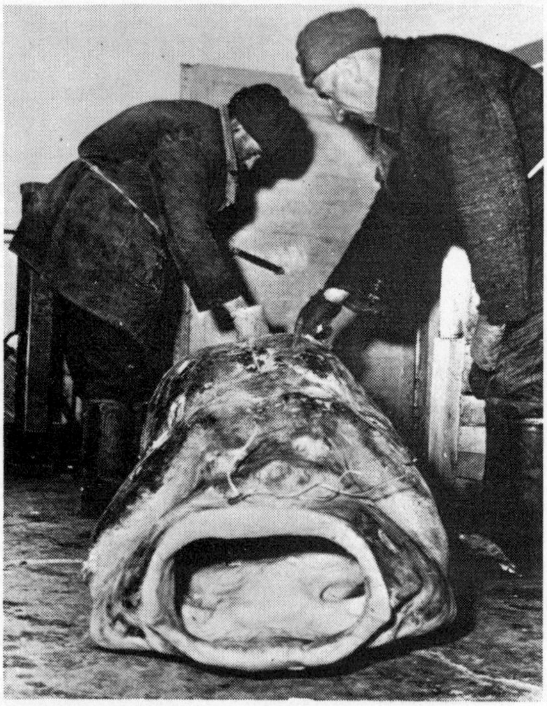

Le pa-beuk mesure 2,45 m.

Le poisson lune dépasse 2 tonnes.

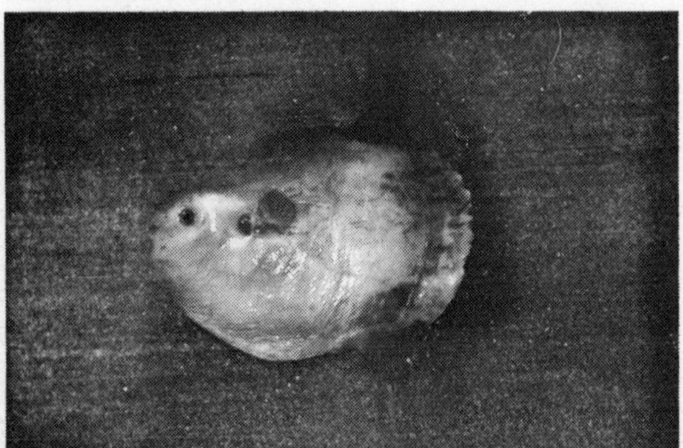

Le plus grand poisson à arêtes est le **regalec** *(Regalecus glesne)* ou roi des harengs. On a observé en 1963 un spécimen de **15 m** de long.

Les poissons les plus lourds

Le **poisson-lune** *(Mola mola)* qui vit dans toutes les eaux tropicales et sub-tropicales, est le plus lourd des poissons à arêtes.
Le 18 septembre 1908, le S.S. *Fiona* a accidentellement éperonné un énorme poisson-lune à 65 km au large de Sydney, Australie.
Il atteignait 4,26 m de la nageoire anale à la nageoire dorsale et pesait **2,280 t.**

Le plus grand poisson *d'eau douce*

Le plus grand poisson qui passe toute sa vie dans l'eau douce ou l'eau saumâtre est le **pa-beuk** ou pa-buk *(Pangasianodon gigas)*, poisson-chat géant qui vit dans les eaux les plus profondes du Mékong, au Laos et en Thaïlande.
Le mâle a une taille moyenne de **2,45 m** pour un poids de 163 kg.

Ces dimensions étaient autrefois surpassées par le grand silure encore appelé salut *(Silurus glanis)*. Au XIXe siècle, on a observé des spécimens de 4,57 m et 336 kg. Aujourd'hui, tout poisson dépassant 1,80 m et 90 kg est considéré comme très grand.

L'arapaima *(Arapaima glanis)*, ou pirarucu, qui vit dans l'Amazone et autres fleuves d'Amérique du Sud, est souvent considéré comme le poisson d'eau douce le plus grand. Il mesure en moyenne 2 m de long pour 68 kg.
Le spécimen le plus grand jamais mesuré atteignait 2,48 m de long et pesait 147 kg. Il avait été pêché dans le rio Negro, au Brésil, en 1836.

En septembre 1978, une perche du Nil *(Lates niloticus)* de 188,600 kg a été pêchée dans le lac Victoria, au Kenya.

Le plus petit poisson *de mer*

Les **gobies** *(Trimmatom nanus)* de l'archipel des Chagos, dans l'océan Indien, mesurent **9 mm** de long. Ce sont les vertébrés les plus petits.

Le plus petit poisson *d'eau douce*

Le plus petit poisson d'eau douce est le **gobie nain** *(Pandaka pygmaca)*, petit poisson incolore et presque transparent des cours d'eau et des lacs de la région de Luzon, aux Philippines.
Les mâles adultes ne mesurent que de **7,5 à 9,9 mm** et ne pèsent que de 4 à 5 mg.

Le plus petit poisson vivant en Europe est la **gambusie.** Il s'agit d'un cyprinodonte importé d'Amérique du Nord pour détruire les larves de moustiques. La taille est de **3,5 cm** pour le mâle et de 5 à 6 cm pour la femelle.
Le plus petit poisson indigène est l'épinochette dont la taille varie de 5 à 7 cm.

Le plus rapide

Le **voilier cosmopolitain** *(Istiophorus platypterus)* est généralement considéré comme étant le plus rapide de tous les poissons.
Toutefois, il est très difficile d'être affirmatif, car les mesures sont malaisées à obtenir. On a avancé le chiffre de **109,7 km/h** (pendant 3 s) pour l'un de ces poissons, observé au large de la Floride, États-Unis.

L'esturgeon vit plus de 80 ans.

D'après les becs que l'on a trouvés enfoncés dans la coque des navires, on peut présumer que l'espadon *(Xiphias gladius)* atteint des vitesses allant jusqu'à 92 km/h (pénétration d'un bec à 56 cm de profondeur).
Mais certains experts estiment qu'une vitesse de 56 à 64 km/h est plus vraisemblable.

Le wahoo *(Acanthocybium solandri)* et le thon à nageoire bleue *(Thunnus thynnus)* ont été scientifiquement chronométrés à 70 km/h pendant 20 s.

Le poisson volant à quatre ailes *(Cypselurus heterurus)* peut, lui aussi, dépasser 60 km/h lorsqu'il bondit au-dessus de la surface de l'eau pour s'envoler (sa vitesse moyenne dans les airs est d'environ 56 km/h).
Le record de vol a été observé dans l'Atlantique tropical pendant 90 s à 11 m de hauteur et sur 1 110 m de longueur.

Les plus vieux

Il est difficile d'établir avec certitude l'âge auquel peuvent parvenir les différentes espèces de poissons, car l'existence des aquariums est encore trop récente. On peut cependant supposer que le record de longévité appartient à l'**esturgeon** *(Acipenser fulvescens)* des lacs du nord de l'Amérique.
On a étudié systématiquement les anneaux de croissance *(annuli)* de 966 spécimens, pêchés dans la région du lac Winnebago, Wisconsin, États-Unis, entre 1951 et 1954 : le plus vieil esturgeon était un mâle de **82 ans** qui continuait à grandir.

En janvier 1974, on a découvert au Japon une femelle koi, sorte de carpe. En étudiant les anneaux de croissance de ce poisson nommé « Hanako », on a dit qu'elle aurait 228 ans. Mais les spécialistes réfutent cet âge et n'acceptent pour cette espèce qu'une longévité de plus de 50 ans.

En 1948, on a annoncé la mort d'une anguille d'Europe *(Anguilla anguilla)* nommée « Putte », pensionnaire de l'aquarium du Muséum d'Hälsingborn, Suède.
Elle aurait eu 88 ans.

Le poisson rouge le plus vieux

Plusieurs poissons rouges *(Carassius auratus)* auraient dépassé **40 ans** en Chine.

Les poissons *les plus chers*

Le plus cher de tous les poissons est l'**esturgeon** *(Huso huso)*. Une femelle de 1,2 t, capturée en 1924, a donné **250 kg de caviar** de première qualité.

Le 1er mars 1982, on a proposé **700 000 F** à M. Hosogi, Japon, pour sa **carpe** âgée de 7 ans et longue de 89 cm. Ce poisson avait remporté le concours koi. Le propriétaire a refusé cette offre.

La vie la plus brève

Certaines espèces du sous-ordre des **cyprinodontés** d'Afrique et d'Amérique du Sud ne vivent que **8 mois** environ.

Le plus répandu

Les poissons les plus répandus sont les **cyclothones allongés** *(Cyclothonus elongatus)*. Ces petits poissons de 8 cm de long vivent dans le monde entier.

Le plus profond

Le docteur Gilbert Voss, à bord du navire de recherche américain *John Elliott*, a rencontré un *Bassogigas profundissimus* de 16,5 cm à 8 300 m de profondeur, en avril 1970, dans la fosse de Puerto Rico (8 366 m), océan Atlantique. Ce poisson était le cinquième du genre jamais découvert.

Le docteur Jacques Piccard et le lieutenant Don Walsh, de l'U.S. Navy, ont vu un poisson ressemblant à une sole de 33 cm de long (peut-être un *Chascanopsetta lugubrus*), alors qu'ils étaient à bord du bathyscaphe *Trieste* à **10 912 m de profondeur** dans le Pacifique, le 24 janvier 1960.

Certains spécialistes réfutent cette affirmation et considèrent que les *Bassogigas* détiennent le record de profondeur de tous les vertébrés.

Œufs

Le **poisson-lune** *(Mola mola)* pond jusqu'à **300 millions d'œufs** de 1,3 mm de diamètre, alors qu'il faut plusieurs jours à la carpe *Jordanella Floridae* pour pondre une vingtaine d'œufs seulement.

Le plus venimeux

Un simple contact avec les épines recouvrant les nageoires d'un poisson de la famille des **synanceidés,** qui vit dans les eaux tropicales de l'océan Indien et du Pacifique, suffit à causer la mort. Les épines contiennent un poison extrêmement violent.

Le plus électrique

L'**anguille électrique** *(Electrophorus electricus)*, qui vit dans les fleuves du Brésil, de Colombie, du Venezuela et du Pérou, peut émettre une décharge de 400 volts à 1 ampère.
On a enregistré des décharges allant jusqu'à **650 volts.**

ÉTOILES DE MER

La plus grande

La **Midgardia xandaros** est la plus grande des 1600 espèces d'étoiles de mer répertoriées.
En 1968, l'équipage du navire de recherche *Alaminos* a découvert un spécimen de **1,38 m** d'envergure. Le diamètre de son centre n'était que de 2,6 cm. Sèche, elle pesait 70 g.

L'étoile de mer la plus lourde est la *Thromidia catalai*, étoile à cinq branches du Pacifique Ouest. Le 14 septembre 1969, on a découvert en Nouvelle-Calédonie un spécimen de 6 kg (envergure : 63 cm).

La plus petite

L'***Asterina phylactica*** qui vit dans l'Adriatique et la Méditerranée ne dépasse pas **1,5 cm** de diamètre.

La plus profonde

L'équipage du navire de recherche soviétique *Vityaz* a découvert en 1962, dans le Pacifique Ouest, un spécimen de ***Porcellanaster ivanovi*** à **7 584 m de profondeur.**

ARAIGNÉES

Les plus grandes

Les **théraphosidées** *Lasiodoria* et *Grammostola*, du Brésil et *Teraphara* du nord-est de l'Amérique du Sud ont une taille souvent supérieure à **25 cm.**

La rascasse est un poisson venimeux.

La plus lourde

Une migale femelle **Pamphobeteus antinous** du Pérou appartenant à M. Wallace, G.-B. pesait **79 g** pour une envergure de 24 cm en 1982. Les tarentules velues *(Lasiodora klugi)* sont aussi lourdes.

La plus petite

La ***Patu marplesi*** (famille des Symphitognathidés) de Samoa est la plus petite de toutes les araignées. En janvier 1956, on a découvert un spécimen qui mesurait **0,43 mm.**

La plus rare

La plus rare de toutes les araignées est une **tarentule primitive** et atypique du genre *Liphistius*, que l'on trouve dans le Sud-Est asiatique.

La plus rapide

Le record de vitesse sur une surface horizontale est de **53 cm/s** (1,88 km/h), par une ***Tegenaria gigantea***. Cette araignée a parcouru 33 fois la longueur de son corps par seconde (le record de l'homme est 5,5 fois sa taille par seconde).

La plus vieille

Les mygalomorphes (tarentules et espèces voisines) détiennent les records de longévité.

Une femelle **tarentule** trouvée au Mexique en 1935, âgée, pensait-on, de 12 ans, a été conservée dans un laboratoire pendant 16 ans : elle a donc vécu au moins **28 ans.**

Toiles

Les plus grandes sont les toiles aériennes des araignées tropicales du genre *Nephila*, dont certaines atteignent **6 m de circonférence.**

Les toiles les plus petites sont celles de la *Glyphesis cottonae* et d'autres araignées voisines. Elles atteignent à peine la **taille d'un timbre-poste.**

Les plus venimeuses

La **veuve noire** *(Latrodectus mactans)* est la plus venimeuse de toutes les araignées. Les femelles, qui mesurent jusqu'à 6,5 cm, peuvent tuer un homme. Cette araignée vit en Amérique et en Europe.

Certaines araignées brésiliennes, du genre *Phoneutria*, et plus particulièrement la *Phoneutria fera*, possèdent le venin neurotoxique le plus meurtrier.

La veuve noire, la plus venimeuse des araignées.

Ces bestioles, de très grande taille, sont très agressives. Elles pénètrent dans les maisons et elles aiment particulièrement se cacher dans les vêtements et les chaussures. Si on les dérange, elles mordent avec fureur et à plusieurs reprises. Chaque année, on signale des centaines d'accidents. Heureusement, il existe un contrepoison.

CRUSTACÉS

Le plus grand

Le **crabe-araignée géant** *(Macrocheira kaempferi)* qui vit dans les eaux profondes de la côte sud-est du Japon, mesure de 30 à 35 cm de large, avec des pinces de 2,45 à 2,75 m de longueur.
On a parlé d'envergures atteignant 5,80 m, mais ces mesures n'ont pas été authentifiées.
Un spécimen mesurait **3,70 m d'envergure** et pesait 18,600 kg.

Le plus lourd

Le **homard américain** *(Homarus americanus)* est le plus lourd de tous les crustacés.
Le 11 février 1977, on a pêché au large de la Nouvelle-Écosse, Canada, un spécimen de **20 kg** qui mesurait 1,06 m de l'extrémité de la queue à celle de la pince la plus grande.
Ce homard a été vendu à un restaurant de New York.

En France

Le plus gros crustacé est le **tourteau** qui peut atteindre **2 kg.**

Les plus petits

Les **puces d'eau** *(Alonella)* mesurent parfois moins de **0,25 mm** de long.

Le homard le plus petit est le homard du Cap *(Homarus Capensis)*, d'Afrique du Sud, qui ne mesure que de 10 à 12 cm de long.

Les crabes les plus petits sont les crabes-petits-pois, de la famille des *Pinnotheridae*. Certaines espèces n'ont que 6,3 mm de diamètre.

Le plus vieux

Le **homard américain** *(Homarus americanus)* détient le record de longévité des crustacés. Certains spécimens très grands ont sans doute **50 ans.**

Profondeur

Le crustacé découvert à la plus grande profondeur est un **amphipode** repéré à **10 500 m de profondeur** en novembre 1980 par l'US *Thomas Washington.*

On a rencontré un crabe *Ethusina abyssicola* à 4 815 m de profondeur.

Altitude

On a trouvé des **amphipodes** dans les Andes de l'Équateur, à **4 053 m d'altitude.**

INSECTES

Le plus lourd

De tous les insectes du monde, le plus lourd est le **scarabée goliath,** d'Afrique équatoriale.
A l'intérieur de ce groupe, le plus grand est le *Goliathus goliathus*, dont les mâles pèsent de **70 à 100 g.**

En France

Le **cerf-volant** *(Lucanus servus)* atteint 13 cm et **50 g.**

Le plus grand

L'insecte le plus long est le **phasme des tropiques** *(Pharnacia serratipes).*
Certaines femelles atteignent **33 cm** de long.

Le plus grand de tous les scarabées (sans les antennes) est le *Titanus giganteus* vivant dans les forêts de Guyane. Son thorax peut atteindre 18 cm de long.

Le scarabée longicorne *Batocera wallacei*, de Nouvelle-Guinée, atteint 27 cm de long, mais l'antenne représente 19 cm à elle seule.

En France

Le **phasme méditerranéen** peut atteindre **20 cm.**

Les plus petits

Les hannetons à ailes velues de la famille des ***Ptiliidae*** (ou *Trichopterygidae*) et les guêpes parasites de la famille des ***Mymaridae*** ne mesurent que **0,2 mm** de long. Elles sont donc plus petites que certains protozoaires (animaux unicellulaires).

La sangsue mâle *(Enderleinellus zonatus)*, à jeûn, et la guêpe parasite *(Cataphractus cinctus)* ne pèsent que 0,005 mg. La guêpe parasite pond des œufs de 0,0002 mg.

Les plus répandus

Les plus répandus sont les **podures** (ordre des *Collembola*). On a calculé qu'il y en a plus de 465 par m^2 d'herbe.

Le plus rapide

L'**œstre du daim** *(Cephenemyia pratti)* peut dépasser 39 km/h (**58 km/h** lors de bonds très brefs).

Le plus vieux
Les **scarabées** *Buprestidae* demeurent parfois plus de 30 ans à l'état de larve. De tous les insectes, ce sont ceux qui ont la vie la plus longue.

On croyait que les reines termites *Isoptera* dépassaient 50 ans, mais on sait aujourd'hui que leur durée de vie est d'environ 15 ans.

Le plus bruyant
La **cigale mâle** émet au rythme de 7 400 pulsations à la minute un son décelable à **plus de 400 m de distance.**

Le plus grand vol de sauterelles
En 1889, on a observé un vol de sauterelles qui s'étendait sur environ **5 200 km²** au-dessus de la mer Rouge, ce qui représente environ 250 milliards d'insectes, et un poids total de 508 000 t.

Le battement d'ailes *le plus rapide*
Un moucheron minuscule du genre ***Forcipomyia*** bat des ailes au rythme de **62 760 fois à la minute** dans des conditions naturelles.
Certaines expériences ont été réalisées avec des moucherons aux ailes rognées, à une température de 37 °C : le rythme est monté à 133 080 battements/minute. Le rythme contraction-détente musculaire est de 0,00045 cycle, soit 1/436 de seconde.

Le battement d'ailes *le plus lent*
Le **machaon** *(Papilio machaon)* bat des ailes au rythme de **300 battements/minute.**
La plupart des papillons battent des ailes au rythme de 460 à 636 battements/minute.

Essaim
Le 29 août 1974, Ormond Aebi de Santa Cruz, Californie, États-Unis, a retiré **183,200 kg de miel** sauvage d'un seul essaim.

Les plus grandes sauterelles
La sauterelle de Nouvelle-Guinée *(Siliquofera grandis)* a la plus grande envergure. Chez certaines femelles, elle dépasse **25 cm.**

La *Pseudophyllanax imperialis* de Nouvelle-Calédonie porte des antennes de 25 cm de long.

La plus grande libellule
Certains ***Megaloprepus caeruleata*** d'Amérique centrale et d'Amérique du Sud atteignent **19 cm** d'envergure et 12 cm de long.

La plus grosse puce
On a mesuré une femelle ***Hystrichopsylla schefferi schefferi***, qui atteignait **8 mm** de long, soit le diamètre d'un crayon.

Le plus grand saut de puce
La puce ordinaire *(Pulex irritans)* réalise les meilleures performances. En 1910, une puce a réussi un saut en longueur de 33 cm et un saut en hauteur de 20 cm.
En sautant à **130 fois sa hauteur,** une puce est soumise à une force de 200 g. Les siphonaptérologues ont dénombré 1 830 variétés de puces.

Ci-contre :
Le mâle empereur sent la femelle à 11 km.

PAPILLONS ET AUTRES LÉPIDOPTÈRES

Le plus grand
Le plus grand papillon que l'on connaisse est le **queen-alexandra** *(Ornithoptera alexandrae)*, de Nouvelle-Guinée. L'envergure des femelles peut dépasser **28 cm** et elles pèsent parfois plus de **5 g.**

Le plus grand papillon de nuit – mais qui n'est pas le plus lourd – est l'hercule *(Cosdinoscera herculos)* que l'on rencontre en Australie et en Nouvelle-Guinée. Il peut avoir 28 cm d'envergure. La surface des ailes peut être de 264 cm².

Le *Thysiana agrippina* du Brésil, papillon de nuit très rare, peut atteindre 30 cm d'envergure et l'*Attacus crameri caesare* a 28 cm d'envergure. Mais ces deux espèces sont plus légères.

En France
Le **grand paon de nuit** *(Saturnia pyri)* a une envergure de **plus de 20 cm.**

Le plus petit
On a répertorié 140 000 espèces de lépidoptères ; parmi celles-ci, la plus petite est le papillon de nuit ***Johanssonia acetosae*** *(Stainton)* que l'on rencontre en Grande-Bretagne, et le ***Stigmella ridiculosa*** des îles Canaries. Ils ont **2 mm** d'envergure.

Le plus petit papillon est le nain bleu *(Brephidium barberae)*, d'Afrique du Sud, avec une envergure de 1,4 cm.

Les plus venimeux
Les **papillons des aristoloches** *(g. Battus)* vivant sous les tropiques sont extrêmement toxiques en raison de leur nourriture constituée de plantes vénéneuses. Chenilles, cocons et imagos sont nocifs. Les brillantes couleurs de l'insecte parfait informent les prédateurs éventuels du danger. Mais si par hasard un petit mammifère ou un petit oiseau ne s'en rend pas compte, il peut en périr.

L'odorat le plus fin
Le papillon de nuit **empereur** *(Eudia pavonia)* peut déceler l'odeur caractéristique de la femelle vierge à **11 km** de distance. Cette odeur a été identifiée comme l'un des alcools les plus lourds ($C_{16}H_{29}OH$). La femelle en possède moins de 0,0001 mg.

Le plus répandu *en France*
Le **citron à ailes jaunes,** qui fait son apparition au printemps, est le plus répandu.

CENTIPÈDES

Le plus long
Certaines **scolopendres** *Scolopendra mortisans* que l'on trouve dans le golfe du Bengale atteignent **33 cm** de long et 3,8 cm de diamètre.

Le plus court
Certains centipèdes non identifiés ne mesurent que **5 mm** de long.

Le plus de pattes
L'***Himantarum gabrielis*** du sud de l'Europe a de **171 à 177 paires** de pattes à l'âge adulte.

Le plus rapide
Le ***Scutigera coleoptrata*** que l'on trouve dans le sud de l'Europe peut se déplacer à la vitesse de **50 cm/s,** soit 1,800 km/h.

MILLIPÈDES

Le plus long
Le ***Graphidostreptus gigas*** d'Afrique et le *Scaphistostreptus seychellarum* des Seychelles et de l'océan Indien atteignent parfois **28 cm** de long et 2 cm de diamètre.

Le plus court
Le ***Polyxenus lagurus***, qui vit en Grande-Bretagne, ne mesure que de **2,1 à 4 mm.**

Le plus de pattes
Une espèce de millipède non identifiée, qui vit en Afrique du Sud, porte **355 paires de pattes** (710 pattes).

VERS

Le plus long *ver de terre*
Le ***Microchaetus rappi*** d'Afrique du Sud mesure en moyenne 1,36 m de long (contracté : 65 cm), mais on a signalé plusieurs spécimens plus grands.
En 1937, on a trouvé au Transvaal un ver géant de **6,70 m** de long et de 2 cm de diamètre en extension naturelle.
En novembre 1967 un ver de 3,35 m de long et 6,40 m en extension a été trouvé alors qu'il traversait une route nationale, dans la province du Cap.

Le plus long *ver d'eau*
Le ver d'eau le plus long est un **ver lacet** *(Lineus longissimus)* qui vit dans la mer du Nord. On a trouvé un spécimen de **55 m** de long.

Le plus court
Le ***Chaetogaster annandalei*** mesure moins de **0,5 mm** de long.

MOLLUSQUES

Le plus grand
Le 2 novembre 1878, on a pêché un **calamar géant** de **16,75 m** de long (corps : 6 m ; tentacules : 10,75 m) à Terre-Neuve, Canada. Il pesait 2 t.

L'octopus apollyon : 7 m d'envergure.

La plus grande pieuvre
L'***Octopus apollyon***, qui vit dans le nord du Pacifique, dépasse 3,70 m d'envergure et pèse 25 kg.
Le 18 février 1973, un pêcheur sous-marin a capturé d'une seule main un spécimen de **7 m d'envergure et 54 kg.**

Le plus ancien
Le mollusque le plus ancien et aussi la créature vivante dont l'existence sur terre est la plus longue – le ***Neopilina galatheae*** – est une sorte d'escargot des mers profondes que l'on croyait disparu depuis 320 millions d'années.
En 1952, un navire de recherche danois, le *Galathea*, en a découvert plusieurs spécimens à 3 470 m de profondeur. Les fossiles que l'on connaît de cet animal prouvent qu'il existait déjà il y a **500 millions d'années.**

Le plus vieux
Le **kuahog** *(Venus mercenaria)*, ou clam à coquille épaisse, peut vivre **150 ans.**

COQUILLAGES

Le plus grand
Le **bénitier** *(Tridacna gigas)*, qui vit sur les récifs coralliens des océans Indien et Pacifique, est le plus grand de tous les coquillages bivalves.

Un spécimen de 109 x 73 cm pour un poids de **263 kg** a été découvert en 1917. On peut le voir aujourd'hui au Muséum d'histoire naturelle de New York, États-Unis.

Le plus rare

Un ***Tibia serrata*** a été découvert pour la première fois en 1811. Un autre spécimen a été observé en août 1977 en Iran par Franco Perannoni (Italie). Ce coquillage gris et jaune d'or mesure **13 cm** de long.

Le plus cher

En 1978, Philippe Clover, États-Unis, a refusé une offre de **50 000 F** pour un ***Conus servus***.

En 1980, un collectionneur américain a acheté 60 000 F deux *Conus fultoni*.

GASTÉROPODES

Les plus grands

Un spécimen de ***Syrinx aruanus*** a été découvert en Australie. Il mesurait 77 cm de long avec une **circonférence de 1 m,** pour **18 kg.**

Le plus grand gastéropode terrestre est l'escargot géant d'Afrique *(Achatina sp)* ; le spécimen le plus gros, « Gee Geronimo », mesurait 39,5 cm de la pointe du museau à celle de la queue (coquille : 27,5 cm) et il pesait 900 g.
Cet escargot provenait de la Sierra Leone, où l'on observe parfois des coquilles de 35,5 cm de long.

Le plus rapide

L'**escargot de jardin** *(Helix aspersa)* peut atteindre **50,30 m/h.** Cet escargot dépasse largement d'autres espèces qui, au maximum de leur puissance, atteignent la vitesse de 58 cm/h.

MÉDUSES

La plus grande

La ***Cyanea arctica*** que l'on rencontre dans l'Atlantique Nord-Ouest est la plus grande de toutes les méduses.
Un spécimen, rejeté sur les côtes du Massachusetts, U.S.A., mesurait **2,30 m de diamètre,** avec des **tentacules de 36,50 m de long.**

Les plus petites

Certaines méduses ont **moins de 2 cm de diamètre.**

La plus venimeuse

La ***Chironex fleckeri*** de l'océan Pacifique et de l'océan Indien porte un venin neurotoxique similaire à celui du cobra d'Asie. Le contact avec cette méduse entraîne la mort entre 1 et 3 mn.

ÉPONGES

Les plus grandes

L'éponge loggerhead *(Spheciospongia vesparium),* qui vit aux Antilles, peut atteindre 1,05 m de hauteur et 91 cm de diamètre. Ces éponges ont la forme de tonneau.

Les éponges de Neptune *(Poterion patera),* d'Indonésie, mesurent quelquefois 1,20 m de haut, mais elles sont moins massives.

En 1909, une éponge ***Hippospongia canaliculata,*** mesurant **1,83 m** de circonférence, a été pêchée au large des Bahamas. Sortie de l'eau, elle pesait **41 kg ;** sèche, elle ne pesait plus que 5,44 kg. On peut aujourd'hui la voir au National Museum de Washington D.C., États-Unis.

La plus petite

La ***Leucosolenia blanca,*** que l'on rencontre un peu partout, mesure **3 mm** de hauteur à maturité.

La plus profonde

On a découvert des éponges à **5 637 m de profondeur.**

Le plus gros escargot d'Afrique pesait 900 g.

Cette méduse mesure 3 cm.

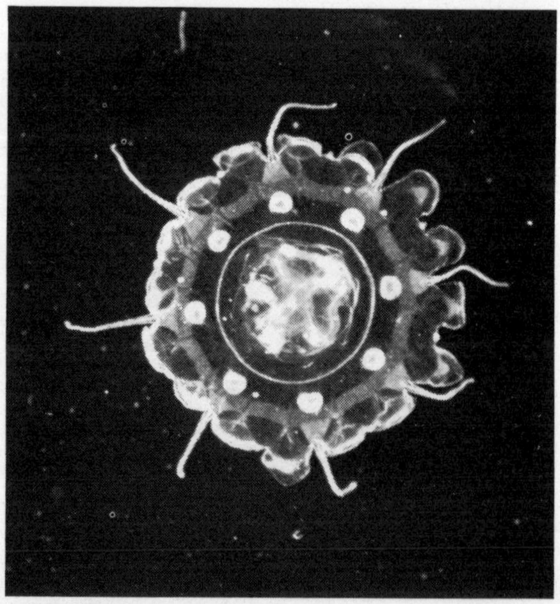

LES VÉGÉTAUX

PLANTES

La plus ancienne
Un **Lanea trindentata** qui vit au sud-ouest de la Californie, U.S.A., existe depuis **11 700 ans.**

Les plus rares
Des plantes que l'on croyait disparues de la surface de la Terre sont régulièrement redécouvertes. Il existe ainsi de nombreuses plantes dont on ne connaît que quelques spécimens regroupés en un seul lieu.

En juin 1978, on a trouvé un spécimen de ***Presidio manzanita*** à petites fleurs roses, en Californie.

La plus au nord
Le **pavot jaune** *(Papaver radicatum)* et le **saule de l'Arctique** *(Salix arctica)* survivent à **83° N.** Le saule, à cette latitude, adopte une forme rabougrie.

La plus au sud
On a découvert, en 1971 dans une moraine à **86° 09' S,** 157° 30' O, et en 1965 sur une montagne en Antarctique à 86° 09' S, 131° 14' O, des **lichens** ressemblant au *Rhinodina frigida.*

La plante à fleurs la plus au sud est un œillet *(Colobanthus crassifolius)* qui a été découvert par 67° 15' S à Jenny Island, dans l'Antarctique.

Les plus hautes
L'altitude la plus haute pour une plante à fleurs est **6 400 m,** sur le mont Kamet, Himalaya, où l'on a découvert une *Ermania himalayensis* et un *Ranunculus lobatus.*

L'altitude la plus haute pour une plante (sans fleur) est 6 350 m, pour une *Androsace microphylla* découverte par A. Zimmermann en 1952 dans l'Everest.

Racines
On estime que les racines d'un **cerisier sauvage** d'Echo Caves, Afrique du Sud, s'enfoncent à **120 m de profondeur.**

Un seul épi de seigle *(Secala cereale)* peut développer 622 km de système radiculaire, composé de minuscules racines, sur 0,051 m^3 de terre.

La plus mauvaise herbe
La mauvaise herbe la plus pernicieuse est une plante aquatique tapissante, ***Salvinia auriculata,*** que l'on rencontre en Afrique.
Cette herbe que l'on a découverte lors du remplissage du lac Kariba, en mai 1959, avait envahi une surface de 199 km^2 11 mois plus tard. En 1963, elle recouvrait **1 002 km^2.**

La plante la plus étalée
La plus grande surface recouverte par multiplication est celle de l'**airelle sauvage** *(Gay Lussacia brachyera),* plante vivace et tapissante, signalée pour la première fois en 1796.
En 1920, près de Juniata River, Pennsylvanie, on a pu observer un champ de **40 ha :** on estime qu'il a fallu 13 000 ans à cette plante pour recouvrir une telle surface.

Le plus grand cactée
Le plus grand de tous les cactées est le **saguaro** *(Cereus giganteus* ou *Carnegia gigantea),* que l'on rencontre en Arizona, au sud-est de la Californie, États-Unis, et à Sonora, Mexique.
Ce cactée, cultivé en appartement sous le nom de « cierge » ou « chandelle de cire », se présente sous l'aspect d'une grande colonne verte surmontée de branches ayant la forme de candélabres. Ce cactus porte des fleurs blanches cireuses qui se transforment en fruits rouges comestibles.
En avril 1978, on a mesuré un cactus sans branches **de 24 m de haut.**

Les plus grands cactées sont les saguaros.

Le plus grand philodendron

Un philodendron de **168 m de long** pousse chez M. Linhart à Thornton, Grande-Bretagne.

Le plus grand aspidistra

L'aspidistra, originaire de Chine et du Japon, est appelé vulgairement « plante de belle-mère ».
Un aspidistra de **1,27 m de haut**, avec plus de 500 feuilles, est cultivé par .Gertie Jales, jardinier amateur anglais.

La première fleur

Le fossile de plante à fleurs le plus ancien que l'on connaisse a été découvert en 1953 au Colorado, États-Unis. Daté de **65 millions d'années,** il porte des empreintes en forme de palmes.

Les haies les plus hautes

La haie la plus haute du monde se trouve à Meikleour, en Écosse. Cette haie de **hêtres,** plantée en 1746, a été régulièrement élaguée pour atteindre une **hauteur de 26 m** sur une **longueur de 550 m.** Certains arbres atteignent 31 m de haut.

La haie d'ifs la plus haute du monde se trouve en Angleterre, dans le parc d'Earl Bathurst ; plantée en 1720, elle s'étend sur 155 m de long, atteint 11 m de haut et a 4,50 m d'épaisseur à la base. Il faut 20 jours de travail à un jardinier pour la tailler.

La haie de buis la plus haute, plantée au XVIIIe siècle à Birr Castle, Offaly, Irlande, atteint 11 m de haut. Il faut 20 jours pour la tailler.

Mousses

La mousse la plus petite est l'***Ephemerum,*** et la plus grande la ***Fontinalis,*** mousse aquatique dont les filaments peuvent atteindre **91 cm de long.**

L'algue la plus longue

On a souvent dit que les algues marines que l'on rencontre au large de la Terre de Feu, en Amérique du Sud, mesurent de 200 à 300 m de long.
Il paraît cependant vraisemblable que l'algue la plus longue du monde est le **varech géant** du Pacifique *(Macrocystis pyrifera),* qui ne dépasse pas **60 m de long.** Cette algue peut pousser de 45 cm par jour.

Vigne

La vigne à raisin la plus grande du monde a été plantée en 1842 à Carpintera, Californie, États-Unis. En 1900, elle produisait certaines années plus de **9 t de raisin,** avec une production moyenne de 7 t par an. Cette vigne est morte en 1920.

ARBRES

L'arbre le plus gros

La forme de vie la plus massive sur la Terre est actuellement un **séquoia géant** *(Sequoiadendron giganteum)* appelé « General Sherman », qui s'élève **à 83 m de haut** dans le Sequoia National Park, Californie, États-Unis. Il est de 24,32 m à 1,50 m du sol.
Cet arbre pourrait fournir 600 120 planches ou 5 milliards d'allumettes. Son écorce rouge brunâtre doit atteindre 60 cm d'épaisseur par endroits. On a calculé qu'il devait peser 6 100 t.

Une graine d'arbre géant ne pèse que 4,7 mg. Cette graine, pour donner un arbre à maturité, voit son poids multiplié 1 300 000 fois.

Au jardin botanique de Calcutta, Inde, un *Figus bengalensis,* avec quelque 1 000 troncs formés par des racines aériennes, couvre une superficie de 1,6 ha. Il daterait de 1770.

La plus grande circonférence

El arbol del Tule qui se dresse à Oaxaca, Mexique, est un cyprès de Montezuma *(Taxodium mucronatum)* de 41 m de haut et **35,80 m de circonférence** à 1,50 m du sol.

En 1972 on a signalé qu'un châtaignier *(Castanea sativa)* connu sous le nom de « l'arbre aux 100 chevaux », mesurait 51 m de circonférence. Cet arbre, qui se trouve sur l'Etna, en Sicile, a été étêté.

Certains baobabs auraient 55 m de circonférence *(Adansonia digilata).*

Les plus hauts *aujourd'hui*

Les arbres les plus hauts sont les ***Sequoia sempervirens*** qui poussent naturellement sur la côte californienne, de l'Oregon à Monterrey.
Le spécimen le plus haut qu'on ait jamais mesuré est le « Howard Libbey Tree » à Redwood Creek

Le « Général Sherman » pèse 6 100 tonnes.

Le figus bengalensis de Calcutta possède 1 000 troncs.

Grove, Californie, découvert par Paul A. Zahl. En 1963, il mesurait 112,10 m de haut. Le sommet de l'arbre était apparemment mort et on lui a attribué en 1972 une **hauteur de 110,30 m**. Sa circonférence est de 13,38 m. Cet arbre meurt lentement.

Mis à part les séquoias, le conifère le plus haut est un sapin de Douglas qui mesure 94,50 m de haut, à Quinault Lake Park Trail, Washington, États-Unis.

L'arbre feuillu le plus haut du monde est un *Eucalyptus regnans* d'Australie qui mesure 99 m de haut.

Le plus haut *de tous les temps*

L'identification de l'arbre le plus haut de tous les temps n'a jamais été établie avec certitude.

L'arbre le plus haut officiellement mesuré est un ***Eucalyptus regnans*** découvert couché sur le sol en 1872 qui mesurait **132,50 m de haut.**

L'arbre de Noël le plus haut

Un sapin de Douglas de **67,36 m de haut** se dressait en 1950 au Northgate Shopping Center, Seattle, Washington, États-Unis.

En France

Le 25 décembre 1978, le foyer rural de Censeau a illuminé, avec 800 ampoules, un épicéa de **52 m de haut** au milieu de la forêt de Joux dans le Jura.

Les plus vieux

L'arbre le plus vieux qu'on ait jamais pu observer était un **pin** *(Pinus longaeva)* numéroté WPN-114, qui se dressait à 3 275 m d'altitude au bord de la Sierra Nevada, Californie, États-Unis.
Au cours des études qui ont été faites en 1963 et 1964, on a découvert que cet arbre avait **4 900 ans** d'existence, mais il a, malgré tout, été scié.

L'arbre le plus vieux actuellement est un pin appelé « Mathusalem », qui pousse à 3 050 m d'altitude en Californie. Il a certainement 4 600 ans. On a calculé qu'il aurait produit 48 rejetons.

On estime que la longévité potentielle d'un pin bristlecone est de 5 500 ans, et qu'un grand séquoia peut vivre 6 000 ans.

En 1976, un rapport a été publié selon lequel certains cèdres du Japon *(Cryptomeria japonica)*, datés au carbone 14, existeraient depuis 5 200 ans avant J.-C.

En France

Le plus vieil arbre de Paris a **381 ans.** C'est un robinier acacia qui a été planté place Dauphine en 1601. En 1635 il a été replanté à la galerie de botanique du Muséum d'histoire naturelle de Paris.

L'espèce la plus ancienne

Le ***Ginkgo biloba*** de Chine est apparu sur Terre il y a environ **160 millions d'années,** à l'ère jurassique. Ces arbres ne poussent que très rarement de manière naturelle dans leurs pays d'origine en Extrême-Orient (Chine, Japon). En revanche, on en rencontre dans diverses parties du monde dans les parcs. Ils sont très nombreux dans le parc des Buttes-Chaumont, à Paris.
A signaler également que les feuilles femelles et les feuilles mâles poussent sur des arbres différents.

La croissance *la plus rapide*

Le record de croissance est de **10,75 m en 13 mois** par un ***Albizzia falcata,*** planté le 17 juin 1974 à Sabah, Malaisie.

Le baobab est parmi les arbres les plus gros.

L'âge le plus jeune auquel un arbre ait atteint 30 m de haut est 5 ans et 9 mois pour un *Eucalyptus deglupta* de la réserve de Baku, Nouvelle-Guinée.

La croissance *la plus lente*

Le rythme selon lequel les arbres grandissent dépend surtout des conditions dans lesquelles ils poussent, même si quelques espèces comme les ifs et le buis ont toujours une croissance très lente.

La croissance la plus lente qu'on ait jamais observée est celle du **sapin de Sitka** auquel il a fallu **98 ans pour atteindre 28 cm de haut** pour un diamètre de 2,5 cm, à la limite septentrionale extrême des régions boisées, près de l'Arctique.

En Orient, on pratique la culture rituelle d'arbres miniatures ou *bonsaï*, depuis au moins six siècles.

Les feuilles les plus nombreuses

Le calcul du nombre de feuilles des différentes espèces d'arbres est une tâche extrêmement laborieuse et les connaissances dans ce domaine sont très réduites.

On estime qu'un grand chêne compte environ 250 000 feuilles et qu'un **cyprès** possède de **45 à 50 millions d'aiguilles.**

Le plus isolé

Il y avait dans le désert du Ténéré, Niger, un arbre qui poussait seul, sans aucun arbre **à 50 km à la ronde.** Il a été transplanté et se trouve aujourd'hui au Museum de Niamey, Niger, après avoir été heurté accidentellement par un camion.

Le plus cher

Un pépiniériste du Missouri a acheté **255 000 F,** en 1959, un **pommier** « Starkspur Golden Delicious » élevé à Yakima, Washington, États-Unis.

La plus grande forêt

Les forêts de conifères, qui s'étendent au nord de l'U.R.S.S. entre 55° de latitude nord et le cercle Arctique, représentent une surface boisée d'environ **1 100 millions d'hectares,** soit 25 % des forêts mondiales. 38 % de ces arbres sont des bouleaux de Sibérie.
L'U.R.S.S. est boisée à 34 % de sa superficie.

En France

Les bois et les forêts représentent en France 26 % des terres. **Les Landes** sont le département le plus boisé de France : 67 % de la surface sont occupés par la forêt (résineux).

Le bois *le plus lourd*

L'***Olea laurifolia,*** ou bois de fer, a un poids spécifique de 1,49. 1 m³ de ce bois pèse donc 1,5 t.

Le bois *le plus léger*

L'***Aeschynomene hispida*** de Cuba a un poids spécifique de 0,044. 1 m³ de ce bois ne pèse que 44 kg.

Bambous

Botaniquement parlant, le bambou n'est pas un arbre mais une herbe ligneuse.

Ci-contre :
Un bambou peut grandir de 90 cm par jour.

Il existe 45 genres de bambou dont certaines espèces peuvent **grandir de 90 cm par jour.** A l'âge de 3 mois, certains de ces bambous mesurent déjà 30 m de haut.

Le bambou le plus haut que l'on ait jamais observé était un ***Bambusa arundianacea*** à épines qui mesurait **37 m de haut,** à Pattazhi, Travancore, Inde.

PLANTES A FLEURS ET FLEURS

La plus grande fleur

Le ***Rafflesia arnoldii*** est un lys parasite, jaune orangé, à odeur de putréfaction, qui pousse sur les cissus des forêts du Sud-Est asiatique. Les fleurs peuvent atteindre **90 cm de diamètre,** et 1,90 cm d'épaisseur pour un poids de 7 kg.

En France

La plus grande fleur de France est celle du **nénuphar sauvage blanc** *(Nymphea alba),* qui peut atteindre **15 cm de diamètre.**

La plus grande inflorescence

Le ***Puya raimondii,*** plante très rare originaire de Bolivie, possède un panicule de 2,40 m de diamètre qui se dresse à une **hauteur de 10,70 m** et porte jusqu'à **8 000 fleurs** blanches. (Voir aussi *La croissance la plus lente.*)

On a mesuré en 1974, à Berkeley, Californie, l'épi floral d'un agave qui atteignait 15,80 m de long.

La plus grande plante à fleurs

En 1892, on a planté à Sierra Madre, Californie, États-Unis, un **wisteria** géant dont certaines branches atteignent aujourd'hui 152 m de long. Il s'étend sur près d'un demi-hectare et pèserait 228 t. Lors de la floraison, qui dure 5 semaines environ, il porte **1 500 000 fleurs** que 30 000 personnes viennent admirer chaque année.

En novembre 1974, Dennis et Patti Carlson, de Blaine, Minnesota, États-Unis, ont obtenu une fleur de la passion *(Passiflora)* de 182 m de long grâce à la nourriture hormonale qu'ils lui ont administrée.

La plus petite plante à fleurs

Les **lentilles d'eau** *Wolffia glosoba* ont des frondes de **0,6 mm de long** et 3 mm de large qui ne pèsent que 0,00015 g.

La fleur la plus rare

Le prix Burpee (50 000 dollars) a été offert en 1924 à celui qui produirait un **souci entièrement blanc.** Cette récompense n'a été gagnée qu'en 1955 par Alice Vonk, de Sully, Iowa, États-Unis.

La croissance la plus rapide

Un ***Hesperoguccaca whipplei*** de la famille des liliacées a grandi de **3,65 m en 14 jours** dans l'île de Scilly, G.-B., en juillet 1978.

La croissance la plus lente

Le ***Puya raimondii*** (voir plus haut) a été découvert en Bolivie en 1870. Son panicule n'apparaît qu'**après 150 ans de vie.** Après son apparition, la plante meurt.

Certains agaves ne connaissent leur première floraison qu'après 40 ans.

Le puya raimondi a la plus grande inflorescence.

La plus grande tige de pâquerette

Ange Gutiérez, de Mayenne, a cueilli en mai 1981 une pâquerette dont la tige atteignait **31,5 cm de long.**

Chaîne de pâquerettes

Le 11 juin 1978, des jeunes gens de Cœdiog, Grande-Bretagne, ont tressé en 7 h une chaîne de **1 244 m de long.**

Couronne

Les fleuristes de Gothenburg, Suède, ont réalisé le 4 septembre 1982 une couronne de **21 m de diamètre.**

L'orchidée *la plus grande*

La fleur d'orchidée la plus grande est celle de la ***Phragmipedium caudatum,*** originaire des régions tropicales d'Amérique. Ses pétales atteignent 45 cm de long et la fleur peut avoir **90 cm de diamètre.** Elle est moins massive que celle du lys blanc, *R. arnoldii.*

L'orchidée *la plus haute*

La *Grammatophyllum speciosum* est l'orchidée qui se tient le plus haut sans soutien ; elle peut atteindre 7,50 m de haut.

La ***Galeola foliata*** peut atteindre **15 m de haut** en prenant appui sur les arbres en décomposition des forêts australiennes.

L'orchidée est la fleur la plus chère.

L'orchidée *la plus chère*
Une orchidée ***Odontoglossum crispum*** a été vendue l'équivalent de **360 000 F** actuels en 1906 au baron Schröder.

L'orchidée *la plus petite*
La ***Bulbophyllum minutissimum,*** que l'on trouve en Australie, est la plus petite orchidée, mais il est possible que la ***Notylia norae,*** du Venezuela, lui dispute ce titre.

Les plus petites fleurs d'orchidées sont celles des *Stelis graminea*, qui ont moins de 1 mm de long.

Le rhododendron le plus grand
Le ***Rhododendron arboreum*** du Népal est le plus grand de toutes les espèces.

Un rhododendron de **27,50 m de haut** a existé à Yunan, Chine. Une section de son tronc est actuellement à Inverewe Garden, en Écosse.

Le plus grand rosier
Le plus grand rosier du monde est un **« Lady Banks »** qui se trouve à Tombstone, Arizona, États-Unis.
Son tronc a 1 m d'épaisseur, et il se dresse à 2,75 m de haut. Il s'étend sur **500 m²** et est soutenu par 68 tuteurs et plusieurs centaines de mètres de fil. 150 personnes peuvent se tenir à l'ombre de l'arbre. La bouture, en provenance d'Écosse, avait été importée aux États-Unis en 1884.

Le plus grand chrysanthème
La société Algochimie a produit un chrysanthème non greffé portant **448 fleurs.**

Les plus grands fuschias
François Santini, horticulteur à Beaujardin, Indre-et-Loire, a obtenu des fuschias de **3 m de haut.**

FRUITS ET LÉGUMES

Le plus nourrissant
Une analyse des 38 fruits frais (pesés à secs) que l'on consomme le plus souvent démontre que c'est l'**avocat** qui a la valeur calorique la plus élevée avec **163 calories** pour 100 g.

Le moins nourrissant
Le **concombre** n'a que **16 calories** pour 100 g.

Ananas
On a signalé plusieurs ananas de **13 kg** à Tarauaca, Brésil, en 1978.

Carotte
Melle Scott de Nelson, Nouvelle-Zélande, a récolté en octobre 1978 une carotte de **7 kg.**

En Belgique
René Tondus de Pontaury-Mettet a récolté dans son jardin une carotte de **2,600 kg** pour une longueur de 30 cm et une circonférence de 72 cm.

Chou
Marcel Eonet a cueilli dans son jardin à Orbec, Calvados, un chou de 3,45 m de circonférence qui pesait **22 kg.**

Citron
D. Rokusek de Santa Barbara, Californie, U.S.A., a cueilli un citron de **3,680 kg** et 75 cm de circonférence en août 1982.

Le plus grand chrysanthème : 448 fleurs.

Courgette géante : 11,300 kg.

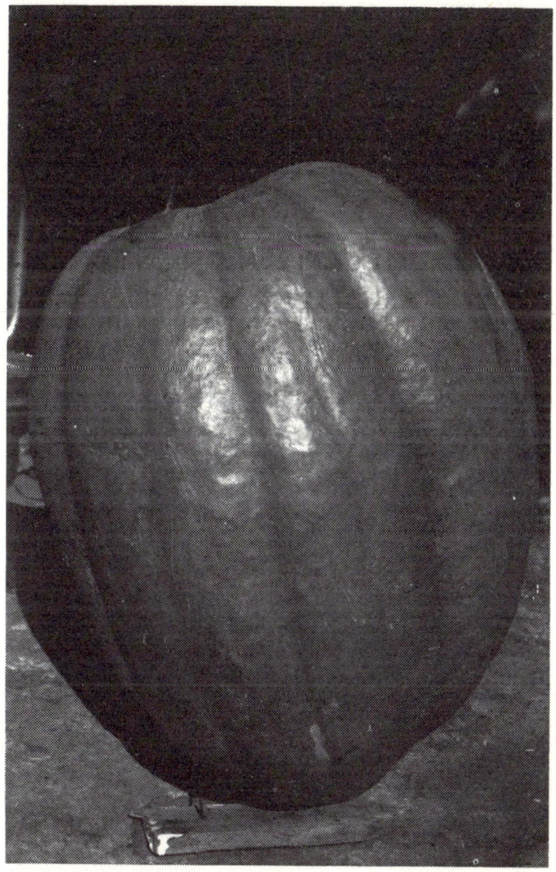
La plus grosse citrouille : 182 kg.

Citrouille
M. Busbyh, G.-B., a obtenu en 1982 une citrouille de **182 kg.**

En France
M. Jean Jouandon, de Bourron-Marlotte, Seine-et-Marne, a récolté une citrouille de **55 kg.**

Concombre
Mme Williams, de Knott, Texas, U.S.A., a obtenu un concombre de **7,800 kg.**

Courgette
M. Michel Amalbert, de Belcodène, Bouches-du-Rhône, a fait pousser une courgette de **11,300 kg** et 58 cm de circonférence.

Laitue
En 1974, M. Bowock, G.-B., a cueilli une laitue de **11,335 kg.**

Navet
Mme Rollande Bastien, de Terrebone, Canada, a obtenu un navet de **25 kg** et 1,37 m de circonférence.

Oignon
M. Hill, G.-B., a récolté un oignon de **3,350 kg.**

Orange
Une orange de **2,500 kg** a été cueillie en juin 1981 à Nelsfruit, Afrique du Sud. Le fruit avait la taille d'une tête humaine.

Poire
Une poire de **1,400 kg** a été cueillie par Mme Malou, dans la vallée de la Garonne, France.

Poireau
Un poireau de **4,700 kg** a été récolté à Fontenay-le-Comte, Vendée, France, par un douanier rochelais, jardinier amateur, en avril 1975.

Pomme
M. Loveridge, G.-B., a récolté une pomme de **1,350 kg.**

Pomme de terre
J. H. East, de Spalding, Grande-Bretagne, a récolté en 1963 une pomme de terre de **3,200 kg.**

M. McLean, G.-B., a exposé 252 variétés de pommes de terre au Salon de l'agriculture de Londres le 9 octobre 1979.

Pomme de terre *pied*
M. Marceau Lesein a cultivé dans son jardinet, rue du Groupe Manouchian, à Paris, une pomme de terre dont le pied a atteint **2,73 m de haut.**

Tomate record : 2,340 kg.

Le plus gros radis pèse 2,630 kg.

Radis
M. Auguste Bonnet de Ripaille, Ardèche, a récolté un radis de **2,630 kg,** 35 cm de long et 45 cm de circonférence.

Raisin
Marius Costa de Carcès, Var, a une vigne exceptionnelle dont il a obtenu une **grappe de 5,500 kg** en septembre 1980.

Tomate
M. Girardo, de Mongins, Var, a récolté une tomate *Diletta* de **2,340 kg.**

FOUGÈRES

La plus grande
On compte environ 6 000 espèces de fougères. La plus grande est une fougère arborescente, ***Alsophila excelsa,*** qui pousse dans l'île de Norfolk, Sud Pacifique, et atteint parfois **18 à 19 m de haut.**

La plus petite
L'***Hecistopteris pumila,*** d'Amérique centrale, et l'***Azolla caroliniana,*** des États-Unis, sont les plus petites fougères du monde.

HERBES

La plus répandue
L'herbe la plus répandue est la ***Cynodon dactylon,*** que l'on rencontre partout dans le monde. L'hybride « Callie » peut pousser de 15,2 cm par jour et ses stolons atteignent 5,50 m de long.

L'Alsophila excelsa mesure jusqu'à 16 m de haut.

FEUILLES

Les plus grandes

Le **raphia** *(Raffia raffia)* des îles Mascareignes, dans l'océan Indien, et le **bambou amazonien** *(R. toedigera)* d'Amérique du Sud, ont des palmes qui peuvent atteindre **20 m de long.**
Elles sont portées par des pétioles de 4 m de long.

Les plus grandes feuilles indivises sont celles de l'*Alocasia macrorrhiza*, que l'on trouve à l'est de la Malaisie.
En 1966, on a mesuré une feuille de 3 m de long, 1,90 m de large et d'une surface de 3,17 m².

Trèfle

Le 16 juin 1975, Randy Farland a cueilli près de Sioux Falls, Sud-Dakota, États-Unis, un trèfle blanc *(Trifolium repens)* à **14 feuilles.**

GRAINES

Les plus grandes

La **graine de coco de mer,** ou noix des Seychelles *(Lodoicea seychellarum)*, peut atteindre **18 kg.**

Les plus petites

Les graines des **orchidées épiphytes** sont les plus petites du monde (environ 1 million de graines par gramme).

Les plus résistantes

En juillet 1954, Harold Schmidt a découvert des graines de **lupin arctique** *(Lupinus arcticus)* gelées mais qui ont germé en 1977. Une datation au carbone 14 a estimé qu'elles existaient déjà en l'an 2000 avant J.-C. et peut-être même en **13000 avant J.-C.**

CHAMPIGNONS

Les plus grands

Une **vesse-de-loup** *(Lycoperdon gigantea)* de **1,62 m de diamètre** et 41 cm de haut a été découverte en 1980 en Grande-Bretagne.

M. Joseph Opple, de Solon, Ohio, a ramassé en 1976 un **polypore comestible** *(Polyporus frondosus)* de **32,600 kg.**

Le champignon parasitaire le plus gros est un *Oxyporus (Fomes) nobilissimus* de 1,42 m de diamètre, découvert dans l'État de Washington, États-Unis, en 1946. Il pesait 136 kg.

Le plus vénéneux

L'**amanite phalloïde** *(Amanita phalloides)* est considérée comme le plus vénéneux des champignons.
L'imprudent qui a absorbé ce champignon est saisi, entre 6 et 15 h après la dégustation, de vomissements, de délire, de coma, puis il meurt. Le pape Clément VII est mort ainsi empoisonné.

3

LES PROTISTES

C'est Anton van Leeuwenhoek, de Delft (1632-1723), qui a découvert les premiers protistes en 1677.
Les protistes possèdent des caractères communs aux plantes et aux animaux. Ceux qui se rapprochent le plus des plantes sont appelés *Protophyta* (protophytes) – parmi lesquels les algues unicellulaires. Ceux qui se rapprochent davantage des animaux sont classés parmi les *Protozoa* (protozoaires) – parmi lesquels les amibes et les flagellés.

Les plus grands

Les protozoaires les plus grands étaient les ***Foraminiferida*** *(numinulites)* qui pouvaient avoir **22 cm de diamètre.**

Les protozoaires les plus grands actuellement sont les *Stannophyllum (xenophorida)* qui peuvent dépasser 25 cm de long.

Les plus petits

Le plus petit protophyte est le ***Micromonas pusilla*** avec un diamètre inférieur à **2 microns de micromètre** (2×10^{-6} m).

Le plus rapide

Le protozoaire ***Monas stigmatica*** peut se déplacer à une vitesse correspondant à **40 fois la longueur de son corps par seconde.**
Aucun être humain ne peut parcourir 7 fois la longueur de son corps par seconde.

Reproduction

Le protozoaire ***Glaucoma,*** qui se reproduit par fission binaire, se divise **toutes les 3 heures.**

Les records sont faits pour être battus...

LES PROCARYOTES

Première forme de vie
Le professeur Schopfa a annoncé en 1980 la découverte de 5 traces de cellules vivantes datant de **3 500 millions d'années,** dans une roche en Australie.

BACTÉRIES

Anton van Leeuwenhoek (1632-1723) a pour la première fois observé une bactérie en **1675.**

La plus grande
La bactérie du soufre, ***Beggiatoa mirabilis,*** mesure de **15 à 45 microns** et peut former des filaments de plusieurs millimètres.

La plus petite entité vivante
Les plus petits organismes autonomes sont les organismes du microplasma. L'un d'entre eux, le ***Mycoplasma laidlawii,*** découvert en 1936, a au début de son existence un diamètre de **100 millimicrons** seulement.
Le diamètre de certains spécimens atteint 300 millimicrons pour un poids de $1,10^{-16}$ g.

La plus haute
En avril 1967, les services de recherche aéronautique et spatiale américains ont signalé qu'ils avaient découvert une bactérie à **41 000 m d'altitude.**

Les plus vieilles
On aurait extrait de couches de sel à Irkoustk, U.R.S.S., des bactéries datant d'environ **600 millions d'années.** Cette découverte n'a pas été acceptée par les autorités scientifiques internationales.

Une équipe américaine de forages, en Antarctique, a extrait des bactéries datant d'il y a 1 million d'années.

La plus résistante
Le bacille ***Micrococcus radiodurans*** peut supporter des radiations atomiques de **6,5 millions de rœntgens,** soit 10 000 fois la dose fatale pour les hommes.

La plus rapide
Le bacille ***Bdellourio bacteriovoras*** parcourt **50 fois/s sa propre longueur.** Cela correspondrait, pour un coureur, à une vitesse de 320 km/h ou, pour un nageur, à la traversée de la Manche en 6 mn.

VIRUS

Dimitri Ivanovsky (1864-1920) a découvert l'existence des virus en **1892.**

Le plus grand
Le plus grand virus est le ***Citrus tristeza,*** qui mesure **200 x 10 mm** (1 nanomètre = 1×10^{-9} m).

Le plus petit
Le satellite du tabac ***Necrosis virus*** possède des particules sphériques de **17 mm de diamètre.**

La découverte d'un nouvel organisme infectieux sans acide nucléique, le « prion », a été annoncée en février 1982.

Anton van Leeuwenhoek a été le premier a observé une bactérie en 1675.

PARCS

PARCS NATIONAUX

Le plus ancien

Le parc national le plus ancien du monde est celui de **Yellowstone** aux États-Unis (presque en totalité dans le Wyoming, mais débordant à l'ouest sur l'Idaho et au nord sur le Montana). Sa superficie est de 899 135 ha. Créé en **1872,** il a servi de modèle à tous les autres parcs nationaux.

En France

Le plus ancien territoire protégé en France est celui des **Sept Îles,** au large de la Bretagne, à quelques kilomètres de Ploumanach et de Perros-Guirec. Créé en **1912,** sa superficie est de 82 ha (bien inférieure au critère international fixé à 1 000 ha).

Les plus grands

Le plus grand parc national du monde est danois. Il s'agit du **parc du nord-ouest du Groenland.** Il a été créé en 1974 et sa superficie est de **70 000 000 ha.**

En France

Le plus grand parc national français est le **parc des Écrins,** créé en 1973. Sa superficie est de **91 800 ha** auxquels il faut ajouter une zone périphérique de 178 000 ha. Ce parc est situé entre 800 et 4 102 m d'altitude, dans les Alpes.

Réserves naturelles

La plus grande réserve mondiale est le **Central Kalahari Game Reserve** au Botswana. Elle a été créée en 1963 et sa superficie est de **5 280 000 ha.**

La plus grande réserve naturelle d'Europe est située en Finlande. Il s'agit de Kevo, créée en 1956, dont la superficie est de 34 200 ha.

En France

La plus grande réserve naturelle française est celle de **Camargue,** située dans le delta du Rhône ; sa superficie est de **13 117 ha.** Elle a été créée en 1928.

ZOOS

On estime qu'il existe environ 500 zoos dans le monde. Ils attirent au total 330 millions de visiteurs chaque année.

La plus grande réserve

La réserve d'**Etosha,** Namibie, est la plus grande du monde, avec **9 952 500 ha.**

Le plus ancien

La première collection d'animaux a été rassemblée par **Shulgi,** gouverneur de la IIIe dynastie d'Ur, de **2094 à 2047 avant J.-C.,** à Puzurish (aujourd'hui Irak).

Le zoo le plus ancien est celui de Schönbrunn à Vienne, Autriche. Il a été installé en 1752 par l'empereur François Ier pour sa femme Marie-Thérèse.

Le plus grand *en France*

Le plus grand zoo de Paris est le **Jardin d'acclimatation** qui existe depuis 1860. Sa superficie est de plus de **18 ha.** En 1982, on a enregistré 1 653 576 entrées.

Le plus d'entrées *en France*

Le plus grand nombre annuel d'entrées enregistrées dans un zoo français est **2 628 682 pour l'année 1937** – année de l'Exposition universelle de Paris – au **parc zoologique de Paris** (zoo de Vincennes) qui fut fondé en 1934.

OCÉANARIUMS

Le plus ancien

Le premier océanarium du monde est **Marineland,** ouvert en Floride en **1938.**
Chaque jour, 26 millions de litres d'eau de mer sont pompés pour alimenter les réservoirs. Les deux réservoirs, l'un rectangulaire (30,50 x 12,20 x 5,50 m ; 1,700 million de l) et l'autre circulaire (71 m de circonférence et 3,65 m de profondeur ; 1,500 million de l) ont été décorés pour ressembler le plus possible à un véritable paysage sous-marin avec rivages, récifs coralliens et même un naufrage...

Les plus grands réservoirs

Le réservoir d'eau de mer de **Marineland de Hanna Barbera,** à Palos Verdes, Californie, États-Unis, a 76,65 m de circonférence et 6,70 m de profondeur, et contient 4 millions de litres. La capacité totale de cet océanarium est de **9,400 millions de l.**
L'orque qui y est pensionnaire, « Orky », pèse 6,35 t. C'est le plus grand en captivité.

AQUARIUMS

Le plus grand

Le plus grand aquarium est le **John Shedd Aquarium** de Chicago, États-Unis, terminé en 1929.

Vous avez battu un record, écrivez-nous...

LE LIVRE GUINNESS DES RECORDS

3

LA NATURE

STRUCTURES ET DIMENSIONS

LA TERRE

La Terre est une sphère aplatie aux pôles, et, de ce fait, un ellipsoïde.
Le **diamètre** de la Terre, au pôle, est de **12 713,505 km**, soit 42,769 km de moins que son diamètre équatorial (12 756,274 km). La Terre a la forme d'une poire, le diamètre polaire mesurant 90 m de plus au pôle Nord qu'au pôle Sud.
La Terre est aussi légèrement ellipsoïdale à l'équateur, car le grand axe (37° de longitude ouest) a 159 m de plus que le petit axe.
Les causes de cet ellipsoïde sont essentiellement une protubérance de 73 m de haut dans la région de la Nouvelle-Guinée, et une dépression de 108 m au sud de Sri Lanka, dans l'océan Indien.
La plus grande **circonférence** de la Terre, à l'équateur, est de **40 075,02 km** (cf. 40 007,86 km au méridien). La **superficie** de la Terre est estimée à **510 066 100 km²**.
Sa période de rotation (jour sidéral) est de 23 h 56 mn 4,0996 s, en moyenne.
La masse de la Terre est de 5974 x 10^{18} t ; sa densité est 5,515 fois supérieure à celle de l'eau.
On estime son volume à 1 083 207 000 000 000 m³.
La Terre ramasse des poussières cosmiques dont le poids maximal est de 30 000 t par an.

Les géophysiciens avancent que la Terre aurait une coquille extérieure, ou lithosphère, de 80 km d'épaisseur, puis une couche, ou manteau rocheux, de 2 809 km d'épaisseur, en dessous de laquelle se trouve un noyau riche en fer de 6 964 m de diamètre. Si la théorie du noyau riche en fer est vérifiée, le fer serait de loin l'élément le plus abondant de la Terre.
Au centre du noyau, la densité serait de 13,09 g/cm³ et la température de 4 000 à 4 500 °C.

Écrivez-nous, écrivez-nous...

ROCHES

On estime généralement que la Terre a environ 4 550 millions d'années (à 50 millions d'années près), par analogie avec l'âge des météorites et celui de la Lune, que l'on a pu contrôler directement.
On n'a toutefois jamais trouvé sur la Terre de roches de cet âge, les processus géologiques les ayant détruites.

Les plus vieilles

On a découvert, le 26 janvier 1975, un bloc de **gneiss granitique**, près de Granit Falls, Minnesota, États-Unis, daté d'il y a **3 800 millions d'années** (à 100 millions près).
L'âge de cette roche a été calculé grâce aux méthodes d'isotopes et de rubidium-uranium. On connaissait déjà des gneiss d'Amitsoq provenant de Godthaab, Groenland, dont l'âge avait été définitivement établi à 3 700-3 750 millions d'années.

La plus grande

L'assemblement rocheux le plus grand du monde est situé sur le mont Augustus (1 105 m d'altitude). Ce **rocher de 377 m de haut** a été découvert le 3 juin 1858, en Australie. Cet affleurement de grès conglomératique sans faille a 8 km de long et 3 km de large.

La Gran Piedra, roche volcanique de la Sierra Maestra, Cuba, doit peser 62 t.

Le plus gros galet

Sur la côte nord de la Bretagne, un galet géant de 1,50 m × 1,40 m × 1 m et qui pèse **3 tonnes** a creusé une marmite géante de 1,80 m de profondeur.
Ce galet a en outre la particularité, rare pour un galet générateur, de se trouver encore dans sa marmite. Lors de grosses tempêtes, il arrive que la force des vagues le fasse bouger.

Le roc Ayers, est le plus gros rocher du monde.

CONTINENTS

Le plus grand

29,08 % seulement de la surface du globe sont émergés. L'altitude moyenne des terres émergées est de 756 m.

Le **continent eurasiatique** a une superficie totale (îles incluses) de **54 527 000 km²** (cf. surface des terres émergées : 148 328 000 km²).

Le plus petit

L'**Australie** ne mesure que **7 614 500 km²**. L'Australie fait partie, avec la Tasmanie, la Nouvelle-Zélande, la Nouvelle-Guinée et les îles du Pacifique, de l'Océanie.

La surface totale de l'Océanie est de 8 935 000 km².

La terre la plus éloignée de la mer

Le **désert de Dzoosotoyn Elisen**, Nord Sinkiang, Chine, est situé à plus de **2 400 km de la mer,** dans toutes les directions.

Péninsule

L'**Arabie** est la plus grande péninsule, avec une superficie d'environ **3 250 000 km²**.

La terre la plus au nord

Le 26 juillet 1978, Uffe Petersen (Danemark) a observé une île baptisée **OOdaq**. Cette île de 1,36 km de long est située au large de Pearyland, Groenland, par 83°40'32,5" de latitude nord et 38°4'10,1" de longitude ouest, à **706 km du pôle Nord**.

La terre la plus au sud

A la différence du pôle Nord, le **pôle Sud** est situé sur un continent.

La station Amundsen-Scott a été construite au pôle Sud à une altitude de 2 855 m, en 1957. Cette station dérive de 8 à 9 m par an en même temps que la glace. Elle a été remplacée par une nouvelle construction en 1975.

MONTAGNES

Les plus hautes *du monde*

En 1852, les services de topographie indiens ont découvert que la plus haute montagne du monde était un sommet situé à l'est de l'Himalaya, à la frontière du Tibet et du Népal, à 8 848 m d'altitude. En 1860, on a vérifié ces mesures et on a calculé que 8 840 m était l'altitude véritable. Le 25 juillet 1973, les Chinois ont contredit cette indication et annoncé 8 848,10 m.

En fait, on peut simplement dire que ce sommet est situé à **8 848 m environ**. Il a reçu le nom de **mont Everest** en mémoire de sir George Everest (1790-1866), gouverneur général de l'Inde.

Le mont Everest s'appelle aussi Sagarmatha (au Népal), Quomolongma (en Chine), et Mi-ti Gu-ti Cha-pu Long-Na (au Tibet).

La première expédition de reconnaissance a eu lieu en 1921 et l'Everest a été conquis le 29 mai 1953 à 11 h 30 (voir *chap. Sports)*.

Entre-temps, onze alpinistes étaient morts en tentant de conquérir ce sommet.

La montagne dont le sommet est situé le plus loin du centre de la Terre est le Chimborazo (6 267 m), dans les Andes de l'Équateur. Son sommet est situé à 2 150 m de plus du centre de la Terre que celui du mont Everest.

La montagne la plus haute sur l'équateur est le volcan Cayambe (5 878 m), Équateur, à 77°58' de longitude ouest.

La plus haute montagne insulaire

Le **Ngga Pulu** (autrefois mont Soekarno) se dresse à **5 030 m** d'altitude dans la partie indonésienne (Irian Barat) de la Nouvelle-Guinée.

La plus haute montagne *de France*

Le **mont Blanc** se dresse à **4 807 m** d'altitude.

Le mont Blanc fait partie du massif alpin, qui est le plus grand massif d'Europe, s'étendant sur plus de 1000 km, de la Méditerranée jusqu'à Vienne. Sa superficie est de 330 000 km².

La France, l'Italie, la Suisse, l'Autriche, l'Allemagne, la Yougoslavie et le Liechtenstein possèdent chacun une partie des Alpes.

Le plus haut sommet *inviolé*

La montagne la plus haute qui reste encore inviolée est le **Zemu Gap Peak** (7 780 m) dans l'Himalaya, 31e sommet du monde.

Les plus grandes

La montagne la plus grande du monde prend naissance à 6 000 m de profondeur dans la fosse hawaiienne et se dresse sur l'île de Hawaii.

Le Mauna Kea (Montagne Blanche) culmine ainsi à **10 203 m,** dont 4 205 m seulement au-dessus du niveau de la mer.

Le mont Mauna Loa (Longue Montagne) des îles Hawaii est plus important que le mont Everest par le volume, sinon par la hauteur (4 170 m). La base de cette montagne est une ellipse dont les axes ont été estimés à 119 et 85 km, à 4 975 m sous l'eau.

Le Cerro Aconcagua (6 960 m) domine de 12 000 m le plateau abyssal du Pacifique (4 875 m de profondeur) et de 13 055 m la fosse du Pérou-Chili.

Le mont Blanc : 4 807 m.

La plus grande chaîne
La chaîne de l'**Himalaya-Karakoram** possède 96 des 109 sommets les plus hauts du monde **(plus de 7 315 m)**.

Cependant, la plus grande chaîne de montagnes du monde est la cordillère sous-marine qui s'étend dans l'océan Indien et le Pacifique Est, sur 30 900 km, du golfe d'Aden au golfe de Californie, avec, entre l'Australie et l'Antarctique, une altitude moyenne de 2 430 m au-dessus du fond de l'océan.

Le plus beau panorama
Le **mont McKinley** (6 193 m), en Alaska, États-Unis, a été aperçu depuis le mont Sanford (4 949 m), à une **distance de 370 km**.

Le mont Vatnajökull (2 118 m), en Islande, a été aperçu depuis les îles Faeroe, à 550 km de là.

Le plus grand plateau
Le **plateau tibétain**, en Asie centrale, s'étend sur **200 000 km²**, à 4 875 m d'altitude moyenne.

Paroi la plus abrupte
La **face nord-est du Half Dome**, Yosemite Park, Californie, États-Unis, a 975 m de large sur 670 m de haut, et ne s'écarte jamais de plus de **14 degrés de la verticale**. Cette paroi a été escaladée pour la première fois, en cinq jours, par Royal Robbins, Jerry Galwas et Mike Sherrik, en juillet 1957.

Montagnes de sel
La côte nord du golfe du Mexique est parsemée sur 1 160 km de **330 montagnes de sel** souterraines, dont certaines se dressent à 18 300 m au-dessus du soubassement rocheux.
Elles apparaissent comme des dômes de sel relativement bas.

La colline la plus basse
La carte d'état-major de **Seria**, Brunei, Indonésie, signale une colline de **4,50 m** de haut sur un terrain de golf.

GLACIERS

15 600 000 km², soit 10,4 % de la surface de la Terre, sont recouverts en permanence par la glace.

Le glacier le plus long atteint 514 km.

La calotte la plus épaisse
La calotte glaciaire qui recouvre l'**île de Wilkes** dans l'Antarctique a environ **4 776 m** d'épaisseur à 400 km des côtes.
Cette épaisseur a été calculée par radioécho-sonde, par un avion de recherche américain.

Le plus grand *du monde*
Le glacier le plus long est le glacier **Lambert**, découvert en 1956, dans l'Antarctique.
Il s'étend sur 64 km de large dans sa partie supérieure et mesure au moins 402 km de long. Avec le glacier Fisher, le Lambert forme une langue glaciaire de **514 km de long.**

Le glacier le plus long de l'Himalaya est le glacier Siachen (75,6 km), dans le Karakoram.

Le plus grand *d'Europe*
Le **Vatnajökull**, en Islande, atteint une **épaisseur de 900 m**. Sa superficie est de 8 500 km².

Le plus grand *de France*
Le plus grand glacier de France est la **Mer de Glace** dans les Alpes.
Sa superficie est de 55 km² et sa **longueur** totale (avec le glacier du Géant) est de **13 km**.

Le plus rapide
Le **Quarayaq,** Groenland, avance de plus de **20 m par jour**.

DÉPRESSIONS

La plus grande dépression *sous-marine*
Il existe, dans le **Pacifique Nord-Ouest**, une zone dont l'altitude moyenne est de **4 570 m au-dessous du niveau de la mer**.

La plus profonde *sur terre*
Le **plateau de Bentley**, dans l'Antarctique, est entièrement recouvert de glace. L'affleurement rocheux est à **2 538 m sous la mer**.

La plus grande dépression *à ciel ouvert*
La région de la **mer Morte** est située à **393 m au-dessous du niveau de la mer**.
Le point le plus profond de ce lac est à 792 m au-dessous de la Méditerranée.

Le point le plus profond du **lac Baïkal** en Sibérie, U.R.S.S., est à **1 484 m sous le niveau de la mer**.

La gorge *la plus grande*
Le grand **canyon du Colorado,** États-Unis, s'étend sur **350 km**. Sa largeur varie de 6 à 20 km. Il a 1 615 m de profondeur.

La gorge *la plus profonde*
Le **Hell's Canyon,** entre l'Oregon et l'Idaho, États-Unis, a **2 400 m** de profondeur.

La dépression la plus vaste
Le bassin de la **mer Caspienne**, U.R.S.S., s'étend sur plus de **518 000 km²**, dont 371 800 km² sont occupés par la mer (lac).

GROTTES ET GOUFFRES

Le plus long réseau
Le **Flint Mammoth Cave**, National Park, Kentucky, États-Unis (découvert en 1799), est constamment exploré par des équipes de spéléologues. Actuellement, on a répertorié **379 km de réseaux.**

La grande salle des grottes de Carlsbad mesure 550 m de long.

Grotte la plus vaste
La caverne la plus grande du monde a été découverte, en 1980, dans le parc national de **Mulu** à Sarawak, en Malaisie.
Elle mesure **700 m de long**, 300 m de large et environ 70 m de hauteur.

La grande salle (Big Room) des grottes de Carlsbad, Nouveau-Mexique, États-Unis, s'étend sur 5,6 ha avec une hauteur de plafond de 24 à 77 m. La salle a, dans sa plus grande dimension, 550 m de long.

Grotte la plus profonde
La grotte **Provetina** (Grèce) atteint **294 m** .

Grotte la plus haute
La grotte de **Rakhiot-Peak,** Cachemire, Inde, est située à **6 600 m** d'altitude.

Grotte la plus grande *de France*
Le réseau **Félix Trombe** (réseau de Coume di Ouarnède) mesure **59,5 km** de long.

Gouffre le plus profond *de France*
Le réseau de **Foillis** (gouffre Jean-Bernard) à Samoëns (Haute-Savoie) a une profondeur de **1 455 m**.

Cheminée la plus profonde
La cheminée d'**El Sotano**, Mexique, a **410 m** de profondeur, avec une ouverture de 9 ha.

Cheminée la plus profonde *de France*
Le **puits d'Aphanize**, en pays Basque, a **328 m** de profondeur.

Colonne la plus grande
Une colonne de **59 m** de haut s'est formée dans la grotte de Nerja, près de Malaga, Espagne prenant appui sur la paroi.

La colonne la plus haute sans appui est la colonne Bicentenaire de la grotte de Carlsbad, Nouveau-Mexique, États-Unis, qui mesure **32,30 m** de haut.

CLASSEMENT PAR RÉGION DES CAVITÉS LES PLUS PROFONDES
Ces données sont soumises à une réactualisation permanente en fonction des explorations les plus récentes

Profondeur (en m)	Nom	Pays
1 490	Gouffre Jean Bernard	France
1 338	Sima de Las Puertas de Illamina	Espagne
1 320	Snezhnaya, Caucase	U.R.S.S.
1 240	Sistema Huautla	Mexique
1 173	Jubilaumsschacht	Autriche
950	Antro di Corchia	Italie
860	Réseau de Siebenhengste	Suisse
805	Anou Boussouil	Algérie
783	Jaskini Snieznej, Tatras	Pologne
765	Brezno pri Gamsovi Glavici	Yougoslavie
751	Ghar Parau, Zagros	Iran
700	Kef Toghobeit	Maroc

Stalactite la plus grande
La stalactite la plus longue du monde mesure **7 m**. Elle se trouve dans la grotte Poll an Ionain, Irlande.

Stalagmite la plus grande
La grande stalagmite de l'aven Armand, Lozère, France, se dresse à **29 m** de hauteur à partir du sol.

OCÉANS, MERS, LACS

Les océans recouvrent 70,92 % de la surface du globe, soit 361 740 000 km². La profondeur moyenne de l'hydrosphère, que l'on croyait de 3 795 m, n'est sans doute que de 3 554 m. Le poids total de cette eau a été estimé à $1{,}3 \times 10^{18}$ t, soit 0,022 % du poids total de la Terre. Le volume des océans est d'environ 1 285 600 000 km³ (cf. eau douce : 35 000 000 km³).

Le plus grand
Le plus grand de tous les océans est l'**océan Pacifique**. Sans compter les mers adjacentes, il représente 46 % de la surface totale des océans et recouvre environ **166 240 000 km²**. La profondeur moyenne est de 4 188 m.
La distance la plus courte pour traverser l'océan Pacifique est de 17 550 km : de Guayaquil, Équateur, à Bangkok, Thaïlande.

La plus grande profondeur *du monde*
Le navire de recherche britannique *Challenger* a découvert, en 1951, le point le plus profond dans la **fosse des Mariannes**, dans l'océan Pacifique. Les mesures réalisées à la sonde et à l'échosonde ont donné une profondeur de 10 900 m.
En mars 1959, le navire de recherche soviétique *Vityaz* a effectué des mesures à l'échosonde dans cette même fosse et a obtenu un chiffre de 11 033 m.
Le 23 juillet 1960, le bathyscaphe américain *Trieste* est descendu à **10 918 m** de profondeur.
Si on laissait tomber dans l'eau un objet métallique, par exemple un poids de 500 g, il lui faudrait 63 mn pour atteindre le fond, à cet endroit du Pacifique.

La plus grande profondeur *de France*
Dans les eaux territoriales françaises, les plus grandes profondeurs sous-marines sont de **172 m**, près d'**Aurigny** (Manche).

La plus grande mer
La **mer de Chine** a une superficie de **2 974 600 km²**.

La mer de Malaisie, y compris les eaux situées entre l'océan Indien et l'océan Pacifique, au sud de la Chine, s'étend sur 8 142 900 km². Mais ces eaux ne sont pas considérées comme « mer » par le Bureau international d'hydrographie.

Le plus grand golfe
Le **golfe du Mexique** a une superficie de **1 500 000 km²** et 5 000 km de rivage, depuis le cap Sable, Floride, États-Unis, jusqu'au cap Catoche, Mexique.

La plus grande baie
Si on tient compte des kilomètres de rivage, la baie d'**Hudson**, Canada, est la plus grande de toutes les baies : **12 268 km de rivage** pour une superficie de 822 300 km².

Le golfe du Bengale, qui est en fait une baie, a une superficie supérieure à celle de l'Hudson : 2 172 000 km².

Le plus grand fjord
Le **Nordvest fjord**, bras du Scoresby Sund, à l'est du Groenland, laisse pénétrer la mer à **313 km à l'intérieur des terres.**

Le fjord le plus grand de Norvège est le Sogne fjord, où la mer pénètre à 183 km à l'intérieur des terres. La largeur moyenne de ce fjord est de 4,75 km, avec une profondeur maximale de 1 245 m.

Le fjord le plus long du Danemark est le Limfjorden (160 km).

Le détroit le plus long
Le **détroit des Tartares**, situé entre l'île de Sakhaline et l'U.R.S.S., s'étend de la mer du Japon jusqu'à Sakhalinsky Zaliv, soit **800 km** de long. Il dépasse de peu la longueur du détroit de Malacca (780 km).

Le détroit le plus large
Le **détroit de Davis**, entre le Groenland et l'île de Baffin, a **338 km** de large en son point le plus étroit.

Le passage le plus large
Le **détroit de Drake**, entre les îles Diego Ramirez, Chili, et les îles Shetland Sud, a **1 140 km** de large. Ce détroit a toutefois reçu le nom de passage.

Le détroit le plus étroit *du monde*
Le détroit navigable le plus étroit est celui qui sépare l'**île Eubée** du continent grec : il n'a que **40 m** de large à Khalkis.

Le détroit le plus étroit *de France*
Le **pas de Calais** entre la France et l'Angleterre a **31 km** de large en son point le plus étroit.

Les falaises les plus hautes *du monde*
Les falaises de la côte est de **Molaka'i**, Hawaii, se dressent à **1 005 m** au-dessus de l'eau, avec un à-pic de plus de 55 degrés.

Les falaises de Molakaï : 1 005 m à pic au-dessus de l'eau.

Les falaises les plus hautes *de France*
La falaise du **cap Canaille**, à Cassis (Bouches-du-Rhône), a **362 m** de haut.

La plus haute montagne sous-marine
On a découvert en 1953 près de la **fosse Tonga**, entre Samoa et la Nouvelle-Zélande, une montagne qui se dresse à **8 690 m** au-dessus du fond de la mer. Son sommet est à 365 m en dessous de la surface de l'eau.

Le voyage sur l'eau le plus long
Le navigateur qui voudrait faire le plus long périple autour du globe pourrait parcourir **31 960 km** en partant d'un point situé à 240 km à l'ouest de Karachi, Pakistan, pour atteindre un point situé à 320 km au nord de Uka'Kamchatka, en empruntant le détroit du Mozambique, le détroit de Drake et la mer de Bering.

Température
La température à la surface de l'eau varie de **– 2 °C** dans la **mer Blanche** à **35,6 °C** dans les eaux peu profondes du **golfe Persique** en été.
La température normale de la mer Rouge est de 22 °C.

En novembre 1979, le sous-marin de recherche *Alvin* a enregistré une température extrême de 350 °C à 21° de latitude nord dans le Pacifique, dans une source géothermique, à une profondeur de 2 600 m.

On a calculé qu'à travers une couche de glace les rayons solaires pouvaient chauffer l'eau des lacs à près de 27°C.

COURANTS

Le plus grand
La vitesse du courant circumpolaire Antarctique a été mesurée en 1969 dans le **détroit de Drake**, entre l'Amérique du Sud et l'Antarctique. Son débit était de **270 millions de m³ par seconde**, soit le triple du débit du Gulf Stream.
La largeur de ce courant varie de 300 à 2 000 km. La vitesse de l'eau à la surface est de 0,75 km/h.

Le plus fort
Les rapides **Nakwato** dans le détroit de Slingsby, Colombie britannique, Canada (51°05' latitude nord, 127°30' longitude ouest), sont les plus violents du monde : la vitesse à la surface peut atteindre **30 km/h**.

MARÉES

Les grandes marées sont causées par l'attraction de la Lune et du Soleil, influencées par leurs périgées, leurs périhélies et leurs conjonctions.
Les conditions atmosphériques et le vent peuvent s'ajouter pour causer des marées extrêmes. Le relief de la côte et du fond de la mer est aussi déterminant.

Les plus grandes *du monde*
Les marées de la baie de **Fundy**, entre la Nouvelle-Écosse et le continent américain, ont une amplitude moyenne de 14,50 m et une **amplitude maximale de 16,50 m.**

Les plus faibles
A Tahiti, il n'y a pratiquement pas de marée.

Les plus grandes *de France*
L'amplitude maximale de la marée à **Granville** (Manche) est de **14,60 m.**

VAGUES

La plus haute
Le lieutenant Frederic Margraff, à bord du navire américain *Ramapo*, a observé la plus grande vague homologuée, dans la nuit du 6 au 7 février 1933, entre Manille, Philippines, et San Diego, Californie, États-Unis, alors qu'un ouragan de 126 km/h s'était abattu sur la région.
On a calculé que la plus haute vague mesurait **34 m** de haut.

La vague la plus haute qu'on ait pu mesurer est une vague de 26 m de haut, observée par le navire britannique *Weather Reporter*, le 30 décembre 1972, par 59° de latitude nord et 19° de longitude ouest.

La plus haute vague sismique
Les **tsunami** sont des vagues provoquées par un tremblement de terre ou une éruption volcanique. Le plus grand que l'on ait jamais observé mesurait **85 m** de haut, au large de l'île Ishigaki, le 24 avril 1971.
Cette vague a emporté un bloc de corail de 750 t sur plus de 2,500 km. Certains tsunami voyagent à la vitesse de 790 km/h.

On estime qu'entre 479 avant J.-C. et 1977, il y a eu au moins 500 tsunami, dont 250 destructeurs pour l'homme.

ICEBERGS

Le plus grand
Le 12 novembre 1956, le navire américain *Glacier* a observé dans le Pacifique Sud un iceberg antarctique tabulaire de plus de **31 000 km²** (330 km de long sur 97 km de large, soit plus que la superficie de la Belgique).

En 1958, on a observé un iceberg géant de 167 m de haut.

On a découvert, en 1946, un iceberg de 360 km² et 61 m d'épaisseur que l'on a suivi pendant 17 ans.

L'iceberg le plus haut

L'iceberg le plus haut qu'on ait jamais mesuré a été observé par le brise-glace américain *East Wind* en 1958, au large du Groenland : il atteignait **167 m** de haut.

L'iceberg arctique le plus au sud

Un navire du service météorologique américain a observé, dans l'Atlantique, un iceberg en provenance de l'Arctique, par **28°44' de latitude nord et 48°42' de longitude ouest**.

L'iceberg antarctique le plus au nord

Le 30 avril 1894, le navire *Dochra* a observé un débris d'iceberg antarctique dans l'Atlantique, par **26°30' de latitude sud et 25°40' de longitude ouest**.

LACS ET MERS INTÉRIEURES

La plus grande mer intérieure

La **mer Caspienne** a 1 225 km de large pour une superficie totale de **371 800 km²**. 143 200 km² (38,6 %) appartiennent à l'Iran où cette mer reçoit le nom de Darya Ye-Khazar. Le reste de la mer Caspienne se trouve en U.R.S.S.

Sa profondeur maximale est de 1 025 m et sa surface est située à 28,5 m au-dessous du niveau de la mer. On estime que ce lac, ou mer intérieure, contient 89 600 km³ d'eau salée.

Le gouvernement soviétique a prévu d'effectuer des travaux pour inverser le cours de la Pechora afin qu'elle se déverse dans la Kolva, puis la Kama et la Volga. Cette opération est destinée à remplir la mer Caspienne.

Le plus grand lac d'eau douce

La superficie totale du **lac Supérieur** (Amérique du Nord) est de **82 350 km²** : 53 600 km² dans le Minnesota, le Wisconsin et le Michigan, États-Unis, et 27 750 km² dans l'Ontario, Canada.

Ce lac est situé à 182 m au-dessus de la mer.

Le lac Baïkal possède le plus grand volume d'eau douce : 23 000 km³.

Le plus grand lac *de France*

Le **lac Der-Chantecoq**, dans la Marne, est le plus grand plan d'eau douce de France avec une superficie de **48 km²**. C'est le plus grand lac artificiel d'Europe.

Le lac du Bourget est le plus grand lac naturel de France avec 45 km².

La plus grande lagune

La **lagune dos Patos**, Brésil, a 254 km de large et une superficie de **10 645 km²**.

Le plus grand étang *de France*

L'**étang de Berre** (Bouches-du-Rhône), qui communique avec la mer, a une surface de **110 km²**.

Lac le plus profond

Le **lac Baïkal**, U.R.S.S., a 620 km de long et de 32 à 74 km de large. Sa profondeur maximale dans la crevasse d'Olkhon est de **1 940 m**, soit 1 485 m au-dessous du niveau de la mer.

Lac le plus haut

Lac navigable

Parmi tous les lacs où la navigation motorisée est possible, le plus haut est le **lac Titicaca** (profondeur maximale 370 m) avec une surface de 8 285 km² (4 790 km² au Pérou, 3 495 km² en Bolivie), en Amérique du Sud.

Le lac Titicaca, à 3 811 m d'altitude.

Il existe des atolls immenses. Le plus grand a 283 km de long.

Ce lac de 209 km de long se trouve à **3 811 m** au-dessus du niveau de la mer.

Autres lacs

Il existe dans l'Himalaya, près du mont **Everest**, un lac glaciaire à **5 880 m** d'altitude.

Le plus grand lac du Tibet, le Nam Tso, qui a une superficie de 1 956 km², est à 4 578 m d'altitude.

Lac dans un lac

Le plus grand lac dans un lac est le **lac Manitou (106,420 km²)** qui se trouve sur la plus grande île lacustre, l'île Manitoulin (2 766 km²), dans la partie canadienne du lac Huron. Sur ce lac se trouvent plusieurs îles.

Lac souterrain

Le **Lost Sea** (mer Perdue) dans les grottes Craighead, Tennessee, est situé à 91 m sous terre et mesure **1,8 ha** (18 000 m²). Il a été découvert en 1905.

ÎLES

La plus grande *du monde*

La plus grande de toutes les îles est le **Groenland** (appartenant au Danemark), avec une superficie de **2 170 000 km²**.
Le Groenland est en fait constitué de plusieurs îles recouvertes d'une calotte glaciaire sans laquelle sa superficie ne serait que de 1 680 000 km².

La plus grande *de France*

La plus grande île de France est la **Corse**, avec **8 710 km²**.

Îles d'eau douce

L'**île de Marajo**, à l'embouchure de l'Amazone, Brésil, a **35 000 km²**.

La plus grande île intérieure (entourée de rivières) est l'île de Bananal, Brésil, avec 18 130 km².

La plus grande île dans un lac est l'île de Manitoulin (2766 km²) qui se trouve dans le lac Huron (voir plus haut).

La plus isolée *(inhabitée)*

L'**île Bouvet**, découverte le 1er janvier 1739 par J. Bouvet de Lozier et accostée le 16 décembre 1825 par le capitaine George Norris, est située dans l'Atlantique Sud à 54°26' de latitude sud, 3°24' de longitude est. Cette île, qui appartient à la Norvège, est totalement inhabitée.
Elle est située à **1 700 km de la côte** la plus proche.

La plus isolée *(habitée)*

L'île la plus lointaine, habitée, est l'**île Tristan da Cunha**, découverte en mars 1506 dans l'Atlantique Sud, par Tristan da Cunha.
Sa superficie est de 98 km². Cette île a été annexée par l'Angleterre, le 14 août 1816. En raison de son activité volcanique, l'île a été évacuée en 1961 mais ses 198 habitants y sont retournés en novembre 1963. La région habitée la plus proche est l'île de Sainte-Hélène à 2 120 km. Le continent le plus proche, l'Afrique, est à 2 735 km.

La plus au nord

L'île la plus au nord est à **435 km du pôle Nord** (voir *La terre la plus au nord).*

La plus jeune

L'**île Lateiki** est née en juin **1979**, après une violente éruption. Elle a été annexée par le Tonga.

Le plus grand archipel

L'**Indonésie** est formée de plus de **13 000 îles** dispersées en forme de croissant sur 5 600 km de long.

Les plus grands atolls

L'atoll de **Kwajalein**, dans les îles Marshall, est un récif corallien long de **283 km**, qui enserre un lagon de 2 850 km².

L'atoll avec la plus grande superficie est le Christmas Atoll dans l'océan Pacifique, avec une superficie de 642 km² dont 323 km² émergés. Ses deux villages principaux, Paris et Londres, sont distants de 4 km.

Le plus long récif

Le récif de la **Grande Barrière**, au nord-est de l'Australie, s'étire sur **2 027 km** de long.
Entre 1959 et 1971, une grande partie de ce récif a été détruite par la prolifération d'étoiles de mer *(Acanthaster planci).*

FLEUVES

Les plus longs

Les deux fleuves les plus longs du monde sont l'Amazone, qui se jette dans l'Atlantique Sud, et le Nil, qui se jette dans la Méditerranée.

La supériorité de l'un sur l'autre est plus une question de définition que de simple mesure.

On a découvert, en 1953, que la véritable source de l'Amazone était un cours d'eau, le Huarco, qui prend naissance au sommet du Cerro-Huagra (5 238 m), au Pérou.

Ce cours d'eau, en descendant de la montagne, prend le nom de Toro, puis de Santiago, puis de Apurimac, qui lui-même prend le nom de Ené, puis de Tambo, avant de rencontrer le premier affluent de l'Amazone, l'Ucayali. La longueur totale de l'**Amazone**, depuis sa source jusqu'à l'Atlantique en passant par le canal de Norte, a été mesurée en 1969 à **6 448 km**.

Le **Nil**, d'après les mesures de M. Devroey (Belgique), mesurerait **6 670 km**, desquels il faut retrancher quelques kilomètres depuis la formation du lac Nasser, retenu par le barrage d'Assouan. Le Nil est formé du Luvironza, puis du Kagera, du Victoria Nyanza et du Nil Blanc. Il se termine par un delta.

En France

La **Loire** est le plus long fleuve de France avec **1 080 km** depuis sa source au mont Gerbier-des-Joncs, à 1 410 m d'altitude.

Elle se jette dans l'Atlantique par un long estuaire.

Le plus court

La **D River**, à Lincoln City, Oregon, États-Unis, qui fait communiquer le Devil's Lake avec l'océan Pacifique, a **134 m** de long à marée basse.

En France

Le fleuve le plus court de France est la **Roya**, qui n'a que **45 km** en France.

Il prend sa source au col de Tende (Alpes-Maritimes) et se jette dans la mer à Vintimille en Italie, à 60 km de sa source.

Le bassin le plus vaste

Le bassin de l'**Amazone** couvre **7 045 000 km²**, drainés par environ 15 000 affluents et sous-affluents dont quatre ont plus de 1 600 km.

Le plus grand affluent de l'Amazone est le Madeira, 3 380 km, qui n'est dépassé en longueur que par 14 fleuves dans le monde.

En France

Le bassin de la **Loire** couvre **115 200 km²** et recouvre dix départements. La Loire a 14 affluents et sous-affluents.

Le plus long sous-affluent

Le **Pilcomayo (1 609 km)** est un affluent du Paraguay (2 415 km), affluent du Parana (4 025 km).

Le plus long estuaire

L'estuaire de l'**Ob**, au nord de l'U.R.S.S., a **885 km** de long et jusqu'à 80 km de large. Cet estuaire est souvent recouvert de glaces.

En France

L'estuaire de la **Seine** mesure **114 km** de long.

Le plus grand delta

Le delta du **Gange** et du Brahmapoutre, au Bangladesh, s'étend sur **75 000 km²**.

Le Nil : 6 770 km.

En France
Le delta du **Rhône** s'étend sur **750 km²**. Il est formé par le petit Rhône et le grand Rhône.

Le plus grand débit
L'**Amazone** a un débit de 120 000 m³/s à son embouchure.
Ce débit monte jusqu'à **200 000 m³/s** au moment des crues. Les 1 450 km les moins profonds de l'Amazone ont une profondeur moyenne de 90 m.

En France
Le débit maximal de la **Loire** ou de la **Garonne** est de **9 000 m³/s** au moment des crues.

La source la plus importante
La source la plus importante du monde se trouve en Turquie, à **Dumanli**. La moyenne annuelle est de 50 m³/s. En période d'étiage, le débit est de 20 m³/s. En période de crue, il est de **200 m³/s**.

La plus longue percée hydrologique
La percée hydrologique de **Cambes**, Turquie, mesure **75 km** à vol d'oiseau.

En France
La plus longue percée hydrologique de France mesure **47 km**, de la **veine de la Belette** au Vaucluse.

Fleuve sous-marin
En 1952, on a découvert un fleuve sous-marin de 400 km de large, connu sous le nom de **courant Cromwell**, à 90 m de profondeur dans le Pacifique. Ce fleuve longe l'équateur sur **5 625 km**. Son volume est égal à 1 000 fois celui du Mississippi.

Fleuve souterrain
On a découvert, en août 1958, grâce aux radio-isotopes, un fleuve qui coule **sous le Nil**, et dont le débit est 6 fois supérieur au sien (débit annuel : 500 milliards de m³).

En France
La source souterraine du **Vaucluse** est celle qui a le plus gros débit. On estime qu'elle a parfois dépassé 200 m³/s.

Le plus grand marais
Le plus grand marais du monde se trouve dans le bassin du **Pripet**, affluent du Dnieper en U.R.S.S. Il s'étend sur environ **47 000 km²**.

Les plus grands mascarets
Un mascaret est une barre d'eau tourbillonnante provoquée par la rencontre des eaux fluviales descendantes et de la marée qui remonte dans l'estuaire.

Le mascaret de **Qiantangtjiang** (Hang-Tchéou), Chine, est le plus grand du monde. Lors des grandes marées, la vague atteint **7,50 m de haut** et se déplace à 24 km/h. On l'entend à 22 km.

Le mascaret de l'Hooghly (bras du Gange) se déplace à plus de 27 km/h sur 110 km.

Le mascaret du canal de Norte (16 km de large) à l'embouchure de l'Amazone a le plus grand volume de tous les mascarets.

Le plus haut mascaret
Le mascaret du **Mékong** a **14 m** de haut à l'embouchure à Cua Bassac.

Le débit de la Loire peut atteindre 9 000 m³/s.

DIVERS

CHUTES D'EAU

Les plus hautes
Les chutes **Angel** (Salto Angel), au Venezuela, sont les plus hautes du monde. Elles sont situées sur le Carrao, affluent du Caroni. Leur hauteur totale est de **979 m**.
La chute d'un seul trait la plus haute atteint 807 m. Ces chutes, connues des Indiens sous le nom de Cherun-Meru, ont été signalées pour la première fois, par Ernesto Sanchez La Cruz, en 1910. Elles ont été redécouvertes par un pilote américain, James Angel, dont l'avion s'était écrasé non loin de là, le 9 octobre 1937.

En France
Les chutes de **Gavarnie**, dans les Hautes-Pyrénées, ont **422 m** de haut.

La plus haute des chutes du cirque de Gavarnie atteint 422 m.

Le Landscape Arch a 88 m de long.

Le plus gros débit

Si l'on considère le débit moyen annuel, les plus importantes sont les chutes Boyoma (anciennement Stanley), Zaïre, avec un débit de 17 000 m³/s.

En période de crue, le débit maximal des chutes **Guaira** (Salto dos sete Quedas) s'élève à **50 000 m³/s**. Situées sur l'Alto Parana, entre le Brésil et le Paraguay, ces chutes disparaîtront avec l'achèvement du barrage d'Itaipu.

On a calculé que, lorsqu'il y a environ 5 500 000 ans, le bassin de la Méditerranée commençait à se remplir des eaux de l'Atlantique par le détroit de Gibraltar, une chute vingt-six fois plus importante que celle du Guaira s'était formée, qui pouvait mesurer 800 m de haut.

Les plus larges

Les chutes **Khône** (15 à 21 m de haut), au Laos, ont **10,800 km** de large et un débit de plus de 42 500 m³/s.

ARCHE NATURELLE

Le **Landscape Arch**, États-Unis, a **88 m de long,** à 30 m de haut au-dessus du fond de la gorge. En un certain point, l'érosion a réduit cette arche à 1,82 m de large.

Le Rainbow Bridge, Utah, États-Unis, a 85 m de long seulement mais 7 m de large.

DÉSERT

Près de 1/8 de la surface du globe (12,5 %) reçoit moins de 25 cm d'eau par an.

Le désert du **Sahara**, en Afrique du Nord, est le plus grand du monde. Dans sa plus grande longueur, il mesure 5 150 km d'est en ouest. Du nord au sud, il mesure de 1 275 à 2 250 km. Sa superficie est d'environ **8 400 000 km²**. L'altitude varie de 132 m sous le niveau de la mer dans la dépression de Quattâra, Égypte, à 3 415 m, dans les monts Emi Koussi, au Tchad. Les variations de température y sont de 45 °C et plus.

DUNES DE SABLE

Les plus hautes

Les dunes les plus hautes sont celles de la mer de sable saharienne d'**Isaouane-n-Tifernine**, au centre de l'Algérie. Elles ont chacune 5 km de long et peuvent atteindre **430 m** de haut.

En Europe

La grande dune du **Pilat**, Gironde, France, a **105 m** de haut.

AVALANCHES

Les avalanches qui se déclenchent dans l'**Himalaya** sont les plus grandes du monde. Il est rare que l'on puisse les observer. Leur volume n'a pas été officiellement estimé.

On estime qu'en 1885 une avalanche de 3 500 000 m³ de neige s'est répandue dans les Alpes italiennes.

Le 18 mai 1979, l'éruption du mont St Helen, Washington, États-Unis, a déclenché une avalanche d'environ 2 800 millions de m³. Cette avalanche avançait à 400 km/h.
(Voir aussi *Catastrophes*.)

La dune du Pilat : 105 m de haut.

MÉTÉO

Les records météorologiques cités ci-dessous ont été enregistrés au cours des derniers 160 ans. Les records antérieurs sont rares et sujets à caution. Ce n'est qu'à partir de 1820 environ qu'on a pu faire totalement confiance aux thermomètres utilisés.

La température la plus régulière

C'est à **Garapan**, îles Mariannes, dans l'océan Pacifique, que la température a été la plus régulière pendant une courte période.

De 1927 à 1935 (9 ans), la température la plus basse a été 19,6 °C, le 30 janvier 1934, et la température la plus haute a été 31,4 °C, le 9 septembre 1931, soit une **amplitude maximale de 11,8 °C**.

De 1911 à 1966, on a observé dans l'île de Fernando de Noronha, au large du Brésil, une température minimale de 18,6 °C, le 17 novembre 1913, et une température maximale de 32 °C, le 2 mars 1965, soit une amplitude maximale de 13,4 °C.

La plus grande amplitude

Dans les régions situées près du **« pôle froid »** sibérien, à l'est de l'U.R.S.S., on observe les amplitudes thermiques les plus grandes.
A Verkhoïansk, on a observé une amplitude de 106,7 °C, de – 70 °C (non officiel) à 36,7 °C.

La plus grande amplitude en un seul jour est de **55,5 °C** (chute de 6,7 °C à – 48,8 °C) à Browning, Montana, États-Unis, du 23 au 24 janvier 1916.

Le réchauffement le plus spectaculaire a été de 27,2 °C en 2 minutes à Spearfish, South Dakota, de – 20 °C à 7 h 30 à 7,2 °C à 7 h 32, le 22 janvier 1943.

La température la plus basse *en France*

Le 9 décembre 1879, on a observé une température de **– 33 °C à Langres** (Haute-Marne). (Cf. La plus basse du monde : – 88,3 °C).
Il y eut cette année-là 30 cm de glace sur la Seine à Paris.

En décembre 1928, le Rhin fut gelé sur 70 cm d'épaisseur. La Normandie fut recouverte de 2 m de neige en février 1830.

La température la plus élevée *en France*

Le 8 août 1923, on a enregistré à **Toulouse** (Haute-Garonne) une température de **44 °C**, à l'ombre (cf. La plus haute du monde : 58 °C).

En 1911, la température a dépassé 35,5 °C pendant les trois mois d'été.

La plus longue sécheresse *de France*

La sécheresse la plus longue en France dura **87 jours à Marseille**, du 6 juillet au 10 octobre 1906.

La température la plus basse dans l'atmosphère

On a observé une température de **– 143 °C** entre 80,5 et 96,5 km d'altitude en étudiant une aurore boréale, au-dessus de Kronogard, Suède, du 27 juillet au 7 août 1963.

Brouillard givrant

En avril 1968, on a observé un brouillard givrant de **1,500 km d'épaisseur**, dans le bassin de la Léna, en Sibérie, U.R.S.S.

Chute de pluie

Il est très difficile d'obtenir des chiffres pour des chutes de pluie très courtes, mais le record est sans doute de **1 m en 38 mn à Barst**, Guadeloupe, le 26 novembre 1970.

En France

Le record de France métropolitaine (en 1 jour) est de **840 mm** à **La Lau** dans les Pyrénées Orientales.
Le record de France métropolitaine (en 1 an) est de 4 017 mm, en 1913, au mont Aigoual (Lozère).

Humidité et inconfort

Le confort ou l'inconfort d'un individu dépendent, non seulement de la température, mais aussi de la combinaison température-humidité-insolation-vitesse du vent.
Le Bureau américain de météorologie a mis au point un indice température-humidité qui est égal aux 2/5 de la somme des indications thermométriques à ampoule (sec et humide) + 15. Cet indice s'appelle THI *(Temperature-Humidity Index)*.
Par deux fois, on a observé un THI de 98,2 dans la **vallée de la Mort**, États-Unis, le 27 juillet 1966 **(48 °C et 31 % d'humidité)** et le 12 août 1970 (47,2 °C et 37 % d'humidité).

Un conducteur conduisant à 72 km/h sans pare-brise, par une température de – 42,7 °C, subirait l'équivalent d'une température de – 87,2 °C, soit 1,2 °C de moins que le record mondial du froid.

Le plus grand mirage

Donald McMillan a observé en 1913 dans l'Arctique, à 83 ° latitude nord, 103 ° longitude ouest, un mirage appelé *Fata Morgana*. Il décrivit cette vision comme : « Des collines, des vallées, des pics enneigés, s'étendant sur **au moins 120 degrés de l'horizon »**, tout comme Peary l'avait observé six ans auparavant.

Le 17 juillet 1939, un mirage de Snaefells Jokull (1 437 m) en Islande, a été vu de la mer à une distance de 540 à 560 km.

Le plus grand arc-en-ciel

Le 14 août 1979, un garde-côte de Gwynned, au pays de Galles, G.-B., a pu contempler un arc-en-ciel pendant **3 heures**.

Éclairs

La dimension des éclairs est extrêmement variable. Dans les régions montagneuses, si les nuages sont très bas, les éclairs peuvent mesurer moins de 90 m de long. Dans les régions planes, si les nuages sont très hauts, un éclair qui zèbre le ciel, du nuage au sol, peut mesurer quelquefois 6 km de long. On a même observé des éclairs de **32 km de long.**

Le centre de la trajectoire de l'éclair qui est très brillant est extrêmement étroit. Des spécialistes estiment que son diamètre ne dépasse pas 1,5 cm. Ce centre est entouré par une « enveloppe Corona » qui peut avoir de 3 à 6 m de diamètre.

La vitesse d'un éclair varie de 160 à 1 600 km/s dans sa trajectoire vers le sol, et atteint jusqu'à 140 000 km/s (environ la moitié de la vitesse de la lumière) lors de son coup de retour, très violent.

Les éclairs géants qui se produisent moins d'une fois sur 1 million sont extrêmement puissants : l'éclair et l'éclair-retour éclatent dans ces cas à partir du sommet des nuages orageux.

L'énergie dégagée peut atteindre 3 milliards de joules et la température 30 000 °C, soit 5 fois la température à la surface du Soleil.

En 1967, on a émis l'hypothèse que les éclairs seraient déclenchés par des rayons cosmiques.

Les plus hautes trombes d'eau

Le 16 mai 1898, au large d'**Eden**, Australie, on a observé la plus grande trombe d'eau jamais signalée.

Un théodolite installé sur la côte indiqua une hauteur de **1 528 m** pour cette trombe d'eau qui avait environ 3 m de diamètre.

Tenter un record est déjà un exploit, écrivez-nous.

LISTE PAR ORDRE CROISSANT ET A L'ÉCHELLE MONDIALE DES TEMPÉRATURES LES PLUS BASSES

– 58,3 °C	Floeberg Bay, Ellesmere, Canada	3 janvier 1852
– 68 °C	Verkhoïansk, Sibérie, U.R.S.S.	3 janvier 1885
– 68 °C	Verkhoïansk, Sibérie, U.R.S.S.	5 et 7 février 1892
– 68 °C	Oymy, Sibérie, U.R.S.S.	6 février 1933
– 73,5 °C	Pôle Sud, Antarctique	11 mai 1957
– 78,5 °C	Pôle Sud, Antarctique	17 sept. 1957
– 78,34 °C	Sovietskaya, Antarctique	2 mai 1958
– 80,7 °C	Vostok, Antarctique	15 juin 1958
– 81,2 °C	Sovietskaya, Antarctique	19 juin 1958
– 83 °C	Sovietskaya, Antarctique	25 juin 1958
– 85,7 °C	Vostok, Antarctique	7-8 août 1958
– 86,7 °C	Sovietskaya, Antarctique	9 août 1958
– 87,4 °C	Vostok, Antarctique	25 août 1958
– 88,3 °C	Vostok, Antarctique	24 août 1960

RECORDS MÉTÉOROLOGIQUES EN FRANCE EN 1982

		Date	Lieu
Température la plus haute	43 °C	7 juillet	Boulou (Pyr.-Orientales)
Température la plus basse	– 20 °C	14 janvier	Vicq (Nord)
Précipitations : maximum annuel	2 309 mm		Rupt-sur-Moselle (Vosges)
Précipitations : maximum mensuel	688 mm	novembre	Valleraugue (Gard)
Précipitations : maximum en 24 h	408 mm	7 novembre	Osseja (Pyr.-Orientales)
Précipitations : minimum annuel	333 mm		La Ciotat (Bouches-du-Rhône)
Précipitations : minimum mensuel	00 mm	avril	Arengosse (Landes)
	00 mm	juillet	Cannes (Alpes-Maritimes)
	00 mm	juillet	Calvi (Haute-Corse)
	00 mm	juillet	Figari (Corse du Sud)
Vent: vitesse de pointe	60 m/s	26 septembre et 6 novembre	Mont Aigoual (Cévennes)
Insolation maximale	2 769 h		Toulon (Var)
Insolation minimale	1 537 h		Rostrenen (Côtes-du-Nord)

LISTE PAR ORDRE CROISSANT ET A L'ÉCHELLE MONDIALE DES TEMPÉRATURES LES PLUS ÉLEVÉES

53 °C	Ouargla, Algérie	27 août	1884
54,4 °C	Amos, Californie, États-Unis	17 août	1885
54,4 °C	Mammoth Tank, Californie, États-Unis	17 août	1885
56,7 °C	Vallée de la Mort, Californie, États-Unis	10 juillet	1913
58 °C	A l'Azizya (El Azizia) Libye*	13 sept.	1922

* établie par la Société américaine de géographie nationale mais pas officiellement reconnue par le ministère libyen de la Communication.

L'enregistrement de la température de 60 °C à Delta, Mexique, en août 1953 n'est pas accepté à cause d'une exposition exagérée aux radiations. De même le record mexicain de 58 °C à Saint Louis, Sonora, le 11 août 1933, n'est pas internationalement reconnu.

Le bruit court qu'une chaleur monstrueuse survint à Coimbra au Portugal en septembre 1933, et qu'elle entraina une hausse de la température de 70 °C pendant 120 secondes, mais cela est douteux.

Records météorologiques

Les records météorologiques indiqués ci-dessous procèdent de mesures enregistrées au cours des 130 à 150 dernières années. Les chiffres antérieurs sont peu nombreux et incertains. Ce n'est qu'en 1820 que les thermomètres tout à fait sûrs se sont répandus.

1. Température enregistrée, la plus élevée à l'ombre
   Al Azizyah, Libye, le 13 septembre 1922 — 58 °C
2. Température la plus basse
   Vostok, Antarctique, le 24 août 1960 — - 88,3 °C
3. Averse la plus abondante (en 24 heures)
   Cilaos, la Réunion, océan Indien, 15/16 mars 1952 — 1 870 mm
4. La plus grande chute de pluie en 1 mois
   Cherrapunji, Meghalaya, Inde, juillet 1861 — 9 299 mm
   La plus grande chute de pluie en 1 an
   Cherrapunji, Meghalaya, Inde, 1.8.1860/31.7.1861 — 26 461 mm
5. Chute de neige la plus forte en 1 an
   Paradise, Mt Rainier, Washington, États-Unis, du 19.2.1971 au 18.2.1972 — 31 102 mm
6. Ensoleillement maximal (moyenne annuelle)
   Sahara oriental — 97 % (plus de 4 300 h)
7. Ensoleillement minimal
   pôle Nord (186 jours d'hiver) — 0
8. Pression atmosphérique la plus haute
   Agata, Sibérie, 31.12.1968 — 1 083,8 mb
9. Pression atmosphérique la plus basse
   à 482 km de Guam, océan Pacifique, le 12.10.1979 — 870 mb
10. Vitesse du vent la plus élevée
    Mt Washington, États-Unis (1916 m) 12.4.1934 — 371 km/h
11. Jours d'orage (sur une année)
    Bogor, Java, Indonésie, 1916-1919 — 322 jours
12. Endroit le plus chaud (moyenne annuelle)
    Dallol, Éthiopie, 1960-1966 — 34,4 °C
13. Endroit le plus froid (moyenne annuelle)
    Polus Nedostupnosti, « pôle froid » — - 57,8 °C
14. Endroit le plus arrosé (moyenne annuelle)
    Mt Wai-ale-ale, Kauai, Hawaii, (1569 m) 1920-1972 — 11 455 mm
    Le plus grand nombre de jours de pluie
    Mt Wai-ale-ale, Kauai, Hawaii — jusqu'à 350 jours/an
15. Endroit le plus sec
    désert d'Atacama, Chili — 0 mm/jour
    La plus longue sécheresse
    désert d'Atacama — 400 ans, jusqu'à 1971
16. Les plus gros grêlons
    Coffeyville, Kansas, États-Unis — 750 g ; Ø : 19 cm ; circ : 44,45 cm
17. Brouillards maritimes les plus longs
    (visibilité : - 900 m) Terre-Neuve, Canada — Plusieurs semaines (plus de 120 jours/an)
18. Endroit le plus venteux
    baie du Commonwealth, Antarctique — Coups de vent de 320 km/h

3

PHÉNOMÈNES NATURELS

TREMBLEMENTS DE TERRE

On estime à 500 000 le nombre de séismes ou micro-séismes par an, dont 100 000 sont décelables et 1 000 peuvent provoquer des dégâts.

L'échelle de Richter-Gutemberg n'a plus cours lorsqu'il s'agit de la force relative des tremblements de terre les plus violents. On utilise alors l'échelle de Kanamori. (Cf. tableau.)

Le plus grand

Selon les nouvelles échelles de magnitude sismique (définies en 1977), le tremblement de terre le plus violent a été celui de **Lebu**, au sud de Conception, au Chili, le 22 mai 1960.
Ce séisme, dont la violence a pu être estimée à 10^{26} ergs, a été mesuré sur l'échelle de Kanamori, à une **magnitude jamais égalée de 9,5** alors que sur l'échelle de Richter, sa magnitude était de 8,3 et qu'il n'y occupait que la quatrième position.

Pour éviter toute confusion, se reporter au *tableau des séismes* qui donne les magnitudes dans les échelles de Kanamori et Richter-Gutemberg.

En France

Depuis la fin du Moyen Age, la secousse la plus forte avec un épicentre dans les limites actuelles de la France métropolitaine serait celle qui se produisit en **1564** dans l'arrière-pays de **Nice**.

En 1982, 6 séismes ont été ressentis. La région la plus « active » est les Pyrénées-Occidentales. Le plus important a été enregistré dans la région de Saint-Jean-Pied-de-Port (Pyrénées-Atlantiques).

En France d'outre-mer

Les Antilles sont affectées par une sismicité notable. Les tremblements de terre les plus importants ont été celui de **1727** à la **Martinique** et celui de **1843** à la **Guadeloupe**.

Les tremblements de terre sont terriblement meurtriers.

TABLEAU DES SÉISMES LES PLUS VIOLENTS (ENREGISTRÉS)			
Échelle de Kanamori	Échelle de Richter-Gutemberg	Lieu	Date
8,8	8,6	Côte colombienne	31 janv. 1931
8,6	8,6	Assam, Inde	15 août 1950
9	8,2	Kamtchatka, U.R.S.S.	4 nov. 1952
9,1	8,3	Andréanol, iles Aléoutiennes	9 mars 1957
9,5	8,3	Lebu, Chili	22 mai 1960

Les plus meurtriers

Le tremblement de terre du **Shensi**, en Chine, le 2 février 1556, a causé la mort d'environ **830 000 personnes**.

Plus récemment, le tremblement de terre du Tangshan, en Chine, le 27 juillet 1976 (magnitude 8,2), a tué 750 000 personnes.
Cinq ans plus tard, la ville était encore zone interdite.

Les plus grands dégâts

Les plus grands dégâts matériels ont été causés par le tremblement de terre de la plaine du **Kwanto**, Japon, le 1er septembre 1923 (magnitude 8,2, épicentre 35 ° 15' latitude nord, 139 ° 30' longitude est). En un point de la baie de Sagami, le fond de la mer s'est enfoncé de 400 m.
Le nombre officiel de tués ou de disparus lors de ce tremblement est de 142 807, de nombreuses personnes ayant trouvé la mort dans des incendies qui l'ont suivi. 575 000 demeures ont été détruites. Les dégâts ont été estimés à plus de **40 milliards de F**.

VOLCANS

Le mot « volcan » provient de l'île de Vulcano (aujourd'hui en activité ralentie) dans les îles Éoliennes, en Italie.

On connaît aujourd'hui 850 volcans en activité dans le monde, dont de nombreux sous-marins.

La plus grande concentration de volcans en activité se trouve en Indonésie, où 77 des 167 volcans répertoriés ont explosé (éruptions historiquement retenues).

Les plus grandes éruptions

Lors de l'éruption du volcan **Tambora**, dans l'île de Sumbawa, Indonésie, du 5 au 7 avril 1815, on estime que **151 700 m³ de lave** et autres matières ont été rejetées par le volcan à 2 245 km/h.
Au cours de cette éruption, l'altitude de l'île passa de 4 100 m à 2 850 m. L'énergie dégagée était de 8,4 × 10^{26} ergs. Le volcan perdit environ 1 252 m d'altitude et l'éruption entraîna la formation d'un cratère de 11 km de diamètre. La pression interne qui a causé l'éruption du Tambora a été estimée à plus de 3 270 kg/cm².

On estime que lors de l'éruption du Taupo en Nouvelle-Zélande, en l'an 130, 30 000 millions de tonnes de lave ont été rejetées, à une vitesse atteignant 700 km/h. 16 000 km² ont été aplatis par ce séisme. Les laves ont été projetées jusqu'à 200 km du volcan.

La plus grande coulée de lave

La plus grande coulée de *l'histoire*, connue sous le nom de *pahoehoe* (solidification fondue) a été causée par l'éruption du **Laki** en 1783, au sud-est de l'Islande.
Elle s'est répandue sur **70 km**.

La plus grande coulée des *temps géologiques* est une coulée de basalte rose qui s'est répandue en Amérique du Nord, il y a environ 15 millions d'années.
Elle avait plus de **480 km** de long, sur une surface de 40 000 km², pour un volume de 1 250 000 m³.

La plus grande explosion

Depuis l'explosion du **Santorin** dans la mer Égée, en 1470 avant J.-C., la plus grande explosion est sans doute celle du **Krakatoa**, le 25 août 1883, à Java et Sumatra, en Indonésie.

163 villages furent anéantis et 36 380 personnes tuées par la vague que l'éruption causa (voir plus haut : *Vagues*). Des blocs de roches furent propulsés à 55 km de hauteur et des poussières retombaient encore à 5 330 km de là, dix jours plus tard. On entendit l'explosion quatre heures après qu'elle a eu lieu, sur l'île Rodriguez, à 4 776 km de distance : le bruit fut décrit comme « un grondement de canon ». Cette explosion fut entendue sur 1/13 de la surface du globe.

On estime que sa puissance était 26 fois supérieure à celle des explosions des essais des super-bombes H mais 5 fois moindre que celle du Santorin.

Le volcan éteint le plus haut

Le **Cerro Aconcagua (6 960 m)**, dans les Andes argentines, a été escaladé pour la première fois le 14 janvier 1897, par Mathias Zurbriggen.

Il fallut attendre le 12 juin 1907 pour que ce record d'ascension soit battu.

Le volcan en sommeil le plus haut

C'est le **Llullaillaco (6 723 m)** à la frontière du Chili et de l'Argentine.

Le volcan en activité le plus haut

C'est le volcan **Antonfalla (6 450 m)** qui se trouve en Argentine.

Toutefois le titre de « volcan en activité le plus haut » est réclamé pour le volcan Guayatiri (6 060 m), qui a explosé en 1959 pour la dernière fois.

Le volcan le plus au nord

Le **Beeren Berg** (2 276 m) sur l'île Jan Mayen, dans la mer du Groenland, est situé à **71 ° 5' de latitude nord.**

La dernière éruption a eu lieu le 20 septembre 1970, et il fallut évacuer les 39 habitants de l'île (uniquement des hommes).

Le volcan le plus au sud

Le volcan en activité le plus au sud est le **mont Erebus** (3 795 m) sur l'île de Ross **(77 ° 35' de latitude),** dans l'Antarctique.

Volcans *en France d'outre-mer*

Les trois principaux volcans des départements de France d'outre-mer sont la montagne Pelée (1 397 m) en Martinique dont l'éruption la plus célèbre, le 8 mai 1902, a fait 28 000 morts ; la Soufrière (1 467 m) dont les éruptions ne sont plus de lave mais de vapeur ; le piton de la Fournaise, le plus grand des trois (2 631 m), situé à la Réunion. Ces trois volcans sont encore actifs.

Il y a 850 volcans en activité dans le monde.

Le plus grand cratère

Le cratère ou *caldera* du **Toba**, Sumatra, Indonésie, s'étend sur **1 775 km²**.

GEYSERS

Le plus grand geyser du monde est le **Waimangu**, en Nouvelle-Zélande. En 1904, il a jailli à plus de **457 m de hauteur,** mais depuis sa dernière éruption le 1er avril 1917 (4 morts), il est en période de sommeil.

Le plus grand geyser en activité régulière est le Steamboat Geyser, États-Unis, qui, de 1962 à 1969, a jailli à une altitude de 76 à 115 m à des intervalles allant de 5 jours à 10 mois.

La plus grande quantité d'eau rejetée par un geyser en un jaillissement est 37 850 hl, par le Giant Geyser, du Yellowstone Park.

Le Geysir, près du mont Hekla, en Islande, qui a donné son nom à tous les autres, jaillit (très irrégulièrement) à 55 m de haut. Son voisin, le Strokkur, réveillé en 1963 par des forages, jaillit toutes les 10 à 15 minutes, régulièrement.

Le Strokkur jaillit toutes les 10 à 15 mn.

LE LIVRE GUINNESS DES RECORDS

4

L'UNIVERS ET ESPACE

ANNÉE-LUMIÈRE

Distance parcourue par la lumière à la vitesse de **299 792, 458 km/s** ou 1 079 258 848,8 km/h *in vacuo* en une année tropique (l'année tropique moyenne calculée sur 1900 égale 365,24219878 jours solaires, janvier 0 12 h de temps des éphémérides), soit 9 460 528 405 000 km. Cette unité a été utilisée pour la première fois en mars 1888.

MAGNITUDE

Mesure de l'éclat des astres, telle que la lumière d'une étoile d'une magnitude donnée soit dans le rapport de 2,511 886 avec celle d'une étoile de la magnitude supérieure. C'est ainsi qu'une étoile de magnitude 5 est 2,511 886 fois plus brillante, et une étoile de magnitude 1, cent fois (2,5 118 865) plus brillante, qu'une étoile de magnitude 6.
Pour des corps célestes d'un éclat exceptionnel, tels Sirius, Vénus, la Lune (magnitude – 12,71) ou le Soleil (magnitude – 26,78), on exprime la magnitude en quantité négative.

MOUVEMENT PROPRE

Composante perpendiculaire au rayon visuel du mouvement d'une étoile qui se manifeste par un changement apparent de position de l'étoile dans la sphère céleste.

UNIVERS

L'Univers représente la totalité de l'espace, de la matière et de l'antimatière, mais, pour en apprécier la grandeur, il faudrait quitter la Terre, traverser le système solaire, notre Galaxie et la Voie lactée, pour atteindre les nébuleuses extragalactiques et les quasars les plus lointains.

MÉTÉORITES

Pluies de météorites

Les météorites proviennent des comètes ou d'astéroïdes, et un météore est le phénomène lumineux provoqué par l'entrée d'une météorite dans l'atmosphère terrestre.

La plus grande « pluie » de météorites s'est produite dans la nuit du 16 au 17 novembre 1966 quand les météores Léonides (qui se manifestent tous les trente-trois ans et quart) ont été aperçus de l'ouest de l'Amérique du Nord à l'est de l'U.R.S.S.

On a calculé que le 17 novembre 1966 à 5 h du matin, il était passé en moyenne **2 300 météorites par minute** pendant vingt minutes au-dessus de l'Arizona, aux États-Unis.

La plus vieille

On a annoncé, en août 1978, que des grains de poussière prélevés sur la météorite Murchison, tombée en Australie en septembre 1969, dataient d'**avant la formation du système solaire,** il y a 4,6 milliards d'années.

Les plus grosses

Lorsqu'un corps céleste atteint la surface de la Terre, ce qui en reste prend le nom de météorite. Cela se produit environ 150 fois par an sur toute la surface émergée du globe.
Même si les risques d'être atteints par l'une d'elles sont pratiquement nuls, l'heure la plus critique de la journée pour les météorophobes se situe aux alentours de 3 h de l'après-midi.

La plus grosse météorite connue a été découverte en 1920 à Hoba West, près de Grootfontein, Namibie. Il s'agit d'un bloc de 2,75 m de long sur 2,43 m de large, pesant quelque **59 t.**

La plus grosse météorite présentée dans un musée est la météorite « Tent », qui pèse 31 t.
C'est l'expédition du commandant Robert Edwin Peary (1856-1920) qui la découvrit en 1897 près du cap York, sur la côte ouest du Groenland, mais elle était déjà connue des Esquimaux, qui l'avaient surnommée Abnighito. Elle se trouve maintenant au planétarium Hayden de New York (États-Unis).

Le plus grand débris de météorite rocheuse est un fragment de 1,77 t provenant d'une pluie de 4 t qui frappa Kirin, dans la province de Kaoshan, en Chine, le 8 mars 1976.

Les dernières découvertes

Des météorites, qui ne seraient autres que des **morceaux de Mars ou de Lune,** ont été découvertes en Antarctique par des chercheurs américains. Selon eux, l'arrivée de ces météorites sur la Terre serait due à l'impact d'un météore sur la Lune ou les planètes.

Explosions

Le 30 juin 1908, à 0 h 17 mn 11 s, a eu lieu une mystérieuse explosion de **12,5 Mt** (mégatonnes) en un point situé à 60°55' de latitude nord et 101°57' de longitude est, dans le bassin de la Podkamennaya Tunguska, à 50 km au nord de Vanavar, Sibérie, U.R.S.S.
La cause en a été successivement attribuée à une météorite (1927), à une comète (1930), à une explosion nucléaire (1961) et à l'antimatière (1965). Quoi qu'il en soit, cette explosion dévasta une région d'environ 3 885 km^2 et fut ressentie dans un rayon de 1 000 km. Actuellement, on pense qu'il s'agirait de la désintégration finale de débris rocheux provenant d'une comète – peut-être la comète d'Encke – à quelque 6 km d'altitude.

Un phénomène similaire se serait déjà produit au-dessus de l'île d'Axeholm, Lincolnshire, Grande-Bretagne, il y a quelques milliers d'années.

Les cratères les plus vastes

On estime à environ 2 000 le nombre des collisions qui se seraient produites entre des astéroïdes et la Terre depuis 600 millions d'années. On a repéré à ce jour 96 sites d'impact.

Un cratère de 241 km de diamètre et de 805 m de profondeur, en Terre de Wilkes (Antarctique), aurait été provoqué par une météorite de 13 000 millions de t ayant heurté la Terre à 70 811 km/h.

En décembre 1970, des scientifiques soviétiques ont annoncé qu'ils avaient identifié un cratère de 95 km de diamètre et d'une profondeur maximale de 400 m dans le bassin du Popigai.

On a repéré, sur la rive orientale de la baie d'Hudson, au Canada, en face des îles Nastapoka, une dépression de 442,500 km de diamètre, qui pourrait être assimilée à un cratère.

Le plus grand cratère reconnu comme tel est le cratère **Barringer** (ou Coon Butte), découvert en 1891 près du canyon Diablo, à Winslow, dans le nord de l'Arizona.
Il mesure **1 265 m de diamètre** et environ 175 m de profondeur, et il est entouré d'un rebord dominant de 40 à 48 m la plaine environnante. On pense qu'une masse de fer-nickel d'un diamètre de 60 à 80 m et pesant quelque 2 millions de t aurait pu creuser ce cratère près de 25 000 ans avant J.-C.

Le cratère Barringer, créé par une météorite, a 1 265 m de diamètre.

Des travaux publiés en 1963 ont réfuté l'origine météoritique du cratère cryptovolcanique du Vredefort Ring (42 km de diamètre), situé au sud-ouest de Johannesburg (Afrique du Sud), mais cette thèse est à son tour remise en question.

Le « cratère » du Nouveau-Québec, repéré pour la première fois le 20 juin 1943 dans le nord de l'Ungava, Canada, mesure 404 m de profondeur et 11 km de circonférence.

La boule de feu la plus brillante

La boule de feu la plus brillante qu'on ait observée a été photographiée le 4 décembre 1974 par le docteur Zdenek Ceplecha, au-dessus de Sumava, Tchécoslovaquie. Elle a atteint à un certain moment une **magnitude de – 22,** soit un éclat 10 000 fois supérieur à celui de la pleine Lune.

Les tectites

La plus grosse tectite dont les dimensions aient été publiées pèse **3,200 kg.** Elle a été découverte en 1932 à Muong-Nong, dans la province de Saravane, au Laos, et se trouve maintenant au muséum d'histoire naturelle de Paris.

AURORES

Les plus fréquentes

Ces phénomènes lumineux que l'on appelle, depuis 1560, « aurore boréale » dans l'hémisphère Nord et, depuis 1773, « aurore australe » dans l'hémisphère Sud, sont provoqués par l'arrivée dans la haute atmosphère de particules électrisées en provenance du Soleil. Elles se produisent le plus fréquemment sous de hautes latitudes. Par temps clair, des aurores sont parfois **visibles toutes les nuits** dans les régions polaires situées dans un rayon de 20° autour des pôles magnétiques.

La hauteur maximale des aurores a été estimée à 1 000 km et leur hauteur minimale à 72,500 km.

Les aurores boréales sont systématiquement étudiées depuis 1952, mais depuis lors on a dénombré dans les Shetland (latitude géomagnétique 63°) un maximum de 203 aurores boréales en 1957 et un minimum de 58 en 1965.

La dernière aurore boréale spectaculaire en Europe occidentale date de la nuit du 4 au 5 septembre 1958.

Les latitudes les plus basses

On a observé parfois des aurores boréales à des latitudes anormalement basses : à **Cuzco,** Pérou, le 2 août 1744, à **Honolulu,** Hawaii, le 1er septembre 1859, et probablement à **Singapour,** le 25 septembre 1909.

Nuages luminescents

Les observations régulières dans ce domaine ne datent que de 1964. Depuis cette date, c'est en **1974** que ce phénomène s'est produit **le plus souvent** (41 nuits), et en 1970 le moins souvent (15 nuits).

LUNE

La plus proche voisine de la Terre dans l'espace, et son seul satellite naturel, est la Lune, située à une **distance moyenne de 384 400 km** (centre-centre) ou de 376 284 km (surface-surface).
Son point le plus proche de la Terre, ou périgée, est à 348 294 km, et son point le plus éloigné, ou apogée, à 398 581 km (ou 356 410 et 406 697 km de centre à centre).

Son **diamètre est de 3 475 km** et sa masse de $7{,}35 \times 10^{19}$ t avec une densité moyenne de 3,34. Sa vitesse orbitale est de 3 680 km.

Premier contact

Le premier contact direct avec la Lune a eu lieu 2 mn 24 s après minuit (heure de Moscou) le 14 septembre 1959, par la sonde spatiale soviétique *Lunik II,* près de la mer de la Sérénité.

Les premières images photographiques de la face cachée ont été prises par *Lunik III* (U.R.S.S.) à partir de 6 h 30, le 7 octobre 1959, d'une distance de 70 400 km, et transmises à la Terre d'une distance de 470 000 km.

Premier alunissage

Le premier alunissage « en douceur » a été effectué par *Luna IX* (U.R.S.S.), dans la région de l'océan des Tempêtes, le 3 février 1966.

Premier pas

Neil Alden Armstrong (né à Wapakoneta, Ohio, U.S.A., le 5 août 1930), premier pilote de la mission Apollo XI, fut le premier homme à poser le pied sur la Lune, dans la mer de la Tranquillité, le **21 juillet**

1969, à 2 h 56 mn 15 s G.M.T. Peu après, le colonel Edwin Eugene Aldrin, U.S. Air Force (né le 20 janvier 1930 à Glen Ridge, New Jersey, U.S.A., d'origine suédoise, hollandaise et britannique), émergeait du module lunaire ou LEM *Eagle*, tandis que la cabine *Columbia*, pilotée par le lieutenant-colonel Michael Collins, U.S. Air Force (né à Rome, en Italie, le 31 octobre 1930, d'origine irlandaise et américaine d'avant la Révolution), tournait sur orbite au-dessus d'eux.

La « Lune bleue »

Dans la nuit du 26 septembre 1950, la Lune, vue d'Europe, a pris une couleur bleuâtre inhabituelle en raison de la présence dans la haute atmosphère de **particules de soufre** dégagées par un incendie de forêt couvrant 100 000 ha au nord de la Colombie britannique, Canada.

La Lune était déjà apparue verdâtre à la suite de l'éruption du Krakatoa, le 27 août 1883 (voir chapitre *La Nature*), et à Stockholm, pendant 3 mn le 17 janvier 1884.

Le cirque le plus grand

La période de rotation de la Lune étant égale à la période de son orbite, seuls 59 % de sa surface sont directement visibles de la Terre.

Le plus grand cirque visible est le **cirque Bailly,** situé près du pôle Sud de la Lune. Il a **295 km de diamètre,** avec des parois de 4 250 m de haut.

La mer Orientale, en partie invisible, a plus de 965 km de diamètre.

Le cirque le plus profond

Le fond du **cirque de Newton** est situé 7 000 à **8 850 m** plus bas que ses bords et 2 250 m en dessous du niveau de la plaine environnante.

Le point le plus brillant visible sur la Lune est le cirque d'Aristarque.

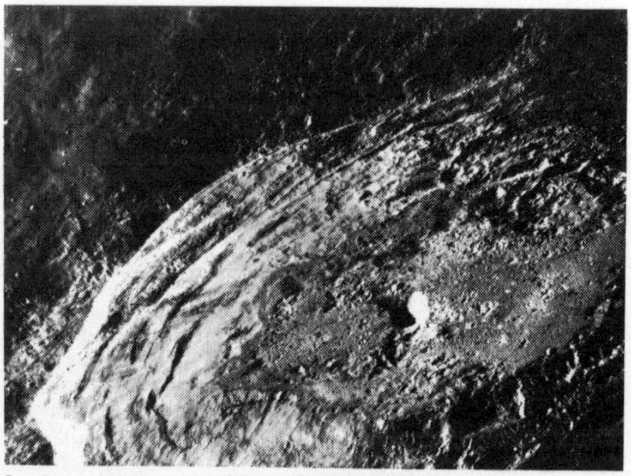

Le cirque Aristarque est le point le plus visible de la Lune.

Les montagnes les plus élevées

Comme il n'y a pas d'eau sur la Lune, on mesure l'altitude du relief lunaire par rapport à une sphère de référence de 1 738 km de rayon.

Le **record d'altitude par l'homme** sur la Lune est de **7 380 m (monts Descartes).** Cette altitude a été atteinte par les astronautes américains Young et Duke, le 27 avril 1972.

Températures extrêmes

Lorsque le Soleil est à la verticale, la température à l'équateur lunaire atteint **117,2 °C** (soit 17,2 °C au-dessus de la température d'ébullition de l'eau). Au coucher du Soleil, elle descend à 14,4 °C et peut éventuellement aller jusqu'à **– 162,7 °C** en pleine nuit.

Échantillons lunaires

L'âge des plus vieilles roches du sol lunaire rapportées par les équipages du programme Apollo est de **4 720 millions d'années.**

SOLEIL

Distances extrêmes

La Terre décrit autour du Soleil une orbite elliptique de 939 885 500 km à la vitesse de 107 220 km/h, ce qui fait que notre distance par rapport au Soleil varie constamment. La vitesse orbitale de la Terre varie de 105 450 km/h (minimum) à 109 030 km/h. La **distance moyenne** de la Terre au Soleil est de **149 597 906 km** (1, 000 000 230 unités astronomiques).

Le point le plus proche de l'ellipse, ou périhélie, se situe à 147 097 000 km, et le point le plus éloigné, ou aphélie, à 152 099 000 km.

Le système solaire effectue une révolution autour du centre de la Voie lactée en 225 millions d'années, à la vitesse de 774 000 km/h. Il se déplace par ailleurs à une vitesse relative de 68 400 km/h en direction d'étoiles se trouvant dans notre voisinage immédiat, comme Véga.

Température et dimensions

La **température** centrale du Soleil est de **16 000 000 K** et sa pression centrale de 7,7 Pa. Il brûle 4 000 000 de t d'hydrogène par seconde produisant une luminosité de 3 × 10^{27} candelas avec une intensité de 1 530 000 cd.

Dans la classification des étoiles, le Soleil est classé comme « naine jaune », et si sa densité n'est que 1,407 fois supérieure à celle de l'eau, en revanche sa masse est 332 946 fois supérieure à celle de la Terre.

Avec une masse de 1,989 × 10^{27} t, le Soleil représente plus de 99 % de la masse totale du système solaire. Son énergie sera épuisée dans 10 milliards d'années.

La Terre tourne autour du Soleil à la vitesse maximale de 109 030 km/h.

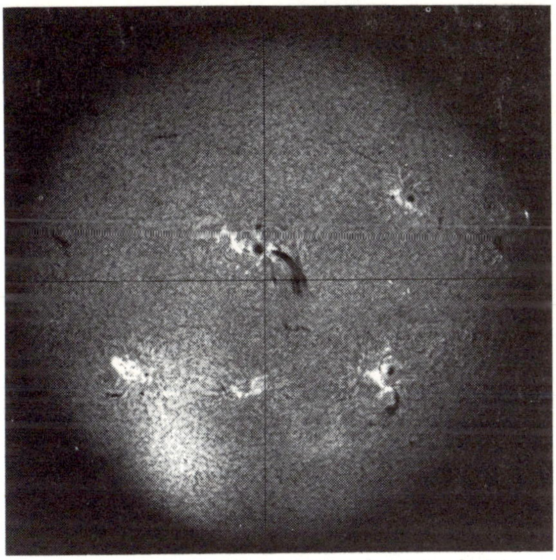

Taches solaires photographiées au cours de la mission Skylab 3.

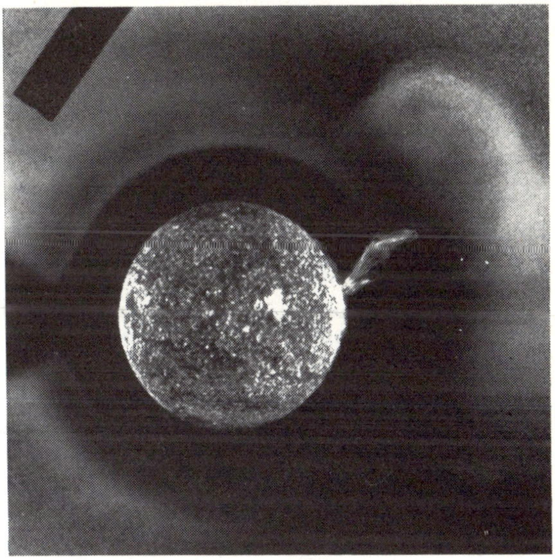

La plus grande protubérance du Soleil mesure 588 000 km.

Taches solaires les plus grandes

Pour être visible à l'œil nu protégé, une tache solaire doit couvrir environ 1/2 000 du disque solaire, soit une surface de 1 300 millions de km².

Les taches solaires paraissent plus foncées parce que leur température est inférieure de 1 500 °C à celle du reste de la surface du Soleil, qui atteint 5 525 °C.

La plus grande tache solaire a été observée dans l'hémisphère Sud du Soleil, le 8 avril 1947.
Elle couvrait environ **18 milliards de km²** et mesurait 300 000 km dans sa plus grande longueur et 145 000 km dans sa plus grande largeur.

La plus grande protubérance solaire, formant une saillie de 588 000 km, a été photographiée au cours du troisième et dernier vol avec astronautes du programme Skylab.

Taches solaires les plus nombreuses

En octobre 1957, on a dénombré quelque **263 taches solaires,** record absolu depuis le début des observations systématiques de ces phénomènes en 1755 (le précédent record était de 239 taches en mai 1778).

En 1953, une tache solaire a pu être observée pendant 200 jours, de juin à décembre.

ÉCLIPSES

Les premières

Au Moyen-Orient, des **éclipses lunaires** semblent avoir été identifiées dès **3450 avant J.-C.** et des **éclipses solaires** dès **4200 avant J.-C.**

Les plus longues *solaires*

La plus longue éclipse solaire *possible* ne peut excéder 7 mn 31 s.

La plus longue réellement *chronométrée* (**7 mn 8 s**) a été enregistrée aux Philippines le 20 juin 1955.
Une autre, de 7 mn 29 s, est prévue au milieu de l'Atlantique le 16 juillet 2186 et restera donc la plus longue pendant 1 469 ans.

La durée des observations peut être prolongée à bord d'un avion, comme le 30 juin 1973 où une éclipse fut « suivie » pendant 72 mn à bord d'un Concorde.

Une éclipse annulaire peut durer jusqu'à 12 mn 24 s.

Les plus longues *lunaires*

La durée maximale d'une éclipse totale de la Lune est de **104 mn ;** il s'en produit fréquemment.

Fréquence

Il peut se produire au **maximum 7 éclipses en une année :** en 1935, on a enregistré cinq éclipses solaires et deux éclipses lunaires.

En 1982, il y a eu quatre éclipses solaires et trois éclipses lunaires.

En revanche, il ne peut y avoir moins de deux éclipses par an, et les deux sont alors obligatoirement solaires, comme en 1944 et 1969.

COMÈTES

Descriptions

Les premières descriptions de comètes remontent au VIIe siècle avant J.-C. On estime qu'il en existe **2 millions** qui se déplacent à la vitesse de 1 125 km/h dans l'espace et jusqu'à 2 millions de km/h lorsqu'elles se rapprochent du Soleil.

Les passages successifs de la **comète de Halley** sont signalés depuis 467 avant J.-C., et elle a été décrite pour la première fois dans la *Chronique de Nuremberg* en 684. C'est Edmund Halley (1656-1742) qui a prévu pour la première fois son retour pour le jour de Noël 1758, 16 ans après sa mort.
Son prochain périhélie devrait se situer le 9 février 1986 à 7 h, soit 75 ans après le précédent, survenu le 19 avril 1910. Sa 33e apparition dans le ciel a eu lieu le 16 octobre 1982.

Approche

Le 1er juillet 1770, la **comète de Lexell,** se déplaçant à la vitesse de 38,500 km/s (par rapport au Soleil), s'est approchée à 1 200 000 km de la Terre.

Toutefois, on pense que la Terre est passée dans la queue de la comète de Halley plus récemment, le 19 mai 1910.

La plus grosse
Les comètes sont si petites qu'on pense que leur tête comporte rarement un noyau solide de plus de 1 km de diamètre. Leur queue, comme ce fut le cas de celle de la Grande Comète de 1843, peut atteindre jusqu'à 330 millions de km.

La tête de la **comète Holmes** identifiée en 1892 a atteint jusqu'à **2 400 000 km** de diamètre.

La comète Bennett, apparue en janvier 1970, était entourée d'un nuage d'hydrogène de 12 750 000 km d'épaisseur.

La période *la plus courte*
De toutes les comètes périodiques recensées (appartenant au système solaire), celle qui revient le plus fréquemment est la **comète d'Encke,** identifiée pour la première fois en 1786. Sa périodicité est de 1 206 jours.
Aucun des 51 retours périodiques de cette comète (dont celui de 1977) n'a été manqué par les astronomes, mais elle perd progressivement de son éclat et on estime qu'elle devrait « mourir » aux alentours de février 1994.

Les comètes les plus fréquemment observées sont Schwassmann-Wachmann I, Kopff et Oterma, visibles chaque année, entre Mars et Jupiter.

La période *la plus longue*
La **comète de Delavan,** observée en 1914, dont la trajectoire est mal connue, ne reviendra peut-être que dans 24 millions d'années.

PLANÈTES

La plus grande
Les planètes, dont la Terre fait partie, sont des astres appartenant au système solaire et qui décrivent autour du Soleil des orbites bien définies.

Jupiter, avec un **diamètre équatorial de 142 880 km** et un diamètre polaire de 133 540 km, est la plus grande des neuf planètes supérieures. Sa masse et son volume sont respectivement 317,83 fois et 1 318 fois ceux de la Terre. Sa période de rotation est également la plus courte et le jour jupitérien ne dure que 9 h 50 mn 30,003 s en zone équatoriale.

Les plus petites et plus froides
Les planètes les plus petites et les plus froides sont **Pluton** et **Charon** (découvert le 22 juin 1978) avec une température au sol estimée à **– 220 °C,** soit 53 °C au-dessus du zéro absolu.
Elles sont situées à une distance moyenne de 5 913 514 000 km du Soleil et leur période de révolution est de 248,54 ans. Leur **diamètre** est d'environ **3 000 km** et leur masse, le 1/500 de celle de la Terre.

Pluton a été découvert par Clyde Wiliam Tombaugh (né le 4 février 1906) au Lowell Observatory, Flagstaff, Arizona, États-Unis, le 18 février 1930, à partir de clichés pris les 23 et 29 janvier, et son existence a été révélée le 13 mars.
En raison de son excentricité orbitale, Pluton se trouve plus près du Soleil que Neptune depuis le 23 janvier 1979 et le restera jusqu'au 15 mars 1999.

La plus rapide
Mercure, qui tourne autour du Soleil à une distance moyenne de 57 909 200 km, a une période de révolution de 87,9686 jours, ce qui lui donne la vitesse moyenne en orbite la plus élevée : **172 248 km/h.**

La plus chaude
Des mesures effectuées par les sondes soviétiques *Venera 7* et *Venera 8* en 1970 et 1972 ont permis d'évaluer la température au sol de **Vénus** à **462 °C** environ. Vénus possède un canyon de 402 km et 6,4 km de profondeur à 1 500 km au sud de l'équateur.

La plus proche de la Terre
Des neuf planètes supérieures, la plus proche de la Terre est **Vénus,** qui se trouve par moments à **41 360 000 km** à l'intérieur de l'orbite de la Terre alors que Mars ne se rapproche jamais à plus de 34 600 000 à l'extérieur de l'orbite de la Terre.
Mars, dont on sait depuis 1965 qu'elle présente des cratères, subit un éventail de températures allant de 29,4 °C à – 123 °C.

La plus récente
Un astronome japonais, K. Tomita, a découvert récemment une nouvelle petite planète grâce au télescope de Schmidt installé au-dessus de Grasse (Alpes-Maritimes). Elle a été baptisée **Cerga,** du nom du Centre d'études et de recherches géodynamiques et astronomiques de Caussols.

Relief
Le plus spectaculaire est le **mont Olympe** (appelé jadis Nix Olimpica) qui se trouve dans la région de Tharse, sur Mars, avec un diamètre de 500 à 600 km et une **altitude de 2 600 à 2 900 m.**

La surface de Mars est parfois recouverte de glace.

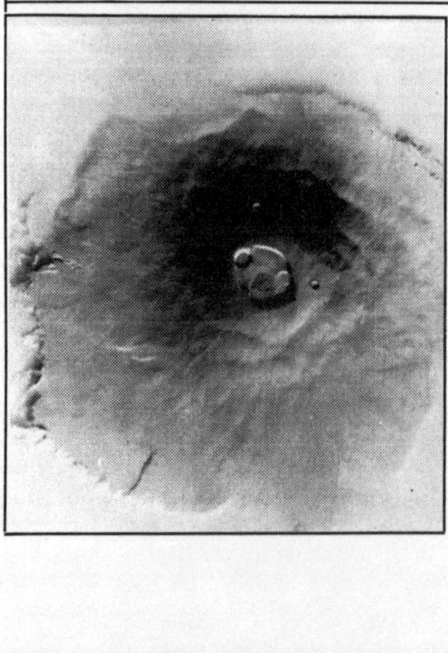

Le mont Olympe, sur Mars, a 2 900 m de haut.

La plus et la moins brillante

Des cinq planètes visibles à l'œil nu de la Terre, la plus brillante est **Vénus** avec une **magnitude maximale de – 4,4.**
Uranus, qui a une magnitude de 5,5, n'est que marginalement visible.

La plus pâle est **Pluton,** de **magnitude 15.**

La plus et la moins dense

La Terre est la planète la plus dense avec une densité égale à **5,515 fois celle de l'eau.**

Saturne a une densité moyenne égale à 1/8 de celle de la Terre, soit **0,687 fois celle de l'eau.**

Conjonctions

La conjonction (rencontre de planètes) la plus spectaculaire des sept autres astres principaux du système solaire **(Soleil, Lune, Mercure, Vénus, Mars, Jupiter et Saturne)** s'est produite le 5 février 1962, où ils se sont tous retrouvés au cours d'une éclipse sur le Pacifique dans un cône de 16° d'ouverture.

Il est possible que, lors d'une conjonction similaire en septembre 1186, le cône n'ait eu que 12° d'ouverture. La prochaine conjonction remarquable aura lieu le 5 mai 2000.

SATELLITES

Le système solaire totalise 43 satellites.

Le plus petit et le plus grand nombre

Parmi les neuf planètes supérieures, seules Vénus et Mercure n'ont pas de satellite naturel.
Celle qui en a le plus est **Saturne** avec au moins **21 satellites.**

La Terre et Pluton sont les seules planètes pourvues d'un satellite unique.

Le plus proche et le plus lointain

La distance qui sépare les satellites de la planète dont ils dépendent varie de **9 378 km** pour Phobos, satellite de Mars, à **23 705 000 km** pour Sinope ou Jupiter IX (le satellite de Jupiter le plus éloigné).

Le plus petit et le plus grand

Le satellite le plus grand et le plus lourd est

DISTANCES ATTRIBUÉES AUX CORPS CÉLESTES LES PLUS ÉLOIGNÉS

Sir William Herschel (1738-1822) a envisagé pour la première fois, en 1789, l'existence possible de galaxies extérieures à notre propre Voie lactée. Ces nébuleuses extra-galactiques furent d'abord appelées « univers-îles ».
Sir John Herschel (1792-1871) avança dès 1835 que certaines se trouvaient à 48 000 années-lumière de la Terre.
Le premier calcul direct de la distance d'un corps extérieur à notre système solaire date de 1838.

Distance estimée en années-lumière[1]	Objet	**Méthode**	**Astronome**	**Observatoire**	**Dates**
presque 11 (maintenant 11,08)	Cygni 61	Parallaxe	F. Bessel	Koenigsberg, Allemagne	1838
> 20 (maintenant 26)	Vega	Parallaxe	F.G.W. Struve	Dorpat (Tartu), Estonie	1840
env. 200	Limite	Parallaxe			dès 1900
750 000 (maintenant 2,2 millions)[2]	Galaxie M31	Variable céphéide	E.P. Hubble	Mont Wilson, Cal., États-Unis	1923
900 000 (maintenant 2,2 millions)	Galaxie M31	Variable céphéide	E.P. Hubble	Mont Wilson, Cal., États-Unis	1924
Millions d'a.l.	**% de c***	**Trainée rouge**			
250	1,5 Galaxie Ursa Major		E.P. Hubble	Mont Wilson, Cal., États-Unis	dès 1934[4]
> 350	2,1		M.L. Humason	Palomar, Cal., États-Unis	1949
	> 10		M.L. Humason	Palomar, Cal., États-Unis	1954
3 000	32,6 Amas 1448			Palomar, Cal., États-Unis	1956
env. 4 500	46 3C295 dans	0,46	R. Minkowski	Palomar, Cal., États-Unis	juin 1960
5 150	41,2 QSO 3C 147	0,55	Schmidt-Matthews	Palomar, Cal., États-Unis	février 1964[5]
9 700	80 QSO 3C 9	2,01	M. Schmidt	Palomar, Cal., États-Unis	avril 1965
9 800	81 QSO 0106 + 01	2,09	Mme Burbidge	Palomar, Cal., États-Unis	déc. 1965
9850	81,4 QSO 1 116 +	2,12	Lynds-Stokton	Steward, Ariz, États-Unis	janvier 1966
9 990	82,4 QSO PKS 0237-23	2,22	Arp	Palomar, Cal, États-Unis	mars 1967
10 200	83,7 QSO 4C 25,5	2,36	Olsen-Schmidt	Palomar, Cal., États-Unis	juillet 1968
10 750	87,5 QSO 4C 05,34	2,88	Lynds-Wills	Kitt Peak, Ariz., États-Unis	mai 1970
11 200	90,2 QSO OH 471	3,40	R.F. Carswell	Steward, Ariz, États-Unis	mars 1973
11 300[6]	90,7 QSO OQ 172	3,53[3]	Wampler	Lick, Cal, États-Unis	avril 1973
11 470	91,6 QSO PKS 2000-330	3,78	Peterson	NSW, Australie	

Nota : ***c** est le symbole de la vitesse de la lumière (voir en tête de chapitre).

1. Terme utilisé pour la première fois en mars 1888.
2. Nouvelle estimation de W. Baade en septembre 1952.
3. Découverte par V.M. Slipher de Flagstaff, Arizona, en 1920.
4. Cette même année, Hubble émit l'hypothèse que l'horizon observable se trouvait à 3 milliards d'années-lumière.
5. On a dit alors que QSO 3C2 et 286 risquaient d'être encore plus éloignés, et le docteur Shidovsky (U.R.S.S.) devait avancer par la suite, en décembre 1968, qu'ils s'éloignaient à 55 % de *c*.
6. Cette distance a été évaluée à une époque où l'« ère d'expansion » de l'Univers était estimée à 20 milliards d'années, alors qu'il semble que l'on ramène maintenant ce chiffre à 14,5 milliards d'années (Schramm 1978) et même moins, jusqu'aux 8 milliards d'années avancées pour la première fois en 1952. Le règne du OQ 172, qui aura duré 7 ans, se terminera certainement avec le lancement, en 1983, du télescope de l'Espace, qui risque de découvrir un champion encore plus éloigné avec une valeur encore plus élevée de *c* mais une estimation plus basse des distances.

Ganymède (Jupiter III), qui pèse 2,02 fois plus que notre propre Lune et a un diamètre de **5 262 km.**

Le plus petit satellite est **Leda** (Jupiter XIII) avec un diamètre de **15 km.**

ASTÉROÏDES

On compte, dans la ceinture qui s'étend de Mars à Jupiter, quelque **45 000 astéroïdes** ou planètes mineures dont 2 614 identifiées en avril 1982.

Le premier

Le premier découvert est **Cérès,** aperçu par Piazzi à Palerme, en Sicile, le 1er janvier 1801. C'est aussi **le plus grand** avec un diamètre de 1 025 km.

Visible à l'œil nu

Le seul visible à l'œil nu est **Vesta,** avec un diamètre de 555 km ; il a été découvert le 29 mars 1807 par le docteur Heinrich Wilhelm Olbers (1758-1840), astronome amateur allemand.

Le plus proche et le plus lointain

De tous les astéroïdes, c'est **Hermès** qui s'est approché le plus de la Terre, le 30 octobre 1937, à **780 000 km** de distance.

L'astéroïde le plus éloigné jamais détecté est **Chiron 2060,** découvert entre Saturne et Uranus, la nuit du 18 au 19 octobre 1977, par Charles Kowal du Hale Observatory en Californie, États-Unis.

ÉTOILES

Les plus grandes

L'étoile qui a la plus forte masse est R 136a, à une distance de 179 000 années-lumière, étoile bleu pâle de la nébuleuse Tarentula (ou 30 Doradus), appendice du petit « Nuage » de Magellan, dont la découverte a été annoncée le 19 janvier 1981. Sa masse serait égale à 2 500 fois celle du Soleil et son diamètre 90 fois plus grand.

L'appareil qui a servi à photographier l'étoile Bételgeuse

Bételgeuse (située en haut et à gauche d'Orion) a un **diamètre plus de 300 fois supérieur à celui du Soleil** et on a découvert en 1978 qu'elle était entourée d'une mince « coquille » de potassium de 1,6 x 10^{12} km, soit 11 000 unités astronomiques de diamètre.

La lumière de Bételgeuse qui nous parvient aujourd'hui a sans doute été émise en l'an 1460.

Les plus petites

On a découvert à l'observatoire d'Édimbourg, Grande-Bretagne, que l'étoile **RG 0050-2722,** dans la constellation de Sculptor a une masse égale à 2,3 % de celle du Soleil.

La naine blanche **L 326-81** a un diamètre de 5 600 km seulement, soit 0,4 % de celui du Soleil.

La plus brillante

Sirius A (Alpha Canis majoris), ou étoile du Chien, est sans doute la plus brillante des 5 776 étoiles visibles dans le ciel, avec une **magnitude apparente de - 1,46.** Elle se trouve dans la constellation Canis Major et elle est visible durant les mois d'hiver de l'hémisphère Nord. Elle est située en plein sud à minuit le dernier jour de l'année.

L'étoile Bételgeuse est le point lumineux au centre de la photo.

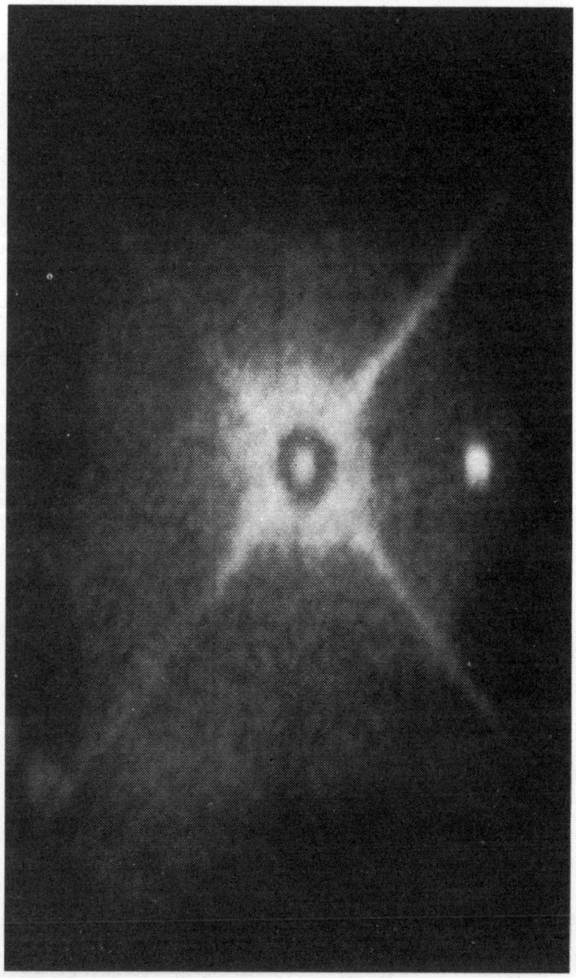

Sa compagne « naine blanchâtre » Sirius B a un diamètre de 10 000 km seulement, mais elle est 350 000 fois plus lourde que la Terre.
Le système Sirius se trouve à 8,64 années-lumière et présente une luminosité 26 fois supérieure à celle du Soleil. Son diamètre est de 2,330 millions de km et sa masse de $4{,}26 \times 10^{27}$ t.

La plus lointaine

On a calculé que le système solaire avec son Soleil, ses 9 planètes supérieures, ses 48 satellites, ses astéroïdes et ses comètes, se trouvait à quelque 28 000 années-lumière du centre de la Voie lactée (galaxie en forme de loupe) dont le diamètre est de 70 000 années-lumière.
L'étoile la plus lointaine de notre Galaxie devrait donc se situer à **63 000 années-lumière environ.**

Les plus proches

Mis à part notre Soleil, qui est un cas particulier (voir ci-dessus), l'étoile la plus proche est la très pâle **Proxima Centauri** située à **4,22 années-lumière.**

L'étoile la plus proche visible à l'œil nu est l'Alpha Centauri dans l'hémisphère Sud, qui a une magnitude de - 0,29.
En l'an 11 800, l'étoile la plus proche sera l'étoile de Barnard (voir ci-dessous *les Planètes stellaires*), à une distance de 3,85 années-lumière.

Les plus lumineuses

Si on pouvait voir toutes les étoiles à la même distance, la plus lumineuse serait sans doute **R 136 a,** 75 fois plus lumineuse que le Soleil.

La moins lumineuse

L'étoile la plus faible encore visible est une étoile très rouge appelée **LP 425-240,** située à 23,5 années-lumière et **R G0050-2722,** située à 23,5 années-lumière, toutes deux un million de fois moins lumineuses que le Soleil.

Un nouveau type d'étoile

On a découvert à l'observatoire Mc Donald, Texas, États-Unis, un nouveau type d'étoile, une naine blanche pulsante à surface d'hélium. Baptisée **GD 358,** cette étoile a une masse d'environ 60 % de celle du Soleil et un rayon double de celui de la Terre. Comme toutes les naines blanches, c'est un objet compact résultant de l'effondrement de vieilles étoiles froides.

Les supernovae les plus brillantes

Les supernovae, ou « étoiles » temporaires qui flamboient puis s'évanouissent, surgissent peut-être cinq fois en une dizaine de siècles dans notre Galaxie.
L'« étoile » la plus brillante jamais vue par l'homme est sans doute la supernova **SN 1006** apparue en avril 1006 près de Lupus β et qui scintilla pendant 2 ans avec une **magnitude maximale de - 9 à - 10.**
On pense que la supernova la plus brillante actuellement est la radiosource G 327,6 + 14,5, distante d'environ 3 000 années-lumière.

Constellations

La plus grande des quatre-vingt-neuf constellations est **Hydra** (le Serpent de mer) qui couvre **1 302,844 deg²,** soit 6,3 % de l'hémisphère, et compte au moins 68 étoiles visibles à l'œil nu, de magnitude maximale 5,5.
La constellation Centaurus (le Centaure), qui n'est que la 9ᵉ en superficie, compte pour sa part au moins 94 étoiles similaires.

La plus petite constellation est **Crux australis** (la Croix du Sud).
Elle a une superficie de **68,477 deg²** sur les 41 252,96 deg² de l'ensemble du ciel.

Planètes stellaires

On a découvert des planètes ayant une masse inférieure à 7 % de celle des étoiles autour desquelles elles gravitent, autour de 61 Cygni (1942), Lalande 21185 (1960), Krüger 60, Ci 2354, BD + 20° 2465 et l'une des deux composantes de 70 Ophiuchi.

En janvier 1973, Peter van de Kamp a découvert une planète située à 1 200 millions de km d'Epsilon Eridani (voir ci-dessous) et d'une masse égale à 6 fois celle de Jupiter.

En août 1975, van de Kamp a également annoncé que l'étoile de Barnard (Munich 15040) avait sans doute deux planètes de masse égale à celles de Jupiter et Saturne. Elle semble se déplacer dans le ciel sur une orbite égale au diamètre du Soleil, en 180 jours.

Des opérations d'écoute (projet Ozma) vers Tau Ceti et Epsilon Eridani ont été menées, du 4 avril 1960 au mois de mars 1961, à l'aide d'un radiotélescope de 25,90 m à Deer Creek Valley, Grenn Bank, Virginie de l'Ouest, États-Unis.
Mais l'appareil n'était sans doute pas assez sensible pour capter des signaux à une distance de 10,7 années-lumière.
Des opérations similaires sont également en cours à Gorki en U.R.S.S. depuis 1969.

Le nom le plus long

L'étoile portant le nom le plus long est **Shunarkabtishashutu,** terme arabe signifiant « sous la corne sud du Taureau ».

Trous noirs

La **première** tentative d'identification d'un trou noir a été annoncée en décembre 1972 pour l'étoile binaire **Cygnus X-1** source de rayons X.
C'est un petit corps céleste obscur de masse égale à 10 fois celle du Soleil et évoluant à une vitesse d'échappement proche de la vitesse de la lumière, et dont on a pu évaluer le diamètre à 5,900 km.

Au début de 1978 a été émise l'hypothèse de l'existence de trous noirs de masse excessivement élevée pouvant atteindre jusqu'à 100 millions de soleils, soit 2×10^{35} t.

La constellation du Centaure compte 94 étoiles.

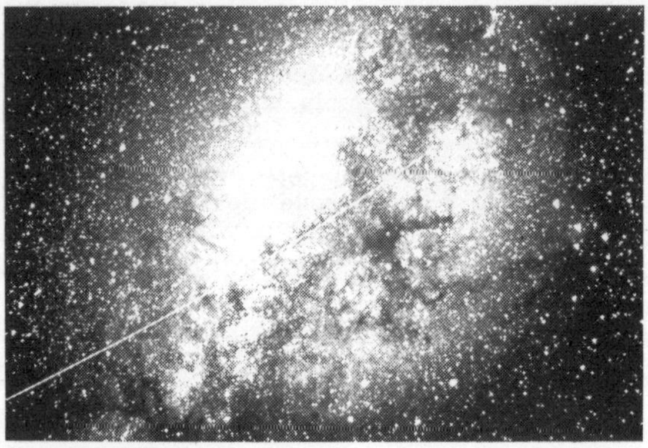

La Voie lactée, notre Galaxie.

L'UNIVERS

Outre la Voie lactée, notre Galaxie, qui tourne sans doute autour du centre d'un superamas de 2 500 galaxies avoisinantes, à la vitesse de 2 172 500 km/h, il existe dans l'Univers **10 000 millions d'autres galaxies.**

L'objet le plus grand est le filament de galaxies comprenant Lynx-Ursa Major et le superamas Perseus qui s'étend sur 700 millions d'années-lumière. Ces galaxies ont été découvertes en novembre 1982 par Riccardo Giovanelli et Martha Hughes à Arecibo, Porto Rico.

Objets visibles les plus lointains

Le corps céleste le plus lointain, visible à l'œil nu, est la grande nébuleuse d'Andromède (Mag 3,47) connue sous le nom de **Messier 31.** C'est une nébuleuse animée d'un mouvement de rotation en forme de spirale, distante de la Terre d'environ **2 200 000 années-lumière,** soit 21 × 10^{18} km, et qui se dirige vers nous.

Dans des conditions favorables, les personnes douées d'une bonne vue peuvent également apercevoir Messier 33 la Spirale en triangle (Mag 5,79) distante de 2 300 000 années-lumière.

Quasars

En **novembre 1962,** Maarten Schmidt a établi l'existence de radiosources quasi stellaires ou « quasars » en **découvrant 3 C-273.** Les quasars ont une luminosité excessivement importante pour des corps si éloignés et de si petit diamètre.

Cette galaxie en spirale est l'une des 10 milliards de galaxies qui composent l'Univers.

En avril 1975, on a annoncé que 3 C-279 avait une luminosité 2,75 × 10^{14} fois supérieure à celle du Soleil.

En mai 1980 on a découvert le premier double quasar (0957 + 56), alors qu'on connaissait 1 500 quasars.

Pulsars

C'est le docteur Jocelyn Bell Burnell, du Mullard Radio Astronomy Observatory, Grande-Bretagne, qui a publié, le **27 février 1968,** les premières observations d'une radiosource à pulsations ou « pulsar » appelée **CP 1919.** On pense à l'heure actuelle qu'il s'agirait d'étoiles à neutrons rotatifs d'une densité de 4,7 × 10^{15} g/cm^3 en leur centre.

Le plus rapide est le pulsar 1937 + 214 situé dans la constellation mineure Vulpecula, avec une période de pulsation de 1,557806449 milliseconde.

L'objet le plus lointain

L'interprétation de très larges traînées rouges laissées par les quasars fait l'objet de vives controverses, mais le chiffre record de Z = 3,53 pour le quasar **PKS 2000-330** a été interprété pour **14,5 millions d'années-lumière** (13,7 x 10^{21} km). La galaxie la plus lointaine que l'on connaisse est 3C 427.

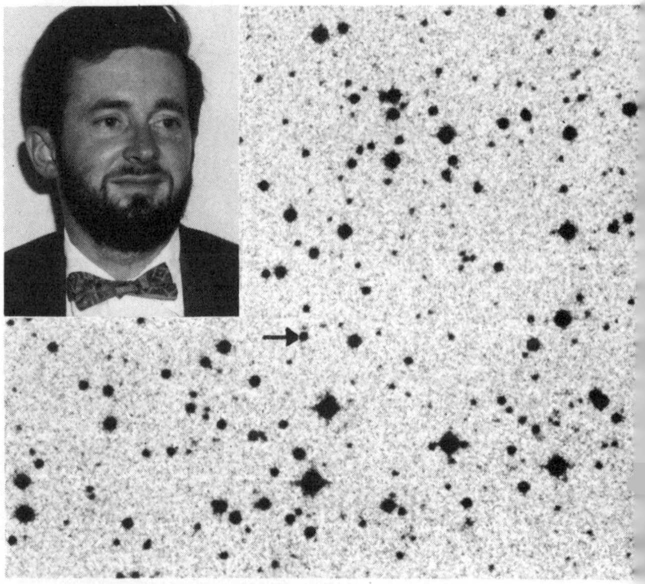

Peterson a découvert l'objet le plus lointain de l'Univers.

La radiation de 3°, ou sifflement primordial, découverte en 1965 par Arno Penzias et Robert Wilson des Bell Laboratories, paraît se déplacer à une vitesse égale à 99,9998 % de *c*.

La plus grosse molécule

Quatre radioastronomes canadiens ont découvert, grâce à ses radiations, la plus grosse molécule jamais détectée en dehors de l'atmosphère terrestre, **$HC_{11}N$** qui bat de deux atomes de carbone le précédent record.

Cette molécule a été découverte dans l'enveloppe de poussière et de gaz entourant l'étoile CW Leonis, dans la constellation du Lion.

Age de l'Univers

Les estimations relatives à l'âge de l'Univers dépendent de la valeur attribuée au rapport de Hubble, des valeurs allant de 40 à 110 km/s donnant des chiffres de 8 000 à 25 000 millions d'années.

L'étude la plus complète, publiée en août 1978, lui donne une valeur de **14 1/2 ± 1 éon** (1 éon représente 1 000 millions d'années) compatible avec une vitesse de 60 km/s : c'est ce qu'on appelle le *modèle de Schramm.*

FUSÉES ET MISSILES

Les premières expériences

En **1042,** en Chine, Tseng Kung Liang parlait déjà de fusées offensives propulsées par un mélange de charbon, de salpêtre et de soufre ; ces premières fusées pénétrèrent en Europe en 1258.

C'est un Américain, le docteur Robert Hutchings Goddard (1882-1945), qui procéda au premier lancement d'une fusée à carburant liquide (brevetée le 14 juillet 1914), à Auburn dans le Massachusetts, États-Unis, le 16 mars 1926.
Sa fusée devait s'élever à 12,50 m et parcourir une distance de 56 m.

La première fusée soviétique fut la GIRD-IX à carburant semi-liquide, testée le 17 août 1933.

La plus longue portée

Le 16 mars 1962, Nikita Khrouchtchev, à l'époque président du Conseil des ministres de l'U.R.S.S., annonça à Moscou que son pays possédait une **« fusée globale »** d'une portée de **30 000 km,** soit plus de la moitié de la circonférence de la Terre et qu'en conséquence, elle était capable d'atteindre n'importe quelle cible dans n'importe quelle direction.

La fusée la plus puissante

On a dit que le lanceur lunaire soviétique qui a explosé à Tyuratam au cours de l'été 1969 avait une poussée de 4,5 à 6,35 millions de kg, et on pense que le 11 mai 1973, l'U.R.S.S. a expérimenté un lanceur de classe « G » plus grand que la fusée *Saturn V* américaine.

Pour autant que l'on sache, la fusée la plus puissante est la fusée **Saturn V,** utilisée pour le projet Apollo et les programmes Skylab, et mise en chantier en janvier 1962 au Centre spatial John F. Kennedy à Merritt Island, Floride, États-Unis.
Cette fusée mesure 110,85 m de haut, avec une charge utile de 74 783 kg dans le cas de *Skylab I,* et elle brûle 13,6 t de carburant par seconde pendant 2 mn 30 s, soit 2 042 t.
Le premier étage (S-IC) mesure 42,06 m de haut et est propulsé par 5 moteurs F-1 Rocketdyne utilisant de l'oxygène liquide (LOX) et du kérosène, et développant chacun une poussée de 686 680 kg. Le deuxième étage (S-II) est propulsé par cinq moteurs J-2 Rocketdyne fonctionnant au LOX et à l'hydrogène liquide avec une poussée totale de 517 759 kg, alors que le troisième étage (S-IVB) est propulsé par un seul moteur J-2 avec une poussée de 103 550 kg. L'ensemble développe **175 600 000 cv** et pèse 3 447 t en pleine charge comme dans le cas d'*Apollo 17.* Elle a été lancée le 9 novembre 1967 du cap Canaveral en Floride.

Ci-contre : Saturne V, la fusée la plus puissante.

RECORDS D'ALTITUDE ATTEINTE PAR DES FUSÉES			
Hauteur en km	**Fusée**	**Base de lancement**	**Date**
1,140	fusée de 7 cm	près de Londres	avril 1750
2	fusée à carburant solide de Reinhold Tiling[1]	Osnabrück, Allemagne	avril 1931
5	GIRD-X à carburant liquide (U.R.S.S.)	U.R.S.S.	25 novembre 1933
13	fusée « Stratosphère » (U.R.S.S.)	U.R.S.S.	1935
84,42	fusée A-4 (Allemagne)	Peenemünde, Allemagne	3 octobre 1942
env. 136	fusée A-4 (Allemagne)	Heidelager, Pologne	début 1944
190	fusée A-4 (Allemagne)	Heidelager, Pologne	milieu 1944
392,6	V-2 W.A.C. Corporal (à 2 étages) Bumper n° 5	White Sands, N.M., États-Unis	24 février 1949
512	GFR (B-5-B) (U.R.S.S.)	Tyuratam, U.R.S.S.	1950-1952
1 097	Jupiter C (États-Unis)	Cap Canaveral, Floride.	20 septembre 1956
> 1 300	essai engin balistique intercontinental	Tyuratam/Baïkonour, U.R.S.S.	août 1957
> 4 345	Farside n° 5 (4 étages) (États-Unis)	Atoll Eniwetok	20 octobre 1957
113 770	Sonde lunaire Pioneer 1-B (États-Unis)	Cap Canaveral, Floride.	11 octobre 1958
346 480 000*	Luna 1 ou Mechta (U.R.S.S.)	Tyuratam, U.R.S.S.	2 janvier 1959
389 450 000*	Mars 1 (U.R.S.S.)	U.R.S.S.	1er novembre 1962
4 580 000 000[2]	Pioneer 10 (États-Unis)	Centre spatial Kennedy, Cap Canaveral, Floride, États-Unis	2 mars 1972

** Apogée en orbite solaire.*

1. *Selon certains renseignements, Tiling aurait atteint, peu de temps après, une altitude de 9 500 m avec une fusée à carburant solide depuis Wangerooge, dans l'archipel frison, Allemagne fédérale.*
2. *Distance calculée le 10 mai 1980. Il atteindra 7,5 milliards de km en 1989 lorsqu'il traversera l'orbite de Pluton avant de quitter le système solaire pour se perdre dans l'espace.*

L'engin en orbite le plus lourd

Skylab I (lancé le 14 mai 1973) est retombé sur la Terre, lors de sa 34 981e révolution, au-dessus de la côte ouest-australienne à 16 h 32 GMT, le 11 juillet 1979, laissant à *Saliout 6* la place du plus gros engin dans l'espace.

Des débris importants de *Skylab I* ont été retrouvés à 12 km au sud de Rawlinna et vendus à une société de Hong Kong.

Les fusées les plus rapides

Le premier véhicule de l'espace à atteindre la **troisième vitesse cosmique** nécessaire pour sortir du système solaire a été *Pioneer 10.* En mars 1983 *Pioneer 10* croisera l'orbite de Neptune à 4 580 millions de kilomètres de la Terre.
(Voir le chapitre *Transports.*)

Le lanceur *Atlas SLV-3C,* pourvu d'un deuxième étage modifié *Centaur D* et d'un troisième étage *Thiokol Te-364-4,* quitta la Terre le 2 mars 1972 à la vitesse jamais atteinte de 51 682 km/h.

Le record absolu de vitesse pour les véhicules de l'espace appartient à la sonde solaire germano-américaine **Helios B,** lancée le 15 janvier 1976 et qui devait atteindre **149 125 km/h.** Elle a quitté le système solaire au bout de 11 ans.

Fusées à ions

Des vitesses de 160 000 km/h sont envisagées pour des fusées propulsées par décharge d'ions.

Des expériences poursuivies au Lewis Research Center de Cleveland, Ohio, ont permis d'entretenir des décharges d'ions pendant 9 715 heures (404 jours et 19 heures).

Des fusées à ions ont été utilisées pour la **première fois en vol** par la NASA avec la fusée **SERT I** lancée le 20 juillet 1964.

Débris de Skylab I.

Skylab I était l'objet en orbite le plus lourd.

VOLS SPATIAUX

C'est Isaac Newton (1642-1727) qui énonça pour la première fois les lois physiques régissant le vol des satellites artificiels, dans son ouvrage intitulé *Philosophiae naturalis principia mathematica* (« Principes mathématiques de la philosophie naturelle »), commencé en mars 1686 et publié au cours de l'été 1687.

Premier satellite

Spoutnik I fut le premier satellite artificiel placé avec succès sur orbite autour de la Terre à une altitude variant de 228,5 à 946 km, à une vitesse de 28 565 km/h.

Il avait été lancé de Tyuratam, à 275 km à l'est de la mer d'Aral, dans la nuit du **4 octobre 1957.**

Ce satellite sphérique appelé *Spoutnik I* (« Compagnon de voyage »), mais officiellement dénommé « Satellite 1957 Alpha 2 », pesait 83,6 kg pour un diamètre de 58 cm. On pense qu'il fonctionna 92 jours, jusqu'au 4 janvier 1958.

C'est le docteur Sergey Pavlovich Korolyov (1907-1966) qui a présidé à sa conception.

Le premier satellite habité

Le vol du premier homme dans l'espace a commencé le **12 avril 1961** à 9 h 7 du matin (heure de Moscou) ou 6 h 8 GMT.

Le major (devenu colonel par la suite) **Youri Alekseievitch Gagarine** (né le 9 mars 1934) devait accomplir une révolution autour de la Terre en 89,34 mn dans un véhicule spatial de 4,72 t *Vostok 1* (« Est »).

Parti de Tyuratam dans le Kazakhstan, il devait atterrir 108 mn plus tard près du village de Smelovka non loin d'Engels, dans la région de Saratov, en U.R.S.S.

Au cours de ce vol de 40 868 km, il aura connu une vitesse maximale de 28 260 km/h et sera monté à 327 km de la Terre.

Gagarine, promu « héros de l'Union soviétique » et décoré de l'ordre de Lénine et de la Croix d'or, s'est tué dans un accident d'avion près de Moscou, le 27 mars 1968.

Youri Gagarine et Sergueï Korolyov.

Valentina Terechkova, première femme de l'espace.

La première femme dans l'espace

La première femme à avoir tourné en orbite autour de la Terre est le lieutenant (maintenant lieutenant-colonel) **Valentina Vladimirovna Terechkova** devenue Mme Nikolayev (née le 6 mars 1937). Elle est partie de Tyuratam en U.R.S.S. à 9 h 30 GMT le **16 juin 1963** à bord de *Vostok 6* pour atterrir le 19 juin à 8 h 16 après un vol de 2 jours 22 h 42 mn au cours duquel elle a accompli quarante-huit révolutions (1 971 000 km) et est passée à moins de 4,800 km de *Vostok 5*. Le 19 août 1982, Svetlang Savitskaya (U.R.S.S.) est devenue la 2e femme (et le 100e humain) de l'espace.

Le premier Français de l'espace

Dans le cadre du programme franco-soviétique Intercosmos, le Français **Jean-Loup Chrétien** a gagné le **24 juin 1982,** en tant que copilote, une station *Saliout 7* à bord d'un *Soyouz*.
Il a collaboré aux travaux d'astronomie, de biologie, de médecine spatiale et d'élaboration de matériaux effectués à cette occasion.

Jusqu'alors, seuls l'U.R.S.S. et les États-Unis avaient participé à une mission habitée.

Jean-Loup Chrétien, astronaute français.

La première victime de l'espace

Le colonel **Mikhailovitch Komarov** (né le 16 mars 1927) partit le **23 avril 1967** à 0 h 35 GMT à bord de *Soyouz 1* (« Union »). Le vaisseau spatial resta en orbite pendant 25 h 30 mais s'écrasa au cours de la descente finale à cause du mauvais fonctionnement d'un parachute.
Komarov est donc le premier homme dont on sache véritablement qu'il est mort au cours d'un vol spatial.

La première « marche » dans l'espace

Le premier homme ayant indiscutablement flotté librement à l'extérieur de son vaisseau spatial est l'astronaute **Edward H. White** II (décédé le 27 janvier 1967), qui passa 21 mn hors de Gemini V depuis Hawaii jusqu'à la côte atlantique des États-Unis, le **3 juin 1965.**

Par la suite, le lieutenant-colonel Aleksei A. Leonov prétendit que c'était lui qui était sorti le premier de *Voshkod 2,* le 18 mars 1965. Mais rien n'est moins sûr.

Le vol habité le plus long

Anatoli Berezovoi et **Valentin Lebeder** ont passé **211 jours** à bord de *Soyouz T5,* du 13 mai au 10 décembre 1982. Ils ont parcouru 128,7 millions de km.

Anatoli Benezovoi et Valentin Lebeder ont passé près de 7 mois de 1982 dans l'espace.

Cosmonautes le plus âgé et le plus jeune

Le plus vieux des hommes envoyés dans l'espace est **Donald Kent « Deke » Slayton** (né le 1er mars 1924 à Sparta dans le Wisconsin aux États-Unis) qui était âgé de **51 ans 146 jours** lorsqu'il partit pour la mission *Apollo-Soyouz* du 24 juillet 1975.

Le plus jeune est le major (devenu colonel) **Gherman Stepanovitch Titov** (né le 11 septembre 1935) qui était âgé de **25 ans 329 jours** lorsqu'il partit à bord de *Vostok 2*, le 6 août 1961.

Le premier pas sur la Lune

Neil Armstrong (né en 1930), de la mission *Apollo 11* a posé le pied sur la Lune le **21 juillet 1969** à 21 h 15 mn 15 s (Greenwich). Il fut suivi par E. Aldrin, tandis que M. Collins était resté en orbite à bord du module *Columbia*.

Divers

Le module lunaire ou LEM

Eagle alunit le 20 juillet, à 20 h 17 mn 42 s G.M.T. et redécolla le 21 juillet, à 17 h 54 mn G.M.T., après être **resté sur la Lune 21 h 36 mn.**

Apollo 11 avait été lancé du cap Canaveral, en Floride, le 16 juillet, à 13 h 32 mn G.M.T. Il représentait le **point culminant du programme spatial** américain qui, à ses plus beaux jours, employait 376 000 personnes et disposait, en 1966-67, d'un budget de 5 900 000 000 $ (29 500 000 000 F).

On sait de source sûre que les Russes avaient le projet d'envoyer un homme sur la Lune, à bord de *Zond 7*, le 9 décembre 1968, et qu'ils avaient sélectionné leur cosmonaute, Pavel Belgayev, mais le lancer n'eut pas lieu.

Sally Ride, première astronaute américaine.

Le séjour le plus long sur la Lune

Au cours de son « excursion extra-véhiculaire » de 22 h 5 mn, l'équipage d'**Apollo 17** rassembla une quantité record de roches et d'échantillons du sol lunaire pesant 114,8 kg.

Il y avait là le capitaine Eugene A. Cernan, USN (né à Chicago le 14 mars 1934) et le docteur Harrison H. (Jack) Schmitt (né à Santa Rosa au Nouveau-Mexique, le 3 juillet 1935) qui est ainsi devenu le 12e homme à se poser sur la Lune.

L'équipage est resté sur la Lune **74 h 59 mn 30 s** au cours de cette mission lunaire, la plus longue jamais réalisée, qui devait durer 12 jours 13 h 51 mn, du 7 au 19 décembre 1972.

Ci-contre : Dr Robert Goddard, debout à côté de la première fusée, à Auburn, Massachusetts, le 16 mars 1926.

Le premier véhicule lunaire

Le premier véhicule à roues ayant aluni est **Lunakhod 1** qui commença ses évolutions télécommandées de la Terre, le **17 novembre 1970.**

Il devait parcourir un total de 10,54 km sur des pentes atteignant 30° dans la mer Imbrium et ne s'arrêter de fonctionner que le 4 octobre 1971.

La Rover d'*Apollo 16* détient le record de vitesse sur la Lune, 18 km/h en descente, et celui du nombre de kilomètres parcourus, 33,800 km.

Le vol le plus proche du Soleil

Le vaisseau spatial de recherche **Helios B** s'est approché à **43,4 millions de km** du Soleil, le 16 avril 1976, avec, à son bord, des instruments américains et ouest-allemands.

Engins spatiaux les plus gros

L'engin le plus lourd jamais mis en orbite est **Apollo 15** (vaisseau spatial, plus troisième étage) qui, en orbite d'attente, pesait 138,29 t.

Le *RAE (Radio astronomy explorer)* B ou Explorer 49 américain de 200 kg lancé le 10 juin 1978 a, pour sa part, avec ses antennes, une envergure de 415 m.

Le projet le plus onéreux

Le coût total du programme américain de vols avec astronautes, y compris la mission lunaire **Apollo 17,** a été évalué à **25 541 400 000 dollars,** tandis que les 15 premières années du programme spatial soviétique auraient coûté 45 000 millions de dollars.

Le coût du programme de la navette spatiale de la NASA s'élevait à 9,9 milliards de dollars (50 milliards de F) le 12 avril 1981 lors du lancement de *Columbia*.

LE LIVRE GUINNESS DES RECORDS

5

LES SCIENCES

ÉLÉMENTS

Toute matière connue dans, sur et au-delà de la Terre est composée d'éléments chimiques. On estime qu'il existe 10^{87} électrons dans l'Univers connu à ce jour.

On connaît actuellement **94 éléments simples** naturels, soit, à la température normale, 2 liquides, 11 gaz et 81 solides. Ce qu'on appelle le « quatrième état » de la matière est le plasma, milieu gazeux ionisé dans lequel les concentrations d'électrons (négatifs) et d'ions (positifs) sont sensiblement égales.

Le plus récent

Dernier inscrit à la table de Mendeleïev, l'élément **109** a été obtenu en août 1982 par des physiciens allemands en bombardant des atomes de bismuth avec des atomes de fer ionisés. C'est l'élément chimique le plus lourd jamais synthétisé.

Les particules subnucléaires les plus lourdes

En avril 1982, l'existence de 25 particules stables, 44 multiplets de résonance misique, 58 multiplets de résonance baryonique et 3 multiplets de résonance dibaryque a été acceptée. Cela représente la découverte finale possible de 243 particules et d'un nombre égal d'antiparticules.

La particule *stable* la plus lourde que l'on ne conteste plus est le **baryon charmé,** dont le symbole est λ_c^+, de **masse 2282 ± 6 MeV** et de durée de vie 1×10^{-13} s.

La particule la plus lourde que l'on connaisse est le meson upsilon trois prime, dont le symbole est Y''', de masse 10557 MeV d'une durée de vie de 5×10^{-23} s, qui est composé d'un quark de beauté et de son antiquark, et fut identifié pour la première fois en avril 1980 par deux groupes utilisant les anneaux de stockage à électrons Cornell, à l'université de Cornell, Ithaca, États-Unis.

Les plus légères

Les concepts subatomiques exigent que la masse du graviton, du photon et du neutrino soit de zéro. Selon des théories cosmologiques diverses, la limite supérieure des masses de ces particules est de **$7,6 \times 10^{-67}$ g pour le graviton ;** $3,0 \times 10^{-53}$ g pour le photon et $1,4 \times 10^{-32}$ g pour le neutrino (cf. $9,10953 \times 10^{-23}$ g pour la masse d'un électron).

Les particules les plus récentes

En janvier 1983, des chercheurs du C.E.R.N. (Suisse) utilisant le collisionneur de protons et anti-protons S.P.S. de 540 GeV ont découvert les **bosons intermédiaires W.** Avec une masse d'environ 80 GeV, ces particules attendues depuis 10 ans par les physiciens sont parmi les plus massives de l'Univers.

La plus et la moins stable

On a déterminé, en 1982, que la particule la plus stable contre la détérioration était le **proton,** avec une durée de vie supérieure à 8×10^{30} ans.

En revanche, les moins stables des particules nucléaires connues, c'est-à-dire celles dont la durée de vie est la plus courte, sont les **cinq résonances à baryons,** N(2220), N(2600), N(3030), Δ(2850) et Δ(3230) qui ont toutes une durée de vie de $1,6 \times 10^{-24}$ s.

Biochimie

Le plus long gène synthétisé artificiellement est celui de l'hormone humaine de croissance avec une séquence de 564 bases soit **191 acides aminés.**

L'odeur la plus repoussante

Parmi les 17 000 odeurs répertoriées à ce jour, choisir la plus désagréable est éminemment subjectif, mais **l'éthyl mercaptan** (C_2H_5SH) et le **butyl seleno-mercaptan** (C_4H_9SeH) peuvent sans difficulté prétendre à ce titre avec leurs effluves rappelant à la fois le chou pourri, l'ail, l'oignon et les égouts.

Composant de parfum le plus cher

Le prix de détail des parfums les plus chers a

COMPOSÉS CHIMIQUES

On estime à 4 040 000 le nombre de composés chimiques décrits, parmi lesquels 63 000 sont d'un usage courant (1978).

Le plus réfractaire	Carbure de tantale (TaC_{0086})	fond à 4 010 ± 75 °C
Le plus réfractaire (plastiques)	Polyamides modifiés	482 °C pendant de courts moments
Le moins dilatable	Invar (alliage Ni + Fe avec X et Mn)	$1,3 \times 10^{-7}$ cm/cm/deg C à 20°
Le plus résistant à la traction	Filament de saphir (Al_2O_3)	42,7 GPa
Le plus résistant à la traction (plastiques)	Fibres de polyvinyl alcoolique	1,03 GPa
Le plus magnétique	Samarium-cuivre-cobalt (Co_3Cu_2Sm)	force coercitive de 10 500 cersteds
Le moins magnétique (alliage)	Alliage cuivre nickel (CuNi)	963 parties de Cu pour 37 parties de Ni
Le plus repérable à l'odeur	Vanillaldehyde	détectable à 2×10^{-8} mg/l
Le plus sucré[1]	Extrait du *Thaumatococcus daniellii* découvert en Afrique occidentale	6 150 fois plus sucré qu'une solution à 1 % de saccharose
Le plus amer	Bitrex ou benzoate d'ammonium benzyl-diéthyl	200 fois plus amer que le sulfate de quinine
L'acide le plus fort[2]	Acide perchlorique ($HClO_4$)	pH tendant vers 0 en solution normale
Le plus alcalin	Soude caustique (NaOH), potasse (KOH) et hydroxide de tétraméthylammonium [$N(CH_3)_4OH$]	pH de 14 en solution normale
Le meilleur carburant	Mélange fluorine liquide et hydrogène	4 382 N/s/kg
Le plus toxique	Barbiturate de thiopentone	une injection intra-cardiaque est mortelle en 1 ou 2 s

1. Trouvé en 1839, annoncé en 1852 mais la thaumatine n'a été isolée qu'en 1972.
2. L'acide le plus puissant en vertu de la faculté qu'il a de libérer des ions-hydrogène, est une solution de pentafluorure d'antimoine dans un acide fluorosulfureux – $SbF_5 + FSO_3H$. L'acide perchlorique concentré, HCl, en solution aqueuse a un pH tendant vers – 1.

LES 108 ÉLÉMENTS

Il y a 94 éléments naturels connus, comprenant, à température ordinaire, 2 liquides, 11 gaz, 72 métaux, et 9 autres solides. On aurait découvert 14 autres éléments transuraniens (éléments 95 à 107 et 109) mais 9 seulement sont reconnus par tous.

Catégorie	Nom	Symb.	Découverte de l'élément	Records
Le plus répandu (lithosphère)	Oxygène	O	1771 Scheele (All.-Suède)	46,6 % par poids
Le plus répandu (atmosphère)	Azote	N	1772 Rutherford (G.-B.)	78,09 % par volume
Le plus répandu (extra terrestre)	Hydrogène	H	1776 Cavendish (G.-B.)	90 % de la matière
Le plus rare (des 94)	Astate	At	1940 Corson (États-Unis)	0,35 g dans la croûte terrestre
Le plus léger	Hydrogène	H	1776 Cavendish (G.-B.)	0,00008989 g/cm^3
Le plus léger (métal)	Lithium	Li	1817 Afrwedson (Suède)	0,5334 g/cm^3
Le plus dense	Osmium	Os	1804 Tennant (G.-B.)	22,59 g/cm^3
Le plus lourd (gaz)	Radon	Rn	1900 Dorn (Allemagne)	0,01009 g/cm^3 à 0°C
Le plus récemment découvert	Unnilcennium	Une	1982 Munzenberg (R.F.A.)	N° atomique le plus élevé (élément 109)
Le plus pur	Hélium	^{4}He	1868 Lockyer (G.-B.) et Jannsen (F.)	2 parties dans 10^{15} (1978)
Le plus dur	Carbone	C	Préhistoire	allotrope du diamant, valeur Knoop 8 400
Le plus cher	Californium	Cf	1950 Seaborg (États-Unis)	5 000 F le µg en 1968
Le plus stable	Tellurium	Te 28	1782 von Reichenstein (Autriche)	1,5 × 10^{24} ans
Le moins stable	Lithium (isotope 5)	Li 5	1817 Afrwedson (Suède)	vie de 4,4 × 10^{-22} seconde
Avec le plus d'isotopes	Caesium	Cs	1860 Bunsen et Kirchoff (Allemagne)	35
Avec le moins d'isotopes	Hydrogène	H	1776 Cavendish (G.-B.)	3 (confirmé)
Le plus ductile	Or	Au	avant 3000 av. J.-C.	1 g/2,4 km
La plus grande résistance à la traction	Boron	B	1808 Gay-Lussac et Thénard (F.)	26,8 GPa
Le plus bas point d'ébullition/ de fusion	Hélium	He	1895 Ramsay (G.-B.)	- 272,375°C sous une pression de 24,985 atmosphères et - 268,928°C
Le plus haut point d'ébullition/ de fusion	Tungstène	W	1783 J.J. et F. d'Elhuyar (Esp.)	3422°C et 5 730°C
Le plus dilatable (dilatation négative)	Plutonium	Pu	1940 Seaborg (États-Unis)	-5,8 × 10^{-5} cm/cm/deg C entre 450 et 480° C (allotrope Δ' découvert en 1953)
Le moins dilatable (dilatation positive)	Carbone (diamant)	C	Préhistoire	1,0 × 10^{-6} cm/cm/deg C à 20° C
Le plus dilatable (métal)	Caesium	Cs	1860 Bunsen et Kirchoff (Allemagne)	9,7 × 10^{-5} cm/cm/deg C à 20° C
Le plus dilatable (gaz)	Néon	Ne	1896 Ramsay et Travers (G.-B.)	1,94 × 10^{-3} cm/cm/ à -248,59° C
Le plus nocif	Radium	^{224}Ra	1898 P. et M. Curie et Bemont (F)	isotope naturel 17 000 fois plus nocif que le Plutonium 239.

tendance à être fixé en fonction de critères qui relèvent plus des mondanités que de l'économie.

L'ingrédient le plus cher entrant dans la composition des parfums est le **musc** en grains, l'absolu musc d'origine animale : 1 900 000 F le kg.

L'extrait végétal le plus cher est le super absolu jasmin de Grasse : 80 000 F le kg.

Le poison le plus puissant

La rickettsiose est transmissible par un germe seulement, mais elle n'est mortelle que dans 1 cas sur 1 000.

Il suffit de dix souches du germe ***Francisella tularenesis*** (auparavant *Pasteurella tularenesis*) pour provoquer la tularémie, également appelée fièvre de la mouche du cerf ou maladie de Francis, mortelle dans 10 cas sur 1 000.

Le gaz le plus nocif pour le système nerveux

Au début des années 1950, le Chemical Defence Experimental Establishment, à Porton Down dans le Wiltshire (Grande-Bretagne) a découvert des substances connues sous le nom d'agents-V, dont le VX, 300 fois plus toxiques que le phosgène ($COCl_2$) utilisé au cours de la Première Guerre mondiale. Les **agents-V** sont mortels pour l'homme à la dose de 10,4 mg.

Les brevets en ont été déposés en 1962 et publiés en février 1974.

Les drogues les plus puissantes

La drogue courante la plus puissante est le **L.S.D.-25** (ou acide lysergique-d, $C_{20}H_{25}N_3O$) produite pour la première fois en 1938 au cours de recherches sur le rhume banal.
Le docteur Albert Hoffman (Suisse) en a exploré le premier les caractères hallucinogènes en 1943 (16-19 avril).

Le plus puissant analgésique est le R33799, produit similaire à la morphine et 12 000 fois plus actif.

La drogue la plus souvent prescrite

C'est le **Tagamet,** vendu pour guérir les ulcères, par Smithkline-Beckman, États-Unis. Les ventes de 1981 se sont élevées à 4,8 milliards de F.

La substance la plus absorbante
Le service de recherche du département américain de l'Agriculture a annoncé, le 18 août 1974, qu'il avait découvert une substance composée de 50 % d'un dérivé d'amidon, 25 % d'acrylamide et de 25 % d'acide acrylique, qui, traitée au fer, pouvait retenir **1 300 fois son poids d'eau.**

La poudre la plus fine
En octobre 1972, l'Atomic Energy Establishment de Harwell est parvenu à réduire une substance en **particules de 2 564 × 10^{-6} cm,** grâce à un procédé d'évaporation utilisant un faisceau d'électrons.

TÉLESCOPES

Les premiers
Si les premiers savants arabes connaissaient à coup sûr le pouvoir grossissant des lentilles, c'est à l'Anglais **Roger Bacon** (1214-1292 env.) que l'on doit le premier télescope proprement dit.

C'est **Johannes Lippershey** qui acheva le prototype des télescopes à réfraction modernes pour le gouvernement hollandais le 2 octobre 1608.

Le télescope à réflexion le plus grand
Le plus grand télescope du monde est le télescope de **6 m de diamètre** installé sur le **mont Semirodriki,** près de Zelenchoukskaya dans les montagnes du Caucase en U.R.S.S., à 2 080 m d'altitude. Les travaux nécessités par le miroir de 70 t n'ont été achevés qu'au cours de l'été 1974, et les premières observations suivies ont débuté le 7 février 1976, après 16 ans d'élaboration. Cet ensemble de 42 m de haut pèse 840 t.
C'est le plus puissant de tous les télescopes actuellement en service : il permet d'observer des objets de magnitude 25. Sa puissance est telle qu'on pourrait détecter grâce à lui la lueur d'une bougie située à 24 000 km de distance.

En octobre 1980 il a été décidé de construire un télescope à réflexion de 10 m de diamètre comportant 36 miroirs hexagonaux indépendants, à Mauna Kea, Hawaii. Il devrait coûter 50 millions de $ (300 millions de F) et être achevé en 1989.

L'U.R.S.S. a annoncé pour sa part en août 1979 la mise en chantier d'un réflecteur hexagonal composite, de 25 m de diamètre.

En France
Le plus grand télescope français est celui de l'observatoire du **pic du Midi** dont le miroir a un **diamètre de 2 m.**

Le télescope franco-canadien de Mauna Kea dans l'île d'Hawaii, situé à 4 200 m d'altitude, mis en service en 1978, a un diamètre de 3,60 m.

Le télescope à réfraction le plus grand
Le plus grand télescope à réfraction du monde (c'est-à-dire un télescope utilisant le pouvoir grossissant des lentilles) est le télescope de 18,90 m de long et **101,6 cm de diamètre** achevé en 1897 au **Yerkes Observatory** de Williams Bay dans le Wisconsin, qui appartient à l'université de Chicago.

En France
La plus grande lunette astronomique (télescope à réfraction) de France se trouve à l'**observatoire de Meudon** et a un **diamètre de 83 cm.** Elle occupe le 3e rang mondial.

En 1900, un télescope à réfraction de 125 cm de diamètre et de 54,85 m de long fut construit pour l'Exposition de Paris, mais ses performances optiques étaient si médiocres qu'on ne s'en est pratiquement jamais servi.

Le miroir pointable le plus grand
Des ondes radio d'origine extra-terrestre ont été détectées pour la première fois en 1932 par Karl Jansky des Bell Telephone Laboratories de Holmdel dans le New Jersey (États-Unis), grâce à une antenne à ondes courtes pivotante de 30,48 m de long.

Le plus grand radiotélescope à miroir pointable du monde mesure **100 m de diamètre** et pèse 3 048 t. Il se trouve à l'**institut Max Planck** de radioastronomie dans la vallée de l'Eiffelsberger, Allemagne fédérale, et il est entré en service en mai 1971. Son installation, commencée en 1967, a coûté 36 920 000 DM, soit quelque 50 450 000 F.

Le miroir parabolique le plus grand
Le plus grand radiotélescope à miroir parabolique du monde est l'unité ionosphérique partiellement pointable, construite dans une cuvette naturelle à **Arecibo,** Porto Rico, achevée en novembre 1963 pour quelque 45 000 000 F.
Son réflecteur présente un **diamètre de 305 m** et couvre 7,3 ha. Sa puissance a été multipliée par 1 000 et il atteint désormais les limites de l'Univers observable, soit 15 millions d'années-lumière, grâce à de nouvelles plaques d'aluminium ayant coûté 40 000 000 F. Il est redevenu opérationnel depuis le 16 novembre 1974.

Le radiotélescope RATAN-600, que les Soviétiques ont terminé, en 1976, au nord du Caucase, comporte 895 miroirs, sur un cercle de 575 m de diamètre.

Le plus grand radiotélescope
L'installation radiotélescopique la plus grande du monde est la **VLA** *(Very Large Array)* de l'US National Science Foundation. Elle est construite en forme de « Y », et chaque bras du « Y », d'une longueur de 21 km, compte **27 antennes mobiles de 25 m de diamètre** chacune montées sur rail. Cette unité se trouve à 80 km à l'ouest de Socorro dans la plaine de San Augustin, Nouveau-Mexique. Elle a été inaugurée le 10 octobre 1980, et a coûté 390 000 000 F.

La Société d'astronomie canadienne a prévu une installation de radiotélescopes reliés par ordinateur, sur une distance de 4 200 km à 49,3° de latitude nord.

En France
Avec son **antenne** d'une surface utile de **7 000 m²,** le radiotélescope à méridien de **Nançay,** dans le Cher, est le plus grand de France et d'Europe. Il travaille en ondes décimétriques, c'est-à-dire sur des longueurs d'ondes minimales de 0,18 ou 0,21 m, et étudie les planètes du système solaire et les radiosources galactiques et extragalactiques.
Ce radiotélescope a permis la découverte et l'étude de la molécule O-H (hydroxyle) dans les comètes.

Le télescope à réfraction de Yerkes dans le Wisconsin est le plus grand du monde.

Le radiotélescope de Nançay dans le Cher est le plus grand d'Europe.

Le miroir du télescope du pic du Midi a un diamètre de 2 m.

Le radiohéliographe le plus grand *d'Europe*

Le radiohéliographe de **Nançay,** inauguré en 1977 est destiné à la surveillance du Soleil. Ses **18 antennes** permettent d'observer les sursauts très rapides dont la couronne du Soleil est le siège, en en donnant 50 images par seconde.

Le télescope solaire le plus grand

Le plus grand télescope solaire est le télescope **McMath** de **146,30 m de long** qui se trouve au Kitt Peak National Observatory près de Tucson, Arizona, États-Unis.

Il a une longueur focale de 91,50 m et un miroir héliostatique de 2 m.
Il a été achevé en 1962 et donne une image de 83,8 cm de diamètre.

Télescope spatial

Le premier télescope spatial est l'Astron soviétique mis en orbite le 23 mars 1983.

Le plus grand sera celui de la **NASA** dont le lancement est prévu pour 1985 : il aura **13 m de long** pour 11 t.

L'observatoire le plus haut

L'observatoire le plus haut du monde est l'observatoire de haute montagne de l'**université de Denver,** situé à **4 297 m d'altitude** et ouvert en 1973.
Son instrument principal est un télescope à réflexion Ealing Beck de 60,5 cm de diamètre.

L'observatoire le plus ancien

Le plus vieil observatoire astronomique du monde est le **Chomsong-dae** construit en l'**an 632** à Kyongju, Corée du Sud.

En France

L'**observatoire de Paris** (fondé en **1667** sous Louis XIV) est le plus ancien de France mais aussi le plus ancien des grands observatoires encore en activité dans le monde.

Planétariums

L'ancêtre du planétarium est le **Gottorp Globe** rotatif construit par Andreas Bush au Danemark entre **1654 et 1664** sous les ordres du mathématicien Olearius qui se trouvait alors à la cour du roi Frédéric III de Holstein.

Il a 10,50 m de circonférence, pèse près de 3,5 t et se trouve actuellement à Leningrad. Les étoiles étaient peintes à l'intérieur.

La première installation optique ne devait être réalisée qu'en 1923 par Zeiss (de Iena en Allemagne) au Deutsches Museum de Munich.

Le plus grand

Le plus grand planétarium du monde est celui de **Moscou** avec un **diamètre de 25,15 m.**

En France

Le plus grand planétarium de France est celui du **palais de la Découverte,** au Grand Palais à Paris, avec un **diamètre de 15 m.** Avant sa réfection totale, il mesurait 23,5 m de diamètre mais ses qualités optiques étaient inférieures.

Votre record nous intéresse...

Le radiohéliographe de Nançay possède 18 antennes.

Le planétarium du palais de la Découverte a un diamètre de 15 m.

PHOTOGRAPHIE

APPAREILS PHOTOGRAPHIQUES

Premières photos

La première photographie a été prise au cours de l'été **1826** par le physicien français Joseph Nicéphore **Niepce** (1765-1833). Elle représentait la cour de sa maison de campagne de Gras près de Saint-Loup-de-Varennes et demanda sans doute 8 heures de pose. Elle fut prise sur une plaque de verre sensibilisée au bitume de 20 × 16,5 cm.

La première photographie aérienne a été prise en 1858 par Gaspard Félix Tournachon, dit Nadar (1820-1910), au cours d'un vol en ballon au-dessus de Villacoublay, près de Paris.

Le plus grand

Le plus grand appareil de photographies est l'appareil **Rolls Royce de 27 t** construit pour la Product Support (Graphics) Ltd de Derby en Angleterre en 1959. Il mesure 2,70 m de haut, 2,50 m de large et 10,70 m de long. Son objectif est un Apochromatic Cooke. Son prix, à la suite des améliorations apportées en 1971, dépasse 1 000 000 F.

Le plus petit

Hormis les appareils destinés à la chirurgie cardiaque et à l'espionnage, le plus petit appareil en vente sur le marché est le **Petal** circulaire japonais, d'un **diamètre de 29 mm** et d'une épaisseur de 16,5 mm. Sa longueur focale est de 12 mm.

L'« Ifo », appareil Reflex fabriqué par Pentax, mesure 59 × 99 × 45 mm et pèse 175 g. On peut y adapter 3 objectifs de 24, 18 et 50 mm à F/2,8 et des pellicules « cartouches ».

Les plus rapides

En 1972, le professeur Basor, de l'académie des

Nicéphore Niepce a pris la première photographie en 1826.

Sciences soviétique a publié un article dans lequel il décrivait un appareil photographique avec un temps de définition de l'image de 5×10^{-13} seconde.

L'appareil le plus rapide du monde est l'**Imacon 675,** fabriqué par John Hadland à Bovingdon dans le Hertfordshire (Grande-Bretagne) qui peut prendre **600 millions de photographies à la seconde.** Il sert à des recherches sur le laser, la balistique, le plasma...

Les plus chers

L'appareil le plus cher dans le commerce est le **Nikon F3 AS** dont le boîtier seul coûte 8 802 F H.T.

L'enchère la plus forte jamais proposée pour un appareil ancien est 200 000 F pour un appareil stéréo « J.B. Dancet » breveté en 1856 et vendu chez Christie's, South Kensington, le 12 octobre 1977.

La première photographie en trois dimensions *en France*

La photographie d'une cellule biologique en trois dimensions a été réalisée pour la première fois en France grâce à l'association de nouvelles techniques (microscopie électronique à haute tension) et d'un procédé photographique en relief, par l'emploi de films gaufrés.

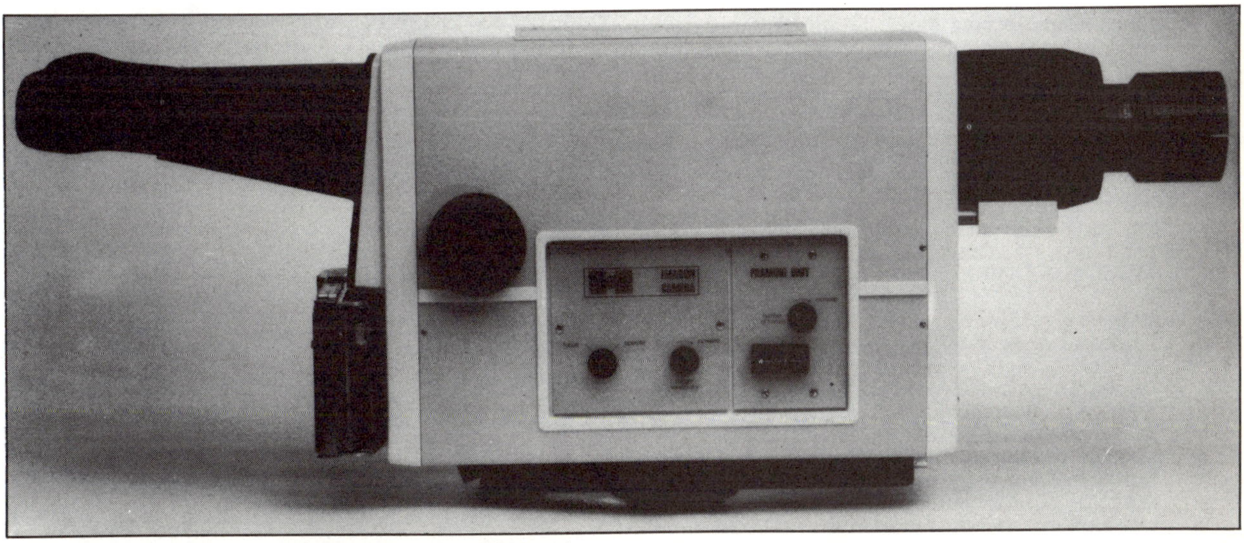

L'Imacon 675 peut prendre 600 millions de photographies à la seconde.

Caméra la plus petite
A l'exception des appareils d'espionnage, c'est la caméra super-8 **P2** fabriquée par Fuji qui est la plus petite du monde. Elle mesure **190 × 46,5 × 120 mm** et pèse 265 g. Deux piles lui suffisent pour impressionner 10 films.

La photo la plus chère
Moonrise (1944) de Ansel Adam a été vendue **302 000 F** en février 1981 aux États-Unis.

NUMÉROLOGIE

Lorsqu'ils manient les très grands nombres, les hommes de science utilisent le chiffre 10 élevé à la puissance désirée afin d'éliminer une profusion de zéros. 10^n (n entier positif) est le nombre figuré par un 1, suivi de n zéros. 10^{-n} est l'inverse de 10^n : par exemple 10^6 = 1 million (1 000 000), 10^{-6} = 1 millionième (0,000 001). Parmi les préfixes utilisés devant un nombre, le plus petit est « atto », du danois « atten », 18, qui multiplie le chiffre qu'il précède par 10^{-18}, et le plus élevé est « exa » qui multiplie l'unité par 10^{18} (six groupes de 3 zéros).

Les nombres les plus élevés
Le nombre le plus élevé portant un nom dans le système des puissances successives de dix est le **centillion,** c'est-à-dire 10^{600} ou le chiffre 1, suivi de 600 zéros.

Le nombre le plus élevé portant un nom en dehors du système décimal est l'*asankhyeya* bouddhiste qui représente 10^{140}.

Le nombre 10^{100} est appelé « gogol », terme inventé par le savant américain Edward Kasner (mort en 1955). Dix élevé à la puissance d'un gogol s'appelle un « gogolplex ».
On peut se faire une petite idée de la grandeur de ce genre de nombres en se rappelant que le nombre d'atomes de certains modèles de l'Univers observable ne dépasse pas 10^{85}.

Le nombre le plus élevé jamais utilisé dans une démonstration mathématique est une valeur limite publiée en 1977 et connue sous le nom de nombre de Graham. Il concerne des hypercubes bichromatiques et il est inexprimable sans une notation spéciale avec les « flèches » inventées par Knuth en 1976.

Le chiffre romain le plus long
La date requérant le plus grand nombre de chiffres romains est l'an 1888 qui en compte 13 : **MDCCCLXXXVIII.**

Nombres premiers
Un nombre premier est un nombre entier positif (en dehors de l'unité) qui n'est divisible que par lui-même ou par l'unité (exemple : 2,3,5,7 ou 11).
Le plus petit nombre premier est donc 2, et le plus grand connu à ce jour $\mathbf{2^{44497} - 1}$, trouvé au Lawrence Livermore Laboratory de l'université de Californie par Harry Nelson, 47 ans, et David Slowinski, 25 ans, après deux mois de travaux sur un ordinateur très puissant, et publié le 30 mai 1979. Ce nombre compte 13 395 chiffres.

Vitesse record de calcul
Il n'a fallu que **66 secondes** de calcul à un ordinateur pour décider si un nombre test de 97 chiffres était premier alors qu'auparavant une centaine d'heures auraient été nécessaires. Ce record est dû à une méthode générale mise au point par un mathématicien français, Henri Cohen et un Hollandais, Hendrik Lenstra.

Nombres parfaits
Un nombre parfait est un nombre entier égal à la somme de tous ses diviseurs autres que lui-même. Exemple : 1 + 2 + 4 + 7 + 14 = 28.
Le plus petit nombre parfait est **6 (1 + 2 + 3)**. *Le plus grand* connu, qui est aussi le 25ᵉ découvert à ce jour, est $\mathbf{(2^{21701} - 1) \times 2^{21700}}$. Il a été trouvé grâce à la découverte du plus grand nombre premier (voir ci-dessus).

Notions de calcul les plus primitives
Les Nambiquara, une tribu du nord-ouest du Matto Grosso au Brésil, ne connaissent **aucun système** de chiffrage, ni de calcul. Ils ont seulement un verbe qui signifie : « Il y en a deux pareils ».

Calcul le plus juste de « π »
Yasvimasu Kanada et Yoshinki Tamura (Japon) ont calculé le nombre *pi* à la **8 388 608ᵉ décimale** en 8 h en février 1983 sur un ordinateur HITAC M 280 H.

La valeur de *pi* à la millionième décimale publiée dans une brochure de 400 pages la plus ennuyeuse du monde est de 3,141592653589793... (passons les 999 975 chiffres suivants)... 5779458151.

Ces deux Japonais ont mis 8 heures à calculer la 8 388 608ᵉ décimale du nombre π.

Calcul le plus approximatif de « π »
En 1897, l'Assemblée générale de l'Indiana fit passer un décret, le « House Bill n° 246 », en vertu duquel *pi* était *de jure* **égal à 4.**

Mémorisation de « π »
Creighton Carvello a mémorisé et récité **par cœur** « π » à la **20 012e décimale,** le 27 juin 1980, en 9 h 10 mn à Cleveland, États-Unis.

Carré magique le plus grand
Le plus grand carré magique est celui qu'a réalisé M. Louis Caya de Ste-Foy, Québec, Canada. Il comptait **90 432 solutions.**

Premières mesures
La première mesure de poids connue est le **beqas** utilisé en Égypte à l'époque amratienne, vers 3800 av. J.-C., et retrouvée à Naqada, Égypte. Il s'agit de poids cylindriques aux extrémités arrondies pesant de 188,7 à 211,2 g.

Les mesures de temps les plus grandes
La plus grande mesure de temps est le **kalpa** qui, dans la chronologie hindoue, équivaut à 4 300 millions d'années.

En astronomie, une année cosmique correspond à la période de rotation du Soleil autour du centre de la Galaxie de la Voie lactée, soit 225 millions d'années environ.

A la fin du crétacé supérieur, il y a quelque 85 millions d'années, la Terre tournait plus vite et l'année comptait 370,3 jours.
A l'époque cambrienne, il y a quelque 600 millions d'années, certains indices laissent penser qu'elle en comptait 425.

La mesure de temps la plus petite
En raison de variations dans la longueur de la journée qui augmenterait irrégulièrement d'une durée moyenne de 2 millisecondes par siècle à cause de l'attraction lunaire, la seconde a dû être redéfinie.
Au lieu d'être égale à la 1/86 400 partie du jour solaire, depuis 1960 elle équivaut à la 1/31 556 925 9747 partie de l'année tropique calculée en 1900 (janvier 0 à 12 h, temps de l'éphéméride).

En 1958, on a calculé, à l'aide d'ordinateurs, que la seconde du temps de l'éphéméride était égale à 9 192 631 770 ± 20 cycles de la radiation correspondant à la transition d'un atome de caesium 133 non perturbé par des champs extérieurs.

Le plus grand changement enregistré dans une journée a été de 10 millisecondes le 8 août 1972 à la suite des plus violentes perturbations solaires observées en 370 ans.

Une impulsion lumineuse de rayon laser de 30 femtosecondes (3×10^{-14} s) a été produite en avril 1982 par Shante au laboratoire Bell à Holmdel, N.J., États-Unis. Cet éclair mesurait 9 micromètres.

L'unité linéaire la plus petite
La plus petite unité de longueur est l'**attomètre** qui équivaut à 1×10^{-16} cm.

La règle à calculer la plus longue
La plus longue règle à calculer du monde est une règle de **98,69 m de long,** achevée le 11 novembre 1979 par Greg Maggs et Robert Kolstad à l'université de l'Illinois, College of Law Building, Champaign, Illinois, États-Unis.

EXTRÊMES PHYSIQUES

Les températures les plus hautes
La plus haute température obtenue par l'homme est **300 à 400 millions de degrés C** au centre des bombes à fusion thermonucléaire.

En ce qui concerne les températures contrôlables, la plus haute température obtenue en laboratoire est 75 millions de degrés, au Princeton Plasma Physics Laboratory, États-Unis, en 1978.

Avant 1963, le chiffre de 3 milliards de degrés aurait été atteint en U.R.S.S. avec une installation à miroirs et injection Ogra.

En France
La plus haute température obtenue en France est de **23 millions de degrés C,** au Centre d'études nucléaires de Fontenay-aux-Roses, dans le Tokamak TFR, en injectant 450 kW de neutrons de haute énergie.

Le four le plus chaud *de France*
MM. Anthony, Dembinski et Dupont ont atteint la température record de **2 500 degrés C** en atmosphère oxydante, dans un four construit au C.N.R.S. d'Orléans pour le traitement des céramiques.

Les températures les plus basses
La plus basse température jamais atteinte est **5×10^{-8} kelvin au-dessus du zéro absolu,** obtenue dans un cryostat à démagnétisation nucléaire à deux étages, à l'université de technologie d'Helsinki, Finlande, par le professeur Olli V. Lounasmaa (né en 1920) et annoncée en mars 1979.

Les températures absolues ou thermodynamiques sont définies en termes de rapports plutôt qu'en termes de différences, à partir du zéro absolu qui, sur l'échelle de Kelvin, est égal à – 273,15 °C.
Ainsi, la température la plus basse jamais obtenue est le $5{,}9 \times 10^{9e}$ du point de fusion de la glace (0 °C ou 273,15 K).

La température d'équilibre la plus basse jamais atteinte est 0,0003 K par réfrigération nucléaire sur un morceau de cuivre de 1,400 kg, par le professeur Lounasmaa et son équipe à l'université de technologie d'Helsinki, Finlande, le 17 avril 1974.

En France
La plus basse température obtenue en continu est celle de **2 millidegrés,** atteinte dans un réfrigérateur à dilution d'hélium 3 dans l'hélium 4, au Centre de recherche sur les très basses températures, à Grenoble, par M. Frossati.

Au laboratoire de Physique des solides d'Orsay, M. Varoquaux a atteint la température de 0,3 millidegré dans l'hélium 3 par désaimantation adiabatique nucléaire du cuivre, ce cuivre étant lui-même à une température plus basse encore mais non mesurée.

La plus basse température jamais atteinte en France est de 1/3 de microdegré K obtenue par l'équipe du Pr. Abragam au laboratoire de Démagnétisation nucléaire de Saclay.

Les pressions les plus élevées

La plus haute pression obtenue en laboratoire à ce jour est **1,72 mégabar** (160 GPa) dans la presse hydraulique géante du laboratoire de Géophysique de la Carnegie Institution à Washington D.C., en juin 1978.

Ce laboratoire a également annoncé qu'il avait obtenu de l'hydrogène solide sous une pression de 57 kilobars le 2 mars 1979. On pense que, si l'on arrivait à produire de l'hydrogène métallique, il serait blanc argenté, mais mou.

Grâce à des méthodes recourant à la dynamique et à des vitesses d'impact de 29 000 km/h, des pressions momentanées de 75 millions d'atmosphères (7 000 GPa) auraient été obtenues aux États-Unis en 1958.

Le vide le plus grand

Les plus grands vides obtenus dans le cadre de la recherche scientifique sont de l'ordre de **10^{-14} torr** au centre de recherches I.B.M. Thomas J. Watson (Yorktown Heights, New York), en octobre 1976, dans un système cryogénique avec des températures inférieures à – 269 °C. En comparant les molécules à des ballons de base-ball, cela équivaut à les envoyer à 80 km de distance.

La centrifugeuse la plus rapide

La plus grande vitesse de rotation jamais obtenue et la plus grande vitesse jamais atteinte par un objet sur Terre est de **7 250 km/h** avec un crayon de charbon conique de 15,2 cm tournant sous vide, à l'université de Birmingham (Grande-Bretagne), le 24 janvier 1975.

Le microscope le plus puissant

Le microscope le plus puissant du monde est l'œuvre de Lawrence Bartell et Charles Ritz, de l'université du Michigan, États-Unis, inauguré en juillet 1974. Il offre une image amplifiée **260 millions de fois** grâce à un laser optique qui décode les hologrammes produits avec une radiation de 40 kW, et il a permis d'obtenir des photographies de nuages électroniques d'atomes de néon et d'argon.

En France

Le seul microscope électronique au monde fonctionnant à **plus de 3 millions de volts** est celui du laboratoire d'Optique électronique du C.N.R.S. à Toulouse. Sa limite de résolution inférieure à 1/10 de millionième de mm a permis l'observation des atomes de baryum, iode, uranium et plomb.

La note la plus aiguë

La note la plus aiguë jamais obtenue est une note de **60 000 mégahertz** (60 milliards de vibrations par seconde), produite par l'incidence d'un rayon laser sur un cristal de saphir, au Massachusetts Institute of Technology (Cambridge, Massachusetts, États-Unis), en septembre 1964.

La flamme la plus brûlante

La flamme la plus brûlante est celle produite par le subnitrite de carbone (C_4N_2) qui, sous une pression de 1 atmosphère, devrait atteindre **5 261 K**, selon les calculs.

Le bruit le plus violent

Le bruit le plus violent produit en laboratoire est de **210 décibels** soit 400 000 W acoustiques. L'expérience a été réalisée par la NASA avec une corne en béton et acier de 15 m à Huntsville en Alabama (États-Unis), en octobre 1965.

Il est possible de cette manière de percer des trous dans des matières solides.

Le lieu le plus silencieux

La « chambre sourde » de 10,50 × 8,50 m du laboratoire du Bell Telephone System, à Murray Hill, New Jersey, États-Unis, est la pièce qui renvoie le moins d'écho du monde en **éliminant 99,98 % de la réflexion** des bruits.

En France

Une chambre sourde géante (28 × 20 × 13 m), unique en Europe, permet, au **Centre d'essais en vol des Ets Dassault**, à Istres, d'isoler du monde extérieur un chasseur à réaction.

Ce local fermé, dont les parois intérieures absorbent les rayonnements électromagnétiques et dont le revêtement extérieur fait cage de Faraday, permet d'intégrer sur les chasseurs modernes des contre-mesures électroniques et de figurer au sol un avion en plein vol du point de vue électromagnétique.

La balance la plus sensible

La balance la plus sensible est la **Sartorius,** modèle 4 108, fabriquée à Göttingen, R.F.A., qui peut peser des objets **jusqu'à 0,5 g** avec une précision de 0,00000001 g, ce qui équivaut à peu près à 1/60 du poids d'encre nécessaire pour imprimer ce point.

La viscosité la plus faible

Le California Institute of Technology, États-Unis, a annoncé, le 1er décembre 1957, que l'**hélium II** liquide n'a pratiquement aucune viscosité mesurable et qu'il était donc d'une fluidité parfaite.

Il n'existe qu'à des températures proches du zéro absolu (– 273,15 °C).

La friction la plus faible

Le plus faible coefficient de friction statique et dynamique de tous les solides est de 0,02 pour le polytetrafluoroéthylène [(C_2F_4)N], ce qui correspond à la friction de glace mouillée sur glace mouillée. Cette matière a été industrialisée pour la première fois par E.I. du-Pont-de-Nemours & Co Inc. en 1943, et commercialisée par les États-Unis sous le nom de **Teflon.** Cette matière recouvre le fond de nombreux ustensiles de cuisson.

Dans la centrifugeuse de l'université de Virginie, un rotor de 13,600 kg, maintenu magnétiquement, tourne à 1 000 tours/s sous vide.

Elle perd un tour par seconde et par jour seulement depuis des années.

La plus grande vitesse

En août 1980, au laboratoire de Recherche navale de Washington D.C., États-Unis, un disque de plastique, le **Skyro,** a été projeté à la vitesse de **150 km/s,** ce qui est le **record absolu pour tout objet solide visible.**

Le courant électrique le plus puissant

Le courant électrique le plus puissant du monde est produit par le générateur Zeus dans le laboratoire scientifique de Los Alamos, Nouveau-Mexique,

États-Unis. Si on mettait en marche en même temps les 4 032 génératrices, elles produiraient pendant quelques microsecondes le **double du courant produit partout ailleurs dans le monde.**

Le plus fort voltage

La différence de potentiel la plus élevée obtenue en laboratoire est de **32 ± 1,5 millions de volts** le 17 mai 1979 à la National Electro Statico Corporation d'Oak Ridge, États-Unis.

En France

Une équipe de chercheurs du Centre de recherches nucléaires de Strasbourg ont monté à **18 millions de volts** un accélérateur électrostatique de particules. Ils projettent la réalisation de « Vivitron », un appareillage qui devrait atteindre 35 millions de volts.

L'accélérateur de particules le plus puissant

Le **synchrotron à protons** de 2 km de diamètre qui se trouve au Fermi National Accelerator Laboratory, Batavia, Illinois, États-Unis, est le « briseur d'atomes » le plus puissant du monde. Il a atteint 500 GeV en mai 1976, et on est en voie de doubler sa puissance pour la porter à **1 000 GeV.** Cela implique la construction de 1 000 aimants superconducteurs maintenus à une température de − 268,8 °C à l'aide d'une unité de liquéfaction d'hélium, d'un débit de 4 500 l/h. En service depuis le 18 avril 1980, cette unité est la plus grande du monde.

L'ISR *(Intersecting Storage Rings)* de 300 000 000 F, mis en chantier par le CERN près de Genève, en Suisse, le 27 janvier 1971, utilise 2 faisceaux de protons de 28 GeV et devrait atteindre une puissance de 1 700 GeV ou 1,7 TeV.

En France

Le plus grand synchrotron à protons d'Europe est le **S.P.S.** de **540 GeV,** du CERN installé à la frontière franco-suisse, près de Genève.
Ce synchrotron fonctionne depuis mars 1982 en collisionneur de protons et anti-protons.

La collision de plus haute énergie

C'est dans le synchrotron S.P.S. qu'a eu lieu une collision à **2 × 270 GeV** entre un faisceau d'anti-protons et des protons allant en sens inverse et accélérés jusqu'à 540 GeV.

La chambre à bulles la plus grande

La plus grande chambre à bulles du monde est l'installation de 7 millions de $ (environ 30 000 000 F) achevée en octobre 1973 à **Weston,** Illinois, États-Unis. Elle a 4,57 m de diamètre et contient 33 000 l d'hydrogène liquide à une température de − 247 °C avec un aimant superconducteur de **30 000 gauss.**

En France

C'est la « Grande Chambre à bulles européenne » ou **B.E.B.C.** du CERN qui a un corps de 38 m³ rempli d'hydrogène liquide à 26 K ou d'un mélange de néon-hydrogène à 29 K, et comporte un électro-aimant supraconducteur développant un champ magnétique de **3,5 teslas** et dont le courant de circulation est de 5 700 ampères. L'énergie qui y est emmagasinée est de 750 mégajoules.

L'aimant le plus puissant

L'aimant le plus puissant du monde est un aimant de 60 m de diamètre et de 36 000 t pour le **synchrophasotron de 10 GeV** du Joint Institute de recherches nucléaires de Dubna en U.R.S.S.

L'Intermagnetics General Corporation a annoncé en 1975 la mise à l'étude d'un aimant de 180 kg en vanadium gallium.

Le champ magnétique le plus fort

En avril 1982, le Service national des champs intenses de Grenoble a réalisé un champ magnétique continu de **25 tesla** dans un diamètre utile de 50 mm avec un aimant résistif.

Le champ magnétique le plus faible

Le plus faible champ magnétique mesuré est de **8 × 10⁻¹¹ gauss,** enregistré dans une pièce particulièrement protégée du Francis Bitter National Magnet Laboratory, à Cambridge (Massachusetts, États-Unis). Ces investigations servent au docteur David Cohen dans ses recherches sur les champs magnétiques très faibles engendrés dans le cœur et le cerveau.

La coupe la plus fine

Des spécimens biologiques insérés dans de la résine epoxy peuvent être sectionnés par un microtome à couteau de verre en fragments de $2{,}9 \times 10^{-5}$ mm d'épaisseur ou **29 µm** dans des conditions idéales.

Les objets les plus pointus

Les objets les plus pointus sont des micro-pipettes utilisées dans des travaux intracellulaires sur des cellules vivantes. Les professeurs Brown et Flaming du Centre de physiologie de l'université de Californie, États-Unis, ont réalisé des tubes d'un diamètre externe de 0,02 µm et d'un diamètre interne de **0,01 µm,** soit 6 500 fois plus fin qu'un cheveu.

Le premier rayon laser

Pour la première fois le **9 mai 1962,** on est parvenu à éclairer un autre corps céleste quand un rayon de lumière a été réfléchi par la Lune grâce à un « maser » optique (micro-ondes amplifiées par stimulation des émissions de radiations) ou « laser » (lumière amplifiée par stimulation des émissions de radiations) attaché au télescope de 121,9 cm du Massachusetts Institute of Technology de Cambridge (États-Unis). Le point d'impact sur la Lune devait mesurer 6,400 km de diamètre.
C'est l'Américain Charles Hard Townes (né en 1915) qui avait proposé le système en 1958 : un éclair lumineux « maser » dirigé sur un cristal de rubis refroidi au nitrogène liquide, dont les atomes de chrome ainsi « excités » libèrent une énergie très puissante et émettent une lumière rouge qu'on ne laisse échapper que dans la direction désirée. Un tel éclair d'1/5 000 de seconde peut percer un trou dans un diamant par vaporisation à 10 000 °C produite par 2×10^{23} photons.

Le plus puissant rayon laser

Au cours d'une expérience au Lawrence Livermore Laboratory, Californie, États-Unis, le 18 mai 1978, le rayon laser « Shiva » aurait concentré une énergie de **$2{,}6 \times 10^{13}$ W** sur une cible de la taille d'une tête d'épingle pendant $9{,}5 \times 10^{-11}$ s.

En France

Au Groupe de recherche coordination interaction

laser matière, a été réalisée la source pulsée de rayonnement dans l'ultraviolet (0,26 μ) la plus puissante : **6 × 10^{10} W.** Cette source est utilisée pour la formation de plasmas thermonucléaires.

La lumière la plus vive

Les rayons laser ont une luminosité plus de **1 000 fois supérieure à celle du Soleil,** qui atteint déjà 500 candelas/cm².

En mai 1969, l'Académie soviétique des sciences a annoncé que des ondes fulgurantes traversant un plasma lumineux de gaz inertes dégageaient une chaleur de 90 000 K. L'éclat ainsi produit et qui durait jusqu'à 3 μs atteignait une intensité 50 000 fois supérieure à celle du Soleil, soit 11,625 milliards de candelas/cm².

Parmi les sources de lumière permanente, la plus puissante est la lampe à arc à xénon sous haute pression de 200 kW, qui produit une lumière de 600 000 candelas, selon les expériences poursuivies par les Soviétiques en 1965.

La radiation synchrotronique émise par une fente de 100 × 2,5 mm dans les installations de physique de haute énergie SPEAR au bout de l'accélérateur linéaire de Stanford (Californie) qui mesure 3,2 km de long, a été décrite comme le rayon lumineux le plus puissant du monde.

Le projecteur le plus puissant

Le projecteur mobile le plus puissant du monde a été fabriqué durant la guerre de 1939-1945 par la General Electric Company Ltd dans son centre de recherches de Wembley, Grande-Bretagne.

Il consommait 600 kW, et produisait un arc lumineux d'une intensité de 46 500 candelas/cm² et, grâce à son miroir parabolique de 3,04 m de diamètre, un rayon lumineux d'une intensité maximale de **2 700 000 000 candelas.**

L'ampoule électrique la plus résistante

L'ampoule électrique ordinaire dure de 750 à 1 000 heures en moyenne, mais il semble qu'une ampoule à filament de carbure dure **depuis 1901** au Fire Department de Livermore, Californie.

La fréquence la plus élevée

Le US National Bureau of Standards a annoncé en juin 1979 que D.A. Jennings, F.R. Peterson et K.M. Evenson avaient mesuré la fréquence du composant 'f' de la ligne P(62) dans la bande 17-1 du spectre de l'iode 127 comme étant de **5,2020742 × 10^{14} Hz** (520,20742 térahertz) qui est la région vert-jaune de lumière visible.

Le tunnel de soufflerie le plus grand

Le tunnel de soufflerie pour les petites vitesses, construit en 1944 au Centre de recherches de Moffettfield en Californie, renferme 800 t d'air et a coûté environ 7 millions de $ (environ 30 000 000 F). Il peut souffler jusqu'à **1 700 000 m³ d'air par mn.** Le 30 juillet 1974, la NASA a annoncé son intention de l'agrandir à 24,38 × 36,57 m pour des vitesses de 360 km/h avec un système de 136 900 cv.

Le tunnel de soufflerie le plus puissant

Le plus puissant est celui de l'Arnold Engineering Test Center de Tullahoma dans le Tennessee, inauguré en septembre 1956, avec une puissance de **219 000 cv.**

Le plus grand nombre de Machs atteint en soufflerie est Mach 27, dans les usines de la Boeing Company à Seattle (État de Washington). Pendant des périodes n'excédant pas la microseconde, on a même obtenu des vitesses de Mach 30 (36 735 km/h) dans des tubes d'impulsion à l'université Cornell Ithaca, État de New York, États-Unis.

Le plus petit trou

L'Inco Nickel Co serait parvenue à faire en août 1977 un trou de **0,000004 mm de diamètre,** c'est-à-dire mille fois plus petit qu'un cheveu.

Un trou de 40 Å a pu être vu grâce à un microscope électronique JEM 100C et à des appareils Quantel Electronics, au département de métallurgie, à Oxford, le 28 octobre 1979. Voir un trou de cette dimension reviendrait à trouver une aiguille dans une meule de foin de 1,930 × 1,930 km.

La mesure physique la plus précise

La fréquence du rayonnement du césium est mesurée avec une **précision proche de 8 × 10^{14}** contre 2 × 10^{13} pour le laser néon-hélium stabilisé au méthane et 6 × 10^{13} pour le maser à hydrogène.

Microsonde moléculaire à effet Raman

Cet appareil mis au point dans le laboratoire de M. Delay à Lille, est capable de réaliser l'analyse non destructive de micro-échantillons. Ces échantillons peuvent être solides, liquides ou gazeux et cette méthode apporte des informations sur les liaisons chimiques et la structure des molécules qui les composent.

PIERRES PRÉCIEUSES

Diamant la couleur la plus rare

La couleur la plus rare pour un diamant est **rouge sang,** et le plus grand de ce type, sans glaire, pèse 5,05 carats et se trouve dans une collection américaine.

Diamants taillés les plus petits

Christ, de Paris, possède un diamant à **57 facettes** d'un diamètre de 0,5 mm et de 0,00024 g ou **1/835 de carat.**

A. Van Moppes et Zoon, d'Amsterdam, possèdent un diamant identique réalisé en 1949.

Le diamant le plus cher

L'émir d'Abou Dhabi a acheté pour **100 000 000 F** le diamant de 170,49 carats, l'*Étoile de la Paix.*

Cette pierre, découverte en 1974 en République centrafricaine, pesait à l'origine plus de 500 carats.

Le solitaire le plus cher

Le prix record du carat est 557 000 F. L'*Étoile Polaire* (41,3 carats) a été vendue **23 000 000 F,** le 21 novembre 1980, par Christie's à Genève.

Diamant synthétique

Le premier diamant synthétique a été obtenu le 16 décembre **1954** par le Pr Hall, États-Unis.

Le plus grand diamant synthétique

A été réalisé par la société japonaise Sumito Denko, le 8 avril 1982. Cette pierre pèse **1,2 carat.**

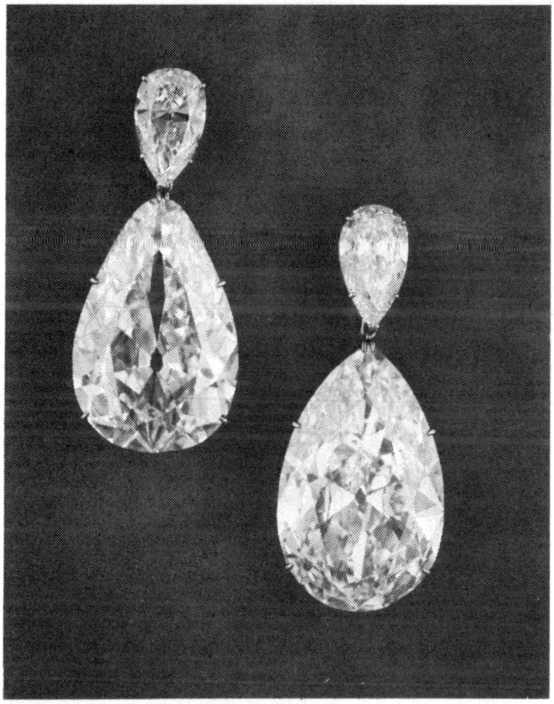

Ces boucles d'oreilles en diamant ont été vendues 28 250 000 F par Sotheby's à Genève en novembre 1980.

La bague en émeraude la plus chère

Une bague a été vendue **3 120 000 F** chez Sotheby's à New York en avril 1977.

Le saphir le plus cher

Un saphir taillé à degrés de 66,03 carats, de la collection Rockfeller, a été vendu **5 780 000 F** le 8 mai 1980 par Sotheby's à Zurich.

Le plus grand diamant synthétique, réalisé par la Société Sumito Denko en 1982.

Le rubis le plus cher

Le prix record de **466 000 F le carat** a été enregistré au cours d'une vente de Christie's à Genève en 1979 pour un rubis coussin de 4,12 carats.
Le rubis est la pierre la plus chère.

La perle la plus grande

La *perle de Lao Tseu* d'un poids de 6,370 kg et de **14 cm de diamètre,** trouvée en 1934 à Palawan, Philippines, avait été estimée à 20 000 000 F en juillet 1971.
Elle a été achetée 1 000 000 F seulement le 15 mai 1980 par un bijoutier, Peter Hoffman.

Les pierres les plus grandes

Une **aigue-marine de 520 000 carats** pesant 103,800 kg a été découverte en 1910 près de Marambaia au Brésil. Elle a fourni plus de 200 000 carats de pierres taillées.
Une **béryl** ($Be3\ Al_2Si_6O_{18}$) **de 18 m de haut** et 3,50 m de diamètre a été découverte à Malakialina, Madagascar, en 1976.

Les pierres les plus récentes

La **tanzanite** a été découverte en **1969** en Tanzanie. Cette pierre était cotée 6 000 F le carat, en 1977.

La **loverlite royale,** de couleur violet sombre, découverte en Afrique du Sud, était cotée 9 000 F le carat en **1982.**

La plus rare

La plus rare est la **painite** ($Ca_4Al_{20}BSiO_{38}$) découverte en Birmanie en 1951. Un cristal rouge de 1,7 g se trouve au British Museum (histoire naturelle) de Londres.

Minéraux précieux les plus denses

La **stibiotantalite** [$(SbO)_2(TaNb)_2O_6$], un minéral rare brun jaunâtre trouvé dans le comté de San Diego, Californie, a une **densité de 7,46.**

Le **platiniridium** a une **densité de plus de 22.**

Vous possédez
un record,
écrivez-nous
et n'oubliez pas
de joindre une photo...

PIERRES PRÉCIEUSES ET AUTRES PIERRES FINES

Note : Le carat a été standardisé à 205 mg en 1877. Le carat métrique de 200 mg a été introduit en 1914.

Les plus grandes	Les plus grandes pierres taillées	Autres records
Diamant *(carbone pur cristallisé)* Le *Cullinan*, 3 106 carats (621,2 g) a été trouvé le 26 janvier 1905 par M. Gray dans la région de Prétoria (Afrique du Sud)	530,2 carats de 74 facettes. Taillé à partir du *Cullinan* en 1908 par Jack Asscher d'Amsterdam et poli par Henri Koe. Connu sous le nom de *L'Étoile d'Afrique* ou *Cullinan 1*, il orne le sceptre royal d'Angleterre (317,4 carats). Au cours du sac de Delhi, en 1939, le *grand mogol* (plus de 100 carats) a été perdu!	Le diamant est la *plus dure* des substances naturelles connues. Il est 90 fois plus dur que le minéral qui vient après, le corindon (AL_2O_3). Sur l'échelle de Knoop, la dureté maximale correspond au chiffre 8 400 et le diamant moyen, à 7 000.
Émeraude *(beryl vert)* $[Be_3\ AL_2)\ (SiO_3)_6]$	Cristal de 86 136 carats trouvé à Carnaiba, Brésil, en août 1974. Estimé à 9 millions de F en 1982.	
Saphir *(Corindon de toute couleur, sauf rouge)* ($AL_2\ O_3$) Pierre de 2 303 carats trouvée à Anakie, Queensland, Australie, aux environs de 1935, et dans laquelle a été taillée la tête d'Abraham Lincoln (1 318 carats)	*L'Etoile noire* de 1 444 carats taillée dans une pierre de 2 097 carats en forme de buste du général Dwight David Eisenhower en 1953-5.	Note : les deux joyaux sont conservés à la Fondation Kazanjian à Los Angeles, Californie, États-Unis.
Rubis *(Corindon rouge)* ($Al_2\ O_3$) Pierre brisée de 3 421 carats trouvée en juillet 1961 (le plus gros morceau pèse 750 carats)	Pierre de 1 184 carats d'origine birmane. Le plus gros rubis étoile est le *Rosser Reeves* de 138,72 carats qui se trouve à la Smithsonian Institution.	Depuis 1955, les rubis sont les pierres précieuses les plus chères et atteignaient jusqu'à 40 000 francs le carat en 1969.
Les plus grandes	**Origine**	**Renseignements divers**
Perle *(concrétion calcaire et nacrée des mollusques)* La *perle de Lao Tseu*, 6,370 kg, 14 cm de diamètre.	Palawan aux Philippines, le 7 mai 1934 dans la coquille d'une palourde géante.	Elle avait été estimée à 4 060 000 dollars en juillet 1971 (20 000 000 de F) et a été achetée 1 million de F le 15 mai 1980 par un bijoutier, Peter Hoffman.
Opale ($SiO_2\ NH_2\ O$) 6,842 kg (jaune-orangé)	Andamooka, Australie du Sud, janvier 1970.	L'opale d'Andamooka (34,215 carats) déterrée par un bulldozer, est composée de deux morceaux s'imbriquant l'un dans l'autre et formant un bloc de 28 × 25 × 12,5 cm. Elle appartient depuis septembre 1969 à la Palgrave Corp. et est exposée à Sydney. Elle est évaluée à plus de 5 millions de F.
Cristal de roche *(quartz)* (SiO_2) Boule de 32,7 cm de diamètre et 48 kg, la *Warner Sphere*	Birmanie (bloc de 450 kg).	Conservée au National Museum de Washington, DC.
Topaze $Al_2\ SiO_4\ (F.\ OH)_2$ *Princesse brésilienne* 21,327 carats, 221 facettes, bleu ciel	Brésil.	Exposée par la Smithsonian Institution en novembre 1978. Évaluée à 350 F le carat. Taillée dans un cristal de 8 kg. Plus grosse pierre à facettes du monde.
Ambre *(résine fossile de résineux)* 15,25 kg	Sans doute de Birmanie, achetée en 1860.	Achetée 3 000 francs par John Charles Bowing (mort en 1893) à Canton en Chine. Se trouve au musée d'histoire naturelle de Londres depuis 1940.
Turquoise monolithe ($Cu\ Al_6\ (PO_4)_4\ (OH)_8\ 4H_2\ O$) 98,8 kg	Riverside County, Californie, 17 janvier 1975.	Trouvée par Chester Jastromb et Kenneth Casper. Sans doute d'un poids primitif de 113,4 kg.
Jade *(néphrite)* $Ca_2\ (Mg\ Fe)_5\ (Si_4\ O_{11}\ 2OH_2)_2$ Bloc de 143 t et 603 m^3	Chine (septembre 1978).	La jadéite peut être de n'importe quelle couleur, sauf rouge ou bleu.
Marbre *(calcaire métamorphosé)* $Ca\ CO_3$ 90 t d'un seul bloc	Extrait à Yule dans le Colorado (États-Unis).	Dans ce bloc a été taillée une pierre de 45 t pour la tombe du Soldat inconnu au cimetière national d'Arlington en Virginie (États-Unis).
Pépite d'or *(Au)* La *pépite d'Holtermann* pesant 214,32 kg	Bevers & Holtermann Star, de la Hope Gold Mining Co, Hill End, Australie, le 19 octobre 1872.	La grosse pépite la plus pure jamais trouvée est la *Welcome Stranger* découverte à Moliagul, Australie et qui contenait 69,92 kg d'or pur pour un poids de 70,92 kg.
Argent *(Ag)* 1 026,500 kg	Sonora, au Mexique.	Le gouvernement espagnol se l'est approprié avant 1821.

L'un des diamants les plus chers du monde a été offert par Richard Burton à sa femme Elizabeth Taylor.

Ci-dessus :
Jessica Trujillo porte 50 000 000 de F en bijoux.
A son doigt : l'« Étoile Polaire ».

En haut, à droite :
Le plus petit brillant taillé du monde : 0,00024 g, 57 facettes.

Ci-contre :
L'« Étoile de la Paix », vendue 100 000 000 F.

LE LIVRE GUINNESS DES RECORDS

6

CULTURE ET LOISIRS

PEINTURE

Les premières

Les peintures rupestres sont relativement rares. Les plus anciennes sont celles de la grotte de La Ferrassie, aux Eyzies dans le Périgord (25 000 ans avant J.-C.). Les fresques sont peintes à l'ocre rouge.

On a découvert en Australie de l'ocre taillée antérieure à 30 000 ans avant J.-C. mais il n'y a pas de preuve qu'elle ait servi à peindre.

Les plus grandes

Le Panorama du Mississippi, peint par **John Banvard** en 1846, représentait le fleuve sur 1930 km, sur une toile de **1525 m de long et 3,65 m de large.** Le tableau a été détruit dans un incendie.

La Bataille de Gettysburg a été peinte par Paul Phillipoteaux et seize élèves, en deux ans de travail (achevée en 1883). Elle a 125 m de long, 21,30 m de haut et pèse 5,450 t.

Il Paradiso, peint par le Tintoret (1518-1594) et son fils Domenico (1565-1637) sur le mur est de la salle du Grand Conseil du palais des Doges à Venise, mesure 22 × 7 m et comprend 350 personnages et bustes. C'est le plus grand tableau de maître ancien.

En France

Les Noces de Cana, de **Véronèse** (1528-1588), au Louvre, mesure **9,75 × 6,70 m.** C'est le plus grand tableau ancien des musées français.

Valeur *la plus grande*

La Joconde de **Léonard de Vinci** (1452-1519), exposée au Louvre, a été évaluée au prix record de **500 000 000 F** lors de son voyage en Amérique, où elle fut exposée à Washington et à New York, du 14 décembre 1962 au 12 mars 1963. Mais le contrat ne fut pas signé, car la prime à payer dépassait largement le prix des travaux de sécurité les plus élaborés.

La Joconde, peinte en 1503, mesure 77 × 53 cm et représente peut-être Mona (diminutif de Madonna) Lisa Gherardini, épouse de Francesco del Giocondo, de Florence, ou Constanza d'Avalos, surnommée « La Joconde », maîtresse de Giulano de Médicis. François Ier acheta le tableau en 1517, pour 4 000 florins d'or (15 kg), soit une valeur de 1 470 000 F d'aujourd'hui, environ.

Peinture *la plus chère en vente privée*

La National Gallery de Londres aurait acquis ***Les Adieux du Christ à sa mère,*** de **Altdorfer,** au prix de **60 000 000 F** en 1980.

Peinture *la plus chère en vente publique*

Le prix le plus élevé jamais obtenu pour une peinture est **26 624 000 F** pour ***Juliet et sa nurse,*** de J.M.W. **Turner** (1775-1851), peint à Venise en 1836 et vendu le 30 mai 1980 par Sotheby's Parke Bernet, à New York, à un collectionneur anonyme. Le tableau, qui appartenait au Whitney Museum de New York, mesure 91 × 122 cm.

Peinture de femme *la plus chère*

L'œuvre de femme la plus chère est ***La Liseuse*** de **Mary Cassatt** (U.S.A., 1844-1926), vendue **4 620 000 F** le 19 mai 1982, par Christie's à New York.

Peinture moderne *la plus chère*

Yo de **Picasso** a été vendu **30 475 000 F** chez Sotheby's Parke Bernet à New York, le 21 mai 1981. L'acheteur est resté anonyme.

Peinture expressionniste

Composition de **Mondrian** a été vendu **11 150 000 F** le 27 juin 1983 par Christie's à Londres.

Record pour un artiste vivant

Le Port, huile sur toile de Joan **Miró** a été vendu **17 550 000 F** le 27 juin 1983 chez Christie's à Londres.

Dessin *le plus cher en vente privée*

Le prix le plus élevé pour un dessin est **10 000 000 F.** C'est à ce prix que la National Gallery de Londres a acheté, en 1962, le dessin de **Léonard de Vinci** (1452-1519), ***La Vierge et l'Enfant avec saint Jean Baptiste et sainte Anne.***

Des acheteurs américains auraient fait pour ce tableau trois offres de 18 000 000 F environ.

Dessin *le plus cher en vente publique*

Étude de nu, Cléopâtre, de **Rembrandt,** a été vendu **3 270 000 F** par Christie's à Londres, le 7 juillet 1981 au musée Getty de Malibu, Californie, U.S.A.

Estampe *la plus chère*

Le prix le plus élevé jamais obtenu pour une estampe japonaise est **600 000 F.** Ce prix a été atteint le 5 novembre 1981, par ***Oban Tate-E*** de **Chokiga,** vendu par Ader, Picard, Tajan, à Paris.

Estampes *série la plus chère*

Une série de 41 planches de ***Vues du mont Fuji*** d'**Hokusai** a été vendue **1 450 000 F** par les commissaires-priseurs Ader, Picard, Tajan, le 15 novembre 1979 à l'hôtel Drouot, Paris.

Gravure *la plus chère*

Le ***Minotauromachie*** de **Picasso** (1935) a été vendu **872 000 F** le 18 juin 1981 par Christie's à Londres.

Aquarelle *la plus chère*

Le prix le plus élevé obtenu pour une aquarelle est **1 460 000 F** pour une ***Vue de Venise*** de **Turner** vendue le 16 mars 1982 à Londres par Christie's.

Picasso dans son atelier, à coté d'un tableau de sa signature.

La Baigneuse : 20 350 000 F.

L'Attente : 27 676 000 F.

Mondrian, Composition : 11 150 000 F.

RECORDS DE PEINTURE 1982-1983

Artiste	Œuvre	Vente		Prix
Degas	*L'Attente*	26-05-83	Sotheby's, New York	27 676 000 F
Renoir	*La Baigneuse*	26-05-83	Sotheby's, New York	20 350 000 F
Monet	*Les Nymphéas*	26-05-83	Sotheby's, New York	19 536 000 F
Miró	*Le Port*	27-06-83	Christie's Londres	17 550 000 F
Cézanne	*Fleurs dans un vase*	26-05-83	Sotheby's, New York	15 466 000 F
Manet	*Roses dans un vase de verre*	26-05-83	Sotheby's, New York	11 396 000 F
Monet	*La Zaan à Zaandam*	26-05-83	Sotheby's, New York	11 396 000 F
Mondrian	*Composition*	27-06-83	Christie's Londres	11 150 000 F
W. de Kooning	*Two Women*	10-05-83	Christie's, New York	8 954 000 F
Mary Cassatt	*Lisant le Figaro*	17-05-83	Christie's, New York	8 140 000 F
Toulouse-Lautrec	*La Toilette, le repos du modèle*	31-03-82	Sotheby's, Londres	7 590 000 F
Mondrian	*Composition en gris-bleu*	30-03-82	Sotheby's, Londres	7 260 000 F
Pissaro	*Jardins potagers à l'hermitage*	30-06-82	Sotheby's, Londres	4 818 000 F
Klee	*Keramisch Mystich*	21-03-83	Christie's, Londres	4 462 000 F
Rivera	*Retrato de Raimon Gomez de la Serna*	17-05-83	Christie's New York	2 279 200 F
Signac	*Les Andelys, l'île à Lucas*	21-03-83	Christie's, Londres	1 987 200 F

Miniature *la plus chère*
Une miniature de J.A. **Laurent** a été vendue **1 265 000 F** le 6 mai 1981 chez Sotheby's à Genève.

Fresque *la première*
La première fresque est celle de Çatal Hüyük, en Anatolie, Turquie, qui date de **5 850 avant J.-C.**

Fresques *les plus grandes*
Une fresque de **13 000 m²** a été peinte *sur le sol* du drive-hill Hill-Crest de Ottawa, Canada, par les étudiants des beaux-arts.

La plus grande *peinture murale* mesure **210 m de long et 2 m de haut.** Elle est constituée de 108 panneaux réalisés d'après les dessins des enfants de la ville de Swansea, G.-B.

Mosaïque *la plus grande*
Les quatre murs de la bibliothèque de l'**université de Mexico** sont ornés d'une mosaïque représentant le passé préhispanique du pays.
Les deux plus grands murs ont **1 203 m² chacun.**

Icône *la plus chère*
L'icône la plus chère est **Le Jugement dernier** (Novgorod, XVIᵉ siècle), vendue **900 000 F** par Christie's, à Londres, le 17 avril 1980.

Musée *le plus grand*
Le plus grand musée du monde est **l'American Museum of Natural History,** à New York, fondé en 1874, avec 19 bâtiments qui communiquent et une superficie de **9 ha.**

En France
Le musée du **Louvre,** à Paris, a **4,8 ha** et 255 salles d'exposition.
Le Louvre a accueilli 2 645 640 visiteurs en 1982.

Musée d'art moderne *le plus grand*
Le **Centre national d'Art et de Culture Georges Pompidou** inauguré en 1977 a **1,7 ha** au sol.

Musée *le mieux doté*
Le musée **Paul Getty** de Malibu, Californie U.S.A., a reçu un don de **7 milliards de F** en janvier 1974. Ce musée comprend 38 salles.

Peintres *les plus prolifiques*
Picasso, de son vrai nom Pablo Diego José Francisco de Paula Juan Nepomuceno Crespin Crispiano de la Santissima Trinitad Ruiz y Picasso (1881-1973), a exécuté environ 13 500 tableaux et dessins, 100 000 lithos et gravures, 34 000 illustrations et 300 sculptures et céramiques.
On évalue cette production à **plus de 5 milliards de F.**

Morris Katz (né en 1932), de New York a vendu 110 600 portraits.

Portraitiste *le plus prolifique*
John Wismont, États-Unis, qui exerçait a Disneyland, a peint **45 423 aquarelles** dans sa carrière, dont 9 853 dans la seule année 1976.

Faux
Camille Corot (1976-1875), dont les tableaux *Le Colisée, Pont de Narvi, Souvenir de Mortefontaine,* etc., sont exposés au Louvre, est certainement le peintre le plus plagié.
On estime qu'au moins **30 000 faux Corot** sont en circulation.

SCULPTURE

Les premières
Un fragment de côte de bœuf découvert en 1973 à Pech-de-l'Aze (Dordogne), dans un site du paléolithique moyen **(105 000 avant J.-C.),** porte plusieurs traits gravés et on estime que ces marques n'ont pas été faites par hasard.

Une plaque d'ivoire gravée et enduite d'ocre rouge datant du paléolithique moyen a été découverte à Tata, Hongrie. Elle date de 100 000 ans avant J.-C.

Les premières sculptures que l'on connaisse sont les figurines dites de Vénus, de l'époque aurignacienne (25 000-22 000 avant J.-C.), c'est-à-dire la Vénus de Willendorf (Autriche) et la Vénus de Brassempouy (Landes).

La plus chère
Le musée Paul Getty, de Malibu, Californie, États-Unis, a acheté **19 500 000 F,** en 1977, à Londres, un **bronze du IVᵉ siècle avant J.-C.** attribué à l'école de Lysippe et découvert par des pêcheurs italiens en 1963 au large de Faro.

Record pour un artiste vivant
Le 21 mai 1982, ***Reclining figure,*** sculpture en bois de 110 cm de **Henry Moore,** a été vendue **8 800 000 F** chez Sotheby's Parke-Bernet, à New York.

Terre cuite *la plus chère*
Une statuette de 1,06 m de **Georges Foucou** (1739-1815), représentant deux femmes drapées à l'antique, a été vendue **250 000 F** le 18 mars 1981 à Paris, par Ader, Picard, Tajan.

Statues *les plus grandes*
La plus grande statue se tenant debout sans soutien se trouve sur la colline de Mamayex, à côté de Volgograd, U.R.S.S. C'est celle de la ***Mère Patrie,*** personnifiée sous les traits d'une femme.
Elle fut réalisée en béton précontraint en 1967 par Yevgenyi Vuchevitch pour célébrer la victoire de la

bataille de Stalingrad (1942-1943). La statue, de sa base au bout de l'épée qu'elle brandit de sa main droite, mesure **82,30 m.**

Le sculpteur suédois Calle Örnemark a réalisé près de Jönköping une statue, ***Le Tour de la corde indienne*** qui mesure **103 m** de haut, depuis les pieds du fakir, jusqu'au bout de la corde, et pèse 144 t.

La plus grande statue de l'Antiquité était une statue de Néron, on bronze doré, de 33 m de haut.

En France
La statue de Notre-Dame du **Sacré-Cœur** à Lyon, au Mas-Rillier, a **73 m de haut.**

Statue *la plus longue*
Près de Pamiyan, en Afghanistan, se trouvent les vestiges du **Bouddha couché**, de Sakya, construit en moellons de plâtre, qui devait mesurer environ **305 m de long** et qui date, pense-t-on, du IIIe ou du IVe siècle.

Sculpture *la plus grande*
La plus grande sculpture est sculptée sur **27,4 m de haut** dans la paroi de **Stone Mountain,** près d'Atlanta, Géorgie, U.S.A. Pour réaliser les généraux Davis, Lee et Jackson montés sur leurs chevaux, Roy Faulkner a passé 8 ans et 174 jours armé d'un chalumeau, avec l'artiste Walker Kirtland Hancock.

Si elle est un jour achevée, la sculpture la plus grande sera celle de Korczak Ziolkowski (1908-1982) qui a travaillé toute sa vie sur un projet de 170 m de haut et 195 m de long représentant Grazy Horse, chef des Oglala, dans le Sud-Dakota, U.S.A. Il a fallu déblayer 6 millions de t de pierre ; les narines du cheval auront 15 m de profondeur et 11 m de diamètre.

L'Obélisque de Washington D.C. mesure 169 m de haut.

Sculptures au sol *les plus anciennes*
Dans le désert de **Nazca,** au sud de Lima (Pérou), existent, dessinées sur le sol, des formes d'animaux et des figures géométriques, datant d'une époque située entre **100 avant J.-C.** et 700 après J.-C. Ces silhouettes avaient une fonction religieuse ou astronomique.

Totem *le plus haut*
Le totem le plus haut mesure **52,73 m.** Il a été dressé le 6 juin 1973 à **Albert Bay,** Colombie britannique, Canada. Il raconte l'histoire des Kwakiutl.
Il fallut 36 semaines pour le sculpter.

Menhirs *les plus hauts*
La plus haute pierre longue fichée dans le sol (menhir) est celle de **Mané-er-Grouk,** à Locmariaquer, Morbihan, France. Sa hauteur est de **23,50 m** et elle pèse plus de 320 t. Elle est brisée.

Le plus haut menhir debout mesure 12 m. C'est celui de Kerloas à Plouarzel, Finistère, France.

Pierre *la plus lourde*
La pierre la plus lourde serait un morceau de granit, partie d'un dolmen, aujourd'hui brisée, qui pesait **330 t au moins,** dite **la pierre de Gast,** Calvados, France.

Dolmens
Les dolmens sont des assemblages de pierres, certaines formant une galerie, d'autres une ou plusieurs chambres.

L'allée coudée de Locmariaquer, dans le Morbihan, France, a près de 30 m de long. La grosse pierre dite « la table des marchands » (12 × 4,50 m) pèse 60 t.

C'est le département de l'**Aveyron** qui a le plus de dolmens en France : 490 sur les 4500 recensés.

Mobile *le plus grand*
Le plus grand mobile, réalisé par Jerome Kirk, et intitulé **Quest,** a été installé à Redondo Beach, Californie, États-Unis, chez TRW. Il mesure **9,75 m** et pèse **5,500 t.** Le terme « mobile » a été créé en opposition à la sculpture « stabile » de Marcel Duchamp, en 1932.

Obélisques
(voir aussi chapitre *Constructions*).

Les obélisques – pierres d'un seul morceau – les plus hauts du monde sont pour la plupart égyptiens, à l'exception du record : celui de Washington D.C., qui mesure **169 m.**

Obélisque de Washington aux U.S.A. :	169 m
Obélisque de Karnak en Égypte :	29 m
Obélisque de Saint-Pierre à Rome :	26 m
Obélisque de la Concorde à Paris :	23 m

LANGAGE ET ÉCRITS

LANGAGE

Les premiers langages

Selon les plus récents travaux des anthropologues, la conformation de son pharynx ne permettait à l'homme de Neandertal qu'un langage rudimentaire digne d'un enfant en bas âge ou d'un singe.
L'homme de Cro-Magnon avait un organe vocal qui lui permettait un langage articulé (**40 000 avant J.-C.**).

Langage écrit

On peut retracer l'histoire de l'égyptien écrit jusqu'à 3 100 avant J.-C. La palette de Narmer gravée d'hiéroglyphes et datée de cette époque est encore utilisée dans les églises coptes plus de 5 000 ans plus tard.

Les hiéroglyphes ont été utilisés jusqu'en 394 de notre ère.

Des tablettes d'argile de la culture néolithique danubienne, datées de 4 000 ou 5 000 avant J.-C. et portant des symboles évoquant des arcs, des flèches, des barrières et des peignes ont été découvertes dans la vallée du Mures, en Roumanie, en 1966.

D'autres tablettes portant des inscriptions élamites et datant de 3 500 avant J.-C. ont été retrouvées en Iran en 1970.

Certaines pièces de monnaie provenant de Tepe Asiab et de Ganji-I-Dareh Tepe, datées de **8 500 avant J.-C.** ont également été retrouvées en Iran et sont donc bien antérieures aux tablettes.

Le chinois est aujourd'hui l'écriture en idéogrammes la plus ancienne.

Les plus complexes

Le langage considéré comme le plus complexe est le **chippewa** des Indiens d'Amérique du Nord (Minnesota), qui comporte 6 000 formes verbales.

Le **tillamook** des Indiens de l'Oregon est celui qui disposait du plus grand nombre de suffixes.

Le **tabassaran** (Daghestan, U.R.S.S.) possède 35 formes nominales.

Les **Esquimaux** utilisent 63 formes du temps présent et certains noms possèdent 252 inflexions possibles.

Le dictionnaire chinois Chung-wen Tà Tz'u-Tien en 40 volumes comporte 49 905 caractères différents.
Le quatrième ton du « i » (i^4) ne possède guère moins de 84 significations allant de « robe » à « licencieux » et « hoquet » et disposant pour l'écriture de 92 caractères différents.
Le caractère chinois le plus courant, « yà », se dessine en 32 traits et signifie « implorer » ou « fêter ».
Le caractère chinois le plus complexe est composé de 64 traits ; il se prononce « xié » et signifie « bavard ».

Les plus courants

On parle aujourd'hui dans le monde environ 5 000 langues et dialectes, dont 845 d'origine indienne.

La langue la plus parlée est le **chinois du Nord** ou mandarin. 68 % des Chinois l'utilisent, soit environ **695 millions de personnes** en 1983.
La langue « nationale » de Chine est le *guòryù,* ou pékinois standardisé.
Cette langue a été dotée en 1918 d'un alphabet de 37 lettres, et en 1958 on a introduit un guide de prononciation phonétique.

L'anglais, en 1981, était parlé par environ 400 millions de personnes dans 45 pays.

Apparition du français

La langue française n'a été parlée dans l'ensemble du pays qu'au **XIIIe siècle.**

Sons *les plus rares*

Le son le plus rarement prononcé est le **« r » tchèque,** qui n'existe pratiquement dans aucune autre langue. C'est le son que les enfants tchèques maîtrisent en dernier.

En Afrique du Sud, les Boschimans, dont la langue est l'ixo, utilisent un son qui s'articule avec un claquement simultané des deux lèvres.

Le « l » d'Allah, tel qu'on le prononce en arabe, n'existe pas ailleurs.

L'« Y » (ein), en hébreu, se déglutit au niveau de la gorge.

Son *le plus commun*

Le son que l'on rencontre le plus couramment est la **voyelle « a » ;** c'est le premier son distinct généralement prononcé par les bébés.

Polyglotte

Même si nos capacités maximales pour l'apprentissage des langues étaient exploitées, un être humain ne pourrait parler couramment plus de 20 à 25 langues à la fois ou posséder la connaissance de 40 langues au cours d'une seule vie.

Le plus grand polyglotte vivant est le Français **Georges Schmidt** (né à Strasbourg le 28 décembre 1914), ancien chef de la section de terminologie des Nations Unies à New York, qui a **traduit 66 langues et en parle couramment 31.**

Le polyglotte historiquement le plus célèbre fut le cardinal Mezzofanti (1774-1849), qui parlait couramment 26 ou 28 langues, et pouvait en traduire plus de 100.

Alphabet *le premier*
L'alphabet fit son apparition dans le Sinaï (entre **1 700 et 1 500 avant J.-C.**), détrônant les pictogrammes.
L'alphabet hébreu ancien est fondé sur le système consonantique de la langue sémitique.

La lettre la plus ancienne que l'on connaisse est le « o », apparu dans l'alphabet phénicien en 1300 avant J.-C.

Le plus long et le plus court
L'alphabet cambodgien comporte **72 lettres,** dont certaines inutilisées.

Le langage rotokas ne comporte que **11 lettres** (a, b, e, g, i, k, o, p, f, t et u).

Consonnes
Un langage du Caucase, l'obyx, possède **85 consonnes.** Le rotokas n'en a que 6.

Voyelles
En Estonie, bord de la glace se dit « jaaaarne » et s'écrit avec 4 « a » consécutifs.

Le voianai, langage du Para brésilien, n'utilise en tout que **7 voyelles.**

En français écrit, on trouve 5 « *a* » dans « abracadabrant » ; 6 « *e* » dans « dégénérescence » ; 6 « *i* » dans « indivisibilité » ; 4 « *u* » dans « turlututu ».
Les 5 premières voyelles se retrouvent toutes dans le mot « oiseau » (sauf « *y* »).

Lettres *les plus grandes*
L'inscription publicitaire *Readymix,* sur le sol de Nullarbor, en Australie, est écrite avec des lettres de **183 m de haut.**

Vocabulaire
L'**anglais** est la langue ayant le vocabulaire le plus étendu avec 490 000 mots de langage courant et 300 000 mots techniques soit **790 000 mots.**

Un individu normal utilise environ 5 000 mots dans son langage courant.

Verbes irréguliers
L'**espéranto,** inventé par Ludwig Zamenhof (1859-1917), de Varsovie, ne compte **aucun verbe irrégulier.**
Il devait permettre aux habitants de tous les pays du monde de se parler et de se comprendre dans une langue universelle.
L'espéranto est parlé actuellement (d'après les ventes de livres qui l'enseignent) par 1 million d'individus.

Le volapük, inventé par Martin Schleyer (1831-1912), avait précédé l'espéranto. Cette langue universelle n'avait, elle aussi, que des verbes réguliers.

Le swahili comprend 6 groupes de conjugaison et aucun verbe irrégulier.

Palindromes
Un palindrome est un mot que l'on peut lire indifféremment de la droite vers la gauche ou dans l'autre sens.

Le mot le plus long est *Siappuakivikauppais* (19 lettres) en finnois : marchand de savon.

Le *malagalam* est le nom de la langue parlée par les Mayali, au Kerala, dans le sud des Indes.

Certains fonts baptismaux en Grèce et en Turquie portent l'inscription circulaire suivante :
NI ON ANOMHMATA MH MONAN O IN
(25 lettres) signifiant :
« Ne lave pas seulement mon visage mais aussi mes péchés. »

La phrase « *Émile-Éric, notre valet, alla te laver ton ciré élimé* » compte 42 lettres.

Georges Perec a écrit dans son livre *La Clôture et autres poèmes,* un palindrome de **5 pages.**

Formule chimique *la plus longue*
La formule écrite de la protéine synthétase $AC_{1289}H_{205}N_{343}O_{375}S_8$ compte **1 913 lettres.**

Abréviations *les plus longues*
L'abréviation reconnue la plus longue est : **S.K.O.M.K.H.P.K.J.C.D.P.W.B.,** initiales de Syarikat Kerjasama Orang-orang Melayu Kerajaan Hilir Perak Kerana Jimat Cermat Dan Pinjaman Wang Berhad. En malais : Société coopérative d'épargne et de crédit du gouvernement malaisien du Bas-Perak à Teluk Anson, État de Perak, Ouest-Malaisie. En abrégé : « Skomk ».

Le vrai nom de la ville de Los Angeles s'écrit réellement en 55 lettres : El Pueblo de Nuestra Señora la Reina de los Angeles de Porciuncula, qui s'abrège en L.A. (3,65 % du nom entier).

Accents
Les accents furent introduits en France sous le règne de Louis XIII (1601-1643). Le mot contenant le plus grand nombre d'accents est **« hétérogénéité ».**

Un atoll situé dans le Pacifique, à 516 km au sud-est de Tahiti, porte le joli nom d'Hérétérétué.

Mot *le plus long*
On l'a rencontré en littérature dans une comédie d'Aristophane (448-386 avant J.-C.) :
En grec ce mot comprend 170 lettres mais il a été retranscrit en **182 lettres** de notre alphabet :
lopadotemachoselachogaleokranioleipsanodrimhypotrimmatosilphioparaomelitokatakechymenokichlepikossyphophattoperisteralektryonoptekephalliokligklopeleiogoiosiraiobaphetraganopterygon.
Ce mot définit un mets dont la composition inclut toutes sortes d'aliments de base allant de diverses viandes au miel, aux cornichons et à l'ouzo (boisson à base d'anis) ; la fricassée est composée de 17 ingrédients en tout.

TOPONYMIE

Noms de lieux *les plus longs*
Le nom officiel de **Bangkok,** capitale de la Thaïlande, est Krungthep Mahanakhon.
En entier ce nom s'écrit : Krungthep Mahanakhon Bovorn Ratanakosin Mahintharayutthaya Mahadilokpop Noparatratchathani Burirom Udomratchanivetmahasathan Amornpiman Avatarnsathit, Sakkathattiyavisnukarmprasit (en tout **167 lettres**).
Dans sa transcription littérale, ce mot arrive à totaliser 175 lettres.

LES MOTS LES PLUS LONGS	
Espagnol	*Superextraordinarisimo* (23 lettres) Très extraordinaire.
Français	Anticonstitutionnellement (25 lettres)
Croate	*Prijestolonasljednikovica* (25 lettres) Femme d'un héritier.
Italien	*Precipitevolissimevolmente* (26 lettres) Aussi vite que possible.
Portugais	*Inconstitucionalissimamente* (27 lettres) Très anticonstitutionnellement.
Islandais	*Haestaréttarmalaflutningsmaour* (30 lettres) Avocat de la cour suprême.
Russe	*Ryentgyenoelyektrokardiografichyeskogo* (33 lettres cyrilliques, 36 romaines) Du radioélectrocardiogramme.
Japonais	*Ryūgū-no-otohime-no-motoyui-no-kirihazushi* (36 lettres) Une algue.
Hongrois	*Megszentségtelenithetetlenségeskedéseitekért* (44 lettres) Pour vos actions inaliénables.
Turc	*Cekoslovakyalilastiramadiklarimizdanmiymissiniz* (47 lettres) Ne faites-vous pas partie de ce groupe dont nous disions qu'ils étaient incapables de tchécoslovaquiser.
Allemand	*Donaudampfschifflahrtselectricitaetenhauptbetriebswerkbauunterbeamtengesellschaft* (81 lettres) Le club pour les officiels subordonnés du Bureau principal des services d'électricité du bateau à vapeur du Danube (club de Vienne avant la guerre).
Hollandais	*Vrachtwagenaanhangerreserverechterachterbandventieldopdoosetiketetverfletteronderdeeltje* (86 lettres) Personnel de l'avion du service météo de l'aviation nationale.
Suédois	*Spårvagnsakbebolagsskensmutsskjutarefackföreningspersonalbeklädnadsmagasinsförrådsförvaltaren* (94 lettres) Directeur du dépôt des réserves d'uniformes du personnel des nettoyeurs de rail de l'Union de la compagnie du tramway.

Le nom de lieu le plus long employé actuellement est attribué à une colline située dans la baie de Hawke, sur une île de Nouvelle-Zélande.
Son nom s'écrit en 85 lettres : Taumatawhakatangilhangakoananotamatea (turipukakapikimaungahoronuku) pokaiwhenua kitanatahu.
En maori, cela signifie :
« Colline où Tamatea, voyageur et navigateur, joua de la flûte pour sa bien-aimée. » La version officielle de ce nom ne compte que 57 lettres (de 1 à 36 et de 65 à 85).

Ijouaououene, au Maroc, s'écrit en français avec 8 voyelles consécutives.

En France
En France, Saint-Rémy-en-Bourzemont-Saint-Genest-et-Isson est le lieu-dit le plus long (département de la Marne). Il compte **38 lettres.**

Noms de lieux *les plus courts*
Le village danois « **A** », sur l'île de Fyn, et un autre « A » en Norvège, qui se prononce « O ».

Encore un « **A** » en Suède et un « **U** » dans les îles Carolines du Pacifique.

Une ville du nom de « **6** » a existé en Virginie, États-Unis.

En France
« **Y** » est un village français (143 habitants) qui porte ce nom depuis 1241.

Le plus courant de France
En France on compte 250 lieux-dits recensés dans l'annuaire des communes dont le nom commence par **Saint-Martin.**

Nom de gare
Le plus long nom de gare s'écrit en **58 lettres** et se trouve au pays de Galles :
« Llanfairpwllgwymgyllgogerychwyrndrobwllllantysiliogogogolh. »
Sa signification est la suivante : « Église de Sainte-Marie au creux des noisetiers blancs, près du tourbillon rapide, auprès de la grotte rouge de Saint-Tysilio. »
On raccourcit officiellement ce mot à 20 lettres.

NOMS ET PRÉNOMS

Nom de personne *le plus ancien*
Le nom le plus ancien qui soit parvenu jusqu'à nous est celui d'un roi qui régna en Haute-Égypte à une époque antérieure à **3 050 avant J.-C.** Son nom, représenté en hiéroglyphes par un scorpion, était peut-être Sekken.

Prénom *le plus long*
Le plus long prénom compte **622 lettres.** M. Scott Sör-Lökken de Missoula, Montana, U.S.A a choisi de le donner à sa fille S. Ellen, née en 1979. La lettre « S » est l'abréviation d'un prénom de 598 lettres inventé pour troubler les ordinateurs de l'administration.

Prénoms *le plus grand nombre*
L'arrière-arrière-petit-fils de Charles III d'Espagne : Don Alfonso de Bourbon y Bourbon (1866-1934), avait reçu **89 prénoms** à son baptême, dont certains doubles.

Nom de famille *le plus long*
Un homme né à Bergerdorf, près de Hambourg, en Allemagne, le 29 février 1904, porte le nom suivant : Adolphe Blaine Charles David Earl Frederick Gerald Hubert Irvin John Kenneth Lloyd Martin Nero Oliver Paul Quincy Randolph Sherman Thomas Uncas Victor William Xerxès Yancy Zeus Wolfeschlegelsteinhausenbergerdorff, senior.
Pour les administrations il n'utilise que ses second et huitième prénoms et les 35 premières lettres de son nom de famille. Son nom en entier comporte **590 lettres.** Il vit à Philadelphie, aux États-Unis, et abrège son nom ainsi : M. Wolge + 585 senior.

Nom de famille *le plus court*
Le nom de famille d'une seule lettre le plus courant est « **O** » qui se trouve 12 fois dans les annuaires belges et a la grâce d'apporter le plus de difficultés aux ordinateurs.

Toutes les lettres de l'alphabet, sauf le Q, sont utilisées comme nom de famille aux États-Unis.

Noms de famille *les plus répandus*
En Chine, le nom « **Chang** » est attribué à un grand nombre de familles : de 9,7 % à 12,1 % de la population.
On compterait donc environ 104 millions de « Chang » selon les statistiques les plus basses.

En France
On compte actuellement environ 250 000 noms de famille en France.
Celui que l'on rencontre le plus fréquemment est

Martin (porté par 168 000 familles), suivi de Lefèvre (Lefèbvre), Bernard et Petit.

Noms de famille *dans un même village*
Dans le village de Charbonnières, Suisse, qui comptait 350 habitants en 1787, on ne relevait que **2 noms de famille.** 309 habitants portaient le nom de **Rochat** et tous les autres celui de **Golay.**

Nom de famille *fabriqué*
Aux États-Unis, une course au dernier nom dans la liste des annuaires locaux a donné lieu à des extravagances (cela favoriserait certains bénéfices commerciaux dus à la publicité).
Commençant donc par la lettre Z, M. Zachary **Zzzzzzzzzzra,** de San Francisco, semble le mieux réussi. Dernier inscrit dans l'annuaire de Madison, Wisconsin : M. Hero Zzyzzx (que l'on prononce « Ziz-icks »)

Familles *les plus anciennes de France*
Les quatre familles françaises les plus anciennes sont la famille royale de France (Capétiens), dont la filiation prouvée remonte à 852, les *Rochechouart* (de Poitou), à 980, les *La Rochefoucault* (d'Angoumois), à 1019, les *Montesquiou-Fezensac* (d'Armagnac), à 1050.

MISSIVES ET SIGNATURES

(Voir aussi chap. *Insolite.*)

Autographes *collection*
Robert Levieuge, postier à Marçon, a une collection d'autographes unique en son genre.
Elle comprend des **milliers de signatures** dont celle de l'empereur d'Éthiopie Haïlé Sélassié. Chacun des autographes est adressé à M. Levieuge en personne.

Cartes de vœux *le plus grand nombre*
M. W. Erhard de San Francisco, U.S.A., a envoyé **62 824 cartes** de vœux en décembre 1975.

Cartes de vœux *économie*
Mme Amelia Finch (née le 18 avril 1912) du New Jersey, États-Unis et M. Paul Warburgh (né le 1er février 1902) de Fluntington, New York, utilisent **depuis le 1er février 1927 la même carte** pour leurs anniversaires respectifs.

Carte postale *la plus petite*
M. Yves Merminod de Neuchâtel, Suisse, a reçu une carte timbrée de **2,5 × 3,5 cm,** représentant le dôme de Florence.

Correspondants *les plus fidèles*
La correspondance entre Mme E. Darlington, en Angleterre, et Mme Gertrude Walker, en Australie, dure **depuis le 5 janvier 1906.**

Destinataire *le plus favorisé*
Le joueur de baseball américain Hank Aaron reçut **900 000 lettres** en une seule année d'après le service postal qui le desservait (juin 1979).
Un tiers étaient des lettres d'injures des admirateurs de Babe Ruth, qu'il avait battu.

Missives *les plus longues*
Mme Jacqueline Jones, de Sindale (Texas), a mis huit mois pour écrire une lettre de **1 113 747 mots** à sa sœur, Mme Jean Stewart, à Springfield, dans le Maine, États-Unis.

M. Parikh, étudiant au Gujarat, Inde, a écrit en 1979 la lettre d'amour la plus longue du monde : 1 825 m de long. Elle contenait 610 266 mots, et il lui a fallu 181 jours pour la rédiger.

Missive *la plus brève*
La correspondance la plus brève fut celle échangée entre Victor Hugo (1802-1885) et son éditeur en 1862. Le célèbre auteur, se trouvant en exil, était pressé d'avoir des nouvelles de la vente de son dernier roman, *Les Misérables* :« **?** » écrivit-il. La réponse fut : « **!** ».

Victor Hugo a envoyé la missive la plus brève.

TEXTES ANCIENS

Texte *le plus ancien*
Le texte le plus ancien que l'on connaisse est un **écrit sumérien** en caractères pictographiques cunéiformes.

Le premier papyrus sumérien écrit en araméen fut découvert au nord de Jéricho et date de 375 à 335 avant J.-C.

En France
Le premier texte écrit en français est la *Vie de saint Alexis,* qui date de **1040.**

Bible *la plus ancienne*
Les rouleaux de la mer Morte (cuir et papyrus), découverts en 1952 à Qumran, comprennent certains fragments datant de **225 à 220 avant J.-C.**

Les textes bibliques les plus anciens en hébreu datent de 70 avant J.-C.

La Bible reconnue comme la plus ancienne est le *Codex Vaticanus,* rédigé en grec datant d'avant l'an 350, qui se trouve au musée du Vatican à Rome.

Encyclopédie *la plus ancienne*
L'encyclopédie la plus ancienne fut écrite par Speusippus (408-338 avant J.-C.), neveu de Platon, à Athènes, en **370 avant J.-C.**

En France
L'*Encyclopédie* de Diderot fut commencée en **1745.** Passionnés par cette entreprise, Diderot et d'Alembert, aidés par Voltaire, Montesquieu et Rousseau, rassemblèrent ainsi des textes désormais considérés comme des chefs-d'œuvre de la littérature.
De 1751 à 1772 Diderot fit paraître 17 volumes in-folio et 11 volumes de planches. Par la suite, vers 1777, 5 volumes s'y ajoutèrent (sans la collaboration de Diderot), puis, en 1780, 2 autres volumes.

Impression *la plus ancienne*
Un rouleau en bois ou *sutra* coréen fut trouvé en octobre 1966 dans les fondations de la pagode de Pulkuk Sa, en Corée. On estime qu'il date de l'an **704.**

En novembre 1973, on a annoncé la découverte d'un livre de poèmes de la dynastie Tang, datant de 1160. C'est l'université de Yonsei, en Corée, qui a fait état de ces impressions sur métal.

Impression mécanique *la plus ancienne*
On admet généralement que le premier livre entièrement imprimé par un procédé mécanique est la Bible imprimée en **1455** (environ) par Gensfleisch Zur Laden, dit Gutenberg (1398-1468).
Selon certaines recherches effectuées en 1967, une grammaire latine *Donatus* avait été imprimée sur papier vers 1450.
La date la plus exacte que l'on connaisse est l'impression d'un psautier exécuté le 14 août 1457 par Johan Fust et Peter Schöffer, assistants de Gutenberg.

En France
L'imprimerie la plus ancienne fut installée à la Sorbonne (lorsque la Sorbonne était encore un lieu d'études théologiques) en **1469.** Le roi Louis XI avait fait venir trois imprimeurs allemands.

Carte géographique *la plus ancienne*
La carte la plus ancienne est une tablette d'argile représentant l'Euphrate dans son parcours à travers le nord de la Mésopotamie (Irak), datant de **3 800 avant J.-C.**

La première carte imprimée mécaniquement *Libri Etymologiarium,* fut réalisée par Isidore de Séville en **1472.**

Plan *le plus ancien de France*
Le plan de Paris le plus ancien date de **1550.** C'est une gravure sur bois exécutée par Truschet et Hoyau. Son excellent état de conservation et son ancienneté en font une œuvre rarissime.
Il a été assuré pour près de 10 000 000 de F, lors de son transfert à Paris pour une exposition. Il appartient actuellement à l'université de Bâle.

VENTE AUX ENCHÈRES

Atlas *le plus cher*
L'atlas le plus cher a été vendu à Londres chez Sotheby's pour **3 080 000 F.**
C'était un atlas Mercator d'Europe. Cette vente a eu lieu le 13 mars 1979.

Gutenberg est le créateur de l'impression mécanique.

Première impression mécanique : une page de la Bible de Gutenberg.

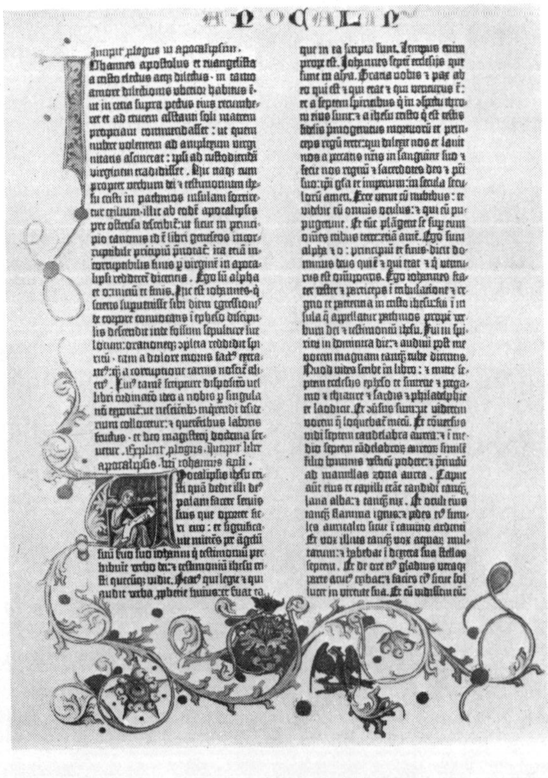

Autographe
Le prix le plus élevé du vivant du signataire est **59 190 F,** le 22 janvier 1981, pour une lettre de félicitations du président Ronald Reagan à Frank Sinatra.

Le 12 août 1982, une photo dédicacée d'Al Capone a été achetée 33 250 F par Barry Hoffman.

Carte *la plus chère*
Une carte de la Mason Dixon Line, entre la Pennsylvanie et le Maryland, réalisée de 1763 à 1767, a été vendue **2 376 000 F,** le 1er avril 1982 par Christie's à New York.

Document *le plus cher*
Une des 16 copies du *Traité d'Indépendance,* imprimé en 1776 à Philadelphie par Samuel T. Freeman & C° a été vendue **2 681 000 F** le 22 avril 1982.

Livre imprimé *le plus cher*
Une Bible de Gutenberg imprimée en 1454 à Mayence, en Allemagne, a été achetée **9 000 000 de F** à New York le 7 avril 1978 chez Christie's par le gouvernement du Bade-Wurtemberg, Allemagne.

Il subsiste à l'heure actuelle dans le monde 21 exemplaires de cet ouvrage.

En France
Le 20 mai 1980, à l'hôtel Drouot, Paris, Ader, Picard, Tajan, ont vendu la première édition *in-folio* de Shakespeare publiée en 1623, pour **1 550 000 F.**

Manuscrits *le plus cher*
Le manuscrit complet le plus cher est le *Codex Leicester,* recueil de notes de cosmologie de 36 pages de Léonard de Vinci, compilé en 1507, vendu **22 000 000 de F** chez Christie's à Londres le 12 décembre 1980.

En France
Un manuscrit datant de 1403, de l'œuvre de Boccace, *Des Cas des nobles hommes et femmes,* illustré de 49 peintures du Maître des Heures de Boucicaut, a été vendu pour **3 800 000 F** par Ader, Picard et Tajan à l'hôtel Drouot, Paris, le 20 mai 1980 à un libraire new-yorkais.
Il n'existe au monde que 2 manuscrits antérieurs du même ouvrage.

Un manuscrit du XIXe siècle *Sacramentaire de la cathédrale d'Augsbourg* a été vendu **3 653 000 F** le 21 juin 1982 par Sotheby's à Londres.

LIVRES

Bande dessinée *la plus petite*
Le petitzoïde, tiré à 500 exemplaires (44 pages) mesure **5 cm × 6,8 cm.**

Bande dessinée *la plus grande*
M. René Carpentier a réalisé le 26 juin 1983 à Aubigny, Vendée, une bande dessinée de **185 m de long.**

Livre *le plus grand*
Le plus grand livre publié dans l'histoire de l'édition mesure **2,74 × 3,97 m** et pèse 252,600 kg.

C'est un ouvrage de 300 pages intitulé *Super Book.* Il a été édité à Denver, Colorado, États-Unis, en 1976.

Livre *le plus petit*
Le plus petit livre vendu dans le commerce est un livre pour enfants de **1,4 × 1,4 mm,** racontant l'histoire de la fourmi « Ari » et publié à 200 exemplaires en juin 1980 à Tokyo, Japon, par Asao Hoshio.

Dictionnaire *réalisation la plus longue*
Le dictionnaire allemand *Deutsches Wörterbuch,* commencé par les frères Grimm en 1854, ne fut terminé qu'en 1971 soit **117 ans** plus tard. Il comporte 34 519 pages et 33 volumes. Il est vendu 12 000 F.

Edition *la plus rapide*
L'équipe du *New York Times* a publié un livre dans le temps record de **46 h 30** de la réception du manuscrit à l'envoi à l'imprimerie, du 27 au 29 février 1980.
Ce livre de 96 pages, intitulé *Miracle sur la glace,* relatait les exploits de l'équipe de hockey américaine aux jeux Olympiques.

Encyclopédie *la plus grande*
La *Encyclopedia Universal Illustrada Europeo-Americana* publiée chez J. Esposa à Madrid totalise 105 000 pages, 70 volumes, 10 annexes et suppléments annuels, et **165 000 entrées.**

En France
La *Grande Encyclopédie Larousse* comprend 20 volumes et un index de 17 000 entrées qui renvoie à 400 000 références et 8 000 sujets. L'index du supplément 1981 (qui constitue le 22e volume) comporte **18 500 entrées.**
En janvier 1983, elle était vendue 7 392 F.

La Grande Encyclopédie Larousse a 20 volumes.

Rédaction *la plus longue*

Acta Sanctorum est un livre qui devrait traiter du saint du jour. Il a été commencé en 1643 par Jean Bolland. On aborda le mois de novembre en 1925 et une introduction au mois de décembre fut publiée en 1940, **297 ans** plus tard.

Poème *le plus long*

Les *Chants épiques kirghizes,* publiés en 1958, se déroulent sur plus de 500 000 vers.

Le *Mahabharate,* écrit en Inde de 400 à 150 avant J.-C., a 220 000 vers.

Le Canadien Roger Brien a écrit un poème de **262 008 vers,** *Prométhée, dialogues des vivants et des morts.*

Roman *le plus long*

Le roman le plus long est ***Les Hommes de bonne volonté*** en **27 volumes,** écrit par Jules Romains entre 1932 et 1946.

A la recherche du temps perdu, de Proust, ne compte que 15 volumes.

Un quotidien japonais publie depuis 1951 un feuilleton intitulé *Tokuga-Wa leyasu,* de Sohachi Yamaoka.
Lorsqu'il sera terminé, ce feuilleton représentera en tout 40 volumes.

Biographie *la plus longue*

La biographie de sir Winston Churchill par son fils Randolph (4 832 pages) et Martin Gilbert (12 480 pages) compte actuellement **7 620 000 mots.**

BEST-SELLERS

Tirages *les plus grands du monde*

La **Bible** est l'ouvrage le plus distribué dans le monde. Certains passages ont été traduits en 1763 langues. (Lénine n'a été traduit qu'en 222 langues.)
On estime que, de 1815 à 1975, la Bible a été tirée à environ **2,5 milliards d'exemplaires.**
L'United Bible Societies (couvrant 150 pays) a distribué 10 883 159 bibles complètes au cours de l'année 1983.

On estime que 800 millions d'exemplaires du *Petit Livre rouge* ont été vendus ou distribués de juin 1966 à 1971.

La Vérité qui mène à la vie éternelle, publiée par les témoins de Jéhovah, a été distribuée, par des circuits non commerciaux, à 102 millions d'exemplaires en 116 langues.

Livre Guinness des Records

Le livre d'auteur le plus vendu de tous les temps est le ***Livre Guinness des Records,*** édité pour la première fois en septembre 1955 par la Brasserie Guinness et rédigé par Norris McWhirter (né le 12 août 1925) et son jumeau Ross (assassiné le 27 novembre 1975).
L'ouvrage existe actuellement en 24 langues et les ventes totales dépassaient **45 millions d'exemplaires** en mai 1983.

En France

Depuis sa parution en France en 1976, le *Livre Guinness des Records* a été vendu à **1 500 000 exemplaires.**

Roman *le plus vendu*

Le roman le plus vendu est ***La Vallée des poupées*** (publié en mars 1966), de Jacqueline Susan, qui atteignait **26 580 000 exemplaires** au 1er mai 1982.
Au cours des six premiers mois, 6,8 millions d'exemplaires avaient été vendus.

En France

Le Grand Meaulnes d'Alain-Fournier (1886-1914) est le livre le plus vendu : plus de **7 000 000 exemplaires** (dont 3 100 000 en Poche).

L'Étranger de Camus (1913-1960) a été vendu à 4 468 900 exemplaires en Poche uniquement.

Best-sellers 1983 en France

Essai

Toujours plus de François de Closets a été vendu à **1 150 000 exemplaires.**

Roman

L'ouvrage en 2 tomes de Jeanne Bourin, ***La Chambre des dames*** et ***Le Jeu de la tentation*** a été vendu à **983 000 exemplaires.**

Dictionnaire

Le ***Petit Larousse*** illustré et en couleurs s'est vendu à **1 000 000 exemplaires** en 1982.
Le Petit Larousse 1982 comporte 75 700 articles.

Bande dessinée *la plus vendue en France*

La bande dessinée la plus vendue est ***Astérix*** de Uderzo et Goscinny : **5 600 000 exemplaires** en 1982 dont 2 200 000 en France.

Le petit personnage d'Astérix est célèbre dans le monde entier.

AUTEURS

Auteur *le plus jeune*
Dorothy Straight, États-Unis, a publié un ouvrage – *Comment le monde a commencé* – en 1962, à l'âge de **5 ans.**

En France
Minou Drouet a publié des poèmes en 1955, à **8 ans.**

Auteur *le plus âgé*
Maurice Genevoix a terminé ses mémoires, *Trente mille jours,* à **90 ans.**

Auteurs *les plus prolifiques*
Lope de Vega (1562-1635), écrivain espagnol, a écrit **1 800 comédies.**

L'écrivain anglais **Franck Richards** (1875-1961), a créé Billy Bunter, personnage de bandes dessinées. En 1908 il travaillait sur plusieurs bandes en même temps et produisait 80 000 mots par semaine. Au cours de sa vie, il a écrit 100 millions de mots.

Katherine Lindsay (1903-1973) Afrique du Sud, a écrit 904 romans publiés.

A l'époque où l'on écrivait à la plume d'oie, l'écrivain polonais **Josef Ignacy Kraszewski** a écrit plus de 600 volumes de romans et d'ouvrages historiques.

Soho Tokutomi (1863-1957) a écrit l'histoire *Kinsei Nippon Kokuminshi* en 100 volumes, 429 425 pages.

En France
Victor Hugo a écrit 153 837 vers.

Voltaire a écrit plus de 20 000 lettres, dont 1 000 au seul d'Argental.

Alexandre Dumas père a publié 260 volumes.

Saint-Simon a décrit 8 500 personnalités de son temps.

Balzac a imaginé 2 000 personnages (Zola, 1 200).

Sacha Guitry a écrit 125 pièces.

Georges Simenon (né en 1903), écrivain belge, créateur de l'inspecteur Maigret, a écrit 212 romans signés de son nom dont 80 « Maigret » et 132 romans « durs ». Il a aussi écrit 300 autres romans sous 17 pseudonymes. 52 de ses romans ont été adaptés au cinéma, 256 à la télévision et il est traduit en 55 langues.

Auteur *le plus payé*
En 1958, Mme Deborah Schneider, de Minneapolis, Minnesota, États-Unis, a écrit 25 mots pour trouver le meilleur slogan pour les voitures Plymouth. Elle a gagné le premier prix parmi 1 400 000 participants, soit une rente mensuelle de 2 500 F à vie. En se basant sur une espérance de vie normale on peut estimer qu'elle a gagné **60 000 F par mot.**

A-valoir
L'éditeur Weidenfeld a versé **17 000 000 F** en février 1983 à John Ryle pour la biographie de Mick Jagger (né en 1943).

Traducteur *le plus rapide*
M. Salim Wakim a traduit de l'anglais en arabe 70 000 mots, soit **240 pages** dactylographiées, **en 72 heures,** du 4 au 7 juin 1980.

Lope de Vega a écrit 1 800 comédies.

Auteurs *les plus vendus*
En 1953, les œuvres de **Staline** avaient été vendues à **672 058 000 exemplaires,** en 101 langues.

Erle Stanley Gardner, États-Unis (1889-1970), est l'auteur le plus vendu au monde. Au 1er janvier 1983, il avait vendu **315 954 955** exemplaires dans 37 langues.

La femme écrivain la plus vendue est **Agatha Christie** (1890-1976), qui a vendu 87 romans policiers à **300 000 000 exemplaires** dans 103 langues.

Agatha Christie a vendu 87 romans policiers à 300 000 000 ex.

Actuellement, la femme écrivain la plus vendue est **Barbara Cartland,** auteur de romans à l'eau de rose dont les ventes atteignent **300 000 000 exemplaires** pour 344 romans dans 18 langues.
Elle est aussi la grand-mère de Lady Di !

Le premier auteur de romans policiers de langue française est **Frédéric Dard,** né en 1921, qui, sous la signature de San Antonio, a vendu **94 652 000 exemplaires** (1er janvier 1980). Son plus grand succès est *l'Histoire de France vue par San Antonio,* avec un tirage de 1 915 000 exemplaires.

Auteur *le plus populaire*
Selon un sondage, l'auteur français le plus populaire est **Molière,** suivi de Hugo puis de Balzac.

Académicienne *la première*
La première femme académicienne est **Marguerite Yourcenar** qui a été accueillie sous la coupole le 22 janvier 1981 à l'âge de 78 ans.
Elle est l'auteur de nombreux ouvrages, dont les *Mémoires d'Hadrien* et *L'Œuvre au noir.*

Académicien *le plus jeune*
Jean d'Ormesson, né le 16 juin 1925, est le plus jeune académicien.

Académicien *le plus âgé*
Jacques de Lacretelle est né le 14 juillet 1868. Il a 96 ans.

Barbara Cartland, la reine de « l'eau de rose ».

Marguerite Yourcenar est la première académicienne.

Jean d'Ormesson, académicien le plus jeune.

Frédéric Dard a vendu 94 652 000 livres.

MAGAZINES ET JOURNAUX

Le plus ancien existant

Le plus ancien périodique est *Philosophical Transactions of the Royal Society* qui paraît régulièrement à Londres depuis le 6 mars **1665.**

Les plus anciens *disparus*

Les tablettes gravées romaines *Acta Divorna Populi Romani* sont certainement le premier organe d'information périodique du monde.

En France

Le plus ancien journal français est *Les Nouvelles ordinaires de divers endroits,* lancé en *janvier 1631,* immédiatement absorbé par son concurrent nouveau du 30 mai **1631,** *La Gazette,* de Théophraste Renaudot.

Le premier quotidien français fut le *Journal de Paris,* lancé le *1er janvier 1777.*

Les plus anciens *existants*

Le journal le plus ancien qui existe encore est le journal suédois officiel *Post och Inrikes Tidningar,* fondé en **1645** par l'Académie royale des lettres.

La *Feuille d'Avis de Neuchâtel* est paru pour la première fois le 2 octobre **1738.**

En France

Le Journal de la Corse a vu le jour en **1814.** Il est encore tiré à 4 900 exemplaires.

Magazines, *tirages*

Le journal américain de télévision *TV Guide* a été le premier à dépasser **1 milliard de ventes par an,** en 1974.
Le chiffre moyen de vente (juillet-décembre 1982) a été de **17 260 297 exemplaires par semaine.**

Le Reader's Digest (fondé en février 1922) vend à **31 145 000 exemplaires par mois** (17 750 000 aux États-Unis) dans 6 langues et 40 éditions internationales.

Le supplément en couleur *Parade* distribué avec 133 journaux américains chaque dimanche tirait à **21 575 177 exemplaires par semaine** en mars 1982.

En France

Le premier hebdomadaire est *Télé 7 jours* qui vend **3 100 000 exemplaires par semaine.**

Le premier mensuel féminin français est *Modes et Travaux,* avec un tirage moyen de **1 584 000 par mois** en 1982.

Le premier mensuel pour enfants en France est *Picsou Magazine* avec un tirage de **400 000 exemplaires par mois** en 1982.

Quotidiens, *tirages*

Le premier journal à avoir atteint un tirage d'un million est *Le Petit Journal* en 1886. Ce journal était vendu 5 centimes en France.

Le tirage le plus fort pour un quotidien est celui du journal japonais *Yomiuri Shimbun* (fondé en 1874) qui a atteint **14 015 723 exemplaires par jour** le 1er avril 1983. (9 038 504 pour l'édition du matin et 4 977 219 pour celle du soir).

Chaque matin 5 millions de lecteurs allemands achètent le journal à scandale *Bild Zeitung.*

Nantes
détente et gaieté pour tous
Le livre des vacances 1983
256 pages 12 F seulement
ouest france
Vidéo : la crise aussi...
Tabac
La course d'obstacles d'Edouard Leclerc
La guerre irako-iranienne
Les menaces «pétrolières» de Téhéran
Bras de fer pour le prix du « Figaro »
Robert Hersant poursuivi pour hausse illicite
La mort de René Fallet
Orages : désastre pour les vins de Bourgogne à Vosne-Romanée
Agriculture
Offices par produits : les « syndicats paysans » en contestent la composition
Liban
Gemayel suggère un référendum
L'innocent du village
Hinault reprend aujourd'hui à Callac

Ouest France : 9 500 ex.

400 000 ex. par mois.

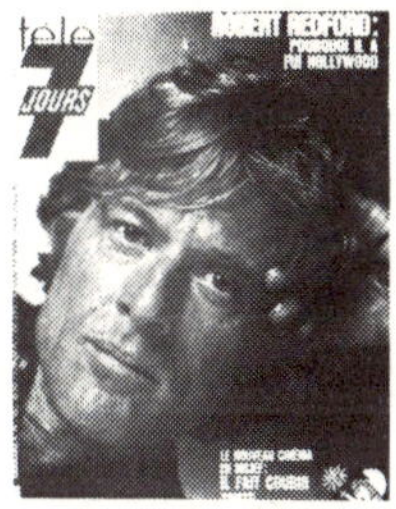

3 100 000 ex. par semaine.

1 584 000 ex. par mois.

31 145 ex. par semaine.

Ce quotidien bat tous les records européens : le plus petit prix (0,70 F), pour le plus fort tirage et le plus grand nombre de lecteurs.

En France

Le premier quotidien français, *Ouest-France,* a un tirage moyen de **900 500 exemplaires par jour.**
Le plus gros tirage, 1 011 796 exemplaires, a eu lieu le 27 avril 1981.

Le plus lourd

Le *New York Times* du dimanche 13 novembre 1977 pesait **3,740 kg.**
Il comprenait 15 livrets et 1 036 pages dont 1 200 000 lignes de publicité.

Le plus grand format

Constellation, publié aux États-Unis en 1859 à l'occasion de la fête nationale du 4 juillet, mesurait **180 × 89 cm.**

Les plus petits

Le *Daily Banner* (25 c par mois) de Roseberg, Ohio, États-Unis, mesurait **7,6 × 9,5 cm.**

Aujourd'hui, le plus petit journal est *Le Petit Format* qui mesure 7,5 × 10,5 cm, et pèse 5 g.

Tiré à 200 exemplaires, il est édité par Marie Morel à Apt, Vaucluse, et l'abonnement coûte 15 F.

Le plus grand nombre

Les **États-Unis** comptent actuellement **1 730 journaux** en langue anglaise (61 430 745 numéros par jour).

Le chiffre maximal a été atteint en 1910 lorsqu'il y avait 2 202 journaux aux États-Unis.

Lecteurs

Les Suédois achètent **564 journaux pour 1 000 habitants.**

Publication *la plus grande*

C'est une collection du *British Parliamentary Papers,* en **1 200 volumes.**

Le tout pèse 3,300 t et coûte 250 000 F. Il faudrait six ans pour en terminer la lecture, même en y consacrant 10 heures par jour.

Sa reliure a exigé la peau de 34 000 chèvres indiennes et 150 000 F d'or.

Coquilles

Le record de coquilles appartient au journal anglais *The Times* du 22 août 1978, où on pouvait relever **97 coquilles sur 10 cm** d'une seule colonne, page 19. Le passage concernait le « Pap » Paul VI.

La page de publicité *la plus chère*

Une page 4 de couverture en quadrichromie du magazine américain *Parade* (tirage 21,5 millions par semaine) coûtait **1 617 455 F** en mars 1983.

Le record pour une simple page couleurs dans un périodique est de **1 580 455 F** dans *Parade.*

Le record pour une page dans un quotidien est 1 035 000 F pour l'édition du matin du *Yomiuri Shimbun* de Tokyo et 805 000 F pour celle du soir.

En France

La page la plus chère dans un quotidien français est une page dans *Ouest-France* du samedi, qui coûte 279 065 F en noir et blanc et **341 005 F** en couleurs.

Annonce publicitaire *la plus chère*

La plus grande dépense pour une seule parution dans un périodique est **23 700 000 F,** par Gulf and Western Industries dans le *Time Magazine* du 5 février 1979 (plusieurs annonces).

Annonce publicitaire la plus célèbre

L'annonce des jeans **Buffalo** a été la plus célèbre en 1983, elle a été utilisée comme symbole par les « sexistes » contre les « féministes ».

Chiffre d'affaires

Le chiffre d'affaires du service de publicité de l'édition américaine du *Reader's Digest* pour le mois de novembre 1982 s'élevait à **109 000 000 F.**

BIBLIOTHÈQUES

Les plus grandes

La plus grande bibliothèque du monde est l'**United States Library of Congress** (bibliothèque du Congrès américain), fondée le 24 avril 1800.

En 1982, elle contenait 79 762 191 ouvrages. Le bâtiment s'étend sur 26 ha avec **856 km de rayonnages.**

La plus grande bibliothèque municipale est la New York Public Library (fondée en 1895) avec une superficie de 4,8 ha et 141 km de rayonnages.

Elle possède 10 722 561 volumes, 12 467 936 manuscrits et 350 234 cartes.

En France

La **Bibliothèque nationale,** à Paris, « emprisonne » 10 millions de livres, 300 000 titres de périodiques, 12 millions d'estampes (la plus grande collection du monde), 800 000 cartes et plans, un million et demi de livres et brochures de musique, 100 000 affiches, des milliers de photographies, 600 000 pièces de monnaie. C'est l'ordonnance de Montpellier de 1537 qui lui attribue un exemplaire de toutes les publications faites en France. Ses 4 étages et ses **38 km de rayonnages** sont réservés aux chercheurs de haut niveau.

La bibliothèque Mazarine publique est la plus ancienne de France.

La plus ancienne *de France*

La **bibliothèque Mazarine,** à Paris, est la plus ancienne bibliothèque publique, après avoir été la bibliothèque personnelle de Mazarin.

Installée à l'Institut de France, elle est ouverte à tous.

La plus fréquentée *de France*

La **Bibliothèque publique d'information** du Centre Pompidou, à Paris, reçoit jusqu'à 17 000 visiteurs par jour. En 1982, elle a reçu **4 113 396 visiteurs.**

Elle est ouverte à tous et l'accès aux livres est libre.

Elle a une « salle d'actualité » où l'on peut feuilleter la presse française et internationale.

Droit de garde de livre

Le 7 décembre 1968, Richard Dodd a rapporté à la bibliothèque médicale de Cincinatti, États-Unis, un ouvrage emprunté par son arrière-grand-père en 1823.

Il a été dispensé de l'amende, qui se montait à **11 320 F.**

MUSIQUE

Origines

La plus ancienne notation musicale du monde dont nous ayons connaissance est illustrée par une gamme déchiffrée en 1966-1967 par le Dr Duchesne-Guillemin, à partir d'une tablette d'argile découverte à Nippur (Irak), datée de 1800 avant J.-C.

Un chant d'amour assyrien de la même époque, dédié à un dieu, a été retranscrit d'une tablette de notation et de paroles, et a été réorchestré à l'université de Berkeley, Californie, pour être interprété le 6 mars 1974 sur une lyre.

La musique peut trouver son origine vers 3000 avant J.-C., période à laquelle est apparue la « cloche jaune » *(huang chung)*, diapason de la musique religieuse chinoise.

Des sifflets et des flûtes creusés dans des os ont été découverts dans un site du Paléolitique supérieur de la période aurignacienne **(25 000-22 000 avant J.-C.)**, à Istallóskö en Hongrie, et en Moldavie (U.R.S.S.)

INSTRUMENTS

Marathons et records insolites, voir chapitre 12 : *l'Insolite*.

Instruments *le plus facile et les plus difficiles*

En septembre 1977, l'American Music Conference déclara que l'instrument de musique dont on joue le plus facilement est l'**ukelele** (petite guitare hawaiienne).

Ceux dont on joue le plus difficilement sont le **cor français** et le **hautbois.** Ce dernier est décrit comme « l'instrument dont nul ne peut bien jouer ».

Notes *les plus hautes et les plus basses*

Le registre des instruments orchestraux (l'orgue mis à part) va de la **clochette,** qui peut atteindre le sol^5 (6 272 Hz), à la **clarinette octo-contrebasse** qui descend jusqu'au do_{02} (16,4 Hz).

La plus haute note pour un piano ordinaire est le do^7 (4 186 Hz), qui est également la limite de tout violon.

En 1873, on avait fabriqué un contrebasson pouvant descendre jusqu'au *si* naturel, soit 14,6 Hz, mais il n'existe plus d'instrument semblable.

Le registre des notes des orgues va du sol^8 (12,544 Hz) au do_{03} (8,12 Hz). Ces notes sont respectivement émises par des tuyaux de 19 mm et de 20 m.

Carillons

Un carillon est la réunion de cinq cloches ou plus. On a répertorié 5 500 carillons dans le monde, dont 4 430 en Grande-Bretagne et en Irlande.

Carillon *le plus grand*

Le plus grand carillon du monde est le carillon du Laura Spelman Rockfeller Memorial, à New York (États-Unis), composé de 74 cloches. Il pèse **102 t.**

La cloche « Bourdon », fondue en Angleterre, pèse 18,563 t et mesure 3,09 m de diamètre.

Cloches *les plus anciennes*

« Tintinabulum », découverte en 1849 par sir Austen Henry Layard (1817-1894) dans le palais babylonien de Nemrod, date de **1100 avant J.-C.**

La plus ancienne cloche d'église connue est celle de Pise, Italie – marquée MCXVII (1117).

En France

La plus ancienne cloche de France est celle de Fontenailles (Yonne) datée de **1203** (MCCIII). Elle est exposée au musée de Bayeux (Calvados).

Cloches *les plus lourdes*

« **Tsar Kolokol** », fondue à Moscou le 25 novembre 1735, pèse **196 t.** Elle a un diamètre de 5,90 m et mesure 5,87 m de hauteur et 60 cm dans sa plus grande épaisseur.
Cette cloche a été brisée et un morceau d'environ 11 t s'en est séparé. Depuis 1836, elle est dressée, muette, sur un piédestal, au Kremlin, à Moscou.

Le Tsar Kolokol pèse 196 t.

La plus lourde cloche encore en service est la cloche de Mingoon, Mandalay (Birmanie), qui pèse 90 t et mesure 5 m de diamètre.
Son heurtoir est en teck. Elle a été fondue à Mingoon, sous le règne du roi Bodawpaya (1782-1819).

La plus lourde cloche suspendue est la Peters Glocke de la cathédrale de Cologne (Allemagne fédérale), fondue en 1923, qui pèse 25 t et mesure 3,40 m de diamètre.

La cloche « Bourdon », fondue en Angleterre, pèse 18,563 t et mesure 3,09 m de diamètre.

En France
La plus lourde cloche de France est la **« Savoyarde »,** du Sacré-Cœur de Montmartre. Fondue en 1891, elle pèse **18,8 t** et mesure 3,06 m de haut pour 3,04 m de diamètre.

Cloche *la plus célèbre*
« Big Ben », la cloche qui sonne les heures de la pendule de la « House of Commons », Londres, fondue en 1858, pèse presque 14 t. C'est la cloche que l'on entend le plus sur les ondes dans le monde.

Cloches *la plus longue sonnerie*
Le 8 mai 1945, les cloches de l'église de Mhères (Nièvre) ont sonné pendant **16 heures** sans interruption pour annoncer la Libération.

Contrebasse *la plus grande*
La plus grande contrebasse connue a été fabriquée en 1924 par Arthur K. Ferris, à Ironia, New Jersey (États-Unis), prétendument en exécution d'une commande reçue de l'archange Gabriel.
Elle mesure **4,26 m** de haut et pèse 590 kg. La caisse de résonance mesure 2,43 m de large et les cordes totalisent 31,70 m de long.
On ressent les notes les plus basses plus qu'on ne les entend réellement.

Contrebasse *le plus de joueurs*
Douze musiciens ont joué sur une seule contrebasse lors de l'émission *Incroyable mais vrai* d'A 2.

Cor
Le plus grand cor en bois, appelé cor des Alpes, creusé en 1976, dans un tronc d'épicéa par M. Stocker (Suisse), mesure **18 m.**

Cordes *le plus grand instrument*
Le plus grand instrument à cordes mobile jamais construit fut un **pantaléon de 270 cordes** déployées sur une surface de 4,60 m², et dont George Noël joua en 1767.

Il faut 6 musiciens pour jouer du gigantesque orchestrion « Apollonican » construit en 1816 et utilisé jusqu'en 1840.

Cuivre *instrument le plus grand*
Le plus grand instrument de musique en cuivre est un **tuba de 2,28 m** de haut avec 11,80 m de tuyaux et un pavillon de 1 m de diamètre.

Cet instrument de musique, construit en 1896 pour une tournée mondiale de l'orchestre du compositeur américain John Philip Sousa (1854-1932), est toujours en service.

Il est aujourd'hui la propriété d'un animateur de cirque en Afrique du Sud.

Fanfare *la plus grande*
La plus imposante fanfare connue était composée de **2 512 musiciens,** et **494 majorettes ;** elle joua à Minneapolis, Minnesota, U.S.A., le 12 octobre 1981.

Guitare *la plus grande*
La plus grande guitare du monde, et sans doute la plus bruyante, dont on peut jouer, mesure **3,07 m** de haut et pèse 140 kg. Elle fut fabriquée pour Sparkling Ragtime, à Los Angeles, U.S.A. en 1980.

Guitare *la plus chère*
La guitare de format courant la plus chère est la guitare allemande « Chittara » construite par Jacob Stadler en 1624 et vendue **950 000 F** chez Christie's, à Londres, le 12 juin 1974.

Orgue *le plus grand du monde*
Le plus grand et le plus bruyant instrument de musique jamais construit est l'orgue de l'Auditorium d'Atlantic City, New Jersey (États-Unis).
Assemblé en 1930, il est encore partiellement en état de marche. Il est composé de deux buffets (l'un équipé de **7 claviers,** l'autre, mobile, équipé de 5 claviers) de **1 477 registres** et de **33 112 tuyaux** de 4,70 mm à 19,50 m de long.
Il est actionné par des moteurs de soufflerie de 370 CV. Son volume sonore est l'équivalent de 25 fanfares avec un registre de 7 octaves. Il a coûté environ 2 000 000 F.

Orgue *d'église*
Le plus grand est celui de la cathédrale de Passau (Allemagne fédérale). Terminé en 1922 par Steinmeyer, il comporte **5 claviers** et **16 000 tuyaux.**

En France
L'orgue le plus grand de France est l'orgue de Saint-Sulpice, à Paris, qui compte **118 registres, 7 000 tuyaux** et **5 claviers.**

Orgue *électrique*
Le plus « capable » des orgues électriques du monde est le Kawai T 50 équipé de **8 claviers ;** il a été construit au Japon en 1977 pour célébrer le cinquantenaire de la compagnie.

Orgue *le plus ancien*
Le plus ancien orgue jouable est celui de l'église de Valère, Suisse, qui date de **1390.**

Registre *le plus sonore*
Le registre d'orgue le plus sonore du monde est le registre **d'ophicléide** du grand orgue de solo de l'Auditorium d'Atlantic City (voir ci-dessus).

Le volume de la note de trompette peut déchirer le tympan (plus de six fois plus intense que le sifflet le plus aigu d'une locomotive).

Piano *le plus ancien*
Le plus ancien piano-forte connu fut construit en **1720,** à Florence, par Bartolomeo Cristofori (1655-1731), de Padoue.
Ce piano-forte est exposé au Metropolitan Museum of Art, à New York, États-Unis.

Piano *le plus grand*
Le plus grand piano fut construit à Londres en 1935 par Chas. H. Challen & Son Ltd. Il mesurait **3,55 m** et pesait 1,250 t.
La corde la plus longue mesurait 3,02 m et la force de traction sur le cadre de 330 kg était de 30 t.

L'orgue de Saint-Sulpice à Paris compte 118 registres.

Cette cloche « la Savoyarde » est au Sacré-Cœur de Montmartre.

Ce Cor mesure 18 m.

Ce tuba a 2,28 m de haut.

Piano *le plus cher*
Le prix le plus élevé, atteint pour un piano, est **1 570 000 F,** le 26 mars 1980, lors d'une vente chez Sotheby's Parke Bernet à New York, pour un grand piano Steinway de 1888 vendu par le Martin Beck Theatre et acquis par un particulier non pianiste.

Piano *le plus cher dans le commerce*
Le piano le plus cher est le *Bösendorfer Imperial* verni noir. C'est un instrument de concert qui a aussi la particularité d'être le plus long du monde (2,90 m), d'avoir 8 octaves au lieu des 7 et quart habituelles et d'être le plus lourd du monde avec un poids de 750 kg. Il vaut **306 000 F.**

Le Bösendorfer Imperial vaut 306 000 F.

Tambour *le plus grand*
Le plus grand tambour du monde a été construit en 1872 à Boston, U.S.A. Il avait **3,65 m de diamètre** et pesait 272 kg.

Violon *le plus cher*
Un violon Stradivarius datant de 1733 a été vendu le 3 mai 1979 chez Sotheby's à Londres pour **1 375 035 F.**

Un violoncelle Stradivarius a atteint le même prix en novembre 1978.

Violon *le plus petit*
M. Maurice Bruyas, luthier à Saint-Étienne (Loire) a construit en 1945 un violon de **32 mm** de long, qui a obtenu un diplôme avec félicitations du jury au Concours international de lutherie de la Haye en 1949. Théoriquement, on peut jouer de ce violon... à condition d'avoir des doigts de fée.

CONCERTS

Orchestres *les plus grands*
Le plus grand orchestre jamais réuni a été rassemblé le 28 juin 1964 à l'Ullevaal Stadium, Oslo, Norvège. Il était composé des **20 100 musiciens** des orchestres du Norges Musikkorps Forbund, venus de toute la Norvège.

Le 17 juin 1872, Johann Strauss (1825-1899) dirigea un orchestre composé de 987 participants (dont 400 premiers violons) et 20 000 choristes, lors du World Peace Jubilee à Boston (États-Unis).

En France
L'**orchestre de l'Opéra de Paris** regroupe **145 musiciens** et **100 choristes.**

Orchestres *le plus grand nombre*
C'est en Allemagne fédérale qu'il y a le plus d'orchestres symphoniques professionnels : leur nombre s'élève à **94.**

Concert d'opéra
Le ténor italien **Luciano Pavarotti** a chanté *Rigoletto* de Verdi devant **250 000 spectateurs** à Central Park, à New York, en 1980.

Concert classique
400 000 auditeurs ont assisté à un concert de musique classique du Boston Orchestra, dirigé par **Arthur Fiedler** (1895-1979) au Hatch Memorial Shell, Boston (États-Unis), le 4 juillet 1976.
Lors d'un concert qu'il dirigea en 1978, ce chef d'orchestre, alors âgé de 83 ans, reçut un livre revêtu de 500 000 signatures.

Concert gratuit
Jean-Michel Jarre a réuni lors de son concert du 14 juillet 1979, **1 million de spectateurs** massés place de la Concorde et dans les jardins des Tuileries.

Jean-Michel Jarre a réuni 1 million de spectateurs le 14 juillet 1979.

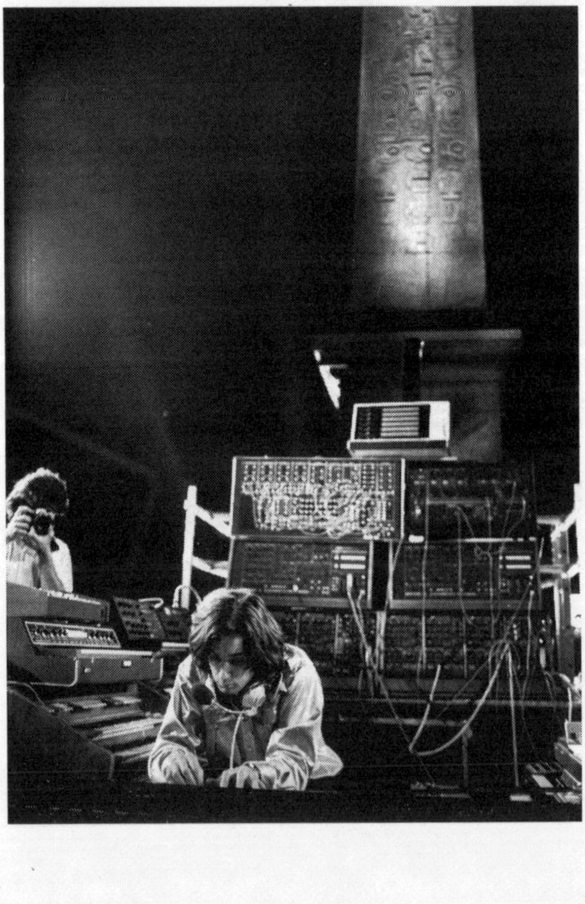

Festivals « pop »
600 000 spectateurs ont participé à la **« Summer Jam »** qui s'est tenue à Watkins Glen, New York (États-Unis), le dimanche 29 juillet 1973.
150 000 spectateurs avaient acheté leurs billets. Il y avait 12 « tours-enceintes ».

Les producteurs (Fierry Creations) du troisième festival pop de l'île de Wight (Grande-Bretagne), le 30 août 1970, déclarent avoir eu 400 000 spectateurs.

En France
Le concert de **Supertramp** et **Chris de Burgh** a rassemblé **80 000 spectateurs** au Parc de Sceaux, le 26 juin 1983.

Chanteur *la plus forte audience*
400 000 spectateurs sont venus écouter **Elton John** à Central Park à New York, U.S.A., lors d'un concert gratuit au cours de l'été 1980.

En France
Serge Lama est resté 3 mois à l'affiche au Palais des Congrès en 1981 faisant **300 000 entrées.**

Chorale
Une chorale de **60 000 chanteurs** a chanté à l'unisson lors du concert de clôture d'un concours qui avait réuni 160 000 choristes à Breslau, Pologne, le 2 août 1937.

Concert pop *le plus bruyant*
Le concert des **Who** du 31 mai 1976 à Londres était amplifié par un système de sono de 76 000 W (80 amplis de 800 W Crown DC 300 A et 20 amplis à phase linéaire de 600 W). A 50 m, le volume sonore était de **120 décibels.** Un tel volume entraîne une surdité partielle définitive.

Spectacle gratuit
A l'occasion du carnaval 1978, Europe n° 1 a réuni **1 500 000 spectateurs** le long de la Seine à Paris.

Concert dans un théâtre
Lorsque **Barry Manilow** s'est produit à Broadway, en février 1983, les places pour les **12 soirées ont été vendues en 4 heures** (6 millions de F).

Salles de concert *en France*
La salle de concert la plus grande de France est le grand auditorium du **Palais des Congrès,** à Paris, qui peut accueillir **3 700 personnes.**

Pour les concerts « pop » la salle la plus grande est le **palais des Sports** (de **3 700 à 5 000 places**).

Supertramp a réuni 80 000 spectateurs au parc de Sceaux.

En haut, à droite :
Elton John a donné un concert gratuit à Central Park.

En bas, à droite :
Le palais des Sports peut accueillir 3 700 personnes.

CHANTS et CHANSONS

Chant *le plus ancien*
Le plus ancien chant connu est le **chadouf,** chanté depuis des temps immémoriaux par les ouvriers égyptiens occupés aux travaux d'irrigation le long du Nil.

Hymne national *le plus ancien*
Le plus ancien hymne national est l'hymne japonais, le ***Kimigayo,*** dont les paroles furent écrites au **IXe siècle.**

Le plus ancien des 23 hymnes nationaux sans paroles est l'hymne espagnol, qui date de 1770.

Hymne *le plus long*
Les paroles de l'hymne national **grec** sont les quatre premiers versets du poème de Salomon, qui ne compte pas moins de **158 stances.**

Hymnes *les plus courts*
Les hymnes nationaux les plus courts sont ceux du **Japon,** de la **Jordanie** et de la république de **San Marino** – quatre lignes de texte chacun.

Hymne *le plus répété*
C'est le ***God Save the King,*** qui a été joué et rejoué 16 ou **17 fois** par la fanfare militaire allemande, à l'aube du 9 février 1909, sur le quai de la gare de Rathenau (Brandebourg). Le roi Edouard VII, à l'intérieur du train royal, mettait tout ce temps à revêtir son uniforme de général de brigade de l'armée allemande, avant de sortir de son wagon.

Hymne *le plus connu*
La Marseillaise a été composée en 1792 par Claude-Joseph Rouget de Lisle (1760-1836).
Elle a été décrétée hymne national le 14 juillet 1795 et de nouveau le 14 juillet 1879. Jouée dans de très nombreux pays, elle est connue partout comme l'hymne de la liberté.

Chanson *chantée le plus haut*
Happy Birthday a été chanté dans la stratosphère, par les astronautes d'**Apollo IX,** le 8 mars 1969.

INTERPRÈTES

Pianistes *cachet*
Wladziu Valentino Liberace, né à West Allis (U.S.A.) le 16 mai 1917, a gagné plus de **2 000 000 dollars** par saison (26 semaines), avec un record de plus de 138 000 dollars (450 000 F) pour un seul concert à Madison Square Garden, New York (U.S.A.), en 1954.

Le pianiste de concert de musique classique le mieux payé fut Ignace Jan Paderewski (1860-1941), par ailleurs président du Conseil de Pologne en 1919-1921.
Il amassa une fortune estimée à 5 000 000 de dollars – dont 500 000 dollars en une seule saison (1922-1923).

Pianistes *empan* (largeur d'une main)
Le pianiste et compositeur **Rachmaninov** (1873-1943) pouvait couvrir un écart de **12 notes** blanches et pouvait jouer à la main gauche l'accord *do, mi, sol, mi, sol.*

Chef d'orchestre *le plus âgé*
Leopold Stokowski, Américain d'origine polonaise, a dirigé un orchestre pour l'enregistrement d'un disque à l'âge de **98 ans.**

Chef d'orchestre *contrat*
Le chef d'orchestre français **Pierre Monteux** (1875-1964) a signé à l'âge de **70 ans** un contrat pour diriger le Philharmonic Orchestra.
Ce contrat, valable 25 ans, était reconductible tacitement.

Guitariste
Le guitariste classique français **Jean-Pierre Jumez** s'est produit dans **158 pays.**

Organiste
Charles Bridgeman (1779-1873) a joué **pendant 81 ans.**
Appelé au pupitre de l'église All Saints de Parish, Hertford (Grande-Bretagne), en 1792, il était encore à ce poste en 1873. Aucune mention n'a été faite de l'année où il connut son plus grand prestige.

Valentino Liberace a gagné 2 000 000 dollars pour une saison.

Rachmaninov : la plus grande largeur de main.

COMPOSITION

Compositeurs *les premiers en France*
En dehors des chansons populaires qui n'ont pas de date, les premiers musiciens que l'on connaisse sont les **trouvères** du Nord et les **troubadours** du Midi, datant de l'**an 800 à 1000** environ. Trouvères : Muset, Brulé, Blondel de Nesle. Troubadours : Marcabru, Rudel, Ventadour.

Le premier compositeur français est probablement Maître Pérotin (1128-1238), de Notre-Dame de Paris.

Compositeurs *les plus prolifiques*
Le compositeur le plus prolifique de tous les temps fut probablement le compositeur allemand **Georg Philipp Telemann** (1681-1767), qui composa 12 cycles annuels de cantates (une cantate pour chaque dimanche), 78 cantates pour des occasions particulières, 40 opéras, 600 à 700 suites pour orchestres, 44 « Passions » sans compter les concertos et la musique de chambre.

Le compositeur de symphonies le plus prolifique fut le compositeur allemand Johann Melchior Molter (1695-1765), qui composa 165 symphonies.

L'Autrichien Joseph Haydn (1732-1809) a composé 104 symphonies numérotées, dont certaines sont encore interprétées de nos jours.

Compositeur *le plus rapide*
Wolfgang Amadeus Mozart (1756-1791) a composé 1 000 opéras, opérettes, symphonies, sonates pour violon, divertissements, sérénades, motets, concertos pour piano et autres instruments, messes et litanies, dont seulement 70 furent édités avant sa mort, à l'âge de 35 ans.
Son opéra *La Clémence de Titus* (1791) fut écrit en 18 jours et ses trois chefs-d'œuvre, *Symphonie nº 39 en mi bémol majeur, Symphonie nº 40 en sol mineur* et *Symphonie en ut majeur « Jupiter »*, le furent, dit-on, en 42 jours au cours de l'année 1788.

Composition pour piano *la plus longue*
L'œuvre musicale la plus longue pour piano est ***The well tuned piano*** de **Monte Young.** La pièce, jouée à New York le 28 février 1980, dure **4 h 12 mn 10 s.**

Symphonie *la plus longue*
La symphonie classique la plus longue est la ***Symphonie nº 3 en ré mineur*** de **Gustav Mahler** (1850-1911).
Cette œuvre, écrite en 1896, nécessite, en plus d'un orchestre au grand complet, un chanteur contralto et une chorale de femmes et de jeunes garçons. L'œuvre est jouée en **1 h 34 mn** ; le premier mouvement dure à lui seul 32 mn.

Silence *le plus long*
Le silence le plus long, intitulé **4 minutes 33 secondes,** est le titre d'un *opus* totalement muet de John Cage (États-Unis).
Igor Stravinsky (1882-1971), parlant de cette tentative à de jeunes compositeurs, disait qu'il attendait avec impatience des partitions plus importantes.

Manuscrit *le plus cher*
Le manuscrit du ***Sacre du Printemps*** d'Igor Stravinsky (1882-1971) a été vendu **3 795 000 F** à la Sacher Collection de Bâle, Suisse, chez Sotheby's à Londres, le 11 novembre 1982.

Mozart est mort à 35 ans.

Philipp Telemann, le compositeur le plus prolifique.

La symphonie la plus longue a été composée par Gustave Mahler.

OPÉRA

Chanteurs *d'opéra*

Au nombre des grandes fortunes acquises par des chanteurs, les plus considérables furent certainement celle d'**Enrico Caruso** (1873-1921), le célèbre ténor italien, évaluée à environ 45 millions de F, et celle d'**Amelita Galli-Curci** (1889-1963), soprano italo-espagnole, évaluée à environ 15 millions de F.

En 1850, on a payé jusqu'à 653 dollars une entrée aux concerts donnés aux États-Unis par le « rossignol suédois » Johanna (« Jenny ») Maria Lind (1820-1887). Sa voix était d'une beauté sans pareille.

Chanteur *le plus jeune*

La plus jeune chanteuse d'opéra du monde avait **16 ans** quand elle interpréta le rôle de Rosine du *Barbier de Séville* à l'Opéra de Rome, le 8 mai 1950. Il s'agit de **Mlle Gloria La Bianca,** née à Buffalo (U.S.A.), le 12 mai 1934, qui avait fait ses débuts dans le rôle de Gilda de *Rigoletto* à Velletri (Italie) 45 jours plus tôt. Mlle La Bianca fut l'élève de Lucia Carlino et elle eut pour imprésario Angelo Carlino.

Chanteuse la plus célèbre

La Callas est la chanteuse la plus appréciée. En 1982, son coffret de 7 disques s'est vendu à plus de **30 000 exemplaires.**

La Callas est connue dans le monde entier.

Chanteur le plus populaire

Le ténor italien **Luciano Pavarotti** a enregistré des *Mélodies napolitaines* dont les ventes ont représenté **10 % du marché américain** du disque en 1979.

Chanteur *le plus âgé*

Le ténor **Giovanni Martinelli** chantait encore en public à Seattle (U.S.A.) le 4 février 1967, à l'âge de **81 ans.**

Rappel *le plus long*

Lors de la première représentation, en 1792, de l'opéra ***Il Matrimonio segreto*** de Cimarosa, l'œuvre fut **entièrement rejouée,** en rappel, à la demande de l'empereur d'Autriche-Hongrie, Léopold II (1790-1792).

Opéras *les plus longs*

Les Hérétiques du compositeur américain d'origine hongroise Gabriel von Wayditch, orchestré pour 110 instruments, dure **8 h 30 mn.**

Le plus long des opéras joués habituellement est *Die Meistersinger von Nürnberg* (Les Maîtres chanteurs de Nuremberg), de Richard Wagner (1813-1883).
Son interprétation intégrale représente 5 h 15 mn de musique.

Opéra *le plus court*

L'opéra le plus court est ***La Délivrance de Thésée,*** de Darius Milhaud, dont la première représentation a eu lieu en 1928. Il dure **7 mn 27 s.**

Aria *la plus longue*

La plus longue aria, au cours d'un solo vocal, est la scène de l'immolation de Brünnhilde, dans ***Le Crépuscule des dieux*** de Wagner, qui dure exactement **14 mn 46 s.**

Théâtres d'opéra *les plus grands*

Le plus grand théâtre d'opéra du monde est le **Metropolitan Opera House de New York ;** terminé en septembre 1966, il a coûté 45 700 000 dollars (environ 150 000 000 F). Il a une capacité de **3 800 places** et son auditorium mesure 137 m de profondeur. La scène a 71 m de largeur et 45 m de profondeur.

Théâtre d'opéra *la plus grande superficie*

L'Opéra de Paris (palais Garnier) a une superficie de **12 200 m²** et 2 156 places. Sa construction a duré de 1862 à 1875. Dimensions de la scène : 28,30 m de profondeur et 50 m jusqu'au foyer de la danse ; 95 m de large et 8,50 m de coulisses côté cour et côté jardin ; 95 m de hauteur maximale. Elle peut contenir 450 figurants.
Le corps de ballet comprend 114 danseurs et danseuses.

Théâtre d'opéra *le plus haut*

L'Opéra de Chicago, sur Wacker Drive, est installé dans un immeuble de **42 étages.**

Le *Teatro della Scala* (la Scala) de Milan partage avec le théâtre *Bolchoï* de Moscou (U.R.S.S.) l'honneur de compter le plus grand nombre d'étages de balcons, soit six.

Le dernier étage du théâtre de Moscou est appelé *Galiorka.*

Spectateurs

Les chorégies d'**Orange,** Vaucluse, peuvent accueillir **12 000 amateurs d'opéra.**

DISQUES

Origines

On doit la première *conception* du gramophone au Français Charles Cros (1842-1888), poète et savant qui, le 30 avril 1877, déposait à l'Académie des sciences une description de son projet.
La première *réalisation* appartient à l'Américain Thomas Edison (1847-1931).

Le premier gramophone qui ait fonctionné a été construit par son mécanicien, John Kruesi ; il fut mis en démonstration le **7 décembre 1877** et breveté le 19 février 1878.

Les premières bandes magnétiques pré-enregistrées furent commercialisées en 1950 aux États-Unis.

Les premiers phonographes à manivelle et à cylindre enduit de cire furent fabriqués aux États-Unis par Chichester Bell et Charles Sumner Tainter en 1886.

L'appareil précurseur du gramophone à disque a été breveté en 1887 par un Américain d'origine allemande, Émile Berliner (1851-1929).

En 1889 apparaissait sur le marché allemand un gramophone-jouet, mais il fallut attendre 1896 pour que le phonographe à cylindre ait un rival sérieux.

Consommation

Les **États-Unis** détiennent le record d'électrophones avec plus de **75 millions d'appareils.**
Chaque année, les Américains engloutissent plus de 3 milliards de F dans 500 000 juke-boxes.

En 1978, aux États-Unis, la vente de disques et de cassettes a atteint 20,5 milliards de F de chiffre d'affaires (273 millions de 33 tours longue durée stéréo, 190 millions de 45 tours et 127,800 millions de cassettes stéréo).

En Suède, le chiffre de vente record a été de 90 F par personne en 1976.

En France

En 1981, les Français ont acheté **469 000 électrophones, 940 000 platines,** 61 millions de 33 tours, 60 millions de 45 tours et 33 millions de cassettes.

Disque *le plus petit*

Le plus petit disque qui fonctionne réellement sur un tourne-disque a **3,5 cm** de diamètre.
250 exemplaires de ce disque de « *God Save the Queen* » ont été pressés en 1924 par HMV Record Co, en Grande-Bretagne.

Auteurs

Paul McCartney, qui fut l'un des Beatles et qui fait aujourd'hui partie du groupe des « Wings », a composé ou participé à la création de **43 chansons vendues chacune à plus de 1 million d'exemplaires** de 1962 à 1978.

En France

Pierre Delanoé touche depuis 20 ans les droits d'auteur les plus élevés. Il a écrit **plus de 2 000 chansons,** pour Gilbert Bécaud, Nicoletta, Michel Sardou et bien d'autres chanteurs.

Chansons *les plus enregistrées*

Yesterday de Paul McCartney et John Lennon a été enregistré en **1186 versions,** de 1965 à 1973.

Tie a yellow ribbon round the old oak tree (Accroche un ruban) de Irvin Levine et Russell Brown a été enregistré dans plus de 1 000 versions de 1973 à 1979.

Norris Mc Whister remet un disque de platine à Paul McCartney.

Œuvres classiques *le plus grand nombre*
L'œuvre classique la plus enregistrée en France est l'***Adagio* d'Albinoni** (1671-1750).
Il existe **39 versions** différentes de cette œuvre.

Les Quatre Saisons d'Antonio Vivaldi (1678-1741) existent en 38 versions.

Enregistrements
Mlle Lata Mangeshker (née en 1928) a, de 1948 à 1974, enregistré au moins **25 000 solos, duos, et chœurs** dans différents dialectes indiens.
Elle avait souvent 5 séances d'enregistrement dans la même journée et elle a doublé 1 800 films.

Hit parade *45 tours U.S.A.*
Les premiers hit parades de 45 tours ont été publiés par *Billboard* le 20 juillet 1940. Le n° 1 était *I'll Never smile again* , par Tommy Dorsey (1905-1956).

Trois disques sont restés en tête pendant 13 semaines consécutives :
Frenesi (décembre 1940), par Artie Shaw, *I've heard that song before* (février 1943), par Harry James et *Good night Irene* (août 1950), par Gordon Jenkins and the Weavers.

Tainted love (janvier 1982), par Soft Call, est resté 43 semaines consécutives au hit parade.

Les **Beatles** ont eu **20 premiers titres** au *Billboard* et Presley a eu 97 titres qui y ont été inscrits.

Hit parade *albums U.S.A.*
Billboard a publié le premier hit parade des albums le 15 mars 1945. Nat « King » Cole (1919-1965) était en tête.

South Pacific fut premier 69 fois (non consécutives) à partir de mai 1949.

Johnny Mattis avec *Johnny's Greatest hits* resta au palmarès **490 semaines** (plus de 9 ans) à partir d'avril 1958.

Parmi les groupes, ce sont les Beatles qui ont été en tête le plus grand nombre de fois avec des albums différents : 15.

Elvis Presley eut le plus d'albums au hit parade : 81 de 1956 à mai 1982.

Hit parade *Europe n° 1*
Chacun fait ce qui lui plait de **Chagrin d'Amour** est resté **25 semaines** au hit. Il a été N° 1 pendant 5 semaines.

Cambodia de Kim Wilde est resté 5 semaines N° 1 et 19 semaines au hit.

Hit parade des Français
Les 3 titres préférés des Français au cours des 20 dernières années sont, par ordre chronologique : ***Ne me quitte pas*** de Jacques Brel, ***Comme d'habitude***, de Claude François, et ***Prendre un enfant par la main***, d'Yves Duteil.

Interprète *le plus régulier*
Chaque année depuis sa création en 1947, *Petit Papa Noël* chanté par **Tino Rossi** est diffusé sur les ondes lors des fêtes de fin d'année. Ce disque a été vendu à 30 millions d'exemplaires soit une moyenne de 250 000 par an.

Tino Rossi a vendu **plus de 100 000 000 disques** dans le monde entier.

Disc-jockey *le plus endurant*
Daniel Lambert a réussi à faire **360 heures** d'animation continue, terminant à 23 h le 29 mars 1981.

Disques *vendus le plus rapidement*
Le disque le plus vite vendu est le disque **John Fitzgerald Kennedy : A Memorial album**, enregistré le 22 novembre 1963, jour de l'assassinat du président Kennedy. **4 millions d'exemplaires** furent achetés en six jours, du 7 au 12 décembre 1963 (environ 4,50 F pièce).

Le record antérieur appartenait – ironie du sort – au disque *The First Family*, enregistré en 1962, satire de la famille du président assassiné.

En France
Richard Clayderman (Philippe Pagès, né en 1945) a vendu **25 millions de 33 tours en 3 ans.** Il a reçu 127 disques d'or et 23 de platine.

Disque *vendu en souscription*
Le record appartient au disque ***Can't buy me Love***, enregistré par les Beatles et mis en vente aux États-Unis le 16 mars 1964. **2 100 000 exemplaires** ont ainsi été vendus avant sa sortie.

En France
700 000 commandes fermes du dernier disque de **Jacques Brel** ont été passées avant même sa sortie. Aucun disque du chanteur n'avait paru depuis sept ans. Plus de **1 600 000 exemplaires** en ont été vendus.

Disques classiques *les plus vendus*
Le disque classique le plus vendu est le ***Concerto n° 1*** pour piano de **Tchaïkovski, par Harvey Cliburn.** Enregistré en 1958, le disque avait atteint le chiffre de **2 500 000 albums** vendus en 1970.

En France
Rhapsody in Blue de **Georges Gershwin** par les sœurs Labèque en septembre 1980 est le disque classique qui s'est le mieux vendu en France.
En 1982, **100 000 disques et cassettes** avaient été vendus.

Tino Rossi chante depuis 36 ans « Petit papa Noël ».

Chanteur *le plus vendu*
L'artiste le plus vendu est **Bing Crosby** (1904-1977), qui s'est vu décerner le 9 juin 1960 un disque de platine pour son 200 000 000ᵉ disque. Le 15 septembre 1970, il reçut un deuxième disque de platine pour ses **300 650 000 disques** vendus chez Decca.
Le premier enregistrement commercial de Bing Crosby fut *I've got the Girl*, Columbia nº W142 785 enregistré le 18 octobre 1926.
Il atteignit son premier million de disques vendus en 1937 avec *Sweet Leilani*.
Aucun chiffre crédible concernant ses gains et ses ventes n'a été publié.

Il en est de même pour Elvis Presley (1935-1977), mais on peut estimer qu'il est le légitime héritier de Bing Crosby au hit parade mondial. Il a été vendu « près de 80 millions » de 45 tours.

Groupes *les plus vendus*
Les **Beatles** (de Liverpool) sont le groupe qui a vendu le plus de disques.
Le groupe était composé de George Harrison (né le 25 février 1943), John (ex-Winston) Lennon (9 octobre 1940 – 8 décembre 1980), James Paul McCartney (né le 18 juin 1942) et Ringo Starr (ex-Richard Starkey) (né le 7 juillet 1940).
A la fin de 1982, on estimait leurs ventes totales à plus de **1 milliard de disques et cassettes.**

Depuis la dissolution du groupe des Beatles en 1970, le plus vendu est le groupe suédois Abba (Agnetha Faltskog, Anni-Frid Lyngstad, Bjon Ulvaeus et Benny Andersson) avec 125 millions de disques et cassettes vendus en avril 1983.

Disque d'or *le premier*
Le premier thème musical vendu à plus de 1 million d'exemplaires est l'aria ***Vesti la giubba*** interprétée par **Caruso** dans l'opéra *I Pagliacci* de Ruggiero Leoncavallo (1858-1919), dont la première version fut enregistrée le 12 novembre 1902 avec piano.

Le premier enregistrement unique qui a atteint le million de ventes est *Carry me back to old Virginy* d'Alma Gluck.

Le premier disque d'or véritable fut offert à Glenn Miller (1904-1944) le 10 février 1942 pour son disque *Chattanooga Choo Choo.*

Disques d'or *le plus grand nombre*
La seule référence valable est l'authentification RIAA instaurée aux États-Unis le 14 mai 1958. Depuis, 2841 disques d'or RIAA ont été décernés.

Le record des groupes appartient aux **Beatles** avec **43 disques d'or.** Mc Cartney en a reçu 29, sans les Beatles et avec les Wings.

Le record pour un chanteur en solo est 40, pour Elvis Presley (1935-1977) de 1958 à 1981. On estime qu'il a vendu « environ 80 millions » de 45 tours.

Elvis Presley a vendu 80 millions de 45 tours.

Les Beatles ont vendu 1 milliard de disques et cassettes.

45 tours, *ventes les plus fortes*

Le best-seller **toutes catégories** est le disque ***White Christmas*** d'Irwing Berlin (né le 11 mai 1888) avec **25 millions d'exemplaires** pour la version interprétée par **Bing Crosby** (enregistrée le 29 mai 1942) et plus de 100 millions dans d'autres versions.

Le record **« pop »** appartient à ***Rock around the clock*** avec **25 millions d'exemplaires.** Créé en 1953 par James Myers sous le pseudonyme de Jimmy De Knight et le défunt Max Friedmann, il fut enregistré le 12 avril 1954 par **Bill Haley and the Comets.**

Le record anglais de tous les temps est *I want to hold your Hand* des Beatles (1963), vendu à plus de 13 millions d'exemplaires.

En France

Le 45 tours qui a battu tous les records est ***Words*** de **F.R. David : 1 500 000 exemplaires en France** et **6 000 000 dans le monde.**

Les autres 45 tours qui ont obtenu le disque de platine (400 000 exemplaires et plus) en 1982 sont : *Comme toi, Quand la musique est bonne* de J.-J. Goldman ; *Eat E.T., Billie jean* de Michael Jackson ; *Les corons* de Pierre Bachelet ; *Italiano* de Toto Cotigno ; *Africa* de Rose Laurent ; *Let's dance* de David Bowie ; *Il tape sur des bambous* de Philippe Laville ; *Colegiana* de Randolfo y su tipica ; *Words* de F.R. David.

33 tours *ventes les plus fortes*

La Fièvre du samedi soir *(Saturday Night Fever),* avec **25 millions d'exemplaires** vendus au 1er mai 1979, vient en tête des 33 tours.
Il s'agit d'un double album des **Bee Gees,** c'est-à-dire des trois frères Gibb, nés Marx : Barry Alan (né le 1er septembre 1946) et les jumeaux Robin et Maurice (nés le 22 décembre 1949).

Teatro Olimpico est le plus ancien.

THÉATRE

Origines

Le théâtre en Europe tire ses origines des tragédies grecques jouées en l'honneur des dieux, et plus spécialement de Dionysos.
Les plus anciens amphithéâtres remontent au ve siècle avant J.-C., et le plus connu, qui est aussi le plus grand, est celui de Megalopolis, en Grèce centrale.
Son auditorium s'élevait à 23 m et pouvait accueillir 17 000 spectateurs.

Le plus ancien

Le plus ancien théâtre couvert est le **Teatro Olimpico de Vicence,** en Italie.
Dessiné et commencé par Palladio (1508-1580), il fut terminé après sa mort par son élève Vicenzo Scamozzi (1552-1616).

En France

Le plus ancien théâtre connu en France est le théâtre romain des **arènes d'Arles,** construit au Ier siècle avant J.-C.

Les plus grands

Le plus grand édifice utilisé comme théâtre est le **Palais national des Congrès de Pékin.** Il s'étend sur 5,23 ha, peut contenir **10 000 spectateurs** et a été terminé en 1959.

Le plus grand vrai théâtre est le *Perth Entertainment Centre,* à Perth, Australie. Il a été terminé en 1976, au coût de 42 millions de F et peut accueillir 8 003 spectateurs assis. La scène mesure 1 148 m².

En France

Le plus grand théâtre de France est celui du **Palais des Congrès de Paris** qui peut recevoir **3 400 spectateurs** assis.

Amphithéâtre

Le **Colisée à Rome** s'étend sur 2 ha et peut recevoir **87 000 spectateurs.** Sa plus grande longueur est de 187 m, sa plus grande largeur, de 175 m.

Scène *la plus grande*
La plus grande scène est celle du **Ziegfeld Room,** à Reno (Nevada).
Elle mesure **53,60 m** de large et elle est mue par trois ascenseurs dont chacun peut soulever 1 200 personnes, soit un poids total de 65,300 t.

Représentations *le plus grand nombre*
Le plus grand nombre de représentations pour une pièce est détenu par ***La Souricière***, d'**Agatha Christie** (1890-1976). Créée le 25 novembre 1952, elle fut jouée 8 862 fois à Londres, au théâtre des Ambassadeurs, puis s'installa au St Martin's Theatre. Le 25 novembre 1982, lors de son 30ᵉ anniversaire, la pièce avait été jouée 12 481 fois.

En France
La Cantatrice chauve créée en 1950 au théâtre des Noctambules, et *La Leçon* créée en 1951 au théâtre de Poche, toutes deux d'**Eugène Ionesco,** sont jouées aujourd'hui au théâtre de la Huchette.
Le 22 avril 1982, les spectateurs ont assisté à la 8 500ᵉ représentation. Depuis 25 ans, 4 équipes de comédiens se relaient tous les deux mois.

Pièce jouée *la plus ancienne*
La pièce jouée depuis le plus longtemps est ***La Passion***, qui est représentée tous les 10 ans depuis **1633** à Oberammergau (Bavière). Elle nécessite la participation de 125 acteurs dans des rôles parlants. En 1970, elle fut jouée 102 fois et chaque représentation a duré 8 h 30 avec les entractes.

Broadway
Le plus grand succès de Broadway est ***Grease*** qui a été joué **3 388 fois.**
Cette comédie musicale avait été montée à l'Eden Theatre. Le livret, la musique et les chœurs ont été écrits par Jim Jacobs et Warren Casey.
La pièce a rapporté 350 millions de dollars aux États-Unis seulement.
Le producteur, Kenneth Waissmann, et sa femme, Maxine Fox, ont gagné 24 millions de F.

Représentations *le plus petit nombre*
Le plus petit nombre de représentations est détenu par *The Intimate Revue*, joué au Duchess Theatre de Londres le 11 mars 1930. Des incidents techniques ralentirent les changements de décor que l'on mit jusqu'à 20 mn à installer. Pour pouvoir terminer à l'heure, on dut supprimer 7 scènes. La pièce n'avait plus aucun sens.

Cette représentation tronquée avait cependant été battue par ***As you like it***, de **Shakespeare,** en 1888. Au soir de la première, **le rideau s'était décroché** et ce fut la fin de cette production.

Il arrive souvent qu'à Broadway le rideau tombe pour ne jamais se relever après la première représentation. Parmi ces productions d'un soir, la plus onéreuse fut celle de *Kelly*, jouée le 6 février 1965 et qui coûta 3 500 000 F.

Comédie musicale *le plus grand succès*
C'est la comédie musicale adaptée des ***Misérables*** de **Victor Hugo** et mise en scène par **Robert Hossein,** au Palais des Sports à Paris.
Pendant 3 mois, de septembre à décembre 1980, la salle de 4 500 places est restée comble. Les recettes se sont élevées à 3,2 milliards de F.

Pièce *la plus longue*
La pièce la plus longue à ce jour est ***The Warp*** de **Neil Oram,** mise en scène par Ken Campbell et représentée à Londres du 18 au 20 janvier 1979. L'acteur Russell Denton tint la scène pendant **18 h 5 mn.**

Le palais des Congrès à Paris peut contenir 3 400 spectateurs.

Producteur *le plus jeune*

Le plus jeune producteur de pièces à Broadway, New York, U.S.A., fut une productrice, **Marge Eden,** qui avait **16 ans et 5 mois** lorsqu'elle produisit la comédie musicale *Peter Pan,* qui débuta le 3 avril 1961.

Spectateur

Les journalistes ont estimé que le milliardaire américain **Howard Hughes** avait vu **4 160 spectacles** de 1956 à 1976.

Howard Hughes : un passionné de théâtre.

Cabaret

Le plus gros cachet de l'histoire du cabaret est **1 500 000 F** que touche pour **chaque représentation Wayne Newton** (née en 1942) qui se produit dans les hôtels de la Summa Corporation à Las Vegas, U.S.A.

Spectacle sur glace

Holiday on Ice, fondé en 1945 par Morris Chalfen, est le spectacle le plus coûteux du monde, offrant jusqu'à 7 tableaux simultanés.

Il est produit dans le monde entier, et attire 20 millions de spectateurs par an (plus de 160 millions de F). Les patineurs et autres membres de la troupe sont au nombre de 90.

Cirques

Le plus grand cirque *permanent* est le **Circus de Las Vegas,** U.S.A.

Inauguré en 1968, il s'étend sur 12 000 m² sous un toit transparent en forme de tente de 28 m de haut. Il a coûté 45 millions de F.

Le plus grand cirque *ambulant* est le cirque Vargas, U.S.A., qui peut accueillir 5 000 spectateurs.

DANSE

Entrechats

Le plus grand danseur de ballet fut Vaslav Nijinski (1890-1950), qui reste le seul à avoir pu faire régulièrement l'*entrechat dix*, c'est-à-dire à croiser et à décroiser les pieds huit fois au cours du même saut.

Le 7 janvier 1973, devant les caméras de la BBC, **Wayne Sleep** a exécuté un **entrechat douze** ; il est resté en l'air 0,71 s.

Tours

Le plus grand nombre de tours en chorégraphie classique est dans le ***Lac des cygnes*** de Tchaïkosvki (1840-1893) qui comprend **32 tours fouettés.**

Rappels

A la suite de leur performance dans le *Lac des cygnes*, à Vienne, en octobre 1964, le rideau s'est levé **89 fois** sur **Margot Fonteyn** (née en Angleterre en 1919) et **Rudolph Noureiev** (né en U.R.S.S. en 1938).

Rangée de danseuses *la plus grande*

La plus grande rangée de danseuses est celle des **46 Rochettes** de Radio-City Music-Hall à New York, U.S.A.

Nijinski est le seul à avoir fait régulièrement l'entrechat dix.

CINÉMA RADIO TÉLÉVISION

CINÉMA

L'essor du cinéma vers 1870 est dû au génie créateur du Français Étienne Jules Marey (1830-1903).

Muet *premiers films*
Louis-Aimé-Augustin Le Prince avait réalisé en **1885** une faible projection animée sur un mur peint en blanc, à l'Institut des sourds à Washington (U.S.A.)

La première projection payante a eu lieu à New York, U.S.A., au Kinetoscope Holland Bros, 1155 Broadway, le 14 avril 1894.

La première projection sur écran eut lieu le 22 mars 1895, 44 rue de Rennes à Paris.
Les frères Auguste Lumière (1862-1954) et Louis Lumière (1864-1948) présentèrent le film *Ouvriers des usines Lumière*, dont les prises de vues furent probablement faites en août ou septembre 1894, à l'extérieur des grilles de l'usine de Lyon.

Première projection payante
Les films des frères **Lumière** ont été projetés pour la première fois au public, en séance payante, le **28 décembre 1895,** au Grand Café, à Paris : *L'Arroseur arrosé, La Sortie des usines Lumière, L'Arrivée du train en gare de La Ciotat.*

Parlant *premier film*
Le premier film d'essai sur lequel on enregistra image et son fut réalisé par **Eugène-Augustin Lauste** (né à Paris en 1857), qui fit breveter son invention le **11 août 1906** et réalisa un appareil de projection en 1910 à Londres.

Cette réalisation est plus généralement attribuée au Dr Lee de Forest (1873-1961) qui l'aurait effectuée à New York (U.S.A.) le 13 mars 1923.

Sonore et parlant *premier film*
Le premier film sonore est le ***Don Juan*** de **Crossland, 1926.**

Mais le premier film parlant et chantant est *Le Chanteur de jazz* de 1927, du même réalisateur.
Le premier film entièrement parlant est *Lights of New York* de Bryan Foy, 1928.

Long métrage en couleurs *premier film*
Le premier long métrage en couleurs (bichromie) est un film américain de **1921.** C'est un film d'**Irwing Willat, *Le Vagabond du désert.***

En France
Le premier long métrage en couleurs est le film de **Jean Vallée *Jeunes filles à marier* (1935)** avec Jules Berry et Jocelyne Gaelle.

Cinémascope *premier film*
Le cinémascope est une invention du professeur français **Henri Chrétien.** Le premier film selon ce procédé est ***La Tunique*** de **Koster, 1953.**

Le plus de figurants
Ben Hur, de **William Wyler,** (1959) a nécessité la participation de **100 000 figurants** et de plus de 450 acteurs parlants. Il a coûté 75 000 000 de F.

Film *le plus cher*
Le film le plus cher à ce jour est ***Star Trek***, dont la première représentation a eu lieu à Washington (U.S.A.) le 6 décembre 1979.
Les studios Paramount ont déclaré que ce film avait coûté **195 000 000 F.**
On a dit que le *Superman II* aurait coûté 300 000 000 de F.

En France
Le film le plus cher des dix dernières années est le film de Robert Hossein, ***Les Misérables*** d'après le roman de Victor Hugo. Tourné en 1982, il a nécessité un budget de **50 000 000 F.**

Film *le moins cher*
Réalisé en 1905 par Cecil Hepworth, le film à grand succès ***Rescued by Rover*** a coûté **180 F.**

Film publicitaire *le plus cher*
Le film pour la **Renault 9** réalisé par Michel-Angelo Antonioni en 1982, a coûté **1 500 000 F.**

Droits *les plus élevés*
Les droits les plus élevés pour une adaptation cinématographique ont été versés le 20 janvier 1978 par la compagnie américaine Columbia pour une comédie musicale, ***Annie*** **: 40 500 000 F.**

Recettes *les plus élevées*
E.T. l'Extra-Terrestre, de Steven Spielberg, sorti le 11 juin 1982, avait rapporté **2 250 000 000 F** au 1er janvier 1983 (sommes versées par les salles).

Star Trek II a fait 100 000 000 F de recette lors du premier week-end de sa sortie, du 4 au 6 juin 1982, dans 1 621 salles américaines.

Pertes *les plus élevées*
Heavens' Gate aurait coûté **342 000 000 F** à United Artists et aurait entraîné la faillite.

Film *le plus vu en salle*
Environ **120 millions de spectateurs** ont vu ***Autant en emporte le vent*** (Victor Fleming, Sam Cuckor, 1939) avec Vivien Leigh, Olivia de Havilland et Clark Gable, réalisé d'après le roman de Margaret Mitchell.

OSCARS 83	
Meilleur film	*Gandhi* de Richard Attenborough
Meilleur acteur	Ben Kingsley dans *Gandhi*
Meilleure actrice	Meryl Streep dans *Le Choix de Sophie*
Meilleur second rôle masculin	Louis Gossett jr. dans *Officier et gentleman*
Meilleur second rôle féminin	Jessica Lange dans *Tootsie*
Meilleur réalisateur	Richard Attenborough pour *Gandhi*
Meilleur film étranger	*Volver a empezar* (Espagne)
Meilleur scénario original	John Briley pour *Gandhi*
Meilleure adaptation	Costa-Gavras et Donald Stewart pour *Missing*
Meilleure chanson originale	«Up where we belong» dans *Officier et gentleman*
Meilleure prise de vues	Billy Williams et Ronnie Taylor pour *Gandhi*
Meilleure direction artistique	Stuart Graig et Bob Laing pour *Gandhi*
Meilleurs décors	Michael Seirton pour *Gandhi*
Meilleurs costumes	John Mollo et Bhanu Athaiya pour *Gandhi*
Meilleur montage	John Bloom pour *Gandhi*
Meilleur maquillage	Sarah Monzani et Michèle Burke pour *Quest of fire*
Meilleure musique originale	John Williams pour *E.T. l'Extra-Terrestre*
Meilleure adaptation musicale	Henry Mancini pour *Victor-Victoria*
Meilleur son	Buss Knudson, Robert Glass, Don Digirolamo, Gene Cantamessa pour *E.T.*
Meilleur documentaire	*Just another missing kid*
Meilleur court métrage documentaire	*If you love this planet*
Meilleur court métrage d'animation	*Tango*
Meilleur court métrage d'action	*A shocking accident*
Meilleurs effets sonores	Charles L. Campbell et Ben Burtt pour *E.T.*
Meilleurs effets visuels	Carlo Rambaldi, Dennis Murren et Kenneth F. Smith pour *E.T.*
Un Oscar spécial a été remis à Mickey Rooney pour l'ensemble de sa carrière.	

E. T. Le plus grand succès cinématographique de l'année 1983.

Films en France en 1982

Film étranger

Le film ***E.T. l'Extra-Terrestre,*** de Spielberg, a été vu par 5 millions de spectateurs (1,5 million à Paris) ce qui a procuré une recette totale de **60 000 000 F.**

Film français

L'As des as de Gérard Oury, avec Jean-Paul Belmondo, a été vu par 1 200 000 téléspectateurs sur Paris-périphérie ; ce film a réalisé une recette de **50 000 000 F** sur toute la France.

Film français à l'étranger

Le film français qui a réalisé le plus de recettes aux États-Unis et au Canada pour l'année 1982 est ***La Guerre du feu*** de Jean-Jacques Annaud qui arrive à la 29ᵉ place du box-office et totalise **90 000 000 de F** de recette.

Première semaine

L'As des as de Gérard Oury a réalisé 463 028 entrées lors de sa première semaine d'exploitation sur Paris-périphérie.

De son côté, le film *E.T.* a totalisé 380 035 entrées la première semaine.

Le film qui a bénéficié du plus grand nombre de salles sur Paris-périphérie le jour de sa sortie est ***E.T.,*** produit et réalisé par Steven Spielberg. Le film a disposé de **55 salles** (record absolu), battant de peu *L'As des as* qui en avait pour sa part 52.

Film *le plus long*

Le film le plus long mis en circulation a été réalisé par **Andy Warhol** : la projection durait **24 h** – ce fut un échec commercial. Il fut remplacé par une version très écourtée, *The Love of Ondines,* qui ne dure que 90 mn.

En France

Out One : noli me tangere de **Jacques Rivette** (né à Rouen en 1927), dont la projection durait **12 h 40 mn,** n'a été projeté qu'une fois en public, au Havre, les 9 et 10 septembre 1971.

Série *la plus longue*

La série japonaise ***Tora-San*** a démarré en août 1968. En 1983, Kigohi Atsumi (né en 1929) vedette depuis le début, tournait le **32ᵉ épisode : *Tora-san XXXII.***

Cinéma, radio, télévision

Thème *le plus courant*
Le personnage de **Sherlock Holmes,** créé par Arthur Conan Doyle, a été porté **175 fois** à l'écran de 1900 à 1980, sous les traits de 61 acteurs.

Œuvre littéraire *la plus adaptée*
Les Misérables de Victor Hugo viennent en tête avec **23 adaptations** suivis de près par *La Dame aux Camélias* avec 22 adaptations.

Durée à l'écran
Record de *longévité* absolu pour ***Emmanuelle*** de Just Jaeckin qui entame sa **9e année** d'exploitation à Paris. Le film est toujours à l'affiche depuis près de 460 semaines dans la salle du Paramount City-Triomphe. Autre record, *Emmanuelle* a été vu sur Paris-périphérie par plus de 3 millions de spectateurs.

Record de *brièveté* pour ***Itinéraire bis*** de Christian Drillaud. Le film, sorti à Paris en février 1983, est resté à l'affiche **3 jours.**

Oscars
L'oscar est une récompense instituée en 1929 par l'United States Academy of Motion Picture Arts and Sciences. Il rappelle également la personnalité d'Oscar Pierce (U.S.A.).
C'est **Walt Disney** (1901-1966), qui a remporté le plus grand nombre d'oscars : **29 oscars.**

Katharine Hepburn (née le 9 nov. 1909) est la seule actrice à qui 4 oscars ont été décernés. Cela à l'occasion de son interprétation dans *Morning Glory* (1932), *Devine qui vient dîner ce soir* (1967), *Un lion en hiver* (1968) et *La Maison du lac* (1982). Elle a été mentionnée 11 fois.

Seuls 4 acteurs ont remporté 2 oscars : Frederic March (1932 et 1946), Spencer Tracy (1937 et 1938), Gary Cooper (1941 et 1952), Marlon Brando (1954 et 1972).

Les films les plus récompensés sont : *Ben Hur,* 1959 (11 fois), *Autant en emporte le vent,* 1939 (10 fois), *West Side Story,* 1961 (10 fois). Le film le plus souvent « nommé » est *All about Eve* (14 fois).

La plus jeune vedette : Shirley Temple, à 6 ans, en 1934.
Le plus ancien acteur : George Burns, 80 ans, pour son interprétation de *The Sunshine Boys* (1976).

Edith Head a été récompensée 8 fois pour les costumes qu'elle a réalisés.

Césars
Le film qui a eu le plus de césars est ***Le Dernier Métro*** de **François Truffaut** qui a reçu **10 césars** (sur les 12 possibles) en 1981 : meilleur réalisateur, meilleur acteur, meilleure actrice, meilleur scénario, meilleur décor, meilleure photo, meilleur montage, meilleur son, meilleure musique et meilleur film français.

Contrat *le plus élevé*
Sean Connery a signé un contrat de **60 000 000 F** pour les 5 films de **James Bond**.

Cachets *les plus élevés*
Marlon Brando (né en 1924) pour sa brève apparition dans ***Superman*** aurait reçu un cachet de **24 000 000 F** auxquels il faut ajouter 95 000 000 F de pourcentage sur les bénéfices, soit 119 000 000 F.

Walt Disney a remporté 29 oscars.

Katherine Hepburn : 4 oscars.

Les acteurs du Dernier Métro : Catherine Deneuve et Gérard Depardieu.

En France

Le cachet le plus important serait celui de **Jean-Paul Belmondo** dans ***L'As des as.***

Les acteurs les mieux payés en 1982 ont été Jean-Paul Belmondo, Alain Delon, Michel Serraut, Gérard Depardieu, Lino Ventura, Philippe Noiret.

Les actrices les mieux payées ont été Catherine Deneuve, Isabelle Adjani, Nathalie Baye, Annie Girardot, Marlène Jobert, Clio Goldsmith.

Cascadeur *le plus payé*

425 000 F ont été versés à **Daw Robinson** pour le saut effectué en novembre 1979 du C.N. Tower à High Point, Toronto (Canada). Son parachute ne s'ouvrit qu'à 91 m du sol.

Acteurs *les plus mariés*

Mickey Rooney né en 1920 est l'acteur le plus marié : **8 mariages** avec 8 femmes différentes.

Lana Turner aussi s'est mariée **8 fois,** dont 2 avec le même mari.

Quant à Elizabeth Taylor, elle s'est marié 7 fois seulement, dont 2 avec Richard Burton.

Acteurs *le plus de rôles*

Les acteurs français qui ont le plus tourné en 1982 ont été Michel Piccoli, Richard Berry et Gérard Jugnot. Les actrices : Nathalie Baye et Anémone.

Spectateur

Albert van Schmus a vu **16 945 films** en 32 ans, en tant que membre de la commission d'enquête.

Salle de projection *la première*

Il semble que ce soit à **Atlanta,** en Géorgie (U.S.A.), que l'on ait construit le « premier cinéma » exclusivement réservé aux films, en octobre 1895, et ce à l'occasion de la projection du film de Jenkins *Phantascope.*

Salles de projection : *nombre*

C'est **Saint-Marin** qui a le plus grand nombre de cinémas par habitant : **1 pour 1 512 habitants.**

C'est **l'U.R.S.S.** qui compterait le plus grand nombre de salles de cinémas au monde : **163 400 salles** en 1974 (y compris des salles équipées en projecteur de 16 mm).

Aux États-Unis, il y a 16 695 salles de cinémas.

En France

Paris est la ville du monde où il y a le plus de cinémas. On compte **851 salles** dans la région parisienne et 403 pour la ville de Paris.

La salle en France qui a vu *le plus grand nombre de spectateurs* en 1982 est **le Rex** à Paris : **684 028 entrées,** soit une moyenne hebdomadaire de 13 169 spectateurs.

La salle parisienne qui a vu *le moins de spectateurs* en 1982 est **Lucernaire 2.** Cette salle qui dispose de 59 places a reçu au total **18 235 spectateurs,** soit une moyenne hebdomadaire de 351 entrées.

Salles de projection *les plus grandes*

Le plus grand cinéma du monde, **Radio City,** New York (U.S.A.) inauguré en 1932, compte encore aujourd'hui **5 882 places.**

En France

La grande salle du **Rex, à Paris,** a **2 800 places.**

CÉSARS 83	
Meilleur film	*La Balance* de Bob Swain
Meilleur réalisateur	Andrzej Wadja pour *Danton*
Meilleure actrice	Nathalie Baye dans *La Balance*
Meilleur acteur	Philippe Léotard dans *La Balance*
Meilleur second rôle féminin	Fanny Cottençon dans *L'Étoile du Nord*
Meilleur second rôle masculin	Jean Carmet dans *Les Misérables*
Jeune espoir féminin (prix Romy Schneider)	Sophie Marceau dans *La Boum 2*
Jeune espoir masculin (prix Patrick Dewaëre)	Christophe Malavoy dans *Family Rock*
Meilleur film étranger	*Victor Victoria* de Blake Edwards
Meilleur court métrage d'animation	*La Légende du pauvre bossu* de Michel Ocelolt
Meilleur court métrage documentaire	*Junkopia* de Chris Marker
Meilleur court métrage de fiction	*Bluff* de Philippe Bensoussan
Meilleure première œuvre	*Mourir à trente ans* de Romain Goupil
Meilleur scénario original et dialogue	Jean-Claude Carrière et Daniel Vigne pour *Le Retour de Martin Guerre*
Meilleur adaptation et dialogue	Jean Aurenche, Michel Grisolia et PierreGranier-Defferre pour *L'Étoile du Nord*
Meilleure photo	Henri Alekan pour *La Truite*
Meilleur décor	Alain Negre pour *Le Retour de Martin Guerre*
Meilleur montage	Noëlle Boisson pour *Qu'est-ce qui fait courir David?*
Meilleure musique	Michel Portal pour *Le Retour de Martin Guerre*
Meilleur son	*La Passante du sans-souci*

Le Rex compte un total de 3 292 places, avec toutes ses salles.

Le plus grand cinéma d'Europe était le Gaumont-Palace, à Paris, qui avait 5 000 places. L'écran mesurait 24 x 13 m.
Cette salle a été démolie en 1973 et remplacée par plusieurs petites salles.

Salle de projection *la plus petite*

La plus petite salle de cinéma est **Le Mexico, à Paris,** avec **38 places.**

Drive-in

Le plus grand drive-in est **Loew's Open Air à Lynn,** Massachusetts, U.S.A., qui peut accueillir **5 000 voitures.**

Fréquentation

Ce sont les habitants des **Philippines** (46,3 millions d'habitants) qui vont le plus souvent au cinéma. Chacun assiste en moyenne à **19,06 séances par an.**

En France

En 1982, la fréquentation des cinémas a atteint les **200 millions de spectateurs,** soit une augmentation de 6,84 % par rapport à l'année 1981. Ce chiffre n'avait pas été réalisé en France depuis 1967.
Le cinéma français reçoit en moyenne 550 000 spectateurs par jour.

Écran *le plus grand*

L'écran de l'Imax à Buenos Aires, Argentine, mesure **30 × 23 m.**

Studios

L'ensemble des studios de cinéma le plus important

du monde est celui d'**Universal City,** à Hollywood. Sa division *Back lot* groupe à elle seule 561 immeubles et 34 plateaux de prises de vues.

Les studios les plus actifs du monde en 1982 sont ceux de **Madras** (Inde) avec **487 films.**

En France
Les studios les plus importants sont les studios de la **Victorine** à **Nice.**

Production
L'**Inde** est le plus grand pays producteur de films au monde. Pour la seule année 1982, **765 longs métrages** ont été réalisés.
L'industrie cinématographique indienne emploie 15 millions de personnes.

RADIO

Origines
C'est le **Dr Mahlon Loomis** (U.S.A., 1826-1886) qui décrivit, le premier (1864), le système de transmission sans fil.
En **octobre 1866,** il en fit la démonstration en se servant de deux cerfs-volants distants de 22 km.
Le brevet U.S. n° 129 971 lui fut délivré le 20 juillet 1872 pour « amélioration de la télégraphie ».

Brevet *le premier*
Le premier brevet pour un « système de communication, au moyen d'ondes électromagnétiques », porte le n° 12 039. Il a été délivré le **22 juin 1896** à **Guglielmo Marconi** (1874-1937).

En 1892, à Murray (Kentucky, U.S.A.), N. B. Stubblefied – qui devait mourir dans la misère en 1928 – fit la démonstration en public de la possibilité de transmettre un discours par télégraphie sans fil.

La première installation permanente de T.S.F. fut construite en 1896 par Marconi's Wireless Telegraph Co Ltd dans l'île de Wight (G.-B.)

Émission *la première*
La première radio-émission mondiale eut lieu le **24 décembre 1906.**
Elle avait été annoncée et fut réalisée par le professeur Fessenden (1868-1932), à partir d'une antenne de 128 m, érigée par le National Electric Signalling Company à Brant Rock, Massachusetts. Le *Largo* de Haendel fut ainsi retransmis sur les ondes. Dès 1900, Fessenden avait retransmis des discours dont l'audition était très mauvaise.

Émission *la première transatlantique*
La première émission transatlantique – un signal télégraphique (la lettre S en morse) –, à partir d'une station de 10 kW située en Cornouailles (G.-B.), fut captée par Marconi, G. Kemp et P. Paget, installés à Saint-Jean, Terre-Neuve (Canada), le **12 décembre 1901** à 12 h 30.

La parole humaine a été entendue pour la première fois à travers l'Atlantique en novembre 1915, lors d'une émission de la Marine U.S. à Arlington, Virginie, captée par les services de radio installés en haut de la tour Eiffel à Paris.

Marathon radiophonique
Le 26 novembre 1982, **993 personnes** se sont relayées **pendant 24 heures** sur CKUM-MF, Montréal, Canada, pour animer la station.

Émission *non-stop*
L'émission sans interruption la plus longue du monde a duré **484 h** (20 jours 4 h).
Elle était assurée par Larry Morton de WGRQ. Radio (U.S.A.).

Radio Telefis Eirean (Irlande) a transmis la lecture intégrale d'*Ulysse* de James Joyce pendant 29 h 38 mn 47 s les 16 et 17 juin 1982.

Jeu radiophonique
Mary Buchanan, U.S.A., a gagné un prix de **175 000 F pendant 40 ans,** le 21 novembre 1980, sur WKRQ, Cincinatti.

Mary Buchanan, gagnante du jeu radiophonique.

Poste le plus petit
Le poste Toshiba AM-FM 302 ne mesure que **12,4 × 8,9 × 5,6 cm** pour 85 g.

Micro-émetteur *le premier*
Le micro-émetteur fut mis au point par Reg. Moores (G.-B.) en 1947.
Il fut utilisé pour la première fois en **septembre 1949,** lors d'un spectacle présenté au Sports Stadium de Brighton (G.-B.).

Speaker *le plus âgé*
Sven Ierring (1898-1979) a quitté la radio suédoise en 1978 à l'âge de **82 ans.** Il a pris sa retraite après avoir assuré la rubrique « courrier des enfants » de 1925 à 1972, soit 1 785 émissions.

Réception des antipodes
Le **12 novembre 1924,** M. H. Walker recevait chez lui, à Walton on Thames (G.-B.), sur un poste à 2 lampes fabriqué par lui, des signaux émis par le yacht *Electra* de Marconi, qui se trouvait dans les eaux territoriales australiennes.

Stations *le plus grand nombre*
C'est l'Amérique qui détient ce record avec **9 313 stations** déclarées en 1982. 4 641 AM (ondes moyennes) et 4 672 FM (modulation de fréquence).

Station la plus écoutée *en France*
Europe n° 1 est la station la plus écoutée, d'après les sondages de la C.E.S.P.

Appels

Le plus grand nombre d'appels reçus par une station radiophonique à la suite d'une émission a été enregistré le 27 novembre 1974 par la radio WCAU de Philadelphie qui diffusait un programme « Bill Corsair Show », d'une durée de 5 heures.
Le standard a reçu **388 299 appels.**

TÉLÉVISION

Origines

L'invention de la télévision, c'est-à-dire la vision instantanée d'objets éloignés par la transmission électrique fut le résultat de découvertes successives et indépendantes.

Karl Ferdinand Braun (1850-1918) a présenté en 1897 le premier tube à rayons cathodiques à vocation commerciale.

Toutefois, c'est seulement en 1907 que Boris Rosing, à Saint-Pétersbourg, en Russie, l'adapta pour la « vision électrique ».

A. Campbell Swinton (1863-1930) publiait le 18 juin 1908, dans la revue *Nature*, les bases des transmissions par télévision (l'article était intitulé « Distant Electric Vision »).

Premières transmissions

La première démonstration publique de télévision a eu lieu le **27 janvier 1926.**
John Baird (1888-1946) eut recours au système de balayage mécanique de l'écran qui avait été suggéré en 1884 par Paul Nipkov.
Baird avait, dès 1924, transmis l'image d'une croix de 3 m de haut et, en 1925, la première image humaine, celle de W. Taynton.

En France

Le **14 avril 1931,** René Barthélémy (1889-1954), grâce à un appareil avec une lampe au néon et un disque de Nipkov, retransmit une pièce de Pirandello du studio de Montrouge à l'École supérieure d'électricité de Paris.

Première mondiale

La première émission mondiale sur écran (405 lignes) destinée au public a eu lieu le **2 novembre 1936** à l'Alexandra Palace, à Londres (G.-B.).
Le public disposait d'environ 100 récepteurs répartis dans le pays.

Une station de télévision située à Berlin (Allemagne) émettait depuis le 22 mars 1935 sur écran de 180 lignes.
Cet émetteur fut détruit par un incendie en août 1935.

Premières émissions *en France*

Les premières émissions débutèrent en **décembre 1935,** grâce à un émetteur installé sur la tour Eiffel.
Les premières émissions régulières commencèrent en 1937.

Émission transatlantique

La première émission transatlantique par satellite a eu lieu le **11 juillet 1962** à 1 heure du matin – d'Andover, Maine (U.S.A.) à Pleumeur-Bodou (France) – par le satellite **Telstar 1.**
Elle transmettait une photographie de F. Kappell, président d'American Telephone & Telegraph Company, société propriétaire de ce satellite.

La première transmission d'images de personnages en action a eu lieu le 23 juillet 1962, et on a pu voir retransmise l'image de Ginette Spanier, directrice de Balmain.

Le 9 février 1928, les images de J. L. Baird et de Mrs Howe avaient déjà été transmises de la station 2 KZ Couls don, Surrey (G.-B.) à la station 2 CVJ à Hartsdale (New York, U.S.A.).

Émission *la plus longue*

L'émission de télévision la plus longue fut la transmission continue de la mission lunaire **Apollo XI** du 19 au 26 juillet 1969, soit **163 h 18 mn** par la chaîne australienne GTV 9.

Téléviseurs

On compte aux **États-Unis 84 800 000 téléviseurs** dont 32,2 millions de téléviseurs reliés par câble, 17,8 millions de postes payants, 25 millions de postes reliés par souscription à la télé par satellite et 3,4 millions avec vidéo-disques et vidéo-cassettes.
En janvier 1982, on comptait aux États-Unis 71,4 millions de postes couleurs (88 %).

En France

En avril 1982, on comptait en France **19 000 000 de téléviseurs.**

Écoute

En juillet 1978, on a calculé qu'en moyenne chaque enfant américain, le jour de ses 18 ans, aura regardé la télévision pendant 710 journées entières, soit 17 040 h d'écoute. Ces heures se décomposent en 350 600 messages de publicité et plus de 15 000 heures de séquences de crimes.
Le taux moyen d'écoute aux U.S.A. est de 29 h 32 mn par semaine et **39 h 20 mn pour les femmes de plus de 55 ans.**
Le pays dispose de 571 récepteurs pour 1 000 habitants – pour comparaison : 348 en Suède, 338 en Grande-Bretagne, 299 en France et 1 en Haute-Volta.

En France

Le taux moyen d'écoute est de **15 h 10 mn par semaine.**

Non-émissions

En **Irlande,** la télévision n'émet **pas le jeudi,** pour protéger la vie familiale.
En général les émissions ont lieu de 20 h à 23 h.

Audience *la plus forte*

Les transmissions des XXe et XXIe **jeux Olympiques,** de Munich (R.F.A.), 1972, et Montréal (Canada), 1976, la **visite du pape en Irlande,** le 29 septembre 1979 et la **finale de la coupe du monde de football,** le 11 juillet 1982 à Madrid, ont été suivies par **1 milliard de téléspectateurs.**

Le programme qui a eu la plus forte audience fut le dernier épisode de MASH, transmis aux États-Unis le 28 février 1983 et suivi par 60,3 % des foyers américains, soit 125 millions de personnes.

Télévision française

L'émission la plus suivie est le feuilleton ***Dallas,*** regardé, en décembre 1982, par plus de **12 millions de téléspectateurs** de plus de 15 ans.

Contrat
Producteur
En mars 1981, la productrice **Marie Osmond** a signé avec la chaîne américaine NBC un contrat de **30 000 000 F** pour une émission de **7 h.**

Acteur
Carol O'Connor, vedette de *Archie Bunker's Place,* touche 1 925 000 F pour chacun des 22 épisodes diffusés en 1982-1983, soit **42 350 000 F.**

Chanteur
Le chanteur **Kenny Rogers** aurait touché **14 000 000 F** pour un enregistrement unique pour H.B.O.T.V. channel.

Présentateurs
Il est admis que le présentateur de télévision le plus payé du monde est **Johnny Carson,** vedette de l'émission *The Tonight Show* (U.S.A.).
Son contrat actuel avec la NBC prévoit un cachet annuel de **30 000 000 de F** pour son show de 1 h programmé 4 fois par semaine.
En 1982, le présentateur américain Dan Rather aurait signé avec la chaîne CBS un contrat de 53 000 000 de F pour 2 ans.

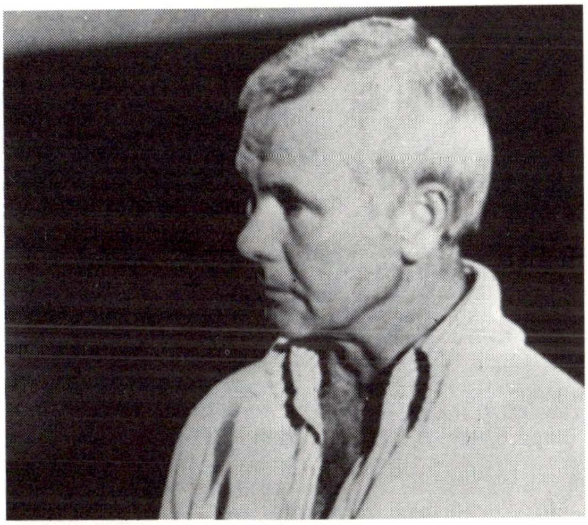

Johnny Carson : présentateur le plus payé.

Producteur *le plus prolifique*
Aaron Spelling (né en 1928) a produit, de 1956 à 1981, **1 457 heures de programme.**
Sa production la plus célèbre est *Starsky et Hutch* (89 épisodes).

Bienfaisance
Le 4 septembre 1979, une émission américaine menée par Jerry Lewis a rapporté **150 000 000 F** à l'Association pour la distrophie musculaire.

Cachets publicitaires
En 1977, l'acteur **James Coburn** aurait été payé **2 500 000 F** pour prononcer **2 mots** dans un film publicitaire pour la bière Schlitz.
Les mots étaient « Schlitz Light ».

Brooke Shields (née le 31 mai 1965) aurait reçu d'un producteur japonais de films publicitaires TV, 1 000 000 de F pour 1 mn de film.

Faye Dunaway aurait, dit-on, été payée 3 825 000 F pour prononcer 6 mots pour la publicité d'un magasin japonais.

En France
Brigitte Bardot aurait été payée **1 000 000 F** pour porter un pantalon Karting lors d'un spot publicitaire en 1970.

Tarifs publicitaires
Le prix maximal payé pour des spots publicitaires a été de **2 750 000 F/mn** pour des emplacements préférentiels sur la chaîne NBC (U.S.A.) pendant la diffusion de *Super Bowl* le 24 janvier 1981.

En France
Les tarifs publicitaires les plus importants se situent le dimanche soir sur TF1 avant le film de 20 h 30 : le message de **60 s** coûte **422 700 F ;** 45 s, 317 100 F et 15 s, 122 400 F.

Téléviseur *le plus petit*
Noir et blanc
La montre Seiko-TV mise en vente le 23 décembre 1982 au Japon possède un écran de **3,5 cm** et pèse 80 g. Elle coûte environ 3 000 F.

Ce téléviseur a un écran de 3,5 cm.

Couleur
Le Panasonic TH-W3V, apparu le 2 décembre 1981, a un écran de **7,6 cm** et pèse 1,5 kg.

VIDÉO

Vidéo-cassettes *les premières*
C'est Alexandre M. Poniatoff qui le premier a démontré en **1956** la possibilité d'enregistrement sur bande.
Ce procédé a été appelé Ampex (ses initiales suivies de ex pour « excellent »).

Magnétoscopes
On compte **14 millions** de magnétoscopes dans le monde. Il existe trois procédés d'enregistrement : le VHS, le Betamax et le VCR.
En France il y a 1 000 000 de magnétoscopes.

Cassette *la plus vendue*

La cassette la plus vendue dans le monde est ***Electric Blue,*** magazine érotique édité tous les mois et dont la première version montrait Marilyn Monroe nue.

En France

Les cassettes les mieux vendues en 1982 sont ***Les Uns et les Autres*** de Claude Lelouch (plus de 10 000), *Le Professionnel* et *Olympia 81* de Y. Montand.

Les cassettes les plus demandées en 1982 sont ***Les Uns et les Autres,*** de C. Lelouch, *Superman* de George Lautner et *La Boum* de Claude Pinoteau.

La vidéo-cassette la mieux vendue en France.

L'équipe française de bridge.

JEUX

BRIDGE

Origines

On pense que le bridge (déformation de Biritch) serait d'origine levantine dans la mesure où des jeux du même genre existaient déjà dans cette partie du monde aux alentours de **1870.**

Le bridge aux enchères (où le plus gros enchérisseur fixe l'atout) a été inventé vers 1902. Le principe du contrat, qui existait déjà dans différents jeux (en particulier dans le plafond, qui se jouait en France vers 1917), a été introduit dans le bridge par l'Américain Harold S. Vanderbilt le 1er novembre 1925 au cours d'un voyage dans les Caraïbes à bord du *SS Finland.* Le bridge-contrat est devenu à la mode dans le monde entier à la suite du « duel » États-Unis-Grande-Bretagne à l'Almack's Club de Londres en septembre 1930, remporté par les États-Unis après 200 donnes avec 4 845 points.

Titres mondiaux

C'est l'équipe d'Italie, la **« Squadra Azzura »,** qui a remporté le plus souvent le championnat du monde (coupe des Bermudes), en 1957-1959, 1961-1963, 1965-1967, 1969, 1973-1975.

Elle a également remporté le titre olympique en 1964, 1968 et 1972.

Giorgo Belladonna (né en 1923) faisait partie de toutes les équipes gagnantes.

Titre olympique

L'**équipe française** composée de Michel Lebel, Michel Perron, Paul Chemla, Christian Mari, Henri Szwarc et Philippe Soulet, détient actuellement le titre olympique devant 58 pays.

Meilleur classement français

Les joueurs de bridge les mieux placés au classement français ont été, pour la saison 1980-1981, Mme Claude Blouquit et M. Michel Lebel.

Points d'experts internationaux

En 1971, la Fédération mondiale de bridge a institué un système permettant de classer les bridgeurs par addition des résultats et performances au fil des saisons.

Le premier joueur mondial est **Giorgio Belladonna** de l'équipe italienne avec 1 767 points en une partie, suivi de 5 autres Italiens.

La première joueuse mondiale est **Dorothy Haydan Truscott** avec 331 points.

Le plus jeune joueur est **Dougie Hsiech,** USA, à **11 ans et 306 jours.**

Points d'experts français

La joueuse française ayant gagné le plus de points d'experts en 81-82 est **Marianne Serf (109 814).**
La même année, le joueur français **Dominique Poubeau** en a gagné **155 807.**

Jeu *le plus brillant*

Richard Cummings (Australie) a reçu le Bols Brillancy Prize de l'International Bridge Press Association en 1980 pour son jeu extraordinaire lors des Olympiades de bridge 1980.

Jeu *parfait*

Les chances mathématiques de distribuer 13 cartes d'une même couleur au même joueur sont de 1 pour 158 753 389 899 tandis que les chances de recevoir la « main parfaite » de 13 piques sont de 1 pour 635 013 559 596. Enfin, il y a **une chance sur 2 235 197 406 895 366 368 301 559 999** pour que les quatre joueurs reçoivent chacun les 13 cartes d'une même couleur (le « jeu parfait »).

Compétition *la plus importante*

Du 1er au 16 octobre 1982, la France a organisé à **Biarritz** la plus grande compétition de bridge qui se soit jamais tenue. **70 pays** y étaient représentés, et 1 800 joueurs y ont participé.

Marathon

Quatre étudiants de l'université d'Edimbourg ont joué au bridge pendant **180 h** d'affilée du 21 au 28 avril 1972.

Scores *les plus hauts réalisables*

- L'adversaire demande 7 levées à la couleur ou 7 sans atout, contré, surcontré et vulnérable
- L'adversaire ne fait aucune levée

Au-dessus de la ligne	1re levée de chute	400
	12 levées de chute suivantes à 600 points	7 200
	Tous les honneurs	150
		7 750

- Annonce d'un sans atout, contré, surcontré, vulnérable

En dessous de la ligne	1re levée (40 x 4)	160
Au-dessus de la ligne	6 levées supplémentaires (400 x 6)	2 400
	2e robre gagnant	350
	Tous les honneurs	150
	Réalisation du surcontré	50
	(plus haut score possible)	3 110

- En pratique, on donne 700 points à la fin du second robre gagnant et non 350 à la fin de chacun.

DOMINOS

Origines

Le Musée national de Bagdad, en Irak, possède des objets provenant d'Ur appelés « dominos » et qui datent d'environ **2450 av. J.-C.** Encore inconnus en Europe vers 1750, ils ont atteint l'Angleterre via la France aux alentours de 1795.
Le jeu esquimau comporte 148 pièces, le jeu européen 28.

Marathon

Alan Mannering et David Harrison ont joué aux dominos pendant **123 h 4 mn** à Stoke-on-Trent, G.-B., du 8 au 13 février 1978.

FLÉCHETTES

L'origine des fléchettes remonte à l'utilisation par les archers de lourdes flèches de 25 cm de long pour se défendre en combat rapproché.
Ces « fléchettes » étaient utilisées en Irlande au XVIe siècle et les passagers du *Mayflower* jouaient aux fléchettes pendant la traversée de l'océan, en 1620.
Le jeu actuel date au moins de **1896,** où Brian Gamlin de Bury (Lancashire) inventa, dit-on, le système de comptage actuel.
On estime aujourd'hui à 6 millions le nombre de joueurs de fléchettes en Grande-Bretagne.

Le premier score enregistré est celui de John Reader – 180 points – à la Highbury Tavern, dans le Sussex, en 1902.

Victoires ininterrompues *le plus grand nombre*

Mike Bowell (né le 31 mai 1947), de la Paulton Darts League, Avon, a gagné **152 matches** successifs du 9 février 1971 au 29 novembre 1974.

Match *le plus rapide*

Le match le plus rapide en 3 manches de 301 a duré **1 mn 58 s** et a été remporté par Ricky Fusco (G.B.) au Perivale Residents Association Club (Middlesex) le 30 décembre 1876.

Scores *les meilleurs possibles avec le moins de fléchettes*

Des scores de 201 avec 4 fléchettes, 301 avec 6 fléchettes, 401 avec 7 fléchettes et 501 avec 9 fléchettes ont été atteints à différentes reprises.

Cliff Inglis a réalisé un score de **1 001** (160,180,140,180,121,180,40) avec **19 fléchettes** seulement au Bromfield Men's Club (Devon), le 11 novembre 1975.
Le 3 septembre 1976, Alan Evans a réussi 2 001 en 52 fléchettes.
Le 29 avril 1977, Charlie Ellis a obtenu 3 001 en 79 fléchettes.

Tour d'horloge *le plus rapide*

Dennis Gower a mis **9,2 s** pour faire un tour d'horloge avec des « doubles » à un bras de distance au Millers Arms, Hastings (Sussex), le 12 octobre 1975, et Jim Pike a mis 14,5 s à le réaliser en ordre numérique au Craven Club, Newmarket, en mars 1944.
Le record du « tour d'horloge » à 2,70 m de distance et en reprenant ses fléchettes, est 2 mn 13 s, par Bill Duddy à Londres, le 9 octobre 1972.

Un million un

Huit joueurs du Sir John Barleycorn de Bitterne (Hampshire) ont totalisé 1 000 001 points avec 39 566 fléchettes, du 4 au 6 avril 1980.

Marathon
John Yates, Stuart Neie, Quentin Smith et Nigel Lucas ont joué pendant **116 h** à Chigwell School, G.-B., du 8 au 13 janvier 1981.

ÉCHECS

Origines
Le mot échec vient du persan « chah » (roi ou chef). C'est un descendant du jeu « Chaturanga ». Les plus anciennes références remontent au Perse Karnamak (590-628) bien que l'on trouve déjà des traces de ce jeu au **IVe siècle** dans le nord-ouest de l'Inde.

C'est l'U.R.S.S. qui compte le plus grand nombre de joueurs d'échecs : environ 10 millions selon les estimations de 1980.

La Fédération internationale des échecs (Fide), créée en 1924 à Paris, compte 25 000 inscrits.
Il existe 185 « grands maîtres internationaux » (G.M.I.), dont 46 Soviétiques, 30 Yougoslaves, 16 Américains, et 4 Anglais.
Dans l'échelle des titres internationaux, la France a 8 « maîtres internationaux » : Andruet, Todorcevic (M.I.).

Champions du monde
On admet généralement que le titre de champion du monde existe depuis 1886.

Le premier champion du monde officiel fut Steinitz, suivi par Lasker en 1894, qui a gardé le titre pendant 27 ans jusqu'en 1921, lorsqu'il fut battu par Capablanca.

C'est Vera Menchik-Stevenson (Tchécoslovaquie, puis G.-B.) qui a gagné le plus souvent les championnats féminins du monde, soit 8 fois de 1927 à 1939.
Le premier grand maître féminin fut Nona Gaprindashvili (U.R.S.S.).

Robert Fisher (né le 9 mars 1943 aux États-Unis) est reconnu comme le plus grand joueur d'échecs de tous les temps par le système officiel Elo, avec le chiffre 2 780. Il a un quotient intellectuel de 187 et devint, à 15 ans, le plus jeune grand maître international. En 1972, il a battu Boris Spassky et a obtenu le titre de champion du monde. Les Soviétiques détenaient le titre depuis 1948.
Le plus jeune maître international actuel est Nigel Short (G.-B.), 15 ans !

Les Soviétiques ont remporté 14 fois les championnats du monde hommes et 9 fois les championnats femmes.

Champions français
Le champion français est **J.-L. Seret**, qui a remporté le championnat de France pendant 2 années consécutives, en 1980 et 1981.

J.-L. Seret, champion de France d'échecs.

Herart Weller, l'homme le plus grand d'Europe, mesure 2,39 m.

Lou Ferrigno (Hulk) : 1,95 m et 150 cm de périmètre thoracique.

J.-J. Werkmeister a 18 ascendants en ligne directe.

M. Girardo (Var) a cultivé la tomate la plus grosse : 2,340 kg.

L'eudia Povania (papillon de nuit) décèle l'odeur d'une femelle vierge à 11 km de distance.

Le poulpe aux anneaux bleus est le plus venimeux.

Le félin le plus rapide sur courte distance est le guépard qui peut atteindre une vitesse de 101 km/h.

Agé de 200 ans, ce figuier banian est le plus grand arbre de l'Inde.

700 000 francs, c'est le prix le plus élevé jamais demandé pour cette carpe âgée de 7 ans, longue de 89 cm.

La plus grande centrale solaire française : Thémis.

Le Nil, fleuve le plus long du monde, mesure 6 670 km.

Situé à 2 859 m le pic du Midi est le point habité le plus élevé de France

S'élevant à 1 005 m, les falaises d'Hawaii ont un à-pic de plus de 55°

Vendu le 26 mai 1983 ce Cézanne a été emporté pour une somme s'élevant de 15 466 000 de francs.

Barbara Cartland la romancière la plus vendue est également la grand-mère de Lady Di !

Le Sony FD 200 est le téléviseur le plus plat du monde.

Hautes de 21 m de haut les colonnes de soutènement de Karnak sont les plus grandes.

Le trafic le plus important a été enregistré dans le métro de Moscou : 6 500 000 passagers par jour.

Disney World, le parc d'attractions le plus grand du monde, s'étend sur 11 105 hectares.

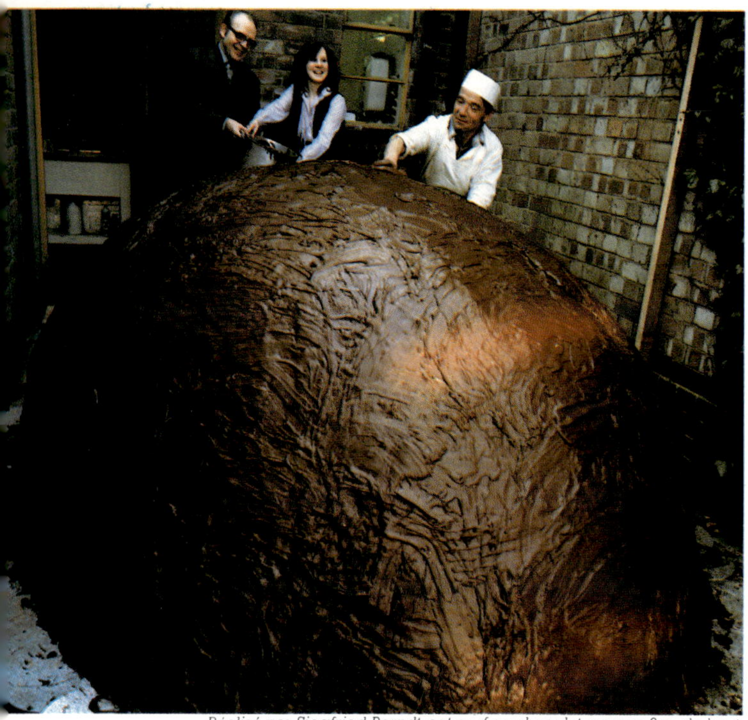

Réalisé par Siegfried Berndt, cet œuf en chocolat mesure 3 m de haut

A San Francisco, Lombard Street la rue la plus sinueuse du monde, compte 5 épingles à cheveux

Le four solaire d'Odeillo peut atteindre des températures supérieures à 3 000 °C

Le mirage IV est le bombardier le plus rapide du monde

Léo Pisker de Vienne, en Autriche possède une collection de 95 000 sous-bocks de 147 pays

Le cycliste Laurent Fignon a remporté le Tour de France 1983.

Le skieur suédois Ingemar Stenmark détient le record des victoires en Coupe du Monde de ski alpin avec 72 victoires entre 1974 et 1983.

Le golfeur américain Jack William Nicklaus a remporté 19 tournois majeurs entre 1962 et 1980.

La gymnaste soviétique Olga Bicherova a été en 1982 la plus jeune championne du monde qu'ait jamais connue la spécialité.

Yannick Noah, vainqueur à Roland-Garros en 1983.

Pierre Quinon a été recordman du monde du saut à la perche.

L'athlète est-allemande Marita Koch a été la seule de tous les athlètes à gagner 4 médailles (or sur 200 m, 4 x 100 m, 4 x 400 m, argent sur 100 m) aux premiers championnats du monde d'athlétisme à Helsinki (Finlande) en août 1983.

Le footballeur argentin Diego Maradona reste en 1984 le joueur le mieux payé du monde au F.C. Barcelone.

La nageuse Laurence Bensimon a été en 1983 le porte-drapeau de la vague des jeunes nageuses françaises.

L'athlète Maryse Ewanje-Epée a porté en 1983 le record de France du saut en hauteur féminin à 1,92 m

Le motocycliste italien Giacomo Agostini a remporté 15 titres de champion du monde : 7 fois celui des 350 cc et 8 fois celui des 500 cc.

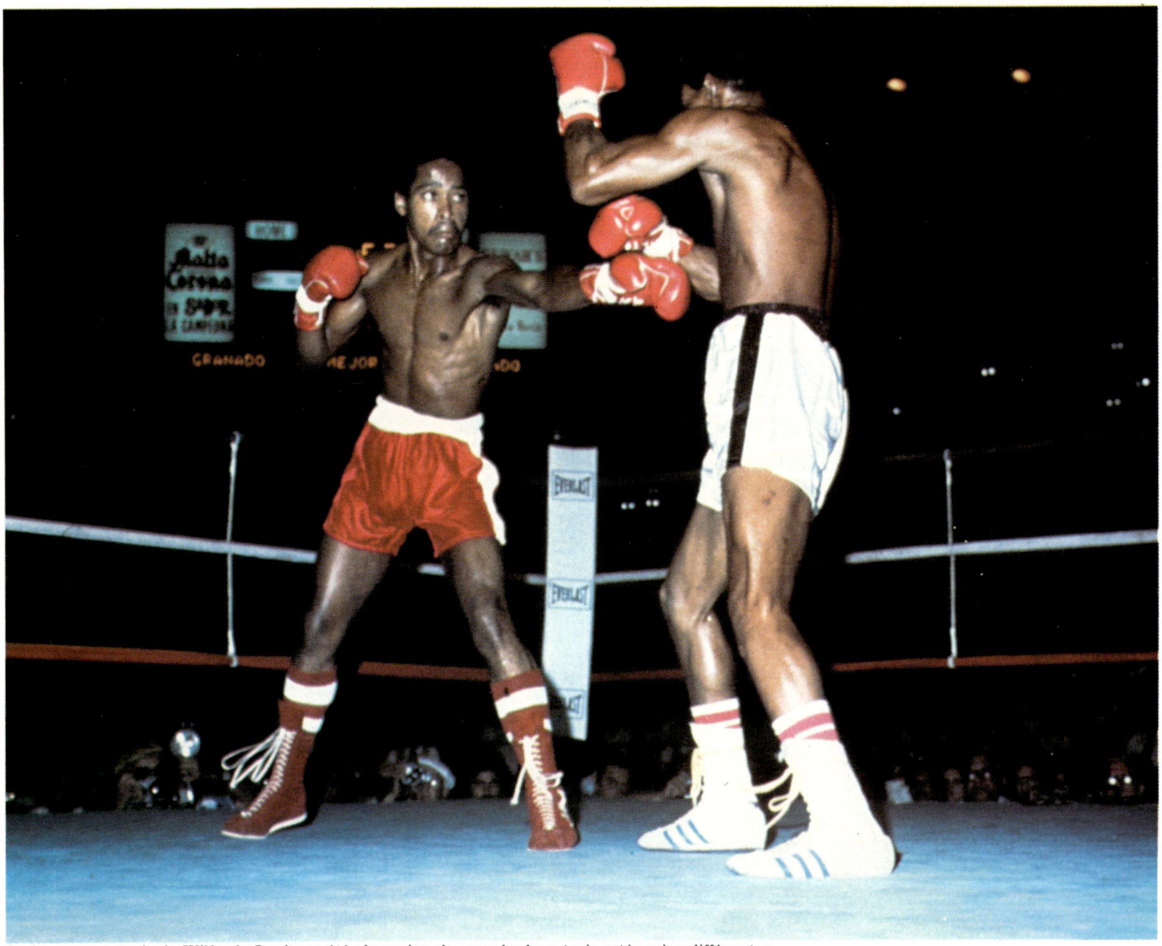

Le boxeur portoricain Wilfredo Benitez a été champion du monde dans trois catégories différentes.

La nageuse est-allemande Pétra Schneider est recordwoman du monde des 400 mètres 4 nages.

Le Tchèque Ivan Lendl est le tennisman qui a gagné le plus d'argent en 1982.

Le nageur soviétique Vladimir Salnikov est recordman du monde du 400 m au 1 500 m nage libre.

La nageuse est-allemande Cornelia Sirch est recordwoman du monde du 200 mètres dos.

Les patineurs anglais Jane Thorvill et Christopher Dean ont obtenu 9 notes maximum sur 9 au cours de la même exhibition.

Le Finlandais Yrjo Vesterinen a remporté 3 championnats du monde de trial (1976-1978).

Les Italiens Paolo Rossi (au centre) et Dino Zoff (à droite) vainqueurs de la Coupe du monde de football 1982.

Parties *les plus longues*

En 1945, à Bakou, une partie ayant duré **21 h 30** s'est terminée au 171ᵉ coup (à la moyenne de 7 mn 30 s par coup) et a opposé Makagonov et Chekover.
De nos jours un tel record est impossible, car les parties sont limitées par une pendule double.

Une partie de 221 coups a eu lieu en août 1969 à Stockholm, entre A. Williams (pays de Galles) et le grand maître K. Rogoff (U.S.A.). Elle a duré 4 h 25 mn.

Épreuves de durée

Deux joueurs (Mike Murphy et Leo Knoblauch) se sont affrontés sans interruption pendant **122 h** en jouant de nombreuses parties, à Whitehall (U.S.A.), le 4 avril 1975.

La plus longue partie d'« échecs éclair » (chaque coup exécuté en moins de 5 mn) a opposé durant 60 h 1 mn Freeman et Luckett, en Grande-Bretagne, du 29 au 31 mars 1972.

Nombre d'adversaires

Vlastimil Hort, Tchécoslovaquie, a joué contre **550 adversaires** (dont 201 parties simultanées) les 23 et 24 avril 1977. Il n'a perdu que 10 parties.

Dimitri Bjeléca, Yougoslavie, a joué contre **301 adversaires** (parties simultanées) le 18 septembre 1982. Après 9 heures de jeu, son score était de 258 victoires, 36 parties nulles, 7 perdues.

José Luis Larrañaga, Espagne, a joué **605 parties consécutives** en 31 h 42 mn du 27 au 29 novembre 1982 (535 victoires, 42 parties nulles et 28 défaites).

Le record du jeu « *à l'aveugle* » est détenu par **G. Koltanovsky** (U.S.A.), avec **56 adversaires** (50 victoires et 6 parties nulles). Il a été établi à San Francisco le 13 décembre 1960.
Ajoutons que le jeu à l'aveugle est condamné par la Fédération soviétique, qui le juge extrêmement dangereux pour l'équilibre intellectuel des participants.

Mouvement le plus lent *(par correspondance)*

L. Grant et J. Munro McLennan – ce dernier se trouvant à Sydney – sont toujours en train de jouer un match commencé à l'université d'Aberdeen, en 1926. Ils bougent un pion ou une pièce à chaque correspondance, en s'envoyant une carte de vœux à Noël, soit **une fois par an.**

JEU DE DAMES

Origines

Le jeu de dames est plus ancien que les échecs. On y jouait déjà en Égypte vers **2000 av. J.-C.**
Le premier livre traitant de ce jeu est un ouvrage daté de 1547 d'Antonio Torquemada, de Valence.
Le premier traité a été écrit par Pierre Mallet en 1668.

Adversaires *le plus grand nombre*

Con McCarrick, Irlande, a joué **154 parties simultanées** dont 136 gagnantes, 17 nulles et 1 défaite en 4 h 30 mn le 14 novembre 1982.

Newell W. Banks (né à Detroit, aux U.S.A., le 10 octobre 1887) a joué **140 parties simultanées,** dont 133 gagnantes et 7 nulles, à Chicago en 1933. Il a joué pendant 145 mn, soit environ un coup par seconde.

Parties *la plus longue et la plus courte*

En compétition, le rythme de jeu ne doit pas être inférieur à 30 coups par heure, une partie devant durer en moyenne 90 mn.
En 1958, un match entre l'Américain Marion Tinsley et l'Anglais Derek Oldbury a duré **7 h 30.**

Le jeu le plus court possible compte **20 coups** imaginés le 2 novembre 1977 par l'Anglais Alan M. Beckerson (né le 21 février 1938).

MONOPOLY

Origines

L'inventeur du monopoly est Charles Darrow (1889-1967). Ce jeu d'investissements immobiliers, le plus populaire du monde, a été vendu à 80 millions d'exemplaires par Parker Bros. Charles Darrow a mis au point la version originale du jeu en **1933** – alors qu'il était au chômage – en reprenant le nom des rues d'Atlantic City (New Jersey) où il passait ses vacances.

Marathon

La partie la plus longue à 4 joueurs, homologuée par Parker Bros, a duré **408 h** entre Peter Callon, Paul Taplin, John Cresswell et Lesley De Wahl, G.-B., du 5 au 22 février 1981.

MOTS CROISÉS

Origines

Les premiers mots croisés, créés par Arthur Wynne (G.-B.), ont été publiés dans le *New York World* du **21 décembre 1913.** Ces mots croisés comptaient 32 définitions.

Le plus grand

Nous ne prenons en considération que les mots croisés publiés.

Stephen Robinson, G.-B., a publié en 1979 une grille de **1,72 m²** avec **6 257 définitions horizontales** et **6 051 verticales.**

Mots croisés fléchés

M. Yves Pirat a publié dans *Les Dépêches* une grille de **3 600 cases.**

RUBIK'S CUBE

Origines

C'est en **1975** que le Hongrois Ernö Rubik a déposé le brevet de son invention, le Rubik's Cube, maintenant universellement connu.
Ce jeu offre 43 252 003 274 489 856 856 000 combinaisons possibles !

Tentez d'être le numéro 1 !

Minh Thai obtient le championnat du monde de Rubik's Cube à 16 ans.

Champion du monde
Au championnat du monde de Budapest, 1982, l'Américain **Minh Thai** a reconstitué un Rubik's Cube en **22 s 95.**

Champion de France
Le record de vitesse est actuellement détenu par le Français **Jérôme Jean-Charles** qui a composé un cube en **28 s 6** au championnat de France 1981.

SCRABBLE

Origines
Ce jeu de mots croisés a été inventé par Alfred M. Butts en **1931,** puis développé, amélioré et commercialisé sous le nom de Scrabble en 1948.

Scores *les meilleurs*
Le meilleur score en compétition est de **774** par **Allan Simmons,** G.-B., le 1er juillet 1981.

Le plus grand nombre de points marqués en un coup en compétition est 392 par Dr. Karlo Khoshknaw, G.-B., en avril 1982.

Champion du monde
Au championnat du monde 1982, le Français Michel Duguet a totalisé 99,84 % des points en 5 parties. Mais le record est toujours détenu par un autre Français, **Vincent Labbé** qui avait réalisé **99,89 %** des points en 1980.

Au Festival international de Lille, en 1983, le Français **Michel Duguet** a battu le record de l'épreuve en 3 manches ; il a obtenu un total de 2 796 points, ce qui représente une moyenne de **99,75 %.**

Champion de France
Au championnat de France par parties de 1981, **M. Duguet** et **B. Hannuna** ont réalisé la moyenne de **99,85 %,** soit 3 318 points en 4 manches sur un total maximum possible de 3 323 points.

Marathon
Norman Hazeldan, Alan Giles, Tom Barton et Keith Ollett ont joué au scrabble pendant **120 h,** à Uckfield (East Sussex), du 4 au 9 août 1975, de même que Mark Morris, Jean-Pierre Burdinat, Robert Emmanuel et Gary Dolton, à Sydney (Australie), du 27 août au 1er septembre 1975.

BILLARD ET SNOOKER

Origines
On rapporte qu'en 1429 Louis XI, roi de France de 1461 à 1482, possédait un billard.

Champion du monde
Le Français **Francis Connesson,** consacré champion du monde de billard à Duisburg (Allemagne) pour la saison 1981-1982, a battu 3 records du monde en enlevant ce titre.
Le record du monde sur 4 et 5 parties, en atteignant les moyennes respectives de 85, 71 et 75 ; et le record d'Europe sur 7 parties, avec la moyenne de 51,81.

Francis Connesson félicité par sa femme, après sa victoire.

Professionnels *les plus titrés*
Le championnat du monde professionnel (créé en 1870) a vu 8 fois la victoire de l'Anglais **John Roberts Junior** (1847-1919), qui a remporté le titre en 1870 (2 fois), 1871, 1875 (2 fois), 1877 et 1885 (2 fois).

L'Américain William F. Hoppe (1887-1959) a remporté, entre 1906 et 1952, 51 titres « mondiaux » de la variante américaine du billard.

Amateurs *les plus titrés*
L'Australien **Robert Marshall** (né le 10 avril 1910) a remporté le titre de champion du monde amateur à 4 reprises (1936, 1938, 1951 et 1962).

Chez les femmes, le record appartient à **Vera Selby** (née le 13 mars 1930) qui, entre 1970 et 1978, a remporté 8 titres.

Scores *les plus hauts*
Tom Reece (1873-1953) a réalisé une série interrompue de **499 135 points** en 85 h 49 mn, au cours d'une partie contre Joe Chapman qui s'est déroulée, du 3 juin au 6 juillet 1907, au Burroughes Hall de Soho Square (Londres). Ce score n'a pas été homologué parce que la presse et le public n'étaient pas présents en permanence.

Le score homologué le plus élevé est de **42 746 points,** par l'Anglais **William Cook,** au cours d'une partie qui a duré du 29 mai au 7 juin 1907.

Après l'adoption de la règle de l'espace derrière la ligne de départ, Joe Davis a établi un record de 1784, au cours des championnats de Grande-Bretagne, le 29 mai 1936.
Avant que cette règle n'entre en vigueur, l'Australien Walter Lindrum (1898-1960) avait réalisé une série officielle de 4 137 en 2 h 55 mn, dans une partie contre Joe Davis, à Thurhston, les 19 et 20 janvier 1932.
Le même Davis annonce un record personnel de 2 502, score réalisé dans une partie contre Tom Newman (1894-1943) disputée à Manchester en 1930.

Le plus haut score enregistré dans une compétition amateur est de 1 149, par l'Indien Michael Ferreira à Calcutta (Inde), le 15 décembre 1978.

Selon les nouvelles réglementations, le meilleur score amateur est de 702 par Robert Marshall, Australie, le 17 septembre 1953.

Centaine *la plus rapide*
L'Australien **Walter Lindrum** a officieusement réalisé une série de **100 en 27,5 s** le 10 octobre 1952. Son record officiel est de 46 s, temps réalisé à Sydney (Australie) en 1941.

Billard artistique
Lors des compétitions de billard artistique, les joueurs doivent réussir un certain nombre de figures imposées.
En 1981-1982, le champion de France était **M. Yannick Despierre.**

3 Bandes
Origines
Cette variante sans blouses remonte à **1878.**
L'organisation dirigeante au niveau international est l'Union mondiale de billard (U.M.B.), qui a été fondée en 1928.

Champion le plus titré
Willie Hoppe a été, de 1906 à 1952, le joueur le plus brillant, puisqu'il a remporté, avant et après la naissance de l'U.M.B., **51 titres** de champion dans les différentes disciplines.

Champions du monde
Le Belge **Raymond Ceulemans** (né en 1937) a remporté 14 fois le titre de l'U.M.B., de 1963 à 1966, de 1968 à 1973, et de 1975 à 1978 – avec une moyenne record de 1 679 en 1978. Il s'est classé champion du monde de la saison 1982-1983 avec une moyenne de 1,447.

Le Français Richard Bitalis s'est classé 2e avec 1,332.

Snooker
Origines
Les recherches ont établi que le snooker a été inventé par le colonel sir Neville Francis Fitzgerald Chamberlain (1856-1944), à partir du « black pool » et du billard, pendant l'**été 1875,** au club Ootacamund, à Nilgiris, Madras (Inde).
Le nouveau jeu a atteint l'Europe en 1885. Le système moderne de marque a été adopté en 1891. Il n'y a pas eu de championnat avant 1916. Le championnat du monde professionnel a été créé en 1927.

Champions les plus titrés
Le titre de champion du monde professionnel a été gagné **15 fois** par **Joe Davis** (1901-1978), de 1927 à 1940, et en 1946.

Les championnats du monde amateurs, créés en 1963, ont été remportés 2 fois par les Anglais Gary Owen (1963 et 1966) et Ray Edmonds (1972 et 1974).

Scores les plus hauts
Plus de 100 joueurs ont réussi le score maximal de 147.

Le premier fut E.J. Murt O'Donoghue, Nouvelle-Zélande, le 26 septembre 1934.

Le **premier 147 officiel** a été établi par **Joe Davis,** G.-B., le 22 janvier 1955 contre Willie Smith.

Le premier 147 dans un tournoi international a été marqué par John Spencer le 13 janvier 1979 mais les bandes étaient hors normes.

Steve Davis a marqué officiellement 147 contre John Spencer le 11 janvier 1982.

Le premier 147 dans un championnat du monde a été marqué par Cliff Othorburn, Canada, contre Terry Griffith, le 23 avril 1983.

Le record du monde amateur officiel est de 140 points par Joe Johnson (né en Angleterre le 29 juillet 1952), score atteint au T.U.C. Club de Middlesborough (Cleveland) en 1978.

David Taylor (né le 9 juillet 1943) a réalisé une série de trois avec des scores de 130, 140 et 139 points, soit un total de 409, à Minehead (Somerset, Grande-Bretagne) le 1er juin 1978.

Partie la plus longue
Le record d'endurance de snooker est de **145 h 55 mn.**
La partie, qui s'est déroulée du 16 au 22 février 1979, opposait Andrew East à Mark Brown, G.-B., du 15 au 22 août 1982.

Pool
Origines
Le pool, ou championnat de billard à blouses avec boules numérotées, a commencé à s'organiser **vers 1890.**

Meilleurs joueurs
Les meilleurs joueurs ont été les Américains **Ralph Greenleaf** (1899-1950), qui a gagné à 19 reprises (1919-1937) le titre professionnel « mondial », et **William Mosconi** (né le 27 juin 1913), qui a dominé le jeu de 1941 à 1957.

La plus longue série réalisée dans une partie de pool est de 625, par Michael Eufemia, à la Logan's Billiard Academy de Brooklyn (New York), le 2 février 1960.
En 24 h (30 juin-1er juillet 1979), à une moyenne de 7,38 s par boule, Gary Mounsey (né en 1947) a blousé 11 700 boules à Hamilton (Nouvelle-Zélande).

Le record pour 15 boules est de 47 s par Ross McIrres, G.-B., le 4 mars 1983.

Partie la plus longue
La plus longue partie a opposé, du 3 au 11 novembre 1979, Frank Drabble à Dave Spencer sur le billard de l'Imperial Hotel de Stockport dans le Cheshire (Grande-Bretagne). Elle a duré **201 h.**

LE LIVRE GUINNESS DES RECORDS

7

LES CONSTRUCTIONS

PREMIÈRES CONSTRUCTIONS

Les premières constructions connues consistent en un cercle grossier de blocs de lave maladroitement empilés, du niveau culturel le plus primitif, trouvé en 1960, sur le site paléolithique inférieur des gorges d'**Odulvai,** Tanzanie.

On a découvert autour de cette construction des ossements et des objets qui tendent à prouver que c'était sans doute une aire de travail datant de **1 750 000 av. J.-C.**

Les vestiges les plus anciens de véritables « habitations » sont ceux de 21 huttes comprenant des foyers et des fosses, entourées de galets et délimitées par des trous de pieux, que l'on a découvertes en octobre 1965 sur le site de Terra Amata, près de Nice. On pense qu'elles appartiennent à la culture acheulienne (120 000 ans).

Des fouilles, effectuées entre le 28 juin et le 5 juillet 1966, ont mis à jour une hutte aux murs de palissade de 15 m de long sur 6 m de haut.

On pense que les plus vieilles constructions debout sont les temples mégalithiques de Mgarr et Skarba à Malte, et celui de Ggantija à Gozo, datant de 3250 av. J.-C.

On a découvert les restes d'une tour de pierre de 1 m de haut, bâtie, à l'origine, dans les murailles de Jéricho (5000 av. J.-C.).

Cette tour de pierre a 6 983 ans.

CONSTRUCTIONS ORNEMENTALES

CONSTRUCTIONS DE L'ANTIQUITÉ

Les Sept Merveilles du monde

Les Sept Merveilles du monde furent mentionnées pour la première fois par Antipater de Sidon, au IIe siècle av. J.-C.

Les pyramides de Gizeh étaient au nombre de trois, érigées par trois pharaons égyptiens de la IVe dynastie : Kheops (Khufu), Khephren (Khafre ou Kha-f-ra) et Mykérinos (Mycerinus), près de Gizeh au sud-ouest du Caire (el Qahira), Égypte.

La grande pyramide fut terminée en 2580 av. J.-C. Sa hauteur initiale était de 146,5 m (à cause de la chute des pierres de son sommet et du pyramidion, elle est réduite à 137 m).
Sa base a 230 m de côté et sa surface, un peu plus de 5 ha.

On estime que 4 000 ouvriers ont travaillé en permanence, pendant trente ans, pour ériger les 2 300 000 blocs de pierre pesant en moyenne 2,5 t, soit un poids total d'environ 5 840 000 t et un volume de 2 568 000 m^3. On a calculé, en décembre 1974, qu'il faudrait 405 hommes pendant six ans pour construire la même pyramide et que cela coûterait 5 milliards de F.

Le temple d'Artemis, à Éphèse (Turquie), a été détruit par les Goths en 262.

Le tombeau du roi Mausole construit à Halicarnasse (aujourd'hui Bodrum), en Turquie, en 325 av. J.-C., s'est écroulé. Il en reste quelques débris.

Les jardins suspendus de Sémiramis à Babylone (Irak), 600 ans av. J.-C. ont totalement disparu.

La statue de Jupiter, par Phidias, en or et ivoire, haute de 12 m, érigée au Ve siècle av. J.-C. à Olympie, Grèce, disparut dans un incendie à Istanbul.

Le Colosse de Rhodes, statue sculptée par Charès de Lindos, de 292 à 280 av. J.-C., haute de 35 m, représentant Apollon, fut détruit par un tremblement de terre en 227 av. J.-C.

Le phare d'Alexandrie était une colonne pyramidale de marbre blanc qui signalait aux navires l'île de Pharos, au large d'Alexandrie. Il a été détruit dans un tremblement de terre en 1375.

Les pyramides les plus anciennes

La pyramide la plus ancienne que l'on connaisse est la pyramide à degrés de **Djoser** à Saqqarah, en Égypte, d'une hauteur de 62 m à l'origine ; elle fut construite en pierres calcaires de Tura, en **2650 av. J.-C.**

La pyramide de Djoser date de 2 650 ans avant J.-C.

La plus vieille pyramide du Nouveau Monde est celle de l'île de la Venta, au sud-est du Mexique, construite par les Olmèques en 800 av. J.-C. Elle s'élève à 30 m et a une base de 128 m de diamètre.

La pyramide la plus massive

La pyramide la plus massive est la pyramide de **Quetzalcóatl,** à Cholula de Rivadahia, près de Mexico. Cette pyramide, qui a un volume de plus de **3 millions de m³** et qui est aussi le monument le plus pesant jamais construit, a 54 m de haut. Sa base occupe une superficie de près de 18 ha. Son volume total a été évalué à 3 300 000 m³, alors que celui de la pyramide de Kheops (voir plus haut) n'est que de 2 500 000 m³.

Les pyramides de cette région du Mexique ont été érigées du IIe au VIe siècle.

Le plus gros bloc

La pyramide de **Mykérinos** comporte un bloc de pierre qui pèse **290 t.**

La ziggourat la plus grande

Les ziggourats sont des tours à étages en retrait, des temples chaldéens et babyloniens.

La ziggourat d' **Ur** (Muqqayr – Irak), avec une base de 60 m, est la plus grande.

Elle comptait **3 étages au moins** et on peut aujourd'hui admirer le premier et une partie du deuxième (18 m de haut).
Elle a été construite par Ur-Nammu, roi d'Akkad, de 2113 à 2006 av. J.-C. Cet édifice était dédié à Nanna, divinité de la Lune.

COLONNES ET OBÉLISQUES

La colonne la plus grande

C'est une colonne de **174 m** de haut qui commémore la bataille de **San Jacinto** (21 avril 1836), près de Houston (Texas, États-Unis).

Lors de cette bataille, le général Sam Houston et ses 743 hommes tuèrent 630 Mexicains et en capturèrent 700, sur un total de 1 600.
Cette colonne, qui est le plus haut monument du monde, a été réalisée, entre 1936 et 1939, avec 32 000 t de béton, recouvert de calcaire poli.

En France

La plus grande colonne de France est la **colonne de la Grande Armée** à Boulogne (Pas-de-Calais), qui se dresse à **53 m** de haut, dépassant de 2 m la célèbre colonne de la Bastille, à Paris.

L'obélisque le plus ancien

Le plus ancien obélisque monolithe encore en place a été élevé par le pharaon Sénousret Ier, en **1750 av. J.-C.** à Héliopolis, Égypte. Il a 21 m de haut.

Le plus grand obélisque

Le plus grand obélisque (monolithe) de l'Antiquité encore debout se dresse au milieu de la place **Saint-Jean-de-Latran** à Rome, où il a été placé en 1588.
Cet obélisque de **33,5 m** de haut et 457 t provient du Circus Maximus où il avait été dressé en 357 av. J.-C., et, avant cela, d'Héliopolis en Égypte, où il avait été dressé en 1450 av. J.-C.

L'obélisque de la place de la Concorde a 23 m de haut.

En France

Le plus grand obélisque de France est l'obélisque de la **place de la Concorde,** qui a été transporté en 1836 depuis Louxor (Égypte).

Il est formé d'un bloc de granit rose sur lequel sont gravés des hiéroglyphes relatant les règnes de Ramsès II et Ramsès III. Il a **23 m** de haut sur un socle de 4 m de haut.

Le plus grand obélisque *moderne*

Il a été érigé en 1878 à **Washington** (U.S.A.), en souvenir du premier président des États-Unis.
Ce monument a **169 m** de haut et pèse 73 002 t.

Les plus grandes colonnes de soutènement

Les colonnes de pierre de **21 m** de haut de la salle hypostyle du sanctuaire du dieu Hamon à **Karnak** (Égypte) sont les plus grandes.

Elles ont été construites sous le règne de Ramsès II, en 1270 av. J.-C.

Les colonnes de Karnak mesurent 21 m.

CONSTRUCTIONS PROFESSIONNELLES

La plus grande surface industrielle

L'usine de chemins de fer et de tanks de **Nizhnig Tagil,** U.R.S.S., a une surface de **827 000 m²**. Elle peut produire 2 500 tanks T-72 par an.

La plus grande surface commerciale

La plus grande surface au sol couverte par un bâtiment est le **Ford Parts Redistribution Center,** Brownstown Township, Michigan, États-Unis, qui recouvre une surface de **288 000 m²**. Il fut inauguré le 20 mai 1971 et emploie 1400 personnes. Le système d'alarme contre l'incendie comprend 112 km de tuyaux munis de 37 000 dispositifs d'arrosage.

Le bâtiment ayant le plus grand volume

Les ateliers de la compagnie **Boeing** à Everett, État de Washington, États-Unis, achevés en 1968, ont un volume de **5 600 000 m³**.

Le plus grand atelier de montage

C'est le **Vehicle Assembly Building** (VAB) à Complex 39, où furent exécutés l'assemblage et le lancement du vaisseau spatial Apollo, propulsé par la fusée Saturn V au John Kennedy Space Center, cap Canaveral, Floride, États-Unis.

C'est une structure d'acier de 218 m de long, 158 m de large et 160 m de haut. Les quatre hangars qui la composent ont chacun une porte de 14 m de haut. Le Ursum Consortium commença les travaux en avril 1963. Sa surface est de **31 800 m²**, son volume de **3 666 500 m³**. Le bâtiment fut terminé le 14 avril 1965 et coûta 543 500 000 F.

BUREAUX

L'administration la plus grande

Le bâtiment ayant la plus grande surface de bureaux administratifs est le **Pentagone,** comté d'Arlington, Virginie, États-Unis. Chaque côté a environ 289 m de long et le périmètre total est de 1 445 m.
Les 5 étages du bâtiment représentent 600 400 m².
Chaque jour, 29 000 personnes y travaillent.

Bâti pour contenir les bureaux du ministère de la Défense américain, il fut terminé le 15 janvier 1943 et coûta approximativement 415 000 000 de F.
Il y a 44 000 téléphones, reliés par 2 575 000 km de câble, et le personnel répond à 280 000 appels par jour. 675 employés font le service dans les 2 restaurants, 6 cafétérias et 10 snack-bars. Il y a 27 km de couloirs et 7 748 fenêtres à nettoyer.

L'administration la plus petite *de France*

C'est la **mairie de Saint-Germain-de-Pasquier,** dans l'Eure, construite en 1882.
Le buste de Marianne a pris la place de sainte Clothilde à laquelle cette chapelle était dédiée.
La salle de la mairie mesure **3 × 2,70 m,** soit **8,10 m²**.

Les bureaux les plus hauts

C'est la **tour Sears,** quartier général de Sears Rœbuck & C° à Wacker Drive, Chicago, Illinois États-Unis, qui a 110 étages, **443 m** de haut (**475,10 m avec les antennes**).

Sa construction débuta en août 1970. La première colonne métallique atteignit le 104ᵉ étage à 14 h 35, le 6 mars 1973, dépassant le World Trade Center, et elle fut achevée le 4 mai 1973.
16 700 personnes utilisent 103 ascenseurs et 18 escaliers roulants. Il y a 16 000 fenêtres.

Un projet d'un immeuble de 169 étages et 701 m de haut (9,2 milliards de F) a été déposé en octobre 1981. Il devrait être construit à Chicago, U.S.A.

Les bureaux les plus grands

La plus grande surface de bureaux au monde, et la plus rentable, est le **World Trade Center** à New York, États-Unis. Chaque tour a une superficie de 406 000 m². La plus haute, la tour Two, mesure **415,22 m.** La tour One culmine à **521,2 m avec l'antenne.**

Les bureaux les plus grands *d'Asie*

Les immeubles doivent résister aux tremblements de terre.

Le **Sunshine 60** à Ikebukuro, Tokio, Japon, fut terminé en 1978. Ses 60 étages s'élèvent à **240 m.**

La surface de bureaux la plus grande *d'Europe*

Elle se trouve dans la **tour Maine-Montparnasse,** avec une surface totale de 105 000 m² (2 011 m² de superficie brute par étage). 52 étages sont réservés aux bureaux et 100 à 140 personnes travaillent à chaque niveau. La tour Montparnasse a **210 m** de haut et 58 étages.

La tour Maine-Montparnasse a 58 étages.

LISTE PAR ORDRE CROISSANT DES ÉDIFICES MONDIAUX LES PLUS ÉLEVÉS

Hauteur m	Nom de l'édifice	Lieu de construction	Matériaux	Date de fin des travaux
62	Djoser (pyramide à degrés) (1re pyramide)	Saqqarah, Égypte	pierre de Tura	2650 av. J.-C.
89	Pyramide de Meidum	Meidum, Égypte	pierre de Tura	2600 av. J.-C.
102	Pyramide de Snefru	Dahshur, Égypte	pierre de Tura	2600 av. J.-C.
104	Pyramide en pierre du nord de Snefru	Dahshur, Égypte	pierre de Tura	2600 av. J.-C.
141	Flèche – cathédrale Notre-Dame	Strasbourg, France	pierre de vasques	1420-1439
144	Église Saint-Nicolas	Hambourg, R.F.A.	fer et pierre	1846-1847
146,5[1]	Pyramide de Kheops	Gizeh, Égypte	pierre de Tura	2580 av. J.-C.
147	Flèche – cathédrale de Rouen	Rouen, France	coulée de fer	1823-1876
149[2]	Flèche – cathédrale Saint-Paul	Londres, Grande-Bretagne	portants de bois	1315-1561
153[3]	Flèche de Saint-Pierre de Beauvais	Beauvais, France	portants de bois	1568
156	Flèches - cathédrale de Cologne	Cologne, R.F.A.	pierre	1880
160[4]	Tour centrale – cathédrale de Lincoln	Lincoln, Grande-Bretagne	portants de bois	1307-1548
169[5]	Mémorial de Washington	Washington, États-Unis	pierre	1878
210	Tour Maine-Montparnasse	Paris, France	acier et béton	1969-1973
300,5	Tour Eiffel	Paris, France	fer	1887-1889
318	Tour Chrysler	New York, États-Unis	acier et béton	1929-1930
381[6]	Empire State Building	New York, États-Unis	acier et béton	1929-1930
479	Mât de télévision KWTV	Oklahoma, États-Unis	acier	Nov. 1954
490[7]	Mât de télévision KSWS	Roswell, N. Mex., États-Unis	acier	Déc. 1956
493	Mât de télévision WGAN	Portland, Maine, États-Unis	acier	Sept. 1959
510	Mât de télévision KFVS	Cap. Girardeau, Miss., États-Unis	acier	Juin 1960
533	Mât de télévision WTVM & WRBL	Columbus, Géorg., États-Unis	acier	Mai 1962
533	Mât de télévision WBIR	Knoxville, Tenn., États-Unis	acier	Sept. 1963
628	Mât de télévision KTHI	Fargo, N. Dakota, États-Unis	acier	Nov. 1963
646,38	Mât radio de Warszawa	Plock, Pologne	acier galv.	22 juil. 1974

1. Hauteur initiale avec perte de pierre dans la partie supérieure de la pyramide.
2. Frappée par la foudre et détruite le 4 juin 1561.
3. S'écroula en avril 1573 peu de temps après son achèvement.
4. S'écroula lors d'un orage.
5. Affaissement de 1,43 m par an.
6. Hauteur initiale. En ajoutant la taille de l'antenne de 1957, 320,75 m.
7. Soufflée par le vent en 1960.

USINES

L'usine la plus grande

(Voir *La plus grande surface industrielle.*)

L'usine souterraine la plus grande

Elle couvrait une surface de **118 000 m²** et fut construite par les prisonniers d'un **camp de concentration** pendant la Seconde Guerre mondiale, près de Nordhausen (Allemagne).

Elle produisait 900 fusées V-2 chaque mois.

La cheminée la plus grande

C'est celle de la **Codbury** (Compagnie internationale de nickel), à Copper Cliff, Sudbury, Ontario, Canada, haute de **379,60 m.**

Elle fut construite par Canadian Kellog Ltd en 60 jours, en 1970, pour 275 000 000 de F.

Son diamètre est de 35,40 m à la base et de 15,80 m au sommet.

Elle pèse 39 006 t et devint opérationnelle en 1971.

La cheminée la plus massive

Construite par MW Kellog C° à **Puentes,** Espagne, elle a 350 m de haut.

Elle est composée de 15 750 m³ de béton et 1 315 t d'acier.

Son volume intérieur est de **189 720 m³.**

La cheminée la plus haute *d'Europe*

La cheminée la plus haute d'Europe dessert la centrale thermique de **Trboulje,** en Yougoslavie. Elle fut terminée le 1er juin 1976 et atteint **350 m** de haut.

En France

La cheminée de la centrale **E.D.F. d'Aramon** (Gard) a **250 m** de haut. Construite en 1975, elle a un diamètre de 32 m à la base et de 14 m au sommet.

La tour de réfrigération la plus grande

La plus grande tour de réfrigération est celle qui jouxte l'usine nucléaire à **Ventrop,** Allemagne de l'Ouest.

Elle a **179,80 m** de haut et fut terminée en 1976.

HANGARS

Le plus grand

Le hangar des avions **Goodyear** à Akron, Ohio, États-Unis, a 358 m de long sur 99 m de large et 61 m de haut.

Sa superficie est de **33 800 m²** et son volume de 1,6 million de m³.

Le plus grand pour avions à ailes fixes

Le plus grand hangar d'avions à ailes fixes est celui du Centre d'essai des moteurs Lockheed-Georgia, à Marietta, Géorgie, États-Unis. Il mesure 192 × 146 m, soit 28 000 m². Il fut terminé en 1967.

Le hangar d'entretien du grand aéroport de Francfort, Allemagne de l'Ouest, a une surface légèrement plus petite, mais il a 275 m de long.

Le toit, soutenu par des câbles, a 130 m d'envergure.

La base des avions à réaction de **Delta Air Lines** à l'aéroport international d'Hartsfield, Atlanta, Géorgie, États-Unis, mesure **145 000 m²** sous le toit, sur un site de 566 000 m².

En France

Le grand hangar d'**Orly** a 300 m de long, 52 m de large, soit **15 600 m²** et 15 m de haut.

Il peut abriter 6 DC 8 ou Boeing 707, ou 8 Caravelle.

L'ensemble de hangars le plus grand

C'est celui de la base de l'**U.S. Air Force** à San Antonio, Texas, États-Unis, avec une superficie de **93 000 m²**.

Le hangar portuaire le plus grand *de France*

Le hangar aux cotons du **Havre** mesure 742 × 113 m et a une superficie de **83 000 m²**.

Les hangars en bois les plus grands

Les hangars de l'**U.S. Navy,** construits en 1942-1943 à Tillamood, Oregon, États-Unis, mesurent 304,8 m de long, 90 de large, soit **27 432 m²** et 51,81 m de haut.

Ils sont aujourd'hui utilisés par la Louisiana Pacific Corporation comme scierie.

Aérogare

La plus grande structure recouverte d'un toit est le terminal **Hajj** à l'aéroport King Abdul Aziz (Arabie Saoudite) qui a une surface de **1 500 000 m²** (150 ha).

PARKINGS ET GARAGES

Parking souterrain

Le parking du quartier des affaires de la **Défense** à Paris peut recevoir 15 000 voitures.
Le complexe des parkings de la Défense peut accueillir en tout 26 300 voitures.

En fin de construction, il aura **48 300 places.**

Parking en plein air

Le parking du **Giant Stadium d'East Rutherford,** New Jersey, U.S.A., peut accueillir **26 000 automobiles et 500 autobus.**

Parking en hauteur

Le parking de l'**aéroport de O'Hare,** Chicago, États-Unis, a 6 niveaux et une capacité de **9 250 voitures.** Il est dirigé par la plus grande compagnie de parkings du monde, la Allright Auto Park.

Le parking privé le plus grand

Le garage de la demeure de **William Kissam Vanderbilt** (1849-1920) à Long Island, État de New York, États-Unis, pouvait contenir **100 voitures.**

La station-service la plus grande

La plus grande station-service a été ouverte en Angleterre en janvier 1972, sur l'autoroute M 4 à **Leigh,** Delamere, Wiltshire.
Elle comporte 48 pompes à essence et gas-oil et couvre **174 000 m²**.

Elle a coûté 6 500 000 F, emploie 280 personnes et peut servir **2 millions de véhicules par an.**

ANTENNES ET TOURS

La construction la plus haute

Le mât haubané de la **Warszawa Radio** à Konstantinou, près de Gabin et Plock, à 96 km au nord-ouest de Varsovie, Pologne, mesure **646,38 m** de haut.

Ce mât, inauguré le 18 juillet 1974 et mis en service le 22 juillet 1974, est une construction en tubes d'acier maintenue par 15 haubans d'acier.

Le projet est dû à Jan Polak. Ce mât pèse 550 t. Il est si haut que, si quelqu'un tombait du sommet, il atteindrait sa vitesse d'accélération maximale avant de toucher le sol.

L'Europe a ainsi récupéré le record de la construction la plus haute, depuis que l'immeuble Chrysler avait dépassé la tour Eiffel, en 1929.

La tour la plus haute

La tour la plus haute sans soutien (au contraire des mâts haubanés) est la **CN Tower** dans le Metro Center de Toronto (Canada) qui a coûté 220 000 000 de F et mesure **555,33 m** de haut.

On a commencé à creuser les fondations en béton armé précontraint (130 000 t) le 12 février 1973. La tour a été achevée le 2 avril 1975.

Au sommet se trouve un restaurant pivotant de 416 places, à 347,50 m de haut, dominant une vue panoramique qui s'étend à 120 km de distance.

La foudre frappe cette construction environ 200 fois (30 orages) par an.

En France

La tour la plus haute, construite avant l'époque des tours de télévision, est la **tour Eiffel** à Paris. Elle fut dessinée par Gustave Eiffel à l'occasion de l'Exposition universelle de 1889.

Elle mesurait 300,51 m de haut. Elle est aujourd'hui surélevée par une antenne de télévision à **320,75 m.**

Elle pèse 7 175 t. En cas de grand vent, l'oscillation atteint 12,7 cm.

L'ensemble de l'édifice, qui a 1 792 marches, a été construit en 2 ans, 2 mois et 2 jours et a coûté 7 799 401,31 F.

HABITATIONS

Les premières habitations

(Voir plus haut *Les premières constructions.*)

La plus haute altitude

Les habitations (occupées) les plus haut situées sont celles du fort de Basisi, à la frontière indo-tibétaine, à 5 988 m.

En avril 1961, on a découvert une maison de trois pièces à **Cerro Lullaillaco,** à la frontière du Chili et de l'Argentine, à **6 000 m** d'altitude.

On pense qu'elle date de la période précolombienne (avant 1480).

Un campement sur la piste de T'e-Li-Mo, au sud du Tibet, est situé à 6 010 m d'altitude.

En France
Le hameau le plus haut de France est **Saint-Véran** dans les Hautes-Alpes à **2 200 m.**

L'observatoire du **pic du Midi à 2 859 m** est habité.

La construction la plus au nord
La construction la plus au nord fut édifiée en 1952, dans le Pearyland au nord du Groenland, à **1 450 km au nord du cercle Arctique.** Il s'agit d'une station scientifique danoise.

En 1969, on a également trouvé dans le Pearyland des foyers esquimaux datant de 1000 av. J.-C.

L'U.R.S.S. et les États-Unis ont des stations de recherche sur des banquises dans l'Arctique. En 1967, la station « North Pole 15 », station soviétique, en dérivant sur 2 000 km, est passée à 2 800 km du pôle Nord.

L'endroit régulièrement habité le plus au nord est le poste du département canadien de la Défense nationale, situé à Alert sur les îles Ellesmere, territoire du Nord-Ouest, latitude 82°30 nord, longitude 62° ouest, construit en 1950.

La construction la plus au sud
L'endroit régulièrement habité le plus au sud est la **station Scott Amundsen** (États-Unis).

(Voir *La terre la plus au sud, chap. III.*)

DEMEURES PRIVÉES

La plus grande
La plus grande maison privée est **Biltmore House** à Asheville (Caroline du Nord, États-Unis), qui comprend **250 pièces.**

Elle appartient à George et William Cecil, petits-fils de George Washington Vanderbilt II (1862-1914).

Construite entre 1890 et 1895 sur une propriété de 48 160 ha, elle a coûté 17 400 000 F actuels. Elle est aujourd'hui estimée à 255 000 000 de F avec 4 856 ha de terrain seulement.

La plus petite *de Paris*
Elle a **1,10 m de façade** et 5 m de haut. Elle comprend un rez-de-chaussée et un étage. Elle est située au **39 rue du Château-d'Eau,** dans le Xe arrondissement.

La plus ancienne *de Paris*
La maison du **51 rue de Montmorency,** à Paris, a été construite par Nicolas Flamel en **1407.**

Elle portait le nom de ***maison du Grand Pignon.***

Nicolas Flamel et sa femme, dame Pernelle, la prêtaient aux pauvres qui n'avaient qu'une contrainte : faire une prière chaque matin.

La plus chère *à la construction*
Le ranch Hearst à Saint Simeon, Californie, États-Unis, a été construit de 1922 à 1939 pour William Randolph Hearst (1863-1951), pour une somme de plus de **150 000 000** de F.

Il comprend plus de 100 pièces, une piscine chauffée de 32 m de long, une salle de réception de 25 m et un garage pour 25 limousines. 60 domestiques sont nécessaires pour l'entretien de la maison.

La plus chère à la vente
En juillet 1980, la maison de Conrad Hilton, ***Casa Encantada,*** a été mise en vente à **73 000 000** de F.

Cette demeure avait été construite en 1938, sur une propriété de 3,5 ha à Bel Air, Los Angeles, U.S.A. Elle comprend 64 pièces, 26 salles de bains et 2 136 m² de surface habitable.

Le notaire de la famille Hilton ne fait visiter la maison qu'aux multi-milliardaires.

L'appartement le plus cher
L'appartement de quatre étages, au sommet de l'immeuble **Galleria International** de la 57e rue entre Park Avenue et Lexington, à New York, était en vente **17 500 000 F** en mars 1976.

Cet appartement se compose de quatre grandes pièces, une piscine de 7 m de long, une bibliothèque, un sauna et plusieurs terrasses.

En France
Le programme **Passy Kennedy** à Paris coûte **33 000 F le m².**

La maison la plus visitée
La demeure la plus visitée – et dont le nombre exact de visiteurs a été publié – est **Beaulieu,** propriété de Lord Montagu de Beaulieu, Hampshire, Angleterre, qui a reçu **498 049 visiteurs** en 1982.

Le ranch Hearst comprend plus de 100 pièces.

Les chiffres concernant Woburn Abbey, Bedfordshire, qui est la propriété du duc de Bedford, n'ont pas été publiés depuis 1963, mais la fréquentation annuelle, y compris le Royaume des animaux sauvages, est estimée à plus de 1 million de visiteurs.

IMMEUBLES

(Voir *Les bureaux les plus hauts.*)

Immeubles de logement

Les plus hauts immeubles d'habitation sont les **Lake Point Towers** de Chicago, Illinois, États-Unis, qui ont chacun **197 m** de haut et 70 étages.

En France

L'immeuble d'habitation le plus haut de France est la **tour des Poissons,** à Courbevoie (Hauts-de-Seine), avec **128 m** de haut, 45 étages. Elle comprend 370 appartements.

CHÂTEAUX ET PALAIS

Le plus ancien.

Le plus ancien château fortifié est celui de **Gomdan** (Yemen). Il date du Ier **siècle.** A l'origine, il avait 20 étages.

Bâtiments en bois

Les plus anciennes constructions en bois du monde sont la pagode, la porte de Chumanar et le temple d'Horyu *(Horyu-Ji)* à **Nara** (Japon).
Elles datent de **607.**
Le Daibutsuden, dans la même région, fut construit de 1704 à 1711.

Il mesurait 87 m de long, 51 m de large et 46,75 m de haut. Les dimensions actuelles sont : 57,3 m, 50,4 m et 48,6 m.

Le plus grand château fort ancien

Le château de **Hradcány,** Prague (Tchécoslovaquie), construit au IXe siècle, est un polygone irrégulièrement allongé de 570 m de long et 128 m de large, avec une superficie de **72 920 m².**

Le plus grand château habité

Le château de **Windsor,** résidence « secondaire » de la famille royale d'Angleterre, est un vaste bâtiment de 576 × 164 m, soit **94 500 m²** dont la construction a commencé au XIIe siècle.

Le plus grand palais

Le **palais impérial de Pékin** *(Gu-Gong),* Chine, forme un rectangle de 960 m de long, 750 m de large et occupe une surface de **720 000 m².**

On peut voir encore le pourtour du premier palais du troisième empereur Ming, Yung-Lo (1402-1424), mais la plupart des bâtiments intra-muros sont du XVIIe siècle. Ils consistent en cinq vestibules et dix-sept palais dont le dernier, le palais de la Suprême Harmonie, fut occupé par la dernière impératrice jusqu'en 1924.

En France

Le palais du **Louvre** a une surface au sol de **48 000 m²** (190 000 m² de surface totale). Il est long de 680 m. La grande galerie mesure 300 m.

La cour Carrée a 112,50 m de côté. Le Louvre contient 246 salles d'expositions.

Le palais de Versailles, dont la façade mesure 670 m, avait 1 300 pièces, 1 252 cheminées et 188 logements, en plus des appartements royaux.

Aujourd'hui, il y a 500 pièces. Les jardins s'étendent sur 95 ha.

Le palais résidentiel le plus grand

Le plus grand palais résidentiel est celui du **Vatican,** dans la cité du Vatican, qui est une enclave dans la ville de Rome.
Il couvre une superficie de **55 000 m².**

Le palais comporte 1 400 pièces, chapelles et vestibules, dont le plus vieux date du XVe siècle.

Le palais du Vatican : 55 000 m².

L'ambassade la plus grande

La plus grande ambassade est celle d'U.R.S.S., sur l'avenue Bel Xiao Jie à Pékin, Chine, dans la partie nord-est de la muraille nord de la Cité interdite.

Cette ancienne mission de l'Église orthodoxe (établie en 1728) s'étalait sur **180 000 m².** Elle fut donnée à l'U.R.S.S. en 1949 et est maintenant appelée le **Beiguan.**

La reconstruction la plus grande

La plus grande reconstruction moderne se trouve à Magnac-Lavalette, Charente, à 20 km d'Angoulême. C'est le **château de la Mercerie** construit en 1925 par les frères Alphonse et Raymond Rethoré, avec l'aide d'artisans du pays dans un parc de 400 ha.

Ce château est largement inspiré du Grand Trianon à Versailles.
Sa façade a 230 m. Sa largeur est de 30 m. Il mesure 15 m de haut.

Il prolonge l'ancienne demeure familiale : castel Viollet-le-Duc.

La salle du trône la plus ancienne

La salle du palais de **Knossos,** en Crète (**1500 av. J.-C.**) a été restaurée au XIXe siècle. On peut aujourd'hui la visiter.

Les murailles les plus épaisses

Les murs de **Babylone,** au nord d'Al Hillah en Irak, construits en 600 av. J.-C., mesuraient jusqu'à **26 m** d'épaisseur.

En France

Les murs du donjon de **Coucy-le-Château** (Aisne) avaient **7 m** d'épaisseur.

Ce donjon avait 97 m de circonférence et 54 m de haut. Il fut construit au XIIIe siècle et rasé par les Allemands en 1917.

Les douves les plus grandes

D'après des relevés dessinés par des Français, il semble que les douves qui entouraient le palais impérial de **Pékin** atteignaient 40 m de large et avaient une longueur totale de 3 290 m.
Les douves de la ville mesuraient en tout **38 km** de long.

(Constructions religieuses, voir *Religions*.)

HÔTELS-RESTAURANTS

Hôtels les plus grands

L'hôtel ayant *le plus grand nombre de chambres* est l'hôtel **Rossiya, à Moscou** (U.R.S.S.) qui a 12 étages et **3 200 chambres,** pouvant accueillir 6 000 clients. Il a été ouvert en 1967.

Il faudrait donc plus de huit ans et six mois pour passer une nuit dans chaque chambre. De plus, dans la cour centrale se trouve la tour « présidentielle » de 21 étages.

L'hôtel emploie environ 3 000 personnes et possède 93 ascenseurs.

On dit que la salle de réception est la plus grande du monde.

Les Moscovites n'ont pas le droit d'y résider, tandis que les étrangers payent 16 fois le prix qu'on demande aux officiels du régime.

Le complexe hôtelier Izmailovo inauguré en juillet 1980 pour les jeux Olympiques a été conçu pour accueillir 2 500 personnes.

L'hôtel le plus grand *non nationalisé*

L'hôtel ayant le plus grand bâtiment est le **Waldorf-Astoria, à New York,** sur Park Avenue. Le bâtiment a une surface au sol de **97 500 m²** et atteint une hauteur de 191 m.

Il a 47 étages, **1852 chambres,** et possède le plus grand système de réception radio du monde. Il peut recevoir 10 000 personnes à la fois et 1 700 employés.

Les restaurants peuvent servir jusqu'à 6 000 repas simultanément. La cafétéria sert quotidiennement 3 785 l de café. La note d'électricité annuelle s'élève à 10 000 000 de F.

L'hôtel a hébergé 6 chefs d'État simultanément.

Il a été inauguré le 1er octobre 1931.

En France

L'hôtel **Lafayette-Concorde, à Paris,** porte Maillot, construit en 1974 sur l'emplacement du Luna Park compte **1 000 chambres** dont 21 appartements et 4 suites « présidentielles ». Il a 10 ascenseurs et 5 monte-charges. La tour principale mesure 169 m de haut.

L'hôtel **Méridien, à Paris,** plus petit en surface, possède **1 027 chambres** et offre la plus grande capacité hôtelière de France.

Hôtels les plus élevés

L'hôtel le plus élevé est le **Peachtree Plaza à Atlanta,** Géorgie, États-Unis. Du niveau de l'entrée principale au sommet, il mesure **220,30 m** (70 étages) et comporte 1 110 chambres.

Cet hôtel a coûté 25 000 000 de F. Il est dirigé par la chaîne Western International qui appartient aux Portman Properties.

Le Detroit Plaza a, lui, 227 m de haut si on le mesure à partir du niveau de l'entrée de service.

On construit actuellement à Singapour un hôtel, le Raffles City, qui mesurera 230 m de haut, aura 71 étages et coûtera 1 milliard de F.

Hall d'hôtel le plus vaste

Le hall du **Grand Hôtel Taipei, à Taiwan,** terminé le 10 octobre 1973, mesure 47 × 35 m et a 9,6 m de haut, soit **15 800 m³**.

L'hôtel le plus cher

L'hôtel **Nova Park Élysée,** à Paris, rue François Ier, est le plus cher du monde. La suite « Les mille et une nuits » (7 chambres, 7 salles de bains, 3 terrasses, 1 salle de conférence) occupe un étage de 431 m² et coûte **35 000 F la nuit,** petit déjeuner non compris. Une Rolls est mise à la disposition des clients.

La plage la plus longue

La plage de **Virginia Beach,** Virginie, États-Unis,

La suite au Nova Park coûte 35 000 F la nuit.

s'étend sur 45 km de long sur l'Atlantique, et 16 km sur l'estuaire, soit au total **61 km.** Elle couvre une zone de 66 000 ha
On y trouve 134 hôtels et motels.

La ville d'eau la plus grande *de France*
La plus grande ville d'eau française est **Vichy** où l'on soigne les affections rhumatismales et les maladies de l'appareil digestif. Les eaux bicarbonatées sodiques jaillissent de 12 sources dont 6 sont utilisées pour la cure (3 sources d'eau chaude et 3 d'eau froide); leur débit quotidien dépasse 860 000 l.

35 000 habitants vivent en permanence dans cette ville qui peut compter jusqu'à **90 000 personnes** en période de cure (200 hôtels offrent 6 000 chambres, sans compter les meublés et les locations).

La ville d'eau la plus haute *de France*
La plus haute ville d'eau française est **Barèges,** Hautes-Pyrénées, à **1 240 m** d'altitude.

Le premier camp de naturistes
Le premier camp est le **Freilichtpark,** fondé à Klingberg, Allemagne, en **1903.**

Le camp de naturistes le plus grand
Le Beau Valley Country Club, à Warmbaths, Centrafrique, s'étend sur plus de **400 ha** et reçoit 20 000 visiteurs par an.

En France
Le camp de **Montalivet** (Gironde) a une surface totale de **275 ha.**
Le camp comprend des bungalows et des emplacements réservés au camping (120 ha). Il peut accueillir 3 600 naturistes.

Le camp d'Héliopolis au cap d'Agde (Hérault) reçoit 150 000 naturistes sur 95 ha.

Le camping le plus grand *de France*
Le plus grand terrain de camping de France est celui de Vieux-Bourg de Préherel, au **Tréhel** (Côtes-du-Nord), qui s'étend sur **52 ha.**
Celui de l'Estiguette au Grau-du-Roi (Gard), mesure 30 ha et peut accueillir 6 515 campeurs.

Le restaurant le plus grand
La Coupole à Paris offre **450 places.**

Le restaurant le plus haut
C'est celui de la station de **Chacaltaya** en Bolivie, à **5 340 m.**

En France
Le **Ciel de Paris,** au 56e étage de la tour Maine-Montparnasse, est à **210 m** de haut.

Les restaurants tournants les plus hauts
Le plus haut est à **347,50 m** d'altitude dans l'antenne de **radio Warszawa,** près de Plock (Pologne), qui est la construction la plus haute du monde.

Un autre restaurant tournant est installé à 347 m, au sommet du mât de télévision CN Tower à Toronto, qui est la plus haute tour du monde.

La boîte de nuit la plus ancienne
C'était le **Bal des Anglais,** 6 rue des Anglais, Paris Ve, France.
Il fut fondé en **1843** mais ferma en 1960.

Les Établissements thermaux à Vichy, en 1941.

Les boîtes de nuit les plus grandes
Le **Gilleys Club** (ancien Shelly's) construit en 1955 et agrandi en 1971, sur l'autoroute de Spencer, Houston, Texas, États-Unis, peut asseoir 3 000 clients et recevoir **5 000 personnes.**

Le Mikado, dans le quartier Akasaka de Tokyo, Japon, peut asseoir 2 000 clients qui sont accueillis par 1 250 hôtesses. Il faut absolument des jumelles pour apprécier le spectacle !

Le dancing le plus bas
Le **Minus 206** à Tibériade, Israël, au bord de la mer Morte, se trouve à **206 m au-dessous du niveau de la mer.**

La brasserie la plus grande
La **Mathaser,** Bayer Strasse 5, Munich, Allemagne de l'Ouest, débite jusqu'à 48 000 l par jour.

Elle fut ouverte en 1889, démolie pendant la Seconde Guerre mondiale et reconstruite en 1955. Aujourd'hui, elle peut recevoir **5 500 personnes.**

Certains samedis, ce record peut être battu dans les brasseries de la commune bantou de Soweto,

Vue de Paris, du restaurant de la tour Maine-Montparnasse.

Johannesburg, Afrique du Sud, où la consommation habituelle moyenne n'est que de 27 280 l par jour.

Les comptoirs les plus longs

Le plus grand comptoir de bière à la pression fut construit en 1938 au club des Travailleurs à Mildura, Victoria, Australie. Il a 90,80 m de long et 27 robinets à pression.

Le 22 juin 1970, un comptoir temporaire de 102 m fut construit par le Falstaff Brewing Corporation à Warf Street, Saint Louis, Missouri, États-Unis.

Le bar d'**Erikson,** rue Buruside, Portland, Oregon, États-Unis, à ses beaux jours (1883-1920), avait un comptoir qui faisait tout le tour du saloon et mesurait **208,48 m** de long.

CONSTRUCTIONS DE LOISIRS

STADES

Le stade le plus grand

Le stade de **Strahov à Prague,** Tchécoslovaquie, achevé en 1934, peut recevoir **240 000 spectateurs.** 40 000 gymnastes peuvent y évoluer à la fois.

En France

Le plus grand stade de France est le **Parc des Princes à Paris,** conçu pour **52 000 spectateurs** assis et abrités, sous une surface de 17 000 m². Sa construction a coûté 90 000 000 de F.
Ses structures sont composées des plus grands porte-à-faux précontraints.

Le stade de football le plus grand

Le stade municipal de **Maracana à Rio de Janeiro,** Brésil, peut recevoir **205 000 spectateurs,** dont 155 000 assis.
Une fosse de 13 m de large, de plus de 1,50 m de profondeur, protège les joueurs des spectateurs, et vice versa.

Les stades couverts les plus grands

L'astrodome de Houston, Texas, États-Unis, peut recevoir 66 000 spectateurs pour les matches de boxe et de 45 000 à 150 000 pour les matches de base-ball ou de football.

Le **stade aztèque de Mexico,** Mexique, inauguré en 1968, peut recevoir **107 000 spectateurs** qui sont presque tous à couvert.

Le stade fermé le plus grand

Le **superdome de New Orleans,** Louisiane, États-Unis, terminé en mai 1975, qui mesure 52 600 m² est le plus grand stade fermé. Sa capacité pour les réunions publiques est de **97 365 spectateurs** ou de 76 791 spectateurs pour le football. On peut y louer des loges pour 175 000 F (en plus du prix d'entrée). Une gondole, munie de 6 écrans de télévision de 7,92 m, retransmet immédiatement les parties les plus intéressantes du jeu.

Les couvertures de stade les plus grandes

Le toit en plastique transparent recouvrant le **stade olympique de Munich,** Allemagne de l'Ouest, mesure **85 000 m²** et repose sur un filet d'acier supporté par des mâts.

Le toit ayant la plus grande envergure est celui du Lousiana Superdome à New Orleans, inauguré en 1971, avec 207,20 m de diamètre.

Le plus grand axe du Texas Stadium (ovale) à Irving, Texas, États-Unis, mesure plus de 240 m.

Le dôme aéroporté le plus grand

Le dôme du stade **Pontiac Silverdome à Chicago,** Michigan, États-Unis, mesure 159 m × 220 m, soit **34 000 m²** . La pression de l'air est de 34,4 kPa, pour

Ce toit en plastique mesure 85 000 m².

supporter 4 000 m² de couverture transparente en fibre de verre. Les ingénieurs qui l'ont conçu sont Geiger-Berger Associated, de New York.

Le plus grand bâtiment aéroporté dont les mesures sont standards a 262 m de long et 42,6 m de large, soit 11 160 m² et 19,8 m de haut à Lima, Ohio, États-Unis, fabriqué par Irvin Industries of Stanford, Connecticut, États-Unis.

Le plus grand dôme en acier *d'Europe*
C'est celui du **Palais des Sports** à Paris, qui a **63 m de diamètre.**

EXPOSITIONS ET FOIRES

La première grande foire internationale
La foire du Crystal Palace, Hyde Park, Londres, Angleterre, attira 6 030 195 visiteurs en **1851.**

La foire internationale la plus étendue
La foire de Louisiane à Saint Louis, Missouri, États-Unis, s'étendait sur **514,66 ha** (5 146 600 m²). Les jeux Olympiques de 1904 se déroulèrent dans le cadre de cette foire qui reçut 19 694 855 visiteurs.

En France
L'**Exposition Universelle de 1900,** à Paris, reçut **51 000 000 de visiteurs.** Il subsiste de cette foire les Grand et Petit Palais et le pont Alexandre-III.

L'exposition la plus visitée
Le record fut **64 218 770 visiteurs** en 1970 pour l'**Exposition d'Osaka,** Japon.
Cette exposition se déroula sur 330 ha, de mars à septembre 1970. Le bénéfice fut de 200 000 000 de F.

Le plus de pays participants
Le **MIP-TV** (Marché international des programmes de TV) qui se tient chaque année à Cannes, regroupe **110 pays.**

Le hall d'exposition le plus grand
Il est au **Parc des Expositions à Bordeaux,** Gironde. Le hall a 861 m de long sur 60 m de large, **5,1 ha** (51 000 m²) et 12 m de haut.

Le dôme le plus grand *de France*
Le **C.N.I.T.,** à la Défense, Paris, terminé en 1960, a 23 m de diamètre, **2,2 ha** de superficie (22 000 m²) et une flèche de 46 m de haut.

La tente la plus grande
La Société Deuter, Allemagne, a dressé pour l'**Exposition de Bruxelles,** Belgique, en 1958, une tente qui couvrait **1,7 ha** (17 000 m²).

PARCS D'AMUSEMENTS

Le parc de loisirs le plus grand
Disney World couvre **11 105 ha** au sud d'Orlando, au centre de la Floride.
Il a été inauguré le 10 octobre 1971. 2 milliards de F y furent investis. Il a reçu le chiffre record de 13 221 000 visiteurs en 1981.

Le parc le plus visité
Disneyland, à Anaheim, Californie, U.S.A., a ouvert en 1955.
Au 27 avril 1982, 213 840 692 visiteurs s'y étaient rendus. Le record en un an est de **11 522 000 visiteurs** en 1980-1981 et le record d'affluence en un jour est 82 516.

L'Exposition d'Osaka en 1970 a attiré 64 218 770 visiteurs.

Le jardin d'Acclimatation a accueilli 1 535 623 visiteurs en 1982.

En France

Le parc d'attractions le plus visité de France est le **Jardin d'acclimatation** du bois de Boulogne à Paris, qui a reçu 1 535 623 visiteurs en 1982.
Le chiffre record de **3 000 000** a été atteint en 1979, grâce à la présence du cirque Grüss qui avait dressé sa tente dans le Jardin d'acclimatation.

Le parc le plus cher

Epot Center, près d'Orlando, Floride, U.S.A., a coûté **6,6 milliards de F.**
(Parcs, zoos, aquariums, voir le chapitre *Animaux et végétaux.*)

Le village miniature le plus grand

Legoland, créé en 1969, a été fabriqué à l'aide de 9 millions de blocs « Lego » et s'étend sur **3,5 ha** (35 000 m^2) au Danemark.

L'attraction la plus haute

Le grand huit de Chapultepec à Mexico, Mexique, qui s'élève à **33,50 m** de haut est l'attraction la plus haute du monde.

Les jetées les plus longues

La « vieille jetée » à Weymouth Dorset, Angleterre, date de 1812.

La plus longue est **Southend Pier** à Southend-on-Sea, Angleterre. Elle mesure **2 150 m.** Elle fut inaugurée en août 1889 et prolongée en 1929.
Cette jetée propose des stands d'attractions éclairés par 75 000 ampoules.

La station balnéaire ayant le plus de jetées est Atlantic City, New Jersey, États-Unis : six datent de l'avant-guerre et cinq de nos jours.

Le char de carnaval le plus grand

Un **dragon de 60 m de long** « Sun Loon », couvert de 650 000 écailles de miroir, a défilé à Bendigo, Victoria, Australie. Il fallait 6 hommes pour soulever uniquement sa tête.

Le jet d'eau le plus grand

Le plus grand jet d'eau, qui jaillit à **170 m de haut,** soulève 8 t d'eau. Il fut construit par la Société Mac Culloch Properties pour 7 500 000 F à **Fountain Hills,** Arizona, États-Unis.
Son jet a une pression de 26,3 kg, maximum, et un débit de 265 000 l/mn.

En France.

Le jet d'eau du bassin du parc de **Marly-le-Roi** (Yvelines) monte à **37 m de haut.**

Construction en glace

Au cours de l'hiver 1980-1981, on a réalisé à **Tokamachi City,** Niigata, Japon, une construction de **23 m** de haut.
Il a fallu 1 600 t de neige, 800 personnes et 50 bulldozers.

Les roues *les plus grandes*

Une grande roue de **70 m de diamètre** et 240 m de circonférence fut construite en 1893 à **Midway,** Chicago, Illinois, États-Unis, par George W. Ferris (1859-1896), au coût de 1 925 000 F.
Elle pesait 1 087 t ; ses 36 wagonnets transportaient chacun 60 personnes, ce qui faisait un total de 2 160 passagers. Elle fut transportée en 1904 à Saint Louis, Missouri, États-Unis, et vendue comme ferraille pour 9 000 F.

La plus grande roue à l'heure actuelle est la Riesenrad du parc Prater à Vienne, Autriche, qui a 60 m de diamètre. Elle fut construite par l'ingénieur anglais Walter Basset en 1896. En 1971, elle avait transporté 15 millions de passagers en 75 ans.

Montagnes russes

La plus rapide est l'**American Eagle** du parc de Marriotts Great America, Gurnee, Illinois, U.S.A., qui a été inaugurée le 23 mai 1981. Elle a une chute verticale de 45 m de haut, au bas de laquelle on atteint **106,73 km/h.**

La plus longue du monde est **The Beast** (La Bête) de King Island, près de Cincinnati, Ohio, U.S.A. A l'arrivée de la chute de 43 m, les wagonnets atteignent 104,23 km/h. L'attraction a **2 250 m** de long dont 244 m de tunnel.

La plus haute est la **Tojoko,** à Hyogo, Japon, qui s'élève à **60 m.**

Le jet d'eau de Fountain Hills soulève 8 t d'eau.

PONTS ET CHAUSSÉES

CLÔTURES

La palissade la plus grande
C'est une clôture à l'épreuve des chiens sauvages qui entoure les **élevages de moutons** de Queensland (Australie). Les fils de fer barbelé ont 1,80 m de haut et sont enfoncés de 30 cm dans le sol. Elle a **5 531 km** de long.

La palissade la plus haute
Harrop Allin de Pretoria, Afrique du Sud, a entouré des **dépôts de pétrole** et des raffineries d'une clôture de **20 m de haut,** contre les missiles soviétiques RPG-7.

La muraille la plus grande
La **Grande Muraille de Chine,** achevée sous le règne de Ts'in-Che-Houang-ti (246-210 av. J.-C.), mesure 3 460 km, auxquels on peut ajouter 2 860 km de ramifications, soit **6 320 km au total**. Elle s'élève de 4,5 à 12 m de haut et a jusqu'à 9,80 m d'épaisseur.
Elle va de Shanhaikouan (sur le golfe de Poha) à Youmen Kouan et Yang Kouan. Elle a été maintenue en état jusqu'au XVIe siècle. Environ 51,50 km de la muraille ont été détruits depuis 1966.

Le mur le plus grand *d'Europe*
Le **mur d'Hadrien** fut construit entre l'Écosse et l'Angleterre, de 122 à 126 de notre ère. Il a **120 km** de long et de 4,50 à 6 m de haut.

PONTS

Les plus anciens
Dès 3200 av. J.-C., les Sumériens construisirent des arches. On connaît l'existence d'un pont sur le **Nil** en **2650 av. J.-C.**
Les vestiges les plus anciens qu'on puisse dater sont ceux de l'arche d'un pont fait en dalles de pierre, sur le Mélès à Smyrne (Izmir), en Turquie (850 av. J.-C.).

Le plus haut
Le pont le plus haut du monde enjambe la **Royal Gorge** où coule l'Arkansas, Colorado, États-Unis. Il est à **321 m** au-dessus du niveau de l'eau.
C'est un pont suspendu dont la plus grande portée a 268 m. Il fut construit en six mois et terminé le 6 décembre 1929.

Le plus haut *d'Europe*
Il enjambe la **Sill** (Autriche) à **181 m** au-dessus de l'eau. Il a 784,5 m de long.

En France
Le pont de l'**Artuby,** construit en 1947, est à **180 m** au-dessus des gorges du Verdon (Var).

De chemin de fer le plus haut
Le pont (voie unique) de **Fades,** près de Clermont-Ferrand (Puy-de-Dôme) est à **132,5 m** au-dessus de la Sioule. Il fut construit de 1901 à 1909. Sa portée est de 144 m.

Le plus long
Le viaduc **Second Lake Pontchartrain Causeway,** inauguré le 23 mars 1969, qui relie Lewisbourg et Metairie en Lousiane, États-Unis, a **38 422 m** de long.

Il a coûté 150 000 000 de F et dépasse de 69 m le First Causeway, terminé en 1956.

Le plus long *d'Europe*
Le pont d'**Öland** qui relie l'île d'Öland, Suède, au continent, a **6 070 m** de long, 13 m de large et compte 153 arches.

Inauguré le 30 septembre 1972 après cinq ans de travaux, il a coûté 135 000 000 de F. Sa chaussée a 7 m de large.

La Grande Muraille de Chine : 6 320 km.

En France

Le **pont du Midin,** qui joint Saint-Nazaire à Saint-Brévin, Loire-Atlantique, a été inauguré le 18 octobre 1975.

Le pont métallique de 720 m est prolongé par deux viaducs d'accès qui portent la longueur totale à **3 356,40 m.**

Sa travée centrale mesure 404 m.

C'est le plus long pont à poutres haubanées en acier du monde. Son coût de construction s'est élevé à 261 000 000 de F.

Le plus large

Le **Harbour Sydney Bridge** (port de Sydney, Australie) a **48 m** de large. Sa plus grande portée a 502,90 m. Il supporte deux voies ferrées électrifiées, huit voies routières, une voie cycliste et une voie piétonnière.

Il a été inauguré le 19 mars 1932.

Le Harbour Sydney bridge a 48 m de large.

L'ouvrage le plus long pour chemin de fer

C'est le **Great Salt Lake Railroad Trestle** qui traverse le Grand Lac Salé (Utah, États-Unis) sur **19 000 m** de long.

Cet ouvrage qui devait être, à l'origine, un pont sur chevalet a finalement été comblé de rochers.

Le pont de chemin de fer le plus long

Le **Huey P. Long Bridge,** Metairie, Louisiane, États-Unis, a **7 000 m** de long. Il a été achevé le 16 décembre 1935.

Sa plus grande travée mesure 241 m.

Le pont pour route et chemin de fer le plus long

Le **pont du Yangtsé,** terminé en 1968 à Nankin, Chine, est le pont le plus long combinant une voie ferrée et une route.

La voie de chemin de fer mesure **6 772 m** et la chaussée 4 589 m.

Le pont flottant le plus long

Le **Second Lake Washington Bridge** à Seattle, Washington, États-Unis, mesure **3 839 m** et sa partie flottante, 2 291 m.

Il fut terminé en août 1963 et coûta 53 570 000 F.

Le pont couvert le plus long

Le **Hartland Bridge,** New Brunswick, Canada, mesure **390,80 m** et fut terminé en 1899.

Ponts suspendus, la plus longue travée

La travée principale de **Humber Estuary Bridge,** Angleterre, a **1 410 m** de long. C'est la plus longue du monde.

Les tours ont 162,50 m de haut et s'écartent de 36 mm de la parallèle pour tenir compte de la courbure de la surface terrestre.

L'arc-boutant mesure 2 220 m en incluant les travées latérales de Hessle et de Barton. La structure a été achevée le 18 juillet 1980 au coût de 880 000 000 de F et il a été inauguré par la reine le 17 juillet 1981.

Le Mackinac Straits Bridge entre les villes de Mackinaw et Saint Ignace, dans le Michigan, États-Unis, a une travée principale de 1 158 m et une longueur totale de 5 853,79 m qui comprend les chaussées entre les supports de butée (2 543 m entre les points d'ancrage).

Il fut ouvert en novembre 1957 et inauguré le 28 juin 1958. Il coûta 500 000 000 de F.

Ponts suspendus, *en construction*

Le **pont d'Akashi Kaikyo,** joignant Honshu et Shikoku, Japon, doit être achevé en 1988.

La plus grande travée aura 1 780 m de long, avec une longueur totale suspendue et des travées latérales qui totaliseront **3 560 m.** Il aura deux étages, un pour les voitures, l'autre pour les trains.

La construction a commencé en octobre 1978. Son coût dépassera 1 000 milliards de yen (environ 17,3 milliards de F).

Le pont de Messine, qui reliera la Sicile au continent italien, est actuellement en projet. Les premières études prévoient un coût de 20 milliards de F, des pylônes de 304,8 m de haut et une travée de 3 000 m.

Ponts suspendus *en France*

Travée principale

Le pont suspendu français avec la plus grande travée principale, le **pont de Tancarville,** a **1 410 m** de long et une travée principale de 608 m.

Les travées latérales ont chacune 176 m. Les pylônes ont 122 m de haut. Il est à 47 m du niveau de l'eau. La chaussée a 12,50 m de large, les trottoirs 1,25 m de large. Il y a huit travées en béton précontraint de 50 m de long sur le viaduc d'accès de la rive gauche.

La voie de chemin de fer du pont Yangtsé mesure 6 772 m.

Le massif d'ancrage a la même taille que l'Arc de Triomphe de l'Étoile à Paris.

Longueur totale
Le grand **pont de Bordeaux** mesure **1 589,95 m.**

Le plus grand cantilever
Le **pont de Québec,** qui enjambe le Saint-Laurent, mesure 549 m entre les piliers et **987 m** en tout.

Commencé en 1899, il fut ouvert à la circulation le 3 décembre 1917.

Le plus long pont à poutres haubanées en béton
Le **pont de Brotonne,** Seine-Maritime, a une travée principale de **320 m.** Il a été terminé en 1977.

Le pont levant le plus long ***d'Europe***
Le **pont de Recouvrance** à Brest, Finistère, est situé, dans sa position initiale, à 22 m au-dessus de l'eau. Sa travée métallique mobile de **87 m** et 530 t peut s'élever en 150 s à 26 m au-dessus de sa position initiale.

Les fondations les plus profondes
Les fondations du **pont du 25-Avril** (anciennement pont de Salazar), qui enjambe le Tage à Lisbonne, Portugal, est constitué de piliers de 190,50 m de haut. L'un d'entre eux est enfoncé de **80 m dans le sol.** Ce pont a une longueur de 1012 m.

LES PLUS LONGS PONTS SUSPENDUS		
Nom	Travée principale (m)	Longueur totale (m)
Humber Estuary (G.B.)	1 410	2 220
Mackinac (G.B.)	1 158	5 853,79
Tancarville (F.)	608	1 410
Bordeaux (F.)	393,75	1 589,95
EN PROJET		
Akashi Kaikyo (Jap.)	1 580	3 560
Messine (Ital.)	1 524	3 300

AQUEDUCS

Aqueducs antiques
Le plus grand des aqueducs antiques était celui de **Carthage,** en Tunisie ; il parcourait **141 km,** des sources de Zaghouan au djebel Djougar. Il fut construit par les Romains sous le règne de Publius Haelius Hadrianus (117-138). En 1895, 344 arches subsistaient. Sa capacité initiale a été calculée à 31,8 millions de l par jour.

L'aqueduc à trois niveaux du pont du Gard, construit en l'an 19 près de Nîmes, a 48 m de haut.

La plus haute des quatorze arches de l'aqueduc d'Aguas Livres, construit à Lisbonne, Portugal, en 1784, a 65 m de haut.

L'aqueduc moderne le plus long
Le plus long aqueduc du monde, c'est-à-dire une conduite d'eau et non un canal d'irrigation, est l'aqueduc du **Water Project** dans l'État de Californie, États-Unis. Construit en 1974, il mesure **1 329 km,** dont 619 sont canalisés.

Le pont de Brotonne.

CANAUX, VOIES NAVIGABLES

Le plus ancien
Les vestiges du plus vieux canal du monde, découverts en 1968 à **Mandali, Irak,** datent de **4000 av. J.-C.**

En France
Le plus ancien canal de France est le **canal de Bergues,** Nord, qui existait déjà au IXe **siècle.**

Le réseau le plus long
Le **canal de la Volga à la Baltique,** ouvert en avril 1965, parcourt **2 300 km,** d'Astrakan, sur la Volga, à Leningrad, U.R.S.S., en passant par Kouïbychev, Gorki et le lac Lagoda.

Le réseau le plus long de l'Antiquité
Le plus long canal de l'Antiquité était le **Grand Canal de Chine** qui allait de Pékin à Hang-Tchéou. Commencé en 540 av. J.-C., il fut terminé quelque huit cents ans plus tard (1327). A cette époque, il mesurait **1 781 km** (y compris les sections de rivières canalisées).

Le pont du Gard a 48 m de haut.

En 1950, il était si envasé qu'il n'atteignait nulle part plus de 1,80 m de profondeur, et pourtant des bateaux de 2 000 t l'empruntaient.

Le canal pour gros tonnage le plus grand

Le plus grand canal du monde pour les gros bateaux est le **canal de Suez,** entre la Méditerranée et la mer Rouge, réalisé selon les plans de Ferdinand de Lesseps (1805-1894).
Sa construction commença le 25 avril 1859. Il fut ouvert le 16 novembre 1869 et il a été régulièrement utilisé depuis, sauf durant la période de juin 1967 à juin 1975. 8 213 ouvriers et 368 chameaux y travaillèrent.

Il a **162 km** de long, du phare de Port-Saïd à Suez Roads, et 60 m de large.

Le plus grand navire qui l'emprunta fut le *SS British Progress*, de 228 589 tonneaux, qui mesurait 329,66 m de long, 48,68 m de large, et dont le tirant d'eau maximal était de 25,60 m.

Le plus gros trafic

Le **canal de Panamá,** inauguré le 15 août 1914, est le plus fréquenté de tous les canaux.

En 1974, il battit tous les records de trafic avec **14 304 bateaux** (gros tonnage).

Le plus grand navire à avoir transité est le *Queen Elisabeth II* (66 851 tonneaux), le 25 janvier 1980 avec une redevance de 445 000 F.

Parmi les bateaux les plus larges qui l'ont emprunté, citons l'*Acadia Forest* et l'*Atlantic Forest* de 32,58 m.

La plus petite redevance fut de 1,50 F payée par le nageur Richard Halliburton en 1928.

Le passage le plus rapide fut effectué par le destroyer *USS Mac Dougall DD 358* en avril 1941, en 3 h 28 mn.

Le canal le plus long *de France*

Le **canal du Rhône au Rhin** a **320 km** de long. Il joint les deux fleuves à travers les vallées du Doubs et de l'Ill.

Le pont-canal le plus long *de France*

Il existe 104 ponts-canaux en France. Le plus long est le **pont-canal de Briare** (Loiret) où le canal latéral à la Loire franchit la Loire. Il a **660 m** de long, 11,50 m de large et 3,40 m de profondeur. Ce pont-canal a été construit en 1890.

Le canal d'irrigation le plus long

Le **canal Karakumski** rejoint Hann Khan à Ashkhabad au Turkménistan, U.R.S.S., soit une distance de **850 km.**
En septembre 1971, il avait 450 km de voies navigables. Sa longueur sera portée à 1 300 km et il coûtera 1,9 milliard de F.

Le fossé le plus vaste

Le fossé du **canal de Panamá** (« le Gaillard ») a 82 m entre Gold Hill et Contractor's Hill. Le fond de l'entraille a **152 m de large.**
En 1911, en un seul jour, 333 trains ont été remplis chacun de 363 t de déblais.

Il a fallu enlever 9 000 000 de t de terre, au total, pour mener à bien cet ouvrage.

Le canal de Suez a 162 km.

La voie maritime artificielle la plus grande

La voie maritime artificielle la plus longue est celle du **Saint-Laurent – 304 km** de long – qui passe le long de la frontière entre l'État de New York et l'Ontario, et va de Montréal au lac Ontario.

Elle permet à 80 % des navires au long cours et à des cargos d'une capacité de 26 400 t de parcourir les 3 769 km qui vont de l'Atlantique Nord à l'estuaire du Saint-Laurent et, à travers les Grands Lacs, à Duluth, Minnesota, États-Unis, sur le lac Supérieur, à 183 m au-dessus du niveau de la mer.

Cette voie maritime a été inaugurée le 25 avril 1959.

Voies navigables les plus longues

C'est l'U.R.S.S. qui possède le plus long réseau de voies navigables, avec un total d'environ **146 000 km** de voies navigables, canaux et fleuves réunis.

En France

La France possède **8 600 km** de voies navigables.

Fleuve navigable le plus long

La plus longue voie d'eau naturelle navigable est

Le canal de Panamá est le plus fréquenté.

l'**Amazone** qui permet aux navires de haute mer de remonter jusqu'à Iquitos, au Pérou, à **3 598 km** de la côte Atlantique.

Au cours d'une expédition de la National Geographic Society achevée le 10 mars 1969, Helen et Frank Schreider ont descendu le fleuve de San Francisco au Pérou, jusqu'à Bélem et parcouru ainsi une distance de 6 187 km en bateau.

ÉCLUSES

Les plus grandes

La plus grande écluse simple est celle qui relie le Schelde au Kanaaldok à **Zanvliet,** à l'est d'Anvers, Belgique.

Elle a **500 m** de long, 57 m de large et retient un plan d'eau endigué de 18 km de long.

L'écluse maritime la plus grande *de France*

La plus grande écluse se trouve au **Havre** (Seine-Maritime). Elle a **400,90 m** de long entre deux portes, 67 m de largeur de pertuis et 24 m de profondeur. Inaugurée le 27 octobre 1972 après cinq ans de travaux, elle a coûté 250 000 000 de F.

Elle est ouverte aux navires de 250 000 t.

Écluse non maritime la plus grande

Elle se trouve sur le **Mississippi,** États-Unis, et mesure **360 m** de long ; le pertuis a une largeur de 33,50 m.

En France

Les deux plus grandes écluses de France se trouvent à **Gambsheim** et à **Iffersheim** (Alsace). Ouvertes toutes les deux en mars 1977, chacune comprend deux sas de **270 m** de long et 24 m de large.

L'écluse la plus profonde

L'écluse du **barrage de John Day** sur la Colombia en Oregon, États-Unis, a été terminée en 1963. Elle peut soulever ou baisser des péniches sur une hauteur de **34,40 m.**

La porte qui la commande pèse 998 t.

L'ascenseur le plus haut

L'écluse qui possède le plus grand ascenseur funiculaire à câbles est celle de **Miederfinow** (R.D.A.), sur le canal Oder-Havel. La dénivellation est de **37 m.** Le bac, qui mesure 85 × 12 m, atteint, lorsqu'il est chargé, le poids de 4 300 t.

Plans inclinés

Le plus grand plan incliné longitudinal non-automoteur est celui de l'écluse de **Ronquières,** Belgique, sur le canal de Bruxelles à Charleroi. La dénivellation atteint 67,50 m avec une pente de 5 %.

Les deux caissons de 87 × 12 m, montés chacun sur 236 roues, mettent environ 72 mn pour franchir la rampe, longue de **1 432 m.**

En France

Le plan incliné d'**Arzwiller,** sur le canal de la Marne au Rhin, a été construit pour remplacer une suite de 17 écluses. Il mesure 108,65 m de long (longueur totale : **128,65 m).**

Le bac, de 41 × 5,20 m, met environ 20 mn pour franchir la dénivellation de 44,55 m (pente = 41 %) alors qu'il fallait une journée pour passer les écluses que remplace ce plan incliné.

La plus grande chute d'eau

C'est celle de l'écluse d'**Oust-Kamenogorsk** (U.R.S.S.), qui tombe d'une hauteur de **42 m.** Le sas mesure 100 × 18 m. Il faut 20 mn pour remplir l'écluse et son cycle dure environ 1 h 30, soit trois fois plus que pour une écluse courante.

En France

L'**écluse de Saint-Pierre,** construite lors de l'aménagement du Rhône entre Donzère et Mondragon, a une chute de **26 m,** ce qui correspond à une consommation de 65 000 m^3 par cycle. Le sas mesure 195 × 12 m.

ROUTES

Les premières

Les vestiges de routes les plus anciens sont ceux de voies menant de **Babylone** à Suse, Ecbatane et Sardes. Elles furent construites par les Babyloniens et les Perses.

Assez tôt, la Gaule fut traversée par de grands axes. Il fallait trente jours pour aller de Rouen à Marseille. Les Romains construisirent 4 000 km de routes pavées.

La première route pavée dont il reste la trace est la via Appia, qui reliait Rome à Capoue. Elle fut construite en 312 av. J.-C.

Les premières autoroutes

La première autoroute européenne fut construite en Italie.

Terminée en **1925,** elle reliait **Milan à Varèse** sur une longueur de 85 km.

En France

La première autoroute française fut mise en service en **1946.** Elle correspond à l'actuel tronçon de l'A 13 qui relie **Saint-Cloud à Orgeval,** sur une longueur de 22 km.

L'A 13, première autoroute de France.

Le réseau routier le plus grand

C'est celui des **États-Unis** qui comptait, le 1er janvier 1980, **6 222 647 km** de routes non urbaines, dont 78 289 km d'autoroutes.

En France

Au 1er janvier 1983, on comptait en France 6 095,7 km d'autoroutes, 29 390 km de routes nationales, 345 990 km de chemins départementaux et 424 950 km de voies communales, soit **806 425 km** au total.

Le trafic routier le plus grand

Les échangeurs de l'autoroute **Harbor et Santa Monica** à Los Angeles, Californie, États-Unis, enregistraient chaque vendredi, en 1980, une fréquentation moyenne de **547 600 véhicules.**

En France

En France, le trafic moyen est de **12 500 km par an,** par voiture particulière.

La route la plus haute

Le **col du Bodpola** au Tibet est à 5 916 m d'altitude.

La route qui joint le sud-ouest du Sinkiang au Tibet, sur 1 180 km, est la route carrossable la plus élevée du monde. Elle franchit des cols à **5 632 m** d'altitude.

Le col le plus haut *d'Europe*

C'est le **col de Restefond, à 2 802 m,** entre Jausiers, Haute-Provence, et Saint-Etienne de Tinnée, Alpes-Maritimes, dans les Alpes. Il se trouve à 2 802 m d'altitude.

La route la plus basse

C'est celle qui longe la rive israélienne de la **mer Morte,** à une altitude de **393 m au-dessous du niveau de la mer.**

La route la plus large

A Brasilia, Brésil, la **Monument Axis** (2,4 km), qui va de la place Municipale à la place des Trois-Pouvoirs, a six voies, mesure **250 m** de large, et a été inaugurée en avril 1960.

La route la plus longue

C'est la **Pan Americain Highway** qui va d'Anchorage en Alaska à Puerto Monte au sud du Chili, en parcourant **27 387 km.** Elle est interrompue sur 400 km en Amérique centrale.

TUNNELS

Percement le plus rapide

Le record de rapidité pour percer un tunnel a été établi lors du percement du **tunnel de Back River** à Charleston, Caroline du Sud, États-Unis.

Les ouvriers ont creusé un tronçon de **506 m en 7 jours,** en 7 périodes de 16 h chacune, du 11 au 17 juillet 1977.

La conduite d'eau la plus longue

Le tunnel pour l'eau de **West Delaware** à New York City, d'un diamètre de 4,10 m, parcourt **169 km,** du réservoir de Rondout au réservoir de Hill View à Yonkers, New York City, États-Unis.

Les travaux durèrent de 1937 à 1944.

C'est le plus long tunnel du monde.

Le tunnel ferroviaire le plus long

Le tunnel ferroviaire le plus long est le **tunnel « Oshimizu »** sur la ligne Tokyo-Niigata, qui relie Hokkaïdo à Honshù, Japon. Percé sous le mont Tanigawa, il mesure **22,2 km.** Il fut ouvert le 25 janvier 1979 après 7 ans de travaux au cours desquels 15 ouvriers trouvèrent la mort. Sa construction a coûté 30 milliards de F.

En France

Le **tunnel du Mont-Cenis** qui relie la France à l'Italie a une longueur de **13,7 km.**

Le tunnel sous-marin le plus long

Le **tunnel du Seikan** atteint **53,9 km.**

Il est à 240 m au-dessous du niveau de la mer et 100 m au-dessous du fond de la mer, dans le détroit de Tsugaru, entre Tappi Saki (Honshù), et Fukushima (Hokkaïdo), Japon. Les essais commencèrent dans la partie sous-marine (23,300 km) en 1963 et la construction débuta en juin 1972.

Le percement, qui a causé la mort de 33 ouvriers, a été achevé le 27 janvier 1983. Les travaux seront terminés en 1985, pour 15 milliards de F.

Le tunnel de métro le plus long

Le tunnel de métro à **Moscou,** entre Belyaevo et Medvedkovo a **30,7 km** de long.

Il a été creusé en 1978-1979.

Le tunnel routier le plus long

Le tunnel routier le plus long est le **tunnel du Saint-Gothard,** inauguré le 10 septembre 1980. Long de 16,3 km, il permet une liaison rapide entre l'Europe du Nord et l'Italie (15 mn en toutes saisons). Situé entre Goeschenen (Suisse allemande) et Airolo (Suisse italienne), sa construction a duré 11 ans et coûté 386 000 000 de F suisses (1,7 milliard de F français), soit le double du montant prévu. 19 ouvriers ont trouvé la mort sur le chantier.

Le tunnel du Mont-Blanc, qui relie la France à l'Italie, a 11,6 km de long. Creusé à 2 480 m du sommet, il a été ouvert en 1965.

En France

Le plus long tunnel routier entièrement en territoire français est le **tunnel de Sainte-Marie-aux-Mines** (Haut-Rhin), qui mesure **6,9 km** et fut inauguré en 1976.

Tunnel routier, le plus grand diamètre

Le **tunnel de Yerba Buena,** à San Francisco, Californie, États-Unis, a **23 m de large,** 17 m de haut et 165 m de long.

Plus de 35 millions de véhicules empruntent ses deux niveaux chaque année.

Tunnels d'irrigation

Le **tunnel d'Orange Fish Rivers,** Afrique du Sud, mesure **82,9 km** de long.

Il a coûté environ 30 000 000 de F. Le forage fut terminé en avril 1973. Le revêtement a 23 cm d'épaisseur et le diamètre est de 5,33 m.

5 000 personnes y travaillèrent en même temps. Certains des puits d'accès des huit sections descendent à plus de 305 m de profondeur.

Le projet Majes au Pérou comporte 98 km de tunnel

pour le réseau hydro-électrique et l'acheminement d'eau. Le barrage est situé à 4 200 m d'altitude.

Le pont-tunnel le plus grand
Le **pont-tunnel de Chesepeake Bay** qui va d'Eastern Shore, Virginia Peninsula, à Virginia Beach, Virginie, États-Unis, a **28,4 km** de long.

Il a coûté 1 400 000 F, fut terminé en 42 mois et ouvert à la circulation le 15 avril 1964.

Le plus long tronçon de pont est celui de Trestlec (7,3 km) et le plus grand tronçon de tunnel est celui de Thimble Shoal Channel (1,7 km).

Le canal-tunnel le plus grand
Le **tunnel du Rove,** entre le port de Marseille et le Rhône, construit entre 1912 et 1927, a **7,29 km** de long, 22 m de large et 15 m de haut. Son volume est de 1,7 million de m^3. Ce tunnel est hors service depuis 1963, à la suite d'un éboulement.

Aujourd'hui, le canal-tunnel le plus long de France est le tunnel de Bony sur le canal de Saint-Quentin, qui mesure 5 670 m de long.

BARRAGES

Les plus anciens
Ils furent découverts par l'école d'archéologie britannique de Jérusalem en 1974 à **Jawa**, en Jordanie. Ces barrages de terre maintenue par un revêtement de pierre datent de **3200 av. J.-C.**

La plus haute altitude *de France*
Le **barrage du Portillon** (Haute-Garonne) *en enrochement* de 23 m de hauteur au-dessus du Thalweg, est le barrage situé à la plus haute altitude : **2 560 m.**

Le barrage de Migœlou (Hautes-Pyrénées) construit en béton, de 28 m de hauteur au-dessus du thalweg, est situé à la cote 2 280 m.

Les plus longs
Fluvial : le barrage de l'**Yacyreta-Apipe,** sur le Paraná, à la frontière du Paraguay et de l'Argentine, mesure **72 km** de long.

Maritime : le barrage construit sur l'embouchure du **Zuiderzee** s'étend sur **32,5 km.** Il comprend deux sections, l'une de 2,5 km (du continent de Hollande du Nord à l'île de Wieringen) et l'autre de Wieringen à Friesland. Au niveau de la mer, il mesure 89 m de large et 7,50 m de haut.

En France
En béton : le barrage de **Roselend-la-Bathie,** Savoie, a **804 m** de long à son sommet.

En terre et en enrochement : le barrage le plus long de France est celui du Mont-Cenis, Savoie, qui a **1 400 m** de long à son sommet.

Les plus hauts
En béton : le barrage de **Grande-Dixence** en Suisse, achevé en septembre 1961 mesure **285 m** de haut à partir de sa base. Il y a 5 957 000 m^3 de béton et a coûté 755 000 000 F.

Le barrage en béton d'Inguri, U.R.S.S., aura 272 m de haut.

En remblais : le barrage de **Rogunski,** en U.R.S.S., aura **325 m** de haut et 760 m de long.

Le barrage d'Oroville, États-Unis, en terre, achevé en 1968, a 235 m de haut et 2 316 m de long.

En enrochement : le barrage de **Nurek** sur la Vakhsh en U.R.S.S., aura **317 m** de haut. De nombreux micro-séismes ont ralenti les travaux.

Actuellement, le barrage de Mica (Canada) a une hauteur de 242 m. Il a été achevé en 1962.

En France
En béton : le barrage de **Tignes,** sur l'Isère, Savoie, a une hauteur de **180 m.** Il a été achevé en 1952.

Le barrage de Tignes a 180 m de haut.

En terre : le barrage de **Serre-Ponçon,** sur la Durance, a **129 m** de haut. Il a été achevé en 1960.

En terre et en enrochement : achevé en 1968, le barrage du **Mont-Cenis,** Savoie, a une hauteur de **120 m.**

En terre et en enrochement : Grand'Maison (Isère) 140 m de haut (en construction).

Les plus grands volumes

Le plus grand barrage en volume est le **New Cornelia Tailings,** Arizona, États-Unis, avec un volume en remblais de **209 501 000 de m³.**

En béton : le plus grand barrage du monde est celui de **Grand Coulée,** sur la Columbia, État de Washington, États-Unis.
Les travaux débutèrent en 1933 ; il commença à fonctionner le 22 mars 1941 et fut achevé en 1942. Il coûta 280 000 000 de F. Il a 167 m de haut. Il fallut 8 092 000 m³ de béton pour le construire. Il pèse 19 595 000 t. La centrale hydro-électrique (en cours d'agrandissement) aura une puissance de 9 780 000 kW.

En terre et en enrochement : le barrage de **Tarbela,** Pakistan, a un volume de **121 000 000** de m³, pour une hauteur de 148 m. Il a été achevé en 1975.

En béton et en remblais : le barrage d'**Itaipa,** situé sur le Paraná, à la frontière du Brésil et de l'Uruguay, aura 180 m de haut, 7 900 m de long et un volume de **27 000 000 de m³.** Il alimentera l'usine la plus puissante du monde : 12 600 000 KW.

En France

En terre et en enrochement : le barrage du **Mont-Cenis,** Savoie, avec un volume de **14 850 000 m³,** est aussi le plus long barrage en terre (voir ci-dessus).
En béton : le barrage de **Roselend-la-Bathie,** Savoie, a un volume de **945 000 m³** pour une hauteur de 150 m.

RÉSERVOIRS ARTIFICIELS

Les plus grandes capacités

En 1954, **le barrage des chutes Owen** à côté de Jinja, Ouganda, à la sortie du Nil Blanc, à la hauteur du lac Victoria Nyonza, éleva les eaux de ce lac naturel en portant son volume à 204,75 km³ et le transforma en un réservoir de **69 484 km².**

Le lac artificiel de plus grande surface

Le lac artificiel ayant la plus grande surface est le **lac Volta,** Ghana, formé par le barrage d'Akosombo en 1965. Le lac avait en 1969 une surface de **8 482 km².** Ses rives mesuraient 7 250 km.

Le **barrage Tacurai,** sur le Tocantins, Brésil, transformera le fleuve en une série de lacs de **1 900 km** de long.

En France

Le **lac de Der** (Haute-Marne) a **48 km²** de superficie.

TERRASSEMENTS

Le plus grand polder

Le plus grand des cinq polders de l'ancien Zuyderzee, Pays-Bas, sera celui de **Markewaard,** avec une superficie de **603 km².**

Il a fallu 8 092 000 m³ de béton pour construire le barrage de la Grande Coulée.

La construction de la digue d'enceinte de 106 km de long commença en 1957. La surface d'eau, après l'érection de la digue de 32 km (1927-1932), l'Ijssel Meer, aura une superficie totale de 1 262,6 km² à la fin des travaux.

Les travaux de terrassement les plus grands

Les plus grands travaux de terrassement au monde, exécutés avant l'ère industrielle, étaient les levées de terre linéaires, servant de frontière dans l'Empire du **Bénin,** au Nigeria.
Elles furent d'abord signalées en 1900, et subsistaient partiellement en 1967.
En avril 1973, on estimait que la longueur totale des levées était de 6 400 à **12 800 km.** Le volume de terre déplacé était estimé entre 380 et 460 millions de m³.

Les levées de terre les plus grandes

Les plus grandes levées de terre sont celles qui bordent le **Mississippi.**
Elles s'étendent sur **2 787 km** le long du fleuve, de Cape Girardeau, Missouri, au golfe du Mexique et représentent 765 millions de m³ de remblais.
Les remblais des affluents représentent 3 200 km supplémentaires.

Le dépôt d'ordures le plus grand

Reclamation Plant nº 1, Freh Kills Staten Island, États-Unis, fut ouvert en mars 1974 ; c'est la décharge sanitaire la plus grande du monde.
Les quatre premiers mois, **450 000 t** de déchets de la ville de New York, États-Unis, furent déversés à cet endroit par 700 péniches.

Le port de New York a 238 km².

En France

Les déchets de la ville de **Paris** et des communes environnantes (**1 700 000 t,** dont 1 050 000 t environ pour Paris) sont triés avant d'être brûlés dans les usines d'Ivry et d'Issy. Cette incinération permet de dégager de l'énergie récupérable sous forme de vapeur d'eau et d'électricité.

PORTS

Le plus grand

New York est le plus grand port du monde. Il a 1 215 km de quais (740 km à New York et 475 km à New Jersey) et une superficie de **238 km².**

Il peut contenir 391 bateaux qui peuvent s'amarrer à 261 postes et 130 appontements.

En France

Le plus grand port français est celui de **Marseille** qui a une superficie de **72,5 km²** . Il comprend 195 postes à quai. En 1982, le tonnage a été de 91 600 000 t.

Le plus actif

Le port de **Rotterdam-Europoort** est à la fois le port le plus actif et le plus grand port artificiel : 100 km². En 1980, y ont transité 29 859 navires au long cours, transportant **286 millions de t** de marchandise. La même année, environ 200 000 péniches sont entrées dans le port.

Le brise-lames le plus grand

Le brise-lames en granit du port de **Galverston** au Texas, États-Unis, mesure **10 850 m** de long.

La porte de bassin la plus grande

La grande porte de **Nigg Bay,** Écosse, entrée en service en mars 1974, a **124 m** de long et 1,21 m d'épaisseur à sa base.

Elle est en béton armé et pèse 16 257 t.

La cale sèche la plus grande

La cale sèche de **Koyagi,** Nagasaki, Japon, terminée en 1972, mesure **970 m** de long, 100 m de large et 14,50 m de profondeur.

Une cale sèche en construction à Port Rashid, Dubaï, golfe Persique, mesurera 1 722 m de long sur 100 m de large.

Le port le plus petit *de France*

Port Racine, à Saint-Germain-des-Vaux, Manche, mesure **45 m** de long, 20 m de large et a une entrée de 8 m.

La jetée la plus grande

La jetée la plus longue est celle de **Damman,** Arabie Saoudite, sur le golfe Persique. Une chaussée en blocs de pierres de 7 790 m rejoint une jetée en chevalets d'acier de 2 900 m de long qui rejoint elle-même la jetée principale (226 m). La longueur totale est de **11 000 m.**

La construction, commencée en juillet 1948, fut terminée le 15 mars 1950.

En France

La plus longue jetée en eau profonde du monde est le quai Hermann du Pasquier, **Le Havre,** France. Elle mesure **1 524 m** de long. Elle fait partie d'un bassin fermé. La profondeur de l'eau est de 4 m sur ses deux côtés.

PHARES ET RÉVERBÈRES

Phare le plus ancien
C'est celui d'**Alexandrie** (voir plus haut *Les Sept Merveilles du monde)*.

Phare le plus puissant
Le phare de **Creac'h,** à Ouessant, est le plus puissant du monde.
Élevé en 1939 sur l'île d'Ouessant, Finistère, il a 50 m de haut.
Par temps de brouillard, son intensité est d'une puissance de **500 millions de candelas.**

Phare à la plus grande portée
Le phare de l'**Empire State Building** a 332 m de haut, possède quatre lampes à arc au mercure. Chacune a une puissance de 450 millions de candelas.
Il est visible au sol à **128 km** de distance et à 490 km (à partir d'un avion).
Ses lampes furent mises en service le 31 mars 1956.

Phare le plus haut
C'est une tour d'acier de **106 m,** près du parc **Yashimita,** Japon.
Sa puissance est de 600 000 candelas. Elle est visible à 32 km à la ronde.

Réverbère le plus haut
La Société Petitjean de Troyes fabrique, pour des clients arabes, des réverbères de **62 m** de haut.

La portée du phare de l'Empire State est de 128 km.

CONSTRUCTIONS FUNÉRAIRES

Le crématorium le plus grand
Le crématorium du cimetière **Nikolo-Arkangelskoï** à Moscou, U.R.S.S., terminé en mars 1972, comporte **7 fours** et plusieurs chapelles ardentes.

Le cimetière le plus grand
C'est celui de **Léningrad,** U.R.S.S., qui contient plus de 500 000 (sur un total de 1 300 000) victimes du siège de la ville par les Allemands en 1941-1942.

En France

Le plus grand cimetière de la guerre de 14-18 est celui de Douaumont, où reposent 14 870 soldats identifiés.

Le plus grand cimetière de la guerre de 39-45 est le cimetière américain de Montjoie, Saint-Martin, au lieu-dit « Bel Orient », Manche.

Le **Père Lachaise** est le plus renommé des cimetières français. Une grande partie de ses 80 000 tombes est consacrée à des personnages célèbres (d'Héloïse et Abélard à Jim Morrison).
Les premières inhumations officielles datent de 1804, mais un grand nombre de sépultures antérieures à cette date y ont été transférées.

Le tombeau le plus grand
Le plus grand tombeau du monde est celui de l'**empereur Nintoku** (décédé en 428), à Osaka, Japon.
Il mesure 485 m de long, 305 m de large et 45 m de haut.

FORAGES ET MINES

Le plus profond forage
Dans le cadre d'une exploration géologique, un forage a atteint **11 000 m** de profondeur dans la péninsule de **Kola,** U.R.S.S., en novembre 1981.
Le rythme de pénétration, qui était de 11 m par jour, a considérablement ralenti et il semble que la percée ne dépassera pas 13 000 m au total.

Le plus profond forage maritime
C'est celui de **Glomar Challenger,** du projet américain Deep See Drilling, creusé au large du nord-ouest de l'Espagne, et réalisé en 1976. L'endroit le plus profond est situé à **7 034 m** sous la surface.

Les champs pétrolifères les plus grands
Ce sont ceux de **Ghawar** en Arabie Saoudite, prospectés par Aramco, qui s'étendent sur 240 km de long et 35 km de large soit **8 400 km²**

Les champs pétrolifères de Groningen, aux Pays-Bas, exploités depuis 1965, ont des réserves énormes qui peuvent être comparées à celles découvertes au Qatar (3 000 milliards de m³).

Plates-formes pétrolières les plus grandes
La plate-forme la plus importante est la plate-forme **Statfjord B** construite à Stavanger, Norvège. On a commencé à la haler vers son emplacement définitif, le 1er août 1981.
Cette construction de 816 000 t est **la structure la plus lourde qui ait jamais été déplacée.** Il fallut

La plate-forme pétrolière Statfjord B est la structure la plus lourde jamais déplacée.

pour la bouger 8 remorqueurs d'une puissance totale de 115 000 CV. La partie en béton a 204 m de haut et l'ensemble, 271 m de haut. Elle pèse trois fois le poids d'une des tours du World Trade Center, New York. Elle a coûté 12 milliards de F.

La plate-forme la plus haute est la tour Block 280 Guyed Tower installée à une profondeur de 305 m dans le golfe de Mexico.

Le jaillissement le plus grand

Le plus gigantesque fut celui de **Lucas nº 1** (353 m de profondeur), à Spindletop, environ 4,8 km au sud de Beaumont, Texas, États-Unis, le 10 janvier 1901.
En **9 jours, 800 000 barils** auraient pu être remplis avant qu'il soit endigué. Par la suite, les alentours du puits fournirent 142 millions de barils.

Le déversement de pétrole le plus grand

La nappe qui s'échappa à la suite de l'explosion, au large du Mexique, de la tour de forage **Ixtoc I,** dans le golfe de Campêche, golfe du Mexique, le 3 juin 1979, atteignait 640 km le 5 août 1979. On réussit finalement à arrêter la fuite, le 24 mars 1980, après une perte de **3 millions de barils.**

Le plus grand déversement à la suite d'un naufrage a eu lieu le 19 juillet 1978 lorsque le super-tanker *Atlantic Express* heurta l'*Aegean Captain,* déversant 236 000 t de pétrole dans la mer.

Le feu le plus grand

Le plus grand feu de gaz brûla à **Gassi Touil,** au Sahara algérien, de midi, le 13 novembre 1961, à 9 h 30 le 28 avril 1962. La **colonne de flamme** atteignait **137 m** et la fumée 182 m.
Le feu fut éteint par Paul Neal « Red » Adair, âgé de 47 ans, d'Austin, Texas, États-Unis.
Ses honoraires furent de 5 000 000 de F.

Le puits d'eau le plus profond

Le forage le plus profond pour trouver de l'eau est celui de **Stensvad** percé à **2 231 m,** par la compagnie de forage Great Northern dans le comté de Rosebud, Montana, États-Unis, en octobre-novembre 1961.

Le puits de vapeur géothermique creusé par la compagnie Thermal Power fut commencé dans le comté de Sonora, Californie, États-Unis, en 1955. Il atteint aujourd'hui 2 752 m.

Le plus grand jaillissement d'un puits artésien

C'est celui situé à 32 km au nord-ouest d'**Orlando,** Floride, près de la rivière Wekiva, qui projette **757 hl par minute,** mesuré en 1973.

Le gazomètre le plus grand

C'est celui de **Fontaine-l'Évêque,** en Belgique, où des mines désaffectées ont été adaptées pour stocker **500 millions de m³** de gaz à une pression normale.
Le plus grand gazomètre classique est celui de Wien-Simmering, Vienne, Autriche ; terminé en 1968, il mesure 84 m de haut et a une capacité de 300 000 m³.

Raffinerie de platine

La plus grande raffinerie de platine est celle d'**Impala,** à Springs, Afrique du Sud.

La plus grande production est celle de Rustenburg Group avec plus de 28 t par an.

La plus grande pierre extraite

Elle pèse **1 800 t** et fut extraite de la carrière de **Quarry,** Longdale Valley, Cumbria, Angleterre, en mai 1969.

MINES

La première	41000 av. J.-C.	Hématite (minerai de fer)	District de Hhohho, Swaziland
La plus profonde	3 582 m	Or, Western Deep Levels (55 °C)	Carletonville, Afrique du Sud
Cuivre, la plus grande *(à ciel ouvert)*	521 000 t (en 24 h, le 9 août 1980)	Minerai de cuivre et déchets	N.-E. Transvaal, Afrique du Sud
Cuivre *(souterraine)*	573 km de tunnel	Magma Coper Co, San Manuel Mine	Arizona, É.-U.
Plomb	Plus de 10 % de la production mondiale	Viburnum Trend	Missouri, É.-U.
Or, *la plus grande région*	Plus de 51 % de la production mondiale	38 mines dans le champ aurifère de Witwatersrand depuis 1886	Afrique du Sud
Or, *la plus grande mine*	4 900 ha	East Rand Proprietary Mines Ltd	Boksburg, Transvaal, Afrique du Sud
Or, *France*	1,6 t par an	Salsigne	Aude, France
Or, *la plus riche*	49,4 millions d'onces (1,4 million g)	Crown Mines	Transvaal, Afrique du Sud
Fer, *la plus grande*	20 300 millions de t de minerai riche	Lebedinsky (minerai à 45-65 % de teneur en fer)	Région de Kursk, U.R.S.S.
Platine	28 t par an	Rustenburg Group, Impala	Springs, Afrique du Sud
Tungstène	2 000 t par jour	Union Carbide Mount Morgan Mine	Bishop, Californie, É.-U.
Uranium, *la plus grande*	4 762,6 t	Rio Tinto Zinc (mine à ciel ouvert)	Namibie, Afrique
Tas de déchets	210 millions de m³	New Cornelia Tailings	Ten Mile Wash, Arizona, É.-U.
Charbon *(à ciel ouvert)*	250 m; 4 × 3 km	Fortuna-Garsdorf (lignite)	Nr. Bergheim, Allemagne fédérale
Étain	788,3 t (76,8 %) en 30 jours, novembre 1976	Ayer Hitam	Puchong, Malaisie

INDUSTRIE DU BÂTIMENT

L'échafaudage le plus grand

Le plus grand échafaudage a été construit à l'aide de 228,5 km de tubes.

Il avait **148 m** de haut et fut utilisé lors de la reconstruction de l'hôpital Guy, à Londres, Angleterre, en 1971.

Les escaliers les plus grands

Ce sont ceux de la cage d'escalier du funiculaire de **Niesenbahn,** à côté de Spiez (Suisse). Ils montent à **2 365 m,** ont 11 674 marches et une rampe.

L'escalier du temple T'ai Chan est en pierre taillée. Il comporte 6 600 marches et monte à 1 428 m, sur une distance de 8 km. Il se trouve dans les montagnes du Shantung.

Le plus grand escalier en spirale est celui de la mine de charbon Mapco-White, Illinois, U.S.A. Construit en 1981, il compte 1 520 marches et s'enfonce à 337 m.

La fenêtre la plus grande

La plus grande vitre manufacturée mesurait **20 × 2,5 m** (50 m²). Elle fut exposée par Saint-Gobain en France à l'occasion des Journées internationales de miroiterie, en mars 1958.

Les plus grandes fenêtres sont celles du C.N.I.T. à la Défense, à Paris, avec une largeur maximale de 218 m et une hauteur de 50 m.

Les portes les plus grandes

Les quatre portes du bâtiment d'assemblage du **cap Kennedy,** U.S.A., mesurent **140 m** de haut.

Les portes les plus épaisses

Les portes les plus épaisses sont celles du **RTNS II** du laboratoire de Livermore, Californie, U.S.A., qui ont **2,43 m** d'épaisseur.

Le banc le plus long du monde

Le banc de la corniche J.-F. Kennedy à **Marseille,** France, mesure **2 200 m** de long.

Il est construit dans la partie médiane d'un trottoir à deux niveaux qui longe le bord de la mer.

La plus grande démolition

Ce fut l'immeuble de l'hôtel Traymore, Atlantic City, New Jersey, États-Unis, démoli le 26 mai 1972 par Controlled Demolition Inc. de Townson, Maryland. Cet **hôtel de 600 chambres** avait un volume de 181 340 m³.

La plus grande cheminée démolie par des explosifs était celle de la centrale Matla, Kriel, Afrique du Sud, le 19 juillet 1981. Elle mesurait 275 m de haut et fut détruite par la société britannique Santon.

Vous détenez un record dans votre métier... Écrivez-nous !

Les portes les plus épaisses sont au laboratoire de Livermore, Cal., U.S.A.

LE LIVRE GUINNESS DES RECORDS

8

TRANSPORTS

TRANSPORTS MARITIMES

Les premières traversées
On pense que les Aborigènes ont traversé le détroit de Torres (70 km) entre la Nouvelle-Guinée et l'Australie en **40000 av. J.-C.**, à bord de doubles canoës.

Les premiers bateaux
Le bateau le plus ancien qui soit parvenu jusqu'à nous est un bateau de 43,40 m de long et de 40 t, que l'on a retrouvé enfoui près de la pyramide de Khufu, Égypte. Ces vestiges du **vaisseau du pharaon Kheops,** datant de **2515 av. J.-C.**, ont été reconstitués.

L'épave la plus ancienne est celle d'un navire marchand qui repose au large de l'îlot de Dhokos, près d'Hydra, Grèce. Cette épave, découverte en mai 1975, a été datée de 2450 av. J.-C. (à 250 ans près).

Le premier moteur
De nombreux essais et projets avaient été réalisés depuis 1690. **En 1783**, le marquis de Jouffroy d'Abbans a mis au point le premier bateau à vapeur, le ***Pyroscophe,*** bateau à roues de 182 t, à bord duquel il remonta la Saône.

Le premier bateau à moteur vraiment opérationnel fut le *Charlotte Dundas,* bateau à roues construit par l'Écossais William Symington (1763-1835). Le moteur était un deux temps à condensation, mis au point par James Watt (1737-1819).

Le premier bateau en métal
L'***Ironside,*** fabriqué en **1836** en Grande-Bretagne, fut le premier navire en fer.

A partir de 1882 l'acier supplanta définitivement le fer. L'*Atlair,* construit en 1864, fut le premier navire en tôle d'acier.

Le premier bateau à turbines
Le ***Turbinia,*** construit en **1894** à Walsend-on-Type, Grande-Bretagne, mesurait 30,48 m de long pour 45,2 t de déplacement. La machinerie consistait en 3 turbines à vapeur, totalisant 2 000 CV. Lors de sa première sortie en public en 1897, il atteignit la vitesse de 34,5 nœuds (64 km/h).

PAQUEBOTS

Le plus grand
Le ***Norway*** (anciennement *France*) mesure **315,66 m.** Il est plus long que le *Queen Elizabeth I* (voir ci-dessous), mais son tonnage est moins important : 69 379 tonneaux.
Le *France* avait été construit à Saint-Nazaire en 1961. Il a cessé d'être exploité sous pavillon français le 30 octobre 1974. Il a été racheté le 26 juin 1979 par la compagnie norvégienne Klosters Rederi, pour 77 000 000 de F environ. Il a été inauguré une deuxième fois, le 7 mai 1980, à Southampton.

Le vaisseau du pharaon Khéops date de 2515 av. J.-C.

Le plus grand en tonnage

Le ***Queen Elizabeth I*** de la Compagnie Cunard fut le paquebot le plus important jamais construit, avec un tonnage de **83 673 tonneaux,** par la suite réduit à 82 998. Il mesurait 314 m de long et 36 m de large.

Son moteur à turbines à vapeur développait une puissance de 168 000 CV.

Il effectua sa dernière traversée le 15 novembre 1968. En 1970, il fut envoyé à Hong Kong pour être transformé en université marine flottante et rebaptisé *Seawise University.*

Le 9 janvier 1972, un incendie le détruisit totalement. La carcasse fut découpée.

Le plus de passagers

Le ***Queen Elizabeth II*** peut accueillir **2 543 passagers** (alors que le *Norway* – ex *France* – ne peut en abriter que 2 000). Il a une longueur de 293,50 m, et un tonnage de 65 863 tjb. C'est le plus récent des grands paquebots modernes puisqu'il fut construit en 1969.

En avril 1982, il fut réquisitionné par la Royal Navy pour transporter les troupes anglaises vers les Malouines.

YACHTS

Le plus cher

Le yacht de 64,60 m du roi Khalid d'Arabie Saoudite a été dépassé en prix par celui commandé par ***Adnan Khashoggi*** aux chantiers Benetti, de Viareggio, Italie. Ce yacht de 85,95 m de long comporte 5 ponts et aurait coûté environ **103 000 000 de F.** Il porte un hélicoptère et 5 hors-bord.

Le plus grand

Le ***Sea Cloud***, 4 mâts de **106 m** avec une voilure de 3 160 m², fut construit en 1930 pour l'épouse du milliardaire E. Hutton. Racheté en 1979, il a été réaménagé en yacht de croisière. Il peut abriter 80 passagers.

PÉTROLIERS

Le plus grand

Le plus grand navire du monde est le pétrolier ***Seawise Giant,*** achevé en janvier 1981 pour C.Y. Tung.

Il a **458,5 m** de long, 68,8 m de large et un tirant d'eau de 24,6 m pour 564 739 t de port en lourd. Ce pétrolier a été transformé par Nippon Kokan qui a ajouté une section de 81 m au pétrolier *Oppama* (16,47 nœuds, 422 018 t).

En France

Le navire français le plus grand est le ***Pierre-Guillaumat*** qui fut à la fois le plus grand pétrolier et le plus grand navire du monde. Construit par les Chantiers Navals de l'Atlantique, il a été achevé en 1977, pour la Compagnie nationale de navigation. Il a **414,23 m** de long, 63,05 m de large, un tirant d'eau de 28,6 m et il est propulsé par 4 turbines fournissant 65 000 CV. Il peut soutenir une vitesse de 16 nœuds (30 km/h). Il possède 677 000 m³ de citernes, divisées en 42 citernes.

Les Chantiers Navals de l'Atlantique sont les constructeurs des quatre plus gros pétroliers du monde. Mais le navire transformé par les Japonais (voir ci-dessus) a une capacité supérieure.

La plus grande pollution

Le pire déversement se produisit lorsque le super-tanker *Atlantic Empress* heurta l'*Aegean Captain* au large de **Tobago,** le 19 juillet 1979 ; **236 000 t** de pétrole se répandirent sur la mer.

En France

Le pétrolier libérien *Amoco Cadiz* s'échoua à **Portsall,** Bretagne, le 16 mars 1978, libérant **228 000 t** de pétrole qui s'étalèrent sur 160 km de côtes.

Le propriétaire du pétrolier réclame 47,600 milliards de F de dédommagement. L'État a estimé le préjudice à 460 000 000 de F, non compris les dommages écologiques difficiles à évaluer et souvent irréversibles.

La mortalité animale fut approximativement de 90 % ; 35 espèces d'oiseaux ont été touchées (dont 75 % appartenaient au groupe des alcidés en voie de disparition).

Le Yacht a coûté 103 000 000 de F.

CARGOS

Le plus grand cargo

Le cargo libérien ***World Gala,*** pétrolier transporteur de minerai, avec **338 m** de long et 54 m de large, a 133 748 t de port en lourd.

Le plus grand baleinier

Le ***Sovietskaya Ukraina*** (32 034 tonneaux) terminé en U.R.S.S. en 1959, a 46 738 t de port en lourd en été. Il mesure **218 m** de long et 26 m de large.

Les plus grands bacs

Les bacs ***El Rey*** et ***La Princessa*** qui font la navette entre la Floride et Puerto Rico, États-Unis, ont **176,78 m** de long et peuvent transporter 376 remorques de poids lourds sur 3 niveaux.

Les plus grands remorqueurs

Le ***Wolfraad Waltemade*** et son sister-ship, le ***John Ross*** (2 822 t), ont une puissance de 19 200 CV avec une traction au bollard de 172,700 t (à 90 % de sa puissance). Ils ont **94,62 m** de long et 15,20 m de large et ont été conçus pour manœuvrer les plus grands pétroliers. Ils sont entrés en service en avril 1976 en Écosse, et en octobre 1976 en Afrique du Sud.

Le plus grand ferry

Le ***Finnjet*** (24 600 t), en service depuis le 13 mai 1977 sur la Baltique entre Helsinki, Finlande, et Travemünde, R.F.A., mesure **213 m** de long sur 26 m de large. Il peut transporter 350 automobiles et 1 532 passagers.

En France

L'***Estérel,*** qui assure la liaison entre la France et la Corse, mesure **145 m** de long, avec une jauge de 13 000 tonneaux.
Mis en service en mai 1981, il peut accueillir 2 326 passagers et 700 voitures.

Le brise-glace le plus puissant

Les Soviétiques ont construit un brise-glace nucléaire de 61 000 t en 1982.

Le plus grand brise-glace transformé est le ***SS Manhattan*** (43 000 CV) transformé en un brise-glace de **152 407 t** par l'Humble Oil Cie. Il a une étrave renforcée de 21,08 m de long et a effectué deux traversées par le passage nord-ouest de la région arctique du Canada, du 24 août au 12 novembre 1969. Le passage avait été franchi pour la première fois en 1906 par Roald Amundsen (Norvège).

Le plus grand dragueur

Le ***Prins der Nederlanden,*** Pays-Bas (10 586 t) a **142,70 m** de long et peut draguer 20 000 t à 35 m de profondeur, en moins d'une heure, grâce à deux tubes d'aspiration.

Les plus grands navires en bois

Le *Richelieu,* lancé à Toulon en 1873, était le plus lourd : 8 534 tonneaux, 102 m de long.

Le plus grand navire en bois des temps modernes fut le ***Rochambeau,*** construit à New York en 1867-1872. Il mesurait **115 m** de long.

Certains estiment que l'Arche de Noé, citée dans la Bible, mesurait 137 m de long (cf. *Jonques les plus grandes*).

La plus grande galère

La galère ***Tessarakonteres,*** construite pour Ptolémée IV à Alexandrie, Égypte, en 210 av. J.-C., mesurait **120 m** de long.
Il fallait 4 000 rameurs pour l'entraîner et 8 hommes pour manœuvrer une rame (17,50 m).

AÉROGLISSEURS

Le premier

Le ***Saunders-Roe SR-N1*** (4 tonneaux) a évolué à Cowes (G.-B.) le 30 mai 1959.
A partir de 1962, Vickers Armstrong organisa le premier service régulier pour passagers sur l'estuaire de la Dee. L'hovercraft transportait 24 passagers à 100 km/h.

Le plus grand parcours

Le plus long voyage en aéroglisseur fut effectué par une expédition britannique qui, du 15 octobre 1969 au 3 janvier 1970, a parcouru **8 047 km** à travers 8 pays africains.

La plus haute altitude

Un aéroglisseur ***HM2 Hoverferry*** opère sur le lac Titicaca, à **3 811 m** d'altitude.

Le SES-100B peut atteindre la vitesse de 90 nœuds (150 km/h).

Militaire *le plus rapide*

Un véhicule expérimental U.S. Navy ***SES-100 B*** a atteint **91,9 nœuds** (166 km-h) le 25 janvier 1980.

Le plus grand

L'aéroglisseur anglais ***SRN 4Mk III*** mesure **56,70 m** de long. Il peut accueillir 418 passagers et 60 voitures.

Hydrofoils *les plus grands*

Le ***Plainview*** (314 t à pleine charge), lancé à Seattle, Washington, États-Unis, le 28 juin 1965, a **65 m** de long. Il peut atteindre une vitesse de 50 nœuds (92 km/h) en service.

La traversée Malmö-Copenhague, Danemark, est effectuée par 3 hydrofoils supramar PTS 150 Mk III transportant 250 passagers à 40 nœuds (74 km/h).

VOILIERS

Les plus grands

Le plus grand voilier jamais construit était le ***France II,*** mis à l'eau à Bordeaux en 1911.
Le *France II* était un navire à coque métallique à 5 mâts (4 voiles carrées et 1 voile au mât arrière). La coque mesurait **127,40 m** de long. Il était aussi doté de 2 moteurs à vapeur. Il fit naufrage en 1922.

Le 4 mâts *Kruzenstern,* bateau-école soviétique, est aujourd'hui le plus grand voilier du monde ; sa coque mesure 115 m de long.

L'unique 7 mâts

Le ***Thomas W. Lawson*** (114,40 m, 5 218 tonneaux), fut réalisé à Quincy aux États-Unis, en 1902.
Il disparut dans la Manche le 15 décembre 1907.

Les plus grandes jonques

Le ***Cheng Ho,*** en tête de la flottille de l'amiral Cheng Ho (1420) déplaçait 3 150 t et mesurait de 90 à **164 m.** On pense qu'il portait 3 mâts.

Une jonque de fleuve, à roues à aubes, de 110 m de long naviguait aux alentours de 1161.

En 1280, une forteresse flottante de 182 m de côté prit part à la guerre du Chin-Wu.

Les jonques modernes, même celles des commerçants du Tchiang Su, ne dépassent pas 52 m de long.

Les plus grandes voiles

Les voiles du cuirassé britannique ***Le Téméraire,*** mis à l'eau le 31 août 1877, sont les plus grandes de mémoire d'homme. La vergue du grand mât et celle du mât arrière mesuraient 35 m de long.
La grand voile de **2 322 m²** était faite de 1 555 m de toile et pesait 2 t.

La plus grande voile moderne est une voile de 600 m² fabriquée par Veleria Iberica, Espagne, pour le cargo à voile *Thö-Pa-Ga* de 40 m de long et d'un déplacement de 400 t.

La plus grande vitesse

La plus grande vitesse jamais atteinte par un voilier est **27 nœuds** (40,7 km/h), par le ***Lancing*** voguant vers Melbourne en 1890-1891.
Ce navire était le dernier 4 mâts entièrement gréé (36 voiles). Il était le plus grand bateau de son époque (123,50 m). Le grand mât d'artimont mesurait 62 m de haut, et ses vergues 90 m.

La plus longue course en 24 h

Le ***Champion of the Seas*** (2 722 t) sous la commande d'Alex Newlands, Grande-Bretagne, a parcouru **465 miles** marins (861,72 km) en 23 h 17 mn, par un vent de nord-ouest dans l'océan Indien.

CUIRASSÉS

Devenus trop vulnérables, les cuirassés ont été progressivement remplacés par des porte-avions.

Les plus grands cuirassés disparus

Les cuirassés japonais, ***Yamato*** (lancé en 1941 et coulé par l'aviation américaine le 7 avril 1945) et ***Musashi*** (coulé par 11 bombes et 16 torpilles le 24 octobre 1944) étaient les plus gros cuirassés de l'histoire de la marine, avec un déplacement de **73 977 t.** Ils avaient 263 m de long, 38,30 m de large et 10,80 m de tirant d'eau à pleine charge. Ils étaient armés chacun de 9 pièces de 460 mm et de 3 tourelles triples. Chaque canon pesait 164,6 t, mesurait 22,80 m de long et lançait des projectiles de 1,45 t.

En France

Le dernier cuirassé français fut le ***Jean-Bart,*** construit en 1940. Ce navire de 244 m de long, 33,10 m de large avait un déplacement de **35 000 t.** Il était armé de 8 pièces de 380 mm, de 15 pièces antiaériennes de 152 mm et de 24 pièces antiaériennes de 100 mm.

Les canons les plus grands

En 1917, le ***Furious,*** croiseur britannique, transformé ultérieurement en porte-avions, était armé de pièces de **45 cm.**

Les derniers grands cuirassés actifs

Le plus grand cuirassé est aujourd'hui l'***USS New Jersey*** avec un déplacement de **58 000 t** et une longueur, hors tout, de 270 m. Il a été désarmé de décembre 1969 à 1983.
L'*USS Iova*, l'*USS Missouri* et l'*USS Wisconsin* seront remis en service en 1986.

Le Jean-Bart fut le dernier cuirassier français.

Le blindage le plus épais
L'***Inflexible,*** Grande-Bretagne, achevé en 1881, avait un blindage de 60 cm d'épaisseur, pouvant atteindre **106 cm** par endroits.

Le destroyer le plus rapide
Le ***Terrible*** (2 830 t), destroyer français, a atteint la vitesse de **45,25 nœuds** (83,42 km/h), en 1935.
Ce navire, construit à Blainvillle, était propulsé par 4 chaudières Yarrow et 2 turbines Rateau, qui lui accordaient une puissance de 100 000 CV. Il a été remisé en 1957.

Les croiseurs les mieux armés
Le croiseur lourd nucléaire le mieux armé de la *marine américaine* est le ***Long Beach,*** de 219,75 m de long, et 18 500 t de déplacement. Son armement se compose de missiles Fa-Talos, missiles Sa-Terrier et de canons. Sa vitesse est de 30 nœuds et son équipage comporte 1 749 personnes.

Le croiseur le plus armé de l'*U.R.S.S.* est le ***Kara*** avec 8 missiles SS-N-14, 44 missiles SA-N-3 et 36 missiles SA-N-4 (déplacement : 8 200 t, vitesse : 30 nœuds, équipage : 520 personnes).
(SS = mer-mer, SA = mer-air).

En France
Le croiseur le mieux armé de la marine nationale française est le croiseur lance-missiles ***Colbert*** : déplacement 11 300 t, 180,8 m de long. L'armement a été refondu entre 1970 et 1972 et se compose actuellement de missiles MM38 Exocet.
Il peut atteindre la vitesse de 31,5 nœuds et son équipage comporte 560 personnes.

Le plus grand canoë
Un canoë de guerre de **35,70 m** de long, construit en 1940 par les Maoris de Nouvelle-Zélande, pouvait transporter plus de 70 hommes d'équipage.

Le premier porte-avions
Le 8 août **1914,** un avion Gaudon G3 effectua le premier décollage du pont du porte-hydravions ***La Foudre,*** navire français, qui devint ainsi le premier porte-avions français.

En 1917, l'Angleterre construisit le premier porte-avions, l'*Argus,* équipé d'un pont continu.

Les plus grands porte-avions
Les porte-avions ***USS Nimitz*** et ***Dwight D. Eisenhower*** ont un déplacement, à pleine charge, de **91 487 t** et **323 m** de long.
Leur réacteur atomique de 260 000 CV leur autorise une vitesse de plus de 30 nœuds (56 km/h). Ils ont un champ d'autonomie de 1 450 000 km.
L'*Eisenhower* a coûté près de 10 milliards de F en 1977.

L'*USS Enterprise* a 335,80 m de long et demeure donc le plus long navire de guerre jamais construit.

En France
Le ***Foch*** et le ***Clemenceau*** ont chacun un déplacement de **32 780 t,** une longueur de **265 m** et 51,2 m de large. Vitesse : 32 nœuds (60 km/h). Ils peuvent porter 40 avions. Leur puissance est de 126 000 CV.

La France construit actuellement deux porte-avions nucléaires de 32 000 t qui remplaceront le *Foch* et le *Clemenceau* à partir de 1990.

SOUS-MARINS

Le plus grand
L'OTAN a annoncé le 23 septembre 1980 que le premier sous-marin soviétique de la catégorie Typhoon, ***Oscar,*** avait été secrètement construit à Severodvinsk.
Oscar mesurerait **180 m** de long et aurait un déplacement en submersion de 30 000 t. Il est armé de 24 missiles SSN18 à têtes de 1-2 mégatonnes d'une portée de 8 400 km.

En France
Le Redoutable, sous-marin nucléaire lanceur d'engins (7 500-9 000 t) a **128,70 m** de long et une puissance de 20 000 CV.
Il est armé de 16 missiles MBSS d'une portée de 3 000 km.

La France est le seul pays d'Europe occidentale à posséder 6 sous-marins à propulsion nucléaire lanceurs d'engins.
Le plan naval 1984-1988 prévoit la commande du septième sous-marin nucléaire lance-engins (SNLE).

Les plus rapides
Les sous-marins nucléaires soviétiques de la catégorie Alfa auraient une vitesse maximale de **42 nœuds** (77,8 km/h) jusqu'à 915 m de profondeur.

Le plus profond
La plus grande profondeur pour un sous-marin est **3 650 m** par l'***USS Trieste II*** (DSVI) de 303 t (3 hommes) livré en novembre 1973 pour la 2e fois et l'***USS Alvin*** (DSV2). DSV signifie Deep Submergence Vessel : navire de grande profondeur.
Le *Trieste II* a été reconstruit à partir du bathyscaphe détenteur de record *Trieste* mais sans la sphère Krupp qui lui permettait d'atteindre 10 917 m (voir chapitre *Performances*).

NAVIGATION ET TRAVERSÉES

Voir aussi chapitre *Sports* (Yachting).

Atlantique : premières
A moteur
La première traversée par un navire entièrement à

Le porte-avions Foch a une longueur de 265 m.

moteur a eu lieu en avril **1827** lorsque le ***Curaçao*** alla de Rotterdam, Pays-Bas, jusqu'aux Antilles, en 22 jours.
C'était un navire à roues de 438 tonneaux et 38,70 m de long, construit sous le nom de *Calpe* à Douvres, Grande-Bretagne, en 1826 et acheté par le gouvernement hollandais pour le transport du courrier vers les Antilles.

A la vapeur
La première traversée de l'Atlantique entièrement à la vapeur (avec quelques interruptions pour le nettoyage des chaudières) fut réalisée par le ***Rhadamanthus*** de Plymouth, Grande-Bretagne, aux Barbades, en **1832.**

La première traversée à la vapeur sans interruption fut effectuée par le *Siruies* (714 t), navire équipé de condensateurs, qui alla de Queenstown, Irlande, à Sandy Hook, New Jersey, États-Unis, en 18 jours et 10 h, du 4 au 22 avril 1838.

Atlantique : la plus rapide
Le ***United States*** (51 988 tonneaux à l'époque, réduit aujourd'hui à 38 216), vaisseau amiral de l'United States Lines, lors de son voyage inaugural New York-Le Havre-Southampton, réalisa une moyenne de **35,59 nœuds** (65,95 km/h) pendant **3 jours 10 h 40 mn,** du 3 au 7 juillet 1952.
Au cours de cette traversée, le *United States* établit aussi le record de vitesse en 24 heures : 868 miles marins, soit 1 609 km (67,02 km/h).
Le record de vitesse établi par ce navire auquel les moteurs fournissaient une puissance de 240 000 CV fut de **38,32 nœuds** (71,01 km/h) lors d'essais les 9 et 10 juin 1952.

Manche
Le record de vitesse par un ferry de ligne est **52 mn 49 s** de Douvres à Calais, par le ***Pride of Free Enterprise*** de Townsend Thorensen, le 9 février 1982, par vent de force 7.

Pacifique : la plus rapide
Le record de Yokohama, Japon, à Long Beach, Californie, États-Unis (4 840 miles : 8 960 km) fut établi du 30 juin au 6 juillet 1973 par le pétrolier ***Sea-Land Commerce*** (50 315 t) à la moyenne de **33,27 nœuds** (61,65 km/h). La traversée dura **6 jours 1 h 27 mn.**

La plus au sud
La limite sud de la navigation est **78°41'**, latitude sud, atteinte en février 1912 par le *Fram,* au large des côtes antarctiques.

L'ancrage le plus profond
Le commandant Cousteau a ancré la ***Calypso*** avec une corde en nylon de 8 900 m de long, le 29 juillet 1956 dans la fosse de Romanche, au milieu de l'Atlantique. Le point d'ancrage était situé à **7498 m** de fond.

Le plus grand roulis
Lors de la course en solitaire de Transtasmanie en 1978, le yacht de Bill Belcher a subi deux coups de roulis successifs qui l'ont fait rouler chaque fois de **360°** (tour complet).

La plus grande épave
L'***Energy Determination,*** qui a explosé dans le détroit d'Ormuz le 12 décembre 1979, avait **312 186 tonneaux** et il était estimé (valeur totale) à 25 000 000 de F.

La plus grande collision
Le choc le plus puissant a eu lieu le **16 décembre 1977** à 35 km au large des côtes d'Afrique du Sud, lorsque le pétrolier *Venoil* (330 954 tonneaux) a hourté son sister-ship *Venpet* (330 869 tonneaux).

CHANTIERS NAVALS

En 1982, on a construit un tonnage total de 16 820 101 tonneaux, sans compter les voiliers, les chalands et les navires de moins de 100 tonneaux. Les chiffres fournis par la Roumanie et la Chine populaire sont incomplets. Le Japon a construit 8 162 915 tonneaux.

Les plus grands
En 1982 le premier constructeur mondial fut **Hyundai, Corée du Sud** qui a mis à l'eau 21 navires (964 152 tonneaux) dans l'année.

Au total le Japon a construit 8 162 915 tonneaux, soit 48,53 % du total mondial.

En France
Pour l'année 1982, la France est tombée du sixième au seizième rang parmi les principaux constructeurs mondiaux de navires marchands avec un tonnage de 264 000 tonnes de jauge brute contre 511 500 tonnes en 1981.

COMPAGNIES MARITIMES

La plus grande
La plus grande compagnie de navigation (propriété et circulation) est **Exxon Corporation** avec un tonnage total de pétroliers de 23 470 000 t.

Bill Belcher a subi deux roulis de 360° !

En France

La Compagnie maritime du groupe Chargeur possède une flotte de 43 navires (1 000 000 de t en lourd) et 5 navires en construction.

En 1980, la flotte de la Compagnie maritime des Chargeurs Réunis se montait à 1 million de tjb, exploité en gestion propre ou en association ; les Chargeurs Réunis sont par ailleurs société mère d'un certain nombre de firmes maritimes (dont la Nouvelle Compagnie des paquebots, croisières Paquet).
Aujourd'hui, le secteur maritime n'est plus qu'une activité mineure de cette compagnie qui accorde une part prépondérante au transport aérien.

Flotte marchande

Le nombre total de navires marchands du monde, sans compter les navires jaugeant moins de 100 tonneaux, les bateaux à voiles et les péniches, se montait à 71 129 navires représentant 413 021 426 tonneaux le 1er juillet 1979.

La flotte marchande la plus importante du monde au 30 juin 1982 était la flotte battant pavillon libérien avec 2 122 navires représentant 67 835 tonneaux.

Sir Yue Kong Pao, de Hong Kong, est le plus important armateur du monde. Ayant quitté la Chine pour Hong Kong en 1949, il est aujourd'hui propriétaire d'une flotte de 200 bateaux, soit 20 millions de t (chiffre supérieur au tonnage de la flotte française), dont 13 en pétroliers, c'est-à-dire trois fois plus que la flotte des héritiers d'Onassis. M. Pao se classe comme le premier armateur libérien. Il avait débuté avec un ancien cargo à vapeur en 1955.

En France

Au début de l'année 1982, la flotte de commerce française au 9e rang mondial comptait 379 navires dont 26 navires à passagers, 84 pétroliers et 50 porte-conteneurs.

2 CHEMINS DE FER

TRAINS

Le premier

A Leberthal, Alsace, dès 1550, on utilisait dans les mines des chariots sur rail.
Mais il fallut attendre **1804** pour voir Richard Trevithick construire une locomotive automotrice pour la mine de charbon de Coalbrookdale, Grande-Bretagne. Ce train parcourait une distance de 15 km, sur la ligne de Pennydaran (pays de Galles).

En France

Le premier chemin de fer français a été inauguré le **14 mai 1827** entre Andrézieux et Saint-Étienne (20 km) pour le transport du charbon.

La première ligne pour voyageurs était Paris-Saint-Germain, inaugurée le 24 août 1837.

Le premier train régulier

Le premier train régulier à locomotive à vapeur fut inauguré le **9 juin 1758** entre la mine de charbon de Middleton et le pont de Leeds, Yorkshire, Grande-Bretagne.

Le premier train de passagers régulier

Il fut inauguré le **3 mai 1830** en Angleterre sur une section de 1 mile faisant partie d'une voie de 6,25 miles (10,05 km). La locomotive était l'*Invicta*.

Le premier train électrique

La première ligne électrifiée fut une voie de 550 m de long, inaugurée le **31 mai 1879,** à l'occasion de l'Exposition commerciale de Berlin.

Le plus rapide

Le record de vitesse a été établi par le **LIMRV** (Linear Induction Motor Research Vehicle : véhicule expérimental à moteur à induction linéaire).
La performance a été réalisée sur 9,97 km d'une voie d'essai dans le Colorado, États-Unis, le 14 août 1974 : l'autorail Garrett (moteur linéaire et turbine à gaz d'appoint) a atteint **410 km/h.**

Record sur ligne régulière

Le record de vitesse sur un trajet régulier est celui du **TGV** qui, le 26 février 1981, atteignit la vitesse record de 381 km/h.

A l'allure normale, le TVG roule à une moyenne de 186 km/h (pointes à 260 km/h). Ces performances mettent Lyon à 2 h de Paris, Marseille à 4 h 52 de Paris. La construction de voies nouvelles a ramené la distance Paris-Lyon de 521 à 425 km.

En 1982, 674 700 voyageurs ont utilisé le TGV.

Régularité

Le TGV a battu le record de régularité avec moins de quatorze minutes de retard pour un parcours total de 30 millions de kilomètres.

La locomotive à vapeur la plus rapide

Le record de vitesse homologué pour une locomotive à vapeur est de **202 km/h** sur 402 m par la **LNER 4-6-2 N° 4468 Mallard** (renumérotée 60022), tirant 7 wagons (243 t), le 3 juillet 1938. Le moteur fut endommagé par ce record.

Le 12 juin 1905, on annonçait que la *Pennsylvania Special* avait atteint 204,48 km/h, mais les experts ont refuté ce record.

La locomotive la plus puissante

La locomotive à vapeur **Baldwin n° 7000 triplex 2-8-8-8-4** à 6 cylindres, construite en 1916 pour les Virginian Railroad, États-Unis, avait une force de traction de **75 432 kg en couplé** et 90 520 kg en simple.

Le train de marchandises le plus long

Le 15 novembre 1967, un train de **6 000 m** a circulé de Iager, Ouest-Virginie, à Portsmouth, Ohio, États-Unis (252 km).

Il était constitué de 500 wagons de charbon tirés par 3 diesel de 3 600 cv et poussés par 3 autres. Le poids total était de 42 624 t.

Le wagon le plus grand

Le seul wagon avec une capacité de 807 t est un Schnabel construit par Krupp, R.F.A., pour une compagnie de chemin de fer américaine.

Ce wagon de **86,30 m** de long comporte 36 essieux.

La charge la plus lourde

La charge la plus lourde transportée sur rail est une église de **10 700 t** construite à Most, Tchécoslovaquie, en 1548, et déplacée en octobre-novembre 1975 parce qu'elle se trouvait sur le chemin d'un dépôt de charbon. On la déplaça de 730 m en 4 semaines à la vitesse de 20 cm/h. L'opération coûta 80 000 000 de F.

MONORAILS

Le plus rapide sur rail

Le record de vitesse sur rail est **4 972 km/h** (Mach 4,1) par un véhicule à fusée, sur le rail de 10,650 km de l'US Air Force Missile Development Center, Nouveau-Mexique, États-Unis, le 19 février 1959.

Le record avec un chimpanzé à bord est de 2 084 km/h.

Le plus rapide sur coussin d'air

Le record de vitesse sur coussin d'air est de **411 km/h** par l'Aérotrain O2, de Jean Bertin. Cet aérotrain était propulsé par un moteur à réaction.

Un véhicule expérimental à sustentation magnétique a été chronométré lors d'un test à 517 km/h, le 21 décembre 1979, près de Miyazaki, Japon.

RÉSEAU

La voie la plus longue

La voie ferrée qu'emprunte le Transsibérien de Moscou à Nakhoda, U.R.S.S., a **9 438 km** de long. Le voyage dure 8 jours 4 h 25 mn avec 97 arrêts.

La ligne Baïkal-Amour au nord de l'U.R.S.S., commencée en 1938 par des prisonniers d'un camp de travail, devrait être ouverte en 1983 et raccourcir de 500 km le tronçon qui contourne le lac Baïkal.

Les travaux ont entraîné le déplacement de 283 millions de m^3 de terre et la construction de 3 700 ponts.

Le projet aura coûté environ 80 milliards de F.

La ligne droite la plus longue

Une ligne droite de **478 km** parcourt la plaine de Nullarbor, Australie.

Les voies les plus larges

L'écartement de rails standard le plus large est de 1,67 m en Espagne, en Inde, au Pakistan, au Bangladesh, à Sri Lanka, en Argentine et au Chili.

En 1885, dans l'Oregon, États-Unis, existait une voie ferrée en rondins de bois, qui avait **2,40 m** de large.

L'écartement le plus courant est 1,435 m.

La voie la plus étroite

L'écartement le plus étroit est de **31 cm,** sur 5 km de voie « d'intérêt local » entre Muir de Bretagne et Caurel, Côtes-du-Nord.

La voie la plus haute

La voie la plus haute (écartement standard 1,43 m) se trouve au Pérou à la Cima, sur le tronçon secondaire de Morococha, à 4 817 m d'altitude.

Le point culminant de la ligne principale est au tunnel Galera, à **4 781 m.**

La pente la plus abrupte

La voie à écartement standard et sans crémaillère entre Chedde et Servoz sur la voie métrique de Chamonix (Haute-Savoie) a un **gradient de 90 %.**

L'aérotrain O2 de Bertin a atteint une vitesse de 411 km/h.

Le réseau le plus fréquenté

Le réseau national japonais a transporté **18 700 000** voyageurs par jour en 1981.

A Tokyo, la compagnie engage des pousseurs professionnels qui tassent les voyageurs dans les wagons, avant la fermeture des portes.

En 1980, on a dénombré, parmi les objets trouvés, 543 883 parapluies, 346 423 vêtements, 194 712 lunettes et chapeaux ainsi que 3 urnes funéraires et 29 tablettes bouddhistes.

En France

En 1982, la S.N.C.F. a transporté **714 000 000 de voyageurs**, dont 444 000 000 sur la banlieue parisienne.

Le plus de pays en 24 heures

M. Elbers et H. Scholten, les 29 et 30 juillet 1981, ont parcouru **10 pays :**
Allemagne fédérale, Pays-Bas, Belgique, Luxembourg, France, Suisse, Liechtenstein, Autriche, Italie et Yougoslavie, en 23 h 34 mn.

Le plus long voyage

Le plus long parcours possible est un voyage de **9 jours et 2 h** de Lisbonne, Portugal, à Khabarovsk, U.R.S.S., via Omsk.

Le plus grand réseau

Ce sont les **États-Unis** qui ont le plus long réseau ferroviaire du monde avec **344 134 km** de voies au 1er janvier 1979.

En France

Le réseau ferroviaire français avait en 1982 une longueur totale de **34 596 km** dont 10 660 électrifiés et 23 939 ouverts aux voyageurs.

GARES

La plus grande

Grand Central Terminal à New York, États-Unis (au coin de la 43e rue et de Park Avenue), construit de 1903 à 1913, s'étend sur **19 ha** et deux niveaux : 41 voies au niveau supérieur et 26 au niveau inférieur. Une moyenne de 550 trains et 180 000 voyageurs y circulent chaque jour, avec un maximun de 252 288 voyageurs, le 3 juillet 1947.

En France

La gare de Lyon, à Paris, s'étend sur **11 ha** avec 6 250 m de quais.

La plus fréquentée

La gare centrale de **Moscou** est fréquentée chaque jour par **2 800 000 voyageurs.**

En France

La **gare Saint-Lazare,** à Paris, est la plus active des gares françaises. En 1982, **131 000 000 personnes** y ont transité, avec une moyenne quotidienne (jour ouvrable) de 397 000 voyages en banlieue.

La plus haute

Condor, Bolivie, est à **4 786 m** d'altitude sur la voie métrique de Rio Mulato à Potosi.

En France

En dehors du petit train de la mer de Glace du Mont-Blanc qui monte à 2 500 m, le terminus le plus haut de France est la gare de **Bolquère-Eyne,** dans les Pyrénées-Orientales, à **1 593 m.**

Salles d'attente

Les plus grandes salles d'attente sont celles de la **gare de Pékin,** Chine, inaugurée en septembre 1959. Elles peuvent accueillir **14 000 voyageurs.**

Le quai le plus long

Le quai de **Khargpur,** Inde, a **833 m** de long.

MÉTRO

Le premier

Le premier métropolitain, souterrain, est celui de **Londres,** dont le premier tronçon, de Paddington Station à Farrington Street, soit 6 322 m, fut inauguré le **10 janvier 1863.**

En France

Le métro parisien a été construit à partir de 1900 par l'ingénieur Fulgence Bienvenüe.
La première ligne, Porte Maillot-Château de Vincennes, a été inaugurée le **14 juillet 1900.**

Le plus long

Le réseau londonien est le plus long du monde avec **418 km** de voies (277 stations).

En France

Le métro parisien compte 13 lignes sur 192 km et dessert 360 stations.
Le R.E.R. parcourt 102,7 km et dessert 62 stations depuis décembre 1979.

Le total du réseau est de **294,7 km** et 422 stations.

Le trafic le plus important

Le métro de **Moscou** transporte 6 500 000 passagers chaque jour, sur 184 km de voie et dans 115 stations. Soit **2,37 milliards** de passagers par an.

En France

En 1982, 1 230 millions de voyageurs ont emprunté le métro parisien et 245 millions, le R.E.R. Soit un total de **1,47 milliards** de passagers.

Le plus de stations

Le métro de New York (NYC Transport Authority) comptait, en 1979, **462 stations,** 373 km de voies et avait transporté 1,096 milliard de passagers.

Le 8 octobre 1973, Mayer Wiesen et Charles Emerson ont parcouru l'ensemble de ce réseau en 21 h 8 mn.

Le quai le plus long

Le quai de la station *The Loop* à Chicago, U.S.A. a **1066 m de long.**

MODÈLES RÉDUITS

Record de durée

Un train maquette (locomotive et 6 wagons) a roulé sans interruption pendant **864 h 30 mn,** du 1er juin au 7 juillet 1978, parcourant ainsi 1 091 km, dans un magasin de jouets anglais.

Le record pour un train miniature à vapeur est de 231,7 km en 27 h 18 mn par *Winifred* (écartement :

18,4 cm), construit en 1974 par Wilf Grove, Grande-Bretagne. La pression de la locomotive est de 5,6 kg/cm², la combustion est au charbon, dans un cylindre de 54 mm.

Le plus long

Le modèle réduit le plus long est un train de 750 voitures à 10 moteurs Limel. Le 26 juin 1980, à la base aérienne de Rickenbacker, Colombus, Ohio, États-Unis, il a parcouru sa propre longueur : **208,7 m.**

Le circuit le plus long

Le circuit du musée de la Roue, à Uzès (Gard) est composé de **500 m de rails,** avec 3 quais pour les voyageurs, une gare de triage et un tableau de 120 commandes.

Le circuit le plus petit

M. Damery, France, a réalisé un modèle réduit dans une calculette de 125 × 75 × 28 mm.

Le circuit est construit au **1/2 800** (écartement des rails : 0,5 mm) et le train est entraîné par un moteur électrique de 1,5 V.

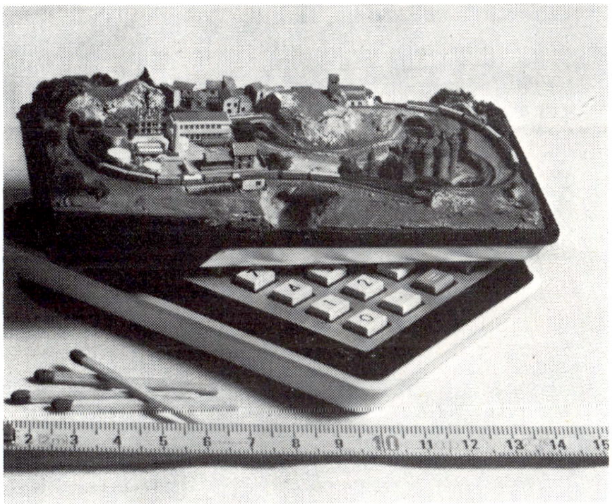

Ce modèle réduit a la taille d'une petite machine à calculer.

TRAMWAYS

Le plus long voyage

Le voyage le plus long que l'on puisse faire en tramway est un trajet de **105,50 km** de Krefeld Saint-Tonis à Witten Annen, nord R.F.A. Si on a de la chance aux correspondances, on peut réaliser ce parcours en 5 h 30.

Réseau le plus long

En 1978, on ne comptait plus que 351 réseaux de tramways dans le monde, dont le plus long est celui de **Léningrad,** U.R.S.S., avec 2 500 voitures et **53 lignes.**

En France

En mars 1983, la ville de **Nantes** met à la disposition de ses habitants un nouveau réseau de tramway pouvant transporter 58 000 voyageurs par jour.

Ce réseau qui compte 22 stations a une longueur de **11 km.**

3 VÉHICULES ROUTIERS

AUTOMOBILES

Les premières maquettes

La première automobile qui soit recensée est un modèle à vapeur de 60 cm de long construit par Ferdinand Verbiest, un jésuite belge, en **1668.** Il est décrit dans son *Astronomia Europea.*

Il est possible que ce modèle lui ait été inspiré par la description de Giovanni Branca d'une turbine à vapeur, publiée dans *La Macchina* en 1629, par des écrits sur les chars à feu ou *Nan Huaï Jen,* datant de la dynastie Tchou (800 av. J.-C.) appartenant à la bibliothèque de l'empereur Khan Hi, en Chine, dont il fut l'astronome de 1665 à 1680.

Le tramway de Nantes a été mis en service en 1983.

Les premiers modèles pour passagers

Le premier engin mécanique transportant des passagers fut le premier de deux engins militaires à vapeur, fabriqués à l'arsenal de Paris, en **1769**, par Nicolas-Joseph Cugnot (1725-1804). Il avançait à 3,600 km/h.
On peut toujours voir aujourd'hui le deuxième engin de Cugnot au Conservatoire national des arts et métiers. Il fut achevé en 1771.

Les premières automobiles à combustion interne

Le premier véhicule à combustion interne fut celui construit par le Londonien Samuel Brown (brevet 5 350, en **1826**) dont le moteur de deux cylindres de 88 l à gaz atmosphérique développait 4,05 CV.
Il escalada la colline de Shooters, à Blackheath, Kent, Angleterre, en mai 1826.

La première voiture à essence qui ait fonctionné fut la Motorwagen de Karl Friedrich Benz (1844-1929) de Karlsruhe. Elle roula pour la première fois à Mannheim en Allemagne, à la fin de 1885.

C'était un tricycle de 250 kg qui pouvait rouler de 13 à 16 km/h. Son moteur à un cylindre à 4 temps et à transmission par chaîne (calibre 91,4 mm, course 160 mm) avait une puissance de 0,86 CV à 200 t/mn. Il fut breveté le 29 janvier 1886.

Son premier kilomètre sur route fut rapporté dans la gazette locale, le *Neue Badische Landeszeitung* du 4 juin 1886, dans la rubrique « Divers ».

Deux autres modèles furent construits en 1885 dont l'un a été conservé en état de marche au musée allemand de Munich, R.F.A.

Premières plaques minéralogiques

Elles furent probablement créées à l'initiative de la préfecture de **Paris** en **1893**.

VITESSE

(Voir aussi chapitres *Sports*.)

Voitures à moteur-fusée

Record officiel

Le 23 octobre 1970, Gary Gabelich atteignit **1 016,088 km/h** sur le ***Blue Flame***, avec des pointes de 1 046 km/h, à Bonneville Salt Flats, Utah, U.S.A. Ce record a été officiellement enregistré.
Blue Flame est une voiture à 4 roues, dont le moteur, alimenté par du gaz naturel liquide et du peroxyde d'oxygène, produit 9 980 kg en poussée statique maximale.
Elle peut théoriquement atteindre une vitesse de 1 450 km/h.

Record non officiel

La plus grande vitesse atteinte par un véhicule à roues est **1 190,377 km/h** (Mach 1.0106), mais ce record n'a pas été officiellement enregistré.
Il a été réalisé par la **Budweiser Rocket**, dessinée par William Fredrick et conduite par Stan Barrett à la base d'Edwards Air Force, en Californie, le 17 décembre 1979.
Ce véhicule qui appartient à Al Needham, a un moteur fusée de 48 000 CV et obtient une poussée supplémentaire fournie par un missile latéral de 3 000 kg. Les roues arrière, disques pleins de 45 kg, soulevées du sol de 25 cm au-dessus de la vitesse Mach 0.95, font office de gyroscopes et tournent à 7 500 t/mn.

Voiture à réacteur

La vitesse la plus élevée atteinte par une voiture à réacteur est **988,129 km/h** sur une lancée de 609,342 m.
Elle fut atteinte par la **Spirit of America Sonic I**, mesurant 10,50 m de long et pesant 4 080 kg, conduite par Norman Craig Breedlove à Bonneville Salt Flats, le 15 novembre 1965. La voiture était propulsée par un moteur à réaction General Electric J 79 FG-3 développant 6 080 kg au niveau de la mer.

Voiture à roues motrices

La plus grande vitesse atteinte par une voiture à roues motrices est 690,909 km/h sur une lancée de 609,342 m.
Donald Campbell (1921-1967), ingénieur britannique, établit ce record à bord du **Bluebird** de 9,10 m de long, pesant 4 354 kg, sur le lac salé de Lake Eyre en Australie, le 17 juillet 1964. Sa vitesse de pointe fut de **716 km/h.** La voiture était propulsée par un moteur à turbine à gaz Bristol Siddeley Proteus 705, développant 4 500 CV.
Elle fut reconstruite en 1962 après un accident qui se produisit à la vitesse de 580 km/h, le 16 septembre 1960.

Voiture à moteur à piston

La plus grande vitesse atteinte par une voiture à moteur à piston est de **673,516 km/h** sur une lancée de 609,342 m par Robert Sherman Summers (né à Omaha, Nebraska, États-Unis, le 4 avril 1937).
Ce record eut lieu à bord de **Goldenrod** sur le lac salé de Bonneville, le 12 novembre 1965. La voiture mesurait 9,75 m de long et pesait 2 500 kg. Elle était propulsée par 4 moteurs à injection Chrysler Hemi de 27,924 cc, développant 2 400 CV.

La Blue Flame a atteint la vitesse de plus de 1 000 km/h.

Voitures de course

La **Porsche 917/30 *Can-Am Car*** atteignit la vitesse de **413,6 km/h** sur le circuit Paul Ricard, près de Bandol. Elle était propulsée par un moteur de 12 cylindres de 5 374 cc avec turbocompresseur, développant 1 100 CV. Mark Donohue, États-Unis, atteignit cette vitesse en août 1973.
Les deux modèles construits mirent 2,2 s pour atteindre 96 km/h, 4,3 s pour 0-160 km/h et 12,6 s pour 0-322 km/h.
En 1973, la Shadow UOP *Can Am* avait un moteur Chevrolet V8 chargé par un turbocompresseur de 8,1 litres développant 1 240 CV.

Voiture à moteur Diesel
Le prototype **Mercedes C III/3**, 3 l, 230 CV, atteignit la vitesse de **327,3 km/h** au cours d'essais sur le circuit de Nardi en Italie, du 5 au 15 octobre 1978.

Voitures de série
De nombreuses voitures de circuits ont le droit de rouler sur les routes, mais on ne peut les acquérir d'une manière courante.

Les plus rapides
La plus rapide des voitures de série est la ***De Tomaso Pantera GT4,*** qui roule à **305 km/h.** La voiture de série la plus puissante est la Jameson *Concorde* à 6 roues, propulsée par un moteur Rolls Royce V12 Merlin, qui monte à 298 km/h.
Sa réserve de 272 l d'essence lui permet de parcourir 480 km. Elle pèse 2,690 t.

Accélération
L'Aston Martin Lagonda *Bulldog,* de 5,3 l, présentée le 15 avril 1980, pourrait atteindre 305 km/h et monter en 5 s à 96,5 km/h.

La plus grande vitesse d'accélération de voiture de série est celle de l'***A.C. Cobra*** 1965 de Roger Bell et John Bolster qui, en novembre 1967 est montée de **0 à 96,5 km/h en 4,2 s,** et de 0 à 160,9 km/h en 9,8 s sur route.

Voiture amphibie
C'est une **DKW** de 7,10 t et 9,75 m construite en 1943, avec laquelle deux Gallois, John Milton et John Powell, traversèrent la Manche, de Folkestone au cap Gris-Nez. Ils ont mis 13 h pour aller de Londres à Paris.

Vitesse sur deux roues
Le cascadeur français Henri Legris (né en 1944) a atteint **132 km/h** au volant d'une Opel Kadett GTE en mars 1981 sur la piste de l'aéroport de Bordeaux.

RECORDS DIVERS

Les voitures particulières les plus grandes
Parmi les voitures particulières construites pour la route, la plus grande fut la **Bugatti *Royale*** type 41, de **6,70 m** de long. Ettore Bugatti en construisit seulement 6 à Molsheim (France).

Fabriquée pour la première fois en 1927, cette voiture a un moteur de 12,7 l à 8 cylindres. Le capot mesure plus de 2 m de long. Il en existe encore quelques modèles au musée Bugatti à Molsheim.

La plus longue limousine est l'**Oldsmobile *Tornado*** 1968 qui a 9 portes et mesure **8,60 m.**

Actuellement
Actuellement, la plus grande automobile appartient à Gino Dentie de Studio City, Californie, États-Unis. C'est une **Cadillac 1976** de **12,20 m** de long et 4,7 t.

Les plus gros moteurs
La voiture à piston la plus puissante du monde fut la ***Quad Al.***
Elle fut dessinée et construite par Jim Lytle, en 1964, et fut exposée pour la première fois en mai 1965 dans le Sports Arena de Los Angeles.
Les caractéristiques de la voiture étaient 4 moteurs d'avion Allison V12, d'un total de **112 000 cc** (112 l) et **12 000 CV.** C'était une 4 roues motrices ayant 8 roues et pneus et un double embrayage à 6 disques.
L'empattement mesurait 4 m et elle pesait 2 700 kg. Elle avait 96 bougies d'allumage et 96 tuyaux d'échappement.
La plus grosse voiture qui ait roulé est la *White Triplex* financée par J.-H. White de Philadelphie, Pennsylvanie, États-Unis. Terminée au début de 1928, la voiture pesait 4 t et était propulsée par 3 moteurs d'avion Liberty V 12 d'un total de 81 188 cc (81 l) développant 1 500 CV à 2 000 tours.
Elle devait battre le record de vitesse du monde mais s'écrasa à Daytona, Floride, États-Unis, le 13 mars 1929.

Actuellement
La voiture la plus puissante est la **Jameson *Merlin*** à 6 roues, propulsée par un moteur d'avion Rolls-Royce V12 Merlin de 27 000 cc (27 l) et **1 760 CV.** Elle monte à 300 km/h et peut parcourir 480 km avec les 272 l de son réservoir. Elle pèse 2,70 t.

Les plus grosses cylindrées de série
La **Pierce-Arrow 6,66 *Raceabout*** 1912-1918, la ***Peerless 6-60*** 1912 -1914 et la ***Fageol*** 1918 avaient un moteur de **13 500 cc** (13,5 l).

Actuellement
Actuellement, la plus grosse cylindrée est la **Cadillac Fleetwood Eldorado** 1972 à moteur V8 de 8 000 cc (8 l), qui développe 235 CV.

Les voitures les plus chères
La voiture la plus chère qui fut construite était la *Presidential* 1969 Lincoln Continental Executive de **2 000 000** de F livrée aux services secrets des États-Unis, le 14 octobre 1968.
Sa longueur totale était de 6,56 m avec un empattement de 4,06 m. Elle pesait, avec ses 2 t supplémentaires de blindage, 5 443 kg en tout. Il fut dépensé pour les travaux d'étude et de fabrication environ 500 000 $. Mais elle est louée pour la somme de 20 000 F par an.
Même avec les 4 pneus crevés, elle peut rouler à 80 km à l'heure sur ses disques intérieurs en acier, recouverts de caoutchouc.
Carriage House Motorcars Ltd, de New York, États-Unis, en mars 1978, transforma, en 4 ans de travail, une Rolls-Royce de 1973 (y compris son prolongement de 80 cm). Cela coûta 2 millions de F à l'acheteur.

Les voitures de série les plus chères
C'est la voiture britannique **Rolls-Royce *Camargue*** de 8 cylindres, 6 750 cc, cotée **1 284 000 F** en France, taxes comprises, en juin 1982.

La Rolls Camargue, une voiture qui n'est pas à la portée de toutes les bourses.

Elle a été dessinée par Pininfarina. Elle est livrée avec un bar en noyer poli contenant des carafes et des verres en verre taillé, un climatiseur et une radio ayant des haut-parleurs placés à l'avant et à l'arrière. On peut commander des arrangements spéciaux, mais qui en augmenteraient encore le prix.

Jack Barclay Ltd à Berkeley Square, Londres, paya environ 1 600 000 F pour une Rolls-Royce *Phantom VI* (hors taxes !)

Rolls-Royce

L'unique propriétaire de **25 Rolls neuves** est Bhagwan Shri Rajneesh (né en 1931), gourou indien installé dans l'Oregon, États-Unis.

En France

La *voiture française la plus chère* est une limousine dont la carrosserie, construite par **Heuliez,** est montée sur une **Peugeot 604.** Fabriquée en série, elle peut atteindre le prix de **202 328 F** sans option.

La CX Citroën *Prestige* qui coûte 125 000 F est la voiture de route française la plus chère.

La CX Citroën Prestige est la voiture française la plus chère.

Pierre Cardin a dessiné une Cadillac baptisée *« Civic »* ayant un tableau de bord en cuir, une moquette en pure laine vierge, des sièges à orientation variable électronique, un toit ouvrant translucide se colorant à la lumière du soleil, un bar et un réfrigérateur.
Fabriqué à 300 exemplaires, ce modèle a été vendu 180 000 F, aux États-Unis seulement.

Prototype le plus cher

L'**Aston Martin *Bulldog*** a coûté **2 000 000 de F d'études.**
Haute de 1,09 m, elle a un moteur V8 Aston de 5,3 l dont la puissance a été augmentée de 60 % par deux turbos Garett Airesearch et une injection Bosch. Elle a été produite en 1980. Elle atteint la vitesse de 304 km/h.

La voiture ancienne la plus chère

Prix record : 421 040 $, soit **2 000 000** de F environ. C'est une **Mercedes Benz 1936** de couleur bordeaux, appartenant à la collection Cohn, qui fut achetée de Monaco par une enchère téléphonique, à la vente de Christie's du 25 février 1979, au Los Angeles Convention Center.

La Rolls Royce ancienne la plus chère

Une **Rolls Royce *Phantom* 1926** a été vendue **1 050 000 F** le 16 décembre 1981 par Ader, Picard, Tajan, à Paris.

La voiture d'Hitler

Robert Pass, de Saint Louis, États-Unis, a acheté l'ancienne voiture blindée d'Hitler pour **880 000 F.** Il avait fallu 4 ans à une fabrique allemande pour la construire au coût de 13 000 000 de nos francs actuels environ.

La plus grande collection de voitures

C'est celle de William Harrah qui comprend **1 700 voitures** et qui est estimée à 20 000 000 de F. Elle se trouve à Reno, Nevada, États-Unis. M. Harrah cherche toujours une Chalmers Detroit 1909 Tourabout, une Owen 1910-12 et un camion Nevada 1915. Si vous possédez un de ces modèles, écrivez-nous. Nous transmettrons.

Les voitures les moins chères

La voiture la moins chère est la *Red Bug* Buckboard, construite en 1922 par Briggs and Statton à Milwaukee, Wisconsin, vendue environ 700 F. Son empattement était de 1,57 m et son poids de 111 kg.

Les premiers modèles de la **King Midget** étaient vendus en kit pour **500 F** en 1948.

En France

En 1983, la voiture la moins chère sur le marché était la **Skoda 1050 L,** voiture tchécoslovaque : **24 990 F.**

La voiture française la moins chère était, en avril 1983, la **2 CV 6** Spéciale Citroën, **26 650 F.**

La 2CV, une voiture bon marché.

INDUSTRIE AUTOMOBILE

La plus longue production

La voiture qui a été fabriquée le plus longtemps est la **Jowett** à moteur Flat twin qui a été fabriquée pendant **42 ans** (1910-1952) en Angleterre.

La série des Volkswagen *Coccinelle,* dessinée par Ferdinand Porsche, n'est plus fabriquée depuis le 19 janvier 1978. 19 200 000 voitures avaient été construites depuis mai 1938 (40 ans).

La plus grande firme automobile

General Motors Corporation de Detroit, Michigan, États-Unis, est le plus grand constructeur : ses **ventes** dans le monde se sont élevées à **420 milliards de F** en 1982.

Son actif, au 31 décembre 1982, était d'environ 98 milliards de F. En 1982, la firme a versé en salaires 119 milliards de F à 657 000 employés, et distribué 5,2 milliards de F de dividendes.

En France

C'est **Renault,** qui emploie 103 759 personnes, dans ses 10 usines françaises.

Renault, dans le monde, est le premier exportateur français.

En 1982 la firme a produit **1 491 853 véhicules.**

La voiture la plus vendue dans le monde

La **Renault 5** est le modèle de voiture le plus diffusé dans le monde. En 1982, la production annuelle de Renault 5 a été de 496 332 (dont 272 249 R5 TL et 176 033 GTL). Prix de base : 32 900 F clés en main au 1er mai 1983.

La R5, modèle de voiture le plus diffusé dans le monde.

La 4 CV Renault a été la première voiture française à dépasser le million d'exemplaires. La Dauphine dépassa les 2 millions d'exemplaires (de 1956 à 1967) et fut la première voiture à être exportée à plus de 1,2 million d'exemplaires.

La voiture étrangère la plus vendue en France

60 169 Ford Escort ont été vendues en France en 1982.

La plus grande production

En 1980, le **Japon** a produit **11 043 000 véhicules,** détrônant ainsi les États-Unis.

La plus grande usine

C'est la **Volkswagenwerk,** à Wolfsburg, en Allemagne, qui s'étend sur **2 020 ha.**

Les bâtiments couvrent 149 ha. Il y a 72 km de voies de garage pour chemin de fer. Elle emploie 58 000 personnes et produit 4 056 voitures par jour.

Le plus grand parc automobile

C'est celui des **États-Unis,** estimé en 1979 à **159 400 000 véhicules** conduits par 143 092 000 usagers, sur 2 454 000 km (329,8 km par semaine et par conducteur).

En France

Au 1er janvier 1983, le parc automobile français comptait **23 190 000 véhicules** dont 20 300 000 voitures particulières dont un peu moins de la moitié ont été construites après 1977.

Un tiers des ménages français n'a pas de voiture. Un sur cinq, en revanche, en a deux ou plus, soit un total de 374 voitures pour 1 000 habitants.

Le plus grand parc de taxis

C'est celui de **New York,** États-Unis, qui, en 1929, comptait **29 000 taxis,** chiffre maximal.

Actuellement, il y en a 12 500, plus un nombre égal de taxis pirates.

En France

En 1982, le parc des taxis parisiens s'élevait à **15 000 véhicules** contre 14 000 en 1937.

Vendeur

Le meilleur vendeur est Joe Girard de Detroit, États-Unis, qui a vendu (à l'unité) 1 425 automobiles en 1973. Il a écrit un ouvrage : *Comment vendre n'importe quoi à n'importe qui.*

Il a pris sa retraite le 1er janvier 1978 après avoir vendu **13 001 voitures** et enseigne maintenant sa méthode aux apprentis-vendeurs. Il a écrit un deuxième livre : *Comment se vendre soi-même.*

CONDUITE AUTOMOBILE

(Voir aussi Automobilisme, chapitre *Sports.*)

L'automobile la plus robuste

La **Mercedes 180 D** de Robert O'Reilly d'Olympie, Washington, États-Unis, a parcouru le plus grand kilométrage, **1 906 879 km.** Ce record a été authentifié en août 1978.

Consommation

Le record d'économie d'essence sur un circuit de course de 22 km a été battu par Ben Visser, États-Unis, sur un break Opel *Caravan 959,* 1,5 l, d'un modèle modifié au cours de l'épreuve, des laboratoires de recherche Shell à Woodriver, Illinois. Il était conduit par Ben et Caroline Visser, le 2 octobre 1973, et consomma 3,78 l d'essence pour parcourir 606 km, à la vitesse maximale de 20 km/h.

En octobre 1979, au concours international d'économies d'essence pour voitures et véhicules spéciaux en Suisse, un **3 roues Diesel** de 200 cm³, construit par Franz Maier de Stuttgart, couvrit **1 284,13 km avec 1 l de gasoil.**

Douglas Malewicki a roulé 424,2 km à la vitesse moyenne de 90,6 km/h, le 20 novembre 1981, en consommant 1 l par 66,83 km.

Sa voiture était une California *Commuter* à 3 roues.

La course en taxi la plus longue

Elle a été réalisée par le chauffeur Fred Hamby, du 9 au 30 septembre 1978 : **14 523 km.**

Son taxi avait été loué par Charles Dailie et Herbert Sedinger qui ont traversé 22 États des États-Unis. Ils partirent de West Point, Georgie.

Tour du monde

Le tour du monde le plus rapide qui couvrit plus de la longueur de l'équateur, c'est-à-dire 42 670 km, a été effectué en **74 jours 1 h 11 mn.**

Garry Sowerby (conducteur) et Ken Langley (navigateur) étaient partis de Toronto, Canada, vers l'ouest le 6 septembre 1980. Ils ont parcouru 4 continents, 23 pays et 43 030 km, et sont revenus à

Toronto le 19 novembre 1980. Leur voiture était une Volvo 245 DL.

Kilométrages records

François Lecot (1879-1949) a parcouru **400 000 km** en 1 an avec une 11 CV Citroën 1900 cc, principalement entre Paris et Monte-Carlo, du 22 juillet 1935 au 26 juillet 1936, en prenant sa voiture 363 jours sur 370. Marchand, Présalé et 6 autres conducteurs ont parcouru **296 298 km** en 133 jours 17 h 37 mn 38 s 64 (moyenne : 93,45 km/h) sur le circuit de Montlhéry, de mars à juillet 1933.

Tour du monde en voiture amphibie

Le seul tour du monde en voiture amphibie fut exécuté par Ben Carliu (Australie) dans une jeep amphibie : *Half Safe*.

Il termina son voyage de la traversée de l'Atlantique en traversant la Manche, le 24 août 1951.

Il revint à Montréal, Canada, le 8 mai 1958, ayant parcouru **62 765 km sur terre et 15 450 km sur l'eau.** Il était accompagné dans la partie transatlantique par son ex-femme Elinore, États-Unis, et dans la longue partie transpacifique (Tokyo-Anchorage) par Roye Lafayette De Mente.

Les plus grands voyages

Harry B. Coleman et Peggy Larson ont parcouru dans leur camping-car Volkswagen *Camper*, **231 288 km,** du 20 août 1976 au 20 avril 1978, à travers 113 pays.

Saburo Ouchi (né le 7 février 1942) de Tokyo (Japon) traversa 91 pays, parcourant **270 000 km,** du 2 décembre 1969 au 10 février 1978 en caravane. Il a déclaré que le Queensland, en Australie, avait les plus mauvaises routes du monde. Il roulait dans une Volkswagen *Kombi*.

Le plus de pays en 24 h

3 Américains ont traversé **11 États** le 11 novembre 1977 : la Belgique, le Luxembourg, la France, l'Allemagne de l'Ouest, la Suisse, le Liechtenstein, l'Autriche, l'Italie, Monaco, l'Espagne et Andorre, en 23 h 33 mn.

Voyage à reculons

Charles Creigton (1908-1970) et James Hargis de Mapplewood, Missouri, États-Unis, ont conduit leur voiture Ford A 1929 à reculons, de New York à Los Angeles (5 375 km).

C'était entre le 26 juillet et le 13 août 1930, et ils n'arrêtèrent pas leur moteur. Ils retournèrent à New York à reculons le 5 septembre, parcourant en tout **11 555 km** en 42 jours.

La plus grande vitesse moyenne à reculons sur une distance de plus de 800 km (500 miles) a été atteinte par Gerald Hoagland qui conduisit, en 1969, sa Chevrolet *Impala* sur 806 km en 17 h 38 mn, les 9 et 10 juillet 1976, à la vitesse moyenne de 45,72 km/h.

Endurance

André Thibault, Canada, a conduit sa Porsche 911 sans arrêt pendant **84 h 25 mn 12 s,** du 20 au 24 septembre 1980.

En France

Du 25 au 27 mai 1982, Gérard Augustin a conduit pendant **62 h 35 mn** sans s'arrêter. Au volant de sa Wolkswagen Scirocco, il a ainsi parcouru 3 120 km sur un circuit fermé de 3 km.

Endurance en Ligier

Christophe Blanluet, 16 ans, de Montpellier, a établi un record d'endurance et de vitesse sur une voiture Ligier. Parti le 13 septembre à 14 h de Montpellier, il est arrivé à Paris le 15 septembre à 22 h, soit **59 h,** sans s'être arrêté. Après 2 jours de repos, il a refait le trajet en sens inverse dans le temps record de 27 h 50 mn.

Distance sur deux roues

Le 13 décembre 1982, le cascadeur Michel Signoret a parcouru **34,860 km** sur deux roues dans une Opel Kadet. Cette performance établie sur le circuit Paul Ricard annule donc le précédent record (Indianapolis : 9,01 km).

Vitesse sur deux roues

Le 13 décembre 1982, sur le circuit Paul Ricard, le Français René Latil a battu le record du monde de vitesse sur deux roues en atteignant **133,100 km/h** au volant d'une Opel Lanta GTE.

Snow mobile

Richard et Raymond Moore et Loren Matthews ont joint Fairbanks, Alaska, à Frenton, Michigan, soit **9 456 km,** en 39 jours, du 3 février au 13 mars 1980.

Auto-stop

Devon Smith a parcouru **468 300 km** en auto-stop en 1947 et 1971.

En 1957, il a battu son propre record en parcourant les 48 États américains en 33 jours.

Permis de conduire *en France*

En 1982 on a délivré **1 112 494** permis de conduire.

Permis de conduire *la première femme*

C'est la **duchesse d'Uzès** qui fut la première femme à obtenir son permis de conduire.

Permis de conduire *échecs*

Mme Fannie Turner, née en 1903, de Little Rock, Arkansas, États-Unis, fut reçue à l'épreuve lors de sa **104e tentative,** en octobre 1978.

Gérard Augustin a conduit sa voiture 62 h 35 mn sans arrêt.

Le plus vieux conducteur

Roy M. Rawling (né le 10 juillet 1870) de Stockton, Californie, États-Unis, fut arrêté alors qu'il conduisait à 152 km/h sur une voie où la vitesse était limitée à 90 km/h, en juin 1974.

Le 25 août 1974, il lui fut remis un permis de conduire de l'État de Californie, validé jusqu'en 1978, mais Rawlins mourut le 9 juillet 1975, la veille de son **105e anniversaire.**

Accidents *en France*

Le plus grand nombre d'accidents dans les villes de France est dû au refus de priorité (20,15 %).

En 1981, il y a eu 239 734 accidents en France. 12 428 personnes sont mortes en voiture et 334 289 ont été blessées.

Le record du taux d'accidents pour 100 habitants appartient à la ville d'Antibes, dans les Alpes-Maritimes, avec **1,28 %.**

Chauffards

Le 29 novembre 1980, Mme Priscilla Ford a volontairement jeté sa voiture sur un trottoir de la ville de Reno, Nevada, États-Unis. Bilan : 5 morts et 25 blessés. La conductrice a été inculpée pour homicide volontaire.

On a raconté qu'un conducteur de sexe masculin âgé de 75 ans avait reçu 10 contraventions, conduit 4 fois du mauvais côté de la route, commis 4 délits de fuite et provoqué **6 accidents,** le tout en **20 mn, à** McKinney (Texas) le 15 octobre 1966.

En l'espace de 20 mn, un septuagénaire américain, au demeurant fort sympathique, a causé 6 accidents, et obtenu 4 contraventions pour infraction au code de la route, 4 pour circulation à contre-sens, 4 autres pour coups et blessures. Une façon originale de remporter un record du monde !

Les traces de dérapage les plus longues

Le pilote Craig Breediove, à bord de son automobile à réaction, la *Spirit of America,* perdit le contrôle de son véhicule et dérapa sur 9 600 m, le 15 octobre 1964, à Bonneville Salt Flats, Utah, États-Unis.

Le meilleur mécanicien

Léopold Alfonso Villa (1899-1979) fut le chef mécanicien de sir Malcolm Campbell et Donald Campbell au cours de 21 records mondiaux de vitesse (10 sur terre et 11 sur l'eau) de 1924 à 1964.

La première agence de locations *de France*

La première société de location de voitures est la société française **S.A. Auto-Location** fondée en 1903 à Paris.

La plus grande agence de locations *de France*

Après les deux géants américains Avis et Hertz, la plus importante société de location de voitures de France est **Europcar.**

Elle possède un parc de 300 000 voitures et 760 points de vente répartis dans 60 pays.

En 1980, 350 000 contrats ont été signés avec Europcar, dont 300 000 en France.

L'agence de locations la moins chère *de France*

La Société Mattei offre un forfait mensuel de **103,97 F par jour** (50 km gratuit) pour une Fiat Panda, une Fiat Uno ou une R5.

Les premiers parcmètres

Les premiers parcmètres ont été installés dans le quartier des affaires d'Oklahoma City aux États-Unis le **19 juillet 1935.**

Ils ont été inventés par l'Américain Carl C. Magee.

En France

Le stationnement payant a été inauguré à Paris en **1971** et le premier parcmètre a été installé en 1975. La première année, les « aubergines » (qui depuis sont devenues « pervenches ») ont distribué 2 750 000 contraventions.

Le premier sens unique

Le premier sens unique a été installé à **Paris** en **1910.** On peut se souvenir que c'est en 1896 que le premier *bâton blanc* a été remis à l'agent de police parisien et que ce n'est qu'en 1900 qu'il a été gratifié d'un *sifflet :* leurs cris et leurs gestes étaient devenus absolument insuffisants.

Le trafic routier le plus important

C'est sur l'échangeur de **Los Angeles Est** (carrefour des autoroutes de Santa Anna, Pomona, Golden State et Santa Monica) que défile la circulation la plus intense en un seul point du globe : il y passait en moyenne **456 000 véhicules par 24 h** les jours de semaine en 1979.

Le tronçon de route le plus fréquenté se trouve entre la 43e et la 47e rue sur le Dan Ryan Expressway à Chicago avec une moyenne journalière de 254 700 véhicules.

C'est Hong Kong qui détient le record mondial de densité du trafic, avec 191 146 véhicules à moteur sur 1 091 km de routes aménagées, soit une densité de 5,70 m par véhicule, au 1er janvier 1977. Pour prendre un point de comparaison, en 1978, ce chiffre était de 19,07 m en France.

Le plus grand embouteillage

Le plus grand embouteillage de tous les temps s'est produit le 16 février 1980 sur **176 km d'autoroute** entre Lyon et Paris (retour des vacances de Mardi gras). Cette autoroute est saturée à 11 000 véhicules/h. Il fallait entre 5 et 8 h pour parcourir les 176 km.

Remorquage

On remorqua une voiture sur **7 658 km.** A la suite d'un pari de 5 000 F, le 15 octobre 1927, Frank Elliot et George Scott arrêtèrent 168 conducteurs et les persuadèrent de remorquer leur Ford T de Halifax, Nouvelle-Écosse, à la côte pacifique du Canada en 86 jours. En fait, leur voiture n'avait pas de moteur !

Passagers, le plus grand nombre

Au Mouvion en Thiérache, dans l'Aisne, **41 enfants** sont montés dans une 2 CV **camionnette,** avec un chauffeur. Le poids total des passagers était de 1 277 kg. La 2 CV a réussi à rouler !

VÉHICULES DIVERS

Les autobus les plus anciens

Le premier service d'autobus à moteur fut inauguré le **12 avril 1903,** entre la gare d'Eastbourne et Meads dans le Sussex, Angleterre.

Les autobus les plus longs

Ce sont ceux de la Wayne Corporation à Richmond,

Indiana, États-Unis. Ils pèsent 10,8 t, mesurent **23,16 m** et sont articulés. Ils comportent 121 sièges et peuvent également prendre 66 passagers debout. Ils sont destinés au Moyen-Orient.

En France

L'autobus le plus long de France est le **PR 180,** construit par Renault Véhicules Industriels. Il se compose de deux voitures reliées par un soufflet qui peuvent contenir de 139 à 166 passagers. Sa longueur totale est de 17,6 m.

Le PR 180 Renault.

Bus-trains

Ces autobus sont construits sur le même principe que les trains : une voiture « locomotive » remorque plusieurs « wagons » attachés les uns aux autres.
Les bus-trains, construits par la société française Heuliez, sont mis en service dans les aéroports. 80 d'entre eux ont été achetés par l'Arabie Saoudite et servent à véhiculer les pèlerins vers La Mecque.
Le plus long mesure **70 m** et peut accueillir 300 passagers assis.

Les trolleybus les plus grands

Ils ont été mis en service à **Moscou,** U.R.S.S., en mai 1955 ; ils sont articulés, mesurent 17 m de long et peuvent contenir **200 passagers.**

Le parcours le plus long

La plus longue ligne régulière est celle des autobus Accross Australia Coach Lines qui relient régulièrement Perth à Brisbane, soit **5 455 km** en 75 h 55 mn.

Caravane la plus rapide

Une caravane Alpha 14 tirée par une Aston Martin V8 a atteint **201 km/h** le 14 octobre 1980 en Angleterre.

Caravane *endurance*

Le cascadeur Jean-Philippe Gerbault a conduit sans interruption pendant **24 h,** les 27 et 28 janvier 1983, une automobile attelée d'une caravane.

Ambulance la plus grande

Les Jumbulance Alligator Mark VI, conçues pour transporter 44 malades et leurs accompagnateurs en vacances et en pèlerinage, mesurent **18,6 m** de long.
Ces ambulances, équipées d'un moteur Fiat, sont construites par Van Hool, Belgique. Elles valent 1 520 000 F.

Le véhicule le plus gros

C'est le **Marion,** qui, sur ses 8 chenilles, servait à amener les fusées Saturn V à leur aire de décollage, au centre spatial John F. Kennedy, Floride.
Il mesure 40 m de long, 34,7 m de large et les deux exemplaires existants ont coûté 61 5000 000 de F.
Le convoi pèse **8 165 t** en charge.
Ses essuie-glace sont les plus grands du monde, leurs balais mesurent 1,07 m de long chacun.

La plus grande pelle mécanique

La plus grande benne à pelle mécanique est ***Big Muskie.*** Elle pèse 10 890 t et fut construite par Bucyrus Erié pour la mine de Musk. Elle mesure 148,43 m de long, 46,02 m de large et 67,66 m de haut. **Elle peut charger 325 t** d'un coup.

Le véhicule le plus long

C'est l'***Artic Snow Train,*** qui a été récupéré par Steve McPeak, États-Unis, le célèbre funambule. Cet engin à 54 roues mesure **175 m** de long et fut construit par Le Tourneau Inc., à Longview, au Texas, pour l'armée américaine.
Son tonnage est de 400 t, sa vitesse maximale de 32 km/h. Il fallait un équipage de 6 hommes pour le conduire lorsqu'il servait dans l'armée de « train-tout-terrain ». McPeak répara chaque crevaison avec son unique main dans les neiges glacées de l'Alaska. L'engin a une puissance de 4 680 CV et un réservoir de 30 000 l.

Le camion de pompiers le plus puissant

C'est le camion **Oshkosh** à 8 roues, destiné aux incendies d'avion.
Il peut envoyer par 2 tourelles **190 000 l d'écume en 150 s.** Il pèse 60 t.

En France

Le sidesfaun 2000 peut envoyer **150 000 l d'écume en 150 s.** Il pèse 46 t.

Le camion de dépannage le plus grand

C'est le ***Monster nº 2*** de la Vance Corporation qui pèse 25,4 t, mesure 9 m et se trouve à Hammond, Indiana. **Il peut soulever 163 t.**

L'excavatrice la plus grande

C'est le ***Double Dude*** de Balderson. Installé sur un tracteur Caterpillar SXS-D9H, d'une puissance de 820 CV, l'engin peut remuer **10 845 m³ à l'heure.**

La benne basculante la plus grande

C'est le ***Terex Titan 33-19*** fabriqué par la Terex Divison of General Motors Corporation.
Son poids en charge est de 948,6 t et sa **capacité, de 317,5 t.**
En basculant, elle mesure 17,06 m de haut. Son moteur de 16 cylindres a une puissance de 3 300 CV. Le réservoir d'essence contient 5 904 l. Elle entra en service en novembre 1974.

Le tracteur le plus grand

Ag.West de Sacramento, Californie, a construit pour le gouvernement américain un tracteur ***Wide Tractive Frame Vehicle*** qui a **10,05 m d'empattement.** Il a coûté 3 213 000 F en juin 1982.

Les charges les plus lourdes

La charge la plus lourde déplacée *sur roues* est un ensemble de 8 modules de **2 810 t,** tiré sur 400 m par Sarens de Coster, à Zwijndre, en Hollande, le 15 avril 1983.

Ces éléments destinés au champ pétrolifère de Tyra furent chargés à bord de la barge *Heerema H-103.* Le poids total de l'ensemble, monté sur 960 roues, était de 3 350 t. La charge la plus lourde *sur route* est une unité pour la distillation du méthanol de **1 564 t,** transportée à Madinat Al-Jubail Al-Sinaiyah, Arabie Saoudite, en mai 1982. Cette unité mesure 27 m de large, 28 m de long et 40 m de haut.

En France

Le 11 septembre 1982, un élément de plate-forme de forage a été déplacé sur une distance de 8 km entre Petite-Scynthe et le port de Dunkerque par les transports Mammouth.

La charge mesurait 38 × 9,5 × 14 m et pesait **759 t ;** elle était placée sur une remorque à 20 essieux tirée par 3 tracteurs. Le poids du convoi était de 1 031 t.

La charge déplacée par les transports Mammouth pesait 759 t.

Les pneus les plus grands

Ils sont fabriqués à Topeka, Kansas, par la compagnie Good Year pour des camions-bennes géants. Ils mesurent **3,65 m de diamètre,** pèsent 5,6 t et coûtent 548 000 F. On estime que pour être utilisable, un pneu ne peut pas dépasser 5,20 m de diamètre.

Voiture à élastique

Une équipe de Japonais a construit une voiture **Olive-goo** propulsée par un élastique. Le 27 mars 1981, elle a parcouru 100 m en 19,34 s.

La plus grande tondeuse du monde

Elle pèse **5 t,** mesure 18,28 m.

C'est la machine *Big Green,* composée de 27 unités, utilisée par le cultivateur de gazon Edgar Frick de Monroe, Ohio. Elle tond 0,4 ha en 60 s.

DEUX-ROUES

MOTOS

(Voir aussi chapitre *Sports* [Motocyclisme]).

La première

La première deux-roues à moteur à combustion interne était une machine à cadre en bois construite à Bad Cannstatt en octobre-novembre **1855** par l'Allemand Gottlieb Daimler (1834-1900) sur laquelle, pour la première fois, monta Wilhelm Maybach (1846-1929).

Elle pouvait atteindre 19 km/h et développait 1/2 CV, grâce à son cylindre de 264 cc et son moteur 4 temps de 700 t/mn.

Elle s'appelait *Einspur* et disparut dans un incendie en 1903.

La première usine de production industrielle des motocyclettes fut ouverte en 1894 par Heinrich Wilhelm Hildebrand et Aloïs Wolfmüller à Munich, Allemagne de l'Ouest.

La première année, 1 000 véhicules en sortirent, équipés d'un moteur à 4 temps et 2 cylindres de 1 488 cm^3, à refroidissement, qui développait environ 2,5 CV à 600 t/mn.

C'est la motocyclette au moteur le plus puissant jamais construite.

En France

Le premier deux-roues à moteur en France fut construit par Michaux et Perreaux en **1869.** Il fit Paris-Saint-Germain (15 km) à l'aide de son moteur à vapeur monocylindre. La roue arrière était entraînée par deux courroies.

La plus petite

Le ***Pocket Bike*** de Yamaha est le plus petit deux-roues de moto-cross. Équipé d'un moteur deux-temps de 30,5 cc, ce modèle ne pèse que **16 kg.**

La plus rapide sur route

La vitesse de **248,1 km/h** fut atteinte par une **Suzuki GS 1000 CS.**

La plus rapide de course

Il est difficile de dire laquelle est la plus rapide car les Kawasaki, Suzuki et Yamaha ont été construites pour **dépasser les 300 km/h** pendant les courses.

Le record de vitesse

Don Vesco, États-Unis, est monté à **513,165 km/h** sur sa ***Lightning Bolt*** 2 122 cc propulsée par 2 moteurs de 1066 cc Kawasaki aux Bonneville Salt Flats, États-Unis, le 28 août 1978.

Le plus de passagers *sur moto*

Le 13 mai 1982, **25 motards** de la Compagnie motocycliste de Paris ont parcouru 580 m sur une Yamaha 1100 XS équipée d'une échelle et d'un arceau. Ils ont été filmés par les caméras d'Antenne 2 pour l'émission de Jacques Martin *Incroyable mais vrai.*

Endurance

Owen Fitzgerald, Richard Kennet et Don Mitchell ont parcouru, sans arrêter le moteur de leur motocyclette, **13 570 km en 500 h,** en Australie, du 10 au 31 juillet 1977.

Le plus grand tour du monde

Ernest O'Gaffney quitta New York, États-Unis, sur sa Kawasaki K2 1000 *Spirit of America* avec Jan Davis comme passager, le 27 novembre 1978 et revint 79 jours plus tard, le 15 février 1979, après avoir traversé 25 pays et parcouru **56 300 km.**

Distance la plus longue

Charles Batham de Londres, Angleterre, a parcouru **180 000 km** sur une moto Honda 1 000 *Gold Wing.*

Parti de Londres en octobre 1975, il est arrivé à Paris en novembre 1980.
Après un tour des États-Unis, il a atteint l'Amérique du Sud par le Mexique où il avait été rejoint par une Française, Véronique Piales.

Après une traversée en avion de Buenos Aires à Cape Town, ils ont parcouru le continent africain. Le voyage doit durer encore 2 ans. Il se poursuivra en Australie.

Sur un câble
Henry's a traversé la vallée d'Alby-sur-Chéran (Haute-Savoie) en conduisant sa moto sur un câble tendu à **300 m de hauteur.** Sa femme Jannick se balançait sur un trapèze suspendu à la moto.

Saut à moto
La plus longue distance franchie en saut en motocyclette est de **64,60 m.** Ce record a été établi par Alain Prieur (né le 4 juillet 1949), à Montlhéry, le 6 février 1977. Il sauta par-dessus 16 autobus.

La plus grande hauteur franchie en saut en motocyclette est de 6 m. Ce record a lui aussi été établi par Alain Prieur le 15 février 1981 à Pra-Loup (Alpes-de-Hte-Provence).

Mur de la mort
Hugo Dabbert, R.F.A., est resté pendant **3 h 33 mn** sur un mur de la mort de 10 m de diamètre, avec une moto Honda CM 185, à la vitesse moyenne de 41,500 km/h, sur 145 km.

Roue arrière *distance*
Michael Breendage, États-Unis, a parcouru **52 km** sur la roue arrière de sa Yamaha XL 250, sur une autoroute du Texas.

Roue arrière *vitesse*
Le Français Gilles Husson a été chronométré à **181 km/h** sur la roue arrière de Yamaha OW 31 le 18 avril 1982 à Tremblay-les-Gonesse, sur le circuit Carole, dans le cadre d'un spectacle de cascade.

Au cours de la même réunion, le Français Richard Almet a été chronométré à 148 km/h sur la roue arrière et en même temps debout sur la selle de sa 1 000 cc Suzuki.

Scooter *Sahara*
La première traversée du Sahara en scooter, par le Tanezrouft, d'Oran à Gao, a été effectuée par Gilbert-Gilles de Montrésor, Indre, en **36 jours,** du 21 février au 25 mars 1953.
Le Tanezrouft est « le désert de la soif et de l'épouvante ».
Gilbert-Gilles a perdu 12 kg au cours de ce raid.

Scooter *distance*
La plus grande distance parcourue par une équipe de 25 personnes en **24 heures** est de **540,93 km.** Record établi par les jeunes fermiers de Wimmera, Victoria, Australie, les 22 et 23 mars 1980.

La moto la plus chère
C'est la **Harley Davidson *FLT Classique,*** qui valait, au 1er avril 1983, **123 084 F.**

Parc *en France*
En 1982, les Français avaient 5 200 000 vélomoteurs de 80 et 125 cc, et 639 000 motos allant de 175 à plus de 750 cc.

BICYCLETTES

(Voir aussi chapitre *Sports.*)

La première
On attribue à Léonard de Vinci (1452-1519) ou à un de ses élèves les premiers dessins d'une machine propulsée par des pédales et une tige de piston, datant de 1493.

La première bicyclette dessinée de cette manière fut construite en **1839-1840** par Kirkpatrick McMillan (1810-1878) de Dumfries (Écosse). Elle se trouve maintenant au musée des Sciences, à Kensigton, Londres, Angleterre.

La plus grande
La Pope Manufacturing Co du Massachusetts, États-Unis, a construit la plus grande bicyclette classique avec des roues de **1,62 m de diamètre** à l'avant et 51 cm à l'arrière. Elle appartient à Paul Niquette, Connecticut, États-Unis.

La plus petite
M. Puyoou, de Pau, Pyrénées-Atlantiques, a construit une bicyclette avec des roues de **35 mm de diamètre** qui pèse 700 g.

La bicyclette de M. Puyoou ne pèse que 700 g.

La plus complexe
La plus complexe est la Saint Gass Supertandem. Cet engin, conçu par Gaston Saint-Pierre, de Québec, mesure 2,51 m de long, pèse 46,3 kg et possède 6 chaînes, 12 dérailleurs, 13 leviers de changement de vitesse, sur un ensemble de 7 systèmes de pignons externes et 1 interne, permettant **1 458 000 vitesses.**

Les plus rapides
Dave Grylls a atteint **94 km/h** le 27 octobre 1980 à l'Ontario Speedway, Californie, États-Unis.

Tricycle : Jan Russel et Butch Stanton, montés sur le *White Lighting* à l'Ontario Speedway en Californie, en mai 1980, ont atteint la vitesse de **94,37 km/h** sur un engin à propulsion humaine, leur tricycle aérodynamique.

Le record à deux hommes est de **101,2 km/h** par Dave Grylls et Leigh Barczewski, le 4 mai 1980.
Ils ont établi le record *absolu* de vitesse sur un engin à propulsion humaine. (Des records supérieurs ont été établis derrière une camionnette, voir *Sports*).

La plus chère
La maison René **Herse** à Levallois-Perret construit sur mesure les bicyclettes les plus chères du monde : une par jour en moyenne. Elle peuvent coûter jusqu'à **15 000 F** et avoir 15 vitesses.
La bicyclette d'Eddy Merckx a coûté 12 000 F. C'est une pièce unique.

Le plus de passagers *à bicyclette*
Le 6 août 1981, à Tokyo, Japon, **13 cyclistes** (très adroits) ont roulé 10 m sur une bicyclette très robuste.

Tour d'Europe
Philippe Fournier de Saillon, Suisse, a fait un tour d'Europe à bicyclette. En 43 jours, il a parcouru **9 952 km** à travers 20 pays d'Europe.

Endurance
Pierre Debruyne, *alias* « Pépé », de Villeneuve-d'Ascq, Nord, détient le record européen d'endurance à bicyclette. En juillet 1981, il a en effet roulé pendant **48 h** sans poser pied à terre. Pépé était alors âgé de 60 ans.

A reculons
Le 29 juin 1980, Robert Poggio a effectué l'ascension du mont Revard, à Aix-les-Bains, Savoie, France, à reculons, assis sur le guidon de son vélo. Il a grimpé 20,400 km (1 276 m de dénivelé). Il lui a fallu 1 h 46 mn 22 s pour atteindre le sommet sans mettre pied à terre.

Jean le Greca, de Marignane, Bouches-du-Rhône, a parcouru **830 km** à reculons sur une bicyclette, en 22 étapes et 21 jours. Sa vitesse moyenne était de 16 km/h.

Sous l'eau
32 hommes-grenouilles se sont relayés pendant **60 h** pour parcourir 105 km dans le fond d'une piscine sur un tricycle, du 27 au 29 novembre 1982, en Arizona, États-Unis.

Roue arrière
Le 5 novembre 1981, Stéphane Colley, 15 ans, a parcouru **9, 300 km** sur la roue arrière d'une bicyclette de cross Motobécane. Il était assis sur la selle.

Monocycle *le plus haut*
Le plus haut monocycle mesure **31 m** de haut. Il fut monté par Steve McPeak à Las Vegas, en 1981, sur une distance de 115 m.

Monocycle *distance*
Antoine le Greca, de Marignane, a parcouru **790 km** sur un monocycle à la vitesse moyenne de 16 km/h. Il a mis 21 jours.

Monocycle *vitesse*
Johny Severin de Atwater, Californie, États-Unis, a battu le record des **100 miles** (106,9 km) en **9 h 20 mn 53 s,** le 10 janvier 1981.

Le record du **100 m** a été battu en **14,89 s** par Floyd Grandall, États-Unis, à Tokyo, Japon, le 24 mars 1980.

Tandem le plus long
Les Pedaalspompers, Westmalle, Belgique, ont construit un tandem pour **35 cyclistes.** Il mesure 20,40 m et n'a pas de roue stabilisatrice.
Ils ont réussi à couvrir 60 m le 20 avril 1979.

Tandem le plus petit
M. Puyoou de Pau a construit un tandem avec une hauteur de cadre de 19 cm et des roues de **12 cm de diamètre** (écartement de l'axe : 38,5 cm).
Ce tandem peut transporter l'inventeur et sa femme qui, à eux deux, pèsent 130 kg.

Patinette la plus grande
La plus grande patinette, présentée à l'émission d'Antenne 2 *Incroyable mais vrai,* mesure **7,30 m** de haut. Elle appartient à M. Daniel Leleuse de Burgelette, Belgique.

La plus grande fabrique
C'est celle de **Raleigh** de Nottingham, Angleterre. Elle couvre 25,9 ha, emploie 6 500 personnes et, elle fabrique **plus de 2 millions de bicyclettes** et 350 000 jouets à roues par an.
Elle produit des bicyclettes, des pièces détachées et des jouets à roues.

En France
Les cycles **Peugeot** ont livré **702 075 bicyclettes** en 1982.

Les vélos d'André Trioulier sont en or 24 carats et coûtent 42 000 F.

AVIATION

VOLS

Le premier bond

Le premier aéroplane à moteur transportant un homme, qui se soit élevé au-dessus du sol, fut l'**Eole** de **Clément Ader** (1841-1925).
Cet appareil se souleva à une hauteur de 50 m environ au château d'Armainvilliers, le **9 octobre 1890.**

Le premier vol

Le **17 décembre 1903, Orville Wright** (1871-1948) a réussi un vol de 36,50 m à Kitty Hawk, N. Carolina, États-Unis, à bord de son **Flyer I.** Le moteur à chaîne développait 12 CV et il réalisa une vitesse au sol de 10,90 km/h. Au cours de ce vol historique de 12 s, il atteignit de 2,40 à 3,60 m d'altitude. Son frère Wilbur (1867-1912), co-inventeur de l'appareil, assistait à l'événement.
Le *Flyer* est aujourd'hui au Museum national de l'air et de l'espace à Washington, États-Unis.

Le premier vol avec passager

Le premier vol avec passager a été effectué par Delagrange qui emmena Henri Farman à Issy-les-Moulineaux dans un biplan Voisin, **le 28 mai 1908.**

La première femme passagère était une Française, Thérèse Peletier, qui fut emmenée par Delagrange à Milan **le 8 janvier 1908.**

Manche *traversée*

Le **25 juillet 1909,** Louis Blériot (1872-1936) a piloté son **Blériot XI,** monoplan à moteur Anzani 23 CV, des Baraques (Pas-de-Calais) à Northfall Meadows, près de Douvres, Grande-Bretagne.
Il a parcouru 41,800 km en 36 mn 30 s ; il avait décollé à 4 h 41, le matin.

Méditerranée *traversée*

Roland Garros (1888-1918) a traversé la Méditerranée le **23 septembre 1913** à bord d'un **Morane Saulnier,** en 7 h 53 mn de Saint-Raphaël à Bizerte.

Atlantique

Non stop

Le premier vol transatlantique d'une traite a été réussi par **William Alcock et Arthur Brown** à bord d'*Eagle VIII,* un Vickers Vimy à 2 moteurs Rolls-Royce de 360 CV.
Partis le **14 juin 1919** de Lester's Field, à Saint-Jean de Terre-Neuve, ils ont atterri le 15 juin à 16 h 13, près de Clifden en Irlande.
Ils ont ainsi remporté le prix de 10 000 £ offert par le *Daily Mail.*

En solitaire

Le 79e pilote à avoir traversé l'Atlantique, mais le premier à l'avoir fait en solitaire, fut **Charles Lindbergh** (1902-1974), qui décolla à bord de son monoplan Ryan *Spirit of Saint Louis* de Long Island, et atterrit au Bourget le **21 mai 1927,** 33 h 30 mn plus tard. Il gagna un prix de 25 000 $.

Les plus rapides

Le record a été battu par Noël Widdifield, 33 ans, et James V. Sullivan, 37 ans, en **1 h 54 mn 56,4 s** sur un Lockheed SR 71 A, le 1er septembre 1974, d'ouest en est.
Leur vitesse moyenne (ralentie par un ravitaillement en vol d'un HC 135), au cours de la traversée de 5 570,80 km de New York à Londres, fut de 2 908,026 km/h.

Le record en solo (de Gander à Gatwick) a été battu en 8 h 47 mn 32 s par le capitaine John Smith à bord d'un Rockwell 685, le 12 mars 1978.

Pacifique *première*

La première traversée du Pacifique sans escale a été réalisée par Clyde Pangborn et Hugh Herndon à bord du Bellanca *Miss Veedol,* de Sabishiro, Japon, à Wenatchee, États-Unis, soit 7 335 km en 41 h 13 mn, du **3 au 5 octobre 1931.**

Tours du monde

Pour réussir un véritable tour du monde, il faut passer par deux points situés aux antipodes et donc parcourir une distance minimale de 40 007,89 km. La FAI autorise les vols dépassant la longueur du tropique du Cancer ou du Capricorne, soit 36 787,599 km.

Le premier

Le premier vol autour du monde est un vol de 42 398 km par 2 hydravions Douglas DWC de l'armée américaine en 57 « bonds », de Seattle à Seattle, Washington, États-Unis, du **6 avril au 28 septembre 1924.**
Le *Chicago* était piloté par Lowel Smith et Leslie Arnold, et le *New-Orleans* par Erik Nelson et John Harding.

En solitaire

Wiley Hardemann, États-Unis, à bord du Lockheed *Winnie Mae* a réussi le premier tour du monde New York-New York, du **15 au 22 juillet 1933,** en 10 « bonds » et 115 h 36 mn de vol pour 25 099 km.

Le premier non-stop

Le capitaine James Gallagher de l'US Air Force a réussi le premier tour du monde sans escale à bord d'une Superfortress Boeing B-50 *Lucky Lady II* en **94 h 1 mn** (37 742 km) le 2 mars 1949.
L'avion a été ravitaillé quatre fois en vol.

Le plus rapide

Trois B-52 de l'USAF ravitaillés en vol ont réussi le tour du monde (vers l'est) en **45 h 19 mn** sous le commandement d'Archie Old.
Ils ont parcouru 39 147 km, du 16 au 18 janvier 1957, à la vitesse moyenne de **845 km/h** et ont atterri à March Air Force Base, Californie. Ils furent ravitaillés 4 fois en vol par des avions réservoirs KC-97.

Le premier vol à réaction

Les premiers projets de propulsion par un réacteur ont été établis par Marconnat (né en 1909) et le Roumain Henri Coanda (1886-1972).
Les premiers projets de turboréacteurs ont été mis au point par Maxime Guillaume en 1921.

Le premier vol d'essai officiel a eu lieu le **12 avril 1937,** avec le WU expérimental, inventé par l'officier Franck Whittle, Grande-Bretagne (né en 1907).

Le premier vol à turbo-réacteur a été effectué par l'appareil Heinkel He 178 piloté par le capitaine Erich Warsitz, Allemagne, le 27 août 1939. Cet avion était équipé d'un moteur Heinkel Hé S3b (378 kg) conçu par le docteur Hans « Pabst » von Ohain et expérimenté pour la première fois en août 1937.

Le premier vol supersonique

Le premier avion qui a franchi le mur du son est un Bell XS-1 à moteur fusée, le **14 octobre 1947,** piloté par le capitaine Charles Elwood Yeager, USSAF, au-dessus de la base Air Force de Muroc, Californie, États-Unis. Il a atteint **Mach 1,015** (1 078 km/h) à 12 800 m d'altitude.

En France

Le **10 décembre 1952,** le commandant Roger Carpentier a franchi le mur du son dans Mystère II.

Le premier vol à propulsion humaine

Le **12 juin 1979,** Bryan Allen pilota en pédalant l'engin à propulsion humaine construit par le docteur Paul McCready.
L'***Albatros*** décolla de Folkestone à 5 h 51 et atterrit au cap Gris-Nez (38,82 km) à 8 h 40.
La traversée prit 2 h 49 mn et permit de remporter le prix de 500 000 F offert par Henry Kremer pour la première traversée de la Manche grâce à l'énergie humaine.

Le premier avion solaire

L'avion solaire ***Solar Challenger,*** construit sous la direction du Dr Paul MacCready, a volé pour la première fois le 20 novembre 1980.

Le 7 juillet 1981 *Solar Challenger,* piloté par Steve Ptacek, Californie, U.S.A., a traversé la Manche (soit une distance de 262,3 km) en 5 h 25 mn. Parti de Cormeil-en-Vexin à 11 h 28, il arriva en Grande-Bretagne à 16 h 53. Sa vitesse maximum fut de 60 km/h à l'altitude maximum de 3 353 m. Cette traversée constitue un record sans précédent.

Record d'altitude

Le record d'altitude d'un avion décollant du sol par sa seule puissance a été établi par Alexandre Fedorov, U.R.S.S., qui s'est élevé à **37 650 m** dans un *Mikoyan F 266 M* (Mig 25) propulsé par deux moteurs turboréacteurs de 14 000 kg de poussée, le 31 août 1977.

Le record d'altitude sans équipement dans une cabine non pressurisée a été atteint par le chef d'escadrille Reynolds sur un *Spitfire* Mark V Cover au-dessus de la Libye en 1942. Il est monté à 15 085 m d'altitude.

Record de durée

Robert Timm et John Cook, à bord du Cessna 171 *Hacienda,* ont battu le record de durée en restant **64 jours 22 h 19 mn et 5 s** en l'air.
Ils ont décollé de l'aéroport de Mac Carran à Las Vegas, Nevada, États-Unis, à 3 h 53 heure locale, le 4 décembre 1958 et atterrirent au même endroit à 2 h 12, le 7 février 1959, après avoir parcouru une distance équivalant à six fois le tour de la Terre (ravitaillés en vol).

Le record de vol sans ravitaillement est de 84 h 32 mn, par Walter Lees et Frederic Brossy à bord d'un monoplan Bellanca muni d'un moteur Diesel Packard de 225 CV, à Jacksonville, Floride, États-Unis, du 25 au 28 mai 1931.

APPAREILS

Le plus léger

Le **Solar Challenger** ne pèse que **59 kg** à vide.

Le bimoteur le plus léger

Le plus petit et le plus léger des avions bimoteurs est le monoplan à une place ***Cricri* MC 10,** dessiné et construit par Michel Colomban de Rueil-Malmaison, dont le prototype vola pour la première fois le 19 juillet 1973, piloté par Robert Buisson, 68 ans. Son envergure est de 4,90 m. A vide, il pèse 70 kg, au décollage il pèse **170 kg,** pilote compris. Deux moteurs à 2 temps Valnet SM 160 J de 16 CV le font voler à 210 km/h avec une autonomie de 800 km. Le *Cricri* est un avion destiné à l'acrobatie.

Le Cricri MC10 pèse 170 kg pilote compris.

L'avion à réaction le plus léger

L'**Acrostar** de John Fornof, États-Unis, pèse **204 kg** pour une envergure de 5,20 m. Il a volé pour la première fois en décembre 1982.

Le plus léger biplan

C'est le biplan Stits ***Skybaby*** qui fut dessiné et construit par Ray Stits à Riverside, Californie, États-Unis, et piloté pour la première fois par Robert H. Starr, le 26 mai 1952. Il avait 2,18 m d'envergure et pesait, vide, **205 kg.** Il était propulsé par un moteur Continental C 85 de 85 CV à une vitesse de 297 km/h.

La plus grande envergure

C'est le vaisseau **H2 Hercules**, de Hughes qui coûta 20 millions de F, que Howard Hughes (1905-1976) fit voler à 21 m de haut sur 914 m, le long de Long Beach Harbour, Californie, États-Unis, le 2 novembre 1947.

L'avion, dont le moteur pesait 193 t, avait **98 m** d'envergure et mesurait 67 m de long. Il ne vola plus après cet essai.

Le plus lourd

Le plus grand poids qu'on a enregistré au décollage d'un avion est celui d'un Boeing 747 200 B *Jumbo* qui enleva 386 t, à l'aide de ses moteurs JT 9D-7Q de Pratt et Whitney, le 23 mai 1979.

Les bombardiers les plus lourds

C'est la ***Stratofortress B52H*** de Boeing, qui peut décoller en soulevant jusqu'à 221,35 t.

Son envergure est de 38 m et sa longueur de 48,02 m. Il peut dépasser 1 046 km/h. Le B 52 peut transporter 12 missiles thermonucléaires SRAM de courte portée ou 24 bombes de 340 kg sous ses ailes, et huit autres SRAM ou 84 bombes de 226 kg dans son fuselage.

Le *Convair B 36*, pesant 185 t, avait une envergure plus grande de 70,10 m. Mais il n'est plus en service. Il pouvait voler à 700 km/h.

Les cargos militaires les plus vastes

L'adaptation commerciale du ***Galaxie C 5A*** du Lockheed USAF, connue sous le nom de **Lockheed 500-3**, est de **1 463 m³**. Son envergure est de 68 m et il a 75 m de long.

Le cargo militaire Lockheed ***Galaxy C-5 A*** offre un volume utile de 985,3 m³ avec un poids au décollage de 348,8 t.
Son envergure est de 67,88 , sa longueur de 75,54 m et sa hauteur de 19,85 m.
Les ponts avant et supérieur, d'un volume de 227 m³, permettent de transporter 15 militaires à l'avant et 75 à l'arrière.

Le cargo civil le plus vaste

Le ***Guppy-201*** offre un volume utile de **1 104 m³** pour un poids au décollage de 77 t. Son envergure et sa longueur sont de 43,84 m et sa hauteur de 14,78 m.

L'avion de ligne le plus vaste

C'est le ***Jumbo Jet*** Boeing 747 qui vola pour la première fois le 9 février 1969 et qui peut transporter de 385 à **500 passagers** à une vitesse de 969 km/h.
Son envergure est de 60 m et sa longueur, de 70,50 m. Il entra en service le 22 janvier 1970.

En mars 1983 est entré en service un Boeing 747 qui, avec son pont supérieur aménagé, peut accueillir 37 passagers supplémentaires.

Le 27 février 1981, un Boeing 747 de la Trans-America Airlines a transporté **610 passagers** de Hong Kong jusqu'en Californie.

L'hélice la plus grande

La plus grande hélice était la **Garuda** de **6,90 m** de diamètre sur le *Linke-Hofmann R II* construit à Wroclaw (Pologne) qui vola en 1919.
Il était propulsé par des moteurs Mercedes de 260 CV qui tournaient à 545 t/mn seulement.

Le H2 Hercules de Howard Hughes n'a volé qu'une seule fois.

VITESSE

Records de vitesse

Record officiel

Le capitaine Eldon W. Joesz et le major George Morgan Jr. à bord d'un Lockheed SR 71 A, ont battu le record de 3 529,560 km/h près de la base de Bear Air Force, Californie, États-Unis, sur un parcours de 15 à 25 km, le 28 juillet 1976.

Record lancé

L'avion à ailes rigides le plus rapide du monde a été le X15 A_2 de l'aviation des États-Unis, qui a volé pour la première fois à 7 297 km/h, le 28 juin 1964.
Ce X15 A était propulsé par un système à réaction à oxygène et à ammoniaque liquide. Sa cabine était recouverte de matériaux qui lui ont permis de supporter une température de 1 648 °C. Sa vitesse momentanée à l'atterrissage atteignit 389,1 km/h. La plus grande vitesse qu'il ait ateinte était de **297 km/h** (Match 6,72) piloté par le mafor William J. Knight, US Air Force (né en 1930), le 3 octobre 1967. Un modèle précédent, piloté par Joseph A. Walker, était monté à 107 960 m au-dessus de la base Edwards Air Force, Californie, États-Unis, le 22 août 1963. Le programme fut suspendu après le vol du 24 octobre 1968.

Navette spatiale

Le 12 avril 1981, **Columbia** a été lancée à Cap Kennedy, avec à son bord John Young et Robert Crippen (pilote). *Columbia* a atteint le record absolu pour un engin à aile fixe : **26 715 km/h** à l'arrêt du moteur principal.
Columbia fut, en redescendant vers la Terre, le planeur le plus lourd de tous les temps : 97 t.
L'engin battit aussi les records de vitesse d'atterrissage : 347 km/h ; de durée de vol : 8 jours 0 h 04 mn 45 s ; d'altitude : 325,7 km ; de distance : 5 367 009 km et de poids par rapport à l'altitude : 96,4 t.

L'avion à réaction le plus rapide

C'est l'avion de reconnaissance **Lockheed SR 71** de l'US Air Force, qui vola pour la première fois le 22 décembre 1964, et qui est capable de plafonner à une altitude de 30 480 m. Il atteint **3529,560 km/h.**
Le SR 71 a une envergure de 16,94 m et une longueur de 32,73 m.
Il pèse 71,1 t au décollage. Il a un rayon d'action de 4 800 m d'altitude. Ilen a été construit au moins 30.

L'avion de combat le plus rapide

L'avion de combat le plus rapide est le **Mig 25 Mikoyan,** U.R.S.S., dont le nom de code est *Foxbat.* L'avion de reconnaissance *Foxbat B* a été détecté au radar à une vitesse de **3 395 km/h** (3,2 Match). Chargé de 4 grands missiles air-air sous les ailes, connus par l'OTAN sous le nom d'*Acrid,* l'avion de combat *Foxbat A* n'a qu'une place, son envergure est de 14 m, il a 22,30 m de long et sa charge maximale au décollage peut atteindre 36 200 kg.

Les avions de ligne les plus rapides

L'avion supersonique **Concorde** de l'Aérospatiale/ BAC qui vola pour la première fois le 2 mars 1969, pouvant transporter 128 passagers, monte à **2 333 km/h** (Match 2.2.))

Il vola à Match 1.05 le 10 octobre 1969, dépassa Match 2 pour la première fois le 4 novembre 1970 et devint le premier avion de ligne supersonique utlisé paer des lignes aériennes le 21 janvier 1976, lorsque Air-France et British Airways le mirent simultanément en service. Les lignes Londres-Bahreïn et Paris-Rio furebt mises en service le 22 novembre 1977.

Le *Concorde* peut faire décoller un poids total de 185 t. Le record entre New York et Londres est de 2 h 59 mn, le 20 janvier 1980.

Le Tu 144 soviétique, qui vola pour la première fois le 31 décembre 1968, fut mis en service pour des passagers entre Moscou et Alma Ata (3 520 km) le 1er novembre 1977 en volant à une moyenne de 2 004 km/h. (Mach 1.9)

Les bombardiers les plus rapides

Les bombardiers opérationnels les plus rapides du monde sont les **Mirage IV** de Marcel Dassault qui volent à **2 330 km/h** (Mach 2.2) à 11 000 m d'altitude.

Le FB III A américain de General Dynamics vole à Mach 2.5 et le Tupolev soviétique à géométrie variable, connu par l'OTAN sous le nom de *Back Fire,* vole à Mach 2.0 et a un rayon d'attaque de 5 745 km.

L'hydravion le plus rapide

le Martin X P6 M1 *Seamaster* de l'U.S. Navy pouvait voler à **1 040 km/h.**

C'était un poseur de mines propulsé par un moteur à 4 réacteurs qui vola de 1955 à 1959.

En septembre 1946, le Martin IRM 2 *Mars* a transporté une charge record de 30 992 kg.

Record officiel

Le record officielde vitesse à bord d'un hydravion est de **912 km/h,** effectué par Nicolay Andrievsky et son équipage de deux hommes à bord d'un **Beriev M 10** soviétique propulsé par deux turboréacteurs AL 7 sur un parcours de 15 à 25 km le 7 août 1961. Le M 10 a battu les 12 records des hydravions à réactions, y compris un record d'altitude de 14 962 m, piloté par Georgiy Buryanov et son équipage au-dessus de la mer d'Azov le 9 septembre 1961.

Les avions à turbopropulsion les plus rapides

L'avion de transport soviétique, turbopropulseur **TU H4** est l'avion à hélice le plus rapide du monde. Il a atteint **877,22 km/h,** lourdement chargé. Construit à partir du bombardier Tupolev TU 95, ses moteurs développent une poussée de 14 795 CV. Le prototype de l'avion de combat américain, le *Republic* XF 8 4H, vola le 22 juillet 1955 à une vitesse de 1 078 km/h, mais le projet fut abandonné.

Les avions à piston les plus rapides

C'était le **Sea Fury** avion privé appartenant à Hawker, qui atteignit **836 km/h** au cours d'un vol au-dessus du Texas, États-Unis, en août 1966, piloté par Mike Carol de Los Angeles.

Record officiel

Le record officiel pour un avion à piston est de **803,138 km/h** au-dessus du Mud Lake à Tonomhah, Nevada, États-Unis.

Steve Hinton, États-Unis, pilotait un *Mustang* P5 10 modifié, propulsé par un moteur Griffon Rolls-Royce de 3 800 CV, sur une distance de 3 km, à basse altitude, le 14 août 1979.

Le biplan le plus rapide

C'était le biplan Fiat **CR 42 B** ayant un moteur Daimler Benz DB 60 IA de 1010 CV qui atteignait **520 km/h** en 1941. On en construisit un seul exemplaire.

Le Mirage IV vole à 2 330 km/h.

PILOTES ET PASSAGERS

Acrobatie

Le *Gossamer Condor* (29,26 m d'envergure), construit par Paul McCradys, prit part à une course autour de pylônes sur une distance de 804,6 m, propulsé par Bryan Allen (61,2 kg), à l'aéroport de Shafter, Californie, États-Unis, le 23 août 1977 pour gagner le prix de 250 000 F offert par Kremer. Le vol dura 7 mn 27 s.

En avril 1977, un mystérieux personnage masqué s'est maintenu sur un avion de ligne DC 8 qui volait à 380 km/h. Le nom de l'acrobate n'a pas été divulgué.

Championnats du monde

Ils ont lieu tous les deux ans, depuis 1960 (à l'exception de 1974). Le système de points a été établi par le colonel espagnol José Aresti. La compétition comprend deux programmes de figures imposées et deux programmes de figures libres.

La compétition par équipes a été gagnée quatre fois par l'Union soviétique. L'épreuve individuelle n'a jamais été gagnée plus d'une fois.

Le concurrent le plus régulier est le Soviétique **Igor Egorov,** qui a gagné en 1970 et terminé deuxième en 1976, cinquième en 1972 et onzième en 1968.

Chez les femmes, la plus brillante est la Soviétique **Lydia Leonova,** qui a gagné en 1976, s'est classée deuxième en 1978, troisième en 1972 et cinquième en 1970.

Vol inversé
Le record de durée en vol inversé est de **2 h 15 mn et 4 s.** Il a été établi par John Leggatt le 28 mai 1974 à bord d'un Champion Decathlon, au-dessus du désert de l'Arizona.

Loopings
Le 16 décembre 1973, John « Hal » McClain a effectué **1 501 loopings** intérieurs au-dessus de Long Beach (Californie) à bord d'une Pitts S-2A.
Il a également réalisé 180 loopings extérieurs, le 2 septembre 1978, au-dessus de Houston (Texas), aux commandes d'un Bellanca Super Decathlon.

As de l'aviation 1914-1918
Le plus grand as de l'aviation au cours de la Première Guerre mondiale fut l'Allemand **Manfred von Richthofen,** qui abattit 80 appareils de l'armée ennemie.

Le capitaine français René Fonck, avec 75 victoires homologuées, devance Guynemer (54).

As de l'aviation 1939-1945
Le plus grand as de la Deuxième Guerre mondiale fut un Allemand, **Erich Hartman,** qui abattit 352 appareils ; tous – sauf un – étaient des appareils soviétiques sur le front russe.

Il est suivi par le commandant autrichien Walter Novotny, avec 258 victoires.

Le commandant français Pierre Clostermann totalise 33 victoires homologuées.

Femme
Le record féminin est de 12 appareils, abattus par la Soviétique **Lydia Litvak** (née en 1921), sur le front russe entre 1941 et 1943. Elle fut tuée au combat en 1943.

As d'avions à réaction
Le plus grand nombre d'avions abattus au cours de batailles opposant des avions à réaction est 16. Ce record a été établi par le capitaine **McConnell** (U.S.A.F.) au cours de la guerre de Corée (1950-1953). Il fut tué le 25 août 1954.

Il se peut qu'un as israélien ait dépassé ce chiffre entre 1967 et 1970, mais son identité n'a pas été dévoilée pour des raisons de sécurité.

Anti-char
Le major **Hans-Ulrich Rudel,** pilote allemand de Stuka, a détruit 519 chars soviétiques au cours de 2 530 missions.

Baptême de l'air
M. Giuseppe Varagona de Palerme, Sicile, a fait son premier voyage en avion à l'âge de **101 ans,** en avril 1981. Il est allé à Birmingham, Alabama, États-Unis, rejoindre son frère âgé de 98 ans à l'occasion des noces d'or de celui-ci.

Chutes
La chute la plus importante à laquelle une personne ait survécu – sans parachute – est de **10 160 m** lorsque Vesna Vulovic, 23 ans, hôtesse de l'air, est tombée de la queue du DC9 qui explosa au-dessus de Ceska Kamenice, le 26 janvier 1972.
Elle resta 27 jours dans le coma et 16 mois à l'hôpital.

Le lieutenant Chesov, éjecté de son *Iliouchine 4* est tombé en chute libre de 6 700 m de haut.

Il tomba dans un ravin enneigé et s'en tira avec une fracture du bassin et plusieurs blessures à la colonne vertébrale.

Décollages et atterrissages
Al Yates et Bob Phœnix du Texas, États-Unis, atterrirent et décollèrent à vue **193 fois en 14 h 57 mn** à bord du Piper *Seminole,* le 15 juin 1979. Ils ne sont jamais revenus deux fois au même aéroport.

Heures de vol
Max Conrad (1903-1979), États-Unis, a inscrit, de 1928 à 1974 sur son carnet de vol, le total de **52 929 h 40 mn,** c'est-à-dire plus de 6 ans. Il traversa 150 fois l'Atlantique sur des avions légers.

Passager *le plus âgé*
En 1973, **M. Izumi,** à l'âge de **108 ans,** fit l'aller-retour Tokunoshima-Osaka, Japon.

Pilote *le plus jeune*
Le sergent Thomas Dobney (né le 6 mai 1926) fut reçu pilote militaire dans la R.A.F. à l'âge de 15 ans et 5 mois. Il avait falsifié son âge (14 ans) pour son admission.

Le plus jeune pilote en solitaire est **Cody A. Locke** qui a piloté un avion Cessna 150 près de Mexiculi, au Mexique, le 24 février 1983 à **9 ans et 316 jours**

Pilote *le plus vieux*
En 1979, à l'âge de **94 ans, Ed Mc Carty** (né le 18 septembre 1885), de Kimberley, Idaho, États-Unis, volait sur son *Escarpe,* de 30 ans complètement refait à neuf.

Glenn Messer, de Birmingham, Atlanta, États-Unis, vole depuis le 13 mai 1911.

Albert Savoy (né le 22 février 1895) vola pour la première fois à bord de son PPL à l'âge de 82 ans et 8 mois, le 8 novembre 1977.

ALTITUDE

Homme
Le record d'altitude par l'homme fut remporté par l'équipage du malchanceux *Apollo XIII* au moment où il arrivait à la hauteur maximale de sa trajectoire, à 254 km au-dessus de la surface de la Lune et à **400 187 km de la Terre.**

L'équipage était composé du capitaine James Arthur Lovell Jr, U.S. Navy (né à Cleveland, Ohio, le 25 mars 1928), de Fred Wallace Haise Jr (né à Biloxi, Mississippi, le 14 novembre 1933) et de John L. Swigert Jr (né à Denver, Colorado, le 30 août 1931).

Femme
La plus haute altitude jamais atteinte par une femme est **280 km.**
Ce record fut établi au cours du vol de *Soyouz T7,* lancé le 19 août 1982, par Svetlana Savitskaya.

Le record d'altitude en avion fut également remporté par une Soviétique, Natalia Prokhanova (née en 1940), qui atteignit, le 22 mai 1965, l'altitude de 24 836 m avec un jet E-33.

Records d'altitude par l'homme				
m	Nom	Engin	Lieu	Date
24	Pilâtre de Rozier (F.)	Ballon à air chaud	Paris	15 et 17 oct. 1783
100	Pilâtre de Rozier et le marquis d'Arlandes	Ballon à air chaud (libre)	Paris, La Muette	21 nov. 1783
900	Charles et Robert (F.)	Ballon à hydrogène, la Charlière	Paris, Tuileries	1er déc. 1783
2 750	Charles	Ballon à hydrogène	Nesles	1er déc. 1783
4 000	Sadler (G.-B.)	Ballon à hydrogène	Manchester	mai 1785
7 740	Glaisher (G.-B.)	Ballon à hydrogène	Wolverhampton	17 juil. 1862
9 615	Berson (All.)	Ballon à hydrogène Phoenix	Strasbourg	4 déc. 1894
11 145	Sadi Lecointe (F.)	Avion Nieuport	Issy-les-Moulineaux	30 oct. 1923
15 937	Piccard et Kipfer (Suisse)	Ballon F.N.R.S.	Augsburg, All	27 mai 1931
22 066	Anderson et Stevens (U.S. Army)	Ballon à hélium U.S. Explorer II	Rapid City	11 nov. 1935
24 262	Bridgeman (U.S.A.)	US Douglas D 558-11 *Skyrocket*	Californie	15 août 1951
38 465	Kincheloe (U.S.A. F.)	Avion US Bell X-Rocket	Californie	7 sept. 1956
51 694	Walker (U.S.A.)	Avion X-15 Rocket	Californie	30 mars 1961
km				
327	Gagarine (U.R.S.S.)	Capsule Vostok 1	Vol orbital	12 avr. 1961
377 268,900	Borman, Lovell, Anders (U.S.A.)	Apollo VIII, module de commande	Vol circumlunaire	25 déc. 1968
400 187	Lovell, Haise, Swigert (U.S.A.)	Apollo XIII	mission d'alunissage manquée	15 avr. 1970

TRAFIC AÉRIEN

Le premier constructeur

Le premier constructeur aéronautique est la **Boeing Company** à Washington, États-Unis, dont les ventes se sont élevées à 58,2 milliards de F en 1981, avec 96 000 employés et un actif évalué à 41 milliards de F au 1er janvier 1982.

Les ventes de Cessna Aircraft Company de Wichita, États-Unis, se sont montées à 630 milliards de F.

En France

Le premier constructeur d'avions est la **S.N.I.A.S.** (Aérospatiale), avec un C.A. de 21,42 milliards de F en 1982.

Les plus grandes compagnies aériennes

La plus grande compagnie aérienne est l'**Aeroflot,** compagnie d'État d'U.R.S.S., ainsi baptisée en 1932. Cette compagnie a été fondée le 9 février 1923, sous le nom de Dobrolet.

Elle manœuvre 1 300 appareils sur 900 000 km de lignes, emploie 500 000 personnes et a transporté 106 millions de passagers dans 105 pays en 1981.

La compagnie commerciale qui transporte le plus de passagers (avril 1981) est Eastern Airlines de Miami, Floride, États-Unis, fondée en 1938, avec 35 515 000 passagers.

La compagnie emploie 37 700 employés et possède 275 avions à réaction.

En France

La compagnie **Air France** possédait en 1982, 122 appareils et transportait 11 607 380 passagers en service régulier.

La plus ancienne compagnie

La compagnie **Koninklijke-Luchtvaart-Maatschappij NV** (KLM), aux Pays-Bas, est la plus ancienne de toutes les compagnies aériennes nationales. Elle a ouvert la première ligne régulière Amsterdam-Londres le 17 mai 1920.

Trafic aérien le plus important

Ce sont les États-Unis d'Amérique qui ont le trafic aérien le plus important avec 269 599 679 000 *miles* parcourus sur les lignes intérieures pour le transport des passagers en 1979, c'est-à-dire l'équivalent de **1 931,7 km par habitant et par an.**

On estimait en 1978 que 37 % seulement des adultes américains n'étaient jamais montés dans un avion.

Le vol régulier *le plus long*

C'est le vol 816 hebdomadaire de Pan Am direct Sydney-San Francisco de 12 030 km.

Il fut inauguré en décembre 1976 et dure **13 h 25 mn.**

Le plus long vol commercial est le vol Seattle-Washington, États-Unis, à Cape Town (Afrique du Sud), du Boeing 747 SP *Matroosberg* de South African Airways, qui parcourut 16 560 km avec 175,5 t de carburant en 17 h 22 mn 30 s (23-29 mars 1976).

Le vol régulier *le plus court*

C'est celui de la compagnie Logan Air entre l'île Orkney de Westray et Paja Westray, qui est effectué par les bimoteurs à 10 places des Transports Britten Norman Islander, depuis septembre 1967. Dans des conditions normales de vent il s'accomplit en **2 mn.** Mais il a pu être effectué en 58 s par le capitaine Andrew D. Alsop.

Le vol régulier *le moins cher*

Le vol de Johat à Lilabari en Inde coûte **15 F** et est le moins cher enregistré sur le guide mondial Abc des lignes d'aviation.

AÉROPORTS

Les plus grands

L'aéroport King Abdul Aziz International Airport de **Djedah,** Arabie Saoudite, s'étend sur **103 km²** .

Le bâtiment Hajj Terminal est la plus grande structure recouverte d'un toit : 1,5 km².

L'aéroport de Dallas aura en tout 9 pistes et 13 aérogares ayant 260 portes pouvant accueillir 150 millions de passagers.

En France

Les trois aéroports de Paris viennent en seconde position en Europe pour le trafic passagers derrière ceux de Londres avec respectivement 29,4 et 37,5 millions de passagers. Mais Paris est en tête pour le frêt avec un tonnage total de 626 500 tonnes contre 603 000 pour Francfort et 561 567 pour Londres. Orly demeure le premier des trois aéroports parisiens (55 % des passagers) devant Roissy (45 %), le Bourget n'ayant qu'une activité limitée à l'aviation d'affaires.

Les plus actifs

C'est l'aéroport international de **Chicago** à O'Hare Field, Illinois, États-Unis, avec 604 380 mouvements, **37 743 600 passagers** en 1982. Cela représente un mouvement toutes les 52,2 s.

La base aérienne la plus active a été celle de Bien Hoa au Sud-Viet-nam où il y eut plus d'un million de décollages et d'atterrissages en 1970.
Le plus grand héliport du monde était celui de Am Khe (Sud-Viet-nam).

Le plus haut
C'est celui de **Lhassa** au Tibet à **4 363 m** qui est le plus élevé du monde.

L'atterrissage au point le plus élevé effectué par un avion à ailes rigides eut lieu à 6 080 m à Dhanlagri, dans l'Himalaya. C'était un Pilatus Porter, le *Yeti*, qui ravitaillait l'expédition suisse de 1960.

Les plus bas
Le terrain d'atterrissage au point le plus bas est **El Lisan** à l'est de la mer Morte, à **360 m au-dessous du niveau de la mer,** en Israël.

L'aéroport international le plus bas est celui de Schiphol, Amsterdam, Pays-Bas, à 3,9 m au-dessous du niveau de la mer.

Le plus éloigné du centre d'une ville
C'est celui de **Viracopos,** Brésil, à 96 km de São Paulo, qu'il dessert.

Le plus près du centre d'une ville
L'aéroport de **Gibraltar** est à **800 m** du centre.

L'aérogare le plus grand
L'aérogare d'**Atlanta,** Georgie, États-Unis, s'étend sur **20,43 ha** et possède 138 portes d'embarquement. Le trafic moyen est de 42 millions de passagers par an, mais les installations sont prévues pour 75 millions.

Les pistes d'atterrissage les plus longues

Militaire
C'est celle de la **Base Edwards** de l'U.S. Air Force, qui a **11 km** de long (dont 4 572 m sont bétonnés) sur le lit du lac asséché de Rogers, Californie, États-Unis. La totalité de la surface de cet aéroport d'essais est de 168 km².
En cas d'urgence, une piste de 19 km de long est praticable le long du lit du lac asséché.

Civile
La piste civile la plus longue est celle de l'aéroport **Pierre van Ryeneveld Upington,** Afrique du Sud, qui a **4,89 km** de long. Les travaux ont duré d'août 1975 à janvier 1976.

HÉLICOPTÈRES

Le premier
L'ancêtre de l'hélicoptère a été inauguré le **13 novembre 1907** par monsieur Paul Cornu, de Lisieux, Calvados, France, qui fut le premier homme à quitter le sol à la verticale sur un appareil à hélice de son invention.

Le plus rapide
En juin 1980, la société Bell a annoncé que le modèle 301 (**US Army XV-15**) à rotor incliné, avait atteint la vitesse de **557,8 km/h** en vol horizontal. Cet hélicoptère a deux moteurs à turboréacteurs.

Le plus puissant
C'est le Mil Mi-26, soviétique, qui, le 3 février 1982 a soulevé une charge de **56,77 t** à une hauteur de 2 000 m.

Le plus léger
Le « minicoptère » à une place, mû par une fusée de l'Aerospace general & C° pèse environ **72,500 kg** et peut voler sur une distance de 400 km à 137 km/h.

La plus haute altitude
Un SA 31 5 B *Lama* de l'Aérospatiale a atteint **12 442 m** au-dessus de la France, le 21 juin 1972.

L'atterrissage d'un hélicoptère à la plus haute altitude s'est passé à 7 000 m au bas de la face sud-est de l'Everest au cours d'une opération de sauvetage en mai 1971.

L'héliport du World Trade Center est à 422 m au-dessus du niveau de la rue, sur la tour Sud, à New York.

Autogires *les premiers*
C'était à l'origine un engin dont les rotors tournaient par la seule fouce des courants atmosphèriques.
Juan de la Cierva, Espagne, effectua le premier vol couronné de succès grâce à son modèle C⁴ (son nom commercial étant *Autogiro*) à Getafe, Espagne, le **9 janvier 1923**
Le 6 décembre 1955, le docteur Igor Bensen, États-Unis, vola à bord de son très élémentaire *Gyro-Copter* et conçut ensuite un lodèle en kit pour les constructeurs et pour les amateurs.

Autogire *altitude et distance*
Kenneth Wallis, Angleterre, a battule record en ligne droite de 874,32 km à bord de son autogire WA 116 F, le 28 septembre 1975, en allant d'une traite de Lydd (Kent) à Wick (Highland). Propulsé par un moteur Mc Culloch de 72 CV, il s'éleva à une altiqude de **4 639 m**, le 11 mai 1968 et le 12 mai 1969 atteignit la vitesse de **179 km/h** sur un parcours de 3 km en ligne droite.

BALLONS

Le premier
La première ascension connue a été accomplie par le père Bartolomeu de Gusmao (né Laurenço, à Santos au Brésil en 1685) dans un ballon à air chaud, à l'intérieur de la Casa da India, Ferreiro do Paço, Portugal, le **8 août 1709.**

Un timbre soviétique émis en 1956, commémorait un vol en ballon effectué à Ryazam en 1731. Mais il semble que ce vol n'ait pas réellement eu lieu.

Le plus grand
Il a été construit par Winzen Research Inc, Minnesota, États-Unis, et son volume était de **2 millions de m³.**

Distance : *ballon à air chaud*
M. Arnould et H. Derigny, France ont parcouru, les 25 et 26 novembre 1981 **1 154,74 km** à bord du ***Semiramis* A-530.**
Ils détiennent aussi avec ce vol le record de durée : 29 h 5 mn 48 s.

Le *Semiramis* est le plus grand ballon à air chaud avec un volume de 15 008 m³.

Distance : *ballon à hélium*
B. Abruzzo, R. Aoki, R. Clark et H. Newman ont parcouru **8 383 km,** de Nagashima, Japon, à Covello,

Californie, du 9 au 12 novembre 1981, à bord du ***Double-Eagle V.***

Altitude : *ballon à air chaud*
Le 31 octobre 1980, Julian Nott, G.-B., s'est élevé à **16 805 m** près de Denver, États-Unis avec son ballon Cameron ***Innovation.***

Altitude : *nacelle ouverte*
Le record d'altitude dans une nacelle ouverte a été battu par Kingswood Spratt Jr, qui a atteint **11 822 m** au-dessus de Lakeland, Floride, États-Unis, le 22 septembre 1975.

Altitude *sans passagers*
L'altitude la plus élevée atteinte par un ballon sans passager est de **51 815 m** par le ***Winzen*** de 1,350 million de m³, lâché à Chico, Californie, États-Unis, en octobre 1972.

Altitude *avec passagers*
Le record homologué de 34 668 m a été atteint par le Cdr Malcolm D. Ross, U.S.N.R., et le Lt Victor Prater, qui décollèrent de l'« *Antietam* » le 4 mai 1961 dans le golfe du Mexique.

Évasion
Strelzik s'est évadé d'Allemagne de l'Est avec 7 autres personnes, le **18 septembre 1979** à bord d'un ballon de 4 022 m³ qu'il avait réalisé lui-même.
Après 28 mn de vol, ils ont trouvé la liberté en Allemagne fédérale.

M. Arnould et H. Devigny ont parcouru 1 154,74 km à bord du Semiramis A-530.

MODÈLES RÉDUITS

Altitude
Maynard L. Hill, États-Unis, a fait s'élever son modèle réduit contrôlé par radio à **8 208 m,** le 6 septembre 1970.

Vitesse
V. Goukonne et V. Myakinin, U.R.S.S. ont lancé leur modèle réduit à contrôle radio, à la vitesse record de **343,92 km/h** à Klementyeva, le 21 septembre 1971.

Le voyage le plus long
Il a duré **32 h 7 mn 40 s,** les 23 et 24 août 1980. Le planeur était radioguidé par Edouard Svoboda (Tchécoslovaquie).

La traversée de la Manche
La première traversée de la Manche par un modèle réduit d'hélicoptère eut lieu le **17 juillet 1974.** L'avion contrôlé par radio par Dieter Zeigler vola sur 52 km entre Ashford, Kent, Angleterre et Ambleteuse en France.

DIRIGEABLES

Le premier vol
Le Parisien Henri Giffard vola pour la première fois dans un dirigeable au gaz de houille de 2 500 m³, 45 m de long et 12 m de diamètre, le **24 septembre 1852.**

Les plus grands avec armature
C'était le ***Graf Zeppelin II*** allemand (LZ 130) dont la longueur atteignait 245 m et le volume **199 981 m³.** Il fit son vol inaugural le 14 septembre 1938, servit pendant la guerre à des missions d'espionnage et fut démantelé en avril 1940. Son jumeau, le *Hindenburg,* avait 1,70 m de plus de long.

Il n'y eut qu'un seul dirigeable à armature en France, le *Spiess,* construit par la Société Zodiac en 1913 ; il mesurait 113 m de long, et avait été conçu en 1873 bien avant le *Zeppelin.*

Les plus grands sans armature
C'est le **Z PG 3 W** de la US Navy qui avait un volume de **42 937 m ³,** 122,9 m de long, 25,93 m de diamètre et un équipage de 21 hommes. Il vola pour la première fois le 21 juillet 1958 mais s'écrasa dans la mer en juin 1960.

Le dirigeable transportant le plus grand nombre de passagers, l'*Akron* de l'US Navy, transporta 207 hommes en 1931.

Le record de la traversée de l'Atlantique est de 117 personnes sur le *Hindenburg* allemand en 1937.

La plus grande distance
Le *Graf Zeppelin* allemand commandé par le docteur Hugo Eckener, a parcouru **6 384,5 km,** du 29 octobre au 1er novembre 1928.

Le record d'endurance
Le Goodyear 2 PG 2 de l'UQ Navy a parcouru 15 205 km en **264 h 12 mn,** sans ravitaillement. C'est un appareil sans armature.

Voir aussi chapitre *Exploits.*

LE LIVRE
GUINNESS
DES
RECORDS

9

INDUSTRIE ET COMMERCE

INDUSTRIE

GÉNÉRATEURS D'ÉNERGIE

Moteurs à vapeur

Le moteur à vapeur *le plus ancien* encore en état de marche fut construit en **1812.** C'est le moteur Boulton et Watt de 26,42 CV sur le canal Kennet et Avon à Great Beadwyn, Wiltshire, Angleterre. La société Crofton le restaura en 1971.

Le plus gros moteur à vapeur à un cylindre fut dessiné par Matthew Loan de Cornouailles et construit par la fonderie Haylem aux Pays-Bas en 1849. Le cylindre avait **3,65 m** de diamètre et chacune de ses courses remuait 60 t d'eau.

Le moteur Taylor le plus efficace, construit par Michel Loan pour les mines de Gwennap en Cornouailles, Angleterre, en 1840, n'utilisait que 1,7 livre de charbon par CV à l'heure.

La première pile atomique

Elle fut construite sur un terrain de squash désaffecté à l'université de Stagg Field, Chicago, Illinois, États-Unis. Elle devint opérationnelle le **2 décembre 1942.**

Centrale hydraulique *la plus grande*

La centrale la plus puissante du monde est celle de **Grand Coulée,** Washington, U.S.A., avec **9 700 000 kWh** (10 080 MW) qui fonctionne depuis 1942.

Le premier générateur de l'Itaipu sur le Paraña, à la frontière entre le Brésil et le Paraguay, dont les 18 turbines fourniront 12 600 000 kW, a commencé à fonctionner en 1983.

Un projet de centrale de 20 000 MW sur la Tunguska, U.R.S.S., est en cours.

Centrale thermique *la plus grande*

La centrale d'**Ekibastuz,** Kazakhstan, U.R.S.S., inaugurée en mai 1982, est la plus grande des centrales alimentées au charbon.

Centrale nucléaire *la plus grande*

La centrale de **Leningrad,** U.R.S.S., produit **4 000 MW** depuis octobre 1982.

En France

C'est la centrale de **Bugey,** France, qui, en 1982, produisait **26 milliards de kWh,** soit environ 10 % de la production totale d'électricité en France. Elle fonctionne avec 4 générateurs de 900 MW et 1 générateur de 540 MW.

La centrale de Gravelines deviendra la plus importante d'Europe quand ses six tranches seront mises en service (après 1985).

Réacteur nucléaire *le plus grand*

Le plus grand réacteur est celui de **1 500 MW** de la centrale d'**Ignalinskaya,** U.R.S.S., dont le montage a débuté en avril 1982.

Réacteur thermonucléaire

Le prototype soviétique **Tokamak-7** est conçu pour demeurer le plus grand pendant des années.

Les 18 turbines du barrage d'Itaipu fournissent 12 600 000 kW.

Le turbogénérateur de Themis a une puissance de 2,5 MW.

Usine marémotrice *la plus grande*

La plus grande usine marémotrice est celle de la **Rance** dans le golfe de Saint-Malo qui ouvrit officiellement le 26 novembre 1966.
Elle fut construite en cinq ans et coûta 420 millions de F. Sa production annuelle est de 607 000 000 kWh. Le barrage de 804 m a 24 turbo-réacteurs.

La centrale de Passaquoddy, qui coûtera 5 000 000 de F, dans la baie de Fundy, Maine, États-Unis et le New Brunswick, Canada, demeure à l'état de projet.

Un nouveau projet sur l'Annapolis, toujours dans la baie de Fundy, a débuté en 1981. Il coûterait 299 000 000 F.

Centrale solaire

En janvier 1980, on a commencé à construire une centrale solaire, **Solar I,** en Californie du Sud, U.S.A. Cette installation dont le coût prévu est de 700 000 000 F devait être achevée en 1982.

En France

La première centrale solaire française, **Thémis,** a été achevée en juin 1981.
Le rayonnement solaire est capté par un champ de miroirs, puis transformé en électricité par un cycle eau-vapeur qui actionne un turbo-générateur. Thémis a une puissance de **2,5 MW.**

Four solaire

Le plus grand four solaire du monde est le **Solar I de 10 MW,** situé à côté de Barstow, Californie, U.S.A. Les premiers essais ont eu lieu en avril 1982.
Les rayons solaires sont concentrés par 1818 miroirs placés en cercles concentriques au-dessus d'une chaudière située au sommet d'une tour de 724 m de haut. Le Solar I a coûté 951 750 000 F.

En France

Le four solaire du laboratoire de l'énergie solaire, situé dans les Pyrénées-Orientales, à **Odeillo-Font Romeu,** est composé d'un grand miroir parabolique de 2 500 m² en face duquel se trouvent 63 miroirs orientables de 45 m² disposés en quinconce sur une série de terrasses. Sa puissance est de **1 MW** et il peut atteindre des températures supérieures à 3 000 °C.

Chaudières *les plus grandes*

Ce sont celles de la compagnie Babcock et Wilcox, États-Unis, qui ont une puissance de **1 330 MW** entraînant l'évaporation de 4 232 000 kg de vapeur à l'heure.

Générateurs *les plus grands*

Deux générateurs de **2 000 MW** sont à l'état de projet aux États-Unis et en Grande-Bretagne.

Le plus grand actuellement en construction, un générateur de 1 300 MW, est construit par la Brown Boveri Cie., Suisse, pour la Tennessee Valley Authority, États-Unis.

En France

Actuellement en construction, il sera installé à la centrale de **Paluel** (Seine-Maritime), dont la mise en service est prévue pour fin 1983. Il aura une puissance de **1 300 MW.**

Piles *les plus durables*

Les piles sèches à feuille de zinc et de soufre installées par Watlin et Hill au laboratoire Charendon d'Oxford, G.-B., fonctionnent **depuis 1840 sans interruption.** Elles produisent un tintinnabulement sous cloche.

Turbines *les plus grandes*

Les turbines de la troisième centrale de **Grand Coulée** aux États-Unis, ont une puissance moyenne de **820 000 CV.**
La capacité de surcharge est de 1 million de CV. Elles ont 9,70 m de diamètre, un tambour de 401 t et un arbre de 317,5 t.

Turbo-pompe *la plus grande*

La plus grande turbo-pompe réversible a été construite par Allis Chalmers pour le projet de Bath County, Virginie, U.S.A.

Sa puissance maximale est de **457 MW** en tant que turbine et sa hauteur de refoulement est de 393 m. Le rotor a un diamètre de 6 349 mm avec une vitesse de synchronisme de 257,1 t/mn.

Le plus grand black-out

La plus grande panne de l'histoire frappa sept États du nord-est des États-Unis et de l'Ontario au Canada, les 9 et 10 novembre 1965. Environ 30 millions d'usagers dans un **rayon de 207 200 km** furent plongés dans l'obscurité.

Il y eut seulement 2 morts.

A New York, le courant fut coupé à 5 h 27 et ne fut rétabli que 13 h 30 mn plus tard. Les pertes totales dues aux 52 mn d'interruption de courant à New York, États-Unis, le 13 juillet 1977, y compris le pillage, furent estimées à 5 milliards de F.

Moulin à vent

Le premier

Les moulins destinés à moudre le grain en Iran datent du **VIIe siècle.**

Envergure

Le moulin hollandais à la plus grande envergure est le Dijkpolder à Maasland, construit en 1718. Les ailes mesurent **29 m** d'une extrémité à l'autre.

Le plus grand

Le moulin De Walvisch à Schiedam, Pays-Bas, construit en 1794, a une hauteur de **33 m.**

Modernes

Le plus grand générateur d'énergie à vent est une turbine de **150 m** de haut installée en 1982 par Grosse Wind Energie Anlage sur la côte frisonne d'Allemagne fédérale.

On construit dans les îles Orcades, au nord-est de l'Écosse, un générateur à vent qui devrait être achevé en 1984 au prix de 64 400 000 F. Haut de 60 m, il pourra produire 3 000 kW.

Roue à eau *la plus grande*

La noria Mohammadieh à Hama, Syrie, date de l'époque romaine et mesure **40 m** de diamètre.

Consommation d'énergie

Pour qualifier les différentes formes d'énergie, charbon, combustibles liquides, énergie hydraulique, etc., à l'exclusion de la tourbe et des combustibles d'origine végétale, on les convertit habituellement en équivalent-charbon.

Ce sont les **États-Unis** qui consomment le plus d'énergie avec une moyenne de **11 500 kg équivalent-charbon** par personne. Avec 5,3 % seulement de la population mondiale, les États-Unis consomment 28,6 % du pétrole et 32,9 % de l'électricité utilisés dans le monde.

En France

La consommation d'énergie est de **261 milliards de kWh.**

Faites mieux !...

MACHINES

La première

La machine la plus ancienne qu'on utilise encore est la « Dâlu », déjà utilisée par les Sumériens en **3500 av. J.-C.** en Irak, pour puiser l'eau. Donc bien avant les « Saquiyas » du Nil.

Les plus grandes

Les deux plus puissantes machines de production du monde sont deux **presses de forge** aux États-Unis.

La presse de forge de Loewy dans une usine louée à l'US Air Force par la Wyman-Gordon Company à North Grafton, Massachusetts, États-Unis, pèse 9 620 t et a 34,79 m de haut dont 20 m enterrés. Elle a une capacité de **45 000 t,** et devint opérationnelle en octobre 1955.

Une forge identique se trouve dans l'usine de l'Aluminum Company of America à Cleveland, Ohio, États-Unis.

Il y aurait en U.R.S.S. une presse d'une capacité de 75 000 t à Novokramatorsk.

Le marteau de forge de Bêché et Grohs fabriqué en Allemagne fédérale a une capacité de 60 000 t.

Ascenseurs *les plus rapides*

Les ascenseurs les plus rapides du monde sont ceux de la tour *Sunshine 60,* de 246 m de haut, qui montent au 60e étage à Irebukuro, Tokyo, Japon, mis en service le 5 avril 1978. Ils ont été construits par la Mitsubishi et s'élèvent à 609 m/mn (36,56 km/h).

De bien plus grandes vitesses ont été atteintes dans les puits de descente des mines.

Un monte-charge de la Western Deep Level Ltd en Afrique du Sud descend à 2 072 m à **1 095 m/mn** (65,8 km/h). Il y a des problèmes d'oreilles au-dessus de 16 km/h.

En France

Les 7 ascenseurs mis en service à la tour Maine-Montparnasse parcourent une hauteur de 200 mètres environ (du rez-de-chaussée au 56e étage) à la vitesse de **360 m/mn** (21,6 km/h).

Câbles *les plus hauts*

Ce sont ceux du détroit de Messine, qui mesurent 3 627 m et vont d'une tour de 205 m en Sicile à une tour de **224 m** en Calabre.

Câbles *le plus haut voltage*

Le plus haut voltage du monde est de **1 330 000 V** transmis par le DC Pacific Inter sur 1 970 km, aux États-Unis.

Les lignes de transmission de Ekibastuz DC au Kazakhstan, en U.R.S.S., auront 2 400 km et une puissance de 1 500 000 V.

Câbles métalliques *les plus longs*

La société British Ropes Ltd, G.-B., a fabriqué 4 câbles, dont chacun mesure **24 000 m** de long, pour un diamètre de 3,5 mm et un poids de 108,5 t.

Câbles métalliques *les plus gros*

Ils ont été réalisés en mars 1979 par la British Ropes Ltd de Doncaster à Willington Quay, Tyneside, Grande-Bretagne, afin de soulever des charges de 3 000 t.

Ce sont des câbles de grue à épissure qui sont formés par des tresses de **28 cm** d'épaisseur composées de 2 392 fils de fer.

Câbles métalliques *les plus lourds*
Il existe 4 câbles métalliques de **130 t** chacun, fabriqués pour les mines d'or de Western Deep Levels, Afrique du Sud.

Câbles de transmission
Le plus long câble de transmission entre deux pylônes se trouve à Sogne Fjord, Norvège, entre Rabnaberg et Fatlaberg. Il fut tendu par la Whitecross C° Ltd de Warington Cheshire, Angleterre, et fait partie de la ligne de haute tension qui va de la centrale électrique de Refsdal à Vick.
Il mesure **4 888 m** et pèse 12 t.

En 1967, deux autres lignes en acier aluminium de 4 878 m de long et 33,5 t, fabriquées par Whitecross – BICC furent installées.

Drague *la plus grande*
La drague mobile la plus grande est la Bucyrus Erie de 4 250 W d'un poids total de **12 192 t.** Son baquet a une capacité de 168 m^3 sur une largeur de 95 m. Elle se trouve en ce moment à la Central Ohio Coal Company à Muski, Ohio, États-Unis.

Écrous *les plus gros*
Les plus gros écrous pèsent **5,3 t,** pour un diamètre extérieur de 132 cm et un fil de 63,5 cm. Ces écrous, les « Pilgrim Nuts », sont fabriqués par Doncaster Moorside Ltd, G.-B.

Escalier roulant *le premier*
Il fut installé par Jesse Reno sur la jetée de Coney Island, New York, États-Unis, en **1896.**

Escalier roulant *le plus grand*
L'escalier roulant du métro de Léningrad, U.R.S.S., monte à une hauteur de 59,4 m avec **729 marches.**

En France
L'escalier roulant le plus grand d'Europe se trouve au Havre. Il a une longueur de 126 m pour une dénivellation de 48,8 m (pente moyenne 38 %), et compte **356 marches.**

Excavatrice *la plus grande*
L'excavatrice à roue à auge de 13 000 t qui a été montée à la mine de lignite (à ciel ouvert) de Hanbach, Allemagne fédérale, a une cadence de 200 000 m^3 par journée de 20 h.
Elle a **210 m** de long et 82 m de haut. La roue a 67,88 m de circonférence et des baquets de 5 m^3.

Funiculaire *pente la plus abrupte*
Le funiculaire de Saint-Hilaire-du-Touvet, dans l'Isère, France, circule sur une pente de **83%.** Il relie Montfort (260 m) à Saint-Hilaire (1 000 m) sur une distance de 1 480 m à la vitesse de 1,25 m/s.

Grue *la plus puissante*
Les semi-submersibles Balder et Hermod, Suisse, possèdent chacun deux grues d'une capacité respective de 3 048 t et 2 032 t. Couplées, elles peuvent soulever une charge de **5 082 t.**

Grue à portique *la plus puissante*
La grue *Rahco* (RA. Hanson Disc Ltd) de 28,14 m de long sur le barrage de Third Power Plant à Grand Coulée, a soulevé **2 268 t** en 1975.
Elle transporta un générateur à rotor de 1 789 t à 0,8 mm près.

Grue mobile *la plus puissante*
La *Rosenkranz* K 10001 de 810 t peut soulever **1 000 t.** Son envergure est de 202 m. Elle est transportée sur 10 chariots de 23 m et un essieu de 118 t. Elle peut soulever 30 t à 160 m de haut.

Grue *la plus grosse charge*
La plus grosse charge déplacée dans l'histoire pesait **37 194 t.** C'était le toit du Vélodrome de Montréal, Canada, en 1975.
Pour le centrer, on le déplaça de 10 cm à l'aide de crics très nombreux.

Cette grue peut soulever à elle seule 3 048 t.

Haut fourneau *le plus puissant*
C'est celui de l'usine de Oita à Kyushu, Japon, dont le volume est de 5 070 m³ et le diamètre intérieur de 14,80 m.
Il a été mis en service en octobre 1976. Sa capacité est de **12 200 t** par jour.

En France
Installé dans les usines sidérurgiques de Dunkerque, le haut fourneau nº 4 a un volume de 3 850 m³, un diamètre intérieur de 14,20 m et une capacité quotidienne de **10 000 t** de fonte.

Imprimerie *la plus rapide*
C'est le système électrosensible de Radiation Inc au laboratoire de Lawrence Radiation à Livermore, Californie, États-Unis.
Il peut imprimer **3 600 000 signes/mn** grâce aux pulsions d'un contrôle électronique, sur un papier enregistreur imprégné de substance chimique qui se déplace rapidement sous des stylets très rapprochés.

Moteur *le plus petit*
Plus petit qu'un timbre poste, il mesure **7 x 8,5 mm** et se compose de 30 pièces.
Construit par un Français, M. Rabattu, il fonctionne sous différence de potentiel de 2 V, à la vitesse de rotation de 2 000 t/mn.

Pièce forgée *la plus grande*
C'est un arbre de générateur qui pesait 204,4 t et mesurait **16,76 m,** forgé pour le Japon par Berthelem Corp., Pennsylvanie, en octobre 1973.

Pipe-lines *les plus longs*
Le plus long oléoduc de pétrole brut est le pipeline de l'Inter-Provincial Company qui va d'Edmonton, Alberta, Canada, à Buffalo, New York, États-Unis, sur une distance de 2 856 km. Treize stations de pompage règlent un débit de 31 millions de litres par jour.

Le pipeline transsibérien s'étend sur **3 732 km** de Tuimazy à Irkoutsk, via Omsk et Novosibirsk.
La première section de 48 km a été inaugurée en juillet 1957.

L'oléoduc Urengoi-Uzgorod, commencé en novembre 1982, mesurera 4 700 km lorsqu'il sera achevé en 1984.

En France
Le plus long pipe-line français est l'oléoduc qui sert à transporter le pétrole brut de Fos-sur-Mer (Bouches-du-Rhône) en Allemagne, via Strasbourg. Avec ses différentes canalisations, il atteint la longueur totale de **1 756 km.**

Pipe-line sous-marin *le plus long*
Le pipe-line qui relie la plate-forme de l'Union Oil à Rayong, Thaïlande, depuis le 12 septembre 1981, mesure **425 km.**

Pipe-lines *de gaz naturel*
C'est le pipe-line transcanadien qui avec ses **9 099 km** de tuyaux de 106,6 cm de diamètre est le plus long du monde.

Le pipe-line Tyamen - Tchelyabinsk - Moscou - Brandebourg parcourt 4 330 km.

Pipe-line *le plus cher*
C'est le pipe-line de l'Alaska qui parcourt 1 284 km, de Prudhoe Bay à Valdez. En 1974, il avait déjà coûté **30 milliards de F.**
Le tuyau a 1,21 m de diamètre et transportera 2 millions de barils de pétrole brut.

Réservoir de pétrole *le plus grand*
Les cinq réservoirs Aramco à Ju'aymah, Arabie Saoudite, contiennent 1,5 million de barils.
Les réservoirs mesurent **21,94 m** de haut, 117,6 m de diamètre, et furent mis en service en mars 1980.

Tapis roulant *le plus grand*
Le plus grand tapis roulant multi-pistes mesure **100 km** et va de la mine de phosphate de Bucraa au port d'El Aiun au Maroc ; construit par Krupps, il fut terminé en 1972.
Il comporte 11 voies de 9 à 11 km et marche à 4,5 m/s, mais il ne fonctionne pas à cause des activités du front Polisario.

En France
C'est celui de la station de métro Montparnasse qui mesure **185 m** de long.

Téléphérique *le plus haut*
Le téléphérique le plus haut est celui de Mérida au Venezuela, qui va de Mérida (1 639 m) au sommet du pic Espejo à **4 763 m,** après avoir parcouru 3 124 m.
L'ascension se fait en 1 h sur 14,48 km et comprend 4 sections et 3 changements de cabine. La 4ᵉ section mesure 3 069 m de long. Les deux cabines fonctionnent avec un système à pendule. Le câble porteur est fixe et les cabines sont tirées par 3 câbles de tension à l'aide d'un moteur de 233 CV. Elles peuvent transporter 45 passagers et avancent à 9,7 m/s (35,08 km/h).

Téléphérique *le plus long câble*
Le plus long câble de téléphérique d'une seule portée est celui qui va de Coachella Valley au mont San Jacinto (3 298 m), Californie, États-Unis, qui a une course de **4 114 m** de long. Il fut inauguré le 12 septembre 1963.

En Europe
Le téléphérique de l'Aiguille du Midi (Mont-Blanc) à Chamonix est le plus haut de France et d'Europe. Le premier tronçon a 2 309 m, le deuxième a 3 790 m. Il mène à un ascenseur qui permet de monter à **3 842 m** d'altitude.

Téléphérique *les plus grandes cabines*
Ce sont celles du téléphérique de la Grande Motte à Tignes, Haute-Savoie, qui contiennent **126 personnes** (conducteur compris).

Téléphérique *le plus long*
Le téléphérique le plus long qui relie la mine de manganèse de Moanda, Gabon, à la ligne de chemin de fer, mesure **76 km** de long.
A la vitesse de 18 km/h, 2 800 bennes accrochées à 155 km de câble reposant sur 6 000 poulies, font franchir au minerai les 858 pylônes du téléphérique monocâble.

Tour (poterie) *le plus grand*
Un tour géant de **38,4 m** de long, et 416 t, a été construit par la Compagnie Waldrich Siegen, Allemagne, en 1973.

Son plateau a 5 m de diamètre et il peut traiter des objets de 300 t.

Transformateurs *les plus puissants*
Les plus grands transformateurs monophasés ont un rendement de **1 500 000 kW** (8 sont en service à l'American Power Service Corporation).

En France
Le transformateur triphasé le plus puissant de France, le 1650 MVA, est construit par la Compagnie Alsthom pour équiper la centrale nucléaire de Paluel. Il est constitué de **3 pôles** monophasés de **550 MVA** chacun. Il a un rendement de 99,703 %.

Radar *station la plus chère*
La plus grande des trois stations radars de la BMEWS (US Ballistic Missile Early Warning System) située près de Thulé au Groenland, à 1 498 km du pôle Nord, fut achevée en 1960. Elle coûta **2,5 milliards de F.**
L'une des autres stations est à Cape Clear, Alaska, États-Unis, terminée en 1961, et la dernière se trouve à Fylingdales Moor, Nord Yorkshire ; terminée en 1963, elle coûta 575 millions de F.

Radar *station la plus grande*
La plus grande station scientifique de radar mesure **84 000 m²** au sol Elle est à Jicamarca, au Pérou.

Radar *réseau le plus grand*
C'est le réseau **NADJE,** qui sert à la défense aérienne de l'OTAN sur une ligne qui va de la Norvège à la Turquie. Bien que la France n'ait pas signé les accords de l'OTAN, des stations radars de ce réseau sont installées sur son territoire. NADJE est composé de radars tridimensionnels, type ARES, fabriqués par la Thomson CSF.

Valve *la plus grande*
C'est une valve à ailettes de **10 m** et pesant 170 t, dessinée par Boving et C° Ltd pour les essais de moteurs à la base de Arnold Air Force, Tennessee, États-Unis.

ORDINATEURS

La plus grande firme
La première firme d'ordinateurs est **IBM** (International Business Machines) de New York qui, depuis 1975, est tenue à posséder 36,7 % de la valeur des « ordinateurs électroniques et équipements périphériques », basée sur les marchandises en 1971.
En 1982, son actif était de **212 milliards de F** et ses ventes se montaient à 231 milliards de F.
En octobre 1979, cette société a contracté le plus grand emprunt de l'histoire du commerce : 5 milliards de F.

Le premier
Le premier ordinateur programmable fut Colossus, conçu par M. Newman et mis au point par T. Flowers, G.-B. Il fonctionna en décembre **1943.**

Les pas les plus importants furent : en juillet 1948, la mise au point du transistor point-contact, puis en 1951, celle du transistor de jonction, respectivement par John Bardeen, Walter Brattain, Wallace, Sparks et le docteur Shockley.

Le micro-ordinateur a été inventé en 1969-1973 par E. Hoff de Intel Corporation qui a produit le micro-ordinateur à silicone « 4004 ».

Le plus grand
Le plus grand ordinateur sera le **NASF** mis au point par les services de recherche de la NASA à Palo Alto, Californie, États-Unis.
Il sera 40 fois plus grand que les plus grands ordinateurs existant actuellement. Son coût est estimé à 385 000 000 F.

Les plus puissants et les plus rapides
Le **CRAY-1** est le plus puissant et le plus rapide de tous les ordinateurs, avec un temps d'accès de 12,5 nanosecondes et une mémoire de 1 048 576 mots à 64 bits, soit une capacité de 8 388 608 bytes stockées dans la mémoire principale. (byte = unité de stockage de 8 bits).
Il peut réaliser 200 millions d'opérations par seconde. Si on lui adjoint 32 unités de stockage Cray DD 19, il a une capacité de stockage de 77 568 × 10^{10} bits.
Le prix du modèle moyen était, en 1979, d'environ 37 500 000 F.

Control Data Corporation a mis au point un appareil, CYBER 205 444, avec une mémoire de 4 000 000 bits. Il coûte 99 000 000 F.

Le CRAY-1/S sorti en 1981 a un supplément de 8 millions de mots en mémoire et une capacité de stockage de 1,55 136 × 10^{11} bits pour le prix de 102 000 000 F.

HORLOGERIE

Horloges *les plus anciennes*
L'horloge la plus ancienne fut fabriquée en Chine, en **725,** par I. Hsing et Liang Ling Tsan.

L'horloge en fonctionnement la plus ancienne est l'horloge sans cadran datant de 1386, ou peut-être avant, de la cathédrale de Salisbury, Wiltshire, Grande-Bretagne.
Elle fut restaurée en 1956 après avoir donné l'heure pendant 498 ans et battu 500 millions de fois.

On pense que l'horloge à poids de la cathédrale de Wells, Somerset, G.-B., est peut-être de 1335, mais seul son cadran de fer est original.

Une horloge astronomique hexagonale dessinée par Giovanni de Dondi en 1348-1364 a été exécutée en 1962.

Horloges *les plus grandes*
L'horloge astronomique de la cathédrale Saint-Pierre de Beauvais a été construite de 1865 à 1868. Elle est faite de 90 000 pièces et mesure **12,10 m de haut, 6,10 m de large et 2,70 m de profondeur.**

L'horloge de Su Sung construite en Chine à K'aifeng en 1088-92 comportait une sphère en bronze de 20 t pour 1,5 t d'eau. Elle fut transportée à Pékin en 1126.
Elle fonctionnait encore en 1136 sur sa tour de 12 m de haut.

L'horloge moderne la plus grande se trouve sur le building de l'Allen Bradley Company à Milwaukee, Wisconsin, États-Unis. Chaque face mesure 12,30 m de diamètre. Son aiguille des minutes a 6 m de long.

La plus haute horloge à quatre côtés est celle de la Williamsburg Saving Bank à Brooklyn, New York, États-Unis.
Elle se trouve à 131 m au-dessus du niveau de la rue.

Horloge *la plus précise*
L'horloge la plus précise et la plus compliquée est celle d'Olsen, installée à la mairie de Copenhague, Danemark. Elle comporte plus de 14 000 pièces. Il a fallu dix ans pour la construire et le mécanisme fonctionne de 570 000 manières différentes.
La rotation de l'aiguille du rôle s'accomplira en 25 753 ans. C'est le mouvement le plus lent du monde. L'horloge ne peut se tromper que de **1/2 seconde par 300 ans.**

Pendule *la plus chère*
L'enchère la plus élevée en vente publique a eu lieu chez Sotheby Parke Bernet, Genève, le 8 mai 1981, pour une pendule fabriquée par Cartier qui s'est vendue **1 060 000 F.**

Montres *les plus anciennes*
La montre la plus ancienne fut faite par Peter Henlein à Nuremberg, Bavière, Allemagne, en **1504 ;** elle est en fer et se trouve à l'heure actuelle dans le Memorial Hall de Philadelphie, Pennsylvanie, États-Unis.

La montre-bracelet la plus ancienne est celle de Jacquet Droz et Leschot de Genève, en Suisse, qui date de 1790.

Montre *la plus petite*
Elle est fabriquée en Suisse par Jaeger Le Coultre. Elle est équipée d'un mouvement de 15 carats et mesure **12 x 4,76 mm.** La montre pèse moins de 7 g.

Montres *les plus plates*
La montre la plus plate du monde est le modèle *Delirium IV,* créé par ETA SA (Suisse), qui a une épaisseur hors-tout de **0,98 mm.**
Cette montre à quartz analogique (affichage par aiguilles) a une longueur de 29,60 mm et une largeur de 24,50 mm. En 1970, elle valait 70 000 F, avec un bracelet en or de 18 carats.

La montre bracelet or Omega 1 355 à quartz mesure 1,48 mm d'épaisseur et se vendait 57 500 F en 1980.

Montres *les plus chères*
En juin 1981, la *Kallista,* montre très travaillée et dont il n'existe qu'un seul exemplaire, fabriqué par Vacheron et Constantin, à Genève, était estimée à 35 000 000 F.

Piaget a créé en un seul exemplaire une montre en diamants vendue 15 000 000 F.

Le prix record pour une montre ancienne est de 6 000 000 F payés par le British Museum, le 15 juillet 1982, pour une montre à gousset du XVIIe siècle, fabriquée en Angleterre par Thomas Tompion.

Si l'on exclut les montres à écrin, la montre standard d'homme la plus chère est la montre suisse *Grande complication* d'Audemars et Piguet, qui coûtait 750 000 F en mai 1983.

Le mesureur de temps *le plus précis*
Ce sont les deux masers atomiques à hydrogène installés en 1964 dans le laboratoire de recherche de la marine américaine à Washington DC, États-Unis. Ils sont basés sur la fréquence de la transmission de l'atome d'hydrogène de 1 420 450 751 684 cycles/s, ce qui ne leur permet qu'une erreur de **1 s/1 700 000 ans.**

Cette montre a une épaisseur de 0,98 mm.

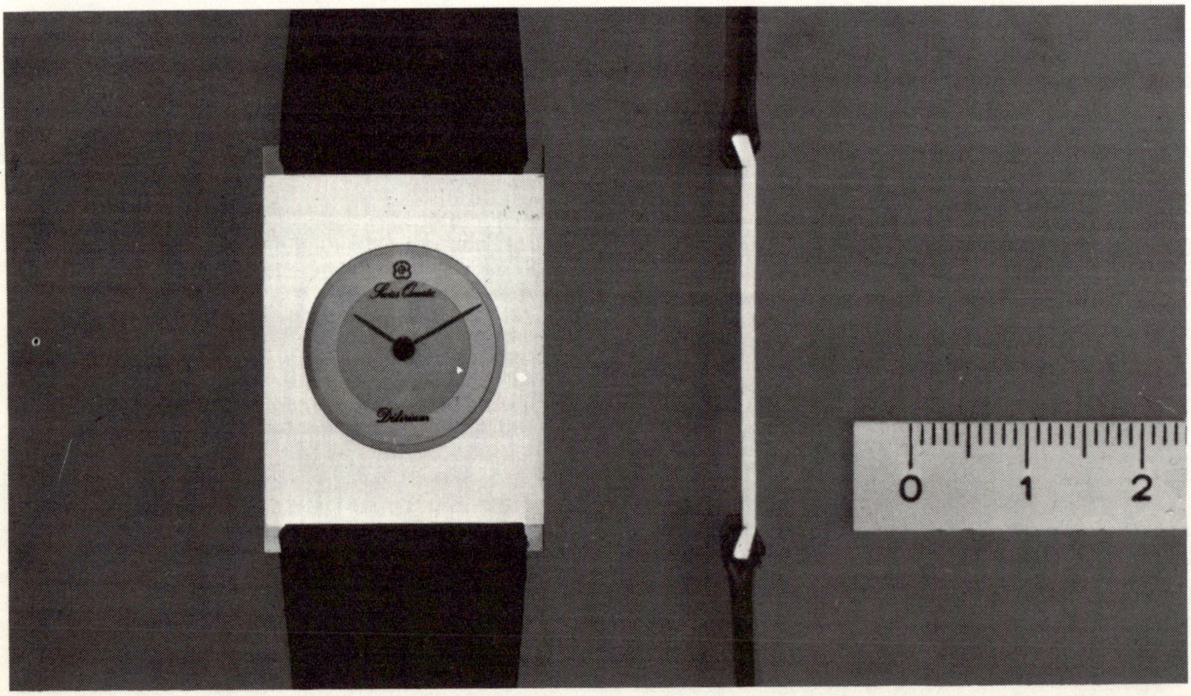

COMMERCE

La première industrie
L'agriculture est souvent appelée « la première industrie du monde », même si les premières preuves ne datent que de 11 000 ans av. J.-C.

La première industrie que l'on connaisse est la **taille du silex,** y compris la production de galets aménagés (chopping tools) et de bi-faces, que l'homme pratiquait il y a environ **3 000 000 ans.**

La société la plus ancienne
La première société du monde est la compagnie de pêche **Faversham Oyster Fishery Co.** Lors du renouvellement des statuts en 1930, la société a été définie comme « existant depuis des temps immémoriaux », ce qui, selon la loi anglaise, signifie (en tout cas) **avant 1189.**

Actifs les plus grands
La Société **Bell System,** comprenant l'American Telephone and Telegraph Company, dont le siège social est au 195 Broadway, à New York, États-Unis, avait un actif total au bilan consolidé du 28 février 1983, de **1 027 milliards de F.** La Société Bell possédait plus de 142 millions de téléphones. Le nombre d'employés était de 1 036 000. 3 millions d'actionnaires détenaient 360 milliards de F d'actions. 20 109 détenteurs d'actions assistèrent à l'assemblée annuelle d'avril 1961, établissant ainsi un record.

La première société dont l'actif ait dépassé 1 milliard de $ est l'United States Corporation avec 1,4 milliard de $ lors de sa création par fusion en 1917.

Profits les plus grands
Le bénéfice net le plus élevé pour une année est **45,8 milliards de F** par **American Telephone and Telegraph Co,** du 1er octobre 1981 au 30 septembre 1982.

En France

Le bénéfice le plus élevé en 1981 a été réalisé par **Elf-Aquitaine** avec **3,7 milliards de F.**
E.D.F. a investi 33 milliards de F en 1981.

Saint-Gobain-Pont-à-Mousson a le record des sociétés privées avec un bénéfice, après impôts, de 908 000 000 F en 1981.

Pertes les plus élevées
La Société **Chrysler** a subi en 1980 une perte de 1 710 000 $ (**7 milliards de F** de l'époque). C'est la plus grosse perte jamais enregistrée dans l'industrie. Pour aider à son redressement, le gouvernement fédéral lui a consenti en janvier 1980 la plus grosse garantie jamais accordée à une firme privée : 1,5 milliard de $.

Le record pour une entreprise nationalisée est 16 milliards de F en 1981 par la société pétrolière argentine Y.P.F.

En France

La Société **Usinor** a accusé un déficit de près de **5 milliards de F** en 1982.

Le plus d'employés
Les **chemins de fer soviétiques** employaient **2 031 200** personnes en 1976.

En France

Les **P.T.T.** qui employaient **474 000** personnes en 1982 sont le premier employeur de France.

Parmi les sociétés privées, le plus grand employeur était, en 1982, le groupe Peugeot-Citroën-Talbot qui employait 218 000 personnes.

Ventes *les plus fortes*
Plus de 500 sociétés dépassent 1 milliard de F de vente par an, dont 294 aux U.S.A.

La première est **Exxon Corporation,** de New York qui a réalisé **680 milliards de F** en 1982.

Offre d'achat la plus grande
Une offre de **22 milliards de F** a été faite par la firme Shell Oil pour le stock de Belridge Oil.

Réduction de capital la plus grande
La plus grande réduction de capital dans l'histoire de l'entreprise privée est une réduction de **4 milliards de F** sur les coûts de développement de la société aéronautique Tristan, annoncée le 23 novembre 1974.

Indemnité la plus forte
La plus forte indemnité jamais perçue par une entreprise française se monte à près de **20 000 000 de F** que la société américaine Vishay a été condamnée à payer à la société française Sfernice. C'est la première fois qu'une société française obtient de la justice américaine la condamnation d'une firme locale au nom de la loi anti-trust.

SOCIÉTÉS

Acier *les plus gros producteurs*
La compagnie **Nippon Steel** de Tokyo, Japon, a produit 28 770 00 t d'acier et produits dérivés en 1982.

La fonderie de Fukuyama de Nippon Kokan a une

capacité de plus de 16 millions de t par an, avec 76 000 employés.

En France
Usinor a produit **9 817 000 t** d'acier en 1981 (10 607 000 t avec les filiales).

Aéronautique
Voir chap. *Transports.*

Aluminium *les plus gros producteurs*
Le premier producteur d'aluminium est l'**Aluminium Company of America** (Alcoa of Pittsburgh, États-Unis) et ses filiales. La compagnie a produit **1 555 000 t** en 1982.

L'Aluminium Company of Canada Ltd possède la plus grande fonderie d'aluminium du monde occidental, à Arivda, Québec, avec une capacité de 431 000 t par an. Alcoa a les plus grandes ventes, avec 31 milliards de F de C.A. en 1982.

En France
Le groupe **Pechiney-Ugine-Kuhlman,** premier producteur français d'aluminium, a réalisé un chiffre d'affaire de **29 milliards de F,** et emploie 71 000 personnes.

Assurance *la plus grande compagnie*
On a estimé, en 1978, que le total des primes versées en 1978 aux États-Unis dépassait 450 milliards de F, soit environ 630 F par ménage.

La compagnie qui détient le plus grand volume d'assurance est la **Prudential Insurance Company of America** de Newark, États-Unis, avec **3,25 milliards de F,** au 31 décembre 1982.

En France
L'**Union des Assurances de Paris** (UAP) est la première compagnie française d'assurances. Elle a encaissé 19,4 milliards de F de primes brutes en 1981 avec un actif de **4,1 milliards de F** et 19 690 salariés.

Assurance vie *la plus élevée*
En février 1982 Victor T. Uy, un Américain, a signé avec la Transamerica Occidental une police d'assurance vie de **297 000 000 F.**

Le plus gros capital versé sur une tête est 90 000 000 F, touchés par Mme Linda Mullendore, femme d'un fermier de l'Oklahoma, le 14 novembre 1970. Son mari, qui fut assassiné, avait versé 150 000 F de prime en 1969.

Assurance maritime *la plus grosse perte*
La plus grosse perte de l'histoire des assurances maritimes a été subie lorsque la plate-forme pétrolière *Ocean Ranger* fit naufrage au large de Terre-Neuve, le 15 février 1982. La plate-forme, qui appartenait à la compagnie de forage Ocean Drilling and C^o^ de New Orleans, U.S.A., était assurée pour **506 000 000 F.** L'accident entraîna la mort de 84 personnes.

Le méthanier *Aquarius* (83 000 t), construit en 1977, est assuré pour 1 milliard de F.

Le plus grand dédommagement
47,600 milliards de F sont réclamés aux sociétés de construction, d'affrètement et d'exploitation par le propriétaire de l'*Amoco Cadiz* qui a déversé 228 000 t de pétrole sur les côtes de Bretagne le 16 mars 1978.

Automobiles
Voir le chap. *Transports.*

Banque
La **Banque Internationale pour la Reconstruction et le Développement,** fondée le 27 décembre 1945, ou « Banque Mondiale » des Nations-Unies (siège social 1818 H Street, Washington DC, États-Unis) a un capital autorisé de **540 milliards de F.** Au 30 juin 1982, 144 membres avaient souscrit un capital de 217,8 milliards de F.

Le Fonds monétaire international de Washington DC compte 146 membres avec un capital souscrit de 487 milliards de F au 31 mars 1982.

En France
La **B.N.P.** est la première banque (3e rang mondial) avec un total du bilan de **613 milliards de F.**
Le Crédit Agricole a réalisé le plus gros bénéfice avec 1,4 milliard de F.

Banque privée *le plus de dépôts*
La première banque privée est la **Bank of America National Trust and Savings Association** de San Francisco, U.S.A. Au 31 décembre 1981, elle avait **613 milliards de F** de dépôts et un actif de 794 milliards de F.

Banque *le plus de succursales*
La **State Bank of India** comptait, au 1er janvier 1980, **7 557** succursales.

Le plus d'agences en France
En 1982, le **Crédit Agricole** comptait **10 200** agences ouvertes au public.

Banque *le plus grand bâtiment*
La plus grande banque est la tour de la **Banque de Montréal** à Toronto, Canada, qui a **285 m** de haut et 72 étages.

Banque *la plus grande chambre forte*
La chambre forte de la **Chase Manhattan Bank** of New York mesure **107 × 30,50 × 2,40 m** et pèse 893 t. Les six portes pèsent 40 t chacune mais il suffit d'une pression du doigt pour les fermer.

Bourse *la plus ancienne*
On compte aujourd'hui 138 Bourses dans le monde. La plus ancienne est celle d'**Amsterdam,** Pays-Bas, fondée en **1602.**

Bourse *valeur*
La valeur la plus haute, cotée en Bourse, est une action Hoffman-La Roche, de Bâle, qui a été cotée 101 000 F suisses (**255 000 F** de l'époque), le 23 avril 1976.

Bourse *records américains*
Le chiffre le plus élevé pour l'**indice Dow Jones** (institué le 8 octobre 1896), établi sur la moyenne des cours d'une sélection de 30 valeurs industrielles à la clôture d'une journée d'échange a été **1 232,59,** le 6 mai 1983, alors que la moyenne des « hausses » avait été de 1 067,20.

L'ancien record de volume des échanges en un jour au New York Stock Exchange qui avait été de

16 410 030 titres le 29 octobre 1929, « Black Tuesday » (Mardi Noir) du fameux « krach » est resté un record absolu jusqu'en avril 1968.

Le record de **volume des échanges** a été de **92 881 420 titres,** le 7 janvier 1981.

Bourse *records américains de baisse*
L'indice **Dow Jones,** qui avait atteint 381,71 le 3 septembre 1929, perdit 30,57 points le 29 octobre 1929 pour atteindre 41,22 le 8 juillet 1932 au plus bas de la dépression.
La plus grande baisse en un jour est **38,33 points,** le 28 octobre 1929.

La perte totale sur les valeurs sûres du 1er septembre 1929 au 30 juin 1932 a été de 74 000 $.

La plus grande perte totale en un an sur les titres cotés a été de 209,9 milliards de $ en 1974.

Bourse *record américain de hausse*
Le record de hausse en un jour a été de 28,40 points, le 30 octobre 1929 puis de **43,41** points (à 1 065,49) le 3 novembre 1982.

Bourse *records américains divers*
La plus grande transaction de titres a été la vente de 5 245 000 actions American Motors à 7,25 $ l'une.

Le plus gros volume de transactions a été la vente d'une tranche de 1 874 300 actions Cutler-Hammer à 55 $ pour une valeur de 103 686 500 $ (463,8 milliards de F), le 12 juin 1978.

Le prix le plus cher pour un siège d'agent de change au New York Stock Exchange a été de 515 000 $ (2 500 000 F) en 1969.

Le prix le plus bas du XXe siècle a été de 17 000 $ en 1942.

La valeur du stock enregistré au New York Stock Exchange a dépassé tous les records le 30 novembre 1980.

Bourse *les plus grosses pertes personnelles*
Ray Kroc, président de Mc Donald's Corporation (chaîne de restauration), a perdu **325 milliards de F,** le 8 juillet 1974.

Edwin Land, président de Polaroïd Corporation, a perdu 297 milliards de F les 28 et 29 mai 1974 lorsque les actions Polaroïd perdirent 12,12 $ à la fermeture.

Bourse *la plus grande émission*
L'American Telegraph and Telephone Company a offert pour 1 375 millions de $ (7,5 milliards de l'époque) d'actions lors d'une émission de **27 500 000 actions** privilégiées convertibles sur le marché new-yorkais, le 2 juin 1971.

Bourse *le plus grand agent de change*
Le plus grand agent de change qui fut la plus grande association du monde avec 124 associés, avant de se transformer en société en 1959, est **Merrill, Lynch, Pierce, Fenner and Smith Inc** (fondé le 6 janvier 1914) de New York, États-Unis.
Avec 20 billions de $ d'actif, la société emploie 37 000 personnes.
Elle a 540 bureaux et gère 3 millions de comptes particuliers.
Lorsque l'on parle de cette société dans les milieux boursiers américains, on dit *« La meute grondante ». (The Thundering Herd.)*

Bourse *en France*
Il y a 7 Bourses en France : Paris, Bordeaux, Lille, Lyon, Marseille, Nancy, Nantes. La plus forte variation 1981/1982 pour les obligations a été l'emprunt d'État 7 % 1973 avec + 33,9 %.
A la hausse, la Société Lucia a connu le plus fort pourcentage de variation de cours avec + 157,4 %.
A la baisse, les Constructions Métalliques de Provence ont chuté de 82,9 %.
Elf-Aquitaine a la plus forte capitalisation boursière avec 9 464 000 F et la plus forte masse de dividendes mis en paiement pour 1982 avec 1 433 000 F.

La Bourse de Paris.

Commissaires-priseurs
La plus ancienne et la plus grande compagnie de commissaires-priseurs est **Sotheby Park Bernet** de Londres et New York, fondée en 1744. En 1981-1982, le chiffre d'affaires fut de **3,1 milliards de F.**

Coiffeur *le plus grand salon*
Carita emploie 80 coiffeurs dans un salon de **600 m²**, 11, rue du Faubourg-Saint-Honoré à Paris. La renommée de Carita est internationale et il arrive souvent que des personnalités étrangères assurent le déplacement de ses coiffeurs pour obtenir leurs services à domicile.

Carita emploie 80 coiffeurs qui se déplacent à domicile.

Construction *la plus grande briqueterie*
La **London Brick Company,** Grande-Bretagne, de Stewarthy, fondée en 1898, s'étend sur **90 ha** et peut produire 13 millions de briques par semaine.

Construction *la plus grande entreprise*
La plus grande entreprise de construction du monde est la **Halifax Building Society,** Grande-Bretagne, qui, fondée en 1853, a 10 398 employés dans 2 400 agences et **98 milliards de F** d'actif.

En France
La première entreprise du secteur bâtiment de France est le groupe Bouygues, qui, en 1981, employait 21 033 personnes, avec un chiffre d'affaires de 6,6 milliards de F.

Dans le secteur travaux publics, le nº 1 français est **SCREG** avec 33 015 employés et un chiffre d'affaires de **7,7 milliards de F.**

Édition *la première société*
La société d'édition qui a le chiffre d'affaires le plus élevé est **Time Inc** de New York avec un chiffre de **24 milliards de F** en 1982.

En France
Le groupe **Hachette** réalise le plus gros chiffre d'affaires de toute l'édition (plus presse) française. Son chiffre d'affaires consolidé pour l'année 1981 est **8 786 259 300 F** dont 1 946 000 000 F pour la société mère.

Édition *scolaire*
La plus grande société d'édition de livres d'enseignement est **McGraw Hill,** à New York, U.S.A., avec un chiffre d'affaires de **2,6 milliards de F** en 1982, et 1 299 nouveaux titres.

Hôtellerie
La chaîne hôtelière la plus lucrative du monde est **Holiday Inn Inc,** avec un revenu de **30 milliards de F** en 1982, pour 2 890 hôtels et 312 000 chambres.
La firme a été fondée par Charles Kemmons Wilson, qui ouvrit le premier hôtel en 1952 à Menphis, Tennessee, États-Unis.

En France
La chaîne hôtelière la plus importante de France est celle du groupe SIEH Novotel, devenue **Accor** après sa fusion avec Jacques Borel. Dans l'hôtellerie, Accor occupe le 9e rang mondial avec **48 500 chambres,** dont près de la moitié sont installées dans 42 pays étrangers.

Voir aussi chapitre *Constructions.*

Immobilier *les plus grands propriétaires*
Le plus grand propriétaire foncier est le **gouvernement des États-Unis** qui possède **3 160 000 km²,** soit plus de la superficie de l'Argentine, 8e pays du monde.

Le plus grand propriétaire *privé* serait International Paper Co qui possède 3,64 millions d'ha, soit 36 400 km².

Immobilier *les terrains les plus chers*
Le terrain le plus cher est au centre de **Hong Kong.** En mai 1982, le mètre carré de terrain réservé à la construction de gratte-ciels était estimé à plus de **1 300 000 F.**
Le 2 décembre 1977, un centimètre carré de terrain à Hong Kong a été vendu 2 000 $ HK (16 400 F) à une vente aux enchères.
La terre agricole la plus chère est le vignoble bordelais de Grand Cognac et Petit Cognac dont la valeur n'a pas été estimée récemment.
Le prix le plus cher à une vente aux enchères a été atteint à Anchorage, Alaska, États-Unis, le 11 septembre 1969, pour 179 lots (182 455 ha) de terrains pétrolifères.

Une offre de 361 385 000 F a été faite par l'Amerada Hess Corporation-Getty Oir Consortium pour un lot de 1 036 ha (environ 350 000 F/ha).

En France
Paris est la ville la plus chère d'Europe. Le prix du m² reste dissuasif. Il se situe dans une fourchette allant de **15 000 à 30 000 F le m²** pour les bons quartiers et de 10 500 à 15 000 F pour les autres. Pour trouver moins cher (8 000 à 10 000 F), il faut se glisser dans la première couronne.

A Paris, le programme immobilier le plus luxueux et le plus cher est le Passy Kennedy, réalisé sur les anciens terrains Peugeot. Le prix du m² était de 26 000 F en 1982.

Immobilier *le loyer le plus élevé*
Dans certains quartiers de **Manhattan,** à New York, le prix du mètre carré en location atteint jusqu'à **3 900 F.**

Immobilier *le loyer le plus bas*
Le loyer d'un appartement de 3 pièces dans l'immeuble Fuggerei, à Augsburg, Allemagne fédérale, est resté depuis sa construction en 1519 à 3,95 F.
Fuggerei était un « millionnaire » philanthrope et partisan de l'assistance sociale.

Imprimerie *la plus grande*
La plus grande imprimerie du monde est la **Donelley and Sons** de Chicago, États-Unis.
La société, fondée en 1864, possède des imprimeries dans 15 grandes villes. Elle utilise chaque année 1,3 million de t de papier et de carton, 70 000 t d'encre et réalise un chiffre d'affaires de **9 450 000 F.**

La plus grande imprimerie sous un seul toit est le Bureau d'Imprimerie du gouvernement des États-Unis à Washington DC, U.S.A. qui vend pour plus de 300 millions de F de publications officielles chaque année. Le catalogue compte 16 000 titres en impression.

Novotel : la chaîne hôtelière la plus importante en France.

Jouets *la plus grande fabrique*
La plus grande fabrique de jouets est **Mattel Inc** à Hawthorne, Los Angeles, fondée en 1945. Les ventes se sont élevées en 1982 à **9 milliards de F.**

En France
Le plus grand fabricant de jouets est la **Compagnie Générale du Jouet.**

Jouets *le plus grand magasin*
Hamley's, Regent Street Ltd, à Londres, fondé en 1760 et installé à son adresse actuelle en 1901, a une superficie de vente de **2 782 m²** sur 11 étages, avec plus de 300 employés au moment de Noël.

En France
Le **Nain Bleu** est le plus grand magasin de jouets de France. Fondé en 1836, rue Saint-Honoré, il a une surface de vente de **800 m².**

Le Nain Bleu : le paradis des enfants.

Librairies *les plus grandes*
Le libraire qui possède le plus de titres et les plus grands rayonnages (45 km) est W. et G. Foyle Ltd, à Londres, avec une superficie de 7 044 m².

La librairie la plus grande en superficie est **Barnes et Noble,** 5th Avenue, New York, qui s'étend sur **14 000 m²** avec 20,710 km de rayonnages.

En France
C'est la **FNAC** du Forum des Halles qui a une surface de vente de **2 270 m².** (La FNAC Montparnasse occupe 2 153 m².)

Magasin *la plus grande chaîne*
La plus grande chaîne de grands magasins est **Woolworth** qui compte 5 124 magasins dans le monde entier. Franck Woolworth a ouvert son premier magasin dans une petite ville de l'État de New York, en 1879.
Les profits en 1982 ont été de **553 500 F.**

Magasin *les plus grosses ventes*
Le grand magasin dont le stock s'écoule le plus rapidement est la succursale de **Marks and Spencers,** Oxford Street à Londres. On estime que les ventes y dépassent **130 000 F par an et par m².** La surface de vente est de 8 400 m².

Magasin *le plus grand « grand magasin »*
Le plus grand grand magasin du monde est **Macy's and Co Inc** à New York, États-Unis, avec une superficie de **203 000 m²** où 12 000 employés sont affairés à vendre 400 000 articles.
En 1982, le magasin (succursales comprises) a vendu pour 20 milliards de F.
Lorsque M. Rowland Hussey Macy ouvrit le 27 octobre 1858 son magasin de fantaisies, il possédait 11,06 $ dans sa caisse en fin de journée.

En France
La **Samaritaine** est le plus grand « grand magasin » de France. 2 700 employés y travaillent sur une surface de **50 000 m².**

On trouve tout à la Samaritaine...

Magasin à succursales *le plus important*
Le plus grand magasin à succursales est **Sears Roebuck and Co** (fondé en 1886 par Richard Sears) de Chicago, qui a effectué 202 milliards de F de vente en 1982.
La société possédait alors **831 magasins** et **2 755 points de vente** par catalogue et téléphone aux États-Unis. Son actif se montait à 247 milliards de F au 31 janvier 1982.

En France
La plus grande chaîne française de magasins à succursales est **Casino-Guichard-Perrachon** (cf. tableau) qui, en décembre 1981, comptait **2 219 points de vente,** dont 20 Casinos « Géants », 76 supermarchés, 17 Casinos « Bricolage », pour un chiffre d'affaires de 13 milliards de F.

La plus grande chaîne de supermarchés, Carrefour (cf. tableau), compte 52 magasins en France pour une surface totale de 438 000 m² et 35 à l'étranger. En 1981, le groupe employait 16 000 salariés.

Centre commercial *le premier*
Le premier centre commercial du monde fut le **Roland Park Shopping Center,** construit en **1896** à Baltimore, Maryland, États-Unis.

Centre commercial *le plus grand*
Le centre commercial Del Amo Fashion Center, Torrance, Californie, U.S.A., a une superficie de 236 170 m² sous un seul toit.

Le plus grand ensemble est le **Dallas Market Center,** U.S.A., avec **740 000 m²** répartis dans 7 bâtiments. Il reçoit chaque année 600 000 visiteurs.

En France
Le plus grand centre commercial d'Europe est le **Centre Commercial Régional de la Part-Dieu,** à

Lyon, ouvert au public le 9 septembre 1975.
Ce centre a coûté 170 000 000 F et 2 200 000 heures de travail. Il a une surface au sol de 40 000 m², **220 000 m²** de planchers, et 101 762 m² de surface commerciale. Il comprend 225 magasins.
Le centre reçoit environ 350 000 acheteurs par mois.

« Les Quatre Temps », centre commercial et de loisirs ouvert en mars 1981 à La Défense (Hauts-de-Seine), totalise 105 000 m² de surface commerciale et compte 160 boutiques.

Le centre Commercial des quatre Temps compte 160 boutiques.

Pétrole la plus grande compagnie
La Firme **Exxon Corporation** (anciennement Standard Oil Company) employait 180 000 personnes au 1er janvier 1982.
Son actif se montait à **378 milliards de F.**

En France
C'est la **Compagnie Française des Pétroles** (C.F.P.) ; première entreprise française (cf. tableau).
En 1981, elle a réalisé un chiffre d'affaires de **101 milliards de F.**

Pétrole la plus grande raffinerie
La raffinerie **Amerada Hess** à Saint-Croix, îles Vierges, Mexique, a une capacité annuelle de **33 400 000 t.**

En France
La raffinerie de **Gonfreville** (Seine-Maritime) a eu une capacité de **22 300 000 t** en 1980.

Pharmacie *succursales*
La plus grande chaîne de pharmacies du monde est la compagnie anglaise **Boots,** avec **1 047 succursales.**

Pharmacie *industrie*
La Société **Hoescht,** Allemagne fédérale, a réalisé un chiffre d'affaires de **97,5 milliards de F** en 1982.

Photo *centre le plus grand*
Le magasin **Jessop,** à Leicester, G.-B., offre une surface de vente de **2 508 m²** aux amateurs de photo.

Public relations
La plus grande agence de relations publiques est **Hill and Knowlbon Inc,** New York, États-Unis.

La société emploie plus de 1 000 personnes et possède des bureaux dans 19 villes américaines et 30 villes à l'étranger.

Publicité *la plus grande agence*
La plus grande agence de publicité, en 1982, a été **Dentsu Incorporated,** Japon, avec un chiffre d'affaires estimé à **19 milliards de F.**

En France
La plus grande agence française de publicité est **Publicis** qui, en 1982, a réalisé un chiffre d'affaires de **1 milliard de F** et couvre 6% du marché.

Publicis : la plus grosse agence de publicité française.

Publicité *le plus grand annonceur*
Le premier annonceur du monde est **Sears Roebuck and Co** avec des dépenses de **4,8 milliards de F** en 1982, sans compter les frais de catalogue.

En France
Au niveau des *sociétés,* c'est la **Régie Renault** qui, en 1982, s'est classée comme le plus grand annonceur avec un budget publicitaire de **238 340 000 F.**

Au niveau des *groupes,* **BSN-Gervais-Danone** a consacré, en 1982, **300 000 000 F** à son budget publicitaire.

Publicité *tarif*
Le prix le plus élevé de la page d'un magazine est de **670 000 F** pour la couverture de l'hebdomadaire américain ***Parade*** (tir. 21 millions d'ex.).

En France
Le prix le plus élevé est celui de la 4e de couverture de l'hebdomadaire ***Télé 7 Jours*** qui vend à 2 702 840 exemplaires. Il est de **245 869 F.**

Publicité *annonce la plus haute*
C'est le sigle de quatre lettres de la **Banque de Montréal,** au 72e étage du bâtiment à **285 m** de haut, First Canadian Place, Toronto, Canada. Chaque signe, construit par Claude Neon Industries Ltd, mesure **6,09 × 6,70 m** et fut monté à l'aide d'un hélicoptère.

En France
C'était celle de Citroën sur la tour Eiffel. Elle fut

LES PREMIERS GROUPES FRANÇAIS PAR CHIFFRE D'AFFAIRES ET PAR ORDRE DÉCROISSANT EN MILLIONS DE FRANCS

Sociétés	C.A. H.T.	Capitaux propres	Effectifs	Sociétés	C.A. H.T.	Capitaux propres	Effectifs
Pétroles, carburants, gaz Cie Française des pétroles	123 117	20 716	47 260	Extraction, mines Charbonnages de France	22 618	3 310	74 803
Pétroles, carburants, gaz Elf Aquitaine	104 424	28 785	58 600	Pétroles Pétroles B.P.	21 324	4 079	4 751
Services Publics P.T.T.	90 791	42 747	474 000	Distribution d'eau Cie générale des Eaux	20 274	2 753	–
Automobiles Renault	87 700	11 250	215 844	Import, Export Sucres et denrées	19 844	224	2 500
Services publics E.D.F.	74 645	72 909	113 934	Agro-alimentaire BSN-Gervais-Danone	19 256	3 612	41 751
Automobiles Peugeot	72 389	12 171	218 000	Transports Air France	19 144	2 993	33 668
Matériel électrique Cie Générale d'Électricité	56 659	5 084	180 400	Sidérurgie, mécanique Creusot-Loire	17 796	389	40 301
Pétroles Shell France	46 688	5 436	7 057	Sidérurgie Sacilor	17 502	10 262	38 547
Matériel électrique Thomson	43 657	3 112	129 000	Électronique I.B.M. France	17 270	5 151	20 596
Verre, mécanique Saint-Gobain	43 494	9 444	135 559	Aéronautique S.N.I.A.S.	15 393	1 293	35 390
Métaux, Chimie Pechiney-Ugine-Kuhlman	40 985	8 081	71 000	Distributio Promodes	15 004	628	19 175
Transports Publics S.N.C.F.	38 041	37 862	249 020	Matériaux de construction Lafarge Coppée	13 970	2 689	29 473
Pétroles Esso	37 807	7 046	4 783	Sidérurgie Vallourec	13 878	1 924	30 882
Chimie Rhône-Poulenc	35 929	5 935	89 348	Distribution Auchan	13 266	1 058	10 334
Mécanique Schneider	35 716	1 492	107 000	Distribution Casino	13 005	983	–
Distribution Générale Occidentale	35 277	1 570	36 500	Distribution d'eau Lyonnaise des eaux	12 689	1 613	44 434
Pneumatiques Michelin	31 337	13 213	115 000	Métaux non ferreux Métal	12 481	3 481	22 000
Services publics Gaz de France	29 371	7 399	28 034	Aéronautique Dassault Bréguet	12 459	1 758	15 789
Sidérurgie Usinor	24 706	8 598	31 638	Gaz industriel Air liquide	12 447	3 296	25 000
Distribution Carrefour	24 536	1 144	11 307	Distribution Docks de France	12 351	439	18 976

LES DIX PREMIERS BÉNÉFICES FRANÇAIS

Sociétés	Bénéfices en millions de francs
Elf Aquitaine	3 687
Française des pétroles	950
IBM France	841,7
Air liquide	648,8
L'oréal	520,6
Saint-Gobain	450
BSN-Gervais Danone	445,8
Cie Générale d'électricité	403,1
Générale de géophysique	390,7
Framatome	372,4

LES DIX PREMIERS INVESTISSEURS FRANÇAIS

Sociétés	Investissements en millions de francs
E.D.F.	33 010
P.T.T.	26 755,8
Elf Aquitaine	17 800
Renault	7 970
S.N.C.F.	7 669,2
Peugeot	4 606
Gaz de France	3 378
R.A.T.P.	2 671,6
Saint-Gobain	2 511

LES DIX PREMIÈRES PERTES FRANÇAISES

Sociétés	Pertes en millions de francs
E.D.F.	4 640,2
Usinor	4 200,1
Sacilor	2 874
Pechiney Ugine Kuhlmann	2 506
SNCF	2 019,7
Peugeot	1 993
PTT	1 537
Gaz de France	950
Shell chimie	769,4
Renault	607

allumée le 4 juillet 1925 et pouvait être vue à 38 km à la ronde. Elle était en 6 couleurs avec 250 000 ampoules et 90 km de câbles électriques. La lettre N qui terminait le mot « Citroën » entre le 2e et le 3e étage, mesurait **20,80 m** de haut. Tout le dispositif fut descendu au bout de 11 ans en 1936.

Publicité, *annonces les plus grandes*
La plus grande annonce au néon appartenait à la Compagnie de chemin de fer Atlantic Coast Line, à Port Tampa, Floride, États-Unis. Elle mesurait 118 m de long, 23 m de haut, pesait 178 t et avait 1 280 m de tubes de néon rouge.
Elle fut démolie le 19 février 1970.

Aldo Sign a réalisé, en avril 1983, une annonce lumineuse de **357 m de long,** installée à Cleavwater, Californie, États-Unis.

Le plus grand panneau publicitaire à Broadway, New York, États-Unis, a 1 062 m² (32,6 × 32,6 m).

L'enseigne animée la plus grande est Topsy le clown à l'entrée de l'hôtel Circus Circus à Reno, Nevada, États-Unis. Il a 38,7 m de haut, pèse 40,8 t et comporte 2,25 km de tubes de néon. Son sourire a 4,26 m de large.

Tabac *la plus grande compagnie*
British-American Tobacco C° possède 119 manufactures de tabac dans 52 pays. Le groupe a vendu **560 milliards de cigarettes** en 1982.

Tabac *la plus grande usine*
La plus grande usine de cigarettes est l'usine **Philip Morris** (300 millions de $) à Richmond, Virginie, États-Unis, inaugurée en octobre 1974.
Elle emploie 5 500 personnes et produit 530 millions de cigarettes par an.

OBJETS ET PRIX DE VENTE

Antiquité *la plus grande*
La pièce d'antiquité la plus grande jamais vendue a été le **pont de Londres,** vendu en avril 1968 à la McCulloch Oil Corporation de Los Angeles, Californie, États-Unis, pour 12 300 000 F.
Les pierres de la façade ont été réassemblées à Lake Havasu City, Arizona, pour 27 000 000 F, et ré-inaugurées le 10 octobre 1971.

Argenterie
Le prix le plus élevé pour un objet en argent est **551 250 F** pour une paire de **soupières** du duc de Kingston, réalisées en 1735 par Meissonnier et vendues le 8 novembre 1977 par Christie's à Genève.

Argenterie *la plus grande*
Deux **jarres** de **1,60 m** de haut, d'une contenance de 8 182 litres, pesant 242 kg ont été fabriquées en 1902 pour le maharadjah de Jaipur. Elles ont 2,48 m de circonférence.

Armoire
Le prix record en vente publique a été de **120 000 F** pour une armoire dessinée par Carlo Bugatti, le père d'Ettore (automobiles).
Elle a été vendue Salle Drouot à Paris, par Me Renaud le 12 décembre 1979.

Armure
Une armure ayant appartenu à Henri II de France par Giovanni Paolo Negroli (1550) a été vendue **22 815 000 F** le 5 mai 1983 chez Sotheby's à Londres.
L'armure du duc de Worcester, réalisée en 1570, pesait au total **60 kg.**

Art
L'œuvre d'art la plus chère, mis à part la peinture, est une **plaque** de 15 cm de diamètre en **vermeil et émail champlevé** du XIIe siècle, représentant *Operatis* (l'ange de la Charité), vendue **11 418 000 F,** le 22 juin 1978.

Voir aussi chapitre *Culture et Loisirs.*

Art Nouveau
Une **lampe de table Tiffany** en verre mosaïque et bronze a été vendue **1 620 000 F,** par Tiffany chez Christie's à New York, le 22 avril 1980.

Art primitif
L'objet d'art primitif le plus cher est une **statuette d'ancêtre** ou de chef du XIXe siècle, vendue **2 420 000 F,** le 14 décembre 1979, à Paris par A. Schoeller.

Astrolabe
Un astrolabe en laiton doré de 174 mm de diamètre, daté de 1556 et expertisé par Alain Brieux, a été adjugé **1 210 000 F** le 10 octobre 1980 par Me Libert. Il portait les armes de Marie Tudor et celles de Philippe II, ainsi que la date de son accession au trône d'Espagne.

Automate
Une pendule automate du XIXe siècle représentant Toussaint Louverture, héros de l'indépendance haïtienne, a été adjugée **120 000 F** par Ader, Picard et Tajan, le 9 décembre 1981.

Bijou fantaisie
Le bijou fantaisie le plus cher est une broche composée de quatre fausses émeraudes centrées et entourées de faux rubis et de faux diamants, montés sur métal doré, vendue **9 483 F** chez Christie's à Londres, le 2 décembre 1978. Ce bijou avait été créé par Coco Chanel.

Boîtes d'allumettes
Les collectionneurs d'étiquettes sont des *phillumé-nistes,* les collectionneurs de boîtes d'allumettes sont des *cumyxaphistes.*

La boîte d'allumettes la plus ancienne est une boîte anglaise de 1827.

La plus belle collection (sans aucune boîte publicitaire) se compose de **280 000 pièces** et appartient à Robert Jones, U.S.A.

Boîte à tabac
Une tabatière en or recouverte de nacre et de pierres précieuses a été vendue **4 200 000 F** le 11 mai 1982 par Christie's. Cette tabatière aurait été réalisée pour Frédéric le Grand de Prusse.

Bouteilles miniatures
La plus grande **collection** de bouteilles miniatures originales est celle de Douglas Tevener, G.-B., qui en possédait **19 000** en octobre 1982.

Briquet
Le briquet de poche le plus cher est fabriqué par

L'armure de Henri II a été vendue 22 815 000 F chez Sotheby's.

Cette jarre en argent massif mesure 1,60 m et pèse 242 kg.

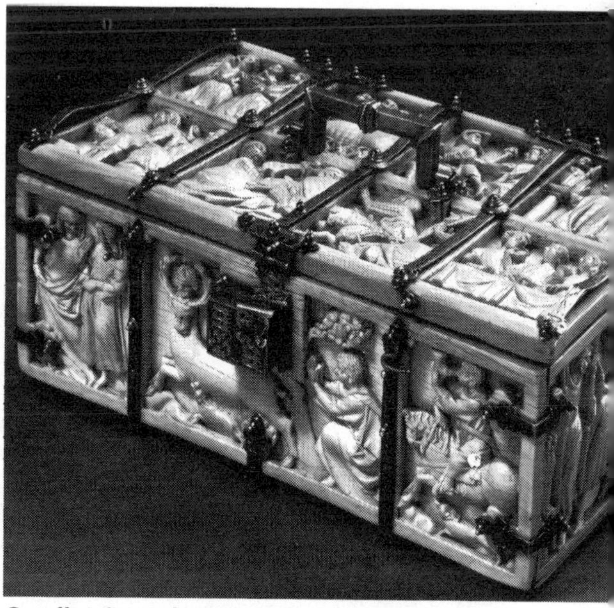

Ce coffret d'art gothique est en ivoire et date du début du XVe siècle. Il a été vendu chez Sotheby's 3 180 000 F.

Dunhill. En platine, serti de pierres précieuses, il est vendu 400 000 F.

Bureau
Un bureau cartonnier plat Louis XVI, attribué à Joseph Baumhauer, plaqué d'ébène avec filets de cuivre, a été vendu **5 500 000 F** par Sotheby's à Monaco en 1981.

Canif
Le plus grand nombre de lames appartient au canif Year Knife. Le record a été arrêté en 1973, avec **1973 lames,** par manque de place.
Le Year Knife (couteau de l'année) a été réalisé par Joseph Rodgers and Sons, coutelier à Sheffield depuis 1682. Le canif a été conçu en 1822 avec 1 822 lames.

Cartes à jouer
Les plus petites cartes à jouer commercialisées mesurent **23 × 15 mm.**

Céramique
Une urne grecque tournée par Euxitheos et peinte par Euphromios en 530 av. J.-C., a été vendue **6 500 000 F** par un particulier au Metropolitan Museum de New York.

Chaise *la plus grande*
La plus grande chaise du monde est une chaise de **10 m de haut et 4 m de large,** réalisée en mai 1981 par la société de plomberie Anniston, Alabama, U.S.A.

Chaise *la plus chère*
La chaise la plus chère est une Chippendale vendue **1 925 000 F** le 23 octobre 1982 chez Sotheby, à New York.

Chandelle
Une chandelle de **24,38 m** de haut et 2,58 m de diamètre a été exposée à l'Exposition de Stockholm en 1897.

Chapeau
Le chapeau de Napoléon Ier a été acheté **165 570 F** le 23 avril 1970 par Moët et Chandon, négociants en champagne.

Chaussures
Les chaussures de série les plus chères sont vendues **55 920 F** la paire aux États-Unis.
Ce sont des chaussures de golf doublées de vison et ornées d'or 18 carats et de petits rubis, fabriquées par Stylo Matchmakers International Ltd de Northampton, Grande-Bretagne.

Cigares *les plus grands*
Le plus grand cigare mesure **3,81 m** de long et pèse 110 kg. Fabriqué par la Société Garcia Frères à Las Palmas, Canaries, il a nécessité 315 heures de travail et 15 903 feuilles de tabac.

Le plus grand cigare normalement vendu dans le commerce est le *Sabah Queen* de Bornéo. Il mesure 50 cm.

Cigares *bagues*
Le restaurant « Russo's », San Francisco, U.S.A., possède une collection de **5 000 bagues** dont certaines datent de 1860.

Cigarettes *consommation*
Les plus gros fumeurs du monde sont les Américains qui ont fumé **640 milliards de cigarettes** en 1981, ce qui représente une dépense de **138 milliards de F.**

Cigarette *la plus populaire*
La cigarette la plus populaire du monde est la ***Marlboro*** fabriquée par Philip Morris et vendue à 234 460 millions en 1981.

Cigarettes *les moins nocives*
Les cigarettes les plus faibles en goudron et en nicotine sont les ***Philip Morris Ultra Mild*** (goudron 1,5 mg, nicotine 0,5 mg).

Les cigarettes françaises les plus faibles sont les ***Royales légères*** filtre (goudron 5,4 mg, nicotine 0,44 mg).

Cigarettes *les plus nocives*
Les ***Pall Mall King Size*** contiennent 27 mg de goudron et 2,2 mg de nicotine.

Les cigarettes françaises les plus fortes sont les ***Boyard Maïs*** sans filtre (goudron 45 mg, nicotine 2,95 mg).

Cigarettes *les plus longues et les plus courtes*
Les *Head Plays* étaient vendues dans les années 30 aux États-Unis par paquets de 5 :
elles mesuraient **2,9 cm** de long pour détourner la taxe.

Les *Lilliput* vendues en Grande-Bretagne, en 1956, ne mesuraient que 31,7 mm de long pour un diamètre de 3 mm.

Cigarettes *la plus grande collection*
Robert Kaufman de New York possédait en avril 1982 **7 675** sortes de cigarettes avec 43 bouts différents fabriquées dans 172 pays.

Robert Christiansen, U.S.A., possède **60 000 paquets** de cigarettes, tous différents.

Coffret
Un coffret gothique en ivoire, début XVe siècle, Île-de-France, a été vendu **3 180 000 F** chez Sotheby Parke Bennet à New York, le 6 mai 1983.

Commode
La commode la plus chère est une commode Louis XVI estampillée Leleu, qui a été adjugée **4 200 000 F** en juin 1979, à Monte-Carlo.

Cordes
La plus grande corde fut une corde d'amarrage en fibre de coco de 119 cm de circonférence, tressée en 1858 pour le navire anglais *Great Eastern.*

Elle était formée de 4 torons de 3 780 brins chacun.
La plus longue corde sans épissure est une corde de **1 828 m** de long et de 16,51 m de circonférence fabriquée en 1874 par Frost Brothers (aujourd'hui British Ropes).

Couronne funéraire *la plus chère*
La couronne funéraire la plus chère du monde a coûté **6 000 F.**

Elle a été envoyée par l'intermédiaire d'Interflora, par la Ville de Paris à Washington, le 25 novembre 1963, en hommage à John Kennedy.

Couronne funéraire *la plus grande*
La plus grande, confectionnée par le Kiwaries Club de New York, U.S.A., en novembre 1981, avait **16,62 m de diamètre** et pesait 4 tonnes.

Couverture *cousue*
Le plus grand patchwork a été cousu par 12 femmes de l'association familiale rurale de Thiaucourt, Meurthe-et-Moselle. Il a nécessité 2 000 heures de travail, se compose de 11 240 carrés et mesure **100 × 7 m.**

Couverture *tricotée*
La plus grande couverture du monde mesure **20,70 × 30,50 m** et pèse 272 kg.
Elle est faite de petits carrés tricotés de 15,25 cm. Il a fallu 10 mois (octobre 1977 - juillet 1978) aux lectrices d'un magazine anglais *Woman's weekly*, pour la réaliser, dans le cadre d'une campagne pour l'aide aux enfants handicapés.

Couverture *la plus chère*
Un serape navajo a été vendu **356 400 F** en mai 1981 par Sotheby's.

Croix
Une croix de procession en cuivre émaillé a été vendue **1 101 000 F** le 12 décembre à Monte-Carlo.

Cette croix a été vendue 1 101 000 F.

Cuiller
Le 22 juin 1982, Phillips, à Londres, G.-B., a vendu une cuillère « pointe de diamant » du XIVe siècle, au prix de **140 000 F.**

Dé
Le prix record pour un dé est de **81 000 F.**
Ce dé de porcelaine de la manufacture de Meissen, datant de 1740, a été vendu le 3 décembre 1979 à Genève.

Drapeau
Le *Great American Flag*, déployé pour l'inauguration du Verrazano Bridge à New York le 4 juillet 1981, mesurait **125 m x 64 m** et pesait 7 tonnes.

Drapeau *mâts*
La plus grande hampe de drapeau mesurait **91 m.** Elle avait été dressée sur le pavillon de l'Oregon lors de l'Exposition internationale de San Francisco en 1915.
Cette hampe était réalisée à partir du tronc d'un pin Douglas et pesait 47 t.

La plus grande hampe sans soutien est un mât métallique de 67 m de haut et 12,7 t qui se dresse devant les bâtiments de l'académie de Marine de King's Point, New York, États-Unis.

Enchère
Une paire de boucles d'oreilles en diamants de couleur E, l'un de 58,60 carats et l'autre de 61,80 carats, a été vendue **28 250 000 F** (11 300 000 F suisses) par Sotheby à Genève le 13 novembre 1980. Cette enchère est le record absolu pour tout objet vendu en vente publique.

Épée
L'épée d'or présentée en 1779, par le Congrès Continental au général Lafayette, a été vendue **725 000 F** le 20 novembre 1976 à New York, chez Sotheby Parke Bernet.

Étoffe
L'étoffe la plus chère est une étoffe de pure soie qui a été vendue **2 900 F le mètre** (en 95 cm de large) chez Alan Herschman, à Londres.
Cette étoffe pour robe du soir était brodée à la main et ornée de 4 600 sequins par mètre.

Étoffe *le nylon le plus fin*
En février 1956, on pouvait « voir » à la foire du nylon à Londres, un fil de nylon de **6 deniers** pour la confection de bas.

Les bas les plus fins dans le commerce sont des bas de 9 deniers. (Un cheveu humain correspond à un fil de 50 deniers.)

Faïence
Une paire de **seaux à glace** en faïence de Marseille provenant de la collection Reynaud, datant de 1770 environ, a été vendue **144 000 F** par Christie's.

Fauteuils
Une paire de fauteuils Louis XVI a été adjugée **680 000 F** par Ader, Picard, Tajan, le 9 décembre 1981 à Paris.

Feu d'artifice *le plus grand*
Le plus grand feu d'artifice est le bouquet de

chrysanthèmes *Hanabi*, commercialisé par Marutamaya Ogatsu, Japon. Il s'élève à **915 m de haut**, lancé par un canon de 914 mm.
Il forme une fleur de 610 m de diamètre qui change 2 ou 3 fois de couleur.

Feu d'artifice *le plus bas*
Le feu d'artifice le plus bas fut *Fatman*, chandelle romaine de 1 m et 325 kg qui devait battre le record japonais, à New York en 1975.
Elle émit un sifflement et explosa, creusant un **cratère de 3 m** de profondeur.

Fourrure
En mai 1970, un manteau de kojah (vison sable) a été vendu **625 000 F** par Neimann-Marcus à l'acteur Richard Burton pour sa femme Elisabeth Taylor.

Jade
En mai 1973, un **collier** de 31 boules de jade a été vendu **2 500 000 F** par Christie's à Genève.

Lit *le plus grand*
En 1430, à Bruges, le duc Philippe de Bourgogne avait un lit de **3,80 × 5,70 m** pour la cérémonie du coucher officiel avec la princesse Isabelle de Portugal.

Le *Great Bed of Ware* (grand lit de Ware) que l'on peut voir au Victoria and Albert Museum de Londres a 3,26 m de large, 3,37 m de long et 2,66 m de haut.

Lit *le plus lourd*
Le **« waterbed »** dans lequel dort Milan Vacek, Californie, depuis 1977, mesure 2,92 m × 2,99 m.
Il est rempli d'eau chauffée par un système muni d'un thermostat. L'eau pèse à elle seule **1,9 t.** Le lit est au rez-de-chaussée.

Lit *le plus cher*
Un lit à colonnes en acajou a été vendu **296 000 F** le 22 janvier 1983 par Christie's à New York.

Lustre
Le plus grand lustre du monde, fabriqué à Murano, Italie, pour le casino belge de Knokke-le-Zoote mesure **7 m** de haut, 3 m de circonférence et pèse 3,5 t. Il comporte 1 896 ampoules.

Meuble *le plus cher*
Le meuble le plus cher est une **encoignure** Louix XV qui a atteint le prix record de **8 436 000 F** le 26 juin 1979 lors de la vente de la collection Ojjeh, par Sotheby's à Monaco.
L'acheteur était le musée Paul-Getty de Malibu, Californie, États-Unis.
Elle a 2,88 m de haut, a été dessinée par Nicolas Pineau (1684-1754), élève de Mansard, et réalisée par Dubois. En marqueterie de bois satiné, elle est surmontée d'une pendule d'angle signée Lenoir.

Mobilier *le plus cher*
Le record de vente pour l'ensemble du mobilier d'une maison particulière a atteint **50 000 000 F** lors de la vente du 18 au 27 mai 1977 chez le VIe comte de Rosebery.

(Voir autres meubles par ordre alphabétique.)

Modèle réduit
Un modèle réduit du **vaisseau** ***Le Hardi*** (1750-1793) de 1,82 m de haut et 2,03 m de long a été adjugé **231 000 F** le 9 décembre 1981 par Ader, Picard, Tajan.

Nappe
La maison John Brown and Sons de Belfast, Irlande, a réalisé une nappe damassée de **1,80 x 200 m** de long, pour répondre à la commande d'un prince du Moyen-Orient qui a gardé l'anonymat.
La nappe fut livrée avec 450 serviettes assorties.

Oiseau empaillé
Un grand pingouin *(Alca impennes)* empaillé a été acheté **80 000 F** par le Muséum d'Histoire Naturelle d'Islande, le 4 mars 1971 chez Sotheby.

Parfum
Le parfum français le plus cher est « Joy » de Patou qui coûte **2 760 F** le flacon de 70 ml.

Photographie
Un **daguerréotype** datant de 1848, l'autoportrait de Albert Sands Southworth, a été vendu **198 000 F** le 15 mai 1980 par Christie's à New York.

Pipe *en écume*
La pipe la plus chère est une pipe en écume de mer avec un culot sculpté en forme d'Antoine et Cléopâtre qui a été vendue **90 000 F** par Racine et Laramie, de San Remo, Californie, U.S.A., en février 1982.

Pipe *en bruyère*
Une pipe « parfaite » en bruyère uniquement, grain-long, sans or, est en vente chez Dunhill à Paris au prix record de **15 150 F.**

Pistolets
Le 8 juillet 1980, un pistolet à barrillet fabriqué en 1600 à Munich, a été vendu **1 100 000 F** chez Christie's à Londres.

Joy de Patou coûte 2 760 F le flacon de 70 ml.

Porcelaine
Un **vase Ming** bleu et blanc de 1426-1435 a été vendu le 15 décembre 1981, **7 800 000 F** par Sotheby's à un acheteur japonais.

Poupée
La poupée la plus ancienne et la plus chère est une **poupée Bru** qui a le corps en cuir, la tête et les bras en porcelaine, les jambes en bois.
Elle a été vendue **78 000 F** par Mes Loudmer et Poulain, le 20 avril 1979, à Drouot-Rive-gauche à Paris.

Cette poupée Bru a un corps en cuir et une tête de porcelaine, elle coûte 78 000 F.

Presse-papier
Le presse-papier le plus cher est un presse-papier du XIXe siècle, provenant de la manufacture de Saint Louis, vendu **456 000 F** par Christie's, à Londres, le 10 juillet 1979.

Puzzle
En 1933, le magasin Gimbels de New York a vendu au cirque Barnum un puzzle de **2,6 × 4 m** qui pesait 270 kg et comprenait 50 000 morceaux.

La maison Förlaget Kärnan, Suède, a réalisé un puzzle qui comptait 40 000 pièces au mètre carré.

Rideau
Le sculpteur Christo a suspendu le 10 août 1971 un rideau orange de 4 t et **56 m de haut** au travers du Rifle Gap, dans le Colorado, U.S.A.
Une rafale de vent qui soufflait à 80 km/h déchira l'œuvre d'art 27 h après son installation. La réalisation avait coûté **3 750 000 F.**

Le plus grand rideau fonctionnel utilisé pour protéger les avions dans la zone où ils sont peints au British Aerospace Filton, G.-B., mesure 167,6 m de long et 19,8 m de haut.

Robes *les plus chères*
Jean Vendôme et Michel Tellin ont présenté à l'émission *Incroyable mais Vrai* d'A 2 une robe de **30 000 000 F** en mousseline de soie, au décolleté orné de 250 émeraudes, 200 rubis et 300 diamants.

La robe que portait Jean-Bedel Bokassa pour son couronnement, le 4 décembre 1977, valait 740 000 F. Ornée de 785 000 perles et 1 220 000 cristaux, elle avait une traîne de 12 m de long.

Saupoudroir à sucre
Un saupoudroir en argent attribué à David André, reçu en 1703, de 24,5 cm, a été vendu **390 000 F** le 18 avril 1983 par Ader, Picard, Tajan.

Ce saupoudroir a été vendu 390 000 F par Ader, Picard, Tayan le 18 avril 1983.

Sofa
Le plus grand sofa vendu dans le commerce est le King Talmage Sofa de **3,70 m** de long, fabriqué par Talmage, Californie, États-Unis.

Soldat de plomb
Un *Camel Corps* de 9 cm a été vendu **2 600 F** le 1er octobre 1981 par Christie's à New York.

Stylo
Un stylo Mont-Blanc habillé d'or massif, modèle Diplomat, coûte **31 875 F.**

Table
Une table de **10 073 m** de long a été installée à Hudiksvall, Suède, le 19 juin 1982. 4 000 personnes y ont pris place, parmi lesquelles le roi de Suède.

Tapis *le plus ancien*
Le tapis le plus ancien que l'on connaisse est un tapis de laine à points noués, à motifs rouges sur fond blanc, découvert dans des fouilles à Pazyryk, U.R.S.S., en 1947, et daté du **ve siècle av. J.-C.**

Tapis *le plus grand*
Le tapis de Hashim en soie et fils d'or (daté de 743), du califat Abbaside (Irak) aurait mesuré **55 × 92 m.**

Tapis *les plus chers*
Le plus beau tapis de tous les temps fut certainement le tapis du *Printemps de Kosrow* de la salle d'audience du palais des Sassanides, à Tisphoren, en Perse. Ce tapis de 650 m² était en soie, orné de fils d'or et d'émeraudes. En 635, les pillards militaires le découpèrent en morceaux pour l'emporter avec eux. Sa valeur était inestimable.

En 1946, le Metropolitan Museum de New York a acheté 1 million de $, à titre privé, un tapis persan Tabriz de 8 × 4,15 m, de 1590.

Tapis *le prix le plus élevé en vente publique*
Le 13 octobre 1982 un *tapis polonais* de soie sur fond lamé du XVIIe siècle a été vendu **2 200 000 F.**

Tapis *le plus fin*
Le tapis le plus fin est un morceau de tapis de prière Mughal Imperial du XVIIe siècle, actuellement au Metropolitan Museum de New York.
On compte **386 nœuds par cm².**

Tapisserie *la plus ancienne*
Les tapisseries les plus anciennes que l'on connaisse ont été découvertes dans le tombeau d'un pharaon égyptien.
Elles datent de **1483-1411 av. J.-C.**

Tapisserie *la plus grande*
La plus grande tapisserie d'une seule pièce est une œuvre, *Christ in his Majesty (Christ en Gloire)*, de **21,95 × 12 m** pour l'autel de la cathédrale de Coventry, Grande-Bretagne.
Cette tapisserie de 760 kg a été réalisée par Pinton Frères, de Felletin (Aubusson), et livrée pour 123 000 F le 1er mars 1962.

Tapisserie *les plus longues broderies*
La tapisserie la plus longue est la tapisserie de Bayeux ou tapisserie de la reine Mathilde *(Telle du Conquest)* qui mesure **49,50 cm × 70,40 m** et relate en 72 tableaux les événements les plus marquants de la conquête de l'Angleterre par les Normands, entre 1064 et 1066.
Cette tapisserie est, en fait, une broderie à l'aiguille. Elle a probablement été exécutée à Canterbury, en Angleterre. La broderie a été « perdue » pendant 2 siècles 1/2, de 1476 à 1724.

Une broderie de 34 panneaux de 2,43 m × 91 cm, commandée à l'École royale d'Angleterre de broderie a été terminée en 1979.
Cette broderie a 12,49 m de plus que la tapisserie de Bayeux, avec une superficie de 75,80 m².
Il a fallu, pour la réaliser, l'équivalent du travail d'un homme tous les jours pendant cent ans.

Tapisserie *la plus chère*
Un lot de 4 tapisseries Louis XV a atteint **2 000 000 F,** le 8 décembre 1867.

Tiare
La tiare la plus chère est une tiare de onze émeraudes montées sur diamant, datant de 1880, vendue **6 930 000 F** par Sotheby's en novembre 1977 à Zurich.

Vase *le plus grand*
Un vase de **2,78 m** de haut et 295 kg a été réalisé en août 1976 par Sebastiano Maglio, de Heger Potteries (fondées en 1892) à Dundee, Illinois, États-Unis.

Vase *le plus précieux*
Un vase Kyang Tsi, à 4 faces, a été estimé à **250 000 000 F** par une société d'expertise en céramique chinoise de San Francisco.
Ce vase est conservé par son propriétaire à la banque, dans un coffre.

Vase *le plus cher*
Un vase Gallé *Le vase aux pins* a été vendu **1 380 000 F** par Christie's.

(Voir aussi *Porcelaine.*)

Verre *le plus bel objet*
L'objet en verre le plus inestimable fut certainement le ***Portland Vase*** qui date d'une centaine d'années avant ou après J.-C.
Ce verre, réalisé en Italie, appartenait à la famille des Barberini, certainement depuis 1642, lorsque la duchesse de Portland l'acheta en 1732.
Il fut malheureusement brisé en 1847 au British Museum.

Verre *l'objet le plus cher*
La pièce d'antiquité la plus chère du monde est une coupe en verre romaine, connue sous le nom de *vasa diatreta* de 18 cm de diamètre et 10 cm de hauteur, datant du IIIe siècle, vendue **4 931 200 F,** le 4 juin 1979 chez Sotheby's à Londres.

Verre *le plus cher*
Le verre le plus cher est un verre d'époque élizabéthaine de 16 cm de haut exécuté par Giacomo Verzelini, verrier vénitien, qui a été vendu 711 225 F le 3 octobre 1979, par Christie's, à Londres.
Il a été vendu à une antiquaire allemande, Heide Hubner.

Vêtement *le plus cher*
Le E.V.R. (Extra vehicular activity) porté par l'équipage de la navette spatiale vaut **15 525 000 F.**

3 ALIMENTATION

Voir aussi le chapitre *Insolite*.

Alcools

Le prix le plus élevé payé, dans une vente aux enchères, pour une bouteille d'alcool est **7 250 F,** pour un magnum de cognac Fine Champagne Grande Armée 1811, chez Christie's, à Genève, le 13 novembre 1978.

Une bouteille de cognac Château de Lafot 1865 se vend au détail 2 800 F, chez Fauchon.

Anniversaire

En 1973, Reese Palley, marchand d'art américain, a loué **2 Boeing 747** pour transporter ses invités à Paris, où il les invitait au Lido, pour célébrer ses 50 ans.

Banquets *les plus grands à l'extérieur*

Le plus grand banquet a été offert par le président de la République, Émile Loubet (1838-1929), dans les jardins des Tuileries, le 22 septembre 1900.
Pour ce banquet, il avait invité tous les maires et les députés de France et regroupé ainsi 22 295 convives mais on a toujours parlé du « banquet de 100 000 maires ».

On estime que quelque **30 000 invités** ont assisté, le 25 juin 1730, à une fête militaire donnée à Radewitz, Pologne, par le roi Auguste (1709-1733).

Banquet *le plus grand à l'intérieur*

Le 18 août 1889, **18 000** élus municipaux furent servis au palais de l'Industrie à Paris.

Banquet *le plus cher*

Le menu le plus cher fut celui du grand banquet de **Persépolis** qui dura 5 h 30 à l'occasion du 2 500e anniversaire de l'Iran.
On trouvait au menu des cailles fourrées au caviar d'Iran, une mousse de queues d'écrevisses sauce Nantua. Le plat de résistance était un paon fourré de foie gras.
Au dessert, des beignets de figues et des sorbets de framboise au champagne.
Parmi les vins, on pouvait déguster un Château-Laffitte Rothschild 1945, acheté 400 F la bouteille chez Maxim's.

Barbecue *le plus grand*

4 000 personnes se sont regroupées le 16 septembre 1973 autour d'un barbecue, à Brisbane, Californie.

Ce banquet a regroupé 22 295 convives en 1900.

Le chef cuisinier, John De Marco, avait fait rôtir 7 bisons au feu de bois, pendant 26 heures.

Bière *la plus faible*
Le breuvage le plus faible en alcool jamais vendu sous le nom de bière est un **ersatz de bière,** douceâtre, brassé en Allemagne par Sunner en 1918.
Elle contenait trente fois moins d'alcool que la bière actuelle la moins alcoolisée.

Bière *la plus forte*
La **Samichlaus** suisse titre **13,94 %** d'alcool. C'est également la bière la plus chère.

Boissons *les plus alcoolisées*
Pendant la guerre d'indépendance en Estonie (1918-1940) le monopole d'État des alcools vendait de l'alcool de pommes de terre à **98°.**

Aujourd'hui, l'American Distillery Co vend dans 31 États américains de l'*Everclear* à 95° pour pouvoir préparer son propre cordial à la maison.

Le rhum de la Royal Navy, qui titrait 79,8° avant 1948, ne titrait plus que 46,3° en 1962 avant d'être retiré de la circulation le 31 juillet 1970.

Bonbons *les plus vendus*
La marque de bonbons la plus vendue est ***« Life Savers »*** dont 25 milliards de paquets ont été vendus, de 1913 à 1973.

Tous ces bonbons alignés dépasseraient 1 600 millions de km.

En France
Les Français ont mangé 2,998 kg de bonbons par personne en 1981.

Le plus vendu est le ***Régalad*** de Krema : 550 millions en 1981 et 12 milliards depuis 1958.

Bonbons *les plus chers*
Les ***Irish coffee*** sont vendus **300 F le kilo** chez Fauchon.

Bouchon de champagne *le plus grand saut*
Le plus grand saut effectué par un bouchon de champagne fermant une bouteille normale, non chauffée au préalable et située à 1,20 m au-dessus du sol, est **32,33 m** par Peter Keiby, le 14 juillet 1981 à Reno, Nevada, U.S.A.

Bouteille *la plus grande*
L'Association des commerçants Malbuisson-Fusterie de Genève a présenté à l'émission *Incroyable mais Vrai* d'A 2, une bouteille de Gamay de 1,65 m de haut, d'une contenance de **111 litres.**

Bouteilles *les plus petites*
Les plus petites bouteilles contenant une boisson alcoolisée sont les bouteilles de whisky d'une capacité de **1,42 millilitre,** vendues à une époque par The Cumbrae Supply Co de Glasgow qui les emballait dans une boîte d'allumettes.

Brasserie *la plus grande*
La brasserie la plus grande du monde est **Annheuser-Busch** à Saint Louis, Missouri, États-Unis. En 1982, la société a vendu 9 380 233 hl de bière.
L'usine de Saint Louis s'étend sur **40,5 ha.**

Brasserie *la plus grande d'Europe*
La brasserie **Guinness** de Dublin, Irlande, s'étend sur **23,7 ha.**
Elle a été fondée en 1759.

En France
La plus grande et la plus ancienne brasserie de France est la brasserie Kronenbourg, fondée en 1664 par Jérôme Hatt.
En 1945, la production de **Kronenbourg** était d'un peu moins de 80 000 hl. En 1981, elle a été de 6 857 000 hl.

Brasserie *exportation*
Le premier exportateur de bière est **Guinness** qui, du 13 mars 1982 au 13 mars 1983 a exporté d'Irlande **128 833 hl.**

Champagne *le plus vieux négoce*
Le producteur de champagne le plus ancien est **Ruinart Père et Fils,** fondé en **1729.**

Cognac *le plus vieux négoce*
La plus ancienne maison de cognac est **Augier Frères et Co,** fondée en **1643.**

Cuisine *la plus grande*
La plus grande cuisine fut la cuisine de campagne installée par le gouvernement indien, en avril 1973 à **Ahmadnagar,** Maharashtra, dans la zone de famine, qui distribuait quotidiennement environ **1 200 000 repas** substantiels.

Distillerie *la plus grande*
La plus grande distillerie du monde est la **Seagram Company Ltd** au Canada dont les ventes ont atteint **19 milliards de F** en 1982.
Le groupe emploie 14 200 personnes.

Eau minérale *la plus grande firme*
La plus grande firme d'eau minérale est la source **Perrier,** avec une production annuelle de plus de **2 100 000 000 bouteilles.**
La Société Perrier exploite aussi la source de Contrexéville.

Les Français boivent environ 50 l d'eau minérale par personne et par an, c'est un record mondial.

Eau-de-vie
L'eau-de-vie la plus chère de France est l'***Eau-de-vie de pêche*** vendue **297 F** la bouteille de 70 cl chez Fauchon.

Épicerie *la plus grande chaîne*
La chaîne **Safeway,** U.S.A., a fait 119 milliards de F de ventes en 1982 avec un actif de 19,9 milliards de F, **2 477 magasins,** soit 6 207 200 m² et 156 478 employés.

Épicerie *la plus célèbre*
L'épicerie la plus célèbre du monde est **Fauchon,** place de la Madeleine à Paris, France, qui vend les produits fins les plus rares, et souvent les plus chers du monde.

Épices *les plus chères*
Le **ginseng** (racine de *Panax quinque foliux*) réputé pour être aphrodisiaque est vendu **4 250 F** le gramme.
La production annuelle en provenance de la province de Jilin ne dépasse pas 4 kg.

Carte des 54 fromages de France.

En France
La boîte de 1 g de **safran** est vendue **46,95 F** chez Fauchon à Paris, soit 46 950 F le kilo.

Épices *les plus fortes*
Le **Labreyo Siling** des îles Philippines est la plus forte de toutes les épices.

Épices *les plus rares*
Le **Cà Cuong** est une sécrétion produite en quantité minime par les hannetons du Nord Viet-Nam.

Cette denrée très recherchée a atteint 200 F le gramme pendant la guerre du Viet-Nam puis le commerce a cessé.

Fromages *les plus gros mangeurs*
Les plus gros mangeurs de fromage sont **les Français** qui, en 1979, ont dépensé 318,86 F par ménage.

Fromages *production*
Le fromage le plus ancien et le plus primitif est le **kishk** arabe fait de lait de chèvre séché.

Les premiers producteurs sont les **États-Unis,** avec une production de **11 696 000 t** en 1979.

Il existe 450 sortes de fromages, appartenant à 18 grandes variétés.
La France a 240 sortes de fromages.

Fromage *le plus cher*
Le fromage le plus cher est le **« Bouton de culotte »,** petit fromage de chèvre de la Vallée de la Loire, vendu 4 F le fromage de 20 g, soit **200 F le kg.**

Fromage *le plus grand*
En 1964, la Wisconsin Cheese Foundation, États-Unis, a réalisé en 42 h un fromage de **15,190 t** pour la foire de New York.
Il fallut concevoir pour le transporter un camion frigorifique de 14 m de long *« Cheese Mobile »* (cheese = fromage).

En France
M. René Charbonnier, de Bannance, a présenté à l'émission *Incroyable mais Vrai* sur A2 une meule d'emmenthal de **360 kg** et 16 m de diamètre.

Le « Moulin de la Vierge », à Paris, a réalisé ce pain de 3,46 m de long.

Mets *le plus impressionnant*
Lors des **mariages bédouins,** on sert un chameau entier rôti et fourré d'un mouton fourré de poulet fourré de poisson farci d'œufs.

Nourriture *la plus chère*
Le **caviar Bélouga** est vendu **4 600 F** le kg chez Fauchon à Paris.

Le kilo de truffes en conserve est vendu 2 000 F le kg chez Fauchon à Paris.

Une bonne saison pour les truffes doit connaître la sécheresse de la mi-juillet à la mi-août.
Les truffes proviennent du Périgord, où on les trouve au pied des chênes.

Pain
Basile Pain, boulanger du *Moulin de la Vierge*, à Paris, a réalisé un pain de **3,46 m,** présenté à l'émission *Incroyable mais Vrai* d'A 2.

Restaurant *la plus grande chaîne*
La plus grande chaîne de restaurants est la chaîne **Mc Donald's,** fondée le 15 avril 1955 à Chicago par Ray Kroc (docteur en hamburgerologie).
Au 1er mars 1983, on comptait **7 300 restaurants** Mc Donald's dans 29 pays et 3 territoires américains, ce qui représente 43 milliards de hamburgers « 100 % pur bœuf ».
Les ventes représentaient 52,7 milliards de F.

Restaurant *le moins cher de France*
Il est situé au 48, rue Saint-Georges à Paris, au pied de la Butte Montmartre. On peut y manger tous les jours pour **5 F, vin et service compris.**

Sodas *record de vente*
Le record de vente appartient à **Coca-Cola,** avec plus de **265 millions de bouteilles** vendues par jour dans 155 pays.
Le Coca a été créé comme remontant par le docteur John Pemberton d'Atlanta, Georgie, États-Unis, en 1886. La société a été fondée en 1892 et la célèbre bouteille a été brevetée en 1915.

Thés
Les thés Dimbulla (Ceylan) et Tukvar (Darjeeling) sont vendus **96 F les 250 g** chez Fauchon, à Paris.

Vins *les plus anciens*
C'est le commandant Cousteau qui a récupéré et bu le vin le plus ancien, dans une amphore retrouvée à bord d'une épave grecque ayant sombré en Méditerranée aux environs de l'an **230 av. J.-C.**

On a également retrouvé dans les fouilles de Pompéï (ravagée par l'éruption du Vésuve en 79), des jarres de vin portant l'inscription *Vesuvinum* – le plus vieux « cru » connu à ce jour.

La plus ancienne bouteille de vin vendue depuis la Seconde Guerre mondiale est une demi-bouteille de tokay impérial de Hongrie, datée approximativement de 1680-1700. Elle a été enlevée pour 13 000 F à Londres en 1978.

Vin *le plus cher*
Le 29 mai 1980, John Grisanti restaurateur à Memphis, a acheté un Château-Laffitte au prix record de **(140 000 F),** lors de la vente organisée par Herblein et Christie's à Chicago.
L'ancien record avait déjà été obtenu pour un Château-Laffitte 1806 vendu par les mêmes firmes à Chicago en 1979.

Vin *le plus cher en magasin*
Le bourgogne 1957 Romanée Conti est vendu **3 200 F** la bouteille (75 cl) chez Fauchon, à Paris.

Vin *la plus grande vente*
La plus grande vente de vin a été organisée par Christie's à Londres les 10 et 11 juillet 1974 dans la salle de réception du Quaglino.
Il s'y est vendu 2 325 lots représentant **432 000 bouteilles,** pour une somme de 9 500 000 F.

Ce château Laffite 1806 a battu le record des ventes en 1979.

Vin *la plus grande dégustation*

La plus grande dégustation a eu lieu à Nederburg, Afrique du Sud, avec **1 737 participants,** 15 « déboucheurs », 93 serveurs et 2 012 bouteilles, le 4 mars 1978.

Vin *celliers les plus grands*

Le plus grand cellier du monde est à Paarl (Afrique du Sud).

C'est celui de la coopérative KWV (Winjbowers Vereeniging), près du Cap, au centre du vignoble sud-africain.

Il mesure **10 ha** et peut contenir 136 millions de l.

Les caves de la coopérative d'Almaden en Californie, U.S.A., s'étendent sur 1,6 ha et peuvent abriter 37 300 tonneaux de chêne contenant 83 100 hl de vin rouge.

Cuve à cidre

La cuve de Bulmer, G.-B., contient **74 099** hl de cidre, elle mesure 16,95 m de haut et 23 m de diamètre.

Cuve à vin

La cuve en chêne de Thuir, établissements Cusinier, a une capacité de **10 002 hl.** Elle mesure 10 m de haut, 10,40 m de diamètre et pèse 100 t à vide.

Vin *cave de restaurant*

La cave de restaurant la plus importante de France est celle de la **Tour d'Argent** qui contient **143 000 bouteilles.**

La cave de la Tour d'Argent est la plus importante de France.

LE LIVRE
GUINNESS
DES
RECORDS

10

PAYS ET POLITIQUE

ÉTATS

La surface de la Terre est estimée à 148 940 000 km² (y compris les eaux intérieures), c'est-à-dire 29,29 % de la surface du globe.

Nombre

Il y a **224 territoires** *de facto,* dans le monde, administrés séparément, dont 169 États indépendants (juin 1983).

Seuls 30 États souverains n'ont pas de frontière maritime.

Le pays le plus grand

Le pays qui a la plus grande surface est **l'Union des Républiques Socialistes Soviétiques** (U.R.S.S.) qui comprend 15 républiques, sur une surface totale de **22 402 200 km²,** c'est-à-dire 15 % des terres émergées du globe, et un littoral (y compris les îles) de 106 360 km.

Le pays mesure 8 980 km d'est en ouest et 4 490 km du nord au sud.

Superficie de la France

La superficie de la France est de **551 000 km²** (0,4 % des terres immergées).

Les pays les plus petits

Indépendant

Le plus petit pays indépendant est l'État du **Vatican,** enclave de **0,44 km²** (44 ha) à l'intérieur de la ville de Rome (Italie) depuis le 11 février 1929.

Souverain

Le pays souverain avec le plus petit littoral est **Monaco** qui a 5,16 km de côtes (sans les jetées et les digues) et une superficie de **1,9 km²** (195 ha).

République

La plus petite république du monde est **Nauru,** 1 degré au sud de l'équateur dans le Pacifique Ouest, territoire indépendant depuis le 31 janvier 1968. Sa surface est de **21,3 km²** (2 129 ha) pour 7 000 habitants.

Le territoire des Tuvalu, Pacifique ouest a 24,6 km² (2 460 ha) et une population de 6 000 habitants.

Colonie

La plus petite colonie du monde est **Gibraltar : (580 ha).**

Île

L'île de **Pitcairn** est la seule île habitée d'un groupe de quatre îles dont la surface représente 18 km². Elle n'a que 54 habitants et une superficie de **3,9 km²** (388 ha).

Résidence

La résidence officielle du grand maître de l'ordre des Chevaliers de Malte à Rome, **la villa del Priorato di Malta** qui possède certains avantages diplomatiques, a une superficie de **0,01 km²** (1,2 ha). L'ordre de Malte a des ambassadeurs auprès des gouvernements étrangers et la villa est parfois citée comme le plus petit État du monde.

La C.E.E.

La C.E.E., Communauté Économique Européenne, a été fondée par le traité de Rome en 1957. Les membres sont l'Allemagne fédérale, la Belgique, le Danemark, la France, la Grande-Bretagne, la Grèce (depuis le 1-1-1981), l'Irlande, l'Italie, le Luxembourg et les Pays-Bas. La C.E.E. est la deuxième puissance industrielle mondiale derrière les États-Unis, avec une superficie de **1 657 600 km².**

Le premier président du Parlement européen est une femme, Simone Veil.

Pays le moins haut

La république des **Maldives** culmine à **2,4 m d'altitude.**

Pays le plus élevé

Le point le plus bas du **Lesotho** est situé à **1 381 m** d'altitude.

La principauté de Monaco comporte 14 210 personnes au km².

France
Le plus haut sommet français, **le mont Blanc,** culmine à **4 807 m** d'altitude.

Frontière *la plus hermétique*
Le **rideau de fer** (1 380 km) qui sépare la R.F.A. (Allemagne de l'Ouest) de la R.D.A. (Allemagne de l'Est) comprend **2 230 000 mines et 80 500 km de fil de fer barbelé** en plus des tours de garde contenant des systèmes de détection.

Le mur de Berlin, qui sépare Berlin-Est de Berlin-Ouest, a eu 20 ans en 1981.
La construction, commencée le 12 août 1961 sous la surveillance de l'armée et de la police est-allemandes, s'est achevée en novembre de la même année. 20 000 ouvriers ont été mobilisés pour cette opération. Haut de 3,50 m, long de 46 km, le « mur de la honte » est surveillé par 100 000 hommes, 200 miradors, 210 barrages. Il est renforcé par des tranchées, des haies de barbelés électrifiés, des obstacles antichars.

Une bande de terre de 246 m de large occupant 344 km² des territoires de l'Allemagne de l'Est sépare les deux Allemagnes.
Cette frontière a coûté environ 35 milliards de F (construction et surveillance). En 1961, on estimait à plus de 200 000 le nombre de transfuges. Il n'y en eut plus que 186 000 de 1962 à 1983, et 18 par mois en 1980, 106 tentatives d'évasion se sont soldées par la mort.

Frontières *les plus longues*
La plus longue frontière continue est celle qui sépare les **États-Unis du Canada** (Grands Lacs inclus).
Elle s'étend sur **6 416 km,** sans compter les 2 547 km de frontière de l'Alaska.

La frontière entre la **Chine et l'U.R.S.S.**, interrompue par la frontière sino-mongole, s'étend sur **7 240 km.** Elle n'est jamais traversée.

Frontières *les plus petites*
La frontière du Vatican, à Rome, mesure 4,070 km.

La frontière séparant Gibraltar de l'Espagne à la Linéa (fermée depuis 1969) mesure 1,530 km.

La **Zambie**, le **Zimbabwe**, le **Botswana** et la **Namibie**, en Afrique du Sud-Ouest, se rejoignent **presque au même point.**

Frontière *la plus fréquentée*
La frontière la plus fréquentée est la frontière entre les **États-Unis et le Mexique.** Elle s'étend sur 3 110 km et compte plus de **120 millions de passages par an**.

Le plus grand nombre de frontières
La **Chine** possède 2 400 km de frontières qui la séparent de **13 pays limitrophes** : la Mongolie, l'U.R.S.S., la Corée du Nord, Hong Kong, Macao, le Viêt-nam, le Laos, la Birmanie, l'Inde, le Bhoutan, le Népal, le Pakistan et l'Afghanistan.

Frontières françaises
La France (ses départements d'outre-mer inclus) possède 20 frontières.

La France métropolitaine a **8 frontières** : avec la Belgique, le Luxembourg, l'Allemagne fédérale, la Suisse, l'Italie, la Principauté de Monaco, l'Espagne et Andorre.

POPULATION

POPULATION MONDIALE

En 1982, la population mondiale était estimée **à 4,58 milliards de personnes.**

L'accroissement de la population mondiale est estimé à **208 200 personnes par jour** (144 par minute).

On estime à 75 milliards le nombre de naissances et de morts durant les 600 000 dernières années.

Population *la plus importante*
La population de la **Chine** était, selon le recensement de juillet 1982, de **1 008 175 288 habitants.** 5 100 000 personnes ont travaillé pendant 10 jours pour ce recensement.
Le rythme d'accroissement de la Chine est de 38 700 par jour, ou 14,1 millions par an.

Population *la plus faible*
La Cité du **Vatican** n'avait que 728 habitants en 1978 et n'enregistrait **aucune naissance**.

Population *les plus fortes densités*
Le territoire de Macao, province portugaise sur la côte sud de la Chine, comptait, en 1981, 293 000 habitants sur 16,05 km², soit une densité de 18 255 habitants au km².

La principauté de Monaco, au sud de la France, a une population de 27 000 habitants (1981) sur 1,9 km², ce qui représente une densité de 14 210 personnes au km².

Singapour a 2 443 000 habitants sur 189 km², soit une densité de 12 925 habitants au km².

Hong Kong, sur un territoire de 1 049 km², compte 5 154 000 habitants, soit une densité de 4 913 au km² : c'est aujourd'hui la colonie la plus peuplée.
Le district de Mong Kok, sur la péninsule de Kowloon, a une densité de **252 090 habitants/km²**. En 1959, au summum de la crise du logement, une maison construite pour 12 personnes en logeait 459, dont 104 dans une seule pièce et 4 sur le toit.

La plus forte densité pour un pays de plus de 2 500 km^2 est celle du Bangladesh, qui compte 90 626 000 habitants sur 142 775 km^2, soit une densité de 635 habitants/km^2.

L'île indonésienne de Java (126 295 km^2) comptait 94 693 000 habitants en 1981, soit une densité de 750 habitants/km^2.

Les densités les plus faibles

L'**Antarctique** est occupé d'une manière permanente par des chercheurs depuis octobre 1956.
La population y est variable et peut atteindre **2 000 habitants**.

Le territoire le moins peuplé, en dehors de l'Antarctique, est le Groenland (Kalâtdlit-Nanât) avec, en 1981, 51 000 habitants sur 2 175 000 km^2, soit une densité de 0,023 habitant/km^2. 84,3 % de l'île sont recouverts d'une calotte glacière.

Population française

Au 1er janvier 1982, la France comptait **54 091 000 habitants.** Le département le moins peuplé est la Lozère avec moins de 14 habitants/km^2.

Émigration

La première population migrante est celle du **Mexique**. Au cours de la seule année 1976, 800 000 personnes émigrèrent vers les États-Unis.

Immigration

Le pays qui reçoit le plus grand nombre d'immigrants illégaux est les **États-Unis**, avec plus de **800 000 immigrants en 1980.**
On estime que plus de 50 millions de personnes ont immigré officiellement de 1820 à 1980. Une personne sur 24 est entrée illégalement aux États-Unis.

En France

Au 1er janvier 1981, **4 147 378 étrangers** vivaient en France. La population portugaise est la plus importante avec 857 324 membres.

La même année, le nombre des réfugiés politiques s'élevait à 177 910 ; les plus nombreux sont les Cambodgiens : 24 395.

Ce mur est destiné à arrêter l'immigration des Mexicains aux U.S.A.

Natalité

En 1982 la moyenne mondiale était de 27,5 ‰.

En 1981, un rapport a indiqué que seul le taux de natalité du Népal augmentait (48,9 ‰).

L'O.N.U. estime que *le taux de natalité le plus élevé* est celui du **Kenya**, qui est de **54,6** ‰.

A part l'État du Vatican où le taux de naissance est nul, *le taux le plus bas* est celui de **l'Allemagne fédérale, 10,1** ‰ en 1981).

En France

Le taux de natalité est de **14,9** ‰.
En 1981, il y a eu 803 000 naissances.

Mortalité

Le taux de mortalité pour le monde était de 10 ‰ en 1982.

Le taux de mortalité le plus élevé est probablement celui du **Kampuchéa** qui a atteint **29,4** ‰ de 1975 à 1980.
En 1980 *le taux le plus bas* fut celui de **Samwa : 3,1** ‰ .

En France

Le taux était de **10,1** ‰ en 1981.

Accroissement naturel

Le taux d'accroissement de la population mondiale était de 16,8 ‰ en 1982 (29 naissances, 11 morts).

Le taux d'accroissement le plus élevé en 1980 fut de **40,4** ‰, au **Kenya** (54,6 – 14,2).
Le taux le plus bas – **1,6** ‰ est celui de **l'Allemagne de l'Ouest** (10 – 11,5) en 1981.

Âge du mariage

La moyenne d'âge de mariage la plus basse est celle de **l'Inde : 20 ans pour les hommes et 14,5 ans pour les femmes.**

L'âge de mariage le plus élevé est en **Irlande : 31,4 ans pour les hommes et 26,5 ans pour les femmes.**
En Chine populaire, l'âge « recommandé » pour le mariage est 28 ans pour les hommes et 25 ans pour les femmes.

Population mondiale

Date	Millions	Date	Millions
10 000 av. J.-C.	0,5	1940	2 295
1 apr. J.-C.	200	1950	2 533
1000	275	1960	3 049
1250	375	1970	3 704
1500	420	1975	4 033
1650	550-600	1976	4 107
1700	615	1977	4 182
1750	720	1978	4 258
1800	900	1979	4 336
1900	1 625	1980	4 432
1920	1 862	1981	4 508
1930	2 070	1982	4 580
		1983	4 650
		2000	6 200

L'explosion démographique de 1958-1962 (taux d'accroissement de 20 %) est redescendue à 18 % de 1975 à 1980, ce qui équivaut à une augmentation d'environ 85 millions de personnes par an.

En France

L'âge moyen de mariage est **22,83 ans pour les femmes et 25 ans pour les hommes.**
En 1981 il y a eu 333 740 mariages en France, soit un taux de nuptialité de 5,5 ‰.

Divorces

Les **États-Unis** sont le pays où l'on divorce le plus, avec un total de 1 157 900 divorces en 1981, c'est-à-dire **50,09 % des mariages** de la même année.

En France

Le pourcentage des divorces en France est de 25 % environ (un couple sur quatre).

Rapports entre les sexes

On estime qu'il y avait 1 003,5 hommes pour 1 000 femmes en 1975.
Le pays où il y a le plus grand manque d'hommes est **l'U.R.S.S.** avec **1 146 femmes pour 1 000 hommes** (1981).
Le pays où il y a la plus petite proportion de femmes est le **Pakistan** : **885 femmes pour 1 000 hommes,** en 1972.

En France

On compte en France environ 1 million de femmes de plus que d'hommes.

Mortalité infantile

Les taux de mortalité infantile tiennent compte des décès survenus avant l'âge de 1 an. La moyenne mondiale était de 91 ‰ en 1978.
Beaucoup de pays ne font pas paraître de rapports.

Le taux de mortalité infantile le plus bas est celui de la **Suède** avec **7** ‰ en 1981.

Les plus grandes mortalités infantiles enregistrées ont été celle de la Birmanie : 195 à 300 ‰ en 1952, et celle du Zaïre : 259 ‰ en 1950.
En **Éthiopie**, le taux de mortalité infantile était estimé (non officiellement) à **550 ‰ en 1969.**

En France

Le taux de mortalité infantile est de **9,2** ‰.

Espérance de vie

L'espérance de vie moyenne qui était de 47,4 ans en 1950-1955 est passée à 64,5 ans (estimation 1995-2000).

Castastrophes	Nombre de morts	Circonstances et lieu	Date
Épidémie	75 000 000	Peste noire (bubonique, pneumonique, septicémique)	1347-1351
–	21 640 000	Grippe espagnole	avril-nov. 1918
Famine[1]	9 500 000	Chine du Nord	fév. 1877-sept. 1878
Inondation	3 700 000	Houang-ho, Chine	août 1931
Cyclone[2]	1 000 000	Iles du delta du Gange, Bangladesh	12-13 nov. 1970
Tremblement de terre	830 000	Province du Chen-si, Chine, pendant 2 h 23	janv. 1556
Glissement de terrain	180 000	Province du Kan-sou, Chine	16 déc. 1920
Bombe atomique	141 000	Hiroshima, Japon	6 août 1945
Bombardement[3]	env. 25 000	Dresde, Allemagne	13-15 fév. 1945
Avalanche d'alluvions[4]	env. 25 000	Yungay, Pérou	31 mai 1970
Navire (1 bâtiment)	7 700	*Wilhelm Gustloff* (25 480 t), bateau de ligne allemand torpillé au large de Dantzig par un sous-marin soviétique	30 janv. 1945
Panique[5]	env. 4 000	Abri anti-aérien de Tchoung-king, Chine	8 juin 1941
Rupture de barrage	2 209	South Fork Dam, Pennsylvanie, U.S.A.	31 mai 1889
Explosion[6]	1 963	Halifax, Canada	6 déc. 1917
Incendie[7] (1 bâtiment)	1 670	Théâtre de Canton, Chine	mai 1845
Mine[8]	1 572	Mine de Honkeiko, Chine (coup de grisou)	26 avril 1942
Émeute	env. 1 200	Émeutes anti-conscription, New York	13-16 juil. 1863
Crocodiles	env. 900	Soldats japonais, Birmanie (sujet à caution)	19-20 fév. 1945
Feu d'artifice	plus de 800	Mariage de la Dauphine, sur la Seine, à Paris	16 mai 1770
Tornade	689	Sud des États du Centre, U.S.A. (3 heures)	18 mars 1925
Avion civil	582	Collision au sol Boeing 747 KLM/Panam, Tenerife	27 mars 1977
Chemin de fer	500 à 3 000	Mansi, 400 km au nord-ouest de Calcutta	8 juin 1981
Origine bactériologique et chimique	env. 300	Usine de Novosibirsk, U.R.S.S.	avril-mai 1979
Animal meurtrier[9]	436	Tigresse mangeuse d'hommes, province de Champawat, Inde	1907
Grêle	246	Moradabad, Inde	20 avr. 1888
Plate-forme pétrole	137	*Alexander Kielland* «Flotel», mer du Nord	27 mars 1980
Sous-marin	129	*Le Surcouf*, disparu dans les Caraïbes	18 fév. 1942
	129	Tresher U.S.S., au large du Cap Cod, U.S.A.	10 av. 1963
Route (1 seul véhicule)[10]	127	Autocar dans un canal d'irrigation, Égypte	9 août 1973
Hélicoptère	54	Hélicoptère militaire israélien	10 mai 1977
Alpinisme[11]	40	Expédition d'U.R.S.S. sur l'Everest	déc. 1952
Téléphérique	42	Cavales, Italie	9 mars 1976
Foudre	21	Chinamasa, Rhodésie	23 déc. 1975
Course de bateaux	15	28e course Fasnet, 23 bateaux coulés, 19 abandons, 316 partants	13-15 août 1979
Exploration spatiale	3	Incendie de la capsule Apollo, Cap Kennedy, U.S.A.	27 jan. 1967
	3	Entrée dans l'atmosphère de Soyouz II, U.R.S.S.	29 juin 1971

1. En 1770, la grande famine causa la mort d'environ 1/3 de la population indienne, soit plusieurs dizaines de millions d'individus. Pour le Bangladesh seul, le chiffre s'élève à environ 10 millions de victimes.
On estime que plus de 5 millions de personnes trouvèrent la mort en U.R.S.S., lors de la famine qui s'abattit sur le pays après la Première Guerre mondiale.
2. Ce chiffre a été publié en 1972 par le Dr Atzal, chercheur au centre de l'énergie atomique à Dacca. Un rapport a certifié que moins de 50 % de la population des iles de Bhola, Charjabbar, Hatia et Ramagati (recensement de 1961 : 1,4 million d'habitants) avaient survécu.
L'ouragan le plus dévastateur a été Betsie, en 1965, qui coûta environ 750 millions de $ aux assurances.
3. Le nombre de civils tués par les bombardements en Allemagne se situe entre 593 000 et 635 000 selon les estimations.
On a avancé le chiffre de 140 000 morts dans les bombardements de la ville de Tokyo par les Américains, le 10 mars 1945. Le nombre total des victimes s'est élevé à 600 000 Japonais tués par bombes « conventionnelles » et 220 000 par bombe atomique.
4. 10 000 soldats autrichiens et italiens auraient trouvé la mort le 13 décembre 1916, dans le nord de l'Italie, ensevelis sous plus de 100 avalanches. Ce chiffre est sans doute exagéré, bien qu'on ait encore découvert plusieurs corps en 1952.
5. On estime qu'environ 5 000 personnes ont été étouffées et écrasées lors de la distribution gratuite de bière à l'occasion du couronnement du tsar Nicolas II, à Moscou, en mai 1896.
6. Certaines sources indiquent un chiffre de plus de 3 000 morts, les 6 et 7 décembre 1917.
7. Le plus grand incendie d'hôtel : il y eut 162 morts lorsque l'hôtel Taeyonkak brûla, à Séoul, le 25 décembre 1971.
8. Le plus grave accident minier fut une inondation qui causa 152 morts en 1909 dans la mine d'or de Witwatersrand, Afrique du Sud.
9. En 1941-1942, une horde de 22 lions mangeurs d'hommes dévora 1 500 habitants du Kenya. Un chasseur, Rushby, en tua 15 à lui seul.
10. L'année la plus meurtrière aux États-Unis fut 1969 qui totalisa 56 000 morts.
Le taux le plus élevé d'accidents mortels est celui du Queensland, en Australie.
11. De source polonaise, non confirmée par les autorités soviétiques, 23 hommes, surpris par le blizzard et les avalanches, ont également trouvé la mort sur le mont Fuji, au Japon, le 20 mars 1972.

Dans la vallée du Niger, au **Mali**, l'espérance de vie était de **27 ans (hommes et femmes)**, en 1957.

L'espérance de vie la plus élevée à 1 an est celle de **l'Islande : 73,7 ans pour les hommes et 79,7 ans pour les femmes**.

En France
L'espérance de vie est actuellement de **70,1 ans pour les hommes et de 78,3 ans pour les femmes**.

Accidents du travail
Le 10 novembre 1981, les 23 employés du laboratoire chimique du Smelter de la division Horne, Moranda, Québec, ont fêté la **25e année sans accident du travail**.

AGGLOMÉRATIONS URBAINES

Les plus anciennes
La ville de Ariha (Jéricho) est sans doute la plus ancienne *ville* du globe.
Les dernières estimations au carbone indiquent que 3 000 personnes y vivaient, 7800 ans av. J.-C.

Le *village* de Zawi Chemi Shanidar, découvert en 1957, au nord de l'Irak, date de **8910 av. J.-C.**

La plus ancienne capitale du monde est Damas, capitale de la Syrie, qui a toujours été habitée depuis 2500 av. J.-C.

Les plus peuplées
La région métropolitaine de **Tokyo-Yokohama** avait une population de **28 043 000 habitants,** sur 2 800 km², en 1978.

La ville de Tokyo avait une population de 11 357 337 habitants en 1980.

En 1979, l'agglomération de Mexico comptait 13 950 364 habitants.

En France
La plus grande ville de France est **l'agglomération parisienne** qui a **7 119 560 habitants,** banlieue comprise, et 2 296 945 habitants *intra muros* (estimation de l'INSEE, juin 1982).

La plus étendue
La ville de **Mount Isa,** Australie, a une superficie administrée par le City Conseil de **40 978 km².**

La plus petite *de France*
La ville de **Castelmoron-d'Albret** (Gironde) occupe **0,04 km²** (3,75 ha).

Capitales *les plus hautes*
La capitale la plus haute du monde était Lhassa, au Tibet, à 3 684 m au-dessus du niveau de la mer. Après l'invasion chinoise (1950), elle a perdu son statut de capitale.

La Paz (capitale *de facto* de la Bolivie) est à 3 631 m d'altitude.
La ville fut fondée en 1548 par le capitaine Alonso de Mendoza sur le site d'un village indien du nom de Chuquiapu. A l'origine, elle se nommait Nuestra Señora de La Paz, mais fut rebaptisée en 1825 La Paz de Ayacucho. L'aéroport est situé à 4 080 m.

Sucre, capitale légale de la Bolivie, est à **2 834 m** d'altitude.

Villes *les plus hautes*
La ville nouvelle de **Wenchuan,** fondée en 1955, sur la route de Chinghai au Tibet, au nord du Tangla, est la plus haute du monde. Elle est située à **5 100 m** d'altitude.

En France
La plus haute commune d'Europe est **Saint-Véran** (Hautes-Alpes). Elle est située à **2 042 m d'altitude** et compte 260 habitants.

La capitale *la plus au nord*
Reykjavik, capitale de l'Islande, est à **64 ° 08' N.** En 1980, sa population était estimée à 83 500 habitants.

Lieux habités *les plus au nord*
La *ville* la plus au nord est le port arctique de Dikson en U.R.S.S., 73° 32' N.

Le *village* le plus au nord est Ny Alesun, 78° 55' N, village minier (charbon) sur King's Bay Vest Spritschergen, dans le territoire norvégien de Svalbard. Ce village est habité seulement en hiver.

L'*endroit* le plus au nord habité d'une manière permanente est la **base d'Albert, 82° 31' N,** dans la baie de Dumb Bell sur le rivage de l'île Ellesmere, Canada.

Lieu habité *le plus au sud*
Le village de **Puerto Williams** (350 habitants), sur la côte nord de l'île de Navarino, **55° 0,5' S** en Terre de Feu au Chili, est à 1 090 km au nord de l'Antarctique.

Les capitales *les plus au sud*
Wellington North Island, Nouvelle-Zélande, est la capitale la plus au sud, **41° 17' S.**

Le centre administratif le plus au sud est Port Stanley (51° 43' S) dans les îles Falkland, au large de l'Amérique du Sud.

L'agglomération la plus continentale
La grande ville la plus continentale est **Wulumuch'i** (Urumchi), anciennement Tihua, Sinkiang, capitale de la région autonome Uighur, en Chine, qui est située à **2 250 km de la mer.** Sa population en 1974 était estimée à 320 000 habitants.

Rue *la plus longue*
La plus longue rue du monde désignée comme telle est la **Yonge Street,** qui part de Toronto vers le nord-ouest. Le premier tronçon, achevé le 16 février

La capitale la plus au nord est Reykjavik.

1976, mesurait 55,783 km. Officiellement, de la Rainy River à la frontière du Manitoba et du Minnesota, elle mesure maintenant **1 896,200 km**.

La plus courte de Paris

La rue de Paris la plus courte est la **rue des Degrés,** qui mesure seulement **5,60 m**.

Cette rue qui porte une plaque comme les autres artères est située entre la rue de Cléry et la rue Beauregard. Elle est formée d'un escalier de 14 marches entre deux pignons de maison.

Rues *les plus escarpées*

Les deux rues les plus escarpées du monde sont deux rues de San Francisco, **Filbert Street** (Russian Hill), et **22th Street** (Dolores Heights) avec une pente de **31,5 %.**

Lombard Street, entre Leavenworth et Hyde, qui compte 5 épingles à cheveux consécutives, est appelée « la rue la plus sinueuse du monde ».

Rue *la plus étroite*

La rue la plus étroite du monde se trouve à **Port Isaac,** en Cornouailles anglaise. Elle mesure **49 cm de large** en son point le plus étroit.

Places publiques *les plus grandes*

La plus grande place publique du monde est la **place Tien An-men** (Porte de la Paix céleste), à Pékin, qui couvre une superficie de **39,6 ha.**

La Maydan-e-Shah d'Ispahan, en Iran, s'étend sur 8,1 ha.

En France

La **place des Quinconces,** à Bordeaux, est la plus grande d'Europe avec ses **12 ha.**

La place de la Concorde à Paris ne mesure que 7,5 ha.

La rue des Degres a Paris mesure 5,60 m.

Lombard Street : 5 épingles à cheveux consécutives.

VILLES LES PLUS PEUPLÉES DE LEUR ÉPOQUE

Population	Nom		Date
150	Chemi Shanidar	Irak	8910 av. J.-C.
3 000	Jericho (Ariha)	Samarie	7800 av. J.-C.
5 000	Uruk (Erech) (actuellement Warka)	Irak	3000 av. J.-C.
250 000	Ur	Irak	2200 av. J.-C.
350 000	Babylone (actuellement al-Hillah)	Irak	600 av. J.-C.
500 000	Pataliputra (Paltna), Bihâr	Inde	400-185 av. J.-C.
600 000	Séleucie (près Bagdad)	Irak	300 av. J.-C.-165 apr. J.-C.
1.100 000	Rome	Italie	133 av. J.-C.
1.500 000	Angkor	Cambodge	900 apr. J.-C.
1.0-1,5 million	Hang Chow	Chine	1279
707 000	Pékin	Chine	1578
1 117 200	Grand Londres	Grande-Bretagne	1801
8 615 050	Grand Londres (max.)	Grande-Bretagne	1939
11 357 337 (est.)	Tokyo	Japon	1980

LE MONDE POLITIQUE

CHEFS D'ÉTAT

La plus ancienne dynastie
L'empereur du **Japon** Hirohito (né le 29 avril 1901) est le **124e descendant du 1er empereur** Jimmu Tenno ou Zinmu qui aurait régné, selon la tradition, de 660 à 581 av. J.-C., mais, probablement, de 40 à 10 av. J.-C.

Règnes les plus longs
Le règne de **Pepi II,** pharaon de la VIe dynastie égyptienne, a débuté en 2 310 av. J.-C., alors qu'il était âgé de 6 ans, et dura **94 ans.**

Musoma Kanijo, chef du district de Nzega à l'ouest du Tanganyka (Tanzanie) *aurait régné* 98 ans, de 1864 à l'âge de 8 ans, jusqu'à sa mort, le 2 février 1963.

Le grand-duc Karl Frederick de Bade (1728-1811) gouverna pendant 73 ans et 29 jours, à partir du 12 mai 1738.

En France
Le plus long règne d'un souverain européen est celui de **Louis XIV,** qui monta sur le trône le 14 mai 1643 à l'âge de 4 ans et 231 jours et régna **72 ans et 110 jours.** Il mourut le 1er septembre 1715, 4 jours avant son 77e anniversaire.

Le règne actuel le plus long
Hirohito, empereur du Japon depuis le 25 décembre 1926, règne depuis plus de **57 ans**.

Règne le plus court
Le Dauphin Louis-Antoine de Bourbon, duc d'Angoulême, fut roi de France pendant **15 minutes** sous le nom de **Louis XIX.** Il abdiqua en faveur de Henri V, comte de Chambord, le 2 août 1830.

Chiffre dynastique le plus élevé
Le comte **Henri LXXV Reuss** (1798-1886) était le **75e** du nom. Tous les hommes de cette famille allemande sont appelés Henri et le premier de chaque siècle porte le nº 1.

En France
Le chiffre dynastique le plus élevé pour un monarque français fut celui de **Louis XVIII** le Désiré (1755-1824).

Longévité royale
La vie la plus longue pour une personne de *sang royal* en Europe est celle de la **princesse Alicia de Bourbon,** qui naquit le 29 juin 1876.
Elle mourut le 20 janvier 1975, à l'âge de **98 ans et 206 jours.**

La princesse **Leonilla Bariatinsky,** née à Moscou le 9 juillet 1816, mourut à Ouchy, Suisse, le 1er février 1918.
Elle avait alors **101 ans et 268 jours,** ce qui est un record pour *l'épouse* d'un homme de sang royal.

Elle avait épousé le prince Louis de Sayn-Wittgenstein-Sayn.

La *reine* ayant vécu le plus longtemps est la reine **Sawang,** grand-mère de Siam, 27e fille du roi Mongkut (Rama IV). Née le 10 septembre 1862, elle mourut le 17 décembre 1955, à l'âge de **93 ans et 3 mois**.

En France
Le record de longévité pour un monarque français a été remporté par **Charles X,** qui mourut à l'âge de **79 ans et 11 mois.**

Les plus jeunes souverains
Aujourd'hui, 27 des 169 États souverains sont des monarchies dirigées par 1 empereur, 13 rois, 3 reines, 4 dirigeants princiers, 1 sultan, 3 amirs, 1 pape et 1 monarque élu.

Le roi le plus jeune est Jigme Singye Wangchuk, roi du Bouthan.
Né le 11 novembre 1955, il monta sur le trône le 24 juillet 1972 à l'âge de 16 ans et 8 mois. Il a 28 ans.

La plus jeune reine est la reine du Danemark, Margarethe II, née le 16 avril 1940. Elle a 43 ans.

L'**obi Keagboekuzi Ier** d'Agbor, Nigeria, 18e du titre depuis 1270, est né le 29 juin 1977 et a succédé à son père le 31 octobre 1979, à l'âge de **2 ans et 4 mois**. Il a 6 ans.

Le souverain le plus lourd
Le roi **Taufa'ahau de Tonga** mesure 1,90 m. En septembre 1976, il monta sur la balance de l'aéroport, la seule qui pouvait le porter : il pesait **209,500 kg**.

Descendance royale
Le roi monogame le plus prolifique a été le prince **Hartmann de Liechtenstein** (1613-1686), qui eut **21 enfants** viables et trois morts nés, avec la comtesse Elizabeth zu Salm-Reifferscheidt (1623-1688).

Son Altesse Royale le duc Roberto Ier de Parme (1848-1907) eut également 24 enfants, mais avec 2 femmes.

Chefs d'État *le plus vieux et le plus jeune*
Le plus vieux chef d'État du monde est le président italien **Alessandro Pertini** (né le 27 septembre 1896). Il a **87 ans**.

Le plus jeune chef d'État est **Samuel Kanzou Doe** (né le 6 mai 1952), chef d'État du Libéria. Il a **31 ans.**

Margarethe II du Danemark est la plus jeune reine.

Le roi Tanfa'ahan de Tonga qui pèse 209,500 kg est le souverain le plus lourd.

Alessandro Pertini est le plus vieux chef d'État du monde.

Le général de Gaulle a été le chef d'État ayant eu la présidence la plus longue.

En France
Le maréchal **Pétain** gouvernait encore la France à l'âge de **88 ans** (1943).

Le président de la République le plus jeune fut le prince **Louis-Napoléon Bonaparte.** Il devint président à **40 ans et 8 mois.**

Chef d'État *la première femme*
La première femme à avoir été démocratiquement élue à la présidence de la République est Mme **Vigdis Finnbogadottir,** chef d'État de **l'Islande** depuis le 1er août 1980.

La présidence la plus courte *en France*
Le président **Casimir Périer** dirigea la France pendant **6 mois et 2 jours.**

La présidence la plus longue *en France*
Le **général de Gaulle** demeura président de la République pendant **10 ans 3 mois et 20 jours.**

PREMIERS MINISTRES

Les plus vieux
Richard Reid (né à Glasgow le 17 janvier 1879), Premier ministre d'Alberta, Canada, en 1934-1935, est mort le 17 octobre 1980 à 101 ans et 274 jours.

El Hadji Mohammad Mokri, grand vizir du Maroc, est mort à l'âge de 116 ans au calendrier musulman, soit **112,5 ans** de notre calendrier grégorien.

L'âge le plus avancé au moment d'une élection est 81 ans, dans le cas de Moraji Ranckhodji Desai (né le 29 février 1896), en mars 1977.

Les mandats les plus longs
Le docteur **Antonio de Oliveira Salazar** (1889-1970) a été président du Conseil des ministres du Portugal du 5 juillet 1932 au 27 septembre 1968, soit **36 ans et 84 jours.**
Il fut remplacé 11 jours après être tombé dans le coma.

Le plus long mandat pour un Premier ministre élu à une élection démocratique est celui de Tage Erlander qui fut Premier ministre de Suède 22 ans et 357 jours, du 10 octobre 1946 au 1er octobre 1969.

En France
Georges Pompidou est resté Premier ministre du général de Gaulle pendant **6 ans 2 mois et 25 jours** (14 avril 1962-1968).

PARLEMENTS ET ÉLECTIONS

Le premier
L'assemblée d'**Erech** (Irak) existait déjà en **2800 av. J.-C.** Elle avait deux chambres.

Les plus anciens
Le corps législatif le plus ancien est le **Althing d'Islande,** fondé en **930,** qui comprenait, à l'origine, 39 chefs locaux.
Il fut supprimé en 1800 mais rétabli par le Danemark avec un statut consultatif en 1843 et un statut législatif en 1874.

L'assemblée législative qui a siégé le plus longtemps sans interruption est la Tynwald Court dans l'île de Man, Grande-Bretagne, qui siégerait depuis plus de 1000 ans.

L'assemblée législative *la plus grande*
Le **5e Congrès du peuple** de la République populaire de Chine, qui s'est réuni en 1980, comptait **3 497 membres.** Le comité permanent comprend 197 membres.

Le quorum *le plus petit*
A la **Chambre des Lords** en Grande-Bretagne, il suffit de **3 votants** (y compris le chancelier avec son représentant) pour traiter une affaire.

Casimir-Perier a eu la présidence la plus courte.

Salaires et traitements
Le salaire annuel de base des membres du **Congrès américain** est de **409 500 F.** Ils perçoivent, en plus, une allocation annuelle de **6 900 000 F** pour leur secrétariat, limitée en réalité à 335 000 F de salaire par an et par assistant.

Les sénateurs américains peuvent avoir jusqu'à 65 250 F par an, pour leurs dépenses de secrétariat, voyages officiels, télégrammes, téléphones, poste, courrier, papier à lettres, abonnement à la presse et dépenses de bureau, dans leur État d'origine. Ils ont également des tarifs très bas pour les films, les enregistrements de discours et de radio. Lorsqu'ils se rendent à l'étranger, ils ont droit à un dédommagement.
Les femmes sénateurs ont des prix spéciaux pour leurs soins de beauté.

Aux U.S.A., un président sortant qui jouirait

également de sa pension de sénateur, recevrait une pension annuelle de 698 500 F.

En France

491 députés siègent à l'Assemblée nationale : 267 P.S. (+ 18 apparentés) ; 79 R.P.R. (+ 11 apparentés) ; 52 U.D.F. (+ 11 apparentés) ; 43 P.C. (+ 1 apparenté) et 9 divers. (Répartition en 1982.)

En 1983, les **députés** français touchaient une indemnité parlementaire de **28 927,60 F bruts par mois** soit 347 131 F par an.

La même année, la dotation que recevait le **président de la République** (incluant les frais de maison) s'élevait à 4 000 000 F. Cette dotation est gérée par les services de l'Élysée. Par ailleurs, le président de la République touche un traitement de **30 000 F** environ et dispose d'un appartement de fonction sur lequel il paye une taxe d'habitation dont le montant, en 1982, était de 9 695 F.

La carrière *la plus longue*

Le 6 janvier 1982, le sénateur américain **William II Natcher** (démocrate), de Bowling Gren, Kentucky, avait assisté aux débats pendant **29 ans** sans manquer un seul vote (3 952 quorum et 9 041 votes).

Lucille H. Mac Collough fut élue à la chambre des représentants de Michigan House, le 1er janvier 1955, et a battu le record de présence en décembre 1982.

Le député le plus âgé *de France*

Marcel Dassault, député R.P.R. de la 1re circonscription de l'Oise, né le 22 janvier 1892, a **92 ans.**

Le député le plus jeune *de France*

François Filon a été élu député de la 4e circonscription (Sarthe) en juin 1981. Il avait **27 ans** et se présentait sous l'étiquette R.P.R.

Mairie la plus stable *de France*

Edmond Mathis (né le 20 février 1852) a été maire d'Ehuns (Haute-Saône), **pendant 77 ans,** de 1876 à 1953, année de sa mort.

Discours aux Nations unies

Le discours le plus long fut celui de **Fidel Castro,** en août 1960, qui dura **4 h 29 mn.**

Obstructionnisme

Le record national d'obstructionnisme aux États-Unis est de **43 h,** par le sénateur **Feran Bill Meier,** qui parla sur l'exposition des accidents industriels en mai 1977.

Les plus grandes élections

Lors des élections du **Parlement indien** du *Lok Sabha* (Maison du Peuple), en janvier 1980, **362 millions d'électeurs** ont élu 544 représentants.

Scrutins *les plus serrés.*

C'est par **1 voix de majorité** que l'unique siège de Chake Chake fut remporté par **un bulletin unique** dans l'île de Peuba, au Zanzibar (Tanzanie), le 18 janvier 1961.

Le scrutin le plus serré pour des élections est sans doute celui du membre de la commission du bureau des routes du Southern District au Mississippi, États-Unis, le 7 août 1979. Robert F. Joner l'emporta sur W.H. Pyron par 133 587 voix contre 133 582.

Le perdant obtint plus de 49,9999 % des voix.

Marcel Dassault, député R.P.R. est le député le plus âgé de France.

François Filon, député R.P.R. est le député le plus jeune de France.

Fidel Castro a proclamé le discours le plus long.

Nombre de voix *le plus petit*
Wideon Pyfrom (Free National Party) qui se présentait aux élections de la circonscription de Rolleville, aux Bahamas, en juillet 1977, n'eut **aucune voix.**

Nombre de voix *le plus élevé*
Ram Bilas Raswan, 30 ans, candidat du Janata pour Hajipur au Bihâr, Inde, fut élu avec une majorité de 424 545 voix en mars 1977 alors que l'électorat total s'élevait à 625 179 voix.

Le parti des Travailleurs coréens en **Corée du Nord** emporta avec **100 % des voix et 100 % d'électeurs** les élections générales du 8 octobre 1962.

Le record le plus proche fut établi en Albanie, le 14 novembre 1982 quand tous les électeurs – sauf 1 –, votèrent pour les candidats du parti communiste (aucune autre formation politique ne se présentait). Les élus obtinrent 99,99993 % « seulement » du total des votes exprimés.

Vote falsifié
Lors des élections présidentielles du **Liberia** en 1927, on annonça officiellement la victoire du président Charles King sur son opposant Thomas Faulkner du Parti du peuple par **234 000 voix,** alors que l'électorat total du pays n'était que de **15 000 électeurs.**

Partis communistes
Le plus grand parti communiste, en dehors de l'Union soviétique (17 millions de membres en 1981) et des États communistes, est le **parti italien** qui comprenait **1 800 000 adhérents** en **1976** (2 300 000 en 1946).

En Chine, on estimait en 1974 qu'il y avait 28 millions de membres du parti.

En France
En 1982, le parti communiste français comptait **700 000 adhérents.**

Âge de vote
Aux **Philippines,** l'âge de vote est de **15 ans.**
En **Andorre,** il faut avoir **25 ans.**

Coups d'État
La **Bolivie,** depuis qu'elle est devenue un État souverain en 1825, a connu **189 coups d'État.**

MANIFESTATIONS POPULAIRES

Syndicats
Le plus grand syndicat officiel du monde est **l'Industrie-Gewerkschaft Metall** (Syndicat des Ouvriers de la métallurgie) d'Allemagne de l'Ouest, qui comptait **2 684 507 membres** le 1er janvier 1980.

En octobre 1980, on estimait que le syndicat polonais **Solidarité,** interdit par le régime en 1982, comptait **8 000 000 adhérents.**

Lutte ouvrière *la première*
Une lutte ouvrière concernant la monotonie des repas et les conditions de travail a été enregistrée en **1 153 avant J.-C.,** à Thèbes, en Égypte.

Grève *la première*
La première grève connue a été menée par un chef d'orchestre grec du nom d'Aristos vers **309 avant J.-C.,** à Rome, pour obtenir des pauses-repas.

Grèves *les plus longues*
La plus longue grève a pris fin le 4 janvier 1961. Elle avait duré **33 ans** et concernait l'emploi d'assistants-coiffeurs à Copenhague, au Danemark.

La grève importante la plus longue a touché l'usine de la Kohler Co, à Sheboygen (Wisconsin, U.S.A.), du mois d'avril 1954 au mois d'octobre 1963. Pour la soutenir, le Syndicat des ouvriers de l'automobile aurait déboursé 12 000 000 dollars.

Association *la plus grande*
La plus grande association du monde est la **Blue Cross,** un organisme américain d'assurance médicale qui comptait **82 500 000 affiliés** le 1er janvier 1983, et a versé quelque 218 milliards de F d'indemnités en 1982.

Manifestations *les plus importantes*
Le record fut atteint pour la célébration du **1er mai 1963, à Pékin,** qui vit défiler près de **10 millions de personnes.**

En France
La manifestation qui a rassemblé le plus de personnes s'est déroulée le **7 octobre 1980 à Paris** à la suite d'un attentat contre la synagogue de la rue Copernic : **200 000 personnes** ont défilé.

Marches de la paix
La plus grande manifestation politique aux U.S.A. a eu lieu le **11 juin 1982 à New York. 600 000 personnes** ont défilé dans la ville en faveur du désarmement. Il n'y a eu aucun incident.

En Europe
En juin 1982, **plus de 200 000 manifestants** venus de différents pays d'Europe ont manifesté à **Bonn** (R.F.A.), contre la course aux armements.

Marche des femmes
La plus grande marche des femmes en France a eu lieu le **6 octobre 1979 à Paris,** où **50 000 femmes** ont manifesté pour la liberté de l'avortement.

La marche de la paix à New York a réuni 600 000 personnes.

ARMÉE ET DÉFENSE

GUERRES

Arme la plus ancienne
L'arme la plus ancienne est une lance de bois découverte à Clacton-on-Sea, Essex, G.-B. ; elle aurait été fabriquée en **200 000 av J.-C.**

Guerres les plus longues
La guerre de Cent Ans opposa la France à l'Angleterre de 1338 à 1453 (115 ans).

On peut aussi considérer comme une seule guerre sainte les **neuf croisades** qui, depuis la première (1090-1104) jusqu'à la neuvième (1270-1291), se sont déroulées pendant **195 ans.**

La plus courte
Le **27 août 1896,** une guerre éclair a opposé le Royaume-Uni à Zanzibar, **de 9 h 2 à 9 h 40.**
La flotte britannique, sous les ordres de l'amiral Rawson, a lancé un ultimatum au sultan Saïd Khalid et l'a sommé d'évacuer son palais et de se rendre, ce qu'il fit 38 mn après le début du bombardement.

L'amiral Rawson reçut l'Etoile du Zanzibar des mains du nouveau sultan.

Les plus sanglantes
La **Seconde Guerre mondiale** (1939-1945) a causé la mort de **54 800 000 militaires et civils,** dont 25 000 000 Soviétiques et 7 800 000 civils chinois.

Le pays le plus cruellement touché fut la Pologne, qui subit 5 028 000 morts sur 27 007 000 habitants, soit 22,2 % de sa population.

Le nombre total de morts pendant la Première Guerre mondiale fut de 9 700 000 hommes, soit 17,7 % des morts de la guerre de 39-45.

Au cours de la guerre de 1864-1870 entre le Brésil, l'Argentine et l'Uruguay, la population uruguayenne passa de 1 400 000 à 220 000, dont 30 000 hommes adultes seulement.

Guerre civile la plus sanglante
Pendant la **révolte des Tai-Ping,** en Chine de 1851 à 1864, les paysans partisans de la dynastie Ming du Sud combattirent les troupes du gouvernement mandchou.
La rébellion était commandée par un fou, Hung Hsiu Tchéang, qui se prenait pour le jeune frère du Christ. Selon les meilleures estimations, cette guerre a causé entre **20 000 000 et 30 000 000 morts,** dont plus de 100 000 tués par les forces gouvernementales lors du sac de Nankin, du 19 au 21 juillet 1864.

La plus chère
Le coût de la **Seconde Guerre mondiale** dépasse celui de toutes les guerres précédentes réunies. Il a été estimé à **1 500 milliards de $.**
Le coût total pour l'U.R.S.S. a été estimé semi-officiellement, en mai 1959, à 2 500 millions de roubles, soit 1 million de milliards de F ; et pour les États-Unis à 530 milliards de $.

Bataille la plus sanglante
La bataille qui causa le plus grand nombre de morts fut la **bataille de la Somme** du 1er juillet au 19 novembre 1916. Elle fit **1 043 896 morts** dont 623 907 Alliés et 419 896 Allemands.
On entendait le canon jusqu'à Paris.

Batailles terrestres
La plus grande bataille de la guerre de 1939-1945, et le plus grand conflit armé de tous les temps, fut la **bataille de Koursk et Oryol** qui dura 50 jours, du 5 juillet au 23 août 1943 sur le front Est, opposant 1 300 000 soldats de l'Armée rouge avec 3 600 chars et canons d'assaut, 20 000 canons et mortiers et 3 130 avions, à l'armée allemande avec 2 700 tanks.

3 500 000 hommes luttèrent lors du siège final de Berlin par l'Armée rouge du 16 avril au 2 mai 1945 ; avec, au total, 52 000 fusils et canons, 7 750 tanks et 11 000 avions.

Bataille aéronavale
La plus grande bataille aéronavale a été la **bataille du golfe de Leyte** aux Philippines, qui engagea, du 22 au 27 octobre 1944, 231 navires : 166 navires alliés (6 américains coulés), 65 navires japonais (26 coulés), et 1 996 avions : 1 280 américains et 716 japonais.

Batailles navales
La **bataille du Jutland,** le 31 mai 1916, opposa 151 navires anglais à 101 navires allemands. Les Anglais perdirent 16 bâtiments et 6 097 hommes et les Allemands, 11 bâtiments et 2 545 hommes.

De l'Antiquité
La plus grande bataille navale de l'Antiquité fut la **bataille de Salamine,** en Grèce, en 480 av. J.-C.
On estime que la flotte perse, vaincue, perdit 800 navires et que la flotte grecque, victorieuse, en perdit 310. Le nombre de combattants était d'environ 190 000 hommes.

33 000 hommes trouvèrent la mort à la bataille de Lépante (aujourd'hui Corinthe en Grèce), le 7 octobre 1571, lorsque la flotte turque fut écrasée par celle des Espagnols, des Vénitiens et des hommes du pape.

Invasions par mer
La plus grande invasion par mer fut le **débarquement des troupes alliées** (air, terre et mer) sur les

côtes normandes le Jour J (D-Day), le **6 juin 1944.** 38 convois de 745 navires approchèrent de la côte au cours des trois premiers jours, avec 4 066 véhicules d'accostage qui transportèrent 185 000 hommes, 20 000 véhicules et 347 dragueurs de mines. L'attaque aérienne fut effectuée par 18 000 parachutistes, largués par 1 087 avions. Les 42 divisions engagées étaient protégées par 13 175 avions. Au bout d'un mois, 1 100 000 hommes, 200 000 véhicules et 750 000 t de matériel étaient débarqués.

L'invasion de la Sicile par les Alliés, du 10 au 12 juillet 1943, fut réalisée par 181 000 hommes, débarqués en 3 jours.

Invasion par air
L'**invasion des Pays-Bas par les troupes anglo-américaines,** le 17 septembre 1944, fut effectuée par 34 000 hommes, 2 800 avions et 1 600 planeurs.

Attaque à longue portée
La plus grande distance pour une attaque aérienne a été une mission de **12 875 km** par un bombardier britannique Vulcan qui a attaqué Port Stanley, aux Malouines, depuis l'île Ascension.

Évacuation
Du 27 mai au 4 juin 1940, 1 200 navires et avions alliés ont évacué **338 226 soldats** français et anglais de la **plage de Dunkerque.**

Siège *le plus terrible*
Le **siège de Leningrad** (U.R.S.S.) par les Allemands, qui a fait **1 500 000 morts,** dura 880 jours, du 30 août 1941 au 27 janvier 1944.

Siège *le plus long*
Le **siège d'Azotus** aujourd'hui Ashod, en Israël, par Psamtik Ier d'Egypte, dura, selon Hérodote, **29 ans,** à une époque située entre 664 et 610 av. J.-C.

La marche la plus longue
La **Longue Marche** des communistes chinois dura **368 jours** dont 268 en déplacement, d'octobre 1934 à octobre 1935.
Les 90 000 hommes parcoururent 9 650 km de Kiangsi à Yenan dans le Tchensi. Ils franchirent 18 montagnes et 6 fleuves. 22 000 hommes seulement réchappèrent des combats contre les forces gouvernementales du Kuo-Ming-Tang.

DÉFENSE ET ARMÉES

On a estimé, en 1981, que 23,2 millions de personnes étaient dans l'armée.

Budget
En 1981 on évaluait à 640 milliards de $ (4 160 milliards de F) les **dépenses mondiales** pour l'armement, soit environ 800 F par personne et par an, ou plus de **9 % de la production** totale du monde.

Les dépenses militaires du gouvernement des **États-Unis** pour l'année finissant le 30 juin 1982 ont été de 171 milliards de $ (1 111 milliards de F), soit **5,7 % du P.N.B.**

L'estimation officielle chinoise des dépenses militaires en **U.R.S.S.** en 1979 était **15 % du P.N.B.**

En France
Le budget militaire a été de 133,2 milliards de F environ pour 1983, ce qui représente **3,9 % du P.I.B.**

Armement
On estime qu'en 1982 les **États-Unis** possédaient **9 268 armes nucléaires,** équivalant à 3 750 mégatonnes (dont 1 052 missiles inter-continentaux) et que **l'U.R.S.S.** possédait **7 300 armes nucléaires,** soit 6 100 mégatonnes (1 400 missiles inter-continentaux).

L'armée *la plus ancienne*
L'armée du **Vatican,** formée de 83 gardes suisses, a été formée officiellement le 21 janvier 1506, mais elle existait déjà **avant 1400.**

Les armées *les plus grandes*
L'armée la plus nombreuse est l'armée de la République populaire de **Chine,** avec **4 230 000 hommes** en 1982.
Les forces paramilitaires et les milices, armées ou non, représentent sans doute 12 millions de personnes.

Les estimations de 1982 accordent 3 705 000 hommes à l'armée soviétique et 2 117 000 à l'armée américaine.

En France
En 1983, les effectifs de l'armée française (les trois armes comprises) s'élevaient à **721 110 hommes ;** c'est l'armée la plus importante de la C.E.E.

Marines de guerre *les plus grandes*
La plus grande marine de guerre en nombre d'hommes est l'**U.S. Navy** avec **553 000 hommes** dont 192 100 « marines » en 1982.
La force active en 1982 comprenait : 14 porte-avions, 85 sous-marins nucléaires offensifs, 5 sous-marins diesel offensifs, 73 porte-missiles, 84 destroyers, 27 croiseurs, 24 frégates et 65 chars d'assaut amphibies.

La marine soviétique a une flotte plus importante avec 273 sous-marins (105 nucléaires, 168 diesel) ; les engins nucléaires sont portés par 83 sous-marins. Elle possède aussi 2 porte-avions, 34 croiseurs et 69 destroyers.

En France
En 1983, la marine française comprenait **76 230 hommes** et 310 200 t de bâtiments dont : 2 porte-avions, 140 bâtiments de combat, 45 bâtiments de soutien aux transports opérationnels, 5 sous-marins nucléaires et 2 sous-marins atomiques (dont 1 en construction).

Armée de terre *la plus grande*
L'armée de terre la plus grande est celle de la République Populaire de **Chine,** avec **3 600 000 hommes** en 1981.

L'Institut International d'Études Stratégiques a estimé, en 1981, à 1 825 000 le nombre d'hommes de l'armée d'U.R.S.S.

En France
L'armée de terre française comptait au 1er janvier 1983, **353 930 hommes** groupés en 200 unités.

Soldat *le plus âgé*
Le plus vieux soldat de tous les temps fut certainement **John Salling** qui mourut à **113 ans 1 jour,** en 1959. Ce sudiste qui combattit à la guerre

La marine française comprend 2 porte-avions, 140 bâtiments de combat, 45 bâtiments de soutien aux transports opérationnels, 5 sous-marins nucléaires et 2 sous-marins atomiques dont 1 en construction.

Lancement du missile « Pershing II » au cap Canaveral.

La plus grande invasion par mer a été celle des troupes alliées en juin 1944.

L'armée du Vatican est la plus ancienne.

de Sécession (1861-1865) fut le dernier survivant de cette guerre aux États-Unis.

Conscrits *les plus jeunes*
Le président de la **Guinée équatoriale,** Francisco Macias Nguema, avait établi, en 1976, le service militaire obligatoire pour tous les garçons de **7 à 14 ans.** Les parents réticents étaient immédiatement « emprisonnés ou abattus ».

Conscrit *le plus grand*
Vaïno Mylyrinne (1903-1963) mesurait **2,21 m** au moment de son incorporation dans l'armée finlandaise. Il grandit par la suite et atteignit 2,47 m.

Mutinerie
Au cours de la guerre de 1914-18, 56 divisions françaises, soit **650 000 hommes** et leurs officiers, refusèrent d'obéir aux ordres du **général Nivelle.**

Force aérienne *la plus ancienne*
La première formation aérienne autonome fut la **Royal Air Force,** formée le 13 mai **1912** en Angleterre.

Forces aériennes *les plus grandes*
La plus grande force aérienne de tous les temps fut l'**U.S. Army Air Force** qui possédait 79 908 appareils en juillet 1944 et **2 411 294 hommes.**
En 1982, l'US Air Force comptait 581 000 hommes et 3 650 appareils de combat, forces stratégiques comprises.

En 1982, l'armée de l'air soviétique comptait 1 105 000 hommes et 6 800 appareils de combat (avions et hélicoptères), forces défensives comprises.
Il faut compter aussi les forces stratégiques de missiles offensifs avec 325 000 hommes opérationnels en 1982.

En France
En 1983, l'armée de l'air française comptait **106 260 hommes,** 1 850 appareils et 60 bases.

BOMBES

Les plus lourdes
La bombe conventionnelle la plus lourde est la Grand Slam, lâchée par la R.A.F. sur le viaduc de Bielefeld, Allemagne, le 14 mai 1945. Elle pesait 9 975 kg et mesurait 7,74 m.

En 1949, l'US Air Force a expérimenté une bombe de **19 050 kg** à Muroc Dry Lake, Californie.

Bombe atomique *invention*
C'est à partir des travaux d'**Einstein** sur l'équivalence masse-énergie (*Théorie de la relativité restreinte* publiée en 1905 et *Théorie de la relativité généralisée* publiée en 1919) que furent posées les bases de la physique nucléaire.

En 1939, les physiciens allemands Otto Hahn, Fritz Strossman et Lise Meiner découvrirent le principe de la fission de l'uranium. Einstein adressa alors au président Roosevelt une lettre le mettant en garde contre les dangers de cette découverte et dénonça l'utilisation de l'énergie atomique à des fins militaires.

Les Soviétiques commencèrent leurs travaux sur la bombe atomique en juin 1942 et le docteur Igor Vasilyevich Kountchatov obtint la première réaction en chaîne en décembre 1945.

Le physicien Edward Teller découvrit le principe de la fusion thermonucléaire en 1942. Le 30 janvier 1950, le président des U.S.A., Harry S. Truman, ordonna le début des premiers travaux qui commencèrent sous le nom de code « Super ».

Bombes atomiques *les plus puissantes*
Les deux bombes lâchées par les États-Unis sur le Japon en 1945 avaient une puissance équivalant à 20 kilotonnes de trinitrotoluène ($C_7H_5O_6N_3$) ou TNT.
La bombe lâchée sur Hiroshima, surnommée « Little Boy », avait 3,04 m de long et pesait 4 t.

L'engin thermonucléaire le plus puissant jamais expérimenté est une bombe d'une puissance équivalant à **57 000 kilotonnes de TNT** (57 mégatonnes), que les Soviétiques ont fait exploser dans la région de Novaya Zemlya, le 30 octobre 1961.
L'onde de choc fit trois fois le tour de la Terre (1er tour en 36 h 27 mn). Certains spécialistes estiment que sa puissance se situait entre 62 et 90 mégatonnes.

Armes nucléaires *les plus puissantes*
Les missiles intercontinentaux les plus puissants sont les **SS-18 soviétiques** (modèle 4), avec une puissance de 10 demi-mégatonnes. Les **modèles 1 et 3** ont une charge de **20 mégatonnes.**

Aucun rapport n'a encore été publié sur l'engin Doomsday (Jugement dernier), mais il dépasse de loin en puissance toutes les armes expérimentées. Une bombe de 50 000 mégatonnes pourrait anéantir l'humanité sauf ceux qui resteraient 5 ans sous terre.

La plus grande explosion « conventionnelle »
Une charge de 4 061 t a été utilisée le 18 avril 1947 pour la **démolition des fortifications de Heligoland.** La charge était commandée à partir d'un navire situé à 14 km au large.

Le pays le plus bombardé
Le **Laos** a reçu environ **2 500 000 tonnes de bombes** de toutes sortes, de mai 1964 à février 1973, sur la route de ravitaillement du Sud-Viet-nam.

La ville détruite après la bombe « Little Boy » lâchée sur Hiroshima.

CHARS

Les premiers

La firme William Foster de Lincoln, Grande-Bretagne, construisit en **1915** le char « **N° 1 Lincoln** » qui devint après modification « Little Willie ».

Les chars entrèrent en action dans l'armée britannique à la bataille de Flers-Courcelette, le 15 septembre 1916.

Le premier tank, Mark 1 Male, était armé de 2 canons de 3 kg et de 4 mitrailleuses. Il pesait 28,400 t et son moteur de 105 CV lui accordait une vitesse maximale sur route de 5 à 6,500 km/h.

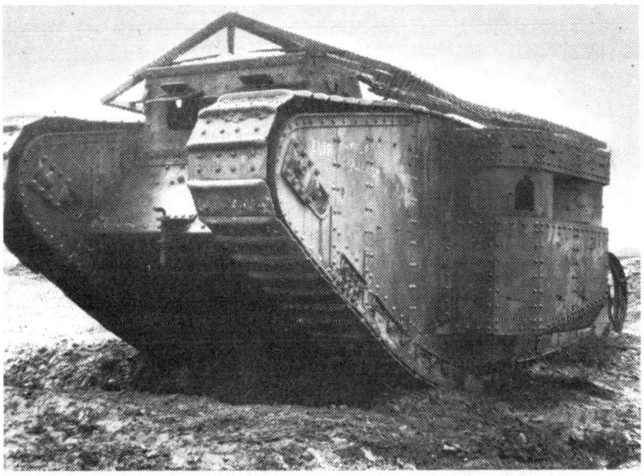

« Mark I » a été le premier tank construit.

Les plus lourds

Le char opérationnel le plus lourd était le char **Rupture 2 C bis** (1922). Ce char français de **75,2 t** transportait 13 hommes, il était armé d'un canon de 155 mm et avait 2 moteurs de 250 CV, permettant une vitesse de 12 km/h.

Le Panzer Kampfwagen Maus II (Allemagne) pesait 192 t. En 1945, ce char n'en était qu'au stade expérimental, que d'ailleurs il ne dépassa jamais.

Le plus puissant

Le **Léopard 2** allemand a la plus grande puissance de tir avec un **canon de 120 mm.**

Le plus rapide

Le **XM 1** américain est le char le plus rapide. Le prototype roule à **72,400 km/h.**

CANONS

Les premiers

On pense que les premiers canons apparurent en Afrique du Nord **vers 1250,** peut-être construits par les Arabes.

Les plus grands

Pendant le siège de Sébastopol, sur le front Est, les Allemands utilisèrent deux canons, « **Dora** » et « **Gustav** », de 800 mm avec un **fût de 28,87 m.**
On a retrouvé en 1945 une carcasse en Bavière et l'autre en U.R.S.S. Ces canons, construits par Krupp, étaient manœuvrés sur 24 chariots : deux d'entre eux avaient 40 roues. Entièrement assemblés, les canons mesuraient 43 m de long et pesaient 1 344 t avec leur attelage. Il fallait 1 500 hommes pour les manœuvrer. Ils avaient un rayon d'action de 47 km avec un projectile de 8,250 t.

Les plus gros

Le « Tsar Puschka », aujourd'hui conservé au Kremlin, avait été construit au XVIe siècle, avec un calibre de 920 mm et un fût de 3,18 m. Il pèse 40 t.

Les Turcs utilisèrent une bombarde de 8 m de long et **1 066 mm de calibre intérieur** pour tirer jusqu'à 7 boulets par jour sur les murs de Constantinople, du 12 avril au 29 mai 1453. Cet engin tiré par 60 bœufs et 200 hommes envoyait un boulet de pierre de 544 kg.

La plus grande portée

Le **HARP** (High Altitude Research Project = Projet de recherche de haute altitude) américain, composé de 2 canons de 419 mm en tandem, a 36,50 m de long pour un poids de 150 t.
Le 19 novembre 1966, il a lancé un projectile de 84 kg à **180 km** d'altitude.

Les V3 souterrains construits pendant la Deuxième Guerre mondiale à Mimoyecques (Pas-de-Calais) pour bombarder l'Angleterre n'ont jamais été opérationnels, grâce à la R.A.F.

Le célèbre « Kaiser Wilhelm Geschütz » (empereur Guillaume) qui bombarda Paris pendant la guerre de 14-18, avec un calibre de 220 mm, avait une portée théorique de 128 km. Il atteignit réellement 122 km en mars 1918.

Les plus grands mortiers

Les plus grands mortiers furent le mortier **Mallets** (construit à Londres en 1857) et « **Little David** », construit aux États-Unis pendant la Seconde Guerre mondiale. Tous deux avaient un **calibre de 920 mm** mais aucun ne fut jamais utilisé.

Les canons « Grosse Bertha » étaient des mortiers de calibre 420 mm avec une portée maximale de 14,5 km. Ils pouvaient expédier des projectiles de 104 kg.

Le mortier « Karl », utilisé par l'armée allemande lors du siège de Stalingrad, avait un calibre de 600 mm.

La « Grosse Bertha », avec une portée de 14,5 km expédiait des projectiles de 104 kg.

RICHESSE NATIONALE

Budget *le plus gros*
C'est le gouvernement des **U.S.A.** qui a prévu les plus grosses dépenses pour l'année **1983 : près de 5 700 milliards de F.**
Le revenu le plus élevé pour l'année 1983 est également celui des États-Unis, qui se monte à environ 5 000 milliards de F.
Aux États-Unis, le plus gros excédent budgétaire a été d'environ 40 milliards de F en 1947-48, et le plus gros déficit, de 768,86 milliards de F à la fin de l'année fiscale 1983. Ce déficit devrait atteindre 1 437 milliards de F en 1985.

Aide à l'étranger
Le montant total net de l'aide fournie à l'étranger par le **gouvernement américain,** entre le 1er juillet 1945 et le 1er janvier 1982, s'élève à environ **1 400 milliards de F.**
Le pays qui a bénéficié de l'aide la plus importante de la part des États-Unis, en 1981, est Israël, qui a reçu environ 13 milliards de F.

Dette intérieure
De tous les pays du monde, ce sont les **États-Unis** qui ont la plus grosse dette intérieure. Leur dette fédérale brute dépassait le « billion » de $ en 1981 et atteignait quelque **6 500 milliards de F,** en octobre 1981.
Réunie en « billets verts », cette somme ferait une pile de 88 292 km de haut qui pèserait 790 000 t.

Dette extérieure
La dette extérieure du **Mexique** s'élève à **592 milliards de F.**

Produit national brut
Le produit national brut le plus élevé du monde est celui des **États-Unis** qui atteignait environ **23 500 milliards de F** en 1981.

En France
Le 1er janvier 1981, le produit intérieur brut de la France était **3 094,4 milliards de F.**

Le produit intérieur brut est égal au produit national brut dont on a retranché les revenus en provenance de l'extérieur (capitaux français investis à l'étranger) et ajouté les revenus versés à l'extérieur (capitaux étrangers investis en France).

Pays *les plus riches*
En prenant pour base le revenu annuel moyen par habitant, le pays le plus riche est les **Émirats Arabes Unis** dont le revenu **par an et par habitant** était de **125 000 F** en 1980.

Les États-Unis, qui occupaient la première place en 1910, se retrouvent aujourd'hui 14e derrière trois pays arabes, 9 pays d'Europe et le Brunei.

Pays *les plus pauvres*
Le pays le plus pauvre du monde est le **Bhoutan** avec **330 F par personne et par an** en 1980. Mais il n'y a pas de chiffres pour le Kampuchéa, le Laos, le Viet-nam et la Somalie.

Impôts
Les habitants des États du **Koweït,** de **Bahreïn** et de **Qatar** ne payent **pas d'impôts.**

Les habitants du Koweït ne paient pas d'impôts.

Réserves d'or
Ce sont les **États-Unis** qui possèdent la plus grande réserve d'or du monde avec **263,8 millions d'onces** d'or fin.

Les réserves mondiales en février 1983 s'élevaient à 946,9 millions d'onces. L'once valant 400 $, cela représente respectivement 105,5 milliards de $ et 378,7 milliards de $.

Le Bullion Depository de Fort Knox, à 48 km au sud-ouest de Louisville (Kentucky, U.S.A.), est le principal entrepôt d'or fédéral.

L'or y est stocké en barres standard de 12,441 kg mesurant 17,7 x 9,2 x 4,1 cm et valant chacune plus de 200 000 $.

En Europe
La réserve d'or de la **C.E.E.** s'élève à **346,63 millions d'onces** d'or fin, soit 173 315 $.

En France
La réserve d'or de la Banque de France représentait, le 1er mars 1983, **247,1 milliards de F.**

Inflations *les plus fortes*

C'est la **Hongrie** qui a connu la plus forte inflation du monde, en juin **1946 ;** le pengö or 1931 a été évalué alors à 1,3 x 10^{20} pengös papier (130 trillions). 1 000 trillions (ou 10^{21}) de pengös ont été émis le 3 juin et retirés de la circulation le 11 juillet 1946 et 1 000 quatrillions (ou 10^{27}) de pengös ont été mis en circulation pour le paiement des impôts.

De 1975 à 1981, l'inflation en Argentine a fait chuter le pouvoir d'achat de 917 %.

Papier-monnaie *le plus ancien*

Le papier-monnaie fut inventé en **Chine** vers **910 après J.-C.** L'usage s'en est généralisé à partir de 970.

Les premiers billets de banque *(banco-sedlar)* ont été émis à Stockholm (Suède), en juillet 1661.
Le plus vieux billet de banque qui nous soit parvenu est un billet de 5 dalers, daté du 6 décembre 1662.

Billet *le plus grand*

Le plus grand billet jamais imprimé est le billet de **1 yuan,** émis sous la dynastie chinoise des Ming de 1368 à 1399, qui mesurait **22,8 x 33 cm.**

Billet *le plus petit*

Le plus petit billet jamais émis est le billet de **10 bani** (Roumanie), qui date de 1917. Il mesure (dans sa partie imprimée) **27,5 x 38 mm.**

En France

A la date du 1er mai 1983, les **billets en circulation** représentaient **178,1 milliards de F.**

Inflation

Pays	Taux en 1980
Suisse	4,0 %
Allemagne	5,5 %
Luxembourg	6,3 %
Autriche	6,4 %
Belgique	6,7 %
Pays-Bas	7,0 %
Japon	8,0 %
Australie	10,2 %
Norvège	10,9 %
Finlande	11,6 %
Danemark	12,4 %
États-Unis	13,5 %
France	13,6 %
Suède	13,7 %
Portugal	16,6 %
Royaume-Uni	18,0 %
Irlande	18,2 %
Italie	21,2 %
Grèce	24,7 %
Turquie	94,3 %
Brésil	111,0 %
Israël	131,0 %

Coupures *les plus grosses*

Les plus grosses coupures en circulation sont les **billets de 10 000** $ émis par la Federal Reserve Bank américaine, ornés du portrait de Salmon Portland Chase (1808-73).

Aucune réimpression de ces billets n'a eu lieu depuis juin 1944 et le Trésor américain a annoncé en 1969 qu'il n'émettrait plus de billets d'une valeur supérieure à 100 $. Il ne reste plus qu'environ 350 billets de 10 000 $ en circulation.

La plus petite

La plus petite coupure du monde est celle de **1 sen indonésien :** 60 sen = 1 centime.

Chèque *le plus élevé*

La plus grosse somme jamais payée contre un seul chèque dans l'histoire de la banque se monte à 16 640 000 000 de roupies, l'équivalent d'environ **9 milliards de F.** Ce chèque a été remis par l'ambassadeur des États-Unis en Inde, Daniel P. Moynihan, le 18 février 1974, à New Delhi.

Un chèque interne du Trésor américain d'un montant de 4 176 969 623,57 $ a été tiré le 30 juin 1954.

Pièces de monnaie *les plus anciennes*

Les premières pièces de monnaie dont on connaisse la date avec certitude sont les statères d'électrum (alliage naturel d'or et d'argent) de **Lydie,** en Asie Mineure (aujourd'hui Turquie), frappés sous le règne du roi Gygès **(690-650 av. J.-C.).**

La première pièce datée est la pièce danoise de l'évêque de Roskilde, Danemark, portant le chiffre MCCXXXIV (1234), dont il reste 6 exemplaires.

Pièces *les plus lourdes*

La pièce suédoise de **10 dalers** en cuivre de 1664 pesait **19,710 kg.**
Parmi les monnaies d'échange primitives, les plus lourdes sont les disques en pierre perforés, ou *fé,* originaires des îles Yap à l'ouest de l'océan Pacifique, dont le diamètre pouvait atteindre 3,65 m et qui pesaient jusqu'à 84 kg. Un disque de taille moyenne valait une femme ou un canoë de 5,18 m.

Pièces *les plus petites*

La plus petite pièce du monde est le **1/4 de dam népalais,** ou jawa, en argent, frappé vers 1740 sous le règne de Jeya Prakash Malla. Le jawa, qui pesait entre 0,088 et 0,014 g et mesurait **2 x 2 mm,** était quelquefois divisé en 1/2 jawa ou en 1/4 de jawa pesant 0,0002 g.

Pièces *les plus rares*

Des séries de pièces ont presque entièrement disparu. Dans de nombreux cas il ne nous reste qu'un exemplaire unique. Mais l'une d'entre elles est particulièrement rare à trois titres : alliage, valeur faciale et règne. Il s'agit d'une **pièce de bronze incrustée d'or** de Khaleb 1er d'Aksoum (environ 500 apr. J.-C.). On ne connaît en tout que 700 pièces de monnaies aksoumites.

Pièce *la plus chère*

Le prix le plus élevé payé dans une vente aux enchères pour une seule pièce se monte à **3 625 000 F.**
Ce prix record a été atteint pour le spécimen de Garrett du doublon en or de Brasher, frappé à New York par Ephraïm Brasher en 1787, qui n'a jamais été mis en circulation et dont on ne connaît que 7 exemplaires. L'acquisition en a été faite par Martin Monas, avocat, pour le compte d'un collectionneur américain anonyme, à l'hôtel Saint-Moritz à New York, le 29 novembre 1979.

Valeurs faciales *les plus grandes*
C'est la pièce d'or indienne de **200 mohurs** frappée en 1654 par l'empereur mongol Khurram Shihab-ud-din Muhammad, Shah Jahan (qui régna de 1628 à 1657), qui avait la plus grande valeur intrinsèque. Elle pesait en effet 2 177 g et valait donc intrinsèquement **3 000 F environ.** Elle avait 136 mm de diamètre.
Le seul exemplaire connu de cette pièce a disparu de Patna, en Inde, aux alentours de 1820, mais il en existe des moulages en plâtre au British Museum à Londres.

Aujourd'hui, la pièce ayant la plus grande valeur faciale est la pièce d'or de 2 500 $ des Bahamas. Elle mesure 72 mm de diamètre et a été frappée en 1977 par le Royal Canadian Mint à Ottawa.
Chacun des 250 exemplaires existant contient 435,4 g (22 carats) d'or.

Hôtel des monnaies *le plus grand*
Le plus grand hôtel des monnaies est celui du **Trésor américain,** construit entre 1965 et 1969, à Philadelphie ; il couvre **4,65 ha.** On y pratique les 3 × 8 sur 7 jours et il en sort 8 milliards de pièces par an. Une seule machine produit 10 000 pièces à l'heure.

Trésors royaux *les plus anciens de France*
Le trésor le plus ancien est conservé au musée de Cluny à Paris. C'est la **couronne de Receswinthus,** roi wisigoth, exposée avec six autres parures.

« Joyeuse », épée de Charlemagne (800), est exposée au musée du Louvre, à Paris.

Trésors sous-marins
On a calculé que depuis 1900, 217 000 vaisseaux avaient sombré. 95 % des trésors engloutis n'ont pas été récupérés.

Parmi les épaves récentes, le trésor le plus important est celui de l'*Awa Maru* (Japon), qui a sombré avec 2 008 passagers et **25 milliards de F,** en 1945, **au large de Formose.**

Le trésor de Rommel, englouti en 1941, au large de la Corse, représente 300 000 000 F.

On pense que le plus grand trésor sous-marin découvert à ce jour se trouve dans l'épave d'un navire espagnol de 42,6 m de long qui a sombré au large de la côte septentrionale de la République dominicaine en 1641, *Nuestra Señora de Concepción.* La Seaquest International a déjà repêché le 30 novembre 1978 une petite partie de ce trésor, que l'on estime à 200 000 000 F environ.

Trésor *le plus beau*
Le plus beau trésor jamais découvert se compose de **80 000 pièces d'or,** trouvées en 1814 à **Brescello** (près de Modène, en Italie), où elles auraient été enfouies aux alentours de 37 avant J.-C.

Le trésor le plus important par le nombre de pièces est le trésor de Bruxelles, découvert en 1908, et qui compte 150 000 pièces.

Un trésor de 56 500 pièces romaines a été trouvé à Cunetio, près de Marlborough, dans le Wiltshire, le 15 octobre 1978.

Trésor religieux
Voir *Religions.*

Collection *la plus chère*
Le prix le plus élevé atteint par une collection de pièces de monnaie se monte à 7 300 000 $ (**34 894 000 F** de l'époque). Ce prix record a été payé le 27 janvier 1976, pour un ensemble de 407 000 dollars américains en argent vendu aux enchères à Reno (Nevada), et acheté par Steven C. Markoff de la A.-Mark Coin Co. Inc. de Beverly Hills (Californie).

Le pape Jean-Paul II bénissant la foule le jour de Noël.

6

RELIGIONS

Religion *la plus vieille*

L'**hindouisme** est la plus ancienne religion officielle. Le védisme, forme primitive de la religion hindoue, fut importé en Inde par les Aryens, en 1500 av. J.-C.
Le Rig-Véda ou « Véda des Hymnes » (un des 4 livres sacrés) fut rédigé vers 900 av. J.-C.

Religions *les plus répandues*

Les statistiques en matière de religion ne sont pas très précises. La ferveur avec laquelle les fidèles pratiquent leur religion varie d'un pays à l'autre, et il n'est pas rare, en Asie notamment, que des individus suivent les rites de plusieurs religions.

Le **christianisme** est la religion la plus répandue dans le monde, avec **1 070 000 000** fidèles en 1983.
Le Bureau des statistiques du Vatican avançait le chiffre de 749 430 000 de catholiques romains en 1981.

L'islam, avec ses 600 000 000 de musulmans, est la plus répandue des religions non chrétiennes.

Religions en France	
Catholiques	45 000 000 (dont 13,5 % de pratiquants)
Protestants	2 200 000 (dont 38,6 % de pratiquants)
Musulmans	2 000 000
Juifs	650 000
Orthodoxes	200 000

Ecclésiastiques

La plus grande organisation religieuse est celle de l'Église catholique romaine, qui compte **plus de 1,3 million de personnes :** 416 329 prêtres, 2 927 cardinaux, archevêques et évêques, et 937 600 religieuses.
Il existe environ 420 000 églises.

En France

On comptait, en 1981, en France, 39 928 prêtres, dont 31 805 diocésains et 8 123 religieux, soit **1 prêtre pour 2 500 catholiques** environ. On comptait aussi 87 843 religieuses.

Ordre religieux *le plus important*

Les **Franciscains** ont été créés par saint François d'Assise, en 1209. C'est l'ordre le plus nombreux avec **50 000 membres** « mendiants ». Ils sont suivis par les Jésuites.

Israélites

En 1982 on estimait que les Israélites étaient au nombre de **145 millions.** C'est aux États-Unis que l'on trouve la communauté juive la plus importante, avec 5,900 millions, dont 2 millions dans la seule région de New York.
En Israël, le nombre de Juifs se monte à 3 255 000.
Au Japon, on trouve un millier de Juifs (400 à Tokyo).

Lieux de culte *les plus anciens*

Le Dr. Leslie Freeman, de l'université de Chicago, a découvert dans la grotte d'**El Juyo**, au nord de l'Espagne, une pierre sculptée représentant une créature mi-singe, mi-félin, datée de **12 000 av. J.-C.** El Juyo serait donc le plus vieux lieu de culte connu.

Église chrétienne *la plus ancienne*

La plus ancienne église chrétienne qui ait subsisté jusqu'à nos jours est celle de **Qal'at es Salihiye,** en Syrie orientale, qui date de **232.**

En France

L'église de **St-Pierre-aux-Nonnains** à Metz, Moselle, est la plus ancienne de France. Elle fut construite **entre 986 et 1005** sur les ruines d'une ancienne basilique romaine, transformée au VIIe siècle en abbaye bénédictine pour femmes.

Temples *les plus grands*

Le plus grand édifice religieux jamais construit est le temple d'**Angkor-Vat** (« la ville temple »), en Asie du Sud-Est, au Cambodge. Il couvre **162,6 ha.**
Il fut édifié en l'honneur du dieu Vichnou par le roi khmer Sûryavarman II, entre 1113 et 1150. C'était une véritable cité (1 280 × 1 280 m) qui, avant son abandon en 1432, abritait 80 000 personnes.

Le plus grand temple bouddhiste du monde se trouve en Indonésie, près de Djogjakarta à Java ; il s'agit du Bârâbudur, érigé au VIIIe siècle.

Cinq fois par jour, le monde musulman se prosterne en direction de La Mecque.

Le plus grand temple mormon se trouve dans la ville de Kensington, dans l'État de Maryland, U.S.A. ; il a été consacré en novembre 1974 ; son pavement couvre 14,7 ha².

Églises *les plus grandes*

La plus grande église du monde est la basilique **Saint-Pierre-de-Rome,** construite entre 1492 et 1612, dans la Cité du Vatican. L'église mesure, à partir de l'abside, 186,33 m de long. Sa superficie totale est de **15,14 ha.**
Le diamètre intérieur de sa célèbre coupole mesure 41,98 m de large, et le centre de la coupole s'élève à 119 m de haut. Extérieurement, la coupole atteint 139,52 m.

La basilique en ellipse souterraine de Saint-Pie-X, à Lourdes (France), dont la construction fut achevée en 1957, peut contenir 20 000 personnes ; elle mesure 200 m de long.

La crypte de l'église souterraine du Mémorial de la Guerre Civile espagnole, qui se trouve dans les montagnes Guadarrama, à 45 km de Madrid, fait 260 m de long.
On mit 21 ans à la construire (1937-58). Elle est surmontée d'une croix de 150 m de haut.

Églises *les plus petites*

La plus petite église du monde se trouve dans le Maine, aux U.S.A. ; il s'agit de l'**Union Church** de Wiscasset, dont la superficie ne dépasse pas **2,92 m².**

L'église Les Vauxbelets, sur l'île de Guernesey, mesure 4,87 m sur 3,65 m ; elle accueille un prêtre et deux fidèles.

Cathédrales *les plus grandes*

La plus grande cathédrale du monde est celle du diocèse de New York, **Saint John the Divine** (Saint-Jean-le-Divin), avec une surface de **11,24 ha²** et un volume de 476 350 m³.
La pierre angulaire fut posée le 27 décembre 1892, et les travaux sur l'édifice gothique, stoppés en 1941, ne reprirent réellement qu'en juillet 1979.
A New York on a surnommé cette cathédrale Saint John « the Unfinished » (la non-achevée).
Elle possède la nef la plus longue du monde (183,18 m) et sa voûte s'élève à 37,79 m de haut.

La cathédrale de Santa Maria de la Sede à Séville (Espagne), construite en style gothique espagnol entre 1402 et 1519, mesure 126,18 m de long et 82,60 m de large. La voûte au-dessus de la nef s'élève à 30,48 m.

En France

La plus grande cathédrale est la cathédrale d'Amiens, qui a 133,50 m de long. Sa nef a 42,30 m de haut et sa superficie est de **0,77 ha** (7 760 m²).

Cathédrale *la plus petite*

La plus petite cathédrale du monde est la chapelle-cathédrale de **Saint-Francis** du culte catholique américain, érigée en 1933 à Laguna Beach, en Californie (U.S.A.) ; d'une superficie de **0,093 ha** (93,6 m²), elle peut contenir 42 personnes.

Synagogue *la plus grande*

La plus grande synagogue du monde est le temple **Emanu-El,** sur la Vᵉ Avenue, à l'angle de la 65ᵉ Rue, à New York (État de New York, U.S.A.).
Achevé en septembre 1929, le temple a une façade de 45,72 m de haut sur la Vᵉ Avenue, et une façade de 77,11 m sur la 65ᵉ Rue.
Le sanctuaire peut accueillir 2 500 personnes, et la chapelle latérale Beth-El Chapel, près de 350. L'édifice peut contenir plus de **6 000 personnes.**

En France

La plus grande synagogue de France est la synagogue de la **Victoire,** rue de la Victoire à Paris. Elle a une capacité de **1 500 places.**

Mosquées *les plus grandes*

La plus grande mosquée jamais construite, maintenant en ruines, est celle d'**al-Malawiya,** ou calife Mutawakkil, à Sâmarrâ, en Irak, érigée en 842-52, qui couvrait **3,72 ha,** et mesurait 238,9 x 156 m.

La plus grande mosquée ouverte aujourd'hui au public est la mosquée Umayyad, à Damas, en Syrie, qui fut construite sur un sanctuaire religieux remontant à plus de 2 000 ans ; elle mesure 157 x 97 m, et couvre une surface de 1,52 ha.

Mais la plus grande du monde sera celle de Djakarta, dans l'île de Java, la future mosquée Merdeka, qui fut commencée en 1962.
La coupole aura 45 m de diamètre, et l'édifice pourra accueillir plus de 50 000 personnes.

Minarets *les plus hauts*

Le minaret de la mosquée du sultan Hassan (1356), au **Caire,** Égypte, mesure **86 m de haut**.

En deuxième place, il faut mettre le minaret Qutb Minâr, au sud de New Delhi, en Inde, érigé en 1194, qui s'élève à 72,54 m.

Pagode *la plus haute*

La pagode **Phra Pathom Chedi** à Nakhon Pathom (Thaïlande), construite pour le roi Mong'Kut en 1853-1870 s'élève à **115 m de haut.**

Pagode *la plus ancienne*

La plus vieille pagode chinoise est celle de **Sung Yo-ssû,** dans la province du Hounan, construite en **523 apr. J.-C.**

Au-dessus de la nef de la cathédrale Santa-Maria s'élève une voûte de 30,48 m.

Objet sacré
Le **Bouddha** en or du XVe siècle qui se trouve dans le temple de Wat Trimitr, à Bangkok, en Thaïlande, est certainement l'objet de culte qui a la plus grande valeur du monde.
Il mesure **3,04 m de haut** et pèse environ 5,5 t.

Flèches *les plus hautes*
La plus haute flèche de cathédrale du monde est celle qui surmonte la cathédrale protestante d'**Ulm,** en Allemagne.
L'édifice, gothique de la première époque, fut commencé en 1377.
La tour qui se dresse au milieu de la façade ouest ne fut pas achevée avant 1890 et elle mesure **160,90 m de haut.**

La plus haute flèche d'église du monde est celle du temple de Chicago, appartenant au culte méthodiste (First Methodist Church), situé rue Clark, à Chicago, dans l'État de l'Illinois, U.S.A.
L'édifice se compose d'un gratte-ciel de 22 étages (érigé en 1924), surmonté par un presbytère à 100,5 m de hauteur, par une chapelle en plein ciel, de 121,92 m de haut et par une flèche en forme de croix, qui se trouve à 173,12 m au-dessus du niveau de la rue.

Trésor religieux
Le plus beau trésor de France est celui de l'église **Sainte-Foy-de-Conques** dans l'Aveyron : vierge reliquaire du XIIIe, reliquaire de Pépin du XIe siècle, autel en albâtre du XIIe siècle, etc.

Cette vierge reliquaire est le plus beau trésor de France.

La canonisation la plus tardive fut celle du pape Léon III qui eut lieu 857 ans après sa mort.

Vitraux *les plus grands*
Les plus grands vitraux du monde sont ceux du **mausolée de la Résurrection,** à Justice, dans l'Illinois, dont les 2 448 panneaux vitrés couvrent une **surface de 2 079 m².**

Vitrail *le plus ancien d'Europe*
La tête du Christ de l'abbaye de Wissembourg conservée au musée de l'œuvre de Notre-Dame-de-Strasbourg date sans doute de **1050.**

Saints
On compte **1 848 saints** « inscrits » (y compris 60 saints Jean), dont, pour l'Europe, 628 Italiens, 576 Français et 271 en provenance des îles Britanniques.

Canonisation *la plus rapide*
L'intervalle le plus court entre la mort d'un saint et sa canonisation appartient à **saint Antoine de Padoue,** mort en Italie le 13 juin 1231 et canonisé **352 jours** plus tard, le 30 mai 1232.

La plus longue
Le record inverse fut remporté par le pape **Léon III,** qui mourut en 816 et fut canonisé en 1653, soit **857 ans** plus tard.

Pontificat *le plus long*
Sur les 264 papes que connut l'Église, **Pie IX** (Jean-Marie Mastai-Ferretti) fut celui qui eut le plus long pontificat : **31 ans et 236 jours,** du 16 juin 1846 jusqu'au jour de sa mort, à l'âge de 85 ans, le 7 février 1878.

Le pontificat le plus long a été celui du pape Pie IX.

Le plus court
Quant au pape **Etienne II,** élu le 24 mars 752, il mourut **deux jours** plus tard.

Papes *les plus vieux*
On raconte que **saint Agathon** (pape de 678 à 681) fut élu à l'âge de 103 ans et vécut jusqu'à celui de **106 ans,** mais tous les historiens ne sont pas d'accord avec ces données.

Le plus âgé de tous les souverains pontifes des temps modernes fut Léon XIII (Joachim Pecci), né le 2 mars 1810, élu pape au troisième tour le 20 février 1878 et mort le 20 juillet 1903, à 93 ans et 140 jours.

Pape *le plus jeune*
Le plus jeune pape fut **Benoît IX** (Théophylacte, des comtes de Tusculum), qui fut pape à trois reprises : de 1032 à 1044 ; d'avril à mai 1045, et du 8 novembre 1047 au 17 juillet 1048. On raconte qu'il n'avait que **11 ou 12 ans** lorsqu'il fut élu pape, mais la liste des papes ne mentionne que son « extrême jeunesse ». Il mourut en 1056.

Papes *non italiens*
Le pape actuel **Jean-Paul II** (né Karol Wojtyla, le 18 mai 1920, à Wadowice, près de Cracovie, en Pologne), élu le 16 octobre 1978, est le **premier pape non italien** depuis que le cardinal Adrien Florence Boeyens, des Pays-Bas, avait été élu pape sous le nom d'Adrien VI en 1522.

Le seul pape d'origine anglaise fut Nicolas Breakspear (né à Abbots Langley, près de Watford, dans le Hertfordshire, en 1100) qui, en tant que cardinal évêque d'Albano, fut élu pape (Adrien IV) le 4 décembre 1154 ; il mourut le 1er septembre 1159.

Le dernier pape français fut Grégoire XI (1370-1378).

Papes *mariés*
Les 37 premiers papes n'avaient aucune obligation de conserver le célibat.

Le pape Hormisdas (514-523) était le père du pape Silverius (536-537).
Le dernier pape marié fut Adrien II (867-872).
Rodrigue Borgia (1431-1503) était **père d'au moins six enfants** avant son élection en 1492, sous le nom d'Alexandre VI.

Élections papales
Après que **31 mois** se furent écoulés sans que les cardinaux eussent déclaré *Habemus Papam* (« Nous avons un pape »), le maire de Viterbe les mit au pain sec et à l'eau et enleva le toit de leur conclave ; ils élirent enfin, le 1er septembre 1271, Tabaldo Visconti, archevêque de Liège, sous le nom de Grégoire X.
La papauté resta vacante pendant au moins 3 ans et 214 jours entre 304 et 308 apr. J.-C.

Le conclave le plus court fut celui du 21 octobre 1503, qui élit au premier tour de scrutin le pape Jules II.

Cardinaux *les plus vieux*
Le 2 février 1973, le Sacré Collège des cardinaux comprenait le chiffre record de 145 membres déclarés, contre 123 en 1981.

Le record de longévité de tous les cardinaux en service a été de 60 ans et 10 jours, et fut remporté par le cardinal York, un des petits-fils de Jacques VII (roi d'Écosse et également roi d'Angleterre sous le nom de Jacques II), qui exerça ses fonctions ecclésiastiques du 3 juillet 1747 au 13 juillet 1807.

Le plus vieux cardinal de tous les temps fut probablement **Georges da Costa** (né au Portugal en 1406), qui mourut à Rome le 18 septembre 1508, à l'âge de **102 ans.**

En France
Le cardinal le plus âgé est **Mgr Marty,** né en 1904.

Cardinaux *les plus jeunes*
Le plus jeune cardinal de tous les temps fut **Louis-Antoine de Bourbon** (né le 25 juillet 1727), nommé cardinal le 19 décembre 1735, à l'âge de **8 ans et 147 jours.**
Son fils Luis fut également nommé cardinal, mais à l'âge de 23 ans.

Le plus jeune cardinal actuel est Jaime L.-Sin, archevêque de Manille (né le 31 août 1928).

En France
Le plus jeune cardinal de France est, depuis le 30 juin 1979, **Mgr Etchegaray** (Marseille), né le 25 septembre 1922.

Mgr Echegaray est le plus jeune cardinal de France.

Mgr Aubry est le plus jeune évêque de France.

Évêque *le plus âgé*
L'évêque le plus âgé de l'Église catholique, ces dernières années, fut celui d'Aversa, **Mgr Angelo Teutonico,** né le 28 août 1874 et mort le 30 mai 1978, à l'âge de **103 ans et 275 jours.**
Il avait célébré la messe environ 24 800 fois.

En France
Les évêques prennent leur retraite à 75 ans.

Le doyen des évêques français est **Mgr André Parenty,** ancien évêque d'Arras, né en 1895.

Évêque *le plus jeune*
Le plus jeune évêque de tous les temps fut **Hugues de Vermandois,** archevêque de Reims à **5 ans.**

En France
Le plus jeune évêque de France est **Mgr Aubry,** évêque de la Réunion, né le 10 mai 1942.

Mgr François Bussini, évêque auxiliaire de Grenoble, né le 21 mai 1936, est le plus jeune évêque de France métropolitaine.

Rassemblement religieux
C'est le 19 janvier 1977, en **Inde,** que la plus grande foule du monde se réunit pour le festival hindou de Kumb Mela ; **12 700 000 personnes** se retrouvèrent ensemble à Allahabad, dans les provinces d'Uttar Pradesh, au confluent du Djamna (aujourd'hui Yamunâ), du Gange et de l'invisible « Sarasvatî ».
Le moment le plus saint de cette journée, la plus sainte depuis 1833, correspondit à l'alignement planétaire (Terre, planète et Soleil sont alignés), entre 9 h 28 et 9 h 40.
200 000 personnes seulement réussirent à se baigner dans les eaux sacrées pour se laver des péchés de toute une vie.

En France
500 000 personnes ont assisté à la messe célébrée par le pape au **Bourget** le 1er juin 1980.

Couronne mortuaire
Interflora a construit en mai 1979, en Australie occidentale, une couronne mortuaire qui mesurait **42,33 m de circonférence.**

LE LIVRE GUINNESS DES RECORDS

11

SOCIETE

CONFORT

ÉQUIPEMENT SOCIAL

Logements *le plus grand nombre*
Le logement est défini comme une ou plusieurs pièces structurées à des fins d'habitation, occupées par des familles de plusieurs membres ou des personnes seules et ayant accès privé ou commun avec la rue.

En 1972, l'**Inde** comptait **100 251 000 logements.**

En France
On compte 18 641 100 résidences principales, 1 843 500 résidences secondaires et 1 751 100 logements vides, soit **22 235 700 logements.**

Médecins
Le pays ayant *le plus de médecins* est l'**U.R.S.S.** qui en a 831 300, c'est-à-dire **1 pour 307 personnes.**

La Chine a un personnel paramédical de plus de 1,4 million de personnes, connues sous le nom de « médecins aux pieds nus ».

Le pays ayant *la plus petite proportion de médecins* est la **Haute-Volta,** qui a 58 médecins, soit **1 pour 92 759 personnes** (1970).

En France
On comptait, en 1983, 133 520 médecins en activité (dont 30 290 femmes), soit **1 pour 408 personnes.**

Dentistes
Le pays ayant le plus de dentistes est les **États-Unis** où, en 1982, il y avait **140 000 dentistes** enregistrés à l'American Dental Association.

En France
On comptait en 1983 **35 670 dentistes.**

Psychiatres
Le pays ayant le plus de psychiatres est les États-Unis. En 1982, il y avait 26 775 personnes enregistrées à l'American Psychiatric Congress et 50 000 membres à l'American Psychological Association, soit **76 775 psychiatres.**

Hôpitaux les plus grands
Le complexe hospitalier le plus grand est le **District Medical Center de Chicago,** États-Unis, qui couvre 193 ha et comprend 5 hôpitaux, soit **56 000 lits** et 8 écoles professionnelles avec plus de 3 000 étudiants.

Le plus grand hôpital psychiatrique est le Pilgrim State Hospital à West Brentwood, Long Island, New York, États-Unis, qui a 3 618 lits. Il en avait 14 200 auparavant.

La maternité la plus active est celle de Mama Yemo à Kinshasa, Zaïre (599 lits), avec 41 930 naissances en 1976. Le record de naissances fut de 175 bébés en un jour en mai 1976.

En France
La France possédait, en 1982, 597 150 lits d'hôpitaux publics, 230 500 dans des établissements privés, 237 000 en hospices et maisons de retraite publics et plus de 200 000 en maisons de retraite privées (y compris les logements-foyers). Soit **1 106 810 lits** au total.

Calories
Le besoin calorifique d'un adulte moyen, sédentaire, s'élève à 2 200 calories/jour environ.

La **Belgique** et le **Luxembourg** sont les pays qui ont le plus de calories disponibles par personne. La moyenne était, en 1974, de **3 645 calories/jour/personne.**

D'après les statistiques de 1977, c'est le **Tchad** qui aurait le moins de calories disponibles, avec une moyenne de **1 793/jour/personne.**

On a calculé que les citoyens britanniques, par an, consomment en nourriture, 7 fois 1/4 leur propre poids, soit, pour l'ensemble de la population, 70 000 t par jour.

Le pouvoir calorifique le plus élevé de toutes les denrées alimentaires est celui de la graisse animale pure, soit 930 calories pour 100 g.
L'alcool pur donne 710 calories par 100 g.

Les plus grands consommateurs (par jour et par personne)

Produit	Pays	Quantité
Protéines	Australie et Nouvelle-Zélande	106 g
Céréales	Égypte	600 g
Sucres	Bulgarie	177 g
Viande	États-Unis	308 g
Bonbons	Grande-Bretagne	4,01 g
Thé	Irlande	10,2 g
Café	Suède	32,18 g
Eau du robinet	États-Unis	7,021 l
Bière	Allemagne fédérale	39,7 cl
Vin	France	25,1 cl
Alcools	Pologne	1,53 cl

POSTES ET TÉLÉCOMMUNICATIONS

Téléphone *découverte*
Le téléphone a été mis au point par l'Américain

Alexander **Graham Bell en 1876,** selon les principes énoncés par le Français Charles Bourseul en 1854.

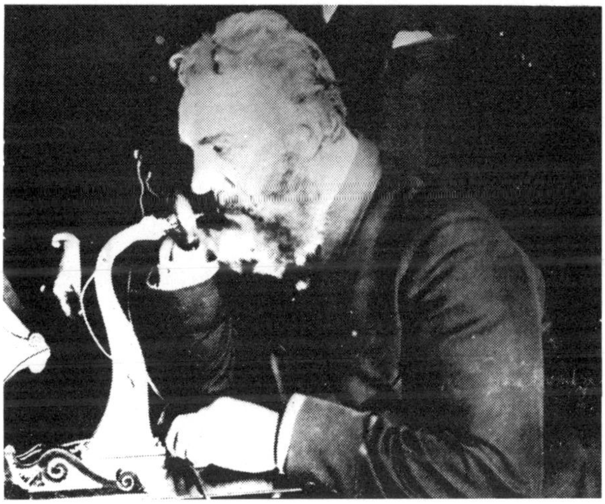

Alexander Graham Bell inaugure la ligne téléphonique New York-Chicago.

Téléphones *le plus grand nombre*

Selon l'American Telephone & Telegraph Co, il y avait 472 136 789 téléphones dans le monde le 1er janvier 1981. Ce sont les États-Unis qui en ont le plus avec 180 424 000 appareils, soit 789 pour 1 000 habitants.

La ville possédant le plus grand nombre de téléphones est New York avec 5 785 384 postes (820 pour 1 000 habitants) au 1er janvier 1980.
En 1980, **Washington D.C.** comptait **1 648 téléphones pour 1 000 habitants.**

Le pays qui en compte le moins est le **Zaïre,** avec **moins de 1 téléphone pour 1 000 habitants.**

En France

En France, on comptait, à la fin de l'année 1981, 18 millions de postes téléphoniques, soit environ **359 pour 1 000 habitants.**
La région parisienne (Ile-de-France) a la plus forte densité de téléphones de France, avec 634 645 postes installés.

Conversations téléphoniques

Les **U.S.A.** ont le record avec **1 981 conversations par an et par personne** en 1981.

Standard

Le standard du **Pentagone,** à Washington, U.S.A., compte **25 000 lignes.**
La note annuelle s'élève à 53 000 000 F.

Annuaire *le plus gros*

L'annuaire le plus difficile à manier est celui de **Fort Houston,** Texas, U.S.A., qui comporte **2 889 pages** pour 939 640 abonnés.

Le plus petit

L'annuaire de la ville de Knippa, Texas, U.S.A., recense 221 abonnés et compte **2 pages** seulement.

Le plus compact

En 1983, les P.T.T. ont édité pour la région parisienne un annuaire en 2 tomes de **15 × 20 cm,** comprenant au total **3 319 pages.**

Câble téléphonique *le plus long*

Le câble téléphonique sous-marin le plus long du monde est le Commonwealth Pacific Cable (*Compac*) de plus de **14 480 km de long** qui relie l'Australie à Port Albert au Canada, *via* Auckland en Nouvelle-Zélande et les îles Hawaii.
Il a coûté environ 350 000 000 F et a été inauguré le 2 décembre 1963.
Le premier câble téléphonique transatlantique (G.-B. – U.S.A.) date de 1876.

Câble télégraphique *le premier*

Le premier câble télégraphique a été posé entre la France et l'Angleterre, sous la Manche, **en 1850.**
Le premier transatlantique a été posé par la Compagnie Great Eastern en 1866.

Services postaux

Le pays traitant la plus grande masse de courrier est les **États-Unis** dont les habitants ont posté plus de 114 milliards de lettres et paquets en 1982, soit **494 lettres par habitant et par an.** Les services postaux américains comptent 669 557 employés.

En France

Le premier service postal payant date de 1627. Il fut assuré sur l'ordre de Henri IV par les Messageries royales entre les grandes villes de France.

RECORDS DE PHILATÉLIE		
Premier timbre	Mis en vente le 1er mai 1840	1 penny noir, reine Victoria Introduit pour affranchissement le 6 mai 1840
Premier (France)	Mis en vente le 1-1-1849	20 c. noir, tiré à 41,5 millions d'ex.
Record en vente	3 500 000 F	1 cent magenta de Guyana daté d'avril 1856 par Irwin Weinberg Syndicate à un collectionneur anonyme, le 5 avril 1980, à New York. Un seul exemplaire
Record (erreur)	2 125 000 F	Bloc de quatre 24 cents U.S. air mail, inversés, biplan «Princeton», le 19 juillet 1979
Plus grand achat	4 675 000 F	Collection Marc Haas, 3 000 timbres U.S. et seings pré-postaux jusqu'en 1869. Par Stanley Gibbons de Londres, août 1979
Le plus grand	(spécial) 247,5 x 69,8 mm (standard) 160 x 110 mm	Livraison expresse de Chine, 1913 75 cents des Îles Marshall, émis le 30 oct. 1979
Le plus petit	9,5 x 8 mm	10 cents et 1 peso de Bolivar, Colombie, 1863
La plus haute valeur faciale	50 milliards de marks	Timbre allemand, 1923
La plus petite valeur faciale	3 000 pengos	Hongrie, 1946 (150 millions de millions de pengo = 1 c)
Le plus rare	1 exemplaire	1 cent magenta de Guyana; 3 erreurs de couleur jaune, Suède 1855

En 1982, les Français ont envoyé 11,2 milliards de lettres, ce qui représente **207 lettres par habitant pour l'année.** Par ailleurs, les services postaux ont acheminé 264 700 000 télégrammes et 8 500 000 paquets.

Adresses postales *les premières*
Ce sont les maisons du pont Notre-Dame à **Paris** qui ont reçu en **1463** les premiers numéros.
Le premier numérotage régulier a été établi à Paris en 1804 par Frochot : en partant de la Seine, numéros pairs à droite, impairs à gauche.

Poste aérienne *première*
Le premier acheminement de courrier par avion a été effectué pour les P.T.T. par le Français Henri Pequet entre Paris et les Indes en **1911.**

Timbres *les premiers*
Le premier timbre a été utilisé par les Anglais le **6 mai 1840.**
Il s'agit du 1 penny noir, représentant la reine Victoria. En même temps a été lancé le 2 pence bleu.

En France
Le premier timbre français est le 20 c. noir mis en circulation en **1849.** Représentant Cérès, il a été imprimé à 41,5 millions d'exemplaires. Il a été supprimé en 1850. Le premier faux timbre a été signalé le 4 mai 1849.
Les premiers timbres tirés *en grande série* sont les 1 c. vert olive, tirés à 170 millions d'exemplaires le 1er novembre 1860. Ils ont été retirés de la circulation le 15 octobre 1862.
Le premier imprimé à plus de 1 milliard d'exemplaires est le 20 c. bleu du 1er juillet 1854. Il a été retiré de la circulation en octobre 1862.

Timbre *le plus cher*
Le plus célèbre et le plus cher de tous les timbres est un « one cent » magenta de Guyana de 1856, vendu **3 500 000 F** à New York.

Timbre *le plus patriote*
André Blaise possède un timbre exceptionnel, datant du 18 avril 1940, sur lequel sont écrites toutes les paroles de **la Marseillaise.**

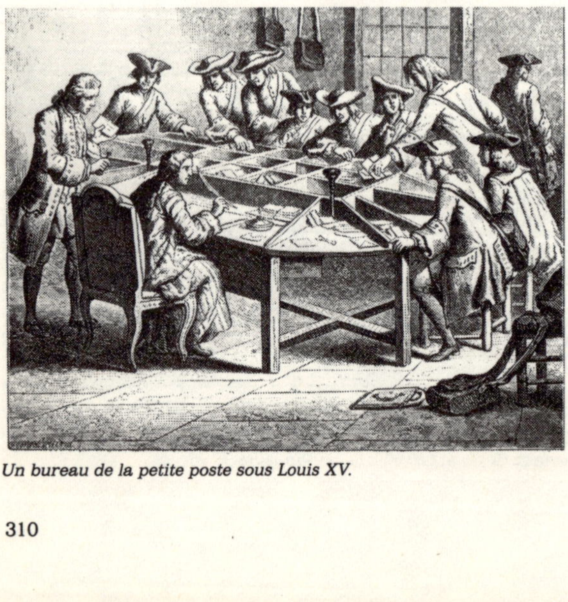

Un bureau de la petite poste sous Louis XV.

LE LIVRE GUINNESS DES RECORDS

2 FORTUNE ET HONNEURS

RICHESSE ET PAUVRETÉ

Il est pratiquement impossible de comparer les fortunes de différentes personnes. Les propriétaires de grosses fortunes sont souvent assez réticents et, de plus, leur fortune est bien difficile à évaluer. Comme disait Paul Getty (1892-1976) : « Si vous pouvez compter vos millions, c'est que vous n'êtes pas millionnaire. »

Les premiers millardaires en dollars furent John Davison Rockefeller (1839-1937), Henry Ford (1863-1947) et Andrew William Mellon (1855-1937).

Henry Ford, l'un des premiers milliardaires en dollars.

Milliardaires

La fortune du milliardaire **Daniel K. Ludwig,** estimée à 3 milliards de dollars en 1977, avait diminué des deux tiers en 1981 à cause d'un investissement malheureux. Néanmoins, en 1982, D. K. Ludwig était à la tête de 2 milliards de $ **(14 milliards de F).**

Le milliardaire le plus riche après D. K. Ludwig est probablement l'Américain Dave Packard, qui fonda en 1938 la Société Hewlett-Packard en s'associant avec Bill Hewlett. En mars 1983, sa fortune était évaluée à 1,8 milliard de $ (13,3 milliards de F).

Revenus

Les plus gros revenus proviennent des royalties versées sur les barrils de pétrole et ils reviennent donc aux dirigeants des émirats, où la redistribution n'existe pas encore, ou très peu.

Le cheik Zayid ibn Sultan an-Nuhayan, chef des Émirats arabes, touche environ 9 milliards de $ par an **(5,55 milliards de F par mois)** sur le P.N.B. des Émirats.

Le revenu le plus élevé pour un simple citoyen en une année est celui qu'a touché Al Capone en 1927 : le gangster reçut cette année-là environ 105 millions de $ (26 250 000 F de l'époque), du commerce illégal de l'alcool, d'établissements de jeu, courses de chevaux, boîtes de nuit, rackets de « protection » et autres activités. La carte de visite d'Al Capone portait la mention « Brocanteur ».

Les femmes les plus riches

La **princesse Wilhelmine d'Orange-Nassau,** reine des Pays-Bas (1880-1962), qui régna de 1890 à 1948 (abdication), fut certainement la femme la plus riche du monde.

Sa fortune était estimée à **plus de 2 milliards de F.**

Mme Charles Walker, née Sarah Breedlove en 1867 en Louisiane, U.S.A., fut la première milliardaire « self made woman ». Elle débuta pauvre, noire et orpheline, et fit fortune en mettant au point un produit pour défriser les cheveux.

On estime que la majorité des 574 342 millionnaires américains sont des femmes (51 %).

La plus forte densité se trouve dans l'État de l'Idaho (264,6 pour 10 000).

Avarice

Henrietta Howland Green, une Américaine, vivait chichement. Elle mourut un jour de 1925 en s'étranglant avec une cuillerée de bouillie, qu'elle mangeait froide pour économiser le charbon.

On découvrit alors qu'elle avait mis de côté 95 000 000 $, soit une **cagnote de 29 450 000 F** (au cours de l'époque).

Millionnaires *les plus jeunes*

La personne la plus jeune qui ait économisé **1 000 000 $** fut le jeune acteur **Jackie Coogan** (né le 26 octobre 1914), vedette du *Kid* aux côtés de Charlie Chaplin, en 1920, alors qu'il avait **6 ans.**

Shirley Temple (née le 23 avril 1928) avait amassé plus de 1 000 000 $ à l'âge de 10 ans. Sa carrière d'enfant actrice dura de 1934 à 1939.

Familles *les plus riches*

On estime que les avoirs réunis des 1 600 membres de la famille **Du Pont** se monteraient à 150 milliards de $, soit **plus de 1 000 milliards de F.**.

Cette famille est arrivée de France aux États-Unis le 1er janvier 1800. Le capital que possédait Pierre Du Pont permit à son frère Eleuthère de démarrer son entreprise d'explosifs aux États-Unis.

Dot *la plus élevée*

La dot la plus élevée fut celle d'**Elena Patiño,** fille de don Simon Patiño (1861-1947), le roi de l'étain bolivien. En 1929, elle reçut **1 milliard de F,** prélevés sur une fortune d'environ 15 milliards de F.

Vie professionnelle *la plus longue*

La vie professionnelle la plus longue a été celle de **M. Izumi,** l'homme le plus âgé du monde (voir *Longévité*), qui a débuté comme aiguillonneur de bêtes de trait à la raffinerie de sucre de canne à Tokunashimo, Japon, en 1872.

Il a pris sa retraite en 1970, alors qu'il était planteur de canne à sucre après avoir **travaillé 88 ans.**

La princesse Wilhelmine d'Orange-Nassau : elle fut la femme la plus riche du monde.

A 10 ans, Shirley Temple possédait déjà plus de 1 000 000 de dollars.

Héritage
A la mort de **Pablo Picasso,** l'inventaire a fait état de 1 885 tableaux, 7 089 dessins, 1 228 sculptures, 3 222 céramiques, 30 000 estampes. Cet héritage a été estimé à **1,15 milliard de F** et les droits de succession à 290 000 000 F. Jamais aucun héritage n'avait été aussi prestigieux.

Argent rendu
La plus grosse somme d'argent retrouvée et rendue à son propriétaire est **500 000 $ en billets** (2 500 000 F de l'époque), que Lowell Elliott découvrit dans sa propriété dans l'Indiana, U.S.A.
Cette fortune était tombée en juin 1972 de la poche d'un rançonneur d'avion qui avait fui en parachute.

Le 6 avril 1982, Jim Priceman, caissier, rendit à A. G. Becker Inc une enveloppe au nom de cette société qu'il avait trouvée dans la rue. Elle contenait 37 000 000 $ en actions (240 000 000 F). Jim Priceman reçut une récompense de 250 $ (1 625 F).

Salaire
Le salaire le plus élevé pour un homme d'affaires, en 1981, fut celui de **Roland Genin,** président de Schlumberger, U.S.A. Il aurait gagné environ **30 000 000 F dans l'année,** en salaires, primes et participation.

Honoraires
Le conseiller en investissements financiers le plus cher du monde est **Harry Schultz,** qui demande **15 000 F/h** les jours de semaine et 22 500 F/h le week-end.

Conférencier
La conférence la plus chère est une conférence demandée à **Raph Nader** au prix de **20 000 F l'heure.**

La plus grande agence de conférences est l'American Program Bureau de Boston, U.S.A., qui propose 400 personnalités et 40 sujets.
Les bénéfices s'élèvent à 500 000 000 F.

Mannequin *le plus payé*
La cover-girl la plus chère du monde est **Margot Hemingway** qui reçoit **10 000 F par heure** de pose.

L'heure de pose la plus chère du monde : celle de Margot Hemingway.

Le groupe Noxella a signé, en décembre 1979, un contrat de 5 ans pour les droits du visage, des yeux et des lèvres de Cherryl Tiegs, pour 6 400 000 F.

Bienfaisance *dons*
Au cours de sa vie, le millionnaire **John Davison Rockefeller** a fait plus de dons que n'importe qui. Il a distribué environ **3,5 milliards de F.**

Les donations de J.-D. Rockefeller se sont élevées à environ 3,5 milliards de dollars.

Le don le plus important jamais effectué fut celui de 2 500 milliards de F, donnés le 12 décembre 1955 à 4 157 centres d'éducation par la Fondation Ford de New York.

Bienfaisance *marches*
La plus grosse somme récoltée au cours d'une seule marche de bienfaisance se monte à **13 000 000 F,** lors de la **marche de Hong Kong** du 2 décembre 1979.

La course ayant attiré le plus de participants est la marche de Kowloon du 6 mars 1977, où 57 000 personnes ont parcouru 22,500 km.

Bienfaisance *collecte*
La somme la plus élevée amassée pour des œuvres de bienfaisance est une **pile de pièces** de 10 pence d'un montant de **60 000 F,** récoltée à Denham, G.-B. du 15 au 22 juillet 1981.

Terry Fox (1958-1981), Canada, a parcouru 5 373 km en 143 jours d'avril à septembre 1980 ; il était amputé d'une jambe, remplacée par une prothèse. Cette marche lui a permis de récolter 125 000 000 F.

Pari de football
Tadeu Resende de Volya Redonda (Brésil) a gagné **15 000 000 F** en février 1981.

Casino *perte*
Un industriel italien anonyme aurait perdu **8 000 000 F** en 5 heures au casino de Monte-Carlo.

Mariage *le plus cher*
Le mariage célébré le 27 mai 1980 entre **Jean-Claude Duvalier,** président à vie de Haïti, et **Michelle Benett,** aurait coûté 1 000 000 $ **(4 150 000 F)** au trésor haïtien.

En France
Le mariage de **Maria Niarchos** et **Alix Chevassus,** célébré le 16 juin 1979 en Normandie, aurait coûté **2 000 000 de F.**
Les invités ont bu 12 000 bouteilles de champagne et de vin. Les réserves de caviar ont dépassé la demande. Il y avait 4 pistes de danse de la taille d'un terrain de football.

Enterrement
Selon la presse, une foule de **15 millions de personnes** aurait suivi les funérailles de **C. N. Annadurai,** chef du gouvernement de Madras, Inde, qui mourut le 3 février 1969.

Réceptions
Voir aussi « Alimentation », chapitre *Industrie et commerce.*

La réception la plus chère par des particuliers a été donnée au Waldorf Hotel de New York en février 1897 par **M. et Mme Bradley Martin.**

On estime que le sommet des 49 nations africaines à Libreville, Gabon, en juillet 1977, aurait coûté 3 milliards de F.

La réception donnée à Hyde Park les 30 et 31 mai 1979 dans le cadre de l'année internationale de l'Enfance a attiré 160 000 enfants.

La plus grande fête de Noël a été offerte par la compagnie Seattle le 15 décembre 1979, au Kindone (65 000 sièges) à Seattle, U.S.A. 2 500 artistes se sont produits sur scène. La salle a été décorée de 100 arbres de Noël, éclairés chacun par 100 lumières avec 150 000 ballons blancs et 3 bassins de glace.

HONNEURS DÉCORATIONS ET RÉCOMPENSES

Ordre *le plus ancien*
L'ordre militaire des **hospitaliers de Saint-Lazare** fut créé par Basile le Grand au **IVe siècle avant J.-C.**

Le premier ordre de chevalerie est l'ordre vénitien de Saint-Marc, sans doute institué en 831.

L'ordre castillan de Calatrava a été fondé (de façon certaine) en 1158.

En France
La décoration la plus ancienne qui soit encore décernée en France est la **Légion d'Honneur** qui fut créée par la loi du 19 floréal de l'an X (19 mai **1802**) sous Napoléon Bonaparte. C'est aussi la seule décoration à avoir survécu à tous les régimes (Royauté, Empire, République).
Elle comporte 5 dignités qui sont par ordre de croissance : Chevalier, Officier, Commandeur, Grand Officier et Grand-Croix. C'est la décoration la plus importante que l'on puisse recevoir en France.

Honneur *le plus grand*
L'objet le plus grand qui ait reçu le nom d'un homme est l'Univers, ou plutôt un modèle d'Univers réalisé d'après les calculs du mathématicien russe Alexandre Friedman en 1922 et connu sous le nom d'**Univers de Friedman.**
Ce modèle a été dépassé en janvier 1980 par la théorie de l'isotropie quadropole qui réfute le modèle de Friedman.

Titres
La personne la plus titrée est la **18educhesse d'Albe,** Doña Maria del Rosario Cayetana Fitz-James Stuart y Silva.
Elle est 8 fois duchesse, 15 fois marquise, 21 fois comtesse et 15 fois « Grand d'Espagne ».

Prix Nobel
Le prix Nobel a été institué selon le vœu d'**Alfred Bernhard Nobel** (1833-1896), ingénieur chimiste suédois, célibataire, inventeur de la dynamite.
Le prix Nobel (37 000 000 F) est décerné chaque année le 10 décembre, jour anniversaire de la mort de Nobel et de l'institution de la fondation. Depuis 1901, le prix est attribué dans 6 disciplines : physique, chimie, médecine et physiologie, littérature, paix, et économie (depuis 1969).

LAURÉATS FRANÇAIS DU PRIX NOBEL	
Chimie :	
1906	Henri Moissan
1911	Marie Curie
1912	V. Grignard, P. Sabatier
1935	Frédéric et Irène Joliot-Curie
Littérature :	
1901	Sully Prudhomme
1904	Frédéric Mistral
1915	Romain Rolland
1921	Anatole France
1927	Henri Bergson
1937	Roger Martin du Gard
1947	André Gide
1952	François Mauriac
1957	Albert Camus
1960	Saint-John Perse
1964	Jean-Paul Sartre (refusé)
Médecine et physiologie :	
1907	Charles Laveran
1912	Alexis Carrel
1913	Charles Richet
1928	Charles Nicolle
1956	A. Cournand (avec les U.S.A. et l'Allemagne)
1965	François Jacob, André Lwoff et Jacques Monod
1980	Jean Dausset (partagé avec les Américains Baruj Benacerras et George Davis Snell)
Paix:	
1901	F. Passy (partagé avec le Suisse H. Dunant)
1907	L. Renault (partagé avec l'Italien E. Moneta)
1909	P. d'Estournelles de Constant et Beernaert (Belgique)
1920	Léon Bourgeois
1926	Aristide Briand et Streseman (All.)
1927	F. Buisson et Quidde (All.)
1951	Léon Jouhaux
1952	A. Schweitzer
1968	René Cassin
Physique :	
1903	Henri Becquerel, Pierre et Marie Curie
1908	Gabriel Lippman
1926	Jean Perrin
1929	Prince Louis-Victor de Broglie
1966	Alfred Kastler
1970	Louis Néel et H. Alfven (Suède)

Pays lauréats

Les États-Unis ont reçu ou partagé 158 prix Nobel (1982 inclus) :

Physique :	44
Chimie :	24
Médecine :	55
Littérature :	8
Paix :	16
Économie :	11

Prix par pays et par discipline

U.S.A. :	55	Médecine et Physiologie
U.S.A. :	44	Physique
U.S.A. :	16	Paix
U.S.A. :	11	Économie
U.S.A., Allemagne :	24	Chimie
France :	11	Littérature

Lauréats les plus primés

Le **Dr Linus Carl Pauling** (né le 28 février 1901), professeur de chimie à l'Institut de Technologie de Californie, U.S.A., a reçu **2 prix Nobel différents** à titre personnel (prix Nobel de chimie en 1954, prix Nobel de la paix en 1962).

Trois personnes ont reçu 2 fois le prix Nobel : Marie Curie (1867-1934), Française née en Pologne (en 1903, prix Nobel de chimie avec son mari Pierre Curie et Henri Becquerel ; en 1911, prix Nobel de chimie).

Le Pr John Baarden, né en 1908, a partagé 2 fois le prix Nobel de physique (1956 et 1972). Le professeur Frederik Sanger (né le 13 août 1918), G.-B., a reçu le prix Nobel de chimie en 1958 et en 1980.

Association la plus primée

Le prix Nobel de la paix a été attribué 3 fois au Comité international de la Croix-Rouge de Genève, en 1917, en 1944 et en 1963 (partagé avec la Ligue internationale des sociétés de la Croix-Rouge).

Lauréat le plus âgé

Le Pr. **Francis Peyton Rous,** U.S.A. (1879-1970) a partagé le prix de médecine en 1966, à l'âge de **87 ans.**

Lauréats les plus jeunes

Le lauréat le plus jeune fut **Théodore Richards** (1868-1928), qui reçut le prix de chimie en 1914, à **23 ans.**

Le Pr sir William Bragg (G.-B., 1890-1971) reçut en 1915 le prix Nobel de physique avec son père, alors qu'il avait 25 ans. Il avait déjà présenté son travail à 23 ans.

Le plus jeune lauréat de littérature fut Rudyard Kippling (G.-B., 1865-1934), à 41 ans, en 1907.

Le plus jeune lauréat du prix Nobel de la paix fut le pasteur Martin Luther King (U.S.A., 1929-1968), à 35 ans, en 1964.

Statues

L'homme le plus souvent représenté en statues est Vladimir Ilitch Oulianov, *alias* **Lénine** (1870-1924).

Le record de statues élevées en son propre honneur est détenu par le généralissime Dr Rafael Leonidas Trujillo y Molina (1891-1961), ancien président de la république Dominicaine. En mars 1960, on comptait plus de 2 000 statues du président dans le pays.

Le sommet le plus élevé du pays avait été baptisé Pico Trujillo (actuellement Pico Duarte). Une province portait le nom de Trujillo et une autre celui de Trujillo Valdez. En 1936, la capitale reçut le nom de Ciudad Trujillo et elle retrouva son nom de Santo Domingo de Guzman le 23 novembre 1961. Trujillo mourut assassiné dans une embuscade le 30 mai 1961 et, depuis, le 30 mai est un jour férié.

Rudyard Kipling, le plus jeune lauréat de littérature.

Le pasteur Martin Luther King remporte le prix Nobel de la paix à 35 ans.

JUSTICE

LÉGISLATION ET LITIGES

Lois écrites *les plus anciennes*
Le premier code juridique connu est celui du roi Ur-Hammu, rédigé sous la IIIe dynastie d'Ur en Irak, aux environs de l'an **2145 av. J.-C.**

Procès *le plus long*
Le procès le plus long s'est achevé à Poona, Inde, le 28 avril 1966, avec un jugement en faveur de Balasaheb Patloji Thorat, descendant de Maloji Thorat qui avait entamé cette action en l'an 1205, soit **761 ans** auparavant, pour faire valoir ses droits à la présidence de certaines cérémonies publiques et ses droits de préséance aux fêtes religieuses.

Procès *le public le plus nombreux*
Le procès de Jesus Sosa Blanco, 51 ans, accusé de 108 meurtres, a rassemblé jusqu'à **17 000 personnes** au Palais des Sports de la Havane. L'audience a duré 12 h 30 (du 22 janvier 1959 à 5 h 30 de l'après-midi, au 23 janvier 1959 à 6 h du matin). L'accusé fut exécuté le 18 février suivant.

Caution
Une caution de 235 000 000 F a été réclamée à Antonio De Angelis, lors d'un procès en dommages civils intenté par la Harbor Tank Storage Co devant la Cour supérieure de Jersey City (New Jersey, U.S.A.), le 16 janvier 1964 (dans le cadre de l'« escroquerie à l'huile d'assaisonnement »). L'inculpé a été relâché le 4 juin 1973.

En 1967, une caution de plus de **250 000 000 F** a été obtenue pour Abul Hassen Ebrehaj, qui devait devenir par la suite président de la Banque iranienne à Téhéran.

Dommages et intérêts *pour coups et blessures*
Les dommages et intérêts les plus élevés jamais versés pour coups et blessures ont été accordés à Janelle Lynn Stearns, 12 ans, aux dépens du Park Avenue Hospital Inc. et d'un anesthésiste, le Dr Howard K. Gifford, pour faute médicale ayant entraîné de graves lésions cérébrales au cours d'une amygdalectomie à Pomona (Californie) en mai 1973.
Si, selon l'espérance de vie moyenne, Janelle vit encore 63,9 ans, elle aura reçu au total **132 000 000 F d'indemnités.**

Dommages et intérêts *pour malfaçon*
Les dommages et intérêts les plus élevés payés en une fois à une seule personne représentent 34 000 000 F, versés à l'avocat John Coates, 42 ans (Texas, U.S.A.), par la Remington Arms Co Inc., le 23 octobre 1978, pour des blessures graves causées par un fusil de chasse défectueux.

Dommages et intérêts *pour un accident*
Les dommages et intérêts les plus élevés jamais accordés à ce jour sont de **72 000 000 F,** attribués par la Cour supérieure de Santa Clara, le 8 mars 1972, à Ray Rosendin, 45 ans, seul survivant d'un accident d'avion privé survenu le 21 février 1967 à South Lake, Tahoe, Californie, U.S.A. Rosendin s'est vu attribuer 2 300 000 F pour la perte de ses deux jambes et pour de graves blessures aux bras ; 2 600 000 F pour la perte de sa femme et 22 575 000 F d'amende infligés à l'Avco-Lyconing Corporation accusée d'avoir violé les règlements fédéraux en refaisant le moteur d'avion appartenant à la Rosendin Corporation.

Dommages et intérêts *pour rupture de contrat*
Les dommages et intérêts les plus élevés pour une rupture de contrat se montent à environ **8 000 000 F.** Ils ont été accordés à la Banque du Portugal le 16 juillet 1930 aux dépens de l'imprimerie Waterlow & Sons Ltd, de Londres, qui avait imprimé 580 000 billets de 500 escudos sans autorisation en 1925. Le jugement a été confirmé à la Chambre des Lords le 28 avril 1932. L'un des coupables, Arthur Virgilio Alves Reis, est resté par ailleurs 16 ans en prison de 1930 à 1946.

Dommages et intérêts *pour diffamation*
Une somme de **78 000 000 F** environ a été accordée au Dr John J. Wild, 58 ans, par la Cour du district de Hennepin (Minnesota, U.S.A.) le 30 novembre 1972, aux dépens de la Minnesota Foundation et autres, pour diffamation, résiliation de contrat non motivée, trafic d'influence dans les affaires, ainsi que 23 200 000 F à titre de dédommagements, ces sommes étant sans appel.

Le 1er mars 1980, Lowry Flynt, rédacteur en chef de *Hustler* a été condamné à verser 200 000 000 F à Robert Guccione, rédacteur de *Penthouse,* pour diffamation. La condamnation a été réduite à 20 000 000 F, le 17 avril 1980.

Indemnité compensatoire
William De Palma (né en 1938), de Whittier, Californie, a reçu le 12 août 1975 une indemnité compensatoire de **3 750 000 F** pour emprisonnement abusif de 16 mois à la prison fédérale de McNeil Island, à la suite d'une condamnation à 15 ans de prison pour vol à main armée reposant sur de fausses empreintes digitales portées au dossier en 1968.

Pension alimentaire
La pension alimentaire la plus élevée jamais allouée par une cour de justice se monte à

11 300 000 F, somme que George Storer, 74 ans, a été condamné à verser à sa troisième femme, Dorothy, 73 ans, le 29 octobre 1974 à Miami (Floride). M. Storer a également été condamné à payer les honoraires de l'avocat de son ex-femme, qui se montaient à 1 000 000 F.

En février 1982, Dena Al-Fassi, 23 ans, Belge de naissance, a réclamé devant les tribunaux le versement par son ex-mari, le sheik Mohammed Al-Fassi, 28 ans, de la plus grosse pension alimentaire jamais demandée, soit **18 milliards de F.** Me Marvin Mitchelson a justifié l'importance de cette somme en invoquant l'immense fortune du sheik, ses 14 demeures en Floride et ses nombreux avions privés.
En mai 1983, Dena Al-Fassi avait réduit ses exigences à 3,75 milliards de F.

Dena Al-Fassi exigea la bagatelle de 18 milliards de francs pour sa pension alimentaire.

Procès en contrefaçon
La plus grosse amende jamais payée à l'occasion d'un procès en contrefaçon se monte à environ **46 000 000 F** et a été versée en avril 1952 par la Ford Motor Company à la Ferguson Tractor Co qui avait déposé plainte en janvier 1948.

Amende
En 1979 le mari de Sophia Loren, Carlo Ponti, aurait été condamné à payer l'équivalent de **115 000 000 F** au fisc pour impôts impayés.

Plaignant *le plus gourmand*
Les plus grosses indemnités jamais réclamées sont les **675 000 milliards de $** (10 fois la richesse des États-Unis) demandés devant la cour de New York, le 14 avril 1971, par M. Walton Vader au cours du procès intenté par lui contre la General Motors et d'autres firmes pour cause de pollution infligée aux 50 États américains.

Droits de succession
Les plus gros droits de succession jamais imposés par un tribunal, **29 milliards de F,** ont été réclamés le 9 avril 1974 à Vittorio et Ida Riva, de Milan, en règlement de droits impayés sur une chaîne de filatures de coton laissée en héritage à leur frère Felice (exilé à Beyrouth) en 1960.

Testament *le plus court*
Le testament valide le plus court que l'on connaisse est ***« Vse zene »*** (« Tout pour ma femme », en tchèque), rédigé le 19 janvier 1967 par Karl Tausch, de Langen (Hesse, Allemagne).

Testament *le plus long*
Le plus long testament connu est celui de Mme Frederica Cook (U.S.A.), rédigé au début du siècle et qui ne comporte pas moins de quatre volumes reliés, soit **95 940 mots.**

Juge *le plus vieux*
Le juge resté le plus longtemps dans ses fonctions est le juge Albert R. Alexander (1859-1966), de Plattsburg, Missouri (U.S.A.), magistrat du comté de Clinton jusqu'à sa retraite à l'âge de **105 ans et 8 mois,** le 9 juillet 1965.

Le juge Vernon D. Hitchings, de Norfolk, Virginie, a statué le 19 janvier 1977 sur son millionième cas d'accident de la circulation depuis janvier 1954. Quelque 965 000 de ses verdicts sont restés sans appel ou ont été confirmés en appel.

Juge *le plus jeune*
Susan J. Broyles (née à Alamosa, Colorado, le 25 juin 1949) a été nommée juge du comité de Conofos (Colorado), le 9 janvier 1973, à l'âge de **23 ans et 198 jours.**

Avocat *le plus persuasif*
Lionel Luckhoo, de Georgetown, en Guyane, a obtenu son **245e acquittement** pour meurtre le 12 août 1982.

Procureur *le plus sévère*
Joe Freeman Britt, District Attorney en Caroline du Nord (U.S.A.), a obtenu **23 condamnations à mort en 28 mois** jusqu'au milieu de l'année 1976 où il a réclamé la peine capitale pour 13 accusés à la fois.

Procureur général *la première femme de France*
La première femme nommée procureur général est **Nicole Pradain** qui, après avoir été avocat général de la cour d'appel de Paris, a été élevée au poste de procureur général de Riom (Puy-de-Dôme) en 1981.

Nicole Pradain, première femme à avoir reçu le titre de procureur général.

EXTERMINATION

Les plus grands massacres

Chine

Le plus grand massacre jamais imputé par le gouvernement d'une nation souveraine au gouvernement d'un autre pays est l'exécution de **26 300 000 Chinois** sous le régime de Mao Tsé-toung, entre 1949 et mai 1965. Telle est en tous cas l'accusation formulée à la radio par une agence du gouvernement soviétique le 7 avril 1969. Le communiqué distinguait quatre périodes : 1949-52 avec 2 800 000 morts ; 1953-57 avec 3 500 000 morts ; 1958-60 avec 6 700 000 morts et 1961 à mai 1965 avec 13 300 000 morts. Parmi les chiffres publiés chaque mois à la radio de Pékin, les plus élevés ont été de 1 176 000 morts dans les provinces de Ngan-houei, Tchoe-kiang, Kiang-sou et Shan-tong, et 1 150 000 morts dans les provinces méridionales du centre. Le ministre des Finances Po Yi-po aurait déclaré dans un article de presse intitulé *Pour une paix durable, pour une démocratie populaire :* « Au cours de ces trois dernières années (1950-52), nous avons liquidé plus de 2 millions de bandits. »

Selon un diplomate français, le général Jacques Guillermaz, il y aurait eu entre 1 et 3 millions d'exécutions de février 1951 à mai 1952. Et selon une autre estimation publiée en avril 1971 par le cabinet exécutif (ou *Yuan*) du gouvernement de Taipeh (île de Formose), très hostile au gouvernement de la République populaire de Chine, il y aurait eu au moins 39 940 000 morts entre 1949 et 1969. Sans compter « les dizaines de milliers » de morts de la Révolution culturelle qui débuta à la fin de 1966. Le rapport Walker, publié par la Commission judiciaire du Sénat américain en juillet 1971, estimait qu'il y avait eu de 32,5 à 61,7 millions de tués en Chine depuis 1949. Jean-Pierre Dujardin, lui, a avancé dans le *Figaro-magazine* du 19-25 novembre 1978, le chiffre de 63 784 000 morts.

U.R.S.S.

On ne sera pas surpris de constater que le nombre total des disparus au cours de la Grande Purge *(Yezhovshohina)* survenue en U.R.S.S. entre 1936 et 1938 n'a jamais été publié. Mais on peut se faire une idée de son importance en compulsant les statistiques démographiques soviétiques qui révèlent une chute flagrante du nombre des hommes avant même le début de la Seconde Guerre mondiale. C'était le service de sécurité soviétique, le *Narodny Kommissariat Vnutrennykh Del* ou NKVD (Commissariat populaire chargé des Affaires intérieures) qui faisait régner la terreur à l'époque, sous la direction de Nikolaï Ivanovitch Yezhov (1895-1939) qualifié en 1956 de « dégénéré » par Nikita Khrouchtchev. Selon l'expert des affaires soviétiques S.V. Outetchine, le chiffre de **8 à 10 millions de victimes** n'est « sans doute pas exagéré ». Le 17 août 1942, Staline devait déclarer à Churchill, à Moscou, que 10 millions de *koulaks* avaient été liquidés pour avoir refusé la collectivisation de leurs terres.

Allemagne nazie

L'*Obersturmbannführer S.S.* (lieutenant-colonel) **Karl Adolf Eichmann** (né à Solingen le 19 mars 1906) a été pendu dans une petite pièce de la prison de Ramleh près de Tel Aviv en Israël, peu avant minuit (heure locale) le 31 mai 1962. Il était accusé d'avoir participé au cours de la Seconde Guerre mondiale à l'extermination de **dizaines de milliers de juifs** dans le cadre de la « solution finale » préconisée par Adolf Hitler (1889-1945) en avril 1941.

Au camp d'extermination S.S. d'Auschwitz-Birkenau, près d'Auschwitz dans le sud de la Pologne, où 920 000 personnes au moins (les Russes disent 4 millions) ont été exterminées entre le 14 juin 1940 et le 18 janvier 1945, les nazis sont allés jusqu'à tuer 6 000 personnes par jour. L'homme chargé de lâcher les boulettes de cyanure « Zyklon B » dans les chambres à gaz à l'époque s'appelait le sergent-major Moll (ou Mold). Le commandant nazi *(Nationalsozialistiche Deutsche Arbeiter Partei)* du camp, de 1940 à 1943, était Rudolph Franz Ferdinand Höss, jugé par la suite à Varsovie du 11 mars au 2 avril 1947 et pendu à l'âge de 47 ans à Auschwitz le 15 avril 1947.

Cambodge

Selon le ministre des Affaires étrangères khmer rouge, Ien Sang, plus d'un tiers de la population du Kampuchéa, soit **8 millions de personnes,** aurait été exterminé entre avril 1975 et janvier 1979.

Sous le régime de Pol Pot, on comptait jusqu'à 582 exécutions par jour au centre d'interrogation. Les villes, les noms, l'argent, la propriété étaient abolis et l'on pouvait être abattu sommairement à la baïonnette pour avoir joué de la musique non communiste, s'être endormi pendant la journée ou pour d'autres fautes similaires.

Camps de travaux forcés

U.R.S.S.

Aucun chiffre officiel n'a jamais été publié concernant le nombre des morts dans les camps de travaux forcés institués pour la première fois en U.R.S.S. en 1918. On sait qu'en 1946 il existait plus de 200 camps de ce type, mais en 1956, nombre d'entre eux ont été convertis en « colonies pénitentiaires » moins rigoureuses.

Des chiffres publiés aux Pays-Bas font état de 19 millions de morts entre 1921 et 1960. Ces camps ont été administrés par la *Tcheka* jusqu'en 1922, l'OGPU de 1922 à 1934, le NKVD de 1934 à 1936, le MVD de 1946 à 1953 et le KGB depuis 1953.

Selon Soljenitsyne, **66 millions de personnes** y auraient séjourné, et d'après l'étude de S. Grossu publiée en 1975, il y aurait 2 millions de prisonniers politiques répartis dans 96 camps.

Chine

En Chine, il n'existe aucune statistique officielle sur le nombre de personnes soumises à l'« éducation par le travail » *(Lao Jiao)* ou à la « réforme par le travail manuel » *(Lao Dong Gai Zao)*. Selon une estimation publiée par Bao Ruo-wang, relâché en 1964 parce que son père était corse, **16 millions de personnes** auraient été concernées, soit près de 3 % de la population.

Organisation criminelle

Le plus grand syndicat du crime organisé est la **Mafia** ou « *Cosa Nostra* » qui s'est infiltrée jusqu'au cœur du pouvoir exécutif, judiciaire et législatif des États-Unis. Il compte environ 3 000 à 5 000 membres répartis en 25 « familles » fédérées sous les ordres de « la Commission ». Son activité s'étend du vice au jeu en passant par le racket, les cigarettes, les paris, les détournements, la drogue, l'usure et la prostitution, et selon une étude du *US News and World Report* de décembre 1982, son chiffre d'affaires tournerait autour de **1 400 milliards de F.** L'origine du « syndicat », aux États-Unis remonte au lynchage de 11 *mafiosi* à La Nouvelle-Orleans, en 1890, pour lequel un gouvernement américain naïf versa 30 000 $ d'indemnités en principe destinés aux veuves, mais qui constituèrent la mise de fonds initiale de toute l'« entreprise ». La plus grande exécution de *mafiosi* a eu lieu du 11 au 13 septembre 1931, où le chef de l'époque, Salvatore Maranzano, *Il capo di tutti capi*, et 40 de ses hommes ont été proprement liquidés.

Taux de criminalité *les plus élevés*

Le pays qui détient le taux de criminalité le plus élevé est le **Mexique,** avec **46,3 meurtres pour 100 000 habitants,** enregistrés en 1970.

Selon certaines estimations, 300 000 meurtres auraient été commis en Colombie pendant la période de *La Violencia* (1945-1962), soit plus de 48 assassinats par jour pendant 17 ans.
592 meurtres ont été attribués à un seul chef de bande, Teofilo « Sparks » Roias, entre 1948 et sa mort dans une embuscade près d'Armenia, le 22 janvier 1963 à l'âge de 27 ans. Certains lui attribuent jusqu'à 3 500 exécutions.

Le nombre d'homicides le plus élevé jamais atteint à New York est de 58 en une semaine, en juillet 1972, et 13 en un jour, en août 1972.

En 1973, la ville de Detroit, dans le Michigan, a atteint le chiffre record de 751 homicides pour une population de 1,5 million d'habitants.

Taux de criminalité *les plus bas*

Le pays dont le taux de criminalité est le plus bas est celui des **Maldives,** avec un **taux nul** depuis son indépendance, en juillet 1965.

Dans l'État indien du Sikkim, dans l'Himalaya, l'assassinat est pratiquement inconnu, et dans la région de Hunza, au Cachemire, un seul cas d'assassinat a été enregistré depuis 1900.

En France

En 1981, on a enregistré 1 994 homicides volontaires dont 148 règlements de compte, ce qui représente un taux de **3,70 pour 100 000 habitants.**
En 1981, le taux de criminalité français avait augmenté de 10,41 % par rapport à 1979.

Meurtriers

Au procès du bandit indien **Buhram,** il a été établi qu'il avait étranglé au moins **931 victimes** avec son *ruhmal* – une bande de tissu jaune et blanc – dans une région d'Aoudh entre 1790 et 1840.

Plus de 2 millions d'Indiens auraient été étranglés par des Thugs *(burtotes)* sous le règne du thuggisme qui devait durer de 1550 à 1853, année où il fut supprimé par le *raj* britannique.

Le plus grand nombre de crimes attribués à une meurtrière est 650 pour la comtesse hongroise Erszebet Bathory (1560-1614). Lors de son procès qui débuta le 2 janvier 1611, un témoin certifia avoir vu une liste de ses victimes écrite de sa propre main et qui atteignait ce chiffre.
Toutes ses victimes étaient des jeunes filles habitant aux alentours de son château où elle mourut le 21 août 1614.
Après avoir été jugée coupable, elle vécut 3 ans et demi emmurée dans sa chambre.

Au XXe siècle

Pedro Alonso Lopez (né en Colombie en 1949), surnommé « le monstre colombien » capturé au début de mars 1980 par les villageois d'Ambato (Équateur), a avoué avoir tué plus de 300 petites filles en Colombie, Pérou et Équateur depuis 1973. A la suite de ses aveux, les restes de 53 victimes (sur 110 crimes perpétrés en Équateur) ont été rapidement retrouvés.

Le plus grand meurtrier du XXe siècle en Europe occidentale est Bruno Lüdke (né en Allemagne en 1909) qui a avoué avoir tué 85 femmes entre 1928 et le 29 janvier 1943.
Il a été exécuté sans procès par piqûre dans un hôpital de Vienne le 8 avril 1944.

Le 26 avril, en Corée du Sud, un policier ivre, **Woo-Bom-Kon, a tué en une nuit 57 personnes et blessé 35** à coups de fusil et avec des grenades. Ensuite, il s'est suicidé en faisant exploser une grenade dans sa main.

Crime terroriste

Le 2 août 1980, une bombe posée à la gare de **Bologne,** Italie, a causé la mort de **76 personnes** et en a **blessé 200.**
Marco Affatigato a été arrêté en France.

En France

En 1981, on a enregistré **46 attentats** politiques.

Empoisonnement

Le 1er mai 1981 mourait la première victime de l'**huile espagnole.** En août 1982, on comptait **327 morts et des milliers de malades.**
Les fabricants, Ramon et Elias Ferrero, sont emprisonnés en attendant le procès.

Justice et devins

La plus grande séance de « divination » recensée dans toute l'histoire africaine a eu lieu en présence de Shaka (1787-1828) et de 30 000 sujets Nguni dans le Zoulouland (aujourd'hui le Natal, en Afrique du Sud), en mars 1824. Après 9 heures de séance, plus de 300 personnes furent « jugées » coupables d'avoir maculé de sang le *Kraal* royal, par 150 devins entraînés par la hideuse Nobela. Les victimes furent proclamées innocentes lorsque Shaka avoua avoir lui-même perpétré le forfait pour battre en brèche le pouvoir de ses sorciers. Nobela s'empoisonna à l'atropine et les 149 autres devins furent empalés ou battus à mort.

Suicides

La **Hongrie** a le taux de suicides le plus élevé avec **42,6 suicides pour 100 000 habitants** en 1977.
La **Jordanie** a le taux le plus bas avec **un seul cas** recensé en 1970, soit 0,04 suicide pour 100 000 habitants.

En France

En 1981 la police et la gendarmerie ont enregistré 6 963 suicides en France, soit un taux de **12,89 pour 100 000 habitants,** mais de nombreux suicides ne sont pas constatés. On estime à 15 000 le nombre de suicides par an.

L'organisation S.O.S. Amitié a reçu 482 000 appels au secours en 1982.

Suicide collectif

Le 18 novembre 1978, **914 personnes,** adeptes du

Temple du Peuple, se sont empoisonnés collectivement au cyanure près de Port Kaituma, en Guyane. La secte était dirigée par un paranoïaque du nom de **Jim Jones,** originaire de San Francisco, qui avait des « millions de dollars » à l'abri à l'étranger.

Vol *le plus important*

Le plus gros vol jamais enregistré est celui de la **Reichsbank** à la suite de la défaite allemande en avril-mai 1945. La plus grande partie du butin était composée de valeurs négociables d'un montant de **400 000 000 $.**

En avril 1979, trois hommes ont été inculpés et condamnés à des peines de prison à Brantford, Ontario, sur la foi d'accusations liées à certaines de ces obligations. Des lingots d'or, des devises étrangères et des bijoux estimés à 20 000 000 $, ont également été dérobés par des membres des armées américaine et allemande, mais rien n'a jamais été retrouvé et personne n'a jamais été traduit en justice pour cette affaire.

Vol *d'œuvres d'art*

Le plus grand vol d'œuvre d'art connu est celui qui a été perpétré le 26 avril 1974 chez sir Alfred et lady Beit à Blessington en Irlande, par quatre hommes et une femme qui ont emporté 19 tableaux d'une valeur de **94 000 000** F dont un Vermeer estimé à plus de 30 000 000 F. Les tableaux ont été retrouvés le 4 mai près de Glandore dans le comté de Cork, et Rose Bridgit Dugdale (née en 1941) a été arrêtée.

Lorsque *La Joconde* fut volée au Louvre le 21 août 1911, elle valait sans doute un peu moins de 100 000 000 F. Elle fut retrouvée en Italie en 1913 et Vincenzo Peruggia fut accusé du vol.

Le 1er septembre 1964 des antiquités estimées à 50 000 000 F ont été retrouvées dans trois entrepôts proches des pyramides en Égypte.

Vol *de banque*

Durant les désordres qui ont précédé le 22 janvier 1976 à Beyrouth, Liban, une bande de guérilleros a fait sauter les voûtes de la Banque britannique du Moyen-Orient, dans Bab Idriss, dévalisé les coffres et récolté un butin estimé par l'ancien ministre des Finances, Lucien Dahadah, à **250 000 000 F,** et par d'autres à un minimum de 100 000 000 F.

En France

Pendant le week-end du 16 au 18 juillet 1976, 393 coffres ont été découpés au chalumeau à la Société Générale de Nice.

Le butin emporté s'élevait à **46 000 000 F.**

Vol *de train*

Le plus grand vol effectué dans un train date du 8 août 1963, entre 3 h 3 et 3 h 27 du matin, où un train postal en provenance de Glasgow, en Écosse, a été intercepté à Sears Crossing et dévalisé à Bridego Bridge près de Mentmore, dans le Buckinghamshire.

La bande s'est évanouie dans la nature avec 120 sacs postaux contenant **30 000 000 F** en billets de banque envoyés à Londres pour être détruits. Seuls quelque 4 000 000 F ont été retrouvés.

Vol *de bijoux*

Le plus grand vol de bijoux a été commis le 24 juillet 1980 dans la chambre « bien gardée » du prince Abdel Aziz Ben Ahmed Althani, près de Cannes. Les bijoux volés ont été estimés à **80 000 000 F.**

Vol *du plus gros objet*

Par une nuit sans lune et à marée haute, le 5 juin 1966, N. William Kennedy, armé d'une simple hache, a **rompu les amarres du SS *Orient Trader*** appartenant à la Steel Factors Ltd, à Wolfes's Cove, Saint Laurence Seaway, Québec, Canada. Le vaisseau a dérivé jusqu'à un remorqueur qui l'attendait toutes lumières éteintes pour échapper à l'interdiction de sortir frappant tous les navires en raison d'une grève du port particulièrement dure, puis il a mis le cap sur l'Espagne.

Vols *en France*

En 1981, il y a eu **1 771 033 vols** déclarés dans les commissariats, dont 308 122 cambriolages.

C'est dans la région parisienne qu'ont lieu la majorité des cambriolages.

Voleur *le plus jeune*

« Billy the Kid », jeune New Yorkais de **9 ans,** est sans doute le plus jeune bandit de l'histoire du gangstérisme.

Trop petit pour être photographié par les caméras de la banque, il a « braqué » la banquière de la New York Bank for Savings avec un revolver, et s'est emparé de 700 F. Puis il a avoué le hold-up à ses parents et s'est rendu à la police en compagnie de son avocat.

Rançon *pour un kidnapping*

Ce sont les **Incas** qui ont versé la plus grosse rançon de l'histoire à Francisco Pizarro en 1532-1533 à Cajamarca au Pérou, pour obtenir la libération d'Atahualpa : une salle entière remplie d'or et d'argent d'une valeur estimée de nos jours à **850 000 000 F.**

La plus grosse rançon jamais payée se monte à 1 500 000 000 de pesos (près de 360 000 000 F), somme versée aux Monteneros argentins (extrémistes de gauche) le 20 juillet 1975 à Buenos Aires pour obtenir la libération de Jorge Born, 40 ans, et Juan Born, 39 ans, de chez Bunge et Born.

En France

En 1981, la police française a enregistré **56 prises d'otages** crapuleuses dont 3 pour rançon, et **270 séquestrations.**

La rançon la plus forte versée en France est **15 000 000 F** pour la libération de **M. Louis Azan,** directeur de Phonogram, enlevé le 31 décembre 1975.

La rançon versée à Mesrine par la famille de M. Lelièvre s'est élevée à 6 000 000 F seulement.

Rançon *réclamée par des pirates de l'air*

La plus grosse rançon jamais payée à des pirates de l'air est **30 000 000 F,** par le gouvernement japonais, en échange des 38 otages détenus à bord d'un JAL DC-8, le 20 octobre 1977, à l'aéroport de Dacca. Les Japonais durent aussi libérer 6 criminels. Le gouvernement du Bangladesh refusa d'intervenir contre les pirates.

Détournement d'avion

Le plus long acte de piraterie aérienne a duré **13 jours** du 2 au 15 mars 1981. Il a été effectué sur un appareil de la PIA (Pakistan International Airlines) qui transportait 105 passagers sur un vol intérieur. L'avion a été détourné d'abord sur Kaboul en Afghanistan, puis sur Damas en Syrie. Les pirates de l'air réclamaient la libération de 54 prisonniers politiques. Leurs demandes furent satisfaites.

Saisies de drogue

En mars 1982, les douanes américaines ont saisi par hasard 1 678 kg de cocaïne (22 boîtes), à bord d'un avion colombien à l'aéroport de Miami.
La prise a été évaluée à 6 milliards de F.

Le 5 février 1982, l'opération Tiburon a permis, grâce à l'arrestation de 495 personnes et 95 bateaux, de saisir **2 900 000 kg de marijuana** colombienne. L'opération a duré 14 mois.

Toxicomanes

Le pays qui compte le plus de drogués est la **Thaïlande.** Il y a dans ce pays 52 centres de désintoxication où se font soigner **24 000 drogués** et 10 000 personnes sont actuellement en prison pour trafic de drogue.

En France

En 1981, il y eut en France **164 décès** constatés dus aux drogues, dont une cinquantaine par overdose d'héroïne. En 1969, on avait enregistré une seule mort par overdose.

La police a effectué 22 146 interpellations pour usage de drogue, et 1 001 pour trafic de stupéfiants.

Faux billets

La plus vaste opération « faux billets » a été celle menée en 1940-41 à Berlin par le gouvernement du IIIe Reich sous le nom de code de « Bernhard » et sous la direction du *Sturmbannführer S.S.* Alfred Naujocks, du Département technique des Services secrets allemands. **150 millions de livres** en billets de 5 livres ont ainsi été fabriqués.

Fraude bancaire

C'est à la succursale de la Lloyd's Bank International Ltd de Lugano, en Suisse, qu'a eu lieu la plus importante escroquerie au détriment d'une banque – environ **37 000 000 F,** le 2 septembre 1974. M. Mark Colombo a été arrêté sous différents chefs d'accusation, dont la falsification de comptes en devises étrangères et la destruction de preuves.

Escroquerie *« à l'ordinateur »*

Entre 1964 et 1973, 64 000 fausses polices d'assurance ont été introduites dans les ordinateurs de l'Equity Funding Association, entraînant une perte de **10 milliards de F** (2 milliards de $) pour la compagnie.

Stanley Mark Rifkin (né en 1946) a été arrêté à Carlsbad (Californie) par le F.B.I. le 6 novembre 1978 et accusé d'avoir détourné 50 000 000 F (10 200 000 $) au détriment d'une banque de Los Angeles en manipulant les programmes de ses ordinateurs.

Escroquerie *« aux prestations familiales »*

C'est le Gitan Antonio Moreno qui a réalisé la plus belle escroquerie au détriment de la Sécurité sociale française, à Marseille. En fabriquant de faux certificats de naissance et de fausses fiches d'inscription scolaire, il s'est en effet inventé **197 familles fictives et 3 000 enfants** pour lesquels il a perçu les allocations correspondantes de 1960 au milieu de 1968. Aux dernières nouvelles, Moreno, surnommé « El Chorro » (la Fontaine), coulait des jours heureux en Espagne grâce aux quelque **27 600 000 F** ainsi récoltés.

PEINE DE MORT

Première abolition

La peine de mort a été abolie pour la première fois *de facto* en **1798** au **Liechtenstein.** En Grande-Bretagne, elle a été formellement abolie pour meurtre le 18 décembre 1969.
Aux États-Unis, la Cour suprême a voté deux fois contre la peine de mort par 5 voix contre 4 en juin 1972 et avril 1975. Entre-temps, 32 des 50 États ont voté sa remise en vigueur.

En France

En France, la peine de mort a été abolie le **9 octobre 1981,** par la loi 81-908.

Pendaison collective

Les Allemands ont pendu **50 résistants grecs** à Athènes, le 22 juillet 1944.

Le 26 décembre 1862, près de Mankato (Minnesota, U.S.A.), William J. Duly a pendu au même gibet 38 Indiens Sioux accusés d'avoir assassiné des citoyens désarmés.

Guillotine *dernière exécution publique*

La dernière personne guillotinée en public en France est le meurtrier Eugène Weidmann, exécuté en présence d'une foule nombreuse, à Versailles, le **17 juin 1939** à 4 h 50 du matin.

En janvier 1978, Marcel Chevalier a été nommé bourreau, en remplacement de son oncle André Obrecht, successeur lui-même de son oncle Henri Desfourneaux.

Condamnés à mort

En janvier 1983, il y avait **1 137** prisonniers **condamnés à mort** dans les prisons américaines.
Caryl Whittier Chessman, accusé de 17 crimes, a été exécuté le 2 mai 1960 à l'âge de 38 ans dans la chambre à gaz de la prison de Saint-Quentin (Californie, U.S.A.). **Chessman avait passé 11 ans 10 mois et 1 semaine,** dans le quartier des condamnés et obtenu 8 sursis successifs.

Charlie Brooks, mort le 14 décembre 1982, fut le 6e condamné à mort exécuté aux États-Unis depuis 1979, et le premier à être tué par injection.

Lynchages

On a enregistré **130 lynchages aux États-Unis en 1901** (105 Noirs et 25 Blancs), année record pour ce pays au xxe siècle. En revanche, on n'en a dénombré aucun en 1952 – pour la première fois.

EMPRISONNEMENT

Les plus longues peines

Dudley Wayne Kyzer, 40 ans, s'est vu infliger une peine de 10 000 ans le 4 décembre 1981 par le tribunal de Tuscaloosa, Alabama, U.S.A., pour un triple meurtre commis en 1976.

Une peine de **384 912 ans** a été réclamée au procès de Gabriel March Grandos, 22 ans, à Palma de Majorque, Espagne, le 11 mars 1972. Il avait omis de distribuer 42 768 lettres – cela fait 9 ans par lettre.

Le 5 février 1973, à Fairfield, le Mexicano-Américain Juan Corona a été condamné 25 fois à la

prison à vie pour avoir tué 25 ouvriers agricoles en 1970 et 1971 aux alentours de Feather River en Californie.
Mais ce record a été battu en 1974 par Dean Coril (27 condamnations) et en 1980 par John Wayne Gacy condamné **33 fois à perpétuité.**

Le plus vieux prisonnier du monde
Il est détenu à la prison de Spandau à Berlin où il porte le matricule 7. Il s'agit de **Rudolph Hesse, 88 ans,** dernier des criminels de guerre nazis qui s'était fait parachuter en Écosse le 10 mai 1941, afin, disait-il, de négocier la paix avec la Grande-Bretagne.

Prison *la plus grande*
La plus grande prison du monde est celle de **Kharkov,** en U.R.S.S., qui peut abriter jusqu'à **40 000 prisonniers.**

En France
La plus grande prison française est celle de **Fleury-Mérogis** qui s'étend sur 180 ha.
Elle a une capacité totale de **4 080 places :** 3 250 pour les hommes, 280 pour les femmes et 550 pour les mineurs.
En 1982, on comptait 36 057 détenus en France (35 954 hommes et 1 273 femmes).

Camps pénitentiaires *les plus grands*
On a pu estimer que jusqu'à 500 000 personnes ont été enfermées dans les camps pénitentiaires soviétiques de la Kolyma. De 1932 à 1954, 3 millions de détenus y ont trouvé la mort.
Actuellement le plus grand camp de travail serait le **complexe de Dubrovlag** qui compte 15 camps autour de Pot'ma dans la République autonome des Mordves.
Selon les estimations de l'OTAN, en mars 1960, l'ensemble des camps soviétiques comptait « plus de 1 million de détenus » alors qu'il y en avait sans doute 12 millions à l'époque de Staline.

En France d'outre-mer
Le plus grand établissement pénitentiaire français est celui de **Saint-Laurent du Maroni,** qui englobe trois îles : l'île du Diable, l'île Royale et l'île Saint-Joseph (pour les plus récalcitrants), au large des côtes de la Guyane française, en Amérique du Sud. Il a fonctionné pendant 99 ans de 1854 au 22 août 1953, date de rapatriement du dernier groupe de prisonniers, dont Théodore Rouselle qui venait d'y passer 50 ans de sa vie. On estime que sur les **70 000 bagnards** déportés là-bas, 2 000 seulement seraient revenus en métropole. Parmi ceux-ci se trouvait le bourreau Ladurelle (incarcéré de 1921 à 1937), assassiné à Paris en 1938.

Prison *la plus sûre*
Après que la prison d'**Alcatraz,** située dans une île de la baie de San Francisco, fut devenue prison fédérale en 1934, **aucune évasion** n'a été proclamée. Sur les 23 hommes qui ont tenté de s'évader, 12 ont été repris, 5 ont été abattus, 1 s'est sûrement noyé et 5 se sont sans doute noyés.
Un seul homme est arrivé vivant sur la terre ferme, mais il a été repris aussitôt. C'est John Chase qui y a séjourné le plus longtemps (26 ans).

Prisonnier *le plus cher*
La prison de Spandau, à Berlin, construite il y a cent ans pour recevoir 600 prisonniers, sert aujourd'hui à une seule personne présentée officiellement comme le criminel de guerre nazi **Rudolf Hess** (né le 26 avril 1894). L'entretien des 105 personnes nécessaires à son fonctionnement reviendrait à quelque **2 000 000 F par an.**

Arrestation de masse
Du 3 au 5 mai 1971, **13 000 personnes** ont été arrêtées lors d'une manifestation contre la guerre du Viêt-nam à Washington, U.S.A.

« Cavale » *la plus longue*
C'est Léonard T. Friscoe, 77 ans, qui a sans doute vécu le plus longtemps en cavale. Évadé de la prison de l'État du Nevada le 15 décembre 1923, il est retourné le 15 novembre 1969 à celle de Compton en Californie, conduit par son fils. Il avait vécu **46 ans** en liberté sous le nom de Claude R. Willis, après avoir été condamné pour l'assassinat de deux shérifs adjoints en 1920.

Évasions *les plus spectaculaires*
En février 1979, un colonel en retraite de l'armée américaine, Arthur « Bull » Simons, a investi, à la tête de 14 hommes, la prison de Gasre à Téhéran (Iran) pour libérer deux compatriotes. **11 000 prisonniers** ont profité du coup et de la révolution islamique pour réussir la plus grande évasion collective de l'histoire.
En 1943, plus de 120 officiers français se sont évadés en deux fournées de l'oflag 17A à Edelbach, Autriche, par un tunnel long d'une centaine de mètres.
En juillet 1971, Raoul Sendic et 105 autres Tupamaros se sont échappés d'une prison uruguayenne par un tunnel de 91 m de long.

Fleury-Mérogis, la plus grande prison française, occupe une surface de 180 ha.

ÉDUCATION

La Sorbonne fut fondée en 1253 par le chanoine Robert de Sorbon.

Analphabétisme

Les derniers chiffres du **Mali,** qui datent de 1960, montraient que **97,8 %** des personnes âgées de plus de 15 ans ne savaient pas lire.

Université *la plus vieille*

La plus ancienne institution d'éducation du monde est l'université de **Karaouine,** fondée à Fès, au Maroc, en **859.**

L'université de Bologne date de 1088.

En France

La plus vieille université est la **Sorbonne,** à Paris, fondée en **1253** par le chanoine Robert de Sorbon, pour l'enseignement théologique des étudiants peu fortunés.

En 1885, elle trouva sa véritable vocation d'université « universelle ».

Université *le plus grand nombre d'inscriptions*

L'université qui compte le plus grand nombre d'inscriptions est l'**université de l'État de New York,** U.S.A., avec **348 361 étudiants** inscrits en 1982. Son plus vieux « College » (ou université), qui se trouve à Potsdam (État de New York), fut fondé en 1816.

En France

En 1983, on comptait **913 973 étudiants** de l'enseignement supérieur (dont 119 336 étrangers), inscrits dans 76 universités.

Universités *les plus grandes*

L'université qui possède le plus grand bâtiment du monde est l'université d'État M. V. **Lomonosov, à Moscou** (U.R.S.S.). Ses 32 étages s'élèvent à 240 m de haut et renferment **40 000 chambres.**

Elle fut construite de 1949 à 1953.

Mais la plus grande université du monde devrait être celle de Ryad, en Arabie Saoudite, pour laquelle l'appel d'offres clos en juin 1978 s'élevait à 14 milliards de F. Elle recevra 15 000 familles et elle aura son propre réseau de transports.

En France

Le plus grand centre universitaire est le **Conservatoire national des arts et métiers,** à Paris, avec **50 400 étudiants** en 1982-83.

Université *la plus au nord*

L'université qui se trouve le plus au nord est celle d'**Inupiat,** de la ville de Barrow, sur l'océan Arctique dans l'État de l'Alaska, aux U.S.A., située à **71° 16' de latitude N.**

Le cursus comprend des matières de langue et civilisation eskimos.

Enseignement en France

En 1982-1983, on comptait **2 021 000 élèves dans le privé** (960 400 primaire, 1 060 000 secondaire) et **9 998 802 dans le public** (5 925 100 primaire, 4 073 702 secondaire).

École *la plus grande*

En 1982-1983, l'école de **South Point,** à Calcutta, Inde, comptait **13 000 étudiants** inscrits.

École privée *la plus grande de France*

La plus grande école privée de France est le **Collège Stanislas** à Paris, qui comptait **2 700 élèves** pour l'année scolaire 1982-1983.

École *la plus chère*
L'institut Le Rosey situé à Rolle, en Suisse, coûte au minimum **58 000 F par an.**

En 1982, le plus cher des collèges universitaires américains était l'**Institut de Technologie de Cambridge,** Massachusetts, où une année de pensionnat coûtait **91 125 F** (13 500 $).

En France
L'école des Roches à Verneuil-sur-Avre dans l'Eure coûte **54 000 F par an** en terminale.

École *fréquentation*
Wilma Williams (aujourd'hui Mme R.-J. Horton) a fréquenté **265 établissements** (entre 1933 et 1943) à l'époque où ses parents travaillaient dans le monde du spectacle.

Baccalauréat *le premier*
C'est Napoléon qui, en **1808,** a fait du baccalauréat, « État universitaire » depuis le Moyen Age, un diplôme.

Bachelier *le plus jeune*
Ahmed El Amine Mokhtari d'Oran (Algérie) a réussi au baccalauréat série C à **15 ans et 3 mois** avec la mention *Bien*, le 24 juin 1981.

Baccalauréat *candidats*
En 1982 il y a eu **375 658 candidats** au bac et 242 531 reçus, soit 66,9 %.
Pour le baccalauréat technique, les chiffres sont de 118 074 inscrits, et 70 184 reçus, soit 59,5 %.
Le total des reçus est donc de 224 778, résultat que l'on peut comparer à celui des années précédentes (1re et 2e partie), soit 1939 : 57 081, 1950 : 72 695, 1960 : 144 613.

Vacances scolaires
C'est la **France** qui a le plus de vacances avec une moyenne de **190 jours** au total.

Diplômés *le plus grand nombre*
Ce sont les États-Unis qui ont le plus grand nombre d'étudiants diplômés, en valeur absolue : 1,8 million, et en pourcentage par rapport à la population : 0,81 %.

Agrégation
Le plus jeune agrégé de France est Pierre Messulan, de Coublevie (Isère), reçu à l'agrégation de mathématiques le 21 juillet 1980 à l'âge de **20 ans et 6 jours.**

Premières femmes diplômées
Bac
La première femme a avoir été reçue au baccalauréat est Julie Daubié, institutrice de 37 ans. C'était en **1861.**

Doctorat en droit
La première femme docteur en droit fut Jeanne Chauvin, qui obtint son diplôme en **1897.** Elle s'inscrivit au barreau de Paris et fut la première avocate d'Europe.

ENA
Mlle Chandernagor fut la première femme à entrer à l'École nationale d'administration, en **1969.** Qui plus est, elle entra « major ».

Polytechnique
Anne Chopinet fut la première femme à entrer dans cette école militaire, en **1972.** Elle fut « major ». La même année, c'est une femme qui fut major au concours « Étrangers » : Mme Thu Thuy Ta, du Viêt-nam.

Françoise Chandernagor, première femme reçue à l'E.N.A., y entra, de plus, en tant que major de la promotion.

LE LIVRE GUINNESS DES RECORDS

12

L'INSOLITE

Abdominaux
Erik Labara, de Borex, Suisse, a fait 120 abdominaux en 120 s **(60/mn)**, le 9 novembre 1981.

Abeilles *corsage*
Un corsage de **25 000 abeilles** a orné le torse de Lucie Deschamps, de Saint-François-de-Sales, Québec, pendant 2 heures.

Barbe
James Johnson de Terra Alta, Virginie, U.S.A., a porté une barbe de **35 000 abeilles** le 17 octobre 1982.

Accueil
John Glenn a reçu le plus bel accueil de tous les temps le 1er mars 1962. Le service de nettoiement de New York a estimé que les spectateurs avaient jeté **3 500 t de papier, confetti, serpentins** sur le passage de l'astronaute.

Accordéon
Olivier Perfetti est propriétaire d'un accordéon de **1,63 m.**
Il l'a présenté le 24 mai 1981 à l'émission *Incroyable mais Vrai.*

Marathon
Le Français Michel Pruvot a joué de l'accordéon sans interruption **pendant 82 h 33 mn,** du 20 au 24 mai 1982.

Applaudissements
Pubudu Senanayaka, de Sri Lanka, a applaudi **pendant 42 h 6 mn** (à la moyenne de 140 battements/mn, audibles à 100 m), les 18 et 19 janvier 1980.

Arbres *grimpeurs*
Ed Johnson, U.S.A., a mis 27,16 s pour grimper au sommet d'un tronc de pin de 30 m de haut, et en redescendre, en juillet 1982.

Le record pour grimper pieds nus au sommet d'un **cocotier de 9 m de haut** est **4,88 s.** Il a été établi par Fuatai Solo, 17 ans, le 22 août 1980, à Sukuna Park, aux îles Fidji.

Séjour
Glen Woodrich est resté **pendant 182 jours** dans un arbre au Golf and Amusement Park de Norwalk, Californie, U.S.A., du 1er janvier au 2 juillet 1978.

Armure
Dick Brown, Grande-Bretagne, 48 ans, a parcouru **269 km à cheval** en 3 jours, revêtu d'une armure complète (51 kg), du 13 au 15 juin 1979.

Auto-stop
Le champion d'auto-stop (et de persévérance) est Devon Smith, G.-B., qui a parcouru **468 000 km** en levant le pouce. Une façon originale d'économiser l'énergie tout en voyant du pays.

Avions de papier *durée de vol*
Le record de durée de vol *à l'extérieur* pour un avion en papier lancé du sol est de **15 s.**

Le record de durée de vol *à l'intérieur* est de **1 mn 33 s** dans une pièce de 3,65 m de haut, le 21 septembre 1980 devant les caméras de Fuji TV à Tokyo, Japon.

Distance
Le record *à l'extérieur* serait de **2 km.** Lancé par « Chick » C.O. Reihart, de la fenêtre d'un bureau du 10e étage du 60 Beaver Street, New York, U.S.A., l'avion aurait traversé l'East River jusqu'à Brooklyn, en août 1953. Il se déplaçait grâce au courant d'air chaud provenant d'une usine de torréfaction de café.

Le record de distance *à l'intérieur* est de **47,4 m** par Eugène Sykes à l'Air Force Base, Washington, U.S.A., le 4 février 1982.

Modèle réduit
Le plus petit modèle réduit d'avion pesait **100 mg** et fut tiré par un taon pendant 5 mn. Il avait été construit par Don Emmick, de Seattle, État de Washington, U.S.A., en juin 1979.

Baignoire *course*
Chaque année se déroule au Canada une course de baignoires, sur **58 km.** Les baignoires sont limitées à 1,90 m, avec un **moteur de 6 CV.**
La plus grande distance parcourue en **pagayant à la main** est de 90 km en 24 heures, le 28 septembre, par une équipe du Canoë Club de Worcester.

Pour John Glenn : un accueil triomphal sous une avalanche de confetti.

Le record est de **1 h 29 mn 40 s,** établi par Gary Deathbridge (Australie), le 30 juillet 1978.

Baisers

Le plus long baiser de l'histoire du cinéma, entre Régis Toomey et Jane Wyman dans *You are in the Army Now* (1940), dura 185 s.

Barbara Kane et Dino De Lorean se sont embrassés **pendant 144 heures** du 8 au 14 février 1983.

Jonathan Hooke, G.-B., a embrassé 4 016 femmes le 10 mars 1982.

Balançoire

Mollie Jackson, U.S.A., s'est balancée sans interruption **pendant 185 h,** du 25 mars au 1er avril 1979.

Elle pouvait se balancer assise ou debout mais sans que personne ne la pousse.

Ballon de baudruche *distance*

Un ballon de baudruche a parcouru **14 500 km** d'Atherton, Californie, U.S.A.. à Pietermaritzburg, Afrique du Sud.

Lâcher

Le 15 janvier 1982, pour la réouverture de l'hôtel Sands à Las Vegas, U.S.A., **208 447 ballons** gonflés à l'hélium ont été lâchés.

Barbes *les plus longues*

La plus longue barbe que l'on ait mesurée atteignait **5,33 m** et appartenait au Norvégien Hans Langseth, né en 1846, et mort en 1927 dans l'Iowa, après 15 ans de résidence aux États-Unis.

Elle fut présentée à la Smithsonian Institution à Washington D.C., en 1967.

L'Anglais Richard Latter, né en 1831, aurait eu une barbe de 4,87 m.

Cependant, on manque de preuves et des photos tendent à prouver que ce chiffre était exagéré.

La barbe de la « femme à barbe » Janice Deveree, née dans le Kentucky en 1842, avait 36 cm en 1884, date du dernier contrôle officiel.

Barbier

Le barbier le plus adroit est Achille Clo d'Airoll, qui peut **raser avec les pieds** les clients volontaires. Lors d'une émission télévisée, il a rasé un spectateur en 4 mn 10 s.

Le plus rapide

Le barbier le plus rapide est Gerry Harley, G.-B., qui, le 16 septembre 1981, a rasé 845 volontaires en 1 h **(4,30 s par personne).**

Bilboquet

Pascal Rochaix, d'Aix-en-Provence, Bouches-du-Rhône, a réussi le 30 janvier 1982 sur le plateau d'*Incroyable mais Vrai*, **1 643 coups en 1 h.**

Brancardiers

Deux équipes de 4 brancardiers de Calgary, Alberta, Canada, ont transporté un « malade » de 63,5 kg sur **193 km en 41 h 12 mn,** du 5 au 7 mai 1979.

Briques *poseurs*

Lors du 2e championnat de poseurs de briques d'Essex, G.-B., le 30 septembre 1981, Ralph Charnock a empilé **711 briques en 60 mn.**

Anne-Marie Voisin, 17 ans, a posé 90 briques en 40 mn lors de l'émission *Incroyable mais Vrai* du 2 mai 1982.

Le baiser le plus long a duré 144 heures.

Brouette

La brouettée la plus lourde est une charge de **1 065 kg,** correspondant à 289 briques, déplacée sur 7 m le 30 juin 1979 par Bill Richardson, de Pontefract, G.-B.

Bûcherons

Les épreuves des championnats de bûcheronnage se déroulent chaque année à Hayward, Wisconsin, U.S.A. Les bûcherons doivent scier des troncs de pin de 51 cm de diamètre.

Le record de sciage est de **11,55 s,** établi par Ron Johnson, Nouvelle-Zélande, en 1976.

José Archambeau de Sprimont, Belgique, a scié à la main dans un tronc d'épicéa de 15 cm de diamètre **53 rondelles en 5 mn.**

Le record de vitesse pour grimper à un arbre de 5 m de haut, en couper le sommet à la hache et tailler 6 bûches est de 1'52"3.

Caddie

La société Caddie Ateliers Réunis de Schiltigheim a construit un chariot de super-marché géant de **3,5 m de haut** qui a été exposé à l'exposition Euroshop à Düsseldorf, Allemagne, en avril 1981.

Camping *aérien*

Gérard Violeau de Toulon a vécu **pendant 10 jours** dans une tente suspendue à un câble d'acier tendu **à 40 m de hauteur** entre deux rochers au large du cap Sicié (Var).

Cartes de crédit

Walter Cavanagh, de Santa Clara, Californie, U.S.A., *alias* « Mr Plastic Fantastic », possède **1 159** cartes de crédit valides. Il n'a pas déboursé 1 centime pour obtenir ces cartes.

Il les garde dans le plus long portefeuille du monde : une mallette de 76 m de long qui pèse 14 kg.

Cerf-volant *le plus grand*

Gérard van der Loo, Pays-Bas, a réalisé un cerf-volant en nylon de **16,30 × 32 × 35,5 m,** qui a volé pendant 37 mn le 8 août 1981.

Le plus grand nombre

Kazukito Asaba a fait voler **4 128 cerfs-volants** en une seule ligne, le 21 septembre 1978, à Kamakura, Japon.

Altitude
Le record pour un seul cerf-volant est de **11 554 m** par Steven Flack, U.S.A.

Durée
Des étudiants ont fait voler un cerf-volant **pendant 180 h 17 mn,** du 21 au 29 août 1982, à Long Beach, U.S.A.

Champagne *fontaine*
Pour réaliser une fontaine de champagne, il faut empiler des verres à pied : on remplit le verre du haut, le champagne coule dans celui du dessous, etc., jusqu'à ce que tous les verres soient pleins.

M. Leclerc-Briand d'Épernay, Marne, a réalisé une pyramide de 25 étages de verres.
Partant d'une base de 468 verres, il a empilé **4 153 verres.**

Peter Sellars, Australie, a rempli **une pile de 23 verres** empilés les uns sur les autres.

Chant
Le plus long **marathon** de chant, en solo, est de **171 h 15 mn,** réalisé par Pat Power, Irlande.

Char fleuri
L'Amicale des Rambolitains auvergnats a exécuté en mai 1982, à Rambouillet, Yvelines, un sabot de **4,17 m de long,** recouvert de muguet.

Charbon *pelletage*
Robert Taylor a rempli un tombereau de **500 kg de charbon en 31,5 s,** le 7 février 1981 à Dobson, Nouvelle-Zélande.

Château d'allumettes
Jean-Luc Lerusse a fait une tour de **6 360 allumettes** et **5,28 m de haut.**

Canettes
MM. Muser, Desponds et Dumas, le 12 octobre 1982, ont construit une pyramide de **4,60 m de haut** avec **22 140 boîtes de bière.** L'ensemble pesait 8 856 kg.

Cartes
James Warnock, de Cantley, Québec, a réussi, le 8 septembre 1978, un château de **3 650 cartes,** 61 étages et **3,50 m de haut.**

En France
M. Maurice Guegen, de Lannion (France), a battu le record de France du plus haut château de cartes en empilant **1 856 cartes** à jouer sur 35 étages et **3 m de haut,** en 17 h, le 12 septembre 1975.

Gobelets
J.-L. Lerusse a construit une tour de **3,71 m de haut** avec **3 157 gobelets** en plastique, disposés en 41 étages, le 26 mai 1983.

Sous-bocks
Maurice Guegen de Lannion a construit un château de sous-bocks de bière, **de 5,50 m de haut.** Il lui a fallu 5 jours de travail et **14 500 sous-bocks** pour réussir cet exploit retransmis le 25 janvier 1981 dans l'émission *Incroyable mais Vrai.*

Chaussette
Didier Callec, 14 ans, de Bourg, Côtes-du-Nord, a tricoté une chaussette de **24,56 m de long.** Il l'a présentée à l'émission *Incroyable mais Vrai* sur A2.

Chaussure
Vincent Vanhaecke, de Tourcoing, Nord, a réalisé une chaussure de 0,70 m de haut, 1,25 m de long et pesant 16 kg **(pointure 180).**

Cheveux
Swami Pandarasannadhi, supérieur du monastère de Tirudaduturai, dans la région de Tahore, Madras, Inde, avait des cheveux de **7,93 m de long,** en 1949.
Il semblerait, d'après les photos, qu'il ait été atteint de la maladie *Plica Caudiformis.*

Stiuldfrid Sjorgren (née à Stockholm, Suède) avait en 1917 une chevelure de 3,20 m de long soit 2 fois sa taille.

Cierge
A la fin du XIVe siècle, à la suite d'une série de désastres, les habitants de Montpellier implorèrent Notre Dame et firent réaliser un cierge de la même taille que les murs d'enceinte de la ville, soit **3 888 m de long.**
Le cierge, flexible, était enroulé sur une roue de bois devant l'autel et déroulé à mesure que la cire brûlait.

14 500 sous-bocks et cinq jours de patience et d'adresse pour ce château de 5,50 m de haut.

Cigarettes *les plus grands fumeurs*
Jim Purol et Mike Papa, U.S.A. ont fumé chacun simultanément **135 cigarettes pendant 5 mn** le 5 octobre 1978.

Ronds de fumée
Jan van Deurs Formann, Danemark, a formé **355 ronds** de fumée avec **une seule bouffée** de cigarette en août 1979.

Cigares *le plus gros fumeur*
Le 19 octobre 1979, Jon Zealando a fumé **15 cigares à la fois,** tout en sifflotant.

Cireurs de chaussures
Quatre musiciens de l'Armée du Salut de Sheffield, G.-B., ont ciré **6 780 paires de chaussures** « sur pieds » **en 8 h,** le 27 février 1982.

Cloche-pied
Joey Bavaresco et son fils Shawn ont sauté **pendant 87 h** du 14 au 17 février 1982 au pied de l'Empire State Building, à New York.

Coiffeur
Pierre Ortiz, directeur du salon New York-New York, Californie, U.S.A., a coupé et coiffé les chevelures de ses clientes **pendant 342 heures** du 10 au 26 mai 1982.

Concours *le plus grand gain*
Herbert Idle, 55 ans, de Chicago, U.S.A., a gagné **1 500 000 F** à un concours encyclopédique, le 20 août 1953.

Crachats
La distance dépend de la qualité de la salivation, du vent, de la position des doigts et de la coordination des mouvements rapides des reins et du cou. Les crachats doivent avoir un diamètre minimal.
Les cracheurs les plus chics portent des « bottes-étalons » pour mesurer la distance.
Lors du 3e triathlon de « Crachat, Rot et Juron », Harold Fielden a atteint **10,36 m** à Central City, Colorado, U.S.A.

Tabac
Randy Oberville a réussi un jet de **13,56 m** au cours du 3e championnat de chique et de crachat, le 30 mars 1980 à Barstow, Californie, U.S.A.

Pépin de melon
Le record pour cracher un pépin de melon est de **20 m** par John Wilkinson, U.S.A., le 28 juin 1980.

Noyau de cerise
Le record pour cracher un noyau de cerise est de **19,86 m** par Rick Krause à Eau Claire, Michigan, U.S.A., le 5 juillet 1980.

Noyau d'abricot
Pierre Gayaud de Paris a réussi un tir de **10,21 m** le 28 juillet 1977, lors du 7e championnat de Pouliguen.

Cracheurs de feu
Jon Zealando, Nouvelle-Zélande, a craché une flamme de **7,45 m,** le 19 octobre 1979, à Auckland.
Jack Sholomir de Newport, G.-B., a allumé une botte de paille distante de 7,01 m.
Inge Widar Swingen, Norvège, a éteint 7 870 torches en 2 h, le 23 décembre 1982.

Crochet
Mme Barbara Sonntag a crocheté 4 412 points à la moyenne de **147 points/mn** le 13 janvier 1981.
Elle a aussi crocheté une **chaîne de 56,16 km.**

Cuisine
Boeuf en broche
Jean-Pierre Compateaux a découpé un boeuf entier en un seul **morceau de 21,60 m** qu'il a fait cuire sur une broche de 21,59 m.

Boudin
Jean-Pierre Corpateaux de Fribourg, Suisse, a réalisé le 25 mai 1981 un boudin de **151,26 m.**

Brioche tressée
M. Sicard de Saint-Jean-de-Beugné, Vendée, a confectionné une brioche de **5,30 m.**

Record absolu pour cette brioche de 10,50 m de long fabriquée par Etienne Filden.

Bûche
Les commerçants du Métro-Shopping Cornavin, à Genève, ont réalisé une bûche de **152,30 m,** le 4 décembre 1982.

Chewing-gum
Susan Montgomery, 18 ans, de Californie, U.S.A., a fait, en 1979, une bulle de **49 cm de diamètre.**

Crêpe
Christian Sauvage, restaurateur à Castelnau, Gironde, et 5 autres chefs cuisiniers ont réalisé, le 27 mars 1983, une crêpe de **9 m de circonférence et 62 kg.** La poêle, de 3 m de diamètre et 700 kg, était manœuvrée par une grue.

Croissant
Gilbert Dériaz de Puidoux-Gare, Suisse, a cuit un croissant de **3 m et 19,200 kg.**

Galette briochée
Jacques Murzeau et Alain Guémard, tous deux boulangers à Tiercé (Maine-et-Loire), ont confectionné le 16 janvier 1981 une galette de **1,80 m de diamètre,** d'un poids de **41,723 kg.** La recette a été versée à l'UNICEF.

Lors du festival de Pepinster, Belgique, une galette briochée de 80 kg et **5,76 m de diamètre** a été vendue 12 500 FB pour une œuvre de bienfaisance.

Gâteaux

Le 4 juillet 1976, à l'occasion du bicentenaire des États-Unis, des boulangers de Baltimore ont réalisé un gâteau avec **32 t d'ingrédients** : 10 000 douzaines d'œufs, 10 t de sucre, 200 kg de sel fin.

Michel Arnac de Trets, Bouches-du-Rhône, a « construit » un gâteau de **7,95 m de haut** le 7 décembre 1980. Il l'a présenté à l'émission *Incroyable mais Vrai.*

Les artisans de la Fine Bouche de Lisieux, Calvados, ont réalisé un **moka de 35,20 m** décoré de la reproduction de la tapisserie de Bayeux.

Glace

Les étudiants du Mark Twain Institut ont confectionné une glace de 4,361 t, plus 41 kg de noisettes, 114 kg de nappage au chocolat, 114 kg de nappage à la crème et 30 kg de crème fouettée. L'ensemble atteignait le poids de **4,66 t.**

Hamburger

Le plus grand steak haché, servi en 13 083 portions, pesait **1 396 kg.**
Il avait été confectionné le 19 juin 1982 dans le Dakota, U.S.A.

Marmite en chocolat

Les apprentis confiseurs de Genève, Suisse, ont réalisé, le 11 décembre 1981, une marmite de 1,90 × 1,46 m pesant **240 kg.**

Mille-feuilles

Un mille-feuilles de **330 m de long** a été confectionné par Fritz Strübin Keller à Liestel, Suisse, le 10 juin 1979.

Nouilles

Mark Pi, du restaurant China Gate, à Colundres, Ohio, U.S.A., a fait **2 048 nouilles chinoises** de plus de 1,50 m en **34,5 s** le 12 février 1982.

Omelette

Le 4 juin 1983, le personnel d'Euromarché de Sevran, Seine-St-Denis, ont fait une omelette de **22 000 œufs** dans une poêle de 7 m de diamètre.

Pain

Bruce Gajewski, U.S.A., a fait un pain de **383 m de long,** le 15 mai 1982.
Il l'a fait cuire sur un feu alimenté au charbon.

L'amicale de Vernoux en Vivarais, Ardèche, a fait, le 22 août 1982, un pain de seigle de **89 kg** et **1,49 m de diamètre.**

Pizza

Le chef de l'Omo Pizza Restaurant, à Glenn Falls, U.S.A., a réussi, le 8 octobre 1978, une pizza de **24,40 m de diamètre** (468 m²) et **8,465 t.**
Elle fut débitée en 60 318 tranches.

Purée

Lors du Mantua Potatoe Festival, Ohio, U.S.A., on a préparé une « portion » de **4,6 t.**

Salami

Le plus grand salami mesurait **17,03 m de long.** Il a été confectionné par l'hypermarché Cora Lens 2, à Vendin-le-Vieil, Pas-de-Calais, le 25 septembre 1981.

Sandwich

Le 23 août 1980, au restaurant Mövenpick Fusterie, 60 cuisiniers et charcutiers ont servi aux Genevois un sandwich de **186,50 m de long.**
Pour le confectionner, il avait fallu : 700 kg de pain, 230 kg de jambon et 120 kg de beurre moutarde. Il fut débité en 5 000 tranches dans les rues de Genève, et permit de récolter 12 272,60 FS utilisés pour l'achat d'un motoculteur destiné au village pour handicapés d'Aigues-Vertes.

Saucisses

Une équipe de la société de congélation Auckland Farmers, Nouvelle-Zélande, a réalisé le 26 juin 1981 une saucisse de **4 608 m de long,** pesant 1 979 kg.

M. Le Guyou, charcutier à Ancinnes, Sarthe, a fabriqué **340 m de saucisse en 50 mn** devant les caméras d'*Incroyable mais Vrai.*

Saucisson

Jean-Marie Gindre, Les Rousses, Jura, a fait un saucisson de **9,70 m de long** avec 49 kg de viande et un boyau naturel.

Sucette

René Chaussebourg, confiseur à Paris, a présenté au public d'*Incroyable mais Vrai,* le 21 février 1982, une sucette géante de **2,20 m** (bâton : 85 cm) pesant **13 kg.**

Tarte

Une tarte de **6,35 t** (2,245 t de cerises) a été confectionnée à Charlevoix, Michigan, le 15 mai 1976. Elle avait **4,50 m de diamètre** et 61 cm de profondeur.

L'hypermarché Jumbo de Chaux-de-Fonds, Suisse, a fait une tarte aux fraises de **120 m de long.**

Pour d'autres records alimentaires, voir *chapitre 9, Industrie et Commerce.*

Danse

Marathons

Mike Ritof et Edith Boudreaux, U.S.A., ont dansé **pendant 5 148 h 28 mn 30 s** pour gagner un prix de 2 000 $, du 29 août 1930 au 1er avril 1931.
Les périodes de repos ont été progressivement réduites de 20 mn par heure à 10 puis 5 mn pour être finalement totalement supprimées.
Les danseurs devaient faire des pas de 25 cm et ne pouvaient fermer les yeux plus de 15 s.

Michel Guay de Robernal, Canada, a dansé pendant 313 h 30 mn en novembre 1980.

Entrechats

L'entrechat est une figure de ballet dans laquelle le danseur, en 5e position, bondit en l'air tout en croisant et décroisant les pieds sur le mollet. La position de départ et la position d'arrivée comptent pour un entrechat : l'« entrechat douze » comprend donc 5 croisements et 5 décroisements. (Voir chapitre *Danse).*

Le 7 janvier 1973, lors de l'émission du *Livre des records* à la télévision anglaise, Wayne Sleep a réussi un **« entrechat douze ».**
Il est resté **0,71 s en l'air.**

Danse de salon

Carlos Sandrini, Argentine, a dansé **pendant 106 h 5 mn 10 s,** en septembre 1955, avec trois partenaires qui se relayaient.

Les plus grands champions du monde de danse de salon furent Bill et Bobbie Irvine, qui ont remporté 13 fois le titre, de 1960 à 1972.

Charleston

Sabra Starr a dansé **pendant 100 h,** du 15 au 20 janvier de l'année 1980.

Chenille

Le 4 septembre 1982, les membres du Camping Club de Grande-Bretagne ont formé une chenille de **8 659 personnes.**

Claquettes

Le 16 octobre 1982, **2 647 danseurs** de claquettes ont été réunis pour un spectacle télévisé en Australie.

Danse du ventre

Sabra Starr a dansé **pendant 100 h,** du 4 au 8 juillet 1977, à Atlantic City, New Jersey, U.S.A.

Sabra Starr a dansé pendant 100 heures.

Disco

John Sharples, G.-B., a dansé **pendant 371 h,** du 18 janvier au 3 février 1982.

Flamenco

Le danseur le plus rapide est Solero de Xérès qui, en 1967, à l'âge de 17 ans, dans un rythme endiablé, a exécuté **16 *taconodas*** (coups de talon) **par seconde** (1 000 par minute).

French cancan

Kamar Anaridan, Colombo, Sri Lanka, a levé la jambe **9 100 fois pendant 6 h 51 mn,** dans la nuit du 31 décembre 1980 au 1er janvier 1981.

Veronica Evans a levé la jambe **50 fois en 25 s,** le 24 décembre 1931.

Limbo

Dans ce mouvement, seuls les pieds touchent le sol.

Marlène Raymond, 15 ans, de Toronto, Canada, est passée sous une barre enflammée à 15,5 cm du sol le 24 juin 1973.

Bridget Ratterree, 9 ans, U.S.A., est passée sous une barre à **13,5 cm** sur des patins à roulettes, le 27 novembre 1982.

Dents

Les dents les plus puissantes du monde sont celles de **John Massis,** *alias* « Hercule » Massis, Belgique, né le 4 juin 1940.
Le 7 mai 1981, au Festival des Exploits Incroyables de Rosny-sous-Bois, il a retenu une **montgolfière** en serrant le câble dans sa mâchoire.
Le 19 mars 1977, à Évry, il souleva avec les dents un poids de 233 kg, à 15 cm du sol.
Massis a empêché un **hélicoptère** de décoller en le retenant par les dents, à Los Angeles, U.S.A., le 7 avril 1979, lors d'un spectacle télévisé des Records Guinness.

Le 2 mai 1981, Walter Arfeuille (Belgique) a tiré 3 wagons de chemin de fer de 135,3 t, sur une distance de 2,54 m, à la seule force de la mâchoire.

Démolition

Le 6 novembre 1977, 6 joueurs de rugby britanniques ont démoli un **piano en 1 mn 37 s,** à mains et pieds nus.

15 membres du Black Leopard Karate Club ont démoli **une maison en bois** de 7 pièces **en 3 h 18 mn,** avec les pieds et les mains, le 13 juin 1982.

Divorces *le plus*

Mme Beverly Avery, alors âgée de 48 ans et serveuse à Los Angeles, Californie, a gagné son **16e divorce,** de son 14e mari, Gabriel Avery.
Elle soutint que 5 de ses maris lui avaient cassé le nez.

Le plus tardif

Bernardine et Léopold Delpes, âgés tous deux de **88 ans**, ont divorcé à Los Angeles en mars 1980.

Voir aussi *Mariage*.

Doigt

Ce record date de 1914 et il tient toujours.
Francis Lewis (U.S.A.), tenu à une barre fixe par la **force du médius** de la main gauche, a touché la barre 7 fois de suite avec le menton. Il pesait 71 kg.

Dominos
Michel Cairney, U.S.A., a aligné 169 713 dominos, d'une seule main, à New York, le 9 juin 1979. Il lui fallut 13 journées pour installer tous les dominos sur 3,6 km.

Le record en équipe est de **255 389 dominos,** qui se sont écroulés les uns sur les autres en 53 mn, le 24 août 1980 à Hakone, Japon. Les initiateurs, John Wickham et Erez Klein, ont été filmés pendant la « dégringolade ».

Écailler
M. Gonthier, écailler à Paris, a ouvert **934 huîtres en 54 mn,** le 6 mars 1982, devant les caméras d'*Incroyable mais Vrai.*

Écharpe
En janvier 1981, Mme Martin de Nantes, Loire-Atlantique, a achevé une écharpe de **25 m de longueur** qu'elle avait tricotée pour que ses huit petits-enfants puissent s'emmitoufler dedans tous ensemble.

Écriture
Caroline Webb, Australie, Judy Hall, U.S.A., et Robert Gray, Canada, savent écrire **de droite à gauche, à l'envers et en miroir,** les yeux fermés, des deux mains et des deux pieds à la fois.

Épluchage
Œufs
Deux jeunes cuisiniers aveugles, Harold Witcomb et Gérald Harding, ont épluché **1 050 douzaines d'œufs en 7 h 15 mn,** le 23 avril 1971.

Oignons
Alain St John, U.S.A., a pelé **23 kg d'oignons en 3 mn 18 s,** le 6 juillet 1980.

Pommes
La plus longue **pelure** de pommes mesurait **52,50 m.** Cet exploit a été accompli, le 16 octobre 1976, en **11 h 31 mn** par Kathy Wafler, 17 ans, avec une pomme de 567 g.

Pommes de terre
Cinq Australiens ont épluché **266,5 kg de pommes de terre en 45 mn,** avec des couteaux ordinaires.

Élasticité
Pierre Beauchemin, Québec, Canada, est le seul homme au monde à pouvoir faire **pivoter son bras de 360°.**

Épouvantail
L'Association familiale de Thiaucourt, Meurthe-et-Moselle, a réalisé un épouvantail de **12 m de haut** et 5 m d'envergure.

Équilibre *sur un pied*
La jambe libre ne doit jamais être posée ou appuyée sur la jambe porteuse.

Kumar Anandan, de Colombo, Sri Lanka, est resté **33 h** en équilibre sur un pied, les 15 et 16 mai 1980.

En altitude
Le 18 mars 1981, le funambule Henry's est resté assis en équilibre **sur les pieds arrière d'une chaise** sur la tour « Défense 2 000 », à Paris, à **155 m d'altitude** au-dessus du parapet.

Escaliers
Le record des **1 760 marches** de la plus haute tour sans soutien du monde, la CN Tower de Toronto, est de **10 mn 16 s,** réalisé par Michael Round.

James Raffertey a monté les **1 575 marches** de l'Empire State Building en **12 mn 19,8 s,** le 15 février 1979.

En France
Didier Douzieck a gravi les **1 214 marches** de la tour Maine-Montparnasse, à Paris, en **6 mm 30 s,** le 24 avril 1983.

Fakirisme
Nous regrettons de ne plus pouvoir homologuer de record de fakirisme, cette discipline risquant d'entrainer des accidents.

Lits de clous
Inge Widar Svingen, Norvège, est resté **20 h 3 mn** sur un lit de clous, de 15 cm de long, à 5 cm les uns des autres, du 14 au 18 mai 1982.

Le record féminin est de 30 h, établi par Miranda, reine des fakirs, les 18 et 19 mars 1977, à Welwyn Garden, G.-B.

Certains records supérieurs auraient été établis, mais ils n'ont pas été authentifiés.
Parmi ces records, le plus spectaculaire est celui de Silki, qui prétend être demeuré 111 jours sur un lit de clous à São Paulo, Brésil.

Lits de clous avec poids
En 1969, Éric Dekytspotter est resté allongé avec un haltère de **20 kg sur les hanches** et un de **40 kg sur la poitrine.**

Lit de verre pilé avec poids
Le 10 mai 1981 à Plémet, Côtes-du-Nord, Jo Presdy est resté 3 mn sur un lit de verre pilé, en supportant une fourgonnette et ses 4 occupants. Son corps était alors protégé par un plateau. Poids total : **1 600 kg.**

Sandwich de clous avec poids
Le record de poids supporté entre deux lits de clous est de **745 kg,** posés sur le lit supérieur. Ce record a été établi par Komar, le 6 mars 1971, à Chicago, U.S.A.

Suspension
Eric Dekytspotter est resté suspendu le 3 octobre 1979 **pendant 1 h 30 mn,** par deux broches enfoncées dans la **peau du dos,** accroché à une grue à 30 m de hauteur.

Enterré-vivant
Les records doivent être établis dans un cercueil de 1,5 million cm^3, 2 m sous le sol, avec une ouverture maximale de 10 x 10 cm pour le ravitaillement.

« Country » Bill White, 50 ans, est resté enterré **4 mois et demi dans un cercueil** du 31 juillet au 19 décembre 1981 à Kileen, Texas, U.S.A.

Fauteuil roulant *équilibre*
Le record sur deux roues en fauteuil roulant est de **9 h 37 mn 55 s,** avec 8 repos de 1 mn, pendant lesquels Stéphane Frémont, 12 ans, est resté en équilibre sur deux roues à l'ENP de Saint-Jean-d'Orbestier (Vendée).

La plus longue distance
Michel Marcin, ancien chauffeur routier qui vit à

Annecy, a effectué, en mai 1981, le trajet Annecy-Paris, soit **600 km,** en fauteuil roulant.

Feu d'artifice *raté*
George Plimpton, artificier et ambitieux, avait fabriqué une magnifique chandelle romaine de 1 m de haut et 326 kg, qu'il avait baptisée « la grosse dame ». Il espérait battre ainsi le record du plus grand feu d'artifice, mais sa chandelle romaine fit long feu et le résultat fut un magnifique **cratère de 3 m de profondeur.**

Fil
Brenda Robinson, G.-B., a enfilé **3 795 fois en 2 h** un fil dans une aiguille (chas : 12,7 mm).

Fossoyeur
Johann Heinrich Kare Thiene, Allemagne fédérale, a creusé **23 311 tombes** en 50 ans de carrière.

Fouet
Le plus long fouet de bétail qui ait « claqué » (l'extrémité va plus vite que la vitesse du son) est un fouet de **30 m de long,** actionné par Noël Harris, le 7 août 1978. Ce fouet de peau tressée pesait 12 kg.

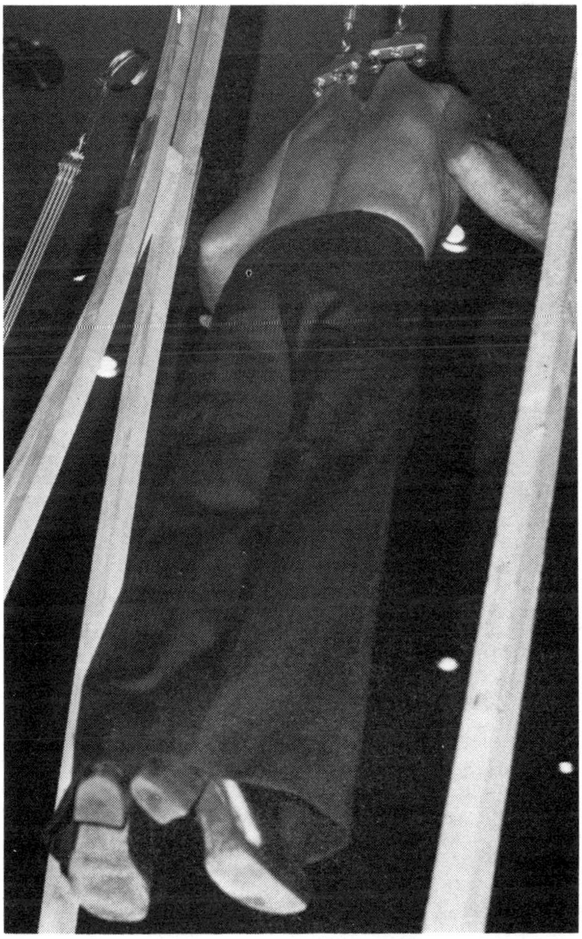

Eric Dekytspotter accroché par la peau du dos pendant 1 h 30.

Roger Bourban, adroit et sportif !

Garçon de café
Roger Bourban, Suisse, a couru **3 h 6 mn 4 s,** en uniforme, portant d'une main un plateau chargé d'une bouteille ouverte (1,2 kg).

Gloutonnerie
Pour des raisons médicales, tout record d'absorption de boisson ou de nourriture est fortement déconseillé.
Le* Livre Guinness des Records *ne cautionne et n'encourage aucun record gastronomique.

Boisson
En 1974, à Johannesburg, Afrique du Sud, les médecins observèrent un jeune garçon, Fannie Meyer, qui, à la suite d'une fracture du crâne, n'était pas rassasié malgré **90 l d'eau par jour.** En octobre 1978, sa consommation était descendue à 30 l.

Boulimie
Les records de gloutonnerie ne sauraient en aucun cas rivaliser avec ceux établis par les malades souffrant de boulimie (désir morbide de nourriture) et de dipsomanie (soif pathologique). Certains malades passent 15 heures par jour à manger.

Le record de consommation de nourriture est de **174,256 kg absorbés en 6 jours** par un malade de 12 ans, en 1743. Ce cas extrême est connu sous le nom de « **cas** Mortimer ».

GLOUTONNERIE

Anguilles
450 g d'alevins, en 13,7 s, par Peter Dowdeswell, Bristol, G.-B., le 20 octobre 1978.

Arbre
Tronc de bouleau de 3,35 m (12 cm de diamètre) en 89 h, Jay Gwaltney, U.S.A., du 11 au 15 septembre 1980.

Bananes
17 (128 g minimum, épluchées) en 2 mn, par Ronald Alkana, à l'université de Californie, U.S.A., le 7 décembre 1973.

Bicyclette
15 jours, par P. Mangetout, à Evry, du 17 mars au 2 avril 1977.

Bière
Steven Petrosino a bu 1 litre en 1,3 s, le 22 juin 1977, à Carlisle, Pennsylvanie, U.S.A.

Peter Dowdeswell (G.-B) a bu :
2 litres en 6 s, le 7 février 1975.
2 1/2 pintes (1 p. = 0,568 l) en 5,0 s, le 4 mai 1975.
3 pintes en 5,4 s, le 23 janvier 1976.
2 pintes (tête en bas), en 6,4 s, le 25 mai 1975.

Cacahuètes
100 (décortiquées), une à une, en 46 s, par Jim Kornitzer, (G.-B.), le 1er août 1979.

Champagne
1 000 par an, par Bobby Acland (G.-B.).

Chips
30 paquets de 57 g en 24 mn 33,6 s, sans boire, par Paul Tully (U.S.A.), en mai 1969.

Citrons
3 (avec peau et pépins) en 15,3 s par Bobby Kempf (U.S.A.), le 2 mai 1979.

Cornichons
450 g en 35,26 s, par Peter Citron (U.S.A.), le 1er avril 1983.

Crêpes
62 (15 cm de diamètre, avec beurre fondu et sirop d'érable) en 6 mn 58,5 s par Peter Dowsdewell, le 9 février 1977.

Crevettes
1,360 kg, par Peter Dowsdewell, le 25 mai 1978.

Escargots
350 en 8 mn 29 s par Thomas Greene (U.S.A.), le 14 juillet 1981.

Fromage
450 g de cheddar en 1 mn 13 s, par Peter Dowsdewell, le 14 juillet 1978.

Glace
1,530 kg en 90 s, par Bennett D'Angelo (U.S.A.), le 7 août 1977.

Hamburgers
20 3/4 (100 g chacun, total : 2,070 kg) steaks hachés entre 2 moitiés de petits pains en 30 mn par Alan Peterson (U.S.A.), le 8 février 1979.

Harengs (filets)
27, en 60 mn, par Stevenson Karen (G.-B.), le 5 mars 1982.

Haricots
Le 4 avril 1981, Karen Stevenson, de Brighton (G.-B.), a dégusté 2 380 haricots blancs en 7 mn. Les haricots, cuits mais froids, étaient saisis un à un à l'aide d'un cure-dents, selon la tradition. N'essayez pas de battre ce record !

Huitres
250 en 3 mn 56 s, par Thomas Green, U.S.A., le 14 février 1980.
Le record d'ouverture est de 100 en 3 mn 1 s, par Douglas Brown (N.-Z.), le 29 avril 1975.

Lait
2 pintes (113,5 cl), en 3,2 s par Peter Dowsdewell, le 31 mai 1975.

Œufs
Durs : 14 en 58 s par Peter Dowsdewell, le 18 février 1977.
Coques : 32 en 78 s par Peter Dowsdewell, le 8 avril 1978.
Crus : 72 en 1 h par Glen Mc Maughton en avril 1981.

Omelettes
74 tortillas (1,850 kg au total) en 30 mn, par Tom Nall, le 16 cotobre 1976.

Pommes de terre
1,360 kg en 1 mn 22 s, par Peter Dowsdewell, le 25 août 1978.

Poulet
1,700 kg en 15 mn par Frans Matsobane, Afrique du Sud, 1982.

Pruneaux
144, en 65 s, par Douglas Mein (G.-B.), le 19 octobre 1978.

Raisins
1,500 kg en 34 s, par Jim Ellis (U.S.A.), le 30 mai 1976.

Ravioli
250 en 66 mn par John Keogh, G.-B., le 16 février 1981.

Saucisses
Francfort : 23 (56,6 g) en 3 mn 10 s, par Lynda Kuerth (U.S.A.) le 12 juillet 1977.

Spaghetti
91,44 m en 28,73 s, par Steve Weldon (U.S.A.), le 1er mai 1977.

Viande
Un bœuf entier en 42 jours, par Johann Ketzler (All.) en 1880.

Calories

Les médecins néo-zélandais faisant des recherches sur le sport ont publié, en 1972, qu'un coureur sur longue distance consommait 14 321 calories par 24 h.

Le plus gros mangeur est Edward Abraham « Bozo » Miller (né en 1909) d'Oakland, Californie, U.S.A. Il a absorbé jusqu'à **25 000 calories par jour**, soit plus de 11 fois la ration normale. Il mesure 1,71 m et pèse de 127 à 139 kg, avec un tour de taille de 144 cm. Personne ne l'a encore battu depuis 1931 (voir ci-dessus).

Omnivore

Michel Lolito de Grenoble, *alias* M. Mangetout, mange indifféremment du métal ou du verre.

Depuis 1966 il a englouti **7 bicyclettes, 1 caddie, 7 postes TV, et 1 roue de Cessna.** Les gastroentérologues qui se sont penchés sur son estomac en restent pantois.

Grand-roue

Reno Clark et Jeff Black sont restés **37 jours** sur la grand-roue du Frontier Amusement Village à San Jose, Californie, U.S.A., du 1er juillet au 7 août 1978.

Hamac

V. Paratore et B. Galvin se sont balancés **pendant 192 h** dans un hamac à San Francisco, U.S.A., en avril 1979.

Hivernant *volontaire*

Le cascadeur Bruno Chalumeau est resté enseveli **pendant 30 jours** du 2 mars 1981 au 1er avril 1981 sous 800 m³ de neige à l'intérieur de sa voiture de série, spécialement équipée.

Homme-orchestre

Ray Johnson a interprété un **morceau** en jouant simultanément de **10 instruments** (3 mélodiques et 7 percussion), le 17 mars 1983 à Scooters, Texas, U.S.A.

Rony Blackwell, G.-B., a joué, le 6 septembre 1977, de **75 instruments pendant 2 mn 11 s.**

En France
Rémy Bricka transporte 26 instruments et peut jouer de **11 instruments en 1 s.**

Immobilité
William Fugua, U.S.A., est resté immobile **pendant 8 h 35 mn,** le 28 mai 1982, devant 4 000 personnes. Après une pause de 4 mn, il a continué pendant 1 h 31 mn.

Involontaire
Le sergent Moody, U.S.A.F., prisonnier au Japon en 1945, a été **condamné à rester immobile 53 h.**

Pliée
Guy Coudoux est demeuré **6 h dans une boîte** transparente de **52 × 41 × 43 cm,** au Festival des records fantastiques d'Évry, en 1977.

Sur un pied
Le 28 mai 1979, Anton Christy, de Sri Lanka, est resté immobile en équilibre sur un pied **pendant 31 h 45 mn** sans aucun appui.

Joggling
Michel Lauzière de Québec, Canada, a établi le record du monde de joggling le 30 mai 1982 à Fargo, Nord Dakota, U.S.A. Lors du marathon international de Montréal, Canada, il a couru **42,2 km en 3 h 57 mn 35 s,** en jonglant, sans interruption, avec **3 balles.**

Jonglage
Le seul jongleur de l'histoire capable de jongler avec **10 balles** ou **8 assiettes** était Enrico Rastelli, artiste russo-italien.

Petrovski, Belaur et Ignatov, U.R.S.S., ont jonglé avec **11 anneaux.**

Le 24 mai 1981, le funambule Henry's a jonglé avec **3 faux** parfaitement aiguisées devant les caméras d'*Incroyable mais Vrai.*

Tournoiement d'assiettes
Shukuni Sasaki, de Takamaku (Japon), a fait tourner simultanément **72 assiettes,** le 7 juillet 1981.

Lancers
Botte en caoutchouc
Tony Rodgers, G.-B., a lancé une botte Dunlop, taille 42, à **52,75 m** de distance, le 9 septembre 1978.

Le record féminin est de **39,60 m.**

Bouse de vache
Steve Urner, U.S.A. a lancé une bouse sèche à **81 m.**

Briques
Geoffrey Capes, 19 ans, G.-B., a lancé une brique de 2,270 kg à **44,54 m,** le 19 juillet 1978.

Camembert
Joël Hubaut a lancé, le 31 août 1982, un camembert dans sa boîte à une distance de **25,17 m.**

Cartes à jouer
Kevin Saint Orge, U.S.A., a lancé une carte à jouer à une distance de **56,40 m,** le 2 juin 1979.

Rémy Bricka, l'homme orchestre aux 26 instruments.

Lance-pierres
La plus grande distance est de **415 m,** réalisée par James Pfotehauer, le 10 septembre 1977.

Pièces de monnaie
Andrew Gleed, U.S.A., a réussi à jeter **62 pièces** de 10 pences de l'arrière de l'avant-bras à la paume de la main (du même côté).

Œufs
Le record de lancer d'œuf cru (sans le casser) est de **97 m** par Rislo Antikenen (lanceur) Jyrke Korkone (rattrapeur), en septembre 1982 à Siilin Jaervi.

Le record français qui est de **64,85 m** a été établi le 17 août 1980 à Vrasville, par Fabrice Cornicard (lanceur) et Hugues Arondel (receveur).

Omelette
Michel de Boosere a lancé une omelette de 105 g au-dessus d'une barre placée à **4,25 m de haut,** le 19 avril 1981 à Bessières (Haute-Garonne).

Rouleau à pâtisserie
Le record de distance battu par une femme lançant un rouleau à pâtisserie est de **53,40 m,** réalisé par Lori La Deana Adams (21 ans), à la foire de l'État d'Iowa (U.S.A.), le 21 août 1979.

Record absolu
La plus grande distance à laquelle un objet plus lourd que l'air ait été lancé est **261,42 m.** Il s'agissait d'un **Skyro,** lancé par Tom McRann, 30 ans, le 9 juin 1980, à San Francisco, U.S.A.

Sous-bock
Stephen Torton, G.-B., a lancé un sous-bock à **102 m.**

Lego
Le centre commercial de Keynes, G.-B., a exposé du 9 au 25 août 1980 une **tour de 100 000 « briques »** Lego. Elle mesurait **13,1 m de haut** et pesait **250 kg.**

Le Lego (du danois *Leg* : jouer et *godt* : bien) a été inventé en 1930 par un charpentier danois Ole Christiansen.
Ce jeu est aujourd'hui exporté dans 106 pays.

Lettres
Raymond Cantwell, G,-B., pour une action de bienfaisance, a écrit **3 998 lettres et enveloppes pendant 505 h,** du 25 août au 16 septembre 1978.

Literie
Carlos Ramos et Alain Douenne ont **fait un lit en 33 s** sur le plateau d'*Incroyable mais Vrai* (1 alèze, 2 draps, 1 couverture, 1 taie, 1 dessus de lit).

Lit *de course*
Le record de course en lit est de **14 mn 75 s** sur un parcours de **3,150 km,** avec traversée de rivière, le 10 juin 1978.

Lit *roulant*
Neuf employés du centre de literie Brontsfield d'Édimbourg, G.-B., ont parcouru **5 204 km,** du 21 juin au 26 juillet 1878, en poussant un lit d'hôpital.

Livre le plus petit
Gaston Rougeot, de Paris, a écrit le *Notre Père* en sept langues dans un livre qui mesure **6 x 6 mm.**

Machine à sous
Jeff Randolph, U.S.A., a gagné le 17 juillet 1981 la somme la plus importante jamais « crachée » par une machine à sous : **3 000 000 F,** dans le casino de Lake Tahoe, Nevada.

Majorettes *les meilleures*
Quatre majorettes de Brownhills, G.-B., ont fait tournoyer leur bâton sans interruption **pendant 81 h 30 mn,** du 28 au 31 juillet 1982.

Manège
Trois étudiants sont restés **312 h 43 mn** sur un manège de l'Oregon, U.S.A., du 20 août au 2 septembre 1976. Le manège tournait.

Marche

Sur échasses
John Russel, U.S.A., a fait **31 pas** sur des échasses à New York, le 4 décembre 1981. Ces échasses mesuraient **12 m de haut** et pesaient (chacune !) 18 kg.

M. Garissoain, de Bayonne, est allé de Paris à Moscou via Vilno sur des échasses, en 1892. Il parcourut les 2 495 km en 50 étapes. Certains témoignages donnent ce record en 58 jours.

Joe Bowen a parcouru **4 840 km** de Los Angeles, Californie, U.S.A., à Bowen, Kentucky, du 20 février au 26 juillet 1980.

Masaharu Tatsushiroa a parcouru 100 m en 14,15 s sur des échasses de 30,5 cm, le 30 mars 1980.

Sur l'eau
Rémy Bricka, l'homme orchestre, a marché **42 km sur la Seine** entre l'île de la Cité et le pont d'Iéna. Il était équipé d'aquaskis (flotteurs d'une longueur de 3,20 m) et s'aidait d'une pagaie.

Sur les mains
Johann Hurlingen (Autriche) a parcouru **1 400 km** sur les mains en 55 étapes de 10 h, à la moyenne de **2,54 km/h,** de Vienne à Paris, en 1900.

Thomas Hunt, U.S.A., a parcouru **50 m en 18 mn 4 s** en sprint sur les mains le 22 septembre 1979, à Tokyo.

Les débuts les plus prometteurs
Le jeune Herven Breton, **18 mois,** a parcouru seul, à travers vallons et forêt, **5 km en 3 h 10 mn,** du col d'El Fach à Placouronne, en Ariège.
Ce record « tout-terrain » a été établi par le bambin, le 29 juillet 1980, dans des conditions météorologiques excellentes.

Désossé
Johnny le Désossé, de Vevey, Suisse, a traversé le pont de la Machine, à Genève, d'une façon peu orthodoxe. Il marchait **sur les mains, les pieds croisés derrière la tête.** Il a franchi les 120 m du pont en 35 mn.

Une façon peu commune de « s'asseoir » sur une chaise pour Johnny le Désossé.

A reculons

Plennie Wingo, U.S.A., a marché entièrement à reculons de sa ville de **Fort Worth, Texas, jusqu'à Istanbul, Turquie.** Son temps record a été de 72 km en 12 h de marche.

Avec un cerceau

En 1968, Zlilio Diaz, Espagne, a parcouru **965 km en 18 jours,** de Mières à Madrid et retour, en poussant un cerceau de bois avec un bâton.

Marelle

Richard Jacobs et Carlton Palmer, G.-B., ont démarré une marelle le 24 octobre 1979 et ils ont sauté sans interruption **pendant 70 h.** Ils se sont arrêtés par ce qu'ils en avaient marre... de la marelle.

Mariage

Voir aussi à *Divorce.*

Records

Le record de mariages dans le régime monogamique appartient à l'ancien pasteur américain Glynn Moss Wolfe, qui s'est marié pour la **26e fois** en décembre 1982 avec sa 24e femme.

Il s'était marié pour la 1re fois en 1931. Selon ses déclarations, il aurait 41 enfants. Pendant longtemps, il a toujours gardé dans son placard deux robes de mariée de tailles différentes pour un cas d'urgence. Il a supporté 20 belles-mères.

Millionnaire

Le millionnaire qui s'est marié le plus souvent fut Thomas Manville (1894-1967), qui s'est marié pour la **13e fois** avec sa 11e femme (20 ans), le 11 janvier 1960, à 65 ans. Son mariage le plus court dura 7 h 30.

Sa fortune, évaluée à 100 000 000 millions de francs, provenait de l'amiante.

Le plus coûteux

Voir le chapitre *Société.*

Le plus de mariages entre deux mêmes familles

Chacun des 6 enfants de la famille Bouffard, du Petit Matane, Québec, Canada, a épousé **un membre de la famille Durette :**

Auguste Bouffard est devenu le mari de Cordélie Durette en 1882, Epiphane Durette celui de Lumina Bouffard en 1885, Elzéar Bouffard celui de Cécile Durette en 1887, Horace Bouffard celui d'Azilda Durette en 1896, Napoléon Bouffard celui de Léontine Durette en 1898 et Luc Bouffard a épousé Adèle Durette en 1901.

Le plus de mariages, à la même date dans la même famille

Le 14 juin 1922, M. et Mme Bodin se mariaient à Faye-la-Vineuse. **Le 14 juin 1947,** soit 25 ans plus tard, leur fille se mariait à son tour. Encore 25 ans plus tard, **le 14 juin 1972,** leur petit-fils se mariait lui aussi. Ce jour-là, Gérard Savois célébrait son propre mariage, les noces d'argent de ses parents et les noces d'or de ses grands-parents.

Les mariés les plus âgés

Dyura Avramovich, à **101 ans,** a épousé en novembre 1963, à Belgrade, Yougoslavie, Yula Zhivich qui confessait alors **95 ans.**

Le plus long

Sir Temulji Bhicaji Nariman et lady Nariman sont restés mariés **87 ans** de 1853 à 1940. Les deux cousins avaient été mariés à l'âge de 5 ans. Sir Temulji mourut en 1940, à Bombay, à 91 ans et 11 mois.

Le 7 mai 1962, Edd (105 ans) et Margaret (99 ans) Hollen ont célébré leur 83e anniversaire de mariage. Ce fut le mariage le plus long dans un pays occidental.

En France

M. et Mme Lebaut ont célébré leur **77e anniversaire de mariage** le 13 février 1982. Jeanne Lebaut (née Drouelle) maintenant âgée de 95 ans avait épousé Clément Lebaut (99 ans) le 13 février 1905 à Auxonne (Côte-d'Or).

Noces d'or

Les triplées Lucilla (Mme Vogel), Marie (Mme McNamara) et Alma (Mme Prom) Pufpaff, ont célébré **toutes trois leurs 50 ans de mariage** le 12 avril 1982.

Mariage groupé

Le 14 octobre 1982, 5 836 adhérents de la secte Moon se sont mariés à Madison Square, New York, U.S.A.

Une seule et même cérémonie pour 5 836 mariés.

Les époux le plus souvent mariés
Jack et Edna Moran (U.S.A.) se sont juré assistance et fidélité **40 fois** depuis le jour de leur premier mariage en 1937. Ils ont parcouru le monde entier pour resserrer les liens sacrés du mariage, selon les rites et coutumes des pays traversés.

Fiançailles
Octavio Guillen, 82 ans, et Adriana Mattinez, 82 ans, de Mexico sont restés **fiancés 67 ans.**
Ils ont finalement pris leur courage à 4 mains et ils ont franchi les portes de la mairie, en juin 1969.

Garçon d'honneur
M. Wally Gerat, Grande-Bretagne, a été **50 fois** garçon d'honneur, de 1931 à 1964.

Message à la mer
Un message adressé par le soldat Fred Murry à sa fiancée Millie en 1916 a été découvert **66 ans plus tard,** en août 1982, en Australie.

Morse
Le record de rapidité pour capter un message en morse est **75,2 mots/mn,** soit plus de 17 symboles/s, par Ted McElroy, U.S.A., le 2 juillet 1939.

Montagne russe
Jim King est resté **368 h** sur une montagne russe, au Miracle Strip Amusement Park de Panama City, Floride, U.S.A. Il a parcouru **16 780 km,** à plus de 40 km/h de moyenne.

Moustache
La moustache du brahmane Mazuriya Din, né en 1908, mesurait **2,59 m** entre 1949 et 1962.
En février 1979, Karna Rava Bhell (né en 1928), emprisonné à vie, a obtenu l'autorisation du directeur de la prison de New Delhi, Inde, de continuer à laisser pousser sa moustache qui avait déjà atteint 2,38 m depuis 1949.

Œuf de Pâques
Siegfried Berndt, G.-B., a réalisé un œuf de Pâques de **3 m de haut.**

Œuf *chute* (voir aussi à *Lancers*)
David S. Doroghue et John Carteright ont lancé d'un hélicoptère à **182 m d'altitude** un œuf cru, le 8 février 1974, sur un terrain de golf à Tokyo, Japon. L'œuf est resté intact.

Course
Chris Reggio, de San Francisco, U.S.A., a parcouru **46 km en 4 h 34 mn** en tenant un œuf frais dans une cuillère à dessert.

Ongles
L'ongle le plus long que l'on ait jamais mesuré atteignait 64,7 cm. Il a poussé pendant 13 ans au bout d'un des doigts de Romesh Sharma de New Delhi (Inde), et a été mesuré le 15 février 1979.
Le 22 novembre 1981, on mesura les ongles de Shridhar Chillal, Indien de Poona, de 44 ans. Le total des 5 ongles de sa main gauche était de 2,75 m. Le pouce seul mesurait **69,5 cm.**
Il ne s'est pas coupé les ongles depuis 1952.

Parole
Kapilo Kumarasinghe, 16 ans, de Colombo, Sri Lanka, a **parlé pendant 159 h.**

Passager clandestin
Soccaras Ramirez s'est évadé de Cuba, le 4 juin 1969, en se glissant à l'intérieur de l'aile non pressurisée d'un Douglas DC8.
Il a ainsi parcouru 9 010 km, de La Havane à Madrid. Il survécut à ce voyage de **8 h à 9 145 m d'altitude.** La température descendit jusqu'à – 22 °C.

Pédalo
Mick Sigrist et Brad Rud ont descendu le Mississippi jusqu'au golfe du Mexique, soit **3 582 km en 103 jours.**

Pelote
Les plus grosses pelotes de ficelle sont deux pelotes de **3,35 m de diamètre et 5 t,** réalisées l'une par Francis Johnson, de Darwin, U.S.A., depuis 1950, et l'autre par Frank Stoeber, U.S.A., depuis 1962 (au moins).

Petit pois
Alain Flamand a soufflé sur un petit pois sur **1 510 m** en 2 h 48 s.

Pièces
Ben di Marco, 25 ans, a réussi à rattraper de la main droite **83 pièces** lancées avec l'avant-bras.

Pièces empilées
Bruce McConachy, Canada, a empilé **175 pièces** les unes sur les autres le 14 septembre 1982.

Plein air
Le fakir indien Mastram Bapu est resté au même endroit au bord d'une route **pendant 22 ans,** de 1960 à 1982.

Poignées de main
Jean-Claude Antoin a donné **15 162 poignées de main en 9 h** le 30 octobre 1981.

Le président des États-Unis, Théodore Roosevelt (1859-1919), avait serré la main à 8 513 personnes venues lui présenter leurs vœux de 1er janvier 1907. Ce record avait été établi « par hasard », pas pour entrer dans le *Livre Guinness des Records.*

Porteurs de sacs de charbon
Durée
Joseph Matthews, Nouvelle-Zélande, a porté un sac de charbon ouvert de 50 kg **pendant 7 h 52 mn,** le 21 novembre 1982.

Vitesse
Chaque année se déroule à Jawthorpe, G.-B., une course de porteurs de sacs de charbon, **sur 1 000 m.** Le record est de **4 mn 19 s,** établi par Terry Lyons, 36 ans, le 16 avril 1979 (environ 15 km/h).

Porteur de pneus
Gary Windebank a porté 80 pneus sans appui, soit un poids total de **536,14 kg,** le 27 septembre 1980, à Bayeux (Calvados). Les pneus étaient des Michelin XZX 155 X 13.

Poupée
L'association de la ville de Combronde, Vienne, a réalisé une poupée de **13 m de haut et 360 kg,** présentée par Jacques Martin à l'émission *Incroyable mais Vrai.*

Punching-ball
Kumar Anadan, de Colombo, Sri Lanka, a tapé dans un punching-ball **pendant 136 h 28 mn,** du 26 décembre 1979 au 1er janvier 1980.

Raquette
Jean-François Fasel de Cormondièche, Suisse, a fabriqué une raquette de tennis de **5,70 m de long, 2,04 m de large,** qui pèse **150 kg.** Il a fallu 79,60 m de boyau.

Recherche *la plus longue*
Walter Zillwood (né à Londres en 1900) a retrouvé sa sœur Eleanor (née en 1887) après **79 ans** de recherches menées par l'Armée du Salut.

Repassage
Mme Maasen (Australie) a repassé **pendant 89 h 32 mn,** le 9 mars 1973, sans arrêt. Elle était alimentée fer en main.

Reptation
(Progression en maintenant toujours un genou en contact avec le sol.)

Rod Mahon et Ken Mac Kenzie, G.-B., ont rampé sur **42,64 km** le 18 janvier 1982.

Rivetage
Le champion des riveteurs est Elie Bolduc qui en 1943 a posé **3 521 rivets en 8 h 30.**

Rocking-chair
Mme Maureen Weston a passé **432 h** dans un rocking-chair, du 14 avril au 2 mai 1977.

Ronde magique
10 323 employés de Missan Motors, à Tokyo, Japon, se sont assis en rond sur les genoux les uns des autres et sans chaise, le 23 octobre 1982.

Saut de billard
Joe Darby (1861-1937) a sauté à pieds joints au-dessus d'un billard de **3,65 m de long,** le 5 février 1892. Il avait pris le départ sur un billot de 10 cm de haut.

Saut de canal
Catharinus Hoeckstra, Pays-Bas, a franchi avec une perche un canal de **18 m de large,** en 1979.

Saut de grenouille
14 étudiants du New Hampshire, U.S.A., ont parcouru **889 km** en sautillant à la façon des grenouilles, en 148 h, du 4 au 10 juin 1978.

Sermon
Le plus long sermon connu à ce jour a été fait par le révérend Donald Thomas, de Brooklyn, New York, U.S.A., du 18 au 22 septembre 1978, **pendant 93 h.**

Du 31 mai au 10 juin 1969, le 14e Dalaï-Lama (né le 6 juillet 1933), dirigeant exilé du Tibet, fit un sermon sur le bouddhisme tantrique, pendant 5 à 7 h par jours, en tout 60 h, en Inde.

Skis
Bernard Walger et Jean-Pierre Votion de Montfaucon, Saône, ont fabriqué des skis de **32 m** de long.

Il était une fois une raquette de tennis de 150 kg...

Reptation sur 42,64 km pour Rod Mahon et Ken Mc Kenzie.

Skis à roulettes

Gilles Marguet de Montbenoit, Doubs, a parcouru **521 km sur route** en 43 h 30 mn, du 13 au 17 novembre 1982.

Sous-bocks

Léopold Vasseur, de Bruxelles, Belgique, a tenu entre les dents une **pile de 70 sous-bocks** en carton, d'une épaisseur de 91 mm, en juillet 1975.

Collection

Léo Pisker, de Vienne, Autriche, possède **95 000 sous-bocks** de 147 pays.

95 000 sous-bocks de 147 pays : une jolie collection.

Soutiens-gorge

Mmes Bardot, Malet et Mineau d'Orléans, Loiret, ont confectionné le plus grand soutien-gorge **(390 cm)** et le plus petit **(15 cm)** qu'elles ont présentés à l'émission *Incroyable mais Vrai* d'A2.

Station debout

Pour accomplir la pénitence du « Tapasya », Swmi Maujgiri Maharij est resté debout pendant **plus de 17 ans,** de 1955 à 1973, à Shahjahanpur (Inde). Pour dormir, il s'adossait à une planche. Voilà enfin un record qui tient debout !

Stylite

Aucun record moderne n'est comparable à celui de Siméon le Jeune (521-597), dit le Stylite (du grec *Stylos* = pilier), un moine qui passa les 45 dernières années de sa vie sur une colonne de pierre, sur la colline des Merveilles, près d'Antioche, en Syrie. C'est probablement le record de ce genre le plus ancien. Comme il n'y a pas de règles internationales, le « mode de vie » sur une colonne varie beaucoup.

Le record d'occupation est de **399 jours** ; il a été établi par Frank Perkins, du 1er juin 1975 au 4 juillet 1976, dans une cahute de 2,43 m sur 2,43 m, au sommet d'un poteau télégraphique, à San Jose, Californie, U.S.A.

Tatouages

Walter Stiglitz de Manville, U.S.A., porte 5 420 dessins distincts.

Wilfred Hardy, G.-B., **tatoué à 96 %,** porte aussi des tatouages à l'intérieur des joues, sur la langue, les gencives et les paupières.

Tractions

Christian Paolini de Les Ralus, Vaucluse, a effectué le 23 janvier 1982, lors de l'émission *Incroyable mais Vrai,* **414 tractions au sol en 15 mn.**

Trapèze

Little Chris est resté **pendant 50 h 27 mn** sur un trapèze, du 7 au 9 mai 1981.

Du muscle et de la ténacité pour Little Chris.

Tresse d'oignons
L'Association des commerçants du Grand-St-Jean et Pichard, Suisse, a confectionné une tresse d'oignons de **35,39 m de long.**

Tricot
La tricoteuse la plus acharnée est Mme Gwen Matthewman, G.-B., qui a tricoté en 1979 915 vêtements, avec 312 kg de laine, soit l'équivalent de 89 toisons de mouton.
Elle a été chronométrée à **111 points/mn** le 29 septembre 1980.

Le seul professeur de tricot du monde est un Japonais, qui a filmé la technique de la championne.

Vêtements
Guy Contu, de Grenoble, Isère, au cours de l'émission *Incroyable mais Vrai*, s'était habillé de vêtements superposés, représentant un poids total de 32 kg.

Vitres
Nicholas Woolman, G.-B., a lavé 3 vitres de 1 × 1,15 m soit **3,45 m² en 24 s,** le 29 avril 1980.

Violonistes
Otto Funk, âgé de 62 ans, parcourut à pied les **6 702 km** de New York à San Francisco tout **en jouant de son violon** Hopf tout le long de ce parcours. Il arriva le 6 juin 1929, après une marche de 183 jours.

Mark Gottlieb est le seul violoniste capable de jouer du violon sous l'eau.
En mars 1975, immergé dans la piscine du State College (Collège fédéral) d'Olympia, Washington (U.S.A.), il y a interprété l'œuvre de Haendel ***Water music.*** Il poursuit ses recherches concernant la vitesse de l'archet et le « détaché ».

Carrière
Rolland Tapley, violoniste de l'orchestre symphonique de Boston (U.S.A.), est parti à la retraite après **58 années de carrière,** de février 1920 au 27 août 1978.

Voiture à cheval
Dick Sparrow, U.S.A., avait pour habitude, de l'année 1972 à 1977, de conduire une voiture tirée par **48 chevaux.** Le premier cheval était situé à 41 m en avant.

Yoyo
John Winslow a joué au yoyo **pendant 120 h** sans s'arrêter.

Le plus lourd
Le Dr Tom Kuhn a fabriqué un yoyo de **116 kg** qui a fonctionné à partir d'une grue de 52 m de haut, le 13 octobre 1979 à San Francisco, U.S.A.

Lourd de 116 kg, ce gigantesque yoyo a pu fonctionner grâce à une grue de 52 m de haut.

LE LIVRE GUINNESS DES RECORDS

13

EXPLOITS

ACROBATIE, RECORDS DE CIRQUE

Les records indiqués ci-dessous sont les acrobaties les plus difficiles réalisées en public. Lorsqu'elles sont précédées d'un astérisque, elles n'ont été réussies que par les artistes cités.

TRAPÈZE VOLANT	Premier	Jules Léotard, France	Cirque Napoléon, Paris	12 nov. 1859
	Double saut arrière périlleux	Eddie Silbon	Hippodrome de Paris	1879
	Triple saut arrière périlleux (féminin)	Lena Jordan à Lew Jordan, U.S.A.	Sydney, Australie	av. 1897
	(masculin)	Ernest Clarke à Charles Clarke, G.-B.	Publiones Circus, Cuba	1909
	Triple saut arrière et demi périlleux	Tony Steele à Lee Marilees	Durango, Mexique	30 sept. 1962
	Quadruple saut arrière périlleux (en exercice)	*Ernest Clarke à Charles Clarke	Orrin Bros. Circus, Mexique	1915
	Double passe avec saut arrière périlleux	Buster et Anne Melzora avec Paul Garee	Labrobe, Pennsylvanie, U.S.A.	1935
	Triple saut arrière périlleux avec 1/2 vrille	Terry Cavarette Lemus U.S.A., 16 ans	Circus Circus, Las Vegas, U.S.A.	16 mars 1969
	Equilibre tête sur tête sur trapèze, sans appui (en mouvement)	*Ed et Ira Millette	Europe et U.S.A.	1910-1920
	Tournoiement tête en bas	306, Denise La Grassa, U.S.A.	Circus World Museum	9 mai 1976
	Performance sur le plus haut trapèze	Ryan Kelly, U.S.A.	Cochon pendu d'hélicoptère	1978
	Maintien par un seul talon (en mouvement)	Angella Revelle	Australie	1977
VOLTIGE A CHEVAL	A terre – à cheval	*26 par Poodles Hanneford	New York	1915
	Colonne de 3 sans harnais de sécurité	*Willie, Beby et René Fredianis	Nouveau Cirque de Paris	1906
	Double saut arrière périlleux	John ou Charles Clarke	Divers spectacles	1905
	Double saut arrière périlleux du haut d'une colonne de 2, réception sur un cheval attelé, avec harnais de sécurité	Alexandre Sergeï	Cirque de Moscou	1956
BARRES FIXES	Passage de la 1re à la 3e barre avec double saut arrière périlleux	Phil Shevette et Andres	Atayde Woods Gymnasium, New York et tournées en Europe	1925-27
	Triple saut arrière périlleux et réception au sol (masculin)	Phil Shevette	Folies Bergères, Paris	mai 1896
TREMPLIN	Septuple saut arrière périlleux vrillé (féminin)	les jumelles Loretto Marco Canestrelli, U.S.A.	Los Angeles, U.S.A. Floride, U.S.A.	1914 5 janv. 1979
TREMPLIN GÉANT	Course en avant et triple saut arrière périlleux	John Cornish, U.S.A.	Saint-Louis, Missouri, U.S.A.	1874
JONGLERIE HUMAINE	Saut arrière périlleux pied-pied	Richard Carlisle et son fils U.S.A.	Théâtre royal d'Edimbourg, G.-B.	fév. 1844
	Triple saut arrière périlleux, siège-siège	Les 5 Draytons		1896
CATAPULTE	Quadruple saut arrière périlleux, réception sur une chaise	Sylvester Mezzetti à Butch Mezzetti	Hippodrome de New York	1915-17
	Colonne de 5, le dernier faisant un saut périlleux	Yacopi-Goucho : 3 surmontés de 3, puis de 1 et 1 et 1 voltigeur	Cirque Barnum	1941
	Pyramide de 6	Emilia Ivanova, Bulg. troupe Kehainovi	Inglewood, Cal, U.S.A.	21 juil. 1976
ACROBATIE AÉRIENNE	Balancement par un bras à 12 m, sans filet	305 balancements Janet May, U.S.A.	Medina Shrine Circus Chicago	21 janv. 1936
FUNAMBULE	Jonglerie bras et pieds : 16 cerceaux	Ala Naito, Jap. (féminin)	Madison Square Gardens, New York	1937
	2 m : saut avant périlleux, pied-pied	Con Colleano Ala Naito (féminin)	Empire Theatre, Johannesburg, Madison Square Gardens	1923 1937
	12 m : colonne de 4, avec harnais	*les Solokhin, U.R.S.S.	Cirque de Moscou	1962
	Pyramide de 7, à trois niveaux	les Wallendas, All.	U.S.A.	1961
ACROBATIES AU SOL	Double saut arrière périlleux sur place	François Gouleau, Fra.		1905
PERCHE SOUPLE	Double saut périlleux vrillé, perche de 5 cm de diamètre	Les Robertos		
PYRAMIDE HUMAINE	13 (3 niveaux) sur 1 porteur	Tahar Davis, des Hassani	T.V. britannique	17 déc. 1979

BOMBES

Désamorçage

Werner Stephan, de 1945 à 1957, a désamorcé 8 000 bombes à Berlin-Ouest, Allemagne.
Il a été tué par l'explosion d'une grenade, le 17 août 1957.

BOOMERANG

On a découvert dans le tombeau de Toutankhamon (XIVe siècle av. J.-C.) des morceaux de bois recourbés qui servaient à la chasse.

Le règlement international a été établi en 1970.

Le record de distance (avant retour) est de 111 m de diamètre par Bob Burwell, aux championnats du monde 1981.
Le record non officiel est **114,7 m** par Peter Rulf, U.S.A., le 28 juin 1982 en Australie.
Le 27 septembre 1981, Adrivan der Berg, Pays-Bas, a maintenu son boomerang **dans l'air pendant 29,9 s** à Bièvres, Essonne.

Le plus petit

M. Degiral de Ceyzeriat, Ain, a réalisé un boomerang de 48,8 mm et 0,28 g qui fonctionne parfaitement, propulsé par un dispositif spécial.

CHASSE

La chasse existe depuis toujours. Il s'est formé des fédérations nationales de chasseurs dans de nombreux pays et, depuis 50 ans, a été fondé le Conseil international de la chasse et de la conservation du gibier, le C.I.C., dont le siège est à Paris 75008, 15, rue de Téhéran.

Il y a dans le monde plusieurs dizaines de millions de chasseurs officiellement recensés.
Il n'existe pas de record pour le gibier européen, faisans, lièvres, perdrix, etc.
Les records quantitatifs, étant contraires à l'esprit de la chasse, ne sont pas homologables.

Nombre de chasseurs

Le pays qui a, pour chaque chasseur, la plus grande superficie de chasse est la Norvège, avec 410 ha par « permis de chasse ».

La France, avec ses 2,250 millions de chasseurs, n'offre que 26 ha.

Chasse à courre

La plus ancienne meute française encore existante (il en reste 15) est celle de l'équipage Champchevrier, qui chasse depuis 1815.

Chasse la plus longue

Squire Sandys a suivi un renard pendant 6 h sur 130 km. C'était en 1743, en Angleterre.

Records de gibier africain *(tirés de Rowland Ward's Records of Big Game)*

Éléphant

Hauteur à l'épaule : 3,55 m (Angola, M. Nielsen, 1974).
Longueur du bout de la trompe à l'extrémité de la queue : 10,11 m (U.S. National Museum, Angola, 1955).
Défense la plus lourde : 102,300 kg (Kenya, British Museum).
Défense la plus longue : 3,48 m (Kenya, Bronx Zoo).
Période de gestation : 22 mois. *Poids* : 7 t.

Rhinocéros

Corne la plus longue : 1,58 m (Afrique du Sud, Sir Gordon-Cumming).

Lion

Longueur de corps (bout du nez à l'extrémité de la queue) : 3,35 m (Angola, 1973, M. G. Gladney).

Buffle caffre

Plus grand écartement des cornes : 1,51 m (1972, M.P.L. Dentz).

Animaux chasseurs les plus rapides

– Vitesse de pointe sur 200 m : le guépard, 101 km/h.
– Fondant sur sa proie en piqué : le faucon pèlerin, 132 km/h.

Trophées *les plus beaux*

Le plus beau trophée du monde est une tête de cerf 23 cors, qui fait partie de la collection Maritzburg, en Allemagne de l'Est.
D'une envergure de 191 cm, ce trophée mesure 120 cm de long et pèse 18,824 kg.

Les plus beaux bois qu'on ait vus sont sans doute ceux d'un cerf – un 33 cors (plutôt 29) – abattu en 1696 par l'Électeur de Brandebourg Frédéric III (1657-1713), le futur Frédéric Ier de Prusse.

Tableaux de chasse *les plus beaux*

Le plus gros animal jamais abattu par un chasseur est un éléphant mâle africain *(Loxodonta africana africana)*, tué par E.-M. Nielsen, de Columbus (Nebraska, U.S.A.), à 40 km au nord-est de Mucusso, Angola, le 7 novembre 1974.
En novembre 1965, un fermier kenyan de 28 ans et du nom de Simon Fletcher aurait tué deux éléphants avec une seule balle de 0,458.
Le 2e marquis de Ripon (1852-1923) aurait tué dans sa vie 556 000 oiseaux, dont 241 000 faisans, et lui-même est mort en chassant la grouse après avoir tué son 52e oiseau, le 22 septembre 1923.

CHUTES

Vitesse limite

On estime que le corps humain atteint 99 % de sa vitesse limite au bout de 13 à 14 s., soit une vitesse de 188 à 201 km/h par pression atmosphérique normale. La tête en bas, la vitesse peut atteindre 298 km/h.

Chute *la plus importante*

La chute la plus importante à laquelle une personne ait survécu – sans parachute – est de **10 160 m** lorsque Vesna Vulovic, 23 ans, hôtesse de l'air, est tombée de la queue du DC9 qui explosa au-dessus de Ceska Kamenice, le 26 janvier 1972.

Pont

Le 8 mai 1885, Sarah Henley, 24 ans, a sauté du pont de Clifton (Grande-Bretagne). Elle fit une chute de 76 m, quelque peu amortie par l'ampleur de sa robe qui faisait parachute. Elle atterrit sur la berge, légèrement commotionnée.

Le 11 février 1968, Jeffrey Kramer, 24 ans, sauta du Washington Bridge, à 76 m au-dessus de l'Hudson, à New York (U.S.A.). Il survécut à la chute.

De 1937 à 1980, 696 personnes ont tenté de se suicider en sautant du Golden Gate à San Francisco, U.S.A. – seulement 12 d'entre elles ont survécu.

COLOMBOPHILIE

Origines

La course de pigeons dérive de l'utilisation des pigeons voyageurs pour transporter des messages – aptitude déjà utilisée aux Jeux Olympiques de l'Antiquité (776 av. J.-C. – 393 après J.-C.). Ce sport est originaire de Belgique.

La première course sur longue distance a eu lieu de Londres à Anvers en 1819, avec 32 pigeons.

Les 500 miles (804 km) en un jour ont été atteints pour la première fois par *Motor* (appartenant à G.P. Pointer de l'Alexander Palace Racing Pigeon Course), lâché à Thurso, en Écosse, le 30 juin 1896 et qui couvrit 806 km à la moyenne de 1329 m/mn (79,6 km/h).

Vol le plus long

Le vol le plus long jamais réalisé par un pigeon a été effectué par un sujet appartenant au 1er duc de Wellington (1769-1852). Lâché d'un bateau naviguant au large des îles Ichabo (Afrique occidentale) le 8 avril, il est tombé mort à 1 mile de son colombier, à Nine Elms, Wandsworth, Londres, le 1er juin 1845, soit 55 jours plus tard, après avoir parcouru peut-être 8 700 km et sans doute 11 250 km pour éviter le Sahara.

Kilomètres totalisés

Concord, appartenant à Gerry Holten, de Taupiri en Nouvelle-Zélande, totalise un record de 24 193 km en vols de compétition.

Vitesse

Sans vent et en vol horizontal, un pigeon peut difficilement dépasser 96 km/h. Mais la moyenne la plus élevée enregistrée en compétition est de 2 952 m/mn (117,14 km/h) lors de la course de l'East Anglian Federation, partie d'East Croydon le 8 mai 1965 et où les 1 428 pigeons engagés ont été aidés par un fort vent sud-sud-ouest.

La moyenne la plus élevée enregistrée sur une distance de plus de 1 000 km est 2 224,5 m/mn (133,46 km/h), réalisée par une femelle lors de la course du Central Cumberland Combine, couvrant 1 099,316 km, de Murray Bridge au sud de l'Australie à North Ryde, Sydney, le 2 octobre 1971.

Records sur 24 heures

Le vainqueur de la course du San Antonio R.C. (Texas, U.S.A.) de 1941, appartenant à E.S. Petersen, a couvert 1 292 km en 24 h à la moyenne de 1 394 m/mn.

Vitesse la plus basse

Blue Clip, appartenant à Harols Hart, et lâché à Rennes en France, est arrivé à son pigeonnier à Leigh, près de Manchester, le 29 septembre 1974, c'est-à-dire 7 ans et 2 mois plus tard.

Il avait couvert la distance de 595 km à la moyenne de 0,00948 km/h, moins vite que le plus rapide des escargots.

Premier prix

Champion Breakway, appartenant à R. Green, de Walsall Wood (West Midlands), a remporté un record de 56 premiers prix, de 1972 à mai 1979.

Pigeon le plus cher

Le prix le plus élevé jamais atteint pour un pigeon se monte à 25 000 $ (100 000 F), payés par un amateur japonais à George Desender (Belgique), en octobre 1978, pour *De Wittslager*.

COURSES DE CHEVAUX

Origines

L'équitation tenait déjà une place importante dans la civilisation hittite, en Anatolie (Turquie), en 1400 av. J.-C., et les 33e Jeux Olympiques de la Grèce antique (648 av. J.-C.) comportaient des courses de chevaux.

La première course recensée en Angleterre a eu lieu vers l'an 210, à Netherby, dans le nord du Yorkshire, avec des chevaux arabes importés par l'empereur romain Lucius Septime Sévère (146-211).

Les courses apparaissent en France vers 1350, en Bourgogne, à l'occasion des foires.

Les premières épreuves organisées, avec paris, apparaissent vers 1700.

La Société d'encouragement pour l'amélioration des races de chevaux en France et le Jockey Club de France sont créés en 1833.

Le Jockey Club avait été créé en 1750, mais c'est le Charleston Jockey Club (Virginie, U.S.A.), fondé en 1734, qui est le plus ancien.

Le General Stud Book a été ouvert en 1791 et le port de casaques de couleurs différentes (en soie) est devenu obligatoire en 1889.

Champ de courses *le plus grand*

Le plus grand champ de courses du monde est à Newmarket (G.-B.). Il comprend à la fois la Rowley Mile Course et la July Course, dont les tribunes d'honneur respectives se trouvent à 1 600 m l'une de l'autre, mais qui comportent un tronçon commun. La Beacon Course, qui faisait 6 800 m de long, n'en fait plus que 4 000. La Rowley Mile Course mesure 53 m de large. Cette piste, dépourvue de barrières sur presque toute sa longueur, est située au milieu de Newmarket Heath, qui couvre environ 1 200 ha et se trouve être le plus grand champ d'entraînement tout en pelouse du monde.

La plus vaste tribune d'honneur du monde a été inaugurée en 1968 à Belmont Park (Long Island, NY, U.S.A.) et a coûté environ 128 000 000 F. Elle mesure 33 m de haut et 402 m de long et contient 908 guichets et 30 000 places.

Prix *les plus élevés*

La course dotée de la plus grosse allocation est l'All-American Futurity, réservée aux spécialistes des petites distances et qui se court sur 402 m (366 m avant 1973), à Ruidoso Downs (Nouveau-Mexique, U.S.A.). Les prix y ont dépassé les 2 000 000 F en 1982. Le gagnant Mr Masterburg empocha 1 million de $.

Les premiers prix les plus élevés jamais remportés par un seul cheval se montent à 437 500 $ au profit de *Moon Lark* et *Pie in the Sky*.

Course *la plus longue*

La course la plus longue recensée s'est déroulée au Portugal sur 1 925 km et a été remportée par *Emir*, un pur-sang arabe originaire d'Égypte.

Le détenteur du record de vitesse sur longue distance est *Champion Crabbet*, qui a couvert 482 km en 52 h 33 mn, en 1920, avec une charge de 111,130 kg.

Partants *les plus nombreux*

Le plus grand nombre de chevaux au départ d'une course a été de 66 au Grand National qui a eu lieu le 22 mars 1929.

Le record en course de plat est de 58 au Handicap du Lincolnshire du 13 mars 1948.

Le plus grand nombre de chevaux au départ en une seule réunion hippique (plat) a été de 214 en 7 courses à Newmarket, le 15 juin 1915, et 229 en 8 courses à Worcester, le 13 janvier 1965.

Ex aequo *le plus grand nombre*

Dans toute l'histoire des courses, on n'a jamais enregistré l'arrivée de cinq chevaux ex aequo. Mais lors de l'Astley Stakes, à Lewes (Sussex), le 6 août 1880, *Mazurka*, *Wandering Nun* et *Scobell* sont arrivés tous les trois premiers ex aequo, suivis à une tête par *Cumberland* et *Thora*, ex aequo à la quatrième place. Chacun des cinq jockeys pensait avoir gagné la course. On ne connaît que trois exemples de quadruple arrivée ex aequo : celle de *Honest Harry, Miss Decoy, A filly by Beningbrough* (rebaptisé par la suite *Young Daffodil*) et *Peteria*, à Bogside le 7 juin 1808, celle de *Defaulter, The Squire of Malton, Reindeer* et *Pulcherrima* dans l'Omnibus Stakes à The Hoo (Hertfordshire), le 26 avril 1851, et celle d'*Overreach, Lady Golightly, Gamester* et *The Unexpected*, lors du Houghton Meeting à Newmarket, le 22 octobre 1855. Depuis l'introduction de la photo-finish, on a encore enregistré à plusieurs reprises l'arrivée de trois chevaux ex aequo.

Chevaux *les meilleurs*

Le cheval possédant le plus beau palmarès est *Kincsem*, une jument hongroise née en 1874 et qui remporta 54 courses de 1876 à 1879, dont la Goodwood Cup de 1878.

Camarero, né en 1941, a remporté ses 56 premières courses du 19 avril 1953 au 17 août 1955. Il est mort d'une colique le 26 août 1956, au lendemain de sa 73e victoire (77 départs).

Cheval *le plus cher*

Le cheval le plus cher est **Conquistador Cielo** par Le Mistral et Northern Dancer, mis en copropriété pour 36,4 millions de $ le 13-8-82, pour rejoindre Clairborne Farm, Lexington, Kentucky, U.S.A. 40 parts de 910 000 $ chacune. Le record britannique est tenu actuellement par **Golder Fleace** à 34 millions de $ en 1982.

Le prix le plus élevé jamais payé pour un yearling se monte à 4 250 000 $ pour un poulain issu du crack *Nijinsky*, Spearfish, acheté aux ventes de Keeneland, Kentucky, U.S.A., le 19 juillet 1982, par Robert Sangster. Ce même propriétaire a réussi l'exploit, en 1982, de remporter les trois grands derbys européens avec deux de ses chevaux, *Golden Fleace* (Derby d'Espom) et *Assert* (Prix du Jockey Club et Derby d'Irlande).

RECORDS DE VITESSE

Distance	Temps	Km/h	Nom	Age	Poids porté en kg	Course	Date
1/4 mile 402 m	20"8	69,62	*Big Racket* (Mexique)	4	51,7	Mexico, Mexique	5 fév. 1945
1/2 mile 804 m	44"4	65,24	*Sonido* (Venezuela)	2	50,3	‡ Caracas, Venezuela	28 juin 1970
			Western Romance (Canada)	3	52,6	Stampede Park, Calgary, Alberta Canada	19 avril 1980
5/8 mile 1005 m	53"6 +	67,56	*Indigenous* (G.-B.)	4	59,4	‡ * Epsom, Surrey	2 juin 1960
	53"89 + +	67,19	*Raffingora* (G.-B.)	5	63,5	‡ * Epsom, Surrey	5 juin 1970
	55"4	65,36	*Zip pocket* (U.S.A.)	3	55,3	Turf Paradise, Phoenix, Arizona, U.S.A.	22 avril 1967
			Big Volume (U.S.A.)	4	54,4	Fresno California, U.S.A.	15 oct. 1977
3/4 mile 1207 m	1'06"2	65,62	*Gelding by Blink-Broken Tendril* (G.-B.)	2	55,7	* Brighton, East Sussex	6 août 1929
	1'07"2	64,66	*Grey Papa* (U.S.A.)	6	50,8	Longacres, Seattle, Washington, U.S.A.	4 sept. 1972
1 mile 1609 m	1'31"8	63,10	*Soueida* (G.-B.)	4	57,1	* Brighton, East Sussex	19 sept. 1963
	1'31"8		*Loose Cover* (G.-B.)	3	49,8	* Brighton, East Sussex	9 juin 1966
	1'32"2	62,82	*Dr. Fager* (U.S.A.)	4	60,7	Arlington, Illinois, U.S.A.	24 août 1968
1 1/4 mile 2011 m	1'57"4	61,68	*Double Discount* (U.S.A.)	4	52,6	Santa Anita, Arcadia, Californie, U.S.A.	6 oct. 1977
1 1/2 mile 2413 m	2'23"	60,76	*Fiddle Isle* (U.S.A.)	5	56,2	Santa Anita, Arcadia, Californie, U.S.A.	21 mars 1970
			John Henry (U.S.A.)	5	57,1	Santa Anita, Arcadia, Californie, U.S.A.	16 mars 1980
2 miles** 3218 m	3'15"	59,43	*Polazel* (G.-B.)	3	64,4	Salisbury, Wiltshire	8 juillet 1924
2 1/2 miles	4'14"6	56,90	*Miss Grillo* (U.S.A.)	6	53,5	Pimlico, Baltimore, Maryland, U.S.A.	12 nov. 1948
3 miles	5'15"	55,18	*Farragut* (Mexique)	5	51,2	Aguascalientes, Mexique	9 mars 1941

* Les parcours de Brighton et Epsom comportent une grande descente de 400 m.
** Il existe un record moderne plus sûr de 3'16"75 réalisé par *Il Tempo* (N.-Z.), 7 ans, 58,9 kg, à Trentham, Wellington, Nouvelle-Zélande, le 17 janvier 1970.
\+ Au chronomètre manuel ++ Au chronomètre électrique ‡ Courses en ligne droite.

Gains *les plus importants*

La plus grosse somme jamais gagnée par un cheval est 3 371 610 $ par *John Henry* (né en 1975), de 1977 à juin 1982.

La jument ayant gagné le plus d'argent est *Dahlia* (née en 1970), avec 1 535 443 $ accumulés entre 1972 et 1976.

C'est encore *John Henry* qui a gagné le plus d'argent en une seule année, soit 1 798 030 $, en 1981.

Victoires en un jour *le plus grand nombre*

C'est Hubert S. Jones, 17 ans, qui a remporté le plus grand nombre de courses en un jour – 8 sur 13 – à Caliente (Californie, U.S.A.), le 11 juin 1944.
Oscar Baratucci en a fait de même, à Rosario, en Argentine, le 15 décembre 1957.
Dave Gall a égalé cet exploit le 18 octobre 1978 à Saint Louis (Illinois, U.S.A.).

Sir Gordon Richards (né à Oakengates, Salop, le 5 mai 1904) a remporté quant à lui le plus grand nombre de victoires successives, soit 12 en trois jours : une à Nottingham le 3 octobre 1933, six sur six à Chepstow le 4 octobre et les cinq premières le lendemain, à Chepstow.

En 1951 à Auteuil, le jockey Pierre Delfarguiel remporta les 6 courses auxquelles il participait ce jour-là.
Sur le même terrain, Pierre Péraldi faillit surpasser cet exploit : engagé dans les 7 courses que comportait une réunion, il en gagna 6 et ne fut battu qu'en selle sur *Ramo* qui – ironie du sort – était jusqu'alors invaincu.

Jockey *le plus jeune*

Le plus jeune jockey connu fut Frank Wootton (1893-1940), meilleur jockey anglais de 1909 à 1912, qui a remporté sa première victoire en Afrique du Sud à l'âge de 9 ans et 10 mois.

Jockeys *les plus vieux*

Le plus vieux jockey connu fut Levi Barlingame (U.S.A.), qui est monté pour la dernière fois en course à Strafford (Kansas), en 1932, à l'âge de 80 ans.

L'âge le plus avancé recensé pour une première victoire est de 67 ans, âge qu'avait Victor Lawson lors de sa victoire sur *Ocean King* à Warwick, le 16 octobre 1973.

Jockey *le plus léger*

Le jockey le plus léger fut Kitchener (mort en 1872) qui remporta la Chester Cup sur *Red Deer*, en 1844, alors qu'il pesait 22,226 kg. On dit qu'il n'aurait pesé que 15,875 kg en 1840.

Jockey *le meilleur*

Le meilleur jockey de tous les temps est William Lee « Willie » Shoemaker (1,133 kg à sa naissance, le 19 août 1931, près de Fabens, au Texas, U.S.A.), qui pèse actuellement 44 kg et mesure 1,50 m.
De mars 1949 au 6 juin 1982, sur 35 369 courses, il a remporté 8 136 victoires et gagné 87 951 800 $.

Le plus grand nombre de victoires obtenues en un an est de 546, sur un record de 2 199 montes effectuées en 1974 par l'Américain Chris McCarron (né en 1955).
Le meilleur jockey français est Yves Saint-Martin. Dans sa meilleure année, 1964, il a remporté 184 victoires et au 31 décembre 1982 sa 14e Cravache d'Or (titre qui désigne en France le meilleur jockey de l'année).

Jockey *le mieux payé*

L'Américain Argel Corden Jr (né en 1955) est le jockey qui a gagné le plus d'argent en une seule année : plus de 8 millions de $ en 1982.

Chutes *le plus grand nombre dans la même épreuve*

Le jockey Patrick Biancone participa 9 fois au Grand Cross de Pau ; il y fut particulièrement malchanceux puisqu'il tomba 8 fois et ce ne fut qu'à sa dernière participation qu'il termina l'épreuve, cinquième... mais à cheval !

Entraîneurs *les mieux payés*

L'Américain Jack Van Berg a remporté 494 victoires en un an en 1976, et c'est l'Américain Charles Whittingham qui a remporté les prix les plus élevés en une seule saison : 3 953 906 $ en 1981.

En France

François Mathet a gagné la somme record de 10 850 000 F, en 1977.

Propriétaires *les mieux payés*

Dan R. Lasater (U.S.A.) a remporté 494 victoires et gagné 3 022 960 $ en 1974 – deux chiffres records en un an.
Daniel Wildenstein a gagné 9 313 215 F en 1974.
C'est l'Aga Khan qui a obtenu le plus grand nombre de victoires : 78 au total.

Le Derby d'Epsom *les victoires françaises*

La plus célèbre des cinq grandes courses anglaises est le Derby d'Epsom, inauguré le 4 mai 1780 et baptisé du nom du 12e comte de Derby (1752-1834). De 1 600 m de longueur, il est passé à 2 414 m en 1784. Il s'est toujours couru à Epsom, Surrey, à l'exception des années de guerre où il a eu lieu à Newmarket. Depuis 1884, il est réservé aux trois ans chargés, de 57 kg pour les chevaux et 54,884 kg pour les juments. Les hongres ont été acceptés jusqu'en 1904.
Le premier cheval français a avoir gagné le Derby d'Epsom a été *Gladiateur*, en 1865. Il a sa statue à Longchamp. Le dernier est *Seabird*, en 1965, 100 ans plus tard. Trois vainqueurs avaient été cotés à 100 contre 1 : *Jeddah* (1898), *Signorinetta* (1908) et *Aboyeur* (1913).

Le 31 décembre 1982, Yves Saint-Martin recevait sa 14e cravache d'or.

Grand steeple-chase de Paris *le plus de victoires*
Cette épreuve, disputée pour la première fois sur l'hippodrome d'Auteuil portait alors le nom de Grand National de France et se disputait sur 6 000 m.
La « première » eut lieu le 25 mai 1874, avec 18 partants. Il n'en restait que 5 à l'arrivée, dont 4 seulement furent classés : un des concurrents s'était trompé de parcours.
La jument *Hyères III* l'emporta 3 années consécutives (1904, 1905, 1906).
Le jockey Jean Daumas qui la montait, gagna 5 fois cette épreuve (trois fois avec *Hyères III*, puis avec *Xanthor* et *Cousin Pons*).

Prix de l'Arc de Triomphe *le plus de victoires*
Cette course de 2 400 m, qui se court à Longchamp, a été remportée 6 fois par le propriétaire Marcel Boussac, en 1936, 1937, 1942, 1944, 1946, 1949.

COURSES AU TROT

Origines
Il existait déjà des courses de trot à Valkenburg, aux Pays-Bas, en 1554. En Angleterre, le trot était déjà connu au XVIe siècle. Le sulky a fait sa première apparition en course de trot en 1829. Les chevaux ambleurs, contrairement aux trotteurs, lèvent en même temps les deux jambes du même côté.

Driver *le meilleur*
Le meilleur driver de sulky de toute l'histoire du trot attelé en Amérique du Nord est le Québécois Hervé Filion (né le 1er février 1940), qui totalisait 7 956 victoires et 35,9 millions de $ de gains à la fin de 1981. En 1974, il a atteint les chiffres records de 637 victoires en un an pour 3 474 315 $. Il a remporté pour la onzième fois le championnat d'Amérique du Nord, en 1980.
Le record des gains pour une saison est de 4 065 608 $, en 1981, par William O'Donnell.

Trotteur *le plus cher*
Le prix le plus élevé jamais atteint par un trotteur se monte à 3 200 000 $ (1,5 milliard de centimes) payés pour *Green Speed* par le Pine Hollow Stud of New York, de Beverly Lloyds (Floride), en 1977.

Trotteur *le moins cher*
Grandpré, gravement blessé à trois jambes après avoir chuté sur une herse, était destiné à la boucherie.
Pierre-Désiré Allaire décida de le sauver. Il l'acheta 2 500 F, et le soigna patiemment. Il en fut récompensé au-delà de toutes espérances puisque *Grandpré* enleva le prix d'Amérique en 1978, établissant le record absolu de l'épreuve en trottant les 2 600 m sur le pied de 1'16"9, performance égalée seulement, par *Hymour*, le vainqueur du Prix d'Amérique 1982.

Palmarès *le meilleur*
Il est à l'actif de *Bellino II* : trois victoires consécutives dans le Prix d'Amérique (1975, 1976, 1977), trois dans le Prix de Cornulier (1973, 1975, 1976), championnat du monde officieux au trot monté, triplé Prix d'Amérique-Prix de France-Prix de Paris en 1976.

Les gains *les plus gros*
La plus grosse somme engrangée par un trotteur fut longtemps à l'actif de *Bellino II*, qui avait gagné 1 960 943 $ (9 034 075 F) à sa retraite en 1977.
Ce record a été amélioré par un autre trotteur français, *Idéal du Gazeau*, qui a gagné plus de 2 millions et demi de $, à la fin de la saison 1981. Et il continue à arrondir son pactole.

Le record pour les ambleurs appartenait, à la fin de 1979, à *Rambling Willie* (U.S.A.), avec 1 604 307 $. La plus grosse somme gagnée par un cheval attelé en une seule saison se monte à 826 542 $ au bénéfice de *Hot Hitter* (U.S.A.), en 1979. Il s'est retiré en 1980.

Trotteur *le plus rapide*
Lors du Prix de France 1981, à Vincennes, la jument américaine *Classical Way* a parcouru les 2 100 m de l'épreuve sur le pied de 1'14"2 au kilomètre, améliorant de près d'1 s le précédent record.

Au trot monté, discipline plus particulièrement pratiquée à Vincennes, et dont l'épreuve principale est le Prix de Cornulier, c'est *Istraeki* qui détient la meilleure réduction kilométrique : il a trotté 2 275 m sur le pied de 1'17"1, le 15 septembre 1979 dans le Prix des Élites.

Trotteur destiné à la boucherie, Grandpré a été racheté pour 2 500 F.

RECORDS DE VITESSE

TROT				AMBLE		
Mondial (sur piste de 1 mile ou 1609,34 m)	1'54"8	*Nevele Pride* (driver : Stanley Dancer) (U.S.A.), Indianapolis, Indiana	31 août 1969	1'52"	*Steady Star* (driver : Joe O'Brien) (Canada), Lexington, Kentucky	1er octobre 1971
Mondial en course (mile ou 1609 m)	1'55"	*Speedy Somolli* (driver : Howard Beissinger) (U.S.A.), à Du Quoin, Illinois	2 sept. 1978	1'53"	*Abcrombie* (driver : Glen Gansey) (U.S.A.), à E. Rutherford, New Jersey	4 août 1979
	1'55"	*Florida Pro* (driver : George Sholly) (U.S.A.), à Du Quoin, Illinois	2 sept. 1978			

ESCALADE

Un acrobate de 25 ans, Daniel Goodwin, a escaladé le 26 mai 1981, en s'aidant de crochets, de ventouses et de cordes, le plus haut gratte-ciel du monde, la Sears Tower de Chicago (442 m).
Les policiers l'attendaient au sommet.

En France
Jean-Claude Droyer et Pierre Puiseux ont escaladé la face extérieure de la Tour Eiffel le 21 juillet 1980 : 300 m en 2 h 18 mn.

ÉVASION

Le plus grand champion de l'évasion fut Enrich Weiss, *alias* Harry Houdini (1874-1926).
Il réussit à s'évader, sous l'eau, de malles lestées et fermées par des chaînes, les menottes aux mains.
Un fabricant de camisoles de force assure qu'un homme très souple et très adroit peut se défaire d'une camisole en quelques secondes.
Le record est de 1,68 s, temps mis par Bill Shirk, le 19 juin 1979, au centre d'entraînement de la police d'Indianapolis, U.S.A.
Les records d'évasion à des altitudes incroyables, suspendus à un hélicoptère, ne sont plus pris en considération, car les « artistes » cherchaient à impressionner le public par l'altitude de l'exploit et non par la rapidité de l'évasion.
Le dernier record de cette catégorie appartient à Mario Manzine, suspendu par une corde en feu très haut au-dessus de la Snake River, Oregon, U.S.A., le 8 septembre 1974. Une autre spécialité peu recommandable était l'évasion d'un homme muni de menottes, en chute libre. Le summum fut sans doute le record de Clayton Mardoni, qui sauta de 1 065 m et se dégagea à 685 m du sol, à moins de 12 s du point d'impact.

Daniel Goodwin au sommet du World Trade Center.

FRISBEE

Les compétitions de frisbee ont débuté en 1957.
Le record *intérieur hommes* est **110,08 m** par Joseph Yougmen ; *intérieur femmes* **69,9 m** par Suzanne Fields. Ces records ont été établis le 26 avril 1981 à Cedar Falls, Iowa, U.S.A.
Le record *extérieur hommes* est **152,4 m** par Tetsuro Arita, le 4 mai 1980 à Tokyo, Japon ; *extérieur femmes* : **122,3 m** par Liz Reeves, le 4 juin 1980 à Surrey, G.B.
Le record *lancer-courir-attraper* est **82,6 m** par Tom Monroe, le 24 août 1978 à Irvine, Californie, U.S.A.

FUNAMBULES

Altitude
Steve McPeak (né en 1945), U.S.A., a traversé en 181 pas une gorge au-dessus d'un vide de 960 m, le 28 juin 1981.

Le plus haut sur rue
Philippe Petit, de Nemours, a marché sur un fil de 43 m tendu entre les deux tours du World Trade Center à New York, U.S.A., à 411 m de haut, le 7 août 1974. Il effectua 7 traversées en 75 mn, avant d'être arrêté par la police.

Sur un fil à 411 m du sol : Philippe Petit, le funambule le plus haut sur rue.

Pente la plus abrupte
Steve McPeak s'est élevé sur un câble de funiculaire de 46 mm de diamètre et 2 282 m de long avec une pente de 30°, les 24-25 et 28 juin en 3 étapes totalisant 5 h 4 mn.

Le plus âgé
Le funambule le plus âgé fut le « Professeur » Baldwin (1866-1953), qui traversa le South Boulder Canyon, dans le Colorado, U.S.A., sur un fil de 97,50 m, à 38 m de hauteur, le jour de son 82e anniversaire, le 31 juillet 1948.

Le plus grand
Le plus grand funambule du XIXe siècle fut Jean-François Gravelet, *alias* Charles Blondin (1824-1897), France, qui réussit la première traversée des chutes du Niagara sur un fil de 76 mm de diamètre, 335 m de long, à 49 m au-dessus de l'eau, le 30 juin 1859. Il renouvela la traversée avec Harry Colcord sur les épaules. Aussi incroyable que cela puisse paraître, Colcord était son imprésario.

Distance
Henri Rechatain *alias* Henry's, France, né en 1926, a parcouru 3 465 m sur un câble tendu près de Clermont-Ferrand, le 13 juillet 1969, en 3 h 20 mn.

Le 19 mars 1977, Steve McPeak, pieds nus, est grimpé le long du câble de 44 mm qui monte au Pain de Sucre, à Rio, sur une distance de 731 m. Le dénivelé était de 205 m, avec gradient maximal de 25 degrés. Pour conserver son équilibre, il s'aidait d'une perche de 15 m de long et qui pesait 16 kg.

Endurance
Henri Rechatain est resté 185 jours sur un fil de 120 m à 25 m de haut au-dessus du supermarché de Saint-Étienne, du 28 mars au 29 septembre 1973.
Sa capacité à s'endormir sur son fil a laissé tous les médecins perplexes.

Il parcourut pendant l'établissement de ce record quelque 500 km, pour se maintenir en forme.

Saut à la corde
Bryan Andrew a réussi 55 sauts à la corde, sur une corde raide, le 5 mai 1980.

HOMME-CANON

Le record de distance pour un homme-canon est de 53,30 m, record établi par Emmanuel Zacchini au cirque Barnum à New York, en 1940. On estime que sa vitesse de départ était de 87 km/h. Lorsqu'il prit sa retraite, il fut très heureux que sa fille ait le même calibre pour prendre la relève.

Le 17 août 1978, une expérience à la télévision britannique montra que Sue Evans, 17 ans, raccourcissait de 10 mm entre la mise à feu et l'atterrissage.

Lors de l'explosion d'Halifax, le 6 décembre 1917, William Becker fut projeté à 1,5 km.
Il fut retrouvé en vie dans un arbre.

HOMME-GRENOUILLE

Des neiges
Le 8 mai 1981, André Payraud, commerçant à Sallanches (Haute-Savoie), a dévalé le glacier de l'Aiguille des Grands Montets... sur le ventre et en tenue d'homme-grenouille.
Parti à 3 300 m d'altitude, il est descendu jusqu'à 2 200 m, atteignant 70 km/h dans des pentes de 50 %. Cet exploit a été filmé pour l'émission *Incroyable mais Vrai* d'A2.

Le plus haut
André Payraud a nagé dans les torrents de l'Everest à 5 620 m d'altitude.

Henri Rechatain a passé 185 jours et même les nuits sur son fil !

André Payraud dit « Dédé », dévalant le glacier des Grands Montets.

JOGGING

1977 fut une année exceptionnelle pour les amateurs de jogging. Trois d'entre eux au moins établirent des records qui n'ont pas été tentés depuis.
L'Irlandais Tom MacGraith parcourut la distance New York-San Francisco, soit 4 901 km, en 53 jours et 7 mn, soit la vitesse record, jamais égalée, de 92,5 km/jour.

L'Américain Telford partit d'Anchorage, Alaska, le 25 juillet et atteignit Halifax, Nouvelle Écosse, à l'extrême sud-est du Canada le 29 novembre. Il avait fait une moyenne de 77,6 km/jour.

Francis de Barbeyrac, officier français, entreprit de traverser seul (sans équipe d'accompagnement) le désert australien.
Il parcourut ainsi 3 140 km à la moyenne quotidienne de 55 km.

En 1980, Jacques Martin, ingénieur français en énergie solaire, décida lui aussi d'établir une « première » de jogging, en ralliant Alger à Zinder, à la frontière du Nigéria. Soit 3 300 km, dont la traversée du Sahara. Il accomplit son exploit en 50 jours, soit une moyenne de 66 km/jour.

Jacques Martin, jogger solitaire du Sahara.

MARCHE

Endurance
Le 24 mai 1981, la Néerlandaise Annie Van de Meer a battu le record mondial féminin des 24 h à la marche, à Rouen (Seine-Maritime) en parcourant 197,895 km.

MOTONAUTISME

Saut le plus long
C'est Jerry Comeaux (né en 1943) qui a réalisé le plus grand saut avec un canot à moteur : 32 m, avec un Glastron GT-150 équipé d'un Starflite Evinrude développant 135 CV, sur une voie d'eau isolée en Louisiane, en octobre 1972. Il a décollé à 90 km/h.

Ce saut faisait partie d'une séquence du huitième film de la série des « James Bond » intitulé *Vivre et laisser mourir.*

Dragster
Le premier dragster qui a atteint 320 km/h a été le *Crisis* de Sam Kurtovitch – 322,57 km/h, en Californie, en octobre 1969.
Depuis lors, *Climax* aurait atteint 330,22 km/h.

PLONGÉE

Descente dans les océans
Le record de descente dans l'océan a été atteint dans la fosse Challenger (fosse des îles Mariannes), à 400 km au sud-ouest de Guam dans l'océan Pacifique, lorsque le bathyscaphe *Trieste,* U.S. Marine, de construction helvétique, ayant à son bord le Dr Jacques Piccard (né en 1914, Suisse) et le lieutenant Donald Walsh, de la marine des U.S.A., a atteint le fond de l'océan à 10 917 m au-dessous du niveau de la mer, à 13 h 10 mn, le 23 janvier 1960.
La pression de l'eau était de 1 183 kgf/cm^2 et la température de 3 °C.
La descente a duré 4 h 48 mn et la remontée, 3 h 17 mn.

En apnée
La descente en apnée (sans appareil, en retenant sa respiration) est extrêmement dangereuse.

Le record est de 101 m, établi par Jacques Mayol (France) au large de l'île d'Elbe, Italie, en novembre 1981, pour la catégorie « hommes », et de 45 m, par Giuliana Treleani (Italie) au large de Cuba, en septembre 1967, pour les femmes.
La pression sur le thorax de Mayol était de 10,1 kg/cm^2 et son pouls avait baissé jusqu'à 30 battements/minute.

Avec appareil
Le record de plongée avec Scuba (appareil auto-suffisant pour la respiration sous l'eau) est de 133 m. Record établi par John J. Greener et R. Neal Watson (U.S.A.) au large de Freeport, Grande Bahama, le 14 octobre 1968.

Le record de plongée, en utilisant des mélanges de gaz (nitrogène, oxygène, hélium) en plongée simulée, est de 685,80 m dans un caisson sec. Record établi par Porter, Witlock et Kramer au Centre médical de l'université Duke à Durkam, en Caroline du Nord, le 3 février 1981.

Le 20 octobre 1977, au large de Cavalaire, 2 plongeurs, Jacques Verpeaux et Gérard Vial ont atteint 501 m au cours de 2 plongées de 10 mn, sans caisson.

Patrick Raude et 5 plongeurs sont sortis de la cloche *Pétrel* au large de Cavalaire à 501 m de profondeur.

Immersion

Le record sous l'eau avec apport d'air mais sans cloche de plongée est de 147 h 15 mn, record établi par Robert Ingolia lors d'essais réalisés par l'U.S. Navy, en 1961.

Le record d'immersion autonome, sans apport d'air de la surface (Scuba) est de 71 h par Michael Morgan, G.B., du 26 au 29 décembre 1982.

Le record d'immersion en apnée est de 13 mn 42,5 s à 3 m sous l'eau, le 15 mars 1959 par Robert Foster, U.S.A.

En France

Alain Berger est resté 110 h 8 mn, du 12 au 17 septembre 1981, immergé dans une piscine, équipé d'un costume d'homme-grenouille et de bouteilles.

Récupération *par des hommes-grenouilles*

La plus grande profondeur à laquelle aient opéré des plongeurs est 245 m.
Douze plongeurs, à bord d'une cloche, ont travaillé pendant 32 jours, en septembre-octobre 1981, sur l'épave de l'*Edimburgh*, échoué le 2 mai 1942 au large de la Norvège.
Les 431 lingots d'or récupérés ont été partagés pour 150 millions de F à l'U.R.S.S., 75 millions de F à la Grande-Bretagne et 20 millions de F à l'entreprise de récupération.

PLONGEON

Acapulco

Les 27 plongeurs professionnels de la Guelrado à Acapulco plongent régulièrement de 36 m de haut.
Le doyen, Paul Garcia (né en 1928), compte plus de 35 000 plongeons à son actif.
Le rocher s'avance de 6,50 m et les plongeurs doivent se propulser de 8 m en avant pour l'éviter.
L'eau a 3,65 m de profondeur.

La première femme à plonger fut Barbara Winters, U.S.A., le 7 décembre 1979.

Record de plongeon

B. Boccia, R. Dickinson, D. Kunze, D. Lindsay et R. Winter, U.S.A., ont plongé de 52 m de haut.

Record féminin

Debi Beachel, U.S.A., a plongé de 33,3 m de haut le 28 octobre 1982 à Rome.

Grue

Le 30 septembre 1979, Dana Kunze (U.S.A.) a plongé de 49 m de haut, depuis une grue, pour la télévision japonaise.

Hélicoptère

Samuel Scott (U.S.A.) prétend avoir sauté de 151 m de haut, mais cela aurait supposé une vitesse de 138 km/h à l'arrivée dans l'eau.
La hauteur véritable était probablement de 50 m.

Dirigeable

Le colonel Harry Froboess (Suisse) a sauté du dirigeable Hindenbourg, à 110 m d'altitude, dans le lac de Constance, le 22 juin 1936.

Cible

Kitty O'Neil a plongé d'un hélicoptère à 55 m de haut, sur un coussin d'air de 9 x 18 m, pour un film télévisé.

Bill McGuire, U.S.A., a sauté de 20 m de haut dans un bassin en feu de 2,30 m, le 14 août 1975.

Profondeur minimale

Henri La Mothe (né en 1904) a plongé de 8,53 m de haut dans une piscine pour enfant remplie de 31 cm d'eau. Lors de cet exploit, réalisé le 7 avril 1979, il a heurté l'eau avec la poitrine à 46 km/h.

Une descente de 101 m sous l'eau sans respirer : record pour Jacques Mayol.

PÔLES

Pôle Nord

Ni la conquête du docteur Frederic Albert Cook (1865-1940), ni celle du commandant Robert Edwin Peary (1856-1920) n'ont pu être prouvées.
Cook, accompagné par deux Esquimaux, Ah-pellah et Etukishook, avec 2 traîneaux et 26 chiens, fit route vers le nord le 21 mars 1908 à partir d'un point situé à 96,500 km au nord de Svartevoeg, en direction d'Axel Heiberg I, Canada, à 740 km du Pôle, et atteignit, si l'on en croit ses dires, la latitude de 89° 31' Nord le 19 avril et le pôle Nord le 21 avril.

Peary, accompagné de son assistant noir, Matthew Henson (1866-1955) et des quatre Esquimaux Ooqueah, Eginwah, Seegloo et Ootah (1875-1955), mit le cap sur le nord le 2 avril 1909, à partir de son campement Bartlett (87° 44' latitude Nord).
Après avoir parcouru 215 km, il aurait installé son dernier campement, Camp Jessup, à proximité du Pôle, à 10 h, le 6 avril et il aurait parcouru encore 67,500 km en brisant la banquise avant de bifurquer vers le sud, le 7 avril, à 16 h.

L'expédition Wally Herbert (1968-69) – voir plus loin – battit tous les records de kilométrage sur de la banquise idéale en parcourant 37 km en 15 heures.
Cook prétendit avoir atteint le chiffre de 41,8 km à deux reprises, tandis que Peary avançait le chiffre peu crédible de 61 km pendant huit jours consécutifs.

Les premiers à avoir atteint sans conteste le pôle Nord sur la banquise, à 15 h, le 19 avril 1968, furent Raph Plaisted (U.S.A.) et ses trois compagnons, après une randonnée de 42 jours à bord d'un Skidoos (autoneiges).
Leur arrivée fut vérifiée par hasard 18 heures plus tard par un avion météo de l'U.S. Air Force.

Solitaire

Naomi Uemura (né en 1941), explorateur et alpiniste japonais, fut le premier à atteindre le pôle Nord en solitaire, en passant par le cap Arctique ; il arriva le 1er mai 1978 à 4 h 45 mn GMT.
Il avait parcouru 725 km à partir de cap Edward, dans l'île Ellesmere, au nord du Canada, qu'il avait quittée, le 7 mars. Sa moyenne journalière était de 13 km, qu'il maintint avec son traîneau Aurora tiré par 17 chiens esquimaux.
Il avait espéré atteindre la vitesse de 17 km par jour.

Femme

La première femme qui mit le pied au pôle Nord fut Mme Fran Philipps, Canada, le 5 avril 1971.
Galina Aleksandrovna Lastovskaya (née en 1941) et Lilia Vladislavovna Minima (née en 1959) appartenaient à l'équipage soviétique du brise-glace atomique *Arktika* qui atteignit le pôle le 17 août 1977.

Ski

Sept autres explorateurs polaires soviétiques : Dimitri Spâro (37 ans), Yuri Khmelevsky, Vladimir Rakhmanov, Vladimir Ledenev, Anatoly Melnikov, Vadim Davydov et Vasily Shishkarev, atteignirent le pôle Nord le 31 mai 1979, après un voyage de 77 jours, à ski, parcourant 1 448 km sur la banquise à partir de l'île Henrietta.

Pôle Sud

Par mer

Les premiers navires qui aient franchi le cercle Antarctique (latitude 66° 30' S.) ont été le *Resolution* (462 tonneaux, Capitaine James Cook, R.N. Marine britannique, 1728-1779) et l'*Adventure* (336 tonneaux, lieutenant T. Furneaux) avec leurs 193 hommes d'équipage, qui ont réalisé cet exploit le 17 janvier 1773 par 39° E.

La première personne qui ait aperçu les glaces de l'Antarctique fut le russe **Bellinghausen** le 27 janvier 1820 à bord du *Vostock*.

Les premiers à avoir vu le continent furent **Smith et Bransfield,** G.B., à bord du *Williams*, le 30 janvier 1820.

Par la terre

Le pôle Sud (altitude 2 779 m sur la glace et 103 m sur la roche de fond) a été atteint pour la première fois, à 11 heures, le 16 décembre 1911, par un groupe de Norvégiens que dirigeait le capitaine Roald Amundsen (1872-1928), après une marche de 53 jours avec des traîneaux tirés par des chiens, depuis la baie des Baleines, où il avait pénétré à bord du *Fram*.

Des calculs ultérieurs ont démontré qu'Olav Olavson Bjaaland (le dernier survivant, mort en juin 1961, à l'âge de 88 ans) et Helmer Hanssen étaient probablement passés à quelque 400 ou 600 m du lieu exact du Pôle. Les deux autres membres étaient Sverre H. Hassell et Oskar Wisting.

Femme

Karoline Mikelsen fut la première femme à fouler le sol de l'Antarctique, le 20 février 1935.
Il fallut attendre le 11 novembre 1969 pour qu'une équipe de 6 femmes y retourne, en avion.

Premier homme aux deux pôles

Le **Dr Albert Crany** a atterri au pôle Nord le 3 mai 1952 à bord d'un Dakota et il est arrivé au pôle Sud en chenillette le 12 février 1961.

Arctique

La première traversée de la mer de glace de l'Arctique a été effectuée par l'expédition britannique transarctique qui quitta Point Barrow, Alaska, le 21 février 1968, pour arriver à l'archipel des Sept Îles, au nord-est du Spitzberg, 464 jours plus tard, le 29 mai 1969, après un parcours de 4 699 km et une dérive de 1 126 km par rapport à la distance en ligne droite.
L'équipe était composée de Wally Herbert, 34 ans, Ken Hedges, 34 ans, Allan Gill, 38 ans, et Roy Koerner, 36 ans.
La température était en moyenne de – 44 °C.

Antarctique

La première traversée en surface du continent Antarctique a pris fin à 13 h 47 mn, le 2 mars 1958, après un voyage de 3 473 km qui a duré 99 jours, le départ ayant eu lieu le 24 novembre 1957, de la base de Shackleton à la base Scott via le pôle. Le groupe de 12 hommes était dirigé par le Dr Vivian Ernest Fuchs (né le 11 février 1908).
L'expédition a utilisé des photographies datant de la première traversée aérienne transantarctique *via* le Pôle qui avait été faite le 13 janvier 1956 par un bombardier Neptune P2 V de l'U.S. Navy.

Tour du monde par les pôles

Sir Fiennes et Charles Burton, G.B. ont fait le tour du monde au départ de Greenwich (2 septembre 1979) via le pôle Sud (17 décembre 1980) et le pôle Nord (11 avril 1982) et retour à Greenwich (29 août 1982). Ils ont parcouru 56 325 km.

Traîneau

Le plus long voyage polaire en traîneau – sans aucune aide extérieure – qui ait jamais été fait (1 738 km) de l'ouest vers l'est à travers le Groenland a été effectué du 10 juin au 5 septembre 1934 par trois Anglais, le capitaine M. Lindsay, le lieutenant Arthur S.T. Godfrey et Andrew N.C. Croft, avec 49 chiens.

La même traversée avait déjà été faite en 36 jours mais à bord de traîneaux tirés par des hommes, par l'expédition trans-Groenland, en 1974.

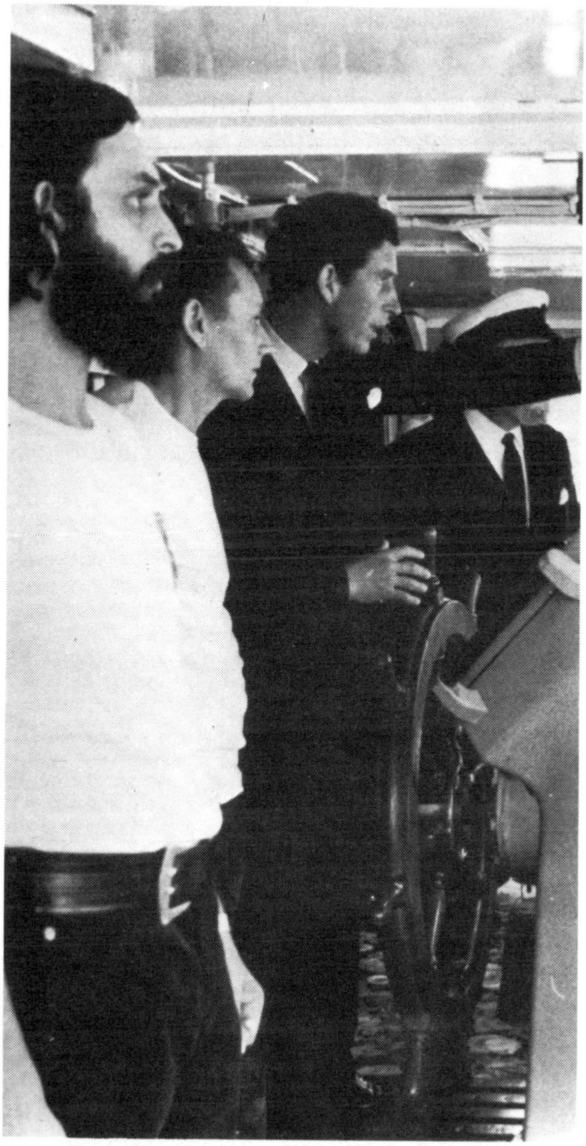

Prince Charles, Sir Fiennes et Charles Burton au départ du « Transglobe ».

PROFONDEUR SOUS TERRE

Pénétration

La plus profonde pénétration du sol de notre planète par l'homme a été réalisée dans la mine de Western Deep Levels à Carltonville, Transvaal, Afrique du Sud, à une profondeur de 3 777 m. A cette profondeur, la température de la roche était de 55 °C.

Puits de mine

Le record mondial (qui a tenu 31 jours) a été établi à 381,30 m dans un puits normal, d'un diamètre de 7,92 m, dans la mine de Buffelsfontein.

La profondeur de 3 840 m a été atteinte en mai 1975.

RODÉO

Origines

Le rodéo, issu des *fiestas* du XVIIIe siècle, est apparu avec les débuts de la grande exploitation du bétail en Amérique du Nord.
Le premier connu aurait eu lieu à Santa Fe au Nouveau-Mexique, le 10 juin 1847. Le marquage des bouvillons a été institué par le Texan Bill Pickett (1870-1932), en 1900.

Le rodéo le plus ancien est celui de Payson (Arizona) qui a eu lieu pour la première fois en août 1887.

Le plus grand rodéo du monde est le Calgary Exhibition and Stampede, de Calgary, Alberta (Canada), qui a vu défiler 1 069 830 spectateurs du 8 au 17 juillet 1977, et 148 486 spectateurs en un jour le 7 juillet 1977.

Titres et gains

Le nombre record de titres toutes catégories dans le cadre des championnats du monde de l'Association of Professional Rodeo Cow-boys est de 6.
Ce record a été établi par les Américains Larry Mahan (né le 21 novembre 1943), de 1966 à 1970 et 1973, et Tom Ferguson (né le 20 décembre 1950), de 1974 à 1979.

Jim Shoulders (né en 1928), d'Henrietta, dans l'Oklahoma (U.S.A.), a remporté 16 championnats du monde entre 1949 et 1959.

Les prix en espèces les plus élevés jamais remportés en une saison – y compris les primes – se montent à 131 233 $ et ont été gagnés par Tom Ferguson de Miami (Oklahoma, U.S.A.), en 1978 (500 000 F).

La plus jeune des champions

La plus jeune titulaire du titre mondial est Metha Brorsen, originaire de l'Oklahoma, qui n'avait que onze ans lorsqu'elle a remporté le championnat de l'International Rodeo Association, catégorie cow-girls, en 1975.

Les meilleurs temps

Les records dans les épreuves minutées comme la capture des veaux au lasso ou le marquage des bouvillons, n'ont pas grande signification dans la mesure où les conditions ne sont jamais les mêmes.

On peut néanmoins citer Bill Reeder, qui a mis 5,7 s pour attraper un veau au lasso à Assiniboia, au Saskatchewan (Canada), en 1978, ainsi que James

Bynum, de Waxahachie, Texas, qui a maîtrisé un bouvillon en 2,4 s, à Marietta, dans l'Oklahoma (U.S.A.), en 1955.

Dans les épreuves de dressage de broncos et de taureaux, à cru ou sellés, les concurrents doivent « tenir » 8 s alors que dans les épreuves « au finish » maintenant très rares, certains concurrents tenaient plus de 90 mn jusqu'à épuisement de leur monture.

Don Gay a obtenu 97 points en montant le taureau *Oscar* à la Cow Place de San Francisco, en 1977.

Taureau champion

Le champion des taureaux est sans doute *Honky Tonk*.
Ce Brahma de onze ans a vidé 187 cavaliers en huit ans de carrière sans défaite jusqu'à sa retraite en septembre 1978.

Bronco champion

Selon la tradition, un bronco du nom de *Midnight* appartenant à Jim McNab, Alberta, Canada, n'a jamais accepté aucun cavalier en 12 apparitions au Calgary Stampede.

SAUT A LA CORDE

M. Claude Rulmont de Tilff Esneux, Suisse, a sauté pendant 3 h 10 mn le 30 août 1982, faisant 36 000 tours de corde.

RECORDS DE SAUT A LA CORDE (SANS INTERRUPTION)

Catégorie	Record	Titulaire	Date
Tours en 1 mn	330	D. Christensen, U.S.A.	1-09-1979
Tours en 10 s	106	Albert Rayner, G.-B.	28-06-1978
Doubles croisés	691	Frank Oliveri, U.S.A.	6-11-1980
Doubles	10 133	Katsumi Suzuki, Jap.	27-09-1979
Triples	381	Katsumi Suzuki, Jap.	29-05-1975
Quadruples	51	Katsumi Suzuki, Jap.	29-05-1975
Quintuples	5	Katsumi Suzuki, Jap.	29-05-1975
Distance	2 034 km	Tom Morris, Australie	1963
Plus d'enfants avec 1 seule corde (32 tours)	88	Equipe Tadoroki, Japon	24-10-1980
Sur 1 corde raide	55	Bryan Andrew, Londres	5-05-1980
Durée	9 h 46 mn	Katsumi Suzuki, Jap.	23-03-1980

SAUVETAGE

Maître-nageur

En novembre 1974, la ville de Galveston, Texas, U.S.A., a inauguré une plaque à la mémoire de Leroy Colombo, maître-nageur (1905-1974) qui, de 1917 à sa mort, avait sauvé 907 personnes de la noyade.

Endurance

J. Lartet, sauveteur à Gimont, Gers, a maintenu un mannequin dans l'eau **pendant 93 mn,** le 31 juillet 1982.

Sauvetages les plus profonds

Le sauvetage effectué à la plus grande profondeur au-dessous du niveau de la mer a été celui du *Pisces III* à bord duquel Roger R. Chapman, 28 ans, et Roger Mallinson, 35 ans, se sont trouvés pris au piège pendant 76 heures quand ce sous-marin a coulé à une profondeur de 480 m, à 240 km au sud-est de Cork, Irlande, le 29 août 1973.
Le bâtiment a été tiré jusqu'à la surface par le navire poseur de câbles *John Cabot* après que des travaux eurent été effectués par le *Pisces V*, le *Pisces II* et le navire de récupération télécommandé *Curv* de la marine U.S., le 1er septembre.

La plus grande profondeur d'où des hommes soient remontés sans aucun équipement est de 68,58 m. C'est Richard A. Slater qui a pu ainsi s'échapper du sous-marin *Nekton Beta* qui avait coulé au large de l'île de Catalina, Californie, U.S.A., le 20 septembre 1970 après avoir été éperonné.

Sauvetage *le plus rapide*

Le lieutenant de vaisseau Martin, commandant le *Super Frelon*, a sauvé 28 hommes de l'équipage de l'*Amoco Cadiz*, le 16 mars 1978 par une nuit de tempête, en 43 mn.

Le 7 mars 1980, il participa au sauvetage de 31 membres de l'équipage du pétrolier *Tania*, en 43 mn également.

Récupération

La plus grande profondeur à laquelle une récupération ait été effectuée est de 5 029 m. Elle a été atteinte par le bathyscaphe *Trieste II* (commandant Mel Bartels, Marine U.S.), lors d'une pose de câbles pour un « ensemble électronique » se trouvant sur le fond de la mer à 645 km au nord d'Hawaï, le 20 mai 1972.

Le « Projet Jennifer », entrepris par le *Glomar Explorer* de la flotte sous-marine américaine en juin et juillet 1974 pour récupérer un sous-marin soviétique Golfclass à 1 200 km au nord-ouest d'Hawaï, a coûté 550 millions de $, mais n'a pas réussi.

Plongeurs en tenue souple

L'opération de récupération menée à la plus grande profondeur jamais atteinte par des plongeurs a été effectuée sur l'épave du SS *Niagara*, coulé par une mine en 1940, par une profondeur de 133,50 m, au large de Bream Head, Nouvelle-Zélande. A 6 % près, le total des 2 250 000 livres sterling or qui se trouvaient dans les cales a été récupéré.

La récupération la plus substantielle a été celle du transatlantique *Laurentic*, de la compagnie « White Star », qui avait sauté sur une mine par 40 m de fond au large de Malin Head, Donegal, Irlande, en 1917, coulant avec 5 millions de livres sterling en lingots d'or dans la soute à bagages de deuxième classe.
En 1924, 3 186 des 3 211 lingots ont été récupérés au prix d'immenses difficultés.

SKATE-BOARD

Les premiers championnats du monde ont eu lieu en 1966.

Vitesse

Le record de vitesse est de 115,53 km/h selon la réglementation américaine, record établi le 17 juin 1979 par Richard Brown, 33 ans, en Californie.

Le record debout est de 86,01 km/h, vitesse atteinte par John Hutson, 23 ans, en Californie, le 11 juin 1978.

Saut
Le record de hauteur est de 1,64 m atteint par Trevor Baxter, 17 ans (Grande-Bretagne), à Glasgow, le 26 juillet 1981.
Tony Alva, 19 ans, a franchi 17 tonneaux, soit 5,18 m, le 25 septembre 1977, en Californie.

Endurance
Christian Rosset de Nyon, Suisse, est resté sur son skate-board en mouvement pendant **25 h,** les 28 et 29 août 1982, sans poser le pied à terre.

L'un des 200 participants du championnat de skate-board.

SPÉLÉO

Endurance
Le record d'endurance souterraine a été réalisé par le Yougoslave Miloutine Velikovic (né en 1935), qui est resté 463 jours dans la caverne de Samar, située dans les monts Svrljig, dans le nord de la Yougoslavie, du 24 juin 1969 au 30 septembre 1970.

Profondeur
F. Vergier est descendu à **1 338 m de profondeur** dans la Sima de la Puerta de Jllámina, Espagne, en août 1981.

STÉNODACTYLO

Dactylographie : *vitesse*
Mlle Sandra Favart-Guyon, championne de France 1980 a tapé 100 mots/minute pendant 30 mn.

Dactylographie : *durée*
Violet Gibson Burns, Australie, a tapé à la machine électrique pendant 214 h, du 18 au 27 février 1980.

Champion de dactylographie
Mike Howell, G.B., non-voyant, a tapé à la machine mécanique pendant 120 h 15 mn (561 000 frappes) du 25 au 30 novembre 1969.

Sténo
Les plus grandes vitesses atteintes pendant des championnats sont de 300 mots à la minute (avec 99,64 % de précision) en 5 mn, et 350 mots par minute (avec 99,62 % de précision) en 2 mn par Nathan Behrin (U.S.A.) pendant des tests à New York, en décembre 1922.

Behrin, né en 1887, utilisait le système Pitman inventé en 1837. Morn's I Kligman, reporter officiel de la Court House U.S., à New York, prit 50 000 mots en 5 heures (environ 166,6 mots à la minute, en moyenne).

Les moyennes dépendaient de la nature, de la complexité et de la densité syllabique du matériel.

SURVIE EN MER

Dinghy
Maurice et Marilyn Bailey ont survécu 118 jours dans un dinghy gonflable de 1,37 m de diamètre dans le Pacifique Nord-Est, du 4 mars au 30 juin de l'année 1973.

Radeau
Un stewart de Hong-Kong, Poon Lin, de la marine marchande britannique, est resté 133 jours (4 mois 1/2) sur un radeau en pleine mer.

Le navire à bord duquel il se trouvait, le SS *Ben Lomond*, avait été torpillé dans l'Atlantique par 00° 30' long. N., 38° 45' long. O., le 23 novembre 1942. Il fut recueilli par un bateau de pêche brésilien au large de Salinopolis, Brésil, le 5 avril 1943, et il eut la force de marcher pour débarquer.
En juillet 1943, il fut décoré et il vit aujourd'hui à New York.

TAUROMACHIE

Origines
Dans la seconde moitié du IIe millénaire avant J.-C., on pratiquait en Crète une sorte de course de taureaux.

Les Romains rapportent l'existence de combats de taureaux en Espagne, à Baetica (Andalousie), dès le IIIe siècle avant J.-C.

Le premier *espada* professionnel de renom fut Francisco Romero, originaire de Ronda (Andalousie), qui introduisit l'estocade et la muleta rouge vers 1700.

L'Espagne compte aujourd'hui quelque 190 matadors en activité.
Depuis 1700, 42 matadors d'importance sont morts dans l'arène.

Les plus grands matadors
Si l'on en juge au nombre de taureaux tués, le plus grand matador est Lagartijo (1841-1900), né Rafael Molina, qui en a tué 4 867 dans toute sa carrière.

La plus longue carrière de matador est celle de Bienvenida (1922-1975), né Antonio Meijas, qui a duré de 1942 à 1974. La loi espagnole met les matadors à la retraite d'office à l'âge de 55 ans.

Les plus actifs
En 1884, Romano a établi un record en tuant 18 taureaux en une seule journée, à Séville.

En 1949, El Litri (Miguel Baes) a établi un record espagnol en prenant part à 114 *novilladas* dans la saison.

Les mieux payés
Le matador le mieux payé de tous les temps est Manuel Benito Pérez (né à Palma del Rio, probablement le 4 mai 1936), plus connu sous le nom d'El Cordobés. Il est devenu milliardaire en francs nouveaux en 1965, participant, jusqu'au 4 octobre de cette année, à 111 corridas. On estime qu'en 1970 il a reçu 7 500 000 F pour 121 corridas.

Paco Camino (né le 19 décembre 1941) a reçu jusqu'à 2 millions de pesetas (150 000 F) pour une corrida.

Arènes
Les plus grandes arènes du monde, celles de la Plaza de Toros, à Mexico, peuvent contenir 48 000 spectateurs.

Les plus grandes arènes d'Espagne, qui en compte 312, sont celles de Las Ventas, à Madrid, qui peuvent recevoir 20 000 personnes.

VITESSE

Vitesse en l'air
Homme
La plus grande vitesse jamais atteinte par l'homme est de 39 897 km/h. Record établi par la cabine d'*Apollo X*, le 26 mai 1969, durant son voyage de retour, à 122 km d'altitude.
Les hommes d'équipage étaient le colonel Thomas Patten Stafford, de l'U.S. Air Force (né le 17 septembre 1930), le commandant Eugene Andrew Cernan (né le 14 mars 1934) et le commandant John Watts Young, de l'U.S. Navy (né le 24 septembre 1930).

Femme
La plus grande vitesse atteinte par une femme est de 28 115 km/h, record établi par Valentina Vladimirovna Tereshkova-Nicolayev, à bord de *Vostok 6*.

Le record de vitesse sur avion fut également remporté par une Soviétique, Svetlana Savitskaya (U.R.S.S.), qui atteignit 2 687,42 km/h, le 2 juin 1975.

Manuel Benito Pérez (El Cordobes) en compagnie d'Angela Hernandez, première femme torero du monde.

Svetlana Savitskaya, femme cosmonaute, à bord de la station orbitale « Soyouz T7 ».

RECORDS DE VITESSE PAR L'HOMME

Vitesse km/h	Détenteur et engin	Lieu	Date
40	Traîneau	Finlande	6 500 av. J.-C.
55	Cheval	Anatolie, Turquie	1 400 av. J.-C.
70	Traîneau de montagne	Hawaii	avant 1 500
80	Voilier sur glace	Pays-Bas	1600
95	Train Great Junction	G.-B.	13 nov. 1830
141,300	Tommy Todd, ski alpin	La Porte, U.S.A.	mars 1873
144,800	Train 4-2-2-7	G.-B.	mars 1897
210,20	Loco élec. Siemens et Halske	Marienfeld-Zossen près de Berlin, All.	27 oct. 1903
257,500	Loco vap. Stanley *Wogglebug* Frédérick Marriott	Ormond Beach, U.S.A.	26 janv. 1907
339	*Nieuport-Delage 29* Sadi Lecomte (France)	Villesauvage, France	25 sept. 1921
668,200	*Supermarine S 6B*, Georges Hedley Stainforth	Lee-on-Solent, G.-B.	29 sept. 1931
1 004	*Me. 163V-I* Flugkapitan Heinz Dittmar	Peenemundë, All.	2 oct. 1941
1 556	*BELL XS-I*, Capt Charles Yeager	Muroc Dry Lake, Californie, U.S.A.	26 mars 1948
4 675,100	*North American X-15*, Major Robert M. White	Muroc Dry Lake, Californie, U.S.A.	7 mars 1961
28 260	*Vostok I*, Youri Gagarin	Orbite terrestre	12 avr. 1961
38 988	*Apollo VIII* Borman, Lovell, Anders, U.S.A.	Injection trans-lunaire	21 déc. 1968
39 897	*Apollo X*, Cernan, Young, Stafford, U.S.A.	Entrée dans l'atmosphère après vol sur orbite lunaire	26 mai 1969

Vitesse sur terre

Homme

La plus grande vitesse atteinte par un homme est de 1 190,377 km/h ou Mach 1,0106, par Stan Barrett (U.S.A.), à bord de *Budweiser Rocket*, engin à trois roues propulsé par une fusée, le 17 décembre 1979, en Californie, à l'Air Force Base Edwards.

Femme

Le record de vitesse féminin est de 843,323 km/h, vitesse atteinte par Kitty O'Neil (U.S.A.), à bord d'un engin à 3 roues moteur à fusée de 48 000 CV, le S.M.1 *Motivator* ; cet exploit fut réalisé le 6 décembre 1976, dans le désert Alvard, U.S.A.

Son record officiel, aller-retour, n'est que de 825,126 km/h, mais il est probable qu'elle a atteint 965 km/h.

Vitesse sur eau

Homme

Le record de vitesse sur eau est de 300 nœuds (soit 556 km/h), par Kenneth Peter Warby (né le 9 mai 1939), sur le lac Blowering Dam, Australie, le 20 novembre 1977, à bord de l'hydroplane *Spirit of Australia.*

Mais le record mondial de vitesse sur eau est officiellement de 319,627 km/h, vitesse atteinte par Warby sur le même lac, le 8 octobre 1978.

Femme

Sue William, 28 ans, pilota l'hydroplane U-96 KYYX sur la distance d'un mile (16,9 km), le 26 juillet 1978, sur le lac Washington, à Seattle, aux U.S.A., à la vitesse record de 262,392 km/h.

Hélice

Le record du monde d'une embarcation propulsée à hélice est de 325 km/h, vitesse atteinte par Larry Hill en charge maximale sur son hydroplane, *Mr. Ed,* au large de Long Beach, en Californie.

Sur l'aller simple, *Climax* atteignit la vitesse record de 330,22 km/h.

VOYAGES

Pays visités
Fred Specovius, R.F.A., a visité 213 pays sur les 215 répertoriés par les Nations Unies. Il parle 6 langues et possède 14 passeports.

A cheval
A l'époque où le cheval était le principal moyen de transport, l'homme qui remporta le record de la randonnée à dos de cheval était le prédicateur méthodiste Francis Asbury (né à Birmingham, en Angleterre), qui parcourut près de 424 850 km en Amérique du Nord, entre 1771 et 1815, pour aller prêcher 16 000 sermons.

Handicapés
Mme Geneviève Duboscq de Baffée, Mayenne, a effectué un **pèlerinage à pied à Jérusalem** en partant de France.
Mme Duboscq est pourtant une grande mutilée de la Seconde Guerre mondiale. Elle est médaillée des Grands Blessés Civils, médaillée de l'État d'Israël, et a reçu la Légion d'Honneur.

Michel Marcin, ancien chauffeur routier d'Annecy a effectué en fauteuil roulant le voyage Annecy-Paris, soit 600 km.

Tour du monde par vol régulier
Le record du tour du monde est de 44 h 6 mn, sur des vols réguliers, et il fut remporté par David J. Springbett (41 ans, né à Taplow, Buckinghamshire), du 8 au 10 janvier 1980, de Los Angeles jusqu'en Asie, *via* Londres, Barhein, Singapour, Bangkok, Manille et Honolulu, soit 37 124 km.

Pour un tour du monde, il n'est tenu compte que des vols qui partent et reviennent au même point, en suivant le tropique du Cancer (36 787,599 km).

Passeport le plus cher
Les passeports les plus chers du monde sont ceux des Soviétiques, qui atteignaient en 1974 le prix officiel de 225 $, payables d'avance (950 F).

Automobile, Vélo, Moto, Train, voir *Transports.*

La dernière course autour du monde à voile, en solitaire, a été remportée par le Français Philippe Jeantot.

RECORDS DE TOURS DU MONDE MARITIME

Un véritable tour du monde passe par 2 points aux antipodes (distants d'au moins 20 000 km)

Catégorie	Navire	Navigateur	Lieu et date de départ	Lieu et date d'arrivée
Première	Expédition *Vittona*	Juan Sebastian de Elcano et 17 hommes	Séville, Espagne, 20 sept. 1519	San Lucar, 6 sept. 1522, 49 400 km
Première femme	*Etoile*	Baré, servante travestie de M. de Commerson	Saint-Malo, 1766	1769
Premier yacht	*Sunbeam* 3 mâts, 52 m	Lord et Lady Brassey, G.-B.	Ile de Wight, 1876	île de Wight, 1877
Première en solitaire	*Spray yawl* 11,20 m	Capt. Slocum, U.S. (ne savait pas nager)	Newport, G.-B., via détroit de Magellan, 24 avril 1895	3 juillet 1898 74 000 km
Première à moteur	*Speejacks* 30 m	Albert Gowen, sa femme et équipage, U.S.A.	New York, 1921	New York, 1922
Première femme solitaire (via Panama)	*Mazurek* 9,50 m sloop des Bermudes	Krystyna Chojnowska, Pologne	Las Palmas, 28 mars 1976, par l'Ouest	21 mars 1978
(via Cap Horn)	*Express Crusador* sloop des Bermudes	Naomi James, N.-Z.	Dartmouth, G.-B., 9 sept. 1977 (Cap Horn 19 mars 1978)	Dartmouth, 8 juin 1978, 266 j 19 h
Plus petite embarcation	*Super Shrimp* 5,58 m sloop des Bermudes	Shane Acton et équipage, G.-B.	Cambridge, G.-B., août 1972	Cambridge août 1980
Premier sous-marin	U.S. Triton	Capt. Edwards, 182 hommes, U.S.N.	New London, Connecticut, U.S.A., 16 fév. 1960	10 mai 1960 49 422 km
Première solitaire sans escale	*Suhaili* 10 m ketch des Bermudes	R. Johnston, G.-B.	Falmouth, G.-B., 14 juin 1968	Falmouth, 22 avril 1969, 312 jours (record en solitaire)
Plus longue solitaire	*Solitaire* 10,36 m sloop des Bermudes	Les Powles, G.-B.	Lyningtoon, G.-B., 9 juillet 1980	Lyningtoon, 3 juin 1980, 329 jours
Plus rapide en solitaire (multicoque)	*Manureva* (ex. *Pen Duick IV*) trimaran 21,33 m	Alain Colas, F.	Saint-Malo, via Sydney, 14 oct. 1973	29 mars 1974 167 jours
(monocoque)	*Egregious* 11,40 m sloop des Bermudes	Webb Chiles, U.S.A.	San Diego, Cal., U.S.A., 18 oct 1975 (Cap Horn 12 déc. 1975)	San Diego, 1er oct. 1976, 202 j.
Plus rapide (yacht)	*Flyer* 23,10 m sloop	Cornelès von Rietschoten, Pays-Bas.	Plymouth, nov. 1981	29 mars 1982, 120 j 6 h 34 m
Plus rapide en solitaire (via Cap Horn)	*Mermaid III* 8,80 m ketch	Kenichi Horie, Jap.	Osaka, Jap., 1er août 1973	5 mai 1974 275 j 13 h
Plus rapide via Cap Horn (yacht)	*Awahnee II* 16,15 m	Bob Griffith et 5 hommes U.S.A.	Bluff, N.-Z., 1970 vers l'Est	Bluff, 1971, 84 jours
Plus rapide record absolu (clipper)	*Red Jacket* 80 m	Capt. Reid et équipage G.-B.	Lat. 26°25'W 1854	Lat. 26°25'W 62 j 22 h

RECORDS ABSOLUS REMPORTÉS PAR L'HOMME

ALTITUDE	Homme Femme	254 km de la lune 400 187 km de la terre 280 km	15-04-1970 19-08-1982	*Apollo XIII* Lovell, Haise, Swigent, U.S.A. Svetlana Savitskaya, U.R.S.S. *Soyouz T7*
VITESSE EN L'AIR	Homme Femme	39 897 km/h 28 115 km/h	26-05-1969 16-06-1963	*Apollo X* Stafford, Cernan, Young, U.S.A. *Vostok 6* Valentina Tereskhova, U.R.S.S.
VITESSE AU SOL	Homme Femme	1 190,377 km/h 843,323 km/h	17-12-1979 06-12-1976	*Budweiser Rocket* Stan Barrett, U.S.A. *Motivator* Kitty O'Neil, U.S.A.
VITESSE SUR EAU	Homme Femme	556 km/h 262,392 km/h	20-11-1977 26-07-1978	*Spirit of Australia* Kenneth Warby, G.-B. *U-96 KYYX* Sue Williams, U.S.A.
PROFONDEUR		10 917 m	23-01-1960	*Trieste* Picard, CH, et Walsh, U.S.A.
PLONGÉE SANS APPAREIL	Homme Femme	85,9 m 45 m	09-11-1973 09-1967	Jacques Mayol, France Giulana Trealani, Italie
PÉNÉTRATION DANS LA TERRE		3 777 m		*Mine de Carltonville* Transvaal, Afrique du Sud

RECORDS DE TRAVERSÉE DU PACIFIQUE

Catégorie	Navigateur	Navire	Départ-Arrivée	Durée	Année
Traversée la plus rapide	Bill Lee, U.S.A.	*Merlin*, sloop 20,40 m	Los Angeles-Honolulu	8 jours 11 h 1 mn	1977
Plus rapide en solitaire monocoque	C. Baranowski, Pologne	*Polonez* 13,80 m	Hobart-Cap Horn	43 jours	1973
Plus rapide en solitaire multicoque	Alain Colas, France	*Pen Duick IV* trimaran 21,33 m	Sydney-Cap Horn	37 jours	1974
Première solitaire féminine	Sharon Sites Adams, U.S.A.	*Sea Sharp* 9,45 m	Yokohama-San Diego	75 jours	1969
Première à la rame	John Fairfax et Sylvia Cook, G.-B.	*Britannia II* 10,70 m	San Francisco-Hayman (Austr.)	362 jours	1972
Première à la rame en solitaire	Anders Svedlund, Suède	*Wak Moana*	Chili-Samoa	118 jours	1974
Plus petite embarcation	Gerry Spress	*Yankee Grel* 3,05 m	Long Brach, Col-Sydney (Austr.)	105 jours	1981

LE LIVRE
GUINNESS
DES
RECORDS

14

SPORTS

GÉNÉRALITÉS

Origines

La naissance du sport remonte à l'époque où la lutte contre un environnement hostile cessa d'être l'unique préoccupation de l'homme. Le tir à l'arc devint un exercice d'adresse dès l'époque mésolithique (environ 8 000 av. J.-C.), mais ne s'organisa comme sport, avec les Génois, qu'en 300 ap. J.-C. On a prouvé qu'un sport en tant que tel existait dès 2 450 av. J.-C. A cette date, on chassait les oiseaux à l'aide de bâtons semblables à des boomerangs. On a également trouvé, sur les fresques murales de Beni Hasan, Égypte, des scènes de jeux de balle entre jeunes filles (2 050 av. J.-C. Moyen Empire). La lutte était pratiquée dès 2 750 av. J.-C.

Fédérations internationales olympiques *les plus récentes et les plus anciennes*
La Fédération internationale olympique la plus ancienne est celle de **gymnastique,** créée en 1881. La plus récente est celle de **pentathlon moderne,** créée en 1948.

Fédérations internationales olympiques *le plus grand nombre de pays membres*
Avec 168 pays membres contre 157 à celle de basket-ball et 150 à celle de football, la **Fédération internationale d'athlétisme** est celle qui compte le plus de pays membres.
La Fédération olympique qui compte le moins de pays membres est celle de ski, avec 51 pays seulement.

Sports *les plus rapides*
La vitesse la plus élevée qu'on ait observée dans un sport non mécanique est de 298 km/h. Elle est atteinte en **chute libre aérienne,** même en basse atmosphère, en maintenant la tête en bas. Dans les sauts différés, on a enregistré des vitesses de 988 km/h, en très haute altitude. Une balle de pelote peut atteindre 302 km/h. Une balle de golf a été chronométrée électroniquement à 273 km/h.

Sports *les plus lents*
En **lutte,** avant que les règles de ce sport ne soient modifiées dans le sens d'un « spectacle plus brillant », les adversaires pouvaient rester très longtemps bloqués par une prise : témoin cette reprise qui dura **11 h 40'.** Le 12 août 1889, à Jubbulpora, en Inde, au cours d'un jeu de corde, une traction dura 2 h 41'.

Sports *les plus longs*
En 1963, il fallut 142 jours à **Appaurchaux** et ses coéquipiers pour parcourir 358 268 km (8,93 fois le tour de la Terre), à bord d'une Ford Taunus, à l'occasion d'une épreuve **d'endurance automobile.**
L'épreuve sportive **non motorisée** la plus longue est le **Tour de France cycliste.** En 1926 il dura 29 jours pour 5 743 km. La course est aujourd'hui réduite à 23 jours.

Stade *le plus grand*
Voir chapitre *Constructions.*

Terrains *les plus grands*
De tous les terrains sur lesquels se pratiquent des jeux de balle, c'est celui du **polo** qui est le plus grand. Sa surface est de 5 ha, soit une longueur maximale de 274 m et une largeur (planches exclues) de 182 m. Deux fois par an, dans la paroisse de Saint Columb Major, en Cornouailles, on se livre à un jeu qui porte le nom de « hurling » et dont le « terrain » est constitué de la paroisse tout entière, soit approximativement 64,7 km^2.

Trophée *le plus grand*
Le trophée du tournoi de polo de **Bangalore,** donné en 1936 par le rajah de Kolanka, mesure 1,83 m.

Sportif *le plus lourd*
Le sportif le plus lourd de tous les temps est le lutteur professionnel américain **William J. Cobb :** « Happy Humphrey » fut pesé à 363 kg en 1962.

Recordmen du monde *les plus jeunes et les plus âgés*
Lorsque l'Américaine **Gertrude Caroline Ederle** (née le 23 octobre 1906) battit le record du monde de nage libre du 880 yards (804 m) en 13'19" à Indianapolis (U.S.A.), le 10 août 1919, elle avait 12 ans et 298 jours.
L'Américain d'origine irlandaise **John J. Flanagan** (1868-1938), triple champion olympique du lancer du marteau (1900, 1904, 1908), battit à New Haven (Connecticut) son dernier record du monde de la discipline, avec un jet de 56,18 m, le 24 juillet 1909, à l'âge de 41 ans et 196 jours.
L'Allemand de l'Ouest **Gerhard Weidner** (né le 15 mars 1933) avait 41 ans et 71 jours lorsqu'il battit le 25 mai 1974 le record du monde de marche des 20 miles.

Records du monde *le plus grand nombre battus*
Entre le 24 janvier 1970 et le 1er novembre 1977, le Soviétique **Vassili Alexeiev** (né le 7 janvier 1942) a battu en poids et haltères 80 records du monde officiels.

Internationaux *les plus jeunes et les plus âgés*
La Jamaïquaine **Joy Foster** avait 8 ans lorsqu'elle remporta les championnats nationaux de tennis de table de la Jamaïque en simple et en double mixte, en 1958.
Il semble que le compétiteur le plus âgé de tous les temps ait été le Suédois **Oscar G. Swahn** (1847-1927), qui obtint une médaille d'argent de tir aux jeux Olympiques d'Anvers, le 26 juillet 1920, à l'âge de 72 ans et 280 jours. Oscar Swahn se qualifia à nouveau pour les jeux Olympiques de 1924, mais il dut abandonner pour cause de maladie.

Champions *les plus éclectiques*

On juge l'athlète complet au niveau de compétition qu'il peut atteindre dans les disciplines les plus variées.

Si l'on s'en tient à ces paramètres, l'Anglaise **Charlotte « Lottie » Dod** (1871-1960) fut la première championne du monde de la diversité. Elle a gagné le simple dames du tournoi de tennis de Wimbledon à 5 reprises entre 1887 et 1893, les championnats britanniques féminins de golf en 1904, 1 médaille d'argent de tir à l'arc aux jeux Olympiques de 1908 ; elle avait auparavant fait un passage dans l'équipe d'Angleterre de hockey sur gazon (1899), et était excellente patineuse et lugeuse.
Mais l'Américaine **Mildred « Babe » Zaharias** (née Didrikson, 1914-1956) a sans doute prouvé par la suite le plus large éclectisme au plus haut niveau. Championne olympique du 80 mètres haies et du javelot, médaille d'argent du saut en hauteur aux Jeux de 1932, elle a battu les records du monde de ces trois disciplines entre 1930 et 1932. Pendant trois ans joueuse de basket-ball dans l'équipe des « All American », elle a battu le record du monde du lancer de la balle de base-ball (90,22 m). Golfeuse, elle a remporté l'U.S. Women's Amateur en 1946 et l'U.S. Women's Open en 1948, 1950 et 1954.

Chez les hommes, c'est le Britannique **Charles Burgess Fry** (1872-1956) qui semble l'emporter. Le 4 mars 1893, il égala, avec 7,17 m, le record du monde du saut en longueur. Il joua avec l'équipe de football anglaise contre l'Irlande en 1901. Il joua aussi au rugby, avec les Barbarians. Pendant 6 ans il fut l'un des meilleurs « batteurs » de cricket anglais, et devint capitaine de l'équipe d'Angleterre en 1912. C'était également un très bon joueur de tennis.

Champions *les plus jeunes et les plus âgés*

Le jeune Français, dont on a perdu le nom, qui barrait le deux barré de l'équipe hollandaise d'aviron qui remporta le titre aux jeux Olympiques de Paris, le 26 août 1900, serait le plus jeune champion de l'histoire du sport moderne.
Le champion olympique individuel le plus jeune est l'Américaine **Marjorie Gestring** (née le 18 novembre 1922), qui avait 13 ans et 268 jours lorsqu'elle a conquis la médaille d'or de plongeon le 12 août à Berlin.
Oscar Swahn *(voir plus haut)* avait 64 ans et 258 jours lorsqu'il obtint la médaille d'or d'une épreuve de tir aux jeux Olympiques en 1912.

Règne *le plus long*

Le champion du monde le plus longtemps invaincu est le Français **Jacques Edmond Barre** (1802-1873) : son règne sur le jeu de paume dura 33 ans, de 1829 à 1862.

Clubs français *les plus anciens*

C'est en octobre 1880 que 3 élèves du lycée Saint-Louis, à Paris, Malizard, Marcadet et Renoult, ont jeté les bases d'une société sportive et gymnique qui est devenue en 1883 le club du **Stade Français.**
L'année précédente des élèves du lycée Condorcet, à Paris, en donnant le signal du départ d'une course parmi les voyageurs dans la salle des Pas perdus de la gare Saint-Lazare, venaient de créer le **Racing Club,** qui a fêté son centenaire en 1982.

Gains *les plus élevés*

On estime que le boxeur américain **Mohammed Ali** avait amassé **69 millions de $** de 1960 à 1981.
Le basketteur américain **Earvin « Magic » Johnson** (né en 1960) a signé en juin 1981 un contrat de **25 millions de $** (17,5 milliards de centimes) pour les 15 années qu'il va passer dans l'équipe de basketball professionnelle des Lakers de Los Angeles.
La sportive qui a négocié la plus forte somme en une seule fois est la patineuse sur glace américaine **Janet Lynn** (née le 6 avril 1953). Elle a signé, en 1974, un contrat de 3 ans qui lui rapportait **un million et demi de $.**
1 475 055 $ est la somme la plus forte gagnée en une année (1982), par une femme, la joueuse de tennis américaine **Martina Navratilova** (née citoyenne tchèque le 18 octobre 1956).
Dans le domaine des compétitions individuelles uniques, le champion est l'Américain **Ray Charles « Sugar Ray » Leonard** (né le 17 mai 1956) qui a reçu une bourse de **11 000 000 $** pour sa victoire contre Thomas Hearns à Las Vegas (U.S.A.) le 16 septembre 1981 (voir page 393).

Contrat lié au sport *le plus élevé*

La National Football League (football américain) a signé en mars 1982 un contrat de **2 millions de dollars** avec les 3 principales chaînes de télévision américaines, ABC, CBS et NBC pour l'exclusivité de la retransmission des matches du championnat américain. Chaque club a reçu 14,2 millions de dollars.

Assistances *les plus nombreuses*

On estime à 2 500 000 personnes le public qui suit tous les ans le marathon de New York.
C'est cependant le **Tour de France,** étalé sur 23 jours, qui attire le plus de monde : il est suivi par **10 000 000 de personnes.** La foule qui se déplace en plus grand nombre pour assister à une compétition sportive régulière est celle des 400 000 personnes qui viennent suivre les 24 Heures du Mans, dans la Sarthe. Le stade de Maracaña, Rio de Janeiro, a vu, le 16 juillet 1950, 199 854 spectateurs assister au match de football qui opposait l'équipe de leur pays, le Brésil, à celle d'Uruguay.
Le record d'affluence dans un stade français date du 5 mars 1969 où **63 200 spectateurs** payants ont assisté au **stade de Colombes** au match d'appui des quarts de finale de la Coupe d'Europe des clubs champions de football qui opposait le club hollandais de l'Ajax Amsterdam au portugais de Benfica Lisbonne.

Participants *le plus grand nombre*

La ***Stramilano,*** cette course à pied de 22 km à travers Milan, en Italie, a attiré plus de **50 000 coureurs** le 16 avril 1978. En mai 1971, la course de radeaux qui se déroulait sur le Chattahoochee, à Atlanta, en Georgie (U.S.A.), réunit 8 304 radeaux et 37 683 concurrents. La course de 10,5 km *Round the Bays* qui s'est déroulée à Auckland (Nouvelle-Zélande), le 27 mars 1982, aurait accueilli 80 000 coureurs. Le plus grand nombre de coureurs ayant participé à un marathon est 16 350 à Londres (G.-B.) le 9 mai 1982. 15 174 ont terminé l'épreuve.
Le plus grand nombre de participants à une épreuve française sont les 35 849 coureurs qui ont disputé le cross du *Figaro* en 1979, mais en plusieurs épreuves catégorielles.

Événement sportif *le plus suivi*

On estime que plus **d'un milliard et demi de téléspectateurs** ont suivi **la finale de la Coupe du monde 1982 de football** (record des compétitions non olympiques).

Catastrophes *les plus grandes*

Pendant le règne d'Antonius Pius (138-161 apr. J.-C.), les gradins de bois les plus élevés du Circus Maximus, à Rome, s'effondrèrent au cours d'un combat de gladiateurs ; il y eut **1 112 morts.**
Si l'on en reste à l'histoire récente, la plus grande catastrophe sportive fut la mort de 604 personnes à la suite de l'incendie des tribunes lors de la course de chevaux du Jockey Club de Hong Kong, le 26 février 1918.

Trophée du « Champion des champions » français *le plus de titres*

Créé en 1946, ce trophée récompense tous les ans le sportif français, quelle que soit sa discipline, jugé le meilleur de l'année.

Deux champions ont remporté **4 fois** ce trophée, le cycliste **Bernard Hinault** (né le 14 novembre 1954) de 1978 à 1981, soit 4 fois de suite, et l'athlète **Guy Drut,** ex aequo en 1972, 1974, 1975 et seul en 1976.
L'athlète Michel Jazy l'a emporté 3 fois (1960, 1962, 1965).

4 l'ont emporté 2 fois, Alain Mimoun (1949, 1956), Louis Bobet (1953, 1954), Raymond Kopa (1955, 1958), Jean-Claude Killy (1967, 1968).
Par sports, ce sont les athlètes et les cyclistes qui l'ont emporté 12 fois, les skieurs, 5 fois, les footballeurs, 4 fois, les nageurs et les boxeurs, 2 fois, et les rameurs, les escrimeurs, les coureurs automobiles, les joueurs de rugby à XV et de jeu à XIII, 1 fois.
Les sportifs pratiquant des sports professionnels l'ont emporté 19 fois (Régis Ovion était amateur) et ceux qui concourent dans des sports dits amateurs, 23 fois.
L'athlète élu avec le plus grand écart de temps est Alain Mimoun, champion des champions en 1956, 7 ans après l'avoir été une première fois en 1949.

PALMARÈS DU CHAMPION DES CHAMPIONS FRANÇAIS

ANNÉE	CHAMPION	SPORT
1946	Jean SÉPHÉRIADES	aviron
1947	Christian d'ORIOLA	escrime
1948	Marcel CERDAN	boxe
1949	Alain MIMOUN	athlétisme
1950	Papa Gallo THIAM	athlétisme
1951	PUIG-AUBERT	jeu à XIII
1952	Jean BOITEUX	natation
1953	Louis BOBET	cyclisme
1954	Louis BOBET	cyclisme
1955	Raymond KOPA	football
1956	Alain MIMOUN	athlétisme
1957	Roger RIVIÈRE	cyclisme
1958	Raymond KOPA	football
1959	Lucien MIAS	rugby
1960	Michel JAZY	athlétisme
1961	Guy PÉRILLAT	ski
1962	Michel JAZY	athlétisme
1963	Jacques ANQUETIL	cyclisme
1964	Marielle et Christine GOITSCHEL	ski
1965	Michel JAZY	athlétisme
1966	Alain MOSCONI	natation
1967	Jean-Claude KILLY	ski
1968	Jean-Claude KILLY	ski
1969	Nicole DUCLOS	athlétisme
1970	Jean-Claude NALLET	athlétisme
1971	Jean-Claude BOUTTIER	boxe
	et Régis OVION	cyclisme
1972	Guy DRUT	athlétisme
	et Daniel MORELON	cyclisme
1973	François CEVERT	automobile
1974	Guy DRUT	athlétisme
	Raymond POULIDOR	cyclisme
1975	Guy DRUT et	athlétisme
	Bernard THÉVENET	cyclisme
1976	Guy DRUT	athlétisme
1977	Michel PLATINI	football
1978	Bernard HINAULT	cyclisme
1979	Bernard HINAULT	cyclisme
1980	Bernard HINAULT	cyclisme
1981	Bernard HINAULT	cyclisme
1982	Alain GIRESSE	football

Trophée du champion mondial *le plus de titres*

Ce trophée a été créé en 1976 à l'initiative du journal *l'Équipe*, comme le Trophée du Champion des champions.

Un seul sportif a remporté **2 fois** ce trophée, l'athlète anglais **Sebastian Coe** (né le 29 septembre 1956), en 1979 et 1981.
Sur 7 attributions, ce sont des athlètes qui l'ont remporté 5 fois : le Cubain Alberto Juantorena (1976), l'Allemande de l'Est Rose-Marie Ackermann (1977), le Kenyan Henry Rono (1978) et Sebastian Coe. Les seuls autres sports figurant pour le moment à ce palmarès sont le patinage de vitesse avec l'Américain Eric Heiden, lauréat en 1980, et le football, avec l'Italien Paolo Rossi, lauréat en 1982.
Le 15 mai 1981, sur la pelouse du stade du Parc des Princes, à Paris, le footballeur brésilien Edson Arantes do Nascimento, dit Pelé, a été sacré champion du siècle, à la suite d'un sondage du journal *l'Équipe*.

ALPINISME

Origines

Bien qu'on ait retrouvé des objets de l'âge du bronze au sommet du Riffelhorn, en Suisse (2 927 m), l'alpinisme proprement sportif ne remonte qu'aux alentours de 1854. Des tentatives d'escalade pour le plaisir étaient pourtant pratiquées au XIIIe siècle, et les Atacamenans construisirent des plates-formes sacrificielles près du sommet du Llullaillaco (6 723 m), vers 1490 (fin de l'ère précolombienne).

Le mont Everest *les premières*

Le mont Everest (8 848 m) a été vaincu pour la première fois le **29 mai 1953,** à 11 h 30 du matin, par le Néo-Zélandais Edmund Percival Hillary (né le 20 juillet 1919), accompagné du sherpa népalais Tensing Norgay (né Namgyal Wangdi en 1914, et appelé auparavant Tensing Khumjung Bhutia). L'expédition était conduite par le colonel anglais Henry Cecil John Hunt (né le 22 juin 1910).
Le premier alpiniste à réussir 3 fois l'ascension de l'Éverest a été le 5 octobre 1982 le sherpa Sundare (ou Sungdare).
Le premier alpiniste à réussir 3 fois l'ascension de l'Éverest par 3 voies différentes est le Japonais Yasuo Kato (1949-1982) le 27 décembre 1982, et qui est mort peu de temps après cette troisième ascension.
L'Autrichien Franz Oppurg (1948-1981) a été le premier à effectuer l'ascension finale en solitaire, le 14 mai 1978.
4 femmes sont déjà parvenues au sommet. La première est la Japonaise Junko Tabei (née en 1939), le 16 mai 1975 ; la dernière, la Polonaise Wanda Rutkiewicz, le 16 octobre 1978.
Le vainqueur de l'Everest le plus âgé est l'Allemand de l'Ouest, Gerhard Schmeatz (né le 5 juin 1929), âgé de 50 ans 88 jours à son arrivée au sommet, le 1er octobre 1979.
La première de l'Everest entièrement en solitaire, sans masque à oxygène, a été réussie le **20 août 1980** par l'Italien Reinhold Messner (né le 17 septembre 1944), le seul alpiniste à avoir vaincu 10 des 14 sommets à plus de 8 000 m, dont les 3 plus hauts sommets du monde (K2, et Kangchenjunga en 1982). Messner avait déjà vaincu l'Everest sans oxygène en 1978, mais avec un compagnon.
3 « premières » ont été réussies à l'Everest en 1980 : le 17 février, la première hivernale, par les Polonais Leszek Cichy (né en 1950) et Krzysztof Wielicki (né en 1949). Le 3 mai 1980, première par la face nord par le Japonais Kato Yasuo (né en 1949). 2 expéditions chinoises avaient déjà réussi cette ascension en 1960 et 1975, mais Yasuo est le premier « étranger » à l'avoir effectuée depuis que la Chine communiste a ouvert ses frontières pour l'escalade des 8 sommets situés sur son territoire.
La troisième première, le 15 juillet 1980, est celle du double sommet du Hidden Peak (7 069 m et 8 068 m), par les Français Maurice Barrard (né en 1942) et Georges Narbaud (né en 1938).
Les Soviétiques Valeri Khomitov, Vladimir Pytchkov et Youri Golodov ont réussi la première de la face sud-ouest, réputée jusqu'alors infranchissable, le 2 mai 1982.

Parois *les plus abruptes*

Le plus haut mur en fin d'ascension se trouve sur la

face sud de l'Annapurna (8 091 m). Il a été vaincu par une expédition britannique conduite par Christian John Strey Bonington (né le 6 août 1934), au cours de laquelle, du 2 avril au 27 mai 1970, Donald Whillans (né en 1934) et Dougal Haston ont utilisé 5 500 m de corde.

Le plus long mur se trouve sur le Rupal. Il s'élève du camp de base (3 560 m) à la pointe sud (8 042 m) du Nanga Parbat – soit une ascension verticale de 4 482 m. Il a été escaladé par l'expédition austro-germano-italienne conduite par Karl Maria Herrligkoffer en avril 1970.

Le plus grand mur d'Europe est la face nord de l'Eiger (le mur de l'Ogre), qui fait 2 000 m de dénivellation, escaladé pour la première fois par les Autrichiens Heinrich Harrer et Fritz Kasparek, et les Allemands Andel Heckmair et Wiggerl Vörg, du 21 au 24 juillet 1938. Ce mur avait déjà été vaincu le 20 août 1932 par Hans Lauper, Alfred Zurcher, Alexander Graven et Josef Knubel par la face nord-est.

Ascension en solitaire *la plus longue*

La plus grande ascension en solitaire dans les Alpes a été accomplie par l'Italien **Walter Bonatti** (né le 22 juin 1930), qui a escaladé le pilier sud-ouest du Dru (désormais appelé pilier Bonatti), avec cinq bivouacs, **en 126 h 7 mn,** du 17 au 22 août 1955. Bonatti est, pour beaucoup, considéré comme le grand alpiniste « alpin » des temps modernes.

Bivouac *le plus haut*

Douglas Scott (né le 29 mai 1941) et **Dougal Haston** (1940-1977) ont bivouaqué dans une cavité de neige à **8 747 m** d'altitude, au sommet sud de l'Everest, le 24 septembre 1975.

Premières françaises *l'Himalaya*

La première – et la seule – expédition française qui ait jusqu'à présent vaincu l'Everest est la cordée conduite par **Pierre Mazeaud** (né en 1929), accompagné de Jean Affanassiev et de Nicolas Jaeger († 1980), le **15 octobre 1978.**

Les 2 plus grands alpinistes français ont sans doute été Louis Lachenal (1921-1955) et Lionel Terray (1921-1965), membres de l'expédition conduite par Maurice Herzog (né le 15 janvier 1919) qui, le 3 juin 1950, fut la première à vaincre un sommet à plus de 8 000 m d'altitude, l'Annapurna (8 047 m).

Le premier Français qui ait dépassé les 8 000 m sans masque à oxygène est Christine Janin (née en 1957) le 6 août 1981 au sommet du Gasherbrum II (8 035 m). Elle est aussi la première Française qui ait vaincu un sommet de plus de 8 000 mètres.

Mont Blanc *le plus d'ascensions*

La première ascension connue du mont Blanc a été réalisée les 7 et 8 août 1786 par le guide Jacques Balmat (1762-1834) et le docteur Paccard. Le Suisse Horace Bénédict de Saussure n'a effectué que la 2e ou la 3e ascension, avec Balmat, le 1er août 1787.

Depuis, le sommet des Alpes a été violé des dizaines de milliers de fois. Le guide chamoniard **René Tournier** a réussi sa **500e** à 62 ans, en septembre 1979. Sa première datait de 1947.

Mont Blanc *le plus jeune alpiniste*

Les 7 et 8 juin 1981 **Yannick Vallençant** (né le 1er février 1969), parti de l'aiguille du Midi, a gravi le mont Blanc de Tacul, le mont Maudit, bivouaqué au col de la Brenva, pour atteindre le lendemain matin le sommet du mont Blanc, accompagné de son père et de son oncle, à l'âge de **11 ans et 127 jours.**

LISTE (PROGRESSIVE) DES PLUS HAUTS SOMMETS VAINCUS
(Après l'Aconcagua en 1897)

Altitude	Montagne	Alpinistes	Date
7 120	Trisul, Garhwal, Himalaya	Thomas G. Longstaff, Alexis et Henri Brocherel, Karbir	12 juin 1907
7 127*	Pauhunri, Sikkim; Himalaya	A. M. Kellas, Sonam et un autre porteur	16 juin 1911
7 127	Pic Lénine, Trans-Alaï, Pamir	E. Allwein, K. Wien, E. Schneider	25 septembre 1928
7 145	Pic Népal, Sikkim-Népal	E. Schneider	24 mai 1930
7 417	Pic Jongsong, Népal-Sikkim, Tibet	E. Schneider, H. Hoerlin	3 juin 1930
7 756	Kamet, Garhwal-Himalaya	Francis S. Smythe, R. L. Holdsworth, Eric E. Shipton, Lewa	21 juin 1931
7 816	Nanda Devi, Garhwal, Himalaya	N. E. Odell, Harold W. Tilman	29 août 1936
8 047	Annapurna I, Népal	Maurice Herzog, Louis Lachenal	3 juin 1950
8 848	Mont Everest, Tibet	Edmund P. Hillary, Tensing Norgay	29 mai 1953

* *Selon de nouvelles estimations, il n'atteindrait que 7 065 m.*

RECORDS SUCCESSIFS D'ALTITUDE REALISES PAR DES ALPINISTES

Altitude	Montagne	Alpinistes	Date
5 452	Popocatepetl, Mexique	Francisco Montano	1521
5 608	Passe de Mana, chaine de Zaskar	A. de Andrade, M. Morques	Juillet 1624
5 758	Sur le Chimborazo, Équateur	Alexander von Humbolt, Goujand (France), C. Montufar	23 juin 1802
5 916	Dans la chaine Leo Pargyal, Himalaya	Gerrard et Lloyd	1818
6 784	Sur l'E. Ibi Gamin, Garhwal, Himalaya	A. et R. Schlagintweit	août 1855
6 890	Pic des Pionniers, sur le Baltoro Kangri	William M. Conway, Matthias Zurbriggen	23 août 1892
6 960	Aconcagua, Andes	Matthias Zurbriggen	14 janvier 1897
7 130	Sur le pic Pyramis, Karakoram	William H. Workman, J. Petigax Sr et Jr, C. Savoie	12 août 1903
7 250	Sur le Gurla Mandhata, Tibet	Thomas G. Longstaff, Alexis et Henri Brocherel	23 juillet 1905
v. 7 285	Sur le Kabru, Sikkim-Népal	Carl W. Rubenson et Monrad Aas	20 octobre 1907
7 500	Sur le Chogolisa, Karakoram	Duc des Abruzzes, J. Petigax, H. et E. Brocherel	18 juillet 1909
v. 7 590	Camp V, Everest, Tibet-Népal	G.L. Mallory, E. F. Norton, T. H. Somervell, H. T. Morshead	20 mai 1922
8 225	Sur l'Everest (face nord), Tibet	George L. Mallory, Edward F. Norton, T. Howard Somervell	21 mai 1922
v. 8 320	Sur l'Everest (face nord), Tibet	George I. Finch, J. Granville Bruce	27 mai 1922
8 570	Sur l'Everest (face nord), Tibet	Edward Felix Norton	4 juin 1924
8 570	Sur l'Everest (face nord), Tibet	P. Wynn Harris, Lawrence R. Wager	30 mai 1933
8 570	Sur l'Everest (face nord), Tibet	Francis Sydney Smythe	1er juin 1933
8 599	Épaule sud de l'Everest, Népal	Raymond Lambert, Tensing Norgay	28 mai 1952
8 754	Épaule sud de l'Everest, Népal	Thomas D. Bourdillon, Robert C. Evans	26 mai 1953
8 848*	Everest, Népal-Tibet	Edmund P. Hillary, Tensing Norgay	29 mai 1953

* *Atteint pour la première fois sans oxygène, par Reinhold Messner (Italie) et Peter Habeler (Autriche) le 8 mai 1978.*

ATHLÉTISME

Origines

L'athlétisme remonte aux anciens jeux Olympiques.
Les premiers jeux Olympiques datés avec exactitude se déroulèrent en juillet 776 av. J.-C. ; Coroibos y remporta l'épreuve de course à pied. Deux performances datant de cette époque nous sont connues : Chionis de Sparte sauta 7,05 m en longueur, en 656 av. J.-C., et Protesilaus lança le disque à 46,30 m.
Créée en 1912, la Fédération internationale d'athlétisme amateur (I.A.A.F.) est celle qui regroupe le plus de membres de toutes les fédérations internationales avec 162 pays.
La Fédération Française d'Athlétisme (FFA) comptait 101 009 licenciés, dont 32 951 femmes, répartis dans 1 555 clubs à la fin de l'année 1980, année où a été fêté le 100 000e adhérent.

Records *les premiers établis*

Le premier athlète à être descendu en dessous de 10" sur 100 yards, dans des conditions de championnat, est l'Américain **John Owen** qui, à 30 ans, courut cette distance en 9" 4/5 à Washington (U.S.A.), le 11 octobre 1890.
Le premier à être descendu au-dessous de 10" sur 100 mètres est l'Américain **James Ray « Jim » Hines** (né le 10 septembre 1946), le 9 juin 1968 à Sacramento (U.S.A.). Son temps de 9"90, non électrique, n'a pas été retenu comme record du monde. Ce dernier est toujours sa propriété avec 9"95, réussis le 14 octobre 1968, en finale des jeux Olympiques de Mexico.
Le premier à être descendu au-dessous des 13" sur 110 mètres haies est l'Américain **Reynaldo Nehemiah** (né le 24 mars 1959), le 19 août 1981 à Zurich (Suisse), en réussissant le temps de 12"93.
Le premier à avoir sauté plus de 6 pieds (1,83 m) en hauteur est l'Anglais **Marshall Jones Brooks** (1855-1944), qui franchit 1,832 m à Marston (G.-B.), le 17 mars 1876.
Le premier à avoir réussi moins de 4' sur 1 mile (1 609,34 m) est l'Anglais **Roger Gilbert Bannister** (né le 23 mars 1929), qui réalisa 3'59"4 sur cette distance à Oxford (G.-B.) vers 6 h du soir, le 6 mai 1954.

Saut en hauteur *le plus haut au-dessus de sa tête*

On rapporte plusieurs exemples de sauts supérieurs au record du monde homologué (2,36 m). On peut citer les 2,50 m attribués sans preuve aux hommes de la tribu Tutsi (voir chap. *L'Homme*) en Afrique centrale, mais ces sauts sont réalisés à partir d'un plan incliné.

L'Américain **Franklin Jacobs** (né le 31 décembre 1957) mesure 1,73 m et il a sauté 2,32 m (différence record : **59 cm**), à New York, le 28 janvier 1978.
Chez les femmes, l'Américaine Cindy John Holmes (née le 29 août 1960) mesurait 1,525 m lorsqu'elle a sauté 1,83 m (différence : 30,5 cm), le 1er juin 1982 à Provo (Utah, U.S.A.).
Le Français Frank Verzy (né le 13 mai 1961) a sauté 51 cm au-dessus de sa tête (1,81 m) lorsqu'il a établi le 20 août 1983 à Londres (G.-B.) le nouveau record de France à 2,32 m.

Champions olympiques *les plus titrés*

L'Américain **Ray C. Ewry** (1874-1937) a remporté **10 médailles d'or** (record olympique toutes disciplines) en saut en hauteur départ arrêté, saut en longueur et triple saut, aux Jeux de 1900, 1904 et 1908.

Champions olympiques français *le plus de titres*

5 athlètes français ont été champions olympiques : **Joseph Guillemot** (1899-1978) sur 5 000 m, en 1920 ; **Guy Drut** (né le 6 décembre 1950) sur 110 mètres haies, en 1976 ; les 3 autres sur le marathon, **Michel Théato** (né en 1877), en 1900, **Mohammed El Ouafi** (1899-1960), en 1924, et **Alain Mimoun,** en 1956.
2 championnes les ont imités : Micheline Ostermeyer, au poids et au disque en 1948, et Colette Besson (née le 7 avril 1946) sur 400 m, en 1968.

Championnes olympiques *les plus titrées*

La Hollandaise **Francina « Fanny » E. Blankers-Kœn** (née le 26 avril 1918) a remporté **4 médailles d'or** aux Jeux de 1948 : le 100 m, le 200 m, le 80 m haies et le 4 × 100 m. Ce record a été égalé par l'Australienne **Betty Cuthbert** (née le 20 avril 1938), qui a remporté le 100 m, le 200 m et le 4 × 100 m en 1956, et le 400 m en 1964, et par l'Allemande de l'Est **Barbel Wockel** (née Eckert, le 21 mars 1955) qui a remporté le 200 m et le relais 4 × 100 m aux Jeux de 1976 et 1980.

Jeux Olympiques *champions les plus titrés en une célébration*

Si l'on inclut les épreuves par équipes, le champion le plus titré est le Finlandais **Paavo Johannes Nurmi** (1897-1973), qui a remporté **5 médailles d'or** aux jeux Olympiques de 1924.
Si l'on s'en tient aux compétitions individuelles, le recordman est l'Américain Alvin C. Kraenzlein (1876-1928), qui a remporté 4 titres en 1900 : le 60 m, le 110 m haies, le 200 m haies et le saut en longueur.

Jeux Olympiques *champions les plus médaillés*

Paavo Nurmi a glané **12 médailles** (9 d'or et 3 d'argent) aux jeux Olympiques de 1920, 1924 et 1928.
L'athlète français le plus médaillé est Alain Mimoun (né le 1er janvier 1921), qui a obtenu 4 médailles : 1 d'or (marathon en 1956), et 3 d'argent (5 000 m en 1952, 10 000 m en 1948 et 1952).
Chez les femmes, l'Australienne **Shirley de la Hunty** (née Strickland, le 18 juillet 1925) a remporté **7 médailles :** 3 d'or, 1 d'argent et 3 de bronze, aux Jeux de 1948, 1952 et 1956. Une photo-finish indique qu'elle a terminé 3e, et non 4e, du 200 m des Jeux de 1948 : cela lui donne une 8e médaille (officieuse).
La Polonaise **Irena Szewinska** (née Kirszenstein, le 24 mai 1946) a remporté **7 médailles** (3 d'or, 2 d'argent et 2 de bronze), aux jeux Olympiques de 1964, 1968, 1972 et 1976. Elle est également la seule athlète à avoir gagné des médailles au cours de 4 jeux Olympiques consécutifs. Elle a participé à Moscou, en 1980, à sa 5e olympiade.
L'athlète française **Micheline Ostermeyer** (née le 23 décembre 1922) est la seule Française à avoir gagné **3 médailles :** 2 d'or (poids et disque), et 1 de bronze (hauteur) aux Jeux de 1948.

Champions olympiques *les plus jeunes et les plus âgés*

L'Américain d'origine irlandaise **Patrick J. « Babe » McDonald** (1878-1954) avait **42 ans et 26 jours** lorsqu'il remporta l'épreuve du lancer du poids, à Anvers (Belgique), le 21 août 1920.
Le médaillé olympique le plus âgé est l'Anglais **Tebbs Lloyd Johnson** (né le 7 avril 1900), qui avait **48 ans et 115 jours** lorsqu'il termina 3e du 50 km marche aux Jeux de 1948.
L'Américain **Robert Bruce Mathias** (né le 17 novembre 1930) avait **17 ans et 263 jours** lorsqu'il a gagné le décathlon des jeux Olympiques de Londres, les 5 et 6 août 1956.
Chez les femmes, la Roumaine Lia Manoliu (née le 25 avril 1932) gagna la médaille d'or au disque, à Mexico, le 18 octobre 1968 à 36 ans et 176 jours.
La médaillée olympique la plus âgée est la Tchécoslovaque Dana Zatopkova (née le 19-09-1922),

qui avait 37 ans et 248 jours lorsqu'elle termina à la 2e place du lancer du javelot aux Jeux de Rome, en 1960.
La médaillée d'or la plus jeune est l'Américaine Barbara Jones (née le 26 mars 1937), qui faisait partie de l'équipe qui a remporté le 4 × 100 m à Helsinki (Finlande), le 27 juillet 1952. Elle avait 15 ans et 123 jours.

Courses *le plus de titres olympiques*
100 mètres
Seule l'Américaine **Wyomia Tyus** a remporté cette victoire à deux reprises : en 1964, aux Jeux de Tokyo et en 1968, aux Jeux de Mexico.
100 mètres et 200 mètres
Hommes : 7 athlètes ont remporté cette double victoire au cours des mêmes jeux Olympiques : les Américains **Archie Hahn** (1904), **Ralph Craig** (1912), **Eddie Tolan** (1932), **Jesse Owens** (1936), **Bobby Morrow** (1956) ; le Canadien **Williams** (1928), et le Soviétique **Valeri Borzov** (1972).
Femmes : 4 records identiques : la Hollandaise **Francina Blankers-Kœn** (1948), l'Australienne **Betty Cuthbert** (1956), l'Américaine **Wilma Rudolph** (1960) et l'Allemande de l'Est **Renate Stecher** (1972).
Triplé 100 m/200 m/relais 4 × 100 m
Hommes : Seuls 2 athlètes ont réussi cette performance : Jesse Owens (1936) et Bobby Morrow (1956).
Femmes : 3 d'entre elles ont égalé ce record : **Francina Blankers-Kœn** (1948), **Betty Cuthbert** (1956) et **Wilma Rudolph** (1960).
400 mètres et relais 4 × 100 mètres
Un seul athlète, une femme, l'Allemande de l'Est **Monika Zehrt,** a obtenu une médaille d'or dans ces deux disciplines au cours des Jeux de 1972.
100 mètres, 200 mètres et 400 mètres
C'est une femme encore, **Betty Cuthbert,** qui a réussi à remporter le 100 et le 200 m en 1956, puis le 400 m en 1964.
Doublé 400 mètres et 800 mètres
Le premier athlète à avoir réussi ce doublé est le Cubain **Juantorena** aux Jeux de Mexico, en 1976.
800 mètres
3 athlètes seulement ont gagné à 2 reprises : le Britannique **Lowe** (1924 et 1928), l'Américain **Melvin Whitfield** (1948 et 1952), le Néo-Zélandais **Peter Snell** (1960 et 1964).
Doublé 800 mètres et 1 500 mètres
Cette performance revient à 5 athlètes : l'Australien **Edwin Flack** (1896), le Britannique **Albert Hill** (1920), les Américains **James Lightbody** (1904) et **Melvin Sheppard** (1908) et le Néo-Zélandais **Peter Snell** (1964).
Doublé 1 500 mètres et 5 000 mètres
Seul le Finlandais **Paavo Nurmi** l'a réussi en 1924.
Doublé 5 000 mètres et 10 000 mètres
3 athlètes, le Finlandais **Hannes Kolehmainen** (1912), le Tchèque **Emil Zatopek** (1952) et le Soviétique **Vladimir Kutz** (1956) l'ont remporté au cours des mêmes Jeux.
Le Finlandais Lasse Viren est l'auteur d'un record unique : il a gagné deux fois ce doublé, d'abord en 1972, à Munich, puis à Montréal, en 1976.
Deux autres Finlandais ont réussi cette performance, mais au cours de Jeux différents : **Paavo Nurmi,** 5 000 m en 1924, 10 000 m en 1920 et 1928 ; **Ville Ritola,** 5 000 m en 1928 et 10 000 m en 1924.
10 000 mètres
Avec Viren, **Paavo Nurmi** et **Emil Zatopek** sont les seuls à l'avoir remporté deux fois.
Marathon
Deux victoires (1960 et 1964) reviennent à l'Ethiopien **Abebe Bikila.**
20 kilomètres marche
Le Soviétique **Viktor Golubnichy** a remporté 2 fois le titre, en 1960 et 1968.
5 000 mètres, 10 000 mètres et marathon
Seul **Emil Zatopek** a réussi ce triple exploit, aux Jeux de 1952.

Haies *le plus de titres olympiques*
110 mètres
L'Américain **Lee Calhoun** a remporté 2 fois la course, en 1956 et 1960.
400 mètres
2 victoires pour l'Américain **Glenn Davis** (1956, 1960).
3 000 mètres steeple
Le Finlandais **Volmari Iso-Hollo** l'a gagné à 2 reprises, en 1932 et 1936.
80 mètres
L'Australienne **Shirley Strickland** compte 2 victoires, en 1952 et 1956.

Saut *le plus de titres olympiques*
Triple saut
L'Américain **Myer Prinstein** (1900 et 1904) et le Brésilien **Adhemar Ferreira da Silva** (1952 et 1956) l'ont gagné à 2 reprises.
Le Soviétique **Viktor Saneïev** l'a remporté 3 fois, en 1968, 1972 et 1976.
Saut à la perche
2 victoires pour l'Américain **Robert Richards,** en 1952 et 1956.
Saut en hauteur
La Roumaine **Iolanda Balas** a gagné 2 médailles d'or, en 1960 et 1964.

Lancers *le plus de titres olympiques*
Poids
Hommes : les Américains **Ralph Rose,** (1904, 1908), et **Parry O'Brien,** (1952, 1956), comptent 2 victoires.
Femmes : même performance pour la Soviétique **Tamara Press** (1960 et 1964).
Disque
4 médailles d'or successives, en 1956, 1960, 1964 et 1968, pour l'Américain **Al Oerter.**
2 victoires pour les Américains Martin Sheridan (1904 et 1908) et Clarence Houser (1928 et 1932).
Doublé poids/disque
2 femmes : la Française **Micheline Ostermeyer** (1948) et la Soviétique **Tamara Press** (1964).
Marteau
3 titres reviennent à l'Américain **John Flanagan** (1900, 1904 et 1908), 2 titres à l'Irlandais Patrick O'Callaghan (1928 et 1932).
Javelot
2 victoires olympiques pour le Suédois **Erik Lemming** (1908 et 1912) et pour le Finlandais **Jonni Myrrä** (1920 et 1924).

Décathlon *le plus de titres olympiques*
Un seul athlète compte 2 victoires dans cette discipline, l'Américain **Bob Mathias** (1948 et 1952).

Recordwomen du monde *les plus âgées et les plus jeunes*
La Tchèque **Dana Zatopkova** (née Ingrova, le 19 septembre 1922), a battu le record du monde du lancer du javelot à **35 ans et 255 jours,** avec un jet de 55,73 m, à Prague, le 1er juin 1958.
La Néerlandaise **Carolina Gisolf** (née le 13 juillet

1913) avait **15 ans et 5 jours** lorsqu'elle a battu le record du monde du saut en hauteur avec un bond de 1,61 m, le 18 juillet 1928 à Maastricht (Pays-Bas).

Recordman du monde *le plus jeune*
Le recordman du monde le plus jeune est l'Anglais **Thomas Ray** (1862-1904) qui avait **17 ans et 198 jours** lorsqu'il a battu le record du monde du saut à la perche avec un bond de 3,42 m, le 19 septembre 1879.

Records du monde *battus dans une journée*
L'Américain **Jesse Owens** (1913-1980) a établi **6 records du monde en 45'** à Ann Arbor (Michigan, U.S.A.), le 25 mai 1935 : à 15 h 15, il battait le record du monde du 100 yards en 9"04. A 15 h 25, celui du saut en longueur, avec un bond de 8,13 m. A 15 h 45, ceux du 220 yards et du 200 m en 20"3. Enfin, à 16 h, il courait le 220 yards et le 200 m haies en 22"6.

Records du monde *les plus longtemps invaincus*
L'athlète américain **Jesse Owens** a, en 1935, établi un record de saut en longueur, 8,13 m, qui ne fut battu que **25 ans** plus tard, en 1960, par l'Américain Ralph Boston : 8,21 m. Le même Owens établit un autre record : 10"2 au 100 m, en 1936, qui ne fut amélioré que 20 ans plus tard, en 1956, par l'Américain Williams, avec 10"1.
Le record du monde le plus ancien au 1er août 1982 était détenu par l'Allemand de l'Ouest Martin Lauer depuis le 7 juillet 1959 au 200 m haies (22"5).
Chez les femmes le record du monde du 200 m est resté invaincu pendant 17 ans (1935-1952), celui du 800 m pendant 16 ans (1928-1944).

Records du monde *le plus grand nombre détenus à la fois*
L'Anglais **Sebastian Newbold Coe** (né le 29 septembre 1956) est le seul athlète à avoir détenu le 1er juillet 1980, pendant 50 mn les records du monde des 800 m, 1 000 m, 1 500 m et mile. Sur le stade du Bislet, à Oslo (Norvège), Coe, déjà détenteur des records du 800 m, du 1 500 m et du mile, s'octroyait le record du monde du 1 000 m. 50 mn après, au cours de la même réunion, sur la même piste, son compatriote et rival, Steve Ovett lui ravissait le record du monde du mile.
Le Kenyan Henry Rono (né le 12 février 1952), en battant le 11 juin 1978 le record du monde du 10 000 m, à Vienne (Autriche) devenait détenteur de son quatrième record du monde sur longues distances, après ceux des 3 000 m, 5 000 m et 3 000 m steeple. Il a perdu celui du 5 000 m, le 7 juillet 1982 (Dave Moorcroft, 13'00"42 contre 13'03"4, le 8 avril 1979 pour Rono).

Records de France *les plus longtemps invaincus*
Jean Bouin est l'auteur de 2 records restés le plus longtemps invaincus : 19,021 km en 1 heure, en 1913, record battu seulement 42 ans plus tard, en 1955, par Alain Mimoun, avec 19,078 km ; 30'58"8 au 10 000 m, record dépassé seulement 31 ans plus tard, en 1942, par Jean Lalanne, avec 30'22"8.
Chez les femmes, le record détenu le plus longtemps le fut par **Micheline Ostermeyer** : 13,79 m au lancer de poids (1948), amélioré 14 ans plus tard, en 1962, par B. Burger : 14,25 m.

Record national *le plus longtemps invaincu*
L'Irlandais **Peter O'Connor** est toujours détenteur, **82 ans** plus tard, du record d'Irlande du saut en longueur qu'il a établi le 5 août 1901 (7,61 m).

Sélections internationales *le plus grand nombre*
Le plus grand nombre de sélections pour des matches internationaux d'athlétisme est **89**, pour le Norvégien **Bjorn Bang Andersen** (né le 14 novembre 1937) de 1960 à 1981.

L'athlète français qui a battu *le plus grand nombre de records du monde*
Michel Jazy (né le 13 juin 1936) est l'athlète français qui a détenu le plus de records du monde : il a, entre 1961 et 1966, amélioré **9 records du monde** dans 5 disciplines différentes.
mile : 3'53"6, le 9 juin 1965,
2 000 m, deux fois : 5'1"6, le 14 juin 1962, 4'56"2, le 12 octobre 1966,
2 miles, deux fois : 8'29"6, le 5 juin 1963, 8'22"6, le 23 juin 1965,
3 000 m, deux fois : 7'49"2, le 27 juin 1962, 7'49", le 23 juin 1965,
relais 4 x 1 500 m, deux fois : 15'04"2, le 28 juin 1961 (avec Bernard, Bogey et Clausse), 14'49", le 25 juin 1965 (avec Nicolas, Vervoort et Wadoux).

Calvin Smith (à droite) vient de transmettre le relais à Carl Lewis (à gauche) lors de la finale du 4 × 100 m au championnat du monde d'Helsinki (record du monde).

Championnats d'Europe *le plus de médailles françaises*
Créés en 1934, les championnats d'Europe d'athlétisme se sont déroulés 2 fois en Italie : en 1934, à Turin, en 1974, à Rome.

Premier athlète français détenteur d'un titre de champion d'Europe : Roger Rochard, en 1934, au 5 000 m.
L'athlète français titulaire du plus grand nombre de médailles est **Jean-Claude Nallet** (né le 15 mars 1947), médaille de bronze du 200 m, en 1966, à Budapest ; médaillle d'argent du 400 m, médaille d'or du relais 4 × 400 m, en 1969, à Athènes ; médaille d'or du 400 m haies, en 1971, à Helsinki ; médaille d'argent de 400 m haies en 1974, à Rome. Au total : 2 médailles d'or, 2 médailles d'argent, 1 médaille de bronze.

Athlète français qui a battu *le plus grand nombre de records d'Europe*
Michel Jazy est l'athlète français à qui revient le plus grand nombre de records d'Europe. Entre 1961 et 1966, il a battu 17 records dans 8 disciplines différentes : 1 500 m, 2 fois ; 5 000 m, 3 fois ; 2 000 m, 2 fois ; 3 000 m, 2 fois ; 3 miles, 2 fois ; 1 mile, 2 fois ; 2 miles, 2 fois ; relais 4 × 1 500 m, 2 fois.
1 record d'Europe en distances métriques était détenu au 31 août 1983 par un athlète français, celui du 110 mètres haies.
2 000 mètres, 4'56"2, Michel Jazy, 12 octobre 1966 (Saint-Maur)
110 mètres haies, 13"28, Guy Drut, 29 juin 1975 (Saint-Etienne)
120 yards haies, 13", Guy Drut, 22 août 1975 (Berlin, R.F.A.).

Championnats de France *le plus grand nombre de victoires*
Alain Mimoun est l'athlète qui a remporté le plus grand nombre de victoires au cours des championnats de France : entre 1947 et 1966, il a gagné **32 fois,** dans 4 disciplines différentes.
– 5 000 m : 8 titres (1947, 1949, de 1951 à 1956) ; 1 000 m : 12 titres, dont 11 consécutifs (1947 et de 1949 à 1959) ; marathon : 6 titres (de 1958 à 1960 et de 1964 à 1966) ; cross : 6 titres (de 1950 à 1952, 1954, 1956 et 1959).
Guy Husson (né le 2 mars 1931) a remporté le plus grand nombre de victoires dans la même discipline : 15 titres consécutifs (de 1954 à 1968) de champion de lancer du marteau. Et il a battu le plus grand nombre de fois son propre record au cours de la même saison, 6 fois en 1956.
Lucienne Velu a été 14 fois championne de France de lancer du disque (de 1925 à 1930, de 1932 à 1937, 1939, 1942).
Denise Guénard (née le 13 janvier 1934) a remporté 20 titres de championne de France dans 5 disciplines différentes : lancer du disque : 1 titre en 1959 ; saut en hauteur : 2 titres, en 1953 et 1964 ; saut en longueur : 2 titres, en 1965 et 1966 ; 80 m haies : 6 titres, en 1954, 1955, 1960, 1961, 1962 et 1965 ; pentathlon : 9 titres, en 1953, 1954, 1961 et de 1963 à 1968.

Jeux Olympiques *Français les plus âgés*
L'athlète français le plus âgé finaliste d'une épreuve des J.O. est **Pierre Colnard** (né le 18 février 1929), qui participa aux Jeux de Mexico de 1968, **à 39 ans,** et se classa 9e au lancer du poids.
L'athlète français le plus âgé ayant remporté une médaille d'or fut Alain Mimoum : né le 1er janvier 1921, il gagna le marathon à Melbourne, en 1956, à l'âge de 35 ans et 9 mois.

Records de France battus *le plus grand nombre*
Le plus grand nombre de records de France appartient à **Michel Jazy** qui a amélioré **49 records** de France de 1959 à 1966, dans 10 disciplines différentes : 9 fois celui du 1 500 m, 8 fois celui du 800 m, 7 fois celui du mile, 7 fois celui du 2 000 m, 6 fois celui du 5 000 m, 4 fois celui du 1 000 m, 3 fois celui du 3 000 m, 2 fois celui du 6 miles, 2 fois celui du relais 4 x 1 500 m, 1 fois celui du 880 yards.
Le plus grand nombre de records de France dans la même discipline est détenu par Guy Husson : il a amélioré 23 fois le record de France du lancer du marteau, de 1954 à 1967.
Chez les dames, le record revient à **Micheline Ostermeyer** qui a amélioré 19 records de France dans 5 disciplines différentes : 10 fois celui du lancer de poids, 4 fois celui du lancer du disque, 3 fois celui du pentathlon, 1 fois celui du 80 m haies, 1 fois celui du saut en hauteur.

Carrière *la plus longue*
A **92 ans** le Britannique **Duncan McLean** (1884-1980), a couru un 100 m en 21"7, au mois d'août 1977. Son meilleur sprint, il l'avait réussi 73 ans auparavant, en Afrique du Sud : il avait alors couru le 100 yards en 9"9.
Le Grec Dimitrion Yordanidis, âgé de 98 ans, a couru un marathon en 7 h 33' à Athènes, le 10 octobre 1976.

Lancer du poids *des deux mains*
L'Américain **Allan Feuerbach** (né le 14 janvier 1948) sait lancer des deux mains : le 24 août 1974 à Malmoe (Suède), il a réussi des jets de 21,38 m (main droite) et 15,67 m (main gauche).

Sauts sans élan *les plus longs*
Le meilleur saut en hauteur sans élan a été réalisé par le Suédois **Rune Almen** (né le 20 octobre 1952) qui a sauté **1,90 m** à Karlstad (Suède), le 3 mai 1980.

Unijambistes *le meilleur sauteur en hauteur*
L'unijambiste canadien **Arnie Boldt** (né en 1958) a franchi **2,04 m** à Rome (Italie) le 3 avril 1981.

Record du monde de saut en hauteur pour l'unijambiste canadien Arnie Boldt : 2,04 m.

Meilleure performance mondiale du marathon féminin pour l'Américaine Joan Benoit : 2 h 22' 42" à Boston le 18 avril 1983.

RECORDS DU MONDE D'ATHLÉTISME (HOMMES) au 4 Septembre 1983

Le * indique un record en cours d'homologation

Discipline	Performance	Athlète et date de naissance	Lieu	Date
COURSES DE PLAT				
100 mètres	9"93* (1)	Calvin Smith (U.S.A.) (8-01-61)	Colorado Springs (U.S.A.)	3-07-1983
200 mètres	19"72 (1)	Pietro Mennea (Italie) (28-06-52)	Mexico (Mexique)	12-09-1979
400 mètres	43"86 (1)	Lee Edward Evans (U.S.A.) (25-02-47)	Mexico (Mexique)	18-10-1968 (J.O.)
800 mètres	1'41"73	Sebastian Newbold Coe (G.-B.) (29-09-56)	Florence (Italie)	10-06-1981
1 000 mètres	2'12"18	Sebastien Newbold Coe (G.-B.)	Oslo (Norvège)	11-07-1981
1 500 mètres	3'30"77	Steven Michael James Ovett (G.B.)	Rieti (Italie)	4-09-1983
1 mile	3'47"33	Sebastian Coe (G.-B.)	Bruxelles (Belgique)	28-08-1981
2 000 mètres	4'51"4	John George Walker (N.-Zél.) (12-01-52)	Oslo (Norvège)	30-06-1976
3 000 mètres	7'32"1	Henry Rono (Kenya) (12-02-52)	Oslo (Norvège)	27-06-1978
5 000 mètres	13'00"42*	David Moorcroft (G.-B.) (10-04-53)	Oslo (Norvège)	7-07-1982
10 000 mètres	27'22"4	Henry Rono (Kenya) (12-02-52)	Vienne (Autriche)	11-06-1978
20 000 mètres	57'24"2	Jos Hermens (Pays-Bas) (8-01-50)	Papendal (Pays-Bas)	1-05-1976
25 000 mètres	1h13'55"8	Toshihiko Seko (Japon) (15-07-56)	Christchurch (N.-Z.)	22-03-1981
30 000 mètres	1h29'18"80	Toshihiko Seko (Japon)	Christchurch (N.-Z.)	22-03-1981
1 heure	20 944 m	Josephus Hermens (P.-B.)	Papendal (Pays-Bas)	1-05-1976
(1) Ces records ont été établis en altitude (2 200 m à Colorado Springs, 2 400 m à Mexico). Les records au niveau de la mer sont les suivants : 100 mètres, 9"96 par Carleton McHinley « Carl » Lewis (1-07-61) à Modesto (Californie, U.S.A.) le 14-05-83 ; 200 mètres, 19"75 par Carl Lewis à Indianapolis (Indiana, U.S.A.) le 19 juin 1983 ; 400 mètres, 44"26 par Alberto Juantorena (Cuba) (21-11-50) à Montréal (Canada) le 29 juillet 1976 (J.O.).				
COURSES DE HAIES				
110 m (haut. 1,06 m)	12"93	Renaldo Nehemiah (U.S.A.) (24-03-59)	Zurich (Suisse)	19-08-1981
400 m (haut. 91,4 cm)	47"02*	Edwin Corley Moses (U.S.A.) (31-08-55)	Coblence (R.F.A.)	31-08-1983
3 000 steeple	8'05"4	Henry Rono (Kenya)	Seattle (U.S.A.)	13-05-1978
MARATHON				
Il n'y a pas de record officiel de la distance, parce que ses difficultés varient considérablement selon les courses. Le meilleur temps connu sur 42,195 km (distance standard depuis 1924) est de 2 h 08'13" par Alberto Salazar (U.S.A.) (07-08-58) au marathon de New York le 25 octobre 1981. Le record féminin est de 2 h 22'43" par Joan Benoit (U.S.A.) (16-05-57) à Boston (U.S.A.) le 18 avril 1983.				
COURSES DE RELAIS				
4 × 100 m	37"86*	Equipe nationale des Etats-Unis (Emmit King, Willie Gault, Calvin Smith, Carleton Lewis)	Helsinki (Finlande)	10-08-1983
4 × 200 m	1'20"26 (1)	Université de Californie du Sud (U.S.A.) (Joel Andrews, James Sandorf, William Mullins, Clancy Edwards)	Tempe, Arizona (U.S.A.)	27-05-1978
4 × 400 m	2'56"16 (2)	Equipe nationale des Etats-Unis (Vincent Edward Matthews, Ronald J. Freeman, George Lawrence James, Lee Edward Evans)	Mexico (Mexique)	20-10-1968 (J.O.)
4 × 800 m	7'03"89	Equipe anglaise (Peter Elliott, Gary Peter Cook, Steven Cram, Sebastian Coe)	Londres (G.-B.)	30-08-1982
4 × 1 500 m	14'38"8	Equipe d'Allemagne de l'Ouest (Thomas Wessinghage, Harald Hudak, Michael Lederer, Karl Fleschen)	Cologne (R.F.A.)	17-08-1977
(1) Les «Tobias Striders» (Guy Abrahams, Mike Simmons, Donald O'Quarrie, James Gilkes) ont réussi 1'20"2, le 27-05-78 à Tempe (U.S.A.); mais le temps n'a pas été homologué, l'équipe étant composée de coureurs de nationalités diverses. – (2) La meilleure performance réussie au niveau de la mer est de 2'58"85 par l'équipe nationale des États-Unis à Sacramento (Californie) le 31 juillet 1976.				
CONCOURS				
Saut en hauteur	2,37 m	Zhu Jianhua (Chine) (29-03-63)	Pékin (Chine)	14-06-1983
Saut à la perche	5,83 m (3)	Thierry Vigneron (France) (9-03-60)	Rome (Italie)	1-09-1983
Saut en longueur	8,90 m (5)	Robert Beamon (U.S.A.) (29-08-46)	Mexico (Mexique)	18-10-1968 (J.O.)
Triple saut	17,89 m (5)	Joao Carlos de Oliveira (Brésil) (22-05-54)	Mexico (Mexique)	15-10-1975
Lancer du poids	22,22 m* (3)	Udo Beyer (R.D.A.) (9-08-55)	Los Angeles (U.S.A.)	25-06-1983
Lancer du disque	71,88 m* (4)	Youri Dumchev (U.R.S.S.) (5-08-58)	Moscou (U.R.S.S.)	29-05-1983
Lancer du marteau	84,14 m*	Sergei Litvinov (U.R.S.S.) (23-01-58)	Moscou (U.R.S.S.)	21-06-1983
Lancer du javelot	99,72 m *	Thomas Alan Petranoff (U.S.A.) (8-04-58)	Westwood (U.S.A.)	15-05-1983

(2) Le Soviétique Constantin Volkov a sauté 5,84 m le 3 août 1981 à Irkoutsk (U.R.S.S) au cours d'une réunion non officielle. Il a de très fortes chances que son record ne soit pas homologué. – (3) Un sportif professionnel a battu ce record, mais il n'est pas certain que le règlement (mesure du jet, contrôle du poids) ait été aussi rigoureusement appliqué, Brian Ray Oldfield (U.S.A.) (1-01-45) a lancé le poids à 22,46 cm le 10 mai 1976 à El Paso (Texas, U.S.A.). – (4) L'Américain Ben Plucknett (13-04-53) a lancé tout à fait régulièrement le disque à 71,20 m le 16 mai 1981 à Modesto (U.S.A.) et à 72,34 m le 7 juillet 1981 à Stockholm (Suède). Ces records n'ont pas été homologués car Plucknett a été radié à vie par la Fédération Internationale d'Athlétisme le 13 juillet 1981 pour usage d'anabolisants. – (5) Ces records ont été établis en altitude. Les records au niveau de la mer sont les suivants : longueur, 8,79 m par Carl Lewis (U.S.A.) à Indianapolis (U.S.A.) le 19 juin 1983 ; triple saut, 17,56 m, par William « Willie » Banks (U.S.A.) (11-03-56) à Sacramento (Californie, U.S.A.) le 31 juillet 1976.

DÉCATHLON

	8 777 pts*	Jurgen Hingsen (R.F.A.) (25-01-58) (1er jour : 10"92 au 100 m, 7,74 m en longueur, 15,94 m au poids, 2,15 m en hauteur et 47"80 au 400 m)	Filderstadt (R.F.A.) (2e jour : 14"11 au 110 m/haies, 46,80 m au disque, 4,70 m à la perche, 67,26 m au javelot et 4'19"96 au 1 500 m)	4,5-06-1983

RECORDS DU MONDE D'ATHLÉTISME (FEMMES) AU 4 Septembre 1983

Le * indique un record en cours d'homologation.

Discipline	Temps	Nom, nationalité et date de naissance	Lieu	Date
Courses de plat				
100 mètres	10"79* (1)	Evelyn Ashford (U.S.A.) (15-04-57)	Colorado Springs (U.S.A.)	3-07-1983
200 mètres	21"71	Marita Koch (R.D.A.) (18-02-57)	Karl Marx Stadt (R.D.A.)	10-06-1979
400 mètres	47"99 *	Jarmila Kratochvilova (Tchécoslovaquie) (26-01-51)	Hensinki (Finlande)	10-08-1983
800 mètres	1'53"28 *	Jarmila Kratochvilova (Tchécoslovaquie)	Munich (R.F.A.)	26-07-1983
1 500 mètres	3'52"5	Tatiana Kazankina (U.R.S.S.) (17-12-51)	Zurich (Suisse)	13-08-1980
1 mile	4'17"44	Marica Puica (Roumanie) (29-07-50)	Rieti (Italie)	16-09-1982
3 000 mètres	8'26"78*	Svetlana Ulmassova (U.R.S.S.) (4-02-53)	Leningrad (U.R.S.S.)	24-07-1982
5 000 mètres	15'08"26 (2)	Mary Decker (U.S.A.) (4-08-58)	Eugene (U.S.A.)	5-06-1982
10 000 mètres	31'35"01* (2)	Ludmila Baranova (U.R.S.S.) (née en 1950)	Krasnodar (U.R.S.S.)	20-05-1983

(1) Colorado Springs est à 2200 mètres d'altitude. Le record du 100 mètres au niveau de la mer est de 10"81 par Marlies Goerh (R.D.A.) (née Oelsner, 21-03-58) à Berlin-Est (R.D.A.) le 8 juin 1983.

(2) Le 5 000 mètres et le 10 000 mètres féminins ne sont pas encore reconnus comme distances officielles. Le temps cité ici n'est pas encore un record, mais une meilleure performance mondiale. L'heptathlon, par contre, figure au programme officiel des compétitions d'athlétisme féminin depuis la saison 1981.

Discipline	Temps	Nom, nationalité et date de naissance	Lieu	Date
Courses de haies				
100 mètres	12"36	Grazyna Rabsztyn (Pologne) (20-09-52)	Varsovie (Pologne)	13-06-1980
400 mètres	54"02 *	Anna Ambrosene (U.R.S.S.) (14-04-55)	Moscou (U.R.S.S.)	11-06-1983
Courses de relais				
4 × 100 mètres	41"53 *	Équipe d'Allemagne de l'Est (Silke Gladish, Marita Koch, Ingrid Auerswald, Marlies Goehr)	Berlin-Est	31-07-1983
4 × 200 mètres	1'28"15	Équipe d'Allemagne de l'Est (Marlies Goehr, Romy Müller, Arbel Wöckel, Marita Koch)	Iena (R.D.A.)	9-08-1980
4 × 400 mètres	3'19"04	Équipe d'Allemagne de l'Est (Kirsten Siemon, Sabine Busch, Dagmar Ruesbam, Marita Koch)	Athène (Grèce)	11-09-1982
4 × 800 mètres	7'52"3	Équipe d'U.R.S.S. (Tatiana Providokhina, Valentina Guerassimova, Svelta Svetlana Stirkina, Tatiana Kazankina)	Podolsk (U.R.S.S.)	16-08-1976
Concours				
Saut en hauteur	2,04 m*	Tamara Bykova (U.R.S.S.) (21-12-58)	Pise (Italie)	25-08-1983
Saut en longueur	7,43 m *	Anisoara Cusmir (Roumanie) (28-06-62)	Bucarest (Roumanie)	4-06-1983
Lancer du poids	22,45 m (1)	Ilona Slupianek (née Schoknecht) (R.D.A.) (24-09-56)	Postdam (R.D.A.)	11-05-1980
Lancer du disque	73,26 m	Galina Savinkova (U.R.S.S.) (15-07-53)	Lessilidze (U.R.S.S.)	22-05-1983
Lancer du javelot	74,76 m	Ilse Kriistina Lillak (Finlande) (15-04-61)	Tampere (Finlande)	13-06-1983

(1) La Tchécoslovaque Helena Fibingerova (13-07-49) a établi un record en salle avec un jet de 22,50 m, effectué le 19 février 1977 à Jablonec (Tchécoslovaquie).

Discipline	Temps	Nom, nationalité et date de naissance	Lieu	Date
Pentathlon	5 083 pts	Nadejda Tkachenko (U.R.S.S.) (100 m haies: 13"29; lancer du poids: 16,84 m; saut en hauteur: 1,84 m; saut en longueur: 6,73 m; 800 mètres: 2'05"2)	Moscou (U.R.S.S.)	24-07-1980
Heptathlon	6 836 pts*	Ramona Neubert (R.D.A.) (26-07-58) (13"42 au 100 m haies, 15,25 m au poids, 23"49 au 200 m, 1,82 m en hauteur, 6,79 m en longueur, 49,94 m au javelot et 2'07"51 au 800 m.)	Halle (R.D.A.)	19, 20-06-1982

RECORDS D'EUROPE D'ATHLÉTISME AU 4 septembre 1983 HOMMES				
Discipline	**Performances**	**Athlète et date de naissance**	**Lieu**	**Date**
100 mètres	10"01	Pietro Mennea (Italie) (28-06-52)		1979
200 mètres	19"83 (R.M.)	Pietro Mennea (Italie)	Mexico (Mexique)	12-09-1979
400 mètres	44"50*	Erwin Skamrahl (R.F.A.) (8-03-58)	Munich (R.F.A.)	26-07-1983
800 mètres	1'41"73 (R.M.)	Sebastian Coe (G.-B.) (29-07-56)	Florence (Italie)	10-06-1981
1 000 mètres	2'12"18 (R.M.)	Sebastian Coe (G.-B.)	Oslo (Norvège)	11-07-1981
1 500 mètres	3'30"77* (R.M.)	Steven Ovett (G.-B.) (9-10-55)	Rieti (Italie)	4-09-1983
2 000 mètres	4'52"20	Tomas Wessinghage (R.F.A.)	Ingelsheim (R.F.A.)	31-08-1982
mile	3'47"33 (R.M.)	Sebastian Coe (G.-B.)	Bruxelles (Belgique)	28-08-1981
3 000 mètres	7'32"79*	David Moorcroft (G.-B.) (10-04-53)	Londres (G.-B.)	17-07-1982
5 000 mètres	13'00"42* (R.M.)	David Moorcroft (G.-B.)	Oslo (Norvège)	7-07-1982
10 000 mètres	27'22"95*	Fernando Mamede (Portugal) (1-11-51)	Paris (Jean-Bouin)	9-07-1982
20 km	57'24"2 (R.M.)	Josephus Hermens (Hollande) (8-01-50)	Papendal (Pays-Bas)	1-05-1976
heure	20,944 km (R.M.)	Josephus Hermens (Hollande)	Papendal (Pays-Bas)	1-05-1976
30 km	1 h 31'30"04	James Noel Carroll Alder (G.-B.) (10-06-40)	Londres (G.-B.)	5-09-1970
110 m haies	13"28	Guy Drut (France) (6-12-50)	Saint-Etienne (France)	29-6-1975
200 m haies	22"5	Martin Lauer (R.F.A.) (11-04-37)	Zurich (Suisse)	7-07-1959
400 m haies	47"85	Harald Schmid (R.F.A.) (29-09-57)		1979
3 000 m steeple	8' 8"	Anders Gaerderud (Suède)(28-08-46)		1976
hauteur	2,36 m	Gerd Wessig (R.D.A.) (16-07-59)	Moscou (U.R.S.S.)	1-08-1980 (J.O.)
longueur	8,54 m	Lutz Dombrowski (R.D.A.) (25-06-59)	Moscou (U.R.S.S.)	28-07-1980 (J.O.)
perche	5,83 m*	Thierry Vigneron (France) (9-03-60)	Rome (Italie)	1-09-1983
triple saut	17,57 m*	Keith Leroy Connor (G.-B.) (16-09-57)	Provo (U.S.A.)	5-06-1982
poids	22,15 m (R.M.)	Udo Beyer (R.D.A.) (9-08-55)	Gothenburg (Suède)	6-07-1978
marteau	84,14 m* (R.M.)	Sergei Litvinov (U.R.S.S.) (23-01-58)	Moscou (U.R.S.S.)	21-06-1983
javelot	96,72 m	Ferenc Paragi (Hongrie) (21-08-53)	Budapest (Hongrie)	23-04-1980
		Detlef Michel (R.D.A.) (né en 1955)	Berlin-Est	8-06-83
décathlon	8 707 pts* (R.M.)	Daley Thompson (G.-B.) (30-07-58)	Gotzis (Autriche)	22, 23-05-1982
relais 4 × 100 m	38"26	U.R.S.S. (Muravyov, Sidorov, Aksinin, Prokofev)	Moscou (U.R.S.S.)	1-08-1980 (J.O.)
relais 4 × 400 m	3'00"46	Grande-Bretagne (1972)	Munich (R.F.A.)	10-09-1972
relais 4 × 800 m	7'08"1 (R.M.)	Equipe d'U.R.S.S. (Podoliakov, Kirov, Malossemline, Rechtchetniak)	Podolsk (U.R.S.S.)	13-08-1978
relais 4 × 1 500 m	14'38"8 (R.M.)	Allemagne de l'Ouest	Cologne (R.F.A.)	17-08-1977

Marathon

Les meilleures performances européennes au marathon (42,195 km) sont de 2 h 09'12" par Ian Reginald Thompson (G.-B.) (16-10-49), le 31 janvier 1974 à Christchurch (N.-Z.) et, chez les femmes, pour Grete Waitz (Norvège) (1-10-53), à New York, le 26 octobre 1980.
* Indique un record en cours d'homologation.

DAMES

Tous les records du monde féminins sont aussi records d'Europe, à l'exception de ceux du 100 m et du 5 000 m détenus par les Américaines Ashford et Decker, et de la meilleure performance du marathon, apanage de l'Américaine Joan Benoit.

100 m	10"81*	Marlies Goehr (21-03-58)	Berlin-Est (R.D.A.)	8-06-1983
5 000 m	15'08"80	Grete Waitz (Norvège) (1-10-53)	Oslo (Norvège)	27-06-1982
marathon	2 h25'29"	Grete Waitz (Norvège)	Londres (G.-B.)	17-04-1983

Courses sur 3 pattes *les plus rapides*
Les médaillés olympiques **Harry Livingstone Hillmann** (1881-1945) et **Lawson Robertson** (1883-1951) ont couru un 100 yards sur 3 pattes en **11"**, le 24 avril 1909 à Brooklyn (New York).

Course à reculons *la plus rapide et la plus longue*
Le Néo-Zélandais **Paul Wilson** a couru un **100 m** à reculons en **14"4**, le 22 septembre 1979 à Tokyo (Japon). L'Américain Donald Davis (né le 10 février 1960) a couru le marathon d'Honolulu à reculons le 12 décembre 1982 en 4 h 20'36. Il a réussi sur 1 mile à reculons le temps de 6'07'01" à l'Université de Hawai, le 21 février 1983.
Le Français **Kléber Leduc** a couru à reculons la distance d'**un marathon,** de Mormoiron à Aubignan (Vaucluse), en **4 h 58'** le 13 décembre 1982.

Course les yeux bandés *la plus rapide*
L'Anglais **Graham Henry Salmon** (né le 5 septembre 1952) a couru, les yeux bandés, un **100 yards en 11"4** à Grangemouth (Écosse), le 2 septembre 1978.

Courses *les plus longues*
La plus longue distance jamais parcourue en solitaire est **16 558 km,** de Stoke-on-Trent (G.-B.) à Sydney (Australie), en 522 jours, du 7 avril 1974 au 9 septembre 1975 par **Kelvin Bowers** (né en 1946).

Le Néo-Zélandais Max Telford (né le 2 février 1935) a parcouru 8 224 km d'Anchorage, en Alaska, à Halifax, en 106 jours 18 h 45', entre le 25 juillet et le 9 novembre 1977.

Le record de la traversée des États-Unis (4 989 km) est de 46 jours 8 h 36' lorsque l'Américain Frank Giannino Jr (né en 1952) a rejoint San Francisco à New York du 1er septembre au 17 octobre 1980.

Course non stop *la plus longue*
Le Suédois **Bertil Järlaker** (né en 1936) a couru sans s'arrêter pendant **121 h 54'** sur une distance de 568 km, à Norrköping (Suède), du 26 au 31 mai 1980.

Course *compétitions les plus longues*
La plus longue course jamais organisée est la **Transcontinentale américaine** (New York – Los Angeles : **5 898 km**) qui s'est courue en 1928 et 1929.

RECORDS DE FRANCE D'ATHLÉTISME AU 4 Septembre 1983
HOMMES

Discipline	Performance	Athlète et date de naissance	Lieu	Date
100 mètres	10"11	Roger Bambuck (22-11-45)	Mexico (Mexique)	14-10-1968 (J.O.)
200 mètres	20"38	Pascal Barré (12-04-59)	Genève (Suisse)	1-07-1979
400 mètres	45"38* (1)	Aldo Canti (9-03-61)	Zurich (Suisse)	24-08-1983
800 mètres	1'43"9	José Marajo (10-08-54)	Saint-Maur	12-09-1979
1 000 mètres	2'16"8	José Marajo	Saint-Maur	13-07-1980
1 500 mètres	3'34"	Jean Wadoux (29-01-42)	Colombes	23-07-1970
mile	3'50"98	José Marajo	Oslo (Norvège)	9-07-1983
2 000 mètres	4'58"20	Michel Jazy (13-06-36)	Saint-Maur	12-10-1966
3 000 mètres	7'41"	Francis Gonzalès (6-02-52)	Lausanne (Suisse)	18-07-1979
5 000 mètres	13'20"24	Francis Gonzalès	Stockholm (Suède)	18-06-1979
10 000 mètres	27'58"05	Pierre Levisse (21-02-52)	Stockholm (Suède)	3-07-1978
20 km (1)	59'11"	Lucien Rault (30-09-36)	Colombes	14-10-1973
30 km	1 h 34'04"7	Bernard Faure (20-07-53)	Bordeaux	31-10-1981
heure	20 305 m (2)	Lucien Rault	Colombes	14-10-1973
110 m haies	13"28	Guy Drut (6-12-50)	Saint-Etienne	29-06-1975
400 m haies	48"94	Jean-Claude Nallet (15-03-47)	Rome (Italie)	4-09-1974
3 000 m steeple	8'18"32	Joseph Mahmoud (13-12-55)	Helsinki (Finlande)	12-08-1983
hauteur	2,32 m *	Frank Verzy (13-05-61)	Londres (G.-B.)	20-08-1983
longueur	8,26 m	Jacques Rousseau (10-03-51)	Lille	26-06-1976
perche	5,83 m	Thierry Vigneron (9-03-60)	Rome (Italie)	1-09-1983
		Quinon (20-02-62)	Nice	18-07-1983
triple saut	16,94 m	Bernard Lamitié (27-06-46)	Turin (Italie)	5-08-1979
poids	20,20 m	Yves Brouzet (5-09-48)	Colombes	22-07-1973
disque	61,76 m	Frédéric Piette (22-09-46)	Oignies	10-09-1977
marteau	73,46 m	Jacques Accambray (23-05-50)	La Croix-de-Berny	23-06-1976
javelot	83,56 m	Jean-Paul Lakafia (29-06-61)	Auckland (N.-Zélande)	13-12-1980
décathlon	8 161 pts	Thierry Dubois (19-01-56)	Gotzis (Suisse)	26, 27-05-1979
relais 4 × 100 m	38"42	Equipe de France (Gérard Fenouil, Jocelyn Delecour, Claude Piquemal, Roger Bambuck)	Mexico (Mexique)	20-10-1968 (J.O.)
relais 4 × 200 m	1'21"58	Herman Panzo, Bernard Petitbois, Aldo Canti, Patrick Barré	Nice	23-08-1981
relais 4 × 400 m	3'00"65	Équipe de France (Gilles Bertould, Daniel Velasques, Francis Kerbiriou, Jacques Carette)	Munich (R.F.A.)	10-09-1972 (J.O.)
relais 4 × 1 500 m	14'48"2	Équipe de France (Didier Begouin, Denis Lequement, Marcel Philippe, Philippe Dien)	Bourges	23-06-1979

(1) Jean-Claude Nallet a établi en 1970 le record de France manuel en 45"1.
(2) Jacky Boxberger a réussi 59'07"80 sur 20 km, et 20,340 km dans l'heure le 17 septembre 1980 à Saint-Maur, mais ces performances n'ont pas été homologuées par manque d'un juge.

DAMES

Discipline	Performance	Athlète et date de naissance	Lieu	Date
100 mètres	11"15	Chantal Rega (7-08-55)	Montréal (Canada)	20-06-1978
200 mètres	22"59 *	Rose-Aimée Bacoul (9-01-52)	Bordeaux	23-07-1983
400 mètres	51"72	Nicole Duclos (15-08-47)	Athènes (Grèce)	18-09-1969
800 mètres	1'59"87	Marie-Françoise Dubois (25-03-48)	Montréal (Canada)	25-07-1975
1 500 mètres	4' 8"6	Marie-Françoise Dubois	Saint-Maur	9-07-1975
3 000 mètres	8'59"	Joëlle Debrouwer (18-10-50)	Sittard (Pays-Bas)	16-08-1980
5 000 mètres	15'52"67	Joëlle Debrouwer	Louvain (Belgique)	3-06-1983
100 m haies	12"90	Laurence Machabey (3-12-59)	Colombes	7-08-1982
400 m haies	54"93	Chantal Rega	Stuttgart (R.F.A.)	29-08-1982
hauteur	1,95 m*	Maryse Ewanje-Epée (4-09-64)	Rieti (Italie)	4-09-1983
longueur	6,82 m	Jacqueline «Jacky» Curtet (09-05-55)	Paris	23-07-1978
poids	17,28 m*	Simone Creantor (2-06-48)	Vigo (Espagne)	20-08-1983
disque	57,50 m *	Catherine Beauvais (11-01-65)	Thonon-les-bains	18-08-1983
javelot	57,74 m	Nadine Schoellkopf (19-08-64)	Saint-Ouen-l'Aumône	16-07-1983
heptathlon	6 102 pts	Florence Picaut (25-10-52)	Lons-Le-Saunier)	16,17-07-1983
relais 4 × 100 m	42"68	Équipe de France (Véronique Grandrieux, Chantal Rega, Raymonde Naigre, Emma Sulter)	Moscou (U.R.S.S.)	1-08-1980 (J.O.)
relais 4 × 200 m	1'32"17	Équipe de France (Laurence Billy, Liliane Gaschet, Chantal Réga, Raymonde Naigre)	Paris (Jean-Bouin)	9-07-1982
relais 4 × 400 m	3'27"52	Équipe de France (Martine Duvivier, Colette Besson, Bernadette Martin, Nicole Duclos)	Munich (R.F.A.)	10-09-1972 (J.O.)
MARATHON (meilleure performance)				
hommes	2 h 12'18"	Jean-Michel Charbonnel (25-04-52)	Liévin	1-05-1980
femmes	2 h 35'16"	Chantal Langlacé (6-01-55)	Oyarzun	1-05-1977

Le vainqueur de 1929, Johnny Salo (1893-1931), parcourut cette distance en 79 jours (31 mars-18 juin). Son temps chronométré (527 h 57'20" – vitesse moyenne : 11,21 km/h) lui laissait une avance de 2'47" sur son second, l'Anglais Pietro « Peter » Gavuzzi (1905-1981).

Course de 6 jours *la plus rapide*

La plus grande distance jamais parcourue en 6 jours était de **1 003,828 km,** par l'Anglais **George Littlewood.** Sur 144 h, l'athlète avait couru 141 h 57'30", du 3 au 8 décembre 1888, à l'ancien Madison Square Garden de New York.

Le Français Dominique Eche (né en 1955) a parcouru 1 009,400 km en 6 jours – dont 372 km en 2 jours, autre record – du 22 au 27 novembre 1982 au stade Pierre-de-Coubertin de Cannes (France).

Coureurs *les plus acharnés*

Le Californien **Jay F. Helgerson** (né le 3 février 1955) a couru un marathon par semaine pendant un an (52 semaines), du 28 janvier 1979 au 19 janvier 1980, soit un total de **2 282 km.**

L'Allemand de l'Ouest **Rolf Brokmeier** a terminé **201 marathons** en 1967 et 1982.

La plus longue distance parcourue en un an est 22 540 km par Tina Maria Stone (née le 5 avril 1934) en 1981 aux environs de Irvine (Californie, U.S.A.).

Le kilométrage le plus élevé jamais couvert au cours d'une vie est de 347 600 km pour l'Anglais Douglas Alistair Gordon Pirie (né le 10 février 1931), en 40 ans jusqu'à 1981.

Course *la plus ancienne*

La « **Red Hose Race** » se tient régulièrement **depuis 1508** à Carnwath, en Écosse.

Relais-records *les plus rapides*

Le record des **100 miles** (160,9 km) par cent coureurs appartenant au même club est de **7 h 53'52"10** par les membres du Baltimore Road Runners Club de Towson (Maryland, U.S.A.), le 17 mai 1981.

Le record féminin de la distance a été établi, le 3 avril 1977, en 10 h 47'9"3, par 100 « coureuses » du San Francisco Dolphins Running Club (U.S.A.).

Le record du relais 100 × 400 m a été établi, en 1 h 29'11"8 (moyenne : 53"5 au 400 m) par les membres de l'Institut d'éducation physique de Louvain (Belgique), le 19 avril 1978.

13 coureurs de la Brigade d'incendie de Melbourne (Australie) ont effectué un relais de 6 290 km, de Darwin à Melbourne. Ce relais s'est déroulé du 25 mai au 13 juin 1979

Le relais le plus long jamais couru est de 13 843,64 km par 1719 athlètes à Drannen (Norvège) en 50 jours 5 h 58' du 30 avril au 19 juin 1983.

CROSS-COUNTRY

Championnats internationaux *arrivées les plus faciles et les plus serrées*

La première course internationale de cross-country a opposé, le 20 mars 1898, l'Angleterre et la France, sur un parcours de 14,5 km à Ville-d'Avray : l'Angleterre a gagné 21 points à 69.

Les premiers championnats du monde de cross-country ont eu lieu au Hamilton Park Racecourse, en Écosse, le 28 mars 1903.

Le coureur qui a remporté le championnat du monde avec la plus grande marge est l'Anglais **Jack Thomas Holden** (né le 13 mars 1907), qui a terminé avec **56" (356 m) d'avance** sur le second, le 24 mars 1934 au Ayr Racecourse, en Écosse.

La victoire la plus serrée a été celle du Français **Jean-Claude Fayolle** (né le 10 novembre 1937), à Ostende (Belgique), le 20 mai 1965 ; les chronométreurs étaient, en effet, incapables de le départager de l'Anglais Melvyn Richard Batty, qui a finalement été déclaré 2e. Depuis 1973, la course a lieu sous les auspices de la Fédération internationale d'athlétisme amateur.

Dans le classement par équipes, l'Angleterre a triomphé 2 fois avec le minimum de 21 points (les 6 premiers coureurs sont pris en compte) au Gosforth Park de Newcastle (Grande-Bretagne) le 22 mars 1924, et à l'hippodrome de Stockel, à Bruxelles (Belgique), le 20 mars 1932.

Participations masculines *le plus de fois*

Champions le plus souvent sélectionnés

PAYS	SÉLECTIONS	ATHLÈTE
Belgique	20	Marcel Van de Wattyne: 1946-1965
Pays de Galles	15	Jean Lochhead : 1967-1979, 1981, 1983
Espagne	14	Mariano Haro: 1962-1965, 1967-1969, 1971-1977
Écosse	14	Jim N.C. Alder 1962, 1964-1976
France	14	Noël Tijou: 1963-1975, 1977
Angleterre	12	Jack T. Holden: 1929-1939, 1946

Participations féminines *le plus de fois*

La Galloise **Jean Lochhead** (née le 24 décembre 1946), de 1967 à 1979, en 1981 et en 1983, a participé à **15** éditions du championnat du monde féminin de cross-country (créé en 1967).

L'Écossaise Margaret Coomber (née Mac Sherry le 13 juin 1950) a participé à 14 éditions successives de cette compétition de 1967 à 1980.

Victoires par équipes *le plus grand nombre*

L'**Angleterre** a remporté 45 titres masculins par équipe depuis la création des championnats internationaux, 11 titres juniors et 6 titres féminins, soit un total de **62 titres** par équipe.

Champions *les plus titrés*

3 coureurs ont gagné la course 4 fois : l'Anglais **Jack Holden**, en 1933, 1934, 1935 et 1939 ; le Français **Alain Mimoun** (né le 1er janvier 1921), en 1949, 1952, 1954 et 1956 ; et le Belge **Gaston Roelants** (né le 5 février 1937), en 1962, 1967, 1969 et 1972.

2 femmes ont remporté 5 fois le titre : l'Américaine **Doris Brown-Heritage** (née le 17 septembre 1942), de 1967 à 1971, et la Norvégienne **Grete Waitz** (née Andersen le 1er octobre 1953), de 1978 à 1981 et en 1983.

Alain Mimoun est l'athlète français le plus médaillé aux jeux Olympiques.

Championnats de France *le plus de titres*
Créés en 1899 et disputés pour la 87e fois en 1982, les championnats de France de cross-country ont été remportés **7 fois** par **Noël Tijou** (né le 12 décembre 1941), (1967, 1969-1971, 1973, 1975-1977), 6 fois par Alain Mimoun (1950-1952, 1954, 1956, 1959) et 6 fois consécutivement par Gaston Raguenau (1901-1906) et par Raphael Pujazon (né le 12 février 1918) (1944-1949).

Participants *le plus grand nombre*
9 093 concurrents se sont présentés (8 834 ont terminé) au départ de la **Lidingöloppet** (un cross de 30 km) qui s'est courue près de Stockholm (Suède) le 5 octobre 1980.
Sur plusieurs épreuves, la course de cross-country qui rassemble le plus de participants est celle du *Figaro,* courue dans le bois de Boulogne, au mois de décembre, à Paris. Le 7 décembre 1979, 35 111 concurrents y ont participé.

Cross du Figaro *le plus de victoires*
Avec **7 succès,** le Français **Jacky Boxberger** (né le 6 avril 1949) est le recordman des victoires dans l'épreuve des « As » du cross du *Figaro.* Il l'a emporté en 1974, 1975, 1976, 1977, 1979, 1980 et 1983. Le record féminin est de 5 succès remportés par Joëlle Debrouwer en 1973, 1976, 1978, 1979 et 1980.

MARCHE

Titres olympiques *le plus grand nombre*
La marche est inscrite au programme des jeux Olympiques depuis 1906, mais les compétitions existent depuis le XVIe siècle.
Le seul marcheur qui ait remporté **3 médailles d'or** est l'Italien **Ugo Frigerio** (1901-1968), pour les 3 000 m (1920) et les 10 km (1920 et 1924). Il a aussi remporté une médaille de bronze sur 50 km (1932). Il a remporté au total 4 médailles, tout comme le Soviétique Vladimir Golubnichiy (né le 2 juin 1936), qui fut médaille d'or sur 20 km (1960, 1968), médaille d'argent (1972) et médaille de bronze (1964).

Titres nationaux *le plus grand nombre*
L'Américain **Ron Laird** (né en 1938) a remporté **65 titres nationaux** de 1958 à 1976, auxquels s'ajoutent 4 titres canadiens. Il a participé à 4 olympiades. Au 1er août 1981, le Français Gérard Lelièvre (né le 13 novembre 1951) a remporté 27 titres de champion de France. Il a été, le 29 avril 1979 à Epinay-sur-Seine, le premier marcheur français à battre un record du monde (20 km).
Il détenait au 31 juillet 1983 tous les records de France de marche, de l'heure aux 50 km, en passant par les 20 km, 30 km et les 2 heures.

Course annuelle *la plus longue*
La course Strasbourg-Paris, aujourd'hui **Paris-Colmar,** créée en 1926, dans l'autre sens, se déroule aujourd'hui sur **513,5 km.**
Le Belge Roger Pietquin (né en 1938) a remporté en 1980 l'épreuve en 60 h 1'20" à la vitesse moyenne de 8,438 km/h pour les 507 km du parcours.
Le Français Gilbert Roger (né en 1914) a remporté 6 fois la course (1949, 1953, 1954, 1956, 1957, 1958).
La seule femme à avoir jamais terminé l'épreuve est la Hollandaise Annie van de Meer, 10e de l'édition 1983 en 77 h 40', plus de 13 heures après le vainqueur, le Français Roger Quememer en 64 h 12' (moyenne 8,076 km/h) pour les 518 km du parcours.

Plus de kilomètres *la plus longue épreuve*
Le Touring Club de France organisa le 1er avril 1910 une marche de **100 000 km.** Le Roumain Dimitru Dan (1890-1976) est le seul à avoir réussi. Au 24 mars 1916, il avait parcouru 96 000 km à la moyenne de 43,85 km par jour.

Marches *les plus longues*
Le premier à avoir fait le **tour du monde à pied** est l'Américain **George Schilling,** du 3 août 1897 à 1904.
Le premier tour du monde authentifié a été réalisé par l'Américain David Kunst (né en 1939) du 10 juin 1970 au 5 octobre 1974.
L'Argentin Tomas Carlos Pereira (né le 16 novembre 1942) a marché pendant 10 ans (avril 1968-avril 1978) autour des 5 continents, parcourant 48 000 km.
Le Soviétique Georgy Bushuyev (né en 1924) a parcouru 10 940 km de Riga à Vladivostok, en 238 jours, en 1973-1974.

Gérard Lelièvre détient le record de victoires dans les championnats de France de marche.

Records du monde de marche sur piste

Distance	Temps	Nom et nationalité	Lieu	Date
20 km	1h20'06"8	Daniel Bautista (Mexique) (né le 04.08.52)	Montréal (Canada)	17 oct 1979
30 km	2h06'54"	Ralf Kowalsky (R.D.A.) (né le 22.03.62)	Berlin-Est (R.D.A.)	28 mars 1982
50 km	3h41'38"4	Raul Gonzalez (Mexique) (né le 29.02.52)	Fana (Norvège)	25 mai 1979
1 heure	15,120 km	Daniel Bautista (Mexique)	Monterey (Mexique)	27 mars 1980
2 heures	28,358 km	Ralf Kowalsky (R.D.A.)	Berlin-Est (R.D.A.)	28 mars 1982

L'Américain Sean Eugene Maguire (né le 15 septembre 1956) a parcouru 11 791 km de l'Alaska, depuis la rivière Yukon, au nord de Livengood, jusqu'à Key West, au sud de la Floride, en 307 jours du 6 juin 1978 au 9 avril 1979.
Le record transcanadien, de Halifax à Vancouver (6 057 km), est de 96 jours par le Canadien Clyde McRae (né en 1950), du 1er mai au 4 août 1973.

24 heures *les plus longues distances*
L'Anglais **Huw Neilson** a marché **214 km** en 24 h les 14 et 15 octobre 1960.
Le record féminin est de 197 km par la Hollandaise Annie van de Meer à Rouen (France) les 2 et 3 mai 1981 sur un circuit de 1,185 km.

Marathon
Le record de marche sans interruption est de **646,19 km**, par l'Anglais **Norman Fox** (né en 1947) en 5 jours 23 h 29' à Osnabrück (Allemagne de l'Ouest) du 1er au 7 septembre 1982.

AUTOMOBILISME

Origines
Bien que cela prête matière à discussion, on peut dire que la première course automobile a été la course de Green Bay à Madison (Wisconsin, États-Unis), longue de 323 km, organisée en 1878, et gagnée par une Oshkosh à vapeur.
En 1887, le comte Jules Félix Albert de Dion de Malfiance (1856-1949) a remporté *La Vélocipède* (31 km), à Paris, sur un quadricycle à vapeur de Dion avec lequel il aurait dépassé les 59 km/h.
La première « vraie » course a eu lieu de Paris à Bordeaux et retour (1 178 km) du 11 au 13 juin 1895. C'est le Français Emile Levassor (1844-1897) qui franchit le premier la ligne d'arrivée après 48 h 47' de course (moyenne : 24,15 km/h) avec sa deux-places Panhard-Levassor propulsée par un moteur Daimler de 1,2 l développant 35 ch.
La première course en circuit fermé, sur 5 tours de 1,6 km, a eu lieu sur une piste en terre à Narragansett Park, Cranston (Rhode Island, États-Unis), le 7 septembre 1896 et a été remportée par A. H. Whiting au volant d'une Riker électrique.
La plus ancienne compétition du monde, qui se court toujours régulièrement, est le RAC Tourist Trophy, organisée pour la première fois le 14 septembre 1905 dans l'île de Man.
Le premier Grand Prix français s'est tenu les 26 et 27 juin 1906, et la Coppa Florio, plus tard Targa Florio, qui a connu des éclipses, date de 1900.
La Fédération Française des Sports Automobiles comptait 21 321 licenciés en 1980, dont 1 518 femmes, répartis dans 208 clubs.

Circuits *les plus rapides*
L'Allemand **Hans Liebold** (né le 12 octobre 1926) a réalisé la meilleure moyenne en circuit fermé en parcourant les **12,64 km** de la piste de Natdo en Italie, en **1'52"67**, le 5 mai 1979, à la moyenne de 403,878 km/h, sur un coupé expérimental Mercedes-Benz C111-1V propulsé par un moteur V-8 avec 2 turbo-compresseurs KKK d'un rendement de 500 ch à 6 200 tr/mn.
L'Américain Mario Gabriele Andretti (né à Trieste, en Italie, le 28 février 1940) a réalisé une moyenne au tour, en circuit fermé, de 344,654 km/h au volant d'une Viceroy Parnelli-Offenhauser à turbo-compresseur de 2,6 l, sur les 3,2 km de l'anneau de vitesse ovale du Texas, relevé à 22° (Texas, World Speedway), College Station, le 6 octobre 1973.
Le circuit routier le plus rapide est celui de Francorchamps, près de Spa, en Belgique, qui mesurait 14,100 km de longueur quand le Français Henri Pescarolo (né le 25 septembre 1942) a couvert le 7e tour des 1 000 Km de Spa, le 6 mai 1973, en 3'13"4 (262,461 km/h de moyenne) au volant d'une Matra-Simca MS 670 à moteur V-12 de 2 993 cc.
Mais c'est l'Allemand Bernd Rosemeyer (1909-1938) qui a réalisé la moyenne record de 276,38 km/h sur le circuit de l'Avus, à Berlin, en 1937, à bord d'une Auto Union V-16 de 6 l.

Courses *les plus rapides*
La course la plus rapide est le NASCAR Grand National – 201 km – (épreuve de qualification pour les 500 Miles de Daytona) sur le circuit tri-ovale de 4,02 km de long relevé à 31 degrés de l'anneau de vitesse de Daytona en Floride (États-Unis). L'Américain **William Caleb « Cale » Yarborough** (né le 27 mars 1939) détient le record de la course (40'55" à une moyenne de 294,985 km/h) sur Mercury 1969 à moteur V-8, depuis le 19 février 1970.
La course la plus rapide sur route est celle des 1 000 Km de Spa, réservée aux voitures de sport. Le record appartient au Mexicain **Pedro Rodriguez** (1940-1971) et à l'Anglais **Keith Jack « Jackie » Oliver** (né le 14 août 1942) qui en ont bouclé les 71 tours (1 001,100 km) en 4 h 1'9"7, à la moyenne de 249,070 km/h, le 9 mai 1971, avec une Porsche 917K à 12 cylindres à plat de 4 998 cc.

Circuit *le plus difficile*
La **Targa Florio** (courue pour la première fois le 9 mai 1906) serait la course la plus difficile du monde. Courue sur 11 tours du circuit des Madonies, Sicile (792 km), elle comprend 9 350 virages sur des routes de montagne souvent étroites.
Le record de l'épreuve (6 h 27'48", moyenne 122,537 km/h) a été réalisé par les Italiens Arturo Francesco Merzario (né le 11 mars 1943) et Sandro Munari (né en 1940) au volant d'une Ferrari 312 P à 12 cylindres à plat de 2 998,5 cc, au cours de la 56e édition de la Targa, le 21 mai 1972.
Le record du tour, 33'36" (128,570 km/h de moyenne), a été réalisé par le Finlandais Leo Juhani Kinnunen (né à Tampere le 5 août 1943) au 11e tour de la 54e édition le 3 mai 1970, sur un prototype Porsche 908/3 spyder à 8 cylindres à plat de 2 997 cc.

Arrêt au stand *le plus bref*
L'Américain **Robert William « Bobby » Unser** (né le 20 février 1934) a fait le plein en 4" au dixième tour des 500 Miles d'Indianapolis, le 30 mai 1976.

Pilotes *les meilleurs*
Si l'on se fie aux résultats du championnat du monde des conducteurs, inauguré en 1950, la palme revient à l'Argentin **Juan Manuel Fangio y Cia** (né le 24 juin 1911) qui a remporté **5 fois** le titre, en 1951 et de 1954 à 1957, et s'est retiré de la compétition en 1958 avec 24 Grands Prix à son actif (dont deux *ex aequo*).

Le Français Alain Prost a remporté 4 Grands Prix de Formule 1 en 1983.

Mais si l'on considère le nombre de courses gagnées, le meilleur pilote est sans conteste l'Américain **Richard Lee Petty** (né le 2 juillet 1937), avec **197 victoires** dans le NASCAR Grand National entre 1960 et 1983, dont 27 au cours de sa meilleure saison, en 1967. Ses gains totaux ont atteint 4 396 808 £ en 1981.
William L. Schindler (1909-1952) a remporté 53 courses en 1947 et autant en 1948.

Circuits de F1 *les plus rapides*
Le circuit de Grand Prix le plus rapide comptant pour les championnats du monde est celui de **Silverstone** (Northamptonshire, G.-B.), de 4,719 km de long, inauguré en 1948 et régulièrement utilisé.
Le record du tour en course (1'14"40 et 228,31 km de moyenne) appartient au Suisse Gianclaudio « Clay » Regazzoni (né le 5 septembre 1939) au volant d'une Saudia-Williams FW07, depuis le 14 juillet 1979.
Le record du tour est de 1'11"00 (239,24 km/h), par le Français René Arnoux (né le 4 juillet 1948), sur une Renault Elf-Turbo RE30, le 17 juillet 1981.
Le 15 août 1982, le Brésilien Nelson Piquet « Soutomaior » (né le 17 août 1952) a accompli le tour d'essai le plus rapide sur un circuit de formule 1 à Zeltweg (Autriche) à la moyenne de 244,178 km/h sur une Brabham BMW turbo.

Course de F1 *la plus rapide*
La moyenne la plus rapide jamais réalisée dans une course de Formule 1 comptant pour le championnat du monde des conducteurs est de **223,37 km/h** dans le Grand Prix de Grande-Bretagne 1979 par le Suisse **Clay Regazzoni.**

Circuit de Grand Prix *le plus difficile*
Le circuit de Grand Prix le plus difficile et le plus lent est celui de **Monaco** (couru pour la première fois le 14 avril 1929) : 3,312 km dans les rues et sur le port avec 11 virages très secs et plusieurs côtes sévères. La course compte 76 tours (251,7 km) et exige en moyenne 1 600 changements de vitesse.
Le record de la course est de 1 h 54'11"259 (132,30 km/h de moyenne) par l'Italien Ricardo Patrese (né le 17 avril 1954) sur une Brabham-Ford le 23 mai 1982.
Patrese détient aussi depuis la même date le record du tour en course (1'26"35, 138,073 km/h de moyenne).
Le record du tour aux essais a été réalisé en 1'23"28 (143,17 km/h de moyenne) par le Français René Arnoux (né le 4 juillet 1948) sur une Renault Elf Turbo le 22 mai 1982.

CHAMPIONNAT DU MONDE DES CONDUCTEURS

Titres *le plus grand nombre*
Depuis la création du championnat du monde des conducteurs (1950), réservé aux pilotes de Formule 1, le seul à avoir remporté **5 titres** est l'Argentin **Juan Manuel Fangio** (1951, 1954, 1955, 1956, 1957).
Viennent ensuite, avec 3 succès : Jack Brabham (1959, 1960, 1966) et Jackie Stewart (1969, 1971, 1973) ; avec 2 succès : Alberto Ascari (1952, 1953), Jim Clark (1963, 1965), Graham Hill (1962, 1968), Emerson Fittipaldi (1972, 1974) et Niki Lauda (1975, 1977).
Les pilotes anglais l'ont emporté 9 fois ; les Argentins 5 fois ; les Australiens 4 fois ; les Italiens, les Autrichiens et les Brésiliens, 3 fois ; les Américains 2 fois, les Néo-Zélandais, les Sud-Africains et les Finlandais 1 fois, jusqu'à la fin de la saison 1982.

Intervalle *le plus grand entre deux titres*
Juan Manuel Fangio (1951-1957) et **Graham Hill** (1962-1968) l'ont emporté à **6 ans d'intervalle.**

Écart *le plus faible à l'arrivée d'un Grand Prix*
Seulement **0,01 seconde** séparait le vainqueur du cinquième à l'arrivée du Grand Prix d'Italie, à Monza, le 5 septembre 1971.
L'arrivée fut la suivante : 1. Peter Gethin (seule victoire en GP) ; 2. Ronnie Peterson, à 0"01 ; 3. François Cevert, à 0"09 ; 4. Mike Hailwood, à 0"18 ; 5. Owen Ganley, à 0"61.

Titres consécutifs *le plus grand nombre*
Juan Manuel Fangio a été champion du monde **4 années consécutives,** de 1954 à 1957.
Alberto Ascari (1952, 1953) et Jack Brabham (1959, 1960) ont conquis 2 titres consécutifs.

Champion à titre posthume *le seul*
L'Autrichien **Jochen Rindt** (1942-1970) est le seul pilote à avoir été champion du monde à titre posthume. Il est mort avant la fin de la saison 1970.
Le Français François Cevert a lui aussi été classé 4e à titre posthume en 1973.

Victoires *le plus grand nombre*
L'Anglais **John Young « Jackie » Stewart** (né le 11 juin 1939) a remporté **27 Grands Prix** entre le 12 septembre 1965 et le 5 août 1973, et l'Écossais James « Jim » Clark (1936-1968) a gagné le plus grand nombre de Grands Prix en une année (7 en 1963). Il détient également le chiffre record de 61 victoires en Formule 1 et Formule libre entre 1959 et 1968.
L'Autrichien Niki Lauda (né le 22 février 1949) a remporté 19 Grands Prix, l'Anglais Stirling Moss (né le 17 septembre 1929) 16, Graham Hill, Jack Brabham et Emerson Fittipaldi, 14.
A l'« indice de performance » des succès en une seule saison, le meilleur rendement a été réussi par Alberto Ascari (1918-1955), vainqueur en 1952 de 6 Grands Prix sur 7 (85,71 %), devant Juan Manuel Fangio en 1954 avec 6 succès sur 8 épreuves (75 %) et Jim Clark en 1963, 7 succès sur 10 courses (70 %).

Participations *le plus grand nombre*
L'Anglais **Norman Graham Hill** (1929-1975) a pris le départ de **176 Grands Prix** (sur 186 possibles) entre le 18 mai 1958 et le 26 janvier 1975, et, entre le 20 novembre 1960 et le 5 octobre 1969, il a participé à 90 Grands Prix consécutifs.
A la fin de la saison 1982, le Brésilien Emerson Fittipaldi et l'Argentin Carlos Reutemann avaient pris le départ de 144 Grands Prix, l'Anglais John Watson de 137, le Suisse Clay Regazzoni de 132, l'Autrichien Niki Lauda de 127, l'Australien Jack Brabham de 126 et l'Américain Mario Andretti de 125.
Le pilote français Jacques Laffite avait à cette date participé à 123 Grands Prix.

Champions du monde *les plus jeunes et les plus vieux*
Le plus jeune champion du monde est le Brésilien **Emerson Fittipaldi** (né le 12 décembre 1946) qui a

PALMARÈS DU CHAMPIONNAT DU MONDE DES CONDUCTEURS											
Années	**Champions**		**Voitures**	(1)	(2)	**Meilleur Français**	(3)	(4)	(5)	(6)	(7)
1950	G. Farina	Ita.	Alfa Romeo	7	3	L. Rosier 4ᵉ		1955	Rosier 1956	1966	
1951	J.-M. Fangio	Arg.	Alfa Romeo	8	3	L. Rosier 13ᵉ		1958			
1952	A. Ascari	Ita.	Ferrari	8	6	R. Manzon 6ᵉ				1955	
1953	A. Ascari	Ita.	Ferrari	9	5	M. Trintignant 11ᵉ				1955	
1954	J.-M. Fangio	Arg.	Masérati (2) et et Mercedes (4)	9	6	M. Trintignant 4ᵉ		1958			
1955	J.-M. Fangio	Arg.	Mercedes	7	4	M. Trint. 4ᵉ		1958			
1956	J.-M. Fangio	Arg.	Ferrari-Lancia	8	3	J. Behra 4ᵉ		1958	Behra 1959		
1957	J.-M. Fangio	Arg.	Maserati	8	4	J. Behra 10ᵉ		1958			
1958	M. Hawthorn	G.-B.	Ferrari	11	1	M. Trint. 7ᵉ		1958		1959	
1959	J. Brabham	Aust.	Cooper-Climax	9	2	M. Trint. 5ᵉ		1970			
1960	J. Brabham	Aust.	Cooper-Climax	10	5	M. Trint. 15ᵉ		1970			
1961	P. Hill	USA	Ferrari	8	2	–		1968			
1962	G. Hill	G.-B.	BRM	9	4	–		1975			1975
1963	J. Clark	G.-B.	Lotus-Climax	10	7	–			1968		
1964	J. Surtees	G.-B.	Ferrari	10	2	M. Trint. 16ᵉ					
1965	J. Clark	G.-N.	Lotus-Climax	10	6	–			1968		
1966	J. Brabham	Aust.	Brabham-Repco	9	4	–		1970			
1967	D. Hulme	N.-Z.	Brabham-Repco	11	2	G. Ligier 19ᵉ		1974			
1968	G. Hill	G.-B.	Lotus-Ford	12	3	J.-P. Beltoise 9ᵉ		1975			1975
1969	J. Stewart	G.-B.	Matra-Ford	11	6	J.-P. Beltoise 5ᵉ					
1970	J. Rindt	Aut.	Lotus-Ford	13	5	J.-P. Beltoise 9ᵉ				1970	
1971	J. Stewart	G.-B.	Tyrell-Ford	11	6	F. Cevert 3ᵉ				Cevert 1973	
1972	E. Fittipaldi	Brés.	Lotus-Ford	12	5	F. Cevert 6ᵉ		1981			
1973	J. Stewart	G.-B.	Tyrell-Ford	14	5	F. Cevert 4ᵉ					
1974	E. Fittipaldi	Brés.	McLaren-Ford	15	3	P. Depailler 9ᵉ		1981		Depailler 1980	
1975	N. Lauda	Aut.	Ferrari	14	5	P. Depailler 9ᵉ					
1976	J. Hunt	G.-B.	McLaren-Ford	16	6	P. Depailler 4ᵉ		1980			
1977	N. Lauda	Aut.	Ferrari	17	3	P. Depailler 8ᵉ					
1978	M. Andretti	USA	Lotus	16	6	P. Depailler 5ᵉ	+				
1979	J. Schekter	A du S	Ferrari	15	3	J. Laffite 4ᵉ		1981			
1980	A. Jones	Aust.	Williams	14	5	J. Laffite 4ᵉ	+				
1981	N. Piquet	Brés.	Brabham	17	3	J. Laffite 4ᵉ	+				
1982	K. Rosberg	Finl.	Williams	16	1	D. Pironi 2ᵉ	+				

(1) Nombre de Grands Prix comptant pour le championnat. (2) Nombre de courses remportées par le champion. (3) Champion toujours en activité. (4) Champion à la retraite. (5) Champion mort en course. (6) Champion mort au volant. (7) Champion décédé de mort accidentelle.

remporté son premier championnat du monde le 10 septembre 1972, à **25 ans 273 jours.**

Le plus vieux champion du monde est **Juan Manuel Fangio,** qui a remporté son dernier championnat du monde le 18 août 1957, à l'âge de **46 ans 55 jours.**

Vainqueurs et participants à des Grands Prix *les plus jeunes et les plus vieux*

Le plus jeune vainqueur est le Néo-Zélandais **Bruce Leslie McLaren** (1937-1970), qui a remporté le Grand Prix des États-Unis à Sebring, en Floride, le 12 décembre 1959, à **22 ans 104 jours.**

Le plus vieux vainqueur est l'Italien **Tazio Giorgio Nuvolari** (1892-1953) qui a remporté le Grand Prix d'Albi (France) le 14 juin 1946, à **53 ans 240 jours,** à une époque où n'avait pas encore été créé le championnat du monde des conducteurs.

Le pilote le plus âgé qui a terminé un grand prix comptant pour le championnat du monde est le Monégasque Louis Alexandre Chiron (1899-1979), 6ᵉ du Grand Prix de Monaco, le 22 mai 1955, à 55 ans 292 jours.

Le plus jeune pilote est le Néo-Zélandais Michael Christopher Thackwell (né le 30 mars 1961) qui a pris part au Grand Prix du Canada le 28 septembre 1980, à 19 ans et 182 jours.

Français *vainqueurs de Grands Prix du championnat du monde*

10 pilotes français ont remporté 35 Grands Prix comptant pour le championnat du monde des conducteurs, au 7 août 1983. Le premier fut **Maurice Trintignant** (né le 30 octobre 1917) au Grand Prix de Monaco 1955, le dernier **René Arnoux,** au Grand Prix des Pays-Bas le 28 août 1983.

Alain Prost est le recordman français des vainqueurs de G.P. avec 9 victoires (France, Pays-Bas et Italie 1981, Afrique du Sud et Brésil 1982, France, Belgique, Grande-Bretagne et Autriche 1983).

Viennent ensuite, avec 7 victoires, René Arnoux (Brésil et Afrique du Sud 1980, France et Italie 1982, Canada, Allemagne et Pays-Bas 1983) ; avec 6 victoires, Jacque Laffite (né le 21 novembre 1943) (Suède 1977, Argentine et Brésil 1979, Allemagne 1980, Autriche et Canada 1981) ; avec 3 victoires Didier Pironi (né le 26 mars 1952) (Belgique 1980, San Marin et Hollande 1982). Didier Pironi a franchi le premier la ligne d'arrivée du Grand Prix du Canada 1980, mais il a été déclassé à la 3e place pour avoir « volé le départ ». L'Australien Alan Jones fut déclaré vainqueur.

Avec 2 victoires Maurice Trintignant (né le 30 octobre 1917) (Monaco 1955 et 1958), Patrick Depailler (1944-1980) (Monaco 1978, Espagne 1979), Jean-Pierre Jabouille (né le 1er octobre 1942) (France 1979, Autriche 1980), Patrick Tambay (né le 25 juin 1949) (Allemagne 1982, San Marin 1983).

Avec une victoire : François Cevert (1944-1973) (États-Unis, 1971), Jean-Pierre Beltoise (né le 26 avril 1937) (Monaco 1972).

Les pilotes français ont remporté 4 fois les Grands Prix de Monaco et de France, 3 fois les Grands Prix du Brésil, d'Allemagne, d'Autriche et des Pays-Bas, 2 fois les Grands Prix du Canada, d'Italie, d'Afrique du Sud, du Brésil et de San Marin et 1 fois les Grands Prix de Suède, d'Argentine, de Grande-Bretagne, d'Espagne et des Etats-Unis.

Alain Prost est le premier pilote français, en 1983, à avoir remporté 4 épreuves dans la même saison (France, Pays-Bas, Italie et Autriche).

Français *les mieux classés aux championnats du monde*

Didier Pironi (Ferrari) a terminé à la 2e place du classement du championnat du monde des conducteurs 1982 avec 39 points. Blessé aux essais du Grand Prix d'Allemagne, il ne put participer aux 5 dernières courses de la saison, mais il ne termina pourtant qu'à 5 points du vainqueur, le Finlandais Keijo « Keke Rosberg » (né le 16 déc. 1948) (44 pts).

François Cevert fut 3e en 1971. Louis Rosier (1905-1956) (1950), Maurice Trintignant (1954 et 1955), Jean Behra (1956), François Cevert (1973), Patrick Depailler (1976) et Jacques Laffite (1979 et 1980) ont terminé à la 4e place.

Patrick Depailler, de 1974 à 1978, fut 5 fois consécutives 1er pilote français au classement du championnat du monde des conducteurs. Maurice Trintignant (1953, 1954, 1955, 1958, 1959 et 1964) a été 6 fois classé 1er.

6 pilotes français ont été classés dans le championnat du monde des conducteurs 1980. Ce sont, dans l'ordre : 4e Laffite (Ligier), 34 pts ; 5e Didier Pironi (Ligier), 32 pts ; 6e René Arnoux (Renault), 29 pts ; 8e Jean-Pierre Jabouille (Renault), 9 pts ; 10e Jean-Pierre Jarier (Tyrrell), 6 pts ; 15e Alain Prost (McLaren), 5 pts.

Triplés *le plus grand nombre*

Depuis la création du championnat du monde des conducteurs, en 1950, il y a 17 courses où 3 pilotes de la même nationalité ont remporté les 3 premières places. **Les Anglais** ont réussi 9 fois cet exploit, les Italiens 5 fois, et les Français 3 fois. En 1958 et 1965, les Anglais ont réussi 3 fois ce triplé au cours de la même saison. Les Italiens l'ont réalisé 2 fois en 1952. Au Grand Prix du Brésil 1979, les Français Jacques Laffite et Patrick Depailler ont réussi le doublé, sur Ligier. Au Grand Prix de France 1982, sur le circuit du Castellet, ils ont réussi le quadruplé avec Arnoux et Prost (Renault turbo) devant Pironi et Tambay (Ferrari turbo).

COURSES DU CHAMPIONNAT DU MONDE DES CONDUCTEURS OÙ TROIS PILOTES DE LA MÊME NATIONALITÉ SE SONT CLASSÉS AUX TROIS PREMIÈRES PLACES

Nationalité	Année	Course	Pilotes
Anglais	1958	GP de Belgique	Brooks, Hawthorn, Lewis Evans
		GP de Grande-Bretagne	Collins, Hawthorn, Salvadori
		GP du Portugal	Moss, Hawthorn, Lewis Evans
	1963	GP de Grande-Bretagne	Clark, Surtees, G. Hill
	1964	GP de Hollande	Clark, Surtees, Arundel
	1965	GP d'Afrique du Sud	Clark, Surtees, G. Hill
		GP de France	Clark, Stewart, Surtees
		GP de Grande-Bretagne	Clark, G. Hill, Surtees
	1968	GP des U.S.A.	Stewart, G. Hill, Surtees
Français	1980	GP d'Afrique du Sud	Arnoux, Laffite, Pironi
	1982	GP de France	Arnoux, Prost, Pironi, Tambay
	1983	GP de San Marin	Tambay, Prost, Arnoux
Italiens	1948	GP d'Italie	Farina, Serafini, Ascari
	1951	GP de Belgique	Farina, Ascari, Villoresi
	1952	GP de France	Ascari, Ferrari, Taruffi, sur Ferrari
		GP de Hollande	Ascari, Farina, Villoresi, sur Ferrari
	1953	CG de Hollande	Ascari, Farina, Bonetto

De gauche à droite : René Arnoux, Patrick Tambay et Alain Prost à l'arrivée du Grand Prix de San Marin 1983.

Champions du monde *vainqueurs d'autres grandes épreuves*
L'Australien **Jack Brabham** est le seul à avoir remporté un titre de champion du monde (1966) sur une voiture de sa construction.
L'Anglais **John Surtees** est le seul champion du monde de motocyclette (7 fois, de 1956 à 1960), qui soit devenu champion du monde de Formule 1 (1964).
3 champions du monde ont remporté les 24 Heures du Mans : Mike Hawthorn (1955), Phil Hill (1958, 1961, 1962) et Graham Hill (1972).
Jim Clark (1965), Graham Hill (1966) et Mario Andretti (1969 et 1981) sont les seuls champions à avoir remporté les 500 Miles d'Indianapolis.
Alberto Ascari est le seul champion du monde à avoir remporté les Mille Miles (1954).

GRAND PRIX DE FRANCE

Créé en 1906, le Grand Prix de France a vécu en 1981 sa 59e édition.

Victoires *le plus grand nombre*
2 pilotes l'ont emporté 4 fois, **Louis Chiron** et **Juan Manuel Fangio ;** 3 l'ont emporté 3 fois, Jack Brabham, Dan Gurney et Jackie Stewart ; enfin 10 pilotes ont réussi le doublé : Nazzaro, Boillot, Lautenschlager, Benoist, Williams, Wimille, Hawthorn, Peterson, Andretti et Prost.
Les voitures françaises ont gagné 19 fois, les italiennes 18, les anglaises 12, les allemandes 9, les australiennes 2 et les américaines 1 fois.
Ferrari a triomphé 8 fois, devant Alfa Romeo, Lotus et Bugatti 6 fois, Mercedes et Renault 5 fois, Porsche 3 fois, Fiat, Peugeot, Delage, Maserati, Talbot, Brabham et Tyrrell 2 fois.

Victoires consécutives *le plus grand nombre*
L'Américain **Daniel Sextan « Dan » Gurney** est le seul à l'avoir emporté **3 fois** consécutivement. Ont gagné deux années de suite : Boillot, Williams, Fangio, Brabham, Stewart, Peterson et Andretti.

Vainqueurs ex aequo *le plus de fois*
4 fois, 2 pilotes ont été ex aequo : **Benoist et Divo** en 1925, **Chiron et Varzi** en 1931, **Wimille et Sommer** en 1936 et **Fangio et Fagioli** en 1951.

Victoires françaises *le plus grand nombre*
Outre **Chiron** (4 fois), Boillot, Benoist, Wimille et Prost (2 fois), Etancelin (1930), Sommer (1936), Pozzi (1949) ont remporté 1 fois le Grand Prix. Jean-Pierre Jabouille en 1979 en a été le 14e Français victorieux, Alain Prost le 15e en 1981, assurant la 16e victoire française en 1983.

Victoires *par l'écart le plus grand*
Chiron l'a emporté à **16 ans de distance** (1931-1947), Nazzaro à 15 ans (1907-1922).

Moyennes *les plus fortes*
Les 100 km/h de moyenne ont été dépassés en 1906, les 110 km/h en 1907, les 120 km/h en 1921, les 130 km/h en 1929, les 140 km/h en 1930, les 160 km/h en 1938, les 170 km/h en 1951, les 180 km/h en 1953, les 190 km/h en 1956, les 200 km/h en 1958, les **210 km/h en 1960.**
Depuis qu'il se dispute sur les circuits de Dijon-Prenois ou du Castellet, la moyenne record réalisée au Grand Prix de France est de 203,016 km/h par Alan Jones, sur Williams, en juillet 1980.

PALMARÈS DU GRAND PRIX DE FRANCE

Années	Pilotes	Voitures	Moyennes
1906	Szisz	Renault	101,195
1907	Nazzaro	Fiat	113,637
1908	Lautenschlager	Mercedes	111,129
1912	Boillot	Peugeot	110,698
1913	Boillot	Peugeot	116,063
1914	Lautenschlager	Mercedes	105,516
1921	Murphy	Duesenberg	125,000
1922	Nazzaro	Fiat	127,000
1923	Seagrave	Sunbeam	
1924	Campari	Alfa Romeo	114,000
1925	Benoist et Divo	Delage	112,000
1926	Goux	Bugatti	109,000
1927	Benoist	Delage	102,000
1928	Williams	Bugatti	
1929	Williams	Bugatti	133,000
1930	Etancelin	Bugatti	145,447
1931	Chiron et Varzi	Bugatti	125,880
1932	Nuvolari	Alfa Romeo	125,560
1933	Campari	Maserati	131,140
1934	Chiron	Alfa Romeo	136,880
1935	Caracciola	Mercedes-Benz	124,570
1936	Wimille et Sommer	Bugatti	125,280
1937	Chiron	Talbot	132,729
1938	Von Brauchitsch	Mercedes-Benz	162,758
1939	Müller	Auto Union	169,381
1947	Chiron	Talbot	125,000
1948	Wimille	Alfa Romeo	165,000
1949	Pozzi	Delahaye	141,000
1950	Fangio	Alfa Romeo	168,000
1951	Fangio et Fagioli	Alfa Romeo	178,000
1952	Ascari	Ferrari	128 000
1953	Hawthorn	Ferrari	182,000
1954	Fangio	Mercedes-Benz	186,000
1956	Collins	Ferrari	196,000
1957	Fangio	Maserati	160,000
1958	Hawthorn	Ferrari	201,890
1959	Brooks	Ferrari	205,070
1960	Brabham	Cooper	212,110
1961	Bathetti	Ferrari	192,870
1962	Gurney	Porsche	166,120
1963	Gurney	Porsche	201,660
1964	Gurney	Porsche	175,040
1965	Clark	Lotus	143,580
1966	Brabbam	Brabbam	
1967	Brabbam	Brabbam	
1968	Icks	Ferrari	161,662

1969	Stewart	Matra	150,251
1970	Rindt	Lotus	158,390
1971	Stewart	Tyrell	179,700
1972	Stewart	Tyrell	163,453
1973	Peterson	John Player	185,263
1974	Peterson	John Player	192,721
1975	Lauda	Ferrari	187,654
1976	Hunt	MacLaren	186,423
1977	Andretti	JPS Lotus 78	183,006
1978	Andretti	Lotus 79	190,405
1979	Jabouille	Renault R501	191,315
1980	Jones	Williams	203,016
1981	Prost	Renault turbo	190,392
1982	Arnoux	Renault turbo	201,200
1983	Prost	Renault turbo	199,866

500 MILES D'INDIANAPOLIS

Victoires *le plus grand nombre*

Cette course (804 km sur 200 tours) a été inaugurée aux États-Unis le 30 mai 1911. C'est l'Américain **Anthony Joseph « A. J. » Foyt Jr** (né le 13 janvier 1935) qui l'a remporté le plus grand nombre de fois, en 1961, 1964, 1967 et 1977.

5 pilotes l'ont emporté 3 fois : Louis Meyer (1928, 1933, 1936), William Shaw (1937, 1939, 1940), Mauri Rose (1941, 1947,1948), Al Unser (1970, 1971, 1978) et son frère Bobby Unser (1968, 1975, 1981).

4 pilotes ont été vainqueurs 2 années consécutives : William Shaw (1939, 1940), Mauri Rose (1947, 1948), William Vukovitch (1953, 1954) et Al Unser (1970, 1971).

En 1916, 1926, 1950 et 1973, l'épreuve n'est pas allée jusqu'à son terme. Le règlement veut en effet que la course soit interrompue en cas de pluie.

Champions du monde de Formule 1 *vainqueurs*

3 champions du monde des conducteurs ont triomphé à Indianapolis : **Jim Clark** (1965), **Graham Hill** (1966) et **Mario Andretti** (1969). Déclaré vainqueur sur le tapis vert de l'édition 1981, Andretti fut à nouveau replacé au classement derrière l'Américain Bobby Unser, qui avait effectivement franchi le premier la ligne d'arrivée.

Français vainqueurs *2 pilotes et 4 voitures*

2 pilotes français ont gagné à Indianapolis : **Jules Goux** (1913) et **René Thomas** (1914).

4 voitures françaises l'ont emporté : **Peugeot** (1913, 1916, 1919) et **Delage** (1914).

Gains *les plus élevés*

A l'issue de la 66ᵉ édition de la course, en 1982, il a été distribué pour **2 067 475 $ de prix.** C'est l'Américain Johnny Rutherford (né en 1938) qui a reçu le prix individuel le plus élevé, 318 819 $, le 25 mai 1980.

Vitesses *les plus élevées*

Mark Donohue Jr détient le record en **3 h 4'5"54** (262,261 km/h de moyenne) depuis le 27 mai 1972 sur une Sunoco McLaren M16B-Offenhauser 2 595 cc à turbocompresseur développant 900 ch.

Le record du tour en course (46"41 à 312,090 km/h de moyenne) a été réalisé par l'Américain Mario Andretti sur une Penske Cosworth PC6 en 1978.

L'Italien Teo Fabi détient le record du tour de qualification depuis le 22 mai 1983, à la moyenne de 344,882 km/h sur une March-Cosworth.

24 HEURES DU MANS

Vitesses *les plus élevées*

La plus grande distance jamais couverte au Grand Prix d'endurance des 24 Heures du Mans qui se court sur le vieux circuit de la Sarthe depuis les 26 et 27 mai 1923, est de **5 333,724 km** pour l'Autrichien **Helmut Marko** (né le 27 avril 1943) et le Hollandais Jonkheer Gijs van Lennep (né le 16 mars 1942) les 12 et 13 juin 1971 sur une Porsche 917K à 12 cylindres à plat de 4 907 cc.

Le record de l'épreuve actuelle (5 047,934 km à 210,325 km/h de moyenne) a été réalisé par les Américains Al Holbert et Hurley Hayworth et par l'Australien Vern Schuppan les 18 et 19 juin 1983 sur une Porsche 956 T. Le record du tour en course (13,64 km en 3'34"2 et à 229,244 km/h de moyenne) appartient au Français Jean-Pierre Jabouille sur Alpine-Renault (11 juin 1978).

Le record du tour aux essais (3'27"6 à 236,53 km/h de moyenne) a été réalisé par le Belge Jacques Bernard, « Jacky » Ickx (né le 1er janvier 1945) sur une Porsche 936/78 de 2,1 l à turbocompresseur, le 7 juin 1978.

Le Belge Jacky Ickx a remporté sa sixième victoire aux 24 Heures du Mans en 1982.

Victoires *le plus grand nombre*

6 fois : Jacky Ickx (Belgique), 1969, 1975, 1976, 1977, 1981, 1982.

4 fois : Olivier Gendebien (Belgique, né en 1925), 1958, 1960, 1961, 1962.

3 fois : Barnato (Italie), 1928, 1929, 1930 ; Chinetti (Italie), 1932, 1934, 1949 ; Phil Hill (États-Unis), 1958, 1961, 1962 ; Pescarolo (France), 1972, 1973, 1974, et Bell (Grande-Bretagne), 1975, 1981, 1982.

2 fois : Rossignol (France), 1925, 1926 ; Sommer (France), 1932, 1933 ; Wimille (France), 1937, 1939 ; Flockhart (Grande-Bretagne), 1956, 1957 ; Van Lennep (Hollande), 1971, 1976 ; Larrousse (France), 1973, 1974 ; Jaussaud (France), 1978, 1980.

4 pilotes l'ont emporté 3 années consécutives : Barnato (1928, 1929, 1930), Gendebien (1960, 1961, 1962), Pescarolo (1972, 1973, 1974) et Ickx (1975, 1976, 1977).

PALMARÈS DES 24 HEURES DU MANS				
Années	Pilotes	Voitures	Distance parcourue	Moyenne
1923	Lagache-Leonard	Chenard et Walker 3 l	2 209,536	92,064
1924	Duff-Clément	Bentley 3 l	2 077,340	86,555
1925	De Courcelles-Rossignol	La Lorraine 3 l	2 233,982	93,082
1926	Bloch-Rossignol	La Lorraine 3 l	2 552,414	106,350
1927	Benjafield-Davis	Bentley 3 l	2 369,807	98,740
1928	Barnato-Rubin	Bentley 4,5 l	2 669,272	111,219
1929	Barnato-Birkin	Bentley 6,5 l	2 843,830	118,492
1930	Barnato-Kidston	Bentley 6,5 l	2 930,663	122,111
1931	Howe-Birkin	Alfa Romeo 2,3 l	3 017,634	125,735
1932	Sommer-Chinetti	Alfa Romeo 2,3 l	2 954,038	123,084
1933	Sommer-Nuvolari	Alfa Romeo 2,3 l	3 144,038	131,001
1934	Chinetti-Etancelin	Alfa Romeo 2,3 l	2 886,938	120,289
1935	Hindmarsch-Fontes	Lagonda 4,5 l	3 006,796	125,283
1937	Wimille-Benoist	Bugatti 3,3 l	3 287,938	136,997
1938	Chaboud-Tremoulet	Delahaye 3,6 l	3 180,940	132,589
1939	Wimille-Veyron	Bugatti 3,3 l	3 354,470	139,781
1949	Chinetti-Selsdon	Ferrari 2 l	3 178,299	132,320
1950	L. Rosier-J.-L. Rosier	Talbot 4,5 l	3 465,120	144,380
1951	Walker-Whitehead	Jaguar 3,4 l	3 611,193	150,466
1952	Lang-Ries	Mercedes 3 l, 13-VI-78	3 733,800	155,575
1953	Rolt-Hamilton	Jaguar 3,4 l	4 088,060	170,336
1954	Trintignant-Gonzales	Ferrari 4,9 l	4 061,150	169,215
1955	Hawthorn-Bueb	Jaguar 3,4 l	4 135,380	172,308
1956	Sanderson-Flockhart	Jaguar 3,4 l	4 034,930	168,122
1957	Flockhart-Bueb	Jaguar 3,8 l	4 397,900	185,217
1958	Gendebien-P. Hill	Ferrari 3 l	4 101,926	170,914
1959	Salvadori-Shelby	Aston-Martin 3 l	4 347,900	181,163
1960	Gendebien-Frère	Ferrari 3 l	4 217,527	175,730
1961	P. Hill-Gendebien	Ferrari 3 l	4 476,580	186,524
1962	P. Hill-Gendebien	Ferrari 4 l	4 451,255	185,469
1963	Scarfiotti-Bandini	Ferrari 3 l protot.	4 561,710	190,071
1964	Guichet-Vaccarella	Ferrari 3,3 l protot.	4 695,310	195,638
1965	Gregory-Rindt	Ferrari 250 LM	4 677,110	194,880
1966	McLaren-Amon	Ford MK II 7 l	4 843,090	201,795
1967	Gurney-Foyt	Ford MK IV 7 l	5 232,900	218,038
1968	L. Bianchi-Rodriguez	Ford GT 40	4 452,880	185,536
1969	Ickx-Olivier	Ford GT 40	4 998,000	208,250
1970	Attwood-Herrmann	Porsche 917	4 807,610	191,992
1971	Marko-Van Lennep	Porsche 917	5 333,724	222,304
1972	Pescarolo-G. Hill	Matra-Simca	4 691,343	195,472
1973	Pescarolo-Larrousse	Matra-Simca	4 853,945	202,247
1974	Pescarolo-Larrousse	Matra-Simca	4 606,571	191,940
1975	Ickx-Bell	Gulf GR 8-Ford	4 595,577	191,482
1976	Ickx-Van Lennep	Porsche 936 turbo	4 769,923	198,746
1977	Barth-Haywood-Ickx	Porsche 936	4 671,630	194,651
1978	Pironi-Jaussaud	Renault-Alpine A 442 B	5 044,430	210,188
1979	Ludwing-B. et D. Wittington	Porsche 935 turbo	4 169,709	173,982
1980	Jaussaud-Rondeau	Rondeau Cosworth	4 608,020	192,800
1981	Ickx-Bell	Porsche 936 turbo	4 825,348	201,056
1982	Ickx-Bell	Porsche 936 turbo	4 889,686	204,129
1983	Holbert-Hayworth-Schuppan	Porsche 936 turbo	5 047,934	210,325

3 champions du monde des conducteurs l'ont emporté au Mans : l'Anglais Mike Hawthorn (1955), champion du monde en 1958 ; l'Américain Phil Hill (1958, 1961, 1962), champion du monde en 1961, et l'Anglais Graham Hill (1972), champion du monde en 1962 et 1968.

Deux pilotes l'ont emporté au Mans et à Indianapolis : l'Américain AJ-Foyt (1967 au Mans, et 4 fois à Indy) et l'Anglais Graham Mill (1972 au Mans et 1966 à Indy).

L'Italien Luigi Chinetti l'a emporté à 17 années d'écart (1932-1949).

Les voitures italiennes l'ont emporté 13 fois, les anglaises et les françaises 12 fois, les allemandes 9 fois et les américaines 5 fois.

Les Ferrari l'ont emporté 9 fois, les Porsche, 7 fois, les Jaguar et les Ford, 5 fois ; les Bentley et les Alfa Romeo 4 fois ; les Matra-Simca, 3 fois ; les Lorraine et les Bugatti, 2 fois ; Chenard et Walker, Lagonda, Delahaye, Talbot, Mercedes, Aston-Martin, Renault et Rondeau, 1 fois.

Moyennes *les plus fortes*

Les 100 km/h de moyenne ont été dépassés pour la première fois en 1926, les 150 km/h en 1951, les 170 km/h en 1958, les 180 km/h en 1959, les 190 km/h en 1963, les 200 km/h en 1966, les 210 km/h en 1967 et les **220 km/h en 1971.**

Distances parcourues *les plus grandes*

La plus grande distance parcourue **(5 333,724 km)** et la plus forte moyenne (222,304 km/h) ont été réussies en 1971 par l'Autrichien **Helmut Marko** et le Hollandais **Gijs Van Lennep** (Porsche 917). Dès l'année suivante, le tracé du circuit a été modifié, et la création d'une chicane, placée non loin de la ligne d'arrivée, a fait tomber considérablement les moyennes. Avant, les 2 000 km avaient été parcourus en 1923, les 2 500 km en 1926, les 3 000 km en 1931, les 3 500 km en 1951, les 4 000 km en 1953, les 4 500 km en 1963 et les 5 000 km en 1967.

RALLYE DE MONTE-CARLO

Victoires *le plus grand nombre*

Depuis sa création, en 1911, le Rallye de Monte-Carlo a été remporté 4 fois par 2 pilotes, le Français **Jean Trévoux** (1934, 1939, 1949, et 1951) et l'Italien **Sandro Munari** (né en 1940) (1972, 1975, 1976 et 1977) et 2 fois par 3 pilotes : Vasselle (1932, 1933), Éric Carlsson (1962, 1963) et Bjorn Waldegard (1969, 1970).

PALMARÈS DU RALLYE DE MONTE-CARLO		
Années	Pilotes	Voitures
1911	H. Rougier	Turcat-Méry 25 HP
1912	Julius Beutler	Berliet 16 CV
1924	Ledure	Bignan-Sport 11 CV
1925	F. Repusseau et Cie	Renault 40 CV
1926	V. Bruce, V. J. Brunell	AC 2 l
1927	Lefebvre, Despeaux	Amilcar C 1 090 cc
1928	J. Bignan	Fiat 509
1929	Sprenger Van Eijk	Graham Paige 27 CV
1930	H. Petit	Licorne H 02
1931	D. W. Healey (gros. voit.) V. E. Leverett (voit. lég.)	Invicta Meadow Riley
1932	Vasselle (+ de 1 500 cc) G. de Lavalette (– de 1 500 cc)	Hotchkiss AM2 13 CV Peugeot 201
1933	M. Vasselle	Hotchkiss AM 80S
1934	M. Gas, J. Trévoux	Hotchkiss 620
1935	Ch. Lahaye, R. Quatresous	Renault Nervasport
1936	I. Zamfirescu, P. G. Cristea	Ford V8 – 48
1937	R. Le Bègue, J. Quinlin	Delahaye 135 MS
1938	G. Bakker Schut, K. Ton	Ford V8 – 78
1939	J. Trévoux, M. Lesurque	Hotchkiss 20 CV
1949	J. Trévoux, M. Lesurque	Hotchkiss 20 CV
1950	M. Becquart, H. Secret	Hotchkiss 2,4 l
1951	J. Trévoux, R. Crovetto	Delahaye 4,4 l
1952	S. Allard, G. Watburton	Allard Ford
1953	M. Gatsonides, P. Worledge	Ford Zéphir
1954	L. Chiron, C. Basadona	Lancia Aurélia
1955	P. Malling, G. Fadum	Sunbeam Talbot 2,2 l
1956	R. J. Adams, F.E.A. Bigger	Jaguar MK VII
1958	G. Monraisse, J. Féret	Renault Dauphine
1959	Coltelonni, Alec, Desrosiers	Citroën DS 19
1960	W. Schock, R. Moll	Mercedes-Benz 220 SE
1961	Martin, Bateau	Panhard PL 17
1962	E. Carlsson, G. Haggbom	Saab 96
1963	E. Carlsson, G. Palm	Saab 96 Sport
1964	P. Hopkirk, H. Liddon	Morris Cooper S
1965	T. Makinen, P. Easter	Morris Cooper S
1966	P. Toivonen, Mikander	Citroën DS 19
1967	R. Aaltonen, H. Liddon	Morris Cooper S
1968	V. Elford, D. Stone	Porsche 911 S
1969	B. Waldegard, L. Helmer	Porsche 911 S
1970	B. Waldegard, L. Helmer	Porsche 911 S
1971	O. Andersson, D. Stone	Alpine Renault 1 600 S
1972	S. Munari, M. Mannucci	Lancia Fulvia HF
1973	J.-C. Andruet, Biche	Alpine Renault 1 800
1975	S. Munari, M. Mannucci	Lancia Stratos
1976	S. Munari, S. Maiga	Lancia Stratos
1977	S. Munari, S. Maiga	Lancia Stratos
1978	J.-P. Nicolas, Laverne	Porsche Carrera
1979	B. Darniche, Mahé	Lancia Stratos
1980	W. Rohrl	Fiat 131 Abarth
1981	Ragnotti-Andrié	Renault 5 turbo
1982	Rohrl-Geisdorfer	Opel Ascona 400
1983	Rohrl-Geisdorfer	Opel Ascona 400

Par marque, Hotchkiss et Lancia l'ont emporté 6 fois, Porsche 4 fois, Renault et Morris 3 fois, Ford, Delahaye, Citroën, Saab et Renault Alpine 2 fois.

Victoires *le plus grand écart*
Jean Trévoux a remporté sa 4e victoire (1951) **17 ans** après la 1re (1934).

Succès consécutifs *le plus grand nombre*
L'Italien **Sandro Munari** est le seul pilote à avoir remporté **3 rallyes successifs** (de 1975 à 1977). Le Français Vasselle, les Suédois Carlsson et Waldegard l'ont emporté 2 fois de suite.

Victoires de pilotes de Formule 1 *les seules*
Le Monégasque **Louis Chiron** (1954) et l'Anglais **Vic Elford** (1968) sont les seuls pilotes de Formule 1 à avoir jamais remporté le rallye.

Coupe des Dames *le plus de victoires*
Pat Moss, sœur de Stirling Moss, a remporté, de 1959 à 1969, **8 fois** la coupe des Dames du Rallye de Monte-Carlo. C'est le record absolu de victoires dans une course automobile. La Française Michèle Mouton (née le 23 juin 1951) l'a emporté 4 fois (1976, 1978, 1979, 1980).
Pat Moss a remporté la coupe des Dames du Rallye de Monte-Carlo 1962, la même année que son mari, Éric Carlsson, remportait le rallye.

Voiture victorieuse *la plus petite*
La plus petite voiture à l'avoir gagné est une **Saab 851 cc** conduite par les Suédois Erik Carlsson (né le 5 mars 1929) et Gunnar Häggbom, le 25 janvier 1962, et par Carlsson et Gunnar Palm, le 24 janvier 1963.

DIVERS

Voitures *les plus construites*
Avant la Seconde Guerre mondiale, le modèle construit en plus grand nombre a été la **Ford T** (américaine) dont **15 007 033 unités** ont été produites entre 1908 et 1927.
Ce chiffre n'a été battu qu'une seule fois depuis. Le 15 mai 1981 la vingt-millionième Volkswagen **« Coccinelle »** (allemande) est sortie des chaînes de l'usine de Puebla, près de Mèxico (Mexique). Stoppée en Allemagne depuis 1978, la fabrication des « Coccinelles » s'est poursuivie en 1982 au Mexique, au Brésil et au Nigéria. Le prototype de cette voiture a été présenté le 5 février 1936. La première pierre de l'usine de Wolfsburg où elle allait être construite a été posée le 26 mai 1938 et le premier modèle a été produit en 1945 (1 745 unités). La production record de 1 292 000 unités a été réalisée en 1971 ; cela représente une cadence de 6 000 véhicules par jour.

Salon de l'automobile *le plus de visiteurs*
1 040 000 entrées payantes ont été recencées lors des Salons de l'automobile de Paris en 1968 et en 1980. Le record d'affluence pour une seule journée est de 140 000, le 11 octobre 1980.

Rallye *le premier*
Le premier long rallye a été organisé par le quotidien parisien *Le Matin*, en 1907, **de Pékin, à Paris,** soit environ 12 000 km. 5 voitures ont quitté Pékin le 10 juin. Le vainqueur, le prince italien Scipione Borghese, est arrivé à Paris le 10 août 1907 dans son Itala de 40 CV, accompagné de son chauffeur Ettore, et de Luigi Barzini.

Rallyes *les plus longs*
Le Rallye **Londres-Sydney** fut organisé par les *Singapore Airlines*. Il est parti de Covent Garden, le 14 août 1977 pour un périple de 31 107 km à travers 17 pays jusqu'au Sydney Opera House. Il a été remporté le 28 septembre par les Anglais Andrew Cowan, Colin Malkin et Michael Broad, sur une Mercedes 280E.

East African Safari *le plus de victoires*
Le plus long rallye annuel est l'**East African Safari** qui a été organisé pour la première fois en 1953 à travers le Kenya, la Tanzanie et l'Ouganda et qui peut couvrir jusqu'à 6 234 km comme le 17e safari qui a eu lieu entre le 8 et le 12 avril 1971. Il a été remporté 5 fois par l'Ougandais Sekkar Mehta (né en 1945), en 1973, 1979, 1980, 1981 et 1982, 3 fois par le Kenyan Joginder Singh (né le 9 février 1932), en 1965, 1974 et 1975.

Dragsters *moteur à pistons*
La vitesse terminale est celle à la fin d'un parcours de 402 m (quart de mile), départ arrêté, et le temps écoulé est le temps du parcours.
Le temps écoulé le plus bas enregistré pour un dragster à moteur à pistons est de **5"484,** par l'Américain **Gary Beck,** réussi au cours des 28e US Nationals à Indianapolis (U.S.A.) en 1982. La vitesse terminale la plus élevée est de 412,64 km/h par l'Américain Mark Oswald en août 1982 à Brainerd (Minnesota, U.S.A.). L'Américain Donald Glenn « Big Daddy » Garlits (né en 1932) sur son dragster à moteur Dodge à 8 cylindres en V de 7 948 cc et turbocompresseur placé à l'arrière, a établi un record de la Hot Rod Association le 11 juillet 1982 à Gary (Indiana, U.S.A.) à la vitesse terminale de 419,21 km/h.
Le record mondial en 2 manches en sens inverse sur un quart de mile (402 m), est de 6,70" et a été réalisé par Dennis Victor Priddle (né en 1945) sur un dragster Chrysler de 6 424 cc à turbo-compresseur développant 1 700 CV et marchant au nitrométhane et méthanol, à l'Elvington Airfield (North Yorkshire) le 7 octobre 1972. La manche la plus rapide a été effectuée en 6,65".
Seule femme à détenir un record du monde toutes catégories, Shirley Muldowney est aussi la seule à avoir été championne du monde (1978), devant tous les as de la spécialité, Don Prudhomme, Raymond Beadle et Don Garlits.

Dragsters *moteur à réaction*
La vitesse terminale est celle à la fin d'un parcours de 402 m (quart de mile) départ arrêté, et le temps écoulé est le temps du parcours.

La vitesse terminale la plus élevée jamais enregistrée sur un dragster à moteur à réaction est de **631,732 km/h** par l'Américaine **Kitty O'Neil** le 7 juillet 1977 sur *El Mirage* au Dry Lake, en Californie.
Le temps écoulé le plus bas jamais réalisé sur 402 m sur un dragster (3,72") revient aussi à Kitty O'Neil au cours de la même tentative.

Kilométrages records *hors compétition*
Le Français **François Lecot** (1879-1949), un aubergiste de Rochetaillée, près de Lyon, a parcouru **400 000 km en 1 an** avec une berline 11 CV Citroën 1900 cc, 66 ch, principalement entre Paris et Monte-Carlo, du 22 juillet 1935 au 26 juillet 1936, en prenant sa voiture 363 jours sur 370.
Le record mondial de 298 298 km, en 133 jours 17 h 37'38"64 (moyenne : 93,45 km/h), a été réalisé par Marchand, Présalé et 6 autres conducteurs avec une Citroën, sur le circuit de Montlhéry, de mars à juillet 1933.

Vitesses *les plus élevées sur terre*
Le record du monde de vitesse dans la catégorie des véhicules à moteur à allumage par compression est de **306,328 km/h** (moyenne établie sur 2 parcours en sens inverse de 1,6 km mesuré), réalisé par **Robert Havemann** d'Eureka (Californie) au volant de sa *Corsair* carénée, propulsée par un moteur Diesel GMC 6-71 à 6 cylindres de 6 981 cc et à turbo-compresseur développant 746 ch, aux Bonneville Salt Flats (Utah, États-Unis), en août 1971. Il a effectué son parcours le plus rapide à 337 km/h.
Le record du monde absolu de vitesse au sol a été établi par l'Américain **Stan Barrett** à la vitesse de mach 1,0106 **(1 183,466 km/h)** le 18 décembre 1979 à l'aéroport militaire d'Edwards (États-Unis) sur un tricycle équipé d'une turbine développant 48 000 ch. C'est la première fois que l'on dépassait sur terre la vitesse du son.
Le record féminin a été établi par **Kitty O'Neil** (née en 1948) à **1 014 km/h** sur *Motivator*, dans le désert d'Alborg (Oregon, U.S.A.), en février 1980.

Recordman de vitesse *le plus grand nombre de fois*
Le plus grand briseur de records de vitesse sur terre est le major **sir Malcolm Campbell,** un Anglais (1885-1948), qui a « cassé » 9 fois le record officiel entre le 25 septembre 1924 où il a atteint 235,170 km/h sur une Sunbeam, et le 3 septembre 1935, où il a atteint 484,510 km/h avec son *Bluebird* équipé d'un moteur Rolls-Royce.
L'Américain Craig Breedlove a amélioré 5 fois ce record, Chasseloup-Laubat, Jenatzy, Cobb, Eyston et Arfons, 3 fois.

Français recordmen *ils sont 15*
Le record du monde de vitesse absolue a été détenu **15 fois** par des pilotes français. La première fois par le **marquis de Chasseloup-Laubat** (63,13 km/h, 1898), la dernière par **René Thomas** (275,17 km/h, 1926).

Moyennes records *évolution*
Les 100 km/h ont été atteints en 1899, les 200 km/h en 1909, les 300 km/h en 1927, les 400 km/h en 1932, les 500 km/h en 1938, les 600 km/h en 1947, les 700 et 800 km/h en 1964, les 900 km/h en 1965, les 1 000 km/h en 1970 et les **1 100 km/h en 1979.**

Vitesse sur 2 roues *la plus élevée*
Le cascadeur français **Alain Legris** (né en 1944) a battu sur la piste de l'aéroport de Bordeaux, en mars 1981, le record du monde de vitesse automobile sur 2 roues en atteignant **132 km/h** au volant d'une Opel Kadett GTE.
Michel Signoret (né en 1950) a parcouru sur une Opel Kadett 209,203 km sur 2 roues en 5 h 48'55" le 15 mars 1983 sur le circuit Paul Ricard au Castellet (France).

AVIRON

Origines

On peut déchiffrer sur la stèle d'Aménophis II (1450-1425 av. J.-C.) qu'il a ramé pendant 4 km. Il existait des régates à l'aviron à Venise, en 1300. La plus ancienne course à l'aviron est la Doggett's Coat and Badge, qui eut lieu le 1er août 1716 du Pont de Londres (London Bridge) à Chelsea, et qui se court encore de nos jours. Sport olympique depuis 1896, l'aviron organise des championnats du monde masculins depuis 1962, et féminins depuis 1971.

Créée en 1892, un an seulement après la plus ancienne des fédérations, celle de gymnastique, la Fédération Internationale d'Aviron regroupe 53 pays.

La Fédération Française des Sociétés d'Aviron comptait en 1980, 16 493 licenciés dont 2 393 femmes, répartis dans 195 clubs.

Champions olympiques *les plus titrés*

5 rameurs ont remporté 3 médailles d'or : l'Américain **John Kelly** (1889-1960), père de la princesse Grace de Monaco, en skiff (1920) et double scull (1920 et 1924), son cousin **Paul Vincent Costello** (U.S.A., né le 27 décembre 1894), en double scull (1920, 1924 et 1928), l'Anglais **Jack Beresfort Jr** (1899-1977) en skiff (1924), quatre sans barreur (1932) et double scull (1936), le Soviétique **Vyacheslav Ivanov** (né le 30 juillet 1938) en skiff (1956, 1960 et 1964) et l'Allemand de l'Est **Siegfried Brietzke** (né le 12 juin 1952) dans les deux (1972) et quatre sans barreur (1976 et 1980).

Beresford a concouru dans 5 catégories et remporté 2 médailles d'argent supplémentaires. Ivanov est le seul à avoir remporté 3 médailles dans la même spécialité.

Champions olympiques *les titres français*

Les seuls rameurs français à avoir jamais été champions olympiques sont **Gaston Mercier** (né en 1932) et **Raymond Salles** (né en 1928) en deux barré par Bernard Malivoire aux Jeux d'Helsinki, en 1952, et Barrelet, en skiff, aux Jeux de Paris, en 1900.

Jacques Morel (né le 29 septembre 1935) a reçu la médaille d'argent en quatre barré aux Jeux de Rome, en 1960, avec Dumontois, Martin, Nosbaum et Klein, et la médaille d'argent des deux barré aux Jeux de Tokyo, en 1964, avec son frère Georges Morel et Jean-Claude Darouy.

Rameur français *le plus célèbre*

C'est sans doute **Jean Séphériades** (né en 1922), 5 fois champion de France de skiff, champion d'Europe (1947) et le seul vainqueur des régates de Henley (1946), année où il fut le premier lauréat, et le seul pour l'aviron, du palmarès du champion des champions français.

Vitesse *la plus élevée*

La vitesse la plus élevée enregistrée en eaux dormantes, sans marée ni courant, sur 2 000 m, a été atteinte par un huit d'Allemagne de l'Est qui a couvert la distance en 5' 32" 17 **(21,67 km/h)**, aux Jeux de Montréal, Canada, le 18 juillet 1976.

Une équipe américaine du Penn AC avait mis 5' 18" 8 (22,58 km/h) aux championnats de la Fisa, sur la Meuse, à Liège (Belgique), le 17 août 1930.

Traversée de l'Atlantique *l'unique*

Le Français **Gérard d'Aboville** (né en 1945) a parcouru 5 200 km à la rame à travers l'Atlantique, du Cap Cod, près de Boston, au phare de Gréach, sur l'île d'Ouessant, en 71 jours et 23 h, du 10 juillet au 21 septembre 1980, sur une barque en bois moulé pesant 150 kg à vide et 600 kg en charge.

Traversée de la Manche *la plus rapide*

L'Anglais **Ivor Lloyd** a traversé la Manche à l'aviron en 3 h 35'1" le 4 mai 1983.

Course *la plus longue*

La course annuelle la plus longue est le **Tour du lac Léman,** à Genève, 160 km pour 4 avec barreur. Le record est de 13 h 26' 30" réussis les 12 et 13 septembre 1981 (aller et retour en 2 jours) par l'équipe hollandaise des Roeivereniging Viking d'Utrecht.

Oxford-Cambridge *le plus de victoires*

Créée le 10 juin 1829, la course qui oppose Oxford à Cambridge tous les ans sur la Tamise, à Londres, de Hambledon Lock au de Henley, est la plus ancienne au monde.

En 129 courses, le huit de **Cambridge** l'a emporté **68 fois,** celui d'Oxford 60 fois. Les deux équipes furent classées ex aequo le 28 mars 1877.

Boris Ramkov (Oxford 1978-1982) est le seul rameur à avoir remporté 5 fois l'épreuve. C.R.W. Tottenham (Oxford 1864-1868) est le seul barreur à avoir remporté 5 fois l'épreuve.

Oxford - Cambridge 1983.

HOMMES (records sur 2 000 m en eaux dormantes)				
Catégorie	**Temps**	**Pays**	**Lieu**	**Date**
Skiff	6'49"68	Nikolaï Dovgan (U.R.S.S.)	Amsterdam (Hol.)	26 août 1978
Double scull	6'12"48	Norvège	Montréal (Can.)	23 juillet 1976 (J.O.)
Deux avec barreur	6'56"94	R.D.A.	Copenhague (Dan.)	août 1971
Deux sans barreur	6'33"02	R.D.A.	Montréal (Can.)	23 juillet 1976 (J.O.)
Quatre avec barreur	6'09"17	R.D.A.	Amsterdam (Hol.)	30 juin 1979
Quatre sans barreur	5'53"65	R.D.A.	Montréal (Can.)	23 juillet 1976 (J.O.)
Quatre de couple	5'47"38	R.F.A.	Lucerne (Sui.)	4 juin 1980
Huit	5'32"17	R.D.A.	Montréal (Can.)	18 juillet 1976 (J.O.)
FEMMES (records sur 1 000 m en eaux dormantes)				
Skiff	3'34"31	Christine Scheiblich (R.D.A.)	Amsterdam (Hol.)	21 août 1977
Double scull	3'16"27	U.R.S.S.	Moscou (U.R.S.S.)	26 juillet 1980 (J.O.)
Deux sans barreur	3'26"32	R.D.A.	Amsterdam (Hol.)	21 août 1977
Quatre avec barreur	3'14"03	R.D.A.	Lucerne (Sui.)	15 juin 1980
Quatre de couple	3'08"49	R.D.A.	Montréal (Can.)	19 juillet 1976 (J.O.)
Huit	2'57"38	États-Unis	Lucerne (Sui.)	15 juin 1980

BADMINTON

Origines

Un jeu semblable au badminton se pratiquait en Chine, pendant le deuxième millénaire av. J.-C. Le jeu moderne a été inventé vers 1863 à Badminton Hall. Les premières règles ont été codifiées en 1876 à Poona. Le club le plus ancien est le Newcastle Badminton Club, créé, comme l'Armstrong College Club, le 24 janvier 1900.

Le badminton était l'une des 16 disciplines inscrites au programme des Iers jeux Mondiaux qui se sont déroulés à Santa Clara (Californie, U.S.A.) du 24 juillet au 1er août 1981.

Il y avait 3 215 licenciés de badminton en France en 1980, dont 1 311 femmes, regroupés en 75 clubs.

Coupe Thomas

La coupe Thomas (créée en 1948) est le championnat international de badminton.

Elle a été remportée **7 fois** par l'**Indonésie,** en 1958, 1961, 1964, 1970, 1973, 1976 et 1979.

Coupe Uber

La coupe Uber, ou championnat féminin international, a été créée en 1956.

Elle a été remportée **5 fois** par le **Japon,** en 1966, 1969, 1972, 1978 et 1981.

Champions *les plus titrés*

Les simples messieurs des championnats d'Angleterre (créés en 1899) ont été gagnés **8 fois** par l'Indonésien **Rudy Hartono Kurniawan** (né le 18 août 1948), de 1968 à 1974 et en 1976. George Alan Thomas (1881-1972) a remporté 21 titres en simples et en doubles entre 1903 et 1928.

La femme la plus titrée est l'Américaine Judy Hashman (née Devlin le 22 octobre 1935). Elle a remporté 10 titres en 1954, 1957, 1958, 1960, 1961, 1962, 1963, 1964, 1966 et 1967, et égalé le record détenu par Muriel Lucas (devenue Mrs King Adams), qui avait gagné 17 championnats de 1899 à 1910.

Partie *la plus courte*

Dans la coupe Uber de 1969, à Djakarta, Indonésie, la Japonaise **Noriko Takagi** (devenue Mme Nakayama) a battu Mlle P. Tumengkol en **9 minutes.**

Coup *le plus long*

Le 29 février 1964, au cours des championnats en salle de San José, en Californie (États-Unis), **Frank Rugani** a envoyé un volant à **24,29 m.**

Marathon

Le match de simples le plus long a été joué par **Mike Watts** et **Bryan Garnham** à Swansea (G.-B.) du 15 au 18 octobre 1981, pendant **74 h 41'.**

BASE-BALL

Origines

Le révérend Thomas Wilson, de Maidstone, dans le Kent (Angleterre), désapprouva par écrit, en 1700, la pratique dominicale du base-ball. Il est également fait allusion à ce jeu dans *Northanger Abbey*, publié par Jane Austen en 1798. Ce n'est que le 18 juin 1846, à Hoboken, dans le New Jersey (États-Unis) que se déroula la première partie de base-ball suivant les règles de Cartwright (Alexander Joy Cartwright Jr, 1820-1892) : elle vit la victoire des New York Nine sur les Knickerbockers en quatre tours de batte, par 23 points à 1.

La première équipe de base-ball qui ait joué pour de l'argent (professionnel) est celle des Cincinnati Red Stockings, en 1869.

Le base-ball était l'une des 16 disciplines inscrites au programme des Iers Jeux mondiaux de Santa Clara (Californie).

Il y avait en 1980 en France 660 licenciés de base-ball, dont 81 femmes, regroupés dans 21 clubs.

Batteur *le meilleur de tous les temps*

La meilleure moyenne réalisée par un batteur au cours de sa carrière est de **0,367** par **Tyrus Raymond Cobb** (1886-1961), que l'on surnommait « Pêche de Géorgie ». Ty Cobb joua avec Detroit de 1905 à 1926 et avec Philadelphie en 1927 et 1928. Au cours de sa carrière, il a fait un record de 2 244 courses sur 4 191 coups joués dans les 3 033 matches de 1re division auxquels il a participé.

On rapporte que Lin Wen-Nsiung, à Taïwan, a atteint une moyenne de 0,727.

Coups de circuit *le plus grand nombre*

Henry Louis « Hank » Aaron (né le 5 février 1934), de l'équipe de Milwaukee et des Atlanta Braves, a réussi, de 1956 à 1976, 755 coups de circuit en 1re division américaine.

A la fin de la saison 1980, date à laquelle il prit sa retraite, le Japonais **Sadaharu Oh** (né le 20 mai 1940), de l'équipe des Yomuiri Giants, a réussi son **868e** coup de circuit.

George Herman « Babe » Ruth (1896-1948) a frappé en une saison (154 matches), du 15 avril au 30 septembre 1927, 60 coups de circuit.

Roger Eugene Maris (né le 10 septembre 1934), des New York Yankees, en a réussi 61 en 162 parties, au cours de l'année 1961. C'est le record officiel de la « US Major League ».

Joshua Gibson (1911-1947), des Homestead Grays puis des Pittsburgh Crawfords (équipes de la 1re division des Noirs) a réussi 800 coups de circuit dans sa carrière, dont 75 en 1931. Il a été élu en 1972 à la Hall of Fame.

Coups de circuit *les plus longs*

Le plus long coup de circuit jamais vu fut mesuré à **188,4 m** au cours d'un match de 2e division (minor league) à Emeryville Ball Park, en Californie (États-Unis), le 4 juillet 1929. Il avait été réussi par Roy Edward « Dizzy » Carlyle (1900-1956).

Babe Ruth a frappé, en 1919, un coup mesuré à 178,9 m au cours d'un match entre les Boston Red Sox et les New York Giants à Tampa, en Floride, États-Unis.

Jet *le plus long*

Le jet le plus long (la balle pèse entre 141 et 148 g) a été de **135,88 m** par le Canadien **Glen Edward Borbous** (né le 8 juillet 1930), le 1er août 1957.

Chez les femmes, c'est **Mildred Ella « Babe » Didrikson** (devenue Mrs G. Zaharias, 1914-1956) qui détient le record avec un jet de 90,2 m à Jersey City, dans le New Jersey le 25 juillet 1931. Babe Didrikson a été recordwoman du monde du saut en hauteur (1,66 m en 1932), du lancer du javelot (40,62 m en 1930) et du 80 m haies (11"7 en 1932). Elle fut, aux Jeux de 1932 à Los Angeles, championne olympique du 80 m haies et du javelot, médaille d'argent du saut en hauteur. Elle devint ensuite une très bonne golfeuse professionnelle.

Coureur *le plus rapide*

Le record de vitesse de tour des bases est de **13"3** par **Ernest Evar Swanson** (1902-1973), temps réalisé à Columbus, dans l'Ohio (États-Unis), en 1932, à une vitesse moyenne de 29,70 km/h.

« Jeu parfait » *le seul*

Le seul jeu parfait (pas de coup de batte, pas de course) de l'histoire du base-ball réussi au cours d'un championnat mondial l'a été par **Don Larsen** (né le 7 août 1929), des New York Yankees, au cours d'un match contre les Brooklyn Dodgers le

8 octobre 1956 : Don Larsen a réussi 97 lancements (dont 71 dans la zone de strike).

Lanceur *le plus rapide*
Le lanceur le plus rapide du monde est **Lynn Nolan Ryan** (né le 31 janvier 1947), des California Angels, qui, le 20 août 1974, à Anaheim Stadium, en Californie, a effectué un lancer à 162,3 km/h.

Joueur *le plus jeune*
Le joueur de première division américaine le plus jeune de tous les temps est le lanceur de l'équipe de Cincinnati, **Joseph Henry Nuxhall** (né le 30 juillet 1928), dont la carrière débuta en juin 1944, à 15 ans et 306 jours.

Championnat de France *le plus de titres*
Le **Paris Université Club** (PUC) a remporté **8 fois** le championnat de France entre 1970 et 1980 (1970, 1972, 1973, 1975, 1976, 1977, 1980, 1983) ; le Nice UC, 2 fois (1978 et 1979).

Affluence et recettes *les plus élevées*
Dans les séries de championnat du monde, le record d'affluence est de **420 784 personnes** (6 parties, recette totale : 2 626 973,44 $), aux matches entre les Los Angeles Dodgers et les Chicago White Sox – ces derniers ont finalement été battus, entre le 1er et le 8 octobre 1959, par 4 victoires à 2. Pour une partie unique, le record est une assistance de 92 706 personnes (recette : 552 774 $) pour le 5e match qui se déroulait au Memorial Coliseum de Los Angeles, en Californie, le 6 octobre 1959.
Le stade dont la capacité en sièges est la plus grande est le Cleveland Municipal Stadium, avec 76 977 places assises. La saison qui, toutes divisions réunies, a vu le plus grand nombre de spectateurs, est celle de 1971, avec 29 193 417 personnes.
On estime à 114 000 le nombre des spectateurs qui ont suivi la partie entre l'Australie et les États-Unis – un match-exhibition à Melbourne, le 1er décembre 1956, pendant les jeux Olympiques.

BASKET-BALL

Origines
Dans sa conception, le jeu de « Pok-ta-Pok » que pratiquaient au Mexique les Olmèques, vers le Xe siècle av. J.-C., ressemble au basket-ball. Au XVIe siècle, les Aztèques en avaient mis au point une variante : l'« Ollamalitzli ». Quand un joueur réussissait à faire passer le ballon (en caoutchouc dur) dans un anneau de pierre fixe, il emportait les vêtements de tous les spectateurs.
Le basket-ball moderne (qui semble dériver du *Korbball* allemand) a été créé par le Canadien James A. Naismith (1861-1939) à l'école d'entraînement du collège international du Y.M.C.A., à Springfield, Massachusetts (U.S.A.), vers la mi-décembre 1892. On joua la première partie le 20 décembre 1892.
La Fédération internationale de basket-ball amateur (FIBA) a été fondée en 1932. Elle regroupe 157 pays, 5 de moins que la plus grande de toutes les fédérations internationales, celle d'athlétisme.
Il y avait 321 785 licenciés de basket-ball en France en 1981, dont 147 131 femmes, répartis dans 4 586 clubs.

Jeux Olympiques *le plus de titres*
Les **Etats-Unis** ont remporté **7 titres olympiques** consécutifs de 1936, admission de cette discipline aux Jeux, à 1968, sans perdre un seul match. Leur série de 63 victoires consécutives aux Jeux a été interrompue à Munich, en 1972, lorsqu'ils ont perdu d'un point (50 à 51) au cours de la finale contre l'Union soviétique. Ils ont tout de même remporté leur 8e titre en 1976, mais n'ont pas participé aux Jeux de 1980.

Championnats du monde *le plus de titres*
L'U.R.S.S. a remporté **3 fois** les championnats du monde masculins (créés en 1950), en 1967, 1974 et 1982. L'Union soviétique a conquis son 3e titre le 28 août 1982 à Cali (Colombie) en battant les États-Unis de 1 point (95-94), comme dans la finale des jeux Olympiques de 1972.
Le Brésil a gagné en 1959 et 1963, la Yougoslavie en 1970 et 1978.
Chez les femmes, l'U.R.S.S. a remporté en 1975 son 5e titre consécutif depuis 1959 (le championnat du monde féminin a été créé en 1953), en 1959, 1964, 1967, 1971, 1975.

Championnats et coupes d'Europe *le plus de titres*
La coupe d'Europe des clubs champions, créée en 1957, a vu le **Real Madrid** triompher **7 fois**. Le titre féminin a été remporté à 18 reprises par le club de Daugawa Riga (U.R.S.S.).
Dans le championnat d'Europe des nations, la plus titrée est l'U.R.S.S. avec 15 victoires. Elle détient également le record féminin, avec 15 titres.

Équipes françaises en coupe d'Europe *le plus de titres*
L'équipe du **Clermont U.C.** a participé à **5 finales** de la coupe d'Europe féminine des clubs champions. Elle a perdu 5 fois, contre l'équipe soviétique du Daugawa Riga en 1971, 1973, 1974, 1976 et 1977.
L'équipe de la J.A. Vichy a été battue en finale de la Coupe des coupes masculine en 1970 par Naples (60-64 et 87-65), celle de l'A.S.P.O. Tours en 1976 par Milan (88-83) et celle l'A.S. Villeurbanne en 1983 par Scavolini Pesaro (111-99).
L'équipe du Cercle Saint-Pierre de Limoges est la seule équipe française à avoir remporté une coupe d'Europe de basket-ball, la coupe Korac, le 28 mars 1982 à Padoue (Italie), en battant l'équipe de Sibenka Sibenik (90-84). Elle a renouvelé cet exploit le 8 mars 1983 à Berlin-Ouest en battant à nouveau l'équipe yougoslave de Sibenka Sibenik (94-86).

Scores *les plus élevés en match international*
Le score le plus élevé jamais enregistré dans une rencontre internationale est **251** par l'**Iraq** contre le Yemen (33) en novembre 1982 à New Delhi (Inde) au cours des Jeux asiatiques.

Scores *les plus élevés aux championnats d'Europe*
Au cours du championnat d'Europe à Hagen (R.F.A.), la **Roumanie** a marqué **164 points** au pays de Galles (50), le 15 mai 1975.
Le 4 juin 1956, l'équipe féminine d'Union soviétique a marqué 153 points contre la Suisse (25).

Scores *le plus élevé (un match)*
Dans un match du championnat d'Autriche féminin de division II, le 15 mars 1981 à Vienne, l'équipe du DBB-Vienne a battu celle du BAK par **236 points à 15**, après avoir mené à la mi-temps par 107 points à 7.

Scores *les plus élevés au championnat américain*
Dans un match de la National Basket Association (N.B.A.) à Hershey (Pennsylvanie) le 2 mars 1962, les Philadelphia Warriors ont battu les New York Knickerbokers par **169 points à 147** soit un total de 316 points. Ce record a été égalé le 12 mars 1970 par

Jacques Cachemire, recordman des sélections en équipe de France de basket-ball.

les Cincinnati Royals, qui ont battu les San Diego Rockets par 165 points à 151. Ce record a été porté à 337 le 6 mars 1982 quand les San Antonio Spurs ont battu les Milwaukee Bucks par 171 à 166 à San Antonio (Texas). Le 14 février 1975, les San Diego Conquistadors (176) et les New York Nets (166) ont atteint un score total de 342 points, après 4 prolongations, dans le championnat A.B.A.

Scores *les plus élevés en équipe de France*
Le Français **Jacques Cachemire** (né le 27 février 1947), entre 1969 et 1981, a marqué **2 813 points** en équipe de France, en 245 rencontres.
Le plus grand nombre de points marqués en un seul match en équipe de France est 39, par Hervé Dubuisson (né le 8 août 1957), en 1981 contre l'Italie.

Scores *les plus élevés en championnat de France*
La seule équipe qui ait marqué **plus de 150 points** en championnat de France est celle de l'**A.S.P.O. Tours** lorsqu'elle a battu celle de Jœuf par 154 à 107 le 20 mars 1976.
Le plus grand nombre de points marqués en un seul match du championnat de France est 71, marqués par Jean-Pierre Staelens le 4 mars 1967 pour l'A.S. Denain Voltaire contre Valenciennes.

Marqueurs *les meilleurs (un match)*
Le jeune Suédois **Mats Wermelin** (13 ans) a marqué les **272 points** (à 0) de son équipe au cours d'un tournoi régional de jeunes qui se déroulait à Stockholm (Suède) le 5 février 1974.
L'Américain Wilton Norman Chamberlain (né le 21 août 1936) a marqué 100 points pour Philadelphie dans un match contre New York le 2 mars 1962.
En championnat universitaire, Clarence « Bevo » Francis a marqué 113 points pour l'université de Rio Grande contre Hillsdale, le 2 février 1954.
L'Américaine Mary Boyd a réussi 156 points pour son équipe du Central HS de Lonaconing (Maryland), le 25 février 1924, en battant l'équipe de l'Ursaline Academy de Cumbertland par 163 à 3.
L'Autrichienne Andrianne Biermaier a marqué 116 points lors du match de championnat de division II, DBB-Vienne-BAK (236-15), le 15 mars 1981.

Marqueurs *les meilleurs (carrière)*
L'Américain **Wilton Norman « Wilt » Chamberlain** (né le 21 août 1936) a marqué, au long de sa carrière (1960-1973) dans le championnat de la N.B.A., un total de **31 419 points**. Son record pour une saison est de 4 029 points en 1962 pour Philadelphie.
Dans le championnat universitaire féminin, Pearl Moore a marqué pour le Francis Marion College (Caroline du Sud) 4 061 points de 1975 à 1979 ; dans le championnat universitaire américain masculin, Travis Grant, de l'université d'État de Kentucky, a marqué 4 045 points de 1969 à 1972.

Joueurs *les plus grands*
Le joueur le plus grand de tous les temps serait le Libyen **Suleiman Ali Nashnush** (né en 1943), qui mesurait **2,45 m** lorsqu'il débuta en 1962.
Le Soviétique Alexandre Sizonenko (né en 1962) mesure 2,39 m.
Chez les femmes, la plus grande est la Soviétique Ouliana Semenova (née le 9 mars 1952), qui mesure 2,18 m pour un poids de 127,4 kg.
Les 2 plus grands joueurs qui aient jamais opéré en équipe de France sont Jean-Claude Lefebvre (né en 1937), 57 fois international de 1957 à 1963 et Jean-Marie Hamel, 1 fois international en 1969 (2,18 m tous les deux).

Joueurs *les plus réguliers*
Au cours d'une démonstration de tirs au but, l'Américain **Ted Saint Martin**, de Jacksonville (Floride), a réussi le 25 juin 1977 une série de **2 036 lancers francs** consécutifs. En 24 h (31 mai – 1er juin 1975), l'Américain Fred L. Newman, de San Jose (Californie), a réussi 12 874 paniers sur 13 116 lancers, soit une moyenne de 98,15 %. C'est aussi Fred Newman qui détient le record des lancers francs les yeux bandés, avec 88 paniers de suite réussis au Y.M.C.A. de San Jose le 5 février 1978.

Tir *le plus long*
L'Américain **Les Henson**, des Virginia Tech, a réussi, le 21 janvier 1980, un panier de **27,20 m** au cours d'un match contre l'équipe de Florida State.

Assistances *les plus nombreuses*
Plus de 75 000 personnes ont assisté, en 1951, à un match-exhibition des Harlem Globe-Trotters au stade olympique de Berlin-Ouest (R.F.A.). En salle, l'assistance la plus nombreuse a été de 61 612 spectateurs au Superdrome de La Nouvelle Orléans (Louisiane, U.S.A.) lors des demi-finales (27 mars) et de la finale, le 29 mars 1982, du Tournoi de la NCAA de première division opposant les équipes des universités de Caroline du Nord et de Georgetown.

Internationaux français *les plus titrés*
De 1969 à 1983, **Jacques Cachemire** a été sélectionné **225 fois** en équipe de France, ce qui constitue un record tous sports pour les hommes.
Le record féminin appartient à **Elisabeth Riffiod** (née le 20 juillet 1947) avec **234 sélections**, record absolu en France pour tous les sports.

Championnats de France *le plus de titres*
Depuis sa création, en 1921, le club de l'**A.S.**

Villeurbanne a remporté **15 fois** le championnat de France masculin de basket-ball (1949, 1950, 1952, 1955, 1956, 1957, 1964, 1966, 1968, 1969, 1971, 1972, 1975, 1977 et 1981). Le F.A. Mulhouse l'a emporté 7 fois, de 1924 à 1926 et de 1928 à 1931.
Le championnat de France féminin, créé en 1937, a été remporté 13 fois par le Clermont U.C. de 1968 à 1981. Le Paris U.C. l'a emporté 7 fois (1954, 1957, 1960, 1961, 1963, 1964 et 1965).
Alain Gilles (né le 5 mai 1945) est l'athlète français qui a remporté le plus grand nombre de titres de champions de France par équipes, quel que soit le sport, avec 8 titres (Villeurbanne 1966-1981).

Doublés coupe-championnats de France *le plus de titres*
4 équipes ont réussi le doublé coupe-championnat de France la même saison : l'**A.S. Villeurbanne** en 1957, l'**Etoile de Mézières** en 1958, le **Paris U.C.** en 1963, le **C.S.P. Limoges** en 1983.

Marathon
Le Français **Eric Marchand** (né le 19 octobre 1963) a effectué des dribles sans interruption pendant **12 heures** le 3 juillet 1982 à Autun (France).

BOBSLEIGH

Origines
Le plus ancien traineau connu date d'environ 6500 ans av. J.-C. Il vient d'Heinola (Finlande).
La première course de bobsleigh s'est déroulée en 1889 à Davos, en Suisse. La Fédération internationale de bobsleigh et de tobogganing a été fondée en 1923, la Fédération internationale de bobsleigh en 1957.
Il y avait en 1980, 125 licenciés de bob en France.

Champions olympiques *les plus titrés*
Le titre olympique de bob à 4 (créé en 1924) a été remporté 4 fois (1924, 1936, 1956 et 1972) par la **Suisse.**
Les États-Unis (1932 et 1936), la Suisse (1936 et 1980), l'Italie (1956 et 1968) et la R.F.A. (1952 et 1972) ont remporté chacun 2 fois le titre de bob à deux (créé en 1932).
Dans la compétition individuelle, l'Italien Eugenio Monti (né en 1928) a gagné 6 médailles : 2 d'or (1968), 2 d'argent (1956) et 2 de bronze (1964).
Le plus grand nombre de médailles d'or remportées par un coureur est 3, pour les Allemands de l'Est Meinhard Nehmer (né le 13 juin 1941), le pilote, et Bernhard Germeshausen (né le 21 août 1951) en 1976 (bob à deux) et 1976 et 1980 (bob à quatre).

Champion olympique *aux Jeux d'hiver et d'été*
L'Américain **Edwar F. Eagan** (1898-1967), médaille d'or en bob à quatre avec l'équipe américaine aux Jeux de 1932 avait remporté, aux Jeux d'été de 1920, la médaille d'or en boxe, catégorie des mi-lourds, en battant le Norvégien Sverre Sorsdal. Il est le seul compétiteur à avoir jamais remporté 1 médaille d'or aux Jeux d'été et aux Jeux d'hiver.

Champions du monde *les plus titrés*
La Suisse a remporté **14 fois** (1924, 1936, 1939, 1947, de 1954 à 1957, de 1971 à 1973, 1975, 1982, 1983) le titre de championne du monde de bob à quatre.
L'Italie a remporté 14 fois (1954, de 1956 à 1963, 1966, 1968, 1969, 1971 et 1975) le titre de bob à deux. Eugenio Monti a fait partie à 11 reprises (8 fois en bob à deux, 3 fois en bob à quatre) de l'équipe d'Italie. Il a été 9 fois champion du monde.

BOULES

Origines
Boules, billes, palets, on ne sait si les boules ont appartenu à l'Antiquité égyptienne, grecque ou même latine.
Ce jeu est apparu pour la première fois en France dans la région de Marseille : jeu paysan au Moyen Age, aristocratique au XVIIIe siècle, les boules sont aujourd'hui un jeu populaire.
Le jeu de boules, sur gazon, est pratiqué en Grande-Bretagne depuis le XIIIe siècle.
La Fédération française de boules compte 162 404 licenciés en 1980, dont 788 femmes, répartis dans 3 554 clubs.

Angevine *ou boule de fort*
L'angevine, ou boule de fort, ne se joue que sur des pistes couvertes à bords relevés de 35 m de long, 6 à 7 m de large, avec une zone de jeu de 5 m de profondeur à chaque extrémité. Les boules, en bois de cormier séché, cerclées d'acier, offrent un côté concave, dit côté faible, évidé en une cuvette de 2 à 3 cm de profondeur, et un côté convexe, dit côté fort. Ce jeu, pratiqué dans le Maine-et-Loire sous un aspect folklorique, se joue en doublette.

Parisienne *ou boule des berges*
La parisienne, ou boule des berges, a été créée à Paris vers 1865. Elle se joue sur un terrain en terre tassée de 40 × 3 m, avec une zone de jeu de 4 m de profondeur à chaque extrémité. Les berges sont en béton. Boules et buts sont les mêmes que ceux utilisés aux boules lyonnaises. Chaque joueur a 3 boules et les parties se jouent en 13 points. Toutes les boules distantes de plus de 1 m du but sont annulées. Il faut annoncer son objectif avant de tirer, et l'on peut tirer en se servant des berges, comme au billard.

Vendéenne *ou boule de bois*
La vendéenne, ou boule de bois, se joue sur un terrain de 22 × 4 m, délimité par des planches, avec des boules en bois (10 à 13 cm de diamètre, poids 1,5 kg) et un but en bois. Toute boule qui atteint la zone de jeu (2 m de profondeur à chaque extrémité du terrain) sans avoir auparavant touché une autre boule ou le but, est annulée. Les parties se jouent en 13 ou 15 points.

Jeu provençal *ou longue*
Inspiré des règles de la boule lyonnaise, le jeu provençal est exclusivement pratiqué dans le Sud-Est depuis 1907 environ. Il s'appelle aussi longue, par opposition à la pétanque, car ce jeu se joue entre 15 et 21 m du point de lancer des boules. Il se joue sur toutes les surfaces, mais lorsqu'il se pratique sur un terrain, ce dernier doit avoir au moins 25 m de long et de 3 à 4 m de large. Identiques à celles utilisées pour la pétanque, les boules sont en acier, d'un poids de 620 à 800 g. Les parties en tête à tête, en doublettes ou en triplettes, se jouent en 11 points ou 13 points.
Le jeu provençal est régi par la Fédération française de pétanque et de jeu provençal, créée en 1945. Le championnat de France, disputé en triplette, se déroule tous les ans depuis 1946.

BOULE LYONNAISE

Origines
Les sociétés de boules apparaissent à Lyon dans la seconde moitié du XIXe siècle. En 1894, le *Lyon républicain* organise le premier tournoi qui, pendant 3 jours, rassemble plus de 1 200 joueurs. La Fédération lyonnaise et régionale des sociétés de boules est créée en 1906 ; l'Union nationale des fédérations boulistes, en 1922, (devenue la Fédération nationale de boules en 1933) et la Fédération française de boules en 1942. La création de la Fédération internationale de boules date de 1946.
Le terrain a 27,50 m de long, de 2,5 à 4 m de large. Les lignes de jeu sont tracées à la baguette sur les sols mous, à la craie sur les sols durs (macadam). Les boules métalliques ont été inventées en 1923 par Vincent Mille et Paul Courtieu. Les parties peuvent se disputer en 9 à 18 points dans toutes les formations, sauf en triplettes. Les tirs se font après une course d'élan codifiée à 4, 5 ou 6 pas.

Joueur *le meilleur*
Ce serait l'Italien **Umberto Granaglia,** l'inventeur de la méthode de tir à 5 pas.
L'Italien est en tout cas le seul à avoir remporté 11 titres de champion du monde en 11 participations en quadrette, la dernière 23 ans après la première : 1957, 1958, 1960, 1961, 1962, 1963, 1966, 1967, 1970, 1976, 1980. Granaglia a encore été 2 fois champion du monde en doublette, en 1975 et 1979.

Championnats du monde *le plus de titres*
Les premiers championnats du monde, tenus à Genève en 1947, ont été remportés par la France. Ils

se déroulent tous les 2 ans, depuis 1969, en alternance avec la Coupe Prince de Monaco.
La **France** a remporté **14 titres** aux championnats du monde jusqu'à 1982, année des 27e championnats, en 1947, 1948, 1950, 1951, 1952, 1953, 1954, 1956, 1959, 1964, 1965, 1972, 1974, 1978.

Coupe Prince de Monaco *le plus de victoires*
Créée en 1954, la Coupe Prince de Monaco se déroule selon le schéma de la Coupe Davis de tennis (simple et double, c'est-à-dire tête à tête et doublettes). Elle n'est disputée que tous les 2 ans depuis 1969. L'**Italie** l'a emporté **13 fois,** la France 5.

PÉTANQUE

Origines

La pétanque est née de la volonté de raccourcir le jeu provençal. Ce qui est presque devenu aujourd'hui une légende veut que la première partie de pétanque ait été disputée en juin 1910 à La Ciotat.
La Fédération de pétanque, créée en 1943 et devenue en 1945 Fédération française de pétanque et du jeu provençal, a été admise en 1954 au Comité national des sports.
La pétanque se joue sur tous les terrains selon les mêmes règles que le jeu provençal ou la boule lyonnaise, avec des boules métalliques creuses, en parties de 11, 13, 15 ou 18 points.
La Fédération française de pétanque et de jeu provençal compte 426 282 licenciés en 1980, dont 20 198 femmes, répartis dans 6 773 clubs. C'est le sport qui compte en France le plus de clubs, mis à part le football.

Tireur *le plus performant*
Le Français **Marcel Brun** a touché **259 boules sur 299 tirs,** réussissant 34 carreaux en 1 heure, le 15 mai 1982 à Meyzieu, près de Lyon, ce qui représente une moyenne de 1 tir toutes les 12 secondes.
L'Italien Giuseppe Andreoli avait touché 206 boules sur 204 tirs en 1981, mais il avait réussi dans le même temps de 1 heure 54 carreaux.

BOWLING

Origines

L'ancien jeu allemand de neuf quilles (*heidenwerfen,* renverser les païens) a été exporté aux États-Unis au début du XVIIe siècle. Le jeu fut interdit plus tard dans le Connecticut puis dans les autres États. Pour tourner la loi, on se contenta d'ajouter une dixième quille. Mais un jeu à dix quilles aurait été pratiqué dans le Suffolk (Angleterre) il y a environ 300 ans.
Le premier organisme qui ait codifié des règles est l'American Bowling Congress (ABC), créé à New York le 9 septembre 1895.
Il y avait en 1982 aux États-Unis 8 850 établissements de bowling, 158 704 pistes et 72 000 000 de pratiquants.
Le bowling était l'une des 16 disciplines inscrites au programme des Iers jeux Mondiaux qui se sont déroulés à Santa Clara (Californie, U.S.A.) du 24 juillet au 2 août 1981, année où la Fédération Internationale de Bowling a recensé plus de 11 millions de licenciés dans le monde.
Le plus grand centre de bowling du monde (aujourd'hui fermé) était le World Lanes Center de Tokyo (Japon), qui offrait 252 pistes. Actuellement le plus grand centre est celui du Fukuyama Bowl d'Osaka (Japon) : 144 pistes.
Le plus grand d'Europe est le Nottingham Lane de Nottingham (Angleterre), avec 48 pistes sur 2 niveaux (24 à chaque niveau).

Championnats du monde *le plus de titres*
Les championnats du monde de la Fédération internationale des quilleurs ont été créés en 1954.
Le record de l'épreuve individuelle masculine est de **5 963 quilles renversées** (en 28 parties) par l'Américain **Ed Luther** à Milwaukee (Wisconsin, États-Unis), le 28 août 1971. Le record pour 24 parties est de 4 839 quilles par l'Australien Éric Thompson.
Pour les championnats féminins (créés en 1963), le record appartient à Bong Coo (Philippines) qui a renversé 4 720 quilles (en 24 parties) à Manille, en décembre 1979.

Jeux Mondiaux *le plus de médailles*
La Française **Liliane Gregori** (née en 1949) a remporté la médaille d'or de bowling féminin des Iers jeux Mondiaux. Elle est la seule de tous les concurrents, hommes ou femmes, à avoir remporté tous ses matches tout au long de cette épreuve.

Scores *les plus élevés*
Le score individuel le plus élevé pour 3 parties officielles est de **886** (maximum : 900) par l'Américain **Albert « Allie » Brandt,** de New York, le 25 octobre 1939.
Le record féminin est de 853, par Sherrie Langford à Clearwater (Floride, U.S.A.) le 19 février 1982.
Le 4 mars 1976, à Toledo (Ohio), John Pezzin (né en 1930) a réussi 34 strikes consécutifs.
Elvin Mesger, de Sullivan (Missouri) a réussi 27 fois 300 points dans des parties homologuées.
Le maximum de 900 pour 3 parties a été atteint à 4 reprises, dans des parties non homologuées par Leo Bentley à Lorrain (Ohio), le 26 mars 1931 ; par Joe Sargent à Rochester (New York), en 1934 ; par Jim Margie à Philadelphie (Pennsylvanie), le 4 février 1937 ; et par Bob Brown à Roseville Bowl (Californie), le 12 avril 1980. Une telle série suppose de réussir 36 strikes (toutes les quilles renversées par une seule boule) de suite.
En compétition officielle, la meilleure moyenne sur une saison est de 242 par l'Américain John Ragard, de Susquehanna, en 66 parties pendant la saison 1981-1982.

Scores *les plus élevés en France*
A la fin du mois de mai 1983, 15 bowlers français avaient réussi le score de 300. Le dernier est **Frédéric Benoît** à Paris, porte de Champerret, le 22 novembre 1981.
La première et la seule Française qui ait réussi 300 est Jacqueline Boissière-Moulenac, au cours des championnats de France, à Paris, Bois de Boulogne, le 6 juin 1982.

Français *les vainqueurs de compétitions internationales*
Le seul Français à avoir remporté une grande épreuve internationale est **Philippe Dubois** (né en 1951), vainqueur en novembre 1979 à Bangkok (Thaïlande) de la Coupe du monde, le championnat du monde des amateurs.

Marathon
L'Américain **John Francis Damiani** a joué au bowling pendant **155 h 4',** du 15 au 21 août 1980 au Lancaster Lanes, à New York.

BOXE

Origines

Une fresque de l'île de Théra (Grèce), d'environ 1500 av. J.-C., représente une scène de boxe avec gants.
Les premières règles du ring ont été codifiées en Angleterre le 16 août 1743 par le champion pugiliste Jack Broughton (1704-1789). En 1867, la boxe se plia aux règles de Queensberry, formulées par John Sholto Douglas, 9e marquis de Queensberry (1844-1900).
Mais elle ne fut reconnue en Grande-Bretagne qu'à partir de 1901, date à laquelle une décision de justice, qui faisait suite à la mort d'un boxeur, Billy Smith (Murray Livingstone), au cours d'un combat (24 avril 1901), lui donna une existence légale.
Créée en 1946, la Fédération internationale de boxe amateur (A.I.B.A.) regroupe 125 pays.
Il y avait 13 226 licenciés en France en 1980, dont 277 femmes, répartis dans 479 clubs.

Combats *les plus longs*

Le plus long combat avec gants a opposé pendant **110 rounds,** les 6 et 7 avril 1893, **Andy Bowen** et **Jack Burke,** à La Nouvelle-Orléans, en Louisiane. Le match a duré de 21 h 25 à 4 h 34 du matin, soit 7 h 19', et a finalement été déclaré nul ; les deux hommes étaient vraiment incapables de continuer le combat.

Le plus long combat à poings nus a duré 6 h 15 : il a opposé, le 3 décembre 1855, James Kelly et James Smith, à Fiery Creek, Dalesford, Victoria (Australie).

Combats *les plus courts*

On doit distinguer entre le knock-out le plus rapide et le combat le plus court.

Un knock-out en **10"5** (le compte de 10" inclus) a été enregistré le 23 septembre 1946, à Lewiston, dans le Maine (U.S.A.) : quand Al Couture a étendu Ralph Walton qui ajustait son protège-dents dans son coin. Si la durée du combat a été normalement mesurée, Al Couture avait déjà traversé la moitié du ring à la cloche.

Le plus court combat connu semble avoir eu lieu au cours du tournoi des Golden Gloves à Minneapolis, dans le Minnesota, le 4 novembre 1947 : Mike Collins mit knock-out Pat Browson, d'un seul coup de poing, après 4" d'un combat où l'on ne prit pas le temps de compter le perdant.

Le championnat du monde des poids lourds le plus court a duré 63 secondes, le 10 décembre 1982, lorsque l'arbitre a arrêté le match après que l'Américain Michael Dokes (né le 10 août 1958) eut battu son compatricte Mike Weaver.

Cassius Clay (né le 17 janvier 1942), et devenu Mohammed Ali, a battu le 25 mai 1965 Charles « Sonny » Liston (1932-1970), à Lewiston, dans le Maine (U.S.A.), en 1'52" (compte inclus) ; sur le ring, la durée annoncée avait été de 1', mais des enregistrements vidéo ont permis de rétablir la durée réelle du combat.

Le championnat du monde le plus court a vu, en 45", Al McCoy mettre au tapis George Chip pour le titre des poids moyens, à New York, le 7 avril 1914.

Boxeurs français *les plus rapides*

Marcel Cerdan (1916-1949) a réussi **14 K.-O.** au premier round au cours de sa carrière, dont le plus rapide fut de 22 secondes, décompte compris, face à G. Humery, le 26 avril 1942, à Paris. Ce même Humery avait été mis K.O. en 18 secondes par Al Brown.

Boxeurs *les plus grands*

Le plus grand boxeur professionnel que l'on ait connu est le Roumain **Gogea Mitu** (né en 1914), qui, en 1935, mesurait **2,23 m** et pesait 148 kg.

On a dit de l'Américain John Rankin, qui gagna un combat à La Nouvelle-Orléans, Louisiane, en novembre 1967, qu'il mesurait également 2,23 m.

Carrière *la plus longue*

La carrière du poids lourd britannique **Jem Mace,** surnommé « le Bohémien » (1831-1910), dura **35 ans,** de 1855 à 1890, mais durant plusieurs années il ne livra qu'un seul combat par saison.

On rapporte que l'Américain Bobby Dobbs (1858-1930) eut une carrière de 39 ans (1875-1914).

Walter Edgerton, surnommé « la Rose du Kentucky », mit au tapis John Henry Jakson (45 ans), en 4 rounds, au Broadway A.C., à New York, le 4 février 1916. Il avait 63 ans.

Combats *le plus grand nombre*

Bobby Dobbs a disputé **1 024 combats** au total.

L'Américain Abraham Hollandersky, *alias* Abe « le Crieur de journaux », a disputé quelque 1 309 combats de 1905 à 1918, mais un bon nombre d'entre eux étaient des matches-exhibition.

Victoires consécutives *le plus grand nombre*

L'Américain **Edward Henry « Harry » Greb** (né le 6 juin 1894) est resté invaincu pendant **178 rencontres,** dont 117 nuls, entre 1916 et 1923.

L'Américain Packey McFarland (1888-1936) a disputé, de 1905 à 1915, 97 combats sans subir une défaite.

L'Espagnol Pedro Carrasco (né le 7 novembre 1943) a remporté 83 combats consécutifs entre le 22 avril 1964 et le 3 septembre 1970.

Knock-out *le plus grand nombre*

L'Américain **Archie Moore** (né Archibald Lee Wright, à Benoit, dans le Mississippi, le 13 décembre 1913 ou 1916) a remporté au cours de sa carrière (1936-1963), **145 victoires par K.-O.**

L'Américain Lamar Clark a mis K.-O. son 44e boxeur de suite à Las Vegas (U.S.A.), le 11 janvier 1960. Il a mis K.-O. 6 boxeurs en une soirée (dont 5 au premier round) à Bingham (Utah, U.S.A.), le 1er décembre 1958.

Bourse *la plus élevée*

L'Américain **Ray Charles « Sugar Ray » Leonard** (né le 17 mai 1956) a reçu une bourse de **11 000 000 $** après sa victoire dans le championnat du monde des poids welters contre l'Américain Thomas Hearns, à Las Vegas (U.S.A.), le 16 septembre 1981. Avec la bourse allouée au perdant (6 000 000 $), c'est la somme totale record de 17 100 000 $ qui a été mise en jeu au Caesars Palace de Las Vegas pour ce championnat du monde pour un titre unifié W.B.A.-W.B.C.

Combat à mains nues *les plus grosses mises*

Le 26 juillet 1889, **Jack Cooper** a battu Wolf Bendoff à Port Elizabeth (Afrique du Sud), en 27 rounds, remportant des mises allant jusqu'à **4 500 livres** sterling.

Carrière *les plus gros gains*

Mohammed Ali a, estime-t-on, gagné la somme fantastique de **69 millions de dollars** (exhibitions comprises) d'octobre 1960 à décembre 1981, disputant 61 combats en 549 reprises.

Assistances *les plus nombreuses*

120 757 personnes ont payé leur place pour assister au combat pour le titre de champion du monde des poids lourds qui opposait Tunney à Jack Dempsey dans le ring du **Sesquicentennial Stadium** de **Philadelphie** (Pennsylvanie), le 23 septembre 1926.

En salle, l'assistance record est de 63 350 personnes pour le match Ali-Leon Spinks qui s'est déroulé au Superdrome de La Nouvelle-Orléans (Louisiane, U.S.A.), le 15 septembre 1978 (recette record de 4 806 675 $).

L'assistance non payante la plus nombreuse a été de 135 132 personnes pour le combat Tony Zale-Billy Pryor au Juneau Park de Milwaukee, dans le Wisconsin, le 16 août 1941.

Assistance *la moins nombreuse*

La plus faible assistance pour un championnat du

monde des poids lourds a été de **2 434 spectateurs,** pour le combat Clay-Liston, à Lewiston, dans le Maine, le 25 mai 1965.

CHAMPIONS DU MONDE DES POIDS LOURDS

Championnat du monde *le premier*

Le premier championnat du monde des lourds (avec gants et rounds de 3 mn) a opposé John Lawrence Sullivan (1858-1918) et « Gentleman » James John Corbett (1866-1933), à La Nouvelle-Orléans (Louisiane, U.S.A.), le **7 septembre 1892.** Corbett a gagné en 21 reprises. L'acteur américain Errol Flynn tenait le rôle de Corbett dans le film *Gentleman Jim*.

Règnes *les plus longs et les plus courts*

L'Américain **Joe Louis** (né Joseph Louis Barrow, 1914-1981) a régné sur sa catégorie pendant 11 ans 8 mois et 7 jours, du 22 juin 1937 (date à laquelle il mit K.-O. au 8e round James Joseph Braddock à Chicago), jusqu'au 1er mars 1949 où il se retira de la compétition. Il a défendu son titre 25 fois (un autre record) pendant sa carrière. Il est resté invaincu **de 1936 à 1950.**

Le champion dont le règne a été le plus court est l'Américain **Léon Spinks** (né le 11 juillet 1953), qui n'a conservé son titre que pendant **212 jours,** du 15 février au 15 septembre 1978.

L'Américain Ken Norton (né le 6 août 1945) a été reconnu champion du monde par la WBC pendant 83 jours, du 18 mars au 9 juin 1978.

Champion *le plus acharné*

Mohammed Ali est le seul boxeur à avoir reconquis 2 fois le titre de champion du monde des poids lourds. En battant Sonny Liston le 25 février 1964, il avait pour la première fois conquis le titre. Après avoir été privé de son titre le 28 avril 1967 par les instances internationales de la boxe, il l'a reconquis une 1re fois en battant George Foreman le 30 octobre 1974, puis une 2e fois (titre de la W.B.A.) en se défaisant, le 15 septembre 1978, de Léon Spinks qui l'avait dominé 7 mois auparavant (15 février 1978). De 1964 à 1978, Mohammed Ali a remporté 22 des 25 championnats du monde qu'il a disputés.

Champion *le seul invaincu*

Rocky Marciano (né Rocco Francis Marchegiano, 1923-1969) est le seul champion du monde des lourds à n'avoir jamais été battu de toute sa carrière professionnelle qui a duré du 17 mars 1947 au 21 septembre 1955. Il a remporté les 49 combats, dont 7 championnats du monde, qu'il a disputés, dont 43 par K.-O., dont 6 championnats du monde.

Champion *les seuls Européens*

3 Européens seulement ont réussi à conquérir le titre de champion du monde toutes catégories : l'Allemand **Max Schmeling,** l'Italien **Primo Carnera** et le Suédois **Ingemar Johansson.**

Champion du monde *le plus âgé et le plus jeune*

L'Américain **Jersey Joe Walcott** (né Arnold Raymond Cream, le 31 janvier 1914 à Merchantville, New Jersey) a mis K.-O. Ezzard Mack Charles (1921-1975) le 18 juillet 1951 à Pittsburgh (Pennsylvanie, U.S.A.), à l'âge de **37 ans et 158 jours**. Walcott est également le plus vieux détenteur du titre : il l'a

Mohammed Ali est le seul boxeur à avoir reconquis 2 fois le titre de champion du monde toutes catégories.

perdu contre Rocky Marciano le 23 septembre 1952, à 38 ans 7 mois et 23 jours.

Le plus jeune champion de tous les temps est l'Américain **Floyd Patterson** (né le 4 janvier 1935), qui, **à 21 ans et 331 jours**, battit Archie Moore à Chicago le 30 novembre 1956 (après la retraite de Marciano), en 5 rounds.

Champion du monde *le plus lourd et le plus léger*

Le plus lourd des champions du monde poids lourds est l'Italien **Primo Carnera**, qui a battu Jack Sharkey en 6 rounds à New York, le 29 juin 1933. Il était à **121 kg** sur la balance le jour de ce combat, mais son poids normal était de 122 kg. Son tour de poitrine était de 1,34 m ; il pouvait atteindre 2,17 m d'envergure, en pleine extension. Ses poings avaient 37 cm de circonférence.

Le plus léger des lourds a été l'Anglais **Robert James « Bob » Fitzsimmons** (1863-1917), qui pesait **75 kg** lorsqu'il devint champion du monde en battant l'Américain James Corbett par K.-O. à la 14e reprise, le 17 mars 1897, à Carson City (Nevada, U.S.A.).

Il y avait 39 kg de différence entre Carnera (122 kg) et l'Américain Tommy Loughran (83 kg) lorsqu'ils s'opposèrent à Miami (Floride), le 1er mars 1934. Carnera a gagné aux points.

Champion *le plus grand et le plus petit*
Selon les mesures établies par le directeur de l'Education physique du Hemingway Gymnasium (Harvard University), le plus grand poids lourd a été **Primo Carnera** *(voir plus haut)* **: 196,59 cm**, bien qu'on ait répandu le bruit qu'il mesurait 2,04 m.
Jess Willard (1881-1960), champion du monde des poids lourds en 1915, souvent cité comme mesurant 1,99 m, avait en réalité une taille de 196,21 cm.
Jess Willard, soit dit en passant, est le champion poids lourds qui a vécu le plus vieux : il est mort à 86 ans et 351 jours.
Le champion le plus petit fut **Tommy Burns** (1881-1955), qui détint le titre du 23 février 1906 au 26 décembre 1908 : **1,70 m pour 81 kg**.

CHAMPIONS DU MONDE DANS LES AUTRES CATÉGORIES

Règnes *les plus longs et les plus courts*
Le record de longévité établi par **Joe Louis (11 ans et 252 jours)** vaut pour toutes les catégories.
Le champion le plus vite détrôné a été l'Américain **Tony Canzeroni** (1908-1959), dont le titre de champion du monde des poids welters n'a tenu que **33 jours** (du 21 mai au 23 juin 1933).
2 boxeurs français avaient auparavant détenu ou frôlé ce peu enviable record : Emile Pladner (1906-1980) n'a détenu que 47 jours le titre de champion du monde des poids mouches, du 2 mars au 18 avril 1929 (tout comme le poids plume anglais Dave Sullivan, du 26 septembre au 11 novembre 1898), et Eugène Criqui (1893-1977), 54 jours seulement champion du monde des poids plumes, du 2 juin au 26 juillet 1923.

Champions *les plus jeunes et les plus âgés*
Le Portoricain **Wilfredo Benitez** (né le 12 septembre 1958) avait **17 ans et 176 jours** lorsqu'il a conquis le titre W.B.A. de champion du monde des poids welters à San Juan (Porto Rico) le 6 mars 1976.
Le champion le plus âgé est **Archie Moore**, qui n'a perdu son titre de champion du monde des mi-lourds que le 10 février 1962, à **45 ou 48 ans**.
Bob Fitzsimmons est le recordman de longévité des détenteurs de titre officiel de champion du monde : il a gardé le sien plus de 32 ans, de 1882 à 1914. Après ses débuts chez les amateurs (1880-1882), il remporta son dernier titre mondial à l'âge de 40 ans et 183 jours, le 25 novembre 1903, à San Francisco.

Combat *le plus long*
Le combat le plus long (après l'entrée en vigueur des règles de Queensberry) fut celui qui opposa les poids légers Joe Gans (U.S.A., 1874-1910) et Oscar Matthew « Battling » Nelson (1882-1954), dit « le Solide Danois », à Goldfield (Nevada), le 3 septembre 1906. Gans, après un coup bas de son adversaire, fut déclaré vainqueur à la **42e reprise**.

Champions *les plus acharnés*
L'Américain **« Sugar » Ray Robinson** (né Walker Smith Jr le 3 mai 1920) est le seul boxeur à avoir conquis 5 fois le titre de champion du monde dans une même catégorie. Avant de battre, pour sa 4e reconquête du titre des poids moyens, l'Américain Carmen Basilio au Chicago Stadium le 25 mars 1958, il avait défait l'Américain Jack La Motta, à Chicago, le 14 février 1951, l'Anglais Randolph Turpin, à New York, le 12 septembre 1951, l'Américain Carl « Bobo » Olson, à Chicago, le 2 décembre 1955, et l'Américain Gene Fullmer, à Chicago, le 1er mai 1957.
Dans les catégories des poids coqs et plumes, le Canadien George Dixon (1870-1909), *alias* « Bout de chocolat », avait remporté au cours de sa carrière (1890-1901) 33 ou 34 titres.
Le Panaméen Hilario Zapata a remporté son 51e titre mondial des poids mouches (WBC) le 1er décembre 1980 en battant le Vénézuélien Reinaldo Becerra.

Champions *les plus éclectiques*
Le seul boxeur à avoir obtenu en même temps 3 titres mondiaux est **Henry « Hank le Tueur » Armstrong** (né le 12 décembre 1912), qui, d'août à décembre 1938, a été champion du monde des poids plumes, légers et welters.
« Hank le Tueur » est aujourd'hui le Révérend Père Henry Jackson.
7 boxeurs ont détenu au cours de leur carrière des titres de champion du monde dans 3 catégories différentes : les Américains Henry Amstrong, Tony Canzonery, Barney Ross, l'Anglais Robert Fitzimmons et, depuis 1981, le Portoricain Wilfredo Benitez (23 mai), le Nicaraguais Alexis Arguelo (né en avril 1949), le 20 juin 1981 (plumes, super-plumes, légers) et le Panaméen Roberto Duran (né le 16 juin 1951), le 16 juin 1983 (légers welters, super-welters). Depuis ces dates, Arguello a défendu 3 fois victorieusement son titre des légers.

Champion *le plus gros « tonnage »*
Le plus gros tonnage (poids total) enregistré dans un match de boxe est de **317 kg**. On l'obtint en additionnant les 154 kg de Claude « Humphrey » McBride (de l'Oklahoma) et les 163 kg de Jimmy Black (de Houston). Au cours du combat qui les a opposés, le 1er juin 1971, à Oklahoma City, le premier a mis K.-O. le second au 3e round.
Le plus gros tonnage enregistré dans un combat pour un titre mondial est de 221,5 kg : les 117,5 kg de Primo Carnera contre les 104 kg de l'Espagnol Paolino Uzcudun, à Rome, le 22 octobre 1933.

Champion *le plus petit*
Le plus petit champion du monde dans n'importe quelle catégorie a été le Thaïlandais **Netrnoi Vorasingh** (1959-1982) qui mesurait **1,50 m** lorsqu'il battit en mai 1978 Nert Landnok pour le titre WBC des poids mouches.
Pascual Perez (1926-1977) est devenu à Tokyo, le 26 novembre 1954, champion du monde des poids mouches : il pesait 48,5 kg pour 1,51 m.
Jimmy Wilde (1892-1969), qui détint le titre des poids mouches de 1916 à 1923, n'a jamais, dit-on, dépassé le poids de 49 kg sur la balance de match.

Combat *le plus grand nombre de knock-down*
Le Sud-Africain **Vic Toweel** a dû envoyer **14 fois** au tapis le Londonien Danny O'Sullivan, dans leur combat pour le championnat du monde des poids coqs à Johannesburg le 2 décembre 1950.

Titres mondiaux *le plus grand nombre disputés le même jour*
5 titres de champion du monde ont été mis en jeu le **31 mars 1980** aux États-Unis : à Knoxville (Tennessee), Mike Weaver (U.S.A.) b. John Tate (U.S.A.) par K.-O. au 15e round, dans le championnat du monde des lourds (W.B.A.) ; à Las Vegas

(Nevada), Larry Holmes (U.S.A.) b. Leroy Jones (U.S.A.) par arrêt de l'arbitre au 8e round, dans le championnat du monde des lourds (W.B.C.) ; toujours à Las Vegas, Marvin Camel (U.S.A.) b. Mate Parlov (You.) aux points, dans le championnat du monde des lourds légers (W.B.C.) ; encore à Knoxville, Eddy Gregory (U.S.A.) b. Marvin Johnson (U.S.A.) par arrêt de l'arbitre au 11e round, dans le championnat du monde des mi-lourds (W.B.C.) ; à Landover (Washington), Ray Leonard (U.S.A.) b. Dave Green (G.-B.) par K.-O. au 4e round, dans le championnat du monde des welters (W.B.C.).

AMATEURS

Champions olympiques *les plus titrés*

Le seul boxeur amateur à avoir remporté **3 médailles d'or** aux jeux Olympiques fut pendant longtemps le Hongrois **Laszlo Papp** (né le 25 mars 1926) qui a gagné les titres des moyens (1948) et des mi-moyens (1932 et 1956).

Ce record a été égalé par le Cubain Teofilo Stevenson (né le 23 mars 1952), champion olympique des poids lourds en 1972, 1976 et 1980.

Le Soviétique Boris Lagutin a conquis 3 médailles dans la catégorie des super-welters : 2 d'or (1964-1968) et 1 de bronze (1960).

Le seul à avoir remporté 2 médailles d'or au cours d'une compétition est l'Américain Oliver Kirk, qui a gagné les titres des poids coqs et plumes aux Jeux de Saint-Louis, Missouri, en 1904 – année où les États-Unis ont raflé toutes les médailles en boxe.

Champions olympiques *devenus champions du monde professionnels dans la même catégorie*

Le premier champion olympique (1964) devenu champion du monde professionnel (1970), dans la catégorie des poids lourds, est le boxeur noir américain **Joseph Frazier** (né le 12 janvier 1944).

Un autre poids lourd noir américain, George Foreman (né le 22 janvier 1948), champion olympique en 1968, devint champion du monde professionnel en 1973.

Le Yougoslave Mate Parlov (né en 1948) est le troisième champion olympique (1972) qui soit devenu champion du monde professionnel (1978) dans la même catégorie (mi-lourds).

Champions olympiques *devenus champions du monde professionnels dans des catégories différentes*

L'Américain **Floyd Patterson** fut champion olympique des poids moyens (1952) et champion du monde professionnel des poids lourds (1956).

Cassius Clay, *alias* Mohammed Ali, fut champion olympique des poids mi-lourds (1960) et champion du monde professionnel des poids lourds (1964).

L'Italien **Giovanni « Nino » Benvenuti** (né le 25 avril 1938), champion olympique des poids welters (1960), fut champion du monde professionnel des poids super-welters (1965), puis des poids moyens (1967).

Champions olympiques *devenus champions d'Europe professionnels*

Laszlo Papp a été le premier boxeur d'Europe de l'Est à effectuer une carrière professionnelle. Champion olympique des poids moyens (1948), il a été champion d'Europe professionnel dans la même catégorie, de mai 1962 à octobre 1964, sans avoir jamais été battu. Nino Benvenuti lui a succédé au palmarès européen.

L'Italien **Fernando Atzori** (né le 1er juin 1942) fut champion olympique des poids mouches (1964), puis champion d'Europe professionnel dans la même catégorie (1967).

L'Américain Floyd Patterson a été champion olympique et champion du monde professionnel.

Champions du monde amateur *le plus de titres*

Depuis leur création, en 1974, 2 boxeurs ont remporté 2 titres aux championnats du monde amateur, les Cubains **Teofilo Stevenson** (poids lourds en 1974 et 1978) et **Angel Herrera** (né le 2 août 1952) (poids plumes en 1978, poids légers en 1982).

Médailles françaises aux jeux Olympiques *le plus grand nombre*

3 Français ont été champions olympiques de boxe : **Jean Despaux** (né le 15 novembre 1915), chez les poids moyens (1936) ; **Paul Fritsch** (1901-1970), chez les poids plumes (1920) et **Roger Michelot** (né le 8 juin 1912), chez les poids mi-lourds (1936).

Le dernier boxeur français à avoir obtenu une médaille fut, en 1964 à Tokyo, Joseph « Jo » Gonzales (né le 6 août 1941), battu aux points en finale des super-welters (médaille d'argent) par le Soviétique Boris Lagutin.

Champion *le plus âgé*

Le Britannique **Richard K. Gunn** (1870-1961) a remporté la médaille d'or olympique des poids plumes le 27 octobre 1908 à Londres, à 38 ans.

CANOË

Origines

Le pionnier reconnu du canoë est un avocat, John Mac Gregor (1825-1892), qui donna à ce sport sa forme moderne vers 1865.
C'est en 1931 qu'a été créée la Fédération française de canoë-kayak.

Champions olympiques *les plus titrés*
Le Suédois **Gert Fredrikson** (né le 6 février 1919) a remporté 6 médailles d'or en 1948, 1952, 1956 et 1960.
Chez les femmes, la Soviétique **Ludmila Pinaieva** (née Khvedosiouk, le 14 janvier 1936) détient le record avec 3 titres, glanés en 1964, 1968 et 1972.
Le plus grand nombre de médailles d'or remportées au cours des mêmes jeux Olympiques est 3, par le Soviétique Vladimir Perfenovich (né le 2 décembre 1958) à Moscou en 1980.

Vitesse *la plus élevée*
La meilleure performance olympique sur 1 000 m a été réalisée aux Jeux de Moscou, le 31 juillet 1980, par le **quatre soviétique** en 3'2"70, à une moyenne de **19,70 km/h.** Ils ont couvert les 250 premiers mètres à 21,75 km/h.

Français *les plus médaillés aux jeux Olympiques*
Le canoéiste français qui a obtenu le plus de médailles olympiques est **Georges Dransart** (né en mai 1924) avec **3 médailles :** bronze aux Jeux de Londres, en 1948, en C2 sur 1 000 m (avec Georges Gandril), et en C2 sur 10 000 m (avec Gandril) ; argent aux Jeux de Melbourne, en 1956, en C2 sur 10 000 m (avec Marcel Renaud). Il fut encore 4e en 1952 et 1956, en C2 sur 1 000 m.
Les derniers Français médaillés olympiques sont Jean Boudehen (né le 11 janvier 1939) et Michel Chapuis (né le 19 juin 1941) en C2 sur 1 000 m, aux Jeux de Tokyo, en 1964, et Alain Lebas (né le 10 novembre 1953) en K1 sur 1 000 m, aux Jeux de Moscou en 1980.

Champions mondiaux *les plus titrés*
Le Soviétique **Youri Lobanov** (né le 29 septembre 1952) a obtenu **11 titres** de champion du monde de 1972 à 1979. Son record a été égalé par le Soviétique Vladimir Parpenovich, entre 1979 et 1982.
Ludmila Pinaieva, a, de 1966 à 1973, ajouté 6 titres de championne du monde à ses 3 médailles olympiques.

Français *le plus titré aux championnats du monde*
Le canoéiste français le plus titré aux championnats du monde est **Georges Dransart** avec 5 titres : 3 titres individuels, en 1959, 1963 et 1965, en canoë canadien biplace mixte, avec Nicole Lansmanne, et en 1963 et 1969, toujours en mixte.

Parcours *le plus long*
L'Américain **Jerry Robert Pushcar** (né le 26 novembre 1949), accompagné de son chien, a accompli à la pagaie et à pied en portant son canoë, un voyage de **14 290 km** de La Nouvelle Orléans en Alaska en passant par le Mississippi, le lac Supérieur, puis à travers le Canada et la mer de Béring, du 10 janvier 1975 au 12 novembre 1977.
Sans porter leur canoë, ni sans aide d'aucune sorte, Richard H. Grant et Ernest « Moose » Lassy, ont parcouru à la pagaie 9 820 km, du 22 septembre 1930 au 30 août 1931, de Chicago aux Grands Lacs en passant par La Nouvelle-Orléans, Miami et New York.

Traversée de la Manche
En solitaire, le record de traversée de la Manche est de **3 h 33' 47"** par l'Écossais **Andrew William** Dougall Samuel (né le 12 juillet 1937), le 5 septembre 1976, entre Douvres et Wissant.
En double, les Anglais Andrew Samuel et John David Anderson ont établi entre Douvres (Shakespeare's Bay) et le cap Gris-Nez (P.-de-C.) un record 2 h 54'54" le 22 août 1980 sur un K2 *Accord.*
Le record aller-retour est de 12 h 47', le 7 mai 1976 à bord de canoës K I par 9 membres du Canoe Camping Club (Grande-Bretagne).

Voyage en mer *le plus long*
Ken Beard, Beatrice et John Dowd et Steven Benson (remplacé par Richard Gillett en cours de route) ont pagayé pendant **3 491 km** (sur un trajet de 3 528 km), entre le Venezuela et Miami (Floride), via les Antilles, à bord de 2 kayaks Klepper Aerius 20, entre le 11 août 1977 et le 29 avril 1978.

Course *la plus longue*
La course régulièrement organisée la plus longue est le **Texas Water Safari** (créé en 1963), qui fait parcourir aux concurrents 674 km de San Marcos à Seadrift sur les rivières de San Marcos et de Guadalupe (États-Unis).
Butch Hodges et Robert Chatham détiennent le record depuis les 5 et 6 juin 1976, en 37 h 18'.

« Rouleaux eskimos » *le plus grand nombre*
Le record de « rouleaux eskimos » est de **1 000 en 53' 10" 79,** par Bruce Parry (né le 25 septembre 1960) sur le lac Ainsworth à Lennox Head, en Nouvelle-Galles du Sud (Australie), le 10 février 1980.
Un record de 100 rouleaux à la main, en 3' 23" , a été réalisé le 25 février 1980 par John Bouteloup (né en 1956) à la piscine de Crystal Palace, à Londres (G.-B.).

DESCENTES DE RIVIÈRES EN CANOË

Fleuve	Longueur (en km)	Nom	Route suivie	Date	Durée
Rhin	1 149	Sergent Charles Kavanagh (G.-B.)	De Chur (Suisse) à Willemstad (P.-B.)	13/02-2/04/61	17 j. 12 h.
Rhin	1 149	4 réservistes de la Marine royale (G.-B.)	De Chur (Suisse) à Willemstad (P.-B.)	28/04-7/05/81	6 j. 16 h.
Murray-Darling	3 186	Six étudiants du St-Albert's Collège (Australie)	De Gunnedam au lac Alexandrina (Aust.)	Déc. 1975	
Mississippi	4 187	Steven Michael Ekelkamp et Kirk J. M. Miller (U.S.A.)	Du lac Itasca au golfe de Mexico	26/08-30/09/80	35 j. 11 h 27'
Zaïre	4 185	John et Julie Batchelor (G.-B.)	De Moasampanga à Banana	8/05-12/09/74	128 jours
Amazone	5 470	Stephen Zsolnay Bezuk (U.S.) (Kayak)	D'Atalaya à Ponta Do Ceu	21/06-4/11/70	136 jours
Mississippi-Missouri	6 132	Nicholas Francis (G.-B.)	De Three Forks (Montana) à la Nouvelle-Orléans	13/07-25/11/77	135 jours
Nil	6 500	John Goddard (U.S.), Jean Laporte et André Davy (France)	De Kagera au Delta	Nov. 1953 à Juillet 1954	9 mois

CHAR A VOILE SUR SABLE ET SUR GLACE

Origines

Ce sport trouve son origine aux Pays-Bas dans les années 1600 (première licence accordée) et le long de la côte de la mer Baltique. Le premier record authentique appartient à la Hollande et date de 1768.
Des chars à voile pour le sable ou la glace, de construction hollandaise, ont été signalés pour la première fois sur les plages de l'actuelle Belgique en 1595.
Le premier championnat international a eu lieu en 1914.
Il y avait en France, en 1981, 991 licenciés de char à voile, dont 147 femmes, regroupés en 32 clubs.

Char à voile *le plus grand*

Le plus grand char à voile sur glace connu est l'*Icicle*, construit pour le commodore John E. Roosevelt en vue de compétitions sur l'Hudson River (New York, États-Unis, en 1869). Il mesurait 21 m de long et portait 99 m² de voilure.

Record de vitesse *sur sable*

Le record de vitesse sur sable officiellement reconnu est de **107 km/h**, réussi le 22 mars 1981 sur la plage du Touquet (Pas-de-Calais) par le Français **Christian-Yves Nau** (né en 1944) à bord d'un engin de 5,40 m de long, 3,50 m d'envergure, pesant 220 kg et muni d'une voile de 4,40 m². Le vent soufflait par rafales de 120 km/h au moment de la tentative.
Nord Ebroden (États-Unis) a atteint 142,26 km/h sur *Midnight at the Oasis*, au Superior Dry Lake (Californie, États-Unis), le 15 avril 1976.

Record de vitesse *sur glace*

L'Américain **John D. Buckstaff** a été officiellement chronométré en 1938 sur le lac Winnebago (Wisconsin, U.S.A.) à la vitesse de **230 km/h** sur un « stern-steerer classe A », avec un vent de 115 km/h.

Raid *le plus long*

Le Français **Christian-Yves Nau** a réalisé en 1967 avec le colonel Jean du Boucher le raid Colomb-Béchar-Nouakchott, soit **2 500 km** en char à voile à travers le Sahara. Il a réussi la traversée en solitaire Nouakchott-Dakar en 1972.

Marathon

D. Jaret, B. et C. Lesage ont parcouru 1 279,9 km en 24 heures sur la plage de Saint-Rémy-des-Landes, Manche, à la moyenne de 53,3 km/h.

CYCLISME

GÉNÉRALITÉS

Origines

La première course de cyclisme fut une course de vélocipède de 2 km dans le parc de Saint-Cloud, à Paris. Elle se déroula le 31 mai 1868 et fut gagnée par l'Anglais James Moore (1847-1935), qui reçut plus tard la distinction de chevalier de la Légion d'honneur.
La Fédération internationale de cyclisme, créée en 1900, regroupe 135 pays.
La Fédération Française de Cyclisme (FFC) a été créée le 6 février 1881 sous le nom d'Union Vélocipédique de France. Elle est la seule fédération française centenaire.
Il y avait en 1980 en France 99 310 licenciés, dont 1 826 femmes, répartis en 2 099 clubs.

Vitesses *les plus élevées*

L'Américain **Allan V. Abbott** (né en 1944) a atteint une vitesse de **226,100 km/h**, le 25 août 1973 à Bonneville, dans l'Utah (U.S.A.), sur une bicyclette protégée par une Chevrolet 1955 sur laquelle un coupe-vent avait été monté. Il s'est maintenu pendant 1,200 km à cette vitesse, sa moyenne sur 1 mile (1,609 km) ayant atteint 223,174 km/h. Dans ce record une aide considérable est fournie par l'effet d'aspiration du véhicule conducteur.
Le record de France est de 204,778 km/h établi le 12 juillet 1962 par José Meiffret (1913-1983) qui a couvert le kilomètre en 17"580, entraîné par une Mercedes 300 SL sur l'autoroute allemande de Fribourg-en-Brisgau.
Fred Markham a atteint, officiellement, une vitesse de 81,81 km/h (8"8 sur 200 m), sans entraîneur, sur une bicyclette fuselée à Ontario (Californie, U.S.A.), le 6 mai 1979.
Le record de l'heure sans entraîneur est de 49,431 km réussis par le Belge Eddy Merckx le 25 octobre 1972 sur le vélodrome olympique de

107 km/h en char à voile sur plage. Record de vitesse battu au Touquet le 22 mars 1981 par Christian-Yves Nau.

Mexico. Son meilleur tour fut le 2e (1'09"84), son plus mauvais le 16e (1'14"19).
Le record des 24 heures avec entraîneur est de 1 384,670 km, par l'Australien Hubert Ferdinand Opperman (né le 29 mai 1904), le 23 mai 1932 à Melbourne (Australie).

Champions olympiques *les plus titrés*
Le cyclisme a fait partie dès l'origine (1896) des sports olympiques. 3 champions ont remporté 3 médailles d'or au cours des mêmes Jeux : le Français **Paul Masson**, en 1896 (tour de piste, 2 km et 10 km piste), l'Italien **Francisco Verri** (1885-1945), en 1906, et le Français **Robert Charpentier** (1916-1966), en 1936 (route, poursuite et route par équipes).
Dans le programme « non officiel » des Jeux de 1904, l'Américain Marcus Hurley a remporté les quart de mile, tiers de mile, demi-mile et mile, soit 4 médailles d'or.
Le Français Daniel Morelon (né le 28 juillet 1944) est le seul à avoir remporté une médaille dans la même épreuve (vitesse) au cours de 4 Jeux successifs : bronze, en 1964, or en 1968 et 1972, argent en 1976. Il a conquis sa 3e médaille d'or, sa 5e médaille olympique en tandem, avec Pierre Trentin, en 1968.

Invincibilité *la plus longue*
Le Français **Jacques Anquetil** (né le 8 janvier 1934) est resté invaincu dans la course contre la montre individuelle, le Grand Prix des Nations, pendant **13 ans**. Il a pris 9 fois le départ de cette course, entre le 27 septembre 1953 et le 23 septembre 1966, et l'a emporté 9 fois.

Course d'un jour *la plus longue*
La course classique **Bordeaux-Paris** (de 551 à 620 km) est la course d'un jour la plus longue, mais plus de la moitié de son trajet est effectué derrière entraîneur.
Le record de l'épreuve a été établi le 17 mai 1981 par le Belge Herman Van Springel (né le 14 août 1943) qui, lors de sa 7e victoire dans cette épreuve, a réussi la moyenne de 47,186 km/h, en couvrant les 584,5 km de la course en 13 h 35'18".

Courses de six jours *le plus de victoires*
En avril 1983, le Belge **Patrick Sercu** (né le 27 juin 1944) a porté à 88 en 20 ans (1964-1983) le nombre de victoires dans des courses de six jours. Il en a disputé 233. Sercu a été champion olympique du kilomètre en 1964. En remportant en 1982 son treizième titre de champion de Belgique de l'omnium, il a acquis son 58e titre officiel, entre 1962 et 1982.
Le Belge Rick Van Steenbergen (né le 9 septembre 1924) détenait le précédent record de succès dans les courses de six jours avec 40 victoires, record qui a été porté ensuite à 58 victoires par le Hollandais Peter Post (né le 20 novembre 1933).

Home trainer *la plus grande vitesse*
L'Anglais **Paul Swinnerton** a réussi la moyenne de 164 km/h sur home trainer le 12 février 1982 à Stoke-on-Trent (G.-B.).
L'Américain Bruce W. Hall a parcouru 1 275,7 km sur home trainer en 24 heures les 22 et 23 janvier 1977 à San Diego (Californie, U.S.A.).

Endurance *le plus de kilomètres*
Le Britannique **Thomas Edward Godwin** (1912-1975)

J. Anquetil est le 1er à avoir remporté 5 Tours de France dont 4 consécutifs.

a couvert **120 805 km** dans les 365 jours de 1939 (soit 330,960 km par jour). Il a roulé 115 jours supplémentaires (au total 500 jours de vélo), pour atteindre, le 14 mai 1940, les 100 000 miles (160 934 km).

Le conférencier itinérant anglais Walter Stolle (né en 1926) a parcouru 643 700 km du 24 janvier 1959 au 12 décembre 1976. Parti de Romford (Sussex, G.-B.), il a visité 159 pays... et crevé plus de 1 000 fois.

De 1922 au 25 décembre 1973, l'Écossais Tommy Chambers (né en 1903) a parcouru une distance vérifiée de 1 286 517 km. Gravement blessé le jour de Noël, il n'est plus remonté sur un vélo depuis.

Le Canadien John W. Hathaway (né le 13 janvier 1925) a visité les 5 continents, couvrant 81 300 km du 10 novembre 1974 au 6 octobre 1976.

L'Anglais Nicholas Mark Sanders (né le 26 novembre 1957) a fait le tour du monde (21 901 km) en 138 jours, du 7 février au 5 juillet 1981.

L'Américain Lou Haldeman aurait effectué la traversée des États-Unis, de Santa Monica (Californie) à New York, soit 4 789 km, en 9 jours 20 h 2', en 1982. Il ne se serait reposé que pendant 3 heures tous les jours, réalisant ainsi une moyenne quotidienne de l'ordre de 480 km.

L'Anglais Tony Michetschläger a longé les côtes de la Grande-Bretagne pendant 165 jours (du 5 juillet au 16 décembre 1979), couvrant 13 420 km. Les Anglais Veronica et Colin Scargill ont roulé 29 000 km en tandem, du 25 février 1974 au 27 août 1975.

Le Polonais Stanislas Grochowski a couvert 829,700 km en 24 heures les 30 septembre et 1er octobre 1982 sur un circuit de 29,966 km près de Varsovie.
Le Français André Colin (né le 22 novembre 1947) a

parcouru 800 km en 26 h 45'50" les 14 et 15 octobre 1979 sur le vélodrome de Grenoble (France) à la moyenne de 29,890 km/h (32,308 km/h, si l'on déduit les arrêts).

Vivekananda Selva Kumar Anandan, du Sri Lanka, a tourné 187 h 28' sans interruption autour du parc de Vihara Maha Devi, à Colombo, du 2 au 10 mai 1979.

Les Anglais Veronica et Colin Scargill ont parcouru 29 000 km en tandem autour du monde du 25 février 1974 au 27 août 1975.

Le Français André Colin a couvert 1 000 km sur la piste du vélodrome de Grenoble en 35 h (moyenne 28,5 km/h) les 8 et 9 décembre 1981. Il a bouclé pendant ce temps 4 830 tours de la piste de 210 m. Il s'est arrêté tous les 100 km et fut alors aidé par un hypnotiseur.

Sur-place *le plus long*

Le Belge **Rudi Jan Joseph De Greef** (né le 28 décembre 1955) a fait du sur-place sans soutien pendant **10 heures** le 19 novembre 1982 à Meencel-Kierzegen (Belgique).

CYCLO-CROSS

Championnats du monde *le plus de victoires*

Les championnats du monde de cyclo-cross, créés en 1950, ont été remportés **7 fois** par le Belge **Eric De Vlaeminck** (né le 23 août 1945) en 1966 (amateurs et open) et de 1968 à 1973 (professionnels).

Le Français André Dufraisse (né le 30 juin 1926) avait été 5 fois de suite champion du monde professionnel (record à l'époque), de 1954 à 1958.

MONOCYCLE

Distance *la plus longue*

Le Français **Gérard Gondard** (né en 1944) a couvert **101 km** en monocycle en 1 h 8' le 3 novembre 1963, à la moyenne de 11,058 km/h, sur un circuit routier autour d'Esbly (Seine-et-Marne).

COURSES CLASSIQUES

A l'inverse des courses par étapes, qui se déroulent sur plusieurs jours, les courses classiques, dont l'itinéraire relie le plus souvent une ville à une autre, se disputent sur une seule journée.

Exception faite pour Bordeaux-Paris (1892), disputée derrière entraîneur, la course classique la plus ancienne est Liège-Bastogne-Liège, créée en 1894.

Classiques *le plus grand nombre de victoires*

Liège-Bastogne-Liège, « la Doyenne », créée en 1894 : **5 victoires**, pour **Eddy Merckx** (né le 17 juin 1945), en 1969, 1971, 1972, 1973, 1975.

Victoires françaises : Camille Danguillaume (1919-1950), en 1949, Jacques Anquetil (né le 8 janvier 1934), en 1966, Bernard Hinault (né le 14 novembre 1954), en 1977 et 1980.

Paris-Roubaix, créée en 1896 : **4 victoires**, par le Belge **Roger De Vlaeminck** (né le 27 août 1947), en 1972, 1974, 1975, 1977.

Ont réussi 3 victoires : le Français Octave Lapize (1887-1917), en 1909, 1910, 1911 ; le Belge Gaston Rebry (né en 1905), en 1931, 1934, 1935 ; le Belge Rick Van Looy (né le 20 décembre 1933), en 1961, 1962, 1965 ; le Belge Eddy Merckx, en 1968, 1970, 1973 ; et l'Italien Francesco Moser (né le 19 juin 1951), en 1978, 1979, 1980.

Victoires françaises : Maurice Garin (1871-1957), en 1897 et 1898 ; A. Champion, en 1899 ; E. Bouhours, en 1900 ; Lucien Lesna, en 1901 et 1902 ; Hippolyte Aucouturier, en 1903 et 1904 ; Louis Trousselier (1881-1939), en 1905 ; Henri Cornet (1884-1941), en 1906 ; Georges Passerieu, en 1907 ; Octave Lapize, premier à avoir réussi le triplé, et le seul consécutif avec celui de Francesco Moser, en 1909, 1910, 1911 ; C. Crupelandt, en 1912 et 1914 ; Henri Pélissier (1889-1936), en 1919 et 1921 ; André Leducq (1904-1980), en 1928 ; Georges Speicher (1907-1979), en 1936 ; Paul Maye (né le 10 août 1913), en 1945 ; André Mahé (né le 18 novembre 1920), en 1949, vainqueur ex aequo avec Serce Coppi, le frère de Fausto ; Jean Forestier (né le 7 octobre 1930), en 1955 ; Louis « Louison » Bobet (1925-1983), en 1956 et Bernard Hinault en 1981.

Paris-Tours, créée en 1896, devenue Tours-Paris en 1974, et disputée dans ce sens en 1917 et 1918 : **3 victoires**, par le Belge **Gustave Danneels** (né le 6 septembre 1913), en 1934, 1936, 1937 ; par le Français Paul Maye, en 1941, 1942, 1945 ; et par le Belge Guido Reybroeck (né le 25 décembre 1941), en 1964, 1966, 1968.

Victoires françaises : E. Prévost, en 1896 : J. Fischer, en 1901 ; Lucien Mazan, dit Petit-Breton (1883-1917), en 1906 ; Georges Passerieu, en 1907 ; O. Beaugendre, en 1909 ; Octave Lapize, en 1911 ; C. Crupelandt, en 1913 ; C. Mantelet, en 1918 ; Eugène Christophe (1885-1970), en 1920 ; Francis Pélissier (1894-1961), en 1921 ; Henri Pélissier, en 1922 ; Jean Maréchal, en 1930 ; André Leducq, en 1931 ; J. Moineau, en 1932 ; Jules Merviel, en 1933 ; René Le Grevès (1910-1946), en 1935 ; Paul Maye, en 1941, 1942, 1945 ; Louis Caput (né le 23 janvier 1921), en 1948 ; André Mahé, en 1950 ; Jacques Dupont (né le 19 juin 1928), en 1951, 1955 ; R. Guegan, en 1952 ; Gilbert Scodeller (né le 10 juin 1931), en 1954 ; Albert Bouvet (né le 28 février 1930), en 1956.

Tour de Lombardie, créée en 1905 : **5 victoires**, par **Fausto Coppi**, en 1946, 1947, 1948, 1949, 1954.

Victoires françaises : Gustave Garrigou (1883-1963), en 1907 ; Henri Pélissier, en 1911, 1913, 1920, auteur du premier triplé ; Louis Bobet, en 1951 ; André Darrigade (né le 24 avril 1929), en 1956 ; Bernard Hinault, en 1979.

Milan-San Remo, « la Primavera », créée en 1907 : **7 victoires, pour Eddy Merckx,** en 1966, 1967, 1969, 1971, 1972, 1975, 1976 ; l'Italien Costante Girardengo (né en 1893) avait remporté 6 victoires, en 1918, 1921, 1923, 1925, 1926, 1928.

Victoires françaises : Lucien Petit-Breton, en 1907 ; Eugène Christophe, en 1910 ; Gustave Garrigou, en 1911 ; Henri Pélissier, en 1912 ; Louis Bobet, en 1951 ; René Privat (né en 1930), en 1960 ; Raymond Poulidor (né le 15 avril 1936), en 1961 ; Joseph Groussard (né le 2 mars 1934), en 1963 ; Marc Gomez (né le 10 septembre 1954), en 1982.

Paris-Bruxelles, créée en 1907 : **3 victoires**, par le Français **Octave Lapize**, en 1911, 1912, 1913.

Victoires françaises : Gustave Garrigou, en 1907 ; Lucien Petit-Breton, en 1908 ; M. Brocco, en 1910 ; Octave Lapize, en 1911, 1912, 1913 : Henri Pélissier, en 1920 ; P. Reboul, en 1921 ; A. Barthelemy, en 1933 ; Maurice Diot (né le 13 juin 1922), en 1949 ; Jean Guegen (né le 1er janvier 1924), en 1951 ; Pierre Everaert (né le 21 décembre 1933), en 1960 ; Jean Stablinski (né le 21 mai 1932), en 1963.

Tour des Flandres, « le Ronde », créée en 1913 : **3 victoires**, par l'Italien **Fiorenzo Magni** (né le 7 décembre 1920), en 1949, 1950, 1951.
Victoires françaises : Louis Bobet, en 1955 et Jean Forestier en 1956.

Flèche Wallonne, créée en 1936 : **3 victoires** pour les Belges **Marcel Kint** (né le 20 septembre 1914), en 1943, 1944, 1955, et Eddy Merckx, en 1967, 1970, 1972.
Victoires françaises : Raymond Poulidor (né le 15 avril 1930), en 1963 ; Michel Laurent (né le 10 août 1953), en 1978 ; Bernard Hinault, en 1979 et 1983.

Bordeaux-Paris, « le Derby », créée en 1892 : **7 victoires**, par le Belge **Hermann Van Springel** (né le 14 août 1943), en 1970, 1974, 1975, 1977, 1978, 1980, 1981 ; 4 victoires par le Français Bernard Gauthier (né le 22 septembre 1924), en 1951, 1954, 1956, 1957.
Victoires françaises : A. Stephane, en 1892 ; L. Cottereau, en 1893 ; Lucien Lesna, en 1894, 1901 ; G. Rivière, en 1897, 1898 ; C. Huret, en 1899 ; E. Wattelier, en 1902 ; Maurice Garin, en 1902 ; Hippolyte Aucouturier, en 1903, 1905 ; F. Augereau, en 1904 ; M. Cadolle, en 1906 ; Louis Trousselier (1881-1939), en 1908 ; Émile Georget (né en 1881), en 1910, 1912 ; Henri Pélissier, en 1919 ; Eugène Christophe, en 1920, 1921 ; Francis Pélissier, en 1922, 1924 ; Fernand Mithouard (né le 23 mai 1909), en 1933 ; Jean Noret, en 1934 ; Paul Chocque, en 1936 ; M. Laurent, en 1938, 1939 ; Ange Le Strat, en 1948 ; Jésus Moujica (1926-1949), en 1949 ; Bernard Gauthier, en 1951, 1954, 1956, 1957 ; Louis Bobet, en 1959 ; Michel Nédelec (né le 7 mars 1940), en 1964 ; Jacques Anquetil, en 1965 ; André Chalmel (né le 10 octobre 1949), en 1979 ; Marcel Tinazzi (né le 23 novembre 1953), en 1982 ; Gilbert Duclos-Lassale (né le 25 août 1954), en 1983.

Carrière *le plus grand nombre de victoires*
Le cycliste qui a remporté le plus grand nombre de succès dans des classiques est le Belge **Eddy Merckx** (né le 17 juin 1945) avec **23 victoires** : 7 fois Milan-San Remo (record), en 1966, 1967, 1969, 1971, 1972, 1975, 1976 ; 5 fois Liège-Bastogne-Liège (record), en 1969, 1971, 1972, 1973, 1975 ; 3 fois Paris-Roubaix, en 1968, 1970, 1973 ; 3 fois la Flèche Wallonne (record), en 1967, 1970, 1972 ; 2 fois le Tour de Lombardie, en 1971, 1972 (vainqueur déclassé en 1973) ; 2 fois le Tour des Flandres, en 1969, 1975 ; 1 fois Paris-Bruxelles, en 1973. Il n'a jamais gagné Paris-Tours, mais a remporté 3 championnats du monde sur route (1967, 1971, 1974).
Le Belge Rick Van Looy a remporté 13 victoires dans les classiques ; le Belge Roger De Vlaeminck, 12 victoires : 4 Paris-Roubaix – record –, en 1972, 1974, 1975, 1977 ; 3 Milan-San Remo, en 1973, 1978, 1979 ; 2 Tours de Lombardie, en 1974, 1976 ; 1 Liège-Bastogne-Liège, en 1969, 1 Flèche Wallonne, en 1971, et 1 Paris-Bruxelles en 1981. Fausto Coppi, 10 victoires ; l'Italien Costante Girardengo et le Français Henri Pélissier, 9 victoires ; le Belge Henri « Rick » Van Steenbergen (né le 9 septembre 1924), 8 victoires.

Victoires françaises dans les classiques *le plus grand nombre*
Henri Pélissier, avec **9 victoires**, est le Français qui a remporté le plus de victoires dans des courses classiques : 3 fois le Tour de Lombardie (1911, 1913, 1920) ; 2 fois Paris-Roubaix (1919, 1921) ; 1 fois Paris-Tours (1922), Paris-Bruxelles (1929), Bordeaux-Paris (1919), Milan-San Remo (1912). Avec le succès dans le Circuit de Paris (1922) (course classique aujourd'hui disparue), cela porte à 10 les victoires de Henri Pélissier.
Octave Lapize (3 fois Paris-Roubaix, en 1909, 1910, 1911 ; 3 fois Paris-Bruxelles, 1911, 1912, 1913, et 1 fois Paris-Tours, 1911) a remporté 7 succès.

Grand chelem dans les courses classiques *le plus grand nombre*
Le seul cycliste à avoir remporté au moins une victoire dans toutes les courses est le Belge **Henri « Rick » Van Looy** (né le 20 décembre 1933), 3 fois vainqueur de Paris-Roubaix (1961, 1962, 1965), 2 fois de Paris-Tours (1959, 1967), de Paris-Bruxelles (1956, 1958), et du Tour des Flandres (1959, 1962), 1 fois de Milan-San Remo (1958), de Liège-Bastogne-Liège (1961), de la Flèche Wallonne (1968) et du Tour de Lombardie (1959). Il a réussi son « grand chelem » en enlevant la Flèche Wallonne, son 13e succès dans une classique, en 1968. Van Looy a encore remporté 2 titres de champion du monde professionnel sur route (1960, 1961).

CHAMPIONNATS

Championnats du monde professionnel *le plus de victoires individuelles*
Depuis la création de ces épreuves, en 1927, 3 coureurs ont remporté 3 titres de champion professionnel sur route : l'Italien **Alfredo Binda** (1927, 1930, 1932), les Belges **Rick Van Steenbergen** (1949, 1956, 1957) et **Eddy Merckx** (1967, 1971, 1974).
4 autres coureurs belges l'ont emporté 2 fois, Georges Ronsse (1906-1969) en 1928 et 1929, Albéric Schoote (né le 7 septembre 1919) en 1948 et 1950, Rick Van Looy (1960, 1961) et Freddy Maertens (né le 13 février 1952) en 1976 et 1981.
Les championnats du monde professionnels sur route ont été remportés 20 fois par des Belges, 10 fois par des Italiens, 6 fois par des Français et par des Hollandais, 2 fois par des Suisses et par des Allemands, 1 fois par un Anglais.

Victoires consécutives *le plus grand nombre*
Georges Ronsse (1928,1929), **Rick Van Steenbergen** (1956, 1957) et **Rick Van Looy** (1960, 1961) sont les seuls à avoir remporté le championnat du monde 2 années de suite.

H. Pélissier est le Français qui a remporté le plus de courses classiques.

NOMBRE DE TITRES MONDIAUX			
Coureur	**Nbre de victoires**	**Titre**	**Années**
Daniel Morelon (France)	7	Sprint amateur	1966-1967, 1969-1971, 1973, 1975 (1)
Jeff Scherens (Belgique)	7	Sprint professionnel	1932-1937, 1947
Antonio Maspes (Italie)	7		1955-1956, 1959-1962, 1964
Guido Messina (Italie)	3	Poursuite amateur	1947, 1948, 1953
Tiemen Groen (Hollande)	3		1964-1966
Hugh Porter (G.-B.)	4	Poursuite professionnel	1968, 1970, 1972, 1973
Lothar Thoms (Allemagne de l'Est)	4	Kilomètre contre la montre amateur	1977-1979, 1981 (2)
Vladimir Vackar et Miroslav Vymazal (Tchécoslovaquie)	4	Tandem (vitesse) amateur	1973, 1974, 1977, 1978
Guillermo Timoner (Espagne)	6	100 km professionnel avec entraîneur	1955, 1959, 1960, 1962, 1964, 1965
Leon Meredith (G.-B.)	7	100 km amateur avec entraîneur	1904-1905, 1907-1909, 1911, 1913
Giuseppe Martano (Italie)	2	Route amateur	1930, 1932
Gustave Adolf Schur (Allemagne de l'Est)	2		1958, 1959
Alfredo Binda (Italie)	3	Route professionnel	1927, 1930, 1932
Henri Van Steenbergen (Belgique)	3		1949, 1956, 1957
Eddy Merckx (Belgique)	3		1967, 1971, 1974
Berryl Burton (G.-B.)	7	Titres féminins	1959, 1960, 1962, 1963, 1966 (poursuite) 1960 et 1967 (route)
Yvonne Reynders (Belgique)	7		1961-1964-1965 (poursuite) 1959-1961-1963-1966 (route)

(1) Daniel Morelon a remporté un 8e titre de champion du monde, en tandem, avec Pierre Trentin, en 1966.
(2) Lothar Thoms a été champion olympique du kilomètre en 1980 à Moscou, année où n'ont pas été disputés les championnats du monde amateur

Victoires *les plus éloignées dans le temps*
Rick Van Steenbergen a remporté son **3e titre** (1957) 8 ans après le premier (1949).

Victoires françaises *le plus grand nombre*
6 Français ont été champions du monde sur route : **Georges Speicher**, en 1933 ; **Antonin Magne** (né le 15 février 1904), en 1936 ; **Louis Bobet**, en 1954 ; **André Darrigade** (né le 24 avril 1929), en 1959 ; **Jean Stablinski**, en 1962 ; **Bernard Hinault**, en 1980.

Quadruplé *le plus de fois*
Seule l'**Italie** a occupé les 4 premières places en 1927 avec Alfredo Binda, 1er ; Costante Girardengo, 2e ; Domenico Piemontesi, 3e et Gaetano Belloni, 4e.
Le triplé n'a jamais été réussi par les représentants d'un même pays aux championnats du monde sur route.

Champions professionnels *après avoir été champions amateurs le plus grand nombre*
Le Belge **Jean Aerts**, champion amateur en 1927, est devenu champion du monde professionnel en 1935 ; le Suisse **Hans Knecht**, champion amateur en 1938, l'a été chez les professionnels en 1946 ; **Eddy Merckx** n'a mis que 3 ans pour devenir champion du monde professionnel sur route (1967) après avoir enlevé le titre chez les amateurs (1964).

Championnats du monde amateur *le plus de victoires*
L'Allemand de l'Est **Gustav Adolph Schur** (né en 1932) est le seul coureur à avoir jamais enlevé 2 titres de champion du monde amateur sur route consécutivement, en 1958 et 1959.
L'Italien Guiseppe Martano l'avait auparavant emporté 2 fois, en 1930 et 1932.

Victoires françaises *le plus grand nombre*
Depuis la création de ces épreuves, en 1921, 6 cyclistes français ont remporté le championnat du monde amateur sur route : **André Leducq**, en 1924 ; **Octave Dayen** (né le 6 juin 1906), en 1926 ; **Henri Aubry** (né le 28 mars 1922), en 1946 ; **Jean Jourden** (né le 11 juillet 1942), en 1961 ; **Jacques Botherel** (né le 1er décembre 1946), en 1965, et **Régis Ovion** (né le 3 mars 1949), en 1971.

Giuseppe Saronni a remporté en 1983 son deuxième Tour d'Italie.

Triplés *le plus de fois*
3 fois des coureurs de même nationalité ont remporté les 3 premières places du championnat du monde sur route amateur : 3 Anglais, en 1922, à Liverpool (**D. Marsh, Burkill, Dawey**) ; 3 Italiens, en 1955, à Frascati (**S. Ranucci, Grassi, Bruni**) ; 3 Français, en 1961, à Berne (**Jean Jourden, Henri Belena, Jean Gestraud**).

Moyennes *les plus fortes et les plus faibles*
Le vainqueur le plus rapide des championnats du monde amateur sur route est le Danois **J. Schmidt**, qui a couvert les 181,230 km du circuit de Leicester (G.-B.), en 1970, à la moyenne de **43,578 km/h**.
Le vainqueur le plus lent est l'**Italien A. Grandi**, qui a couvert les 200 km du circuit de Budapest, en 1928, à la moyenne de **26,670 km/h**.

Championnats nationaux *le plus de victoires*
Le Luxembourgeois **Nicolas Frantz** (né en 1899) est le coureur cycliste qui a remporté le plus grand nombre de fois un championnat national sur route, avec **12 victoires** consécutives (1923-1934) dans les championnats du Luxembourg.
Costante Girardengo a été 9 fois champion d'Italie sur route (1913, 1914, de 1919 à 1925).
Le Suisse Ferdinand Kubler (né le 24-07-1919) a été 6 fois champion de Suisse professionnel sur route.
Le Polonais Tadeuz Mytnik a remporté en 1980 son 7e titre de champion de Pologne contre la montre.

Championnats de France professionnels sur route *le plus de victoires*
Jean Stablinski est le seul coureur à avoir remporté **4 fois** le championnat de France sur route professionnel (1960, 1962, 1963, 1964).
3 cyclistes l'avaient auparavant emporté 3 fois : Georges Speicher (1935, 1937, 1939), Francis Pélissier (1921, 1923, 1924) et Octave Lapize (1911, 1912, 1913).

Championnes de France sur route *le plus de titres*
Jeannie Longo a remporté le 31 juillet 1982 son **7e titre** de championne de France amateur sur route, dont 4 fois consécutivement depuis 1979.

GRANDS TOURS

Trois grands Tours
4 coureurs ont remporté au moins 1 fois les 3 grands Tours (France, Italie, Espagne). **Jacques Anquetil** a réussi le premier ce triplé en remportant le Tour d'Espagne en 1963 ; **Felice Gimondi** le Tour d'Espagne en 1968 ; **Eddy Merckx** le Tour d'Espagne en 1973 ; **Bernard Hinault**, le Tour d'Italie en 1980.
Le Français Raphaël Géminiani (né le 12 juin 1925), le Belge Rick Van Looy (né le 20 décembre 1933), l'Allemand Rudi Altig (né le 18 mars 1937) ont porté le maillot de leader dans ces 3 Tours.

Trois grands Tours *le plus de victoires*
Eddy Merckx a remporté **11 victoires** (5 Tours de France, 5 Tours d'Italie, 1 Tour d'Espagne).
Jacques Anquetil compte 8 victoires (5 Tours de France, 2 Tours d'Italie, 1 Tour d'Espagne), comme Bernard Hinault (4 Tours de France, 2 Tours d'Italie et d'Espagne).
Fausto Coppi, 7 victoires (5 Tours d'Italie, 2 Tours de France).
Alfredo Binda (5 Tours d'Italie), Gino Bartali (3 Tours d'Italie, 2 Tours de France) et Felice Gimondi (3 Tours d'Italie, 1 Tour de France, 1 Tour d'Espagne), 5 victoires.

Tour de France — Tour d'Italie *les doublés*
4 coureurs ont remporté la même année le Tour de France et le Tour d'Italie : **Fausto Coppi**, 2 fois (1949 et 1952) ; **Jacques Anquetil** (1964) ; **Eddy Merckx**, 3 fois (1970, 1972 et 1974) et **Bernard Hinault** (1982).

Tour d'Espagne — Tour de France *les doublés*
Jacques Anquetil est le premier coureur à avoir remporté le Tour d'Espagne et le Tour de France la même année, en 1963. **Bernard Hinault** a renouvelé ce doublé en 1978.

Tour d'Espagne — Tour d'Italie *les doublés*
Eddy Merckx a remporté le Tour d'Espagne et le Tour d'Italie en 1973. L'Italien **Giovanni Battaglin** (né le 22 juillet 1951) a renouvelé ce doublé en 1981.

Hinault levant le bouquet de la victoire après avoir remporté le Tour d'Espagne 1983.

Raphaël Géminiani a porté le maillot de leader des Tours d'Espagne, de France et d'Italie.

RECORDS DU MONDE DE CYCLISME (au 25 août 1983)

Dans les disciplines pratiquées par les amateurs et les professionnels, seule la meilleure performance est indiquée.

PISTES DE PLEIN AIR

HOMMES

Distance	Temps	Nom et pays	Lieu	Date
Professionnel (sans entraîneur, départ arrêté)				
1 km	1'06"091	Urs Freuler (Suisse) (1)	Zurich (Suisse)	13-08-1983
5 km	5'50"710	Hans-Hendrick Oersted (Danemark) (2)	Mexico (Mexique)	3-01-1980
10 km	11'53"200	Eddy Merckx (Belgique)	Mexico (Mexique)	25-10-1972
20 km	24'06"800	Eddy Merckx (Belgique)	Mexico (Mexique)	25-10-1972
heure	49 431 m	Eddy Merckx (Belgique)	Mexico (Mexique)	25-10-1972
100 km	2 h 14'2"510	Ole Ritter (Danemarck)	Mexico (Mexique)	18-11-1971
Professionnel (avec entraîneur)				
heure	94 016 m	Walter Lohmann (R.F.A.)	Wuppertal (R.F.A.)	24-10-1955
100 km	1 h 03'40"000	Walter Lohmann (R.F.A.)	Wuppertal (R.F.A.)	24-10-1955
Professionnel (départ lancé sans entraîneur)				
200 m	10"800	Antonio Maspes (Italie)	Rome (Italie)	1960
500 m	28"750	Robert Dill-Bundi (Suisse)	Zurich (Suisse)	11-08-1982
1 km	1'00"321	Robert Dill-Bundi (Suisse)	Zurich (Suisse)	13-08-1983
Amateur (sans entraîneur départ arrêté)				
500 m	28"040	Serguei Kopylov (U.R.S.S.)	Moscou (U.R.S.S.)	30-07-1982
1 km	1'02"547	Maic Malchow (R.D.A.) (3)	Mexico (Mexique)	14-10-1980
4 km	4'40"230	Hans-Hendrick Oersted (Danemark) (3)	Mexico (Mexique)	31-10-1979
5 km	5'50"680	Hans-Hendrick Oersted (Danemark)	Mexico (Mexique)	31-10-1979
10 km	11'54"906	Hans-Hendrick Oersted (Danemark)	Mexico (Mexique)	31-10-1979
20 km	24'35"630	Hans-Hendrick Oersted (Danemark)	Mexico (Mexique)	31-10-1979
heure	48 199 m	Hans-Hendrick Oersted (Danemark)	Mexico (Mexique)	31-10-1979
100 km	2 h 18'43"600	Jorn Lund (Danemark)	Mexico (Mexique)	1971
Amateur (avec entraîneur)				
heure	83 261 m	Alexandre Romanov (U.R.S.S.)	Tbilissi (U.R.S.S.)	11-05-1983
100 km	1 h 13'31"326	Alexandre Romanov (U.R.S.S.)	Tbilissi (U.R.S.S.)	11-05-1983
Amateur (départ lancé sans entraîneur)				
200 m	10"580	Gordon Singleton (Canada)	Mexico (Mexique)	9-10-1980
500 m	27"310	Gordon Singleton (Canada)	Mexico (Mexique)	9-10-1980
1 km	59"682	Alan Cuff (N.-Z.)	Mexico (Mexique)	27-07-1980

FEMMES

Distance	Temps	Nom et pays	Lieu	Date
Sans entraîneur, départ arrêté				
1 km	1'15"100	Irina Kirichenko (U.R.S.S.)	Erevan (U.R.S.S.)	08-10-1966
5 km	6'41"750	Amanda Jones (G.-B.)	Leicester (G.-B.)	31-07-1982
10 km	13'34"390	Keetie Van Oostenhage (Pays-Bas)	Munich (R.F.A.)	16-09-1978
20 km	27'26"660	Keetie Van Oostenhage (Pays-Bas)	Munich (R.F.A.)	16-09-1978
heure	43 082 m	Keetie Van Oostenhage (Pays-Bas)	Munich (R.F.A.)	16-09-1978
100 km	2 h 41'32"600	Maria Cressari (Italie)	Milan (Italie)	17-10-1974
Sans entraîneur, départ lancé				
200 m	11"753	Natalia Kruchelnitskaya (U.R.S.S.)	Tbilissi (U.R.S.S.)	14-09-1980
500 m	31"700	Galina Tsareva (U.R.S.S.)	Tbilissi (U.R.S.S.)	06-10-1978
1 km	1'12"365	Erika Saloumian (U.R.S.S.)	Erevan (U.R.S.S.)	10-09-1982

N.B.: Les records du monde ne sont pas nécessairement les meilleures performances mondiales. Les records doivent en effet être réussis dans des tentatives officielles. Les performances enregistrées dans toutes les autres compétitions, y compris les championnats du monde, ne sont pas prises en considération.

(1) Meilleure performance: 1'05"500 par Patrick Sercu (Belgique) à Mexico (Mexique) le 10-12-1972.

(2) Meilleure performance: 5'46"720 par Ponsteen (Pays-Bas) à Munich (R.F.A.) le 18-08-1978.

(3) La meilleure performance réalisée par un professionnel sur la distance est 4'42"28 par Robert Dill-Bundi (Suisse) à Zurich (Suisse) le 13-08-1983.

Tour de France — Tour d'Italie — Tour de Suisse *les triplés*

Eddy Merckx est le seul coureur à avoir remporté ces 3 Tours la même année, en 1974.

TOUR D'ESPAGNE

Victoires individuelles *le plus grand nombre*

4 coureurs ont remporté 2 fois le Tour d'Espagne : le Belge **Deloor**, en 1935, 1936, les Espagnols **Julian Berrendero**, en 1940, 1941, et **José-Manuel Fuente**, en 1972 et 1974, le Français **Bernard Hinault**, en 1978 et 1983.

Victoires successives *le plus grand nombre*

Seuls **Deloor** (1935-1936) et **Berrendero** (1940-1941) ont réussi le doublé.

Victoires par nations *le plus grand nombre*

Depuis la création de la Vuelta, en 1935, les

coureurs **espagnols** l'ont emporté **17 fois**, les Français 7 fois, les Belges 6 fois, les Hollandais et les Italiens 3 fois et les Allemands de l'Ouest 2 fois. Le plus célèbre champion espagnol sur les routes des grands Tours, Federico Bahamontes (né le 9 juillet 1928), seul Espagnol vainqueur du Tour de France (1959) avant Luis Ocaña (né le 9 juin 1945), en 1973, n'a jamais pu remporter le Tour d'Espagne.
Victoires françaises : Jean Dotto (né le 27 mars 1928), en 1955 ; Jean Stablinski (né le 21 mai 1932), en 1958 ; Jacques Anquetil, en 1960 ; Raymond Poulidor (né le 15 avril 1936), en 1964 ; Roger Pingeon (né le 28 août 1940), en 1969 ; Bernard Hinault, en 1978 et en 1983.
Ont terminé à la 2e place François Mahé (1961), Raymond Poulidor (1965) et Jean-Pierre Ducasse (1967), à la 3e place Raphaël Géminiani (1955) et Bernard Thévenet (1973).

TOUR D'ITALIE

Victoires individuelles *le plus grand nombre*

3 coureurs ont remporté 5 fois le Tour d'Italie : les Italiens **Alfredo Binda** (né le 11 août 1902), en 1925, 1927, 1928, 1929 et 1933 ; **Fausto Coppi** (1919-1960), en 1940, 1947, 1952, 1953 ; le Belge **Eddy Merckx** (né le 17 juin 1945), en 1968, 1970, 1972, 1973 et 1974.
4 coureurs, tous italiens, ont remporté 3 fois le Giro : Brunero, en 1921, 1922, 1926 ; Gino Bartali (né le 17 juillet 1914), en 1936, 1937, 1946 ; Fiorenzo Magni (né le 7 décembre 1920), en 1948, 1951, 1955, et Felice Gimondi (né le 29 septembre 1942), en 1967, 1969 et 1976.
8 coureurs l'ont emporté 2 fois : les Italiens Galetti, en 1910 et 1911 ; Costante Girardengo (né le 18 mars 1893), en 1919 et 1923 ; Valetti, en 1938 et 1939, Franco Balmanion (né le 11 janvier 1940), en 1962 et 1963 ; Giuseppe Saronni (né le 22 septembre 1957), en 1979 et 1983 ; le Luxembourgeois Charly Gaul (né le 18 décembre 1932), en 1956 et 1959, Jacques Anquetil en 1960 et 1964, seul Français vainqueur du Giro avant Bernard Hinault en 1980 et 1982.

Victoires successives *le plus de fois*

2 coureurs ont remporté 3 fois de suite le Giro,

PISTES COUVERTES

HOMMES				
Professionnel (sans entraineur départ arrêté)				
1 km	1'06'603	Urs Freuler (Suisse)	Zurich (Suisse)	30-10-1981
5 km	5'59"099	Hans-Hendrik Oersted (Danemark) (1)	Copenhague (Pays-Bas)	28-10-1980
10 km	12'26"800	Roger Rivière (France)	Paris (France)	1958
20 km	25'18"000	Siegfried Adler (R.F.A.)	Zurich (Suisse)	2-08-1968
heure	46 847 m	Siegfried Adler (R.F.A.)	Zurich (Suisse)	2-08-1968
Professionnel (avec entraineur)				
heure	74 642 m	Guy Solente (France)	Paris (France)	13-02-1955
100 km	1 h 23'59"800	Guillermo Timoner (Espagne)	San Sebastian (Espagne)	12-09-1965
Professionnel (départ lancé sans entraineur)				
200 m	10"990	Oscar Plattner (Suisse)	Zurich (Suisse)	1-12-1961
500 m	28"486	Urs Freuler (Suisse)	Vienne (Autriche)	2-10-1981
1 km	1'01"230	Patrick Sercu (Belgique)	Anvers (Belgique)	3-02-1967
Amateur (sans entraineur départ arrêté)				
1 km	1'02"955	Lothar Thoms (R.D.A.)	Moscou (U.R.S.S.)	22-07-1980
4 km	4'39'960	Wolf (R.D.A.) (2)	Moscou (U.R.S.S.)	24-07-1980
5 km	5'50"205	Alexandre Krasnov (U.R.S.S.)	Moscou (U.R.S.S.)	27-04-1983
10 km	12'06"290	Hans-Hendrick Oersted (Danemark)	Copenhague (Dan.)	26-11-1978
20 km	24'52"830	Mikhail Sveshnikov (U.R.S.S.)	Moscou (U.R.S.S.)	28-04-1983
heure	46 745 m	Daniel Gisiger (Suisse)	Zurich (Suisse)	1977
Amateur (avec entraineur)				
50 km	37'21"314	Alexandre Romanov (U.R.S.S.)	Moscou (U.R.S.S.)	30-01-1983
heure	80 424 m	Alexandre Romanov (U.R.S.S.)	Moscou (U.R.S.S.)	30-01-1983
100 km	1 h 15'04"490	Alexandre Romanov (U.R.S.S.)	Moscou (U.R.S.S.)	30-01-1983
Amateur (départ lancé, sans entraineur)				
200 m	10"249	Sergei Kopylov (U.R.S.S.)	Moscou (U.R.S.S.)	6-08-1982
500 m	28"040	Sergei Kopylov (U.R.S.S.)	Moscou (U.S.S.S.)	30-07-1982
1 km	1'00"279	Sergei Kopylov (U.R.S.S.)	Moscou (U.R.S.S.)	30-07-1982
FEMMES				
Sans entraineur départ arrêté				
1 km	1'14"976	Sylvia Burka-Lowell (Canada)	Montréal (Canada)	16-08-1982
5 km	6'42"237	Galina Tsareva (U.R.S.S.)	Moscou (U.R.S.S.)	27-10-1982
10 km	13'41"519	Galina Tsareva (U.R.S.S.)	Moscou (U.R.S.S.)	18-01-1983
20 km	27'46"730	Galina Tsareva (U.R.S.S.)	Moscou (U.R.S.S.)	28-04-1983
100 km	2 h 40'52"171	Olga Sidorenko (U.R.S.S.)	Moscou (U.R.S.S.)	2-11-1982
Sans entraineur, départ lancé				
200 m	11"547	Natalia Krushelnitskaya (U.R.S.S.)	Moscou (U.R.S.S.)	22-04-1982
500 m	31"112	Natalia Krushelnitskaya (U.R.S.S.)	Moscou (U.R.S.S.)	23-04-1982
1 km	1'09"077	Galina Tsareva (U.R.S.S.)	Moscou (U.R.S.S.)	10-06-1980

N.B.: (1) Meilleure performance: 5'50"050 par Oersted à Copenhague (Danemark) le 24-01-80.
(2) Meilleure performance: 4'32"290 par Robert Dill-Bundi (Suisse) à Moscou (U.R.S.S.) en juillet 1980.

Alfredo Binda (1927-1928-1929) et **Eddy Merckx** (1972-1973-1974).
6 coureurs ont réussi le doublé : Galetti, Brunero, Bartali, Valetti, Coppi et Balmanion.

Victoires par nations *le plus grand nombre*
Depuis la création du Tour d'Italie, en 1909, les **Italiens** l'ont emporté **50 fois**, les Belges 7 fois, les Français 4 fois, les Suisses et les Luxembourgeois 2 fois, les Suédois 1 fois.
Le premier coureur « étranger » qui ait gagné le Giro est le Suisse Hugo Koblet (1925-1964), en 1950.

Victoires *les plus éloignées dans le temps*
Fausto Coppi a remporté son cinquième Tour d'Italie (1953) **13 ans** après le premier (1940). Gino Bartali a gagné à 10 années d'intervalle (1936-1946).

TOUR DE FRANCE

Victoires individuelles *le plus grand nombre*
Le Français **Jacques Anquetil** (né le 8 janvier 1934), en 1957, 1961, 1962, 1963, 1964, et le Belge **Eddy Merckx** (né le 17 juin 1945), en 1969, 1970, 1971, 1972, 1974, sont les 2 seuls coureurs à avoir remporté **5 fois** le Tour de France. Ils sont aussi les seuls à avoir remporté 4 victoires consécutives.
Le Français Bernard Hinault (né le 14 novembre 1954), l'a emporté 4 fois, en 1978, 1979, 1981 et 1982.
Le Belge Philippe Thys (1890-1971) est le premier à avoir réalisé le triplé, en 1913, 1914, 1920. Louis Bobet, en 1953, 1954, 1955, sera le second coureur à remporter 3 fois le Tour de France, et le premier à l'emporter 3 années consécutives. Bernard Hinault compte lui aussi 3 victoires (1978, 1979, 1981).
Le premier doublé a été réussi par le Français Lucien Mazan, dit Petit-Breton, en 1907, 1908. Ce furent ensuite l'Italien Ottavio Bottecchia (1894-1927), en 1924 et 1925, le Luxembourgeois Nicolas Frantz, en 1927 et 1928, les Français André Leducq, en 1930 et 1932, et Antonin Magne, en 1931 et 1934, le Belge Sylvère Maes (1909-1967) en 1936 et 1939, les Italiens Gino Bartali, en 1938 et 1948, et Fausto Coppi, en 1949 et 1952, les Français Bernard Thévenet (né le 10 janvier 1948), en 1975 et 1977.

Victoires successives *le plus grand nombre*
4 victoires successives : **Jacques Anquetil** (1961, 1962, 1963, 1964), **Eddy Merckx** (1969, 1970, 1971, 1972).
3 victoires successives : Louis Bobet (1953, 1954, 1955).
2 victoires successives : Lucien Mazan (1907, 1908), Ottavio Bottechia (1924, 1925), Nicolas Frantz (1927, 1928), Bernard Hinault (1978, 1979 et 1981, 1982). Hinault est le seul à avoir réussi 2 doublés.

Vainqueurs après avoir remporté le Tour de l'Avenir *les doublés*
De 1961 à 1980, le Tour de l'Avenir, open depuis 1981, était le Tour de France réservé aux amateurs.
2 coureurs ont remporté le Tour de l'Avenir avant le Tour de France des professionnels : l'Italien **Felice Gimondi**, vainqueur de l'Avenir en 1964 et du Tour dès l'année suivante (1965) et le Hollandais **Joop Zoetemelk** (né le 3 décembre 1946), premier de l'Avenir en 1969, premier du Tour 11 ans plus tard, en 1980.

Victoires par nations *le plus de fois*
Depuis la création du Tour de France, en 1903, les coureurs **français** l'ont emporté **34 fois**, les Belges 18 fois, les Italiens 8 fois, les Luxembourgeois 4 fois, les Suisses, les Espagnols et les Hollandais 2 fois.
Victoires françaises : Maurice Garin (1871-1957), en 1903 ; Henri Cornet (1884-1941), en 1904 ; Louis Trousselier, en 1905 ; René Pottier (1875-1907), en 1906 ; Petit-Breton, en 1907, 1908 ; Octave Lapize, en 1910 ; Gustave Garrigou, en 1911 ; Henri Pélissier, en 1923 ; André Leducq, en 1930 et 1932 ; Antonin Magne, en 1931 et 1934 ; Georges Speicher, en 1933 ; Roger Lapébie (né le 6-01-1911), en 1937 ; Jean Robic (1921-1980), en 1947 ; Louis Bobet, en 1953, 1954, 1955 ; Roger Walkowiak (né le 8-03-1927), en 1956 ; Jacques Anquetil, en 1957, 1961, 1962, 1963, 1964 ; Lucien Aimar (né le 28-04-1941), en 1966 ; Roger Pingeon, en 1967 ; Bernard Thévenet, en 1975,1977 ; Bernard Hinault, en 1978, 1979, 1981, 1982 ; Laurent Fignon (né le 12 août 1960), en 1983.

Victoires *les plus éloignées dans le temps*
Gino Bartali a remporté son deuxième Tour de France (1948) **10 ans** après avoir remporté le premier (1938). Philippe Thys a remporté son troisième succès (1920) 7 ans après le premier (1913).

Vainqueurs *les plus jeunes et les plus âgés*
Le plus jeune vainqueur du Tour de France fut le Français **Henri Cornet** (né le 4 août 1884), qui avait **20 ans moins 11 jours** lorsqu'il remporta l'épreuve en 1904. Mais il avait obtenu cette victoire sur « le tapis vert », après la disqualification du vainqueur au temps, Maurice Garin.
Le plus jeune vainqueur du Tour sur le terrain fut le Belge **Romain Maes** (né le 10 août 1913), qui avait **22 ans** lorsqu'il remporta le Tour en 1935.
Le vainqueur le plus âgé du Tour est le Belge Firmin Lambot (né le 14 mars 1886) qui avait 36 ans et 4 mois lorsqu'il remporta le Tour 1922.
Henri Pélissier (1889-1936) avait 34 ans et 6 mois lorsqu'il remporta le Tour en 1923.

Places de second *le plus grand nombre*
Le Hollandais **Joop Zoetemelk** a terminé **6 fois** le Tour à la seconde place, en 1970, 1971, 1976, 1978, 1979 et 1980. Il l'a remporté en 1980.
Les Français Gustave Garrigou (1907, 1909, 1913) et Raymond Poulidor (1964, 1965, 1974) ont terminé 3 fois à la deuxième place.

Places sur le podium *le plus grand nombre*
Le Français **Raymond Poulidor** a terminé **8 fois** dans les trois premiers du Tour sans l'avoir jamais emporté, ni même porté le maillot jaune pendant un seul jour. 3 fois second, il a terminé 5 fois à la troisième place, en 1962, 1966, 1969, 1972 et 1976, montant ainsi pour la 8e fois sur le podium du Tour 14 ans après la première.

Classement par points *le plus de victoires*
Créé en 1953, le classement par points (maillot vert) désigne le coureur le mieux classé dans les 15 premiers de chaque étape. Les seuls à avoir remporté 3 fois ce trophée sont le Hollandais **Jan Janssen** (né le 19 mai 1940), en 1964, 1965, 1967, les Belges **Eddy Merckx**, en 1969, 1971, 1972 et **Freddy Maertens** en 1976, 1978 et 1981.
L'ont emporté 2 fois : le Belge Constant « Stan » Ockers (1920-1956), en 1955, 1956, les Français Jean Graczyk (né le 26 mai 1933), en 1958, 1960 et André Darrigade, en 1959 et 1961, et l'Irlandais Sean Kelly (né le 24 mai 1956), en 1982 et 1983.
Eddy Merckx est le seul à avoir remporté le Tour (maillot jaune) et le classement par points (maillot vert) 3 fois, en 1969, 1971, 1972.

Date	Tour de France		Tour d'Italie		Tour d'Espagne	
1903	Garin	F.	–		–	
1904	Cornet	F.	–		–	
1905	Trousselier	F.	–		–	
1906	Pottier	F.	–		–	
1907	Petit-Breton	F.	–		–	
1908	Petit-Breton	F.	–		–	
1909	Faber	L.	Ganna	I.	–	
1910	Lapize	F.	Galetti	I.	–	
1911	Garrigou	F.	Galetti	I.	–	
1912	Defraye	B.	Atala	I.	–	
1913	Thys	B.	Oriani	I.	–	
1914	Thys	B.	Calzolari	I.	–	
1919	Lambot	B.	Girardengo	I.	–	
1920	Thys	B.	Belloni	I.	–	
1921	Scieur	B.	Brunero	I.	–	
1922	Lambot	B.	Brunero	I.	–	
1923	H. Pélissier	F.	Girardengo	I.	–	
1924	Bottecchia	I.	Enrici	I.	–	
1925	Bottecchia	I.	Binda	I.	–	
1926	Buysse	B.	Brunero	I.	–	
1927	Frantz	L.	Binda	I.	–	
1928	Frantz	L.	Binda	I.	–	
1929	De Waele	B.	Binda	I.	–	
1930	Leducq	F.	Marchisio	I.	–	
1931	Magne	F.	Camusso	I.	–	
1932	Leducq	F.	Pesenti	I.	–	
1933	Speicher	F.	Binda	I.	–	
1934	Magne	F.	Guerra	I.	–	
1935	Maes	B.	Bergamaschi	I.	Deloor	B.
1936	Maes	B.	Bartali	I.	Deloor	B.
1937	Lapébie	F.	Bartali	I.	–	
1938	Bartali	I.	Valetti	I.	–	
1939	Maes	B.	Valetti	I.	–	
1940	–		Coppi	I.	Berrendero	E.
1941	–		–		Berrendero	E.
1944	–		–		Rodriguez	E.
1945	–		–		Langarica	E.
1946	–		Bartali	I.	Van Dyck	H.
1947	Robic	F.	Coppi	I.	Ruiz	E.
1948	Bartali	I.	Magni	I.	–	
1949	Coppi	I.	Coppi	I.	–	
1950	Kubler	S.	Koblet	S.	Rodriguez	E.
1951	Koblet	S.	Magni	I.	–	
1952	F. Coppi	I.	Coppi	I.	–	
1953	Bobet	F.	Coppi	I.	–	
1954	Bobet	F.	Clerici	S.	–	
1955	Bobet	F.	Magni	I.	Dotto	F.
1956	Walkowiak	F.	Gaul	L.	Conterno	I.
1957	Anquetil	F.	Nencini	I.	Lorono	E.
1958	Gaul	L.	Baldini	I.	Stablinski	F.
1959	Bahamontès	E.	Gaul	L.	Suarez	E.
1960	Nencini	I.	Anquetil	F.	Demulder	B.
1961	Anquetil	F.	Pambianco	I.	Soler	E.
1962	Anquetil	F.	Balmanion	I.	Altig	A.
1963	Anquetil	F.	Balmanion	I.	Anquetil	F.
1964	Anquetil	F.	Anquetil	F.	Poulidor	F.
1965	Gimondi	I.	Adorni	I.	Wolfshohl	A.
1966	Aimar	F.	Motta	I.	Gabica	E.
1967	Pingeon	F.	Gimondi	I.	Janssen	H.
1968	Janssen	H.	Merckx	B.	Gimondi	I.
1969	Merckx	B.	Gimondi	I.	Pingeon	F.
1970	Merckx	B.	Merckx	B.	Ocaña	E.
1971	Merckx	B.	G. Petterson	S.	Bracke	B.
1972	Merckx	B.	Merckx	B.	Fuente	E.
1973	Ocaña	E.	Merckx	B.	Merckx	B.
1974	Merckx	B.	Merckx	B.	Fuente	E.
1975	Thévenet	F.	Bertoglio	I.	Tamanes	E.
1976	Van Impe	B.	Gimondi	I.	Pesarrodona	E.
1977	Thévenet	F.	Pollentier	B.	Maertens	B.
1978	Hinault	F.	De Muynck	B.	Hinault	F.
1979	Hinault	F.	Saronni	I.	Zoetemelk	H.
1980	Zoetemelk	H.	Hinault	F.	Ruperez	E.
1981	Hinault	F.	Battaglin	I.	Battaglin	I.
1982	Hinault	F.	Hinault	F.	Lejaretta	E.
1983	Fignon	F.	Saronni	I.	Hinault	F.

Meilleur grimpeur *le plus de victoires*
Le record de succès dans le grand prix de la montagne, est 6 victoires, par l'Espagnol **Federico Bahamontes**, en 1954, 1958, 1959, 1962, 1963, 1964, et par le Belge Lucien Van Impe, en 1971, 1972, 1975, 1977, 1981 et 1983.
5 coureurs ont remporté la même année le Tour de France et le classement du meilleur grimpeur : Gino Bartali (1938, 1948), Fausto Coppi (1949, 1952) et Eddy Merckx (1969, 1970), 2 fois ; Sylvère Maes (1939) et Federico Bahamontes (1959), 1 fois.

Le seul coureur à avoir remporté la même année le Tour de France, le classement par points et le classement du meilleur grimpeur est Eddy Merckx, en 1969.
6 Français l'ont emporté : René Vietto (1934), Louis Bobet (1950), Raphaël Géminiani (1951), Mariano Martinez (1978), Raymond Martin (1980) et Bernard Vallet (né le 18 janvier 1954), (1982).

Victoires d'étapes *le plus grand nombre*
Le record des victoires d'étapes dans le Tour de France appartient à **Eddy Merckx** avec **34 victoires** (1969-1975). Viennent ensuite André Leducq, 25 victoires (1927-1938), André Darrigade, 22 victoires (1953-1964) et Bernard Hinault (1978-1982), les Luxembourgeois François Faber (1887-1915) et Nicolas Frantz, 20 victoires, Jean Alavoine, 17 victoires (1909-1923), Jacques Anquetil, 16 victoires (1957-1964).

Étapes *les plus longues*
Les 2 étapes les plus longues de l'histoire du Tour ont été les **Sables-d'Olonne-Bayonne**, 488 km, en 1919 et **Marseille-Toulouse**, 480 km en 1906.

Tours *les plus longs et les plus courts*
Le Tour le plus long a été celui de 1926 : **5 745 km**. Les plus courts ceux de 1903 et de 1904 : **2 428 km**.

Moyenne *la plus élevée et la plus lente*
La moyenne record pour un vainqueur du Tour est celle réussie par **Bernard Hinault** lorsqu'il a bouclé les 3 765,6 km du Tour 1981 à la moyenne de **37,844 km/h**.
La moyenne la plus faible est celle réalisée par l'Italien Ottavio Bottechia qui a bouclé les 5 428 km du Tour 1924 à la moyenne de 23,958 km/h.

Vainqueurs *écart le plus grand et le plus faible*
Le plus grand écart enregistré entre le vainqueur du Tour et son second est de **2 h 51'**, lorsque Maurice Garin enleva le Tour 1903 devant René Pothier.
L'écart le plus faible est de 38", temps qui séparait le vainqueur du Tour 1968, le Hollandais Jan Janssen, de son second, le Belge Hermann Van Springel, après 4 665 km de course.

Maillot jaune *à toutes les étapes*
4 coureurs ont pris le maillot jaune, qui distingue le premier du classement général, lors de la première étape du Tour, et l'ont conservé jusqu'à leur victoire finale : l'Italien **Ottavio Bottechia**, en 1924, le Luxembourgeois **Nicolas Frantz**, en 1928, le Belge **Romain Maes**, en 1935 et **Jacques Anquetil** en 1961.

Maillot jaune *le plus longtemps porté*
Le Belge **Eddy Merckx** a porté le maillot jaune pendant **96 jours**, Jacques Anquetil pendant 51.

Engagés *le plus grand nombre*
170 concurrents (record de participation) ont pris le départ du **Tour 1928**, 71 sont arrivés à Paris. Ils étaient encore 170 au départ du Tour 1982, 125 sont arrivés à Paris.

Arrivants *le plus grand nombre*
125 concurrents ont terminé le **Tour 1982** sur les 170 qui en avaient pris le départ. 121 concurrents ont terminé le Tour 1981 sur les 160 qui en avaient pris le départ. 104 coureurs avaient terminé l'épreuve en 1974 et 100 en 1970.

DELTAPLANE

Origines

On rapporte qu'au XIe siècle, le moine Elmer vola du haut (18,3 m) de la tour de l'abbaye de Malmesbury, dans le Wiltshire (G.-B.). Le pionnier du sport moderne est l'Allemand Otto Lilienthal (1848-1896), qui effectua de nombreux vols entre 1893 et 1896. Dans les années 1950, le professeur Francis Rogallo, de la National Space Agency américaine, a mis au point une « aile » à partir de ses recherches spatiales.

Championnats du monde *le plus de titres*

Les championnats du monde par équipes ont été remportés 3 fois par la **Grande-Bretagne** en 1978, 1979 et 1981.

Distance *la plus grande parcourue*

Le record de distance homologué par la Fédération internationale est de 191 km parcourus par l'Allemand de l'Ouest Helmut Denz le 20 mai 1981 de Hippach à Rottermann, en Autriche, sur un Comet 165. Cette performance a été dépassée avec **228,53 km** par l'Américain **Robert Thompson** sur un Comet 165 de Jerome à Pirion (Arizona, U.S.A), le 29 juin 1982.

Vol ascensionnel *le plus haut*

Le Néo-Zélandais **Ian Ribbewhite** a effectué un vol ascensionnel de **4 175 m** le 22 juillet 1981 en Californie. Le record officiel de vol ascensionnel reconnu par la Fédération internationale est de 3 700 m, réussi par l'Américain Jeff Scott avec une Wills Harrier le 9 août 1980 en Californie.

Altitude *la plus élevée au départ*

Les Français Jean-Marc Boivin (né en 1951) et Dominique Marchal ont sauté accrochés à la même aile volante depuis le sommet de l'Aconcagua, à 7 021 m d'altitude, en février 1981.

Le 21 novembre 1976, au-dessus du désert de Mojave, en Californie, l'Américain **Bob McCaffrey** (né en 1958), parti d'un ballon, a volé à bord d'une aile expérimentale depuis une altitude de **9 621 m.**

ESCRIME

Origines

L'« escrime » (avec des bâtons) était pratiquée comme sport (à moins qu'elle n'ait fait partie d'une cérémonie religieuse) en Égypte dès 1360 av. J.-C. Au XVIIe siècle, le fleuret était une arme d'entraînement à l'épée courte.

L'épée est apparue vers les années 1850, et le sabre a été introduit par les Italiens à la fin du XIXe siècle.

La Fédération internationale d'escrime, créée en 1913, regroupe 68 pays.

Champions du monde (fleuret) *les plus titrés*

Le Français **Christian d'Oriola** (né le 3 octobre 1928) est le seul à avoir remporté **4 titres** de champion du monde (1947, 1949, 1953, 1954) et 2 médailles d'or individuelles aux jeux Olympiques (1952 et 1956).

Le Soviétique Alexandre Romankov (né en 1953) a été 5 fois champion du monde (1974, 1977, 1979, 1982, 1983), mais il n'a jamais été champion olympique.

3 femmes ont obtenu 3 titres mondiaux au fleuret : l'Allemande Hélène Mayer (1929, 1931, 1937), l'Autrichienne Ellen Muller-Preis (1947, 1949, 1950), la Hongroise Ilona Schacherer-Elek (1934, 1935, 1951). Cette dernière est la seule à avoir remporté 2 titres olympiques dans les épreuves individuelles (1936 et 1948).

Champions du monde (épée) *les plus titrés*

Le Français **Jacques Brodin** (né le 22 décembre 1946) est le seul à avoir remporté **4 titres** de champion du monde junior (1962, 1964, 1965, 1966) auxquels s'ajoutent 2 titres par équipes (1965, 1966) et 1 médaille d'argent en individuel (1963). Il a encore obtenu 1 médaille de bronze par équipes aux jeux Olympiques de Tokyo, en 1964.

Champions olympiques (dans les trois armes) *les plus titrés*

Le Cubain **Ramon Fonst** (1883-1959) a remporté **3 médailles d'or :** 1 en 1900 (épée) et 2 en 1904 (épée et fleuret).

CHAMPIONS OLYMPIQUES ET CHAMPIONS DU MONDE D'ESCRIME

Discipline	Médailles d'or olympiques	Titres de champion du monde
Fleuret masculin (individuel)	2 Christian d'Oriola (France) (né le 3-10-1928) : 1952, 1956 2 Nedo Nadi (Italie) (1894-1952) : 1912, 1920	5 Alexandre Romankov (U.R.S.S.) (né en 1953): 1974, 1977, 1979, 1982, 1983
Fleuret masculin (par équipes)	6 France : 1924, 1932, 1948, 1952, 1968, 1980	13 U.R.S.S.: 1959, 1961-1963, 1965, 1966, 1969, 1970, 1973, 1974, 1979, 1981, 1982
Épée masculin (individuel)	2 Ramôn Fonst (Cuba) (1883-1959) : 1900, 1904	3 Georges Buchart (France) (né le 21-12-1893) : 1927, 1931, 1933 3 Aleksei Nikanchikov (U.R.S.S.) (1940-1972) : 1966, 1967, 1970
Épée masculin (par équipes)	6 Italie : 1920, 1928, 1936, 1952, 1956, 1960	10 Italie : 1931, 1933, 1937, 1949, 1950, 1953-1955, 1057, 1958
Sabre masculin (individuel)	2 Dr Jenô Fuchs (Hongrie) (né le 29-10-1882) : 1908, 1912 2 Rudolf Karpâti (Hongrie) (né le 17-07-1920) : 1956, 1960 2 Jean Georgiadis (Grèce) (né en 1874) : 1896, 1906 2 Viktor Krovopouskov (U.R.S.S.) (né le 29-09-1948) : 1976, 1980	3 Aladar Gerevich (Hongrie) (né le 16 mars 1910) : 1935, 1951, 1955 3 Jerzy Pawlowski (Pologne) (né le 25-10-1932) : 1957, 1965, 1966 3 Yakov Rylsky (U.R.S.S.) (né le 25-10-28) : 1958, 1961, 1963
Sabre masculin (par équipes)	9 Hongrie : 1908, 1912, 1928, 1932, 1936, 1948, 1952, 1956, 1960	17 Hongrie : 1930, 1931, 1933-1935, 1937, 1951, 1953-1955, 1957, 1958, 1966, 1973, 1978, 1981, 1982
Fleuret féminin (individuel)	2 Ilona Schacherer-Elek (Hongrie) (née le 17-05-1907) : 1936, 1948	3 Hélène Mayer (Allemagne) (1910-1953) : 1929, 1931, 1937 3 Ilona Schacherer-Elek (Hongrie) (née le 17 mai 1907) : 1934, 1935, 1951 3 Ellen Muller-Preis (Autriche) (née le 6-05-1912) : 1947, 1949, 1950 (ex-aequo)
Fleuret féminin (par équipes)	4 U.R.S.S. : 1960, 1968, 1972, 1976	14 U.R.S.S. : 1956, 1958, 1961, 1963, 1965, 1966, 1970, 1971, 1974, 1975, 1977, 1978, 1979, 1982

L'Italien Nedo Nadi (1894-1952) l'a imité en 1912 (fleuret) et 1920 (fleuret et sabre). Nadi a également conquis 3 médailles d'or avec son équipe, en 1920, empochant ainsi 5 médailles d'or au cours des mêmes jeux Olympiques, record inégalé. Nadi est aussi le seul à avoir conquis 3 médailles d'or dans les trois armes la même année.

Le Français Roger Ducret (1888-1962) a aussi obtenu 3 médailles dans les trois armes aux Jeux de 1924 (or au fleuret, argent à l'épée et au sabre).

L'Italien Edoardo Mangiarotti (né le 7 avril 1919) a remporté un total de 13 médailles olympiques (6 d'or, 5 d'argent et 2 de bronze), au fleuret et à l'épée, de 1936 à 1960. Il obtint sa seule médaille d'or individuelle à l'épée (1952).

La Soviétique Elena Novikova-Belova (née le 28 juillet 1947) a remporté 4 médailles d'or au fleuret (dont 3 avec son équipe) de 1968 à 1976.

La Hongroise Idlikó Sagine-Rejtöo (née le 11 mai 1937) a obtenu 7 médailles (2 d'or, 3 d'argent, 2 de bronze) de 1960 à 1976, toutes au fleuret.

Titres olympiques (fleuret) *le plus grand nombre*

Nedo Nadi (1912, 1920) et **Christian d'Oriola** (1952, 1956) sont les seuls escrimeurs a avoir été 2 fois champions olympiques au fleuret individuel.

La Hongroise Ilona Elek a été 2 fois championne olympique au fleuret individuel (1936, 1948).

La France a remporté 6 fois le titre masculin par équipes (1924, 1932, 1948, 1952, 1968, 1980), l'Italie 4 fois (1920, 1928, 1936, 1956).

Au programme olympique, l'Union soviétique a remporté 4 fois le titre féminin par équipes (1960, 1968, 1972, 1976). La France une fois (1980).

Titres olympiques (sabre) *le plus grand nombre*

Les Hongrois **Fuchs** (1908, 1912) et **Karpati** (1956, 1960), le Grec **Georgiadis** (1896, 1906) et le Soviétique **Krovopouskov** (1976, 1980) ont été deux fois champions olympiques individuels au sabre.

La Hongrie a remporté 9 fois le titre par équipes (1908, 1912, de 1928 à 1960), l'Union soviétique 4 fois (1964, 1968, 1976, 1980).

Titres olympiques (épée) *le plus grand nombre*

Le Cubain **Ramon Fonst** est le seul à avoir été 2 fois champion olympique à l'épée (1900, 1904).

Le Belge Paul Anspach (1882-1981), président de la Fédération Internationale d'Escrime de 1932 à 1948, longtemps doyen des médaillés olympiques, a conquis 6 médailles à l'épée en 4 olympiades : bronze individuel et par équipes en 1908, en individuel et par équipes en 1912, argent par équipes en 1920 et 1924.

L'Italie a remporté 6 fois le titre par équipes (1920, 1928, 1936, 1952, 1956, 1960), la France 5 fois (1908, 1924, 1932, 1948, 1980).

Français *les plus titrés aux jeux Olympiques*

Christian d'Oriola a remporté 6 médailles aux jeux Olympiques : 2 médailles d'or au fleuret individuel (1952, 1956), 2 autres au fleuret par équipes (1948, 1952), 1 médaille d'argent au fleuret individuel (1948), 1 autre au fleuret par équipes (1956).

Lucien Gaudin (1886-1934) a lui aussi remporté 6 médailles aux jeux Olympiques : 3 médailles d'or au fleuret individuel et par équipes (1928), et à l'épée individuel (1928), 3 médailles d'argent, au fleuret par équipes (1920, 1924) et au sabre par équipes (1924). C'est le seul Français à avoir obtenu des médailles olympiques dans les 3 armes avec Roger Ducret (1888-1962), seul Français médaillé individuel dans les 3 armes aux Jeux de Paris, en 1924, où il avait remporté la médaille d'or au fleuret et les médailles d'argent au sabre et à l'épée.

La première Française championne olympique a été, aux Jeux de Moscou 1980, Pascale Trinquet (née le 11 août 1958), au fleuret individuel et par équipes.

Champion olympique *le plus âgé*

Lucien Gaudin (né le 27 septembre 1886 à Arras) a été, à presque 42 ans, en août 1928, à Amsterdam, le plus âgé des vainqueurs olympiques au fleuret (individuel et par équipes).

Champions de France *les plus titrés*

Lucien Gaudin à conquis 9 titres consécutifs dans les championnats de France de fleuret de 1906 à 1914. **Edward Gardère** (1909-1969) a été 9 fois champion de France individuel au fleuret (1930, 1933, 1934, 1936, 1939, 1941, 1942, 1943, 1944), la dernière fois 14 ans après la première.

René Haussy a été 15 fois champion de France des maîtres d'armes (1912, 1914, de 1922 à 1932, 1934 et 1944).

Jacques Brodin (né le 22 décembre 1946) et **Philippe Riboud** ont été 5 fois champions de France à l'épée.

FOOTBALL

Origines

Un jeu présentant quelques ressemblances avec le football était pratiqué, sous le nom de *Tsu-Chu*, dans la Chine des IVe et IIIe siècles av. J.-C. Un jeu de balle au pied, le *Calcio*, existait en Italie en 1410. L'une des premières allusions claires à la pratique de ce jeu en Angleterre est due à la mort accidentelle d'un gardien de buts, dans l'Essex, le 23 février 1582. Plus de deux siècles plus tôt, en 1314, le roi Edouard II avait par proclamation royale interdit le jeu dans la Cité de Londres.

La Fédération internationale de football (F.I.F.A.), fondée en 1904, regroupe 150 pays.

L'U.R.S.S. vient en tête pour le nombre des licenciés avec 4 505 000, devant l'Allemagne de l'Ouest, 4 200 000, la France et l'Angleterre, 1 505 000.

FOOTBALL PROFESSIONNEL

Match *le plus long*

Le record de durée pour un match de niveau international a été établi au cours de la Copa Libertadores à Santos (Brésil), les 2 et 3 août 1962, quand **Santos** a fait match nul 3 à 3 avec le **Penarol** F.C. de Montevideo (Uruguay). La rencontre a duré (interruptions comprises), de **21 h 30 à 1 h du matin.**

Ajournements *les plus nombreux*

Le match comptant pour la coupe d'Écosse entre Inverness Thistle et Falkirk a dû, pendant l'hiver 1978-1979, être remis **29 fois** à cause des conditions atmosphériques. Falkirk a finalement gagné 4 à 0.

Séries *les plus belles*

Nottingham Forest est resté invaincu pendant **42 matches** de la Ire division du championnat anglais, du 20 novembre 1977 au 9 décembre 1978.

Dans le championnat écossais, le Celtic de Glasgow n'a pas été battu une seule fois en 63 matches, du 13 novembre 1915 au 21 avril 1917.

Spectateurs *le plus grand nombre*

205 000 spectateurs (dont 199 854 payants) ont assisté, le 16 juillet 1950, au match de coupe du monde entre le Brésil et l'Uruguay, au stade de Maracaña, à Rio de Janeiro (Brésil).

Le record pour un match de Coupe d'Europe est de 136 505 spectateurs pour la demi-finale de Coupe d'Europe entre le Celtic de Glasgow et Leeds United, qui s'est déroulée au Hampden Park de Glasgow, le 15 avril 1970.
Le record pour un match international en Europe est de 149 547 spectateurs le 17 avril 1937 à Glasgow (Écosse) lors de la rencontre Écosse-Angleterre.
Le record pour un match de club en Europe est de 146 433 spectateurs, le 24 avril 1937 à Glasgow (Écosse) lors de la finale de la Coupe d'Écosse entre le Celtic de Glasgow et Aberdeen.

Meilleures recettes *en finale de la Coupe du monde*
Lors de la finale de Coupe du monde Angleterre-Allemagne à Wembley (Londres), le 30 juillet 1966, 92 924 entrées ont permis une recette record de 204 805 £. Ce record a été battu le 7 juillet 1974 à Munich lors de la finale Allemagne de l'Ouest-Hollande, avec une somme de **2 664 925,60 D.M.**

Meilleur joueur européen *le plus de titres*
Le trophée du « Ballon d'or » récompense chaque saison, depuis 1956, le meilleur joueur européen. Cette distinction a été obtenue 3 fois par le Hollandais **Johan Cruyff** (né le 25 avril 1947), en 1971, 1973, 1974 ; 2 fois par l'Espagnol Alfredo Di Stefano (né le 4 juillet 1926), en 1957 et 1959, par l'Allemand de l'Ouest Franz Beckenbauer (né le 11 septembre 1945), en 1972 et 1976, et par l'Anglais Kevin Keegan, en 1978 et 1979.
Le seul joueur français à avoir été désigné meilleur joueur européen de l'année est Raymond Kopa (né 13 octobre 1931), en 1958

BUTS

Équipes *le plus large score*
Le score le plus lourd enregistré dans un match britannique de niveau national est de **36 à 0,** dans une rencontre de Coupe d'Écosse où Arbroath, sur son terrain, a battu Bon Accord, le 5 septembre 1885. Les cages des gardiens étant démunies de filets, le temps d'aller chercher le ballon après chaque but, l'équipe gagnante aurait pu en marquer d'autres.
Le score le plus élevé enregistré dans le championnat de France de première division depuis 1945 est le 11-2 réussi au Parc des Princes par le R.C. Paris contre le F.C. Metz le 18 novembre 1961.

Matches internationaux *le plus grand nombre*
L'Angleterre a marqué **17 buts** (à 0) contre l'Australie, à Sydney (Australie), le 30 juin 1951. Mais l'Angleterre n'a pas homologué ce match comme « pleinement » international.
Les scores les plus larges jamais obtenus par l'équipe de France de football sont 8-0 contre le Luxembourg (29 avril 1913) et contre l'Irlande (2 juin 1957), 7-0 contre Chypre (11 octobre 1980) et 6-0 contre le Chili (16 mars 1960).

Buts *le plus grand nombre en un match*
Stephans Stanis (né Stanikowski, le 15 juillet 1913, en Pologne) a marqué **16 buts** pour le Racing Club de Lens dans un match contre Aubry-Asturies qui se jouait à Lens, le 13 décembre 1942, et qui comptait pour la Coupe de France (score final 32 à 0).
L'Allemand Gottfried Fuchs (1889-1972) a marqué 10 des 16 buts (à 0) de l'Allemagne contre la Russie dans la finale de consolation du tournoi olympique de 1912. Il égalait le record établi 4 ans plus tôt dans le tournoi olympique des Jeux de 1908, où le Danois Sofus Nielsen (1888-1963) avait marqué 10 des 17 buts (à 1) du Danemark contre la France.
Le record français dans un match international est de 5 buts, marqués par Thadée Cisowski (né le 16 février 1927), le 11 novembre 1956, à Colombes, contre la Belgique (6-3).

Buteurs *le plus grand nombre de buts dans une carrière*
Le Brésilien **Artur Friedenreich** (1892-1969) a marqué un total (non homologué) de **1 329 buts** pendant les 43 ans de sa carrière de footballeur.
Du 7 septembre 1956 au 2 octobre 1974, le Brésilien Edson Arantes do Nascimento (né le 23 octobre 1940), plus connu sous le nom de « Pelé », a marqué 1 216 buts en 1 254 matches. Son année reine a été 1958, où il mit 139 fois le ballon au fond des filets. Il a atteint le *milesimo* (1 000e but) le 19 novembre 1969 en marquant un pénalty pour son club de Santos, au stade de Maracaña, à Rio de Janeiro, pour son 909e match de compétition. Il a ensuite joué pour le Cosmos de New York et, à sa retraite, le 1er octobre 1977, il avait marqué 1 281 buts, pour 1 363 matches disputés, auxquels il faut ajouter 2 autres buts marqués ensuite dans des matches « exhibition » et un 1 284e en juillet 1983, sur un coup franc tiré à ras de terre au stade de Serra Dourada (Goïa, Brésil).
L'Autrichien Franz « Bimbo » Binder (né le 1er décembre 1911) a marqué 1 006 buts en 756 matches, joués en Autriche et en Allemagne, de 1930 à 1950.

Le Brésilien Edson Arantes « Pelé » do Nascimento a marqué 1 216 buts en 1 254 matches officiels.

Buts *les plus rapides*

Albert Mundy a marqué 1 but après **6"** du match de 4e division anglaise qui opposait le 25 octobre 1958 son équipe, Aldershot, à Hartlepools United, au Victoria Ground de Hartlepool (Cleveland).

2 autres joueurs n'ont pas été moins expéditifs : Barrie Jones (de Notts Co) dans un match de 3e division contre Torquay United, le 31 mars 1962, et Keith Smith, de l'équipe de Crystal Palace, dans un match de 2e division contre Derby County, le 12 décembre 1961.

Le « hat-trick » (3 buts par 1 joueur dans 1 rencontre) homologué le plus rapide est de 2'30", par Ephraim « Jock » Dodds pour Blackpool contre Tranmere Rovers, le 28 février 1943, et par Jimmy Scarth, de Gillingham, dans un match de 3e division contre Leyton Orient, le 1er novembre 1952.

L'Argentin Maglioni, de l'Independiente, revendique un hat-trick en 1'50", réalisé dans un match contre le Gimnasia y Escrima de La Plata, le 18 mars 1973 en Argentine.

John McIntyre a marqué 4 buts en 5' pour les Blackburn Rovers contre Everton, à Blackburn, dans le Lancashire (G.B.), le 16 septembre 1922. W. G. « Ginger » Richardson, de West Bromwich Albion, a aussi marqué 4 buts en 5' contre West Ham United, à Upton Park, le 7 novembre 1931.

Frank Keetley a marqué 6 buts en 21' dans la seconde mi-temps du match de championnat Lincoln City contre Halifax Town, le 16 janvier 1932.

En match international, un hat-trick record a été réussi en 3'30" par Willie Hall pour l'Angleterre contre l'Irlande, le 16 novembre 1938 à Old Trafford, dans la banlieue de Manchester (G.-B.)

Le but le plus rapidement marqué en Coupe du monde l'a été après 27" de jeu par l'Anglais Bryan Robson contre la France, à Bilbao (Espagne) le 16 juin 1982.

Le Français Bernard Lacombe (né le 15 août 1952) a marqué après 45" de jeu, le 2 juin 1978, pour la France contre l'Italie en match d'ouverture de la Coupe du monde à Buenos Aires (Argentine).

But contre son camp *le plus rapide*

Pat Kruse, de Torquay United, le 3 janvier 1977, au cours d'un match contre Cambridge United, a marqué de la tête contre son camp **après 6" de jeu.**

Gardiens de buts *le plus longtemps invaincu*

L'Italien **Dino Zoff** (né le 28 février 1942) a conservé l'inviolabilité des buts de l'équipe nationale d'Italie pendant 1 142 minutes, de septembre 1972 à juin 1974, après un but de l'Haïtien Sanon au premier tour de la phase finale de la Coupe du monde.

CHAMPIONNATS DE PREMIÈRE DIVISION

Monde *le plus de titres*

Le **Celtic de Glasgow** a obtenu, de 1966 à 1974, **9 titres consécutifs** de champion d'Écosse. Ce record est également détenu par le club bulgare du C.S.K.A. de Sofia (1954-1962) et le club hongrois du M.T.K. Budapest (1917-1925).

Le club de Sofia a obtenu, depuis la guerre, 20 titres de champion (record d'Europe). L'A.S. Saint-Etienne a été 10 fois champion de France.

Meilleurs buteurs européens *le plus de trophées*

Le meilleur buteur européen dans un championnat national de 1re division est récompensé tous les ans, depuis la saison 1967-1968, par le trophée du « soulier d'or ». 3 joueurs ont été 2 fois meilleurs marqueurs européens : le Portugais Eusebio (né le 25 janvier 1942), en 1967-1968 et 1972-1973 (43 buts et 40 buts pour le Benfica de Lisbonne), l'Allemand de l'Ouest Gerd Müller, en 1969-1970 et 1971-1972 (38 buts et 40 buts pour le Bayern de Munich) et le Roumain Dudu Georgescu, en 1974-1975 et 1976-1977 (33 buts et 47 buts pour le Dinamo de Bucarest).

Le seul joueur opérant dans un club français à avoir remporté ce trophée est le Yougoslave Josip Skoblar (né le 11 mars 1941), qui a marqué 44 buts pour l'Olympique de Marseille au cours de la saison 1970-1971.

Le record de buts est de **47,** par le Roumain **Dudu Georgescu** (Dinamo Bucarest), au cours de la saison 1976-1977.

Meilleur club européen *le plus de trophées*

Le « Challenge Adidas » récompense depuis la saison 1967-1968 le meilleur club européen de l'année. Le seul à avoir remporté 3 fois ce challenge est le club hollandais **Ajax, d'Amsterdam,** en 1968-1969, 1970-1971 et 1972-1973. Le club anglais de Liverpool l'a emporté 2 fois (1975-1976 et 1977-1978).

Championnat de France *le plus de titres*

Des 20 clubs qui ont participé au premier championnat de France de 1re division, pendant la saison 1932-1933, 3 seulement disputent la même épreuve pendant la saison 1982-1983 : l'Ol. Lille, le F.C. Sochaux et le F.C. Metz.

La ville de Nîmes, présente à la création de ce championnat par l'intermédiaire du S.C. Nîmes, est représentée aujourd'hui par l'Ol. Nîmes.

L'équipe qui a joué le plus longtemps en championnat de première division est l'**Ol. Lyon,** présent sans discontinuer dans cette série pendant 29 saisons, depuis la saison 1954-1955 jusqu'à la saison 1982-1983 à l'issue de laquelle le club est descendu en seconde division.

Bordeaux est présent depuis la saison 1962-1963, Nantes et Saint-Étienne depuis la saison 1963-1964, Sochaux depuis la saison 1964-1965.

L'A.S. Saint-Étienne est recordman des succès en championnat de France, avec 10 victoires, dont 4 titres (1967-1970) puis 3 autres (1974-1976) acquis consécutivement.

L'équipe du Football Club de Nantes, championne de France de première division 1982-1983.

FOOTBALL : PALMARÈS DU CHAMPIONNAT DE FRANCE PROFESSIONNEL PREMIÈRE DIVISION

1933	Lille Ol.	1958	Reims
1934	F.C. Sète	1959	Nice
1935	F.C. Sochaux	1960	Reims
1936	R.C. Paris	1961	Monaco
1937	Ol. Marseille	1962	Reims
1938	F.C. Sochaux	1963	Monaco
1939	F.C. Sète	1964	Saint-Etienne
1940	Rouen, Nice et Girondins	1965	Nantes
1941	Red Star et Marseille	1966	Nantes
1942	Reims et Sète	1967	Saint-Etienne
1943	Lens et Toulouse	1968	Saint-Etienne
1944	Artois-Lens	1969	Saint-Etienne
1945	Rouen et Lyon	1970	Saint-Etienne
1946	Lille O.S.C.	1971	Marseille
1947	C.O. Roubaix-T.	1972	Marseille
1948	Marseille	1973	Nantes
1949	Reims	1974	Saint-Etienne
1950	Bordeaux	1975	Saint-Etienne
1951	Nice	1976	Saint-Etienne
1952	Nice	1977	Nantes
1953	Reims	1978	Monaco
1954	Lille	1979	Strasbourg
1955	Reims	1980	Nantes
1956	Nice	1981	Saint-Etienne
1957	Saint-Etienne	1982	Monaco
		1983	Nantes

Championnat de France *joueurs ayant remporté le plus grand nombre de titres*
Deux joueurs ont remporté 7 titres de champion de France, avec l'A.S. Saint-Étienne, **Hervé Revelli** (né le 5 mai 1946) et **Jean-Michel Larqué** (né le 8 septembre 1947) tous les deux en 1967, 1968, 1969, 1970, 1974, 1975 et 1976.

Championnat de France *le plus de matches consécutifs*
L'**Olympique Lyonnais** a joué son **1 000e match** consécutif en championnat de France de 1re division le 21 août 1981 au stade Gerland, à Lyon, contre Montpellier-La Paillade. Cette série avait débuté le 24 août 1954.
A l'issue de la saison 1982-1983, l'O. Lyon a disputé 1 070 matches consécutifs en 1re division, dont 391 victoires, 261 nuls et 418 défaites, marquant 1 537 buts et en encaissant 1 654.

Championnat de France *meilleurs buteurs*
L'Argentin **Delio Onnis** (né le 24 mars 1948), à l'issue de la saison 1982-1983, a marqué **270 buts** en championnat de France de football de 1re division en 12 saisons (depuis la saison 1971-1972).
Hervé Revelli a marqué 216 buts en championnat de France de 1re division (1966-1978) ; Thadée Cisowski (né le 16 février 1927), 206 buts (1948-1961) ; Roger Piantoni (né le 26 décembre 1931), 203 (1951-1966) tout comme Bernard Lacombe (né le 15 août 1952) (1972-1983) ; Joseph Ujlaki (né le 10 août 1929), 190 buts (1948-1964).

Coupe de France *le plus de trophées*
Créée au cours de la saison 1917-1918, la Coupe de France a été remportée **9 fois** par l'**Ol. Marseille.**
Le doublé coupe de France-championnat de France a été réussi 4 fois par l'A.S. Saint-Étienne.
Depuis la création du championnat de France de 1re division (1932-1933) un seul club de 2e division a remporté la Coupe de France, le Havre A.C. (1958-1959). A cette occasion, le H.A.C. a réussi l'unique doublé Coupe de France/championnat de France de 2e division.

Joueurs vainqueurs de la Coupe de France *le plus de fois*
Marceau Sommerlinck (né en 1922) a été le premier joueur à remporter **5 fois** la Coupe de France, avec l'Ol. Lille, en 1946, 1947, 1958, 1953, 1955, sa 5e victoire ayant été obtenue 9 ans après la première.
Dominique Bahenay (né le 13 février 1954) a égalé ce record en remportant 3 fois la Coupe avec Saint-Étienne (1974, 1975, 1977) et 2 fois avec Paris-Saint-Germain (1982, 1983).
Jean Baratte (né le 7 juin 1923) (1946, 1947, 1948, 1953), Georges Bereta (né le 15 mai 1946) (1919, 1924, 1926, 1927), Maurice Dupuis (né le 4 février 1914) (1936, 1939, 1940, 1945), Paul Nicolas (1899-1959) (1921, 1922, 1923, 1928) et Hervé Revelli (né le 5 mai 1946) (1968, 1970, 1975, 1977) l'ont emporté 4 fois.
Maurice Dupuis a remporté son 4e succès 9 ans après le premier.

Spectateurs *le plus grand nombre en championnat de France*
Le plus grand nombre d'entrées payantes à une rencontre du championnat de France de 1re division est **48 852,** le 9 octobre 1980 pour la rencontre Lyon-Saint-Étienne, disputée en nocturne. Le record précédent était de 46 565 spectateurs pour le match Paris-Saint-Germain - Saint-Étienne, le 2 octobre 1976.

Spectateurs *le plus grand nombre en Coupe de France*
61 722 spectateurs payants ont assisté à la finale Reims-Racing Club de Paris de la Coupe de France à Colombes en 1950.

Recette *la plus grande en championnat de France*
Le samedi 16 janvier 1982, en nocturne, la recette totale, hors taxe additionnelle, du match Paris-Saint-Germain-Saint-Étienne s'est élevée à 3 964 675 F, plus 241 416 F de droits de location, soit un total de **4 206 345 F.** En comptant la taxe additionnelle perçue, mais reversée aux impôts, soit 410 345 F, cela représente une recette totale T.T.C. de 4 616 690 F.
Toutes redevances payées, y compris la part du club visiteur (5,2020), il est resté dans les caisse du Paris-Saint-Germain la somme record de 3 345 017 F.

Doublé Coupe-championnat *le plus de succès*
L'A.S. Saint-Étienne a remporté **4 fois** la Coupe de France et le championnat de France de première division la même saison, en 1968, 1970, 1974 et 1975.

Championnat de France *joueurs puis entraîneurs ayant remporté le plus grand nombre de titres*
Albert Batteux (né le 2 juillet 1919), champion comme joueur à Reims en 1949, puis comme entraîneur en 1953, 1955, 1958, 1960, 1962, et à Saint-Étienne en 1968, 1969, 1970, et **Robert Herbin** (né le 30 mars 1939) comme joueur en 1964, 1967, 1968, 1969, 1970 et comme entraîneur de Saint-Étienne en 1974, 1975, 1976 et 1981 ont conquis **9 titres** de champion de France.

CHAMPIONNATS DE DEUXIÈME DIVISION

Championnat de France de deuxième division *le plus de victoires*
4 clubs ont remporté **3 fois** le championnat de

France de 1re division : **Lens** (1937, 1949, 1973) ; **Nancy** (1946, 1958, 1975) ; **Nice** (1948, 1965, 1970) et **Lille** (1964, 1974, 1978). 7 clubs l'ont remporté 2 fois : le Red Star (1934, 1939) ; Alès (1934, 1957) ; Le Havre (1938, 1959) ; Lyon (1951, 1954) ; Grenoble (1960, 1962) ; Montpellier (1946, 1961) et Angers (1969, 1976).

Aucun club n'a jamais remporté le championnat de France de 2e division 2 fois de suite, tout simplement parce que le champion de cette série accède automatiquement au championnat de 1re division. Un club, pourtant, aurait pu réussir cet exploit peu banal : Gueugnon, champion de France de 2e division en 1979 refusa en effet de jouer l'année suivante, comme il en avait le droit, dans la série supérieure. C'est la seule fois où cette situation s'est présentée.

Vainqueur et son suivant *le plus grand écart de points*

Le **Stade Français** a remporté le championnat de France de 2e division 1951-1952 avec **9 points d'avance** sur son second, Montpellier (56 pts, 47 pts). Nancy (1946), Nice (1948), Sedan (1955) et Grenoble (1962) ont assuré leur victoire avec 6 points de mieux que le suivant immédiat.

Meilleur classement en première division venant de deuxième division *le plus de victoires*

Le seul club qui ait été champion de France de 1re division l'année suivant celle où il avait été champion de France de 2e division est **Saint-Etienne,** champion de 1re division (1963-1964) après avoir été champion de 2e division (1962-1963).

Les meilleurs résultats obtenus par des champions de 2e division lors de la saison qui a suivi cette victoire en 1re division ont été réussis par Strasbourg, 3e en 1978, Rouen et Toulouse, 4e en 1937 et 1954.

Monaco, second du championnat de France de 2e division (1976-1977), a été champion de France de 1re division en 1977-1978. La même année, Strasbourg, champion de 2e division, a terminé 3e du championnat de 1re division. C'est le meilleur résultat d'ensemble jamais obtenu en division supérieure par les équipes promues de la 2e division. Saint-Étienne et Monaco sont les 2 seules équipes qui ont été championnes de France de 1re division l'année où elles ont accédé à cette série.

TOURNOIS INTERNATIONAUX

Coupe du monde *le plus de titres*

La Fédération internationale de football association (F.I.F.A.) a été fondée à Paris le 21 mai 1904. C'est sous ses auspices qu'a été créée, le 13 juillet 1930, à Montevideo (Uruguay), la Coupe du monde.

Le **Brésil** est le seul des 47 pays ayant participé à l'épreuve qui se soit qualifié pour toutes les phases finales de la Coupe du monde, soit **12 fois.**

Le Brésil (1958, 1962, 1970) et l'Italie (1934, 1938, 1982) sont les deux seuls pays à l'avoir emporté à 3 reprises. Le Brésil s'est classé 2e en 1950, 3e en 1938 et 1978, l'Italie 2e en 1970.

Le Brésil, l'Italie et l'Allemagne de l'Ouest sont les 3 pays qui ont participé à 4 finales. Vainqueur en 1954 et 1974, l'Allemagne a été finaliste en 1966 (battue par l'Angleterre après prolongations) et en 1982 (battue par l'Italie).

Coupe du monde *meilleurs buteurs*

Le Français **Just Fontaine** (né le 18 août 1933) détient le record des buts marqués *en une seule Coupe du monde :* il en a inscrit 13 au cours des 6 matches que l'équipe de France a disputés dans la phase finale de l'épreuve en 1958, en Suède.

Mais le record des buts marqués *en plusieurs Coupes du monde* appartient à l'Allemand de l'Ouest **Gerd Müller** (né le 3 novembre 1945), qui a marqué 14 buts dans les coupes de 1970 et 1974.

Just Fontaine détient cependant le record des buts marqués en un seul match de la phase finale de la Coupe du monde. Dans le match de classement pour la 3e place de la Coupe du monde de 1958, en Suède, il a marqué 4 fois contre l'Allemagne de l'Ouest (6-3) aux 16e, 36e, 78e et 89e minutes.

MEILLEURS BUTEURS EN ÉQUIPE DE FRANCE (au 31 juillet 1983)

Buts	Joueurs	Sélections	Saisons
27	Just Fontaine	20	1956-1960
22	Michel Platini	45	1976-1983
20	Jean Vincent	45	1954-1961
19	Jean Baratte	32	1945-1953
18	Roger Piantoni	37	1952-1961
	Raymond Kopa	45	1952-1962
15	Hervé Revelli	29	1966-1975
12	Jean Wisnieski	33	1955-1963
11	Thadée Cisowski	12	1952-1958
10	Jackie Loubet	36	1967-1974
	Joseph Ujlaki	21	1952-1960
	Ernest Vaast	15	1945-1949

Coupe du monde *meilleur buteur en finale*

Le record de buts marqués pendant la finale est de 3, par l'Anglais **Geoffrey Charles Hurst** (né le 8 décembre 1941), pour l'Angleterre contre l'Allemagne de l'Ouest, le 30 juillet 1966 au stade de Wembley (Londres, G.-B.).

Coupe du monde *le plus de participations pour un joueur*

Le Mexicain **Antonio Carjabal** (né en 1923) a gardé les buts de l'équipe du Mexique dans 5 Coupes du monde, de 1950 à 1966.

Coupe du monde *joueur vainqueur le plus grand nombre de fois*

Le Brésilien **Pelé** est le seul joueur à avoir fait partie des 3 équipes qui ont remporté 3 fois la Coupe du monde, en 1958, 1962 et 1970. Il n'a participé qu'à 2 finales (1958 et 1970) et a disputé 4 coupes (de 1958 à 1970). Pelé était le seul joueur à avoir disputé et gagné sa seconde finale (1970) 12 ans après la première (1958).

Just Fontaine, meilleur buteur de l'équipe de France de football. (De gauche à droite Raymond Kopa, Robert Jonquet et Just Fontaine en 1958.)

Coupe du monde *scores les plus élevés*
Le score le plus élevé réalisé pendant la phase éliminatoire de la Coupe du monde est **13-0** pour la **Nouvelle-Zélande** contre les îles Fidji le 15 août 1981 et Auckland (Nouvelle-Zélande).
Le score le plus élevé réussi pendant la phase finale est 10-1 pour la Hongrie contre le Salvador le 15 juin 1982 à Bilbao (Espagne).

Championnat d'Europe des nations *le plus de titres*
L'équivalent européen de la Coupe du monde a été créé en 1958. La compétition se déroule tous les 4 ans ; les tours préliminaires s'étalent sur 2 ans, les demi-finales et la finale sont jouées dans le même pays. La seule nation à avoir gagné à 2 reprises est l'**Allemagne de l'Ouest** (1972 et 1980). La prochaine Coupe d'Europe des nations se déroulera en France en 1984.

Championnat du monde des clubs *le plus de titres*
Cette compétition a débuté en 1960, entre les vainqueurs de la Coupe d'Europe des clubs champions et ceux de la Copa Libertadores, son équivalent sud-américain. 3 clubs l'ont remportée 2 fois : **Penarol** (Uruguay), en 1961 et 1966 ; **Santos** (Brésil), en 1962 et 1963 ; l'**Inter de Milan** (Italie), en 1964 et 1965.
La première édition de la coupe a été remportée par le Real Madrid contre Penarol 5-1 (0-0 au match aller). Depuis, les clubs européens l'ont emporté 9 fois, les clubs sud-américains 8 fois.
L'épreuve n'a pas été disputée de 1979 à 1981. Elle n'a pas été disputée en 1975 ni en 1977. Pour la reprise, en 1982, le club uruguayen de Penarol l'a emporté pour la 3e fois.

Coupe d'Europe des clubs champions *le plus de titres*
La Coupe d'Europe des clubs champions, dont la conception a été approuvée par la F.I.F.A. le 8 mai 1955, se déroule sous l'autorité de l'U.E.F.A. (Union of European Football Associations). Le **Real Madrid** a remporté la première finale, et détient un record avec **6 victoires,** dont 5 consécutives (1956, 1957, 1958, 1959, 1960, 1966).
Au 27 mai 1981, date où il disputa au Parc des Princes, à Paris, sa 9e finale, le Real Madrid avait disputé 136 matches en Coupe d'Europe des clubs champions, remportant 84 victoires contre 35 défaites et 17 matches nuls.
Depuis la création de la Coupe en 1955, et jusqu'en 1981, le Real Madrid a participé à 22 des 26 éditions de l'épreuve.
2 clubs français ont disputé 3 finales : Reims, battu 4 à 3 (2-2) par le Real Madrid à Paris le 13 juin 1956 et 2 à 0 (1-0) à Stuttgart le 3 juin 1959 ; Saint-Étienne, battu 1 à 0 (0-0) par le Bayern Munich le 12 mai 1976 à Glasgow.

Coupe d'Europe des clubs champions *joueur le plus grand nombre de fois vainqueur*
Le seul joueur à avoir remporté 6 coupes d'Europe est l'Espagnol **Francisco Lopez Gento** (né le 21 octobre 1933), avec le Real Madrid, en 1956, 1957, 1958, 1959, 1960 et 1966, la 6e fois 10 ans après sa première victoire.
Le seul joueur français à avoir remporté la Coupe d'Europe des clubs champions est Raymond Kopa, avec le Real Madrid, 3 fois, en 1957, 1958 et 1959.

PALMARÈS DU CHAMPIONNAT DE FRANCE DE FOOTBALL DE DEUXIÈME DIVISION

Saisons	Clubs
1933-34	Red Star (Nord) Alès (Sud)
1934-35	Metz
1935-36	Rouen
1936-37	Lens
1937-38	Le Havre
1938-39	Red Star
1945-46	Nancy (Nord) Montpellier (Sud)
1946-47	Sochaux
1947-48	Nice
1948-49	Lens
1949-50	Nimes
1950-51	Lyon
1951-52	Stade français
1952-53	Toulouse
1953-54	Lyon
1954-55	Sedan
1955-56	Rennes
1956-57	Alès
1957-58	Nancy
1958-59	Le Havre
1959-60	Grenoble
1960-61	Montpellier
1961-62	Grenoble
1962-63	Saint-Etienne
1963-64	Lille
1964-65	Nice
1965-66	Reims
1966-67	Ajaccio
1967-68	Bastia
1968-69	Angers
1969-70	Nice
1970-71	Paris-Saint-Germain
1971-72	Valenciennes
1972-73	Lens
1973-74	Lille
1974-75	Nancy
1975-76	Angers
1976-77	Strasbourg
1977-78	Lille
1978-79	Gueugnon
1979-80	Auxerre
1980-81	Brest
1981-82	Toulouse
1982-83	Rennes

Coupe d'Europe des clubs vainqueurs de coupe *le plus de titres*

Cette compétition a vu le jour en 1960-1961. 10 clubs y participaient. Pour la première finale, la Fiorentina a battu les Glasgow Rangers 4 à 1 sur 2 matches, en mai 1961.

3 équipes l'ont emporté 2 fois : le **Milan A.C.**, en 1968 et 1973, finaliste en 1974, **Anderlecht**, en 1976 et 1978, finaliste en 1977, et le **F.C. Barcelone**, en 1979 et 1982.

Le meilleur résultat obtenu par un club français dans la coupe d'Europe des vainqueurs de coupe a été réussi au cours de la saison 1979-1980 par le F.C. Nantes, éliminé en demi-finale par le futur vainqueur, le club espagnol de Valence (victoire de Nantes à Nantes 2 à 1, défaite à Valence 4 à 0).

Coupe de l'U.E.F.A. *le plus de titres*

Cette compétition a débuté, sous un autre nom (International Inter-City Industrial Pairs Cup), en 1955. La première a duré 3 ans ; la suivante 2 ans. Elle est devenue annuelle en 1960-1961, et a pris le nom de coupe de l'U.E.F.A. en 1971. Le club de **Barcelone** est le seul à l'avoir remportée **3 fois** (1958, 1960 et 1966).

Le S.E.C. Bastia est le seul club français qui ait été finaliste de la coupe de l'U.E.F.A., où il fut battu 3 à 0 par le club hollandais P.S.V. Eindhoven, après avoir fait match nul au cours de la finale-aller, à Bastia, 0 à 0.

Coupe d'Afrique des clubs *le plus de victoires*

Créée en 1965, cette épreuve a été remportée 2 fois par le **T.P. Englebert** (Zaïre), en 1967 et 1968, et par le **Canon Yaoundé** (Cameroun), en 1971 et 1978. Le Canon Yaoundé a remporté la coupe d'Afrique des vainqueurs de coupe (créée en 1975), en 1979.

Coupe d'Afrique des nations *le plus de succès*

Disputée tous les 2 ans depuis sa création, en 1957, la Coupe d'Afrique des nations a été remportée 3 fois par le **Ghana** (1963, 1965, 1978), et 2 fois par l'Égypte (1957, 1959) et le Zaïre (1968, 1974).

Le meilleur buteur dans un tournoi final de la Coupe d'Afrique des nations est le Zaïrois N'Daye qui a réussi 9 buts en 1974 au Caire (Égypte).

JOUEURS

Sélections internationales *le plus grand nombre*

Le Péruvien **Hector Chumpitaz** (né le 12 avril 1943) a été sélectionné 145 fois, de 1963 à 1981, dans l'équipe de son pays. Ce record comprend tous les matches disputés par son équipe nationale.

Si l'on ne prend en compte que les rencontres internationales, c'est le Suédois **Bjorn Nordqvist** (né le 6 décembre 1942) qui détient ce record, avec 115 sélections de 1963 à 1979.

Sélections françaises *le plus grand nombre*

Les recordmen des sélections en équipe de France sont l'arrière gauche du R.C. Paris, **Roger Marche** (né le 5 mars 1924), 63 fois international de 1947 à 1959 et l'arrière ou libero **Marius Trésor** (né le 15 janvier 1950), 63 fois lui aussi international entre 1971 et 1982.

International *le plus âgé*

Le Gallois **William Henry « Billy » Meredith** (1874-1958), qui jouait à Manchester City et United, a été international à 45 ans et 229 jours le 15 mars 1920 au stade de Highbury, à Londres, où il tenait le poste d'ailier droit pour Galles contre l'Angleterre. Il a été international pendant 26 ans, de 1895 à 1920.

RECORD DES SÉLECTIONS EN ÉQUIPE DE FRANCE (au 31 juillet 1982)

Sélections	Joueurs	Saisons
63	Roger Marche	1947-1959
	Marius Trésor	1971-1983
58	Robert Jonquet	1948-1960
	Henri Michel	1967-1979
49	Maxime Bossis	1976-1983
47	Jean Djorkaeff	1965-1973
46	Etienne Mattler	1930-1940
	Didier Six	1976-1983
45	Raymond Kopa	1952-1962
	Jean Vincent	1954-1961
	Michel Platini	1976-1983
44	Jean-Jacques Marcel	1953-1961
	Georges Bereta	1966-1975
42	Bernard Bosquier	1965-1972
41	Jules Dewaquez	1920-1929
	Edmond Delfour	1929-1938
40	Gérard Janvion	1976-1983

Marius Trésor (à droite) est co-recordman des sélections en équipe de France.

International *le plus jeune*

Le plus jeune joueur international est l'Irlandais du Nord **Norman Whiteside** (né le 6 mai 1965), qui avait 17 ans et 42 jours lorsqu'il joua contre la Yougoslavie en Coupe du monde, le 17 juin 1982, en Espagne.

Depuis 1945, le plus jeune joueur français en match international a été Maryan Wisnieski qui avait 18 ans et 2 jours lorsqu'il joua contre la Suède, à Colombes, le 3 avril 1955.

Entraîneurs nationaux *les meilleurs*

L'Allemand **Helmut Schoen** (né en 1915), entraîneur de l'équipe d'Allemagne de l'Ouest, a mené son équipe à la victoire dans le championnat d'Europe des nations en 1972 et dans la Coupe du monde 1974 ; à la 2e place de la Coupe du monde 1966 et des championnats d'Europe 1976 ; à la 3e place de la Coupe du monde 1970.

L'Anglais George Paynor (né en 1907) a connu également de beaux succès avec les équipes de Suède : victoire aux jeux Olympiques de 1948, 2e place à la Coupe du monde 1958, 3e place à la Coupe du monde 1950 et aux Jeux de 1952.

L'entraîneur français qui a obtenu les meilleurs

résultats est Albert Batteux, entraîneur pendant 13 ans du Stade de Reims (1950-1963), qui a remporté avec ce club 5 fois le titre de champion de France (1953, 1955, 1958, 1960, 1962), 2 fois la Coupe de France (1950, 1958), participant à 2 finales de la Coupe d'Europe des clubs (1956, 1959). Entraîneur de l'équipe de France de 1955 à 1962, il l'a conduite à la 3e place de la Coupe du monde 1958, meilleur classement jamais obtenu par l'équipe de France dans cette compétition.
Robert Herbin, comme joueur, puis comme entraîneur, a remporté 9 titres de champion de France et 6 Coupes de France (4 et 3 comme entraîneur).

Montant des transferts *le plus élevé*
Le premier transfert dont le montant approchait le million de livres a été celui du Hollandais **Johan Cruyff :** le club espagnol du F.C. Barcelone a payé 922 300 £ à l'Ajax d'Amsterdam pour obtenir sa vedette. La nouvelle a été annoncée le 20 août 1973 ; au mois de septembre, Cruyff recevait, à la signature du contrat, une somme d'environ 400 000 £.
Le 30 mai 1982 a été annoncé le transfert du joueur argentin **Diego Maradona** (né le 30 octobre 1960) au Barcelone F.C. pour la somme de 840 millions de pesetas. 525 millions de pesetas ont été versés au club Argentinos Juniors, 270 millions à Boca Juniors. Maradona a encaissé pour sa part 25 pour cent du coût total de l'opération, plus une prime de 5 millions de dollars. Son salaire mensuel fut alors fixé à 70 000 dollars par mois, sans tenir compte d'un pourcentage sur les recettes publicitaires.

FOOTBALL AMATEUR

Jeux Olympiques *le plus de titres*
Le seul pays à avoir remporté 3 titres olympiques est la **Hongrie** (1952, 1964 et 1968). La Grande-Bretagne a gagné le tournoi officieux de 1900, et les tournois officiels de 1908 et 1912.
Le score le plus lourd infligé au cours de jeux Olympiques l'a été par le Danemark à la France en 1908 : 17 à 1.
La France n'a été qu'une seule fois demi-finaliste, en 1920, où la Tchécoslovaquie l'a battue 4 à 1.

Spectateurs *le plus grand nombre*
Le 26 février 1976, au stade Senayan de **Djakarta** (Indonésie), **120 000 personnes** ont assisté à la finale du groupe II du tournoi pré-olympique, entre l'Indonésie et la Corée du Nord.

Buts *le plus grand nombre en match international*
William Charles Jordan (1885-1949) a marqué **6 buts** pour l'Angleterre contre la France (score final 12 à 0), le 23 mars 1908, au Park Royal de Londres. **Vivian John Woodward** (1879-1954) a inscrit le même total à son actif, dans un match Angleterre-Hollande (score final 9 à 1) qui se jouait à Stanford Bridge (Londres) le 11 février 1909. Harold A. Walden (1889-1949) a également marqué 6 buts pour l'Angleterre le 1er juillet 1912 à Stockholm (Suède), dans un match contre la Hongrie.
Le 11 mai 1974, l'Australien Kim Barker, 11 ans, a inscrit 21 des 25 buts de son équipe dans une compétition pour les moins de 12 ans.

Buts *les plus rapides*
Un bon nombre de joueurs, aidés par le vent, ont marqué un but 3" après l'engagement.
Le 8 octobre 1975 à Schenectady, dans l'État de New York (U.S.A.), **Tony Bacon,** de l'équipe du lycée de Schalmont, a marqué **3 buts en 63"** à l'équipe du lycée Icabod Crane.

But contre son camp *le plus rapide*
Le 21 février 1976, **Peter Johnson,** de Chesham United, au cours d'un match contre les Wycombe Wanderers, a marqué contre son camp après 5".

Tournoi *le plus grand*
Le tournoi par équipes de 5 organisé par le Metropolitan Police a attiré, en 1981, 7 008 équipes (record pour une compétition officielle de football).

Réussite *les extrêmes*
Le **F.C. Home Farm de Dublin** (Irlande) **a gagné 79 matches** consécutifs entre le 12 octobre 1968 et le 10 octobre 1970. Le F.C. Winlaton West End (Grande-Bretagne) a réalisé une série de 95 matches de championnat sans défaite, entre 1976 et 1980. L'équipe de la Junior School du comté de Larkswood est restée invaincue (118 victoires, 3 matches nuls) pendant 6 ans depuis la saison 1959-1960.
Le **F.C. Stockport United** (Grande-Bretagne) **a perdu 39 matches** de championnat et de coupe de suite, de septembre 1976 au 18 février 1978.

Équipes *les plus indisciplinées*
Dans le match de coupe entre le **Tongham Youth Club** (Surrey, G.-B.) et **Hawley** (Hampshire, G.-B.) le 3 novembre 1969, l'arbitre a sanctionné les 22 joueurs (y compris celui qui a terminé à l'hôpital), et un des juges de touche. Le match, remporté par Tongham 2 à 0, a été décrit par l'un des joueurs comme « une belle, une dure partie ».
Le 23 décembre 1973, dans un match de la Gancia Cup qui se jouait à Waltham Abbey (Essex, G.-B.), l'arbitre, M.-J. Woodhams, a expulsé toute l'équipe de la Juventus Cross et un certain nombre d'officiels du club.
Les 11 joueurs de l'équipe de Glencraig United (G.-B.), et les 2 remplaçants ont reçu un avertissement chacun, le 2 février 1975, avant même que le match n'ait débuté. L'arbitre, M. Tarbet, de Bearsden, n'avait pas apprécié les chants qui avaient accueilli son arrivée. Les équipes de Glencraig et du club des Goldenhill Boys ont fait match nul : 2 à 2.

Contrôle de balle *le plus grand nombre*
Le Kenyan **Alan Nyanjong Abuto** (né en 1960) a jonglé sans interruption avec un ballon de football pendant **11 h 36'19"** au Manhattanville College de New York (U.S.A.) le 7 février 1982, contrôlant la balle 85 295 fois sans qu'elle touche le sol.
Mikael Palmquist (né en 1960) a jonglé avec un ballon de football pendant 10 h sans interruption à la salle des sports de Träffens (Suède), le 8 mai 1980, des pieds, des jambes et de la tête. Il a contrôlé la balle 80 357 fois, sans qu'elle touche le sol.
Le Suédois Michel Palmquist a jonglé de la tête avec un ballon de football pendant 4 heures à Grenoble (France), le 13 septembre 1982, réussissant 36 559 têtes d'affilée.

Marathon
Du 1er au 3 août 1980 à Co Kenry (Irlande) l'équipe du **Callinafercy Soccer Club** a joué pendant **65 h 1'.**
L'équipe amateur belge du Sporting Elroba a

disputé 5 matches consécutifs contre 5 équipes différentes les 5 et 6 juin 1982 à Huy (Belgique).

FOOTBALL FÉMININ

Origines *en France*

Il y avait 18 315 licenciées de football en France en 1980.
Reconnu par la Fédération Française de Football le 29 mars 1970, le football féminin s'est organisé jusqu'à la création d'un premier championnat de France, à 16 clubs, en 1974. Depuis le 17 mars 1978 est organisé un championnat de France de 48 clubs répartis en 6 groupes de 8 clubs.

GOLF

Origines

Bien qu'un vitrail de la cathédrale de Gloucester datant de 1350 représente un personnage ressemblant à un golfeur, le golf est mentionné pour la première fois, dans une loi adoptée en mars 1457 par le Parlement écossais, selon laquelle le golf devait être complètement banni. Les Romains avaient un jeu analogue appelé paganica, qui avait sans doute été introduit en Grande-Bretagne avant l'an 1400.
L'association nationale chinoise de golf affirme que le jeu est d'origine chinoise (« Ch'ui wan », le jeu où l'on frappe la balle) et remonte aux IIIe ou IIe siècles av. J.-C. On a retrouvé des édits officiels qui interdisaient en 1360 en Belgique et en Hollande, un jeu de balle avec des clubs.
Les balles en gutta-percha succédèrent aux balles en plumes en 1848 et furent elles-mêmes remplacées en 1902 par les balles à structure en caoutchouc inventées en 1899 par Coburn Haskell (États-Unis).
Les cannes en acier furent autorisées aux États-Unis en 1925 et en Grande-Bretagne en 1929.
Le premier club dont le nom apparaisse sur un document est le Gentlemen Golfers (actuellement dénommé Honourable Company of Edinburgh Golfers), créé en mars 1744, dix ans avant que ne soit créé le Royal and Ancien Club of Saint Andrews Kife.
Le club le plus ancien d'Amérique du Nord est le Royal Montreal Club (novembre 1873).
Il y avait en 1980 en France, 38 718 licenciés, dont 14 329 femmes, répartis dans 151 clubs. Il y a environ 16 millions de joueurs aux États-Unis où l'on compte un terrain de golf pour 20 000 habitants.

Trou *le plus long*

Le trou le plus long du monde est le 7e trou (par = 7) de **831 m,** sur le parcours du Sano Course, à **Satsuki,** au Japon.

Drives *les plus longs*

Dans les compétitions de long-driving, les 300 m sont rarement dépassés au niveau de la mer.
Dans les compétitions de long-driving officiellement contrôlées au-dessus du niveau de la mer, la plus grande distance enregistrée, **358 m,** a été réalisée par **William Thomas « Tommie » Campbell** (né le 24 juillet 1927), au Foxrock Golf Club à Dun Laoghaire (comté de Dublin), en juillet 1964.
Le 7 mars 1977, sur la piste de l'aéroport de Palma de Majorque (Espagne), l'Espagnol Valentin Barrios a drivé une balle Slazenger B 51 à 520 m.
Le plus grand drive enregistré sur un parcours ordinaire est un 471 m réalisé par l'Américain Michael Hoke Austin (né le 17 février 1910) au cours du championnat open seniors des États-Unis à Las Vegas (Nevada) le 25 septembre 1974. Austin (1,88 m, 92,250 kg) a envoyé la balle à moins de 1 m du green sur le 5e trou (par = 4) de 412 m du parcours de Winterwood. La balle a dépassé le trou de 59 m. Austin avait été aidé par un vent arrière d'environ 56 km/h.
Un drive de 2 414 m sur la glace a été réalisé en 1962 par un météorologue australien, Nils Lied, à la base de Mawson, dans l'Antarctique.

Putt *le plus long*

L'Américain **Cary Middlecoff** (né en janvier 1921) a réussi un putt de **26 m** sur le green du 13e trou au National d'Augusta, en Géorgie, au tournoi des Masters de 1955.

Marathon

4 golfeurs canadiens, **Réal Massé, Henri Decarnelle, Richard Massé et Jacques Auger** ont joué au golf pendant **54 h 5'** du 1er au 4 juillet 1982 sur le green du club de New Glasgow à Sainte-Sophie (Canada). Les 3 premiers joueurs cités ont joué pendant 58 h 55' et les 2 premiers pendant 77 h 13'.

SCORES

Scores (hommes) *les meilleurs sur 9 et 18 trous*

Le meilleur score réussi sur 18 trous avec un par de 70 ou plus est de 55 (15 en dessous du Bogey).
Le premier à l'atteindre a été **Alfred Edward Smith** (né en 1903), le professionnel de Woolacombe, qui accomplit l'exploit à domicile, le 1er janvier 1936. Le parcours mesurait 3 884 m. La performance de Smith se détaille ainsi : 4, 2, 3, 4, 2, 4, 3, 4, 3 = 29 out, et 2, 3, 3, 3, 3, 2, 5, 4, 1 = 26 in. 4 joueurs au moins ont réussi des scores de 58 sur un long parcours (plus de 6 000 yards = 5 846 m). Le dernier est l'Américain Monte Carlo Morey (né le 3 décembre 1954) à Las Vegas (U.S.A.) le 11 mars 1981 (par 72 pour les 6 041 m du parcours du Las Vegas Municipal GC).

GOLF : LES CHAMPIONS LES PLUS TITRÉS

Championnat	Nom	Nombre	Années
Championnat amateur de Grande-Bretagne	John Ball (1861-1940)	8	1888, 1890, 1892, 1894, 1899, 1907, 1910, 1912
Open de Grande-Bretagne	Harry Vardon (1870-1937)	6	1896, 1898, 1899, 1903, 1911, 1914
Open des États-Unis	Willie Anderson (1880-1910)	4	1901, 1903, 1905
	Robert Tyre Jones Jr. (1902-1971)	4	1923, 1926, 1929, 1930
	William Ben Hogan (né le 13-08-1912)	4	1948, 1950, 1951, 1953
	Jack William Nicklaus[1] (né le 21-01-1940)	4	1962, 1967, 1972, 1980
Championnat amateur des États Unis	Robert Tyre Jones Jr.	5	1924, 1925, 1927, 1928, 1930
Championnat de la P.G.A. (États-Unis)	Walter Charles Hagen (1892-1969)	5	1921, 1924-1927
	Jack William Nicklaus	5	1963, 1971, 1973, 1975, 1980
Masters des États-Unis	Jack William Nicklaus	5	1963, 1965, 1966, 1972, 1975
Open féminin des États-Unis	Elisabeth « Betsy » Earle-Rawis (née le 4-05-28)	4	1951, 1953, 1957, 1960
	« Mickey » Wright (née le 14-02-35)	4	1958, 1959, 1961, 1964
Championnat amateur féminin des États-Unis	Gienna C. Vare (née Collett le 20-06-03)	6	1922, 1925, 1928-1930, 1935
Championnat féminin de Grande-Bretagne	Charlotte Cecilia Pitcairn Leitch (1891-1977)	4	1914, 1920, 1921, 1926
	Joyce Wethered (née le 17-11-1901, aujourd'hui Lady Heathcoat-Amory)	4	1922, 1924, 1925, 1929

(1) Nicklaus est le seul golfeur qui ait remporté à 2 reprises 5 titres majeurs différents (Open britannique, Open des États-Unis, Masters, P.G.A., championnat amateur des États-Unis), et un record de 19 championnats majeurs de 1962 à 1980. Il a obtenu dans l'Open des États-Unis des résultats remarquables : 4 places de premier, 8 de deuxième et 2 de troisième.

A. J. « Bill » Burke a réussi 9 trous en 25, au cours d'un round de 57 (32 + 25) sur le parcours, long de 5 842 m (par = 71), du golf de Normandie, à Saint Louis du Missouri (États-Unis), le 20 mai 1970.
Le record en tournoi est de 27, par l'Américain Mike Souchak (né en mai 1927), sur la deuxième moitié du premier parcours de l'Open du Texas de 1955.
La même performance a été réalisée par l'Américain Andy North (né le 9 mars 1950) et par l'Espagnol José Maria Canizares (né le 18 février 1947) en 1978 à l'Open de Suisse.

Scores (femmes) *les meilleurs sur 18 trous*
L'Américaine **Mary « Mickey » Kathryn Wright** (née le 14 février 1935) a réalisé un score de **62** (30 + 32) sur le parcours du Hogan Park (5 747 m, par = 71), en novembre 1964, à Midland (Texas, États-Unis).
La Britannique Wanda Morgan (née le 23 mars 1910) a réussi un score de 60 (29 + 31), au Golf Club de Westgate and Birchington, dans le Kent (G.-B.), sur un parcours de 4 573 m, le 11 juillet 1929.

Scores *les meilleurs sur 36 trous*
L'Américain **Samuel Jackson Snead** (né le 17 mai 1912) a réalisé **122** (59 + 63) sur 36 trous, au cours du Sam Snead Festival, les 16 et 17 mai 1959.
Horton Smith (1908-1963) a marqué 121 (63 + 58) sur un terrain court, le 21 décembre 1928.

Scores *les meilleurs sur 72 trous*
En tournoi de 1re catégorie, le meilleur score sur 72 trous est de **255** (29 sous le par) par l'Anglais **Leonard Tupling** (né le 6 avril 1950) à l'Open du Niger, à Lagos, en février 1981. Il a réalisé 63, 66, 62 et 64, soit une moyenne de 63,75.
Le meilleur score sur 72 trous dans un tournoi professionnel américain est 257 par l'Américain Mike Souchek (né le 10 mai 1927) à San Antonio lors de l'Open du Texas 1955.
Dans un championnat open européen, le record sur 72 trous est de 262. Il est co-détenu par le Britannique Percy Alliss (1897-1975), qui l'a réalisé à l'Open de San Remo (Italie), et par le Chinois de Formose Liang Huan Lu (né le 10 décembre 1935) dans l'Open de France 1971 à Biarritz.
L'Australien Kelvin D. G. Nagle (né le 21 décembre 1920) a réussi 261 à l'Open de Hong Kong 1961.
Horton Smith a réalisé 245 (63, 58, 61 et 63) sur le parcours (par = 64) long de 4 297 m du club de Catalina, en Californie (États-Unis), au cours de l'Open de Catalina, du 21 au 23 décembre 1928.

Scores *les plus mauvais*
En 1860, au cours du premier Open britannique, qui se jouait à Prestwick, un joueur s'y est repris à 21 fois pour passer un trou.
Willie Fernie (1851-1924) a joué **10 coups** sur un trou à Musselburgh, en 1883, et il a tout de même remporté la compétition.

Le plus de coups *pour un seul trou*
Au cours du tour qualificatif du tournoi sur invitations de Shawnee, en Pennsylvanie (États-Unis) en 1912, une joueuse a joué **166 coups** sur le 16e trou (118 m). Son premier coup avait envoyé la balle dans la rivière de Binniekill. Elle prit une barque et mit les rames entre les mains de son mari.
Elle réussit finalement à récupérer la balle sur une rive, 2,5 km plus bas ; mais pour retrouver le terrain, elle dut encore traverser un bois.

Dans une compétition à Peacehaven, dans le Sussex (Grande-Bretagne), en 1890, A. J. Lewis a putté 156 fois sur le green (en vain).

Tours individuels *les plus rapides*
Les comparaisons sont difficiles à effectuer, notamment à cause des longueurs des terrains et des différences de chronométrage.

L'Australien **Rick Baker** a bouclé **18 trous** (5 616 m), **en 25'48"47** au Super Paradise de Queensland (Australie), le 4 septembre 1982. Il était autorisé à frapper la balle encore en mouvement.
Le record, balle arrêtée, est de 28'9" par l'Australien Gary Shane Wright (né le 27 novembre 1946) au Golf Tewantin-Noosa de Queensland, Australie (18 trous, 5 522 m), le 9 décembre 1980.

Trous *le plus grand nombre*
Ian Colston (né en 1936) a joué 401 trous en 24 h sur le terrain (5 542 m) de golf de Bendigo, les 27 et 28 novembre 1971.
Le record de Colston a été battu en juillet 1980 par le Français **Jean-Pierre Clin** (né en 1946) qui a joué **414 trous en 24 h** sur le parcours de Cabourg.
L'Américain Steve Hylton a fait 1 128 trous en une semaine (168 h), du 25 au 31 août 1980 sur le terrain du Mason Rudolph Golf Club à Clarskville (Tennessee, U.S.A.).

Lancers de balle *le plus petit nombre*
L'Américain **Joe Flynn** (né en 1954) a lancé la balle **82 fois** pour faire les 18 trous du golf de Port Royal (5 694 m), à Bermuda, le 27 mars 1975.

CHAMPIONNATS

Champions *les plus jeunes et les plus âgés*
Le plus jeune vainqueur de l'Open britannique est l'Anglais **Tom Morris Jr** (1851-1875), qui a remporté l'épreuve en 1868, âgé de **17 ans et 249 jours.**
Les plus jeunes vainqueurs du championnat amateur britannique sont John Charles Beharrel (né le 2 mai 1938), le 2 juin 1956, et le Sud-Africain Robert « Bobby » Cole (né le 11 mai 1948), le 11 juin 1966 : ils avaient tous deux 18 ans et 1 mois.
Le champion le plus âgé est **« Old Tom » Morris** (1821-1908) qui a gagné l'Open de Grande-Bretagne à Prestwick, en 1867, à l'âge de 46 ans et 99 jours. Le champion de 1967, Roberto de Vicenzo, avait 44 ans et 93 jours.
Le vainqueur le plus âgé de l'épreuve amateur a été Michael Scott (1878-1959), qui avait 54 ans et 297 jours lorsqu'il l'a remportée, en 1933.
Le vainqueur le plus âgé du championnat amateur américain est Jack Westland (1904-1982) qui avait 47 ans et 253 jours lorsqu'il remporta l'épreuve, le 23 août 1952, à Seattle (Washington).

Championnats de clubs *le plus de victoires*
L'Australien Bernard **Charles Cusak** (né le 24 janvier 1920) a remporté **33 tournois** de clubs, dont 32 consécutifs, entre 1943 et 1981.
L'Australienne Molly St John Pratt (née le 19 octobre 1912) a remporté 31 fois (entre 1931 et 1979) le championnat du club de Stanthorpe (Australie).

Règne *le plus long*
La Sud-Africaine **Jacqueline Ann Mercer** (née Smith le 5 avril 1929) a remporté son premier titre sud-africain en 1948, à Port Elisabeth, et le quatrième, 31 ans plus tard, le 4 mai 1979, toujours à Port Elisabeth.

Tournois *les mieux dotés*
Le prix record pour une première place a été de **500 000** $ (dotation totale : 1 100 000 $) à Sun City (Bophuthatswana, Afrique du Sud), en 1982 pour l'Américain Johnny Miller (né le 29 avril 1947) et en 1983 pour l'Américain Raymond Floyd (né le 4 septembre 1942) qui ont respectivement battu en play-offs Severiano Ballesteros et Craig Stadler.

Golfeurs *les plus riches*
Le professionnel le plus riche de tous les temps est l'Américain **Jack Niklaus** qui, au 31 décembre 1982, avait gagné plus de 4 millions de dollars.
Sur une année, le record est de 530 808 $, empochés par l'Américain Tom Watson (né le 4 septembre 1949), en 1980.
Ces deux records sont détenus pour les femmes par l'Américaine Jo Anne Carner (née Gunderson le 4 avril 1939) qui a gagné 310 399 $ en 1982 et 1 352 943 $ entre 1970 et le 31 décembre 1982.

Golfeurs européens *les plus riches*
Le record de gains dans le circuit européen est de 95 990 £, dont 81 036 £ dans 17 tournois officiellement rétribués, par l'Allemand de l'Ouest **Bernhard Langer** (né le 27 août 1957) pour la saison 1981.

Victoires en tournoi *le plus grand nombre*
L'Américain **John Byron Nelson** (né le 4 février 1912) a remporté **19 tournois** (dont, autre record, 11 de suite, mais un non officiel) **en une saison,** du 8 mars au 4 août 1945.
Sam Snead a gagné 84 tournois officiels américains ; on le crédite d'un total de 134 victoires dans des tournois officiels depuis 1934.
Chez les femmes, l'Américaine Mickey Wright a remporté 82 tournois professionnels de 1955 à décembre 1979 (dont une série record de 13 victoires consécutives en 1963). Ce record a été porté à 84 succès, de 1962 à juin 1983, par l'Américaine Kathy Whitworth.

Victoire *la plus large*
L'avance la plus grande réussie par le vainqueur d'un tournoi majeur est de **21 trous d'écart** avec le second, par l'Américain **Jerry Pate** (né le 16 février 1953) à l'Open de Colombie, avec 262, du 10 au 13 décembre 1981.

Championnat de France professionnel *le plus de titres*
Jean Garaialde (né le 20 octobre 1934) a remporté 10 fois le championnat de France professionnel, entre 1968 et 1980. Il a aussi remporté 16 titres dans l'Omnium et 12 titres dans le tournoi de l'Association des professionnels (A.P.G.F.).

ACES

Aces *les plus longs*
Le plus long ace (trou réussi en un coup) connu est celui réalisé au 10e trou (408 m) du Golf Club de Miracle Hills, à Ohama (Nebraska, U.S.A.) par l'Américain **Robert Mitera** (né en 1944), le 7 octobre 1965. Mitera mesure 1,68 m et pèse 74,8 kg. Son drive est normalement de 225 mètres. Une rafale de vent de 80 km/h a entraîné, sur ce coup, sa balle sur **265 m.**
Le record féminin est de 359 m par Marie Robie sur le premier trou du Golf Club de Furnace Brook, à Wollaston, dans le Massachusetts (États-Unis), le 4 septembre 1949.

Aces *le plus grand nombre dans une carrière*
Le plus grand nombre d'aces réussis dans une carrière était, de 1967 à juin 1983, de **66,** par l'Américain **Harry Lee Bonner,** depuis 1961.

Aces consécutifs *le plus grand nombre*
15 joueurs ont réussi 2 aces sur 2 trous consécutifs.
Le plus beau « double albatros » fut celui de **Norman L. Manley** (né en 1923), sur le 7e trou (301 m) et le 8e, par = 4 (265 m) du Golf Del Valley de Saugus, Californie, U.S.A., le 2 septembre 1964.
La seule femme à avoir réussi 2 aces consécutifs est Sue Prell, sur les 13e et 14e trous du Golf Chastwood à Sydney, Australie, le 29 mai 1977.
Aucun joueur n'a réussi 3 aces consécutifs. Celui qui s'en est approché le plus est Joseph Boydstone, qui a réussi 3 aces, sur les 3e, 4e et 9e trous du Golf de Bakersfield, Californie, U.S.A., le 10 octobre 1962. Cette année-là, il réussit 11 aces. Rey Harold Snider (né le 4 juillet 1900), a, lui aussi, réussi 3 aces le 9 juin 1976 aux 8e, 13e et 14e trous sur le parcours de Ironwood (Arizona, U.S.A.).

Aces *réussis par les golfeurs les plus jeunes et les plus âgés*
Le plus jeune golfeur qui ait jamais réussi un ace est l'Américain **Coby Orr** qui avait **5 ans** lorsqu'il en réussit un sur le 5e trou (94 m) au Riverside Golf Course de San Antonio (Texas, U.S.A.) en 1975.
Le plus âgé est l'Américain **George Henry Miller** qui avait **93 ans** lorsqu'il en réussit un sur le 11e trou (106 m) à Anaheim (Californie, U.S.A.), le 4 décembre 1970. Ce record a été égalé par Charles Youngman en 1971 à Toronto (Canada), et par William H. Diddel le 1er janvier 1978 à Naples (Floride, U.S.A.).
La joueuse de golf la plus âgée est l'Américaine Maude Bridget Hutton (née le 7 avril 1892) qui a réussi un ace sur le 14e trou (93 m) du Kings Inn Golf and Country Club de Sun City Center (Floride, U.S.A.) à 86 ans et 4 mois, le 7 août 1978.

GYMNASTIQUE

Origines
Une forme primitive de gymnastique était pratiquée dans la Grèce ancienne et à Rome, à l'époque des premiers jeux Olympiques (de 776 av. J.-C. à 393 apr. J.-C.).
Johann Friedrich Simon enseignait, en 1776, la gymnastique moderne à l'école de Basedow, à Dessau, en Allemagne.
Créée en 1881, la Fédération internationale de gymnastique est la plus ancienne de toutes. Elle regroupe 79 pays.
Il y avait 107 539 licenciés en France au 1er juillet 1983 et 1 247 clubs. Il y a à peu près deux fois plus de filles que de garçons.

Champions du monde *les plus titrés*
Le Soviétique **Boris Chakhline** (né le 27 janvier 1932) a remporté **10 titres** de champion du monde dans la compétition individuelle, de 1954 à 1964. Il a également obtenu 3 victoires avec l'équipe d'U.R.S.S.
Le Japon a gagné la compétition par équipe masculine, un nombre record de 5 fois (1962, 1966, 1970, 1974, 1978).
Chez les femmes, le record est détenu par la Soviétique Larissa Semionovna Latinina (née le 27 décembre 1934) qui, avant d'abandonner la compétition en 1966, a remporté 10 titres en individuel, et 5 par équipes entre 1956 et 1964.
L'U.R.S.S. détient le record de la compétition féminine, avec 7 victoires (1954, 1958, 1962, 1970, 1974, 1978, 1982).
Le meilleur classement d'une équipe française aux championnats du monde est la 3e place des

hommes obtenue en 1950 à Bâle. C'est la seule fois de son histoire où une équipe française, quelle que soit la compétition, soit montée sur un podium.

Champions olympiques *les plus titrés*
Le Japon a remporté le titre olympique à 5 reprises (1960, 1964, 1968, 1972, 1976).
Chez les femmes, c'est l'U.R.S.S. qui a triomphé le plus souvent : 8 fois, de 1952 à 1980.
Le meilleur classement jamais obtenu par une équipe française aux Jeux est la 4e place des hommes en 1948 à Londres.

Médailles *le plus grand nombre*
Le plus grand nombre de médailles obtenu par un gymnaste aux jeux Olympiques est **15,** dont 7 d'or, de 1972 à 1980, par le Soviétique **Nikolai Andrianov :** or, aux exercices au sol ; argent, au concours par équipes ; bronze, au saut de cheval en 1972 ; or, au concours général, aux anneaux, aux exercices au sol et au saut de cheval ; argent, au concours par équipes et aux barres parallèles ; bronze, au cheval d'arçon en 1976 ; or, au concours par équipes et au saut de cheval ; argent, au concours général et aux exercices au sol ; bronze, à la barre fixe en 1980.
La Tchécoslovaque Vera Caslavska-Odlozil (née le 3 mai 1942) a remporté, dans les compétitions individuelles, 3 médailles d'or en 1964 et 4 (dont 1 ex aequo) en 1968, soit un total de 7 médailles d'or individuelles, record tous sports.
La Soviétique Larissa Latinina a gagné un total de 9 médailles d'or (6 en individuel, 3 par équipes). Elle a également obtenu 5 médailles d'argent et 4 de bronze, soit un total de 18, record olympique toutes catégories et tous sports.
Le seul homme à avoir obtenu 6 médailles d'or individuelles est le Soviétique Boris Chakhline (1 en 1956, 4 – dont 2 ex aequo – en 1960 et 1 en 1964). Il faisait également partie de l'équipe qui a gagné le combiné en 1956. Ce record a été égalé en 1980 par le Soviétique Nikolai Andrianov (né le 14 octobre 1952).

Médailles *le plus grand nombre en un seul événement*
Le Soviétique **Alexandre Ditiatine** (né le 7 août 1957) est le seul gymnaste à avoir remporté 8 médailles dans les 8 épreuves inscrites au programme olympique des Jeux de Moscou, le 25 juillet 1980 : 3 d'or (concours général individuel, anneaux, concours par équipes), 4 d'argent (cheval d'arçon, saut de cheval, barres parallèles, barre fixe) et 1 de bronze (exercices au sol). Il s'agit aussi du record de médailles toutes disciplines obtenues au cours d'une seule olympiade.

Champion olympique français *le seul*
Gustave Sandras (1872-1954) est le seul Français à avoir jamais été champion olympique de gymnastique, vainqueur du concours général aux Jeux de Paris, en 1900.
Cette année fut la seule où il ne fut inscrit qu'une seule épreuve individuelle au programme. Dans tous les autres Jeux se sont disputées des finales par appareil.

Notes olympiques *les plus élevées*
La Roumaine **Nadia Comaneci** (née le 12 novembre 1961) a obtenu dans 7 épreuves, aux jeux Olympiques de 1976, la note maximale de 10.
La Soviétique Nelli Kim (née le 29 juillet 1957) a obtenu deux 10, au cours des mêmes Jeux. 5 autres gymnastes ont obtenu cette note maximale aux Jeux de 1976 et de 1980.

Championne du monde *la plus jeune*
La plus jeune championne du monde est la Soviétique **Olga Bicherova** (née le 26 octobre 1966), qui a conquis le titre mondial le 5 novembre 1981 à l'âge de **15 ans et 10 jours.**

Internationale *la plus jeune*
Pasakevi « Voula » Kouna (née le 6 décembre 1971) avait **9 ans et 299 jours** le jour de l'ouverture des Jeux Balkaniques, le 1er octobre 1981, pour lesquels elle était sélectionnée.

Championnats de France *le plus de titres*
Raymond Dot, 6 fois champion de France entre 1950 et 1960, n'a vu son record de victoires égalé que par **Henri Boerio,** vainqueur du titre de 1972 à 1977.
Nadine Audin, chez les femmes, est la seule à avoir été 4 fois championne de France, de 1974 à 1977.

Coupe du monde *le plus de titres*
La première Coupe du monde de gymnastique s'est déroulée à Londres en 1975. La Soviétique **Ludmilla Touricheva** (aujourd'hui Mme Valeri Borzov, née le 7 octobre 1952), a remporté tous les titres (5 médailles d'or).

Gymnastique rythmique *les plus titrées*
La Bulgare **Maria Guigova** a remporté 3 titres de championne du monde de gymnastique rythmique en 1969, 1971 et 1973 (ex aequo).
La Soviétique **Galina Shugurova** (née en 1955) a remporté 8 titres mondiaux aux appareils entre 1969 et 1977.

Tractions *le plus grand nombre*
Le 22 mai 1980, à Cashion, en Arizona (États-Unis), **Joe Hernandez** (né en 1961) a effectué **135 tractions** de suite à la barre fixe.
Le 3 décembre 1982 à la Queen's University de Kingston (Ontario, Canada), le Canadien Robert Chisnall (né le 9 décembre 1952) a réussi 22 fois le même exercice, mais d'un seul bras, le droit. Il a réalisé le même jour 18 fois le même exercice avec deux doigts, et 12 fois avec un seul doigt.

Sauts périlleux *le plus grand nombre*
L'Anglais **Colin Hewick** (né en 1959) a réussi **10 029 sauts périlleux** avant consécutifs le 18 juillet 1982 au South Holderness Center à Humberside (G.-B.). Il a réalisé 1 009 sauts périlleux avant consécutifs sur le bout des doigts au même endroit le 28 novembre 1982.

HALTÉROPHILIE

Origines

Cette discipline, pratiquée par des amateurs, est relativement récente. La « première mondiale » eut lieu au café Monico, à Londres, le 28 mars 1891. Les premières compétitions officielles se sont déroulées à l'occasion des premiers jeux Olympiques, en 1896, et les premiers Championnats du monde se sont tenus à Vienne (Autriche) les 19 et 20 juillet 1898. Précédemment, l'haltérophilie était pratiquée par des professionnels dont les exhibitions publiques faisaient état de performances dont on pourrait parfois douter.
La Fédération internationale de poids et haltères (I.W.F., International Weightlifting Federation), créée en 1920, regroupe 112 pays.
Il y avait en 1982 en France 17 364 licenciés de la Fédération française d'haltérophilie et musculation, sans une seule femme licenciée, ce qui est la seule fédération française dans ce cas.

RECORDS MONDIAUX D'HALTÉROPHILIE (AU 4 SEPTEMBRE 1983)

Catégories	Technique	Poids kilos	Haltérophiles et nationalités	Lieu	Date
Mouche (52 kg)	Arraché	115,5	Neno Terzinski (Bulgarie)	San Marin (Italie)	09-05-83
	Épaulé-jeté	145	Neno Tersinski (Bulgarie)	Le Caire (Egypte)	27-07-83
	Total	257,5	Neno Terzinski (Bulgarie)	Le Caire (Egypte)	27-07-83
Coq (56 kg)	Arraché	128	Wu Shude (Chine)	Shangaï (Chine)	31-08-83
	Épaulé-jeté	160,5	Andreas Letz (R.D.A.)	Varna (Bulgarie)	29-04-83
	Total	287,5	Oksen Mirzorian (U.R.S.S.)	Moscou (U.R.S.S.)	24-07-83
Plume (60 kg)	Arraché	137,5	Daniel Nunez (Cuba)	Copenhague (Danemark)	20-11-82
	Épaulé-jeté	173	Stefan Topurov (Bulgarie)	San Marin (Italie)	10-05-83
	Total	305	Stefan Topurov (Bulgarie)	San Marin (Italie)	10-05-83
Légers (67,5 kg)	Arraché	154	Vladimir Grachev (U.R.S.S.)	Odessa (U.R.S.S.)	03-03-83
	Épaulé-jeté	196	Joachim Kunz (R.D.A.)	Karl-Marx-Stadt (R.D.A.)	26-06-81
	Total	345	Joachim Kunz (R.D.A.)	Karl-Marx-Stadt (R.D.A.)	26-06-81
Moyens (75 kg)	Arraché	165	Vladimir Kouznetsov (U.R.S.S.)	Moscou (U.R.S.S.)	26-07-83
	Épaulé-jeté	209	Yanko Russev (Bulgarie)	Ljubljana (Yougoslavie)	22-07-82
	Total	367,5	Alexandre Varbanov (Bulgarie)	Lille (France)	10-05-83
Mi-lourds (82,5 kg)	Arraché	180	Assen Zlatev (Bulgarie)	Ljubljana (Yougoslavie)	23-09-82
	Épaulé-jeté	223,5	Alexandre Pervi (U.R.S.S.)	Frounze (U.R.S.S.)	04-03-82
	Total	400	Youri Vardanian (U.R.S.S.)	Moscou (U.R.S.S.)	25-07-80
			Assen Zlatev (Bulgarie)	Ljubljana (Yougoslavie)	23-09-82
Lourds-légers (90 kg)	Arraché	195,5	Blagoi Blagoev (Bulgarie)	Varna (Bulgarie)	01-05-83
	Épaulé-jeté	228,5	Blagoi Blagoev (Bulgarie)	Varna (Bulgarie)	01-05-83
	Total	420	Blagoi Blagoev (Bulgarie)	Varna (Bulgarie)	01-05-83
100 kg	Arraché	200	Youri Zakharevich (U.R.S.S.)	Odessa (U.R.S.S.	04-03-83
	Épaulé-jeté	204,5	Pavel Kouznetsov (U.R.S.S.)	Moscou (U.R.S.S.)	29-07-83
	Total	440	Youri Zakharevich (U.R.S.S.)	Odessa (U.R.S.S.)	04-03-83
Lourds (110 kg)	Arraché	196,5	Leonid Taranenko (U.R.S.S.)	Odessa (U.R.S.S.)	05-03-83
	Épaulé-jeté	243	Viatcheslav Kolokov (U.R.S.S.)	Moscou (U.R.S.S.)	29-07-83
	Total	435	Leonid Taranenko (U.R.S.S.)	Moscou (U.R.S.S.)	18-12-82
Super-lourds (plus de 110 kg)	Arraché	205,5	Viktor Mossibitu (U.R.S.S.)	Moscou (U.R.S.S.)	30-07-83
	Épaulé-jeté	260,5	Anatoli Pissarenko (U.R.S.S.)	Allentown (U.S.A.)	26-03-83
	Total	460	Anatoli Pissarenko (U.R.S.S.)	Moscou (U.R.S.S.)	29-07-83
			Alexandre Kourlovitch (U.R.S.S.)	Moscou (U.R.S.S.)	29-07-83

RECORDS DE FRANCE D'HALTÉROPHILIE (AU 4 SEPTEMBRE 1982)

Catégories	Technique	Poids kilos	Haltérophiles et nationalités	Lieu	Date
Mouche (52 kg)	Arraché	92,5	Serge Stresser	Vérone	29-05-74
	Épaulé-jeté	117,5	Stresser	Vérone	29-05-74
	Total	220	Stresser	Vérone	29-05-74
Coq (56 kg)	Arraché	110,5	Bruno Lebrun	Imatra	21-02-81
	Épaulé-jeté	141,5	Bruno Lebrun	Lommel (Belgique)	2-05-82
	Total	252,5	Bruno Lebrun	Vernon	28-12-80
Plume (60 kg)	Arraché	120	Jean-Claude Chavigny	Paris Coubertin	28-05-81
	Épaulé-jeté	155,5	Jean-Claude Chavigny	Marseille	20-05-82
	Total	272,5	Jean-Claude Chavigny	Paris Coubertin	28-05-81
Légers (67,5 kg)	Arraché	147,5	Daniel Senet	Moscou	23-07-80 (J.O.)
	Épaulé-jeté	175	Senet	Split	27-09-79
	Total	322,5	Senet	Moscou	23-07-80 (J.O.)
Moyens (75 kg)	Arraché	147,5	Daniel Senet	Carpentras	29-03-80
	Épaulé-jeté	178	Nicolas Lasorsa	Marseille	21-05-82
	Total	322,5	Daniel Senet	Paris Coubertin	29-05-81
Mi-lourds (82,5 kg)	Arraché	152,5	Didier Leroux	Lille	17-09-81
	Épaulé-jeté	188,5	Pascal Senet	Amiens	18-04-82
	Total	335	Pascal Senet	Lille	15-05-83
Lourds-légers (90 kg)	Arraché	156	Yvon Coussin	St-Maur	7-05-77
	Épaulé-jeté	192,5	Pierre Gourrier	Szourbathel	26-06-70
	Total	335	Pascal Senet	Nice	14-05-82
100 kg	Arraché	158	Pierre Gourrier	Marseille	23-05-82
	Épaulé-jeté	205	Pierre Gourrier	Paris Coubertin	30-05-81
	Total	362,5	Pierre Gourrier	Paris Coubertin	30-05-81
Lourds (110 kg)	Arraché	160,5	Pierre Gourrier	Alexandrie	10-03-77
	Épaulé-jeté	215	Gourrier	Montréal	26-07-76 (J.O.)
	Total	372,5	Gourrier	Montauban	19-06-76
Super-lourds (plus de 110 kg)	Arraché	155	Jean-François Hiller	Lille	18-04-82
	Épaulé-jeté	205	Guy Koller	Strasbourg	1-06-83
	Total	357,5	Jean-François Hiller	Lille	18-04-82

Jeux Olympiques *le plus de médailles*
C'est l'Américain **Norbert Schemansky** (né le 30 mai 1924) qui détient ce record avec **4 médailles :** or, pour la catégorie lourds-légers, 1952 ; argent, catégorie lourds, 1948 ; bronze, lourds, 1960 et 1964. 3 haltérophiles ont emporté chacun 2 médailles d'or et 1 médaille d'argent : le Français Louis Hostin (argent en 1928, or en 1932 et 1936, mi-lourd), l'Américain Tommy Kono (or en 1952, léger, et en 1956, mi-lourd, argent en 1960, moyen) et le Japonais Yoshinobu Miyake (argent en 1960, coq, or en 1964 et 1968, plume).

Titres mondiaux *le plus de titres*
L'Américain **John Davis** (né le 12 juin 1921) a conquis **8 titres** de champion du monde en 1938, et de 1946 à 1952, en incluant les titres olympiques. Ce record a été égalé par un autre Américain, **Thomas « Tommy » Kono** (né le 27 juin 1930), champion du monde de 1952 à 1959, et par le Soviétique **Vladimir Alexeiev** (né le 7 janvier 1942), de 1970 à 1977.

Titres et records français *le plus grand nombre*
En enlevant le 23 mai 1982, à Marseille, son 14ᵉ titre de champion de France, **Pierre Gourrier** (né le 2 mars 1947) battait son **103ᵉ record de France,** avec 158 kg à l'arraché dans la catégorie des 100 kg.
L'haltérophile français le plus célèbre est Charles Rigoulot (1903-1962), champion olympique des mi-lourds en 1924, qui a battu au cours de sa carrière 111 records du monde, ce qui lui valut le premier de porter le titre de « l'Homme le plus fort du monde ».

Poids *les plus lourds soulevés*
Le poids le plus lourd qu'un homme ait jamais soulevé, soit **2 844 kg** (2,844 t), l'a été par l'haltérophile américain **Paul Anderson** (né le 17 octobre

1932), champion olympique catégorie lourds en 1956, et qui pesait 165 kg. Cet événement eut lieu à Toccoa (Géorgie, U.S.A.), le 12 juin 1957. Anderson réussit son exploit allongé sur le dos, la charge reposant sur des tréteaux.

Le poids le plus lourd qu'une femme ait jamais soulevé, soit 1 616 kg (1,616 t), l'a été par l'Américaine Joséphine Blatt (née Schauer, 1869-1923) au Bijou Theatre à Hoboken (New Jersey, U.S.A.), le 15 avril 1895.

Poids *les plus lourds levés au-dessus de la tête*

Les poids les plus lourds soulevés à l'épaulé-jeté l'ont été par les athlètes de la catégorie des super-lourds qui, aujourd'hui, dépassent les 250 kg.

Le record du poids le plus lourd épaulé et jeté par une femme, soit **129 kg,** a été réalisé par l'Allemande **Katie Sandwina** (née Brummbach, puis épouse Max Heymann 1884-1952), en 1911. Elle mesurait 1,80 m, pesait 95 kg et elle avait la réputation d'avoir levé 141,747 kg (non homologué) et soutenu sur ses épaules un canon de 544 kg.

Records d'haltérophilie *divers*

Paul Anderson, devenu professionnel, développa 284 kg couché sur un banc, 544 kg en flexion sur les jambes *(squat)* et 371 kg en soulevé de terre *(dead lift),* ce qui lui donna pour son meilleur total 1 200 kg.

L'Allemand **Hermann Görner** (1891-1956) réalisa un soulevé de terre d'une seule main de 333 kg, à Dresde (Allemagne) le 20 juillet 1920.

L'Américain **Peter B. Cortese** réalisa un soulevé de terre d'un seul bras de 167 kg, soit un peu plus de 3 fois son propre poids, à New York, le 4 septembre 1954.

Görner souleva également 24 personnes (1 870 kg), assises sur une planche posée sur la plante de ses pieds, le 12 octobre 1927, à Londres (G.-B.). Il a aussi porté sur son dos, à Leipzig (Allemagne), le 3 juin 1921, un piano de 654 kg sur une distance de 16 m.

Le record de poids levé par une femme est 247 kg par flexion sur les jambes *(squat)* par l'Américaine **Jan Suffolk Todd** (née le 22 mai 1952), qui pesait 88,5 kg, à Columbus (Géorgie, U.S.A.), en juin 1981.

Un record de soulevés de terre de 2 133 084,85 kg, soit 2 133 t, en 24 h, a été établi par une équipe de 10 haltérophiles au Darwin Weightlifting Club de Darwin (Lancashire, G.-B.), les 14 et 15 août 1981.

L'Allemand de l'Ouest **K.H. Radscinky** a soulevé 1 000 fois 1 000 kg en 7 h 22', en juillet 1981.

L'officier de police anglais **Jim Mills** (né le 22 mai 1923), les tenant par l'extrémité la plus fine, a soulevé 24 queues de billard, pesant chacune 453 g, de la verticale à l'horizontale, soit un mouvement de 90° le 13 juin 1982 à Alfreton (Derbyshire, G.-B.). A la suite il a, selon la même méthode, levé 1 005 fois de suite une queue de billard pesant 623 g.

Le power lifting est l'une des 16 disciplines inscrites au programme des Iers jeux Mondiaux qui se sont déroulés à Santa Clara (Californie) du 24 juillet au 2 août 1981.

HANDBALL

HANDBALL *(en simple ou en double)*

Origines

Le « handball » au mur ou sur court est un jeu d'origine celte. Au début du XIXe siècle, on n'utilisait qu'un mur frontal, mais par la suite des murs latéraux et arrière ont été progressivement ajoutés. La première compétition internationale eut lieu à New York en 1887 entre les U.S.A. et l'Irlande. Le court est maintenant standardisé : il mesure 18 × 9 m en Irlande, au Ghana et en Australie, et 12 × 6 m au Canada, au Mexique et aux États-Unis. On y joue avec une balle dure ou une balle molle en Irlande, avec une balle molle uniquement en Australie, au Canada, au Mexique et aux États-Unis.

Créée en 1946, la Fédération internationale de handball regroupe 80 pays.

Championnats du monde *le plus de titres*

Les premiers championnats du monde ont eu lieu à New York en octobre 1964 avec des participants venus d'Australie, du Canada, d'Irlande, du Mexique et des États-Unis. Les **États-Unis** les ont remportés deux fois en 1964 et 1967 (ex aequo avec le Canada).

Champion des États-Unis *le plus de titres*

Le championnat américain de simple à 4 murs a été remporté six fois par **Jimmy Jacobs** (né en 1931), en 1955, 1956, 1957, 1960, 1964 et 1965. Celui-ci a également remporté six fois le titre en double, en 1962, 1963, 1965, 1967, 1968 et 1975.

Fred Lewis a aussi remporté 6 fois le titre américain de simple en 1972, 1974, 1975, 1976, 1978 et 1981.

HANDBALL *(en équipe)*

Origines

C'est vers 1895 qu'on a commencé à jouer au handball, sport qui se rapproche du football mais où les mains se substituent aux pieds. Il a été introduit aux jeux Olympiques à Berlin en 1936 sous la forme d'un jeu de plein air opposant des équipes de onze joueurs (la médaille d'or est revenue cette année-là à l'Allemagne), et il y a fait sa réapparition en 1972 comme jeu en salle avec sept joueurs par équipe selon la règle instituée en 1952. En 1982, 80 pays étaient affiliés à la Fédération internationale de handball (fondée en 1946) qui regroupe 80 pays. Ce sport comptait environ 10 millions d'adeptes. Le premier match international a été remporté le 8 mars 1935 par la Suède, aux dépens du Danemark.

Il y avait 149 109 licenciés en France en 1980, dont 48 521 femmes, répartis dans 2 363 clubs.

Titres olympiques *le plus grand nombre*

C'est l'**U.R.S.S.** qui a remporté le plus grand nombre de victoires en compétition olympique en s'adjugeant les titres masculin et féminin à Montréal en 1976. Les Soviétiques ont remporté le titre féminin en 1980 aux Jeux de Moscou, mais ont été battus par l'Allemagne de l'Est chez les hommes. Le handball à 7 avait pour la première fois été inscrit au programme olympique aux Jeux de Munich, en 1972. C'est la Yougoslavie qui l'avait emporté devant la Tchécoslovaquie et la Roumanie.

Titres mondiaux *le plus grand nombre*

C'est la **Roumanie** qui a remporté le plus grand nombre de victoires dans les championnats du monde (créés en 1938) avec 4 titres masculins (1961, 1964, 1970 et 1974) et 3 titres féminins entre 1956 et 1974.

Titres de champion d'Europe des clubs *le plus grand nombre*

La Coupe d'Europe des clubs champions, instaurée en 1957, a été remportée 4 fois par le club ouest-allemand de **V.F.C Gummersbach** (1967, 1970, 1971, 1974).

Titres de champion de France *le plus grand nombre*

Le championnat de France de handball à 7 est disputé depuis la saison 1952-1953. Les équipes de la **Stella Saint-Maur** (1967-1968, 1971-1972, 1975-1976, 1977-1978, 1978-1979, 1979-1980), dont 3 fois consécutives (1978, 1979, 1980) et l'**U.S. Ivry** (1962-1963, 1965-1966, 1969-1970, 1970-1971 et 1982-1983) l'ont emporté 6 fois.

HOCKEY SUR GAZON

MASCULIN

Origines

On a découvert dans la tombe n° 17 à Beni Hasan, en Égypte, une fresque datant d'environ 2050 av. J.-C., représentant deux joueurs munis de bâtons recourbés dans la position traditionnelle du « bully ».

On sait par ailleurs que ce jeu se pratiquait dans le Lincolnshire, en Angleterre, en 1277, et c'est en Angleterre qu'a été fondée la première association nationale, la Hockey Association, créée au Cannon Street Hotel de Londres, le 16 avril 1875.

Le club le plus ancien dont on puisse retracer l'histoire de manière suivie est le Teddington HC (G.-B.), créé à l'automne 1871. Il a joué contre Richmond le 24 octobre 1874 et il aurait été le premier à utiliser l'anneau contre Surbiton, à Bushey Park, le 9 décembre 1876.

Le premier match international devait opposer l'Irlande au pays de Galles, à Rhyl, le 26 janvier 1895, et se terminer sur la victoire de l'Irlande par 3-0.

Créée en 1925, la Fédération internationale de hockey sur gazon regroupe 85 pays.

Il y avait 7 490 licenciés en France en 1980, dont 1 636 femmes, répartis dans 110 clubs.

Jeux Olympiques *le plus de médailles*

Les **Indiens** sont restés champions olympiques depuis la réintroduction du hockey dans les Jeux, en 1928, jusqu'en 1960, date à laquelle le Pakistan les a battus par 1-0 à Rome.

Ils ont remporté leur 8ᵉ victoire en 1980. Sur les 7 Indiens appartenant aux 3 équipes olympiques ayant remporté une médaille d'or, 2 ont également gagné 1 médaille d'argent : Leslie Walter Claudius (né le 25 mars 1927), en 1948, 1952, 1956 et 1960 et Udham Singh (né le 4 août 1928), en 1952, 1956, 1964 et 1960.

Le Pakistan l'a emporté 2 fois (1960, 1968), l'Allemagne fédérale (1972) et la Nouvelle-Zélande (1976) 1 fois.

Coupe du monde *le plus de titres*

La Coupe du monde (créée en 1971) a été remportée 3 fois par le **Pakistan,** en 1971, 1978 et 1982.

Sélections internationales *le plus grand nombre*

Avtar Singh Sohal (né le 22 mars 1938) a joué 167 matches avec l'équipe du Kenya entre 1957 et 1972.

Score international *le plus élevé*

Le score le plus élevé jamais atteint en match international de hockey a été de **24-1** au bénéfice de l'Inde contre les États-Unis, aux jeux Olympiques de 1932 à Los Angeles.

Scores individuels *les plus élevés*

Le plus grand nombre de buts marqués par un joueur au cours de rencontres internationales est **150,** par le Hollandais **Paul Litjens** (né le 9 novembre 1947), réussis en 112 matches jusqu'à avril 1979.

M.C. Marckx (équipe seconde de Bowdon, G.-B.) a marqué 19 buts contre l'équipe seconde de Brooklands (battue 23 à 0), le 31 décembre 1910.

Entre 1923 et 1958, l'Anglais Fred H. Wagner a marqué 1 832 buts pour le Besston H.C., le Nottingham Casuals et le Nottinghamshire (G.-B.).

Gardien de but *le meilleur*

L'Indien **Richard James Allen** (né le 4 juin 1902) n'a laissé passer aucun but durant le tournoi olympique de 1928, et 3 seulement au cours des Jeux de 1932 et 1936. Lors de ces 3 olympiades, l'Inde a marqué 102 buts.

But *le plus rapide*

Le but le plus rapide en match international a été marqué au bout de **7"** par l'Anglais **John French** pour l'Angleterre contre l'Allemagne de l'Ouest le 5 avril 1971 à Nottingham (G.-B.).

Partie *la plus longue*

La plus longue partie enregistrée à ce jour a eu lieu le 25 octobre 1968 pendant les jeux Olympiques de Mexico. Elle a duré **145'.** Les Pays-Bas ont battu l'Espagne par 1 à 0 à la 6ᵉ prolongation.

Le plus long match interclubs a été celui de la demi-finale de la coupe des Pays-Bas entre l'équipe C du Hongkong Hockey Football Club et le Prisons Sports Dept Hockey Club, le 11 mars 1979. Le score étant de 2 à 2 à la fin du temps réglementaire, après 20 minutes de prolongations, il fallut encore jouer 115 minutes pour que le Football Club puisse s'adjuger la victoire.

Championnat de France *le plus de titres*

Le championnat de France fédéral aux points a été créé en 1957. Auparavant, depuis 1899, c'était la Coupe de France qui tenait lieu de championnat.

Les deux plus belles séries de victoires successives ont été obtenues, avant guerre, avec 8 succès consécutifs par le **Stade Français** (1932-1939), après guerre par le **Football Club de Lyon** avec 10 succès consécutifs (1968-1977).

Le plus grand nombre de titres obtenus par le même club est 23, par le Stade Français.

FÉMININ

Origines

Le premier club de femmes, celui d'East Molesey dans le Surrey (Angleterre), a été constitué en 1887. Le Wimbledon Ladies Hockey Club, créé un an plus tard, existe toujours.

Le premier match international a opposé l'Angleterre à l'Irlande, à Dublin, en 1896, et s'est terminé sur le score de 2 à 0 en faveur de l'Irlande. Le premier championnat de l'I.F.W.H.A. rassemblant 21 pays a eu lieu à Édimbourg, en Écosse, en 1975, et s'est achevé sur la victoire de l'Angleterre.

Jeux Olympiques *la première victoire*

Le hockey sur gazon féminin a été, pour la première fois, inscrit au programme olympique aux Jeux de Moscou, en 1980. Les joueuses du **Zimbabwe** l'ont emporté.

Sélections internationales *le plus grand nombre*

Ann Ellis (née le 21 septembre 1940) a joué 138 fois pour le pays de Galles entre 1963 et 1980.

Score *le plus élevé*

Le meilleur score obtenu au cours d'un match international féminin a été réalisé par l'Angleterre aux dépens de la France **(23-0),** le 3 février 1923 à Merton, près de Londres.

Spectateurs *le plus grand nombre*

65 165 spectateurs ont assisté au match opposant les équipes féminines d'Angleterre et des États-Unis, à l'Empire Stadium de Wembley, près de Londres, le 11 mars 1978.

Championnat de France *le plus de titres*

Le championnat de France de hockey sur gazon féminin a été créé en 1923. Le meilleur club de ces dernières années est le **Stade Français,** 30 fois champion de France.

Marathon

2 équipes de 11 joueuses du Epsom Girls Grammar School d'Auckland (Nouvelle-Zélande) ont joué pendant **35 h 3' 50"** d'affilée les 21 et 22 avril 1980.

HOCKEY SUR GLACE

Origines

Des tableaux et des dessins du début du XVIe siècle nous apprennent qu'à cette époque existait déjà aux Pays-Bas un jeu ressemblant au hockey sur glace. On a sans doute joué pour la première fois au hockey sur glace avec un palet en caoutchouc le 25 décembre 1855, à Kingston, au Canada, mais la ville de Halifax revendique également l'invention de ce sport.

L'International Hockey Association a été fondée en 1908, la National Hockey League of North America (NHL) en 1917, et la World Hockey Association, fondée en 1971, a été dissoute en 1979.

Créée en 1924, la Fédération Internationale de Hockey sur glace (F.I.M.) regroupe 85 pays.

Jeux Olympiques et championnats du monde *le plus de titres*

Le **Canada** a remporté 6 fois la médaille d'or aux jeux Olympiques (1920, 1924, 1928, 1932, 1948 et 1952) et 19 fois le titre mondial.

L'Union soviétique a égalé ce record de 19 titres en enlevant le championnat du monde 1983.

C'est le Suisse Richard Torriani (né le 1er octobre 1911) qui a eu la plus longue carrière olympique, de 1928 à 1948.

4 joueurs seulement ont remporté 3 médailles d'or : Vitay Davidov, Anatoly Firssov, Viktor Kuzkin et Alexandre Ragulin, appartenant tous aux équipes soviétiques détentrices du titre olympique en 1964, 1968 et 1972.

Les championnats du monde amateurs ont eu lieu pour la première fois en 1920, à Anvers. Ils ont été ouverts aux professionnels en 1976.

Coupe Stanley *le plus de victoires*

La coupe Stanley, offerte par le gouverneur général Lord Stanley (auquel elle a coûté 48,67 $), est devenue l'emblème de la suprématie mondiale professionnelle, 33 ans après le premier championnat à Montréal, en 1893.

Ce sont les Canadiens de **Montréal** qui l'ont remportée le plus grand nombre de fois : 22 victoires en 1916, 1924, 1930, 1931, 1944, 1946, 1953, de 1956 à 1960, 1965, 1966, 1968, 1969, 1971, 1973 et de 1976 à 1979.

Scores par équipes *les plus élevés*

Le meilleur score enregistré au cours d'un match de championnat du monde est de **47 à 0** pour le Canada contre le Danemark, à Stockholm (Suède), le 12 février 1949. Le plus grand nombre de buts marqués dans le cadre de la National Hockey League est 21, le 10 janvier 1920, à Montréal, où les Canadiens de Montréal ont battu le Saint-Patrick de Toronto, 14 à 7.

Scores individuels *les plus élevés*

Le joueur professionnel ayant marqué le plus de buts en une saison (NHL) est **Wayne Gretzky** (né le 26 janvier 1961) pour les Edmonton Oilers au cours de la saison 1981-1982 avec **92 buts.** Y compris tous les matches disputés avec son club, ces records deviennent de 120 pour les assistances et 212 pour le total. Il a marqué un record de 125 assistances pendant la saison 1982-1983.

Le record pour une carrière dans la North American League (NHL) est de 1 071 buts (801 en NHL) réussis entre le 16 octobre 1946 et la fin de la saison 1979-1980, soit sur 32 saisons, par Gordie Howe (né le 31 mars 1928), qui joua pour 4 clubs. Il marqua son 1 000e but après 2 204 parties. Mais Robert Marvin « Bobby » Hull (né le 3 janvier 1939) a marqué son 1 000e but après 1 600 rencontres le 12 mars 1978.

Le Canadien Guy Lafleur a réussi son 1 000e point après 720 matches le 4 mars 1981 à Montréal.

Score *le plus rapide*

En ligue NHL, **Joseph Antoine Claude Provost** (né le 17 septembre 1933), des Canadiens de Montréal, a marqué un but **4"** après le début de la 2e mi-temps au cours d'un match contre les Boston Bruins, le 9 novembre 1957, à Montréal, et **Bill Mosienko** (né le 2 novembre 1921) a marqué **3 buts en 21"** pour les Chicago Black Hawk contre les New York Rangers le 23 mars 1952.

Toronto a marqué 8 buts en 4'52" le 19 mars 1938 contre les New York Americans.

Dans les divisions inférieures, Kim D. Miles a marqué au bout de 3" pour l'université de Guelph contre celle d'Ontario le 11 février 1975.

Steve d'Innocenzo a marqué 3 buts en 12" le 9 janvier 1982 pour Holliston contre Westwood dans un match universitaire au Massachusetts (U.S.A.).

Marcel Dube a marqué 3 buts en 13" le 15 février 1974 au Colisée de Saint-Jean d'Iberville pour les Aigles de Saint-Jean contre les Bombardiers de Rosemont dans un match comptant pour la Ligue canadienne junior.

Le club suédois de Skara a marqué 3 buts en 11" contre Orebro, à Skara, le 18 octobre 1981.

Le club canadien des Vernon Congars a marqué 5 buts en 56", à Vernon, le 6 août 1981.

Les Kamploop Knights de Columbus ont marqué 7 buts en 2'22" contre les Prince George Vikings le 25 janvier 1980.

Le plus grand nombre de points en un seul match *le plus de fois*

Le plus grand nombre de points marqués au cours d'un match de championnat professionnel en Amérique du Nord revient à **Jim Harrison** (né le 9 juillet 1947), avec **10 points** (3 buts et 7 assistances), lors d'un match de la W.H.A. à Toronto, le 30 janvier 1973, et à **Darryl Sittler** (né le 18 septembre 1950), 10 points également (6 buts, 4 assistances), pour les Toronto Maple Leafs, lors d'un match de la N.H.L. à Toronto, le 7 février 1976.

Gardien de but *le plus longtemps invaincu*

Le plus grand nombre de matches joués par un gardien de but sans laisser passer un seul but est 103. Record établi par **Terrance « Terry » Gordon Sawchuck** (né le 28 décembre 1929), au bénéfice des Detroit Red Wings, des Boston Bruins, des Toronto Maple Leafs, des Los Angeles Kings et des New York Rangers, entre 1950 et 1967. Gerry Cheevers (né le 2 décembre 1940), des Boston Bruins, a atteint le record de 33 matches sans défaites (1971-1972).

Joueur *le plus rapide*

La vitesse la plus élevée atteinte par un joueur est de **47,7 km/h,** record établi par **Bobby Hull.** La plus grande vitesse imprimée au palet est également attribuée à Hull qui, avec sa frappe de gaucher, l'aurait lancé à une vitesse atteignant 190,3 km/h.

Match *le plus long*

Le plus long match enregistré à ce jour a duré **2 h 56'30"** (temps de jeu), lorsque les Detroit Red Wings ont battu les Montreal Maroons 1 à 0 à la sixième prolongation, au Forum de Montréal, le 25 mars 1936.

Championnat de France

Le championnat de France de hockey sur glace a été créé en 1904.

En 64 éditions, **Chamonix** a remporté **30 titres.**

HOCKEY SUR ROULETTES

Voir patinage à roulettes.

JEU A XIII

Origines

La Rugby League a été créée le 29 août 1895 au George Hotel de Huddersfield par suite de la séparation de 22 clubs du Lancashire et du Yorkshire de la Rugby Union (rugby à XV). La cause de cette rupture était principalement le désir des joueurs de toucher des indemnités pour compenser la perte de salaire que provoquait la pratique du rugby. Mais la Northern Union n'embrassa pas le professionnalisme avant 1898. La réduction du nombre des joueurs, de 15 à 13, n'intervint pas avant 1906.

Le jeu à XIII a été introduit en France par l'ancien international de rugby à XV Jean Gallia (1905-1949). La Fédération française de jeu à XIII a été créée en 1934 et le championnat de France et la coupe de France sont disputés depuis 1935.

Il y avait en 1980 en France 24 392 licenciés, dont 104 femmes, répartis dans 303 clubs.

PALMARES DE LA COUPE DE FRANCE DE JEU A XIII

1935	Lyon-Villeurbanne b. XIII Catalan	22- 7
1936	Côte basque XIII b. Villeneuve	15- 8
1937	Villeneuve b. XIII Catalan	12- 6
1938	Roanne b. Villeuneuve	36-12
1939	XIII Catalan b. Toulouse	7- 3
1945	XIII Catalan b. Carcassonne	23-14
1946	Carcassonne b. XIII Catatalan	27- 7
1947	Carcassonne b. Avignon	24- 5
1948	Marseille b. Carcassonne	5- 4
1949	Marseille b. Carcassonne	12- 9
1950	XIII Catalan b. Lyon	12- 5
1951	Carcassonne b. Lyon	22-10
1952	Carcassonne b. XIII Cataln	28- 9
1953	Lyon b. Villeneuve	9- 8
1954	Lyon b. XIII Catalan	17-15
1955	Avignon b. Marseille	18-10
1956	Avignon b. Bordeaux	16- 8
1957	Marseille b. XIII Catalan	11- 0
1958	Villeneuve b. Avignon	20- 8
1959	XIII Catalan b. Avignon	7- 0
1960	Lézignan b. Carcassonne	7- 4
1961	Carcassonne b. Lézignan	7- 2
1962	Roanne b. Toulouse	16-10
1963	Carcassonne b. Toulouse	5- 0
1964	Villeneuve b. Toulouse	10- 2
1965	Marseille b. Carcassonne	13- 8
1966	Lézignan b. Villeneuve	22- 7
1967	Carcassonne b. XIII Catalan	10- 4
1968	Carcassonne b. Toulouse	9- 2
1969	XIII Catalan b. Villeneuve	15- 8
1970	Lézignan b. Villeneuve	14- 8
1971	Marseille b. Lézignan	17- 2
1972	St-Estève b. Villeneuve	12- 5
1973	St-Gaudens b. Carcassonne	22- 8
1974	Albi b. Lézignan	22-11
1975	Pia b. Marseille	9- 4
1976	XIII Catalan b. Toulouse	23- 8
1977	Carcassonne b. XIII Catalan	21-16
1978	XIII Catalan b. Lézignan	18- 7
1979	XIII Catalan b. Toulouse	23- 8
1980	XIII Catalan b. Carcassonne	18- 8
1981	Titre non attribué	
1982	Avignon b. Carcassonne	18-12
1983	Carcassonne b. XIII Catalan	10- 3

Coupe du monde *le plus de titres*

La Coupe du monde de jeu à XIII s'est déroulée à 7 reprises. **L'Australie** l'a remportée **4 fois** (1957, 1968, 1970, 1977). Elle a aussi remporté le championnat international en 1975.

SCORES PAR ÉQUIPES

Coupe du monde *score le plus élevé*

Le score total le plus élevé enregistré dans un match de Coupe du monde est de **72 points**, à l'occasion de la victoire de la **Grande-Bretagne** sur la Nouvelle-Zélande (53 à 19), le 4 novembre 1972, au stade du Hameau, à Pau (France).

Championnat ou Coupe *score le plus élevé*

En match de niveau national, le record est de **121 points** : c'est la victoire de Huddersfield sur les Swinton Park Rangers par 119 points (19 buts, 27 essais) à 2 (1 but), le 28 février 1914.

Championnat de France *score le plus élevé*

Le score le plus élevé enregistré dans un match du championnat de France a été acquis le 29 mars 1981 lorsque **Villeneuve** a battu Carpentras par **101 points à 0.** Après 23 essais marqués, dont 16 furent transformés, l'arbitre arrêta la partie à la 72e minute de la rencontre.

SCORES INDIVIDUELS

Sur une saison *le plus élevé*

Le record des points marqués en une saison est de **496** (194 buts, 36 essais), par l'Anglais **Benjamin Lewis Jones** (né le 11 avril 1931), pour Leeds, au cours de la saison 1956-1957. Il a marqué aussi 9 points dans un match amical, soit un total de 505 points.

Mais David Watkins (né le 5 mars 1942), pour Salford, a marqué 507 points, dont 14 points en matches amicaux, pendant la saison 1972-1973.

Points marqués à tous les matches *le plus grand nombre*

David Watkins a marqué des points à chaque match, pour Salford, sans interruption, pendant toutes les rencontres des saisons 1972-1973 et 1973-1974, soit pour 92 matches consécutifs, un total de **929 points,** dont 403 buts et 41 essais. Il détient aussi le record des buts marqués en une seule saison, avec 221, en 1972-1973.

Points marqués en match international *la totalité*

Alain Touchagues (né le 16 janvier 1958) est le seul joueur français à avoir marqué la totalité des points (20) de l'équipe de France espoirs qui a battu, le 5 décembre 1978, à Albi, l'équipe d'Australie,

JEU A XIII : LES PLUS HAUTS SCORES

Match	Points	Score
Grande-Bretagne-Australie (Test match)	62	Victoire de l'Australie par 50-12 (Swinton, 9 nov. 1963)
Grande-Bretagne-Nouvelle-Zélande (Test match)	72	Victoire de la Grande-Bretagne 52-20 (Wellington, 30 juillet 1910)
Grande-Bretagne-France (Test match)	65	Victoire de la Grande-Bretagne 50-15 (Leeds, 14 mars 1959)
Angleterre-Pays de Galles	73	Victoire de l'Angleterre 60-13 (Saint-Helens, 28 mai 1978)
Angleterre-France	55	Victoire de la France 42-13 (Marseille, 25 novembre 1951)
Angleterre-Autres nationalités	61	Victoire de l'Angleterre 34-27 (Workington), 30 mars 1933
Pays de Galles-France	50	Victoire de la France 29-21 (Bordeaux, 23 novembre 1947)
Pays de Galles-Autres nationalités	48	Victoire autres nationalités 27-21 (Swansea, 31 mars 1951)
Australie-Angleterre	76	Victoire de l'Australie 63-13 (Paris, 31 décembre 1933)
Australie-Pays de Galles (Test-match)	70	Victoire de l'Australie 51-19 (Wembley, 30 décembre 1933)
Australie-France (Test match)	62	Victoire de l'Australie 56-6 (Brisbane, 2 juillet 1960)
Australie-Nouvelle-Zélande	74	Victoire de la Nouvelle-Zélande 49-25 (Brisbane, 28 juin 1952)
Australie-Afrique du Sud	75	Victoire de l'Australie 54-21 (Sydney, 27 juillet 1963)
Nouvelle-Zélande-France (Test match)	53	Victoire de la France 31-22 (Lyon, 15 janvier 1956)

championne du monde. Touchagues a réussi 10 buts sur 11 pour sa première rencontre internationale.

Points marqués en match international *le plus grand nombre*
Jim Sullivan (1903-1977), 60 fois international pour Galles et la Grande-Bretagne, a marqué avec **329 points** le plus grand nombre de points dans une carrière internationale. Il détient aussi avec 160 le record du plus grand nombre de buts marqués en matches internationaux.
Mick Sullivan (né le 12 janvier 1934), 51 fois international pour l'Angleterre et la Grande-Bretagne, détient avec 45 le record du nombre des essais marqués en matches internationaux.

Points marqués en tournée *le plus grand nombre*
Au cours de la tournée du XIII de France en Australie en 1951, le Français **Puig Aubert** a réussi **361 points.**

Sur une carrière *le plus de points*
L'Anglais **Neil Fox,** a marqué **6 220 points** (2575 buts, 358 essais, 4 drop goals) dans le championnat britannique de jeu à XIII du 10 avril 1956 à la fin de la saison 1979-1980.

Essais *le plus grand nombre dans une carrière et sur une saison*
L'Australien **Brian Bevan** (né le 24 avril 1924), trois-quarts aile, a marqué 796 essais en 18 saisons, de 1946 à 1964, 16 saisons avec Warrington et 2 avec Blackpool Borough.

PALMARÈS DU CHAMPIONNAT DE FRANCE DE JEU A XIII
(TROPHEE MAX-ROUSIE)

1935	Villeneuve aux points	
1936	XIII Catalan b. Bordeaux	25-14
1937	Bordeaux b. Lyon	23-10
1938	Albi b. Villeneuve	8- 5
1939	Roanne b. Villeneuve	9- 0
1945	Carcassonne b. XIII Catalan	14- 8
1946	Carcassonne b. Toulouse	12- 0
1947	Roanne b. Carcassonne	19- 0
1948	Roanne b. Carcassonne	3- 2
1949	Marseille b. Carcassonne	12- 5
1950	Carcassonne b. Marseille	21- 7
1951	Lyon b. XIII Catalan	15-10
1952	Carcassonne b. Marseille	18- 6
1953	Carcassonne b. Lyon	19-12
1954	Bordeaux b. Marseille	7- 4
1955	Lyon b. Carcassonne	7- 6
1956	Albi b. Carcassonne	13- 5
1957	XIII Catalan b. Avignon	14- 9
1958	Albi b. Carcassonne	8- 6
1959	Villeneuve b. Lézignan	24-16
1960	Roanne b. Albi	31-24
1961	Lézignan b. Roanne	7- 4
1962	Albi b. Villeneuve	14- 7
1963	Lézignan b. St-Gaudens	20-13
1964	Villeneuve b. Toulouse	4- 3
1965	Toulouse b. Villeneuve	47-15
1966	Carcassonne b. St-Gaudens	47-20
1967	Carcassonne b. St-Gaudens	39-15
1968	Limoux b. Carcassonne	13-12
1969	XIII Catalan b. St-Gaudens	12-11
1970	St-Gaudens b. XIII Catalan	32-10
1971	St-Estève b. St-Gaudens	13- 4
1972	Carcassonne b. St-Gaudens	21- 9
1973	Toulouse b. Marseille	18- 0
1974	St-Gaudens b. Villeneuve	21- 8
1975	Toulouse b. St-Estève	10- 9
1976	Carcassonne b. Lézignan	14- 6
1977	Albi b. Carcassonne	18-10
1978	Lézignan b. XIII Catalan	3- 0
1979	XIII Catalan b. Carcassonne	17- 2
1980	Villeneuve b. St-Estève	12- 7
1981	Titre non attribué	
1982	XIII Catalan b. St-Estève	21- 8
1983	XIII Catalan b. Villeneuve	10- 8

Buts *le plus grand nombre dans une saison*
David Watkins a marqué **221 buts** pendant la saison 1972-1973.

Buts *le plus grand nombre dans une carrière*
L'Anglais **Jim Sullivan** a marqué **2 859 buts** pour Wigan de 1921 à 1946.

Endurance *le plus de matches consécutifs*
Keith Elwell a joué **239 matches consécutifs** pour Widnes de mai 1977 à septembre 1982.

Carrière *la plus longue*
Le Gallois **Augustus John « Gus » Risman** (né le 21 mars 1911) a joué son premier match pour Salford le 31 août 1929 et le dernier, 25 ans plus tard, le 27 décembre 1954, pour Batley.

Transferts *le plus élevé*
L'arrière anglais **George Fairbain** (né le 27 juillet 1954) a été transféré de Wigan à Hull le 7 juin 1981 pour une somme de **72 500 £.**

Assistance *la plus nombreuse*
102 569 personnes ont assisté à la finale de la coupe britannique entre Warrington et Halifax, le 5 mai 1954, à Bradford.

Recette *la plus forte*
La recette de la **finale de la Coupe d'Angleterre** qui s'est déroulée le 1er mai 1982 à Wembley entre Hull et Widnes s'est élevée à **684 515 £.**

Internationaux français *les plus titrés*
Aubert Puig, dit Puig Aubert (né le 24 mars 1925), a été 46 fois international de 1946 à 1956, ainsi que **Gilbert Benausse** (né le 21 janvier 1932), de 1951 (à l'âge de 19 ans) à 1964.

Champion de France *le plus de fois*
Puig Aubert a remporté **6 fois** le championnat de France, 5 fois avec Carcassonne (1945, 1946, 1950, 1952, 1953), 1 fois avec le XIII Catalan (1957).

Vainqueur de la coupe de France *le plus de fois*
Puig Aubert a remporté **5 fois** la Coupe de France, 4 fois avec Carcassonne (1946, 1947, 1951, 1952) et 1 fois avec le XIII Catalan (1959), année où le plus titré de tous les joueurs français abandonna la compétition.
Entre championnat et coupe, Puig Aubert a remporté 11 titres entre 1945 et 1959, réussissant 2 fois le doublé coupe-championnat, en 1946 et 1952. Il a été en 1952 le seul joueur à XIII jamais couronné « champion des champions », devant Louison Bobet.

Championnat de France *le plus de titres*
L'A.S. Carcassonne a remporté **9 titres** de champion de France (1945, 1946, 1950, 1952, 1953, 1966, 1967, 1972, 1976). Albi et le XIII Catalan ont remporté 5 titres, Villeneuve et Roanne, 4 titres.

Coupe de France *le plus de victoires*
L'A.S. Carcassonne (1946, 1947, 1951, 1952, 1961, 1963, 1967, 1968, 1977, 1983) a remporté **10 fois** la Coupe de France. Le XIII Catalan, vainqueur 3 fois consécutives (de 1978 à 1980), l'a emporté 9 fois.

Doublés coupe-championnat *le plus de fois*
Le doublé, victoire la même saison dans le championnat de France et en Coupe de France, a été réussi **3 fois par Carcassonne** (1946, 1952, 1967), 2 fois par le XIII Catalan (1969, 1979), une fois par Villeneuve (1964) et par Marseille (1949).

JEUX MONDIAUX

Les premiers jeux Mondiaux, réservés à des sports non olympiques, se sont déroulés du 24 juillet au 2 août 1981 à Santa Clara (Californie, U.S.A.). Ils se dérouleront tous les deux ans, les années impaires.

Ces premiers jeux Mondiaux ont réuni 1 400 athlètes, hommes et femmes, originaires de 58 pays, et qui s'affrontaient dans 16 disciplines : le badminton, le base-ball, le bowling, le casting (pêche), le culturisme, le fin swimming (nage avec palmes), le karaté, le patinage et le hockey sur roulettes, le power lifting (forme d'haltérophilie), le racquetball, le softball, le tae kwan-do (forme de karaté), le tir à la corde, le trampoline, le ski nautique et le water-polo féminin.
La France, représentée dans 5 disciplines (nage avec palmes, ski nautique, culturisme, bowling et karaté), a remporté 17 médailles au cours de ces Iers jeux Mondiaux : 7 d'or (4 en natation, 1 en ski, 1 en culturisme et 1 en bowling), 6 d'argent et 4 de bronze.

JEUX OLYMPIQUES

Note : ces records comprennent les Jeux non numérotés qui se sont déroulés à Athènes en 1906.

Origines

Les premiers récits connus concernant les jeux Olympiques de l'Antiquité nous parlent de ceux de l'an 776 av. J.-C., où Coroibos, un cuisinier d'Elis, remporta la course à pied, mais leur origine remonte aux environs de 1370 av. J.-C. L'empereur romain Théodose Ier le Grand (env. 346-395) mit un terme aux Jeux antiques par un décret publié à Milan en l'an 393. A l'initiative de Pierre de Fredi, baron de Coubertin (1863-1937), les jeux Olympiques modernes ont été inaugurés à Athènes le 6 avril 1896.
On trouvera ci-dessous un tableau récapitulatif des dates et des lieux des Jeux modernes, tels qu'ils ont été votés par le Comité olympique international (C.I.O.). Les dates indiquent la période des compétitions olympiques proprement dites, à l'exclusion des éliminatoires. La première date n'est pas nécessairement celle de la cérémonie d'ouverture.
Les jeux Olympiques d'hiver dissociés (il y avait eu des épreuves de patin à glace en 1908 et 1920, et de hockey sur glace en 1920) ont été inaugurés en 1924 et organisés comme l'indique le tableau ci-dessous.

Médailles d'or individuelles *le plus grand nombre*
Les vainqueurs des jeux Olympiques antiques recevaient une couronne de feuilles d'olivier sauvage, et Léonidas de Rhodes remporta 12 titres en course de 164 à 152 av. J.-C. Mais aux Jeux modernes, le record du nombre de médailles d'or individuelles remportées par un homme – 10 – appartient à l'Américain **Raymond Clarence Ewry** (1874-1937) *(voir Athlétisme)*. Chez les femmes, ce record est de 7 et appartient à la Tchécoslovaque **Vera Caslavska-Odlozil** *(voir Gymnastique)*.
Le seul champion olympique à avoir gagné 4 titres individuels consécutifs dans la même discipline est le lanceur de disque américain Alfred A. Oerter (né le 19 septembre 1936), tenant du titre de 1956 à 1968.
Le Danois Paul Elvstroem (né le 25 février 1928) a lui aussi remporté 4 médailles dans quatre Jeux successifs, mais dans des catégories différentes (luciole en 1948, finn en 1952, 1956, 1960). Elvstroem se classa encore 13e aux Jeux de Munich, en 1972.
Le seul homme à avoir gagné 1 médaille d'or à la fois aux Jeux d'été et d'hiver est l'Américain Edward F. Eagan (1898-1967), vainqueur du titre de boxe mi-lourds en 1920 et membre de l'équipe gagnante de bob à quatre en 1932.
En tenant compte des victoires par équipes, la gymnaste soviétique Larissa Latinina (née le 27 décembre 1934) a remporté 9 médailles d'or, 5 d'argent et 4 de bronze, soit 18 médailles au total *(voir Gymnastique)*.
Le nageur américain Mark Andrew Spitz (né le 10 février 1950) a remporté 7 médailles d'or en 7 compétitions (4 individuelle, 3 par équipes) sur 8 jours aux Jeux de Munich, en 1972. En 1968, il avait remporté 2 autres titres par équipes.
Le patineur américain Éric Heiden (né le 14 juin 1958) a remporté toutes les épreuves de patinage de vitesse, soit 5 médailles d'or, aux Jeux de Lake Placid, en 1980. Il est le seul à avoir enlevé 5 médailles d'or individuelles au cours des mêmes Jeux. Spitz, Nurmi n'en ont remporté que 4, Ewry, Latinina, Caslavska, Sailer et Killy, 3.
Le gymnaste soviétique Alexandre Ditiatine a remporté 8 médailles (3 d'or, 4 d'argent, 1 de bronze) dans les 8 épreuves (dont 1 par équipes) des Jeux de Moscou, en 1980. C'est le plus grand nombre de médailles jamais obtenu en une seule compétition olympique *(voir Gymnastique)*.

Médailles françaises *le plus grand nombre*
Le cycliste **Daniel Morelon** (né le 28 juillet 1944) est le seul compétiteur français à avoir conquis **4 médailles** dans la même discipline au cours de 4 Jeux successifs : médaille de bronze en vitesse, en 1964, il a été médaille d'or en 1968 et 1972, et médaille d'argent en 1976. Morelon a aussi été médaille d'or du tandem (1968), ce qui porte à 5 le total de ses médailles individuelles.
Le seul compétiteur français à avoir remporté 6 médailles individuelles aux jeux Olympiques est le tennisman **Max Decugis** (1882-1978), si l'on considère comme médailles individuelles celles obtenues en double.
Le seul compétiteur français qui ait remporté 5 médailles à titre individuel est le cycliste Daniel Morelon (né le 28 juillet 1944), champion olympique de vitesse en 1968 et 1972, de tandem en 1968, soit 3 médailles d'or, médaille d'argent de vitesse en 1976, de bronze en 1964.
L'escrimeur **Roger Ducret** (1888-1962) est le seul compétiteur français à avoir obtenu 5 médailles au cours des mêmes Jeux. A Paris, en 1924, il fut médaille d'or au fleuret individuel et par équipes, médaille d'or à l'épée par équipes, médaille d'argent à l'épée et au sabre individuels. Roger Ducret fut encore médaille d'argent au fleuret par équipes en 1920 et 1928, médaille de bronze au fleuret individuel et à l'épée par équipes en 1920. Avec 9 médailles, dont 4 à titre individuel, Ducret est le compétiteur français qui a obtenu le plus grand nombre de médailles olympiques.
Le skieur **Jean-Claude Killy** (né le 30 août 1943) est le seul compétiteur français à avoir remporté 3 médailles d'or individuelles au cours des mêmes Jeux, descente, géant et slalom en 1968, à Grenoble.
Micheline Ostermeyer (née le 24-12-1922) est la seule Française à avoir remporté 3 médailles au cours de ces Jeux, or aux lancers du poids et du disque, bronze au saut en hauteur en 1948, à Londres.
La patineuse **Andrée Joly-Brunet** (née en 1905) a aussi remporté 3 médailles en patinage artistique

par couples avec André Brunet, 2 médailles d'or (1928 et 1932) et une médaille de bronze en 1924.

Médailles *le plus grand nombre par pays*

On trouvera ci-dessous un tableau récapitulatif des trois pays ayant gagné le plus de médailles d'or, d'argent et de bronze sur l'ensemble des épreuves olympiques (y compris les épreuves qui n'existent plus ou qui n'ont eu lieu que rarement) aux Jeux d'été (1896-1980) et d'hiver (1924-1980).

Pays	Or	Argent	Bronze	Total
1. États-Unis	660 (1)	511	444	1 615
2. U.R.S.S. (Russie)	402	330	296	1 028
3. G.-B.	169	205	186	560

1) L'AAU (U.S.A.) a réintégré James Francis Thorpe (1888-1953), vainqueur du décathlon et du pentathlon en 1912, le 12 octobre 1973, et sa médaille olympique a été remise à ses enfants en janvier 1983.

Vainqueur *le plus jeune et le plus âgé*

Le plus jeune vainqueur est un garçon français (dont le nom est oublié) qui barra le double néerlandais en 1900. Il n'avait sûrement pas plus de 10 ans, peut-être pas 7. Il remplaçait Hermanus Brockman, qui avait participé aux éliminatoires mais s'était révélé trop lourd.

Le Suédois **Oscar Swahn** faisait partie de l'équipe gagnante de tir sur cerf courant en 1912 à l'âge de **64 ans 258 jours.** Il avait 80 ans lorsqu'il obtint la médaille d'argent en 1928.

Chez les femmes, l'Américaine **Marjorie Gestring** (née le 18 novembre 1922, maintenant Mrs Bowman) a remporté le titre féminin de plongeon au tremplin en 1936 à **13 ans 267 jours.**

Médaillés français *les plus jeunes et les plus âgés*

Le plus jeune médaillé français dont on soit certain de l'âge est le rameur **Noël Vandernotte,** qui avait **12 ans et 9 mois** lorsqu'il gagna en 1936, à Berlin, les médailles de bronze des deux et quatre de pointe dont il était le barreur. Il fut médaillé olympique en quatre de pointe avec un équipage qui comptait deux de ses oncles, Marcel et Fernand Vandernotte, ce qui constitue un autre record, celui des 3 membres d'une même famille médaillés olympiques

PARTICIPATION AUX JEUX OLYMPIQUES D'HIVER

	Lieux et dates	Nations	Total concurrents	Dont femmes	Sports	Épreuves
I	1924 Chamonix (25 janvier-4 février)	16	301	13	4	14
II	1928 Saint-Moritz (11 au 19 février)	25	363	27	5	13
III	1932 Lake Placid (4-15 février)	17	278	21	4	14
IV	1936 Garmisch Partenkirchen (6-16 février)	28	756	81	4	17
V	1940 Sapporo (non célébrés)	–	–	–	–	–
VI	1944 Cortina d'Ampezzo (non célébrés)	–	–	–	–	–
VII	1948 Saint-Moritz (30 janvier-8 février)	28	878	77	5	22
VIII	1952 Oslo (14-28 février)	30	732	108	4	22
IX	1956 Cortina d'Ampezzo (26 janvier-5 février)	32	923	146	4	24
X	1960 Squaw Valley (18-28 février)	30	648	146	4	27
XI	1964 Innsbruck (29 janvier-9 février)	36	758	175	6	34
XII	1968 Grenoble (6-18 février)	37	1 065	228	6	35
XIII	1972 Sapporo (3-13 février)	36	912	217	6	35
XIV	1976 Innsbruck (4-15 février)	37	1 040	276	6	37
XV	1980 Lake Placid (13-24 février)	36			6	38
XVI	1984 Sarajevo (8-19 février)					
XVII	1988 Calgary (23 février-6 mars)					

PARTICIPATION AUX JEUX OLYMPIQUES D'ÉTÉ

	Lieux et dates	Nations	Total concurrents	Dont femmes	Sports	Épreuves
I	1896 Athènes (6-15 avril)	13	285	0	8	43
II	1900 Paris (20 mai-26 octobre)	20	1 066	6	9	56
III	1904 Saint-Louis (1er juillet-22 novembre)	11	554	0	9	73
IV	1908 Londres 27 avril-31 octobre)	22	2 059	21	23	109
V	1912 Stockholm (5 mai-22 juillet)	28	2 541	57	16	107
VI	1916 Berlin (non célébrés)	–	–	–	–	–
VII	1920 Anvers (20 avril-12 septembre)	29	2 608	63	22	158
VIII	1924 Paris (4 mai-27 juillet)	44	3 075	126	19	131
IX	1928 Amsterdam (17 mai-12 août)	46	3 292	263	16	122
X	1932 Los Angeles (30 juillet-14 août)	40	1 503	35	17	126
XI	1936 Berlin (1er-16 août)	49	3 959	328	21	142
XII	1940 Tokyo (annulés)	–	–	–	–	–
	Helsinki (non célébrés)	–	–	–	–	–
XIII	1944 Londres (non célébrés)	–	–	–	–	–
XIV	1948 Londres (29 juillet-14 aoû)	59	4 106	385	18	138
XV	1952 Helsinki (19 juillet-3 août)	69	4 925	518	18	149
XVI	1956 Stockholm (10-17 juin)	29	164	16	1	3
	Melbourne (22 novembre-8 décembre)	67	3 184	371	19	148
XVII	1960 Rome (25 août-11 septembre)	84	5 337	537	19	150
XVIII	1964 Tokyo (10-24 octobre)	94	5 558	732	21	183
XIX	1968 Mexico (12-27 octobre)	113	6 059	844	18	172
XX	1972 Munich (26 août-11 septembre)	122	6 659	1 171	21	195
XXI	1976 Montréal (17 juillet-1er août)	88	6 152	1 260	21	198
XXII	1980 Moscou (19 juillet-3 août)	80	5 503		21	203
XXIII	1984 Los Angeles (28 juillet-12 août)				21	220
XXIV	1988 Séoul (20 septembre-5 octobre)					

dans la même compétition. On a pendant longtemps tenu pour plus jeune vainqueur au jeux Olympiques de tous les temps le barreur du deux barré français aux Jeux d'Helsinki en 1952, Bernard Malivoire, qui aurait été alors âgé de 12 ans.
La doyenne des champions olympiques français est **Marguerite Bordes-Broquedis** (née en 1892), championne olympique de tennis (simple dames) en 1912 à Stockholm.

Participants *les plus tenaces*

Le Danois **Ivan Osiier** (1888-1965) a concouru aux jeux Olympiques en escrime de 1908 à 1932 et en 1948, soit un écart de 40 années entre sa première et sa dernière apparition. La même performance a été réalisée par le Norvégien **Magnus Konow** (1887-1972) qui a concouru en yachting aux Jeux de 1908 à 1920, en 1936 et en 1948.
Raimondo d'Inzeo (né le 8 février 1925) a représenté l'Italie 8 fois en sports équestres aux jeux Olympiques, de 1948 à 1976, en remportant une médaille d'or (1960) 2 d'argent et 3 de bronze.
Chez les femmes, l'escrimeuse autrichienne **Ellen Müller-Preis** (née le 6 mai 1912) est restée 24 ans sur la scène olympique, de 1932 à 1956.
L'escrimeuse américaine Janice Lee York Romary (née le 6 août 1928) a participé à 6 Jeux consécutifs de 1948 à 1968, tout comme l'athlète roumaine Lia Manoliu (née le 25 avril 1932), de 1952 à 1972, médaille d'or du lancer du disque en 1968, médaille d'argent en 1960 et en 1964.

Fidélité *le plus grand nombre de participants d'une même famille*

Le Norvégien **Bertil Tallberg** était capitaine du yacht de 8 mètres, médaille de bronze aux Jeux de 1912. Un de ses fils, Georg Tallberg, était membre de l'équipe d'équitation finlandaise aux Jeux de 1936. Un autre de ses fils, Hendrick Tallberg, représentait la Finlande dans les régates olympiques aux Jeux de 1964 et 1968. Le troisième de ses fils, Johan Tallberg, participa aux régates des Jeux de 1972. Son petit-fils, Peter Tallberg, défendait les couleurs de la Finlande dans les régates des Jeux de 1980, en compagnie de Mathias Tallberg, fils de ce dernier, et donc arrière-petit-fils de ce vaillant chef de famille olympique que fut Bertil.
Cette série se termine enfin avec Georg-Bertil Tallberg, médaille de bronze en 470 aux Jeux de 1980, cousin germain de Peter, et donc petit-neveu de l'ancêtre.

Pays et participants *le plus grand et le plus petit nombre*

7 147 concurrents ont participé **en 1972** aux jeux Olympiques de Munich, où 122 pays étaient représentés, tandis qu'**en 1896** il n'y avait que **311 concurrents** représentant 13 pays.
En 1904, 12 pays seulement ont participé aux Jeux.
C'est la France qui a engagé l'équipe la plus nombreuse – 880 hommes et 4 femmes – aux Jeux de 1900 à Paris.

Pays *les plus fidèles*

4 pays ont toujours été présents aux 20 célébrations des jeux Olympiques : l'**Australie, la Grèce, la Grande-Bretagne et la Suisse.**

NATIONS AYANT REMPORTÉ LE PLUS DE MÉDAILLES AUX JEUX OLYMPIQUES

Année	Ville	Été	Hiver	Nations
1896	Athènes	x		États-Unis
1900	Paris	x		États-Unis
1904	Saint-Louis	x		États-Unis
1908	Londres	x		États-Unis
1912	Stockholm	x		États-Unis
1920	Anvers	x		États-Unis
1924	Paris	x		États-Unis
	Chamonix		x	Norvège
1928	Amsterdam	x		États-Unis
	Saint-Moritz		x	Norvège
1932	Los Angeles	x		États-Unis
	Lake Placid		x	États-Unis
1936	Berlin	x		Allemagne
	Garmisch-Partenkirchen		x	Norvège
1948	Londres	x		États-Unis
	Saint-Moritz		x	Suède
1952	Helsinki	x		États-Unis
	Oslo	x	x	Norvège
1956	Melbourne	x		U.R.S.S.
	Cortina d'Ampezzo		x	U.R.S.S.
1960	Rome	x		U.R.S.S.
	Squaw Valley		x	U.R.S.S.
1964	Tokyo	x		États-Unis
	Innsbruck		x	U.R.S.S.
1968	Mexico	x		États-Unis
	Grenoble		x	Norvège
1972	Munich	x		U.R.S.S.
	Sapporo		x	U.R.S.S.
1976	Montréal	x		U.R.S.S.
	Innsbruck		x	U.R.R.S.
1980	Moscou	x		U.R.S.S.
	Lake Placid		x	R.D.A. (1)

(1) La R.D.A. l'emporte avec 23 médailles devant l'U.R.S.S., 22 et les États-Unis, 11.

NOMBRE DE MÉDAILLES PAR NATION AUX JEUX OLYMPIQUES DE MOSCOU 1980

Pays	Or	Argent	Bronze	Total
U.R.S.S.	80	69	46	195
R.D.A.	47	37	41	125
Bulgarie	8	16	16	40
Cuba	8	7	5	20
Italie	8	3	4	15
Hongrie	7	10	15	32
Roumanie	6	6	13	25
France	6	5	3	14
Grande-Bretagne	5	7	9	21
Suède	3	3	6	12
Finlande	3	1	4	8
Pologne	3	14	15	32
Tchécoslovaquie	2	3	9	14
Yougoslavie	2	3	4	9
Australie	2	2	5	9
Danemark	2	1	2	5
Brésil	2	0	2	4
Éthiopie	2	0	2	4
Suisse	2	0	0	2
Espagne	1	3	2	6
Autriche	1	2	1	4
Grèce	1	0	2	3
Belgique	1	0	0	1
Inde	1	0	0	1
Zimbabwe	1	0	0	1
Corée du Nord	0	3	2	5
Mongolie	0	2	2	4
Tanzanie	0	2	0	2
Mexique	0	1	3	4
Pays-Bas	0	1	2	3
Irlande	0	1	1	2
Ouganda	0	1	0	1
Venezuela	0	1	0	1
Jamaïque	0	0	3	3
Liban	0	0	1	1
Guyane	0	0	1	1
Total	204	204	221	629

Public *le plus nombreux*
150 000 personnes ont assisté au saut à skis en 1952 au Holmenkollen, non loin d'Oslo, en Norvège, et de 500 000 à 1 500 000 personnes auraient assisté au marathon de Tokyo, au Japon, le 21 octobre 1964.

JUDO

Origines
Le judo est un sport de combat moderne qui s'est développé à partir de différents arts de combat en honneur dans l'ancien Japon d'avant l'ère chrétienne, et dont le plus connu est le jiu-jitsu, lui-même sans doute d'origine chinoise. Le judo a connu un grand essor depuis 1882, date à laquelle il a été élaboré par le Dr Jigoro Kano (1860-1938). Créée en 1951, la Fédération internationale de judo (I.J.F.) regroupe 110 pays.

Titres mondiaux et olympiques *le plus grand nombre*
Les championnats du monde ont été inaugurés à Tokyo le 5 mai 1956. 2 hommes ont remporté 4 titres mondiaux : le Hollandais **Wilhelm Ruska** (né le 29 août 1940) en 1967 et 1971 (poids lourds) et en 1972 (poids lourds et toutes catégories aux jeux Olympiques de Munich) et le Japonais **Shojo Fujii** (né le 12 mai 1950) en 1971, 1973, 1975 et 1979 (poids moyens).

Judokas français *premiers champions du monde et champions olympiques*
Le premier Français champion du monde de judo a été en 1975 **Jean-Luc Rougé** (né le 30 mai 1949), dans la catégorie des mi-lourds, et le premier Français champion olympique **Angelo Parisi** (né le 3 janvier 1953), aux Jeux de Moscou, en 1980, dans la catégorie des poids lourds.
Thierry Rey (né le 1er juin 1959) a, lui aussi, été champion olympique à Moscou (super-légers).

Championnats du monde féminins *le plus de titres*
Les premiers championnats du monde féminins se sont déroulés à New York (U.S.A.) en décembre 1980. Avec 7 participantes, la France a été la grande triomphatrice de cette épreuve en enlevant 8 médailles : 3 d'argent, 4 de bronze et 1 d'or pour **Jocelyne Triadou** (moins de 72 kg).
Aux seconds championnats du monde, en décembre 1982 à Paris, les Françaises ont obtenu 8 médailles, dont 4 titres mondiaux : Béatrice Rodriguez (56 kg), Martine Rottier (61 kg), Brigitte Deydier (66 kg) et Natalina Lupino (+ 72 kg).

Championnats d'Europe *le plus de titres*
La France est la seule nation à avoir enlevé tous les titres d'un championnat d'Europe (créé en 1951).

Lors de ces championnats de 1951, organisés à Paris, les judokas français enlevèrent les 6 titres mis en jeu : Dupré (ceinture marron), Pariset (1er dan), Cauquil (2e dan), de Herdt (3e dan et toutes catégories), plus le titre par équipes.
Seules la Grande-Bretagne (1957-1959) et l'U.R.S.S. (1972-1974) ont remporté 3 fois consécutivement le titre par équipes.
Le Hollandais Anton Geesink a remporté 7 fois le titre de champion d'Europe toutes catégories (1953, 1954, 1957, 1958, 1959, 1960 et 1961). Il ne fut battu dans cette épreuve que par le Français Bernard Pariset (né le 21 décembre 1929), en 1955.
L'équipe de France a enlevé en 1982 son 10e titre de championne d'Europe par équipes.

Championnat d'Europe *titres des judokas françaises*
Comme chez les hommes, les judokas françaises ont établi lors des premiers championnats d'Europe de judo féminin, créés en 1975, le record des médailles pour une nation, 8 médailles : 5 médailles d'or pour **Christine Herzog** (52 kg), Martine Rottier (61 kg), Paulette Fouillet (66 kg), Catherine Pierre (72 kg et toutes catégories) et 3 médailles d'argent pour Sylvie Lecoq (48 kg), Josselyne Triadou (66 kg) et Paulette Fouillet (toutes catégories).
Paulette Fouillet et Dominique Pierre (née en 1957) ont remporté 3 titres individuels aux championnats d'Europe féminins.
Jocelyne Triadou a obtenu en 1982 son 5e titre européen consécutif (moins de 72 kg).

Le Français Thierry Rey, champion du monde (1979) et champion olympique (1980) dans la catégorie des super-légers.

Championnats d'Europe *titres masculins français*
Jean de Herdt (né en 1923) a remporté 4 titres européens (2 en 1951, 1952, 1955), avant les championnats par catégories de poids. Ce total de 4 titres a été égalé par **André Bourreau** (1962-1965) et par **Jean-Luc Rougé** (1973, 1977, 1979, 1980), tous deux en mi-lourds. Ont conquis 3 titres européens : Henri Courtine (1958, 1959, 1962), Bernard Pariset (1951, 1954, 1955), Lionel Grossain (1959, 1962, 1964) et Jean-Pierre Dessailly (1960, 1961, 1962) avant les championnats par catégories de poids. Ont aussi depuis conquis 3 titres européens : Jean-Jacques Mounier (1970-1972), en léger, Jean-Paul Coche (1972, 1974, 1976).

Championnats de France *titres les plus nombreux*

Jean de Herdt a été **9 fois** champion de France, de 1943 (année de leur création) à 1947 et de 1949 à 1951 en toutes catégories. Henry Courtine a remporté 3 fois ce titre (1954, 1956, 1958).

Grades *les plus hauts*

Au judo, les grades se divisent en élèves *(kyu)* et maîtres *(dan)*. Le plus haut degré est la ceinture rouge ou *Judan* (10e dan) attribuée à ce jour à 7 hommes. Le plus haut degré accordé à une femme est le 6e dan obtenu par 3 Japonaises. Le protocole du judo prévoit un 11e dan *(Juichidan)* également symbolisé par une ceinture rouge, un 12e dan *(Junidan)* symbolisé par une ceinture blanche deux fois plus large que la normale, et enfin, le ***Shihan,*** le plus élevé de tous ; mais aucun d'eux n'a jamais été attribué.

Grade français *le plus haut*

Le grade le plus élevé conféré en 1980 à un judoka français en activité est le **6e dan,** porté par le seul **Jean-Luc Rougé** (ceinture rouge et blanc).

Grade français *le plus jeune*

Jean-Marie Le Sonn (né le 3 février 1965) a été ceinture noire le 24 février 1980, à l'âge de **15 ans et 21 jours.**

Marathon

Les 6 judokas du **Wanganin Judo Club** (Nouvelle-Zélande), se relayant toutes les 5 mn, ont combattu **216 heures,** du 29 août au 7 septembre 1980.

CLASSEMENT DES FRANÇAIS AUX CHAMPIONNATS DU MONDE DE JUDO

Année	Ville	Toutes catégories	Lourds (plus de 95 kg)	Mi-lourds (moins de 95 kg)	Moyens (moins de 86 kg)	Mi-moyens (moins de 78 kg)	Légers (moins de 71 kg)	Mi-légers (moins de 65 kg)	Super-légers (moins de 60 kg)
1956	Tokyo (Japon)	Robert Courtine 4e							
1958	Tokyo (Japon)	Bernard Pariset 4e							
1961	Paris (France)								
1964	Tokyo (J.O.) (Japon)								
1965	Rio de Janeiro (Brésil)						André Bourreau 5e		
1967	Salt Lake City (U.S.A.)				Patrick Clément 5e		Serge Feist 5e Meslaye 5e		
1968	Mexico (J.O.) (Mexique)								
1969	Mexico (Mexique)	Jean-Luc Rougé 5e		Jean-Luc Rougé 5e	Jean-Paul Coche 5e		Serge Feist 5e		
1971	Ludwigshafen (R.F.A.)				Guy Auffray 3e (1)				
1972	Munich (J.O.) (R.F.A.)	Jean-Claude Brondani 3e (2) Bernard Parisi 3e (3)	Jean-Claude Brondani 5e		Jean-Paul Coche 3e		Jean-Jacques Mounier 3e		
1973	Lausanne (Suisse)	Jean-Luc Rougé 5e	Berthet 5e			Patrick Vial 5e	Michel Algisi 5e Jean-Jacques Mounier 5e		
1975	Vienne (Autriche)		Berthet 5e	Jean-Luc Rougé 1er (4)	Jean-Paul Coche 3e				
1976	Montréal (J.O.) (Canada)					Patrick Vial 3e			
1979	Paris (France)	Jean-Luc Rougé 3e	Jean-Luc Rougé 2e		Michel Sanchis 2e	Bernard Tchoullouyan 2e	Christian Dyot 5e	Yves Delvingt 2e	Thierry Rey 1er
1980	Moscou (J.O.) (U.R.S.S.)	Angelo Parisi 2e	Angelo Parisi 1er (5)			Bernard Tchoullouyan 3e			Thierry Rey 1er
1981	Maastricht (Pays-Bas)			Roger Vachon 3e	Bernard Tchoullouyan 1er		Serge Dyot 2e	Thierry Rey 4e	

(1) Première médaille française aux Championnats du monde; (2) première médaille française aux jeux Olympiques); (3) Bernard Parisi avait obtenu la médaille de bronze des toutes catégories, tout comme Jean-Claude Brondani. Mais Parisi défendait alors les couleurs de la Grande-Bretagne; (4) premier titre français de champion du monde; (5) premier titre olympique français.

KARATÉ

Origines

Fondé sur des techniques dérivées de l'art de la boxe Shaolin (Kempo) pratiquée en Chine au VIe siècle, le karaté a été développé par les populations désarmées d'Okinawa pour se défendre contre les oppresseurs japonais en armes, aux environs de l'an 1500.
Implantée au Japon dans les années 1920 par Funakoshi Gichin, cette méthode de combat a été par la suite améliorée et organisée en sport avec des règles de compétition.
Les cinq styles principaux de karaté au Japon sont : *Shotokan, Wado-ryu, Goju-ryu, Shito-ryu* et *Kyokushinkai*, chacun mettant en valeur soit la vitesse, soit la puissance.
La version militaire du *Tae kwan-do* est l'équivalent coréen du karaté. *Wu shu* est un terme générique embrassant tous les arts martiaux chinois, et *Kung fu* est un aspect de ces arts, popularisé par le cinéma.
Le karaté et le *Tae kwan-do* sont deux des 16 disciplines inscrites au programme des I^ers jeux Mondiaux qui se sont déroulés à Santa Clara (Californie) du 24 juillet au 2 août 1981.
Les premiers championnats de France féminins se sont déroulés le 7 novembre 1981 à Paris (stade Pierre-de-Coubertin). Les vainqueurs ont été Sophie Berger (légers), Nicole Sarkis (moyens) et Béatrice Joffroy (lourds).

Championnats du monde *le plus de titres*

La seule nation qui a gagné 2 championnats du monde de karaté est la **Grande-Bretagne** en 1975 et 1982.

Grades *les plus hauts*

Les meilleurs karatékas du Japon atteignent le **10e dan.**

France

La France a remporté en 1972 les deuxièmes championnats du monde par équipes (Dominique Valéra, Gilbert Gruss, François Petitdemange, Guy Sauvin et Alain Setroute).
Le meilleur karatéka que la France ait connu est **Dominique Valéra** (né le 10 février 1943), 8 fois champion de France, 4 fois en lourds et 4 fois en toutes catégories (1971, 1972, 1973, 1975).
La première Française championne du monde de karaté a été le 26 novembre 1982 à Taipeh (Taïwan) Sophie Berger, dans la catégorie des légers.

LUTTE

Origines

La lutte existe au moins depuis 2750-2600 av. J.-C. Des descriptions de prises et de phases de lutte figurent sur les murs du tombeau du pharaon Ptahotep (V^e dynastie). C'était le sport le plus populaire des jeux Olympiques de l'Antiquité et les vainqueurs ont été enregistrés depuis 708 av. J.-C. La lutte gréco-romaine est d'origine française et apparut vers 1860. La Fédération internationale de lutte amateur (F.I.L.A.), fondée en 1912, regroupe 95 pays. Il y avait 8 788 licenciés en 1982

Médailles olympiques *le plus grand nombre*

3 lutteurs ont remporté 3 titres olympiques : les Suédois **Carl Westergren** (1895-1958), en 1920, 1924, et 1932 et **Ivar Johansson** (1903-1979), 2 en 1932 et 1 en 1936 ; le Soviétique **Alexandre Medved** (né le 16 septembre 1937) en 1964, 1968 et 1972.
Le seul lutteur à conquérir 4 médailles est le Hongrois Imre Polyak (né le 16-04-1932), qui obtint la médaille d'argent de gréco-romaine, catégorie poids plume, en 1952, 1956, 1960, et la médaille d'or en 1964.

Médailles françaises aux jeux Olympiques *le plus grand nombre*

3 lutteurs français ont été champions olympiques, **Henri Deglane** (né en 1901) en gréco-romaine, poids lourds (1924) ; **Émile Poilvé** (né le 19 septembre 1903) en libre, poids moyens, aux Jeux de Berlin en 1936, où Hitler en personne lui remit sa médaille d'or ; et **Charles Pacome** (né le 8 novembre 1903) en libre, poids légers (1932), catégorie où il avait déjà obtenu la médaille d'argent (1928).
Pacome n'est pas le seul lutteur français à avoir obtenu 2 médailles olympiques. Daniel Santon, *alias* Daniel Robin, a gagné 2 médailles d'argent au cours des mêmes Jeux, en libre et en gréco-romaine, en welters, aux Jeux de Mexico, en 1968.
René Schiermeyer (né le 27 septembre 1938), a été médaille de bronze en gréco-romaine, poids mi-moyens, aux Jeux de Rome en 1960.

Champions du monde *le plus de titres*

Alexandre Medved (U.R.S.S.) a remporté 10 championnats du monde de lutte libre : 1962, 1963, 1964 (J.O.), 1966 en catégorie mi-lourds ; 1967, 1968 (J.O.) en catégorie poids lourds et en 1969, 1970, 1971 et 1972 (J.O.) en toutes catégories.
Le seul lutteur qui ait conservé son titre pendant 7 années consécutives est le Soviétique Valéri ResantsEv (né le 2 février 1947), champion du monde dans la catégorie des légers de 1970 à 1976, y compris les jeux Olympiques de 1972 et 1976, en gréco-romaine.
Le Soviétique Roman Rurua (né en 1942) a remporté 5 titres consécutifs de lutte gréco-romaine en poids plumes, en 1966, 1967, 1968 (J.O.), 1969 et 1970.
Le seul lutteur qui ait conservé son titre pendant 6 années consécutives en lutte libre est l'Iranien Abdallah Movahed (né le 10 mars 1940), champion du monde en catégorie poids légers de 1965 à 1970.

Français champions du monde *le plus de titres*

Daniel Robin est le seul lutteur français qui ait été champion du monde, en libre, catégorie welters, en 1967 à New Delhi (Inde).

Victoires *le plus grand nombre*

Le Japonais **Osamu Watanabe** (né le 21 octobre 1940), champion poids plume de lutte libre aux Jeux de 1964, est resté invaincu pendant **187 combats.**
L'Américain Wade Shalles a remporté 803 périodes, de 1964 à 1982.
Émile Poilvé a remporté 13 combats consécutifs aux jeux Olympiques de Paris, en 1924.

Victoires en championnat de France *le plus grand nombre*

Charles Pacome a été **14 fois** champion de France, Émile Poilvé 12 fois.

Période *la plus longue*

La période la plus longue a duré **11 h 40'**, aux Jeux de Stockholm, en 1912. C'était un combat de lutte gréco-romaine, poids moyens, entre l'Estonien représentant la Russie **Martin Klein** (1885-1947) et le Finlandais **Alfred Asikainen** (1888-1942). Le premier gagna le combat et la médaille d'argent.

Poids lourd *le plus lourd*

L'Anglais **Chris Taylor** (1950-1979), médaille de bronze catégorie super-lourds, en 1972, pesait 190 kg pour 1,96 m.

Lutte professionnelle *la plus longue carrière*

Les combats professionnels datent de 1874, aux États-Unis.
Le Soviétique **Georges Karl Julius Hackenschmidt** (1877-1968) resta invaincu en lutte gréco-romaine de 1900 à 1911, année de sa retraite.

SUMO

Les origines de ce sport au Japon remontent à 23 av. J.-C.

Le plus lourd sumotori est le Japonais Kazuhisa Skiki, *alias* Genkaiho, et aujourd'hui appelé Rinho, qui pesait 210 kg pour une taille de 1,77 m en 1982. Ces poids considérables sont atteints grâce à la suralimentation des lutteurs et notamment à un plat surprotéiné, le *chankonabe*.

Ozora, lutteur du début du XIXᵉ siècle, fut le plus grand de tous, avec 2,20 m de haut.

Les meilleurs furent Sadaji Akiyoshi (né en 1912), *alias* Futabayama, vainqueur de 69 périodes consécutives dans les années 1930, et Kori Naya (né en 1940), *alias* Taïho (« le Grand Oiseau »), qui remporta la coupe de l'Empereur 32 fois, jusqu'à sa retraite en 1971.

Il ne faudrait pas oublier Torokichi, connu sous le nom de Raiden, qui, en 21 ans, de 1789 à 1810, remporta 254 périodes sur 264, soit 96,2 % de victoires, le plus haut pourcentage jamais atteint.

Le plus jeune des 58 lutteurs qui ont atteint le rang de *Yokozuna* (Grand Champion) fut Toshimitsu Ogata (né le 16 mai 1953) *alias* Kitanoumi, à 21 ans et 2 mois en juillet 1974. Il battit un record en 1978 en remportant 82 des 90 combats qui couronnent la compétition.

L'Hawaiien Jesse Kuhaulua (né le 16 juin 1944), *alias* Takamiyama aujourd'hui japonais sous le nom de Daigoro Watanabe, fut le premier lutteur non japonais à remporter une compétition officielle, en juillet 1972. Il détient le record de 1 238 combats successifs de 1ʳᵉ division à la fin 1981.

MARCHE

Voir *Athlétisme*.

MOTOCYCLISME

Origines

Les plus anciennes courses de moto du monde sont celles de l'Auto Union Tourist Trophy, disputées pour la première fois le 28 mai 1907 sur le circuit « Peel » (25,44 km), dans l'île de Man. Actuellement, elles ont toujours lieu dans l'île, mais sur le circuit « Mountain », de 60,720 km. Mais la première de toutes les courses s'est disputée sur 1 mile (1,6 km) le 29 novembre 1897 à Sheen House, Richmond (Surrey, G.-B.). Elle fut remportée par l'Anglais Charles Jarrott (1877-1944) sur une Fournier.

Circuits *les plus rapides*

C'est le Canadien **Yvon du Hamel** (né en 1941) qui détient le record de vitesse au tour en circuit fermé : 257,958 km/h, réalisé en mars 1973 avec une Kawasaki Z1, 4 cylindres, 903 cc, sur l'anneau de vitesse de Daytona (Floride, U.S.A.), de 4,02 km de long et relevé à 31 %. Il en a bouclé le tour en 56'149".

Le circuit routier le plus rapide est celui de Francorchamps, près de Spa (Belgique). Il mesure 14,120 km de longueur et l'Anglais Barry Stephen Frank Sheene (né le 11 septembre 1950) en a bouclé le tour en 3'50"3 (moyenne 220,721 km/h) sur une Suzuki, 4 cylindres, 495 cc, lors du Grand Prix de Belgique, le 3 juillet 1977.

Courses *les plus rapides*

La course la plus rapide du monde a eu lieu à **Grenzlandring,** près de Wegberg (R.F.A.), en 1939 : elle a été remportée par l'Allemand **Georg « Schorsh » Meier** (né le 9 novembre 1910), à la moyenne de **215 km/h,** sur une BMW à 2 cylindres à plat et compresseur, de 495 cc.

La course la plus rapide sur route est le Grand Prix de Belgique des 500 cc organisé sur le circuit de Francorchamps (*voir ci-dessus*). Le record de cette course, qui compte 10 tours (141,200 km), est de 38'58"5 (vitesse moyenne : 217,370 km/h) et appartient à Barry Sheene, sur Suzuki 4 cylindres, 495 cc, depuis le 3 juillet 1977.

Tourist Trophy *le plus de victoires*

L'Anglais **Stanley Michael Bailey Hailwood** (1940-1981) a remporté **14 fois** le Tourist Trophy, dans l'île de Man, de 1961 à 1979. Le premier homme à avoir remporté 3 titres consécutifs en 2 catégories du Tourist Trophy est le Rhodésien James A. Redman (né à Hampstead, Londres, le 8 novembre 1931), pour les 250 et 350 cc, en 1963, 1964 et 1965. Mike Hailwood est le seul à avoir remporté 3 titres en 1 an, en 1961 et 1967.

La vitesse record atteinte sur le circuit du TT est de 186,99 km/h par Norman Brown sur une Suzuki le 10 juin 1983.

Champions du monde *le plus de titres*

L'Italien **Giacomo Agostini** (né le 16 juin 1942) a remporté **15 titres mondiaux** (les championnats mondiaux ont été institués en 1949 par la Fédération internationale motocycliste), 7 fois celui des 350 cc, de 1968 à 1974, et 8 fois celui des 500 cc, de 1966 à 1972, et en 1975. Il est le seul à avoir remporté 2 titres mondiaux 5 années consécutives (350 et 500 cc, de 1968 à 1972). Agostini a remporté 122 épreuves des championnats du monde entre le 24 avril 1965 et le 29 août 1976, dont 19 en 1970, égalant ainsi le record établi par Mike Hailwood en 1966. L'Allemand de l'Ouest Klaus Enders (né en 1937) a remporté 6 titres en side-car en 1967, 1969, 1970, 1972, 1973 et 1974.

Français champions du monde *le palmarès*

Le premier pilote français à avoir été champion du monde est **Patrick Pons** (1942-1980), qui a enlevé le titre de champion du monde des 750 cc le 30 septembre 1979. Les seconds ont été en 1980 **Fontan et Moineau** en endurance. Le troisième a été en 1982 **Jean-Louis Tournadre** (né le 17 novembre 1958) en 250 cc, et le quatrième, la même saison, **Jean-Claude Chemarin** (né le 6 mai 1952), en endurance.

Jean-Louis Tournadre a été en 1982 le premier Français champion du monde de vitesse (250 cc).

Français *vainqueurs de Grands Prix du championnat du monde*

Le premier pilote français vainqueur d'un Grand Prix comptant pour le championnat du monde des conducteurs est en 1954 à Reims, au Grand Prix de France, **Georges Monneret,** fils de Pierre, en 350 cc et 500 cc. Le dernier est **Jacques Bolle** le 31 juillet 1983 au Grand Prix d'Angleterre 250 cc sur une moto totalement française, la Pernod.

Entre ces deux dates, 13 pilotes français ont remporté 35 Grands Prix.

Alain Michel est le recordman français des vainqueurs de Grand Prix avec 9 victoires, toutes en side-car. Viennent ensuite Guy Bertin, 6 victoires, Christian Sarron, 4 victoires, Pierre Monneret, Michel Rougerie, Patrick Fernandez, Eric Saul, Christian Sarron et Jean-François Baldé avec 2 victoires, Jean Auréal, Olivier Chevallier, Jean-Claude Selini, Jean-Louis Tournadre, Hervé Guilleux et Jacques Bolle avec 1 victoire.

Le Français Jean-Claude Chemarin a été champion du monde d'endurance en 1982.

Champions du monde motocycliste et automobile *le seul*

Le seul pilote qui ait été champion du monde en moto (500 cc en 1956, 1958, 1959, 1960 ; 350 cc en 1958, 1959, 1960) et champion du monde des conducteurs automobiles de Formule 1 (1964) est l'Anglais **John Surtees** (né le 11 février 1934).

Pilotes de trial *les meilleurs*

Le Finlandais **Yyo Vesterinen** a gagné sucessivement 3 championnats du monde de trial en 1976, 1977 et 1978.

L'Irlandais **Samuel Hamilton Miller** (né le 11 novembre 1935) a remporté 11 A-CU Solo Trials Drivers' Stars, de 1959 à 1969.

Le seul Français à avoir été champion du monde de trial est **Gilles Burgat** (né en 1961) en 1981. Il est le plus jeune champion de l'histoire de cette discipline.

Pilotes de moto-cross *les meilleurs*

Le Belge **Joël Robert** (né le 11 novembre 1943) a remporté 6 championnats du monde des 250 cc (1964 et de 1968 à 1972), et entre le 25 avril 1964 et le 18 juin 1972, il s'est adjugé 50 Grands Prix en 250 cc. Il est devenu le plus jeune champion du monde de moto-cross le 12 juillet 1964 en remportant le championnat des 250 cc à 20 ans et 8 mois.

Machines *les meilleures*

Les **Agusta-MV** ont gagné 37 championnats du monde entre 1952 et 1973, et 276 courses de championnats du monde entre 1952 et 1976.

Les **Honda** japonaises ont remporté 29 titres de champion du monde et 5 titres mondiaux en 1966. Pendant les 7 ans où elles participèrent aux championnats du monde, elles se sont adjugé une moyenne de 20 courses par an.

Champions du monde *les plus jeunes et les plus vieux*

Le Vénézuélien **Alberto « Johnny » Cecotto** (né le 25 janvier 1956) est le plus jeune titulaire du championnat du monde : il avait **19 ans 211 jours** lorsqu'il remporta le titre des 350 cc, le 24 août 1975.

Le plus vieux fut l'Allemand de l'Ouest **Hermann-Peter Müller** (1909-1976), qui remporta le titre des 250 cc en 1955, à l'âge de **46 ans.**

Vitesses *les plus élevées*

Les records mondiaux officiels de vitesse se calculent en deux manches courues sur distance mesurée et en sens inverse, à intervalle déterminé, une heure pour les records F.I.M., deux heures pour les records A.M.A.

L'Américain **Donald A. Vesco** (né le 8 avril 1939) a pulvérisé tous les records A.M.A. et F.I.M. le 28 août 1978 sur sa *Lightning Bolt* 2 122 cc carénée de 6,4 m de long, propulsée par deux moteurs de 1 016 cc Kawasaki, aux Bonneville Salt Flats (Utah, U.S.A.), à la vitesse moyenne de **512,733 km/h.** Le même jour, il a parcouru un quart de mile, départ lancé à 513,165 km/h de moyenne, vitesse la plus élevée jamais atteinte sur une moto.

Le record du monde du kilomètre départ arrêté appartient au Hollandais **Henk Vink** (né le 24 juillet 1939) en **16"68,** record établi le 24 juillet 1977 sur une Kawasaki 4 cylindres 984 cc à compresseur, au Elvington Airfield (North Yorkshire, G.-B.). La manche la plus rapide a été de 16"09.

Le record du monde du 440 yards (402 m) départ arrêté appartient également à Henk Vink, en 8"805, temps réalisé sur une Kawasaki 4 cylindres 1132 cc à compresseur, au Elvington Airfield le 23 juillet 1977. La manche la plus rapide a été de 8"55 secondes.

Le record du quart de mile (402 m) départ arrêté en une manche est de 7"08 et a été réalisé par l'Américain **Bo O'Bertha** sur une 1 200 cc Kawasaki à compresseur sur l'Ontario Motor Speedway, Ontario (Californie, U.S.A.), en 1980.

La vitesse finale la plus élevée à la fin d'un quart de mile (402 m) départ arrêté est de 321,14 km/h, réussis au même endroit le 7 octobre 1978 par l'Américain **Russ Collins** sur une Honda 8 cylindres 2 000 cc *Sorcerer.*

Vitesse sur une roue *la plus élevée*

Le Français **Gilles Husson** a été chronométré à **181 km/h** sur la roue arrière de sa Yamaha OW 31 le 18 avril 1982 à Tremblay-les-Gonesse, sur le

circuit Carole, dans le cadre d'un spectacle de cascade.
Au cours de la même réunion, le Français Richard Almet a été chronométré à 148 km/h sur la roue arrière et en même temps debout sur la selle de sa 1 000 cc Suzuki.

Course *la plus longue*
La plus longue course est celle des **24 Heures de Liège** (Belgique). Ce sont les Français Jean-Claude Chemarin et Christian Léon qui ont couvert la plus grande distance jamais enregistrée, 4 444,8 km à une moyenne de 185,2 km/h, avec une Honda 4 cylindres 941 cc sur le circuit de Francorchamps, les 14 et 15 août 1976.

Circuit *le plus long*
Le « **Mountain** » **de 60,720 km** sur lequel se courent les principales compétitions du Tourist Trophy depuis 1911 (avec de légères modifications en 1920) compte 264 virages, et c'est le plus long circuit jamais utilisé pour des courses de moto.

Course française *la plus célèbre*
Le **Bol d'Or** est une course de vitesse et d'endurance toutes catégories de 24 heures. Créée en 1922 à Vaujours, près de Livry-Gargan, la course a émigré sur le circuit du Mans depuis 1971. Elle n'a pas été disputée de 1961 à 1968. La course se dispute désormais sur le circuit Paul Ricard au Castellet. Le record de l'épreuve appartient depuis le 19 septembre 1982 à l'équipage Jean Lafond, Hervé Guilleux, Patrick Igoa pour une distance de 3 637 km à la moyenne de 151,759 km/h sur Kawasaki.
Le record de victoires dans le Bol d'Or est de 4, par le Français Jean-Claude Chemarin.

Première victoire de la seule moto de compétition française, le 31 juillet 1983 à Silverstone (G.-B.).

MOTONAUTISME

Origines
La première application du moteur à essence à un bateau a été réalisée par Jean-Joseph-Étienne Lenoir (1822-1900) sur la Seine, à Paris, en 1865.
Ce sport s'est surtout développé à partir de 1903, lorsque sir Alfred Harmsworth a institué les premiers championnats internationaux et qu'a eu lieu la première course en mer, de Calais à Douvres.

Championnats du monde *le plus de titres*
L'Italien **Renato Molinari** a remporté **9 titres** de champion du monde jusqu'à 1977.

Harmsworth Trophy *le plus de victoires*
Les **États-Unis** ont remporté à eux seuls 16 des 25 compétitions organisées de 1903 à 1961, dont 8 victoires pour le commodore Garfield A. Wood (1881-1971) en 1920, 1921, 1926, 1928, 1929, 1930, 1932, 1933.
Le seul bateau à avoir gagné 3 fois la course est *Miss Supertest III*, appartenant au Canadien James G. Thompson et piloté par le Canadien Bob Hayward, de 1959 à 1961. Ce bateau détient également le record de vitesse de 191,94 km/h, atteint à Picton (Ontario, Canada), en 1961.
La compétition a été redisputée en 1980 : elle a été remportée par l'Américain Bill Elsworth. L'épreuve de 1981 a vu la victoire de l'Américain Paul Clauser.

Gold Cup *le plus de victoires*
La Gold Cup (instituée en 1903) a été remportée **8 fois** par l'Américain **Bill Muncey** (1929-1981) : 1956, 1957, 1961, 1962, 1972,1977, 1978, 1979.
Le record de vitesse est de 206,539 km/h sur un tour de 4 km ; il a été établi par Bill Muncey à bord de l'hydroplane *Atlas Van Lines*, au cours d'une épreuve de qualification sur la Colombia River (Washington, U.S.A.), en juillet 1977, et en juillet 1978.

Cowes-Torquay-Cowes *le plus de victoires*
Le seul pilote à avoir gagné **3 fois** l'épreuve est l'Anglais **Edward Brodie « Tommy » Sopwith** (né le 15 novembre 1932), en 1961, 1968 et 1970.

Le record, sur la distance actuelle de 396,12 km, est de 128,16 km/h, pour l'Américain Bill Elswick, sur *Satisfaction*, qui a bouclé le circuit en 3 h 4' 35", le 23 août 1980.
La course instituée en 1961 est officiellement appelée aujourd'hui International Offshore Powerboat Classic.

Vitesses *les plus élevées*
Le record off-shore homologué par l'Union internationale motonautique est de **177,69 km**, atteint par **Ted Toleman** le 15.10.1982 sur un catamaran cougar de 11,5 m, le *Peter Stuyvesant Mercruiser*, sur le lac Windermere.

L'hydroplane *Vladivar I* à moteur R6, piloté par l'Anglais Tony Fahey, a atteint 206,599 km/h sur le lac Windermere, le 23 mai 1977.

Le record en classe OZ est de 224,76 km/h réussi par Bob Spalding sur le lac Windermere en octobre 1982 sur un catamaran Van der Velden avec un moteur Johnson V 8.

Le record classe ON – 219,48 km/h – appartient à l'Américain J.F. Merten depuis 1973.
Le record de classe OA (jusqu'à 250 cm³) est de 144,20 km/h, vitesse atteinte sur le canal Hohenzollern, à Berlin Ouest, par le champion d'Europe, l'Allemand de l'Ouest Joachim Mareth.

Dans la catégorie OB, c'est l'Allemand de l'Ouest Dieter Koenig qui détient le record avec une vitesse de 158,24 km/h, atteinte elle aussi, en décembre 1977, sur le canal Hohenzollern.

Le record de vitesse sur l'eau a été porté à 463,685 km/h en décembre 1977 par l'Australien Ken Warby (né en 1938), sur le plan d'eau de Slowering Dam, dans les Alpes australiennes, à bord du *Spirit of Australia*, animé par un propulseur Westinghouse J34, qui équipe le bombarbier « Neptune ».

Le record du monde de vitesse avec Diesel est de 211,32 km/h atteint par l'Italien Carlo Bonomi à Venise le 5 décembre 1982 sur un hydroplane Rothman's World Leader de 7,3 m.
Le record de vitesse pour hydroplanes sur un circuit fermé du lac Washington à Seattle, U.S.A., a été, le 6 août 1982, atteint par Chip Hanauer à 222,60 km/h sur un Atlas Van Lines U 00.

Record du monde *le plus longtemps invaincu*
Le Français **Jean Dupuy** a détenu pendant **20 ans,** de 1936 à 1956, le record du monde de vitesse en hors bord toutes catégories, battu sur la Seine à Suresnes, à la vitesse de 127,175 km/h. Ce record fut amélioré par l'Italien Massimo Leto di Priolo, à la vitesse de 161,383 km/h, sur l'hydroscale de Milan.

France *les deux courses importantes*
Les 2 courses françaises les plus importantes sont les **24 Heures de Rouen,** disputées au printemps, et les **6 Heures de Paris** (remportées 4 fois, en 1976, 1977, 1978 et 1980 par l'Anglais Bob Spalding), disputées sur la Seine en octobre pendant le Salon de l'automobile.

Les Belges François Geens, Roger Robeyn et Jean van Bockel, vainqueurs des 24 Heures de Rouen 1983.

Saut *le plus long*
Le saut le plus long réussi en canot à moteur est de **36,57 m,** par l'Américain **Peter Horak** (né le 7-05-1943), sur un Glastron Carlson CVX 20 Deluxe à moteur Ford 460V8 (vitesse d'élan 88 km/h) pour un film documentaire de télévision, « The man who fell from the sky », à Salton Sea (Californie), le 26 avril 1980.
Le saut le plus long par-dessus la terre est de 38,7 m, réussi par Norm Bagie (Nouvelle-Zélande) sur le Shotover River le 1er juillet 1982 à bord du Valvolone Jebboat de 1 tonne et demie.

Dragsters *la vitesse la plus grande*
L'Américain Eddie Hill a atteint la vitesse de 355,28 km/h le 29 août 1981, à San Antonio (Texas), homologuée par la Southern Drag Boat Association, sur *The Texas,* dragster hors-bord à essence.

(Voir aussi le chapitre *Exploits.*)

NATATION

Origines
Un édit de l'empereur japonais Go-Yozei (1586-1611) rendit obligatoire, en 1603, la pratique de la natation dans les écoles ; mais il y avait des courses de natation au Japon dès 36 av. J.-C.
Les bains de mer étaient à la mode à Scarborough, dans le Yorkshire (Angleterre), vers 1660.
Créée en 1908, la Fédération Internationale de Natation Amateur (F.I.N.A.) regoupe 110 pays.

Piscines *les plus grandes*
La plus grande piscine du monde est la piscine d'eau de mer d'**Orthlieb,** à Casablanca (Maroc). Elle mesure 75 × 480 m, soit **3,6 ha.**
La plus grande piscine chauffée (et enfermée dans les terres) du monde était celle de Fleishhacker, à San Francisco (Californie. U.S.A.). Elle mesurait 1 000 pieds sur 150 (304,8 × 45,7 m) ; sa profondeur atteignait 4,25 m et elle contenait près de 30 000 hectolitres d'eau chauffée. Elle a été inaugurée le 2 mai 1925, mais elle est aujourd'hui abandonnée.
La piscine qui peut recevoir le plus grand nombre de spectateurs est aujourd'hui la piscine d'Osaka au Japon : 13 614 spectateurs.

Nageurs *les plus rapides*
Robin Leany (né le 1er avril 1961) a couvert 50 mètres à la vitesse de **7,98 km/h** à Milwaukee (Wisconsin, U.S.A.) le 15 août 1981.
La vitesse la plus rapide atteinte par une femme est 7,025 km/h par l'Américaine Dara Torres le 6 août 1983 à Clovis (U.S.A.)

Records du monde *le plus grand nombre*
Le Suédois **Arne Borg** (né le 18 août 1901) a battu **32 records** du monde, entre 1921 et 1929.
La Danoise **Ragnhild Hverger** (née le 10 décembre 1920) en a battu **42,** de 1936 à 1942.
Depuis que les performances ne sont homologuées que dans des piscines de 50 m, ces records sont de 26, par l'Américain Mark Andrew Spitz (né le 10 février 1950), entre 1967 et 1972, et de 23, par l'Allemande de l'Est Kornelia Matthes (née Ender le 25 octobre 1958), entre 1973 et 1976.

Champions du monde *les plus titrés*
Les championnats du monde ont eu lieu pour la première fois en 1973.
L'Allemande de l'Est **Kornelia Ender** a remporté 10 médailles (8 d'or et 2 d'argent), en 1973 et 1975.
L'Américain **Ambrose « Rowdy » Gaines** (né le 17 février 1959) en a obtenu 8 ; 5 d'or et 3 d'argent en 1978 et 1982. Celui qui a remporté le plus de médailles d'or – 6 – est l'Américain James Montgomery (né le 24 janvier 1955) en 1973 et 1975. Il a obtenu une 7e médaille, en bronze.
Au cours des seuls championnats 1978, l'Américaine Tracy Caulkins (née le 11 janvier 1963) a récolté 6 médailles – 5 d'or et 1 d'argent.

JEUX OLYMPIQUES
Champions olympiques *les plus titrés*
L'Américain **Mark Spitz** a remporté 9 médailles d'or aux jeux Olympiques de 1968 et de 1972. 1968 : 4 × 100 m et 4 × 200 m nage libre. 1972 : 100 m, 200 m, 4 × 100 m et 4 × 200 m nage libre ; 100 et 200 m papillon ; 4 × 100 m 4 nages. Toutes ces performances, sauf une (le 4 × 200 m nage libre de 1968), constituaient au moment où elles furent réalisées des records du monde.

RECORDS DU MONDE AU 4 SEPTEMBRE 1983				
Discipline	**Temps**	**Noms et Pays**	**Lieu**	**Date**
HOMMES				
Nage libre				
50 mètres	22"54	Robin Leamy (U.S.A.)	Milwaukee (U.S.A.)	15-08-1981
100 mètres	49"36	Ambrose « Rowdy » Gaines (U.S.A.)	Austin (U.S.A.)	3-04-1981
200 mètres	1'47"87	Michael Gross (R.F.A.)	Rome (Italie)	22-08-1983
400 mètres	3'48"32	Vladimir Salnikov (U.R.S.S.)	Moscou (U.R.S.S.)	20-02-1983
800 mètres	7'52"33	Vladimir Salnikov (U.R.S.S.)	Los Angeles (U.S.A.)	14-07-1983
1 500 mètres	14'54"76	Vladimir Salnikov (U.R.S.S.)	Moscou (U.R.S.S.)	22-02-1983
4 × 100 mètres	3'19"26	États-Unis (Chris Cavanaugh, Robin Leamy, David McCagg, Ambrose « Rowdy » Gaines)	Guayaquil (Équateur)	5-08-1982
4 × 200 mètres	7'20"40	Allemagne de l'Ouest (Thomas Fahrner, Alexandre Schowta, Andreas Schmidt, Michael Gross)	Rome (Italie)	23-08-1978
Brasse				
100 mètres	1'02"28	Steven Lundquist (U.S.A.)	Caracas (Vénézuéla)	17-08-1983
200 mètres	2'14"77	Victor Davis (Canada)	Guayaquil (Equateur)	5-08-1982
Papillon				
100 mètres	53"44	Matt Gribble (U.S.A.)	Clovis (U.S.A.)	6-08-1983
200 mètres	1'57"05*	Michael Gross (R.F.A.)	Rome (Italie)	26-08-1983
Dos				
100 mètres	55"19	Richard « Rick » Carey (U.S.A.)	Caracas (Vénézuéla)	21-08-1983
200 mètres	1'58"93	Richard « Rick » Carey (U.S.A.)	Clovis (U.S.A.)	3-08-1983
4 nages				
200 mètres	2'02"25	Alex Baumann (Canada)	Brisbane (Australie)	3-10-1982
400 mètres	4'19"78	Ricardo Prado (Brésil)	Guayaquil (Equateur)	2-08-1982
4 × 100 mètres	3'40"42	États-Unis (Richard Carey, Steven Lundquist, Matthew Gribble, Ambrose « Rowdy » Gaines)	Caracas (Vénézuéla)	23-08-1983
FEMMES				
Nage libre				
50 mètres	25"62	Dara Torres (U.S.A.)	Clovis (U.S.A.)	6-08-1983
100 mètres	54"79	Barbara Krause (R.D.A.)	Moscou (U.R.S.S.)	21-07-1980 (J.O.)
200 mètres	1'58"23	Cynthia Woodhead (U.S.A.)	Tokyo (Japon)	3-09-1979
400 mètres	4'06"28	Tracey Wickham (Australie)	Berlin (R.F.A.)	24-08-1978
800 mètres	8'24"62	Tracey Wickham (Australie)	Edmonton (Canada)	5-08-1978
1 500 mètres	16'04"49	Kim Linehan (U.S.A.)	Fort Lauderdale (U.S.A.)	19-08-1979
4 × 100 mètres	3'42"71	Allemagne de l'Est (Barbara Krause, Caren Metschuck, Ines Diers, Hulsenbeck)	Moscou (U.R.S.S.)	27-07-1980 (J.O.)
4 × 200 mètres	8'02"27	Allemagne de l'Est (Kristin Otto, Astrid Strauss, Kornelia Sirch, Birgit Meinecke)	Rome (Italie)	22-08-1983
Brasse				
100 mètres	1'08"51*	Ute Geweniger (R.D.A.)	Rome (Italie)	25-08-1983
200 mètres	2'28"36	Lina Kachushite (U.R.S.S.)	Potsdam (R.D.A.)	6-08-1979
Papillon				
100 mètres	57"93	Mary T. Meagher (U.S.A.)	Milwaukee (U.S.A.)	16-08-1981
200 mètres	2'05"96	Mary T. Meagher (U.S.A.)	Milwaukee (U.S.A.)	13-08-1981
Dos				
100 mètres	1'00"86	Rica Reinisch (R.D.A.)	Moscou (U.R.S.S.)	23-07-1980 (J.O.)
200 mètres	2'09"91	Cornelia Sirch (R.D.A.)	Guayaquil (Equateur)	8-08-1982
4 nages				
200 mètres	2'11"73	Ute Geweniger (R.D.A.)	Berlin-Est (R.D.A.)	4-07-1981
400 mètres	4'36"10	Petra Schneider (R.D.A.)	Guayaquil (Equateur)	1-08-1982
4 × 100 mètres	4'05"79*	Allemagne de l'Est (Ina Kleber, Ute Geweniger, Ines Geissler, Birgitt Meinecke)	Rome (Italie)	26-08-1983

Note : Les records du monde ne sont homologués que s'ils sont réalisés dans des piscines de 50 mètres.

Championnes olympiques *les plus titrées*
3 nageuses ont obtenu 4 médailles d'or : l'Américaine **Patricia McCormick** (née Keller le 12 mai 1930), en plongeon de haut vol et plongeon de tremplin (1952 et 1956) ; l'Australienne **Dawn Fraser** (née le 4 septembre 1937), avec le 100 m nage libre (1956, 1960 et 1964) et le 4 × 100 m nage libre (1956) ; et l'Allemande de l'Est **Kornelia Ender,** avec le 100 m et le 200 m nage libre, le 100 m papillon et le relais 4 × 100 m 4 nages (1976).
Patricia McCormick est la seule à avoir remporté ses médailles dans des compétitions individuelles.
Dawn Fraser est la seule nageuse à avoir gagné la même épreuve dans 3 Jeux successifs, et la seule femme à avoir réussi cet exploit aux jeux Olympiques, quel que soit le sport.

Champions olympiques *les plus médaillés*
Mark Spitz a, en plus des 9 médailles d'or déjà citées, remporté 1 médaille d'argent au 100 m papillon et 1 de bronze au 100 m nage libre des Jeux de 1968, soit 11 médailles au total.

Champions olympiques français *le plus de médailles*
Jean Boiteux (né le 20 juin 1933) est le seul nageur français qui ait obtenu 2 médailles aux jeux Olympiques : la médaille d'or sur 400 m et celle de bronze dans le relais 4 × 200 m nage libre en 1952, à Helsinki.
Jean Boiteux est aussi le seul Français à avoir jamais été champion olympique en natation.

Championnes olympiques *les plus médaillées*
3 femmes ont obtenu 8 médailles.
Dawn Fraser, en plus de ses 4 médailles d'or *(voir plus haut),* a remporté 4 médailles d'argent (1956 : 400 m nage libre ; 1960 : 4 × 100 m nage libre et 4 × 100 m 4 nages ; 1964 : 4 × 100 m nage libre) ; **Kornelia Ender** a gagné 4 médailles d'or *(voir plus*

haut) et 4 d'argent (1972 : 200 m 4 nages, 4 × 100 m nage libre ; 1976 : 4 × 100 m nage libre) ; l'Américaine **Shirley Babashoff** (née le 3 janvier 1957) a remporté 2 médailles d'or (4 × 100 m nage libre en 1972 et 1976) et 6 médailles d'argent (100 m nage libre en 1972, 200 m nage libre en 1972 et 1976, 400 et 800 m nage libre en 1976, 4 × 100 m 4 nages en 1976).

Champions olympiques *les plus titrés en compétition individuelle*

4 nageurs ont obtenu 4 médailles d'or dans les épreuves de natation individuelles : **Mark Spitz** et **Patricia McCormick,** déjà cités ; l'Américain **Charles M. Daniels** (1884-1973) a remporté le 100 m nage libre des Jeux de 1906 et de 1908, le 220 yards nage libre de 1904 ; l'Allemand de l'Est **Roland Matthès** (né le 17 novembre 1950) a gagné les médailles d'or des 100 et 200 m dos des Jeux de 1968 et de 1972.

Roland Matthès a épousé, après les Jeux de 1976, la championne Kornelia Ender. Ils constituent le couple le plus médaillé de l'histoire de la natation.

Victoire aux Jeux *la plus serrée*

L'arrivée la plus serrée jamais chronométrée au cours de jeux Olympiques a été celle du 400 m 4 nages des Jeux de Munich, le 30 août 1972. Le Suédois Gunnar Larsson (né le 12 mai 1951) fut déclaré 1er devant l'Américain Tim McKee (né le 14 mars 1953), alors que 2/100 de seconde seulement les séparaient. Cette victoire (4'31"981 contre 4'31"983) représente une marge de **3 mm.** Ce résultat a entraîné une modification des règles internationales : les temps et les classements se font depuis cette date au 1/100 de seconde.

PLONGEON

Champions olympiques *les plus titrés*

L'Italien **Klaus Dibiasi** (né le 6 octobre 1947) a remporté **5 médailles** (3 d'or et 2 d'argent) en 4 Jeux, de 1964 à 1976. Il est également le seul plongeur à avoir gagné la même épreuve (le plongeon de haut vol) à 3 reprises successives (1968, 1972 et 1976).

Patricia McCormick, déjà citée, a remporté 4 médailles d'or dans la même discipline.

Champions du monde *les plus titrés*

L'Américain **Phil Boggs** (né le 29 décembre 1949) a remporté **3 médailles d'or,** en 1973, 1975 et 1978 ; Klaus Dibiasi en a gagné 4 (2 d'or et 2 d'argent), en 1973 et 1975.

La Soviétique **Irina Kalinina** (née le 8 février 1959) a obtenu **5 médailles** (3 d'or, 1 d'argent, 1 de bronze), aux championnats du monde de 1973, 1975 et 1978.

L'Américain Greg Louganis (né le 29 janvier 1960) a gagné 1 médaille d'or en 1978 et 2 en 1982. Il a été le premier à atteindre le score de 752,67 points pour 11 plongeons le 1er août 1982 à Guayaquil (Équateur).

RECORDS D'EUROPE DE NATATION AU 4 SEPTEMBRE 1983

Discipline	Temps	Noms et Pays	Lieu	Date
HOMMES				
Nage libre				
100 m	49"58	Joerg Woithe (R.D.A.)	Gera (R.D.A.)	18-06-1983
200 m	1'47"87 (R.M.)	Michael Gross (R.F.A.)	Rome (Italie)	22-08-1983
400 m	3'48"32 (R.M.)	Vladimir Salnikov (U.R.S.S.)	Moscou (U.R.S.S.)	20-02-1983
800 m	7'52"33 (R.M.)	Vladimir Salnikov (U.R.S.S.)	Los Angeles (U.S.A.)	14-07-1983
1 500 m	14'54"76 (R.M.)	Vladimir Salnikov (U.R.S.S.)	Moscou (U.R.S.S.)	22-02-1983
Dos				
100 m	55"95	Dirk Richter (R.D.A.)	Hambourg (R.F.A.)	21-03-1982
200 m	2'00"42	Sergei Zobolotnov (U.R.S.S.)	Edmonton (Canada)	04-07-1983
Brasse				
100 m	1'02"86	Gerald Moerken (R.F.A.)	Jon Koping (Suède)	17-08-1977
200 m	2'15"11	David Wilkie (G.-B.)	Montréal (Canada)	24-07-1976 (J.O.)
Papillon				
100 m	54"00	Michael Gross (R.F.A.)	Rome (Italie)	23-08-1983
200 m	1'57"05 (R.M.)	Michael Gross (R.F.A.)	Rome (Italie)	26-08-1983
4 nages				
200 m	2'02"48	Giovanni Franceschi (Italie)	Rome (Italie)	27-08-1983
400 m	4'20"41	Giovanni Franceschi (Italie)	Rome (Italie)	23-08-1983
Relais				
4 x 100 m libre	3'20"88*	Sniniagine, Krassiouk, Trackenko, Markouski (U.R.S.S.)	Rome (Italie)	28-08-1983
4 x 200 m	7'20"40 (R.M.)	Fahrner, Schowta, Schmidt, Gross (R.F.A.)	Rome (Italie)	23-08-1983
4 x 100 m 4 nages	3'44"23	Kouznetsov, Kis, Markovski, Krassiouk (U.R.S.S.)	Split (Yougoslavie)	13-09-1981
FEMMES				
Nage libre				
100 m	54"74	Barbara Krause (R.D.A.)	Moscou (U.R.S.S.)	21-07-1980 (J.O.)
200 m	1'58"33 (R.M.)	Barbara Krause (R.D.A.)	Moscou (U.R.S.S.)	24-07-1980 (J.O.)
400 m	4'08"07	Ingrid Strauss (R.D.A.)	Rome (Italie)	24-08-1983
800 m	8'29"61	Astrid Strauss (R.D.A.)	Gera (R.D.A.)	18-06-1983
1 500 m	16'27"89	Inès Diers (R.D.A.)	Berlin-Est (R.D.A.)	27-08-1981
Dos				
100 m	1'0"86 (R.M.)	Rika Reinisch (R.D.A.)	Moscou (U.R.S.S.)	23-07-1980 (J.O.)
200 m	2'11"17 (R.M.)	Cornelia Sirch (R.D.A.)	Guayaquil (Équateur)	6-08-1982
Brasse				
100 m	1'08"51*	Ute Geweniger (R.D.A.)	Rome (Italie)	25-08-1983
200 m	2'28"36 (R.M.)	Lina Kachushite (U.R.S.S.)	Berlin-Est (R.D.A.)	6-04-1979
Papillon				
100 m	56"46	Andréa Pollack (R.D.A.)	Berlin (R.F.A.)	3-07-1978
200 m	2'07"82	Cornélia Polit (R.D.A.)	Rome (Italie)	27-08-1983
4 nages				
200 m	2'11"73 (R.M.)	Ute Geweniger (R.D.A.)	Berlin-Est (R.D.A.)	4-07-1981
400 m	4'36"10 (R.M.)	Petra Schneider (R.D.A.)	Guayaquil (Équateur)	1-08-1982
Relais				
4 x 100 m libre	3'42"71 (R.M.)	Barbara Krause, Caren Metschuck, Inès Diers, Hulsenbeck (R.D.A.)	Moscou (U.R.S.S.)	27-07-1980 (J.O.)
4 x 100 m 4 nages	4'05"58 (R.M.)	Kreber, Geweniger, Geissler, Meineke (R.D.A.)	Rome (Italie)	26-08-1983

L'Américain Ambrose « Rowdy » Gaines, recordman du monde du 100 mètres nage libre.

Plongeon parfait *les meilleures notes*
A l'occasion des épreuves américaines de sélection olympique à Chicago (Illinois), en 1972, **Michael Finneran** (né le 21 septembre 1948) a été noté **10** par les 7 juges pour un saut périlleux arrière et demi suivi d'une double vrille et demie. Ce saut, réalisé du tremplin de 10 m, n'avait jamais été réussi auparavant. (Voir également le chap. *Exploits*)

TRAVERSÉE DE LA MANCHE

Premières traversées *de 1875 à 1901*
Le premier à avoir traversé la Manche à la nage, et sans gilet de sauvetage, est un capitaine de la marine marchande anglaise, **Matthew Webb** (1848-1883), qui mit (en brasse) 21 h 45' entre Douvres et Calais. Il partit dans la nuit du 24 août 1875, à 0 h 56, et arriva le lendemain soir, à 22 h 41. On estime qu'il a nagé 61 km pour les 33 km que la traversée compte en ligne droite. Il fut sans doute précédé par un soldat français, **Jean-Marie Saletti,** échappé de la prison britannique de Douvres et qui nagea jusqu'à Boulogne en juillet ou août 1815.
L'Américain Paul Boyton avait nagé, les 28 et 29 mai 1875, du cap Gris-Nez aux falaises du sud de la

RECORDS DE FRANCE DE NATATION AU 4 SEPTEMBRE 1983

HOMMES				
50 m. libre	23"70	Ivan Bouteville	La Rochelle	3-04-1981
100 m. libre	51"62	René Ecuyer	Moscou (U.R.S.S.)	26-07-1980 (J.O.)
200 m. libre	1'52"20	Fabien Noel	Split (Yougoslavie)	7-09-1981
400 m. libre	3'57"36*	Frank Iacono	Rome (Italie)	25-08-1983
800 m. libre	8'11"13	Frank Iacono	Clovis (U.S.A.)	03-08-1983
1 500 m. libre	15'30"01	Frank Iacono	Bordeaux	31-07-1983
100 m. dos	57"66	Frédéric Delcourt	Toulouse	20-03-1982
200 m. dos	2'02"81	Frédéric Delcourt	Bordeaux	28-07-1983
100 m. brasse	1'05"17	Olivier Borios	Guayaquil (Equateur)	1-08-1982
200 m. brasse	2'22"90	Olivier Borios	Rio de Janeiro (Brésil)	7-04-1979
100 m. papillon	55"66	Xavier Savin	Moscou (U.R.S.S.)	23-07-1980 (J.O.)
200 m. papillon	2'04"66	Xavier Savin	Toulouse	20-06-1982
200 m. 4 nages	2'08"12	Bruno Lesaffre	Lisbonne (Portugal)	16-04-1983
400 m. 4 nages	4'32"81	Frédéric Delcourt	Toulouse	19-03-1982
Relais 4 × 200 m.	7'33"00	Équipe nationale (Pierre Andraca, Marc Lazzaro, Pascal Laget, Fabien Noël)	Split (Yougoslavie)	7-09-1981
Relais 4 × 100 m. 4 nages	3'49"19	Équipe nationale (Frédéric Delcourt, Olivier Borios, Xavier Savin, René Écuyer)	Moscou (U.R.S.S.)	24-07-1980 (J.O.)
Relais 4 × 100 m. (Club)	3'03"23	CN Marseille (Lazzaro, Petit, Fabre, Delcourt)	Brive	10-08-1980
Relais 4 × 100 m. 4 nages (Club)	3'58"09	CN Marseille (Delcourt, Filippi, Meyer, Petit)	Dunkerque	1-08-1981
Relais 4 × 200 m. (Club)	7'47"03	CN Marseille (Lazzaro, Petit, Fabre, Delcourt)	Dunkerque	31-07-1981
FEMMES				
50 m. libre	26"87	Sophie Kamoun	Bordeaux	28-07-1983
100 m. libre	57"80	Guylaine Berger	Moscou (U.R.S.S.)	20-07-1980 (J.O.)
200 m. libre	2'03"69	Véronique Jardin	Bordeaux	29-07-1983
400 m. libre	4'19"83	Sandra Lacour	Toulouse	18-03-1982
800 m. libre	8'54"60	Sandra Lacour	Québec (Canada)	28-03-1982
1 500 m. libre	17'14"29	Laurence Bensimon	Los Angeles (U.S.A.)	17-07-1983
100 m. dos	1'04"88	Michelle Ricaud	Bratislava (Tchécoslovaquie)	17-06-1980
200 m. dos	2'19"80	Michelle Ricaud	Split (Yougoslavie)	21-09-1979
100 m. brasse	1'12"27	Catherine Poirot	Bratislava (Tchécoslovaquie)	17-06-1980
200 m. brasse	2'36"84	Annick de Susini	Laval	13-07-1978
100 m. papillon	1'04"07	Sophie Falandry	Montréal (Canada)	01-02-1979
200 m. papillon	2'17"30	Patricia Clug	Paris	21-07-1977
200 m. 4 nages	2'20"11*	Laurence Bensimon	Rome (Italie)	26-08-1983
400 m. 4 nages	4'59"67	Laurence Bensimon	Bordeaux	29-07-1983
Relais 4 × 100 m. libre	3'53"93	Équipe nationale (Sophie Kamoun, Frédérique Piégad, Carole Amoric, Véronique Jardin)	Rome (Italie)	24-08-1983
Relais 4 × 200 m. libre	8'19"36	Équipe nationale (Véronique Jardin, Laurence Bensimon, Braguer, Sophie Kamoun)	Rome (Italie)	22-08-1983
Relais 4 × 100 m. 4 nages	4'21"29	Équipe nationale (Véronique Jardin, Catherine Poirot, Sophie Falandry, Sophie Kamoun)	Bratislava (Tchécoslovaquie)	26-08-1983
Relais 4 × 100 m. libre (Club)	3'59"28	CS Clichy (Laurence Bensimon, Catherine Narbonnaud, Geneviève Perrin, Sophie Kamoun)	Nanterre	24-04-1983
Relais 4 × 100 m. 4 nages (Club)	4'30"58	CN Paris (Aspurua, Poirot, Babec, Amoric)	Brive	8-08-1980
Relais 4 × 200 m. libre (Club)	8'44"98	Mouettes de Paris (Stéphan, Vallée, Batard, Jardin)	Dunkerque	31-07-81

Grande-Bretagne en 23 h 30', mais il avait un gilet de sauvetage.
La première traversée dans le sens France-Angleterre a été effectuée le 12 août 1923 par l'Italien Enrico Tiraboschi en 16 h 33'. Il remporta un prix de 1 000 livres offert par le *Daily Sketch.*
Chez les femmes, la première qui ait réussi la traversée de la Manche est l'Américaine Gertrude Caroline Ederle (née le 23 octobre 1906), qui nagea, le 6 août 1926, du cap Gris-Nez à Deal, dans le temps record (à l'époque) de 14 h 39'.
La première à avoir effectué la traversée, de l'Angleterre vers la France, est la Californienne Florence Chadwick (née en 1918), qui réussit sa tentative le 11 septembre 1951, en 16 h 19'.

Traversée *la plus rapide*
Le record officiel de la Channel Swimming Association (fondée en 1927) est de **7 h 40'**, par l'Américain **Penny Dean** (né le 21 mars 1955), qui a réussi ce temps le 29 juillet 1978, entre la Shakespeare Beach, à Douvres, et le cap Gris-Nez.
La traversée la plus rapide par une équipe de 6 nageurs se relayant est de 7 h 22', dans le sens Angleterre-France, le 4 août 1981.

Traversée *la plus lente*
C'est la troisième traversée connue de la Manche qui a été la plus lente : les 5 et 6 août 1923, l'Américain **Henry Sullivan** a mis **26 h 50'** pour nager d'Angleterre en France. On estime qu'il a couvert à cette occasion quelque 90 km.

Traversées *les plus fraîches*
On n'a jamais traversé la Manche avant le **6 juin** (par l'Anglaise Dorothy Perkins) (née en 1942) en 1961) et après le **28 août** (par le Britannique Asby Harper à l'âge de **65 ans,** en 1982).

Conquérants *les plus jeunes et les plus âgés*
On appelle « conquérant », en anglais, celui ou celle qui a réussi la traversée de la Manche. Le plus jeune est l'Anglais **Marcus Hooper** (né le 14 juin 1967), qui a nagé de Douvres à Sangatte, les 5 et 6 août 1979, en 14 h 37', à **12 ans et 53 jours.**
Le plus âgé est l'Américain **Ashby Harper** (né le 1er octobre 1916) qui avait **65 ans et 332 jours** lorsqu'il nagea de Douvres au cap Blanc Nez, le 28 août 1982, en 13 h 52'.
La plus jeune est Jacqui Hampson (née le 29 juin 1969) qui avait 13 ans lorsqu'elle fit la traversée Angleterre-France le 10 septembre 1982 en 15 h 32'.
La plus âgée est la Britannique Stella Ada Rosina Taylor (née le 20 décembre 1929) qui avait 45 ans et 250 jours lors de sa traversée, le 26 août 1975, en 18 h 15'.

Traversée aller-retour *la première*
L'Argentin **Antonio Albertondo** (né en 1919) a été le premier à effectuer la traversée aller-retour. Parti d'Angleterre le 20 septembre 1961 à 8 h 45 du matin, il traversait en 18 h 50', puis, après 4 mn de repos, il repartait et rejoignait l'Angleterre, à Saint Margaret's Bay, en 24 h 16'. Il était 3 h 45 du matin et il avait nagé 43 h 10'.

Traversée aller-retour *la plus rapide*
Le record de la traversée aller-retour est détenu par la Canadienne **Cinthia « Cindy » Nicholas** (née le 20 août 1957), qui, le 28 août 1982, a effectué une double traversée en 18 h 55'.
Le 11 août 1977 une équipe de 6 relayeurs saoudiens a fait une traversée aller-retour en 16 h 5'30" (dont 2 mn de repos).

Traversée triple *la seule réussite*
L'Américain **John Eriksson** (né le 6 septembre 1954) a terminé au cap Gris-Nez, le 12 août 1981, après 38 h 27' de nage, la traversée 3 fois consécutive de la Manche. Il est le premier à l'avoir réussie.

Traversées *les plus obstinées*
Le Britannique **Michael Read** (né le 9 juillet 1941) a réussi sa **25e traversée** de la Manche, le 11 septembre 1982. Son record personnel est de 6 traversées en un an. Cindy Nicholas a effectué sa 1re traversée le 29 juillet 1975 et sa 19e (et 5 aller et retour) le 14 septembre 1982.

Traversée *sous l'eau*
L'Américain **Fred Baldasare** (né en 1924) a été le premier à traverser la Manche sous l'eau, les 10 et 11 juillet 1962, avec un équipement Scuba : il a effectué sa traversée sous-marine en 18 h 1'.

NATATION DE LONGUE DISTANCE

Nage en mer *traversées les plus longues*
L'Américain **Walter Poenisch** (né en 1914) dit avoir nagé (avec palmes) **207,3 km** de La Havane (Cuba) à Little Duck Key en Floride (États-Unis), du 11 au 13 juillet 1978, en 34 h 15'.
L'Indien de Calcutta **Mihir Sen** s'est beaucoup promené à la nage en 1966 : il a traversé le détroit de Palk, entre Sri Lanka et l'Inde (25 h 36', les 5 et 6 avril), celui de Gibraltar (le 24 août, en 8 h 1') ; les Dardanelles (13 h 55', le 12 septembre) le Bosphore (le 21 septembre en 4 h) et le canal de Panamá (34 h 15', du 29 au 31 octobre). Il avait traversé la Manche en 14 h 45', le 27 septembre 1958.

Détroit de Palk *première traversée aller-retour*
Le détroit de Palk (64 km entre Sri Lanka et l'Inde) a été traversé pour la 1re fois dans les 2 sens par le Cingalais **V.S.C. Anandan,** du **18 au 20 avril 1975.**

Endurance *distances et durées les plus grandes*
Du 6 juillet au 29 décembre 1930, l'Américain **Fred P. Newton** (né en 1903) a descendu le Mississippi à la nage, sur **2 938 km,** entre Fort Dam, près de Minneapolis, et Carrollton Ave, à La Nouvelle-Orléans (Louisiane). Il a passé 742 h dans l'eau.
L'Américain Joe Maciag (né le 26 mars 1956) a nagé sans s'arrêter sur la rivière Yellowstone (de Billings à Glendive, dans le Montana aux États-Unis), pendant 64 h 50', du 1er au 4 juillet 1976, sur un parcours de 470 km.
L'Argentin Ricardo Hoffmann (né le 5 octobre 1941) a parcouru 481,5 km sur le rio Parana, de Corrientes à Santa Elena, en 84 h 37', soit 5,560 km/h, du 3 au 6 mars 1981.
Un cul-de-jatte, l'Américain Charles « Zimmy » Zibbelman (né en 1894), a nagé 168 h, en février 1941, dans une piscine d'Honolulu (Hawaii, U.S.A.).
Le Français Pierre Guezennec a effectué le trajet aller-retour Saint-Brieuc-Paimpol (120 km), en 33 h 45', les 23 et 24 septembre 1980.
L'Américaine Myrtle Huddleston a nagé 87 h 27', dans une piscine d'eau salée de Coney Island (New York), en 1931.
Margaret « Peggy » Byrne (née le 17 décembre 1949), élue du Minnesota à la Chambre des Représentants, a nagé, du 18 au 20 décembre 1979, 60 h 15'

dans une piscine de Saint Paul (Minnesota).
La nageuse professionnelle américaine Diana Nyad (née en 1949) a relié les Bahamas à la Floride, de Bimini à Jupiter, (142 km), en 27 h 38' (moyenne : 5,1 km/h) en août 1979.
L'Américain Gustave Brickner (né le 10-02-1902) a nagé sur 662 km jusqu'en octobre 1982 à 55 ans.
Gérard Lluch de Marseille a nagé 48 heures en piscine le 6 juin 1982.

24 heures *distance la plus longue*
L'Islandais **J. Hestoy** a nagé **89,174 km** dans une piscine les 29 et 30 mai 1982.

24 heures *distance la plus longue par un Français*
Le Français **Bertrand Malègue** (né en 1959) a nagé **87,528 km** en 24 heures (31 mai-1er juin 1980) dans une piscine de Saint-Étienne.

24 heures relais *distance la plus longue*
5 nageurs de l'université de Loughboroug (Leicestershire, G.-B.) ont nagé **144,562 km** en 24 heures les 13 et 14 mai 1980.

Relais sous-marin *le plus long*
3 nageurs du Sub Aqua Club – **Peter Saville, John Mason** et **Duncan Moulder** – sont devenus les personnalités les plus importantes (après Shakespeare) de Stratford-on-Avon en nageant, du 30 juin au 7 juillet 1979, **499 166 km sous l'eau** dans la piscine du Holiday Inn de Birmingham (G.-B.) pendant une durée de 268 heures.

NAGE AVEC PALMES

Jeux Mondiaux *les médailles françaises*
La nage avec palmes est l'une des 16 disciplines inscrites au programme des Iers jeux Mondiaux qui se sont déroulés à Santa Clara (Californie), du 24 juillet au 2 août 1981.
La Française **Anne-Marie Rouchon** a remporté **4 médailles :** 3 d'or (200 m, 400 m, 800 m) et 1 de bronze (100 m).
La Française **Anne Menguy** a remporté **3 médailles :** 1 d'or (100 m) et 2 d'argent (200 m et 100 m plongeon).

NETBALL

Origines

Ce jeu, inventé aux États-Unis en 1891, fut introduit en Grande-Bretagne en 1895.

Championnats du monde *le plus de titres*
Les championnats du monde ont été inaugurés en août 1963 et remportés 5 fois par l'**Australie** en 1963, 1971, 1975, 1979 et 1983.

Sélections internationales *le plus grand nombre*
L'Anglaise **Ann Miles** (née le 9 avril 1942) a été sélectionnée 65 fois en match international de 1965 à 1975.

Scores *les plus élevés*
Le meilleur score en tournoi mondial a été réussi à Auckland, en Nouvelle-Zélande, en 1975, quand l'Angleterre a battu la Nouvelle-Guinée **114 à w6.**
Le score le plus élevé jamais atteint en match international est **177 à 9** au profit de la Nouvelle-Zélande contre Singapour, en octobre 1974.
Le record du nombre de buts en tournoi mondial appartient à l'Anglaise Judith Heath (née en 1942), qui a marqué 402 buts en 1971.

COURSE D'ORIENTATION

Origines

La course d'orientation telle que nous la connaissons a été inventée par le major Ernst Killander, en Suède, en 1918 : elle a pour origine des exercices militaires des années 1890. Ce terme a été utilisé pour la première fois pour une épreuve organisée à Oslo, en Norvège, le 7 octobre 1900. Les championnats du monde (instaurés en 1966) ont lieu tous les 2 ans.
La Fédération française de course d'orientation a été créée en 1970 et le premier champion de France fut l'ancien athlète de demi-fond, Jean-Luc Toussaint.
La France a organisé pour la première fois une épreuve inscrite au calendrier international en 1980, dans la forêt de Fontainebleau.
Il y avait en 1980, en France, 2 666 licenciés à la Fédération française de course d'orientation, dont 457 femmes, répartis dans 169 clubs.

Championnats du monde *le plus de titres*
La **Suède** a remporté 6 fois le relais masculin entre 1966 et 1979 et 5 fois le relais féminin en 1966, 1970, 1974, 1976 et 1981. La Suédoise Ulla Lindkvist a remporté le titre féminin individuel en 1966 et 1968.
Le titre masculin a été remporté 2 fois par les Norvégiens Age Hadler, en 1966 et 1972, et Egil Johansen, en 1976 et 1978.

PARACHUTISME

Origines

Le parachutisme est devenu un sport réglementé depuis l'institution des championnats du monde en 1951. Un titre par équipe a été créé en 1954 et des épreuves féminines ont lieu depuis 1956.

Championnats du monde *le plus de titres*
L'**U.R.S.S.** a remporté 7 fois le titre par équipe masculine en 1954, 1958, 1960, 1966, 1972, 1976 et 1980 ; le titre par équipe féminine 6 fois en 1956, 1958, 1966, 1968, 1972 et 1976.
Le Soviétique Nikolai Ushamyev a remporté 2 fois le titre individuel (combiné), en 1974 et 1980.

Précision *la plus grande*
L'Anglaise **Jacqueline Smith** (née le 29 mars 1951) a atteint 10 fois de suite le centre de la cible (un cercle de 10 cm) aux championnats du monde de Zagreb en Yougoslavie, le 1er septembre 1978.
A Yuma (Arizona, U.S.A.), en mars 1978, **Dwight Reynolds** a atteint le centre de la cible 105 fois de jour, Phil Munden et Bill Wenger 43 fois la nuit.
Le Soviétique **A. Aasmiae** détient le record officiel de précision de la F.A.L., avec 50 sauts parfaits (mesurés électroniquement), effectués à Moscou en octobre 1979.
L'Américain **Cliff Jones** détient le record de sauts de nuit parfaits (au centre de la cible mesurés électroniquement) avec 27 sauts consécutifs en 1981.

Sauts *le plus grand nombre en un jour et dans une carrière*
L'Anglais **David Parchment** a effectué **233 sauts en 24 heures** au Shobdon Airfield (Hereford, G.-B.), le 19 juin 1979.
Le Soviétique **Anatoli Ossipov** avait exécuté, à la fin de 1979, le nombre record de **10 000 sauts,** tout comme son compatriote Barinov.
Le record féminin a été porté à plus de 8 000 sauts à la fin de 1980 par la Soviétique Valentina Sokorejkaya.

RECORDS DE PARACHUTISME

1er saut d'une tour		Louis-Sébastien Lenormand	Sorte de parachute	Montpellier	22-10-1783
1er saut d'un ballon		André-Jacques Garnerin	680 m	Parc Monceau Paris	22-10-1797
1er saut d'avion : masculin		Cpt Albert Berry	U.S. Army	Saint-Louis Missouri	01-03-1912
1er saut d'avion : féminin		Georgina Broadwick		Los Angeles	21-06-1913
1re chute libre		Georgina Broadwick		San Diego U.S.A.	13-09-1914
Évacuation : le plus bas		Spencer R.A.F.	9-12 m	Baltique	19-04-1945
Chute la plus longue		Lt col Rankin U.S.M.C.	40 minutes	Caroline du Nord	26-07-1956
Évacuation : le plus haut		Lt de Salis et col Lowe R.A.F.	17 068 m	Monyash G.-B.	09-04-1958
Plus long saut avec ouverture retardée	**masc.**	Cpt Joseph Kittinger	25 816 m d'un ballon à 31 333 m	Tularosa U.S.A.	16-08-1960
	fém.	O. Kommissarova U.R.S.S.	14 100 m	U.R.S.S.	21-09-1965
	civil	R. Beckett G.-B.	9 144 m	Afrique du Sud	23-02-1969
Saut le plus au sud		R. Patton	opération Deep Freeze	Pôle Sud	25-02-1966
Saut le plus au nord		R. Zebulon Canada	– 39°4 C	89° 39' N	31-03-1969
Nombre de sauts	**masc.**	A. Osipov	8 000	U.R.S.S.	04-1978
	fém.	Patty Wilson	plus de 1 000	Californie U.S.A.	02-1973
Atterrissage le plus haut		10 parachutistes soviétiques (4 morts)	7 133 m	Pic Lénine	05-1969
Charge la plus lourde		U.S.A.F. C-130 Hercules	23 tonnes d'acier, 6 parachutes	El Centro Californie U.S.A.	23-01-1970
Saut le plus haut d'un pont		R. Boyles	320 m	Royal Gorge U.S.A.	07-09-1970
Saut le plus haut d'une tour		H. Schmidtz U.S.A.	Mât KTUL-TV 604 m	Tulsa U.S.A.	04-10-1970
Plus grande étoile (5 s)		60 parachutistes	5 s	Zephyrhills U.S.A.	18-04-1981
Plus haute colonne		8 parachutistes	52 m	U.S.A.	10-1978
Plus âgé	**masc.**	Edwin C. Townsend U.S.A.	85 ans 1 jour	Riversview U.S.A.	06-02-1982
	fém.	Ardath Evitt U.S.A.	74 ans 1/2	U.S.A.	06-08-1978
24 h total		D. Bruce Mac Laughlin U.S.A.	235 sauts (120 de nuit)	East Taunton U.S.A.	17/18-09-1981

PATINAGE ARTISTIQUE

Origines

On trouve la première allusion au patinage sur glace dans la littérature scandinave du XIe siècle, mais certaines découvertes archéologiques permettent de penser qu'il existait déjà 10 siècles plus tôt. Les premières références, datant de 1880, parlent de patins en os.

Le premier club de patinage a été l'Edinburgh Skating Club créé en 1742, en Écosse, et la première course connue a eu lieu de Wisbech à Wittlesea, dans l'East Anglia, en 1763. La première patinoire artificielle du monde a été inaugurée au Baker Street Bazaar, à Londres, le 7 décembre 1842, mais sa surface n'était pas de glace. La première patinoire en glace fut ouverte à Londres le 7 janvier 1876. L'International Skating Union a été créée en 1892.

Jeux olympiques *le plus de médailles*

Plusieurs patineurs ont gagné 3 médailles d'or : le Suédois **Gillis Gråafstrom** (1893-1938) en 1920, 1924 et 1928 (plus 1 médaille d'argent en 1932), la Norvégienne **Sonja Henie** (1912-1969) en 1928, 1932 et 1936, et la Soviétique **Irina Rodnina** (née le 12 septembre 1949) en compétition par couples en 1972 avec Aleksei Ulanov et en 1976 et 1980 avec Alexandre Zaitsev.

Championnats du monde *le plus de titres*

Le plus grand nombre de titres mondiaux individuels (titre institué en 1896) revient au Suédois **Ulrich Salchow** (1877-1949), **10 fois** vainqueur de 1901 à 1905 et de 1907 à 1911.

Le record féminin (depuis 1906) est de 10 également pour **Sonja Henie,** entre 1927 et 1936.

La Soviétique **Irina Rodnina** a remporté 10 titres en couple (institué en 1908), 4 avec Aleksei Ulanov (né le 4 novembre 1947), de 1969 à 1972, et 6 avec son mari, Alexandre Zaitsev (né le 16 juin 1952), de 1973 à 1978. Le plus grand nombre de titres en danse par couples (institué en 1950) revient aux Soviétiques Alexandre Gorshkov (né le 8 décembre 1946) et Ludmila Pakhomova (née le 31 décembre 1946), 6 fois vainqueurs, de 1970 à 1974 et en 1976.

Patineurs *les plus titrés*

Avec 3 médailles d'or olympiques, 10 titres de championne du monde et 11 titres de championne d'Europe par couples la Soviétique **Irina Rodnina** est la patineuse la plus titrée. Elle a obtenu 24 médailles d'or dans des compétitions internationales continentales ou mondiales.

Le patineur français le plus titré est **Alain Giletti** (né le 11 septembre 1939), 6 fois champion d'Europe (1953, 1955, 1956, 1957, 1960, 1961) et champion du monde en 1960.

Alain Calmat (né le 31 août 1940) a été 3 fois champion d'Europe (1962-1964) et champion du monde en 1965.

Patineurs *les titres mondiaux et olympiques français*

Pierre Brunet (né en 1907) et **Andrée Joly** (née en 1905) ont remporté 3 médailles aux jeux Olympiques en couple : 2 d'or (1928 et 1932) et 1 d'argent (1924).

Patrick Péra (né le 17 janvier 1949), le seul à avoir remporté 2 médailles à titre individuel (bronze en 1968 et 1972), est le dernier Français à avoir obtenu 1 médaille aux jeux Olympiques et aux championnats du monde.

Aucun Français n'a été champion olympique à titre individuel, mais 3 ont été champions du monde : Jacqueline Dubief (née le 4 décembre 1930) (1952), Alain Giletti (1960) et Alain Calmat (1965). Pierre Brunet et Andrée Joly ont été champions du monde par couples en 1926 et 1930.

Le grand chelem

L'Autrichien **Karl Schåfer** (1909-1976) et **Sonja Henie** en 1932 et 1936, l'Anglais **John Curry** en 1976 et l'Allemande de l'Est, **Annett Pœtszch** en 1980 se sont adjugé chacun une fois le « grand chelem », c'est-à-dire les titres mondiaux, olympiques et européens la même année.

Les meilleures notes

Le plus grand nombre de notes maximum (6) obtenu pour une seule exhibition est **12** pour **Alexandre Zaitsev** et **Irina Rodnina** (U.R.S.S.) lors du championnat d'Europe par couples à Cologne (Allemagne de l'Ouest) le 7 février 1978.

Le plus grand nombre de notes maximum obtenu pour une seule exhibition est 9 (sur 9 juges) pour les Anglais Jayne Thorvill (née le 7 octobre 1957) et Christopher Dean (né le 27 juillet 1958) pour les notes artistiques lors des championnats du monde à Helsinki (Finlande) le 12 mars 1983. Ils obtinrent pour les notes techniques de cette exhibition 9 fois 5,9. Le 5 février 1982, à Lyon (France), toujours dans le concours des figures libres, ils ont obtenu le total

record de 11 notes maximum : 8 en artistique et 3 en technique.
En individuel ce total de notes de 6 sur 6 est de 7 pour le Canadien Donald Jackson (né le 2 avril 1940), au championnat du monde masculin à Prague (Tchécoslovaquie), en 1962.

Saut *le plus difficile*
C'est le Canadien **Vern Taylor** (né le 1er mars 1958) qui a réalisé le premier triple axel en compétition aux championnats du monde à Ottawa, le 10 mars 1978. Un seul couple a exécuté une quadruple boucle en compétition internationale, les Soviétiques Serguei Shakrai (né le 20 juin 1958) et Marina Tcherkasova (née le 17 novembre 1964), à Helsinki, le 26 janvier 1977. Ils sont aussi les premiers à avoir exécuté un triple saut piqué simultané le 1er février 1978, à Strasbourg.

Patinoire *la plus grande*
La plus grande patinoire couverte du monde est celle, olympique, de **Moscou,** qui couvre **8 064 m².**

Marathon
L'Australien **Lou Sergi** a patiné **331 h 20'** à la patinoire Majestic de Sydney (Australie) du 22 juin au 6 juillet 1980.

PATINAGE DE VITESSE

Il y a moins de 500 licenciés en France.

Médailles olympiques *le plus grand nombre*
La Soviétique **Lidia Skoblikova** (née le 8 mars 1939) détient le record de médailles d'or olympiques en patinage de vitesse : 2 en 1960 et 4 en 1964.
Le record masculin appartient au Finlandais **Clas Thunberg** (1893-1973) avec 5 médailles d'or (dont 1 ex aequo), plus 1 d'argent et 1 de bronze ex aequo en 1924 et 1928, soit 7 médailles au total.
L'Américain **Eric Heiden** (né le 14 juin 1958) a également remporté 5 médailles d'or, toutes à Lake Placid (NY, États-Unis) en 1980 : c'était la première et unique fois qu'un patineur remportait tous les titres olympiques au cours des mêmes Jeux, performance qui n'a jamais été réalisée dans aucun autre sport. Il s'agit là du record absolu de victoires olympiques individuelles réussies au cours des mêmes Jeux. Paavo Nurmi (athlétisme), Mark Spitz (natation), Larissa Latinina, Vera Caslavska et Tchoukarine (gymnastique), Ray Ewry (athlétisme), n'ont remporté que 4 médailles d'or individuelles en une seule participation.

Titres mondiaux *le plus grand nombre*
Le record des titres mondiaux (institués en 1893) appartient aux Norvégiens **Oscar Mathisen** (1888-1954) et **Clas Thunberg** avec 5 victoires chacun, 1908, 1909, 1912, 1913, 1914 pour le premier, et 1923, 1925, 1928, 1929 et 1931 pour le second.
Chez les femmes, la Soviétique **Inga Voronina** (née Artomonova, 1936-1966) a remporté 4 fois le titre en 1957, 1958, 1962 et 1964, comme la Hollandaise Atje Keulen-Deelstra (née le 31 décembre 1938), en 1970, 1972, 1973 et 1974.

Score total *le plus élevé*
Le score record obtenu au classement total dans un championnat du monde est de **162,973 points,** réussis par l'Américain **Eric Heiden** à Oslo, en Norvège, les 10 et 11 février 1979.

Records du monde *le plus grand nombre en deux jours*
Tous les records du monde féminin, du 500 m au 3 000 m, ont été battus, et certains à plusieurs reprises, les **27 et 28 mars 1981** sur l'anneau de vitesse de Medes, près d'Alma Alta, au Kazakhstan. Pendant ces 2 journées, où s'opposaient les équipes d'Union soviétique et d'Allemagne de l'Est le record du monde des 500 m masculin a aussi été battu par le Soviétique Koulikov qui, le premier, est descendu officiellement en dessous des 37" sur cette distance.

Course *la plus longue*
La course classique la plus longue était l'« **Elfstedentocht** » (le « Tour des 11 villes ») aux Pays-Bas. Elle a été disputée 12 fois entre 1909 et 1963. Le dernier vainqueur a été Reiner Paping. La distance en était de **200,124 km** et le meilleur temps a été réalisé le 3 février 1954 par Jeen van den Berg (né le 8 janvier 1928) en 7 h 35'.
5 patineurs l'ont emporté 2 fois. C. de Koning, le premier, en 1912 et 1917, puis Auke Adema, D. van Der Duim, Cor Jonger, Piet Keizer et Sjouke Westra.
Le plus grand nombre de concurrents classés dans la course des champions est 277 en 1942 sur 970 partants (autre record). Le plus grand nombre de

RECORDS DU MONDE DE PATINAGE DE VITESSE

Distance	Temps	Nom et pays	Lieu	Date
500 mètres	36"57	Pavel Pegov (U.R.S.S.) (1)	Medeo (U.R.S.S.)	26 mars 1983
1 000 mètres	1'12"58	Pavel Pegov (U.R.S.S.)	Medeo (U.R.S.S)	25 mars 1983
1 500 mètres	1'54"26	Igor Zhelezovsky (U.R.S.S.) (2)	Medeo (U.R.S.S.)	26 mars 1983
3 000 mètres	4'04"06	Dimitri Oglobline (U.R.S.S.)	Medeo (U.R.S.S.)	28 mars 1979
5 000 mètres	6'51"17	Sergei Pribitkov (U.R.S.S.)	Medeo (U.R.S.S.)	25 décembre 1982
10 000 mètres	14'23"59	Tomas Gustafson (Suède) (3)	Oslo (Norvège)	31 janvier 1982
Combiné court	148,785 pts	Gaetan Boucher (Canada)	Davos (Suisse)	1er février 1981
Combiné long	162,312 pts	Victor Chacherine (U.R.S.S.)	Alma-Ata (U.R.S.S.)	1er avril 1982

(1) Vitesse moyenne: 49,22 kmh. (2) Record non ratifié par la Fédération internationale. (3) Le Soviétique Konstantin Kadhov a réussi 14'17"61 sur la distance au cours d'une réunion non officielle à MEDEO (U.R.S.S.) le 25 décembre 1982

Distance	Temps	Nom et pays	Lieu	Date
500 mètres	39"69	Christa Rothenburger (R.D.A.)	Medeo (U.R.S.S.)	25 mars 1983
1 000 mètres	1'19"31	Natalia Petruseva (U.R.S.S.)	Medeo (U.R.S.S.)	26 mars 1981
1 500 mètres	2'04"06	Natalia Petruseva (U.R.S.S.)	Medeo (U.R.S.S.)	25 mars 1981
3 000 mètres	4'21"70	Gabrielle Schonbrunn (R.D.A.)	Medeo (U.R.S.S.)	28 mars 1981
5 000 mètres	7'40"97	Andrea Schoene (R.D.A)	Heerenveen (Pays-Bas)	23 janvier 1983
Combiné court	168,710 pts	Karin Enke-Busch (R.D.A.)	Inzell (R.F.A.)	13 février 1982
Combiné long	171,149 pts	Natalia Petruseva (U.R.S.S.)	Medeo (U.R.S.S.)	28 mars 1981

« touristes » classés a été de 3 669 en 1942, le plus grand nombre de « touristes » partants, 9 294 en 1963.
La course la plus longue est aujourd'hui disputée sur le lac Versivarji, près de Lahti, en Finlande.

Elfstedentocht *le plus de participations*
Le Hollandais **Abe de Vries** (né le 11 avril 1907) est le seul à avoir été classé 5 fois dans la « Course des 11 villes » : vainqueur en 1933, 6e en 1940, 5e en 1941, 7e en 1942 et 3e en 1947. Ces 5 participations représentent 50 h 36' de course.

Marathon sur piste
Le 16 février 1977 le Hollandais **Abe de Vries** a patiné pendant **200 km en 7 h 20** sur la piste couverte de 400 mètres de Huitof, à La Haye (Hollande), à l'âge de 69 ans et 310 jours.

PATINAGE A ROULETTES

Origines
Les patins à roulettes ont été inventés par Joseph Merlin d'Huy (1735-1803) en Belgique, en 1760. James L. Plimpton de New York a mis au point et breveté le modèle actuel à 4 roues en janvier 1863. Les premières patinoires fermées ont été inaugurées à Londres, à Haymarket vers 1824.
Ce sport a connu un grand essor de 1870 à 1875, de 1908 à 1912, de 1948 à 1954, et en 1980, chaque fois sous l'impulsion des États-Unis.
Le patinage à roulettes et le rink hockey (hockey à roulettes) sont parmi les 16 disciplines inscrites au programme des Iers Jeux Mondiaux de Santa Clara (Californie).

Patinage artistique *le plus de titres*
L'Allemand de l'Ouest **Karl Heinz Losch** a remporté 5 titres de champion du monde en 1958, 1959, 1961, 1962 et 1966, et sa compatriote Astrid Bader, 4 titres de 1965 à 1968.
C'est également un Allemand de l'Ouest, Dieter Fingerle, qui a remporté le plus grand nombre de titres en couple, avec 2 partenaires différentes, soit 4, en 1959, 1965, 1966 et 1967.

Patinage de vitesse *le plus de titres*
L'Italienne **Alberta Vianello** a remporté **16 titres** de patinage de vitesse entre 1953 et 1965.
Le seul Français qui ait obtenu un titre de champion du monde depuis la dernière guerre est Hervé Lallemant (né en 1960), le 21 décembre 1980, à Auckland (Nouvelle-Zélande) dans l'épreuve du 5 000 m sur route.
Avant guerre, le Français Louis Fichaux (né en 1921) avait remporté à Ferrare (Italie) 3 des 4 titres décernés au cours des championnats du monde 1938 : 1 000 m, 10 000 m et 20 000 m sur route. Un an plus tôt, en 1937, il avait, à l'âge de 16 ans, égalé le record du monde des 500 mètres et enlevé le titre de champion d'Europe de vitesse à Monza (Italie).
La Française Violette Pourthé a remporté le titre mondial des 500 mètres à ces mêmes championnats du monde de 1938.

Vitesses *les plus grandes*
La plus grande vitesse officiellement enregistrée est **41,48 km/h** lorsque l'Italien **Giuseppe Cantarella** (né le 13 août 1944) a battu le record du quart de mile (402 m) en 34'9", sur une route sicilienne, le 28 septembre 1963.
Le record du mile (2'25"1) en patinoire appartient à l'Italien Gianni Ferretti (né le 11 mai 1948) depuis le 28 septembre 1968 à Inzell en Allemagne de l'Ouest.
Le record de l'heure sur une piste en dur est de 35,399 km par l'Italienne Marisa Anna Danesi (née le 25 novembre 1935) à Inzell, en Allemagne de l'Ouest, le 28 septembre 1968.
Le record de l'heure sur une piste non en dur (« track ») est de 37,230 km par l'Italien Alberto Civolani (né le 16 mars 1933) à Inzell, le 28 septembre 1968. Il a aussi couvert 80,46 km (50 miles) en 2 h 20'33"01.

Vitesses derrière entraîneur *les plus grandes*
L'Italien **Gianni Marcolla** (né en 1954), accroché à la carrosserie d'une Lamborghini 12 cylindres de 4 000 cm³ a atteint la vitesse de **172,245 km/h** sur le circuit automobile de Monza (Italie), en janvier 1981.
Encore à Monza, il aurait été chronométré en novembre 1981 à 177,339 km/h.
Toujours accroché à la carrosserie d'une Lamborghini, le cascadeur Ouest-Allemand Jaromir Wagner a atteint la vitesse de 184,420 km/h sur le circuit automobile de Hockenheim (R.F.A.), en 1981.

Distances *les plus longues*
C'est l'Italienne **Marisa Danesi** (née le 25 novembre 1935) qui détient le record de la plus longue distance parcourue en 1 h : **35,399 km,** à Inzell, le 28 septembre 1968.
Le record masculin sur piste est de 37,230 km et appartient à l'Italien Alberto Civolani (né le 16 mars 1933) qui a couvert 80,46 km en 2 h 20'33"1 à Inzell (Allemagne de l'Ouest) le 28 septembre 1968.

Rink hockey
La Grande-Bretagne, où l'on joue au rink hockey, (ou roller hockey, ou rink polo), depuis 1870, a remporté les premiers championnats du monde en 1936. Mais depuis, le **Portugal** a remporté 12 fois le titre entre 1947 et 1982, et 15 fois les championnats d'Europe (créés en 1926) entre 1947 et 1977.

Patinoire couverte *la plus grande*
La plus grande patinoire couverte est celle qui se trouvait au Grand Hall Olympia, à Londres, mais qui, ouverte en 1890, a été fermée en 1912. Elle couvrait une surface de 6 300 m².
Actuellement la patinoire la plus grande est la Fireside Roll-Arena Hoffman Estates, dans l'Illinois (États-Unis), avec une surface totale de patinage de **2 774 m².**

Endurance *le plus long raid*
L'Américain **Theodore Coombs** (né en 1954) de Hermosa Beach en Californie (États-Unis), a couvert **8 357 km** à patins de Los Angeles à New York et retour, jusqu'à Yates Center, dans le Kansas (États-Unis), du 30 mai au 14 septembre 1979. Il a parcouru jusqu'à 193 km en 24 h les 27 et 28 juin 1979, et au cours des 5 000 premiers km, a maintenu une moyenne de 107,18 km par jour.

Marathon
Randy Reed, de Springfield (Oregon, États-Unis), a patiné **322 h 20'** sans s'arrêter, du 12 au 20 juin 1977.
L'Américaine Jackie Jacobs (née en 1958) a réussi en 1979 la traversée d'ouest en est des États-Unis en patins à roulettes en 37 jours. Le 7 décembre 1980 à San Diego (Californie) elle a parcouru 270 km en 24 h.
Robert Zorn, Ken Morris et Cary Cube ont patiné pendant 337 h 20', du 19 août au 2 septembre 1981 au Roller World de Santee (Californie).

PÊCHE

Prises *les plus grosses*

Le plus gros poisson pêché à la ligne qui ait été enregistré officiellement est un **requin blanc,** mangeur d'hommes *(Carcharodon carcharias),* qui pesait **1 208 kg** et mesurait 5,13 m. Il avait été pris par Alf Dean, avec une ligne de 58 kg, à Denial Bay, en Australie du Sud, le 21 avril 1959.

Un autre requin blanc, pesant 1 537 kg, a été pêché par Clive Green, au large d'Albany en Australie occidentale, le 26 avril 1976. Cette prise n'a pas été homologuée car la chair de squale avait été utilisée comme appât.

Le capitaine américain Frank Mundus a harponné le 6 juin 1964, au large de Montauk Point (État de New York), un requin blanc de 5,18 m de long et de 2 040 kg. Aidé de Peter Brandenberg, de Gerald Mallow, de Frank Bloom et de Harvey Ferston, il l'a ramené à terre après une bataille de 5 heures.

En juin 1978 un **requin blanc** de 9 m de long et de **4 536 kg** a été harponné et amené à terre par des pêcheurs de San Miguel, aux Açores.

Le plus grand animal de mer jamais harponné à la main est une baleine bleue de 29,56 m, tuée par Archer Davidson dans la baie de Twofold, en Nouvelles Galles du Sud (Australie), en 1910. Sa queue avait 6,09 m de large et sa mâchoire mesurait 7,11 m.

Prise *la plus petite*

Le plus petit poisson à avoir gagné une compétition est un **éperlan** qui pesait **1 g.** Il avait été pêché par Peter Christian à Buckenham Ferry, dans le Norfolk, en Angleterre, le 9 janvier 1977. Avec cette prise, Peter Christian battait 107 compétiteurs.

Prises *le plus grand nombre*

Le Français Georges **A. Popot** a pêché **286 livres de gardons** (plus de 1 200 pièces) dans la rivière Blackwater (Irlande) en une journée pendant l'été 1966.

Pêche sous-marine *la plus grosse prise*

Le plus gros poisson jamais harponné sous l'eau est un **mérou noir** géant de **364 kg** tué en 1955 par Don Pinder, un membre du Triton Club de Miami en Floride (États-Unis).

Chasse sous-marine *la plus grosse prise*

Le plus gros poisson qu'un chasseur sous-marin ait harponné et ramené à terre est un **requin pèlerin** de 5,60 m et de **857 kg,** le 25 avril 1960 près des Estocs (France), par le chasseur français Pierre Poulain.

Championnats du monde *le plus de titres*

Les championnats de la Confédération internationale de la pêche sportive ont été organisés pour la première fois en 1953, comme championnats d'Europe. Ils ont été reconnus comme championnats du monde à partir de 1957.

La **France** a remporté le titre par équipes à 11 reprises entre 1956 et 1979. Le Français Robert Tesse a remporté 3 titres individuels en 1959, 1960 et 1965.

Par équipes, le record de poids est détenu par l'Allemagne de l'Ouest, qui a pêché 34,715 kg de poisson en 3 h sur le Neckar, à Mannheim (R.F.A.) le 21 septembre 1980.

Le record individuel est détenu par l'Allemand de l'Ouest Wolf-Rudiger Kremkus qui a pêché 16,990 kg de poisson à Mannheim (R.F.A.) le 20 septembre 1980.

Le Belge Jacques Isanbaert a pêché 652 pièces à Dunajvaros, en Yougoslavie, le 27 août 1967.

Pêche de concours *le plus de poisson*

Au cours du Festival de pêche de Fermanagh, sur l'Erne, en Ulster (Irlande du Nord), le 14 mai 1981, Peter Burell avait, à l'issue d'un concours de 5 h, près de **177,29 kg de poisson.**

Lancer *records divers*

Le record du monde de lancer, homologué par l'I.C.F. (International Casting Federation) est de **175,01 m** (plombé à 30 g). Il est détenu par **Walter Kummerow** (R.F.A.), qui l'a réalisé à Lenzerheide, en Suisse, aux championnats de 1968.

Le record du monde de lancer (distance mouche à saumon) est de **78,38 m,** et il appartient au Norvégien **Svene Scheen,** qui l'a également réalisé à Lenzerheide, en septembre 1968.

Le record en surfcasting est de **220,54 m** (plombé à 150 g) par l'Anglais **Paul Kerry** à Norwich (Norfolk, G.-B.) le 7 septembre 1980.

Combat le plus long

Le plus long combat connu entre un homme et un poisson est celui qui a opposé, **32 h 5'** durant, l'Américain Donald Heatley (né en 1938) à un marlin noir, d'une longueur estimée à 6,09 m et d'un poids de 680 kg. La lutte s'est déroulée au large de Mayor Island (Islande du Nord) les 21 et 22 janvier 1968. Quand la ligne a cassé, le poisson avait traîné le canot (12 t) du pêcheur sur 80 km.

PELOTE BASQUE

Origines et jeu

Ce jeu est originaire d'Italie, où il était connu sous le nom de « longue paume ». Il a été introduit en France au XIIIe siècle. Ce serait le plus rapide de tous les jeux de balle. Le gant a été introduit vers 1840 et le chistera a été inventé par Jean « Gantchiki » Dithurbide, de Sainte-Pée (France). Le grand chistera a été inventé par Melchior Curuchagu, de Buenos Aires (Argentine), en 1888.

Le plus grand fronton du monde est le World Jaï Alaï de Miami (Floride), qui a accueilli 15 052 spectateurs, le 27 décembre 1975. Il existe divers jeux se jouant au fronton : main nue, remonte, rebot, pala, grand chistera et cesta punta, pour ne citer que les plus connus.

Au plan international, ce sport est dirigé par la *Federacion internacional de Pelota Vasca,* à Madrid, en Espagne.

La plus grande compétition française est la Semaine des sports basques, qui se déroule tous les ans en août dans les Pyrénées-Atlantiques.

Il y avait 7 647 licenciés de pelote basque en France en 1980, dont 236 femmes, répartis dans 163 clubs.

Championnats du monde *le plus de titres*

Créés en 1952, les championnats du monde de pelote basque se déroulent tous les quatre ans.

Le record par paires, au trinquet, est de **4 titres** pour les Argentins **Roberto Elias** et **Juan Labat** en 1952, 1958, 1962 et 1966.

Juan Labat a remporté dans sa carrière 7 titres de champion du monde.

Le plus grand nombre de titres remportés à la cesta punta est 3, par le Mexicain Hamuy, avec 2 partenaires différents, en 1958, 1962 et 1966.

Vitesses *les plus élevées*

José Ramon Areitio a envoyé une balle à **302 km/h** (mesure électronique), au Newport Jaï Alaï (Rhode Island, U.S.A.), le 3 août 1979.

Domination *la plus longue*

Le plus grand joueur de pelote basque de tous les temps est le Français **Chiquito de Cambo** (né Joseph

Apestéguy, 1881-1955) qui est resté le numéro un de la spécialité du début du siècle à 1938, date à laquelle il a été supplanté par le Français Jean Urruty (né le 19 octobre 1913).

PENTATHLON MODERNE

Le pentathlon moderne (équitation, escrime, tir, natation et course à pied) a été introduit aux jeux Olympiques de Stockholm en 1912.
Les premiers championnats du monde féminins se sont déroulés en août 1981.
Créée en 1948, la Fédération internationale de pentathlon moderne regroupe 54 pays.
Les points marqués en équitation, escrime et cross-country, et en conséquence le total des points n'ont pas de valeur comparative d'une compétition à l'autre. En revanche, les points marqués pour le tir et la natation sont réellement significatifs et ce sont les records dans ces deux disciplines qui seront présentés ici.

Titres mondiaux *le plus grand nombre*

Le record du nombre de titres mondiaux appartient au Hongrois **András Balczó** (né le 16 août 1938) avec **6 victoires** en 1963, 1965, 1966, 1967 et 1969. L'année des jeux Olympiques, la médaille d'or conférant en même temps le titre mondial, Balczó détient son sixième titre depuis 1972.

Le meilleur classement obtenu par un Français est la 3e place de Joël Bouzou (né en 1955) le 10 décembre 1982 aux championnats du monde de Rome (Italie).

Titres olympiques *le plus grand nombre*

Le Suédois **Lars Hall** (né le 30 avril 1927) est le seul à avoir conquis 2 titres olympiques individuels, en 1952 et 1956.
András Balczó a remporté 3 médailles d'or aux Jeux, 2 par équipes (1960 et 1968) et 1 à titre individuel (1972).
Le Soviétique Pavel Lednev (né le 25 mars 1943) a remporté 2 titres par équipes (1972, 1980).
La Suède a enlevé 9 fois le titre par équipes.

Médailles olympiques *le plus grand nombre*

Le Soviétique **Pavel Lednev** est le seul à avoir remporté **4 médailles** à titre individuel, de bronze en 1968, 1972 et 1980, d'argent en 1976. Avec ses 3 médailles par équipes (or en 1972 et 1980, argent en 1968), cela lui fait un total de 7 médailles olympiques en 4 Jeux (1968-1980).

Le meilleur vainqueur olympique a été, aux Jeux de Londres en 1948, le Suédois William Oscar Guernsey Grut (né le 17 septembre 1914), vainqueur dans 3 disciplines et classé 5e et 8e dans les 2 autres.

Médaille française *l'unique*

La France n'a remporté qu'**une médaille de bronze** par équipes aux jeux Olympiques, en 1968 à Mexico. L'équipe française était composée de Raoul Gueguen, Christian Chatillon, Jean-Pierre Giudicelli et Lucien Guiguet.

Le meilleur classement à titre individuel d'un pentathlète français aux jeux Olympiques est la 6e place obtenue par Raoul Gueguen (né le 20 juin 1947) en 1968 aux jeux de Mexico. Gueguen avait terminé 5e des championnats du monde 1967.

PLANCHE A VOILE

Origines

Les premières planches à voile sont apparues en Californie en 1964. Newman Darby en a construit le 1er prototype pour permettre aux adeptes du surf de continuer à pratiquer leur sport même sans vagues, pourvu qu'il y ait un peu de vent. Il avait découvert le mât articulé qui permet le changement de direction de la planche.
Mais le véritable développement de cette nouveauté date de 1968 lorsque Hoyle Schweitzer déposa le brevet de sa planche, le windsurf.
Les premiers windsurfs sont apparus en France au cours de l'été 1970.
Reconnue par la Fédération française de voile, l'Association française de windsurfers (A.F.W.) a été créée en 1974. Il existe une organisation mondiale, l'International Windsurfer Class Association (I.W.C.A.), à qui certains membres ont reproché d'être trop liée aux constructeurs de planches. Aussi la France, la Suisse, l'Allemagne de l'Ouest et la Hollande ont-elles créé en 1977 l'European Windsurfer Class Association (E.W.C.A.).
La planche à voile est inscrite au programme des jeux Olympiques de 1984.

Franchissement du cap Horn *le premier*

Le 1er à avoir doublé le cap Horn à windsurfer est le Français **Frédéric Beauchêne** (né en 1956) qui a réussi cet exploit le 19 décembre 1979, en 7 étapes et après 500 km de navigation, escorté par un gros canot pneumatique et par un navire de la flotte marchande chilienne.
Frédéric Beauchêne est le premier à avoir réussi la traversée de la Manche (1978), celle du cap Horn et celle de la Manche aller-retour (1981).

Franchissement du détroit de Behring *le premier*

Le 1er à avoir franchi le détroit de Behring à windsurf est le Français **Arnaud de Rosnay** (né en 1946), en 1979.

La Franco-Américaine Jenna de Rosnay est la femme la plus rapide du monde en planche à voile.

Traversée de la Manche *la plus rapide*
Le 25 août 1982 le Français **Pascal Maka** (né en 1959) a réussi la traversée du cap Gris-Nez à Douvres en **55'.**
Laurence Martel (née en 1958) est la première femme à avoir traversé la Manche en planche à voile, du cap Gris-Nez à Douvres, le 22 août 1982.

Vitesse *la plus grande*
Le record de vitesse absolu est de **27,82 nœuds** (51,52 km/h) par le Français **Pascal Maka** le 14 octobre 1982 à Weymouth (G.-B.). Le 1er record du monde de vitesse avait été établi en 1977 par le Hollandais Derk Thijs avec une vitesse de 19,1 nœuds.
Les records de vitesse en classe 10 m^2 sont de 24,45 nœuds et de 23,54 nœuds en classe B.
L'Anglais Clive Colenso a atteint une vitesse de 22,85 nœuds (45,53 km/h) le 22 octobre 1979 avec *Olympic Gold.*
La plus grande vitesse atteinte par une femme est 26,28 nœuds par la Française Jenna de Rosnay le 14 octobre 1982 à Weymouth (G.-B.).

Championnats du monde *le plus de titres*
L'Américain **Robby Naish** (né en 1963) est le premier à avoir été 3 fois champion du monde de planche à voile. Il a aussi remporté 2 fois la coupe du monde.
Le Néerlandais **Stefan van den Berg** (né en 1963) a lui aussi été 3 fois champion du monde en série olympique.
Le Français **Frédéric Gauthier** a conquis le 26 septembre 1982 à Baja Sardina son 3e titre consécutif de champion du monde dans la catégorie des mi-lourds.

Championnats d'Europe *le plus de titres*
La Française **Manuelle Graveline** (née en 1961) a conquis en 1981 son 4e titre de championne d'Europe.
Elle a aussi été championne du monde en 1979.

Champion du monde *le plus jeune*
Robby Naish avait **13 ans** lorsqu'il a remporté son 1er titre de champion du monde, en octobre 1976, aux Bahamas.

24 Heures de La Baule *le plus de victoires*
Les premières 24 Heures de La Baule en planche à voile, avec départ type 24 Heures du Mans, se sont déroulées les 17 et 18 juillet 1982. Le vainqueur, le Néerlandais **John van den Starre** (né en 1961) a parcouru 156,67 miles, soit 296 km. La seule femme engagée, Raphaele Le Gourvello (née en 1960) a terminé 18e sur 20 classés sur 36 au départ. Au cours de ces 24 Heures, un contrôle médical était obligatoire toutes les 4 heures.

Distances *les plus longues et les plus rapides*
Il n'y a aucun record homologué de toutes ces tentatives où les mesures, de distance en particulier, sont très difficiles à réaliser. Toutes les performances citées ici ont été effectuées sous contrôle.
Au 15 août 1981, le véliplanchiste qui est allé le plus loin et le plus vite est le Français **Stéphane Peyron** (né en 1960) qui, parti de La Baule (France) le 14 juillet 1981 vers les îles de Leveres et retour a effectué un parcours de **500 km en 52 h 29'.**
Le record précédent de durée (endurance) était de 51 h pour le Français Christian Marty (né en 1944) qui avait bouclé un tour de la Guadeloupe sans escale (111 miles) en 1980.
Le record précédent de distance était de 413 km (223 miles) réussis en 30 h les 22 et 23 février 1981 à Sainte-Anne (Martinique) par le Français Yan Roussel (né en 1959).
L'Allemand de l'Ouest Thomas Staltmaier (né en 1961) a réussi 330 km en 23 h 25' les 2 et 3 février 1981 au large de la Martinique.

Marathons
Le Français Arnaud de Rosnay aurait réussi un raid de plus de 900 km entre l'île de Nuku-Hiva, dans l'archipel des Marquises, et l'atoll de Ahe, situé à 450 km au nord-est de Tahiti, entre le 31 août et le 11 septembre 1980. Parce que personne n'en a été témoin, cette traversée a été mise en doute par de nombreux spécialistes, et, finalement, n'a pas été tenue pour véridique. Voulant en prouver l'authenticité, Arnaud de Rosnay est reparti pour une nouvelle tentative le 28 décembre 1980. Il a abandonné le 30 décembre après avoir parcouru 180 miles.

Traversée de l'Atlantique *la seule*
Sergio Ferrero, Italie, a traversé l'Atlantique en 24 jours, du 6 juin au 26 juin 1982, des Canaries à la Barbade. **Christian Marty** (né en 1947) a traversé l'Atlantique en planche à voile, de Dakar (Sénégal) à Kourou (Guyane), couvrant 2 400 miles, soit 4 800 km entre le 12.12.1981 à 9 h 20 G.M.T. et le 18.01.1982 à 16 h 7' G.M.T., soit en 37 jours 16 h 25'.
Il est le premier véliplanchiste qui ait réussi cette traversée qui constitue la plus longue distance jamais parcourue d'une seule traite en planche à voile. Sa planche mesurait 3,50 m de long et 0,70 m de large. Le 4 janvier 1982, après 26 jours de mer, le Français Frédéric Giraldi, parti de Dakar, ralliait Pointe-à-Pitre (Guadeloupe), mais il avait dû passer plusieurs nuits à bord de son bateau suiveur après l'avarie survenue à l'un des flotteurs qui lui permettaient de dormir sur sa planche.
Christian Marty avait auparavant effectué depuis 1978 la première jonction Guadeloupe-Marie-Galante, le premier raid Guadeloupe-Martinique (87 miles en 17 h 50'), le premier record du tour de la Guadeloupe (111 miles en 51 h, alors record d'endurance) et la première liaison continent-Corse (92 miles). Marty dut revenir à Dakar le 2 décembre 1981 après 150 miles de course à la suite d'une avarie de gouvernail survenue lors de sa première tentative de traversée de l'Atlantique qui avait débuté le 28 novembre.
Le Français Stéphane Peyron, le Néerlandais Geny Jipping (né en 1948), le Suédois Johan Salen (né en 1958) et l'Américain Mark Robinson (né en 1955) ont quitté Dakar (Sénégal) le 4 avril 1981 pour tenter la 1re traversée de l'Atlantique en planche à voile. Ils ont stoppé leur tentative le 20 avril, après avoir parcouru 1 270 miles (2 360 km), Jipping, d'abord victime d'un traumatisme crânien (il fut recueilli par le bateau suiveur après 5 jours de course) étant frappé d'une crise d'appendicite.

Participants *le plus grand nombre*
1 159 inscrits, 1 040 véliplanchistes au départ, c'est le record de participants réunis le 6 août 1983 à La Baule (France) pour le Triangle Ouest-France.

PLONGEON
Voir *natation.*

RINK HOCKEY

Voir *patinage à roulettes.*

RUGBY

Origines

Bien que l'on ait des indices de la pratique, pendant l'occupation romaine, d'un sport similaire au rugby par bien des aspects, il est de tradition d'affirmer que le rugby est né en novembre 1923 à la Rugby School d'une infraction aux règles du football commise par William Webb Ellis (vers 1807-1872). Le nouveau code de ce jeu de balle à la main évolua progressivement.

On jouait au rugby à l'université de Cambridge, en 1839. La Rugby Football Union britannique vit le jour le 26 janvier 1871.

Il y avait 182 656 licenciés en France en 1980.

Les records (pour les scores) sont indiqués selon le système de marque aujourd'hui en vigueur, c'est-à-dire : l'essai à 4 points, le but de pénalité ou le drop-goal à 3 points, et la transformation à 2. Le score réel, c'est-à-dire celui que donnait celui des 8 systèmes en vigueur à l'époque du match considéré, est également indiqué, entre crochets.

Il y avait 208 913 licenciés de rugby en France en 1980, répartis dans 1 730 clubs.

Champions olympiques *le plus de médailles*

Le rugby a fait partie des disciplines olympiques à 4 reprises, en 1900, 1908, 1920 et 1924. 4 joueurs de l'équipe des U.S.A., vainqueurs en 1920, faisaient partie de l'équipe qui a triomphé à nouveau en 1924 : **Charles W. Doe, John T. O'Neil, John C. Patrick** et **Rudolph J. Scholz.** Daniel B. Carroll, qui jouait dans l'équipe australienne, gagnante en 1908, a aussi gagné en 1920, mais avec les U.S.A.

Tournoi des Cinq Nations *le plus de chelems*

Depuis 1910 l'Angleterre, le pays de Galles, l'Écosse, l'Irlande et la France sont opposés dans le Tournoi des Cinq Nations. Le pays qui remporte ces 4 rencontres annuelles est vainqueur du grand chelem. Les **Anglais** et les **Gallois** (premiers à le réaliser en 1911) l'ont réussi 7 fois, les Français, 3 fois (1968, 1977, 1981), les Irlandais, 2 fois et les Écossais, 1 fois.

Grand chelem *le seul réussi avec la même équipe*

L'équipe de **France** est la seule équipe à avoir remporté ses 4 rencontres (grand chelem) du Tournoi des Cinq Nations, en 1976-1977, avec les 15 mêmes joueurs.

SCORES LES PLUS ÉLEVÉS

Matches internationaux *la France première et dernière*

Le score le plus élevé observé dans un match international a été infligé par la France à l'Espagne le 4 mars 1979 : **92 points** (dont 19 essais) **à 0.**

Le record du Tournoi des Cinq Nations est de 75 points : 59 (8 essais transformés, 1 pénalité, 2 essais non transformés) pour le pays de Galles et 16 (2 essais dont un transformé et 2 pénalités) pour la France (49-14) dans un match qui se jouait à Swansea, en 1910.

Matches à l'extérieur dans le Tournoi des Cinq Nations *scores et écarts les plus élevés*

Le score le plus élevé d'une victoire à l'extérieur dans le Tournoi des Cinq Nations est de **34 à 18,** lorsque l'équipe d'Écosse est allée battre celle du pays de Galles à Cardiff, le 20 mars 1982.

A une époque où la France ne supportait pas la comparaison avec les équipes britanniques, la France avait été battue à Colombes 39-13, en 1914. Depuis cette date, la plus grosse victoire d'une équipe étrangère en France est le 25-10 du pays de Galles au Parc des Princes, en 1975.

Les scores les plus élevés pour les autres rencontres entre équipes du Tournoi sont les suivants : Galles bat Angleterre à Twickenham 21-9, en 1976 ; Galles bat Écosse à Inverleith 32-10, en 1911 et Galles bat Irlande à Dublin 34-9, en 1976.

Matches de tournée *record absolu*

Lors d'une tournée en Australie, la Nouvelle-Zélande a battu une sélection de la Nouvelle-Galles du Sud **125 à 0** (22 essais, dont 17 transformés, 1 pénalité) [103 à 0], à Quirindi, le 30 mai 1962.

Matches de championnat *le Danemark en tête*

Dans le championnat du Danemark, **Comet** a battu Lindo par 194 à 0 le 17 novembre 1973.

Championnat de France *en nationale A et B*

Le 16 décembre 1979, **Béziers** a battu Montchanin par **100 points à 0.** Au cours de cette rencontre l'ailier biterrois Michel Fabre (né le 11 septembre 1956) a réussi 44 points, marquant 11 essais. Le 5 décembre 1972, Brive avait battu Besançon par 94 points à 0. L'ailier Jean-Pierre Puidebois (né le 11 novembre 1945) avait réussi 42 points (8 essais et 5 transformations).

En nationale B, le Racing C.F. a battu Saint-Médard par 140 points à 0, marquant 27 essais (un toutes les 3 minutes) en janvier 1979.

Finale du championnat de France *34 points d'écart*

Le Racing C.F. a battu le S.B.U.C. en finale du championnat de France 1900, à Levallois-Perret, par **37 à 3** (écart : 34 points). Dans la finale 1913, Bayonne a battu le S.C.U.F. à Colombes par 31 à 8.

Depuis 1945, le score le plus élevé a été celui de la finale 1978 où, au Parc des Princes, Béziers a battu Montferrand par 31 à 9. C'est aussi le plus grand écart de points (22). Dans une finale où le vaincu n'a marqué aucun point, le plus grand écart a été réussi en 1956, à Toulouse, où le F.C. Lourdes a battu l'U.S. Dax par 20 à 0.

Finale du challenge Yves-du-Manoir *tous les records pour Montferrand*

Le score le plus élevé et le plus grand écart de points en finale du challenge Yves-du-Manoir ont été réussis en 1976 quand l'A.S. Montferrand a battu le S.C. Graulhet par **40 à 12.**

Sur une saison *1454 points pour un club gallois*

Le plus grand nombre de points marqués en une saison par une équipe de rugby est de **1 454 points** par la formation galloise du Pontypridd RFC au cours de la saison 1975-1976.

Au cours de la saison 1970-1971 l'équipe de Solihull RUFC's 1rst XV a marqué 247 essais.

LES MEILLEURS MARQUEURS

Internationaux *le plus grand nombre de points sur un match et dans une carrière*

Pour un match entre membres de l'International Board, le meilleur score enregistré est de **26 points** par le Néo-Zélandais Allan Hewson (né en 1955). Il a en effet réussi 1 essai, 1 drop, 5 pénalités et 2 transformations pour la Nouvelle-Zélande, dans un match contre l'Australie à Auckland, le 11 septembre 1982.

L'Écossais Colin Mair a réussi 30 points

(9 transformations et 4 pénalités) pour l'Ecosse contre le Japon le 18 septembre 1977 à Tokyo.

L'Argentin Hugo Porta (né en 1950), a marqué 23 points contre la France le 29 juin 1974, à Buenos Aires : 1 transformation et 7 buts, record des buts marqués dans un match international (score final 27-33).

Les records français sont de 17 points (4 buts, 1 drop, 1 transformation) réussis par Guy Camberabero (né le 17 mai 1936) le 11 février 1967 contre l'Australie à Colombes. La France l'avait emporté par 20 à 14 ; les 3 derniers points du XV de France furent marqués par Lilian Camberabero (né le 15 juillet 1937), le frère de Guy, par un essai. Mais le 24 avril 1954, à Rome, où la France avait battu l'Italie 39 à 12, Jean Prat a marqué 18 points (6 transformations et 2 buts).

Ian Scott Smith (1903-1972) a marqué pour l'Écosse, en 1925, 6 essais consécutifs : les 3 derniers d'un match contre la France et les 3 premiers du match suivant, contre le pays de Galles. Il a marqué 23 essais entre 1924 et 1933 au cours de rencontres internationales, record pour une carrière internationale.

L'Écossais Andrew Robertson « Andy » Irvine (né le 16 septembre 1951) a réussi 301 points, 273 pour l'Écosse et 28 pour les Lions de 1973 au 10 juillet 1982.

Le score record réussi en une seule saison internationale est 52 points par l'Irlandais Seamus Oliver « Ollie » Campbell (né le 5 mars 1954) en 1983 (14 buts, 3 transformations, 1 essai).

Équipe de France *le plus grand nombre d'essais sur un match et dans une carrière*

Le Français **Michel Crauste** (né le 6 juillet 1934) a marqué **3 essais** en match du Tournoi des Cinq Nations, contre l'Angleterre, le 24 février 1962 à Colombes. Christian Darrouy (né le 13 janvier 1937) a marqué 3 essais en match du Tournoi des Cinq Nations, contre l'Irlande, le 26 janvier 1963 à Dublin. Darrouy a aussi réussi 3 doublés. Il a marqué 2 essais contre l'Irlande (en 1964 et en 1966 à Colombes) et contre l'Écosse (en 1965 à Colombes). Darrouy a marqué 20 essais en équipe de France. Il précède pour ce record Jean Dupuy (né le 25 mai 1934), auteur de 17 essais.

Équipe de France *le plus de points marqués*

Jean Prat (né le 1er août 1923), avec 146 points, réussis entre le 1er janvier 1945 et le 10 avril 1955, Pierre Villepreux (né le 5 juillet 1943), avec 156 points, réussis entre le 22 juillet 1967 et le 23 juin 1972, et **Jean-Pierre Romeu** (né le 15 avril 1948), avec **275 points,** réussis entre le 27 novembre 1972 et le 10 décembre 1977, sont les trois rugbymen qui ont successivement détenu le record des points marqués par un joueur en équipe de France.

Sur une saison *le plus de points marqués*

Samuel Arthur Doble (1944-1977), de Moseley, a marqué au niveau national anglais **581 points** dans les 52 matches de la saison 1971-1972 qu'il a disputés. Hors saison, il a également marqué 47 points pour l'Angleterre en Afrique du Sud.

Dans une carrière *le plus de points marqués*

L'Anglais **William Henry « Dusty »** Hare (né le 25 novembre 1952) a marqué **4 666 points** entre 1971 et 1983 : 1 800 points pour Nottingham, 2 252 points pour Leicester, 164 points pour l'Angleterre et 450 points pour les Lions.

Joueurs éclectiques *marquer des points par tous les moyens*

L'international canadien **Barrie Burnham** a contribué de toutes les façons possibles – essai, transformation, pénalité, drop-goal, but à la suite d'un arrêt de volée – à la victoire de son équipe, Meralomas, sur les Georgians [20 à 11], à Vancouver (Canada), le 26 février 1966.

Jean-Pierre Romeu a marqué la totalité des points de l'équipe de France qui a fait match nul (12-12) avec l'Angleterre au Parc des Princes le 2 mars 1974 en réussissant un essai, une transformation, un but et un drop *(voir tableau p. 452).*

Tournées *joueur français le plus de fois sélectionné*

Roland Bertranne est le seul joueur français qui ait participé à 3 tournées hors d'Europe, en Afrique du Sud, en 1971, 1976 et 1980. Pour sa 61e sélection, au cours de cette dernière tournée, il fut capitaine du XV de France à Bloemfontein.

PALMARES DU CHALLENGE YVES-DU-MANOIR

1932	Agen-C.A.S.G	12-7
1933	L.O.U.-A.S. Bayonne	21-10
1934	Toulon-Stade Toulousain (1)	0-0
1935	U.S.A.P.-Montferrand	6-0
1936	Aviron Bayonnais-U.S.A.P.	9-3
1937	Biarritz-U.S.A.P.	3-0
1938	Montferrand-U.S.A.P.	23-10
1939	Pau-Toulon	5-0
1953	Lourdes-Pau	8-0
1954	Lourdes-Toulon	28-12
1955	U.S.A.P.-Mazamet	22-11
1956	Lourdes-U.S.A.P.	3-0
1957	Dax-Montferrand (2)	6-6
1958	Mazamet-Mont-de-Marsan	3-0
1959	Dax-Pau	12-8
1960	Mont-de-Marsan-Béziers (3)	9-9
1961	Mont-de-Marsan-Béziers	17-8
1962	Mont-de-Marsan-Pau	14-9
1963	Agen-Brive	11-0
1964	Béziers-Pau	6-3
1965	Cognac-U.S.A.P	5-3
1966	Lourdes-Mont-de-Marsan	16-6
1967	Lourdes-Narbonne	9-3
1968	Narbonne-Dax	14-6
1969	Dax-grenoble	24-12»
1970	Toulon-Agen	25-22
1971	Dax-Stade Toulousain	18-8
1972	Béziers-Montferrand	37-6
1973	Narbonne-Béziers	13-6
1974	Narbonne-Brive	19-10
1975	Béziers-Agen	16-12
1976	Montferrand-Graulhet	40-12
1977	Béziers-Lourdes	19-18
1978	Narbonne-Béziers (4)	19-19
1979	Narbonne b. Montferrand	9-7
1980	Aviron Bayonnais b. Béziers	16-10
1981	Lourdes b. Béziers	25-10
1982	Dax b. Narbonne	22-19
1983	Agen b. Toulon	29-7

(1) Toulon et le Stade Toulousain déclarés co-détenteurs en 1934. (2) Dax déclaré vainqueur au bénéfice de l'âge. (3) Béziers déclaré vainqueur au nombre d'essais. (4) Narbonne déclaré vainqueur au nombre d'essais.

Sélections internationales *le plus grand nombre de capes*

Le tableau ci-dessous, à droite, présente des totaux limités aux matches entre les 7 pays membres de l'International Rugby Football Board et la France.

Si l'on y inclut 12 sélections dans l'équipe des Lions, l'Irlandais **Mike Gibson** a joué un record de **81 matches** internationaux.

NATION	SÉLECTIONS	JOUEUR	SAISONS
Irlande	69	Cameron Michael Henderson «Mike» Gibson (né le 3-12-42)	1964-1979
Nouvelle-Zélande	55	Colin Earl Meads (né en 1936)	1957-1971
Galles	55	John Peter Rhys «JPR» Williams (né le 2-03-39)	1968-1981
France	52	Roland Bertranne (né le 6-12-49)	1968-1981
Écosse	51	Andrew Irvine (né le 16-09-51) James Menzies «Jim» Renwick (né le 12-02-52)	1973-1982 1967-1978 1973-1982
Angleterre	43	Anthony Neary	1971-1980
Australie	39	Peter G. Johson Gregory Victor Davis (né le 27-07-39)	1958-1972 1963-1972
Afrique du Sud	38 38	Frederick Christoffel Hendrick du Preez (né le 28-11-35) Jan Hendrik Ellis (né en 1941)	1960-1971 1965-1976

Sélections françaises *le plus grand nombre de capes*

En tenant compte de tous les matches internationaux disputés par le XV de France, quelle que soit la nation adverse, **Roland Bertranne** (né le 6 décembre 1949) compte **69 sélections** en équipe de France. Il précède Benoît Dauga (né le 8 mai 1942), 63 sélections, et Michel Crauste, 62.

SÉLECTIONS DANS LE XV DE FRANCE		
Joueur	**Sélections**	**Saisons**
Roland Bertranne (né le 6-12-49)	69	1971-1981
Benoît Dauga (né le 8-05-42)	63	1964-1972
Michel Crauste (né le 6-07-34)	62	1957-1966
Robert Paparemborde (né le 5-07-48)	55	1975-1983
Jean-Pierre Rives (né le 31-12-52)	52	1975-1983
Jean Prat (né le 1-08-23)	51	1945-1955
Walter Spanghero (né le 21-12-43)	51	1964-1973
Amédée Domenech (né le 3-05-33)	50	1954-1963
Michel Celaya (né le 27-07-30)	48	1953-1961
André Boniface (né le 14-08-34)	48	1954-1966
Jean-Pierre Lux (né le 9-01-46)	47	1967-1975
Jean-Claude Skrela (né le 1-10-49	46	1971-1978
Michel Vannier (né le 21-07-31)	43	1953-1961
Jean Dupuy (ne le 25-05-34)	41	1956-1964
Christian Darrouy (né le 13-01-37)	40	1957-1967
Jean-Michel Aguirre (né le 2-11-51)	39	1971-1980
Gérard Dufau (né le 27-08-24)	38	1948-1957

Capitaines de l'équipe de France *le plus de fois*

Michel Crauste a été 26 fois capitaine de l'équipe de France en 6 saisons, devant Guy Basquet (né le 13 juillet 1921), 24 fois en 5 saisons. François Moncla (né le 1er avril 1932) a été 18 fois capitaine de l'équipe de France en 2 saisons, ce qui constitue un record (9 fois en moyenne par saison). Au 31 juillet 1983, **Jean-Pierre Rives** avait été **28 fois** capitaine du XV de France, et détient donc le record.

LES CAPITAINES DU XV DE FRANCE		
Joueur	**Capitanats**	**Saisons**
Jean-Pierre Rives	28	1978-1983
Michel Crauste	26	1961-1966
Guy Basquet	24	1948-1962
Jacques Fouroux	22	1974-1977
François Moncla	18	1960-1961 1978-1981
Jean Prat	16	1953-1955
Christian Carrère	16	1967-1971
Michel Celaya	12	1956-1958
Benoît Dauga	11	1970-1971
Walter Spanghero	10	1969-1973

Jean-Pierre Rives, 28 fois capitaine du XV de France.

Tournoi des Cinq Nations *joueurs français*

4 rugbymen français ont remporté **2 fois** le Tournoi des Cinq Nations, en 1977 et 1981. Ce sont **Roland Bertranne, Jean-François Imbernon** (né le 17 octobre 1951), **Robert Paparemborde** (né le 5 juillet 1948)

et le capitaine de 1981, **Jean-Pierre Rives** (né le 31 décembre 1952).

Sélections dans l'équipe des Lions *le plus grand nombre*
L'Irlandais John McBride (né le 6 juin 1940) a joué 17 fois pour l'équipe des Lions et 63 fois pour l'Irlande, soit un total de 80 sélections internationales, record qui n'a été battu que par son compatriote **Mike Gibson** (12 + 69 = **81**).

Internationaux *les plus jeunes*
Les Écossais **Ninian Jamieson Finlay** (1858-1936) et Charles Reid (1864-1909) étaient tous deux âgés de **17 ans et 36 jours** lors de leur première sélection dans l'équipe d'Écosse contre l'Angleterre, respectivement en 1875 et 1881. On les départagera cependant en observant que Finlay, avant d'être « capé », a vécu une année bissextile de moins que son compatriote. C'est donc lui qui détient le record.
L'Australien Daniel Brendan Carrol (né le 17 février 1892) n'avait que 16 ans et 149 jours lorsqu'il joua pour l'Australie dans le tournoi de rugby aux jeux Olympiques de 1908, tournoi qui n'est pas classé « international ».

Internationaux français *les plus âgés*
Le joueur le plus âgé qui ait débuté en équipe de France est **Noël Baudry** (né le 1er avril 1914) qui avait **34 ans et 9 mois** lorsqu'il débuta à l'arrière contre l'Écosse le 15 janvier 1949. Baudry joua avec son dernier club, Ussel, jusqu'à l'âge de 50 ans.
Alfred Roques (né le 17 février 1925) avait 33 ans et 1 mois lorsqu'il débuta comme pilier contre l'Australie le 9 mars 1958. Il avait 37 ans et 287 jours lorsque, après 28 sélections en équipe de France, il joua son dernier match contre l'Écosse à Colombes le 12 janvier 1963.

Spectateurs *le plus grand nombre*
104 000 spectateurs ont assisté à la rencontre **Écosse-Galles** au stade de Murrayfield, à Edimbourg, le 1er mars 1975. L'Écosse a gagné 12 à 10.
Le record français est de 53 025 spectateurs payants auxquels il faut ajouter 4 000 invitations et les « resquilleurs », soit 60 000 spectateurs environ pour la rencontre France-Galles à Colombes le 26 mars 1955. La France n'avait plus qu'à battre l'équipe de Galles pour remporter pour la première fois le grand chelem dans le Tournoi des Cinq Nations. Pour la dernière apparition de Jean Prat dans un match du Tournoi, Galles l'emporta 16-11.

Coups de pied *les plus longs*
Le drop-goal réussi le plus long est un coup de pied de **82 m, de Gerry Brand** (né le 8 octobre 1906), pour l'Afrique du Sud contre l'Angleterre, à Twickenham (Londres), le 2 janvier 1932. Brand fit sa tentative 6 m à l'intérieur du camp anglais (à plus de 56 m des poteaux), et le ballon atterrit au-delà de la ligne de ballon mort.
On dit (mais le coup n'a été mesuré que 26 ans plus tard) que D.F.T. Morkell (né en 1886) a tenté pour l'Afrique du Sud, dans un match contre le Surrey, le 19 décembre 1906, une pénalité de 91 m. Il l'a ratée.
Le 29 janvier 1944, au cours d'un match entre le XV de Bridlington School et celui de l'Armée britannique, Ernie Cooper (né le 21 mai 1926), capitaine de l'équipe de Bridlington, a tenté une pénalité de 74 m. Son coup de pied est passé entre les poteaux et il a atterri au-delà de la ligne de ballon mort.

Essai *le plus rapide*
L'essai le plus vite marqué en match international l'a été par **H.L. « Bart » Price** pour l'Angleterre, contre Galles, le 20 janvier 1923 à Twickenham, **10 secondes** seulement après le coup d'envoi.

Essais *le plus grand nombre*
Le Gallois **Andy Hill** (né le 17 juin 1945) a marqué **312 essais** pour son club, Llanelli, entre le 3 novembre 1967 et le 4 mai 1979.

Chelem en tournée *le seul réussi*
L'équipe d'**Afrique du Sud** en tournée est la seule à avoir réussi le « grand chelem », c'est-à-dire vaincre en test-match l'Angleterre, l'Écosse, le pays de Galles, l'Irlande et la France, **2 fois,** en 1912-1913 et en 1951-1952. Les Springboks de 1960-1961 remportèrent leurs 4 tests outre-Manche, mais firent match nul [0-0] à Colombes.
Sur 4 tests (pas de rencontre contre la France), le « grand chelem » a été réussi par l'Afrique du Sud (1931-1932) et par la Nouvelle-Zélande (1978).
4 tournées des All Blacks se sont soldées par 4 victoires : en 1905-1906 (défaite devant Galles), en 1924-1925 (pas de match contre l'Écosse), en 1963-1964 (match nul contre l'Écosse) et en 1967 (pas de match contre l'Irlande).

Championnat de France *le plus de victoires*
Le championnat de France de rugby, créé en 1892, a été remporté **10 fois** par l'**A.S. Béziers** (1961, 1971, 1972, 1974, 1975, 1977, 1978, 1980, 1981, 1983) et 8 fois par 2 clubs, le Stade Français (1893, 1894, 1895, 1897, 1898, 1901, 1903, 1908) et le F.C. Lourdes (1948, 1952, 1953, 1956, 1957, 1958, 1960, 1968). Le S.B.U.C. (Bordeaux), l'a emporté 7 fois (1899, 1904, 1905, 1906, 1907, 1909, 1911) ainsi que le Stade Toulousain (1912, 1922, 1923, 1924, 1926, 1927, 1947). Le S.U. Agen (1930, 1945, 1962, 1965, 1966, 1976), l'a emporté 6 fois ; l'U.S.A. Perpignan (1921, 1925, 1938, 1944, 1955), 5 fois.
Le S.B.U.C. est le seul club à l'avoir emporté 4 années consécutives, de 1904 à 1907. Lourdes l'a emporté 3 années de suite (1956-1958).

Championnat de France *le plus de participations aux demi-finales*
Depuis la création du championnat de France, l'équipe du **F.C. Lourdes** et l'**A.S. Béziers** ont participé à **15 demi-finales.**

Championnat de France *joueurs le plus de fois vainqueurs*
Entre 1971 et 1983, soit 13 saisons, **Armand Vaquerin** (né le 21 février 1951) avec son club, l'A.S. Béziers, a participé à 12 demi-finales du championnat de France, à 10 finales et a remporté **9 titres** de champion de France. Avant lui, entre 1948 et 1960, Antoine Labazuy (né le 9 février 1929) avait remporté 7 titres de champion de France avec le F.C. Lourdes. Alain Estève (né le 15 septembre 1946) a remporté 7 titres avec l'A.S. Béziers, Jean-Louis Martin aussi.

Championnat de France *le plus d'essais marqués par une équipe en une saison*
L'équipe de l'**A.S. Béziers** a marqué **90 essais** dans le championnat de France 1971-1972.
Depuis la création du challenge Pernod, en 1963, qui récompense les meilleures attaques dans le championnat de France de première division, l'A.S. Béziers a remporté 8 fois ce classement.

POINTS MARQUÉS PAR JEAN-PIERRE ROMEU EN ÉQUIPE DE FRANCE								
Date	**Lieu**	**Opposant**	**Résultat**	**Buts**	**Trans-form.**	**Drops**	**Essais**	**Points**
27-11-72	Constantza	Roumanie	6-15	3	1			11
13-1-73	Parc des Princes	Écosse	16-13	3		1		12
10-2-73	Parc des Princes	Nouvelle-Zélande	13-6	1	1			5
24-2-73	Twickenham	Angleterre	14-6		1			2
24-3-73	Parc des Princes	Galles	12-3	3		1		12*
11-11-73	Valence	Roumanie	7-6			1		3
16-2-74	Cardiff	Galles	16-16	3		1		12
2-3-74	Parc des Princes	Angleterre	12-12	1	1	1	1	12*
16-3-74	Murrayfield	Écosse	19-6	1		1		6*
20-6-74	Buenos Aires	Argentine	15-20	2	1			8
29-6-74	Buenos Aires	Argentine	27-31	3	3			15
12-10-74	Bucarest	Roumanie	15-10	2				6
21-6-75	Bloemfontein	Afrique du Sud	33-18	3	1	1		14
19-10-75	Lyon	Argentine	29-6	1	1			5
26-10-75	Parc des Princes	Argentine	36-21	3	2		1	17
24-11-75	Bordeaux	Roumanie	36-12	1	3			9
10-1-76	Murrayfield	Écosse	6-13	3				9
7-2-76	Parc des Princes	Irlande	26-3	1	1			5
6-3-76	Cardiff	Galles	19-13	1	1		1	9
20-3-76	Parc des Princes	Angleterre	30-9		3		1	10
13-7-76	Chicago	États-Unis	14-33	5	3		1	25
5-2-77	Parc des Princes	Galles	16-9	2	1			8
5-3-77	Parc des Princes	Écosse	23-3	1	2			7
19-3-77	Dublin	Irlande	6-15	1				3
25-6-77	Buenos Aires	Argentine	3-26	4		1		15
22-10-77	Parc des Princes	President	29-18		3	1		9
11-11-77	Toulouse	Nouvelle-Zélande	18-13	3	1	1		14
19-11-77	Parc des Princes	Nouvelle-Zélande	3-15	1				3*
10-12-77	Clermont-Ferrand	Roumanie	9-6	3				9*
Total				55	30	10	5	275
Total en points				165	60	30	20	275

* Rencontres où Jean-Pierre Romeu a marqué la totalité des points de l'équipe de France.

Challenge du-Manoir *le plus de victoires*
Le challenge Yves-du-Manoir – créé en 1932 en souvenir de l'international Yves du Manoir (1904-1928), décédé aux commandes de son avion militaire au moment même où se déroulait à Colombes le match France-Écosse où il n'avait été retenu que comme remplaçant – a été remporté **6 fois** par le **F.C. Lourdes** (1953, 1954, 1956, 1966, 1967, 1980) et 4 fois par le R.C. Narbonne (1968, 1973, 1978, 1979) et l'A.S. Béziers (1964, 1972, 1975, 1977).

Doublé championnat de France-challenge Yves-du-Manoir *le plus de succès*
5 équipes ont réalisé le doublé championnat de France-challenge Yves-du-Manoir : **3 fois l'A.S. Béziers** (1972, 1975, 1977), 2 fois le F.C. Lourdes (1953, 1956), et 1 fois le Lyon O.U. (1933), l'U.S.A. Perpignan (1955) et le R.C. Narbonne (1979).

Championnat de France *le plus de victoires consécutives*
L'équipe du F.C. Lourdes a remporté 41 victoires consécutives en matches de championnat de France, du 2 décembre 1951 au 16 avril 1954, ce qui représente 866 jours sans défaite. L'**A.S. Béziers** est resté invaincue pendant 877 jours, du 4 octobre 1970 au 18 février 1973, alignant **50 victoires consécutives** en championnat de France. Enfin, du 3 février 1974 au 28 septembre 1975 elle a remporté 25 victoires consécutives.

Championnat de France *invincibilité à domicile*
L'équipe de l'**A.S. Béziers** n'a été battue que **3 fois** en **22 ans** sur son terrain de Sauclières. Battue en 1959 par Grenoble, elle le sera 10 ans plus tard, le 5 janvier 1969 par Brive et presque 13 ans plus tard, le 11 décembre 1981, par La Voulte (10-19).

PALMARÈS DU CHAMPIONNAT DE FRANCE DE RUGBY

1892	(Bagatelle) : Racing C.F.b. Stade Français	4-3
1893	(Bagatelle) : Stade Français b. Racing C.F.	7-3
1894	(Bécon-les-Bruyères) : Stade Français b. Inter Nos	18-0
1895	(Paris) : Stade Français b. Olympique	16-0
1896	(Paris) : Olympique b. Stade Français	12-0
1897	(Paris) : Stade Français vainqueur de la poule	
1898	(Paris) : Stade Français vainqueur de la poule	
1899	(Paris) : S.B.U.C. b. Stade Français	5-3
1900	(Levallois-Perret) : Racing C.F. b. S.B.U.C.	37-3
1901	(Bordeaux) : Stade Français b. S.B.U.C.	disq.
1902	(Parc des Princes) : Racing C.F. b. S.B.U.C.	6-0
1903	(Toulouse) : Stade Français b. S.O.E. Toulouse	16-8
1904	(La Faisanderie) : S.B.U.C. b. Stade Français	3-0
1905	(Bordeaux) : S.B.U.C. b. Stade Français	12-3
1906	(Parc des Princes) : S.B.U.C. b. Stade Français	9-0
1907	(Bordeaux) : S.B.U.C. b. Stade Français	14-3
1908	(Colombes) : Stade Français b. S.B.U.C.	16-3
1909	(Toulouse) : S.B.U.C. b. Stade Toulousain	17-0
1910	(Parc des Princes) : F.C. Lyon b. S.B.U.C.	13-8
1911	(Bordeaux) : S.B.U.C. b. S.C.U.F.	14-0
1912	(Toulouse) : Stade Toulousain b. Racing C.F.	8-6
1913	(Colombes) : Bayonne b. S.C.U.F.	31-8
1914	(Toulouse) : A.S. Perpignan b. Tarbes	8-3
1920	(Bordeaux) : Tarbes b. Racing C.F.	8-3
1921	(Béziers) : U.S. Perpignan b. Stade Toulousain	5-0
1922	(Bordeaux) : Stade Toulousain b. Bayonne	6-0
1923	(Colombes) : Stade Toulousain b. Bayonne	3-0
1924	(Bordeaux) : Stade Toulousain b. U.S. Perpignan	3-0
1925	(Narbonne) : U.S. Perpignan b. Carcassonne	5-0
1926	(Bordeaux) : Stade Toulousain b. U.S. Perpignan	11-0
1927	(Toulouse) : Stade Toulousain b. Stade Français	19-9
1928	(Toulouse) : Pau b. Quillan	6-4
1929	(Toulouse) : Quillan b. Lézignan	11-8
1930	(Bordeaux) : Agen b. Quillan	4-0
1931	(Bordeaux) : Toulon b. Lyon O.U.	6-3
1932	(Bordeaux) : Lyon O.U. b. Narbonne	9-3
1933	(Bordeaux) : Lyon O.U. b. Narbonne	10-3
1934	(Toulouse) : Bayonne b. Biarritz	13-8
1935	(Toulouse) : Biarritz b. U.S.A. Perpignan	3-0
1936	(Toulouse) : Narbonne b. Montferrand	6-3
1937	(Toulouse) : Vienne b. Montferrand	13-7
1938	(Toulouse) : U.S.A. Perpignan b. Biarritz	11-6
1939	(Toulouse) : Biarritz b. U.S.A. Perpignan	6-0
1943	(Parc des Princes) : Bayonne b. Agen	3-0
1944	(Parc des Princes) : U.S.A. Perpignan b. Bayonne	20-5
1945	(Parc des Princes) : Agen b. Lourdes	7-3
1946	(Parc des Princes) : Pau b. Lourdes	11-0
1947	(Toulouse) : Stade Toulousain b. Agen	10-3
1948	(Toulouse) : Lourdes b. Toulon	11-3
1949	(Toulouse) : Castres b. Mont-de-Marsan	14-3
1950	(Toulouse) : Castres b. Racing C.F.	11-8
1951	(Toulouse) : Carmaux b. Tarbes	14-12
1952	(Toulouse) : Lourdes b. U.S.A. Perpignan	20-11
1953	(Toulouse) : Lourdes b. Mont-de-Marsan	21-16
1954	(Toulouse) : Grenoble b. Cognac	5-3
1955	(Bordeaux) : U.S.A. Perpignan b. Lourdes	11-6
1956	(Toulouse) : Lourdes b. Dax	20-0
1957	(Lyon) : Lourdes b. Racing C.F.	16-13
1958	(Toulouse) : Lourdes b. Mazamet	25-8
1959	(Bordeaux) : Racing C.F. b. Mont-de-Marsan	8-3
1960	(Toulouse) : Lourdes b. Béziers	14-11
1961	(Lyon) : Béziers b. Dax	6-3
1962	(Toulouse) : Agen b. Béziers	14-11
1963	(Bordeaux) : Mont-de-Marsan b. Dax	9-6
1964	(Toulouse) : Pau b. Béziers	14-0
1965	(Lyon) : Agen b. Brive	15-8
1966	(Toulouse) : Agen b. Dax	9-8
1967	(Bordeaux) : Montauban b. Bègles	11-9
1968	(Toulouse) : Lourdes et Toulon (Lourdes vainqueur au bénéfice des essais)	9-9
1969	(Lyon) : Bègles b. Stade Toulousain	11-9
1970	(Toulouse) : La Voulte b. Montferrand	3-0
1971	(Bordeaux) : Béziers b. Toulon	15-9
1972	(Lyon) : Béziers b. Brive	9-0
1973	(Toulouse) : Tarbes b. Dax	18-12
1974	(Parc des Princes) : Béziers b. Narbonne	16-14
1975	(Parc des Princes) : Béziers b. Brive	13-12
1976	(Parc des Princes) : Agen b. Béziers	13-10
1977	(Parc des Princes) : Béziers b. Perpignan	12-4
1978	(Parc des Princes) : Béziers b. Montferrand	31-9
1979	(Parc des Princes) : Narbonne b. Bagnères	10-0
1980	(Parc des Princes) : Béziers b. Stade Toulousain	10-6
1981	(Parc des Princes) : Béziers b. Bagnères	22-13
1982	(Parc des Princes) : Agen b. Bayonne	18-9
1983	(Parc des Princes) : Béziers b. Nice	14-6

SKI

Origines

On a retrouvé un ski en assez bon état datant de 2 500 av. J.-C., à Höting, en Suède. Une gravure rupestre représentant un skieur a été découverte à Bessovisledki (U.R.S.S.) ; on estime qu'elle remonte à 6 000 av. J.-C. On a des preuves d'une utilisation du ski à des fins militaires, en Norvège, en 1200 à la bataille de Isen, près d'Oslo. Le ski en tant que sport semble apparaître seulement en 1843, à Tromsö, en Norvège. Le club de ski de Trysil, en Norvège, fondé en 1861, prétend être le plus vieux du monde. Les plus anciennes compétitions de ski se déroulèrent aux environs de 1850 en Australie (descentes) et en 1866 pour les Nordic Holmenkollen.

Le ski n'est pas apparu dans les Alpes avant 1883, bien qu'on dispose d'indices d'une pratique antérieure de ce sport dans la région de Carniola. La première course de descente officielle s'est déroulée à Kitzbühel (Autriche), en 1908. Le premier slalom s'est couru à Mürren, en Suisse, le 21 janvier 1922. La Fédération internationale de ski (F.I.S.) a été fondée le 2 février 1924. Les premiers jeux Olympiques d'hiver ont également eu lieu en 1924 à Chamonix (France).

Les premiers championnats du monde de ski alpin ont eu lieu à Mürren, en Suisse, en 1931.

Créée en 1924, la Fédération Internationale de Ski (F.I.S.) regroupe 51 pays.

Champions du monde en ski alpin *les plus titrés*

L'Allemande **Christel Cranz** (née le 1er juillet 1914) a établi un record total de **12 titres** : 4 en slalom spécial (1934, 1937, 1938, 1939), 3 en descente (1935, 1937, 1939) et 5 en combiné (1934, 1935, 1937, 1938, 1939). Elle a, de plus, remporté la médaille d'or du combiné des jeux Olympiques de 1936.

Chez les hommes, le recordman est l'Autrichien **Anton « Toni » Sailer** (né le 17 novembre 1935), qui a gagné **7 titres** au total : les 4 disciplines (slaloms spécial et géant, descente, combiné) en 1956, et la descente, le géant et le combiné en 1958.

L'Autrichien Anton « Toni » Sailer est le seul à avoir remporté tous les titres dans un championnat du monde (1956).

Champions du monde en ski nordique *les plus titrés*

Le plus grand nombre de titres (9 médailles d'or), fut obtenu par la Soviétique **Galina Koulabova** (née le 29 avril 1942) entre 1968 et 1978. Elle a aussi gagné 4 médailles d'argent et 4 médailles de bronze, ce qui fait un total de **17.** Le Suédois Sixten Jernberg (né le 6 février 1929) a remporté 8 titres, relais compris, entre 1956 et 1964. Il a aussi remporté pendant la même période 4 médailles d'argent et 4 de bronze pour un record total, toutes disciplines de ski confondues, de 17 médailles.

Le Norvégien Johan Grottumsbraaten (1899-1942) a remporté 7 titres individuels entre 1926 et 1932 (3 fois le cross-country de 18 km et 4 fois le combiné nordique).

Le sauteur à ski le plus titré est le Norvégien Birger Ruud (né le 23 août 1911), qui a gagné en 1931, 1932, 1935, 1936 et 1937, soit 5 titres.

Ruud est le seul skieur à avoir jamais remporté au cours d'une même compétition une médaille d'or en ski nordique et en ski alpin. Il remporta en effet aux jeux Olympiques de 1936 les médailles d'or de la descente ainsi que celles du saut qui n'étaient pas à cette époque deux épreuves séparées, mais constituaient alors un combiné.

Championnats du monde en ski alpin *Français les plus titrés*

Émile Allais (né le 25 février 1912) est le skieur français qui a obtenu le plus de médailles aux championnats du monde de ski alpin : 4 médailles d'or (descente, spécial et combiné en 1937, combiné en 1938) et 4 d'argent (descente et combiné en 1935, descente et slalom en 1938). Le slalom géant n'a été inscrit au programme des championnats du monde qu'en 1950.

Marielle Goitschel est la skieuse française qui a obtenu le plus de médailles aux championnats du monde de ski alpin : 4 d'or (combiné en 1962, 1964 (J.O.), 1966 ; géant en 1966) et 3 d'argent (descente et spécial en 1966, combiné en 1968 (J.O.).

Championnats du monde en ski nordique *Français les plus titrés*

Jean-Paul Pierrat (né le 3 juillet 1952) est le seul skieur français à avoir obtenu 1 médaille aux championnats du monde de ski de fond, médaille de bronze sur 50 km en 1978. Pierrat a remporté en 1981 son 28e titre de champion de France de ski de fond.

Coupe du monde *champions les plus titrés*

La coupe du monde de ski alpin (créée en 1967) a été remportée **4 fois** par l'Italien **Gustavo Thoeni** (né le 28 février 1951), en 1971, 1972, 1973 et 1975.

L'épreuve féminine a été remportée à **6 reprises** par l'Autrichienne **Annemarie Moser-Proell** (née le 27 mars 1953), de 1971 à 1975 et en 1979. De décembre 1972 à janvier 1974 elle a réussi une série de 11 victoires consécutives en descente ; en 10 saisons (de 1970 à 1979) elle a gagné un total de 62 compétitions ce qui lui vaut le record féminin de victoires individuelles.

Le Suédois Ingemar Stenmark (né le 18 mars 1956) a aussi remporté 72 victoires en Coupe du monde entre 1974 et 1983. Dans la seule saison 1979, il a gagné un total record de 14 épreuves. Il a remporté son 72e succès le 26 février 1983 dans le slalom géant de Gallivare (Suède).

De janvier 1955 à février 1958 l'Autrichien Toni Sailer est resté invaincu en slalom géant, à une époque où il y avait moins de compétitions importantes qu'aujourd'hui.

Toutes épreuves confondues, le record absolu appartient à **Jean-Claude Killy** qui, de mars à avril 1967, a remporté **6 victoires consécutives** dans toutes les épreuves de la Coupe du monde (2 descentes, 3 géants et 1 slalom).

La coupe du monde de ski nordique a été créée en 1979. Le record de victoires appartient au Norvégien Oddvar Braa, vainqueur en 1979 et 1980 (2e en 1981) et au Soviétique Alexandre Zavialov 2 fois vainqueur en 1981 et 1983.

Le record féminin est aussi de 2 victoires pour la Soviétique Galina Koulakova. La Coupe du monde de saut a été remportée 2 fois par l'Autrichien Armin Kogler (né le 4 septembre 1950) en 1981 et 1982.

Français en coupe du monde *le plus de titres*

Jean-Claude Killy est le seul Français à avoir remporté la Coupe du monde de ski, lors des 2 premières éditions, en 1967 et 1968.

Michèle Jacot (née le 5 janvier 1952) est la seule skieuse française à avoir gagné la Coupe du monde de ski, en 1970.

Saut à ski *les plus longs*

Le saut à ski le plus long jamais enregistré est de **181 m,** par le Tchécoslovaque **Pavel Ploc** (né en 1964) le 19 mars 1983, à Harrachov (Tchécolovaquie). Sa vitesse d'élan a été chronométrée à 115,6 km/h.

Le record officiel est de 180 m, par l'Autrichien Armin Kogler (né le 4 septembre 1959), le 28 février 1981 à Obertsdorf (R.F.A.)

Le record féminin est détenu par la Norvégienne **Anita Wold** (née le 21 septembre 1956) qui, le 14 janvier 1975, a sauté **98 m** à Sapporo, au Japon.

Le record olympique appartient au Finlandais Juoko Tormanen (né le 10 avril 1954), avec 117 m, le 23 février 1980 à Lake Placid (U.S.A.).

Le meilleur saut jamais enregistré sur un tremplin de 90 m est de 128,50 m par le Canadien Steve Collins (né en 1964) à Thunder Bay (Canada), le 15 décembre 1980.

Le saut à ski le plus long réalisé sans neige est de 92 m, par l'Allemand de l'Ouest, Hubert Schawrz le 30 juin 1981 à Berchtesgarten (R.F.A.).

Vitesses *les plus élevées*

La vitesse la plus élevée jamais atteinte par un skieur est de **208,092 km/h** par l'Autrichien **Frans Weber** à Silverton (Colorado, U.S.A.) le 3 avril 1983.

Le record féminin est détenu par l'Américaine **Kirster Culver** avec **194,384 km/h.** Ces deux records ont été établis le 23 avril 1983 à Silverton (Colorado, U.S.A.).

Le record de France est détenu par Annie Breyton (née en 1956) (la sœur de Catherine qui fut recordwoman du monde en avril 1981 avec 169,322 km/h) avec 182,002 km/h en mars 1983 aux Arcs (France).

Dans la descente olympique, la vitesse moyenne la plus élevée a été de 102,828 km/h par l'Autrichien Franz Klammer (né le 3 décembre 1953), sur la piste de Patscherkofel à Innsbruck, le 5 février 1976.

L'Autrichien Harti Weirather a remporté le 15 janvier 1982 la descente de Kitzbuhel (Autriche) comptant pour la Coupe du monde à la moyenne de 107,82 km/h. Le Français Pierre Poncet a été chronométré officiellement à 120 km/h le 26 février

1980 sur un monoski Duret dans la descente du glacier des Grands-Montets, après un dénivelé de 2 000 m sur un itinéraire libre sur neige non damée.
2 Suisses, Marcel Antille (né en 1954) et Jean-Claude Zufferey, ont atteint la vitesse de 130 km/h, tractés tous les deux par une voiture sur une route en macadam, près de Sierre, le 7 juin 1979. Ils ont atteint 150 km/h, tractés individuellement.

Arrivée *la plus serrée*

A l'arrivée du 15 km des jeux Olympiques de Lake Placid, le 17 février 1980, le Suédois **Thomas Wassberg** (né le 23 mars 1956) avait **1/100 de seconde d'avance** sur le deuxième, le Finlandais Juha Mieto (né le 20 novembre 1949) ; temps du vainqueur : 41'57"63.

Altitude *la plus élevée*

Le Japonais **Yuichiro Miura** (né en 1933) a descendu le mont Everest sur 2,500 km, le 6 mai 1970, à partir d'une altitude de **8 082 m.**
Le Français Yves Astier-Perret s'est entraîné à skis de fond le 17 juin 1980 au sommet du Huascaran, dans les Andes du Pérou, à l'altitude de 6 768 m.

Descente *le plus grand dénivelé en 12 heures*

Sarah Ludwig, Scott Ludwig et Timothy B. Gaffney ont descendu **126 800 m en 12 h,** le 16 février 1974, sur les pentes du mont Brighton, dans le Michigan (U.S.A.).

Descentes *les plus raides*

Les pentes les plus raides de l'histoire du ski alpin ont été descendues par le Suisse **Sylvain Saudan** (né le 23 septembre 1936). Le 17 octobre 1967, au départ de sa descente du Mont-Blanc par la face nord-est (couloir Gervasutti) – à 4 248 m d'altitude –, il a skié sur des pentes d'une inclinaison **supérieure à 60 degrés.**
Yannick Vallençant (né le 1er février 1969), le 8 juin 1981, à l'âge de 11 ans et 127 jours, a descendu à skis en compagnie de son père et de son oncle la face nord du Mont-Blanc en 2 h jusqu'à Chamonix. La pente est inclinée à 45° (100 %) et aucun enfant n'avait ni tenté, ni réussi cette descente avant lui.

Pistes *les plus longues*

La plus longue piste de descente du monde est celle de **Weissfluhjoch-Küblis,** près de Davos. Elle mesure **12,230 km.**
La piste qui descend du sommet du téléphérique de l'aiguille du Midi (Chamonix) le long de la vallée Blanche mesure 20,900 km, « hors piste ».

La plus longue course de descente est l'*Inferno* suisse, qui offre 14 km de piste du sommet du Schiltorn à Lauterbrunnen. En 1981, la compétition a accueilli un nombre record de 1 401 participants. A cette occasion, le Suisse Heinz Fringer a battu, en 15'44"57, le record de la piste.

Courses *les plus longues*

Les courses les plus longues sont la ***Grenader,*** disputée en Norvège au nord d'Oslo, et la ***Koenig Ludwig Lauf,*** en Allemagne de l'Ouest. La distance en est pour toutes les deux de **90 km.**
Le *Canadian Ski Marathon* fait 160 km, mais il est disputé en 2 épreuves sur 2 jours.

Course la plus populaire *la Vasaloppet*

La plus grande course de ski nordique est la ***Vasaloppet,*** qui commémore ce jour de 1521 où Gustav Vasa (1496-1560), le futur roi de Suède Gustavus Eriksson, parcourut 85,800 km à skis, de Mora à Sälen pour prendre la tête de la rébellion qui allait le porter sur le trône. La réédition annuelle de ce trajet (en sens inverse) est aujourd'hui une compétition célèbre, qui a attiré 12 000 participants dont 188 femmes en 1981. Le record de la course a été établi en 3 h 58'08" par le Suisse Konrad Hallenbarter le 6 mars 1983. Jean-Paul Pierrat est le seul fondeur français à avoir remporté la « Vasa », le 5 mars 1978. Il a renouvelé son exploit en 1982, mais fut disqualifié pour avoir changé de skis au cours de l'épreuve.
La *Vasaloppet* est la plus longue des 10 courses les plus longues, disputées dans 10 pays différents, retenues depuis 1981 pour le classement de l'épreuve internationale appelée *Worldloppet.*

Le record de participation dans une course de fond française est de 10 957 (12 157 inscrits) qui ont participé à la 5e Foulée Blanche le 23 janvier 1983.

Télésièges *le plus long et le plus haut*

Le plus long télésiège du monde est celui qui mène d'Alpine Way au Chalet Kosciusko, au-dessus de **Thredbo,** dans la Nouvelle-Galles-du-Sud (Australie). Il mesure **5,600 km,** que l'on met, selon les conditions atmosphériques, de 45 à 75 mn à monter.
Le télésiège de **Chacaltaya,** en Bolivie, monte à **5 029 m d'altitude.**

Marathon

Le plus long marathon de ski nordique a été effectué par le Norvégien **Bjorn Lokken** (né le 27 novembre 1937) du 11 au 13 mars 1982 sur **513,568 km.**

Plus grand nombre de médailles d'or aux jeux Olympiques

Ski alpin (hommes)	3	Toni Sailer (Autriche)	(né le 17/11/35)	Descente, slalom spécial, slalom géant (1956)
	3	Jean-Claude Killy (France)	(né le 30/08/43)	Descente, slalom spécial, slalom géant (1968)
Ski nordique (hommes)	4	Sixten Jernberg (Suède)	(né le 6/02/29)	50 km, (1956), 30 km (1960), 50 km et 4 x 10 km (1964) (1)
	4	Alexandre Tikhonov (U.R.S.S.)	(né le 2/01/47)	Biathlon (relais): (1968, 1972, 1976, 1980) (2)
	3	Ulrich Wehling (R.D.A.)	(né le 8/07/52)	Combiné nordique: (1972, 1976, 1980)
	2	Magnar Solberg (Norvège)	(né le 4/02/37)	Biathlon (1968,1972)
Ski alpin (femmes)	2	Andrea Mead-Lawrence (U.S.A.)	(née le 19/04/32)	Slalom spécial, slalom géant (1952)
	2	Marielle Goitschel (France)	(née le 28/09/45)	Slalom géant (1964), slalom spécial (1968) (3)
	2	Marie-Therese Nadig (Suisse)	(née le 8/03/54)	Descente, slalom géant (1972)
	2	Rosi Mittermaier (All. Ouest)	(née le 5/08/50)	Descente, slalom spécial (1976) (4)
	2	Hanni Wenzel (Liechtenstein)	(née le 14/12/56)	Slalom spécial, slalom géant (1980) (5)
Ski nordique (femmes)	4	Galina Koulakova (U.R.S.S.)	(née le 29/04/42)	5 km, 10 km, et relais 3 x 5 km (1972), relais 4 x 5 km (1976) (6)

Notes: *1) Jernberg a également remporté 3 médailles d'argent et 2 de bronze – soit un total olympique record de 9 médailles.*
2) Tikhonov a également gagné 1 médaille d'argent dans le biathlon (20 km) de 1968.
3) Marielle Goitschel a également obtenu une médaille d'argent dans le slalom spécial de 1964. Sa sœur, Christine (née le 9 juin 1944), a été la première skieuse française championne olympique en enlevant devant Marielle le slalom spécial de 1964; elle fut aussi, cette fois derrière Marielle, médaille d'argent du slalom géant de 1964. C'est la seule fois, dans l'histoire des jeux Olympiques, que deux sœurs ont enlevé les deux premières places dans deux compétitions successives.
4) Rosi Mittermaier a également obtenu une médaille d'argent dans le slalom géant de 1976.
5) Hanni Wenzel a aussi remporté une médaiille d'argent dans la descente de 1980 et une de bronze dans le spécial de 1976.
6) Galina Koulakova a également remporté 2 médailles d'argent et 2 de bronze en 1968, 1976 et 1980.

Le Canadien Phil Latulippe (né en 1918) a parcouru 323,48 km en 48 h, du 3 au 5 mars 1982, sur une boucle de 1,711 km à Mont Saint-Anne (Canada), avec 30' de repos toutes les 6 heures. Il a poursuivi son effort jusqu'au 7 mars et a couvert, mais avec plus de périodes de repos, 400,374 km en 63 h 24'.
Du 1er au 4 février 1979, les Américains Pat Purcell et John McGlynn ont pratiqué le ski alpin pendant 81 h 12', à Monticello (New York, U.S.A.).
Le 26 mai 1981 le Français Frédéric Charlet a terminé une randonnée à ski de 1 800 km, entamée 4 mois plus tôt, de Timisoara (Roumanie) à Chamonix (France).
Le guide français Jean-Pierre Bernard, du 4 au 8 juin 1981, de Contamines-Montjoie (Haute-Savoie, France) à Champeix (Suisse) a réussi la première traversée intégrale à skis du massif du Mont-Blanc, sans aide extérieure d'aucune sorte, les skis équipés de peaux de phoque, et avec pour tout bagage un sac de 16 kg.

BIATHLON

Origines

Les premiers championnats du monde de biathlon se sont déroulés en 1958. Cette discipline est inscrite au programme olympique depuis 1960.
Le biathlon est constitué par une épreuve combinée de ski nordique et de tir à la carabine.

Jeux olympiques *le plus de titres*

Le Norvégien **Magnar Solberg** (né le 4 février 1937) est le seul à avoir remporté 2 titres olympiques, en 1968 et 1972.
L'Union soviétique a remporté les 4 titres olympiques du relais 4 x 7,5 km, de 1968 à 1980. Alexandre Tikhonov a participé à ces 4 victoires. Il a aussi remporté une médaille d'argent en 1968 sur 20 km.

Championnats du monde *le plus de titres*

L'Allemand de l'Est **Frank Ullrich** (né le 24 janvier 1958) a remporté 6 titres individuels : 4 sur 10 km de 1978 à 1981 y compris son titre olympique de 1980 et sur 20 km en 1982 et 1983.
Le Soviétique Alexandre Tikhonov a gagné le relais en 1968 et 1980, et à obtenu 4 titres individuels, soit un total de 6 titres.

PARA-SKI

Descente *la plus grande*

La plus grande descente verticale en parachute à skis est de 1 006 m, par l'Américain Rick Sylvester (né le 3 avril 1942). Le 28 juillet 1976, **Sylvester** s'élançait du sommet **(2 011 m)** du mont Asgard, au Canada, pour atterrir sur le glacier Turner ; ce saut a été réalisé pour les besoins d'une séquence du film de James Bond, *L'Espion qui m'aimait.*

SKI ARTISTIQUE

Saut arrière *le plus de skieurs à la fois*

Le plus grand nombre de skieurs qui ont réussi un saut périlleux arrière en se tenant tous la main est de **28**, à Bromont **(Canada)**, le 10 février 1982, pour l'émission de télévision *That's Incredible.*

SKI-BOB

Origines

Le ski-bob a été inventé par J.C. Stevenson, de Hartford, (Connecticut, U.S.A.) en 1891 et breveté (sous le n° 47 334), comme « bicyclette à skis » le 19 avril 1892. La Fédération internationale de ski-bob a été fondée le 14 janvier 1961 à Innsbruck (Autriche). Les premiers championnats du monde se sont tenus à Bad Hofgastein (Autriche), en 1967.

Vitesse *la plus grande*

En 1964, à Cervinia (Italie), l'Autrichien **Erich Brenter** (né en 1940) a établi à **166 km/h** un record du monde de vitesse.

Championnats du monde *le plus de titres*

Les seuls ski-bobbers à avoir gagné 2 titres de champion du monde ont été l'Autrichien **Alois Fischbauer** (né le 6 octobre 1951), en 1973 et 1975, l'Allemand de l'Ouest **Robert Muhlberger** (1979, 1981) et les Autrichiennes **Gerhilde Schiffkorn** (née le 22 mars 1950), en 1967 et 1969 et **Gertrude Geberth** (née le 18 octobre 1951), en 1971 et 1973.

SNOW-MOBILE

Vitesse *la plus grande*

L'Américain **Tom Earhart** a atteint la vitesse de **239,1 km/h** sur le lac Mille Lacs (Minnesota, U.S.A.), le 25 février 1982 sur une Budweiser Polaris.

SKI NAUTIQUE

Origines

Les origines du ski nautique remontent aux essais de marche sur l'eau, en équilibre sur des planches, puis à l'aquaplane, qui est apparu sur la côte californienne au début des années 1900.
On parle aussi de sorcière comme Elise de Tarente qui au XIVe siècle « marchait et dansait » sur l'eau.
A Scarborough (Yorkshire, Angleterre) le 15 juillet 1914, H. Storry fit du ski nautique sur une seule planche mais le pionnier du ski nautique tel qu'il est pratiqué aujourd'hui est l'Américain Ralph Samuelson (1904-1977), qui a skié sur le lac Pepin dans le Minnesota, sur deux planches de bois recourbées, en 1922. A la même époque, des essais étaient faits en France sur le lac d'Annecy.
La première organisation internationale fut fondée à Genève en 1946.
Le ski nautique est l'une des 16 disciplines inscrites au programme des Iers Jeux Mondiaux qui se sont déroulés à Santa Clara (Californie).
Il y avait en 1980 en France, 6 286 licenciés, dont 1 585 femmes, répartis dans 32 clubs.

Champions du monde *les plus titrés*

Chez les hommes, 3 skieurs ont été 2 fois champions du monde (créés en 1949) : l'Américain **Alfredo Mendoza,** en 1953 et 1955 ; l'Américain **Mike Suyderhoud,** en 1967 et 1969, et le Canadien **George Athans,** en 1971 et 1973.
2 skieuses américaines, en revanche, ont été 3 fois championnes du monde : **Willa McGuire,** en 1949, 1950, et 1955 et **Liz Allan-Shetter,** en 1965, 1969 et 1975.
Liz Allan-Shetter a aussi remporté 8 titres mondiaux par discipline.
Les États-Unis ont remporté 13 fois consécutives les championnats par équipes depuis 1957 jusqu'en 1981.

Jeux Mondiaux *médailles françaises*

Le Français **Patrice Martin** a remporté la médaille d'or du concours de figures des Iers jeux Mondiaux, en 1981.

Vitesses *les plus élevées*

L'Australien **Christopher Michael Massey** a été chronométré le 6 mars 1983 sur la rivière Hawkesbury (Australie) à la vitesse de **230,22 km/h.**
L'Américaine Donna Patterson Brice (née en 1953) a porté le record féminin à 178,81 km/h le 21 août 1977 à Long Beach (Californie, U.S.A.).

Le record du monde de vitesse sur 10 000 m a été porté à 137,71 km/h le 25 juin 1983 par le Belge Danny Bertels sur le canal Albert, à Viersel (Belgique).

Saut *le plus long*

Le premier saut officiel a été réalisé par Ralph Samuelson sur un tremplin graissé, sur le lac Pepin, en 1925.

Le saut le plus long est **60,20 m,** par l'Anglais **Michael Hazelwood,** (né le 14 avril 1958), le 2 août 1981 à Reading (G.-B.)

Le record féminin est de 41 m par l'Australienne Sue Lipplegoes, réussi aussi le 2 août 1981 à Reading (G.-B.).

Le record de France est de 53,30 m par Pierre Carmin à Tampa (Floride, U.S.A.), depuis mai 1983.

Slalom *le plus de bouées*

Le record du monde de slalom est **3 bouées,** corde à 11 mètres, **à 58 km/h,** par l'Américain **Bob La Point** le 21 septembre 1980 à Mc Cormick Lake (U.S.A.).

Le record de France et d'Europe est de 2 bouées, corde à 10,75 m par Hervé Henri le 3 juillet 1983 au cours du Master autrichien.

Le record féminin est 4 bouées, corde à 12 m, à 55 km/h, par l'Américaine Cindy Hutcherson, à Calloway Gardens en 1978, record amélioré le 5 septembre 1981 par l'Australienne Sue Fieldhouse avec 1 bouée et demie, corde à 11 m, dans le Surrey (G.-B.).

Le record d'Europe est de 2 bouées un quart, corde à 11,25 m, par la Suédoise Helena Kjellander le 3 juillet 1983 au cours du Master autrichien.

La Française Chantal Amade-Escot a établi le record de France avec 3 bouées, corde à 12 m, le 4 août 1982 à Agen, performance égalée le 3 juillet 1983 au cours du Master autrichien par Marie-Pierre Seigneur et Chantal Sommer.

Tricks *le plus grand nombre*

Le record du monde de figures est de **9 290 points** par le Français **Patrice Martin** (né en 1964) à Martigues (France) le 30 août 1982. Le même jour il a réussi un passage à 9 750 points, qui ne fut pas retenu. Ces deux scores représentent un enchaînement de 16 figures réalisé en 20 secondes.

Le 2 septembre 1979, à Castelgandolfo (Italie), Patrice Martin, avec 8 040 points, a été le premier skieur au monde à dépasser les 8 000 points. Ce record du monde lui avait permis de devenir champion d'Europe, titre qu'il a conservé en 1980.

Patrice Martin est le plus jeune recordman du monde de l'histoire du ski nautique. Le 21 septembre 1979, il fut encore le premier skieur à dépasser les 16 000 points en deux jours, à Toronto (Canada), où il réussit 16 120 points.

Le record féminin est 6 970 points par la Vénézuélienne Ana Maria Carrasco le 25 juillet 1981 à Berkeley (Californie, U.S.A.).

Le record de France est de 6 740 points par Odile Flubacker le 24 juillet 1983 sur le lac de Sesquières, à Toulouse (France).

Distances *les plus longues*

Le Néo-Zélandais Will Coughey a parcouru 1 809 km en 30 h 34' les 26 et 27 février 1977 sur le lac Karapiro (N.-Z.).

Les Norvégiens **Helge Johansen** (né en 1958) et **Trond Larsen** (né en 1957) ont parcouru **1 916 km** du 14 au 16 août 1980 dans le port de Narvik (Finlande).

Pieds nus *tous les records*

Dick Pope est le premier à avoir skié pieds nus, le 6 mars 1947, à Lake Eloise, en Floride (U.S.A.).

Le record de durée est **2 h 42' 39",** par l'Américain **Billy Nichols** (né en 1964) à Lake Weir, Floride, le 19 novembre 1978.

Le record pieds nus *à reculons* est **39 m,** par **Paul McManus** (Autriche).

Le record de vitesse officiel est **177,060 km/h** par l'Américain **Lee Kirk,** à Firebird Lake (Phoenix, Arizona, U.S.A.), le 11 juin 1977. Son record officieux est de 182,93 km/h.

Le record féminin est **109,72 km/h,** par l'Américaine **Lorraine Nelson** à Long Beach (Californie, U.S.A.) le 24 août 1980.

Le record de saut pieds nus est **17,20 m,** par le Sud-Africain **Peter Lindenberg** à Natal (Afrique du Sud), le 27 avril 1980.

Le record officiel de vitesse pieds nus et à reculons est de **100 km/h** réalisé par l'Australien **Robert Wing** le 3 avril 1982.

Endurance

Le Canadien **Pierre Plouffe** a réussi la traversée aller-retour du fleuve Saint-Laurent entre la baie de Comeau et Matane à ski nautique, sans chute ni arrêt, le 6 septembre 1981 en 1 h 57' pour les 116 km du parcours.

SPORTS ÉQUESTRES

Origines

Une gravure persane datée d'environ 3 000 av. J.-C. représente, sans doute possible, une scène équestre. L'Académie Pignatelli d'équitation a été fondée à Naples au XVIe siècle.

La première compétition de saut s'est déroulée à l'Agricultural Hall d'Islington, à Londres, en 1869. Des épreuves équestres ont été incluses dans le programme olympique à partir de 1912.

La Fédération Internationale d'Équitation (F.E.I.), créée en 1921, regroupe 73 pays.

Avec les sports de glace (patinage artistique) et le trampoline, les sports équestres sont l'un des trois sports où les femmes comptent en France plus de licenciés que les hommes.

Champions olympiques (saut d'obstacles)*les plus titrés*

L'Allemand de l'Ouest **Hans-Günter Winkler** (né le 24 juillet 1926) est le seul à avoir remporté **5 médailles** d'or, 4 comme capitaine de son équipe en 1956, 1960, 1964 et 1972, et 1 dans le grand prix individuel en 1956.

Par équipes, la nation la plus brillante est l'Allemagne de l'Ouest, qui a remporté 5 titres en 1936, 1956, 1960, 1964 et 1972.

Le meilleur score atteint en compétition olympique est un sans-faute par le Tchécoslovaque **Frantisek Ventura** (1895-1969), sur « Eliot », en 1928, et par l'Allemand Alwin Schokemöhle (né le 29 mai 1937), sur « Warwick Rex ». en 1976.

Le Français **Pierre Jonquères d'Oriola** (né le 1er février 1920) est le seul à avoir remporté deux fois la médaille d'or dans l'épreuve individuelle (1952 et 1964).

Champions du monde (saut d'obstacles) *les plus titrés*

Les championnats du monde masculins (créés en 1953) ont été remportés à 2 reprises par **Hans-Günter Winkler** (1954 et 1955) et par l'Italien **Raimondo d'Inzeo** (1956 et 1960). L'Italien est le seul cavalier à avoir été champion du monde et champion olympique la même année (1960).

Pierre Jonquères d'Oriola est le seul Français à avoir été champion du monde de saut d'obstacles, en 1966, sur « Pomone B », à Buenos Aires.
Les championnats féminins (disputés de 1965 à 1974) ont été gagnés 2 fois par la Française Janou Tissot (née Lefebvre, à Saïgon le 14 mai 1945) sur « Rocket » (1970 et 1974).

Champions de France (saut d'obstacles) *les plus titrés*
Pierre Jonquères d'Oriola a été **4 fois** champion de France de saut d'obstacles, Janou Lefebvre, 3 fois.

Titres olympiques par équipes *le plus grand nombre*
Avec **11 médailles d'or** obtenues dans les 3 disciplines, l'équipe d'**Allemagne de l'Ouest** est la plus titrée aux jeux Olympiques. Les cavaliers allemands ont obtenu 5 succès au saut d'obstacles par équipes (1936, 1956, 1960, 1964, 1972), 1 succès au concours complet par équipes (1936) et 5 succès au dressage par équipes (1928, 1936, 1964, 1968, 1976).
L'équipe d'Allemagne est la seule à avoir remporté tous les titres par équipes au cours des mêmes Jeux, en 1936, à Berlin.
Les équipes de cavaliers français ont remporté 3 succès par équipes, 2 au dressage (1932, 1948), et 1 au saut d'obstacles (1976).

Titres olympiques (dressage) *le plus grand nombre*
Le Suédois **Saint-Cyr** est le seul cavalier à avoir été **2 fois** champion olympique de dressage, en 1952 et 1956.
Un cavalier français a été champion olympique de dressage, Xavier Lesage (né le 25 octobre 1885), aux Jeux de Los Angeles en 1932. Lesage avait été médaillé de bronze en 1924, aux Jeux de Paris.
Avec 3 médailles (or au dressage par équipes en 1932), Xavier Lesage est le cavalier français le plus titré aux jeux Olympiques en dressage. Lesage est aussi le seul Français à avoir remporté, en équitation, 2 médailles d'or au cours des mêmes jeux Olympiques.

Titres olympiques (concours complet) *le plus grand nombre*
Le Hollandais **Pahud de Montanges** est le seul cavalier à avoir été **2 fois** champion olympique de concours complet, en 1928 et 1932. Il a remporté sa 3e médaille d'or au concours complet par équipes en 1928.
Bernard Chevallier (né le 4 octobre 1912), aux Jeux de Londres, en 1948, et Jean-Jacques Guyon (né le 21 décembre 1932), aux Jeux de Mexico, en 1968, sont les deux seuls cavaliers français à avoir été champions olympiques de concours complet.

Français *le plus médaillé aux jeux Olympiques*
Avec **4 médailles, Pierre Jonquères d'Oriola** est le cavalier le plus titré aux jeux Olympiques. A ces 2 médailles d'or obtenues au saut d'obstacles individuel (1952 et 1964) il faut en ajouter 2 d'argent au saut d'obstacles par équipes (1964 et 1968).
Xavier Lesage (voir plus haut) est le seul cavalier français à avoir remporté 2 médailles d'or au cours des mêmes Jeux.

Sauts en hauteur et en longueur *les plus longs*
Le record de saut en hauteur homologué par la Fédération équestre internationale est de **2,47 m** par « Huasó », monté par le capitaine chilien **Alberto Larraguibel Morales,** le 5 février 1949 à Vina Del Mar (Chili).
Le record sur un mur de puissance est 2,33 m par « Miss Moët », monté par Nelson Pessoa, le 10 juin 1983 à Paris (hippodrome de Longchamp).
Le record de saut en longueur (au-dessus d'une rivière) est de 8,40 m par le Sud-Africain André Ferreira qui montait « Something » le 26 avril 1975 à Johannesburg (Afrique du Sud).

Sauts en hauteur et en longueur *les records de France*
Le record de France de saut en hauteur est **2,38 m,** par « Vol-au-vent », monté par **Christian de Castries,** en 1933 à Paris. C'est aussi Christian de Castries qui détient le record du saut en longueur depuis 1946 (7,60 m).

Chevauchée sauvage *la plus longue*
L'Américain **Thomas Gaddie** a parcouru à cheval en 295 jours **18 052 km** sur le parcours aller-retour de Dallas (Texas) à Fairbanks (Alaska), du 12 février au 2 décembre 1980, avec 7 chevaux.

SQUASH

Origines
On jouait au squash dès 1817 à Harrow, dans la banlieue de Londres. Mais il a fallu attendre 1907 pour qu'apparaisse un champion reconnu : c'est à cette date, en effet, que le Philadelphien John A. Miskey remporta les championnats amateurs des États-Unis.

Champions amateurs *les plus titrés*
Le titre de champion du monde individuel a été créé en 1967. Il a été remporté **5 fois** par les **Australiens,** qui ont également gagné la compétition par équipes à 4 reprises.
L'Australien Geoffrey B. Hunt (né le 11 mars 1947) est le seul à avoir obtenu 3 victoires individuelles (1967, 1969 et 1971).

Championnat du monde open *le plus de titres*
Le championnat du monde open, inauguré en 1976, a vu **4 fois** la victoire de **Geoffrey Hunt** (1976, 1977, 1979 et 1980).

Open britannique *champions les plus titrés*
Geoffrey Hunt a remporté **8 titres** en 1969, 1974 et de 1976 à 1981.
Le Pakistanais Hashim Khan (né en 1915) a remporté 7 fois l'Open britannique de 1950 à 1955 et en 1957, et a remporté 6 fois le titre des vétérans, de 1978 à 1983, dans cette même compétition.
L'Australienne **Heather Pamela** McKay (née Blundell, le 31 juillet 1941) a triomphé **16 fois** (de 1961 à 1977) au cours des championnats féminins de squash. Elle a de plus remporté l'Open mondial en 1976 et 1979 et n'a perdu que 2 matches entre 1959 et 1980.

Championnats amateurs de Grande-Bretagne *les plus titrés*
L'Égyptien **Abdel Fattah Amr** Bey (né en 1910) a remporté le titre à **6 reprises** (de 1931 à 1933, de 1935 à 1937). Il a ultérieurement été nommé ambassadeur de son pays à Londres.
L'Anglais Norman Francis Borrett (né le 1er octobre 1917) a remporté le titre 5 fois consécutivement de 1946 à 1950.

Championnats de France *le plus de titres*
Créés en 1975, les championnats de France ont été remportés **4 fois** par **Denis Grozdanovitch,** en 1975, 1977, 1978 et 1979.

Championnats d'Europe *le plus de titres*
L'**Angleterre** a remporté les 7 premiers championnats d'Europe par équipes. Elle a été battue pour la première fois en 1980, lors de la 8e édition, remportée par la Suède devant l'Angleterre et la Finlande. La France a terminé à la 11e place.

Matches de championnat *le plus long et le plus court*
Le plus long match de championnat connu a duré **2 h 35'.** Il a opposé, le 12 décembre 1976 à Wembley, à l'occasion du championnat britannique amateur, le Néo-Zélandais Murray Lilley et l'Anglais Barry O'Connor. Le premier a finalement triomphé du second par 9-3, 10-8, 2-9, 7-9 et 10-8. A elle seule, la deuxième manche a duré 58 mn.
Le match le plus court a opposé, pour le titre féminin de championne du pays de Galles, Deanna Murray et Christine Rees, à Rhos-on-Sea, le 21 octobre 1979. La 1re a battu la 2e en **9'30".**

Carrière *la plus longue*
La Britannique **Sheila MacIntoh** (née Speight, le 8 septembre 1930) a joué pour la première fois pour l'Angleterre contre le pays de Galles en avril 1949. Sa dernière apparition dans l'équipe anglaise a eu lieu en décembre 1971, toujours contre Galles : une carrière internationale de **22 ans et 8 mois.**
Le Britannique Lawrence John Verney (né le 19 juillet 1924) a fait presque aussi bien : il a joué pour Galles du 3 février 1950 au 17 février 1972.

Marathon
Du 30 juin au 5 juillet 1979, au Bridge of Allan Sports Club de Stirling, en Écosse, **Peter Fairlie** (né le 18 décembre 1957) a joué au squash pendant **120 h 51'** sans interruption.

SURF

Origines
Le capitaine James Cook (1728-1779) rapporte qu'à l'occasion de son premier voyage à Tahiti, au mois de décembre 1771, il vit les Polynésiens se livrer au surf à bord de leurs canoës *(chorooe)*.
La pratique du surf sur une planche (*Amo Amo ilupa ka lau oka oalu*) a été décrite pour la première fois en mars 1779 par le lieutenant James King. Il l'avait observée dans la baie de Kealakek (Hawaii) et la présente comme « extrêmement périlleuse mais extraordinaire... »
L'artiste officiel attaché à cette expédition, John Webber, a été le premier à représenter un surfer.
La renaissance du surf a eu lieu à Waïkiki, vers 1900. Les planches creuses sont apparues en 1929 et les modèles en mousse de plastique léger, en 1956. Les championnats du monde du surf ont eu lieu pour la première fois en mai 1964 à Sydney, en Australie.

Champion *le plus titré*
L'Américain **Joyce Hoffmann** est le seul surfer à avoir remporté **2 titres** (1965 et 1966).

Surf *le plus long*
4 à 6 fois par an, la baie de **Matanchen,** près de San Blas, au Mexique, voit déferler des vagues qui permettent aux surfers de se livrer à la pratique de leur sport favori sur **1 700 m.**

Le surf le plus long en rivière est de 4,73 km, réussi sur la rivière Severn en Angleterre, par l'Anglais Colin Kerr Wilson (né le 23 juin 1954) le 23 mai 1982.

TENNIS

Origines
On pense généralement que le tennis moderne est une version de plein air du tennis de salle. Une revue anglaise – le *Sporting Magazine* – parlait déjà de « field tennis » (tennis de plein air) le 29 septembre 1793.
Le premier club fondé pour un jeu de ce genre, également appelé pelote ou lawn-rackets, est le Laemington Club, créé en 1872 par le major Gem.
Le major Walter Clopton Wingfield (1833-1912) a le premier tenté de commercialiser ce jeu le 23 février 1884, sous le nom de « sphairistike », rapidement transformé en lawn-tennis. Les joueurs amateurs peuvent jouer avec et contre des professionnels en tournois « open » depuis 1968.

Grand chelem *le plus grand nombre*
Le « grand chelem » consiste à détenir en même temps les titres des 4 plus grands tournois en simple du monde : Wimbledon, et les championnats des États-Unis, d'Australie et de France.
Le premier à avoir gagné les 4, mais pas dans la même année, est l'Anglais Frederick John Perry (né le 18 mai 1909) lorsqu'il s'est adjugé le titre français en 1935.
Le premier avoir remporté les 4 la même année est l'Américain John Donald Budge (né le 13 juin 1915) lorsqu'il s'est adjugé le titre français en 1938.
Le premier qui ait réalisé **2 fois** le grand chelem est l'Australien **Rodney George « Rod » Laver** (né le 9 août 1938), en 1962 comme amateur et en 1969 comme professionnel après l'institution des tournois « open ».
2 femmes seulement ont réalisé le grand chelem : l'Américaine Maureen Catherine Connolly (1934-1969) en 1953 sous le nom de Mrs Norman E. Brinker, et l'Australienne Margaret Jean Court (née Smith, le 16 juillet 1942) en 1970.

Tournois majeurs *le plus de succès*
Avec **12 succès** l'Australien **Roy Emerson** (né le 3 novembre 1936) est le recordman des victoires dans les grands tournois (6 en Australie, 2 à Wimbledon, 2 à Roland-Garros et 2 à Forest Hills). Il précède son compatriote Rod Laver, 11 succès (3 en Australie, 2 à Roland-Garros, 4 à Wimbledon et 2 à Forest Hills) et le Suédois Bjorn Borg (6 à Roland-Garros et 5 à Wimbledon) et, avec 10 succès, l'Américain William Tilden (7 à Forest Hills et 3 à Wimbledon).
Le Français Max Decugis compte 9 succès (8 à Roland-Garros et 1 à Wimbledon). Henri Cochet (5 à Roland-Garros, 2 à Wimbledon et 1 à Forest Hills) et René Lacoste (3 à Roland-Garros, 2 à Wimbledon et 3 à Forest Hills), 8 succès. Yannick Noah a remporté son premier succès à Roland-Garros en 1983.

Médailles olympiques *le plus grand nombre*
Le tennis a fait partie du programme des 8 premiers jeux Olympiques (dont ceux de 1906). C'est le Français **Max Decugis** (1882-1978) qui a remporté le plus grand nombre de médailles : **6** dont un record de 4 médailles d'or, plus 1 d'argent et 1 de bronze en 1900, 1906 et 1920.

Chez les femmes, l'Anglaise **Kitty McKane** (née le 7 mai 1897 et devenue Mrs L.A. Godfree) en a remporté **5,** 1 d'or, 2 d'argent et 2 de bronze en 1920 et 1924.
La Française Suzanne Lenglen (1899-1938) a remporté 3 médailles aux jeux Olympiques d'Anvers, Belgique, en 1920 : 2 médailles d'or (simple et double mixte, avec Max Decugis) et une de bronze (double dames).

Exploits *les plus grands*
Le magazine américain *Tennis* a établi en 1981 la liste des 15 plus grands exploits de l'histoire.
Les 6 premiers sont : les 5 victoires consécutives de **Bjorn Borg** à Wimbledon ; les 42 matches de simples remportés d'affilée par **Bill Tilden** aux championnats des États-Unis (1920-1926) ; les 6 années (1927-1933) pendant lesquelles l'Américaine Helen Moody Wills n'a pas perdu un set ; les 7 années (1919-1926) pendant lesquelles la Française Suzanne Lenglen resta invaincue ; le 1er grand chelem remporté en 1953 par l'Américaine Maureen Connolly ; et les 2 grands chelems remportés en 1962 et 1969 par l'Australien Rod Laver.

Coupe Davis *le plus de victoires*
Ce sont les **États-Unis** qui ont remporté le plus souvent la coupe Davis (instituée en 1900), avec **28 victoires** jusqu'en 1982.
L'Australie l'a emporté 25 fois, la Grande-Bretagne 9 fois, la France 6 fois (de 1927 à 1932) et la Tchécoslovaquie 1 fois (en 1980).

Coupe Davis *les plus belles performances individuelles*
De 1954 à 1972, l'Italien **Nicolas Pietrangeli** (né le 11 septembre 1933) a remporté **120 matches sur 164,** dont 110 simples (78 victoires) et 54 doubles (42 victoires) en 66 rencontres.
L'Espagnol Manuel Orantes (né le 6 février 1949) a disputé 121 matches en 46 rencontres, le Belge Jacky Brichant 120 matches en 42 rencontres.
Le joueur qui a remporté le plus de fois la coupe Davis est l'Australien Roy Emerson (né le 3 novembre 1936) avec 8 victoires, de 1959 et de 1964 à 1967.

Championnats de France *le plus de titres*
Grail Lovera (née Sherrif, australienne, le 3 mars 1945, puis Grail Chamfreau) a remporté le 28 novembre 1981 son **28e titre** de championne de France depuis 1969.
Grail Chamfreau a remporté 2 titres de double dame à Roland-Garros (1970 et 1971) et Grail Lovera un 3e titre en 1976.

Coupe Davis *le match le plus long*
Le 12 juillet 1982 à Saint-Louis (U.S.A) l'Américain **John McEnroe** a mis **6 h 35'** pour venir à bout du Suédois Mats Willander (9-7, 6-2, 15-17, 3-6, 8-6).

Français en coupe Davis *le plus de victoires*
Jean Borotra et **Henri Cochet** sont les seuls Français à avoir remporté **6 fois** la coupe Davis (1927-1932). René Lacoste (1927, 1928, 1929) et Jacques Brugnon (1930, 1931, 1932) l'ont emporté 3 fois.

Français en coupe Davis *le plus de sélections*
Francois Jauffret a participé à **70 matches** de coupe Davis, Pierre Darmon à 69, Henri Cochet à 58, Jean Borotra à 55, René Lacoste et Paul Rémy à 53.

Coupe de la Fédération *le plus de victoires*
La Coupe de la Fédération, créée en 1963, le championnat international féminin par équipes, a été remporté **11 fois** par les **États-Unis** jusqu'en 1982.
L'Anglaise Virginia Wade (née le 10 juillet 1945) a participé à toutes les remontées de 1967 à 1981, soit un record de 54 matches. Elle a disputé 97 parties, dont 53 simples (34 victoires) et 44 doubles (30 victoires).
L'Américaine Christine Lloyd (née Evert le 21 décembre 1954) a remporté tous les simples qu'elle a disputés, soit 28, de 1977 à 1982, et 14 des 15 doubles qu'elle a disputés.
L'Américaine Martina Navratilova (née le 18 octobre 1956 en Tchécoslovaquie) est la seule joueuse qui ait remporté la Coupe de la Fédération dans deux équipes nationales différentes, en 1975 (Tchécoslovaquie) et en 1982 (États-Unis).

Service *le plus rapide*
Le service le plus rapide enregistré avec un appareillage moderne de contrôle est celui de l'Américain **Scott Carnahan** – 220 km/h – à Los Angeles (Californie, U.S.A.) en septembre 1976.
Le plus rapide jamais mesuré est celui de l'Américain **William Tatem Tilden** (1893-1953) à **263 km/h** en 1931.
Certains joueurs considèrent le service de l'Américain Robert Falkenburg (né le 26 janvier 1926), vainqueur de Wimbledon en 1948, comme le plus rapide de tous les temps.

Jeu *le plus long*
Le jeu le plus long jamais enregistré dans un tournoi officiel seniors a duré **31 mn,** avec 37 égalités lors d'un match opposant le Rhodésien Anthony Fawcett et l'Anglais Keith Glass au premier tour des championnats du Surrey à Surbiton (Surrey, G.-B.), le 26 mai 1975.
Le 28 mars 1981 à Roland-Garros Mlles Ricard et Marot ont disputé 1 point pendant **1 h 19'.** Il s'agissait du 3e point des tie-breack (1-1) du premier set (1 h 20' pour arriver à 5 jeux partout) d'une rencontre de quarts de finale d'une épreuve de sélection de joueurs et joueuses nés en 1971. Au cours de cet échange record, la balle a été renvoyée 989 fois consécutivement au-dessus du filet. Mlle Ricard a remporté ce tie-breack, perdit le second set (2 h 40'), et son père la fit alors abandonner.

Tiebreak *le plus long*
Au cours du premier tour du tournoi de Wimbledon 1973, le Suédois **Bjorn Rune Borg** (né le 6 juin 1956) a remporté le match au 3e set par un tiebreak face à l'Indien Prenjit Lall (6-3, 6-4, 9-8) dont le nombres des points s'est terminé à **20-18.**

Joueuse professionnelle *la plus jeune*
La plus jeune joueuse professionnelle de l'histoire du tennis est l'Américaine **Kathy Rinaldi** (née le 24 mars 1967) qui a signé son premier contrat en juillet 1981 à l'âge de **14 ans et 4 mois.** Auparavant, c'est l'Américaine Andrea Jaeger (née le 4 juillet 1965) qui était la plus jeune professionnelle. Elle avait signé son premier contrat à l'âge de 14 ans et 8 mois en 1980.

Classement A.T.P. *les leaders*
Le 3 mars 1980 l'Américain **John Patrick McEnroe** (né le 16 février 1959) est devenu le 5e joueur de l'histoire du tennis à occuper la tête du classement A.T.P. (Association de joueurs professionnels) après John Newcombe, Ilie Nastase, Jimmy Connors et Bjorn Borg. A cette occasion, il est en revanche devenu le premier joueur à occuper la 1re place dans le classement du simple, mais aussi dans celui du double simultanément.
Le meilleur classement obtenu par un joueur français est la 4e place de Yannick Noah après sa victoire à Roland-Garros en juin 1983.

Le Suédois Bjorn Borg a remporté 6 titres à Roland-Garros.

Le Français Yannick Noah, au cours de sa finale victorieuse de Roland-Garros en 1983 face au Suédois Mats Willander.

L'Américaine Chris Evert-Lloyd a remporté son 5e titre en simple à Roland-Garros en 1983.

Classement du Grand Prix *les meilleurs*
Le record de points marqués au cours d'une saison dans le classement annuel des tournois du Grand Prix – dont les 12 premiers sont qualifiés pour le Masters – est **3 555 points** en 1982 par l'Américain **Jimmy Connors.**
Le seul joueur français qui ait jamais été leader de ce classement a été en 1983 Yannick Noah.
Noah, en dehors des Internationaux de France, a remporté 13 tournois du Grand Prix : Manille et Calcutta (1978), Nancy, Madrid et Bordeaux (1979), Richmond et Nice (1981), Palm Springs, South Orange, Bâle et Toulouse (1982), Madrid et Hambourg (1983).

Carrière *la plus longue*
La carrière en compétition officielle de l'Américain **C. Alfonso Smith** (né le 18 mars 1909) a commencé le 14 août 1924 à Chicago où il remportait le titre des United States National Boys pour se terminer **55 ans** plus tard, en août 1979 à Santa Barbara (Californie) où il a remporté le titre en double sur terre battue. Au cours de sa carrière, Smith remporté 31 titres nationaux américains.

Victoires consécutives en tournoi *le plus grand nombre*
Le Tchécoslovaque **Ivan Lendl** (né le 7 mars 1960) a remporté **44 tournois consécutifs** entre sa défaite le 9 novembre 1981 en huitième de finale de l'U.S. Open par l'Américain Vitas Gerulaïtis et sa défaite en finale du tournoi de Palm Springs, le 21 février 1982 par le Français Yannick Noah. Cette série a représenté 44 matches victorieux consécutifs.

Public *le plus nombreux*
30 472 spectateurs ont assisté au match au cours duquel l'Américaine Billie Jean King (née Moffitt, le 22 novembre 1943) a battu l'Américain Robert Larimore Riggs (né le 25 février 1918), le 20 septembre 1973 à l'Astrodome de Houston (Texas).
Le record de spectateurs à un match classique est de 25 578 personnes à Sydney (Australie), le 27 décembre 1954, pour le Challenge Round de la coupe Davis opposant l'Australie aux États-Unis.

Gains *les plus élevés*
Le Tchécoslovaque **Ivan Lendl** (né le 7 mars 1960) a gagné un record de **2 028 850 $ en 1982.**
Le record pour un seul match est de 500 000 $, reçus par l'Américain James Scott « Jimmy » Connors (né le 2 septembre 1952) pour avoir battu l'Australien John David Newcombe (né le 23 mai 1944) au Caesars Palace de Las Vegas (U.S.A.), le 26 avril 1975.
Le montant le plus élevé aloué dans un tournoi est de 2 001 000 $ pour les championnats Open des États-Unis 1983.
Chez les femmes, l'Américaine **Martina Navratilova** a gagné **1 475 055 $ en 1982.**
L'Australienne Margaret Court, malgré son grand chelem, n'a gagné que 704 594 $ pendant toute sa carrière.

Marathons
Le plus long match en simple a duré **110 h 14'** entre Shaun Liebenberg (né en 1962) et Érik Werner Reeder (né en 1963) au Northcliff Country Club de Johannesbourg (Afrique du Sud) du 2 au 6 avril 1982.
Le record en double est de 91 h 42' par Georges Milton, Jan Jefferis, Ted Hollembeak et Leslie Stafford à Emporia (Kansas, U.S.A.) du 27 au 31 octobre 1982.
Deux Suédois, Anders Rydelius et Richard Gilhorn ont réussi en avril 1983 11 200 échanges d'affilée sans faute pendant près de 7 heures.

WIMBLEDON

Joueuses *les plus titrées*
6 fois championne en simple, l'Américaine **Billie-Jean King** (née Moffit le 22 novembre 1943) a remporté 10 fois le titre en doubledames et 4 fois en double mixte de 1961 à 1979, soit un record de **20 titres.** Elle a disputé en 1982 sa 13e demi-finale en simple pour sa 21e participation au tournoi.
L'Américaine Elizabeth Mantague Ryan (1892-1979) a remporté un record de 19 titres en double de 1914 à 1934, dont 12 en double dames.
La Française Suzanne Lenglen a été la première à remporter 6 fois le simple dames de Wimbledon, dont 5 fois consécutives (record) en 1919, 1920, 1921, 1922, 1923 et 1925.

Joueur *le plus titré*
L'Anglais **Hugh Laurence Doherty** (1875-1919) a remporté 13 titres à Wimbledon, dont 5 en simple (1902-1906), et un record de 8 titres en double (1897-1910 et 1903-1905) avec son frère Reginald Frank (1872-1910).

Victoires en simple *le plus grand nombre*
L'Américaine **Helen Newington Moody** (née Wills, le 6 octobre 1905) a remporté 8 fois le titre en simple en 1927, 1928, 1929, 1930, 1932, 1933, 1935 et 1938.
Chez les hommes, ce record, depuis l'abolition du Challenge Round en 1922, appartient à **Bjorn Borg** avec 5 victoires consécutives, de 1976 à 1980.
L'Anglais William Charles Renshaw (1861-1904) a remporté 7 fois le simple, de 1881 à 1886 et en 1889.
L'Australien Rod Laver a gagné 4 fois à Wimbledon, en 1961, 1962, 1968 et 1969.

Victoires en matches *le plus grand nombre*
Le Suédois **Bjorn Borg,** en perdant la finale du tournoi 1981 contre John McEnroe, a interrompu une série record de **41 victoires consécutives** entre 1976 et 1981. Le record précédent appartenait à l'Australien Rod Laver, avec 32 succès consécutifs (1961-1962 et 1968-1970).

Matches disputés *le plus grand nombre*
L'Américaine **Billie-Jean King** a disputé son **110e match** à Wimbledon le 30 juin 1983, en demi-finale du simple dames face à l'Américaine Andrea Jaeger.

Français à Wimbledon *le plus de victoires*
Trois Français ont remporté **2 fois** le tournoi de Wimbledon en simple : **Jean Borotra** (né le 13 août 1898), en 1924 et 1926, **René Lacoste** (né le 2 juillet 1904), en 1925 et 1928, **Henri Cochet** (né en décembre 1901), en 1927 et 1929.
Max Decugis est le premier Français vainqueur à Wimbledon : en junior (1896) et en double (1911, avec André Gobert, né le 30 septembre 1890).
Jacques Brugnon (1895-1978) a remporté 4 fois Wimbledon en double, 2 fois avec Cochet, 2 fois avec Borotra. Yvon Pétra (né le 8 mars 1916) est le dernier Français à avoir gagné en 1946.
Le dernier titre remporté à Wimbledon par un joueur français est le double mixte où Françoise Durr triompha en 1976, associée à Tony Roche.

Victoires en double mixte *le plus grand nombre*
Le record masculin de **4 victoires** est partagé par l'Américain **Elias Victor Seixas** (né le 30 août 1923), de 1953 à 1956 ; l'Australien **Kenneth Norman** Fletcher (né le 25 juin 1940), en 1963, 1965, 1966, 1968 ; et l'Australien **Owen Keir Davidson** (né le 4 octobre 1943), en 1967, 1971, 1973 et 1974.
Le record féminin appartient à l'Américaine **Elizabeth Ryan,** avec **7 victoires,** de 1919 à 1932.

Engagements *le plus grand nombre*
L'Anglais **Arthur William Charles « Wentworth » Gore** (1868-1928) a joué 36 fois à Wimbledon entre 1888 et 1927 et a été à 41 ans 6 mois, en 1909, le plus vieux vainqueur du simple.
En 1964, le Français Jean Borotra a joué à Wimbledon pour la 35e fois depuis 1922. En 1977, il a joué dans le double vétérans à l'âge de 78 ans.

Champions *les plus jeunes*
La plus jeune championne est l'Anglaise **Charlotte « Lottie » Dod** (1868-1928), qui a remporté la coupe en 1887 à l'âge de **15 ans et 285 jours.**
L'Américain Richard Dennis Ralston (né le 27 juillet 1942) avait 17 ans et 341 jours lorsqu'il a remporté le double messieurs avec le Mexicain Rafaël Herrera Osuna (1938-1969) en 1960.
Le plus jeune vainqueur du simple de Wimbledon est Wilfred Baddeley (1872-1929), qui a remporté le titre de Wimbledon en 1891 à l'âge de 19 ans et 175 jours.
Bjorn Borg (né le 6 juin 1956) a été en 1976, à 20 ans, le plus jeune vainqueur de Wimbledon des temps modernes.
La plus jeune joueuse ayant jamais participé à la compétition est sans doute l'Autrichienne Mita Klima, qui a joué les simples en 1907 à 13 ans.
La plus jeune joueuse contemporaine était l'Américaine Tracy Austin (née le 12 décembre 1962), qui n'avait que 14 ans 7 mois au tournoi de 1977, jusqu'au Tournoi de 1981 où l'Américaine Kathy Rinaldi a débuté la compétition à l'âge de 14 ans et 91 jours. Elle est alors devenue la plus jeune joueuse à remporter un match à Wimbledon, arrivant jusqu'aux quarts de finale *(voir plus haut).*

Champions *les plus âgés*
Le vainqueur le plus âgé à Wimbledon est l'Américaine **Margaret Evelyne du Pont** (née Osborne le 4 mars 1918) quand elle a gagné le double mixte avec l'Australien Neale Fraser en 1962.
Le plus âgé vainqueur en simples fut l'Anglais **Arthur Gore** en 1909, à l'âge de **41 ans 6 mois.**
L'Anglaise Dorothy Katherine Douglas Lambert Chambers (1878-1960) fut finaliste du simple dames en 1920 à l'âge de 41 ans. Elle avait auparavant remporté 7 victoires en simple, en 1903, 1904, 1906, 1910, 1911, 1913 et 1914.

Public *le plus nombreux*
Il y a eu **38 291 spectateurs** le 27 juin 1979 à Wimbledon et le record d'affluence pour l'ensemble du tournoi est de 363 369 spectateurs en 1983.

U.S. OPEN
Joueurs et joueuses *les plus titrés*
L'Américain **Jimmy Connors** est le seul joueur à avoir remporté l'U.S. open à Forest Hills sur gazon (1974), à Forest Hills sur terre battue (1976) et à Flushing Meadow sur ciment (1978).
Le record total des titres est de 16, par **William Tatem Tilden** et le plus grand nombre de victoires en simple est de 7 par Richard Dudley Sears (1861-1943) de 1881 à 1887, William A. Larned (1872-1926) en 1901, 1902 et de 1907 à 1911 et par William Tilden de 1920 à 1925 et en 1929.
Le tournoi féminin a été remporté 5 fois par l'Australienne **Margaret Smith-Court,** en 1962, 1965, 1969, 1970, 1973.
L'Américaine **Margaret Evelyn du Pont** détient le record de tous les titres avec 24 succès, 13 en double dames (dont 12 avec Althea Louise Brough), 8 en double mixte et 3 en simple.
L'Américaine **Chris Evert-Llyod** est la seule à l'avoir emporté 4 années consécutives, de 1975 à 1978, et à avoir gagné à Forest Hills (terre battue) et à Flushing Meadow.

Joueurs et joueuses français *le plus de titres*
2 tennismen français ont remporté l'U.S. open, **René Lacoste,** 2 fois, en 1926 en battant Jean Borotra, en 1927 devant l'Américain William Tilden, et **Henri Cochet,** en 1928, devant Hunter. Cochet fut battu en finale par l'Américain Ellsworth Vines (né le 29 septembre 1911) en 1932.

Champions *les plus jeunes*
Le plus jeune vainqueur d'un titre à Forest Hills est l'Américain **Vincent Richards** (1903-1959) qui avait **15 ans et 139 jours** lorsqu'il remporta le double messieurs en 1918 avec Bill Tilden.
Le plus jeune vainqueur de l'U.S. Open en simple est l'Américaine **Tracy Ann Austin** (née le 12 décembre 1962) qui avait **16 ans et 271 jours** lorsqu'elle a gagné à Flushing Meadow en 1979.

Le meilleur résultat obtenu par une joueuse française est une place en demi-finale où Françoise Durr (née le 25 décembre 1942) a été battue par l'Américaine Billie-Jean King.
En revanche, elle a remporté le double dames, associée à l'Américaine Doris Hart, en 1969, et à la Néerlandaise Betty Stove, en 1971.
Les championnats internationaux des États-Unis, seul grand tournoi où les prix sont égaux pour les hommes et les femmes, ont été dotés en 1982 de 1 500 000 $ de prix dont 90 000 $ aux vainqueurs des deux simples, hommes et femmes touchant des prix identiques.
Ceci est un chiffre record pour un des tournois du grand chelem *(voir plus haut).*

ROLAND-GARROS
Joueurs *les plus titrés*
8 fois champion en simple (1903, 1904, 1907, 1908, 1909, 1912, 1913, 1914), le Français **Max Decugis** a remporté 13 fois le titre en double messieurs (1902, 1903, 1904, 1905, 1906, 1907, 1908, 1909, 1911, 1912, 1913, 1914, 1920) et 7 fois le titre du double mixte (1904, 1905, 1906, 1908, 1909, 1914, 1920), soit un record de 28 titres.
Jean Borotra a remporté 10 titres (2 en simple, 6 en double messieurs, 2 en double mixte) comme **Henri Cochet** (5 en simple, 3 en double messieurs, 2 en double mixte).
Le dernier Français à avoir remporté le simple de Roland-Garros est **Yannick Noah** (né le 6 mai 1960) le 5 juin 1983 en battant le Suédois Mats Wilander (6-2, 7-5, 7-6 en 2 h 25').
Depuis 1946, le Suédois Bjorn Borg est le seul à avoir remporté 6 titres (1974, 1975, 1978, 1979, 1980,

1981) et l'Australien **Roy Emerson** a remporté un total de 8 titres (2 en simple et 6 en double).

Joueuses *les plus titrées*

6 fois championne en simple (1920, 1921, 1922, 1923, 1925, 1926), la Française **Suzanne Lenglen** a remporté 6 fois le titre en double dames (1920, 1921, 1922, 1923, 1925, 1926) et 7 fois le titre en double mixte (1914, 1920, 1921, 1922, 1923, 1925, 1926), soit un record de 19 titres.

Depuis 1946, l'Australienne **Margaret Smith-Court** est la seule à avoir remporté 5 titres en simple (1962, 1964, 1969, 1970, 1973), auxquels elle a ajouté 4 titres en double dames (1964, 1965, 1966, 1973) et 4 titres en double mixte (1963, 1964, 1965, 1973), soit un record de 13 titres. Mais l'Américaine **Chris Evert-Llyod** a remporté son 5e titre en 1983.

Françoise Durr est la dernière joueuse française à avoir remporté le simple de Roland-Garros (1967). Elle a aussi remporté 5 titres en double dames (1967, 1968, 1969, 1970, 1971) et 3 titres en double mixte (1968, 1971, 1973), soit un total de 9 titres.

Victoires consécutives *le plus grand nombre*

Le Français **P. Aymé** est le seul joueur à avoir remporté 4 fois de suite le simple messieurs de Roland-Garros (1897-1900) avec le Suédois **Bjorn Borg** (1978-1981).

Max Decugis est le seul à l'avoir emporté 2 fois trois fois de suite (1907-1909 et 1912-1914).

6 joueurs ont réussi le doublé : le Français Max Germot (1905-1906), l'Américain F.-A. Parker (1948-1949), le Tchécoslovaque Jaroslav Drobny (né le 12 octobre 1912) (1951-1952), l'Américain Tony Trabert (né le 16 août 1930) (1954-1955), l'Italien Nicola Pietrangeli (1959-1960) et le Tchécoslovaque Ian Kodès (1970-1971).

Suzanne Lenglen est la seule joueuse à avoir remporté 4 fois de suite le simple dames de Roland-Garros (1920-1923).

Mlles Masson (1897-1899) et H. Sperling (1935-1937) l'ont remporté 3 fois de suite.

Marguerite Broquedis (1913-1914), Suzanne Lenglen (1925-1926), Miss H.N. Wills (1928-1929), Mme R. Mathieu (1938-1939), l'Américaine Maureen Connolly (1953-1954), Margaret Smith-Court (1969-1970) et Chris Evert (1974-1975 et 1979-1980), ont réussi le doublé.

Max Decugis a remporté 9 titres consécutifs en double messieurs (1902-1909), Roy Emerson 6 (1960-1965).

Françoise Durr a remporté 5 titres consécutifs en double dames (1967-1971).

Mlle J. Matthey (1909-1912), Suzanne Lenglen (1920-1923), Mme R. Mathieu (1936-1939) et l'Américaine Doris Hart (née en 1925) (1950-1954) l'ont emporté 4 fois de suite.

Victoires totales *le plus grand nombre*

Max Decugis a remporté la même année les 3 titres (simple, double messieurs et double mixte) 4 fois, en 1904, 1908, 1909 et 1914.

Suzanne Lenglen a remporté 6 fois tous les titres (simple, double dames et double mixte), en 1920, 1921, 1922, 1923, 1925, 1926, dont 4 fois consécutives. Seule l'Australienne **Margaret Smith-Court** a égalé une fois cet exploit, en 1964.

Vainqueurs *aux dates les plus éloignées*

Max Decugis a remporté son 8e titre en simple (1914) **11 ans** après le premier (1903).

Jean Borotra a remporté son 6e titre en double messieurs (1936) **12 ans** après le premier (1924).
Margaret Smith-Court a remporté son 5e titre en simple (1973) 11 ans après le premier (1962). Elle a aussi remporté son 5e titre en double dames (1973) 9 ans après le premier (1964).

Suzanne Lenglen a remporté son 7e titre en double mixte (1926) 12 ans après le premier (1914). Max Decugis a remporté son 7e titre en double mixte (1920) 16 ans après le premier (1904).

Victoires en matches *le plus grand nombre*

Bjorn Borg a remporté **28** rencontres consécutivement entre 1977 et 1981.

Vainqueurs *les plus jeunes et les plus âgés*

Le Suédois **Mats Wilander** (né le 22 août 1964) avait **17 ans et 288 jours** lors de sa première victoire en simple à Roland-Garros le 6 juin 1982. C'est le record de jeunesse pour un tournoi du « grand chelem ».

Les plus jeunes champions homme et femme sont les vainqueurs du double mixte 1981, les Américains **Andréa Jaeger** (née le 4 juin 1965), à **15 ans et 339 jours,** et **Jimmy Arias** (né le 16 août 1964) à **16 ans et 296 jours.**

La championne la plus âgée est **Elisabeth Ryan** qui avait **42 ans et 88 jours** lorsqu'elle remporta en 1934 le double dames avec la Française Simone Mathieu.

Le vainqueur en simple le plus âgé a été en 1972 l'Espagnol Andres Gimeno (né en 1937) à 35 ans en battant le Français Patrick Proisy (4-6, 6-3, 6-1, 6-1).

Français finalistes *derniers joueurs*

Depuis la victoire de Marcel Bernard (1946), dernier Français vainqueur à Roland-Garros, 2 joueurs français ont été finalistes en simple : **Pierre Darmon** (né le 14 janvier 1934), battu en 1963 par Roy Emerson, et **Patrick Proisy** (né le 10 septembre 1949), battu en 1972 par l'Espagnol Andres Gimeno (né en 1937).

Affluence *la plus nombreuse*

254 952 spectateurs ont assisté à l'édition 1982 des Championnats internationaux de France au stade Roland-Garros.

La recette, record, s'est élevée à 21 725 806 F.

49 chaînes de télévision ont retransmis la finale 1983 Yannick Noah (F) - Mats Willander (Suède) (6-2, 7-5, 7-6).

TENNIS DE TABLE

Origines

On a retrouvé des preuves de l'existence du ping-pong dans les catalogues de 1880 d'une maison londonienne d'articles sportifs. La première association de ping-pong vit le jour en 1902, mais le sport ne connut qu'un développement éphémère, avant de ressusciter en 1921. La Fédération internationale de tennis de table regroupe 126 pays. Elle comptait en 1981 environ 16 millions de licenciés, dont 10 millions en Chine, 3 millions en U.R.S.S., 700 000 en R.F.A. et 300 000 au Japon. C'est l'importance de ces effectifs qui a conduit le Comité olympique international à inscrire pour la première fois le tennis de table au programme olympique pour les Jeux de Séoul, en 1988.

Tournoi Top 12 *le plus de victoires*

Créé en 1971, le Tournoi Top 12 est la plus importante manifestation européenne de tennis de table. 3 joueurs l'ont emporté 2 fois, le Hongrois **Jonyer** (1971 et 1974), le Suédois **Bengtsson** (1973 et 1980) et le Yougoslave **Surbek** (1976 et 1979).

Le Français Jacques Secretin a toujours été classé

dans les dix premiers au cours des 12 éditions du tournoi. Il a terminé à la 3e place en 1977, 1980 et 1981, à la 5e place en 1971, 1980 et 1982.
La Hongroise Kishazi est la seule femme à l'avoir emporté 4 fois (1971-1973 et 1977). L'Anglaise Hammersley a gagné 3 fois (1978, 1980, 1981), la Suédoise Hellman, 2 fois (1975, 1976).

Internationaux *la plus jeune*
La Jamaïquaine **Joy Foster** avait **8 ans** lorsqu'elle a joué pour la première fois pour son pays dans les championnats des Antilles qui se sont déroulés en août 1958 à Port of Spain (Trinité).

Match *le plus long*
En 1936, la finale de la coupe Swaythling qui opposait l'Autriche à la Roumanie, à Prague (Tchécoslovaquie), a duré **11 h.** Commencée le dimanche 15 mars, elle avait dû être interrompue et s'est terminée le mercredi suivant.

Échange *le plus long*
Dans une partie de la coupe Swaythling, le 14 mars 1936, à Prague (Tchécoslovaquie), le premier échange entre le Polonais Alex Ehrlich et le Roumain Farcas Paneth a duré **1 h 58'.**
Le 30 juillet 1978, à Stamford, U.S.A., R. Siagel et D. Peters ont soutenu un échange pendant 8 h 33'.

Frappes *les plus rapides*
Les internationaux anglais **Nicky Jarvis** (né le 7 mars 1954) et **Desmond Douglas** (né le 20 juillet 1955) ont frappé la balle 162 fois en **1'**, le 1er décembre 1976 à l'Eccentric Club de Londres.

Jacques Secrétin au Tournoi Top 12, à Tokyo en 1983 ; ici contre Eric Rasmussen.

CHAMPIONS DU MONDE DE TENNIS DE TABLE LES PLUS TITRÉS*

Discipline	Nom		Nombre de Victoires	Années
Simple messieurs	G. Viktor Barna (Hongrie)	(1971-1972)	5	1930, de 1932 à 1935
Simple dames	Angélica Rozeanu (Roumanie)	(née le 15-10-1921)	6	de 1950 à 1955
Double messieurs	G. Viktor Barna (1)		8	de 1929 à 1935, 1939
Double dames	Maria Mednyanszky (Hongrie)	(1901-1979)	7	1928, de 1930 à 1935
Double mixte hommes	Ferenc Sido (Hongrie)	(né en 1923)	4	1949-1950, 1952-1953
Double mixte femmes	Maria Mednyanszky (Hongrie)		6	1927-1928, 1930-1931, 1933-1934

(1) G. Viktor Barna a remporté un total de 15 titres mondiaux, tandis que Maria Mednyanszky en obtenait 18.
* Les championnats du monde se tiendront désormais tous les deux ans; battre les records indiqués ci-dessus sera donc virtuellement impossible.

TITRES PAR ÉQUIPES

Hommes	Hongrie	12	de 1927 à 1931, de 1933 à 1935, 1938, 1949, 1952, 1979
Femmes	Japon	8	1952, 1954, 1957, 1959, 1961, 1963, 1967, 1971

RECORDS DE VICTOIRES AUX CHAMPIONNÁTS DE FRANCE INTERNATIONAUX

Simple messieurs	Richard Bergmann (Angleterre)	4	1946, 1949, 1950, 1952
Simple dames	Ann Haydon (Angleterre)	3	1956, 1957, 1958
Double messieurs	Viktor Barna (Hongrois naturalisé britannique)	4	1939, 1947, 1951, 1952
	Michel Haguenauer (France) 2 fois ensemble	4	1946, 1949, 1951, 1952
Double dames	Diane et Rosalina Rowe (Angleterre)	5	1951-1956

RECORDS DE VICTOIRES AUX CHAMPIONNATS DE FRANCE INDIVIDUEL

Simple messieurs	Jacques Secretin	16	1966-1975, 1977-1982
Simple dames	Christiane Watel	8	1951-1956, 1963, 1965
Double messieurs	Michel Haguenauer (avec des partenaires différents)	9	1936-1938, 1944, 1946, 1948, 1950, 1952-1957
Double dames	Martine Le Bras	8	1962-1969
Double mixte	Jacques Secretin	11	1968-1975, 1978-1980
	Mlle Claude Bergeret	7	1973-1975, 1978-1981

Ce record a été égalé le 21 mars 1977 à Butlins (Lancashire, G.-B.) par les jumeaux **Douglas et Paul Day** (nés le 20 octobre 1958). Le 11 octobre 1977, à Blackpool (G.-B.), Linda Howard et Melodi Ludi ont établi le record féminin de cette spécialité, avec 148 coups. Avec une raquette dans chaque main, l'Américain Gary D. Fisher a mis 44'28", le 25 juin 1979 à Olympia (Washington, U.S.A.), pour faire passer 5 000 fois la balle au-dessus du filet.

Vitesse *la plus élevée*
Aucune mesure concluante de la vitesse atteinte par une balle de ping-pong n'a été effectuée, mais M. Sklorz (Allemand de l'Ouest) a indiqué qu'une balle pouvait atteindre **170 km/h.**

Marathon
En simple, le plus long marathon connu a duré **132 h 31'**, du 20 au 26 août 1978, entre **Danny Price** et **Randy Nunes,** à Cherry Hill (New Jersey, U.S.A.).
Lance, Phil et Mark Warren, aidés de leur camarade Bill Weir, ont joué un double de 101 h 1'11", du 9 au 13 avril 1979, à Sacramento (Californie. U.S.A.).
Le record de France est de 60 h 27' par Alain Lhomme et Bruno Simon du 1er au 4 avril 1983 à Saint-Cyr-sur-Loire.

TIR

Origines
La Guilde de tir de Lucerne (Suisse) a été créée vers 1466 et la première compétition connue a eu lieu à Zurich en 1472.
Créée en 1907, l'Union Internationale de Tir (U.I.T.) regroupe 98 pays.

Médailles olympiques *le plus grand nombre*
L'Américain **Carl Townsend Osburn** (1884-1966) a remporté le chiffre record de **11 médailles** en 1912, 1920 et 1924, dont 5 médailles d'or, 4 d'argent et 2 de bronze. 6 autres tireurs ont remporté 5 médailles d'or, et le seul à avoir remporté 3 médailles d'or individuelles est le Norvégien Gudbrand Gubrandsönn Skateboe (1875-1965), en 1906.

Français *les plus médaillés*
Paul Colas (né en 1880) est le seul tireur français à avoir obtenu **4 médailles** aux jeux Olympiques : médailles d'or à l'arme libre et au fusil de guerre aux Jeux de Stockholm en 1912, médaille d'argent au fusil de guerre par équipes aux Jeux de Paris en 1924, médaille de bronze à la carabine miniature aux Jeux de Paris en 1900.
Pierre Coquelin de Lisle (né en 1900) a aussi obtenu 2 médailles d'or aux jeux Olympiques, à Paris en 1924, à la carabine miniature petit calibre et au tir miniature par équipes.
La dernière médaille française remportée est la médaille d'argent de Michel Carrega, en 1972 à Munich, à la fosse olympique.

Pigeons d'argile *le plus de titres*
La Canadienne **Susan Nattrass** (née le 5 novembre 1950) a remporté le chiffre record de **6 titres** mondiaux dans la spécialité en 1974, 1975, 1977, 1978, 1979, 1981.
Chez les hommes, le Français **Michel Carrega** (né le 26 septembre 1934) en a remporté **4** en 1970, 1971, 1974 et 1979. L'Anglais Terry Harper a touché

RECORDS MONDIAUX INDIVIDUELS							
CATÉGORIE	DISTANCE	COUPS	POINTS POSSIBLES	SCORE	TIREUR	LIEU	DATE
Fusil libre	300 m	3 x 40	1 200	1 160 pts	Lones W. Wigger (U.S.A.)	Séoul (C. du S.)	oct. 1978 (ch. d. m.)
					Lones W. Wigger (U.S.A.)	Rio de Janeiro (Brésil)	oct. 1981
		60 à terre	600	593 pts	Victor Danilschenko (U.R.S.S.)	Caracas (Venezuela)	10 nov. 1982
					Malcolm Cooper (G.-B.)	Caracas (Venezuela)	10 nov. 1982
Fusil standard	300 m	3 x 20	600	580 pts	Lones W. Wigger (U.S.A.)	Rio de Janeiro (Brésil)	1er nov. 1981
Fusil petit calibre (3 positions)	50	3 x 40	1 200	1 180 pts	Kini Ivanov (U.R.S.S.)	Lvov (U.R.S.S.)	déc. 1982
Fusil petit calibre	50 m	60 à terre	600	600 pts	Allan Alistair (G.-B.)	Titograd (Yougoslavie)	21 sept. 1981
					Ernest Van de Zande (U.S.A.)	Rio de Janeiro (Brésil)	1er nov. 1981
Pistolet libre (petit calibre)	50 m	60	600	581 pts	Alexandre Melentev (U.R.S.S.)	Moscou (U.R.S.S.)	20 juillet 1980 (J.O.)
Vitesse au pistolet	25 m	60	600	599 pts	Igor Puzyrev (U.R.S.S.)	Titograd (Yougoslavie)	21 sept. 1981
Tir au centre au pistolet	25 m	60	600	597 pts	Thomas D. Smith (U.S.A.	São Paulo (Brés.)	1963
Pistolet standard	25 m	60	600	584 pts	Eric Buljung (U.S.A.)	Caracas (Venezuela)	20 oct. 1983
Cible mouvante (sanglier courant, passage normal)	50/60 m	60	600	595 pts	Igor Sokolov (U.R.S.S.)	Miskulc (Hongrie)	1981
Ball-trap	–	200 pigeons	200	199 pts	Angelo Scalzone (Italie)	Munich (R.F.A.)	29 août 1972 (J.O.)
					Michel Carrega (France)	Thun (Suisse)	23 sept. 1974
					Daniele Cioni (Italie)	Montecatini (Italie)	1982
Skeet	–	200 pigeons	200	200 pts	Matthew Dryke (U.S.A.)	Sao Paulo (Brésil)	4 nov. 1981
					Donald Carlisle (U.S.A.)	Caracas (Venezuela)	20 août 1983
Fusil à air comprimé	10 m	60	600	590 pts	Harald Stenvaag (Norvège)	La Haye (Pays-Bas)	19 mars 1982
Pistolet à air comprimé	10 m	60	600	591 pts	Vladas Tourla (U.R.S.S.)	(U.R.S.S.)	20 août 1983
RECORDS PAR ÉQUIPES							
Fusil à air comprimé	10 m	40	1 600	1 537 pts	Union soviétique	Oslo (Norv.)	3 mars 1980
Cible mouvante (sanglier courant)	50/60 m	60	1 600	1 534 pts	Finlande	Linz (Aut.)	24 août 1979
Revolver et pistolet gros calibre	25 m	60		2 358 pts	Union soviétique	Titograd (Youg.)	19 sept. 1981
Fusil petit calibre (position couchée)	50 m	60		2 391 pts	Union soviétique	Titograd (Youg.)	19 sept. 1981

1905 pigeons d'argile au skeet, en 1 h, en 1982 à Beverley (East Yorkshire, G.-B.), et le Néo-Zélandais Douglas Geater (né le 21 juillet 1947) en a touché 2 264 au ball-trap à Papamda (N.-Z.) le 17 janvier 1981, toujours en 1 heure.

Score *le plus élevé en 24 heures*

L'équipe du **Central Lancashire Rifle Club,** comprenant John Jepson, Graham Sharples, Derek Byron et Joseph Graham, a marqué **85 752 points** (94,03 en moyenne par carton) les 26 et 27 novembre 1976.

Tir de précision *le plus fin*

C'est l'Américain **Ed McGivern** qui a réussi le plus bel exploit au revolver en tirant à 4,5 m de distance deux fois 5 coups tenant dans une pièce d'un demi-dollar en argent (soit un cercle de 3,06 cm) en 0'45", au Lead Club Range (Dakota du Sud, U.S.A.), le 20 août 1932. Le 13 septembre 1932, à Lewiston (Montana, U.S.A.), **McGivern** a tiré 10 coups en 1"2 avec 2 fusils en même temps, à 4,57 m de distance, tenant dans deux cartes à jouer de 5,7 × 8,9 cm.

Mais la meilleure gâchette de tous les temps est **Phoebe Anne Oakley Mozee** (Annie Oakley) (1860-1926) qui, pendant 35 ans (de 27 à 62 ans), a prouvé qu'elle était capable de faire un sans-faute au ball-trap en touchant 100 pigeons sur 100, et qui, à trente pas, touchait une carte à jouer sur la tranche, ou un « cent » en plein vol, et qui encore faisait tomber une cigarette des lèvres de son propre mari, un certain Frank Butler.

Fusils *les plus grands*

Les plus grands fusils que l'on connaisse sont des armes de calibre 2, fabriquées à moins d'une douzaine d'exemplaires, vers 1885, par des armuriers anglais pour la chasse au gibier d'eau.

Mais les plus grands fusils habituellement fabriqués sont des fusils à deux canons de calibre 4 qui pèsent **11 kg** et ne peuvent être manipulés que par des hommes d'une force physique exceptionnelle.

On a fabriqué de plus grands fusils à canon lisse, mais ils ne servent que comme canardières.

TIR A L'ARC

Origines

Bien que les plus anciennes preuves de l'existence de l'arc remontent à l'époque mésolithique (peintures souterraines espagnoles), le tir à l'arc comme sport organisé semble ne pas s'être développé avant le IIIe siècle après J.-C. L'organisation qui dirige cette discipline au niveau mondial est la Fédération internationale de tir à l'arc (F.I.T.A.), fondée en 1931, et qui regroupe 62 pays.

Records du monde

Les records du monde individuels sur les épreuves en une manche F.I.T.A. sont, chez les hommes, de **1 341 points** (maximum : 1 440), par **Darrel Pace** (U.S.A.) à Kumamoto (Japon), les 3 et 4 novembre 1979, et, chez les femmes, de **1 324** (maximum : 1 440), par la Soviétique **Natalia Boutouzova,** née en 1954 à Tachkent (U.R.S.S.) en mai 1982.

Le record de France est de 1 266 pts réussis par Philippe Loyen le 5 juillet 1981 à Creil (France). Sur 16 records de France possibles (juniors et seniors), Philippe Loyen en détenait 12 à l'issue de la saison d'été 1983.

Championnats *les plus hauts scores*

Les scores réalisés sur les épreuves en 2 manches de la F.I.T.A. ne sont pas enregistrés comme records du monde. Les plus hauts scores réalisés au cours des championnats du monde ou de jeux Olympiques sont :

Chez les hommes **2 571 points (maximum : 2 880), par l'Américain Darrel Pace** aux jeux Olympiques de Montréal (Canada), les 29 et 30 juillet 1976 ;

Chez les femmes, **2 515 points, par l'Américaine Luann Ryon,** à Canberra (Australie), les 11 et 12 février 1977.

Champions du monde *les plus titrés*

Le titre de champion du monde a été créé en 1931. Le Suédois **Hans Deutgen** (né le 28 février 1917) l'a remporté 4 fois, en 1947, 1948, 1949 et 1950.

Le Belge Oscar Kessels (1904ê1968) a participé à 21 championnats du monde.

Chez les femmes, la Polonaise **Janina Spychajowa-Kurkowska** (née le 8 février 1901) a gagné 7 fois de 1931 à 1934, en 1936, 1939 et 1947.

La Française Annie Dardenne (née en 1950) a enlevé le titre mondial du tir sans viseur en campagne à Reading (G.-B.) le 13 septembre 1982.

Champions olympiques *les plus titrés*

Le Belge **Hubert Van Innis** (1866-1961) a remporté **6 médailles d'or et 3 d'argent** aux différentes épreuves de tir à l'arc de jeux Olympiques de 1900 et de 1920.

Distances *les plus longues*

Le sultan Selim III (1761-1808) tira à 1 400 *gez* près d'Istanbul, en Turquie, en 1798. On peut estimer cette performance à un tir de 870 à 890 m.

Le plus long tir a été réalisé avec un arc au pied par le professionnel américain **Harry Drake** (né le 7 mai 1915) : **1 854,40 m,** à Ivanpah Dry Lake, en Californie, le 24 octobre 1971.

L'Américain Don Brown (né le 13 novembre 1945) a amélioré le record du monde de l'arc à main le 18 septembre 1977, à Wendover (Utah, U.S.A.), avec un tir de 1 065,19 m.

Harry Drake détient également avec 1 243,40 m, le record du tir à l'arbalète (14 et 15 octobre 1967, à Ivanpah Dry Lake).

Chez les femmes c'est l'Américaine **Arlyne Rhode** (née le 4 mai 1936) qui a établi le record à Wendover (Utah, U.S.A.) le 10 septembre 1978 avec un tir de 1 018,48 m. Le record féminin du tir à l'arbalète est de 950,38 m par l'Américaine April Moon (née le 9 septembre 1947) à Ivanpah Dry Lake le 13 septembre 1981.

Archer *le plus fort*

L'Américain **Gary Sentman** a bandé un arc d'homme d'armes tendu à **79,83 kg,** tirant la flèche vers lui de 72 cm, à Forksville (Pennsylvanie, U.S.A.), le 20 septembre 1975.

Tireurs *aux deux armes*

L'Allemand de l'**Ouest Robert Kuplwieser** (né en 1954) a représenté son pays dans les sélections de tir aux armes à feu et de tir à l'arc en 1981. Il a remporté **6 médailles** d'or aux championnats du monde de tir à l'arc 1981.

Marathon

2 tireurs à l'arc, **Jimmy Watt et Gordon Danby,** se relayant pendant 24 h, ont réalisé **51 633 points** sur le terrain d'Epsom, à Auckland (Nouvelle-Zélande), les 18 et 19 novembre 1977.

TRAMPOLINE

Origines

La troupe des « Walloons » se servait de trampolines pour son spectacle, dès les années 1910-1912. Le trampoline (de l'espagnol *trampolin* = tremplin) en tant que sport ne s'est pas développé avant 1936, date à laquelle l'Américain George Nissen a réalisé son prototype « T » de trampoline. Les premiers championnats des États-Unis se sont déroulés en 1948 et la première compétition internationale se tint aux Jeux panaméricains en 1953.
Le trampoline est l'une des 16 disciplines inscrites au programme des Iers Jeux Mondiaux qui se sont déroulés à Santa Clara (Californie).
Avec les sports équestres et le patinage artistique, le trampoline est un sport qui compte en France plus de licenciés femmes que hommes.

Champions du monde *les plus titrés*

4 sportifs ont remporté **2 fois** le titre de champion du monde (titre créé en 1964) : l'Américain **Dave Jacobs** 1967, 1968, le Français **Richard Tison** (né le 17 août 1956) 1974, 1976 ex aequo, l'Américain **Wayne Miller,** 1966, 1970, et le Soviétique **Evgueni Janes,** 1976, ex aequo avec Tison, 1978.
L'Américaine **Judy Wills** (née en 1948) a remporté les 5 premiers titres féminins (1964-1968). Elle a réalisé la figure pour dames la plus difficile, 5 sauts périlleux et demi, figure désormais appelée le « Wills dames ».

Champions de France *les plus titrés*

Jean-Michel Bataillon (né le 1er avril 1955) a été 4 fois champion de France, de 1969 à 1972, tout comme **Gilles Lebris** (1973, 1976, 1977, 1979). Richard Tison n'a été que 3 fois champion de France (1974, 1975, 1978).
Véronique Bataillon a conquis son 8e titre de championne de France en 1979.

Marathon

Une équipe de 6 a sauté sur un trampoline pendant **1 248 h** (52 jours), à Phœnix (Arizona, U.S.A.) du 24 juin au 15 août 1974.
Le record individuel est de **266 h 9'** par l'Américain **Jeff Schwartz** (né en 1962) à Glenview (Illinois, U.S.A.) du 14 au 25 août 1981.

QUELQUES RECORDS DU MONDE DE VOL A VOILE (MONOPLACE)

Distance	1 460,8 km	Hans Werner Grosse (R.F.A.), sur un ASW-12, le 25-04-72, de Lübeck à Biarritz
Vers un but donné	1 254,26 km	Bruce Drake, David Speight, S. H. « Dick » Georgeson (Nouvelle-Zélande), sur Nimbus 2s, de Te Anau à Te Araroa, le 14-01-78
Altitude absolue	14 102 m	Paul F. Bikle Jr. (U.S.A.), sur Schweizer SGS 1-23 E au-dessus de Mojave (Californie) (lâché à 1 207 m), le 25-02-61 (record de gain d'altitude : 12 894 m)
Aller-retour	1 634,7 km	Karl H. Striedieck (U.S.A.), sur ASW 17, de Lock Haven (Pennsylvanie) au Tennessee, le 9-05-77
Vitesse sur parcours triangulaire		
100 km	195,18 km/h	Ingo Renner (Australie) sur Nimbus 3 le 14-12-82
300 km	158,67 km/h	Hans-Werner Grosse (R.F.A.) sur ASW-17 au-dessus de l'Australie le 24-12-80
500 km	151,28 km/h	George Eckle (R.F.A.) sur ASW-17 au-dessus de l'Afrique du Sud le 10-12-79
750 km	143,63 km/h *	Hans Werner Grosse (R.F.A.), sur ASW 17 au-dessus de l'Australie le 6-01-82
1 000 km	145,32 km/h	Hans-Werner Grosse (R.F.A.), sur ASW-17 au-dessus de l'Australie, le 3-01-79
1 250 km	133,24 km/h	Hans-Werner Grosse (R.F.A.) sur ASW-17 au-dessus de l'Australie le 9-12-80

VOL A VOILE

Origines

Le Suédois Emmanuel Swedenborg (1688-1772) fit, vers 1714, des esquisses de planeurs.
Le premier planeur qui ait porté un homme a été conçu par l'Anglais sir George Cayley (1773-1857). Il a emmené son pilote (probablement John Appleby) sur 457 m au-dessus d'une vallée proche de Brompton Hall, dans le Yorkshire (G.-B.) au cours de l'été 1853.
Les planeurs atteignent aujourd'hui des vitesses de 322 km/h.

Champions du monde *les plus titrés*

Les championnats du monde individuels, créés en 1948, ont été remportés 3 fois par l'Allemand de l'Ouest **Helmut Reichman** (né en 1942), en 1970, 1974 et 1978, et par l'Anglais **Doublas George Lee** (né le 7 novembre 1945), en 1976, 1978 et 1981.

VOLLEY-BALL

Origines

Le jeu a été inventé en 1895 (sous le nom de Minnonette) par William G. Morgan, au gymnase du Y.M.C.A. de Holyoke (Massachusetts, U.S.A.). L'Association internationale de volley-ball a été fondée à Paris en 1947. C'est aujourd'hui la Fédération internationale de volley-ball, qui regroupe 141 pays.
Le volley-ball est le premier sport du monde par le nombre de licenciés : près de 140 millions en 1980, dont plus de la moitié sont des femmes.
Les championnats du monde ont été créés en 1949.

Marathon

Deux équipes de 6 joueurs de **Kinston** (Caroline du Nord, U.S.A.) ont disputé une partie de **75 h 30',** du 31 janvier au 3 février 1980.

Champions du monde *les plus titrés*

L'**U.R.S.S.** a remporté le titre chez les hommes à **6 reprises** (1949, 1952, 1960, 1962, 1978 et 1982) et 4 fois le titre féminin (1952, 1956, 1960 et 1970).

Champions olympiques *les plus titrés*

Le volley-ball fait partie des disciplines olympiques depuis 1964.
La Soviétique **Inna Ryskal** (née le 15 juin 1944) a remporté avec son équipe **2 médailles d'or** (1964 et 1972) et **2 d'argent** (1968 et 1976).
Le Soviétique **Youri Poyarkov** (né le 10 février 1937) a pour sa part remporté **2 médailles d'or** (1964 et 1968) et **1 de bronze** (1972).
Par équipe, l'Union soviétique a remporté son 3e titre olympique, chez les hommes et chez les femmes, en 1980.

Public *le plus nombreux*

En 1952 à Moscou (U.R.S.S.), **60 000 personnes** ont assisté à la finale du championnat du monde.

Sélections en équipe de France *le plus grand nombre*

Marc Rousselin (né en 1951) a été jusqu'en 1982, année de sa retraite internationale, **215 fois** sélectionné en équipe de France de volley-ball. Séverin Granvorka, entraîneur de l'équipe de France depuis 1979, l'avait été 214 fois.

WATER-POLO

Origines

Le water-polo masculin a été introduit aux jeux Olympiques en 1900, à Paris. Le water-polo féminin est l'une des 16 disciplines inscrites au programme des Iers Jeux Mondiaux.

Jeux Olympiques *le plus de titres*
La **Hongrie** a remporté **6 fois** le titre olympique, en 1932, 1936, 1952, 1956, 1964, 1976, la Grande-Bretagne 4 fois, en 1900, 1908, 1912 et 1920.
La France a été championne olympique en 1924, médaille de bronze en 1900 et en 1928.

Médailles olympiques individuelles *le plus grand nombre*
5 joueurs de water-polo ont conquis 3 médailles d'or : 3 Anglais, **George Wilkinson** (1879-1946), en 1900, 1908, 1912, **Paulo « Paul » Radmilovic** (1886-1968) et **Charles Sidney Smith** (1879-1951), en 1908, 1912, 1920, et 2 Hongrois, **Deszo Gyarmati** (né le 23 octobre 1927) et **Gyorzy Karpati** (né le 23 juin 1935), en 1952, 1956 et 1960.
La femme de Gyarmati, Eva Szekely, a été championne olympique du 200 m brasse en 1952 et médaille d'argent en 1956 ; leur fille, Andrea Gyarmati, a été médaillée d'argent du 100 m dos en 1972.
L'Anglais Paul Radmilovic a remporté une 4e médaille d'or, celle du relais 4 × 200 m nage libre en 1908.

Médailles olympiques françaises *le plus grand nombre*
2 Français ont obtenu 2 médailles en water-polo aux jeux Olympiques : or en 1924, bronze en 1928. Ce sont **Paul Dujardin** (né le 10 mai 1894) et **Henri Padou** (né en 1897).

Matches internationaux *le plus de sélections*
Le Soviétique **Alexis Barkalov** (né le 18 février 1946) a disputé **412 rencontres** internationales de 1965 à 1980.
Le Français Henri Padou a été sélectionné 112 fois en équipe de France.

Championnat de France *le plus de titres*
Les **Enfants de Neptune** de Tourcoing ont remporté **31 fois le** championnat de France de 1920 à 1964.
Le Cercle des Nageurs de Marseille a enlevé en 1981 son 15e titre de champion de France, le 9e consécutivement.

Marathon
Le plus long match a duré **70 h 17'** entre 2 équipes de 15 joueurs de la Sedberg Scholl Swimming and Water Polo Club de Cumbria, du 14 au 17 juillet 1979.
Deux équipes de 7 joueurs du Manly-Warringah Amateur Water-Polo Club de French's Forest (Australie) ont joué pendant 24 h 10' à l'Aquatic Center les 3 et 4 octobre 1980.

YACHTING

(Voir aussi le chapitre *Performances*)

La Fédération internationale de yachting (I.Y.R.U.), créée en 1907, regroupe 74 pays.

Titres olympiques *le plus grand nombre*
Paul Elvström (Danemark, né le 24 février 1928), est le premier à avoir remporté **4 médailles d'or** à titre individuel aux jeux Olympiques de 1948 (Firefly), 1952, 1956 et 1960 (finn). Il a aussi remporté 8 titres mondiaux en 6 catégories.
Le Soviétique Valentin Mankin, après avoir été champion olympique en finn (1968) et en tempest (1972, 1980), a été médaille d'argent en tempest (1976), soit 4 médailles en 4 Jeux, 3 d'or et 1 d'argent.
Un membre de la famille finlandaise Tallberg a participé aux régates olympiques aux Jeux de 1912, 1964, 1968, 1972, 1980 et en 1936 en équitation *(voir Jeux Olympiques)*.

Médailles françaises *le plus grand nombre*
Les Français ont remporté 4 titres olympiques : les 3 frères **Gaston, Jacques et Amédée Thubé** en 1912, **Virginie Heriot** (1889-1932), sur 8 mètres en 1928, **Jacques Lebrun** (né le 20 septembre 1910), en monotype individuel en 1932, et **Serge Maury** (né le 24 juillet 1946), en finn en 1972.

Championnat du monde des courses transatlantiques *le premier titre*
L'Afipoco (Association des organisateurs de courses open) a créé un championnat du monde portant sur 4 années (1980-1980). Le premier vainqueur a été le Français **Marc Pajot,** vainqueur de La Baule-Dakar (1980) et de la Route du Rhum (1982), 2e de la Transat en double (1979), de la Twostar (1981) et de la Translouisianne (1982). Il a devancé le Canadien Mike Birch, vainqueur de la Route du Rhum (1978).

Champions de France *le plus de titres*
Serge Maury a été **5 fois** champion de France en solitaire sur finn, en 1969, 1970, 1971, 1973 et 1976. Il a aussi été champion du monde de la catégorie en 1973.

America's cup *le plus de victoires*
La course a été remportée pour la première fois par le schooner *America*, le 22 août 1851, à Cowes, sur le tour de l'île de Wight. Depuis cette date, le trophée est offert chaque année par le New York Yacht Club et disputé en régates dans la baie de Newport.
Le 8 août 1870, le *Cambria* (G.-B.) ne réussit pas à enlever le titre au *Magic* (Osgood, U.S.A.). Depuis, le challenge a été tenu 16 fois par la Grande-Bretagne, 2 fois par le Canada et 6 fois par l'Australie mais les États-Unis n'ont jamais été battus, avec 77 victoires et seulement 8 courses perdues.
D'août 1851 à septembre 1982 les voiliers américains ont soutenu 24 défis lancés par les meilleures unités mondiales. Ils ont remporté 24 victoires, ce qui constitue le record absolu tous sports d'invincibilité sportive.
La victoire la plus serrée a eu lieu lors de la 4e course des séries 1962 lorsque le sloop 12 m *Weatherly* a battu son challenger australien *Gretel* de 3 longueurs et demie, soit un écart de 26", le 22 septembre 1962.
Le temps le plus rapide pour 12 m dans la course triangulaire de 24 miles est 2 h 46'58", par le *Gretel*, en 1962.

Londres-Sydney *le plus rapide*
Le ***Great Britain II,*** ketch anglais, a réussi Londres-Sydney en **67 jours 5 h 19'49",** du 31 août au 7 novembre 1975, battant de presque 2 jours le record précédent du clipper *Patriarch* qui datait de 1870. Le retour à Douvres ne dura que 66 jours 22 h 31'35". Le total de ce tour du monde de 42 280 km a été 134 jours 3 h 51'24".

Course *la plus longue*
La plus longue course régulière est la **Whitbread** qui se court tous les 4 ans autour du monde, depuis août 1973. Elle se court sur 26 180 miles, au départ de Portsmouth (G.-B.) et retour, avec des étapes au Cap, Auckland et Rio de Janeiro. Le record de l'épreuve

est de 120 jours 6 h 35' par *Flyer*, barré par le Hollandais Cornelius van Rietschoten, qui a fini son tour du monde dans ce temps le 29 mars 1982. *Flyer* a remporté les 4 étapes de la course.

Tour du monde en solitaire *les plus rapides*
Le tour du monde en solitaire le plus rapide effectué en course a été réalisé en **159 jours** de navigation pour les 27 500 miles du parcours (moyenne 7,6 nœuds) par le Français **Philippe Jeantot**, sur *Crédit Agricole*, de Newport à Newport (U.S.A.), du 28 août 1982 au 9 mai 1983, dans la Course autour du monde en solitaire.
Le tour du monde en solitaire le plus rapide hors compétition a été effectué en 1973-1974 en 169 jours, 4 h 11' par le Français **Alain Colas** sur le trimaran *Manureva*.
La meilleure performance en monocoque est de 187 jours, 14 h 43' par l'Australien **Neville Gosson.**
L'Anglais **David Scott-Cowper** (né en 1942) a réalisé le tour du monde de Plymouth à Plymouth (G.-B.) en 249 jours, à bord de son yacht de 18 mètres, *Ocean Bound* (arrivée à Plymouth le 23 avril 1980).
La première et seule femme qui ait réussi le tour du monde à la voile en solitaire est l'Australienne **Noami James,** qui a bouclé son périple en 272 jours, en 1978-1979, record seulement amélioré par la performance de **Scott-Cowper.**
Parti le 5 juillet 1979 de Cherbourg, le Français **Yves Pestel** (né en 1956) y est revenu le 6 décembre 1980 après avoir bouclé le tour du monde sur un voilier de 9 mètres, *Veline 2.* Obligé de réparer en Argentine, victime d'une tempête après le franchissement du cap Horn, Pastel est resté cependant 338 jours en mer en solitaire sans escale.

Course transatlantique en solitaire *le plus de victoires*
Le Français **Eric Tabarly** est le seul concurrent à avoir remporté **2 fois** la course transatlantique en solitaire (créée en 1960), en 1964 et en 1976.
Le record de la course a été établi en 1980 par l'Américain Phil Weld en 17 jours 23 h 6'.
Le plus vieux vainqueur en a été, en 1980, Phil Weld, à l'âge de 66 ans.
Le record féminin est de 28 jours 17 h par la Britannique Clare Francis, en 1976.

Transat en double *les traversées les plus rapides*
Sur le même parcours (Plymouth, G.-B.-Newport, U.S.A.) que celui de la Transat en solitaire s'est déroulée la première Transat en double en 1981. Les vainqueurs, les Anglais **Chay Blith** et **Robert James,** sur *Britanny Ferries*, ont établi un nouveau record de la traversée de l'Atlantique en course en 14 jours 13 h 58'.
Le record féminin a été porté à 25 jours 19 h et 12' par la Britannique **Naomi James,** sur *Kriter Lady.*

Concurrents *le plus grand nombre*
1 261 concurrents ont pris le départ pour la course du Zealand (Danemark), en 1976. Cette course se dispute sur 375 km.

Vitesses *les plus grandes*
Le record officiel de navigation à la voile est de **66,78 km/h** par le proa ***Crossbow II*** de 22,40 m (G.-B.) barré par Timothy Coleman sur une course de 500 m, le 17 novembre 1980 dans le port de Portland (Dorset, G.-B.). Au cours d'un entraînement, le *Crossbow* aurait atteint 83 km/h.
Le record sur 24 h par un skipper appartient à l'Anglais **Nick Keig** (né le 13 juin 1936) qui a réalisé 340 miles de Falmouth (G.-B.) à Punta aux Açores, les 9 et 10 juin 1975, à la vitesse moyenne de 14,16 nœuds, **soit 26,23 km/h,** avec le trimaran *Three Legs of Mann I.*
Au cours d'une tentative de record de la traversée de l'Atlantique, entre New-York et l'Europe, *La Vie Claire,* barré par Philippe Morinay, a établi 3 records de vitesse : 447 miles (828 km) en 23 h 50' ; 862 miles (1600 km) en 48 heures ; et les 1000 premiers miles nautiques à 16,25 nœuds de moyenne, les 26, 27 et 28 février 1983.
La goélette trois-mâts *Atlantic* est restée la plus rapide pendant trois quarts de siècle après avoir réussi sur la traversée de l'Atlantique une moyenne de 10,4 nœuds sur 3 000 miles, réussissant à passer la journée du 24 mai 1905 à près de 15 nœuds de moyenne *(Voir article suivant).*
La première Semaine de vitesse jamais organisée en France s'est déroulée à Brest, sur la base de vitesse spécialement aménagée à cet effet, du 19 au 24 octobre 1981. Aucun record du monde de voile n'y a été battu.

Windsurf
(Voir Planche à Voile.)

Record de l'Atlantique *les plus grandes vitesses*
Le record de traversée de l'Atlantique a été battu une première fois par **Eric Tabarly,** en **10 jours**

NAVIGATION - TRAVERSÉE DE L'ATLANTIQUE : 3 014 milles

1905	*Atlantic*	Charlie Barr, U.S.A.	12 j 4 h 1' 19"	Goélette, 56,40 m.
1972	*Pen Duick IV*	Alain Colas, F.	+ de 12 j.	Trimaran, 20 m.
1976	*Great Britain III*	Chay Blyth, G.-B.	+ de 12 j.	Trimaran, 25 m.
1977	*But-Ondine*	Pierre English, F.	+ de 12 j.	Goélette, 25 m.
1979	*Kriter IV*	Olivier de Kersauzon, F.	Naufrage.	Trimaran, 23 m.
1979	*RTL-Timex*	Alain Gliksman, F.	Chavirage, dérive 9 j.	Trimaran, 16 m.
1979	*Chaussettes-Olympia*	Mike Birch, G.-B.	Abandon.	Trimaran, 19 m.
1979	*Desperado*	John Tuttle, G.-B.	Naufrage.	Monocoque, 19 m.
1980	*Kawasaki* (ex *VSD)*	Eugène Riguidel, F.	Naufrage.	Trimaran, 15 m.
1980	*Cardio-France* (ex *Phantom)*	Thierry Macheras, F.	+ de 12 j.	Monocoque, 20,50 m.
1980	*Fernande*	Pierre English	+ de 12 j.	Monocoque, 22 m.
1980	*Paul-Ricard*	Eric Tabarly	10 j 5 h 14' 20"	Trimaran hydrofoil, 16,80 m.
1981	*Elf-Aquitaine*	Marc Pajot, Gérard Fusil, Patrick Toyon, François Boucher	9 j 10 h 6' 34"	Catamaran de 18,60 m dessiné par Sylvestre Langevin et construit chez Metalu.
1981	*Kriter VIII* (1)	Michel Malinowsky	12 j 3 h 41"	Monocoque (1).

(1) *Kriter VIII* est le premier monocoque à avoir été plus vite que la goélette de Charlie Barr en 1905.

5 h 14'20" avec son trimaran révolutionnaire de 16,80 m : *Paul-Ricard.*
Il était détenu depuis 75 ans par Charlie Barr (États-Unis) et sa goélette *Atlantic,* trois mâts, qui avait parcouru les 3 014 milles à la moyenne de 10,41 nœuds (19,27 km/h) soit en 12 jours 4 h 1' et 19" entre le bateau-feu *Sandy Hook* et le cap Lizard, au sud-ouest de l'Angleterre, en 1905. Sa goélette, manœuvrée par 50 marins, mesurait 56,40 m et pesait 700 t. Du 22 juillet (3 h 30') au 2 août 1980, Tabarly, améliorant le temps de Charlie Barr de 46 h 46'59", a réalisé une moyenne de 22,761 km/h. Le Français **Marc Pajot,** sur *Elf-Aquitaine,* a amélioré ce record le 14 juillet 1981 dans le temps de 9 jours, **10 h 06' 34".**

Traversée féminine *la première course*
La première traversée en solitaire de l'Atlantique en course a été réalisée le 14 août 1972 par la Française **Anne Michaïlof** (née en 1943).

Atlantique *Français le plus âgé*
Jean Gau a réussi en 50 jours en 1975 la traversée de l'Atlantique en solitaire, de New York vers l'Est, avec arrivée en Afrique du Nord, sur *Atom,* 9,14 m, à l'âge de **72 ans.**

Philippe Jeantot ; vainqueur de la course autour du monde à voile, en solitaire.

Le Français Marc Pajot sur « Elf-Aquitaine ».

RECORDS DE TRAVERSÉES TRANSATLANTIQUES

Performance	Navigateur	Embarcation	Traversée	Durée	Année
Première en canoë	Humbert (G.B.)	kayak 3,60 m esquimau	Groenland-U.S.A.	temps inconnu	1613
Première à la rame	6 déserteurs anglais	canot de sauvetage 6 m	Sainte-Hélène (10 juin)-Belmonte (Brésil)	28 jours	1799
Première par 2 hommes	Webb + 1 homme U.S.A.	*Charter Oak* 13,10 m	New York-Liverpool	35 jours 15 h	1857
Première en trimaran	John Mikes + 2 hommes U.S.A.	*Non Pareil* 7,60 m	New York Southampton	51 jours	1868
Première en solitaire (Est-Ouest)	Josiah Shackford U.S.A.	*Sloop*	Bordeaux-Sunnam, Guyane Holl.	35 jours	1786
Première en solitaire (Ouest-Est)	Alfred Johnson U.S.A.	*Centennial* 6,10 m	Glos, Mass-Pays de Galles	46 jours	1876
Première à la rame (traversée complète)	G. Harbo et F. Samuelson U.S.A.	*Richard K. Fox* 5,60 m	New York (6 juin)-Île de Scilly, G.-B.(1er août)	55 jours	1897
Plus rapide en solitaire à la voile (Ouest-Est)	Mc Donald G.-B.	*Inveranty* 11,60 m	Nouvelle-Écosse-Irlande	16 jours	1922
Première en canoë à voile	Franz Romer All.	*Deutscher Sport*	Las-Palmas-Saint-Thomas	58 jours	1928
Première femme (avec son mari, U.S.A.)	Joanna Crapo G.-B.	*New Bedford* 6,09 m	Chaltham, Mass.-Newlyn, G.-B.	51 jours	1877
Première féminine en solitaire (Est-Ouest)	Ann Davidson G.-B.	*Felicity Ann* 7 m	Portsmouth-Dominique	65 jours	1952
Première féminine en solitaire (Ouest-Est)	Gladys Gradley U.S.A.	*Lugger* 5,50 m	Nova Scotia-Hope Cove, G.-B.	50 jours	1903
Plus rapide en solitaire féminin	Naomi Janes G.-B.	*Kriter Lady* 16,15 m	Plymouth-Newport	25 jours 19 h 12 mn	1980
Plus rapide par 2 femmes	Annick Martin, F. Annie Cordelle, F.	*Super Marché* 13,70 m	Plymouth-Newport	21 jours 4 h 28 mn	1981
Plus petite embarcation Ouest-Est	Gerry Spiess U.S.A.	*Yankee Girl* 3,05 m	Norfolk, Virginie (1er juin)-Falmouth, G.-B. (24 juillet)	54 jours	1979
Plus petite Est-Ouest	Hugo Vihlen U.S.A.	*April Fool* 1,83 m	Casablanca (29 mars)-Floride (21 juin)	85 jours	1968
Plus rapide à la voile *multicoque* Est-Ouest	Eric Tabarly F. + 2 hommes France	*Pen Duick IV* 20,40 m	Tenerife-Martinique 405,500 km	10 jours 12 h	1968
Plus rapide *monocoque* Est-Ouest	Wilhelm Hirte + équipage All.	*Kriter II* 24,40 m	Canaries-Barbades	13 jours 8 h	1977
Plus rapide en *Yacht* Ouest-Est	Wilson Marshall + équipage U.S.A.	*Atlantic* 56,40 m	Sandy Hock-Cap Lizard	12 jours 4 h	1905
Plus rapide *Yacht* Est-Ouest	Chay Blith, G.-B. Robert James, G.-B.	*Brittany Ferries* 20 m	Plymouth-Newport	14 jours 13 h 54 mn	1981
Plus rapide *multicoque* Ouest-Est	Marc Pajot, F + 3 hommes France	*Elf-Aquitaine* 18,60 m, catamaran	Sandy Hock (4 juil.)-Cap Lizard (14 juil.)	9 jours 10 h 6 mn 34	1981
Plus rapide *en solitaire* Est-Ouest (multicoque)	Philip Weld U.S.A.	*Moxie* 15,54 m	Plymouth-Newport	21 jours 5 h 15 mn	1972
Plus rapide *en double* Est-Ouest	Bruno Baulie, It. Marc Vallin	*Serenissima* 20,27 m	Plymouth-Newport	16 jours 1 h 25 mn	1981
Plus rapide *en solitaire* Ouest-Est (multicoque)	Alain Colas France	*Pen Duick IV* 21,33 m, trimaran	Plymouth (17 juin)-Newport (7 juillet)	17 jours 23 h 12 mn	1980
Plus rapide en solitaire *Par le Sud* monocoque	Sir Francis Chichester G.-B.	*Gipsy Moth V* 17,40 m	Guinée portugaise-Nicaragua	22 jours 4 h	1970
Plus rapide en solitaire *Par le Nord* monocoque	Kazimierz Jaworski Pologne	*Spaniel II* 17,06 m	Plymouth-Newport	19 jours 13 h 25 mn	1980
Plus jeune en solitaire *voile*	David Sandeman 17 ans 1/2 G.-B.	*Sea Raider* 10,67 m	Jersey-Newport	43 jours	1976
Plus âgé en solitaire *voile*	Marc Farnhan, U.S.A. 72 ans 270 jours	*Seven Bells* 8,53 m	Hampton-Falmouth, G.B.	40 jours (depuis les Bermudes)	1981
Plus rapide en solitaire *rame* Est-Ouest	Sidney Genders 51 ans	*Khaggavisana* 6,02 m	Cornouailles-Floride via Antigua	160 jours 8 h	1970
Plus rapide en solitaire *rame* Ouest-Est	Gérard d'Aboville, France	*Capitaine Cook* 5,60 m	Chaltam, Mass. (1er juil)-Ushant, F. (20 sept.)	71 jours 23 h	1980

Vos performances en tous genres...
Ce sont peut-être des records...
Écrivez-nous.

INDEX

FRANCE

BELGIQUE - SUISSE - CANADA

AFRIQUE FRANCOPHONE

LE LIVRE GUINNESS DES RECORDS

Service d'homologation des records

Edition°1

4, RUE DE GALLIÉRA, 75116 PARIS, FRANCE

PROCÈS-VERBAL

d'authentification d'un record par le soussigné :

NOM et PRÉNOM :

ADRESSE :

AGE :

déclare au Service d'Homologation du Livre Guinness des Records ce qui suit :

M., Mme, Mlle :

Adresse :

Age :

Sté. :

a battu le record de :

☐ Ce record améliore celui déjà homologué dans le Livre Guinness des Records, édition de l'année
décrit en page

☐ Ce record est un nouveau record à homologuer.

Description détaillée du record :

Sont témoins :

1. Nom et Prénom : Age :
   Adresse :
2. Nom et prénom : Age :
   Adresse :

Documents joints :

Nombre de photos
ou de documents
et description :

Le Livre Guinness des Records décline toute responsabilité pour la perte éventuelle de tout document qui lui est transmis.
Le Livre Guinness des Records se réserve le droit de reproduire toute information ou document qui lui est transmis par le soussigné, toute communication étant considérée comme une autorisation libre de droits de reproduction pour toute édition ou utilisation destinée à la promotion du livre.

Je soussigné, certifie sur l'honneur l'exactitude du procès-verbal établi ci-dessus, ainsi que l'authenticité des témoignages apportés.

Fait à le

Signature :

DERNIÈRES MINUTES

Poignées de mains
Gérard Bouteiller a donné 25 735 poignées de mains en 5 h 49 mn le 7 mai 1983 lors de la journée des records de Bondoufle, Essonne.

Trombones
Le 7 mai 1983, **J.-M. Collet** et son équipe ont réalisé une chaîne de 1 657 000 trombones mesurant 35 km de long à Bondoufle, Essonne.

La plus grande galette
M. et Mme **Cherolleau,** boulangers à Aubigny, Vendée, ont confectionné le 26 juin 1983 une galette de 2,20 m de diamètre lors du festival des records.

Brioche tressée
Étienne Filden a réalisé à l'occasion du festival des records d'Aubigny une brioche de 10,50 m.

Ballon
Le plus grand ballon a été réalisé par M. **Forestier** lors du festival des records d'Aubigny. Il avait 4,52 m de diamètre.

Sabot
M. **Bocquier** a taillé pour le festival des records d'Aubigny, Vendée, un sabot de 2,35 m de long et 300 kg (pointure 297).

Écharpe
Mme **Alice Lucas** a tricoté une écharpe de 49,30 m avec 148 pelotes de laine.

Lancer d'œufs
Le record français, qui est de 73,78 m, a été établi le 26 juin 1983 à Aubigny, Vendée, par **C. Grollier** (lanceur) et **C. Sevry** (receveur).

Bande dessinée
La bande dessinée la plus longue a été réalisée par **René Carpentier** le 26 juin 1983 à Aubigny, Vendée : elle mesurait 185 m de long et a nécessité 127 kg de peinture.

Lâcher de ballons
Le 26 juin 1983, pendant le festival des records d'Aubigny, sous le patronage de la *Ligue nationale de lutte contre le cancer* et d'Air Liquide, 212 000 ballons gonflés à l'hélium ont été lâchés dans le ciel.

Poupée
Le *club du troisième âge* de la ville d'*Aubigny* a réalisé une poupée de 15,20 m de haut pesant 800 kg.

CRÉDITS PHOTOGRAPHIQUES

ADER, PICARD, TAYAN : 273. A.F.P. : 27, 30, 31, 37, 51, 52, 118, 119, 149, 156, 158, 160, 163, 165, 166, 169, 173, 176, 194, 208, 220, 233, 279, 286, 289, 291, 292, 295, 298, 300, 301, 305, 337, 348, 349, 350, 351, 353, 355, 371, 377, 383, 390, 410, 415, 434, 436, 446, 461. ANSA : 402. ATLAS PHOTOS : 49. BELLSTAR PROD. : 25, 44. J. BOULOC : 54, 56. BOSENDORFER : 156. CÉNECA : 54. CITROËN : 236. C.N.R.S. : 125, 126. DASSAULT : 247. DROITS RÉSERVÉS : 148, 151, 174, 433. E.C.P. ARMÉES : 228. EDI 7 : 157. E.N.A. PRESS : 19. EXPLORER : 39, 75, 76, 77, 90, 91, 141, 153, 164, 198, 199, 204, 207, 210, 211, 212, 213, 216, 219. FÉDÉRATION FRANÇAISE DE BRIDGE : 176. GAMMA : 23, 27, 28, 61, 89, 102, 103, 150, 161, 162, 139, 225, 231, 246, 251, 282, 284, 287, 312, 316, 321, 322, 323, 326, 327, 351, 352, 357, 358, 359, 360, 378, 381, 450. GUINNESS BOOK OF RECORDS : 19, 20, 21, 26, 29, 33, 35, 39, 43, 50, 53, 58, 68, 73, 114, 117, 118, 119, 127, 128, 133, 168, 171, 173, 194, 209, 221, 224, 229, 257, 269, 289, 331, 333, 339, 340. JACANA : 46, 47, 49, 55, 56, 57, 58, 59, 61, 64, 65, 66, 67, 68, 69, 70, 71, 72, 74, 77, 82. LAROUSSE : 147. B. LEROY : 403. MARTIN MORESTIER : 22, 23, 24. MUSÉE DE L'HOMME : 22. PATOU : 272. PALAIS DE LA DÉCOUVERTE : 126. CROISIÈRES PAQUET : 230. PERNOD : 435. PHILIPPINE PROD. : 19, 80, 81, 82, 96, 135, 145, 152, 155, 157, 159, 198, 199, 200, 205, 206, 209, 226, 233, 234, 236, 238, 241, 242, 245, 260, 263, 264, 265, 266, 271, 273, 278, 279, 287, 303, 328, 329, 333, 335, 336, 339, 340, 341. PHONOGRAM : 157. PITCH : 49, 97, 98, 103. P.P.P. : 108, 112, 113, 217. PRESS SPORTS : 376, 399, 411, 413, 439, 471. RAPHO : 46, 78, 79, 88, 92, 93, 95, 98, 107. RENAULT : 237, 240. ROGER VIOLLET : 35, 43, 84, 97, 125, 127, 146, 149, 155, 158, 159, 166, 206, 214, 227, 275, 290, 295, 296, 297, 302, 303, 304, 309, 310, 311, 312, 314. ROLLS ROYCE : 235. C. SARRAMON : 94. SOPEXA : 277. SOTHEBY'S : 133, 139, 269. SYGMA : 108, 109, 110, 114, 115, 116, 117, 125, 134, 135, 254, 255, 350, 394, 398, 461, 471. A. TRIOULIER : 243. U.P.I. : 370, 371, 387, 396, 403, 465.

COULEUR

DASSAULT : 185. E.N.A. PRESS : 177. EXPLORER : 8, 10, 11, 178, 183. GAMMA : 10, 14, 182, 184. GUINNESS BOOK OF RECORDS : 7, 9, 11, 12, 14, 177, 178, 182, 184, 185, 186, 187, 188, 189, 190, 191, 192. JACANA : 7, 178, 179. MAGNUM : 6. PARIS MATCH : 6. PHILIPPINE PROD. : 178, 180. PITCH : 7. PRESS SPORTS : 15, 186, 187, 188, 189. RAPHO :181. SOTHEBY'S : 13, 182. SYGMA : 9, 13, 180, 181, 183, 184. TRANSWORD : 177. A. TRIOULIER : 13.

COUVERTURE

E.N.A. PRESSA – GUINNESS BOOK OF RECORDS – PHILIPPINE PRODUCTIONS – PRESS SPORTS.

REMERCIEMENTS

Ader, Picard et Tajan (commissaires-priseurs) ; Aéroport de Paris (J. Reder) ; Aérospatiale ; Air-France (F. Eldin) ; Annuaire des statistiques sanitaires et sociales 1981 ; Ambassade de Monaco ; Antenne 2 ; Assemblée nationale ; Banque de France ; Barthélémy (fromager) ; Mme Jeanne Bourin (écrivain) ; CENECA (M. Merlat) ; Centre d'étude et d'opinions (Isabelle de Loews) ; Chantier naval Alshtom Atlantique (M. de Baillancourt) ; Christie's (Mme Deutsch) ; François de Closets (écrivain) ; CNAC Georges-Pompidou ; Comité français des grands barrages ; Comité international de la sécurité routière ; Marie-Noëlle Darmois ; Diapason ; Dr Dard ; Christian Dogimont ; École des Roches ; Editions Gallimard, Grasset, J'ai Lu ; Editions musicales (CBS, Virgin, WEA, Phonogram, Carrère) ; Europe n° 1 ; Evêché de Paris ; Fauchon (Mlle Taponnier) ; Fédération française de bridge (M. Fehr) ; Christine Gilles ; Groupe Chargeurs ; Harley Davidson ; INSEE ; INC ; Jardin d'Acclimatation ; Jean Larivière ; Jean Larue ; Mammouth Transports ; Roberte Marchand ; Marks and Spencer (Mmes Thavani et Thibault) ; Mattei location automobile ; Ménagerie du jardin des plantes ; météorologie nationale (M. Gerbier) ; Ministères de l'Intérieur, de la Défense, de la Justice, de l'Industrie, de la Marine ; Mieux Vivre (M. Sylvestre) ; *Modes et Travaux* (M. Mazeille) ; Musée du Louvre ; Musée de l'homme (M.-C. Chamlat, anthropologue) ; Museum d'histoire naturelle (M. Danskoff, entomologue ; Pr. Trannier, Pr. Ginsburg, paléontologue) ; *Nouvel Economiste* ; Nova Park Elysée ; OCDE ; OMEGA (C. Baudrier) ; Opéra International ; *Ouest-France* ; Pianos Bösendorfer (Mme Solito) ; *Picsou Magazine* ; Port de Marseille ; Port du Havre ; Prix Cognac-Jay ; P.T.T. département presse information ; Publications Filippachi ; RATP (M. Kuentz) ; Renault, Renault véhicules industriels (M.-R. Deguise) ; RFP (C. Berdureau) ; Rolls Royce ; Samaritaine Pont-Neuf ; Service central technique des transports fluviaux et maritimes ; Service national des permis de conduire ; Georges Simenon (écrivain) ; S.N.C.F. (M. Zalkind) ; Stylos mont Blanc ; Sotheby's (C. Roussy de Salles) ; *Télé 7 Jours ;* Usine marémotrice de la Rance (M. Julliard) ; Yamaha ; Laurent Worms (Barclay).

Réalisation

PHILIPPINE
PRODUCTIONS

Photocomposition : Kappa, Coulommiers
Photogravure : Sélectoffset, Paris
Imprimé en France
sur les presses de Maury-Imprimeur S.A.
45330 Malesherbes
N° d'imprimeur : H83/13623
Dépôt légal : 7222 – Septembre 1983
I.S.B.N. 2-86391-066-3
49-17-0111-01

49-0111-2